D1795854

كتاب قاموس

بهاس ملايو دغن بهاس فرنچس

DICTIONNAIRE

MALAIS-FRANÇAIS

CONTENANT

1° les mots malais en caractères arabes, avec leur prononciation figurée en caractères latins; 2° leur étymologie; 3° leur sens propre et figuré, avec un grand nombre d'exemples; 4° une indication des langues de l'archipel Indien et de l'Océanie, dans lesquelles les mêmes mots se retrouvent, avec la différence qu'ils y ont subie soit dans le sens, soit dans la prononciation; 5° des remarques, toutes les fois que le mot a une origine commune avec son correspondant dans les langues indo-européennes.

OUVRAGES DU MÊME AUTEUR.

Grammaire javanaise accompagnée de fac-simile et d'exercices de lecture. 1 vol. in-8° . . . . 12 fr.

Dictionnaire javanais-français. 1 vol. in-8° . . . . 20 fr.

An account of the wild tribes inhabiting the Malayan peninsula, Sumatra, etc. 1 vol. in-12° . . . . 2 fr. 50 cent.

Sous presse.

Grammaire de la langue malaise. 1 vol. in-8°.

Chrestomathie javanaise. 1 vol. in-8°.

Pour paraître.

Dictionnaire français-malais. 2 vol. in-8°.

Histoire et système comparé des langues de l'archipel Indien et de l'Océanie.

کتاب قاموس
بهاس ملايو دغن بهاس فرنچس

DICTIONNAIRE
MALAIS-FRANÇAIS.

PAR

L'ABBÉ P. FAVRE,
MISSIONNAIRE APOSTOLIQUE,
ANCIEN MEMBRE DE LA CONGRÉGATION DES M. E. EN MALAISIE,
PROFESSEUR DE MALAIS ET DE JAVANAIS
À L'ÉCOLE SPÉCIALE DES LANGUES ORIENTALES VIVANTES,
CHEVALIER DE LA LÉGION D'HONNEUR,
OFFICIER D'ACADÉMIE, ETC.

TOME SECOND.

جديکن اى سکل بهاس بات
اى يغ امڤون بهاس سبنرڽ

Il (Dieu) a créé les langues
Et il en est le maître.
(M. R. 2.)

VIENNE.
IMPRIMERIE IMPÉRIALE ET ROYALE.
MDCCCLXXV.

PARIS, MAISONNEUVE ET CIE, QUAI VOLTAIRE 15.

DICTIONNAIRE
MALAIS-FRANÇAIS.

ڤ

ڤ **p,** la lettre nommée ڤا *pā*, labiale forte; sa valeur est celle de *p* francais. (v. Gram.)

ڤ **pe,** particule préfixe, servant à former des substantifs verbaux, qui indiquent un agent ou un instrument: en s'unissant au radical, elle s'adjoint ordinairement une nasale qui est celle de la classe à laquelle appartient la lettre qui commence ce radical, et devient ڤغ *peṅ*, ڤڽ *peñ*, ڤن *pen* ou ڤم *pem*. Pour l'emploi de cette particule et de ses variétés, v. Gram.

ڤاء **pā,** v. باڤ *bāpa*.

ڤاه **pāho,** cuisse. كايو سبسر٢ ڤاه *kāyu sa-besàr-besàr pāho*, des morceaux de bois de la grosseur de la cuisse (*H. Ab.* 68). دچوبتڽ ڤهوڽ *di-xūbit-ña pahō-ña*, elle lui pinça la cuisse (*M.*). ڤاه بلالغ *pāho bilālaṅ*, la cuisse comprise depuis l'aine jusqu'au genou. ڤاه كريت *pāho karēta*, la flèche d'une voiture, tes limons d'une charrette. ڤاتهله سبله ڤهوڽ ڤراراكن ايت *pātah-lah sa-belàh pahō-ña per-arāk-an itu*, un des limons du char de triomphe se cassa (*M.*). ڤاه بابي *pāho bābi*, un jambon.

On trouve aussi ڤها *pahā*. كادغ ترڤروسق سمڤي كڤها *kādaṅ ter-prōsok sampey ka-pahā*, quelquefois on enfonçait jusqu'aux cuisses (en marchant dans un mauvais chemin) (*H. Ab.* 295).

Prov. چوبت ڤها كيرى ڤها كانن ساكت *xūbit pahā kiri pahā kānan sākit*, si la cuisse gauche est pincée, la droite fera mal. C'est-à-dire: deux époux, deux amis ou de deux frères sont solidaires du mal que chacun d'eux éprouve.

ڤاه **pāho,** le quart d'un tael. حكم ايت كڤد لكلاكى دنداڽ ستاهل سڤاه *ḥukum ītu ka-pada laki-lāki dendā-ña sa-tāhil sa-pāho*, l'homme sera condamné à payer une amende d'un tael et un quart (*Cod. Mal.* 394).

ڤاهو **pāhu,** coupé, haché, taillé (*Cr.*).

ڤاهق **pāhak,** vallée, terrain bas. هڠݢ دللوءيڽ اكن لنتڠ ڤاهق ايت *hingga di-lalu-ī-ña ākan lintang pāhak ītu*, jusqu'à ce qu'il ait traversé la vallée (*M.*). اى مليهت سلوره ڤاهق يردين *ia me-līhat selūruh pāhak yurdīn*, il considéra tout le pays qui se trouve dans la vallée (sur les bords) du Jourdain (*B.* 17).

ڤاهت **pāhat,** ciseau: taillé au ciseau, ciselé, sculpté. نجس — *pāhat nejis*, un rabot. سرمبڠ — *pāhat serumbong*, ciseau à rompre. ڤڠوكو — *pāhat pengūku*, ciseau en rond, à faire des cannelures. ڤاتڠ — *pāhat pāting*, ciseau à froid, à tailler la pierre. — بولو *būlu pāhat*, les premières plumes des oiseaux. امس دڤاهت *amàs di-pāhat*, or qui a été ciselé. باتو ايت دڤاهت اوله اورڠ چين *bātu ītu di-pāhat ūleh ōrang xīna*, ces pierres avaient été taillées par des Chinois (*H. Ab.* 54).

برڤاهت *ber-pāhat*, qui est ciselé. ناݢ — *ber-pāhat nāga*, travaillé en forme de dragon (*M.*).

مماهت *memāhat*, tailler avec le ciseau, ciseler.

ترڤاهت *ter-pāhat*, qui est taillé, que l'on a ciselé. ڤركتاءن يڠ اد ترڤاهت دباتو ايت *per-katā-an yang ada ter-pāhat di-bātu ītu*, les paroles qui étaient gravées sur cette pierre (*H. Ab.* 222).

مماهتكن *memāhat-kan*, tailler quelque chose, faire tailler ou sculpter. دڤاهتكنڽ باتو ايت سام دڠن كڤال ڤرمڤوان رڤاڽ *di-pāhat-kan-ña bātu ītu sāma dengan kapāla perampūan rupā-ña*, il fit tailler cette pierre en lui donnant la forme d'une tête de femme (*H. D.* 151).

ڤهاتن *pahāt-an*, ciselure, sculpture, moulure. ڤهاتن بندل دان ڤهاتن ڤنتو *pahāt-an bendul dān pahāt-an pintu*, sculptures qui ornent les châssis et les portes (*S. Mal.* 336).

[Day. *pahat.*]

ڤاهت ***pāhit***, amer. ڤاهت باݢي امڤدو *pāhit bāgey ampedū*, amer comme du fiel. ڤاهت ماوڠ *pāhit māwuṅ*, d'une amertume nauséabonde. تيمن ايت ترامت ڤاهت اداڽ *timun ītu ter-āmat pāhit adā-ña*, ce concombre était extrêmement amer (*M. R.* 152).

مماهتکن *memāhit-kan*, causer de l'amertume, rendre amer. — مماهتکن مولت *memāhit-kan mūlut*, causer de l'amertume dans la bouche, rendre la bouche amère.

برڤاهتکن *ber-pāhit-kan*, qui rend amer, qui cause de l'amertume. اي برڤاهتکنله کهدوڤن مريکئيت *ia ber-pāhit-kan-lah ka-hidūp-an marīka-ītu*, ils leur rendaient la vie amère (*B.* 86).

کڤهيتن *ka-pahīt-an*, qui est amer, amertume. مك اداله کدوان اکن کڤهيتن ڤاو بڬي يصحاق *maka adā-lah ka-duā-ña ākan ka-pahīt-an ñāwa bagi iṣḥāḳ*, elles étaient toutes les deux comme l'amertume de l'âme pour Isaac (elles lui étaient tres désagréables) (*B.* 40).

[Jav. et Sund. ꦥꦲꦶꦠ꧀ *pahit.* Bat. ᯇᯂᯪᯖ᯲ *pahét.* Mak. et Bug. ᨄᨕᨗ *pai.* Day. *pahit.* Tag. et Bis. ᜉᜁᜆ᜔ *pait.*]

ڤاهت ***pāhut***, ramé en avant. مماهت *memāhut*, ramer en avant (v. ريڠ *rīyaṅ*) (*Kl.*).

ڤاهر ***pāhar***, espèce de jatte ou grand vase plat en cuivre, avec des pieds, sur lequel on place les plats et la nourriture: une espèce de cabaret. ڤاهر يڠ برايسي ڤيڠن *pāhar yaṅ ber-īsi piṅgan*, un cabaret rempli de petits plats.

ڤاي ***pāya***, marais, marécage. سدهله دتمبق سکلين لمبه دان ڤاي *sudah-lah di-tambaḳ sa-kalī-an limbah dān pāya*, les endroits bas et marécageux furent desséchés (*H. Ab.* 222). لقسان ايکن دڤاي داتڠ کمارو کرڠله دي *laḳsāna īkan di-pāya dātaṅ kemāraw krìṅ-lah dia*, il est comme du poisson dans un marais; quand le beau temps vient, il reste à sec (*M.*).

برڤاى *ber-pāya*, qui a des marécages, marécageux. اد برڤاى اد برڬونڠ اد رات *ada ber-pāya ada ber-gūnuŋ ada rāta*, il y a (des endroits de ces îles) qui sont marécageux, d'autres sont montueux et d'autres sont en plaines (*H. D.* 184).

[Bat. [Batak script] *payapaya*, un marais peu profond. Mak. [Makassar script] *péyo*, bourbe. [Makassar script] *péyo - lantaŋ*, marais. Day. *paya*, saleté qui se trouve dans la résine.]

ڤاية ***pāyah***, difficile, pénible; fatigué, las, épuisé. ترلالو ڤاية ممله كايو درڤد مڠويقكن قرطاس *ter-lālu pāyah mem-belàh kāyu deri-pada meŋōyak-kan kar-ṭās*, il est plus difficile de fendre du bois que de déchirer du papier (*N. Phil.* 121). ڤاية برجالن *pāyah ber-jālan*, fatigué de la marche. ڤايهله سروڤ ماتي *pāyah-lah sa-rūpa māti*, épuisé à un degré qui ressemblait à la mort, mort de lassitude (*M.*). ساكت ڤاية *sākit pāyah*, dangereusement malade. مك بڬند ڤون ترلالو ساكت ڤاية *maka baginda pūn ter-lālu sākit pāyah*, et le prince était très - dangereusement malade (*Ism. Yat.* 137).

كڤاياهن *ka-payāh-an*, difficulté, lassitude.

[Sund. [Sundanese script] *payah*, souffrant. Day. *payah*, exclamation de douleur.]

ڤايو ***pāyu***, déterminé, arrêté, destiné, être déterminé.

ترڤايو *ter-pāyu*, qui est déterminé, fixé, décrété, destiné. سده ترڤايو اوله الله *sudah ter - pāyu ūleh allah*, Dieu l'a ainsi décrété (*B.* 67). جهاتنله ترڤايو اولهڽ *jahāt-an-lah ter-pāyu ūleh-ña*, il avait dessein de mal faire (*M.*).

ممايوكن *memayū-kan*, arrêter quelque chose, destiner une personne pour quelque chose. اد يڠ اڠكو سده ڤيوكن ڤد همبامو *ada yaŋ aŋkaw sudah payū-kan pada hambā-mu*, c'est celle (l'épouse) que vous avez destinée à votre serviteur (*B.* 33).

ڤايو ***pāyu***, vendable, qui a du débit.

[Jav. et Sund. [Javanese script] *payu*. Day. *payo*.]

ڤايو ***pāyaw***, saumâtre.

ڤايڠ ***pāyaŋ***, pour ڤاير *pāyar* (*Kl.*).

ڤايڠ ***pāyuŋ***, parapluie, parasol, ce qui a la forme ou l'usage d'un parasol, dais, toiture d'une maison faite en forme de parasol.

ايروف — *pāyuṅg īrūpa*, parasol européen. چين — *pāyuṅg xina*, parasol chinois. — باتغ *bātaṅg pāyuṅg*, la tige d'un parasol. كچل — *pāyuṅg kexil*, petit parasol de dame. قايغ يغ كماسن *pāyuṅg • yaṅg ka-amās-an*, des parasols dorés. — مغمبغكن *meṅembaṅg - kan pāyuṅg*, ou — ممبوك *mem - būka pāyuṅg*, ouvrir un parasol. — منوتف *menūtup pāyuṅg*, fermer un parasol. ڤاكو — *pāyuṅg pāku*, la tête d'un clou. ملك كدو باتغ قايغ ايتفون ڤاته *maka ka-dūa bātaṅg pāyuṅg ītu-pūn pātah*, et les tiges des deux parasols furent brisées (*R.* 147). سڬل الات دان قايغ كرجاءن *segala alāt dān pāyuṅg ka-rajā-an*, les dais et autres insignes royaux (*M.*). مالكي يغ ددريكنن دغن ڤايغن *māligey yaṅg di-dirī-kan-ña deṅan pāyuṅg-ña*, le palais qu'il avait construit et le toit, ou l'abri, qui le couvrait (*R.* 144).

برڤايغ *ber-pāyuṅg*, avoir un parasol, être à l'abri, qui est abrité. يغ برڤايغ كونغ *yaṅg ber-pāyuṅg kūniṅg*, qui était abrité par un parasol jaune (*R.* 38).

ممايغكن *memāyuṅg - kan*, couvrir avec un parasol, munir d'un parasol; faire d'une chose un parasol.

[Jav. et Sund. ꦥꦪꦸꦁ *payuṅg*. Day. Tag. et Bis. ᜉᜌᜓ *payoṅg*.]

ڤاير ***pāyar***, action d'aller en course pour croiser (d'un bâtiment de guerre) (*Cod. Mal.*). ڤراهو ڤاير *prāhu pāyar*, bâtiment de guerre destiné à croiser, un croiseur.

ممايَر *memāyar*, croiser, aller en course pour croiser.

ممَاياري *memayār - i*, croiser quelque part, croiser en allant à la recnontre de quelqu'un. بڬندا منيتهكن دي مماياري سمرلوكي *baginda menītah-kan dia memayār-i samarlūki*, le prince lui ordonna d'aller croiser contre Samarluki (*S. Mal.* 201).

ڤاو ***pāu*** = ڤاه *pāho*.

ڤاوه ***pāwuh, pāuh***, nom d'un arbre, le mango d'Amboine, le mango sauvage. ملك اد سڤوهن ڤاوه دتڠه رمب بلنتارا ايت *maka ada sa-pōhon pāuh di-teṅgah rimba bel-antāra ītu*, or au milieu de cette forêt se trouvait un manguier (*Bis. Raj.* 38). جڠكي — *pāuh jiṅgi*, une autre espèce du même (du Pers. زنكى *zengī*, sauvage).

[Jav. ꦥꦺꦴꦃ *poh*. ꦏꦼꦥꦺꦴꦃ *kepoh*, nom d'un grand arbre. Bat. [illegible] *pau*. Bug. [illegible] *pawo*.]

ڤاوى ***pāwey***, radical de ڤِڬاوى *pegāwey*, v. ce mot.

ڤاوى ***pāwi***, pourri, gâté, détérioré (du bois, du papier, des cordes etc.).

On trouve aussi ڤهوى *pahūwi* et رڤوى *repūwi*.

ڤاوڠ ***pāwang***, nom que l'on donne à ceux qui font le métier de prendre les animaux par enchantement: sorcier; guide sur mer. ڤاوڠ ݢاجه ايت تاهو هوبت٢ *pāwang gājah itu tāhu hōbat-hōbat*, ce pawang des éléphants (qui prenait les éléphants par enchantement) connaissait des formules de charmes (*H. Ab.* 66) بڬند برتان ڤد ڤاوڠ اڤ نام سوڠى اين *baginda bertāña pada pāwang apa nāma sūngey īni*, le prince demanda au guide quel est le nom de cette rivière? (*S. Mal.* 44).

[Bat. [illegible] *pawang*, titre donné au chef qui dirige une course sur mer pour prendre du poisson.]

ڤاوڠ ***pāwong*** (Port. *pão*), pain.

ڤاوت ***pāwut, pāut***, serré, pressé contre, tapi contre q. ch., adhérant.

برڤاوت *ber-pāut*, qui est pressé contre, qui se tapit contre q. ch., qui se tient à, qui adhère. ماكنله برڤاوت٢ اى سوروڠ دڠن سوروڠ *mākin-lah ber-pāut-pāut īa sa-ōrang dengan sa-ōrang*, ils se serraient plus encore l'un contre l'autre (*H. Ab.* 349). برڤاوت كڤد سڬل ڤڠاجارن دالم قران *ber-pāut ka-pada segala peng-ajār-an dālam ḳorān*, s'attacher aux enseignements du Coran (*H. D.* 118).

[Sund. [illegible] *paut*, démêler. Day. *paut*.]

ڤاون ***pāwan***, nom d'une plante (*clerodendrum inerme Cr.*). بوڠ — *būnga pāwan*, fleur de cette plante.

ڤاون ***pāwana*** (S. पवन *pawana*), vent.

[Kw. [illegible] *pawana*.]

ڤاوس ***pāwus, pāus***, baleine. در حال اورڠ منغكف ايكن ڤاوس

deri ḥāl ōrang menangkap īkan pāus, touchant les hommes qui vont à la pêche de la baleine (*Exer.* 130).

[Bat. —— *paus.*]

ثاك pāka. — ثورو *pūru pāka*, scrofules. v. باك *bāka*.

ثاکی pākey, revêtu, approprié, en usage, dont on se sert, que l'on porte, être porté. ثاكيله بوڠ اين *pākey-lah būnga īni*, portez cette fleur (litt.: soit par vous cette fleur portée). همب تياد كمبليكن لاڬى ڤترى اين همب هندق ثاکی *hamba tiāda kombali-kan lāgi putrī īni hamba hendaḳ pākey*, je ne veux pas rendre cette princesse, je veux me l'approprier (*R.* 66). كاين يڠ بلم دثاکی *kāin yang belum di-pākey*, des habits dont on ne s'est pas encore servi. جك بركنن بچار ڤاتق دثاکی اوله بڬند *jika ber-kenan bixāra pāteḳ di-pākey ūleh baginda*, si mon avis est approuvé, Votre Majesté peut l'adopter (*M.*).

برثاکی *ber-pākey*, habillé, qui est revêtu, qui se sert.

مماکی *memākey*, se revêtir de, porter des vêtements, se servir de, faire usage de, prendre, s'approprier. نام — *memākey nāma*, porter un nom. سنجات — *memākey senjāta*, porter les armes. اڬام — *memākey agāma*, pratiquer une religion. بچار — *memākey bixāra*, suivre un avis. اى مماکی مکوت مانكم *īa memākey makōta mānikam*, il portait un diadème fait de pierres précieuses (*R.* 123).

ترثاکی *ter-pākey*, qui est mis en usage, dont on se sert, qui peut servir. ميڽق ايت تياد ترثاکی ڤد ڤليت سبب بووڽ بوسق *miñaḳ ītu tiāda ter-pākey pada palīta sebāb baū-ña būsuḳ*, on ne se sert pas de cette huile pour la lampe, parce qu'elle a une mauvaise odeur (*R. V.*).

مماكيكن *memākey-kan*, faire servir, faire revêtir. دثاكيكنڽاله ڤداك سهلى باجو *di-pākey-kan-ñā-lah padā-ku sa-halèy bāju*, ils m'ont revêtu d'un habit (*P. M.*).

برثاكيكن *ber-pākey-kan*, qui fait servir, qui met en usage q. ch.

ڤكاين *pakēy-an*, habit, ce dont on se sert; manière de s'habiller, toilette. اى مماکی ڤكاين ڤنديت *īa memākey pakēy-an pandita*, il portait des habits de docteur (*Ism. Yat.* 172)

کريس ڤکاينك *kris pakēy-an-ku*, le criss dont je me sers (*H. Ab.* 329).

[Sund. [illegible] *pakéan*, habit. Bat. [illegible] *paké*. Mak. et Bug. [illegible] *paké*. Day. *pakayan*, habit.]

ڤاکو **pāku**, clou. کايو — *pāku kāyu*, une cheville. — ڤايڠ *pāyuṅ pāku*, la tête d'un clou. — سباتڠ *sa-bātaṅ pāku*, un clou, un seul clou. — لکتله سڤرت *lekàt-lah seperti pāku*, fiché, ferme comme un clou (*M.*). سباتڠ ڤاکو ڤون تياد ماسق دسيت *sa-bātaṅ pāku pūn tiāda māsuḳ di-situ*, il n'y entra pas un seul clou (*N. Phil.* 124). ڤيتس — *pāku pītis*, petite pièce de monnaie. مك دنداڽ امڤت ڤاکو ڤيتس جاو *maka dendāña ampat pāku pītis jāwa*, et il paiera une amende de quatre paku pitis de Java (*Cod. Mal.* 417). بوان — *pāku buwāna* ou بومي — *pāku būmi*, clou (pivot) du monde, titre donné à certains princes.

برڤاکو *ber-pāku*, qui a des clous, orné, ou attaché avec des clous. کرسي برڤاکو تمباݢ *krusī ber-pāku tembāga*, une chaise ornée de clous de cuivre (*R. V.*).

ممکو *memāku*, clouer, mettre des clous.

ترڤاکو *ter-pāku*, qui est cloué, fixé, que l'on a cloué. ترڤاکو کدالم هتيك ايت *ter-pāku ka-dālam hatī-ku ītu*, cela fut fixé dans mon cœur (*H. Ab.* 44).

ممکوکن *memakū-kan*, clouer q. ch., attacher une chose avec des clous. دڤکوکنڽ عيسى کصليب *di-pakū-kan-ña ῑsa ka-ṣalīb*, ils clouèrent Jésus à la croix. (*P. M.*).

[Jav. et Sund. [illegible] *paku*. Day. *paku*. Tag. [illegible] *pako*.]

ڤاکو **pāku**, fougère (probablement parce que les feuilles de cette plante roulées sur elles-mêmes ont la forme de clous). اجي — *pāku āji*, fougère royale (*cycas circinalis*). Selon *Kl.* *pāku āji*, nom d'une plante que l'on emploie conjointement avec l'indigo pour teindre le coton. Il y en a de trois sortes connues sous les noms de لميدڠ *lamīdiṅ*, ساب *sāba* et تيڠ *tiyuṅ*.

[Sund. [illegible] *paku*. Bat. [illegible] *paku*. Mak. [illegible] *paku*. Bis. [illegible] *pako*.]

ڤاکت **pākat** = فقة *faḳat*.

ڤاکن ***pākan,*** trames, fil passé dans la chaîne au moyen de la navette.

برڤاکنکن *ber-pākan-kan*, qui forme la trame d'une étoffe; qui a la trame de telle ou telle façon. برڤاکنکن سوترامس دسلڠ *ber-pā-kan-kan sūtra amàs di-selàŋ*, étoffe ayant la trame par intervalles de soie et d'or (*S. Bid.* 49). يڠ برڤاکنکن امس دان ڤيرق *yaŋ ber-pākan-kan amàs dān pērak*, qui était orné d'or et d'argent (*H. D.* 88).

[Jav. et Sund. ꦥꦏꦤ꧀ *pak'an*. Mak. et Bug. ᨄᨀ *pakaŋ*.]

ڤاکن ***pākan,*** nom d'un charme pour rendre invulnérable (*Cr.*).

ڤاکن ***pākan,*** v. ڤکن *pakàn*.

ڤاکل ***pākal,*** calfaté.

ماکل *memākal*, calfater. — ماکل ڤراهو *memākal prāhu*, calfater un navire.

ڤماکل *pemākal*, qui calfate ou sert à calfater: calfatage.

[Sund. ꦥꦏꦭ꧀ *pakal*. Day. *pakal*.]

ڤاڬي ***pāgi,*** matin, la matinée, demain. ڤاڬي دان ڤتڠ *pāgi dān petàŋ*, matin et soir. — هاري *pāgi hāri*, de bonne heure, de grand matin. ڤڬڤاڬي *pagi-pāgi*, demain matin: de bonne heure. متهاري ايت کليهاتن تربت ڤد ڤاڬي هاري *mata-hāri ītu ka-lihāt-an terbit pada pāgi hāri*, le soleil paraît se lever le matin (*N. Phil.* 31).

ڤاڬو ***pāgu,*** plancher.

ڤاڬت ***pagut,*** becqueté, mordu (par un oiseau ou par un serpent). سئيکر بلودق ڤاڬتله تاڠنڽ *sa-īkor bilūdak pāgut-lah tāŋan-ña*, une vipère le mordit à la main (litt.: fut mordu par une vipère) (*R.* 246). سڤرت دڤاڬت اولر رساڽ *seperti di-pāgut ūlar rasā-ña*, il éprouvait une sensation pareille à celle que cause la morsure d'un serpent (*M.*). دڤاڬتڽ متاڽ *di-pāgut-ña matā-ña*, il lui arracha les yeux à coups de bec (*M.*).

ماڬت *memāgut*, becqueter, mordre. بوروڠ ايت ماڬت کڤلاڽ *būruŋ ītu memāgut kapalā-ña*, l'oiseau lui becquetait la tête (*R.* 98). مک مرق ايتڤون ماڬت دي دان چارق بجوڽ دان ڬارس دداڽ *maka meràk ītu-pūn memāgut dīa dān xārik bajū-ña dān gāris dadā-ña*, or le paon le becqueta, lui déchira son habit et l'égratigna à la poitrine (*Ism. Yat.* 53).

ڤاكت مماكت *pāgut-memāgut*, se becqueter réciproquement.

برڤاكت٢ *ber-pāgut-pāgut*, becqueter ou mordre continuellement. برڤاكت٢ كدوان *ber-pāgut-pāgut ka-duā-ña*, ils continuaient à se becqueter tous les deux (*M.*).

[Jav. ꦥꦒꦸꦠ꧀ *pagut*, attaque dans une bataille. Bat. ᯇᯰᯂᯮᯖ᯲ *paŋkut*, le bec d'un oiseau.]

ڤاكر **pāgar**, palissade, mur, haie, rempart: enclos, renfermé, être enclos. باتو — *pāgar bātu*, un mur de pierres. بوله — *pāgar būluh*, une palissade de bambou. هيدڤ — *pāgar hīdup*, une haie vive. تانه — *pāgar tānah*, un rempart, une levée de terre. روماه — *pāgar rūmah*, la palissade qui entòure une maison. بولن — *pāgar būlan*, couronne lumineuse autour de la lune. دلور — *di-lūar pāgar*, en dehors de l'enceinte. — ددالم *di-dālam pāgar*, en dedans de l'enclos. منجت ڤاكر سرت تورن *memanjat pāgar serta tūrun*, grimper sur un mur et descendre de l'autre côté, escalader un mur (*Kal. dan Dam.* 104). دڤاكرن دغن بسي *di-pāgar-ña deŋan besī*, il l'environna d'une enceinte de fer (*R.* 132). دڤاكر سڤرت بولن ڤرنام اوله بنتغ *seperti būlan purnāma di-pāgar ūleh bintaŋ*, comme la pleine lune entourée d'étoiles (*Ism. Yat.* 9).

Prov. ڤاكر ماكن ڤادي *pāgar mākan pādi*, la haie qui doit protéger le riz le mange. Signifie: souffrir des mauvais traitements ou du dommage de ceux de qui on avait à attendre protection (*Haŋ. T.* 32).

Énig. هايم ڤوته ملمڤت كلور ڤاكر *hāyam pūtih me-lumpat ka-lūar pāgar*, une poule blanche vole en dehors de la clôture. اورغ برلوده *ōraŋ ber-lūdah*, un homme qui crache. Le crachat est la poule blanche, et les lèvres sont la clôture.

مماكر *memāgar*, palissader, murer.

ممكاري *memagār-i*, mettre une palissade à, munir une place d'une clôture. تانمنن ڤون بهارو دڤكاري *tanām-an-ña pūn bahāru di-pagār-i*, le jardin était nouvellement muni d'une palissade (*S. Bid.* 61).

مماكركن *memāgar-kan*, mettre q. ch. comme enceinte, comme clôture à un terrain, à une place.

برڤاݢرکن *ber-pāgar-kan*, qui a ou qui place quelque chose comme clôture. دوری — *ber-pāgar-kan dūri*, entouré d'épines.

[Jav. et Sund. ꦥꦒꦼꦂ *pager*. Day. *pagar* et *pager*.]

ڤاغی ***pāṅgey***, nom d'une noix plate que l'on mange cuite (*Pij.*).

[Bat. *paṅgé*. Mak. *paṅgi*. Day. *paṅgi*, nom d'une espèce de manguier.]

ڤاغر ***pāṅgur*** = ڤامر *pāmur*.

ڤاچی ***pāxey***, sorte de terre fine, peut-être crayeuse, dont les Malais se servent comme de médecine interne, et dont on frotte les corps avant de les inhumer (*Kl.*).

ڤاچی ***pāxi***, v. sous باڤ *bāpa*.

ڤاچو ***pāxu***, éperon, aiguillon; aiguillonné, excité. لالو دڤچون کدان برجالن کلورکوت *lālu di-paxū-ña kudā-ña ber-jālan ka-lūar kōta*, alors il piqua son cheval et s'éloigna du fort (*M.*).

ممچو *memāxu*, aiguillonner, exciter, pousser. مك لالوای ممچو کدان منداڤت سری رام *maka lālu ia memāxu kudā-ña men-dāpat srī rāma*, il piqua son cheval et arriva jusqu'à Sri Rama (*R.* 42).

ممچوکن *memaxū-kan*, faire avancer, pousser quelque chose. ایڤون ممچوکن رتان کتغه میدان *ia-pūn memaxū-kan ratā-ña ka-teṅgah mēdān*, il fit avancer son char jusqu'au milieu du champ de bataille (*R.* 155).

ڤاچق ***pāxak̩***, broche: mis à la broche. — مموسغکن *memūsiṅg-kan pāxak̩*, faire tourner la broche. امبل هتین مك ڤاچق *ambil hatī-ña maka pāxak̩*, prenez-lui le cœur et mettez-le à la broche (litt.: soit par vous pris et mis à la broche) (*Amir Hamz.* 115).

مماچق *memāxak̩*, mettre à la broche, embrocher.

ترڤاچق *ter-pāxak̩*, mis ou cuit à la broche, embroché, rôti à la broche.

ڤاچت ***pāxat***, espèce de petites sangsues qui se trouvent sous l'herbe dans les forêts, et qui sautent fréquemment aux jambes des voyageurs. سڤرت ڤاچت ملمڤت بارغ دمان برتمو مانسی *seperti pāxat me-lumpat bāraṅg di-māna ber-temū mānusia*, comme les sangsues des bois qui se portent partout où il y a quelqu'un (*H. Ab.* 194).

v. اچه *āxih.*

[Sund. ꦥꦕꦺꦠ꧀ *paxét.*]

ڤاچر **pāxar,** nom d'une plante dont les feuilles sont odoriférantes. — تيکر *tikar pāxar*, une natte faite de *paxar* (*S. Mal.* 363). چين — *pāxar xina* (*lausonia alba*). اير — *pāxar āyer* (*balsamina hortensis*). کوکو — *pāxar kūku*, nom d'un arbre à fleurs blanches et odoriférantes, et ainsi nommé, parce que ses feuilles servent à teindre les ongles en rouge (*Kl.*).

[Jav. et Sund. ꦥꦕꦂ *paxar.*]

ڤاچل **pāxel,** esclave: serviteur d'un prince. ڤاتق ڤاچل يڠ هين *pātek pāxel yarg hīna*, moi, votre très humble esclave (*Sul. Ab.* 142). — بهاس *bahāsa pāxel*, le langage d'un inférieur en parlant à son supérieur. — ايکن *ikan pāxel*, nom du poisson nommé ڤارڠ *pārarg*, lorsqu'il est devenu gros.

ڤاچل **pāxul,** bêche, houe pour travailler la terre.

[Jav. et Sund. ꦥꦕꦸꦭ꧀ *paxul.*]

ڤاجق **pājak,** fermage, redevance, droit, revenu. مڠمبل حاصل ڤاجق چندو *merg-ambil hāsil pājak xandu*, prendre le revenu du fermage de l'opium (*H. Ab.* 216).

[Jav. et Sund. ꦥꦗꦼꦒ꧀ *pajeg.* Mak. ᨄᨍ *paja.*]

ڤاجڠ **pājarg,** draperie.

ڤجاڠن *pajārg-an*, ornement de lit, lit de cérémonie, de parade.

[Jav. ꦥꦗꦁ *pajarg.*]

ڤاجل **pājal,** battu, forgé à froid, non cassant. — امس *amās pājal*, de l'or battu. — ڤربواتن *per-buāt-an pājal*, ouvrages faits au marteau.

ڤاته **pātah,** cassé, brisé, rompu, craqué; être cassé. مک کدو باتڠ ڤايڠ ايتڤون ڤاتهله *maka ka-dūa bātarg pāyurg itu-pūn pātah-lah*, et les deux tiges des parasols furent cassées (*R.* 147). ڤاتهله تيڠڽ *pātah-lah tiarg-ña*, ses mâts furent brisés. تولڠڽ سده ڤاته *tūlarg-ña sudah pātah*, ses os sont brisés. دڤاتهڽ سايڤڽ *di-pātah-ña sāyap-ña*, il se cassa les ailes (*M.*). ڤڠݢڠڽ دان تاڠنڽ ڤون لنتق سراتس ڤاته *pirggarg-ña dān tārgan-ña pūn lantik sa-rātus pātah*, on fit craquer cent fois les vertèbres du dos et les jointures des doigts (*M.*). كمودی — *pātah kamūdi*, nom d'une plante, (*emilia sonchifolia*). تولڠ — *pātah tūlang*, nom d'une autre plante (*euphorbia tirucalli*) (*Cr.*).

Prov. فاته كمودی دڠن ابمڽ *pātah kamūdi dengan ābam-ña*, le gouvernail et son soutien cassés. Toute espérance perdue.

فاته *pātah* est aussi numéral des paroles, des morceaux de choses brisées. سفاته كات *sa-pātah kāta*, une parole, un mot. دسورهڽ سأورڠ ملايكة دڠن امڤت فاته كات *di-sūruh-ña sa-ōrang malāikat dengan ampat pātah kāta*, il envoya un ange pour dire quatre paroles (*M. R.* 12).

مماته *memātah*, casser, briser, rompre.

مماتهكن *memātah-kan*, mettre quelque chose en pièces, casser, briser quelque chose. مك دفاتهكنڽ ليهرڽ *maka di-pātah-kan-ña lēher-ña*, et il leur cassa le cou (*R.* 147).

ڤفاته *pe-pātah*, un fragment, morceau: un ordre.

ڤماته *pemātah*, enseignement des anciens (*Kl.*).

فاتهڤتاهن *pātah-patāh-an*, ce qui est cassé, des morceaux. كمڤلكنله سكل فاتهڤتاهن يڠ سيس ايت *kumpul-kan-lah segala pātah-patāh-an yang sīsa ītu*, ramassez les morceaux qui sont de reste (*N.* 159).

[Mak. ··· *pata*, pièce, morceau.]

فاته ***pātah***, pour ڤتا *petā*.

فاته ***pāteh***, obéissant: obéir. فاته كڤد باڤ ايبو *pāteh ka-pada bāpa ību*, obéir à son père et à sa mère (*P. M.*).

Ce mot qui est très-usité dans le détroit de Malacca est probablement une corruption de فاتق *pāteḳ*.

فاته ***pātih*** (S. पति *pati*, maître), titre honorifique, prince. دو بلس فاته اي اكن ڤرانق *dūa blàs pātih ïa ākan per-ānaḳ*, douze princes sortiront de lui (*B.* 22).

[Jav. ··· *patih*. Sund. ··· *pati*. Day. *patih*.]

فاتی ***pāti***, essence, être, base essentielle (*Kl.*).

فاتی ***pāti***, farine, fécule (*Kl.*). ساڭو — *pāti sāgu*, du sagou, farine de sagou. اوبي — *pāti ūbi*, fécule de pommes de terre.

Prov. امبل ڤتيڽ بواڠكن همڤسڽ *ambil pati-ña būang-kan ham-*

pas-ña, prendre la fécule et rejeter le résidu. Le sens est: prendre dans une chose ce qu'il y a de bon et rejeter le reste. Ce proverbe est tiré du travail que l'on fait pour obtenir le sagou; en extrayant par le lavage, la fécule et rejetant la partie fibreuse (*Kl.*).

ڤاتو **pātu**, les parties naturelles de la femme.

ڤاتق **pāteḳ**, esclave, serviteur: pronom de la première personne, parlant respectueusement. يغ دڤرتون سرت ڤاتق *yaṅ di-pertūan serta pāteḳ*, Sa Majesté avec son esclave. ڤاتق اين تياد تاهو *pāteḳ ini tiāda tāhu*, j'ignore. مان تيته دولي يغ مها ملي ايت ڤاتق سكلين جنجغ *māna tītah dūli yaṅ mahā mulīa ītu pāteḳ sakalī-an junjuṅ*, quelques soient les ordres de Votre Majesté, nous (vos serviteurs) les acceptons (*R.* 4).

ڤماتق *pemāteḳ*, qui se soumet, qui est obéissant, qui est esclave. دغن هاتي ڤماتق *deṅan hāti pemāteḳ*, avec un cœur soumis (*P. M.*).

On trouve aussi ڤاته *pāteh.*

[Kw. ꦥꦠꦶꦏ꧀ *patik.*]

ڤاتق **pātuḳ**, becquètement d'un oiseau, morsure d'un serpent: becqueté, mordu.

مماتق *memātuḳ*, becqueter, mordre. سيكر بلودق يغ مماتق تومت *sa-īkor bilūdaḳ yaṅ memātuḳ tūmit*, une vipère qui mord le talon (*B.* 83).

ڤلاتق *pelātuḳ*, nom d'un oiseau, qui frappe avec son bec contre les arbres pour en faire sortir les insectes; pic, pivert.

[Jav. et Sund. ꦥꦠꦸꦏ꧀ *patuk*, bec. Day. *patok.*]

ڤاتغ **pātiṅ**, ciseau, ciseau à froid (*Kl.*).

ڤاتغ **pātuṅ**, figure, statue, idole. تتاڤي رحيل تله سده‌له مغمبل ڤاتغ۲ ايت *tetāpi raḥīl telāh sudah-lah meṅ-ambil pātuṅ-pātuṅ ītu*, mais Rachel avait enlevé les idoles (*B.* 50).

[Day. *hampatoṅ.*]

ڤاتت **pātut**, juste, convenable, propre à, ajusté, assorti, nécessaire, être convenable, être ajusté, arrangé. ترلالو ڤاتت لكون *ter-lālu pātut lakū-ña*, sa conduite est très-convenable. كورغ ڤاتت ايت *kūraṅ pātut ītu*, cela n'est pas juste. ڤركتاٴن يغ تياد

ڤاتت دان تياد بربودي *per-katā-an yaṅ tiāda pātut dān tiāda ber-būdi*, des discours qui ne sont ni convenables ni raisonnables. ڤاتتكه اڠكو لالو داتس كڤلاك *pātut-kah aṅkaw lālu di-ātas kapalā-ku*, est-il convenable que vous passiez au-dessus de ma tête? (*R.* 65). اورڠ يڠ ڤاتت مماڬڠ سنجات *ōraṅ yaṅ pātut memegàṅ senjāta*, des gens propres à porter les armes (*M.*). يڠ تله دڤاتت اوله سڬل ڤنديت *yaṅ telàh di-pātut ūleh segala pandīta*, qui a été arrangé par les savants (*Kal. dan Dam.* 1).

سڤاتتڽ *sa-pātut-ña*, convenablement, équitablement.

مماتت *memātut*, convenir, accorder, ajuster, assortir. مماتت سرب روڤ ڤكاين *memātut serba rūpa pakēy-an*, assortir les ornements au costume (*M.*).

مماتتكن *memātut-kan*, rendre convenable, rendre propre à. بهاس دان ڤركتاءن يڠ دڤاتتكنڽ *bahāsa dān per-katā-an yaṅ di-pātut-kan-ña*, un langage et des paroles qu'ils y ont appropriés (*R.* 173).

ڤتوتن *patūt-an*, convenance, accord, ajustement.

برڤتوتن *ber-patūt-an*, qui s'accorde, qui s'ajuste, qui convient. سده برڤتوتن سمواڽ *sudah ber-patūt-an samuā-ña*, tous sont d'accord. هندقله اي برڤتوتن دڠن توان *hendak-lah ia ber-patūt-an deṅan tūan*, il désire vivre en bonne intelligence avec vous (*M.*).

[Jav. et Sund. ꦥꦠꦸꦠ꧀ *patut*. Tag. ᜉᜆᜓᜆ᜔ *patot*, être utile.]

ڤاتب **pātub** = ڤاتت *pātut*.

ڤاتم **pātam,** fronteau, ornement qu'on porte sur le front. دان كڤد كڤلاڽ يڠ سڤوله ايت سڤوله ڤاتم درڤد مانكم *dān ka-pada kapalā-ña yaṅ sa-pūloh ītu sa-pūloh pātam deri-pada mānikam*, et pour ses dix têtes il avait dix fronteaux faits de pierres précieuses (*R.* 15).

برڤاتم *ber-pātam*, qui a un fronteau. امس — *ber-pātam amàs*, portant des fronteaux d'or (*M.*).

On trouve aussi ڤتم *patàm*.

ڤاتر **pātar,** v. sous كيكر *kīkir*.

ڤاتل **pātil,** herminette, doloire étroite, dont le fer est en long; tandis que le رمبس *rimbas*, est large et a le fer en travers.

ممأتل *memātil*, façonner avec la doloire, doler.

ڤتيلن *patil-an*, dolage.

ڤاتل ***pātul***, sorte de panier.

ڤاتس ***pātas***, plafond, plancher supérieur (*M.*).

ڤاتس ***pātus***, coup de tonnerre, éclair. كدڠ تله هابس دتمبق ڤاتس *gedòng telàh hābis di-tembak pātus*, un coup de foudre mit le feu au magasin (à poudre). تاكت كيت مندڠر بوڽي ڤاتس *tākut kīta men-dengar būñi pātus* nous nous effrayons à l'ouïe des éclats du tonnerre (*M.*).

ڤاد ***pāda***, suffisant, content: être suffisant. ڤدالہ *padā-lah*, cela suffit, c'est assez.

ممد *memāda*, suffire, satisfaire.

ممداءي *memadā-i*, suffire à. دڤراولهن كاين يڠ ممداءي منوتڤ كدواڽ *di-per-ūleh-ña kāin yang memadā-i menūtup ka-duā-ña*, il s'est procuré de l'étoffe, assez pour les couvrir tous deux (*M.*). يڠ ممداءي درڤد ڤيهق مكانن *yang memadā-i deri-pada pīhak makān-an*, qui suffit à la nourriture (*D. M.* 212).

ترڤداءي *ter-padā-i*, ce à quoi on suffit, auquel on a satisfait.

ممداكن *memadā-kan*, contenter, satisfaire quelqu'un, rendre suffisant pour. بهو سلطان اسكندر ايت تياد ممداكن درين دڠن كرجاءن سكلين عالم اين *bahwa sultān iskander ītu tiāda memadā-kan dirī-ña dengan ka-rajā-an sa-kalī-an ālam īni*, le Sultan Alexandre ne se contentait pas de l'empire du monde entier (*M. R.* 164). ڤداكن دي *padā-kan dīa*, contentez-le, donnez-lui satisfaction (*M.*).

كڤداءن *ka-padā-an*, suffisance, compensation, satisfaction.

[Jav. ꦥꦝ *pada*, comme, avec. Sund. ᮕᮓ *pada*, respectivement. Mak. ᨄᨉ *pada*, comme.]

ڤاد ***pāda*** (S. पद *pada*), pied, les pieds. - سري *srī pāda*, les pieds vénérables (terme de respect), le souverain, le roi, Sa Majesté. مڠتاكن دولة توانك سري ڤاد *mengatā-kan dawlat tūanku srī pāda*, en disant que la fortune de Votre Majesté (croisse) (*S. Bid.* 54).

[Kw. ꦥꦢ *pada*. Comp. Gr. πούς, ποδός. Lat. *pes*, *pedis*. Germ. *fuss*.]

ڤادى *pādi*, riz qui n'est pas dégagé de son enveloppe, et aussi, la plante dans les différents états par où elle passe. (Le riz mondé se nomme برس *bràs*, et le riz cuit. ناسي *nāsi*). Il y a un grand nombre de variétés de *padi*, J. Rigg en compte cent-cinquante. ساوه — *pādi sāwah*, le riz qui vient dans les terres basses et humides. لادڠ — *pādi lādaṅ*, le riz qui pousse dans les terrains élevés et secs. On dit — ممباية *mem-bāyat pādi*, semer le riz en pépinière pour le replanter ensuite. — منانم *menānam pādi*, planter le riz quand on l'a extrait des pépinières. — منوڬل *menūgal pādi*, semer le riz dans les terrains secs, pour qu'il y croisse sans être replanté. — ممبق *menumbuk pādi*, piler le riz, lui enlever son enveloppe. موسم مڠمبل ڤادى *mūsim meṅambil pādi*, le temps de la moisson du riz. تله همڤرله ماسق ڤادى ايت *telàh hampir-lah māsak pādi itu*, le riz était presque mûr (*S. Mal.* 29).

On joint quelquefois ce mot à des noms pour indiquer des choses d'une petite espèce. ڽيور — *ñiyur pādi*, sorte de petites noix de coco. — اوبي *ūbi pādi*, tubercules d'une petite espèce (*Kl.*).

Prov. سڤرت بوه ڤادى ماكن بريسى ماكن رندق سڤرت بوه ڤادى يڠ همڤ ماكن لام ماكن تڠڬى *seperti būah pādi mākin ber-īsi mākin runduk seperti būah pādi yaṅ hampa mākin lāma mākin tiṅgi*, comme l'épi du riz qui s'abaisse d'autant plus qu'il est plus plein, et qui s'élève à proportion qu'il est plus vide. Le sens est: un homme plein de talent et de science est modeste, et celui qui est vide de science et de talent s'élève plein de vanité.

Selon *Pij.* du S. व्रीहि *vrīhi*, riz.

[Jav. [illegible] *pari*. Sund: [illegible] *paré*. Bat. [illegible] *pagé*. Mak. [illegible] *paré*. Day. *parey*. Tag. [illegible] *palasi*. Bis. [illegible] *palai*.]

ڤادو *pādu*, mis ensemble, comparé, évalué. — امس *amàs pādu*, de l'or vérifié, contrôlé.

ممادو *memādu*, mettre ensemble comparer, évaluer.

ممدوكن *memadū-kan*, faire comparer, faire estimer. دسوره اوله تون حكيم ڤدوكن ڤكيرن ايت

di-sūruh ūleh tūan ḥakīm padū-kan pikīr-an ītu, le juge ordonna de comparer ces différentes opinions (*H. Ab.* 337).

قادك ***pāduka*** (S. पादुका *pādukā*, chaussure), titre donné aux princes: Sa Majesté, Son Altesse. يڠ برنام قادك سرى رام *yaṅ ber-nāma pāduka srī rāma*, que l'on nommait Son Altesse Sri Rama (*R.* 8). سرى سلطان — *pāduka srī sulṭān*, Sa Majesté le Sultan.

On trouve aussi قدوك *padūka*.

Ce mot qui, en S., signifie chaussure, devient en Jav. pronom de la seconde personne, en parlant à un supérieur. Votre chaussure, pour: vous, comme si la personne à laquelle on parlait était si élevée qu'on ne pût voir que sa chaussure. C'est de cette pensée que lui est venu le sens qu'il a en Malais.

[Jav. et Sund. ꦥꦢꦸꦏ *paduka*.]

قادغ ***pādaṅ***, plaine, endroit défriché, terrain sans arbres (par opposition à forêt), les champs. قادغ يڠ لوس *pādaṅ yaṅ lūas*, une vaste plaine. تمڤت هوتن ايت جادى امڤت ڤرسڬى قادغ *tampat hūtan ītu jādi ampat per-segī pādaṅ*, cet endroit de la forêt devint une plaine carrée (*R.* 143). هندقله مڠامتّماتى بڠبوڠ باكڠ دڤادغ *hendak-lah meṅ-āmat-amāt-i buṅa-būṅa bākuṅ di-pādaṅ*, considérez les lis des champs (*N.* 9). لالو اى برجالن كتڠه قادغ ڤڤراغن *lālu ia ber-jālan ka-teṅah pādaṅ pe-prāṅ-an*, il s'avança au milieu du champ de bataille (*R.* 145). بلنتار — *pādaṅ bel-antāra*, le désert. اڤاته كامو سده كلوركقد قادغ بلنتار *apā-tah kāmu sudah ka-lūar ka-pada pādaṅ bel-antāra*, pourquoi êtes-vous allé dans le désert (*N.* 17). تيه — *pādaṅ tīh*, le désert d'Arabie. تكوكر — *pādaṅ tekū-kur*, une plaine tellement déserte, que les tourterelles s'y fixent. تندس — *pādaṅ tandas*, espèce de place à jachère. — اڠين — *pādaṅ āṅin*, expression pour indiquer une ville tombée. تمو — *pādaṅ temū*, la plaine de la rencontre; la vallée des morts, où tous les hommes doivent se rencontrer.

قداڠن *padāṅ-an*, terrains de plaines, les endroits défrichés en général (*B.* 18).

[Jav. ꦥꦝꦁ *padaṅ*, clair. Bat. ᯇᯑᯰ *padaṅ*, nom d'une espèce d'herbe. Day. *padaṅ*.]

ڤادن **pādan,** convenable, assorti, proportionné, bien adapté. بوكن بغساك دڤينغ اوله راج كبياكن اين بوكن ڤادنڽ *būkan baṅsā-ku di-pīnaṅ ūleh rāja ka-bañāk-an ini būkan pādan-ña,* il n'est pas de mon rang d'être demandée en mariage par des rois ordinaires, ce mariage ne serait pas assorti (*S. Mal.* 52). تياد ڤادن كلكوانڽ دغن مرتبتڽ *tiāda pādan ka-lakū-an-ña deṅan merta-bat-ña,* sa conduite ne convient pas à son rang (*P. Dew.*). هايم اين بوكن ڤادن دغن ايت *hāyam ini būkan pādan deṅan ītu,* ce coq de joute ne peut pas aller avec cet autre. بايقله كيت منچهاري ڤادنڽ *bāik-lah kita men-xahāri pādan-ña,* nous devons lui chercher un parti convenable.

برڤادن *ber-pādan,* qui convient, qui assortit.

مماد ن *memādan,* assortir, adapter.

ترڤادن *ter-pādan,* qui est assorti, que l'on a adapté: qui peut être assorti.

ممداني *memadān-i,* assortir une chose à une autre, adapter à.

ممادنكن *memādan-kan,* faire aller des choses ensemble, les assortir.

ممڤرڤادن *mem-per-pādan,* faire que des choses s'adaptent, se conviennent.

ممڤرڤداني *mem-per-padān-i,* faire qu'une chose s'adapte à une autre.

ممڤرڤادنكن *mem-per-pādan-kan,* faire que des choses s'adaptent ensemble, se conviennent.

كڤداانن *ka-padān-an,* ce qui est adapté, assorti: assortiment.

ڤادم **pādam,** éteint, anéanti, mort; être éteint, s'éteindre. ڤليت سده ڤادم *palīta sudah pādam,* la lampe est éteinte. مك اڤي ايتڤون ڤادمله *maka āpi ītu-pūn pādam-lah,* alors le feu s'éteignit (*R.* 44).

مماد م *memādam,* éteindre.

ترڤادم *ter-pādam,* qui est éteint, que l'on a éteint. ڤليت سده ترڤادم *palīta sudah ter-pādam,* on a éteint la lampe.

ممادمكن *memādam-kan,* éteindre quelque chose, mettre à mort, exterminer. مك شيخ ممادمكن ڤليت *maka šeik memādam-kan palīta,* alors le cheik éteignit la lampe (*M. R.* 76). بوغكن اي كدالم هوتن ڤادمكن جاغن دركلهاتن *būaṅ-kan īa ka-dālam hūtan pādam-kan jāṅan deri ka-lihāt-an,* conduisez-la dans la forêt, exterminez-la de manière qu'elle ne paraisse plus (*K. Tam.*). دهاݢ -- *memādam-kan dahāga*, étancher la soif. اماره — *memādam-kan amārah*, apaiser la colère.

ڤمادم *pemādam*, qui éteint ou sert à éteindre, un éteignoir. — اورڠ *ōrang pemādam*, un éteigneur.

ڤادم ***pādem***, nom d'une pierre précieuse, hyacinthe. — ميره *mērah pādem*, rouge couleur de feu. ورن مکان ميره ڤادم سڤرت اڤي برڽال *warna mukā-ña mērah pādem seperti āpi ber-ñāla*, son visage enflammé était de la couleur du feu (*M.*).

v. ڤدم *padma*.

ڤادم ***pādema***, pour ڤدم *padma*.

ڤادري ***pādrī*** (Port. *padre*), un prêtre, le ministre d'une religion. کيت ڤوڽ توان ڤادري *kīta pūña tūan pādrī*, notre prêtre, le curé de notre paroisse. اد ڤادري کيت برنام حاجي کاسم *ada pādrī kīta ber-nāma ḥājī kāsim*, nous avons un prêtre qui se nomme *Haji Kasim* (*M.*).

[Sund. [illegible] *padri*]

ڤانه ***pānah*** (S. बाण *wāṇa*, flèche), arc, instrument à tirer des flèches: tiré, lancé avec un arc. انق ڤانه *ānak pānah*, une flèche. ايبو ڤانه *ību pānah*, un arc. مات ڤانه *māta pānah*, le fer d'une flèche. چابڠ انق ڤانه *xābang ānak pānah*, la coche ou le cran d'une arbalète. کايت انق ڤانه *kāit ānak pānah*, la barbe d'une flèche. انق ڤانه يڠ سقتي *ānak pānah yang sakti*, une flèche enchantée. تالي ڤانه *tāli pānah*, la corde d'un arc. ڤانه کلودن *pānah kelūdan*, un arc formant un coude au lieu d'une courbe régulière (*Kl.*). دڤانه اوله راج *di-pānah ūleh rāja*, le roi tira une flèche. دڤانهڽ اکن لاونڽ دڠن انق ڤانه کسقتين *di-pānah-ña ākan lāwan-ña dengan ānak pānah ka-saktī-an*, il décocha contre son adversaire une flèche enchantée (*M.*).

ممانه *memānah*, se servir de l'arc, tirer avec l'arc, tirer contre quelque chose. بارغسياڤ يڠ داڤت ممانه ڤوهن ايت *bārang-siāpa yang dāpat memānah pōhon ītu*, quiconque pourra tirer une flèche sur ces arbres (*R.* 34).

ممانهکن *memānah-kan*, lancer quelque chose avec un arc, décocher, lancer une flèche. اي ممانهکن انق ڤانهڽ *īa memānah-kan ānak pānah-ña*, alors il décocha une flèche (*R.* 44). اى مڠلوركن انق ڤانه لالو دڤانهكن كأدر *ia mengа-lūar-kan ānak pānah-ña lālu di-pānah-kan-ña ka-udara,* il prit une flèche et la lança dans l'air (*R.* 58).

ڤمانه *pemānah,* tireur de l'arc, archer. دان جديله اى سأورڠ ڤمانه *dān jadī-lah ia sa-ōrang pemānah*, et il devint un homme adroit à tirer de l'arc (*B.* 29).

سڤمانه *sa-pemānah,* portée de l'arc, aussi loin que peut porter un arc. اى منجاوهكن درين سكركير سڤمانه در سان *ia men-jāuh-kan dirī-ña sa-kira-kīra sa-pemānah deri sāna,* elle s'en éloigna d'un trait d'arc (*B.* 29).

برڤانهڤناهن *ber-pānah-panāh-an,* se tirer des flèches réciproquement. مك جديله برڤانهڤناهن كدوان ايت *maka jadī-lah ber-pānah-panāh-an ka-duā-ña ītu,* alors ils décochèrent l'un contre l'autre un grand nombre de flèches (*R.* 160).

[Jav. et Sund. ꦥꦤꦃ *panah.* Mak. ᨄᨊ *pana.* Day. *panah.* Tag. et Bis. ᜉᜈ *pana,* flèche.]

ڤانو *pānau,* taches livides sur la peau, occasionnées par la lèpre, ou par quelque humeur scrofuleuse; érysipèle, urticaire (*Kl.*).

ڤانر *pānar,* rayon du soleil (*M.*). v. سينر *sinar.*

ڤانس *pānas,* chaud; véhément, passionné; chaleur. — اير *āyer pānas,* de l'eau chaude. — هاري *hāri pānas,* un jour de chaleur. — نڬري *nagrī pānas,* un pays où il fait chaud. — موسم *mūsim pānas,* l'été, la saison des chaleurs. متهاري — *pānas matahāri,* la chaleur du soleil. مك راس توان ڤتري ڤون ڤانس هندق ڤرڬي مندى *maka rāsa tūan putrī pūn pānas hendak pergi mandi,* la princesse avait chaud et voulut se baigner (*Ism. Yat.* 30). مك ڤانس ڤون ترلالو ساڠت *maka pānas pūn ter-lālu sāngat,* et la chaleur était excessive (*R.* 60). — دمم *demam pānas,* fièvre chaude. هاتي — *pānas hāti,* colère, emportement. ترق — *pānas terik,* forte chaleur. بار — *pānas bāra,* chaleur de charbons ardents: colère violente.

Prov. ڤانس ستاهن دهاڤسكن اوله هوجن سهاري *pānas sa-tāhun di-hāpus-kan ūleh hūjan sa-hāri,* la pluie d'un jour fait disparaître la sécheresse d'une année. Le mal d'un jour rend inutile le bien fait pendant une année (*Kl.*).

ممانسی *memanās-i*, échauffer, donner de la chaleur à. استناك دڤنسينى *astanā-ku di-panas-ī-ña*, il échauffe mon palais (*R.* 59).

ممانسكن *memānas-kan*, chauffer, rendre chaud. متهارى ممانسكن سگل اير دالم ڤارت اتو سوڠى اتو لاوت *mata-hāri memānas-kan segala āyer dālam pārit ātaw sūŋey ātaw lāut*, le soleil chauffe l'eau dans les fossés, dans les rivières et dans la mer (*N. Phil.* 53).

كڤناسن *ka-panās-an*, échauffé, qui a chaud; chaleur. كارن اكو ترلالو كڤناسن *kārna āku ter-lālu ka-panās-an*, car je suis accablé de chaleur (*R.* 60). كڤناسن متهارى *ka-panās-an mata-hāri*, la chaleur du soleil.

[Jav. et Sund. ꦥꦤꦱ꧀ *panas*. Tag. ᜉᜈᜐ᜔ *panas*, fatigue.]

ڤانس **pānus**, des nuées amoncelées et mêlées de traits de foudre (*Kl.*).

ڤاڤ **pāpa** (S. पाप *pāpa*, bas, mauvais), pauvre, nécessiteux, misérable, malheureux. — اورڠ ڤاڤ *ōraŋ pāpa*, un homme pauvre. — يتيم يڠ ڤاڤ *yatīm yaŋ pāpa*, un pauvre orphelin. اورڠ مود اين يڠ هين لاڬى ڤاڤ تياد بركتهوان تمڤت امڤوڽ *ōraŋ mūda īni yaŋ hīna lāgi pāpa tiāda ber-ka-tahū-an tampat ampūña*, ce jeune homme, de basse condition, et avec cela pauvre, ne connaît pas un seul endroit qu'il puisse nommer sien (*M.*).

كڤاڤاءن *ka-papā-an*, pauvreté, nécessité, disette : malheur, calamité. سڤاي جاڠن اڠكو كن كڤاڤاءن *supāya jāŋan aŋkaw kena ka-papā-an*, afin que vous ne ressentiez pas la disette (*B.* 76). اكو تياد ماو منڠڠڬوڠ كڤاڤاءنڽ *āku tiāda māu menaŋguŋ ka-papā-an-ña*, je ne veux pas être chargé de la responsabilité de ce malheur (*Bis. Raj.* 6).

[Jav. ꦥꦥ *papa*, infortuné. Bat. ——— *papa*. malédiction. Day. *papa*, laid, difforme.]

ڤاڤ **pāpa**, appui, étai, chevalet (*M.*).

ڤاڤه **pāpah**, porté, supporté, être porté (d'un malade qui ne peut marcher). دڤاڤه دنايقكن داتس كريت *di-pāpah di-nāik-kan di-ātas karēta*, on le porta et on le mit sur une voiture (*H. Ab.* 233).

ماڤاه *memāpah*, porter, soutenir quelqu'un qui ne peut pas marcher.

ڤاڤق pāpaḳ, hermaphrodite (*M.*). Court et gros: une poule sans queue (*Kl.*).

ڤاڤت pāpat, plat, uni, régulier. — ڤوتڠ *pūtuṅ pāpat*, coupé uni, équarri (du bois, des pierres).

ماڤت *memāpat*, unir, équarrir: et aussi, frapper avec le plat de quelque chose, p. ex., avec le plat d'un sabre, d'une règle, etc. (*Kl.*).

ڤاڤن pāpan, planche, ais, plancher. سكفڠ - - *pāpan sa-kepiṅ*, une planche. — انتار دو *antāra dūa pāpan*, entre deux ais. — چاتر *pāpan xātur*, échiquier. چوكى — *pāpan xūki*, damier. لوح — *pāpan lōḥ*, ou تولس — *pāpan tūlis*, planchette, tablette pour écrire, ardoise. ببراڤ ڤاڤن لوح يڠ ڤچه٢ *be-brāpa pāpan lōḥ yaṅ pexàh-pexàh*, un grand nombre de tablettes à écrire furent cassées (*H. Ab.* 21). چڠكق — *pāpan xoṅkaḳ*, un morceau de bois oblong, avec deux rangées de petits trous, et un plus grand à l'extrémité et qui sert à jouer un jeu dans le genre du *xoṅkak*. ڬولڠ — *pāpan gūluṅ*, le bois autour duquel on tourne la pièce d'étoffe après le tissage.

— موك *mūka pāpan*, éhonté, effronté, sans pudeur.

[Jav. et Sund. ꦥꦥꦤ꧀ *papan*. Bat. [illegible] *papan*. Mak. [illegible] *papaṅ*. Day. *papan*. Bis. [illegible] *papan*.]

ڤاڤر pāpar, contribution, imposition: égal, uni (*Kl.*).

ڤڤارن *papār-an*, ce qui est levé comme contribution: imposition, réquisition.

ڤاڤس pāpas, enlevé, ôté, mis de côté. بايقله توان همب ڤاڤس كاجڠ *bāiḳ-lah tūan hamba pāpas kājaṅ*, veuillez enlever vos bannes (litt.: que les bannes soient par vous enlevées) (*S. Mal.* 300).

ماڤس *memāpas*, enlever, ôter, mettre de côté (*S. Mal.* 301): empêcher l'effet d'un charme.

ڤاڤس pāpas, rencontrer (*Cr.*).

ڤامه pāmah, terrain bas et plat au pied d'une colline (*Cr.*).

ڤامن pāman, oncle, jeune frère du père ou de la mère: on se sert aussi de ce mot par respect, en parlant à un homme avancé en âge. جكلو ڤامن هندق *jikalaw pāman hendaḳ*, si vous, mon oncle (mon tuteur), voulez bien (*S. Mal.* 147).

[Jav. et Sund. ꦥꦩꦤ꧀ *paman.*]

ڤامر **pāmur**, veines, ondes, damasquinage sur la lame d'un glaive. — كورغ *kūraŋ pāmur*, cela n'est pas damasquiné, il est tout uni. ڤامر٢ كرس ايتڤون هندق دكتهوءينڽ *pāmur-pāmur kris ītu-pūn hendak di-ka-tahu-ī-ña*, il voulait tout connaître, jusqu'au damasquinage des criss (*H. Ab.* 346).

برڤامر *ber-pāmur*, qui a des veines. — بايق٢ *bāïk-bāïk ber-pāmur*, joliment ondé.

[Jav. ꦥꦩꦺꦴꦂ *pamor*, métal mélangé: de ꦮꦺꦴꦂ *wor*. Sund. ꦥꦩꦺꦴꦂ *pamor*. Bat. [Batak] *paŋur*. Mak. [Makassar] *pamoro.*]

ڤار **pāra**, grenier, la partie d'une maison qui se trouve immédiatement sous le toit: petit grenier qui se trouve au dessus du foyer, et qui sert à placer les ustensiles de cuisine. سڬل انق دارملیهتله دري تڠكڤ دان ڤار *segala ānak dāra me-līhat-lah deri tiŋkap dān pāra*, les jeunes filles regardaient par les croisées et par les ouvertures des greniers (*Sul. Ab.* 27).

On trouve aussi ڤرڤار *para-pāra*, dans le même sens. — ارغ *āraŋ para-pāra*, de la suie.

ڤارن **pāran**, faîtage d'une maison.

[Jav. ꦥꦒ *paga*, grenier. Sund. ꦥꦫ *para*, étage. Bat. [Batak] *parapara.* Mak. [Makassar] *para.* Day. *para*, plancher. Tag. et Bis. [Tagalog] *pala-pala.*]

ڤار **pāra**, grave, mortel = ڤاره *pārah.*

ڤاره **pārah**, grave, mortel. لوك — *lūka pārah*, une blessure grave.

ڤاره **pārah**, mesure de dix *gantaŋs*, pour mesurer les choses sèches (*Cr.*).

ڤاره **pāruh**, le bec d'un oiseau. جكلو ڤاره ايتق سڤرت ڤاره هايم *jika-law pāruh ïtik seperti pāruh hāyam*, si le bec du canard était comme celui de la poule (*Exer.* 112). كوكو دان ڤاره ڬرود ايت *kūku dān pāruh garūda ītu*, les serres et le bec de ce griffon (*M.*).

ممارة *memāruh,* piquer avec le bec, becqueter.

[Bat. —— *paruŋ,* protubérance du bec de l'oiseau rhinocéros.]

قاري ***pāri,*** nom d'un poisson, la raie.

[Sund. —— *pari.*]

قاري ***pāri,*** sort, chance. — بوه *būah pāri,* des dés. — ممبوغ *mem-būwaŋ pāri,* jeter les sorts, jeter les dés.

[Bat. —— *paré,* nom d'un petit morceau de bambou que l'on jette et de la position duquel on tire un augure.]

قارو ***pāraw,*** rauque, enroué. سوراڽ يغ مردو منجادي قارو *suwa-rā-ña yaŋ mardu men-jādi pāraw,* sa douce voix devint rauque (*M.*).

ڤقارو *pe-pāraw* ou قارو٢ *pā-raw-pāraw,* les poumons, la vessie d'un poisson. دالمڽ ايت قارو٢ تمڤت اڠين ايت بسر *dālam-ña ītu pāraw-pāraw tampat āŋin ītu besàr,* chez elle (la tortue de mer) la vessie, ou l'endroit où se trouve l'air, est considérable (*Exer.* 109).

[Bat. —— *mor-poro,* rauque. Mak. —— *parro,* id. Day. *pehan.*]

قارو ***pāro,*** demi, moitié, partie.

سقارو *sa-pāro,* une moitié, une partie. سقارو تڠڮلم دالم سوڠي *sa-pāro teŋgelàm dālam sūŋey,* une partie disparut dans les eaux de la rivière (*H. Ab.* 62). متهاري ايت برچهاي كقد سقارو بولن ايت *mata-hāri ītu ber-xahāya ka-pada sa-pāro būlan ītu,* le soleil éclaire la moitié de la lune (*N. Phil.* 24).

On trouve aussi سقاره *sa-pā-roh.*

[Jav. et Sund. —— *paro.*]

قارق ***pārak,*** entre, parmi.

ممارقكن *memārak-kan,* laisser une place entre (*Cr.*).

قارق ***pārik,*** allumer (*Cr.*), v. قورق *pōrak.*

قارق ***pārok*** = قارت *pārut,* râpe.

قارغ ***pāraŋ,*** instrument tranchant, espèce de grand couteau, couperet; coupé, tranché: être coupé. — سبيله *sa-bīlah pāraŋ,* un couperet. مندق — *pāraŋ mondok,* nom d'un *pāraŋ,* court et large. — مڠرت دڠن *meŋeràt deŋan pāraŋ,* couper avec un couperet. دڤارغڽ کيری مک تمبه ايت در کانن *di-pāraṅ-ña kīri maka tumbuh ītu deri kānan*, lorsqu'il le coupait à gauche, il croissait de nouveau à droite (*R.* 3). دڤارغڽ ليهر رقشاس ايت لالو ڤوتس *di-pāraṅ-ña lēher rakšāsa ītu lālu pūtus*, il blessa le monstre au cou, et lui coupa ensuite (la tête) (*M.*).

Prov. سڤرت ڤارغ مات دو *seperti pāraṅ māta dūa*, comme un coutelas, qui est aiguisé des deux côtés. Se dit d'un homme à double langue, qui parle dans un endroit d'une façon et dans un autre endroit d'une autre façon. — ايکن *īkan pāraṅ*, nom d'un poisson plat, ainsi nommé parce qu'il a la forme d'un *paraṅ* (*H. Ab.* 188).

ممارغ *memāraṅ*, couper, trancher. — دغن ڤدغ *memāraṅ deṅgan pedàṅ*, trancher d'un coup de sabre.

ممارغکن *memāraṅ-kan*, couper, trancher q. ch., mettre en pièces. لالو دڤارغکنڽ اوله بݢند اکن بولوه ايت *lālu di-pāraṅ-kan-ña ūleh bagìnda ākan būluh ītu*, le prince coupa ce bambou (*R.* 3). اى ممارغکن سکل رعية *īa memāraṅ-kan segala rayat*, il mettait la populace en pièces (*R.* 92).

ڤمارغ *pemāraṅ*, celui qui coupe, qui tranche, sabreur.

[Jav. et Sund. ꦥꦫꦁ *paraṅ*. Mak. ᨅᨙᨑ *bèraṅ*. Day. *paraṅ*, museau de la scie. Tag. ᜉᜎᜅ᜔ *palaṅ*.]

ڤارغ ***pāriṅ***, nom d'une plante (*mimosa scandens*).

ڤارغ ***pāruṅ***, nom d'un criss en forme de flamme.

ڤارت ***pārit***, fossé, fosse, canal, tranchée. استان راج لڠکڤ دغن ڤارتڽ *astāna rāja laṅkap deṅgan pārit-ña*, le palais du roi entouré de fossés (*R.* 135). جکلو سؤرغ بوت ممڤين اورغ بوت مک کدواڽ اکن جاته کدالم ڤارت *jikalaw sa-ōraṅ būta memimpin ōraṅ būta maka ka-duā-ña ākan jātuh ka-dālam pārit*, si un aveugle en conduit un autre, ils tomberont tous les deux dans la fosse (*N.* 26).

[Sund. ᮕᮛᮤᮒ᮪ *parit*. Bat. ᯇᯒᯪᯖ᯲ *parit*, circonvallation. Day. *parit*.]

ڤارت ***pārut***, cicatrice, balafre, tache, stigmate flétrissant. تڠݢل لاݢي ڤارتڽ *tiṅgal lāgi pārut-ña*, il en reste les cicatrices (*H. Ab.* 313). جك هيدڤ دغن ڤارت اين

اڤاته ݢناڽ *jika hīdup deṅan pārut īnī apā-tah gunā-ña*, si je dois vivre avec cette marque, quel prix la vie aura-t-elle pour moi? (*M.*).

ڤارت ***pārut***, râpe; râpé. كولت توبوهڽ سڤرت ڤارت اداڽ *kūlit tū-buh-ña seperti pārut adā-ña*, sa peau est comme une râpe, est raboteuse.

ممارت *memārut*, râper.

ڤروتن *parūt-an*, une râpe.

ڤارن ***pāran***, faîtage d'une maison, v. ڤار *pāra*.

ڤارس ***pāras***, la figure, les traits du visage, la physionomie. مك ايڤون برانق سؤورڠ ڤرمڤوان ترلالو ايلق ڤارسڽ *maka ia-pūn ber-ānak sa-ōraṅ perampūan ter-lālu ēlok pāras-ña*, elle mit au monde une fille qui avait la figure d'une rare beauté (*R.* 8). اتوله يڠ ترلبه ايلق ڤارسڽ *itū-lah yaṅ ter-lebèh ēlok pāras-ña*, c'est lui qui avait la plus belle physionomie (*R.* 8).

ڤارس ***pāras***, qui à la forme ronde, cylindrique; uni, rasé.

ممارس *memāras*, couper uni, raser, tondre, tailler: passer le rouleau sur une mesure de capacité.

[Jav. ꦥꦫꦱ꧀ *paras*, pelure d'un fruit. Tag. ᜉᜎᜐ᜔ *palas*, tondre, rogner. Bis. [illegible] *palas*, enfilé en long, formant une file.]

ڤال ***pāla*** (S. फल *pala*, fruit, noix muscade), muscade. — بوه *būah pāla*, la noix muscade. — بوڠ *būṅa pāla*, macis, l'enveloppe intérieure de la noix.

ڤڤال *pa-pāla* ou ڤلڤال *pala-pāla*, noix muscade de la plus grosse espèce.

[Jav. et Sund. ꦥꦭ *pala*.]

ڤالو ***pālu***, battu, frappé; être battu; coup. دڠن دره ايت ڤالو اوليهمو سکل اورڠ يڠ تياد توروت اکن شريعة نبي *deṅan deràh itu pālu ūleh-mu segala ōraṅ yaṅ tiāda tū-rut ākan šerīạt nabī*, avec cette verge frappez (litt.: soient frappés par vous) tous ceux qui ne suivent pas la loi du prophète (*M. R.* 76). مك دڤلوڽ دڠن ݢداڽ *maka di-palū-ña deṅan gadā-ña*, alors il frappa avec sa massue (*R.* 99). مك سکل بوڽي بوڽين دڤالو اورڠله *maka segala buñi-buñī-an di-pālu ōraṅ-lah*, alors on frappa sur tous les instruments de musique (*R.* 123). دڤلوڽ دوا ڤالو *di-palū-ña dūa pālu*, il frappa deux coups.

ممالو *memālu*, frapper, battre. ممالو كندرغ كمبالي *memālu genderàṅ kombāli*, battre la retraite (*Amir Hamza* 207).

ترقالو *ter-pālu*, qui est battu, que l'on a frappé. عيسى ترقالو *ῑsa ter-pālu*, Jésus est frappé (*P. M.*).

مملوكن *memalū-kan*, frapper sur q. ch., battre quelqu'un. مك دقلوكنن كفد هنومن *maka di-palū-kan-ña ka-pada hanūman*, alors il frappa Hanuman (*R.* 149).

قمالو *pemālu*, qui frappe, ce qui sert à frapper. اى ممكغ قمالو سكل بپپين *ia memegàṅ pemālu segala buñi-buñi-an*, ils prirent en main ce qui servait à frapper sur les instruments de musique (*R.* 143).

[Jav. ꦥꦭꦸ *palu*. Sund. ꦥꦭꦸ *palu*, marteau; ꦥꦭꦸꦮꦤ꧀ *paluan*, frapper. Bat. [illegible] *palu*, frapper sur un instrument de musique. Tag. et Bis. [illegible] *palo*.]

قالو **pālu**, mêlé. برقلقالو *ber-palu-pālu*, qui se mêle avec, se mêler ensemble: faire du commerce, trafiquer (*Kl.*). كلورله چهاي برقلقالو دغن چهاي متهاري *ka-lūar-lah xahayā-ña ber-palu-pālu deṅan xahāya mata-hāri*, il en sortit une lumière qui se mêla à l'éclat du soleil. بووڽ بوغ برقلقالو دغن اير ماور *bañ-ña būṅa ber-palu-pālu deṅan āyer māwar*, le parfum des fleurs se mêlait à celui de l'eau de rose (*M.*).

قالغ **pālaṅ**, pièce de bois en travers. v. sous الغ *ālaṅ*.

قالغ **pāliṅ**, tourné, retourné, viré; être tourné. كقلام — *pāliṅ kapalā-mu*, tournez la tête (litt.: soit par vous la tête tournée) (*M.*).

برقالغ *ber-pāliṅ*, qui se tourne, se retourner. ايڤون برقالغ ملیهت كبلاكغ *ia-pūn ber-pāliṅ melīhat ka-blākaṅ*, il se retourna pour voir ce qui était derrière lui (*R.* 58). مك عيسى ڤون برقالغ ديرين *maka ῑsa pūn ber-pāliṅ dirī-ña*, alors Jésus se retourna (*N.* 14). برقالغ كفد اورغ لاين *ber-pāliṅ ka-pada ōraṅ lāin*, tourner ses affections vers une autre personne (*M.*).

ممالغ *memāliṅ*, tourner, retourner, changer. الله سوده ممالغ ايت اكن كبيكن *allah sudah memāliṅ itu ākan ka-baīk-an*, Dieu a changé cela en bien (*B.* 85).

ممالڠکن memāliṅg-kan, faire tourner, faire virer, détourner quelque chose. مك لالواى ممالڠکن كداڽ maka lālu ia memāliṅg-kan kudā-ña, alors il détourna son cheval (R. 40). قالڠکنله متمتام درقداك pāliṅg-kan-lah mata-matā-mu deri-padā-ku, détournez vos yeux de dessus moi (B. 957).

برقالڠکن ber-pāliṅg-kan, qui fait tourner, faisant tourner. سكل دايڠ٢ ترسنم سراى برقالڠکن مكاڽ كبلاكڠ segala dāyaṅg-dāyaṅg ter-siññum serāya ber-pāliṅg-kan mukā-ña ka-blā-kaṅg, toutes les suivantes sourirent et détournèrent les yeux (M.).

[Tag. paliṅg, la tête tournée de travers. Bis. paliṅg, tomber de dessus le bord de quelque chose.]

قالغ pāloṅg, baquet, auge, mangeoire, crèche : le lit d'une rivière (M.). لالو ممبتله دى دغن لمڠغ٢ دان لتقله اى ددالم سواتو قالغ lālu mem-babat-lah dīa deṅgan lampiṅg-lampiṅg dān letàk-lah ia di-dālam suātu pāloṅg, elle l'enveloppa de langes et le coucha dans une crèche (N. trad. P. M.). تربوك كوال قد قالغ اير ميره ter-būka kuwāla pada pāloṅg āyer mērah, la navigation est maintenant ouverte (après une sécheresse) par le canal de Ayer-Mérah (M.).

قلوڠن paloṅg-an, baquet, réservoir, citerne. ممبا اير دان مڠيسى قلوڠن٢ menimba āyer dān meṅg-īsi paloṅg-an-paloṅg-an, puiser de l'eau et remplir les réservoirs (B. 87).

[Bis. paloṅg, plateau, auge.]

قالت pālit, tache, balafre : taché, balafré, barbouillé, souillé, sali.

ترقالت ter-pālit, qui est taché, que l'on a barbouillé. سموا كربو ترقالت samuā karbaw ter-pālit, tous les buffles se trouvaient être tachés (H. Ab. 80).

قالت pālut, couverture, enveloppe, une couche de quelque chose qui couvre un objet.

برقالت ber-pālut, qui a une couverture, qui est enveloppé ou couvert d'une couche de q. ch. قلم يغ برقالت دغن دواة kalam yaṅg ber-pālut deṅgan dawāt, une plume à écrire couverte d'encre, remplie d'encre (H. Ab. 348).

قالر pālar, attaché, affectionné à l'argent ou aux choses de la terre.

ممالرکن *memālar-kan*, aimer les biens, les choses terrestres. تياد اکو ڤالرکن هرتام *tiāda āku pālar-kan hartā-mu*, je ne désire nullement vos richesses (*Kl.*).

ڤالر ڤلارن *pālar-palār-an*, couvercle qu'on met sur les plats d'aliments.

ڤالس ***pālis***, tourné vers, retourné.

برڤالس *ber-pālis*, se tournant, qui se tourne vers.

ممالس *memālis*, se tourner vers, tourner le visage. لالو ممالس سراي برسبد *lālu memālis serāya ber-sabda*, il se tourna vers elle en disant (*S. Bid.* 36).

ڤاسيبندل ***pāsībandol***, sot, niais; mot de reproche. اکوکه ڤاسيبندل اغکوکه ڤاسيبندل *akū-kah pāsībandol aŋkaw-kah pāsībandol*, est-ce moi qui suis niais ou bien vous? (*S. Mal.* 248).

Peut-être de ڤا *pa*, pour سياڤ *siāpa*, de سي *sī*, et du Jav. [Javanese script] *banḍol*, vicieux, défectueux.

ڤاسو ***pāsu***, vase en bois ou en terre, pour contenir de l'eau, baquet, seau, baignoire. دتوغکنن اير ايت کدالم ڤاسو *di-tūaŋ-kan-ña āyer itu ka-dālam pāsu*, il versa l'eau dans le baquet (*M.*). سڤرت سبوه ليمو دماسقکن کدالم ڤاسو اير *seperti sa-būah līmaw di-māsuk-kan ka-dālam pāsu āyer*, comme un limon que l'on mettrait dans un seau d'eau (*N. Phil.* 15). ڤرڮيله مندي کڤد ڤاسو *pergī-lah mandi ka-pada pāsu*, il se rendit à la baignoire pour se laver (*M.*).

[Jav. [Javanese script] *pasu*, vase pointu qui sert à purifier le sucre. Sund. [Sundanese script] *paso*. Bat. [Batak script] *pasu*, un vase rond en terre vernissée.]

ڤاسق ***pāsak***, ce que l'on enfonce dans q. ch. pour consolider; clou, cheville, épingle; cloué, chevillé. سکلين ايت دڤاکو ڤاسق *sa-kalī-an itu di-pāku pāsak*, le tout était consolidé au moyen de chevilles (*S. Bid.* 48).

مماسق *memāsak*, enfoncer des clous, des chevilles, etc.

[Mak. [Makassarese script] *pasa*. Day. *pasuk*. Tag. [Tagalog script] *pasak*, cheville ou coin.]

ڤاسق ***pāsuk***, bande, troupe, régiment, compagnie.

برڤاسق۲ *ber-pāsuk-pāsuk*, par bandes, par compagnies.

ڤسوکن *pasūk-an*, qui se trouve en troupe: troupe, compagnie, régiment. ماسغ۲ دغن ڤسوکنن *māsiŋ-māsiŋ deŋan pasūk-an-ña*, chacun dans son régiment (*H. Ab.* 97). داتڠله ڤسوكن سݢل سهاي راج *dātarg-lah pasūk-an segala sahāya rāja*, venait ensuite la troupe des esclaves du roi (*H. D.* 90).

برڤاسقڤسوكن *ber-pāsuk-pasūk-an*, se mettre en bandes, aller par compagnies.

ڤاسڠ **pāsarg**, mis en action, dressé, préparé, allumé: être mis en action, être allumé. بنديرا اد ڤاسڠ *bandēra ada pāsarg*, le pavillon est hissé. كريت اد ڤاسڠ *karēta ada pāsarg*, le cheval est à la voiture. اڤي دڤاسڠن *āpi di-pāsarg-ña*, il a allumé le feu.

مماسڠ *memāsarg*, mettre en action. dresser, préparer, allumer. جرت — *memāsarg jerȁt*, tendre un piége. لاير — *memāsarg lāyar*, mettre les voiles au vent. بدل — *memāsarg bedȉl*, faire feu (avec une arme). ڤليت — *memāsarg palita*, allumer une lampe. كبن — لاد *memāsarg kebȍn lāda*, faire une plantation de poivre.

ترڤاسڠ *ter-pāsarg*, qui est mis en action, que l'on a allumé. دداللن اد سواتو ڤليت ترڤاسڠ *di-dālam-ña ada suātu palita ter-pāsarg*, dedans il y avait une lampe allumée (*R.* 153).

مماسڠي *memasārg-i*, mettre en action pour, allumer dans un lieu. دڤاسڠي دين كانن دان كيري *di-pasārg-i dian kānan dān kiri*, on alluma des chandelles à droite et à gauche (*S. Bid.* 45).

مماسڠكن *memāsarg-kan*, mettre une chose en action, enflammer, faire allumer. بهوا ايت يڠ مماسڠكن اماره مريكئيت *bahiwa ītu yarg memāsarg-kan amārah marīka-ītu*, et c'est ce qui enflammait leur colère (*P. M.*).

[Jav. et Sund. [Javanese script] *pasarg*. Bat. [Batak script] *mamasarg*, mettre en œuvre. Tag. [Tagalog script] *pasarg*, mettre en joue, faire feu.]

ڤاسڠ **pāsarg**, flux, mouvement de la mer quand elle monte, marée. ڤرنام ~ *pāsarg purnāma*, forte marée, marée de la pleine lune. ݢدڠ — *pāsarg gedȁrg*, haute marée. كرڠ — *pāsarg krȉrg*, basse marée. تنڠ — *pāsarg tenȁrg*, l'état de la mer lorsque la marée ne monte ni ne descend, mer tranquille. اير ڤاسڠ دان اير سورت *āyer pāsarg dān āyer sūrut*, le flux et le reflux. دباو اوله اير ڤاسڠ *di-bāwa ūleh āyer pāsarg*, emporté par la marée (*M.*). اير ڤاسڠ ترلالو درس *āyer pāsarg ter-lālu drȁs*, le courant causé par la marée était très-rapide v. *Ab.* 10). ڤپاکت ڤاسغڤاسغن *peñākit pāsaŋ-pasāŋ-an*, hydrocèle (*H. Ab.* 283).

[Jav. et Sund. ꦥꦱꦁ *pasaŋ*. Bat. ᯇᯘᯰ *pasaŋ*. Day. *pasaŋ*. Tag. ᜉᜒᜐᜈ᜔ *pisan*, grande marée.]

ڤاسغ **pāsaŋ**, paire, couple, assortiment. کاست سڤاسغ *kāsut sa-pāsaŋ*, une paire de souliers. سارغ تاغن دو ڤاسغ *sāruŋ tāŋan dūa pāsaŋ*, deux paires de gants. کود سڤاسغ *kūda sa-pāsaŋ*, un attelage de deux chevaux. ݢادغ سڤاسغ *gādiŋ sa-pāsaŋ*, une couple de dents d'éléphant.ماين — *māin pāsaŋ*, le jeu de dames.

برڤاسغ *ber-pāsaŋ*, qui est par paire, par couple. بناتغ دان اغکس برڤاسغ٢ *binātaŋ dān aŋkas ber-pāsaŋ-pāsaŋ*, des quadrupèdes et des oiseaux par couples (*H. D.* 10).

[Sund. ꦥꦱꦁ *pasaŋ*. Mak. et Bug. ᨄᨔ *pasaŋ*. Day. *pasaŋ*.]

ڤاسغ٢ **pāsaŋ-pāsaŋ**, nom d'une plante grimpante (*Kl.*).

ڤاسغ **pāsoŋ**, entraves, fers; être mis aux fers. ياءيت تمڤت ڤاسغ *iā-itu tampat pāsoŋ*, c'est le lieu où l'on met aux fers (*H. Ab.* 58). تياد مغکون دڤاسغ اورغ ايت *tiāda meŋ-akū-ña di-pāsoŋ ōraŋ itu*, personne ne voulant être caution pour lui, on le mit aux fers (*M.*).

ماسغ **memāsoŋ**, mettre aux fers, emprisonner. تمڤت ماسغ اورغ *tampat memāsoŋ ōraŋ*, l'endroit où l'on mettait les coupables aux fers (*H. Ab.* 110).

ماسغکن *memāsoŋ-kan*, mettre quelqu'un aux fers, enchainer quelqu'un. لالو دکلوارکنله سئيکر٢ ايت دڤاسغکن *lālu di-ka-lūar-kan-lah sa-īkor-sa-īkor itu di-pāsoŋ-kan*, on les faisait sortir un à un (les éléphants) ainsi enchainés (*H. Ab.* 71).

ڤسوغن *pasōŋ-an*, entraves, fers, chaines: bloc, billot (*S. Mal.* 121).

[Day. *pasoŋ*.]

ڤاسن **pāsan**, v. ڤسن *pasàn*.

ڤاسر **pāsar**, (Pers. بازار *bazār*), le marché, le bazar, la halle. لالو دبواڽ بورغ ايت کڤاسر هندق دجولڽ *lālu di-bawā-ña būruŋ itu ka-pāsar hendak di-jūal-ña*, il porta cet oiseau au marché pour le vendre (*R.* 102). مک ڤرݢي اى کڤاسر بلي سواتو باجو *maka pergi ia ka-pāsar beli suātu bāju*, il alla au marché pour acheter un habit (*M. R.* 178).

[Jav. et Sund. ꦥꦱꦂ *pasar*.]

ڤاسر pāsir, sable. بتاڤ ڤاسر يغ دڤنتي لاوت *betāpa pāsir yaṅ di-pantey lāut*, comme le sable qui est au bord de la mer (*R.* 137). ڤاسرڽ سڤرت امس اوري *pāsir-ña seperti amàs ūrey*, son sable ressemblait à de la poudre d'or (*M.*). سبيجي ڤاسر *sa-bīji pāsir*, un grain de sable. ايبو ڤاسر *ību pāsir*, un caillou (*H. Ab.* 155). ݢول ڤاسر *gūla pāsir*, du sucre en poudre. كايو ڤاسر *kāyu pāsir*, sorte de bois blanc.

مماسركن *memāsir-kan*, faire échouer un navire sur le sable.

[Kw. [illegible] *pasir*, la mer. Sund. [illegible] *pasir*, montagne. Bat. [illegible] *pasir*, bord de l'eau, plage. Day. *pasir* et *baras*, sable. Bis. [illegible] *balas*.]

ڤها pahā = ڤاه *pāho*, cuisse.

ڤهال pahāla (S. फल *p̆ala*, fruit, résultat), mérite, récompense, œuvres méritoires.

On dit براوله ڤهال *ber-ūleh pahāla*, acquérir des mérites. بربوت ڤهال يغ بسر *ber-būat pahāla yaṅ besàr*, faire les actions les plus méritoires. مڽمڤرناكن ڤهال ڤواس *meñempur-nā-kan pahāla puāsa*, accomplir l'œuvre du jeûne. ڤهال دان سقس *pahāla dān siksa*, la récompense et la punition. بارغسياڤ ممنوهي حاجة سؤرغ همب الله ددالم دنيا دبالسكن الله تعالى ڤهال دالم اخرة *bāraṅ-siāpa memenūh-i ḥājat sa-ōraṅ hamba allah di-dālam duniā di-bālas-kan allah taāla pahāla dālam akirat*, si quelqu'un soulage un serviteur de Dieu dans ce monde, Dieu lui en fera un mérite pour la vie future (*Sul. Ibr.* 10). سده هابس مريكئيت تريم ڤهالڽ *sudah hābis marīka-ītu tarīma pahalā-ña*, ils ont déjà reçu leur récompense (*N.* 8).

برڤهال *ber-pahāla*, qui mérite, méritant. كارن سنديريڽ برڤهال دان منداڤت ڤهال سݢل اورغ يغ لاين *kārna sendirī-ña ber-pahāla dān men-dāpat pahāla segala ōraṅ yaṅ lāin*, car il mérite lui-même, et il obtient pour lui les mérites des autres (*M. R.* 82).

[Kw. [illegible] *pahala*, fruit, mérite.]

ڤهوي pahūwi, v. ڤاوي *pāwi*.

ڤهم pahàm, v. فهم *fehem*.

ڤهلوان pahluwān (Pers.), un guerrier, champion, héros, officier: courageux. ڤهلوان يغ لڠكڤ دڠن الة سنجتان pahluwān yarŋ laŋkap deŋan ālat senjatā-ña, des guerriers complètement armés (*M.*). دڠن سڬل منتري هلبالڠ ڤهلوان دان رعية *deŋan segala mantrī hulubālaŋ pahluwān dān rayat,* avec les ministres, les généraux, les officiers et le peuple (*Indr.* 263). اي براني لاڬي ڤهلوان *ïa berānī lāgi pahluwān,* il était entreprenant et courageux (*R.* 2)

ڤياتو **piyātu, piātu**, orphelin, délaissé, abandonné, dénué. انق ڤياتو *ānak piātu*, un jeune orphelin. ڤيتوله ساڠت *piatū-lah sāŋat,* dénué de toutes choses. انقد تڠڬل دڠن ڤيتون *anakda tiŋgal deŋan piatū-ña*, votre enfant royal reste délaissé (*R.* 157). ادند اورڠ ڤياتو تياد برايبو باڤ دان برسودار *adinda ōraŋ piātu tiāda ber-ību bāpa dān ber-sūdāra*, je suis orpheline, n'ayant ni père ni mère, ni frère ni sœur (*Sul. Ibr.* 10).

[Sund. ꦥꦶꦲꦠꦸ *pihatu*.]

ڤيارا **piyāra** = ڤلهارا *pelihāra*.

ڤيال **piyāla, piāla** (Pers. ڤياله *piyālah*), coupe, verre à boire. ڤيال يغ برتاتهكن متو مانكم *piāla yaŋ ber-tātah-kan matū mānikam*, une coupe ornée de pierres précieuses (*M.*). ڤيال دڤرايدركن اورڠله *piāla di-per-īdar-kan ōraŋ-lah,* on faisait circuler la coupe (*R.* 160).

ڤياله **piyālah**, v. ڤيال *piyāla*.

ڤيهق **pīhak**, côté, direction: rapport, relation. ڤد ڤيهق بالي *pada pīhak bāley,* du côté de l'édifice. ڤد ڤيهق دبلاکڠ *pada pīhak di-blākaŋ,* à l'arrière-garde. سورت درڤد ڤيهق توانك *sūrat deri-pada pīhak tūan-ku*, une lettre de la part de Son Altesse. درڤد ڤيهق *deri-pada pīhak,* sous le rapport de; par la considération que; quant à, à l'égard de. درڤد کدو ڤيهق *deri-pada ka-dūa pīhak*, des deux côtés. سواتو ڤنتو بهترا ايت ڤد ڤيهقن *suātu pintu bahatrā ītu pada pīhak-ña*, et cette arche aura une porte sur le côté (*B.* 8). اتس ڤيهق يغ ترتنتو *ātas pīhak yaŋ ter-tantu*, d'une manière fixe.

ممیهق *memīhak*, mettre de côté, faire de côté.

ترڤيهق *ter-pīhak,* qui est mis de côté, qui peut être séparé.

مماکي *memīhāk-i*, mettre à côté de, séparer de.

ممهقكن *memīhak-kan*, mettre quelque chose à part, exclure.

فمهق *pemīhak*, qui met de côté, qui sépare.

Marsd. et Crawf. donnent à ce mot une origine arabe (prob. فيهق formé de la racine فهق vaste, spacieux). Pijn. a, avec raison, rejeté cette étymologie. En premier lieu le *pihak* malais n'a, quant au sens, rien de commun avec le mot arabe. En second lieu, ce même mot se retrouve, avec un sens analogue et des dérivés nombreux, dans un certain nombre de langues qui appartiennent à la famille océanienne; et ces langues sont précisément celles qui ont toujours été les plus étrangères à l'Arabe. *Pihak* doit donc être considéré comme un mot purement océanien.

[Jav. [Javanese script] *piyak*, séparer. Tag. [Tagalog script] *pihak*, un morceau de quelque chose mis à part. Bis. [Bisaya script] *pihak*, un côté, la moitié d'une chose. Formose *piak*, séparé, mis à part.]

فيو **pīyu.** — بوه *būah pīyu*, nom d'un fruit (*Kl.*).

فيوت **pīyūt** = فيت *pīyut*.

فيوتغ **pīyūtang**, pour فهوتغ *pi-hūtang*, v. هوتغ *hūtang*.

فيكو **pīkaw**, nom d'un oiseau.

فيكت **pīkat**, trébuchet, piége à prendre des oiseaux.

ميكت *memīkat*, prendre des oiseaux au piége ou avec une cage. ميكت هايم هوتن *memīkat hāyam hūtan*, il prenait des poules sauvages au piége (*S. Mal.* 131).

فيكت *pemīkat*, qui prend des oiseaux, un oiseleur.

[Jav. et Sund. [Javanese script] *pikat.*]

فيكت **pīkat**, taon, grosse mouche, mouche à chevaux.

Prov. سفرت فيكت كهلاغن مات *seperti pīkat ka-hilāng-an māta*, comme un taon qui a perdu les yeux. Agir à l'étourdie.

فيكر **pīkir** (Ar. فكر), pensé, réflexion; penser, considérer, croire.

برفيكر *ber-pīkir*, qui pense, qui réfléchit, qui considère. بگند فون برفيكرله ددالم هتين *baginda pūn ber-pīkir-lah di-dālam hati-ña*, le roi songeait en lui-même (*M.*). ستله سده اى برفيكر دمكين *sa-telāh sudah īa ber-pīkir demīkīan*, après avoir ainsi réfléchi (*R.* 57).

ميكركن *memīkir-kan*, penser une chose, imaginer quelque chose, réfléchir sur un sujet. جك كو فيكركن *jika kaw-pīkir-*

kan, si vous y réfléchissez (*M.*). اکو ممیکرکن حال اورڠ ملايو *āku memikir-kan ḥāl ōrang malāyu*, je réfléchissais à l'état des Malais (*H. Ab.* 52).

برفیکرکن *ber-pikir-kan*, qui pense une chose, qui imagine quelque chose.

ڤکیرن *pikir-an*, pensée, réflexion, considération, opinion, avis. اڤ ڤکیرن توان *apa pikir-an tūan*, quelle est votre pensée? تورت ڤکیرنك *tūrut pikir-an-ku*, selon mon avis. اد ڤد ڤکیرن اورڠ اسلام دمکین جوك *ada pada pikir-an ōrang islām demikian jūga*, c'est ainsi qu'il en est dans l'opinion des Musulmans (*N. Phil.* 35).

[Jav. et Sund. ꦥꦶꦏꦶꦂ *pikir*. Bat. [illegible] *pikir*. Day. *pikir*.]

فيكل **pīkul**, poids de cent *katis* ou livres du pays: la charge d'un homme portée sur l'épaule au moyen d'un morceau de bois, la moitié de cette charge se trouvant par devant et l'autre moitié par derrière: porté sur l'épaule, transporté; être porté. بابن ايت تياد بوله دڤيكل *bāban ītu tiāda būleh di-pīkul*, ce fardeau ne saurait être transporté (*M.*).

ممیکل *memikul*, porter sur l'épaule, porter à dos, transporter. ممیکل بارڠ۲ *memikul bārang-bārang*, transporter des marchandises. دان انت۲ مریکئیت ممیکل رمڤه۲ دان ڬته دان کمنین *dān onta-onta marika-ītu memikul rampah-rampah dān getah dān kaminnan*, et leurs chameaux transportaient des parfums, de la résine et de la myrrhe (*B.* 61). دان تیاد ای ممبرتکن کیت ممیکل اکن دی *dān tiāda ia membrat-kan kita memikul ākan dia*, et elle (la science) ne nous fatigue pas à la porter (*H. Ab.* 23).

ڤکولن *pikūl-an*, un fardeau; action de porter un fardeau sur les épaules.

[Jav. et Sund. ꦥꦶꦏꦸꦭ꧀ *pikul*. Day. *pikul*.]

ڤيڬه **pēguh**, huître de perle (*Kl.*).

ڤيڬت **pēgut** = ڤاڬت *pāgut*.

ڤيڠي **pingey**, beau, joli, d'une belle forme (*Cr.*).

ڤيڠي **pingi**, v. ڬارم *gāram*.

ڤيغڬغ **piyanggang**, gros pou vert qu'on trouve sur les plantes, et qui nuit particulièrement à celle du riz (*M.*).

ڤيڠت **pīrgit**, enfermé, tenu caché, voilé. — بورغ ڤيڠت *būrurg pirgit*, un oiseau enfermé dans une cage (*M.*).

ممیڠت *memīrgit*, enfermer, tenir caché, voiler. ممیڠت انقن ڤرمڤون *memīrgit ānak-ña perampūan*, tenir sa fille cachée, enfermer sa fille (*M.*).

[Jav. ꦥꦶꦔꦶꦠ꧀ *pirgit.*]

ڤيڠت **pīrgit,** frisé (des cheveux) (*M.*).

ممیڠت *memīrgit*, friser les cheveux.

ڤيچي **pīxi,** sorte de jeu de boule.

ڤيچو **pīxu,** le chien d'un fusil.

ڤيچق **pīxak,** étroit, circonscrit, pressé, resserré, limité. جالن يڠ ڤيچق *jālan yarg pīxak*, un chemin étroit. تمڤت اين ڤيچقله ڤد كامي *tampat īni pīxak-lah pada kāmi*, nous sommes trop à l'étroit dans cet endroit. جكلو لنجت وقت اتو ڤيچق *jikalaw lunjut waktu ātaw pīxak*, si le terme est prolongé ou raccourci (*M.*). ڤيچق ڤڠتهوانك دالم علم مڠارڠ *pīxak perga-tahū-an-ku dālam ilmu mergārarg*, ma connaissance dans l'art de composer est très-limitée (*H. Ab.* 2). ڤيچق هاتي *pīxak hāti*, oppressé, embarrassé, qui a le cœur serré.

كڤيچاكن *ka-pixāk-an*, angoisse, oppression. كڤيچاكن دان كسساكن سده منداڤت اكو *ka-pixāk-an dān ka-sesāk-an sudah men-dāpat āku*, l'angoisse et l'affliction sont venues fondre sur moi (*B.* 895).

ڤيچق **pīxak,** plat.

[Bat ᯇᯪᯉ᯲ᯘᯂ᯲ *pinsak.*]

ڤيچق **pīxik** = ڤيچق *pīxak*, étroit, limité.

ڤيچت **pīxit,** pincé, serré, pressé: être pincé. اد يڠ دڤيچت ايبو جريڽ *ada yarg di-pīxit ību jarī-ña*, d'autres lui pincent le pouce (*H. Ab.* 147).

ممیچتكن *memīxit-kan*, serrer, presser quelque chose. سراي دڤيچتكن جاري توان ڤتري *serāya di-pīxit-kan jāri tūan putrī*, en serrant les doigts de la princesse (*Kl.*).

[Jav. ꦥꦶꦗꦼꦠ꧀ *pijet*. Mak. ᨄᨗᨍ *pija-pija*. Day. *pixik.*]

فيجق **pījaḳ,** foulé aux pieds, ce sur quoi on a marché ou voyagé. دفيجق اوله لقسمان *di-pījaḳ ūleh laḳsamāna,* sur laquelle l'amiral a voyagé (*H. Ab.* 92).

ترفيجق *ter-pījaḳ,* chemin parcouru. — متهاري *mata-hāri ter-pījaḳ,* midi (chemin parcouru par le soleil depuis son levé jusqu'au point où il est le plus haut).

ميمجقكن *memījaḳ-kan,* fouler quelque chose aux pieds. دفيجقكنن لكين دباوه ككين *di-pījaḳ-kan-ña laki-ña di-bāwah kakī-ña,* des femmes qui foulent leur mari aux pieds (*H. Ab.* 92).

فيجت **pījat,** sorte d'insecte, cimex, punaise.

Selon Marsden on écrit et on prononce aussi فيجد *pījad.*

Prov. فيجت٢ ڤون تله منجادى كورا٢ *pījat-pījat pūn telȧh menjādi kura-kūra,* les punaises sont devenues des tortues: se dit des habitants d'un pays qui a prospéré (*H. Ab.* 4).

فجاتن *pijāt-an* (prob. pour فجيتن *pijīt-an*), nom d'un fruit que l'on presse dans la bouche avec les doigts, une sorte de لڠست *laṅsat* (*lansium domesticum*) (*Kl.*).

فيجت **pījit** = فيچت *pīcit.*

فيجر **pījar,** espèce de sel qui sert à souder l'or et l'argent, borax, soudure.

[Jav. ꦥꦶꦗꦼꦂ *pijer.* Bat. [illegible] *pijor.* Mak. et Bug. [illegible] *pija.* Bis. [illegible] *pidal.*]

فيجر **pījar,** être attentif, appliqué à quelque chose.

[Jav. ꦥꦶꦗꦼꦂ *pijer.*]

فيجر **pījar,** s'enfuir en bouillant, se répandre à force de bouillir (en parlant de l'huile) (*Cr.*).

فيپو **pīñu,** v. ڤنپو *penñu.*

ڤيت **pīta,** content, gai, joyeux. لكون مانس ترلالو ڤيت *lakū-ña mānis ter-lālu pīta,* ses manières étaient affables est très-gaies (*M.*).

ڤيت **pīyut,** enfant d'un arrière-petit-enfant, descendant à la quatrième génération. Selon *Kl.* descendant à la cinquième génération. اى ڤيت بندهار سرى مها راج *ia pīyut bendahāra srī* *mahā rāja*, il était le fils de l'arrière-petit-fils du *Bendahara Sri Maha-raja* (*S. Mal.* 4).

On trouve ordinairement فيوت *piyūt*.

فيته pītah, spirituel, industrieux, ingénieux. اورڠ مود يڠ فيته *ōrang mūda yang pītah*, un jeune homme ingénieux (*Sul. Ab.* 6). ليده فيته *līdah pītah*, éloquent.

فيتو pēto, péremptoire, manifeste.

فيتق pētak, une partie, une division, une planche ou un carreau dans un jardin, un compartiment dans un bâtiment, une chambre dans une maison. برس ددالم فيتق *bras di-dālam pētak*, du riz dans un réduit. دتاروهڽ اورڠ لاري ايت ددالم فيتق *di-tāruh-ña ōrang lāri ītu di-dālam pētak*, il enferma le déserteur à fond de cale (*M.*).

برفيتق *ber-pētak*, divisé en compartiments. برفيتق٢ اكن كو بربوت بهترا ايت *ber-pētak-pētak ākan kaw-ber-būat bahatrā ītu*, vous ferez cette arche pour qu'elle puisse être divisée en compartiments (*B.* 3).

[Kw. [illegible] *pétak.* Sund. [illegible] *pétak*, plate-bande dans un jardin. Day. *pitak*; division sur un navire. Tag. [illegible] *pitak*, séparation. Bis. [illegible] *patak-patak*, terrain vu de loin et paraissant divisé.]

فيتق pētik, pour فتق *petik*, touché.

فيتم pītam, accès, attaques, paroxismes. جكلو كيل اى اتو فيتم *jika-law gīla ia ātaw pītam*, s'il est aliéné, ou s'il a des attaques à perdre connaissance (*D. M.* 359). بابي — *pītam bābi*, épilepsie, haut mal.

فيتر pētir = فتر *petèr*.

فيتر pētor (Port. *feitor*), facteur, chef d'une factorerie, agent d'une compagnie. دهنتركنڽ كفد فسكل كمدين كفد فيتر *di-hantar-kan-ña ka-pada piskal kamudīan ka-pada pētor*, il porte l'affaire devant l'inspecteur et ensuite devant le facteur (*H. Ab.* 34). همب منت كفد فيتر هندق دجول *hamba minta ka-pada pētor hendak di-jūal*, je prie monsieur le facteur de vouloir bien le faire vendre (une cargaison de gambier) (*Lett. Mal.*).

فيتر pītar (prob. du Port. *apontar*), visé, mis en joue.

ميتر *mītar*, viser, diriger une arme à feu vers, mettre en joue.

ڤيتر **pītra** (Ar. فطرة), offrande qui est faite par chaque personne au prêtre de la mosquée à la nouvelle lune après le jeûne.

[Jav. et Sund. ꦥꦶꦠꦿꦃ *pitrah.*]

ڤيتس **pītis,** petite monnaie chinoise ayant un trou au milieu.

[Jav. et Sund. ꦥꦶꦏꦶꦱ꧀ *pixis.* Day. *pikis.*]

ڤيين **pīyan,** v. كتم *ketàm.*

ڤينغ **pīnarg,** aréquier (*areca catechu*). — بوه *būwah pīnarg,* la noix d'arec. — ڤولو *pūlaw pīnarg,* l'île aux aréquiers, nom malais de l'île du Prince deGalles. On distingue plusieurs sortes de *pinarg,* les principales sont: اورغو — *pīnarg ūrgu.* بولن — *pīnarg būlan.* ݢادغ — *pīnarg gādirg.* کاچو — *pīnarg kāxu.* واڠي — *pīnarg wārgi,* une noix d'arec odoriférante. اکر ڤينغ سنداو *ākar pīnarg sendāwa,* nom d'une racine médicinale, employée dans certaines éruptions, comme le feu volage.

ڤمناغن *pemināry-an,* plateau sur lequel on sert la noix d'arec et le bétel.

[Sund. ꦥꦶꦤꦁ *pinarg.* Bat. —o-ᯘ *pinarg.* Day. *pinarg.*]

ڤينغ **pīnarg,** courtisé, être courtisé. مود — *pīnarg mūda,* entremetteur, celui qui négocie pour un mariage. — ساکت *sākit pīnarg,* malade d'amour (*H. Ab.* 262).

ممينغ *memīnarg,* courtiser, faire l'amour, rechercher en mariage. مك باپق رجاراج داتغ ممينغ اکن ڤتري ايت *maka bāñak raja-rāja dātarg memīnarg ākan putrī itu,* et beaucoup de rois venaient demander la princesse en mariage (*R.* 18).

ڤينغ ممينغ *pīnarg-memīnarg,* se courtiser, se rechercher mutuellement. Selon *Kl.,* se donner mutuellement du *pinarg* (des nouveaux-mariés).

ممينغکن *memīnarg-kan,* faire demander quelqu'un en mariage. دڤينغکنڽ انق راج ترکستان *di-pīnarg-kan-ña ānak rāja turkestan,* il fit demander en mariage la fille du roi du Turkestan (*S. Mal.* 13).

ڤمينغ *pemīnarg,* qui courtise ou sert à courtiser (*S. Mal.* 285).

[Day. *inarg, minarg,* brûler, se consumer.]

ڤينغ٢ **pīnarg-pīnarg,** nom d'un poisson.

ڤيڤا pīpā (Port), futaille, tonneau, barrique. دو ڤيڤا اير اڠڬور *dūa pīpā āyer aṅgūr*, deux tonneaux de vin.

ڤيڤا pīpā, une pipe à fumer. مڠهيسڤ سواتو ڤيڤا تمباكو *meṅ-hīsap suātu pīpā tembāko*, fumer une pipe de tabac.

ڤيڤا pēpā, ou ڤايڤ *pāepā*, espèce de bouton de varicelle (*Kl.*).

ڤيڤه pīpih, plat, aplati. — هيدڠ *hīduṅ pīpih*, un nez épaté. كاچڠ — *kāxaṅ pīpih*, des pois plats, des lentilles.

ڤيڤي pīpi, joue. — منمڤر *menampar pīpi*, frapper sur la joue. ممبرهكن ڤيڤي *me-mērah-kan pīpi*, farder. — منچيوم *men-xiūm pīpi*, donner un baiser sur la joue. حرام اتس سڬل ڤرمڤون يڠ تياد برسوامي ممبرهكن ڤيڤيڽ *ḥarām ātas segala perampūan yaṅ tiāda ber-suwāmi me-mērah-kan pīpi-ña*, il est défendu à toute femme non-mariée de se farder (*M.*).

[Jav. et. Sund. ꦥꦶꦥꦶ *pipi*. Bat. —o—o *pipi*. Day. *pipi*.]

ڤيڤيت pīpit, petit oiseau du genre des moineaux, un passereau. اكو برجاڬ دان سده جادي سڤرت بوروڠ ڤيڤيت يڠ سوڽي داتس اتڤ *āku ber-jāga dān sudah jādi seperti būruṅ pīpit yaṅ suñi di-ātas ātap*, j'ai veillé et je suis devenu comme le passereau solitaire sur un toit (*B.* 879). اوبن — *pīpit ūban*, nom d'un petit oiseau noir à tête blanche. تولي — *pīpit tūli*, une sorte de petit oiseau tout noir. ڤيسڠ — *pīpit pīsaṅ*, nom d'un autre petit oiseau de la couleur des feuilles du bananier (*Kl.*).

Prov. اداڤون ڤيڤيت ايت سام ڤيڤيت جوڬ دان يڠ اڠڬڠ ايت سام اڠڬڠ جوڬ *ada-pūn pīpit ītu sāma pīpit jūga dān yaṅ eṅgaṅ ītu sāma eṅgaṅ jūga*, les moineaux avec les moineaux et les rhinocéros avec les rhinocéros. C'est-à-dire, chacun à sa place, et chacun s'occupant de ses affaires.

[Bat. —ꦥꦶ—ꦥꦶ *pitpit*. Mak. ꦥꦶꦥꦶ *pipi*.]

ڤيڤس pīpis, broyé, pétri, pilé. لونق۲ — *pīpis lūnak-lūnak*, entièrement broyé. امبل بڠبوڠ مك دڤيڤس برايركن اير ماور *ambil buṅa-būṅa maka di-pīpis ber-āyer-kan āyer māwar*, prenez (certaine espèce de) fleurs et en les broyant arrosez-les d'eau de rose (*M.*).

ممقيس *memīpis*, broyer, pétrir, piler. دالم لسڠ — *memīpis dālam lesùṅ*, broyer dans un mortier.

ممقيسكن *memīpis-kan*, broyer quelque chose, mettre une chose en poudre. لاد — *memīpis-kan lāda*, broyer du poivre (*S. Mal.* 284).

ڤيڤيسن *pipis-an*, une pierre sur laquelle on broie, pierre servant à broyer.

[Jav. [illegible] *pipis*. Bat. [illegible] *pipis.*]

ڤيرى ***pīrey***, moulu, réduit en poudre.

ممیری *memīrey*, moudre, broyer, réduire en poudre.

v. ڤيڤيس *pīpis*.

ڤيرى ***pīrey***, engourdissement dans un membre avec une sensation de picotement (*Kl.*).

ڤيرق ***pēraḳ***, argent. — امس دان — *amàs dān pēraḳ*, de l'or et de l'argent. داونڽ سڤرت ڤيرق *dāun-ña seperti pēraḳ*, ses feuilles étaient comme de l'argent (*R.* 2). ايرڤيرق *āyer pēraḳ*, mercure, vif-argent.

[Sund. [illegible] *pérak*. Bat. [illegible] *pirak*. Tag. et Bis. [illegible] *pilak*. Formose *pila*.]

ڤيرڠ ***pēraṅ***, pâle, blême, brun-clair. — موك *mūka pēraṅ*, contenance défaite. — رمبت *rambut pēraṅ*, cheveux bruns-clair. — مات *māta pēraṅ*, yeux d'un brun-clair. تيف٢ بناتڠ ڤيرڠ داتار انق دمب *tiap-tiap bināṭaṅ pēraṅ di-antāra ānaḳ domba*, tout ce qui naîtra d'un noir mêlé de blanc parmi les moutons (*B.* 47).

[Sund. [illegible] *péraṅ*, grillé, roussi par le soleil. Bat. [illegible] *péraṅ*, roussâtre.]

ڤيرڠ ***pīriṅ***, assiette, soucoupe. بيراڤ ڤيرڠ داتس ميج *be-brāpa pīriṅ di-ātas mēja*, un certain nombre d'assiettes sur la table. سڤيرڠ سورڠ *sa-pīriṅ sa-ōraṅ*, une assiette à chaque personne.

[Jav. et Sund. [illegible] *piriṅ*.]

ڤيرس ***pēres***, racloire ou rouleau que l'on passe sur une mesure de grain.

ممیرس *memēres*, passer la racloire ou le rouleau sur une mesure de grain.

On trouve aussi فارس *pāras*, v. ce mot.

ڤيله ***pīlih***, choisi, élu; être choisi. اى ڤيلهله كتيك يڠ ڤاتت *ia pīlih-lah kotika yaṅ pātut*, qu'ils choisissent un moment favorable (litt. : soit par eux choisi un moment favorable) (*M. R.* 157). كيت ڤيله يڠ بايق *kita pilih yang bāik*, nous choisissons les meilleurs.

ممیله *memilih*, choisir, élire, préférer. دسوروهڽ ممیله ڤاسر دان بيجي ايت *di-sūruh-ña memilih pāsir dān biji itu*, il ordonna de séparer les grains de sable des grains de semence (*Indr.* 263). ليهتله بودقك يڠ اکو سوده ممیله *lihat-lah būdak-ku yang āku sudah memilih*, voici mon serviteur que j'ai élu (*N.* 19). ممیله اکن دنيا اتس اخرة *memilih ākan duniā ātas akirat*, préférer les choses de ce monde à celles de l'éternité (*Mir. Moh.* 19).

ترڤيله *ter-pilih*, qui est élu, que l'on a choisi. اى ترڤيله اکن ممباو ناماک کهداڤن قلايق دان رجاراج *ia ter-pilih ākan mem-bāwa namā-ku ka-hadāp-an kalāik dān raja-rāja*, il a été choisi pour porter mon nom devant les peuples et les rois (*N.* 209).

ڤليهن *pilih-an*, élite, choisi : choix. اورڠ ڤليهن سمواڽ *ōrang pilih-an samuā-ña*, tous hommes d'élite.

ڤمليهن *pemilih-an*, action de choisir, choix, élection.

[Jav. et Sund. ꦥꦶꦭꦶꦃ *pilih*. Mak. ᨄᨗᨒᨛ *pilé*. Bug. ᨄᨗᨒᨛ *pilé*. Day. *pilih*. Tag. et Bis. ᜉᜒᜎᜒ *pili*.]

ڤيلو **pilu**, attendri, ému, touché, inquiet. ساعڠله ڤيلو راس هاتى ماسيڠ٢ *sāngat-lah pilu rāsa hāti māsing-māsing*, chacun se sentait le cœur extrêmement attendri (*H. Ab.* 384). هتيك ڤيلو ترلالو سوك *hati-ku pilu ter-lālu sūka*, mon cœur éprouve une vive sensation de joie (*M.*). ڤيلو دان راون راس هتيڽ سبب اى اکن برچرى دڠن سودراڽ *pilu dān rāwan rāsa hati-ña sebāb ia ākan ber-xerèy dengan sūdarā-ña*, son cœur regrettait amèrement de devoir se séparer de son frère (*M.*).

مميلوکن *memilū-kan*, attendrir, émouvoir, toucher, rendre inquiet. مميلوکن هاتى يڠ بسى *memilū-kan hāti yang besi*, attendrir un cœur de fer.

کڤيلوان *ka-pilū-an*, attendrissement, émotion, inquiétude.

ڤيلق **pilak**, rhume, réfroidissement.

[Jav. ꦥꦶꦭꦺꦏ꧀ *pilek*.]

ڤيلق **pilak**, un misérable, un malheureux.

ڤيلغ **pīlaṅ, pēlaṅ,** nom d'un canot dont se servent les princes. ڤيلڠن ڤنجڠ دولاڤن دڤ *pīlaṅ-ña panjaṅ dūlāpan depa*, son canot avait huit brasses de longueur (*S. Mal.* 62).

ڤيلغ **pīlaṅ,** nom d'un instrument pour battre la terre et la rendre unie (*Cr.*).

ڤيلت **pēlat,** inarticulé, mal prononcé, gazouillé: accent, dialecte (*Cr.*). بولهله برتوتر ڤيلت٢ *būleh-lah ber-tūtur pēlat-pēlat,* pouvant parler quoiqu'en prononçant mal. بلم بوله ممبيكن سواتو ڤركتاان ملاينكن دغن ڤيلت *belùm būleh mem-buñi-kan suātu per-katā-an me-lāin-kan deṅan pēlat*, ne pouvant prononcer un mot, si ce n'est imparfaitement (*H. Ab.* 18).

[Jav. ꦥꦺꦭꦺꦴ *pelo.*]

ڤيلت **pīlat,** vu de près, considéré (*M.*).

ميلت *memīlat*, considérer de près.

ڤيلن **pīlin,** tortillé, tordu.

ميلن *memīlin,* tortiller, tordre.

ميلنكن *memīlin-kan*, tortiller quelque chose, tordre une chose. دبوتكن تالي دڤيلنكن *di-būat-kan tāli di-pīlin-kan*, ils faisaient des cordages en les tortillant(*M.*).

ڤيلس **pēlus,** fin comme la farine, la poudre. تانه ليت يغ ڤيلس *tānah līhat yaṅ pēlus*, argile très-fine, terre à pipe.

ڤيس **pīsa** = ڤسا *pesā.*

ڤيس **pīyas,** la largeur d'un tissu, d'une étoffe. لايرايت ڤاکي تيک ڤيس *lāyar ītu pākey tīga pīyas,* cette voile demande trois largeurs de toile (*Kl.*).

ڤيسو **pīsaw** (Chin. 匕首 *pi chéou*), un glaive, couteau. — مات *māta pīsaw*, la lame d'un couteau. — ڤڠڬڠ *puṅguṅ pīsaw*, le dos d'un couteau. — چوكر *pīsaw xūkur*, un rasoir.

Prov. ڤيسو دان ڤارغ ايت تمڤل مك مولت مانسي ترلبه تاجم اداڽ *pīsaw dān pāraṅ ītu tumpul maka mūlut mānusia ter-lebèh tājam adā-ña*, le couteau et le couperet s'émoussent, mais la bouche de l'homme est toujours tranchante: la langue est plus aiguisée que le couteau. Le sens est: un coup de langue est pire qu'un coup de lance (*H. Ab.*195).

[Jav. et Sund. ꦥꦺꦱꦺꦴ *péso.* Bat. —ᯇᯚ× *piso*. Day. *pisau.*

Tag. et Bis. ᜉᜒᜐᜂ *pisao*, petit couteau.]

فيسق **pisak**, pointe, morceau d'étoffe en pointe qui sert à donner l'ampleur nécessaire à quelque vêtement, pièce qui se met au fond ou à l'enfourchure d'un pantalon.

[Bat. ᯇᯪᯘᯉ᯲ *pisak*.]

فيسغ **pisang**, banane (*musa paradisiaca*). — فوكق *pōkok pisang*, des bananiers. — بوه *būah pisang*, des bananes. برڤايڠكن داون فيسغ *ber-pāyung-kan dāun pisang*, se faire un parasol de la feuille du bananier. دچاچقكنڽ فوكق فيسغ *di-xāxak-kan-ña pōkok pisang*, on avait planté des bananiers (*H. Ab.* 69). — برتانم *ber-tānam pisang*, plantant des bananiers, se tenir sur la tête comme font les faiseurs de tours d'adresse (*Kl.*).

فيسغ٢ *pisang-pisang*, les courbes dans la construction d'un navire.

D'après Lassen, ce mot viendrait du S. पिशङ्ग *piçangga*, jaunâtre.

[Jav. ꦥꦶꦱꦁ *pisang*. Day. *pisang*.]

فو **pō** (Ch. 牌 *pay*), nom d'un jeu de cartes. — ماين *māin pō*, jouer au jeu de carte nommé *pō*.

فواك **pawāka** (S. पावक *pāvaka*), feu.

[Kw. ꦥꦮꦏ *pawaka*.]

فواك **puwāka**, nom d'un démon des forêts, espèce de faune, de satyre.

برفواك *ber-puwāka*, qui a le démon *puwāka*. باتو ايت برفواك *bātu itu ber-puwāka*, cette pierre renferme le démon des forêts nommé *puwaka* (*H. Ab.* 189).

[Bat. ᯇᯮᯅᯑ *pubada*. Mak. ᨄᨚᨓᨍᨚ *powajo*.]

فوادى **puwādey**, trône de cérémonie pour des nouveaux-mariés.

فوان **puwān**, v. فون *pūwan*.

فوالم **puwālam**, **puālam**, (Tam.), albâtre, marbre. — ڬونڠ *gūnung puālam*, une montagne de marbre. — داسر *dāsar puālam*, un parquet de marbre. — ميره *puālam mērah*, du marbre rouge. فارسڽ سفرت فوالم يڠ صفا *pāras-ña seperti puālam yang ṣefā*, sa figure était comme de l'albâtre d'une grande pureté (*R.* 74).

ڤواس **puwāsa, puāsa,** (S. उपवास *upavāsa*), jeûne. ممڬڠ — *memegàng puāsa*, observer le jeûne. — ممبوك *mem-būka puāsa*, clore, rompre le jeûne. هارس بربوك ڤواس ڤد اورڠ يڠ ساڠت ساكت *hārus ber-būka puāsa pada ōrang yang sāngat sākit*, il est permis à ceux qui sont malades à l'extrémité, de rompre le jeûne (*M.*). اورڠ يڠ منڠڬلكن ڤواس *ōrang yang meninggal-kan puāsa*, quelqu'un qui n'observe pas le jeûne (*D. M.* 370), — بولن *būlan puāsa*, le jeûne des Mahométans pendant le mois de Ramadan: le carême des chrétiens.

برڤواس *ber-puāsa*, qui jeûne, qui observe le jeûne. بوسق باو مولت اورڠ برڤواس *būsuk bāu mūlut ōrang ber-puāsa*, la mauvaise odeur de la bouche des gens qui jeûnent (*M.*).

[Jav. ꦥꦸꦮꦱ *puwasa*. Sund. ꦥꦸꦮꦱ *puasa*. Bat. [Batak script] *puwaso*. Mak. [Makassarese script] *puwasa*. Day. *puasa*. Bis. [Bisaya script] *poasa*.]

ڤوه٢ **pūwah-pūwah** = ڤڤوه *papūwah*.

ڤوهن **pōhon,** un tronc d'arbre, la partie du tronc qui touche aux racines: origine, source, cause, commencement. كايو — *pōhon kāyu*, un arbre, une pièce de bois. جاتي — *pōhon jāti*, l'arbre *jati*. دلم — *pōhon dalīma*, grenadier. بوهبواهن — *pōhon būah-buāh-an*, arbres fruitiers. كبجيكن — *pōhon ka-bijik-an*, la source de la vertu. ڤتڠ — *pōhon petàng*, le commencement de la soirée. مات — *pōhon māta*, l'angle interne de l'œil. تليڠ *pōhon telìnga*, la partie de l'oreille qui touche à la tête. — رمبت *pōhon rambut*, la racine des cheveux. تنجقكن جوك ڤوهن ممڤلم ايت كڤد ڤاتق *tunjuk-kan jūga pōhon mampelàm itu kapada pātek*, montrez-moi donc ce manguier (*R.* 132). كتاب اين اد ڤوهن سڬل ڤكرجاءن اڬام اسلام *kitāb ini ada pōhon segala pekarjā-an agāma islām*, ce livre est le principe de toutes les œuvres de religion (*M. R.* 125). مال — *pōhon māla*, capital, fonds de commerce (*D. M.* 122).

Énig. ڤوهن كايو سڤوهن داهنن دو بلس داونن تيك ڤوله لم بلس يڠ هيتم لم بلس يڠ ڤوته بوڠ ڤوته كونڠ كمبڠ برتبورن *pōhon kāyu sa-pōhon dāhan-ña dūa belàs dāun-ña tīga pūloh līma belàs yang hi-*

tam līma belàs yaṅ pūtih būṅa pūtih kūniṅ kembaṅ ber-tabūr-an, un arbre ayant douze branches, dont chacune a trente feuilles, quinze noires et quinze blanches, et les fleurs parseméos de blanc et de jaune. ساتوتاهن دغن دو بلس بولن ساتو بولن دغن تيݢ ڤوله هاري يغ اد ليم بلس دترغکن اوله بولن ليم بلس تيدق دان لاݢي متهاري بولن دان بنتڠ *sātu tāhun deṅan dūa belàs būlan sātu būlan deṅan tiga pūloh hāri yaṅ ada līma belàs di-teràṅ-kan ūleh būlan līma belàs tidaḳ dān lāgi matahāri būlan dān bintaṅ*, une année avec douze mois, dont chacun a trente jours, quinze éclairés par la lune et quinze obscurs, de plus le soleil, la lune et les étoiles.

ڤوهن ڤهونن *pōhon-pohōn-an*, les arbres en général, toutes sortes d'arbres. ڤوهن ڤهونن يغ دماکن بوهڽ *pōhon-pohōn-an yaṅ di-mākan būah-ña*, toutes sortes d'arbres fruitiers (*Mir. Moh.* 97).

[Jav. ꦮꦸꦭꦸꦥꦸꦲꦸꦤ꧀ *wulu puhun*, poils qui se trouvent au gros orteil. Sund. ꦥꦸꦲꦸꦤ꧀ *puhun*, chef, vieillard. Mak. [illegible] *pooṅ*. Day. *upon*. Tag. [illegible] *pohonan*, un capital qui produit intérêt. Bis. [illegible] *pohon*, commencer un commerce.]

ڤوهن ***pūhun***, demandé, sollicité; être prié.

موهن *memūhun*, demander, solliciter, prier.

موهوني *memuhūn-i*, prier quelqu'un, adresser une prière à.

موهنکن *memūhun-kan*, demander q. ch., prier pour quelqu'un. موهنکن امڤن *memūhun-kan ampun*, demander pardon. اي هندق دڤوهنکن استرين *ia-hendaḳ di-pūhun-kan istrī-ña*, il veut demander qu'on lui rende son épouse (*R.* 71). اکو اين موهنکن اکن مريکئيت تياد اکو موهنکن اکن ايسي دنيا *āku īni memūhun-kan ākan marīka-itu tiāda āku memūhun-kan ākan isi duniā*, je prie pour eux, et je ne prie pas pour le monde (*N.* 184). مك اي موهنکنله ساڠت کڤد هو *maka ia memūhun-kan-lah sāṅat ka-pada hūwa*, alors il pria instamment le seigneur (*B.* 101).

ڤموهن *pemūhun*, prière, demande. مك دڤرکننکنله هو اکن ڤموهنن *maka di-per-kenàn-kan-lah hūwa ākan pemūhun-ña*, il plut à Dieu d'exaucer sa prière (*B.* 37).

ڤموهونن *pemuhūn-an*, action de prier, prière, demande. سورت ڤموهونن *sūrat pemuhūn-an*, une requête, une supplique par écrit.

Du même radical, on a dans un sens figuré. موهن *mūhun*, congé, (demander congé). — ممبری *mem-brī-mūhun*, donner congé, permettre de se retirer. موهن ڤاتق *mūhun pātek*, non; je vous remercie.

برموهن *ber-mūhun*, qui demande congé, prendre congé, se retirer, s'en aller. دايڠ ايتڤون برموهنله کڤد توان ڤتری لالو برجالن *dāyang ītu-pūn ber-mūhun-lah ka-pada tūan putrī lālu ber-jālan*, les femmes de la suite de la princesse prirent congé d'elle et se retirèrent (*M.*). تياد اى برموهن *tiāda ia ber-mūhun*, il ne prit point congé.

مموهن *memūhun*, congédier.

مموهنکن *memūhun-kan*, congédier quelqu'un, renvoyer quelqu'un.

ممڤرموهن *mem-per-mūhun*, donner congé, faire donner congé.

[Jav [Javanese script] *suhun*, prière. Sund. [Javanese script] *muhunken*, prier. Tag. [Tagalog script] *mohon*, prendre congé.]

ڤويه **pūyuh**, caille; s'entend principalement de la femelle. ڤويه٢ کونن نماڽ *pūyuh-pūyuh kūnun namā-ña*, elle est certainement semblable à la caille (*H. Ab.* 92).

On trouve aussi کڤويه *kapū-yuh* et ڤويو *pūyu*.

[Jav. et Sund. [Javanese script] *puyuh*.]

ڤويو **pūyu**. — اڠين *angin pūyu*, tourbillon de vent.

[Bat. [Batak script] *puyu*.]

ڤويڠ **pōyang**, ancêtre. v. مويڠ *mōyang*.

ڤويڠ **pōyang**, savants, sorciers parmi les tribus sauvages de la péninsule malaise. (*Pij.*). v. ڤوڠ *pūwang*, et ڤاوڠ *pāwang*.

ڤوکی **pūki**, *pudendum muliebre.* (*M.*). انجيڠ — *pūki anjing*, nom d'un fruit (*cynometra cauliflora. Cr.*), on le nomme plus ordinairement نمنم *namnam*.

Pūki anjing n'est autre que la traduction du nom européen *cynometra*, du Gr. κύων et μήτρα.

ڤوكو ***pōko***, v. ڤوكق *pōkoḳ*.

ڤوكو ***pūkaw***, moyen employé par les voleurs pour endormir les gens qu'ils veulent voler, et qui consiste ordinairement à produire une fumée enivrante (*Kl.*). Drogue enivrante que l'on suppose être extraite du *datura*. كلڠكاڤن اورڠ جاهت سڤرتي ڤوكو *kalaṅkāp-an ōraṅ jāhat seperti pūkaw*, l'attirail d'un débauché, tel que narcotique etc. (*M.*).

ممڤوكو *memūkaw*, endormir ou enivrer par le moyen nommé *pūkaw*.

[Bat. [illegible] *puko.*]

ڤوكق ***pōkoḳ***, tronc, arbre, plante; ce qui produit, capital placé. بركليليڠ دتانمڽ ڤوكق *ber-kulīliṅ di-tānam-ña pōkoḳ*, autour on avait planté des arbres (*H. Ab.* 56).

اڠين — *pōkoḳ āṅin*, tourbillon de vent, coup de vent.

ڤوكق ممڤوكق *pōkoḳ-memōkoḳ*, s'entendre ensemble, pour un placement d'argent (le prêteur et l'emprunteur). Être caution pour les dettes de différentes personnes (*Kl.*).

On trouve aussi ڤوكو *pōko*.

[Jav. [illegible] *pokok*. Bat. [illegible] *pokoh*. Mak. [illegible] *pooṅ.*]

ڤوكڠ ***pōkeṅ***, nom que l'on donne aux poules sans queue.

[Bat. [illegible] *poṅkéṅ.*]

ڤوكڠ ***pūkaṅ***, nom d'un animal, une espèce de maki (*loris tardigradus. Pij.*).

ڤوكت ***pūkat***, un grand filet pour pêcher, seine, tramail. سراون — *pūkat sa-rāwan*, un filet. — ڤراهو *prāhu pūkat*, un bateau pêcheur. لابهكنله ڤوكتم *lābuh-kan-lah pūkat-mu*, jetez votre filet (*N.* 100). اي مڠهلاكنله ڤوكت كدارت *ia meṅ-helā-kan-lah pūkat ka-dārat*, il tira le filet à terre (*N.* 192).

ممڤوكت *memūkat*, pêcher avec un filet. ڤرڬي ممڤوكت ڤد سوڠي اين *pergi memūkat pada sūṅey īni*, aller pêcher dans cette rivière (*R.* 55).

ڤمڤوكت *pemūkat*, qui se sert de filet, pêcheur au filet. دان ڤمڤوكت ڤون تياد اكن سمڤي كسان *dān pemūkat pūn tiāda ākan sampey ka-sāna*, et les pêcheurs au filet n'allaient pas jusque là (*Kal. dan Dam.* 35).

[Bat. [illegible] *puhot*. Mak. et Bug. [illegible] *puka*. Day. *pukat*. Tag. et Bis. [illegible] *pokot.*]

ڤوكل pūkal, courbure dans la lance d'un criss ou d'un poignard (*Kl.*).

ڤوكل pūkul, frappé, battu; être frappé. دغن كايو — *pūkul dengan kāyu,* frappé avec un bâton. — براڤ *brāpa pūkul,* quelle heure est-il? سده ڤوكل تيك *sudah pūkul tiga,* il est trois heures sonnées. حكم دڤوكل *hukum di-pūkul,* condamné à recevoir des coups. يا توان جاغن همب دڤوكل *yā tūan jāngan hamba di-pūkul,* ô monsieur, ne me frappez pas (*Kal. dan Dam.* 105).

ممكل *memūkul,* frapper, battre, heurter. دبرين سٓورغ سواتو تغكت هندق ممكل كدو مريكئيت *di-brīña sa-ōrang suātu tungkat hendak memūkul ka-dūa marīka-ītu,* il donna à chacun un bâton pour frapper les deux personnes (*Kal. dan Dam.* 105). چهاي ڤليت يغ ممكل كڤد چرمن موك *xahāya palīta yang memūkul ka-pada xermin mūka,* la lumière d'une lampe qui vient frapper sur un miroir (*N. Phil.* 23).

Prov. ممكل بوت تولي *memūkul būta tūli,* frapper comme un sourd.

ڤوكل ممكل *pūkul-memūkul,* se frapper réciproquement, frapper à coup répétés.

ڤموكل *pemūkul,* ce qui frappe, ce qui sert à frapper: un marteau.

[Jav. et Sund. ꦥꦸꦏꦸꦭ꧀ *pukul.* Day. *pukul.* Tag. [illegible] *pokol,* briser une chose, en la lançant contre une autre.]

ڤوكس pūkas, nom d'un arbre des forêts (*Cr.*).

ڤوكس pūkas, sorte d'état d'excitation nerveuse chez les femmes (*Cr.*).

ڤوكس pōkis, nom d'une sorte de panier (*Kl.*).

ڤوكر pūgar, ce avec quoi on nettoie les armes.

موكر *memūgar,* nettoyer les armes.

[Bat. [illegible] *ugar.*]

ڤوغ pōng = ڤغ *pong*

ڤوغ pūwang, sorte de personnes qui prétendent pouvoir indiquer où une mine pourra être exploitée avec fruit (*Pij.*).

ڤوغه pōngah, arrogant, orgueilleux.

قوغت pūrgut, ramassé, cueilli, choisi; être ramassé. قوغتله ايت *pūrgut-lah ītu*, ramassez cela (litt.: soit par vous ramassé). سكل اورغ مشغول دغن قوغت سكل هرت ايت *segala ōrang mešgūl dengan pūrgut segala harta ītu*, tous étaient occupés à ramasser ces objets précieux (*M. R.* 158). دقوغتن سكل اورغ يغ ڤرݢى *di-pūrgut-ña segala ōrang yang pergi*, il désigna tous ceux qui devaient partir. دقوغتن انق منترى اكن جادى ڤڠاسه *di-pūrgut-ña ānak mantrī ākan jādi peng-āsuh*, il choisit, pour en être la nourrice, la fille d'un ministre d'état (*M.*).

ممو غت *memūrgut*, ramasser, cueillir, choisir, glaner. چوكى — *memūrgut xūkey*, recevoir les impôts. لاير — *memūrgut lāyar*, amener la voile. ساله — *memūrgut sālah*, chercher à trouver quelqu'un en faute, chercher querelle à quelqu'un. مك سكل فقير دان مسكين منجادى كياله سبب ممو غت سكل امس دان ڤيرق ايت *maka segala faḳīr dān miskīn men-jādi kayā-lah sebàb memūrgut segala amàs dān pērak ītu*, les fakirs et les pauvres devinrent riches en ramassant cet or et cet argent (*Ism. Yat.* 205). اى ڤرݢى ممو غت بوغ ددالم تامن *ïa pergi memūrgut būnga di-dālam tāman*, elle alla cueillir des fleurs dans le jardin (*R.* 12.). جاغن اڠكو ڤرݢى ممو غت ڤد بندغ يغ لاين *jāngan angkaw pergi memūrgut pada bendang yang lāin*, gardez-vous d'aller glaner dans un autre champ (*B.* 421).

ڤغوتن *purgūt-an*, action de ramasser, de cueillir, glanage. قوغتڤغوتن *pūrgut-purgūt-an*, ramassis. انقد جادى قوغتڤغوتن *anaḳda jādi pūrgut-purgūt-an*, votre enfant va devenir un enfant abandonné (un ramassis) (*R.* 157).

كڤغوتن *ka-purgūt-an*, ce qui est ramassé, glane, glanure. — ممو غت *memūrgut ka-purgūt-an*, ramasser les glanures.

برقوغتڤغوتن *ber-pūrgut-purgūt-an*, qui ramasse les restes, les glanures. جاغن كامو برقوغتڤغوتن *jāngan kāmu ber-pūrgut-purgūt-an*, vous ne ramasserez pas les épis qui tombent (*B.* 196).

قوچق pūxuḳ, rejeton, l'extrémité tendre d'une branche, la pousse du palmier: numéral pour certains objets. ڤرڠݢى — *pūxuḳ pringgi*, les jeunes pousses de la citrouille. فوچق كايو يڠ دتيڤ اڠن *pūxuk kāyu yarg di-tiup ārgin*, les tendres branches des arbres, dispersées par le vent. دان سڬل فوچقڽ دان بڠاڽ دماكنڽ *dān segala pūxuk-ña dān burgā-ña di-mākan-ña*, il en mangea les jeunes branches et les fleurs (*R.* 133). اكرڽ اتس دان فوچقڽ دباوه *ākar-ña ātas dān pūxuk-ña di-bāwah*, la racine en haut et les branches en bas (*R.* 133).

سورت سفوچق *sūrat sa-pūxuk*, une bande de papier, une lettre, un paquet de lettres. سفوچق ڬادڠ *sa-pūxuk gādirg*, une défense d'éléphant. مريم تيڬ فوچق *ma-rīam tīga pūxuk*, trois pièces de canon. سناڤڠ ليم فوچق *snāparg līma pūxuk*, cinq fusils. مك دبريڽ اوله توان بنم تيڬ فوچق سورت *maka di-brī-ña ūleh tūan ba-nam tīga pūxuk sūrat*, monsieur Banam donna trois lettres (v. *Ab.* 3). سرت ممبوڠ اوبت امڤت فوچق *serta mem-būarg ōbat ampat pūxuk*, en tirant quatre coups de canon (v. *Ab.* 9).

[Jav. et Sund. ꦥꦸꦕꦸꦏ꧀ *puxuk*. Bat. [Batak script] *pusut*. Mak. [Makassar script] *puxu.*]

فوچق pūxuk, nom d'une médecine prise du règne végétal (*Kl.*).

فوچڠ pūxarg, l'aréquier.

فوچڠ pūxurg, nom d'un oiseau de mer.

فوچت pūxat, pâle, blême, défait. — موك *mūka pūxat*, figure pâle. فوچت سفرت چنداون *pūxat seperti xendāwan*, pâle comme un champignon. لسي — *pūxat lesi*, pâle de mort. دان مكاڽ فون فوچت *dān mukā-ña pūn pūxat*, et son visage devint pâle (*Sul. Ibr.* 17). سينر متهاري جادي فوچت٢ *sinar mata-hāri jādi pūxat-pūxat*, les rayons du soleil pâlirent (*M.*). فوچت سفرت موك ميت *pūxat seperti mūka mayet*, pâle comme un mort (*H. Ab.* 155).

[Jav. ꦥꦸꦕꦼꦠ꧀ *puxet.* Sund. ᮕᮥᮎᮒ᮪ *puxat*. Mak. [Makassar script] *puxa*. Day. *musat.*]

فوج pūja (S. पूजा *pūjā*), honneur rendu), offrande, sacrifice, pratiques religieuses: être offert. سڤاي سمڤيله فوج كيت *supāya sampey-lah pūja kīta*, afin que notre sacrifice soit accepté. مڠرجاكن فوجاان *mergarjā-kan pu-*

jā-ña, s'acquitter des cérémonies du sacrifice (*M.*). مك ڤاتق سمبر ناسي اتوله يڠ دڤجان *maka pāteḳ sambar nāsi itū-lah yaṅ di-pujā-ña*, j'ai enlevé le riz qu'ils avaient offert en sacrifice (*R.* 6). مك دڤجان ميت *maka di-pujā-ña mayet*, ils s'acquittèrent des cérémonies religieuses qui ont lieu auprès du corps d'un défunt (*R.* 52).

مموج *memūja*, offrir un sacrifice, s'acquitter de pratiques religieuses. اكن مموج ناسي ݢندم ايت *ākan memūja nāsi gundum ītu*, pour offrir en sacrifice le riz cuit et le blé (*R.* 5). اي ڤون كلوار در تمڤت مموج *ia pūn ka-lūar deri tampat memūja*, il sortit du lieu où l'on s'acquittait des pratiques religieuses (*R.* 57).

ڤموج *pemūja*, ce qui sert pour un sacrifice. — اڤي *āpi pemūja*, feu pour un holocauste.

ڤجاءن *pujā-an*, sacrifice, chose offerte en sacrifice.

[Jav. et Sund. ꦥꦸꦗ *puja*]

ڤوجي **pūji**, (S. पूजा *pūja*, honorer), louange, compliment, éloge: loué, glorifié. سکل ڤوجي بݢ الله *segala pūji bagi allah*, à Dieu toute louange (*M. R.* 1). سکل مريد دڤوجي ݢوروڽ *segala murīd di-pūji gurū-ña*, tous les élèves furent loués par leurs maîtres. سکل سودرام اكن ڤوجي ديكو *segala sūdarā-mu ākan pūji dīkaw*, tes frères te glorifieront (*B.* 82).

مموجي *memūji*, louer, glorifier, parler avantageusement. مموجي توهن خلاق دڠن سبنر ڤوجيڽ *memūji tūhan ḳalāḳ deṅan sa-benàr pujī-ña*, glorifier le créateur par un culte sincère (*M.*). اي مموجي موجي اكن ݢونڠ ايت *ia memuji-mūji ākan gūnuṅ ītu*, il parla très-avantageusement de cette montagne (*R.* 168).

ممجيكن *memujī-kan*, louer quelqu'un, faire glorifier quelqu'un. ڤجيكنله دي ممبركتيله نماڽ *pujī-kan-lah dīa mem-berkat-ī-lah namā-ña*, louez-le et bénissez son nom (*B.* 878).

ڤجين *pujī-an*, louange, compliment.

ڤجيڤجين *puji-pujī-an*, compliments d'étiquette qu'on insère dans une lettre, la première partie d'une lettre.

کڤجين *ka-pujī-an*, qui est loué, louable. هو اد بسر دان کڤجين *hūwa ada besàr dān ka-pujī-an*, le Seigneur est grand et digne de louanges (*B.* 844).

[Jav. et Sund. ꦥꦸꦗꦶ *pujī*. Bat. ᯇᯮᯐᯪ *pujī*. Mak. ᨄᨘᨍᨗ *pujī*. Day. *mam-puji*, invoquer.]

ڤوجق pūjuk = بوجق *būjuk.*

ڤوجت pūjut = كوجت *kūjut.*

ڤوڽ pūña, v. امڤوڽ *ampūña.*

ڤوته pūtah, nom d'un poisson d'eau douce (*Kl.*).

ڤوته pūtih (S. पूति *pūti*, pureté), blanc, propre, de couleur claire. — كاين *kāin pūtih*, de l'étoffe blanche. — اورڠ *ōrang pūtih*, un homme blanc, un Européen. — هاتي *hāti pūtih*, un cœur ingénu, sincère. — كايو *kāyu pūtih*, nom d'un arbre dont on extrait une huile médicinale (*melaleuca*). تلر — *pūtih telòr*, le blanc d'un œuf. كونيڠ — *pūtih kūning*, jaune pâle. ڤوته سڤرت ڤيرق بڠاڽ *pūtih seperti pērak bungā-ña*, les fleurs étaient d'un blanc argenté (*M.*). منجادي ڤوته مات *menjādi pūtih māta*, les yeux devenant blancs; expression qui indique un sentiment d'irritation qui fait que les yeux tournent dans la tête, de manière à n'en laisser voir que le blanc.

Prov. ادڤون هيتم مات ايت دمناكن بوله برچري دڠن ڤوتيهڽ *ada-pūn hītam māta ītu di-manā-kan būleh ber-xerèy dengan pūtih-ña*, le noir de l'œil ne peut pas être séparé de son blanc. Il y a des choses qui, bien que différentes, sont nécessaires l'une à l'autre.

مموتيهكن *memūtih-kan*, rendre blanc, blanchir.

ڤمتيهن *pemutih-an*, action de blanchir, blanchissage (*R. V.*).

[Jav. et Sund. [illegible] *putih.* Bat. [illegible] *puti.* Day. et Tag. [illegible] *puti.* Bis. [illegible] *poti.*]

ڤوتو pūtu, nom d'une sorte de pâtisserie (*Kl.*).

ڤوتق pūtek, germe d'un fruit; le fruit lorsqu'il est encore petit, après que la fleur est passée. بوهڽ سڤرت ڤوتق٢ درين بسرڽ *būah-ña seperti pūtek-pūtek durīan besàr-ña*, leurs fruits étaient de la grosseur du dourian après que la fleur a disparu (*H. Ab.* 224).

[Bat. [illegible] *mutik.*]

ڤوتڠ pūting, le bout, l'extrémité; la pointe en fer avec laquelle une arme est fixée dans son manche. بليڠ — *pūting belīyung*, un tourbillon, une trombe de mer. دامر — *pūting dāmar*, syphilis. سوسو — *pūting sūsu*, tétin.

[Day. *puting*, la pointe d'une arme.]

ڤوتغ pūtuṅ, coupé, tranché, retranché, amputé. ڤوتغله اڠكو *pūtuṅ-lah āṅkaw*, coupez-le (litt.: soit par vous coupé). ڤوتغ دڠن ڤيسو *pūtuṅ deṅan pīsaw*, coupé avec un couteau. دڤوتغڽ اكن رمبتڽ *di-pūtuṅ-ña ākan rambut-ña*, il lui coupa les cheveux.

سڤوتغ *sa-pūtuṅ*, un morceau coupé. دبواله اوله بورڠ ايت سڤوتغ كايو *di-bawā-lah ūleh būruṅ itu sa-pūtuṅ kāyu*, ces oiseaux emportèrent un morceau de bois (*Kal. dan Dam.* 50).

ممونغ *memūtuṅ*, couper, retrancher, amputer. هايم — *memūtuṅ hāyam*, tuer une volaille. كربو — *memūtuṅ karbaw*, abattre un buffle. ماسغ٢ ممونغ كايو دالم هوتن *māsiṅ-māsiṅ memūtuṅ kāyu dālam hūtan*, chacun coupait du bois dans la forêt (*H. Ab.* 68).

[Jav. ꦥꦸꦠꦸꦁ *putuṅ*. Sund. ᮕᮧᮒᮧᮀ *potoṅ*. Mak. ᨄᨚᨈᨚ *poloṅ*. Day. *potoṅ*. Bis. ᜉᜓᜆᜓ *potoṅ*, abréger.]

ڤوتر pūtar, tourné, viré, tordu. بالق — *pūtar bālik*, tourné à rebours, détordu: qui ne parle pas franchement, qui cherche à ne pas dire la vérité.

برڤوتر *ber-pūtar*, tournant, qui tourne, tourner, rouler. بومي اين برڤوتر ڤد تيڤ٢ هاري *būmi ini ber-pūtar pada tiap-tiap hāri*, la terre tourne à chaque jour (fait un tour sur elle-même) (*N. Phil.* 30).

ممونر *memūtar*, tourner, rouler, tordre q. ch. مك ايڤون ممونر ڤدڠڽ *maka ia-pūn memūtar pedāṅña*, il faisait tourner son glaive (*R.* 92). — ڤاهت *pāhat memūtar*, foret, vrille.

ممونركن *memūtar-kan*, faire tourner, faire virer. كلو تياد دڤوتركن *kalaw tiāda di-pūtar-kan*, si on ne la faisait pas tourner (*N. Phil.* 144).

ڤتارن *putār-an*, vis, cabestan. اير — *putār-an āyer*, roue qui tourne par le moyen de l'eau.

ڤمونر *pemūtar*, tourne-vis, instrument propre à tourner q. ch., dévidoir.

[Jav. et Sund. ꦥꦸꦠꦼꦂ *puter*. Mak. ᨄᨘᨈᨑ *putara*. Day. *putar*.]

ڤوتس pūtus, fini, éteint, brisé, détruit, cassé, rompu: cesser, finir. هارڤ — *pūtus hārap*, ou اس — *pūtus āsa*, sans espoir, désespéré. ڽاو — *pūtus ñāwa*, ou — جيو *pūtus jīwa*, rendre l'âme, mourir. هرڬ — *pūtus harga*, au plus juste prix, au dernier prix. بچارا سده ڤوتس *bičāra sudah pū-*

tus, la discussion est terminée. دان ليدهڽ ڤون تله ڤوتس *dān lī-dah-ña pūn telàh pūtus*, et sa langue fut coupée. مك تليتالي ڤراهو ڤون ڤوتس *maka tali-tāli prāhu pūn pūtus*, et les cordages du navire se cassèrent (v. *Ab.* 11). مك بركتاله اى سده ڤوتس مك اى تندقله كڤلان دان ڤوتسله ڽاو *maka ber-katā-laḥ ia sudah pūtus maka ia tunduḳ-lah kapalā-ña dān pūtus-lah ñāwa*, il dit: tout est accompli. Et baissant la tête, il rendit l'esprit (*N.* 189).

برڤوتس *ber-pūtus*, qui a une fin, qui finit, qui cesse, qui est interrompu. دو بولن ڤرجلانن تياد برڤوتس *dūa būlan per-jalān-an tiāda ber-pūtus*, deux mois d'une marche continuelle (*S. Mal.* 16).

ممتوس *memūtus*, finir, cesser, terminer.

ممتوسي *memutūs-i*, mettre fin à, terminer. دڤتوسيڽ كاسيهڽ اكن سودراڽ *di-putus-i-ña kāsih-ña ākan sūdarā-ña*, il a cessé de s'intéresser à son frère (*M.*).

ممتوسكن *memūtus-kan*, faire terminer, détruire q. ch.

ڤتوسن *putūs-an*, décision, conclusion.

كڤتوسن *ka-putūs-an*, qui est détruit; destruction. ڤد سكليڽن هاري سمڤى كڤد كڤتوسن عالم *pada sa-kalī-an hāri sampey ka-pada ka-putūs-an ālam*, pour tous les jours jusqu'à la fin du monde (*N.* 55).

بركڤتوسن *ber-ka-putūs-an*, qui a une fin, qui finit, destructible. كسكاءن يڠ تياد بركڤتوسن دالم سورݢ *ka-sukā-an yaṅ tiāda ber-ka-putūs-an dālam su-warga*, une joie sans fin dans le ciel (*M. R.* 60).

[Jav. et Sund. ꦥꦸꦠꦸꦱ꧀ *putus*. Day. *putus*.]

ڤود **pūda**, terni, fané, livide.

On trouve aussi ڤودر *pūdar*.

ڤودى **pūdi**, nom d'une pierre précieuse, l'améthyste. دتاتهكن ڤودى مانكم *di-tātah-kan pūdi mānikam*, garni d'améthystes (*M.*). بيراڤ ڤودى دڠن انتن *be-brāpa pūdi deṅgan intan*, des améthystes et des diamants (*S. Bid.*).

[Jav. ꦥꦺꦴꦢꦶ *podi*, pierres précieuses détachées. Mak. ᨄᨚᨉᨗ *podi.*]

ڤودى **pūdi**, poudre, poussière; mis en poudre, être broyé. امبل افيون برتڽ امڤت درهم مك دڤودى سكالى ايت *ambil afiūn bràt-ña ampat derham maka* *di-pūdi sa-kāli itu*, prenez quatre drachmes d'opium et broyez-les (*M.*).

ممودى *memūdi*, broyer, mettre en poudre, casser en petits morceaux, concasser.

ممديكن *memudī-kan*, mettre q. ch. en poudre, casser, broyer q. ch. ممديكن ݢيݢيڽ دڠن باتو *memudī-kan gigī-ña dengan bātu*, lui casser les dents avec une pierre (*M.*).

[Bat. ᯇᯬᯑᯪ *podi*, poudre d'or.]

ڤودق pūdak, nom d'une plante (*pandanus inermis*).

[Jav. et Sund. ꦥꦸꦝꦏ꧀ *pudak.*]

ڤودڠ pūding, nom d'un arbuste ayant des feuilles de plusieurs couleurs (*justicia picta*).

ڤودر pūdar, v. ڤود *pūda*.

ڤون pūn, particule explétive, qui dans le discours donne ordinairement plus de force et d'énergie à l'expression, mais qui souvent pourrait être retranchée, sans que la phrase cessât d'être claire; elle sert aussi quelquefois à la formation d'adverbes: comme ايتڤون *itu-pūn*, ادڤون *ada-pūn*, dans ces cas, elle ne fait qu'un avec le mot auquel elle est jointe; dans les autres cas on la trouve quelquefois jointe au mot qui la précède; mais le plus souvent elle en est séparée. Quand elle est jointe à un mot, elle n'en change jamais l'orthographe. v. Gram. سئورڠ ڤون تياد *sa-ōrang pūn tiāda*, il n'y avait pas même une seule personne. سكالي ڤون تيدق ماو *sa-kāli pūn tīdak māu*, il ne veut absolument pas. سڠݢه ڤون دمكين *sungguh pūn demikian*, il en est véritablement ainsi, cela est absolument vrai. مك ايڤون داتڠ *maka ia-pūn dātang*, alors il arriva.

ڤوان pūwan, pūan, plat, plateau en métal, sur lequel on présente le bétel aux princes. مڠنجق ڤوان *mengunjuk pūan*, présenter le plateau à bétel. بݢند سنتڤ سيره دڤوان ڤتري *baginda santap sirih di-pūan putrī*, le prince prit du bétel du plateau de la princesse (*M.*). مك دڤرسمبهكنڽ ڤول ڤوان ايت كڤد بݢند *maka di-per-sembah-kan-ña pūla pūan itu ka-pada baginda*, et il fit remettre au prince le plateau à bétel (*Indr.* 263). — بوڠ *būnga pūwan*, nom d'une fleur, une espèce de clérodendron. — انچق *enxik̠ pūwan*, titre des filles mariées du بندهار *bendahāra* et du تمڠڬڠ *temoŋ-guŋ*.

On trouve aussi قوان *puwān*.

قونه pūnah (S. पून *pūna*, détruit, perdu), fini, dissipé, gaspillé, dilapidé (*Kl.*).

قوني pūney, nom d'un pigeon sauvage de couleur verte. دبليڽ بورڠ قوني *di-belī-ña būruŋ pū-ney*, ils achetèrent des pigeons verts (*H. Ab.* 79). اندو — *pū-ney andu* ou سلاي — *pūney selāya*, pigeon sauvage de couleur cramoisi foncé, melangée de blanc. جمبو — *pūney jambu*, nom d'une autre espèce de pigeon, de couleur verte mêlée de violet. تانه — *pūney tānah*, nom d'une troisième espèce.

[Bat. ᯇᯮᯉᯩ *puné*. Mak. ᨄᨘᨊᨙ *puné*.]

قونق pūnuk̠, tumeur sur le cou ou sur les épaules à l'endroit ou le joug porte (d'un bœuf), bosse d'un chameau.

[Jav. ꦥꦸꦤꦸꦏ꧀ *punuk*, durillon, bosse.]

قونت pūnat, le bourbillon d'une tumeur (*Kl.*).

قوقه pūpuh, se préparer à combattre, se battre sans éperons (des coqs de joute). — ڤرڠ *pràŋ pūpuh*, petite guerre, combat simulé. اد يڠ برڤرڠ قوقه *ada yaŋ ber-pràŋ pūpuh*, quelques uns imitaient des combattants (*S. Mal.* 159). قوقه قولڠ اڠن *pūpuh pōloŋ āŋin*, grêle de paupière, compère-loriot.

برقوقه *ber-pūpuh*, qui se battent, qui se donnent des coups d'ailes (des coqs.). دو تيڬ كالي برقوقه ايت مك الهله هايم راج ترڠڬانو *dūa tīga kāli ber-pūpuh itu maka ālah-lah hāyam rāja treŋgānu*, après s'être donné des coups d'ailes deux ou trois fois, le coq du roi de Trenganou fut vaincu (*Kl.*).

[Jav. ꦥꦸꦥꦸꦃ *pupuh*, combat. Sund. ᮕᮨᮕᮨᮂ *pepeh*, battre.]

قوقو pūpu, génération, race. يڠ كتيڬ — *pūpu yaŋ ka-tīga*, la troisième génération. اورڠ سقوقو *ōraŋ sa-pūpu*, personnes de la même génération, de la même race. انق سقوقو *ānak̠ sa-pūpu*, neveu. سودار سقوقو *sūdāra sa-pūpu*, cousin. سودار سقوقو قد بڬند *sūdāra sa-pūpu pada baginda*, il était cousin du prince (*S. Mal.* 56).

ڤوان *pupū-an*, consanguinité, parenté. سڤوان بتل *sa-pupū-an betūl*, parenté proche, ou celle qui existe entre cousins-germains (*M.*).

[Bat. ᯇᯮᯇᯮᯘ᯲ *pupus*, neveu, enfant de la sœur. Mak. *sampu* et Bug. *seppu*, neveu, cousin. Bis. *popo*, nom que donnent les petits-enfants à leurs grands-parents.]

ڤوڤت ***pūput***, soufflé, venté.

بغسي دڤوڤتن *baṅsi di-pūputña*, il jouait de la flûte (*M.*).

برڤوڤت *ber-pūput*, qui souffle, soufflant, ventant.

مموڤت *memūput*, souffler, faire du vent, agiter l'air.

[Sund. *puput*. Mak. *pupu*. Day. *puput*.]

ڤوڤر ***pūpur***, sorte de cosmétique préparé avec la plante nommée ديلم *dilam*, espèce de mélisse (*M.*). Une sorte d'onguent irritant dont on se sert contre les attaques rhumatismales (*Kl.*).

[Jav. et Sund. *pupur*, cosmétique pour la peau fait avec une solution de fine farine de riz.]

ڤوڤل ***pūpul***, récolte (de poivre et autres productions, à l'exception du riz). اڠڠ — *pūpul āguṅ*, la grande récolte (la récolte du poivre).

مموڤل *memūpul*, faire la récolte. لاد — *memūpul lāda*, récolter le poivre.

[Jav. *pupul*, réunir. Sund. *pupul*, recueillir. Day. *pupul*.]

ڤوڤس ***pūpus***, tout-à-fait: tout enlevé, il n'en reste rien (de choses prises, ou volées, ou de nourriture mangée).

مموڤسکن *memūpus-kan*, tout enlever; voler tout; manger tout; faire qu'il ne reste rien.

ڤور ***pūra*** (S. पुर *pura*), ville (ce mot se trouve employé dans la composition de noms de pays). اندرا ڤور *indrā-pūra*, la ville d'Indra, capitale d'un ancien royaume dans l'île de Sumatra. سيڠڤور *siṅa-pūra*, la ville du lion, nom de l'île et de la ville de Sincapour.

ڤور ***pūra***, bourse en étoffe pour mettre les choses précieuses. وڠ بوت ڤور *waṅ būta pūra*, argent de poche (*Kl.*).

ڤور ***pūwar***, nom d'une plante aromatique (*amomum cardamomum*) (*Pij.*).

ڤور٢ ou **ڤرڤور** ***pura-pūra,*** contrefait, semblant, comme pour, en apparence. اى ڤرڤراله دريڽ اد هلت كڤداڽ *ia pura-purā-lah dirī-ña ada halàt ka-padā-ña,* il fit semblant de leur être étranger (*B.* 69). سمبل ممندغ كلاغت مك ڤرڤور اى ممبه بولن *sam-bil memandaŋ ka-lāŋit maka pura-pūra ia meñembah būlan,* en regardant au ciel, il fit semblant d'adorer la lune (*Kal. dan Dam.* 94).

ڤرڤور سهاج *pura-pūra sahāja,* un simple prétexte.

ممڤرڤراكن *mem-pura-purā-kan,* faire contrefaire. ممڤرڤراكن دريڽ ݢيل *mem-pura-purā-kan dirī-ña gīla,* il contrefaisait l'insensé (*M.*).

ڤوره ***pūroh*** ou ***pūrah,*** brochette, petit morceau de bois pointu. سچيكن دغن ڤوره يغ لمبت سݢل داكي يغ دباوه ككوڽ *suxī-kan deŋan pūroh yaŋ lembut segala dākī yaŋ di-bāwah kukū-ña,* ôtez avec une petite branche souple toute l'ordure qui pourrait se trouver sous ses ongles (*M.*). دچوچق دغن ڤوره *di-xūxuk̇ deŋan pūroh,* piqué, ou attaché avec une brochette (*M.*).

ڤوري ***pūri*** (S. पुरि *puri*), ville, résidence royale, palais. بݢندڤون ماسق كدالم ڤوري *baginda-pūn māsuk̇ ka-dālam pūri,* le prince entra dans son palais (*S. Bid.* 89).

ڤورو ***pūru,*** ulcère, pustule. — جاهت *pūru jāhat,* ulcère, gangrène. — اڤي *pūru āpi,* tumeur. — حايض *pūru ḥāidl,* cancer. — سمبيلق *pūru sambīlik̇,* hémorrhoïdes. — كوچي *pūru kōxi,* maladie vénérienne. — باك *pūru bāka,* écrouelles. — مال *pūru māla, framboesia.* اكن اد ڤرڤورو اڤي *ākan ada puru-pūru āpi,* il y aura des ulcères et des tumeurs (*B.* 98). — بياوق *pūru biāwak̇,* nom d'un fruit.

ڤورق ***pōrok̇.*** — ماين *māin pōrok̇,* v. sous نالي *nāli.*

ڤورقڤارق ***pōrak̇-pārik̇,*** embrouillé, pêle-mêle, en confusion, en désordre, dispersé. منجادي ڤورقڤارق نݢري *men-jādi pōrak̇-pārik̇ nagrī,* la ville fut toute en désordre. سهيڠݢ ڤورقڤارق دان برهاڽت كمنامان *sa-hiŋga pōrak̇-pārik̇ dān ber-hāñut ka-mana-māna,* tellement qu'ils se trouvent dispersés et emportés çà et là (*H. Ab.* 377).

On trouve aussi فورقفرند *pōrak-pranda*.

فورن pūrun. — رمفت *rumput pūrun*, espèce de jonc avec lequel on fait des nattes (*Kl.*).

فول pūla, de nouveau, encore, aussi, de même. — لاکی *lāgi pūla*, de plus. — تمباهن *tambāh-an pūla*, en outre. دی کات فول *dīa kāta pūla*, il dit encore. اد اورڠ لاين فول *ada ōrang lāin pūla*, il y avait encore d'autres personnes. ايسق هاري همب داتڠ فول *ēsuk hāri hamba dātang pūla*, demain je reviendrai (*R.* 14). تتافي اکو اکن مليهت کامو فول *tetāpi āku ākan me-lihat kāmu pūla*, mais je vous reverrai de nouveau (*N.* 183). بنيڽ فرکي دان انقڽ فرکي فول *binī-ña pergi dān ānak-ña pergi pūla*, son épouse s'en alla et son enfant s'en alla de même (*M.*).

فولاك pūlāga = کفلاك *kapu-lāga*.

فوله pūlih, revenu, rétabli (d'une maladie, d'une faiblesse), se rétablir. مك بدنك فون فولهله *maka badan-ku pūn pūlih-lah*, alors mon corps reprit son état de santé (*H. Ab.* 20).

فرموله *per-mūlih*, ce qui rétablit, médecine, un confortant, fortifiant (*Cr.*).

[Jav. ꦲꦸꦭꦶꦃ *ulih*, retour. Sund. ꦥꦸꦭꦶꦲꦤ꧀ *pulihan*, retourner.]

فوله pūlih, peu serré (d'un nœud). — سمفل *simpul pūlih*, nœud coulant (*Kl.*).

فوله pūluh, pūloh, dix, dizaine. سفوله *sa-pūloh*, une dizaine, dix. دو فوله *dūa pūloh*, vingt. بيراف فوله *be-brāpa pūloh*, un certain nombre de dizaines.

برفوله *ber-pūloh*, qui est à dix, par dix. برفوله٢ *ber-pūloh-pūloh*, par dizaines. دالم برفوله٢ فولو *dālam ber-pūloh-pūloh pūlaw*, dans des dizaines d'îles, dans un grand nombre d'îles (*Exer.* 82).

ففوله *per-pūloh*, dixième. سففوله *sa-per-pūloh*, un dixième. تيك ففوله *tīga per-pūloh*, trois dixièmes.

سففلوهن *sa-per-pulōh-an*, la dîme. مك ايفون بفرسمبهکنله فداڽ سففلوهن درفد سکل سسواتو *maka ïa-pūn be-per-sembah-kan-lah padā-ña sa-per-pulōh-an deri-pada segala sa-suātu*, et il lui paya la dîme de toute chose (*B.* 19).

[Jav. et Sund. ꦥꦸꦭꦸꦃ *puluh*. Bat. *puluh*. Mak. *pulo*. Day. *puluh*. Tag. et Bis. *polo*.]

ڤولي ***pūley***, nom d'un arbre qui porte de belles fleurs (*alstonia scholaris*). داهن بوڠ ڤولي *dāhan būrga pūley*, les menues branches de l'arbre qui donne la fleur nommée *puley* (*S. Bid.* 57).

ڤولو ***pūlaw***, ***pūlō***, île. سڤرتي ڤولو رڤاڽ دتڠه لاوت *seperti pūlaw rupā-ña di-tergah lāut*, ressemblant à une île au milieu de la mer (*M.*). هندق ڤرڬي کڤولو يڠ برنام اندرا ڤسڤ *hendak-pergi ka-pūlaw yarg ber-nāma indrā-puspa*, voulant aller à une île nommée *Indra-puspa* (*R.* 17). دتانه بسرکه اتو دڤولوکه *di-tānah besàr-kah ātaw di-pūlaw-kah*, sur le continent ou dans une île (*R. l'hil.* 1). دالم سبوه ڤولو *dālam sa-būah pūlaw*, dans une île (*id.*).

[Jav. et Sund. *pulo*. Bat. *pulo*. Tag. et Bis. *polo*.]

ڤولق ***pūlak*** = ڤول *pūla*.

ڤولڠ ***pōlorg***, nom d'un petit démon, espèce de petit lutin; il obéit à celui qui consent à le nourrir de son sang. اي کن راسق ڤنتيانق دان ڤولڠ همڤر ماتي *ia kena rāsuk puntiānak dān pōlorg hampir māti*, attaqué par le démon Puntianak et par le lutin Polong il a failli en mourir (*H. Ab.* 143). ڤوڤه ڤولڠ اڠن *pūpuh pōlorg ārgin*, grêle de paupière, compère-loriot.

ڤولڠ ***pūlarg***, retourner, s'en retourner. ڤولڠ لکس *pūlarg lekàs*, s'en retourner vite. ستله ايت ڤولڠله ماسيڠ۲ کتمڤتڽ *sa-telàh itu pūlarg-lah māsirg-māsirg ka-tampat-ña*, alors chacun s'en retourna chez soi (*H. Ab.* 109). اورڠ يڠ داتڠ هندق ڤولڠ *ōrarg yarg dātarg hendak pūlarg*, les gens qui sont arrivés désirent s'en retourner. ڤولڠله اڠکو سڤرتي رڤام يڠ دهولو *pūlarg-lah argkaw seperti rupā-mu yarg dahūlu*, reprends ta forme primitive (*M.*).

ممولڠ *memūlarg*, retourner, rendre.

ممولڠکن *memūlarg-kan*, faire retourner, renvoyer, rendre, restituer, remettre. اکن استريڽ تيداله کڤولڠکن لاڬي *ākan istrī-ña tiadā-lah ku-pūlarg-kan lāgi*, quant à sa femme, je ne veux pas la lui rendre (*R.*). هندق دڤولڠکن کڤد سارغڽ *hendak di-pūlang-kan-ña ka-pada sārang-ña*, voulant reporter (les oiseaux) dans leur nid (*Bis. Raj.* 9). دڤولڠکن اوله بڤاك سکل ڤرکاکسڽ کڤداك *di-pūlang-kan ūleh ba-pā-ku segala perkākas-ña ka-padā-ku*, mon père me remit tous ses instruments (*H. Ab.* 45). ممولڠکن بهارو *memūlang-kan ba-hāru*, remettre à neuf.

ڤلاڠن *pulāng-an*, retour, restitution.

[Jav. et Sund. ꦥꦸꦭꦁ *pulang*. Bat. ... *ulak.*]

ڤولغ ٢ **pūlang - pūlang**, les poutres sur lesquelles repose le pont d'un navire (*Kl.*).

ڤولت **pūlut**, sorte de riz (*oryza glutinosa*); il y en a de deux sortes: ڤوته — *pūlut pūtih, pulut* blanc, et هيتم — *pūlut hītam, pulut* noir. Ce riz sert à faire des friandises de différentes sortes.

[Jav. ꦥꦸꦭꦸꦠ꧀ *pulut*, jus gluant des fruits: glu.]

ڤولن **pūlan**, pour فلان *fulān* ou *fulāno.*

ڤولن ٢ **pūlan-pūlan**, non assez cuit; encore dur (*Kl.*).

ڤولر **pūlur** = همڤولر *hempūlur*.

ڤوليس **pōlis** (Angl. *police*), la police. سهاي تياد سوك کرج دڤوليس *sahāya tiāda sūka karja di-pōlis*, je n'aimerais pas avoir un emploi à la police (*H. Ab.* 264).

ڤولس **pūlas**, tordu, tortillé, tressé; être tordu. تاڠن — *pūlas tāngan*, les mains tordues.

On nomme aussi ڤولس *pūlas*, une espèce d'ortie dont on fait du fil, et aussi, le fil qui en est fait.

ممولس *memūlas*, tordre, tortiller, tresser. تليڠ — *memūlas telinga*, tordre ou tirer les oreilles.

ممولسکن *memūlas-kan*, rendre une chose tordue, tortiller q. ch. دڤولسکنڽ ليهرڽ دان مکاڽ ترڤاليڠ کبلاکڠ *di-pūlas-kan-ña lēher-ña dān mukā-ña ter-pāling ka-blākang*, il leur tordit le cou, de manière que leurs figures étaient tournées à rebours (*R.* 150).

[Jav. et Sund. ꦥꦸꦭꦶꦂ *pulir.*]

ڤولساري **pūlasāri**, une médecine prise du règne végétal, une racine odoriférante que l'on prépare aussi avec le cosmétique nommé بدق *bedāk* (*Kl.*).

ڤوس **pūwas,** satisfait, rassasié, plein, complet. مك تيته بݢند بهروله ڤوس راس هتيك *maka tītah baginda baharū-lah pūwas rāsa hatī-ku,* alors le prince dit: c'est maintenant que j'ai le cœur satisfait (*Ism. Yat.* 111). اي ماتي ڤوس هرهرين *īa mātī pūwas hari-harī-ña,* il mourut, ses jours étaient pleins (*B.* 57).

سڤوس *sa-pūwas,* pleinement, avec plénitude. — هاتي *sa-pūwas hātī,* à cœur joie, de bon cœur. سدڠ اداڽ سأورڠ توا سڤوس۲ *sedaṅ adā-ña sa-ōraṅ tuā sa-pūwas-pūwas,* étant vieux et parvenu à la plénitude de ses jours (*B.* 37).

برڤوس *ber-pūwas,* qui est satisfait, rassasié. ايبو بڤاك ايت برڤوس هاتي *ību bapā-ku ītu ber-pūwas hātī,* mon père et ma mère avaient le cœur satisfait (*H. Ab.* 32).

مموس *memūwas,* rassasier, satisfaire.

مموسكن *memūwas-kan,* remplir, satisfaire q. ch. — نفسو *memūwas-kan nefsų,* satisfaire les désirs. — دهاك *memūwas-kan dahāga,* étancher la soif.

[Sund. ᮕᮥᮃᮞ᮪ *puwas,* satisfaisant. Day. *puas.*]

ڤوسو **pūsu,** colline, éminence, tertre, monceau. بڠكيڽ برتمبن۲ سڤرت ڤوسو رڤاڽ *baṅkey-ña ber-tambun-tambun seperti pūsu rupā-ña,* les cadavres amoncelés ressemblaient à des collines (*M.*). — اني۲ *pūsu āney-āney,* fourmilière de fourmis blanches.

v. بوسوت *būsut.*

ڤوسڠ **pūsiṅ,** étourdi. اورڠ يڠ ڤوسڠ اوله اير اڠݢور *ōraṅ yaṅ pūsiṅ ūleh āyer aṅgūr,* des gens qui sont étourdis par le vin (*B.* 990). On dit — كڤال *kapāla pūsiṅ,* avoir des étourdissements. — كڤال *pūsiṅ kapāla,* vertige.

برڤوسڠ *ber-pūsiṅ,* qui est étourdi, qui tourne, tournoyer, tournant sur son axe. — اڠين *āṅin ber-pūsiṅ,* le vent tourne, un tourbillon. برڤوسڠ۲ سڤرت جنترا *ber-pūsiṅ-pūsiṅ seperti jantrā,* se mouvant circulairement comme le rouage d'une machine.

مموسڠ *memūsiṅ,* tourner.

ترڤوسڠ *ter-pūsiṅ,* mis en mouvement, qui tourne, qui vire, qui est étourdi. سكليڽ ترڤوسڠ برجالن ددالم هوتن...... اي ترڤوسڠ توجه هاري توجه مالم تياد منداڤت جالن *sa-kalī-an-ña ter-pūsiṅ ber-jālan di-dālam hūtan......*

ia ter-pūsing tūjuh hāri tūjuh mālam tiāda men-dāpat jālan, ils tournèrent (étaient égarés) dans la forêt . . . . . . ils tournèrent (errèrent) pendant sept jours et sept nuits, sans trouver le chemin (*R.* 83).

موسڠكن *memūsing-kan*, faire tourner, donner à q. ch. un mouvement circulaire. دقوسڠكنن سنجتان *di-pūsing-kan-ña senjatā-ña*, ils faisaient le moulinet avec leurs armes (*M.*). سرت قوسڠكن ليڠت٢ *serta pūsing-kan ligat-ligat*, en le faisant tourner, en lui donnant un mouvement de rotation (*N. Phil.* 111). — قاچق *memūsing-kan pāxak*, faire tourner la broche.

كقسيڠن *ka-pusing-an*, rotation. بومی — *ka-pusing-an būmi*, rotation de la terre sur son axe.

[Sund. ꦥꦸꦱꦶꦁ *pusing*. Day. *pusing*.]

قوست pūsat, le nombril, le centre. بولت — *pūsat būlat*, le centre d'un cercle, d'une sphère. تلر — *pūsat telòr*, le germe d'un œuf. لاوت — *pūsat lāut*, le fond de la mer. — منجاهت *men-jāhit pūsat*, lier le cordon ombilical. ای تورن كدالم لاوت سهڠݢ قوستن *ia tūrun ka-dālam lāut sa-hingga pūsat-ña*, il descendait dans l'eau de la mer jusqu'au nombril (*R.* 18). جڠڬوتن سمڤی كقوستن *janggut-ña sampey ka-pūsat-ña*, sa barbe lui descendait jusqu'au nombril (*R.* 117). همب قرڬيله كقوست لاوت *hamba pergī-lah ka-pūsat lāut*, je vais aller au fond de la mer (*R.* 130).

[Jav. ꦥꦸꦱꦼꦂ *puser*. Bat. [illegible] *pusot*. Mak. [illegible] *poxi*. Bug. [illegible] *posi*. Day. *puser*. Tag. [illegible] *posor*. Bis. [illegible] *posod*.]

قوست pūsut, une lancette (*M.*).

قوسر pūsar, tourner horizontalement (comme la meule d'un moulin), tournoyer (comme l'eau dans un gouffre).

برقوسر *ber-pūsar*, qui tourne, tournoyant. — اير *āyer ber-pūsar*, l'eau forme des tournants. همبت برهمبت برقوسر٢ *hambat-ber-hambat ber-pūsar-pūsar*, se poursuivant mutuellement, et faisant tour à tour volte-face (dans des évolutions militaires) (*M.*).

قموسر *pemūsar*, un morceau de bambou que l'on fait tourner dans un panier pour nettoyer le coton.

فسارن *pusār-an*, tournoiement. ايرـــ *pusār-an āyer*, un gouffre. اڠين — *pusār - an āṅin*, tourbillon de vent.

فق **paḳ** (Holl. *pacht*), ferme, fermage : affermé. — توكڠ *tūkaṅ paḳ*, un fermier. اڤيون — *paḳ apiyūn*, la ferme d'opium, le droit de vendre l'opium.

[Jav. et Sund. ꦥꦏ꧀ *pak.*]

فق **paḳ** (Holl. *pak*), paquet, caisse.

[Sund. ꦥꦏ꧀ *pak.*]

فكاكس **pekākas** = فركاكس *per-kākas*.

فكاج **pekāxa** (S. पङ्कज *paṅ-kaja*, lotus), parole de caresse, de flatterie (*Pij.*).

فكاسم **pekāsam**, v. sous اسم *āsam*.

فكو **pekū** (Chin. 百个 *pé-ko*, cent), une ligature de petites monnaies nommées *pitis* (*Cr.*).

فكولن **pakūlun** = داتق *dātuḳ* (*Kl.*).

C'est le Jav. ꦥꦸꦏꦸꦭꦸꦤ꧀ *pukulun.*

فكق **pekàḳ**, qui a l'oreille dure, sourd. فكقكه تلڠام *pekàḳ-kah teliṅā-mu*, êtes-vous sourd? (*H. Ab.* 379).

ممكقكن *memekàḳ-kan*, se faire sourd, se boucher les oreilles. مك سمواڽ فكقكن تلڠاڽ *maka samuā-ña pekàḳ-kan teliṅā-ña*, tous firent les sourds, se bouchèrent les oreilles (*Kl.*).

فكق **pekìḳ**, gémir, soupirer (d'un animal mourant) (*Kl.*).

فكڠ **pekìṅ.**

ممكڠ *memekìṅ*, hurler, glapir, comme des chiens qui se sont blessés (*Kl.*).

فكڠ **pekùṅ**, grand ulcère puant.

فكت **pakàt**, v. فقة *faḳat*.

فكت **pekàt**, marc, sédiment; épais, trouble. — تانه *tānah pekàt*, argile (*Kl.*).

فكن **pakàn**, place du marché, bazar, marché. سلام فكن ترباكر *sa-lāma pakàn ter-bākar*, depuis l'incendie du marché ou bazar (*M.*). تربوك دالم نڬري سيق فكن بهارو *ter-būka dālam nagrī siak pakàn bahāru*, un marché nouveau se trouvait ouvert dans le pays de Siak (*H. Ab.* 19). مك بݢند ڤون مپوره مڠهيس لبه دان ڤكن *maka baginda pūn meñūruh meṅ-hīas lebùh dān pakàn*, le prince ordonna d'orner les rues et la place du marché (*Ism. Yat.* 94). — بوڠ *būṅa pakàn*, nom d'une fleur (*jasminum grandiflorum, M.*).

On trouve aussi ڤاكن *pākan*.

[Jav. ꦥꦼꦏꦤ꧀ *pekan*. Day. *pakan.*]

فكنير ***pakanīra***, pronom de la seconde personne.

[Jav. ꦥꦏꦼꦤꦶꦫ *pakenira.*]

ڤق٢ هلڠ ***pak-pak helàṅ***, nom d'un jeu d'enfants, à peu près comme celui qu'on nomme en France; la queue leu leu, ou la queue du loup.

ڤكرتي ***pakritī*** (S. प्रकृति *pakreti*, nature), nature, le naturel de quelqu'un, caractère, conduite. بودي ڤكرتين جاهت سڤرت هنتو *būdi pakritī-ña jāhat seperti hantu*, elle est d'un mauvais naturel, comme une diablesse (*M.*). مك دليهت اوله بݢند لكون دان ڤكرتين *maka di-līhat ūleh baginda lakū-ña dān pakritī-ña*, le prince observait ses manières et son caractère (*Ism. Yat.* 99). اڤيل دمكينله ڤكرتي راج ايت *apa-bīla demikīan-lah pakritī rāja ītu*, lorsque la conduite du roi est telle (*M. R.* 222). بودي ڤكرتي يڠ بايق *būdi pakritī yaṅ bāik*, heureuses dispositions.

ڤقس ***paksa*** (S. पक्ष *paxa*, armée, force), force, contrainte: forcé, contraint; être forcé. ڤقساله كڤدان هلبالڠن *paksā-lah ka-padā-ña hulubālaṅ-ña*, ses guerriers le contraignirent (litt.: fut par ses guerriers contraint) (*M.*). مك ڤقساله كدو ملايكة ايت اكن دي *maka paksā-lah ka-dūa malāikat ītu ākan dīa*, et les deux anges le forcèrent (*B.* 26).

ممقس *memaksa*, forcer, contraindre, obliger.

ترڤقس *ter-paksa*, qui est forcé, que l'on a contraint. جاڠن سئورڠ ترڤقس *jāṅan saōraṅ ter-paksa*, que personne ne soit contraint (*M.*).

ممقساكن *memaksā-kan*, forcer, contraindre quelqu'un. دڤقساكنن رجان ڤولڠكن سكل اورڠ *di-paksā-kan-ña rajā-ña pūlaṅ-kan segala ōraṅ*, ils forcèrent leur roi de renvoyer tous ces hommes (*H. D.* 161).

[Jav. et Sund. ꦥꦼꦏ꧀ꦱ *peksa.*]

ڤقس **paḳsa** (S. पच *paća*, partisan, ami), favorable, propice: bonne occasion. ملك اڠين ڤقس ڤون برتيڤ *maka āṅgin paḳsa pūn' ber-tiup*, or un vent favorable soufflait (*S. Mal.* 302). داتڠله سواتو ڤقس يڠ بايق *dātaṅg-lah suātu paḳsa yaṅg bāiḳ*, il arriva une bonne occasion (*Kl.*).

ڤكس **pekis.**

ممكس *memekis*, siffler (*Kl.*).

ڤكس **pekis.** — داون *dāun pekis*, v. sous بوس *būwas*.

ڤقسين **paḳsīna,** le nord, la gauche (par opposition à دقسين *daḳsīna*). در مشرق داتڠ كمغرب دردقسين داتڠ كڤقسين *deri mas̄raḳ dātaṅg ka-magrab deri daḳsīna dātaṅg ka-paḳsīna*, de l'est à l'ouest et du sud au nord (*R.* 158).

ڤڬاوي **pegāwey,** instrument, ustensile, outil, appareil, munition. سكلين الة دان ڤڬاوي سدهله حاضر *sa-kalī-an ālat dān pegāwey sudah-lah ḥādlir*, on tenait prêts tout l'appareil et les munitions (*M.*). داتر اورڠله ڤڬاوي *di-ātur ōraṅg-lah pegāwey*, on disposa les instruments. — ڤرمينن *pegāwey per-main-an*, l'appareil ou les pièces nécessaires pour une partie de jeu (*M.*).

Le radical est ڬاوي *gāwey*, qui est quelquefois employé dans le même sens. دايريڠكن منتري ممباو ڤاوي *di-īriṅg-kan mantrī membāwa pāwey*, il était accompagné des ministres qui apportaient les ustensiles, les munitions (*S. Bid.* 59).

[Jav. et Sund. ꦒꦮꦺ *gawé*, travail, affaire.]

ڤڬاوي **pegāwey,** homme armé, guerrier, officier. ڤڬاوي ترڤيله بوكنكه اين *pegāwey ter-pīlih būkan-kah īni*, ne sont-ce pas là des guerriers choisis? (*S. Bid.* 71). اي برتاڽاكن كڤد سڬل ڤڬاوي كرجاءنڽ *ia ber-tañā-kan ka-pada segala pegāwey ka-rajā-an-ña*, il demanda aux officiers de sa cour (*M. R.* 96).

ڤڬاري **pegārī,** visible. تيداله اڤ ڤڬاري *tiadā-lah apa pegārī*, on n'y voyait rien.

ڤڬڠ **pegàṅg,** pris, empoigné, saisi, possédé, être pris. ڤڬڠله اكن دي *pegàṅg-lah ākan dia*, prends-le (litt.: soit par toi pris). سنجات دڤڬڠڽ *senjāta di-pegàṅg-ña*, il prit les armes (*R.* 60).

لالو دڤڠݢڽ تاڠن سري رام *lālu di-pegàŋ-ña tāŋan srī rāma*, il prit Sri Rama par la main (*R.* 56).

برڤڠݢ *ber-pegàŋ*, qui prend, prenant, tenant. لالو برڤڠݢله اي تاڠن بڤاڽ *lālu ber-pegàŋ-lah ïa tāŋan bapā-ña*, il prit la main de son père (*B.*). همب برجالن برڤڠݢ تاڠن دڠن جبراعل *hamba ber-jālan ber-pegàŋ tāŋan deŋan jebrāil*, je marchais en tenant la main de l'ange Gabriel (*Mir. Moh.* 10).

ممڠݢ *memegàŋ*, prendre, empoigner, saisir, tenir, garder, posséder, administrer. ڤرنته — *memegàŋ parentah*, prendre les rênes du gouvernement, administrer. ڤواس — *memegàŋ puāsa*, garder le jeûne, jeûner. سنجتاڽ — *memegàŋ senjatā-ña*, ils mirent la main à leurs armes (*M.*). دان سواتو تاڠنڽ ممڠݢ تڠکت *dān suātu tāŋan-ña memegàŋ tuŋkat*, et d'une main il tenait un bâton (*R.* 124). سودراڽ يڠ ممڠݢ نݢري *sūdarā-ña yaŋ memegàŋ nagrī*, son frère qui gouvernait le pays (*M.*).

Prov. ممڠݢ بسي ڤانس *memegàŋ besī pānas*, tenir un fer chaud dans la main.

ممڠݢکن *memegàŋ-kan*, prendre, saisir q. ch. فقيرايت ممڠݢکن ککڠ کداڽ *fakīr ītu memegàŋ-kan kakàŋ kudā-ña*, le fakir saisit la bride de son cheval (*M. R.* 44).

ممڤرڤڠاݢي *mem-per-pegāŋ-i*, faire prendre, faire prendre possession d'une chose (*D. M.* 151).

ڤمڠݢ *pemegàŋ*, qui tient, ou sert à tenir ou à prendre, manche, poignée, bouton.

ڤڠاڠن *pegāŋ-an*, possession, prise, emploi, office. اکو ممبري ڤد بنهم تانه کنعان اکن ڤڠاڠن ککل *āku mem-brī pada benïh-mu tānah kanaān ākan pegāŋ-an kakàl*, je donnerai à vos descendants la terre de Canaan pour être leur possession pour toujours (*B.* 21).

برڤڠݢڤڠاڠن *ber-pegàŋ-pegāŋ-an*, se tenir mutuellement, se tenant ensemble. اي برجالن برڤڠݢڤڠاڠن تاڠن *ïa ber-jālan ber-pegàŋ-pegāŋ-an tāŋan*, ils marchaient en se tenant par la main (*Amir Hamz.* 106).

[Jav. ꦥꦼꦒꦼꦁ *pegeŋ*, retenir. Day. *pegaŋ*, *mamegaŋ*, administrer.]

ڤڠݢ **pegùŋ**, grossier, malhonnête (*Kl.*).

ڤڠن **pegàn**, stupéfait, interdit (*Kl.*).

ڤڠڤ **pegàp,** haleter, souffler de fatigue.

ڤڠر **pegàr,** sorte de faisan que l'on trouve fréquemment dans la péninsule malaise.

ڤڠس **pegàs** (Angl. *spring*), ressort. جام — *pegàs jām*, le ressort d'une horloge (*P. Dew.*).

ڤڠ **peng,** v. ڤ *pe*.

ڤڠ **pong,** nom d'un oiseau (*gracula*) (*Cr. Bengk.*).

ڤڠانن **pangānan,** gâteau, friandise. ايبو بڤاڽ ممبليکن ڤڠانن اتو بارڠ٢ مکانن *ibu bapā-ña membeli-kan pangānan ātaw bārang-bārang makān-an'*, son père et sa mère achètent des gâteaux ou quelque chose à manger (*H. Ab.* 17).

[Jav. ꦥꦔ꧀ꦒꦤꦤ꧀ *pangganan*, de ꦥꦔꦤ꧀ *pangan*, nourriture.]

ڤڠاڤه **pengāpuh,** petit drapeau, banderole attachée à un mât, girouette. — تيڠ *tiyang pengāpuh*, mât de perroquet. — لاير *lāyar pengāpuh*, voile de perroquet.

ڤڠاره **pengāroh,** solennel, royal, (d'un instrument à son). ڬڠ ڤڠاره ڤول اکن دڤلوڽ *gung pengāroh pūla ākan di-palū-ña*, et on battra aussi le gong royal (*S. Bid.* 139). ڬنت ڤڠاره *genta pengāroh*, la cloche qui annonce les solennités.

On trouve aussi تڠار *tengāra*, peut être du Jav. ꦠꦔꦫ *tengara*, signe d'alarme.

ڤڠ هيلڠ **ping hīlang,** nom d'un jeu d'enfants, à peu près comme le jeu de cache-cache, on cligne musette. ماين ڤڠ هيلڠ *māin ping hīlang*, jouer à cache-cache.

ڤڠهولو **panghūlu,** v. هولو *hūlu*.

ڤڠيرن **pangēran,** titre qui se donne à certains grands personnages. داتڠله تڠکو ڤڠيرن راج سيق *dātang-lah tangku pangēran rāja siyak*, arriva son altesse le Pangèran, roi de Siyak (*H. Ab.* 93).

Selon J. Rigg, ce titre est un des plus hauts que puissent porter les naturels de Java; il serait formé, selon lui, de *éra*, qui en Sund. a le sens de humble, modeste, du préfixe *pang* et du suffixe *an*.

[Jav. et Sund. ꦥꦔꦺꦫꦤ꧀ *pangéran*.]

ڤڠوينن **pengawīnan,** lancier.

[Kw. ꦥꦔꦮꦶꦤꦤ꧀ *pangawinan*, lance.]

ڤڠولو **pangūlu**, pour ڤڠهولو *panghūlu*, v. هولو *hūlu*.

ڤڠكه **pengkuh**, dur, raide, lourd, rustique.

[Jav. ꦥꦼꦁꦏꦸꦃ *pengkuh*.]

ڤڠكه **pungkah** (S. पुङ्ग *pungga*, tas, masse), gros fragment, gros morceau de quelque chose.

ڤڠكو **pangku**, le sein, le giron, les genoux d'une personne assise; être pris ou tenu dans le sein, sur les genoux, dans les bras: être régi, dirigé, gouverné. دودق دڤڠكو *dūduḳ di-pangku*, être sur le sein, ou sur les genoux. لالو دڤڠكوڽ *lālu di-pangkū-ña*, il la prit entre ses bras (*M.*). ماسقكنله تاڠنم كدالم ڤڠكوم *māsuḳ-kan-lah tāngan-mu ka-dālam pangkū-mu*, mettez votre main dans votre sein (*B.* 90). دڤڠكو اوله راج مطفر *di-pangku ūleh rāja mutlafir*, on était gouverné par le roi Mutlafir (*S. Mal.* 310).

Prov. دڠركن چرترا بورڠ انق دڤڠكو دلڤسكن *dengar-kan xeritrā būrung ānaḳ di-pangku dilepàs-kan*, en entendant l'histoire d'un oiseau, laisser tomber l'enfant qu'on porte dans les bras. Le sens est: manquer des choses sérieuses pour des bagatelles.

مماڠكو *memangku*, porter dans son sein, prendre sur son giron: gouverner. انق — *memangku ānaḳ*, prendre un enfant dans le giron. يڠ مماڠكو كراجاءن *yang memangku ka-rajā-an*, qui gouvernait le royaume (*H. D.* 85).

ڤماڠكو *pemangku*, gouverneur, administrateur.

ڤڠكوءن *pangkū-an*, le sein, le giron; l'action de porter dans le sein. ڤوتسله ڽاو دالم ڤڠكوءن استريڽ *pūtus-lah ñāwa dālam pangkū-an istrī-ña*, il expira sur le sein de son épouse (*H. D.* 157).

ماڠكو بومي *mangku būmi*, un premier ministre, un vizir. ڤڠڬيلكن اكو فرداان منتري ماڠكو بومي *panggil-kan āku ferdāna mantrī mangku būmi*, qu'on fasse venir le premier ministre, le vizir (*M.*). اد ڤون ماڠكو بومي ڤون تله ماتي دبونه *ada-pūn mangku būmi pūn telàh māti di-būnuh*, or le premier ministre avait été tué (*R.* 155). اكو جديكن اڠكو ماڠكو بومي داتس سلوروه تانه مصر *āku jadī-kan angkaw mangku būmi di-ātas selūruh tānah meṣir*, je vous établis pour commander à toute l'Egypte (*B.* 68).

[Jav. et Sund. ꦥꦁꦏꦸ *pangku.* Day. *pangku.* Tag. ᜉᜅ᜔ᜃᜓ *pang-ko,* prendre entre les bras.]

ڤڠکت **pangkat,** v. اڠکت *angkat.*

ڤڠکر **pangkur,** une houe (*M.*).

ڤڠکر **pengkar,** à jambes croches, cagneux, bancal.

ڤڠکر **pungkur,** résidu, partie grossière. ساݢو — *pungkur sāgu,* la partie rouge ou inférieure du sagou.

ڤڠکل **pangkal,** bout, extrémité, commencement, origine; fonds, mise primitive, capital. مات — *pangkal māta,* l'angle intérieur de l'œil. تاڠن — *pangkal tāng-an,* le poignet. ڤاه — *pangkal pāho,* la hanche. ڤڠکل باتڠ کايو *pangkal bātang kāyu,* le gros bout d'un tronc d'arbre, le pied d'un arbre. ڽواک کڤد ڤڠکل ساير *ñawā-ku ka-pada pangkal sāyap-ku,* ma vie est dans l'extrémité de mon aile (*R.* 100). سڤارو منتي د ڤڠکل جالن سڤارو منتي د هوجڠ جالن *sa-pāro me-nanti di-pangkal jālan sa-pāro me-nanti di-hūjung jālan,* une partie se tenait au commencement, une autre partie à l'extrémité de le route (*M.*).

Prov. داونڽ جاته ملايڠ بوهڽ جاته کڤڠکل جوݢ *dāun-ña jātuh me-lāyang būah-ña jātuh ka-pangkal jūga,* la feuille tombe en volant, mais le fruit tombe juste au pied de l'arbre. Signifie: l'homme dont la naissance est commune et obscure n'arrivera jamais à faire briller ses qualités et sa science, si grandes quelles soient.

ڤڠکالن *pangkāl-an,* fonds, capital: débarcadère, endroit où l'on passe une rivière. درڤد هرت ڤڠکالن ماتي *deri-pada harta pangkāl-an māti,* (provenant) des fonds du défunt (*M.*). ڤڠهولو ڤڠکالن *panghūlu pangkāl-an,* le préposé à un passage d'eau. لالو کڤڠکالن تمڠݢوڠ *lālu ka-pang-kāl-an temonggung,* ils arrivèrent au débarcadère du *temonggung* (*H. Ab.* 205).

[Sund. ᮕᮀᮊᮜᮔ᮪ *pangkalan,* débarcadère.]

ڤڠݢاو **punggāwa** (S. पुङ्गव *pung-gawa,* taureau), officier, héros, un grand de la cour. دايرڠ سکل منتري دان ڤڠݢاو *di-iring segala* *mantrī dān puŋgāwa*, suivi des ministres et des officiers militaires. دتيته كڤد سݢل ڤڠݢاو يڠ سقتي *di-tītah ka-pada segala puŋgāwa yaŋ sakti*, il ordonna à tous les guerriers doués d'un pouvoir surnaturel (*M.*). مرتبتڽ لبه درڤد ڤڠݢاو *mertabat-ña lebèh deri-pada puŋgāwa*, son rang était au-dessus de celui de Punggawa (*S. Bid.* 7).

v. ڤݢاوي *pegāwey*.

[Jav. et Sund. ꦥꦸꦁꦒꦮ *puŋgawa*. Mak. *puŋgawa*.]

Marsd. fait dériver ce mot du Jav. ꦒꦮ *gawa*, porter. ꦥꦁꦒꦮ *paŋgawa*, celui qui porte (les ordres du souverain). Toutefois, cette étymologie est fausse; ce mot vient évidemment du S. Les langues Mal. Sund. Mak., dans lesquelles il a passé, n'ont pas le radical *gawa*; de plus on le retrouve toujours avec la voyelle *u* (non *a*) dans la première syllabe. T. Roorda (Dict. Jav.) lui donne aussi cette étymologie. Le sens que ce mot se trouve avoir en Mal. se trouve également dans les composés sanscrits, p. ex. *nara puŋgawa*, prince, chef des guerriers (*E. Bur.*).

ڤڠݢه **puŋgah**, débarqué, déchargé. سوره سڠݢه دڤولو ڤينڠ ڤڠݢه دامر باتو *sūruh siŋgah di-pūlaw pinaŋ puŋgah dāmar bātu*, il donna ordre de relâcher à Pulopinang, pour qu'une cargaison de damar y fût débarquée (*M.*).

مڠݢه *memuŋgah*, décharger, débarquer.

مڠݢهكن *memuŋgah-kan*, décharger ou faire décharger quelque chose.

ڤڠݢو **puŋgo**, v. ڤڠݢق *puŋgok*.

ڤڠݢق **puŋgok**, sans queue, qui n'a pas de queue. — مڠكق *maŋkok puŋgok*, pot de chambre, vase de nuit. بورڠ ڤڠݢق *būruŋ puŋgok*, ou بورڠ ڤڠݢو *būruŋ puŋgo*, nom d'une espèce de hibou. اكو سده جادي سڤرت دڠن بورڠ ڤڠݢق دتمڤت بناس *aku sudah jādi seperti deŋan būruŋ puŋgok di-tampat bināsa*, je suis devenu comme le hibou qui habite les ruines (*B.*). بورڠ٢ ڤڠݢو بربوڽي برساهت سهوتن *būruŋ-būruŋ puŋgo ber-būñi ber-sāhut-sahūt-an*, (pendant la nuit) les hibous chantent en se répondant mutuellement (*N. Phil.* 27).

ڤڠݢڠ **paŋgaŋ**, brûlé, consumé par le feu; rôti, grillé: être brûlé. دڤڠݢڠڽ بارڠ يڠ دالم ڤراهو *di-paŋgaŋ-ña bāraŋ yaŋ dālam prāhu*, ils brûlèrent les marchandises qui étaient dans le navire

(*H. Ab.* 299). لادڠ يڠ دڤڠڬڠ اورڠ *lādaŋ yaŋ di-paŋgaŋ ōraŋ*, un bois que l'on a brûlé pour le convertir en rizière. — هايم *hāyam paŋgaŋ*, une volaille rôtie.

ممڠڬڠ *memaŋgaŋ*, brûler; rôtir. لادڠ — *memaŋgaŋ lādaŋ*, préparer un terrain pour la culture, en y brûlant le bois qu'on a abattu (*M.*).

ڤمڠڬڠ *pemaŋgaŋ*, ce qui sert à rôtir, rôtissoir, broche, petit morceau de bois fendu dans lequel on place ce qui doit être rôti.

ڤرڠڬڠ *peraŋgaŋ*, ce que l'on rôtit ou grille, ce qui est bon à être rôti. — هايم *hāyam peraŋgaŋ*, un poulet assez gros pour être rôti.

[Jav. et Sund. [illegible] *paŋgaŋ*. Bat. [illegible] *paŋgaŋ*. Day. *paŋgaŋ*. Tag. [illegible] *paŋgaŋ*, rôtir de la viande pour la conserver.]

ڤڠڬڠ **paŋguŋ,** tour, coupole, plate-forme, étage supérieur, échafaudage, théâtre. اد برسمبوني دڤڠڬڠ *āda ber-sembūni di-paŋguŋ*, ils étaient cachés dans une tour (*H. Ab.* 63).

ڤڠڬوڠن *paŋgūŋ-an*, ce qui est en forme de tour, de plate-forme, lieu élevé. توان ڤتري ڤون نايق داتس ڤڠڬوڠن لالو منجاتهكن ديرين كدالم اڤي *tūan putrī pūn nāik di-ātas paŋgūŋ-an lālu men-jātuh-kan dirī-ña ka-dālam āpi*, la princesse étant montée sur une plate-forme se jeta de là dans le feu (*R.* 158).

[Jav. et Sund. [illegible] *paŋguŋ*. Mak. [illegible] *paŋgoŋ*.]

ڤڠڬڠ **piŋgaŋ,** les reins, la taille. — ڤناكت *peñākit piŋgaŋ*, sciatique. — بوه *būah piŋgaŋ*, les rognons. كڤل — *piŋgaŋ kapàl*, entre-deux des gaillards. ڤڠڬڠن سڤرت تڠكي بوڠ *piŋgaŋ-ña seperti taŋkey būŋa*, sa taille ressemblait à la tige d'une fleur (*M.*). توان سلمتله ككند دڠن كاين يڠ دڤڠڬڠ توان ايت *tūan salimut-ī-lah kakanda deŋan kāin yaŋ di-piŋgaŋ tūan itu*, m'enseveliras-tu dans l'écharpe qui te ceint les reins? (*Indr.* 259). اد يڠ دتانمن ديرين ددالم تانه هڠڬ ڤڠڬڠن *ada yaŋ di-tānam-ña dirī-ña di-dālam tānah hiŋga piŋgaŋ-ña*, quelques-uns s'étaient enterrés jusqu'au milieu du corps (*R.* 75).

ڤڠڬاڠن *piŋgāŋ-an*, ce qui est des reins, ce qui sert pour

les reins. ڤڠݢاڠن pinggāng-an, ou — ايكت ikat pinggāng-an, ceinture, ceinturon, vêtement passé autour des reins.

[Kw. pinggang, la hanche. Jav. pinggang, ceinture. Bat. pénggang.]

ڤڠكڠ ***punggung***, le croupion, le derrière, le dos, le revers. ڤيسو — punggung pīsaw, le dos d'un couteau. تاڠن — punggung tāngan, le revers de la main. منڠكيكن ڤڠكڠ درڤد كڤال meninggī-kan punggung deri-pada kapāla, hausser (en se prosternant) le derrière au-dessus du niveau de la tête (*M.*). مك بكند ڤون كن ساكت باره كڤد ڤڠكڠڽ maka baginda pūn kena sākit bārah ka-pada punggung-ña, le prince était tourmenté d'un abcès à l'extrémité inférieure de l'échine (*R.* 8).

[Bat. punggung. Day. punggong, bosse, grosseur.]

ڤڠكن ***pinggan***, vaisselle plate, assiette, plat, soucoupe. ڤڠكن مڠكق ماچم٢ pinggan mangkok māxam-māxam, des assiettes et des tasses de différents modèles (*H. Ab.* 323). — تولس tūlis pinggan, figures peintes sur la porcelaine.

Prov. سفرت ڤڠكن دڠن مڠكق سالہ سديكت هندق برانتق seperti pinggan dengan mangkok sālah sa-dīkit hendak ber-antuk, comme l'assiette et l'écuelle qui au moindre mouvement sont prêtes à se heurter. Se dit de deux personnes envieuses l'une de l'autre, et qui sont toujours prêtes à se disputer.

[Jav. et Sund. pinggan. Bat. pinggan. Day. pinggan. Tag. et Bis. pinggan, plat.]

ڤڠكر ***panggar***, sorte de pilotis, consistant en pieux enfoncés dans la mer et sur lequel se trouve une hutte pour les pêcheurs (*Kl.*).

ڤڠكر ***pinggir***, bord, coté. اير — pinggir āyer, le bord de l'eau.

دڤڠكر لاوت di-pinggir lāut, au bord de la mer.

ڤمڠكر peminggir, qui forme côté, bordure, côtes, frontières. اداله ڤمڠكر اورڠ كنعاني ايت درڤد صيدون adā-lah peminggir ōrang kanaānī itu deri-pada ṣidōn, les frontières de Canaan commencent au pays de Sidon (*B.* 14).

ڤمڠݢيرن *pemiŋgīr-an*, frontières, ce qui est dans les frontières, territoire. سکل ڤمڠݢيرن جاجهن نݢري ملاک *segala pemiŋgīr-an jajāh-an nagrī malāka*, tout ce qui est dans les frontières du territoire de Malacca (*S. Mal.* 316).

[Jav. *piŋgir*.]

ڤڠݢل ***paŋgal***, coupé, tranché, taillé; être coupé; ce qui est coupé, morceau. جکلو تياد اڠکو سکره ڤرݢي بهو اکو ڤڠݢل ليهرم *jikalaw tiāda aŋkaw sigrùh pergi bahwa āku paŋgal lēher-mu*, si tu ne pars pas à l'instant, je te tranche la tête (*Sul. Ibr.* 15). دکرتڽ هيڠݢ ڤڠݢل دو *di-kràt-ña hiŋga paŋgal dūa*, il frappa tant qu'il le fendit en deux (*M.*).

سڤڠݢل *sa-paŋgal*, un morceau, une pièce de ce qui a été coupé, une partie. مڠهنترکن سڤڠݢل جالن *meŋ-hantar-kan sa-paŋgal jālan*, accompagner quelqu'un une partie du chemin.

ممڠݢل *memaŋgal*, couper, tailler, trancher. دڠن ڤدڠ — *memaŋgal deŋan pedàŋ*, fendre d'un coup de sabre. اورڠ يڠ ممڠݢل کڤال انقک *ōraŋ yaŋ memaŋgal kapāla ānak-ku*, celui qui a coupé la tête à mon enfant (*R.* 86).

ترڤڠݢل *ter-paŋgal*, qui est coupé, que l'on a tranché, taillé. ايڤون ترڤڠݢل امڤت *ia-pūn ter-paŋgal ampat*, il se trouva coupé en quatre (*R.* 92). اي ماتي ترڤڠݢل ليده *ia māti ter-paŋgal lidah*, il mourut d'avoir eu la langue coupée (*R.* 60).

ممڠݢلکن *memaŋgal-kan*, couper ou faire couper une chose, trancher, tailler quelque chose. دڤڠݢلکن چابڠڽ *di-paŋgal-kan-ña xābaŋ-ña*, il en coupa les branches.

[Jav. et Sund. *puŋgel*. Bat. *poŋgol*, un morceau d'une chose cassée. Tag. et Bis. *poŋkol*, mutilé.]

ڤڠݢيل ***paŋgil***, appelé, invité, convoqué. ڤڠݢيل اورڠ ايت کماري *paŋgil ōraŋ ītu ka-māri*, appelez cet homme, dites-lui de venir ici (litt.: soit par vous appelé) (*M.*). هي انقک کدو اڠکو دڤڠݢيل اوله مهريسي کلي *hey ānak-ku ka-dūa aŋkaw di-paŋgil ūleh maharīsi kala*, ô mes enfants, vous êtes tous les deux convoqués par Maharisi Kala (*R.* 25).

ممڠڬل *memanggil*, appeler, inviter, convoquer. دان ممڠڬل باپق اورڠ *dān memanggil bāñak ōrang*, et il invita beaucoup de monde (*N.* 125). مپوروهکن ابنتراڽ ممڠڬل سکل رجراج *meñūruh-kan abantarā-ña memanggil segala raja-rāja*, il ordonna à ses hérauts de convoquer tous les princes (*M.*).

ترڤڠڬل *ter-panggil*, qui est appelé, que l'on a invité. باپق اورڠ اد يڠ ترڤڠڬل تتاڤي کورڠ اورڠ يڠ ترڤيله *bāñak ōrang ada yang ter-panggil tetāpi kūrang ōrang yang ter-pīlih*, il y a beaucoup d'appelés, mais peu d'élus (*N.* 35). درڤد سکل لکلاکي ايت جوک يڠ ترڤڠڬل *deri-pada segala laki-lāki ītu jūga yang ter-panggil*, de tous ceux qui ont été invités (*N.* 126).

ممڠڬلکن *memanggil-kan*, appeler ou faire appeler quèlqu'un.

ڤڠڬيلن *panggīl-an*, appel, invitation, convocation, nomination. — اورڠ *ōrang panggīl-an*, personne invitée; convoqué. ملک دسوروهڽ همباڽ مڠتاکن ڤد اورڠ ڤڠڬيلن *maka di-sūruh-ña hambā-ña mengatā-kan pada ōrang panggīl-an*, il envoya ses serviteurs dire aux invités (*N.* 125).

ادڤون ڤڠڬيلنڽ اکن بونداڽ اچي *ada-pūn panggīl-an-ña ākan bundā-ña axī*, or, il appelait sa mère du nom de *Atchi* (*H. Ab.* 21).

[Jav. [Javanese script] *panggil*, demander. Bat. [Batak script] *panggil*, appeler par les moyens de la magie. Day. *panggil*, invité.]

ڤڠڬل **panggul,** la hanche: enfant né le second (*Cr. Batav.*): le derrière de l'homme ou des quadrupèdes.

ڤڠنتن **pengantén,** fiancé, fiancée, ou nouvelle mariée, nouvel époux. لکوڽ سڤرت ڤڠنتن بهارو *lakū-ña seperti pengantén bahāru*, il se conduit comme un nouveau-marié (*S. Bid.* 57).

[Jav. et Sund. [Javanese script] *pangantén*.]

ڤڠر **pengar,** banc de rameurs, = سڠکر *sengkar*.

ڤڠليم **pang-līma,** v. sous. ليم *līma*.

ڤڠلڠ **pangling,** ne pas reconnaître quelqu'un.

[Jav. [Javanese script] *pangling*.]

ڤڠس **pangsa,** creux, cavité, séparation, fente, p. ex. les lignes de la mains, séparation des couches de pierres, des tranches sur un fruit, comme sur un melon.

Prov. سڤرت هريمو منونجقكن بلغڽ سڤرت دورين منونجقكن ڤغساڽ *seperti harīmaw menunjuk-kan belàng-ña seperti durīan menunjuk-kan pangsā-ña*, comme le tigre montre ses taches, et le dourian ses tranches. Le sens est: l'extérieur des individus montre quels doivent être leurs actes, ce qu'il faut penser d'eux.

ڤغسي **pangsi,** la pointe d'une toupie. سڤرت ݢاسيغ ڤغسيڽ بسي *seperti gāsing pangsī-ña besī*, comme une toupie dont la pointe est en fer (*Kl.*).

ڤغسن **pingsan,** s'évanouir, tomber en défaillance, en syncope: ravissement, vision. — ربه *rebàh pingsan*, tomber en syncope. — منجادي *men-jādi pingsan*, perdre ses sens, s'évanouir. مك بونداڽ ڤون ڤغسن سكتيك *maka bundā-ña pūn pingsan sa-kotīka*, sa mère s'évanouit un instant (*R.* 79). ايڤون ڤغسن تياد خبر دريڽ *īa-pūn pingsan tīāda kabar dirī-ña*, ils s'évanouirent et perdirent l'usage de leurs sens (*R.* 113). دليهتڽ دالم ڤغسن *dilihat-ña di-dālam pingsan*, il vit en rêve (*M.*).

On prononce aussi *pangsan*.

ڤچار **pacāra,** pour اڤچار *upacāra*.

ڤچه **pecàh,** cassé, brisé, démoli, éclaté, rompu, répandu, mis en déroute. بله — *pecàh belàh*, fendu en long, qui a éclaté, répandu partout. كاچ سده ڤچه *kāca sudah pecàh*, le verre est cassé. بارغ در ڤراهو يغ سده ڤچه *bārang deri prāhu yang sudah pecàh*, des effets sauvés du navire qui a péri. مك ڤرغ ڤون ڤچهله دنݢري ايت *maka pràng pūn pecàh-lah di-nagri ītu*, une guerre éclata dans le pays (*M.*). مك ڤچهله ڤرغ سلطان الناصر *maka pecàh-lah pràng sulṭān elnāṣer*, et le Sultan Elnaser fut mis en déroute (*Chr. Pas.* 15). ڤيريغ — *pecàh piring* (selon Kl. ڤغكن — *pecàh penggan*), plat cassé; nom d'une plante, probablement ainsi nommée parce que ses fleurs blanches ressemblent à des morceaux de plat cassé. (Selon Marsd. *gardenia florida*; et selon Kl. *clerodendrum infortunatum*.)

برڤچه *ber-pecàh*, qui se casse, qui se brise, qui éclate, qui se répand. تله برقچه دالم سلوره بومی telàh ber-pexàh dālam selūruh būmi, s'est répandu sur toute la surface de la terre (H. D. 8).

مچه memexàh, casser, briser, déchirer, démonter. کڤال — memexàh kapāla, casser la tête. گدغ — memexàh gedòṅ, forcer un magasin.

ترقچه ter-pexàh, qui a été cassé, que l'on a brisé, mis en déroute. سده ترقچه ڤريقن sudah ter-pexàh priyuk-ña, fractum est vas virginitatis ejus (M.). لالو ترقچهله مريکئيت دسان lālu ter-pexàh-lah marīka-ītu di-sāna, ils furent mis en déroute dans cet endroit (B. 18).

مچهکن memexàh-kan, casser, briser, démolir q. ch., mettre quelqu'un en déroute. رومه — memexàh-kan rūmah, démolir une maison. هاتی — memexàh-kan hāti, briser le cœur. ای برداتغله همڤر ماو قچهکن ڤنتو ايت īa ber-dātaṅ-lah hampir māu pexàh-kan pintu ītu, ils étaient sur le point de briser la porte (B. 25). تتکال سده کمبالی درڤد مچهکن دی دان سگل رجاراج يغ سرتاڽ tatkāla sudah kombāli deri-pada memexàh-kan dīa dān segala raja-rāja yaṅ sertā-ña, lorsqu'il fut revenu après l'avoir mis en déroute, lui et tous les rois qui l'accompagnaient (B. 19).

قچاهن pexāh-an, partie, morceau de ce qui a été brisé; brisure, cassure. بولهکه قچاهنڽ دبله٢ لاگی būleh-kah pexāh-an-ña di-belàh-belàh lāgi, les morceaux peuvent-ils être fendus de nouveau? (Nat. Phil. 141).

[Jav. ꦥꦕꦃ pexah. Sund. ᮕᮎᮠᮔ᮪ pixahan, piler le riz. Day. paxah. Mak. ᨄᨗᨌ pixa.]

قچت pexàt, cassé, démis de sa place, dégradé. سکليڽ دقچتڽاله sakali-an di-pexàt-ñā-lah, il leur fit perdre à tous leur rang, il les cassa (H. Ab. 363).

مچت memexàt, démettre, dégrader. ای مچت دريڽ īa memexàt diri-ña, il donna sa démission (S. Mal. 205).

ترقچت ter-pexàt, qui est déposé, à qui l'on a fait perdre son rang. مك اداله ڤرميسوری ايت ترقچت maka adā-lah permīsūri ītu ter-pexàt, or cette reine était détrônée (H. D. 83).

مچتکن memexàt-kan, dépouiller quelqu'un de ses fonctions, lui faire perdre son rang. مچتکن اورغ درڤد ڤغکتڽ memexàt-kan ōraṅ deri-pada paṅ-

kat-ña, dépouiller un homme de ses fonctions (*M. R.*).

[Jav. ꦥꦼꦕꦠ꧀ *pexat*, ꦩꦼꦕꦠ꧀ *mexat*, enlever. Sund. ᮕᮎᮒ᮪ *pexat*, dételer, p. ex. un cheval.]

ڤچت **pexùt,** cravache, fouet; fouetté, excité.

ممچت *memexùt*, fouetter, exciter.

[Jav. et Sund. ꦥꦼꦕꦸꦠ꧀ *pexut*.]

ڤجم **pejàm,** fermé (en parlant des yeux), disparu (de la lune, ou d'une chose qui a cessé d'être visible).

ممجمكن *memejàm-kan*, fermer les yeux, faire disparaitre. سرت دڤجمكني متان *serta di-pejàm-kan-ña matā-ña*, en fermant les yeux (*H. Ab.* 83).

[Bat. ᯇᯐᯔ᯲ *pojam*. Day. *pijem*, très-obscur.]

ڤجل **pejàl,** dodu, potelé, charnu.

ڤڽاوق **peñāwuk, peñāuk,** un filet à main (*Cr.*).

ڤڽاتن **peñāton.** — بوڠ *būṅa peñāton*, nom d'une fleur (*clerodendron siphonantus*) (*Kl.*).

ڤڽو **peñū** = ڤنيو *peññu*.

ڤڽورڠ **peñūruṅ,** v. كورڠ *kūruṅ*.

ڤيڤ **peñap,** caché, couvert.

ميڤ *memeñap*, cacher, couvrir.

ڤتا **petā,** dessin, tableau, esquisse, carte, image. دنيا — *petā duniā*, mappe monde. لاوت — *petā lāut*, carte maritime. انيله ڤتان *inī-lah petā-ña*, en voici le dessin. اداله ڤتان ايت دالمن *adā-lah petā-ña itu dālam-ña*, l'image (des objets) se trouve peinte dans (l'œil) (*Exer.* 123).

برڤتا *ber-petā*, qui a des dessins. دامبلن كاين يڠ برڤتا *di-ambil-ña kāin yaṅ ber-petā*, elle prit une pièce d'étoffe à fleurs (*S. Bid.* 70).

On trouve aussi ڤاته *pātah*.

[Sund. ᮕᮒ *peta*, base pour un travail. Bat. ᯇᯖ *pata*. Mak. ᨄᨈ *patta*.]

ڤتال **patāla** (S. पाताल *pātāla*, enfer), les régions infernales, sphères imaginaires sous la terre: régions qui se trouvent au-dessus de ce monde. توجه ڤتال بومي *tūjuh patāla būmi*, les sept basses régions de la terre. كارن دباوه ڤتال بومي اد توجه بوه

نکري *kārna di-bāwah patāla būmi ada tūjuh būah nagrī*, car dans les régions souterraines il y a sept royaumes (*M.*). جکلو اي لاري کتوجه ڤتال بومي ڤون کيت ايکت کباوه بومي *jikalaw ia lāri ka-tūjuh patāla būmi pūn kīta ikut ka-bāwah būmi*, quand il se sauverait dans les sept régions infernales qui sont sous terre, je l'y suivrais (*R.* 152). لاڠيت — *patāla laṅit*, les régions célestes, la demeure des Dieux. کتوجه ڤتال لاڠيت *ka-tūjuh patāla laṅit*, le septième ciel (*Mir. Moh.* 64).

Énig. اڤاکه لبه تڠکي درڤد توجه ڤتال لاڠيت اڤاکه لبه رنده درڤد توجه ڤتال بومي *apā-kah lebèh tiṅggi deri-pada tūjuh patāla laṅit apā-kah lebèh rindah deri-pada tūjuh patāla būmi*, qu'est-ce qui est plus élevé que les sept régions du ciel? qu'est-ce qui est plus bas que les sept régions basses de la terre? سؤرڠ يڠ رنده هاتي دهداڤن الله دان سؤرڠ يڠ سمبڠ *sa-ōraṅ yaṅ rindah hāti di-hadāp-an allah dān sa-ōraṅ yaṅ somboṅ*, un homme humble devant Dieu, et un homme orgueilleux.

[Sund. ꦥꦠꦭ *patala.*]

ڤتالڠ **petāliṅ**, nom d'un arbre qui donne un bon bois de charpente (*Kl.*).

ڤتي **petèy**, nom d'un arbre (*parkia speciosa*): cet arbre produit une espèce de gros haricots que les naturels mangent comme hors d'œuvre, malgré leur odeur forte et désagréable. بوه٢ يڠ بوسق سڤرت ڤوهن ڤتي دان جرڠ *būah - būah yaṅ būsuḳ seperti pōhon petèy dān jeriṅ*, des fruits qui ont une mauvaise odeur, comme sont ceux du *petey* et du *jeriṅ* (*H. Ab.* 225).

ڤتي **petī**, coffre, caisse, boîte. بسي — *petī besī*, un coffre en fer. کايو — *petī kāyu*, une caisse en bois. تولس — *petī tūlis*, cassette qui renferme tout ce qu'il faut pour écrire. وڠ — *petī waṅ*, caisse pour l'argent, coffre-fort. اڤيون ليم ڤتي *apiūn līma petī*, cinq caisses d'opium. اکو منداڤت سبوه ڤتي بسي *āku men-dāpat sa-būah petī besī*, j'ai trouvé un coffre en fer (*R.* 18).

[Sund. ꦥꦼꦠꦶ *peti.* Mak. ᨄᨈᨗ *patti.* Day. *pati.*]

ڤتيکن **petīkan**, v. ڤتق *petiḳ*.

ڤتوا **petuwā, petuā,** pour ڤتوا *fetwā.*

ڤتوى **patuwī,** jeu de cartes chinois (*Pij.*).

ڤتونن **petūnan,** pour ڤرتوانن *per-tuān-an.*

ڤتوڤن **patōpan,** endroit où l'on joue aux dés.

(Selon *Kl.* ce mot viendrait de *top*, qui signifierait un dé à jouer.)

ڤتول **patōla,** sorte de concombre amer, une sorte de momordique.

ڤتولى **patūley,** tribu, race (*Cr.*).

ڤتيق **petìḳ,** touché (d'un instrument à corde), claqué (des ongles). كچڤين دڤتيق *kexapī-ña di-petìḳ-ña*, il toucha sa lyre (*Amir Hamz.* 222). اى بركات چڠكى دڤتيق *ia ber-kāta xaṅgey di-petìḳ*, elle dit et faisait en même temps claquer ses ongles (*M.*).

ممتيق *memetìḳ*, toucher un instrument à cordes, une arme. اى سڬره ممتيق كچڤين *ia sigràh memetìḳ kexapī-ña*, aussitôt elle toucha sa lyre (*Sul. Ab.* 82).

ممتيقكن *memetìḳ-kan*, toucher ou faire toucher un instrument, une arme. ڤانه — *memetìḳ-kan pānah*, décocher une flèche.

ڤمتيق *pemetìḳ*, qui touche ou sert à toucher un instrument, une arme. ڤانه — *pemetìḳ pānah*, la corde d'un arc.

ڤتيقن *petīk-an*, ce qui est touché; le chien d'un fusil (*Kl.*).

ڤتيق **petìḳ,** choisi, cueilli. لقسان بوڠ بهارو دڤتيق *laḳsāna būṅa bahāru di-petìḳ*, comme une fleur nouvellement cueillie (*S. Bid.* 98).

ممتيق *memetìḳ*, choisir, cueillir. ممتيق بوڠ دتامن *memetìḳ būṅa di-tāman*, cueillir des fleurs dans un jardin (*S. Bid.* 90).

ڤتيقن *petīk-an*, cueillette, cueillaison.

ڤتڠ **petàṅ,** le soir, la soirée. ڤاڬى دان ڤتڠ *pāgi dān petàṅ*, matin et soir. ڤد ڤتڠ هارى *pada petàṅ hāri*, dans la soirée. متهارى ايت كلهاتن ماسق ڤد ڤتڠ *mata-hāri ītu ka-lihāt-an māsuḳ pada petàṅ*, le soleil paraît se coucher au soir (*N. Phil.* 31). مك هارى ڤون ڤتڠله *maka hāri pūn petàṅ-lah*, or on était arrivé au soir. — بوڠ *būṅa petàṅ*, nom d'une fleur (*abutilon hirsutum*).

كفتغ *ka-petàng*, hier (*Pij.*).

كفتاغن *ka-petāng-an*, soldats destinés à faire une expédition nocturne (*Pij.*). Selon *Kl.* ce mot doit être كفنتيغن *ka-pentīng-an*, de فنتغ *penting*, et signifie: courageux, héroïque.

[Jav. ꦥꦼꦠꦼꦁ *peteng*. Sund. ᮕᮨᮒᮤᮀ *peting*. Mak. ᨄᨈ *pattang*.]

فتنو ***patnu***, nom d'un ornement (prob. dans le genre du فاتم *pā-tam*). مك اى منغكلكن سݢل فكاين كرجاٴن دان منغكلكن فتنون يغ برناݢ ايت *maka īa meninggal-kan segala pakēy-an ka-rajā-an dān meninggal-kan patnū-ña yang ber-nāga itu*, il déposa ses habits royaux ainsi que son *patnu* qui était orné d'un dragon (*R.* 50).

فتم ***petàm***, pour فاتم *pātam*.

فتم ***patma*** = فدم *padma*.

فتر ***petìr***, fort coup de tonnerre. دان كيلت فتر *dān kīlat petìr*, et des éclairs accompagnés de coups de tonnerre (*R.* 45). — فانه *pā-nah petìr* et — مات *māta petìr*, trait de la foudre.

On trouve aussi فيتر *pītir*.

[Kw. ꦥꦠꦼꦂ *pater*, bruit de tonnerre. Bat. ᯇᯚᯬᯒ᯲ *potir*, fort, pesant.]

فترا ***patrā*** (S. पत्र *patrā*), feuille. امس — *patrā amàs*, feuille d'or, dorure.

[Kw. ꦥꦠꦿ *patra*. Gr. πέταλον (E. Burnouf).]

فترا ***putrā*** (S. पुत्र *putra*, fils), fils d'un prince. فترا يغ ليم اورغ ايت *putrā yang līma ōrang itu*, ces cinq fils du prince (*R.* 8). فترا دوا لكلاكى ساتو *putrā dūa laki-lāki sātu*, deux enfants du sang royal dont l'un est mâle (*M.*). كال — *putrā kāla*, nom d'une divinité.

برفترا *ber-putrā*, qui a des enfants, en parlant d'un prince, d'une princesse. ستله توان فترى برفترا *sa-telàh tūan putrī ber-putrā*, aussitôt que la princesse eut mis au monde un enfant (*R.* 15).

[Jav. et Sund. ꦥꦸꦠꦿ *putra*.]

فتران ***petarāna***, siége de cérémonie, lit de repos, sofa. راج يغ عادل دالم دنيا فد هارى قيامة دودق دالم سورݢ داتس فتران يغ

رات يڠ عادل درڤد متيار اداڽ rāja yaṅ ạdil dālam duniā pada hāri ḳiāmat dūduḳ dālam suwarga di-ātas petarāna yaṅ deri-pada mutiāra adā-ña, les rois qui sont justes dans ce monde, seront, au dernier jour, assis dans le ciel sur des siéges ornés de pierres précieuses (*M. R.* 67). كلوارله تون ڤتري درڤد ڤرادوءن مك ايتڤون دودقله داتس ڤتاران *ka-lūar-lah tūan putrī deri-pada per-adū-an maka ītu-pūn dūduḳ-lah di-ātas petarāna*, la princesse quitta sa chambre et s'assit sur un sofa (*M.*). لاوڠ — *petarāna lāwaṅ*, le cabestan à bord d'un navire (*Cod. Mal.* 393).

[Kw. ꦥꦠꦫꦤ *patarana.*]

ڤتري ***paterī***, borax, soudure.

دڤتري *di-paterī*, être soudé (*H. Ab.* 249).

ممتريكن *mematerī-kan*, souder, faire souder q. ch.

[Sund. ꦥꦠꦿꦶ *patri.* Bat. ᯇᯖᯒᯪ *parti.*]

ڤتري ***putrī*** (S. पुत्री *putrī*, fille), une princesse, fille d'un personnage éminent.

On dit ordinairement — تون *tūan putrī*, la princesse. — بڠسو *putrī buṅsu*, la plus jeune princesse. اي داتڠله كهداڤن تون ڤتري ايت *ia dātaṅ-lah ka-hadāp-an tūan putrī itu*, il arriva en présence de la princesse (*R.* 67). تون ڤتري كتيڬ ايت داتڠله *tūan putrī ka-tīga itu dātaṅ-lah*, alors arrivèrent les trois princesses.

داون ڤتري *dāun putrī*, nom d'une plante (*mussaenda frondosa*). سالت — *putrī sālat*, un plat de riz consistant en une couche de riz et une couche d'œufs, le tout cuit à la vapeur (*Kl.*). بركوبڠ — *putrī ber-kūbaṅ*, espèce de pâtisserie. مندي — *putrī mandi*, nom d'un petit gâteau. — بوڠ *būṅa putrī*, nom d'une fleur (*grammatophyllum scriptum Kl.*). — سڤه *sepàh putrī*, nom d'un petit oiseau rouge, une espèce de grimpereau. — سيڤت *sīput putrī*, nom d'un coquillage.

ڤرڤتري *per-putrī*, qui est princesse. كامڤت ڤولهڽ ڤرڤتري ايت *ka-ampat pūloh-ña per-putrī itu*, ces quarante personnes qui étaient des princesses (*R.* 67).

[Jav. et Sund. ꦥꦸꦠꦿꦶ *putri.*]

ڤتس ***petàs***, nom d'un arbre (*Pij.*): mot servant de numéral pour les nasses, les machines, ou endroits préparés pour prendre le poisson dans la mer (*Kl.*).

قتس **petàs** et قتاسن **petās-an**, pétard, pièce d'artifice. دقاسڠن قول بيراڤ قتس *di-pāsaŋ-ña pūla be-brāpa petàs*, ils faisaient partir aussi un grand nombre de pétards (*Šiar Singa-pura ter-bakar* 4).

قتس **petìs**, gélée de poisson ou de crevettes dont on fait une espèce de سمبل *sambal* (*Kl.*).

[Sund. ᮕᮨᮒᮤᮞ᮪ *petis*, une sorte de sauce forte.]

قد **pada**, à, vers, en, dans, suivant, pour. ماس ايت — *pada māsa ītu*, en ce temps-là. قد هاري يڠ كمدين *pada hāri yaŋ kamu-dīan*, au jour suivant. هتيك — *pada hatī-ku*, selon mon désir. بچاراك — *pada bicarā-ku*, suivant mon avis. اخرن — *pada akir-ña*, enfin, en dernier lieu. دى — *pada dīa*, pour lui, à lui.

كڤد *ka-pada*, à, vers, pour. ككند قنت كڤد توان قترى *kakanda pinta ka-pada tūan putrī*, je demande à la princesse (*H.* 8). مڠاسهن كڤد سڬل رعيتن *meŋāsih-ña ka-pada segala rayat-ña*, son amour s'étendait à tous ses sujets (*Sul. Ibr.* 1).

درڤد *deri-pada*, de, venant de, à cause de, d'après. درڤد امس دان ڤيرق *deri-pada amàs dān pērak*, d'or et d'argent. درڤد ساڠت عادل بڬند ايت *deri-pada sāŋat ādil baginda ītu*, à cause de la grande justice de ce prince (*Sul. Ibr.* 11). سمواڽ داتڠ درڤداڽ *samuā-ña dātaŋ deri-padā-ña*, tout vient de lui كمدين درڤد ايت *kamudīan deri-pada ītu*, ensuite de cela.

قداك **pedāka**, collier, chaîne de cou. دسوره بواتى قمر قداك *di-sūruh buāt-i kemer pedāka*, il ordonna de travailler à des ornements en forme de lune et à des colliers (*S. Bid.* 9).

قداتى **pedāti**, sorte de char ou de voiture à deux roues, charrette. لالو دماسقكنڽ كدالم قداتى كربو *lālu di-māsuk-kan-ña ka-dālam pedāti karbaw*, on le fit entrer dans une charrette à buffle (*H. Ab.* 234). كود قڠهيل قداتى *kūda peŋ-hēla pedāti*, des chevaux de trait. لاد يڠ دباو قداتى *lāda yaŋ di-bāwa pedāti*, du poivre arrivé par charroi. — مڠڤلاكن

meŋapalā-kan pedāti, conduire un char.

[Jav. et Sund. ꦥꦢꦠꦶ *pedati.*]

ڤدان ***pedāna,*** nom d'un grand vase en terre vernissée, une sorte de grande jarre (*Kl.*).

On trouve aussi ڤدنا *pedenā.*

ڤدالى ***pidāli,*** nom d'une fleur (*Cr.*).

ڤده ***pedàh,*** signe, indice, présage. اڤاكه ڤدهڽ دمكين ڤرى *apā-kah pedàh-ña demikian prī,* que signifie cela? (*Sul. Ab.* 19).

ڤده ***pedìh,*** douleur, peine, mal cuisant; douloureux, cuisant. — هتيك *hati-ku pedìh,* le cœur me fait mal. — لوك يڠ *lūka yaŋ pedìh*, une blessure qui cause une douleur cuisante. كڤلاڽ ساڠت ڤده *kapalā-ña sāŋat pedìh,* il a un violent mal de tête. مك ڤدهڽ اسڤ ايت *maka pedìh-ña āsap ītu*, cette fumée cause une douleur cuisante (*H. Ab.* 29).

On trouve ordinairement ڤديه *pedīh.*

ڤدو ***padū,*** pour ڤادو *pādu.*

ڤدواكن ***paduwākan, paduākan,*** nom d'un bâtiment-marchand à deux mâts (prob. du radical دو *dūa,* deux; *paduākan* pour *per-duā-kan*). Dans *H. Ab.* 210 on trouve ڤيدوا٢ن *piduā-an,* dans le même sens. — سكونر *sekūner piduā-an*, goëlette à deux mâts.

ڤدومن ***padōman,*** boussole, compas, direction. اى مڠمبل ڤدومن دريڤد بهاس اڠݢريس *īa meŋ-ambil padōman deri-pada bahāsa iŋgris*, il voulait traduire d'après le style de la langue anglaise (*H. Ab.* 172).

v. ڤندومن *pandōman,* et ڤندو *pandu,* pilote.

[Jav. et Sund. ꦥꦢꦺꦴꦩꦤ꧀ *padoman*, du Jav. ꦢꦺꦴꦩ꧀ *dom,* une aiguille. Mak. [illegible] *padomaŋ.* Day. *paduman.* Tag. [illegible] *paraluman.* Bis. [illegible] *padaloman.*]

ڤدولى ***pedūli,*** v. فضولى *fedlūlī.*

ڤدڠ ***pedàŋ,*** un glaive, une épée, un sabre. — منچابت *men-xābut pedàŋ* ou — مڠهونس *meŋ-hūnus pedàŋ,* tirer le glaive. — سارڠ *sāruŋ pedàŋ,* le fourreau d'un glaive. — هولو *hūlu pedàŋ*, la poignée d'un glaive. — مات *māta pedàng*, la lame d'un glaive. ڤدغ تيݢ بيله *pedàng tiga bīlah*, trois glaives. ڤدغ يغ ماكن دو بله *pedàng yang mākan dūa belàh*, un glaive à deux tranchants. اى ترلالو مارە سراى مڠهونس ڤدغڽ *ia ter-lālu mārah serāya meng-hūnus pedàng-ña*, il se mit dans une grande colère et tira son glaive (*R.* 89). سسوري يغ ڤكڠ ڤدغ اى اكن هيلغ اوله ڤدغ *sa-sa-ōrang yang pegàng pedàng ia ākan hilang ūleh pedàng*, quiconque se servira de l'épée périra par l'épée (*N.* 49).

[Jav. ꦥꦺꦝꦁ *pedang*. Sund. ᮕᮓᮀ *pedang*. Bat. ᯇᯑᯰ *podang*. Mak. ᨄᨉ *padang*. Day. *padang*.]

ڤدندغ pedìndang, nom d'une sorte de taffetas du Bengale.

[Bat. ᯇᯪᯑᯬᯉ᯲ᯑᯰ *pidondang*, satin rouge. Day. *kadandang*, étoffe rouge et brillante.]

ڤدم padma (S. पद्म *padma*), lotus, un lis d'eau couleur de pourpre.

ڤدر pedàr, odeur forte, odeur rance, du beurre, de l'huile etc. (*Kl.*).

ڤدل pedàl = همڤدل *hampedàl*.

ڤدس pedàs, chaud, brûlant, piquant, mordant (sur la langue). — ݢولي *gūley pedàs*, du carry très-fort. — كايو *kāyu pedàs*, le bois du sassafras. سيڤدس *sī-pedàs*, le piquant, gingembre.

ممدسكن *memedàs-kan*, rendre piquant. هاتي — *memedàs-kan hāti*, irriter quelqu'un.

[Jav. ꦥꦼꦝꦼꦱ꧀ *pedes*. Sund. ᮕᮓᮞ᮪ *pedes*, poivre. Bat. ᯇᯬᯎᯬᯘ᯲ *pogos*, nécessiteux, pauvre.]

ڤناك penāka, comme, de même que, comme si. ڤناك ݢيل *penāka gīla*, comme un insensé. كارن اڠكو ڤناك ڽواك *kārna angkaw penāka ñawā-ku*, car tu es comme ma vie (*M.*). كارن توان همب ڤناك باڤ كڤد همب *kārna tūan hamba penāka bāpa kapada hamba*, car vous êtes comme un père pour moi (*R.* 25). كڤد بچاراك جكلو سرى رام منجادى راج ڤناك انقك جوݢ *kapada bicarā-ku jikalaw srī-rāma men-jādi rāja penāka ānak-ku jūga*, à mon avis, si Sri Rama est roi, c'est comme si mon fils même l'était (*R.* 47).

ڤناݢ penāga, nom d'un grand arbre, dont les branches servent souvent à faire des bâtons pour porter des charges sur l'épaule (*Kl.*). — داون *dāun penāga*, les feuilles du même, employées comme remède dans les maladies des yeux.

ڤنه **penàh**, pour ڤرنه *pernah*, jamais. تياد ڤنه مانسى برججق كأتس همب *tiāda penàh mā-nusīa ber-jejàḳ ka-ātas hamba*, personne ne m'a encore foulé aux pieds (*Mir. Moh.* 21).

ڤنه **penùh** (S. पूर्ण *pūrṇa*, plein), plein, rempli, complet, en grande quantité. ڤنه لمڤه *penùh limpah*, rempli jusqu'au bord. ڤنه سسقله رومه *penùh sesàḳ-lah rūmah*, la maison était toute remplie de monde. ايسى ڤنه تمڤاين سکل *isi penùh tempāyan segala*, qu'on remplisse toutes les jarres. سٓوله اكن ڤنهله عالم اين *sa-ūleh ākan penùh-lah ālam ini*, comme pour remplir toute la terre (*R.* 44).

سڤنه *sa-penùh*, plein, le plein, le complet. سڤنه بولن *sa-penùh būlan*, le plein de la lune (*N. Phil.* 24). سڤنهپ *sa-penùh-ña*, pleinement, complètement, parfaitement. يڠ كاسه تونهمب ايت سڤنهپاله همب منريم دى *yaṅ kāsih tūan-hamba ītu sa-penùh-ña lah hamba menarīma dīa*, ce que monseigneur m'offre, je l'accepte complètement (*R.* 54).

سڤنه٢ *sa-penùh-penùh*, autant qu'il en faut pour remplir. — كڤل *sa-penùh-penùh kapàl*, une cargaison, autant qu'il en faut pour remplir un navire.

منه *memenùh*, emplir, remplir.

ممنوهى *memenūh-i*, remplir, compléter quelque chose, satisfaire. ممنوهى كهندق هاتى *memenūh-i ka-hendaḳ hāti*, remplir un souhait, un désir du cœur. ممنوهى هوى بفسو *memenūh-i hawa nefsū*, satisfaire la concupiscence, la cupidité. ڬونڠ اڤى ترلالو بسر سڤرت هندق ممنوهى ادر لكون ايت *gūnuṅ āpi ter-lālu besàr sepertī hendaḳ memenūh-i udara lakū-ña ītu*, une montagne de feu si grande, qu'on aurait dit qu'elle allait remplir la terre, l'espace compris entre le ciel et (*R.* 44).

ممنهكن *memenùh-kan*, remplir ou faire remplir une chose, compléter quelque chose. ڤنهكنله كارڠ٢ سکل لكلاكى اين *penùh-kan-lah kāroṅ-kāroṅ segala laki-lāki ini*, remplissez les sacs de ces personnes (*B.* 73). ملك بارڠ تون ڤنهكن كران حاجة همب *maka bārang tūan penùh-kan kirā-ña ḥājat hamba*, pourvoyez, monsieur, je vous en prie, à mes besoins (*M.*).

كڤنوهن *ka-penūh-an*, qui est rempli; le plein, plénitude. كارن بهو ددالمن دودق سݢنڤ كڤنوهن الهية *kārna bahwa di-dālam-ña dūduḳ sa-genàp ka-penūh-an ilahēt*, car en lui habite la plénitude de la divinité (*N.* 330).

[Kw. ꦥꦼꦤꦸꦃ *penuh*. Day. *peno.* Tag. et Bis. *pono.*]

ڤنيتي **penìti** (Port. *alfinete*), épingle. — جارم *jārum penìti*, id. دبرين جارم ڤنيتي دسوروهن چوچقكن بناتڠ ٢ ايت *di-brī-ña jārum penìti di-sūruh-ña xūxuḳ-kan binātang-binātang ìtu*, il donna des épingles pour piquer ces insectes (*H. Ab.* 43).

برڤنيتي *ber-penìti*, qui a des épingles, orné d'épingles (*M.*).

ڤنير **panīr** (Pers.), fromage.

ڤنوين **penuwēy-an**, v. توي *tūwey*.

ڤنومه **penōmah**, v. sous راج *rāja*.

ڤنكاون **panakāwan**, personne de la suite, personne qui sert à la cour sans recevoir de gages. برتيته ڤول بݢند ڤد سݢل ڤنكاون بدوند *ber-tītah pūla baginda pada segala panakāwan biduwanda*, le prince ordonna encore aux hommes de sa suite et à ses gardes (*S. Bid.* 88).

[Jav. ꦥꦤꦏꦮꦤ꧀ *panakawan.*]

ڤنڠ **penìng**, qui a des vertiges, léger de tête. برساله راج ڤنڠ كڤال *be-rasā-lah rāja penìng kapāla*, il avait pris un vertige au roi (*M.*).

كڤنيڠن *ka-penīng-an*, qui est étourdi, qui a des vertiges. ككڤنڠ ڤنيڠن ݢوݢر دري اتس كدان *ka-penìng-penìng-an gūgur deri ātas kudā-ña*, il fut étourdi et tomba de cheval (*Amir Hamzah* 191).

ڤنج **panxa** (S. पञ्च *pañća*, en composition pour पञ्चन् *pañćan*, cinq), cinq. — راج *panxa rāja*, les cinq insignes royaux, la chose qui porte les cinq insignes royaux, litière d'un prince régnant.

[Jav. ꦥꦚ꧀ꦕ *ponxa.* Sund. ꦥꦚ꧀ꦕ *panxa.* Comp. Gr. πέντε. Lat. *quinque.* Germ. *fünf.*]

ڤنج **punxa**, le pan d'un habit, la queue d'une robe, l'extrémité d'une ceinture, le bout d'une corde. اى ممكغ ڤنچ كاينڽ *ïa memegàng punxa kāin-ña*, il le saisit par le pan de son habit. دايكتڽ كدو ڤنچ سڤرڤڠݢاغنڽ *di-ïkat-ña ka-dūa punxa sa-per-pinggārg-an-ña*, il attacha les deux extrémités de sa ceinture (*M.*). كلو اكو ايكت سبوه ليمو دغن سواتو ڤنچ تالى مك ڤنچانڽ يغ لاين اكو ڤݢڠ *kalaw āku ïkat sa-būah līmaw dergan suātu punxa tāli maka punxā-ña yang lāin āku pegàng*, si à l'extrémité d'une corde j'attache une orange, tenant dans ma main l'autre extremité (*N. Phil.* 111).

v. ڤنچق *pùnxak*.

[Jav. ꦥꦚ꧀ꦕꦸ *penxu.*]

ڤنچال ***panxāla*** (S. पञ्चाली *pañćālī*, échiquier) un morceau d'étoffe à carreaux pour un échiquier.

ڤنچالق ***penxāluk,*** un hors-d'œuvre préparé avec de petites crevettes (*Kl.*).

ڤنچالغ ***penxālang,*** nom d'une sorte de *prāhu* marchand à trois mâts (*Kl.*).

Prov. لقسان ڤنچالغ ترسارت تياد كتيمر تياد كبارت *laksāna penxālang ter-sārat tiāda ka-tīmur tiāda ka-bārat*, comme un navire (nommé *penxalang*) trop chargé, qui ne peut être dirigé ni à l'est ni à l'ouest. Le sens est: avoir trop de choses à faire et ne savoir par où se tourner.

[Sund. ꦥꦚ꧀ꦕꦭꦁ *panxalang*, un bateau employé à faire la police en mer, du Jav. ꦕꦭꦁ *xalang*, guetter, observer.]

ڤنچورن ***panxawarna*** (S. पञ्चवर्ण *pañćawarṇa*), cinq couleurs: multicolore, versicolore. اد ڤرمات يغ بيرو اد يغ ڤنچورن هيجو دان اوغو *ada permāta yang bīru ada yang panxawarna hījaw dān ūngu*, il y avait des pierres fines bleues, d'autres bigarrées de vert et de violet (*M.*).

ڤنچق ***penxak,*** rivalisé.

برڤنچق *ber-penxak*, qui rivalise. مريله برڤنچق دغن داكو *marī-lah ber-penxak dengan dāku*, viens te mesurer avec moi (*Amir Hamz.* 132).

ممنچق *memenxak*, rivaliser, s'exercer l'un contre l'autre, faire des armes, s'escrimer.

ڤنچاكن *penxāk-an*, escrime.

فنچق **penxuk**, rejeton, pousses tendres de certaines plantes que l'on mange cuites ou quelquefois en salade.

v. فوچق *pūxuk*.

فنچق **punxak**, le sommet, la crête d'une montagne, la partie supérieure de q. ch. دان براتس۲ مات اير كفد فنچق بوكت ايت *dān be-rātus-rātus māta āyer kapada punxak būkit itu*, il y avait des centaines de sources sur cette montagne (*R.* 168). فنچق استان ڤاته سڬل *punxak astāna pātah segala*, les créneaux du palais furent tous abattus (*M.*).

فمنچق *pemunxak* = فنچق *punxak*.

v. aussi كمنچق *kamunxak*.

فنچغ **panxang**, pieu, palissade.

ممنچغ *memanxang*, placer des pieux, établir une palissade.

[Jav. ꦕꦚ꧀ꦕꦁ *xanxang*.]

فنچغ **panxing**, hameçon : pêché au hameçon, à la ligne. ايكن دلاوت فنچغ جول *īkan di-lāut panxing jūal*, du poisson pêché à la ligne dans la mer, pour être vendu (*M.*).

ممنچغ *memanxing*, prendre du poisson au hameçon, pêcher à la ligne. براتس۲ اورغ يغ ممنچغ ايكن دسان *be-rātus-rātus ōrang yang memanxing īkan di-sāna*, il y a là des centaines de personnes qui pêchent du poisson à la ligne (*H. D.* 213).

فمنچيغن *pemanxīng-an*, jointure, articulation.

[Jav. ꦥꦚ꧀ꦕꦶꦁ *panxing*.]

فنچغ **panxing**, délicat, dédaigneux, fastidieux.

فنچيغن *panxīng-an*, délicatesse, dédain.

فنچغ **panxung**, coupé, taillé, tranché : lambeau, morceau : partie d'un habit qui se termine en pointe. سراي برجالن فنچغ كانن فنچغ كيري *serāya ber-jālan panxung kāna panxung kāri*, en marchant il coupait à droite et à gauche (litt. : était par lui coupé) (*M.*). تليغ — *panxung telīnga*, morceau d'étoffe qui couvre les oreilles. سارغ — *panxung sārung*, partie du *sarong*, qui se trouve tournée dans la ceinture.

برفنچغ *ber-panxung*, qui est terminé en pointe (d'un habit). — بركاين *ber-kāin ber-panxung*, revêtu d'un habit ayant une partie terminée en pointe (*S. Mal.* 311).

منچغ *memanxuṅ*, couper, trancher, tailler. دتيتهکن رعيتڽ منچغ کڤلاڽ *di-tītah-kan-ña ra-yat-ña me-manxuṅ kapalā-ña*, il ordonna à ses sujets de lui couper la tête (*H. D.* 67).

فنچغ ***pinxaṅ***, boiteux, estropié. جادى فنچغ اتو بوت بناتغ *jādi pinxaṅ ātaw būta binātaṅ*, un animal devenu boiteux ou aveugle (*D. M.* 132). بوکنڽ تمڤغ فنچغ سهاج *būkan-ña timpaṅ pinxaṅ sahāja*, il n'est pas perclus, il n'est que boiteux (*M.*).

[Jav. et Sund. ꦥꦶꦁꦕꦁ *pinxaṅ*.]

فنچت ***panxut***, pour فنچر *panxur* et فنچر *panxar*. دماسقکن اير کمدين دفنچتکن *di-māsuk-kan-ña āyer kamudīan di-panxut-kan-ña*, il fait entrer (de l'eau dans sa bouche), puis ensuite la fait couler (*Exer.* 122).

فنچندر ***panxendar*** (S. पञ्चेन्द्रिय *pañćéndriya*), les cinq sens.

[Jav. ꦥꦚ꧀ꦕꦼꦤ꧀ꦢꦿꦶꦪ *ponxa driya.*]

فنچڤرساد ***panxapersāda*** (S. पञ्चप्रसाद *pañća prasāda*), sorte de construction au-dessus d'un bain, contenant tout ce qui est nécessaire pour changer d'habits, se parfumer, etc. دڤربوتڽ فنچڤرساد اکن ڤرمنديٴن *di-per-būat-ña panxapersāda ākan per-mandi-an*, il construisit une chambre de bain (*M.*). دان دهياسى اورغله فنچڤرساد ايت *dān di-hiās-i ōraṅ-lah panxapersāda itu*, et on orna la salle de bain (*Bis. Raj.* 61). دبواڽ کتڤى لاوت دمنديکنڽ داتس فنچڤرساد *di-bawā-ña ka-tepī lāut di-mandi-kan-ña di-ātas panxapersāda*, il la conduisit au bord de la mer, et la baigna en se tenant sur une plate-forme construite pour cet usage (*M.*).

فنچر ***panxar***, éclat, rayon; rayonnant, sortant, jaillissant. دان رجاراج درڤدام ننتى فنچر *dān raja-rāja deri-padā-mu nanti panxar*, et des rois sortiront de toi (*B.* 21).

منچر *memanxar*, jaillir, rayonner, éclater. سينر متهارى يغ منچر *sinar mata-hāri yaṅ me-manxar*, les rayons du soleil qui perçaient. کيلت منچرله *kilat me-manxar-lah*, la foudre éclata (*M.*).

برفنچر *ter - panxar,* qui rayonne, qui jaillit, qui vient de, qui sort de. درقدان تله ترفنچر اورغ فلستين *deri-padā-ña telùh ter-panxar ōrang filistīn,* de lui sont sortis les Philistins (*B.* 13). يغ ترفنچر درقد ڤڠڬڠن *yang ter-panxar deri-pada pinggang-ña,* qui est sorti de ses reins (qui est né de lui) (*M.*).

ممنچركن *memanxar-kan,* faire jaillir. افبيل اى بركومر٢ دفنچركنن *apa-bīla ia ber-kūmur-kūmur di-panxar-kan-ña,* lorsqu'il s'était lavé la bouche, il faisait jaillir (l'eau dont il s'était servi) (*S. Mal.* 262).

فنچارن *panxār-an,* jaillissement. اير — *panxār-an āyer,* une fontaine.

برفنچارن *ber-panxār-an,* qui jaillit. اوتق كانق٢ اين برفنچارن كقد باتو *ūtak kānak-kānak īni ber-panxār-an ka-pada bātu,* la cervelle de cet enfant jaillissant sur la pierre (*R.* 16).

Ce mot est souvent confondu avec فنچر *panxur,* comme on le voit par les exemples suivants. اير متان برفنچر سفرت هوجن *āyer matā-ña ber-panxar seperti hūjan,* ses pleurs ruisselaient comme la pluie. برفنچارن ڤله درقد توبهن *ber-panxār-an pelùh deri-pada tūbuh-ña,* la sueur lui découlait du corps (*M.*).

[Jav. et Sund. ꦥꦚ꧀ꦕꦂ *panxer.* Day. *panxar.*]

فنچر ***panxur,*** action de couler, de déborder.

برفنچر *ber-panxur,* qui coule, qui ruisselle. مك اير سسون ڤون برفنچرله كلور *maka āyer susū-ña pūn ber-panxur-lah ka-lūar,* le lait de ses mamelles commença à couler (*R.* 131).

منچر *manxur,* couler, déborder, ruisseler.

ترفنچر *ter-panxur,* que l'on fait couler, qui coule. مك اير سسون ڤون ترفنچر كمبالى كقد مولتن سيت ديوى *maka āyer susū-ña pūn ter-panxur kombāli ka-pada mūlut-ña sita dēwi,* et son lait recommença à couler dans la bouche de Sita Dewi (*R.* 167).

فنچورن *panxūr-an,* égout, canal, aqueduc, chûte d'eau, cataracte. دان سكل فنچورن لاڠت ڤون تربكاله *dān segala panxūr-an lāngit pūn ter-bukā-lah,* et toutes les cataractes du ciel furent ouvertes (*B.* 9).

v. ڤنچر *panxar,* avec lequel ce mot est souvent confondu.

[Jav. ꦥꦼꦚꦕꦸꦂ *penxur.* Sund. ᮕᮔ᮪ᮎᮥᮛᮔ᮪ *panxuran.* Mak. ᨄᨌᨚᨑ *panxorang.*]

ڤنچروب **panxarūba,** des nuages sombres entassés les uns sur les autres, et d'où s'échappent des éclats de foudre (*Kl.*). Vents variables: changement de mousson (*M.*).

ڤنچل **panxil,** les doigts croisés, les mains jointes et les doigts croisés.

منچل *memanxil,* croiser les doigts, joindre les mains en croisant les doigts (*Kl.*).

ڤنچل **penxil,** engagé, échoué (d'un navire); separé, seul.

ترڤنچل *ter-penxil,* qui est engagé, qui est échoué. بارڠ يڠ ترڤنچل دالهكنڽ *bārang yang ter-penxil di-ālah-kan-ña,* il s'empara de tous (les navires) qui se trouvèrent échoués ou engagés (*S. Mal.* 202).

[Jav. ꦥꦼꦚꦕꦶꦭ꧀ *penxil.* Bat. [illegible] *ponsil.*]

ڤنچليم **panxalīma** (S. पञ्च *pañća* et Mal. ليم *līma*), augure, divination, astrologie.

ڤنچلوكم **panxalōgam** (S. पञ्चलोह *pañćalōha*, alliage de cinq métaux), cinq sortes de pierres précieuses.

ڤنجاجب **penjājab,** nom d'une barque longue et légère, dont la course est rapide. ڤربوتله غورب ڤنجاجب سرت *per-būat-lah gūrab penjājab serta,* préparez des deux sortes de barques nommée *gurab* et *penjajab* (*S. Bid.* 146).

ڤنجار **panjāra** (S. पञ्जर *pañjara,* cage), prison, lieu de détention. لاري درڤد ڤنجار *lāri dāri-pada panjāra,* s'évader de prison. بوبهددالم ڤنجار *būbuh di-dālam panjāra,* emprisonner. برنتيكن دالم ڤنجار *be-rantey-kan dālam panjāra,* mettre aux fers, enchaîner dans la prison.

منجار *memanjāra,* emprisonner.

ترڤنجار *ter-panjāra,* qui est emprisonné, un détenu. سڤرتي اد اي توانن اتو ترڤنجار *seperti ada īa tawān-an ātaw ter-panjāra,* comme dans le cas où il serait captif ou détenu (*M.*).

منجراكن memanjarā-kan, emprisonner quelqu'un, enfermer. مامقك دهولو بڤام فنجراكن māmak-ku dahūlu bapā-mu panjarā-kan, autrefois votre père a emprisonné mon oncle (*Sul. Ab.* 46). مك لالو دفنجراكنڽ سكل برهمان ايت ددالم ڬوه maka lālu di-panjarā-kan-ña segala brahamān itu di-dālam gūah, il enferma ces brahmanes dans une caverne (*R.* 63).

[Jav. ꦏꦸꦚ꧀ꦗꦫ kunjara. Sund. konjara. Bat. binjara, trappe pour prendre des animaux. Mak. panjara. Day. *jara* et *panjara*, être châtié.]

فنجي **panji,** étendard, bannière; tribu, caste. مك كلهاتنله تڠڬل دان فنجي٢ بركبارن maka kalihāt-an-lah tunggul dān panji-panji ber-kibār-an, et on voyait flotter les drapeaux et les étendards aux alentours (*R.* 129). فنجي يڠ دتولس دڠن اير امس panji yang di-tūlis dengan āyer amàs, des étendards ornés d'inscriptions en or (*M.*). دجديكنڽ قوم ايت دو بلس فنجي٢ مك اداله فد سواتو فنجي دو راتس دو فوله ريبو اورڠ di-jadī-kan-ña kaum itu dūa blàs panji-panji maka adā-lah pada suātu panji dūa rātus dūa pūloh rību ōrang, il divisa le peuple en douze tribus, et il y avait dans chaque tribu deux cent-vingt mille homme (*M. R.* 51).

فنجي **pinji,** carder, carder le coton (*Cr.*) (peut être du S. पञ्जि pañji, pelote de coton).

فنجونن **pen-jūnan,** v. جونن *jūnan.*

فنجورو **penjūru,** v. جورو *jūru.*

فنجورت **penjūrit,** un champion, un combattant. v. جورت *jūrit.*

[Jav. et Sund. ꦥꦿꦗꦸꦫꦶꦠ꧀ *prajurit.*]

فنجق **panjak,** celui qui frappe sur les instruments de musique.

[Jav. ꦥꦚ꧀ꦗꦏ꧀ *panjak*, un chef d'orchestre. Sund. *panjak*, un charlatan, un jongleur.]

فنجڠ **panjang,** long, étendu; longueur. بچار فنجڠ bicāra panjang, un long discours. ايكر فنجڠ ikor panjang, une longue queue.

ڤنجڠ امڤت دڤ *panjaŋ ampat depa*, long de quatre brasses. ڤنجڠڽ ايت اداله سکين سڤرت لاڬي ليبرڽ *panjaŋ-ña itu adā-lah sa-kīan seperti lāgi lēbar-ña*, sa longueur est égale à sa largeur (*R.* 421). — رومه *rūmah panjaŋ*, maison de débauche, lieu de prostitution. تاڠن — *panjaŋ tāŋan*, enclin au vol, main croche. ليده — *panjaŋ lidah*, loquace. هاتي — *panjaŋ hāti*, clément, indulgent, longanime.

سڤنجڠ *sa-panjaŋ*, le long, tout le long. سڤنجڠڽ *sa-panjaŋ-ña*, de la longueur de, tout au long. لالو دبوڠکنڽ سڤنجڠ جالن *lālu di-būaŋ-kan-ña sa-panjaŋ jālan*, elle les jetait le long du chemin (*R.* 97). مڠاڤ کامو بردير دسين تياد بکرج سڤنجڠ هاري *meŋ-āpa kāmu ber-dīri di-sīni tiāda be-karja sa-panjaŋ hāri*, pourquoi restez-vous ici tout le long du jour à rien faire (*N.* 24. *Trad. P. M.*).

منجڠکن *memanjaŋ-kan*, allonger, rendre long, étendre: répandre un bruit, une nouvelle. تيداله کيت ڤنجڠکن کلام *tiadā-lah kita panjaŋ-kan kalām*, nous n'étendrons pas cet écrit (*Lett. Mal.*). لالو دڤنجڠکنڽ تاڠنڽ *lālu di-panjaŋ-kan-ña tāŋan-ña*, il étendit son bras (*R.* 148). منجڠ٢کن بيچار *memanjaŋ-manjaŋ-kan bixāra*, faire durer un procès.

برڤنجاڠن *ber-panjāŋ-an*, qui a de la durée, qui se prolonge, trop étendu. سڤاي جاڠن برڤنجاڠن ڤرکتاان ايت *supāya jāŋan ber-panjāŋ-an per-katā-an itu*, afin que cette conférence ne se prolonge pas trop (*M.*). سرت برڤنجاڠن سلمالماڽ *serta ber-panjāŋ-an sa-lama-lamā-ña*, en se prolongeant pour toujours (*Lett. Mal.*).

[Jav. et Sund. ꦥꦚ꧀ꦗꦁ *panjaŋ*. Bat. [illegible] *ganjaŋ*. Day. *panjaŋ*.]

ڤنجت **panjat**, grimpé, monté. ڤنجتله باتڠ کايو ايت *panjat-lah bātaŋ kāyu itu*, montez sur cet arbre (litt.: soit par vous monté). دڤنجتڽ سؤرڠ سبله بهوڽ *di-panjat-ña sa-ōraŋ sa-belàh bahū-ña*, il en monta un sur chacune de ses épaules.

منجت *memanjat*, grimper, monter. لالو بݢند منجت کوت ايت هندق ماسق *lālu bagínda memanjat kōta itu hendak māsuk*, le prince grimpa par-dessus les remparts pour entrer dans le fort (*R.* 60). ڤنچوري ايتڤون

منجتله ڤاݢر سرت تورن *pen-xūri itu-pūn memanjat-lah pāgar serta tūrun*, le voleur grimpa sur le mur et descendit dans l'intérieur (*Kal. dan Dam.* 104).

فنجت **punjut,** les cornes d'un morceau d'étoffe mises ensemble pour en faire un sac.

منجت *memunjut,* réunir les coins d'un morceau d'étoffe pour en faire un sac; lier la bouche d'un sac avec une corde.

فنجم **pinjam,** prêté, emprunté; être prêté; prêt, emprunt. ممبري — *mem-brī pinjam*, prêter. — منت *minta pinjam,* emprunter. جكلو همب فوڽ وڠ دفنجم اورڠ *jikalaw hamba pūña waŋ di-pinjam ōraŋ,* si l'on m'emprunte de l'argent. فنجمله كيراڽ ڤداك تيك بوه روتي *pinjam-lah kirā-ña padā-ku tiga būah rōti,* prêtez-moi, je vous en prie, trois pains (*N.* 117). متهاري ايت ممبري فنجم چهاياڽ كڤد بولن ايت *mata-hāri itu mem-brī pinjam xahayā-ña ka-pada būlan itu*, le soleil prête sa lumière à la lune (*N. Phil.* 20).

برفنجم *ber-pinjam,* qui emprunte. اورڠ فاسق برفنجم دان تياد باير *ōraŋ fāsiḳ ber-pinjam dān tiāda bāyar,* l'homme méchant emprunte et ne paie pas. (*B.* 837).

منجم *meminjam,* emprunter, prêter. سبب منجم وڠڽ *sebàb meminjam waŋ-ña,* parce qu'il avait emprunté son argent (*H. Ab.* 200). منجم ڤركتاءن بهاس لاين *meminjam per-katā-an bahāsa lāin,* emprunter des mots à une langue étrangère (*H. Ab.* 315).

ترفنجم *ter-pinjam,* qui est prêté, que l'on a emprunté. سده ترفنجم كرني *sudah ter-pinjam karunia,* qui est prêté gratuitement (*M.*).

منجامي *meminjām-i,* emprunter de, prêter à. بيرله اكو فنجامي امس اورڠ سڤوله تاهل *bïyar-lah āku pinjām-i amàs ōraŋ sa-pūloh tāhil,* que j'emprunte à quelqu'un dix taels (*S. Mal.* 188).

منجمكن *meminjam-kan,* prêter quelque chose. امس يڠ داتق فنجمكن كڤد سهاي *amàs yaŋ dātuḳ pinjam-kan ka-pada sahāya,* l'or que vous nous avez prêté (*S. Mal.* 189).

فنجامن *pinjām-an,* prêt, emprunt. سڤرت فنجامن *seperti pinjām-an,* comme une chose prêtée (*H. Ab.* 216). بولن براوله فنجامن درڤد چهاي متهاري *būlan ber-*

ūleh pinjām-an deri-pada xa-hāya mata-hāri, la lune brille par l'emprunt qu'elle fait de la clarté du soleil (*N. Phil.* 20).

[Sund. *injum.* Bat. *injam.* Mak. *inrang.*]

ڤنجر **panjar,** arrhes, un avance d'argent, un acompte.

[Jav. et Sund. *panjer.*]

ڤنجره **panjarah** (Pers.), treillis devant une fenêtre: cage. v. ڤنجار *panjāra.*

ڤنجل **pinjul,** surplus, reste, excédant (*Cr.*).

ڤنيو **pennu, peñu,** tortue de mer. ڤنيو ايت داڤت اى تمبل دالم اير *peñu itu dāpat ia timbul dālam āyer,* la tortue d'eau peut (malgré la pesanteur de sa carapace) se soutenir à la surface de l'eau (*Exer.* 108).

Prov. ڤنيو ايت برتلر بربريبو سٓورڠ ڤون تياد تاهو هايم برتلر سبيجي ڤچه سبوه نكرى *pennu itu bertelòr ber-ribu-ribu sa-ōrang pūn tiāda tāhu hāyam ber-telòr sa-bīji pexàh sa-būah nagrī,* une tortue pond des milliers d'œufs, personne n'en sait rien; une poule en pond un et toute une ville le sait. Signifie: lorsqu'un grand personnage fait quelque chose et en obtient un grand profit, personne ne le sait; mais si un pauvre a quelque bonne chance, tout le monde le sait.

On trouve aussi ڤڽو *peñū* et ڤيڽو *piñu.*

[Jav. *peñu.* Sund. *piñu.* Bat. *ponu.* Mak. *paññu.* Tag. *pagong.*]

ڤنت **penàt,** fatigué, las. بنداك ڤون دودقله دالم سوسه لاڬى ڤنت للهڽ *bundā-ku pūn dūduk-lah dālam sūsah lāgi penàt lelàh-ña,* ma mère était dans l'affliction et, de plus, très-fatiguée (*H. Ab.* 17).

ممنتكن *memenàt-kan,* fatiguer, harasser.

كڤناتن *ka-penāt-an,* fatigue, lassitude.

ڤنت **pinta,** prière, demande: prié, demandé. سدهله سمڤى ڤنتاك *sudah-lah sampey pintā-ku,* on a satisfait à ma demande. تياد دڤركننكن اوله بڬند ڤنت همب ايت *tiāda di-per-kenàn-kan ūleh baginda pinta hamba itu,* ma demande n'a pas été accueillie par le prince (*Sul Ibr.* 19).

ڤنت اولهم *pinta ūleh-mu,* de-

écrit. بيرله سکل ڤرمنتاءن کامو جادى ڽات کڤد الله *bīyar-lah segala per-mintā-an kāmu jādi ñāta ka-pada allah,* que vos prières arrivent en la présence de Dieu (*N.* 327).

[Sund. ᮙᮨᮔ᮪ᮒ *ménta,* demander. Bat. [illegible] *mamínta,* obtenir quelque chose par la faveur des esprits.]

ڤنته pontoh, v. ڤنتق *pontok.*

ڤنتى pantey, rivage, le bord de la mer ou d'une rivière. برجالن دسيسى ڤنتى *ber-jālan di-sisi pantey,* se promener au bord de la mer (*M.*). اداله ڤد سکنڤ تڤى ڤنتى ايت *adā-lah pada sa-genàp tepī pantey ītu,* il y avait tout le long du rivage (*H. Ab.* 190).

برڤنتى *ber-pantey,* qui a un rivage, un bord. تلق برڤنتى رات *telùk ber-pantey rāta,* une baie dont le bord est plat ou incliné.

[Day. *pantey.*]

ڤنتيانق puntīyānak, puntīānak, nom d'un esprit malfaisant, qui attaque les enfants et les femmes enceintes, et cause des fausses couches. اى کن راسق ڤنتيانق دان ڤولغ همڤر ماتى *ia kena rāsuk puntiānak dān pōlong*

mandez (litt.: soit par vous demandé).

منت *minta* et *meminta,* prier, demander. معاف — *minta maāf,* demander excuse. ديرى — *minta dīri,* prendre congé. بيراڤ کالى همب منت *be-brāpa kāli hamba minta,* voilà bien des fois que je demande (*Sul. Ibr.* 19). اى ممنت امڤن *ia meminta ampun,* il implore le pardon.

منت٢ *minta-minta,* mendier, demander l'aumône.

ممنتاءى *memintā-i,* demander à, prier quelqu'un. دڤنتاءى کڤد راج *di-pintā-i ka-pada rāja,* il supplie le roi (*M.*). مک دڤنتاءى کڤداڽ کند *maka di-pintā-i ka-padā-ña ganda,* on lui fera payer le double (*Cod. Mal.* 407).

ممنتاکن *memintā-kan,* demander une chose.

ڤمنت *pe-minta,* qui demande, mendiant; supplique. مک اداله اى سکالى کاي دان سکالى ڤمنت *maka adā-lah ia sa-kāli kāya dān sa-kāli pe-minta,* il est tantôt riche et tantôt pauvre (*M. R.* 35).

ڤرمنتاءن *per-mintā-an,* prière, demande, ce qui est demandé. سورت ڤرمنتاءن *sūrat per-mintā-an,* une requête, demande par

hampir māti, attaqué par le démon *Puntianak* et par le lutin *Poloṅ*, il a failli mourir (*H. Ab.* 143).

فنتو pintu, porte, entrée, ouverture. رومه — *pintu rūmah*, la porte d'une maison. جالن — *pintu jālan*, entrée d'une route, un détroit. كربڠ — *pintu garbaṅ*, porte cochère, grande porte, porte de ville. اير — *pintu āyer*, écluse. مالڠ — *pintu māliṅ*, porte secrète, porte dérobée. ماتي — *pintu māti*, porte condamnée, porte clouée. — جنڠ *jenàṅ pintu*, les montants d'une porte. — فنڠكو *penuṅgū pintu*, un portier. — ممبوك *mem-būka pintu*, ouvrir la porte. — منوتف *menūtup pintu*, fermer la porte. فنتو لاڠت يڠ كامفت *pintu lāṅit yaṅ ka-ampat*, la porte du quatrième ciel (*Mir. Moh.* 42). اي برماين٢ دموك فنتو استان *ïa ber-māin-māin di-mūka pintu astāna*, il jouait devant la porte du palais (*R.* 9). اي ميوره لكتكن فد فنتو نكري فركتاٰن اين *ïa meñūruh lekàt-kan pada pintu nagrī per-katā-an īni*, il ordonna d'afficher ces paroles à la porte de la ville (*M. R.* 169). فنتو كربڠ ناركَ *pintu garbaṅ nāraka*, les portes de l'enfer (*N.* 28). اي بردير دهدافن فنتو كوه *ïa ber-diri di-hadāp-an pintu gūah*, il se tenait devant l'entrée de la caverne (*R.* 39).

[Bat. [Batak script] *pintu*. Tag. [Tagalog script] *pinto*.]

فنتو ponto, v. فنتق *pontok*.

فنتق pantak, piqué (par des guêpes, des frelons, etc.).

ممنتق *memantak*, piquer.

[Bat. [Batak script] *pantak*.]

فنتق pantek, clou, cheville: enfoncé comme un clou.

ممنتق *memantek*, clouer, cheviller; enfoncer un clou.

[Jav. [Javanese script] *panték*.]

فنتق pantik, battu ou frotté (une chose dure contre une autre, p. ex. pour faire du feu). باج دفنتق كفد باتو مك مرچقله افي *bāja di-pantik ka-pada bātu maka me-rexik-lah āpi*, quand l'acier frappe sur une pierre il en jaillit du feu (*P. Dew.*).

برفنتق *ber-pantik*, qui bat, occupé à frotter une chose dure contre une autre; qui bat le briquet.

ممنتق *memantik*, battre, frotter une chose contre une autre. ممنتق بوله تمبڠ كفد تميكر بلڠ *memantik būluh temāaṅ ka-pada tembīkar beliṅ*, frotter un bambou raboteux contre un tesson de porcelaine (moyen de faire du feu) (*P. Dew.*).

ترقنتق *ter-pantik*, qui est battu, ou frotté contre q. ch., qui peut être frotté. هوجن ڤون لبت تياد ترقنتق افي *hūjan pūn lebàt tiāda ter-pantik āpi*, la pluie était forte et on ne put pas battre (allumer) le feu (*P. Dew.*).

ممنتقكن *memantik-kan*, faire frotter une chose contre une autre.

ڤمنتق *pemantik*, qui bat, qui frotte ou sert à frotter. افي — *pemantik āpi*, un briquet.

قنتق ***pontok***, bracelets. دان — ݢلڠ *pontok dān gelàṅ*, des bracelets et des anneaux autour du coude-pied. مانكم — *pontok mānikam*, des bracelets de rubis. دان سريبو تاڠن مڠناكن سريبو قنتق *dān sa-rību tāṅan meṅenā-kan sa-rību pontok*, et ses mille bras portaient mille bracelets (*R.* 161).

برقنتق *ber-pontok*, qui a des bracelets, en forme de bracelets. برقنتق ناݢ توجه بالت *ber-pontok nāga tūjuh bālit*, des bracelets en forme de serpent à sept tours (*M.*).

On trouve aussi قنته *pontoh*, et قنتو *pònto*.

قنتغ ***pantaṅ***, défendu, interdit: abstinence, modération dans l'usage d'une chose. ڤركارا يڠ قنتغ درقد راج *porkāra yaṅ pantaṅ deri-pada rāja*, choses défendues, excepté au roi (*H. Ab.* 434). اورڠ يڠ قنتغ *ōraṅ yaṅ pantaṅ*, une personne avec laquelle on ne doit pas communiquer. دقنتغ اوله راج *di-pantaṅ ūleh rāja*, il est défendu par le roi. قنتغ دماكن مينم *pantaṅ di-mākan mīnum*, abstinence ou modération dans le boire et le manger (*P. M.*).

برقنتغ *ber-pantaṅ*, qui se trouve dans une prohibition. لقسان ساكت اوبت برقنتغ *laksāna sākit ōbat ber-pantaṅ*, comme un malade privé de médecine (*S. Bid.* 126).

ممنتغ *memantaṅ*, défendre, prohiber.

[Sund. [illegible] *pantaṅ*. Bat. [illegible] *pantaṅ*.]

قنتغ ***pentaṅ***, une croix, un gibet; crucifié.

ممنتغ *mementaŋ*, crucifier, étendre sur.

v. بنتغ *bentaŋ*.

[Jav. ꦥꦼꦤ꧀ꦛꦁ *pentaŋ*. Sund. ᮕᮨᮔ᮪ᮒᮀ *pentaŋ*.]

ڤنتيڠ ***pentiŋ***, important, grave, remarquable, choisi.

ڤنتيڠن *pentiŋ-an* et كڤنتيڠن *ka-pentiŋ-an*, très-courageux, héroïque (*Kl.*).

ڤنتغ ***puntaŋ***, rayé de différentes couleurs (*Pij.*). ڤنتغ — *puntaŋ-pantiŋ*, poussé çà et là: embrouillé (*Kl.*).

[Jav. ꦥꦺꦴꦤ꧀ꦛꦁ *ponṭaŋ*, de plusieurs couleurs. Sund. ᮕᮥᮔ᮪ᮒᮀ *puntaŋ*, poussé çà et là, allant et revenant, pendillant.]

ڤنتغ ***puntuŋ***, bloc, bûche, tronçon: moignon d'un membre coupé; tronqué, mutilé. كايو — *puntuŋ kāyu*, une bûche. اڤي — *puntuŋ āpi*, un tison. دان دامبيلڽالله ڤد تاڠنڽ سڤنتغ اڤي *dān di-ambil-ñā-lah pada tāŋan-ña sa-puntuŋ āpi*, et il tenait dans sa main un tison ardent (*B.* 30). اڤيلا دڤنتغ اوله سئورغ تاڠن سئورغ *apa-bīla di-puntuŋ ūleh sa-ōraŋ tāŋan sa-ōraŋ*, si un homme coupe la main d'un autre homme (*D. M.* 307).

ممنتغ *memuntuŋ*, tronquer, mutiler. ممنتغ تاڠن كمدين مڠرت باتغ ليهر *memuntuŋ tāŋan kamudīan meŋrùt bātaŋ lēher*, couper le poignet, puis ensuite trancher la tête (*D. M.* 307).

ترڤنتغ *ter-puntuŋ*, qui est tronqué, mutilé. يڠ سده ترڤنتغ سبله تاڠنڽ *yaŋ sudàh ter-puntuŋ sa-belàh tāŋan-ña*, celui auquel on a coupé la main (*D. M.* 308).

[Bat. ᯇᯮᯉ᯦ᯖᯮᯰ *puntuŋ*, mutilé. Day. *pontoŋ*, un morceau coupé d'un objet long.]

ڤنتت ***pantat***, base, fond; les fesses, le derrière. كڤل — *pantat kapàl*, le fond d'un navire. مك دبوبهڽ كڤد ڤنتت سڬريو *maka di-būbuh-ña ka-pada pantat sugrīwa*, et il l'attacha au derrière de *Sugrīwa* (*R.* 115). دسسه ڤنتتڽ *di-sesàh pantat-ña*, il reçoit le fouet sur le derrière.

Prov. مولت دسوڤڽ ڤيسغ ڤنتت دكايتڽ دڠن اونق *mūlut di-sūap-ña pīsaŋ pantat di-kāit-ña deŋan ūnaḳ*, il lui donne à manger des bananes, tandis qu'il lui pique le derrière avec des épines; amuser quelqu'un auquel on veut nuire ou dont on veut obtenir q. ch. (*S. Mal.* 309. — *H. Ab.* 237).

On trouve aussi بنتت *bantat*.

ڤنتت **puntat**, tronçon, moignon, reste d'un membre coupé. اد يغ ڤوتس تاڠن ککين ترکادڠ ڤنتت دو *ada yaŋ pūtus tāŋan kakī-ña ter-kādaŋ puntat dūa*, il s'y en trouvait qui avaient pieds et mains coupés, et quelquefois avec deux moignons (*Kl.*).

ڤنتن **pantan**, comme, semblable, ressemblant. ڤنتن انتن ترکارڠ *pantan intan ter-kāraŋ*, comme un diamant mis en œuvre (*M.*). ڤنتن سڤوله بنتڠ برتابر بولهکه سام دڠن بولن يڠ ساتو *pantan sa-pūloh bintaŋ ber-tābur būleh-kah sāma deŋan būlan yaŋ sātu*, comme dix étoiles isolées ne peuvent pas valoir la lune seule (*H. Ab.* 275).

Prov. ڤنتن هلڠ دڠن هايم لمبت لاون دسمبر جوك *pantan halàŋ deŋan hāyam lambat lāwan di-sambar jūga*, comme le vautour chante avec la poule et l'amuse par des cajoleries: et à la fin l'emporte tout de même. Le sens est: il ne faut pas se laisser amuser par les belles paroles d'un ennemi.

سڤنتن *sa-pantan*, d'une même manière, dans le rapport de.

ڤنتن **pantun**, épigramme, pièce de poésie populaire (v. Gram.). جنس۲ شعر دان ڤنتن *jenìs-jenìs śiar dān pantun*, différentes sortes de poésie et de *pantun* (*H. Ab.* 85). سڤرت ڤنتن اورڠ يڠ دهولو کال *seperti pantun ōraŋ yaŋ dahūlu kāla*, selon le vieux proverbe (*M.*).

برڤنتن *ber-pantun*, qui fait des épigrammes, qui chante des pantuns. برڤنتنله سڤاي کامي دڠر *ber-pantun-lah supāya kāmi deŋar*, récitez vos épigrammes afin que nous les entendions (*M.*).

ممنتنکن *memantun-kan*, mettre une chose en pantun, en épigramme. اتوله دڤنتنکن اورڠ *itū-lah di-pantān-kan ōraŋ*, voici l'épigramme que l'on en a faite (*S. Mal.* 89).

ڤنتل **pintal**, tressé, tordu, rétord, être tressé. دڤنتل اکن چمار *di-pintal ākan xemāra*, il l'entrelaça en forme de tresse (*M.*). — تالي *tāli pintal*, une corde tressée (*H. Ab.* 29).

ممنتل *memintal*, tresser, tordre, filer. تالي — *memintal*

tālī, tresser, ou tordre une corde.

ڤمنتل *pemintal*, qui tord, qui file ou sert à filer; rouet à filer.

[Day. *pintal.*]

ڤنتس **pantas**, alerte, agile, prompt; habile, adroit, expressif, gracieux. ممباچ — *pantas mem-bāxa*, qui sait lire couramment. — مولت *mūlut pantas*, qui s'exprime aisément. — روڤ *rūpa pantas*, figure gracieuse. ڤنتس برماين سنجات *pantas bermāin senjāta*, habile à manier les armes. اى برلرلارى داتس اير بكو دغن ڤنتسن *īa ber-lari-lārī di-ātas āyer bakū dengan pantas-ña*, ils courent sur la glace avec une grande agilité (*Exer.* 145). كود ترلالو ڤنتس *kūda ter-lālu pantas*, un cheval très-vif et prompt à la course.

ممنتاسى *memantās-i*, activer, donner de l'agilité. ڤنتاسى اوله مو اكن ڤانه *pantās-i ūleh-mu ākan pānah*, soyez prompt à tirer de l'arc (*R.* 162).

ممنتسكن *memantas-kan*, activer, accélérer, rendre actif.

ڤنتاسن *pantās-an*, promptitude, agilité.

برڤنتسڤنتاسن *ber-pantas-pantās-an*, qui fait avec agilité: agilement, adroitement.

[Jav. et Sund. [illegible] *pantes.* Day. *pantas.* Tag. [illegible] *pantas.*]

ڤنتس **pentas**, endroit un peu élevé, qui dans les maisons malaises, sert de lit, banc, couche.

ڤنتس **pintas**, sentier de traverse; coupé, ou raccourci.

ممنتس *memintas*, passer par un sentier de traverse, couper au plus court, traverser.

ڤنتس ممنتس *pintas-memintas*, prendre toujours au plus court, traverser. ڤنتس ممنتس نايق باتغ تورن باتغ *pintas-memintas nāik bātang tūrun bātang*, coupant toujours au plus court, montant sur une pièce de bois, descendant sur une autre (*H. Ab.* 286).

ڤنتاسن *pintās-an*, ce qui est la plus courte voie, sentier qui raccourcit le chemin.

[Jav. [illegible] *pintas*, pour un instant. Bat. [illegible] *pintas.*]

ڤنداهن **pandāhan**, lance, dard, javelot. اد يغ منيكم ڤنداهنى *ada 'yang menīkam pandāhan-ña*, quelques-uns perçaient avec leur dard (*R.* 160). ايڤون ملنتر ڤنداهنڽ *ia-pūn me-luntar pandāhan-ña,* il lança son javelot (*R.* 164). بوڽي ڤدڠ دان ڤنداهن رجاج *būñi pedaṅ dān pandāhan raja-rāja*, le cliquetis des épées et des lances des chefs (*M.*).

ڤنده pindah, délogé, déménagé. سيت ديوى ڤون ڤنده جوك *sita dēwi pūn pindah jūga,* Sita Déwi déménagea aussi (litt.: fut par elle déménagé) (*R.*).

برڤنده *ber-pindah,* qui déloge, qui déménage, délogeant, déloger. ايڤون برلڠكڤله اكن برڤنده *ia-pūn ber-laṅkap-lah ākan ber-pindah,* il se prépara à changer de demeure (*R.* 168). مك برڤندهله اى درسان ككونڠ درسبله تيمر *maka ber-pindah-lah ia deri sāna ka-gūnuṅ deri sa-belàh timur,* il passa de là à une montagne qui était à l'orient (*B.* 16).

ممنده *memindah,* déloger, déménager.

ممندهكن *memindah-kan,* faire déloger, transporter quelqu'un ou quelque chose d'un endroit dans un autre: transcrire, traduire quelque chose. مك اى ميوره ممندهكن سيت ديوى ددالم كوت بسى *maka ia meñūruh memindah-kan sita dēwi di-dālam kōta besī*, il ordonna de transporter Sita Déwi dans la forteresse de fer (*R.* 142). سهاى سده ڤندهكن اورڠ ساكت ايت كرومه سهاى *sahāya sudah pindah-kan ōraṅ sākit itu ka-rūmah sahāya,* j'ai retiré ce malade dans ma propre maison (*M.*). تانه — *memindah-kan tānah,* rapporter des terres (*M.*). درڤد بهاس اڠڬريس دڤندهكن كڤد بهاس ملايو *deri-pada bahāsa iṅgris di-pindah-kan ka-pada bahāsa malāyu,* être traduit de l'anglais en malais (*H. Ab.* 158).

دڤندهكن *di-pindah-kan,* mourir (d'un prince).

ڤنداهن *pindāh-an*, changement de demeure, déménagement.

[Jav. ꦥꦶꦤ꧀ꦝꦃ *piṇdah.* Sund. ᮕᮤᮔ᮪ᮓᮂ *pindah.* Day. *pindah.*]

ڤندى pandey (S. पण्डा *paṇḍā*, science), instruit, savant, expérimenté, habile, expert. منوليس — *pandey menūlis*, expert dans l'art d'écrire. بركات — *pandey ber-kāta*, éloquent. برحكيم — *pandey ber-ḥakīm*, savant en philosophie. كورس — *pandey kūrus*, un orfèvre. بسى — *pandey besī*, un forgeron. ممبوجق هاتى — *pandey mem-būjuḳ hāti,* habile à gagner les cœurs. — منغكس سنجات *pandey menangkis senjāta*, habile à détourner les armes, à parer les coups. دان سياڤ يڠ ڤندى ڤد سواتو ڤكرجا٠ن *dān siāpa yang pandey pada suātu pe-karjā-an*, et tous ceux qui étaient habiles dans quelque métier (*R.* 168).

ممندى *memandey*, reconnaître pour savant, réputer instruit. اى ممندى سدرين *īa memandey sendirī-ña*, qui se prétendent savants (*H. Ab.* 172).

كڤنداين *ka-pandēy-an* habileté, expérience, science, instruction, art: objet d'art. علم دان كڤنداين ايت منجادى تڠݢ كڤد ڤڠکت ککيا٠ن *ilmu dān ka-pandēy-an ītu men-jādi tangga ka-pada pangkat ka-kayā-an*, la science et l'instruction sont des degrés pour arriver à la fortune (*H. Ab.* 23). سکل كڤنداين تمباك دان بسى *segala ka-pandēy-an tembāga dān besī*, les objets d'art en cuivre et en fer (*B.* 6). كڤنداين يڠ دداڤت اورڠ سڤنجڠ جالن *ka-pandēy-an yang di-dāpat ōrang sa-panjang jālan*, connaissance acquise en passant, superficiellement, sans études sérieuses (*H. Ab.* 3).

[Jav. ꦥꦤ꧀ꦢꦺ *paṇḍé.* Sund. ᮕᮔ᮪ᮓᮦ *pandé.* Bat. ᯇᯉ᯲ᯑᯩ *pandé.*]

ڤندى ***pundi***, poche, bourse, sac.

Ce mot se trouve souvent redoublé. ساتو ڤندى٢ باكس مکانن *sātu pundi-pundi bākas ma-kān-an*, un sac pour les ustensiles de cuisine (*H. Ab.* 100).

On trouve aussi ڤڤندى *pe-pundi*. لکلاکى جوهرى ڤڤندين هيلڠ *laki-lāki jauharī pe-pundī-ña hīlang*, le bijoutier avait perdu sa bourse, son sac (*Sul. Ab.* 138).

ڤنديکر ***pendīkir***, v. ديکر *dīkir*.

ڤنديت ***pandīta*** (S. पण्डित *paṇḍita*), un pandit, savant, docteur de la loi, théologien, prêtre. راج ڤون مپوره همڤونکن علم دان ڤنديت *rāja pūn meñūruh himpun-kan ạlīm dān pandīta*, le roi ordonna d'assembler les sages et les docteurs. ڤنديت يڠ برتڤا٠ن *pandīta yang ber-tapā-an*, des ascètes, philosophes contemplatifs et religieux (*M.*).

[Jav. ꦥꦤ꧀ꦝꦶꦠ *paṇḍita.* Sund. ᮕᮔ᮪ᮓᮤᮒ *pandita.*]

قنديت **pandīyat,** une fosse pour prendre les éléphants (*Cr.*).

قندو **pandu,** l'action de brûler, ou de mettre le feu; surtout, mettre le feu pour la dernière fois à ce qui reste de branches d'arbres ou de racines sur un terrain que l'on veut mettre en *lādang.*

قندو **pandu,** pilote.

منندو *memandu,* piloter (*Kl.*).

قندومن **pandōman,** boussole, compas.

V. قندو *pandu*, pilote, et قدومن *padōman.*

[Jav. ꦥꦤ꧀ꦢꦺꦴꦩꦤ꧀ *pandoman,* de ꦢꦺꦴꦩ꧀ *dom,* aiguille.]

قندق **pendek,** court, bas de taille. — هاري *hāri pendek,* des jours courts. — اورغ *ōrang pendek*, une personne d'une petite taille. — سورت *sūrat pendek,* une courte lettre. — هايم *hāyam pendek*, des volailles d'une petite espèce. — عقل يغ *akal yang pendek*, intelligence bornée. — مسان *pendek masāña,* la période en est courte.

منندقكن *memendek-kan,* accourcir, raccourcir, rendre court, abréger. — لغكهن *mendek-kan langkah-ña*, raccourcir ses pas.

[Jav. ꦲꦺꦤ꧀ꦝꦺꦏ꧀ *endék*, bas. Bat. [illegible] *péndék.* Day. *pandak.*]

قندق **pondok** (Ar. فندق), cabane, hangar, auberge, hôtellerie. قندق اورغ منغكو لادغ *pondok ōrang menunggu lādang,* les cabanes de ceux qui surveillent la plantation (*M.*). مك دهنتركنڽ دي كقد سواتو قندق *maka di-hantar-kan-ña dīa ka-pada suātu pondok,* il le mena dans une hôtellerie (*N.* 116).

ممندق *memondok*, demeurer, s'arrêter dans une hôtellerie (*R. V.*).

[Jav. ꦥꦺꦴꦤ꧀ꦝꦺꦴꦏ꧀ *pondok.* Sund. [illegible] *pondok.* Bat. [illegible] *pondok.* Mak. [illegible] *pondo.*]

قندغ **pandang,** vu, regardé, fixé, observé. مانس — *pandang mānis*, regardé d'une manière affectueuse. قندغله اوله‌م اكن مكاڽ *pandang-lah ūleh-mu ākan mukā-ña*, contemplez sa face (litt.: soit par vous contemplée). لاغت دان لاوت سهاج دقندغ *lāngit dān lāut sahāja di-pandang,* ne voyant que le ciel et la mer (*M.*).

برڤندغ *ber-pandaṅ*, qui regarde, qui contemple. برڤندغله كامى دغن حيران *ber-pandaṅ-lah kāmi deṅan heirān*, contemplons avec étonnement (*P. M.*).

ممندغ *memandaṅ*, regarder, découvrir, fixer, observer, contempler. ممندغ ككيرى دان ككانن *memandaṅ ka-kīri dān ka-kānan*, regarder à droite et à gauche. سمبل ممندغ كلاغت مك ڤرڤوراى منمبه بولن *sambil memandaṅ ka-lāṅit maka pura-pūra ia meñembah būlan*, en regardant au ciel, il fit semblant d'adorer la lune (*Kal. dan Dam.* 94).

ترڤندغ *ter-pandaṅ*, qui est regardé, qui est contemplé: regardant, fixant (*Pij.*). ترڤندغ اوله يغ ممندغ *ter-pandaṅ ūleh yaṅ memandaṅ*, regardé par celui qui observe (*M.*).

ڤمندغ *pemandaṅ*, qui regarde: regard, coup d'œil, aspect. تهوله‌اى اكن ارتى ڤمندغ سوامين *tahū-lah ia ākan arti pemandaṅ suamīña*, elle savait ce que voulait dire un regard de son époux (*M.*).

ڤنداغن *pandāṅ-an*, vue, présence. ڤد ڤنداغن متاتان *pada pandāṅ-an mata-matā-ña*, devant leurs yeux, en leur présence (*B.* 97).

ڤمنداغن *pemandāṅ-an*, action de regarder, vue, aspect, considération. اوله كارن تمڤت ڤمنداغن راج هارس لوس *ūleh kārna tampat pemandāṅ-an rāja hārus lūwas*, il convient que le terrain sur lequel le roi peut étendre la vue soit spacieux (*M. R.* 110). مك ڤد ڤمنداغن كيت دمكين *maka pada pemandāṅ-an kīta demikīan*, à notre vue c'est ainsi (que cela paraît) (*N. Phil.* 31). اكو تاهو بهو ادام ڤرمڤون يغ ايلق ڤمنداغن *āku tāhu bahwa adā-mu perampūan yaṅ ēloḳ pemandāṅ-an*, je sais que vous êtes belle à voir (*B.* 16). كددوكن كيت سكارغ اين تيداله ڤمنداغن اورغ سكلكالى *ka-dudūk-an kīta sakāraṅ īni tiadā-lah pemandāṅ-an ōraṅ sa-kali-kāli*, maintenant notre état n'est plus en aucune considération parmi les hommes (*Kal. dan Dam.* 88). سراتس ڤمنداغن مات جاوهن *sa-rātus pemandāṅ-an māta jāuh-ña*, cent fois aussi loin que l'œil peut voir (*Mir. Moh.* 71).

ڤرڤنداغن *per-pendāṅ-an*, qui est en présence, qui est en face. مك دسناله همب ڤرڤنداغن دغن

نور الله *maka di-sanā-lah hamba per-pandāng-an dengan nūr allah,* là je me trouvais en face de la clarté de Dieu (*Mir. Moh.* 90).

[Jav. pandeng. Bat. *pandang,* signe auquel on reconnaît q. ch. Day. *andangandang,* but sur lequel on vise.]

قندغ **pending,** agrafe ou boucle d'une ceinture; plaque en or ou en argent qui se porte comme ornement à la ceinture. — تالى *tāli pending,* la ceinture à laquelle une boucle ou une plaque est attachée. سرب جنس جنچن قرمات قندغ سلڤه *serba jenis xinxin per-māta pending salepàh,* différentes sortes de bijoux, tels qu'anneaux, pierres précieuses, plaques et boîtes en métal (*S. Bid.* 8).

[Jav. et Sund. *pending.* Day. *panding.*]

قندغ **pindang,** poisson préparé d'une certaine manière: poisson cuit avec beaucoup de sauce.

[Jav. *pindang,* une soupe faite avec de la viande hachée. Sund. *pindang,* viande préparée et cuite de manière à pouvoir être conservée.]

قندغ **pinding,** punaise. كڤندغ *ka-pinding,* id.

قندن **pandan,** nom d'une plante, le pandane ou baquois. راج ڤرمڤون دودق دباوه ڤوهن ڤندن *rāja perampūan dūduk di-bāwah pōhon pandan,* la reine se tenait sous un pandane (*S. Mal.* 48).

Prov. ساكت ڤندن تيدق تهوكن دورى *sākit pandan tidak tahūkan dūri,* ressentir la blessure du pandane, et n'en pas connaître les épines. Se dit de deux amants qui ne savent pas comment leur cœur a été blessé.

[Jav. *pandan.* Sund. *pandan.* Bat. *pandan.* Mak. *pandang.* Tag. et Bis. *pangdang.*]

قندر **pendar.** برڤندر٢ *berpendar-pendar,* ébloui, peu clair, un peu obscur (des yeux) (*Kl.*).

قندس **pindis,** bois très-dur, aussi nommé. كڤينس *kapīnis,* et vulgairement كايو بسى *kāyu besi,* bois de fer (*opa metrosideros*). ادالله انق ڤندس دلاڤن باڠغ *adā-lah ānak pindis dulāpan* *bātang*, j'ai huit jeunes tiges de pendis (*Lett. Mal.*).

[Bat. [Batak script] *kapinis.*]

قندس ***pindis,*** chaloupe, canot.

[Bat. [Batak script] *pindis.*]

ڤنسل ***pensil*** (Angl. *pencil*), crayon. سباتڠ ڤنسل دان سکڤڠ قرطاس *sa-bātang pensil dān sa-keping ḳarṭās*, un crayon et une feuille de papier (*H. Ab.* 286).

ڤڤاي ***papāya,*** nom d'un fruit, la papaye (*carica papaya*).

ڤڤاري ***pepāri,*** nom d'une plante. = ڤريا *priyā.*

ڤڤه ***pepàh,*** la queue de la feuille du palmier, la partie membraneuse et dure de la feuille, la feuille entièrement poussée.

ڤلڤه *palepàh*, id.

Prov. سڤرت ڤوچق دڠن ڤلڤه *seperti pūxuḳ dengan palepàh*, comme le bourgeon (la pousse tendre) du palmier (qui est bonne à manger) avec la feuille entièrement poussée (qui est dure et ne peut plus se manger). Se dit d'un homme pauvre, mais utile à la société, comparé à un riche qui ne se rendrait pas utile. Autre prov. لبه ڤوچق لبه ڤلڤه *lebèh pūxuḳ lebèh palepàh*, plus est le bourgeon, plus est la feuille. Le sens est: plus un homme gagne, plus le train qu'il mène est grand.

[Jav. [Javanese script] *papah.*]

ڤڤيد ***papēda,*** bouillie de farine de sagou; nom d'une plante (*dialium javanicum*). ڤڤوه — *papēda papūwah* (*panax fruticosum Cr.*).

ڤڤوه ***papūwah,*** papouas ou papous; nègre de la Nouvelle Guinée à cheveux frisés. — اورڠ *ōrang papūwah*, un naturel de la Nouvelle Guinée. — تانه *tānah papūwah*, la Nouvelle Guinée. — بورڠ *būrung papūwah*, oiseau de paradis (*M.*).

On trouve aussi ڤڤوا *papuwā.*

ڤڤويه ***pepūyuh,*** la matrice.

Marsden écrit ڤڤوج *papūju*, mais c'est à tort, car ce mot n'est autre que le Javanais [Javanese script] *puyuhan* du radical [Javanese script] *uyuh.*

ڤڤق ***pepàḳ,*** mâcher, chiquer (*Cr.*).

ڤڤندی pepundi, v. ڤندی *pundi.*

ڤڤلق pepelik̦, nom d'un ornement d'oreilles (*Cr.*).

ڤبين pabēyan, v. بي *bēya.*

ڤمايڠ pemāyang, nom de certaines embarcations. Du radical: ڤايڠ *pāyang,* v. ce mot et ڤاير *pāyar.* مواتن ڤمايڠ *muāt - an pemāyang,* le chargement d'une de ces embarcations (*Lett. Mal.*).

ڤماڠن pemāngan, v. تاڠن *tāngan.*

ڤماتڠ pemātang, v. باتڠ *bātang.*

ڤمارڤ pemārip. v. هارڤ *hā-rip.*

ڤمالی pemāli, illicite, défendu. جك ڤرڠ ڤمالی مڠهادڤ كمتهاری ماتی *jika prang pemāli meng-hādap ka - matahāri māti,* dans la guerre il nous est défendu de nous tourner du côté du soleil couchant (*S. Mal.* 142).

[Mak. ... *kasipalli.* Day. *pali.*]

ڤميڠ pemayang, pour ڤمايڠ *pemāyang,* nom d'un bateau. v. مايڠ *māyang.*

ڤميدڠ pemīdang, métier à broder (*Kl.*).

Prov. كاڤق نايق ڤميدڠ *kāpak nāik pemīdang,* la hache monte au métier à broder. C'est à-dire: le forgeron veut jouer l'horloger, le paysan veut faire le politique, et le potier le théologien.

ڤموتڠ pemūtung, espèce de petite guêpe qui a le derrière rouge (*Kl.*).

[Bat. ... *pamutung.*]

ڤمورس pemūras, espingole, bombarde, mousqueton. ڤدڠ ڤمورس كيری كانن *pedang pemūras kīri kānan,* portant l'épée et l'espingole à droite et à gauche (*Sul. Ab.* 57). ڤمورس تمباك ڤنجڠ تڠه امڤت جڠكل *pemūras tembāga panjang tengah ampat jangkal,* un mousqueton de bronze, ayant trois empans et demi de long (*M.*).

ڤمڠڬر pemingir, v. ڤڠڬر *pinggir.*

ڤمجاڠن pamejāngan, v. sous. ڤسڤ *puspa.*

ڤمنده pemandah, sorte d'épée ou de glaive.

ڤمڤغ **pampang.** ترڤمڤغ *ter-pampang*, gros et tout-à-fait visible (*Kl.*).

ڤمڤغ **pompong**, nom d'un poisson, une sorte de sèche (*Kl.*).

ڤمڤن **pimpin,** pris par la main, conduit par la main. دڤمڤنڽ تاڠن بودق ايت *di-pimpin-ña tāngan būdak itu*, il prit l'enfant par la main (*M.*).

ممڤن *memimpin*, prendre par la main, conduire par la main, diriger. بݢندا ڤون ممڤن تاڠن توان ڤتري *baginda pūn memimpin tāngan tūan putrī*, le prince prit la princesse par la main (*R.* 3).

ترڤمڤن *ter-pimpin*, qui est pris par la main. اورڠ يڠ ترڤمڤن *ōrang yang ter-pimpin*, un homme que l'on conduit par la main.

ڤممڤن *pemimpin*, conducteur, surveillant, tuteur.

ڤمڤينن *pimpīn-an*, action de conduire, direction, conduite.

ڤمڤس **pamepàs,** réparation, indemnité pour une blessure faite. چنچڠ ايت دڤمڤس *xenxang itu di-pamepàs*, cette blessure fut punie d'une amende (*M.*).

ممڤس *memamepàs*, réparer, donner une indemnité pour une blessure.

ڤمبق **pombak** (Port. *pomba*), nom d'une sorte de pigeon.

ڤملق **pemelùk,** v. ڤلق *pelùk*.

ڤر **per,** particule préfixe inséparable qui sert à la formation des noms dérivés; ainsi qu'à celle des verbes dérivés pris dans un sens passif (v. Gram.).

ڤر **para,** particule prise du Jav. dans le sens de: part, portion. ڤرمنتري *para-mantrī,* qui a la part ou le rang de *mantrī*, ministre. ڤرراتو *para-rātu*, etc.

ڤراهو **prāhu,** embarcation, navire, bateau, barque.

[Jav. et Sund. [Javanese script] *prahu.*]

ڤراهن **prāhan,** partie de la charpente d'un bâtiment qui unit le toit aux parois latérales.

ڤراي **perāi** = ڤري *perèy*.

ڤراون **prāwan,** vierge, jeune fille. دساڤت سڤرت موك انق ڤراون *di-sāput seperti mūka ānak prāwan*, voilé comme le visage d'une vierge (*S. Bid.* 3). ڤرميسوري سکليٴن ڤراون *permīsūri sa-kalī-an prāwan*, reine des vierges (*P. M.*). دمان باپق انق تروڽ انق ڤراون ڤون اد دسان *di-māna bā-ñak ānak tarūna ānak prāwan pūn ada di-sāna*, là où il y a beaucoup de garçons, on trouvera les jeunes filles (*M.*).

[Jav. ꦥꦿꦮꦤ꧀ *prawan.*]

ڤراوس perāwas. — داون *dāun perāwas*, sorte de feuilles médicinales (*Kl.*).

ڤراوسه per-ūsah, v. اوسه *ūsah*.

ڤراکو perāku, une auge, une huche.

ڤراڠي perāṅi, nature, naturel, caractère, inclinations, complexion. مانسي — *perāṅi mā-nusia*, la nature de l'homme. يڠ مانس — *perāṅi yaṅ mānis*, un caractère doux. يڠ جاهت — *perāṅi yaṅ jāhat*, inclinations mauvaises. ڤراڠي باڤ دتورتڽ *pe-rāṅi bāpa di-tūrut-ña*, il tient beaucoup de son père. اياله يڠ ممڤاءي ڤراڠي يڠ لمه لمبت سڤرت اير امبن سجوقڽ *iā-lah yaṅ mem-puñā-i perāṅi yaṅ lemàh lembut seperti āyer embun sejùk-ña*, lui, dont le caractère est doux et affable, rafraîchissant comme la rosée du ciel (*M.*). بتاڤ ڤراڠي کرجاٴن ايت *betāpa perāṅi ka-rajā-an itu*, quelle est la nature du gouvernement? (*M. R.* 222).

برڤراڠي *ber-perāṅi*, qui a un naturel ou un caractère de telle ou telle manière. برڤراڠي يڠ سڤرتيڽ *ber-perāṅ-i yaṅ sepertī-ña*, un caractère convenable (*D. M.* 369).

[Bat. ᯇᯒᯰ *paraṅé*. Mak. ᨄᨑᨙ *paraṅé*.]

ڤراتس perātas = ڤنتس *pentas*.

ڤراد prāda (Port. *prata*, argent), mince feuille de métal, étamure, argenture, dorure: doré, argenté. کريسق — *prāda gerīsik*, clinquant. تربڠ — *prāda terbaṅ*, feuille d'or, or en feuilles. دڤراد دڠن اير امس *di-prāda deṅan āyer amàs*, doré en détrempe. — داون *dāun prāda*, nom d'une plante (*justicia picta*).

بڤراد *be-prāda*, doré, argenté, recouvert d'une feuille de métal. — حروفڽ *ḥurūf-ña be-prāda*, les lettres en étaient dorées (*S. Bid.* 134).

ممراد *memrāda*, dorer, argenter.

ممرداكن *memradā-kan*, dorer, argenter, ou faire dorer q. ch.

ڤره ***peràh, pràh,*** pressé, pressuré, trait, extrait. ليمو — *pràh līmaw*, jus extrait du limon. بوله داڤت سسوڽ سكالي ڤره تيڬ ڬنتڠ *būleh dāpat susū-ña sa-kāli pràh tiga gantaṅ*, on peut obtenir, en les trayant une fois (les vaches), trois *gantaṅ* de lait (*Exer.* 82). دڤرهڽ سباتڠ تبو *di-pràh-ña sa-bātaṅ tebū*, elle exprima le jus d'une canne à sucre (*M.*).

ممره *memeràh*, presser, pressurer, traire. سوسو — *memeràh sūsu*, traire un animal pour en avoir le lait.

ترڤره *ter-peràh*, qui est pressuré. ڤچه — *ter-peràh pexàh*, opprimé, vexé.

[Jav. et Sund. [illegible] *peres.* Bat. [illegible] *poro.*]

ڤره ***perìh,*** douleur, grand chagrin.

[Jav. [illegible] *perih.* Sund. [illegible] *perih*, anxieux.]

ڤري ***perèy,*** louvoyé, allé en zigzag.

برڤري *ber-perèy*, qui louvoie. ماسق برڤري٢ *māsuk ber-perèy-perèy*, arriver au port en louvoyant.

ممريكن *memerèy-kan*, faire louvoyer.

ڤري ***prī,*** manière, mode, habitude, état, condition, circonstance, nature, disposition. — كتاڽ *prī katā-ña*, sa manière de parler, son style. نكري — *prī nagrī*, l'état où se trouve le pays. توبه — *prī tūbuh*, complexion, état du corps. اتس ڤري يڠ ڤاتت *ātas prī yaṅ pātut*, d'une manière convenable. ڤري اتڠ مانسي اد كلقڽ ساكت كلقڽ ماتي *prī untuṅ mānusia ada kalàḳ-ña sākit kalàḳ-ña māti*, la nature du sort de l'homme est d'être aujourd'hui malade, et de mourir demain (*M.*). ڤري اي برتمو دڠن دي *prī ia ber-temū deṅan dia*, les circonstances de sa rencontre avec lui. حال — *prī ḥāl*, la nature, les circonstances d'une affaire. ڤري حال كبسارنڽ *prī ḥāl ka-besār-an-ña*, les circonstances de sa grandeur, son état de grandeur. اكن ڤري حال همب بركيرم اين سورت كڤد توان *ākan prī ḥāl hamba ber-kīrim īni sūrat kapada tūan*, quant aux circonstances qui m'ont engagé à vous écrire cette lettre (*Lett. Mal.*).

فری۲ *prī-prī*, manière d'être, apparences, espèces. فری۲ يائيتوله يغ دلهت دان دراس دغن فرسائن کامي *prī-prī ĭā-ĭtū-lah yaṅ di-lihat dān di-rāsa deṅan pe-rasā-an kāmi*, les apparences ou espèces sont ce que nous voyons ou sentons avec nos sens (*P. M.*).

سفری *sa-prī*, de même, comme, d'une même manière.

برفری *ber-prī*, qui est d'une manière, qui a un arrangement.

برفری۲ *ber-prī-prī*, de différentes manières, de toutes sortes, de manières bien compassées. بربهاس اى برفری۲ *ber-bahāsa ĭa ber-prī-prī*, ses manières étaient accomplies (*M.*).

ممفری *mem-prī*, faire d'une manière, agir d'une certaine manière, expliquer.

ترفری *ter-prī*, qui a reçu une manière d'être, qui est fait d'une certaine façon. — تياد *tĭāda ter-prī*, d'aucune manière; inexprimable, inimaginable. سوك تياد ترفری *sūka tĭāda ter-prī*, joyeux, épris à l'excès.

ممفريكن *mem-prī-kan*, donner à q. ch. une manière d'être, expliquer, décrire q. ch. الله تياد داڤت دفريكن *allah tĭāda dāpat di-prī-kan*, Dieu ne peut être décrit, on ne peut pas en donner une idée (*M. R.* 31). سيكڤن تياد داڤت دفريكن *sīkap-ña tĭāda dāpat di-prī-kan*, sa contenance est indescriptible (*R.* 142).

برفريكن *ber-prī-kan*, qui fait ou explique d'une manière, qui décrit.

ترفريكن *ter-prī-kan*, qui est expliqué, décrit, qui peut être décrit: auquel on peut donner une manière d'être. بتاڤ داڤت ترفريكن *betāpa dāpat ter-prī-kan*, comment cela pourrait-il être expliqué? peut-on rien imaginer de semblable? (*M.*).

فری perī = فری *ferī*.

فريا priyā, nom d'une plante potagère, une espèce de momordique. ڤاهت — *priyā pāhit*, le même, mais qui a un goût amer.

فرياى priyāyi, titre de certains officiers.

[Jav. ꦥꦿꦶꦪꦚꦶ *priyayi*. Sund. ᮕᮢᮨᮃᮚᮤ *préayi*.]

فريق priyuk, prīuk, pot de terre ou d'autre matière propre à faire cuire le riz. دتانقكنڽ ناسي سفريق كچيل *di-tānak-kan-ña nāsi sa-prīuk kexìl*, il fit cuire un petit pot de riz (*R.* 131). اڤي —

priuḳ āpi, un mortier, un obusier (*S. Mal.* 260).

[Sund. ᮕᮢᮤᮚᮥᮊ᮪ *priyuk*. Day. *priok* ou *pariok*, creuset.]

ڤريڬي **prīgi**, un puits. — اير *āyer prīgi*, de l'eau de puits. — بوت *prīgi būta*, puits sans eau, puits à sec. ڤريڬي يڠ دالم *prīgi yaŋ dālam*, un puits profond. دايڠ٢ مڠمبل اير كڤد ڤريڬي ايت *dāyaŋ-dāyaŋ meŋ-ambil āyer ka-pada prīgi itu*, des femmes de service puisaient de l'eau à ce puits (*R.*131). انق كنچي ڤريڬي توبر دبريكنله ڤداڽ *ānaḳ kunxi prīgi tūbir di-brī-kan-lah padā-ña*, et la clef du puits de l'abîme lui fut donnée (*N.* 406).

Prov. سبب بركلاهي دڠن ڤريڬي اخرڽ ماتي دهاڬ *sebàb ber-kelāhi deŋan prīgi āḳir-ña māti dahāga*, se disputer avec un puits, pour enfin mourir de soif. Signifie: être privé de ce qui devait nous venir de ceux qui nous ont élevé, pour n'avoir pas voulu plier devant eux.

[Sund. ᮕᮛᮤᮌᮤ *parigi*, un fossé.]

ڤريسي **prīsey**, bouclier, rondache, (fig.) protecteur. امس — *prīsey amàs*, un bouclier d'or. تڠكس دڠن ڤريسي *taŋkis deŋan prīsey*, paré par un bouclier. منريكن ڤريسيڽ *menarī-kan prīsey-ña*, exécuter une sorte de danse guerrière, faire l'exercice avec les boucliers (*M.*). دان ڤريسيڽ سڤرت كوت برجالن رڤاڽ *dān prīsey-ña seperti kōta berjālan rupā-ña*, et leurs boucliers (réunis) ressemblaient à une citadelle mouvante (*M.*). اكوله ڤريسي بڬيمو *akū-lah prīsey bagī-mu*, je suis votre protecteur (*B.* 19).

برڤريسي *ber-prīsey*, qui a un bouclier, qui se sert d'un bouclier. جك كن اورڠ برڤريسي ترس دڠن ڤريسيڽ *jika kena ōraŋ ber-prīsey trùs deŋan prīsey-ña*, s'il atteignait un homme ayant un bouclier, il le perçait de part en part lui et son bouclier (*S. Mal.* 304).

[Jav. ꦥꦫꦶꦱ꧀ *paris*. Bat. ᯇᯒᯪᯉ᯲ᯘᯩ *parinsé*. Tag. ᜉᜎᜒᜐᜌ᜔ *palisay*.]

ڤرواتن **perwātin** (pour ڤر *para*, باتن *bātin*), titre de certains chefs chez différents peuples de l'archipel Indien, particulièrement dans l'île de Sumatra. انق بوه — *ānaḳ būah perwātin*, ceux qui sont soumis à la juridiction des *perwātin*. كلوكڤد تانه

ڤروغس **perūṅgus,** pour ڤرغ ڤروس *pràṅ-perūs*, v. ces deux mots.

ڤروتق **perūtak̩,** nom d'une plante (*myrmecodia armata. Cr.*).

ڤروڤق **perūpok̩,** ronces. اياءيت اكن تمبهكن بكيم دردورى دان ڤروڤق٢ *ĭā-ītu ākan tumbuh-kan bagī-mu durī-dūrī dān perūpok̩-perūpok̩*, elle ne te produira que des épines et des ronces (*B.* 5).

ڤرور **perwar,** v. ڤروار *per-wāra.*

ڤروس **perūs,** v. ڤرس *perùs.*

ڤروسق **prōsok̩.**

ترڤروسق *ter-prōsok̩,* enfoncer au travers, passer à travers, p. ex. d'un plancher trop mince ou pourri (*Kl.*).

Prov. بارغسياڤ مڠݢالى لوبغ اى جوك ترڤروسق كدالمڽ *bāraṅ-si-āpa meṅ-gālī lōbaṅ ĭa jūga ter-prōsok̩ ka-dālam-ña*, celui qui creuse une fosse, y tombera. Ce proverbe est dit de celui qui tombe dans le piége qu'il avait tendu aux autres (*H. Ab.* 165).

ڤرواتن كمڤلله ڤرواتن *kalaw ka-pada tānah perwātin kumpul-lah perwātin*, si (l'affaire a lieu) dans le pays où les *perwatin* exercent le pouvoir, convoquez-les (*M.*).

ڤروانن **perwānen,** v. وانى *wānı.*

ڤروار **perwāra** (Pers. ڤرور *perwar*), bonne d'enfant, nourrice, gouvernante.

On trouve ordinairement ce mot précédé de دايغ *dāyaṅ* ou de بيت *bēta.* دان سڬل دايغ ڤروار بݢند ڤون نايقله كاتس ڤراراكن يغ كچل *dān segala dāyaṅ per-wāra bagìnda pūn nāik̩-lah ka-ātas per-arāk-an yaṅ kecìl*, et les gouvernantes montèrent sur des chars plus petits (*R.* 4). دهادڤ اوله سڬل دايغ٢ دان بيت ڤروار *di-hādap ūleh segala dāyaṅ-dāyaṅ dān bēta per-wāra*, entouré des dames d'honneur et des femmes de service (*Ism. Yat.* 26). سڬل دايغ٢ بيت ڤروار *segala dāyaṅ-dāyaṅ bēta perwāra*, les gouvernantes nourrices (*R.* 39).

ڤروير **perwīra,** v. وير *wīra.*

ڤرکاکس **perkākas**, ustensiles, effets, meubles, outils, matériaux. کرجاءن — *perkākas ka-rajā-an*, insignes royaux. بسی — *perkākas besī*, ferronnerie. هرت دان ڤرکاکس *harta dān perkākas*, les effets et les meubles. کايو اکن ڤرکاکس گدڠ *kāyu ākan perkākas gedòng*, bois pour la construction d'un magasin. سگل ڤرکاکس مالگی سڤرت ميج دان کرسی دان بڠکو *segala perkākas māligey seperti mēja dān krusī dān bangko*, les meubles du palais, comme les tables, les fauteuils, les banquettes (*N. Phil.* 125). اد يڠ مندوکڠ انقڽ اد يڠ مندوکڠ ڤرکاکسڽ *ada yang mendūkung ānak-ña ada yang mendūkung perkākas-ña*, les uns emportaient leurs enfants, les autres leurs meubles (*Ism. Yat.* 87).

ڤرککاسن *perkakās-an*, effets, ustensiles en général, mobilier. دبواڽ ڤرککاسن سکليٰن دهداڤن راج *di-bawā-ña perkakās-an sakalī-an di-hadāp-an rāja*, ils apportaient tous leurs effets en présence du roi (*M.*). ايڤون سده برسيڤ سگل ڤرککاسنڽ *īa-pūn sudah ber-siap segala per-kakās-an-ña*, il s'était préparé avec tous ses effets (*H. Ab.* 115).

[Jav. et Sund. ꦧꦼꦏꦏꦱ꧀ *be-kakas.*]

ڤرکار **perkāra, porkāra** (S. प्रकार *prakāra*, sorte, manière), sorte, manière, circonstance; division, section, chapître: chose, sujet. ڤد ڤرکار اين جوك *pada porkāra īni jūga*, dans cette circonstance seulement. — کدو *ka-dūa porkāra*, second point, en second lieu. فصل يڠ کدو ڤرکار *fasal yang ka-dūa porkāra*, article deux. اى سام سمڤرن ݢنڤ ڤد سݢنڤ ڤرکاراڽ *īa sāma sempurna genàp pada sa-genàp porkarā-ña*, elles sont également parfaites sur tous les points (*P. M.*). يا الله يڠ منجديکن سگل ڤرکار *iā allah yang men-jadī-kan segala porkāra*, ô Dieu qui as créé toutes choses! (*M.*).

[Jav. ꦥꦿꦏꦫ *prakara*. Sund. ᮕᮨᮁᮊᮛ *perkara.*]

ڤرکاس **perkāsa** (S. प्रकाश *prakāça*, fameux), fort, vaillant, puissant, capable, habile. اورڠ ڤرکاس لاگی بجقسان *ōrang perkāsa lāgi bijaksāna*, un homme vaillant et prudent. براني دان ڤرکاس *berānī dān perkāsa*, entreprenant et brave. سيکڤڽ ڤون ترلالو ڤرکاس *sikap-ña pūn ter-lālu* *perkāsa*, il était d'une forte constitution (*R.* 74). جكلواد انتار مريكيت لكلاكي يڠ ڤركاس *jika-law ada antāra marīka-ītu laki-lāki yaṅ perkāsa*, si parmi eux il y a des hommes capables (*B.* 79).

[Jav. *prakosa.*]

ڤركوتت **perkūtut**, nom d'une colombe (*columba bantamensis*).

[Jav. *perkutut.*]

ڤرقس **preḳsa** (S. परीक्ष *parixa*, examen, investigation), examen; examiné, recherché. هندقله راج ڤرقس اتسن *hendaḳ-lah rāja preḳsa ātas-ña*, le roi doit l'examiner (litt.: doit être par le roi examiné) (*Sul. Ibr.* 80). دڤرقسان دالم سڬل برهال *di-preḳsā-ña dālam segala berhāla*, ils cherchèrent parmi les idoles (*R.* 36).

برڤرقس *ber-preḳsa*, qui examine, qui recherche, examinant. برڤرقساله اولهم *ber-preḳsā-lah ūleh-mu*, examinez par devers vous (*P. M.*).

ممرقس *memreḳsa*, examiner, rechercher, scruter, s'informer. ممرقس ستاهو هاتي *memreḳsa satāhu hāti*, examiner sa conscience (*P. M.*).

ممرقساءي *memreḳsā-i*, faire des recherches sur, examiner touchant q. ch. ڤرڬي ڤرقساءي سياڤ نام راج يڠ داتڠ ايت *pergi preḳsā-i si-āpa nāma rāja yaṅ dātaṅ itu*, allez vous informer du nom de ce roi qui vient ici (*R.* 90). دان هابسله دڤرقساءينا *dān hābis-lah di-preḳsa-ī-ña*, et après qu'il s'en fut informé (*R.* 63). ممرقساءي دڠن حكم الله *memreḳsā-i deṅan ḥukum allah*, soumettre à l'épreuve par les éléments (*M.*).

ممرقساكن *memreḳsā-kan*, examiner une chose. بلم اداكامي ممرقساكن حال ايت *belùm ada kāmi mem reḳsā-kan ḥāl itu*, nous n'avons pas encore examiné cette affaire. دڤرقساكن اوله داتق٢ كماتين اورڠ ايت *di-preḳsā-kan ūleh dātuḳ dātuḳ ka-matī-an ōraṅ itu*, les magistrats examinèrent les circonstances de la mort de cet homme (*M.*).

ڤرقساءن *preḳsā-an*, examen, investigation (*Cr.*).

كڤرقساءن *ka-preḳsā-an*, qui est examiné, qui peut être examiné. — تياد *tiāda ka-preḳsā-an*, inscrutable, impénétrable (*R. V.*).

Crawfurd remarque qu'il y a une grande différence de sens entre le malais *preḳsa* et le même mot en Jav., signifiant dans cette dernière langue: connaissance. Cette différence vient de ce que, très-probablement, les Javanais l'ont emprunté du S. प्रेक्षा *prēxā*, connaissance, intelligence: et on devrait peut-être lui donner la même étymologie en malais, la prononciation semble l'indiquer. J'ai toujours entendu *prek̂sa* et non *parik̂sa*. On trouve assez ordinairement ce mot écrit ڤرقش *prek̂sa*.

[Jav. *priksa*. Mak. *paressa*. Day. *pariksa* et *riksa*. Tag. et Bis. *tokso*.]

ڤرڬات **pragāta** (Port. *fragata*), frégate (*H. Ab.* 210).

ڤرڬی **pergi**, aller. سماسام — *pergi sama-sāma*, aller ensemble. بالق — *pergi bālik̂*, aller et venir. ڤولڠ — *pergi pūlaŋ*, s'en retourner. ڤرڬيله *pergi-lah*, va-t-en. برکود — *pergi ber-kūda*, voyager à cheval. کسوڠي — *pergi ka-sūŋey*, aller faire ses besoins. اکو تياد ماو ڤرڬي در سين *āku tiāda māu pergi deri sini*, je ne veux pas m'en aller d'ici (*R.* 27). سهڠڬ دو ڤوله هاری جوڬ ڤرڬي داتڠ *sa-hiŋga dūa pūloh hāri jūga pergi dātaŋ*, il vous est donné vingt jours pour aller et revenir (*R.* 67). تيدالە برکتهوان ڤرڬين *tiada-lah ber-ka-tahū-an pergi-ña*, on ignore ce qu'il est devenu. وه کمان ڬراڠن ڤرڬيک *weh ka-māna garāŋ-an pergi-ku*, hélas! où vais-je? (*M.*).

سڤرڬي *sa-pergi*, d'une course.

برسڤرڬي *ber-sa-pergi*, faire une course avec quelqu'un, être d'un même voyage.

کڤرڬين *ka-pergi-an*, action de voyager, de se promener. مک اي داتڠله درڤد کڤرڬين *maka ia dātaŋ-lah deri-pada ka-pergi-an*, et il revenait de se promener (*B.* 36).

ڤرڬيڤرڬين *pergi-pergi-an*, voyage, longue course. سڤرت داتڠ انق اتو سودار درڤد ڤرڬيڤرڬين *seperti dātaŋ ānak̂ ātau sūdāra deri-pada pergi-pergi-an*, comme lorsqu'un enfant ou un frère revient d'un voyage (*M.*).

On trouve aussi ڤڬي *pegi*.

ڤرڬم **pergam**, une colombe avec des plumes d'un rouge cramoisi. Selon *M.* le biset. سڤرت بوڽي ڤرڬم *seperti būñi pergam*, semblable au cri du biset.

ڤرڠ **peraŋ, praŋ**, guerre, bataille, combat, armée. سبيل الله — *praŋ sabīl allah*, guerres saintes, croisades. — ڬندرڠ *genderaŋ praŋ*, des tambours de guerre. — مڠيکت *meŋ-ikat praŋ*, lever une armée. — ڤچه

pexàh pràŋ, mis en déroute. — كڤل *kapàl pràŋ*, navire de guerre. ڤرس — *pràŋ prùs*, grondeur, querelleur. اڤبيل اد ڤرڠ دالم سواتو نكري *apa-bīla ada pràŋ dālam suātu nagrī*, lorsqu'il y a la guerre dans un pays (v. *Ab.* 1). ڤرڠ موسه ايت ترلالو كرس. *pràŋ mūsuh ītu ter-lālu kràs*, l'ennemi pousse vigoureusement la guerre (*M.*). مك ڤچهله ڤرڠ سلطان الناصر *maka pexàh-lah pràŋ sulṭān el-nāṣer*, et le Sultan Elnasser fut mis en déroute (*Chr. Pas.* 15).

برڤرڠ *ber-pràŋ*, qui est en guerre, combattre, en venir aux mains. اورڠ راج يڠ هندق برڤرڠ دڠن سأورڠ راج لاين *ōraŋ rāja yaŋ hendak ber-pràŋ deŋan sa-ōraŋ rāja lāin*, un roi qui vent faire la guerre à un autre roi (*N.* 126). جكلو اڠكو برڤرڠ دڠن سݢل لاونم *jikalaw aŋkaw ber-pràŋ deŋan segala lāwan-mu*, si vous combattez contre vos ennemis (*R.* 65). كدو ڤيهق تنتار برڤرڠله *ka-dūa pīhak tantāra ber-pràŋ-lah*, les deux armées en vinrent aux mains (*M.*). ڤادڠ برڤرڠ *pādaŋ ber-pràŋ*, champ de bataille (*R.* 157).

ممرڠ *memeràŋ*, combattre, faire la guerre. هارس ممرڠ اكن يڠ مناهن زكاة *hārus memeràŋ ākan yaŋ menāhan zekāt*, on devrait poursuivre avec le glaive ceux qui retiennent les aumônes ou contributions fixées par la loi (*M.*).

ممراڠي *memerāŋ-i*, combattre q. q., livrer bataille à, mettre q. q. en déroute. مك دڤرڠين ايتڤون سورت كرمب *maka di-praŋ-ī-ña itu-pūn sūrut ka-rimba*, il le mit en déroute, et celui-ci se retira dans la forêt (*Chr. Pas.* 16).

ڤمرڠ *pemeràŋ*, qui fait la guerre, qui combat.

ڤڤراڠن *pe-prāŋ-an*, action de faire la guerre, guerre, combat, bataille. بكل ڤڤراڠن *bakàl pe-prāŋ-an*, provisions pour une campagne. ڤادڠ ڤڤراڠن *pādaŋ pe-prāŋ-an*, champ de bataille. مڠاتر ڤڤراڠن *meŋ-ātur pe-prāŋ-an*, ranger en ordre de bataille. اي برجالن كتڠه ڤادڠ ڤڤراڠن *ia ber-jālan ka-teŋah pādaŋ pe-prāŋ-an*, il se rendit au milieu du champ de bataille (*R.* 43). تتكال كامو همڤر كڤد ڤڤراڠن *tatkāla kāmu hampir ka-pada pe-prāŋ-an*, lorsque vous serez sur le point de livrer bataille (*B.* 310).

On trouve aussi ڤارڠ *pāraŋ*.

[Jav. et Sund. *perarg.* Bat. *porarg.*]

فرغ **peririg**, odeur forte, comme celle de l'urine (*Kl.*).

فرغكف **perargkap**, trappe, trébuchet, piège. اد يغ ممبوت فرغكف *ada yarg mem-būat perargkap*, quelques-uns tendaient des pièges (pour prendre des rats) (*H. Ab.* 192).

فرغكي **prirggi** (Pers. فرنكي), européen, français, portugais. تتكال مول فرغكي ملغكر ملاك *tat-kala mūla prirggi me-larggar malāka*, lorsque les Portugais commencèrent à attaquer Malacca (*S. Mal.* 360).

فرغكي **prirggi**, citrouille, potiron. — فوچق *pūxuk prirggi*, les jeunes pousses de cette plante que l'on mange en guise de légume.

فرغكو **prarggu**, complet, assorti, entier (principalement d'habits).

فرغكوان *prarggū-an*, ce qui est complet, garniture, assortiment, service. ڤكاين يغ انده٢ بيراڤ فرغكوان *pakēy-an yarg indah-indah be-brāpa prarggū-an*, un grand nombre d'habillements très-beaux et complets (*R.* 38).

[Jav. et Sund. *prarg-kat.*]

فرغكو **perurggu.** — تباك *tembāga perurggu*, cuivre rouge. (*Kl.*).

فرغكغ **perarggarg**, v. ڤغكغ *parggarg.*

فرغكت **perirggat**, espèce de vigne sauvage (*Bengk. Cr.*).

فرچ **perxa** (S. मर्त्य *martya*, la terre, le monde, la place habitée par les mortels, de मर्त *marta*, mortel). — ڤولو *pūlaw perxa*, l'île de Sumatra, et principalement le pays منغكابو *memargkābaw*, dans cette île: d'après l'étymologie l'île habité par les mortels, le monde.

Les habitants de Sumatra considèrent leur île comme le monde. Quant à l'*m* sanscrit se changeant en *p* en passant dans les langues de l'archipel indien, le fait n'est pas rare, nous en voyons un exemple dans le S. मण्डप *maṇḍapa*, qui devient en Jav. *paṇḍapa*, salle d'audience.

[Bat. *pulo morsa*, l'île de Sumatra.]

فرچ **perxa**, v. فرچه *perxah.*

ڤرچاي perxāya (S. प्रत्यय pratyaya, foi, confiance), foi, confiance; croire, avoir confiance. بيت ڤرچاي اکن الله bēta perxāya ākan allah, je crois en Dieu (P. M.). جکلواي تياد ڤرچاي اکن اڠکو jikalaw ia tiāda perxāya ākan aŋkaw, si elle ne vous croit pas (R. 130). مك اي کات تيدا كه ڤرچاي كڤد سهاي maka ia kāta tiadā-kah perxāya kapada sahāya, alors il dit; ne vous fiez-vous pas à nous? (v. Ab. 4). ڤاتق اين سؤرڠ همبان يڠ دڤرچاين pātek ini sa-ōraŋ hambā-ña yaŋ di-perxayā-ña, et moi, je suis son serviteur dans lequel elle met sa confiance (Kal. dan Dam. 94). ڤرچاي اڠن سهاج perxāya āŋin sahāja, croyance de vent seulement; croyance que le vent emporte, croyance qui laisse des doutes (H. Ab. 323).

Sent. جاڠن کامو ڤرچاي اکن ڤرمڤون توا ماسق کرومهم اداكه هريمو دڤرچاي ماسق کدالم کاون کمبڠ jāŋan kāmu perxāya ākan perampūan tuā māsuk ka-rūmah-mu adā-kah harīmaw di-perxāya māsuk ka-dālam kāwan kambiŋ, n'ayez pas assez de confiance en une vieille femme pour la laisser entrer chez vous: a-t-on assez de confiance en un tigre, pour le laisser pénétrer dans un troupeau de chèvres? C'est-à-dire: ne confiez pas plus votre maison à une vieille femme, que votre troupeau de moutons à un loup (S. Mal. 299).

ممڤرچاي mem-perxāya, se fier, avoir confiance, mettre sa confiance.

ممڤرچاياْي mem-perxayā-i, se fier à, avoir confiance en. حکم اڠکريس ترللوله دڤرچاياْي اوله سکل بڠس hukum iŋgris terlalū-lah di-perxayā-i ūleh segala baŋsa, tous les peuples ont une grande confiance dans le gouvernement anglais (H. D. 138).

ممڤرچاياکن mem-perxayā-kan, confier quelque chose à quelqu'un, mettre un dépôt entre les mains de quelqu'un.

ڤرچاياْن perxayā-an, foi, confiance.

کڤرچاياْن ka-perxayā-an, confiance; celui à qui on se fie, confident. مك بݢند ممبري تيته ڤد سؤرڠ منتري يڠ کڤرچاياْن maka baginda mem-brī tītah pada sa-ōraŋ mantrī yaŋ ka-perxayā-an, le prince donna ses ordres à un ministre de confiance (Sul. Ibr. 3). کيرمکن کڤد

اورڠ كڤرچياءن تون *kirim-kan ka-pada ōraŋ ka-perxayā-an tūan*, envoyez-le par un de vos domestiques de confiance (*M.*). [Jav. ꦥꦿꦕꦪ *praxaya*. Sund. ᮕᮨᮁᮎᮚ *perxaya*. Day. *parxaya*.]

ڤرچه **perxah** (Pers.), morceau, lambeau, chiffon. داد — *perxah dāda*, morceau d'étoffe qui couvre la poitrine. كاين — *perxah kāin*, un morceau d'étoffe. دڠن كاڤس اتو دڠن ڤرچه ڤوته *deŋan kāpas ātaw deŋan perxah pūtih*, avec du coton ou avec des chiffons blancs (*M.*). اداڤون كڽتاءنڽ درڤد كاين ڤرچهڽ ايت دݢوݢركنڽ كبومي *ada-pūn ka-ñatā-an-ña deri-pada kāin perxah-ña itu di-gūgur-kan-ña ka-būmi*, on pourra le savoir par un morceau de ses habits qu'elle a laissé tomber à terre (*R.* 102). دايكتڽ كستوري اتو امبر دالم سواتو ڤرچه *di-ikat-ña kastūri ātaw ambar dālam suātu perxah*, il enveloppe du musc ou de l'ambre dans un petit morceau d'étoffe (*M.*).

On trouve aussi ڤرچ *perxa*.

ڤرچه **perxah**, nom de l'arbre qui produit la gomme nommée *gutta percha*. — ݢته *getàh perxah*, nom de cette gomme.

ڤرچق **perxik**, v. رچق *rexik*.

ڤرت **peràt**, aigre, sur, âcre.

ڤرت **perùt, prùt**, ventre, la panse, les intestins. — ساكت *sākit prùt*, colique. كرس — *prùt kràs*, constipation. سني — *prùt senī*, ou مود — *prùt mūda*, les intestins grêles. — ايسي *isi prùt*, les intestins. كڤل — *prùt kapàl*, le ventre d'un navire, la cale. همبام بله ڤرتڽ *hambā-mu belàh prùt-ña*, nous lui avons ouvert le ventre (*R.* 55). مباركله بوه ڤرتم *mubārak-lah būah prùt-mu*, béni est le fruit de vos entrailles (*N.* 92).

D'après Crawfurd, en langage de commerce ڤرت *prùt* est employé pour désigner la qualité moyenne d'une marchandise; la première qualité étant désignée par كڤال *kapāla* et la dernière par كاكي *kāki*.

ڤرتام **portāma** (S. प्रथम *prata-ma*), le premier, le plus avancé, primaire; d'abord. شرط يڠ ڤرتام *šarṭ yaŋ portāma*, première règle. بينتڠ برايدر يڠ ڤرتام *bintaŋ ber-īdar yaŋ portāma*, les planètes (pour les distinguer des satellites nommés: بنتڠ برايدر يڠ كدو *bintaŋ ber-īdar yaŋ ka-dūa*). اكو اين اد يڠ ڤرتام دان يڠ كمدين *āku inī āda yaŋ portāma dān yaŋ kamudīan*, je suis le premier et le dernier (*N.* 397). ڤرتام يڠ دتيكمن *portāma yaŋ di-tikam-ña*, le premier qu'il poignarda. ڤرتام ڤاتت اى اورڠ يڠ بربڠس *portāma pātut īa ōraŋ yaŋ ber-baŋsa*, en premier lieu, il doit être de bonne famille. تيڬ ڤركاران ڤرتام *tīga porkarā-ña portāma*, il y en a de trois sortes, d'abord . . . . (*M.*).

[Jav. ꦥꦿꦛꦩ *pratama*.]

ڤرتل partīl, nom d'une huile odoriférante (*Kl.*).

ڤردان perdāna, en composition avec منتري *mantrī* (S. प्रधानमन्त्री *pradāna-mantrī*; *pradāna*, principal; *mantrī*, ministre.) ڤردان منتري *perdāna mantrī*, premier ministre, visir. مك بڬند ڤون منيتهكن ڤردان منتري *maka baginda pūn menītah-kan perdāna mantrī*, le prince donna ses ordres à son premier ministre (*R.* 2).

ڤردو perdu, bois, broussailles (*Cr.*).

ڤرن perūn. ممرن *memerūn*, mettre le feu au bois qui se trouve sur un terrain que l'on veut cultiver, défricher en brûlant.

[Bat. [illegible] *purun*.]

ڤرنام purnāma (S. पूर्णिमा *pur-ṇamā*, la pleine lune), la pleine lune. بولن ڤرنام — *būlan pur-nāma*, la pleine lune. ڤاسڠ ڤرنام *pāsaŋ purnāma*, haute ou grande marée. بولن ڤرنام راي *bū-lan purnāma rāya*, une pleine lune fériée. مكان سڤرت بولن ڤرنام *mukā-ña seperti būlan purnā-ma*, sa figure était comme la pleine lune (*R.*). چاي متان سڤرت بولن ڤرنام كڤد مالم امڤت بلس هاري *xāya matā-ña seperti būlan purnāma ka-pada mālam am-pat-blās hāri*, ses yeux brillaient comme la pleine lune à son quatorzième jour (*M.*).

[Jav. ꦥꦸꦂꦤꦩ *purnama*. Bat. [illegible] *purnama*.]

ڤرنه pernah, jamais, pas encore. (Ce mot se joint assez ordinairement à تياد *tiāda* ou بلم *belūm*). كارن تياد ڤرنه مانسي داتڠ كماري *kārna tiāda pernah mānusīa dātaŋ ka-mārī*, car jamais mortel ne s'était encore approché de ces lieux (*M.*). ڤكاين يڠ بلم ڤرنه دڤاكي اورڠ *pakēy-an yaŋ* *belùm pernah di-pākey ōrang*, des vêtements qui n'avaient jamais été portés (*R.* 14). اداكه ڤرنه اورڠ مليهت *adā-kah pernah ōrang me-līhat*, a-t-on jamais vu?

ڤرنيڬاءن **perniyagā-an**, v. برنياڬ *berniyāga*.

ڤرنجت **peranjat**.

ترڤرانجت *ter-peranjat*, détraqué, démanché, commotionné. سكنيڠ٢ ترڤرنجتله اكو *sa-kunñung-kunñung ter-peranjat-lah āku*, subitement j'éprouvai une commotion (*H. Ab.* 154).

ڤرنته **parentah**, ordre, commandement, gouvernement, administration, autorité; ordonné, gouverné. راج — *parentah rāja*, un ordre royal. — مڠڠ *memegàng parentah*, avoir le gouvernement, l'autorité. ڤرنتهڽ ڤون عادل *parentah-ña pūn ạdil*, son gouvernement est juste. دباوه ڤرنته كمڤاني *di-bāwah parentah kompānī*, dans la juridiction de la compagnie. ايڤون تياد مڠوبه ڤرنته *ïa-pūn tiāda meng-ūbah parentah*, il ne changea rien au gouvernement (*R.* 166). اى تاهو اكن ڤرنته مجلس *ïa tāhu ākan parentah mejlis*, il connaît la manière de diriger les conseils des rois (*Ism. Yat.* 6). دمكينله ڤرنتهڽ ڤد تيڤ٢ هاري *demikian-lah parentah-ña pada tiap-tiap hāri*, tels sont ses procédés journaliers. واجب ممباسه كاكي ايت سڤرت ڤرنته ڤد تاڠن جو *wājib mem-bāsuh kākī itu seperti parentah pada tāngan jūa*, on doit se laver les pieds de la même manière qu'il est ordonné pour les mains (*M.*).

Énig. تيڬ برجالن دداڤن ساتو ڤرنته دري بلاكڠ *tīga ber-jālan di-dāpan sātu parentah deri belākang*, trois marchent en avant, et un gouverne par derrière. كڤل *kapàl*, un navire.

ممرنته *memarentah*, gouverner, administrer, diriger. همب اين اورڠ مود بلم تاهو ممرنته *hamba īni ōrang mūda belùm tāhu memarentah*, je suis jeune et je ne sais pas encore gouverner (*Sul. Ibr.* 19). راج مود يڠ ممرنته دباوه ڤرنته راج *rāja mūḍa yang memarentah di-bāwah parentah rāja*, l'héritier présomptif qui gouverne sous l'autorité du roi (*M.*).

ممرنتهكن *memarentah-kan*, administrer, gouverner quelqu'un ou quelque chose. اكن ممرنتهكن سڬل ايسي استان *ākan memarentah-kan segala isi astāna*, pour gouverner tout le personnel du palais (*R.* 167).

ڤرنتاهن *parentāh-an*, autorité, juridiction.

ڤمرنته *pemarentah*, celui qui gouverne, gouverneur, administrateur. اى منجادى ڤمرنته تيݢ بوه نڬرى *ia men-jādi pemarentah tiga būah nagrī*, il devint gouverneur des trois pays (*H. Ab.* 413).

ڤمرنتاهن *pemarentāh-an*, action de gouverner, gouvernement, administration, gouvernant. اى مڠمبيل بيراڤ ڤمرنتاهن *ia merg-ambil be-brāpa pemarentāh-an*, il en a choisi un certain nombre pour gouverner (*N.* 287).

ڤڤرنتاهن *pe-parentāh-an*, qui est gouverné, administré.

[Jav. et Sund. [Javanese script] *paréntah*. Mak. [Makassarese script] *parénta*. Day. *rentah*.]

ڤرڤ perap.

برڤرڤ *ber-perap*, remuer les ailes en se dorlotant dans le sable, comme les poules, lorsqu'elles y font un trou (*Kl.*).

ڤرڤاتى perapāti (S. पारापत *pārāpata*), pigeon, colombe.

On trouve plus ordinairement مرڤاتى *merapāti*, v. ce mot.

[Sund. [Sundanese script] *japati*. Bat. [Batak script] *darapati*. Tag. [Tagalog script] *palapati*. Bis. [Bisaya script] *salapati*.]

Le Sund. vient du S. जाया *jāyā*, épouse, femelle d'un couple d'animaux et पति *pati*, mari. Le Bat. du S. दार *dāra*, épouse et पति *pati*, mari.

ڤرڤت perepat, nom d'un arbre qui croît sans culture sur le bord de la mer (*Kl.*).

ڤرب purba (S. पूर्व *purva*), ancien, antérieur, vieux. ڤربكال *purba-kāla*, les temps anciens, autrefois. درڤد زمان ڤربكال *deripada zemān purba-kāla*, depuis l'époque des temps anciens (*R.* 35). هارى اول ڤربكال *hāri awal purba-kāla*, époque reculée, anciennement, au commencement. اورڠ توا ايت تاهو اكن ڤركتاءن ڤربكال *ōrang tuā itu tāhu ākan per-katā-an purba-kāla*, ce vieillard connaît l'histoire des temps passés (*M.*).

[Jav. et Sund. [Javanese script] *purwa*.]

ڤرباني perbāni. — اير *āyer perbāni*, l'eau sans mouvement entre le flux et le reflux. — بولن *būlan perbāni*, le premier et le dernier quartier de la lune.

On trouve aussi باني *bāni*.

ڤربهاس perbahāsa (S. परिभाषा *paribāšā*, maxime, sommaire), proverbe, sentence.

ڤرم peràm, roucoulement.

مرم *memeràm*, roucouler (de la colombe) (*Kl.*).

ڤرم peràm, v. sous رم *ràm*.

ڤرماي permāya (S. प्रमय *pramaya*, massacre), nom d'une formule magique que l'on récite sur quelqu'un pour le faire languir, ou dépérir.

[Bat. [Batak script] *parangmayo*.]

ڤرمات permāta (S. परमता *paramatā*, excellence), une pierre précieuse, un bijou. هيجو — *permāta hījaw*, une émeraude. تيݢ بوه ڤرمات *tīga būah permāta*, trois pierres précieuses. ڤرمات سيلن *permāta sēlan*, un bijou de Ceylan. مكوت دتاتهكن دڠن ڤرمات سمبيلن ورن برباݢي ٢ *makōta di-tātah-kan dengan permāta sambīlan warna ber-bāgey-bāgey*, un diadème orné de pierres précieuses de neuf couleurs différentes (*R.* 123). ڤرمات سمبيلن باݢي *permāta sambīlan bāgey*, neuf sortes de pierres précieuses (*Sul. Ibr.* 20).

بڤرمات *be-permāta*, orné de pierres précieuses. چندي امس يڠ بڤرمات *xandi amàs yang be-permāta*, un reliquaire en or orné de pierres précieuses (*R.* 41).

[Kw. [Kawi script] *pramati*, quelque chose de très-beau.]

ڤرمي permey, beau, gentil, agréable, élégant, gracieux, charmant. — ڤڠكو يڠ ڤرمي *pangku yang permey*, une belle gorge, un sein gracieux. ترلالو ڤرمي ڤربواتن كوت ايت *ter-lālu permey per-buāt-an kōta ītu*, le fort était d'une très-belle architecture (*R.* 135). تمڤت ايت ترلالو ڤرمي سكالي *tampat ītu ter-lālu permey sakāli*, cet endroit était charmant. ڤرمي رڤاڽ ڤادڠ ايت *permey rupā-ña pādang ītu*, la plaine présentait un très-bel aspect (*M.*).

ڤرميسوري permeysūri, permīsūri, reine, souveraine. مك ڤرميسوري ڤون سڬره كلوار *maka permīsūri pūn sigràh ka-lūar*, et aussitôt la reine sortit (*R.* 18). دڤچتن درڤد ڤڠكت ڤرميسوري *di-pexàt-ña deri-pada pangkat permīsūri*, et il la priva du rang de reine (*M.*). ڤرميسوري سكل

ملايكة *permīsūri segala malāi-kat*, reine des anges (*P. M.*).

Marsd. et Pij. font venir ce mot du S. परमेश्वरी *parameçvari*, nom de *Dourga*, épouse de Siva. J. Rigg le forme de la particule *per* et du S. ईश्वरी *išvari*, nom de *Dourga* avec la lettre *m* interposée pour cause d'euphonie. On pourrait également le former de ڤرمي *permey* et de سوري *sūri* (v. ces mots); il serait équivalant à l'expression: *gracieuse souveraine*.

[Jav. ꦥꦿꦩꦺꦱ꧀ꦮꦫꦶ *pramesıcari*. Sund. *permasuri*.]

ڤرمداني **permadānī**, tapis, tapisserie. يڠ كماسن — *permadānī yaṅ ka - amās - an*, de la tapisserie travaillée en or. — مڠهمڤركن *meṅ-hampar-kan permadānī*, faire étendre des tapis. ڤرمداني ڤنجڠ تڠه ليم هست *permadānī panjaṅ teṅgah līma hasta*, des tapis longs de quatre coudées et demie (*M.*). لالو ددودقكنڽ داتس ڤرمداني يڠ كماسن *lālu di-dūduḳ-kan-ña di-ātas permadānī yaṅ ka-amās-an*, elle les fit asseoir sur un tapis d'or (*R.* 55).

ڤرمناءي **permanā-i** (S. प्रमाण *pramāṇa*, mesure), calculé, nombré, être nombré. ڤرمناءي اوليهمو بال تنتار ايت *permanā - i ūleh-mu bāla tantāra ītu*, fais, toi, le dénombrement de cette armée. يڠ تياد داڤت دڤرمناءي باڽقڽ *yaṅ tiāda dāpat di-permanā - i bāñaḳ - ña*, dont le nombre ne peut-être calculé (*M.*).

ممڤرمناءي *mem - permanā - i*, calculer, nombrer.

تڤرمناءي *te-permanā-i*, qui est calculé, que l'on peut calculer. تنترا‌ڽ دان همباڽ تياد تڤرمناءي باڽقڽ *tantarā - ña dān hambā-ña tiāda te-permanā-i bāñaḳ-ña*, le nombre de ses soldats et de ses esclaves était incalculable (*M. R.* 43). نعمة الله يڠ تياد تڤرمناءي *niʿmet allah yaṅ tiāda te - permanā - i*, les grâces de Dieu qui sont innombrables (*M. R.* 11).

v. مان *māna*.

ڤرمڤون **perampūwan, per-ampūan**, femme, féminin, épouse. — اورڠ *ōraṅ perampūan*, une femme. — انق *ānaḳ perampūan*, une fille. — سودار *sūdāra perampūan*, sœur. — توان *tūan perampūan*, dame, maîtresse. — راج *rāja perampūan*, une reine. مك الله ڤراوسهله روسق ايت منجادي ڤرمڤون *maka allah per-ūsah-lah rūsuḳ ītu men-jādi perampūan*, et de cette côte Dieu fit la femme (*B.* 3).

کارن سۏرڠ ڤرمڤوان سکل عالم جادی هرهار *kārna sa-ōrang per-ampūan segala ālam jādi haru-hāra,* pour une femme, le monde entier est en combustion (*R.* 151). هی ڤرمڤوان چلاك يڠ ممبونه لاکی *hey perampūan xelāka yang mem-būnuh lāki,* oh! la malheureuse femme, qui veut tuer son mari (*R.* 49).

De امڤو *ampu,* maître, tuteur, avec le préfixe ڤر *per* et le suffixe ان *an.* v. امڤو *ampu.*

[Bat. [Batak script] *pa-rompuwan.*]

ڤرلاهن perlāhan, doucement, lentement, à voix basse. — برجالن *ber-jālan perlāhan,* marcher lentement. — ممباچ *mem-bāxa perlāhan,* lire à voix basse. بورڠ جاته ڤون دڠن ڤرلاهن *būrung jātuh pūn dengan perlāhan,* l'oiseau descendit peu-à-peu (*K. Tam.*). چوب تڠکڤ ڤرلاهن *xūba tangkap perlāhan,* tâcher de l'attraper tout doucement (*id.*).

ڤرلاهن۲ *perlāhan-perlāhan,* et *perlāhan-lāhan,* tout doucement, très-bas, très-lentement. مك كات سری رام ڤرلاهن۲ اکن لقسمان *maka kāta srī rāma perlāhan-perlāhan ākan lak-samāna,* alors Sri Rama dit tout doucement à Laksamana (*R.*). ايڤون بربڠکت لالو برجالن ڤرلاهن۲ *ia-pūn ber-bangkit lālu ber-jālan perlāhan-perlāhan,* s'étant levée, elle marchait tout doucement (*R.* 89).

ممرلاهن *memerlāhan,* se ralentir, aller doucement.

ممرلاهنکن *memerlāhan-kan,* faire aller doucement, ralentir, adoucir la voix. مکروه مڽارڠکن ممباچ ڤد تمڤت يڠ ڤرلاهن دان ممرلاهنکن ڤد تمڤت يڠ ڽارڠ *makrūh me-ñāring-kan mem-bāxa pada tampat yang perlāhan dān memerlāhan-kan pada tampat yang ñāring,* il ne convient pas de lire à haute voix ce qui doit être lu à voix basse, ni de lire à voix basse ce qui doit être lu tout haut (*M.*).

بڤرلاهنکن *be-perlāhan-kan,* qui ralentit, ralentissant (*R. I.*).

Le radical paraît être لاهن *lāhan,* non usité.

ڤرلق perlak, un jardin.

[Sund. [Sundanese script] *pelak,* planter. Bat. [Batak script] *porlak.*]

ڤرلغ perling, étincelle, flamme.

تڤرلغ *te-perliṅ*, étincelant, qui reluit, qui brille. چوچاله تڤرلغ ٢ چرمن ايت *xuaxā-lah te-perliṅ-perliṅ xermin ītu*, lorsque le temps était clair, ce miroir etincelait (*R.* 147). متان ڤون تڤرلغ سڤرت كيلت *matā-ña pūn te-perliṅ seperti kīlat*, ses yeux brillaient comme l'éclair (*M.*).

On prononce aussi *perlaṅ*.

[Jav. ꦥꦼꦭꦶꦏ꧀ *pelik* et ꦥꦼꦂꦭꦶꦏ꧀ *perlik.*]

ڤرلغ perliṅ, nom d'un oiseau; v. چمڤرلغ *xemperliṅ*.

ڤرلن perlan, avalé, englouti.

ممرلن *memerlan*, avaler, engloutir. ممرلن اير لير *memerlan āyer līur*, avaler sa salive. قبور يغ برجالن ياٴيت ايكن يغ ممرلن نبي يونس *ḳubūr yaṅ ber-jālan ïa-ītu īkan yaṅ memerlan nabī yūnas*, le sépulcre mouvant, c'est le poisson qui engloutit le prophète Jonas (*M.*).

ڤرلنتي perlantey, dissolu, vaurien, mauvais sujet. — اورغ *ōraṅ perlantey*, un vaurien, un misérable. تيداله داڤت دچوري اوله سكل ڤرلنتي ايت *tïadā-lah dāpat di-xūri ūleh segala perlantey ītu*, ces mauvais sujets ne purent arriver à les voler (*S. Mal.* 156).

ڤرلس perlus.

تڤرلس *te-perlus*, frapper, tomber (de la foudre) (*L.*).

ڤرس perùs (S. परुष *paruṡa*, rude, âpre). On trouve ordinairement ce mot joint à ڤرغ *pràṅ*, ڤرغ ڤرس *pràṅ-perùs*, grondeur, bourru, acariâtre, querelleur.

On trouve ordinairement ڤروس *perūs*.

[Kw. ꦥꦫꦸꦱ *parusa.*]

ڤرسه persih = برسه *bersih.*

ڤرسي parsī, pour فرسي *farsī.*

ڤرسي presī = برسه *bresih.*

ڤرسغك persaṅka et **ڤرسغك persaṅga,** un coin de terre: une parasange (pour فرسنك v. فرسخ *farsaḳ*). امڤت بلس ڤرسغك بومي هوتن *ampat belàs persaṅga būmi hūtan*, un espace de quatorze parasanges de terre dans la forêt (*R.* 99).

ڤرستوا peristiwā (S. प्रस्ताव *prastāva*, occasion), survenir, avoir lieu, arriver (ordinairement joint à سكالي *sa-kāli*). ملك سكالي

ڤرستوا اى هندق برجالن *maka sakāli peristiwā ia hendak berjālan*, or, il arriva qu'une fois il voulut aller se promener (*H. Ab.* 66).

ڤل pal et **اڤل epal.**

برڤل٢ *ber-pal-pal*, ou ممبوغ ڤل٢ *mem-būang pal-pal*, louvoyer, faire voile contre le vent (*Kl.*).

ڤل pel, particule préfixe, employée dans la formation des noms dérivés: elle donne ordinairement un sens passif aux substantifs verbaux, et a pour corrélative, dans le sens actif, la particule préfixe ڤغ *peng*, p. ex. ڤغاجر *peng-ājar*, l'enseignant, professeur. ڤلاجر *pel-ājar*, l'enseigné, disciple, élève, étudiant. (v. Gram.)

ڤلاهن pelāhan = ڤرلاهن *perlāhan.*

ڤلاهڤ pelāhap, glouton, goinfre (*Kl.*).

On trouve aussi ڤلهاب *pelahāb.*

ڤلاوغ pelāwang, nom d'un arbre qui donne un bon bois de charpente (*Kl.*).

ڤلاكى pelākey, à rouler, roulant. — كرسى *krusī pelākey*, une chaise de malade que l'on peut rouler. — ڤتى *petī pelākey*, une caisse roulante, munie de roulettes (*Kl.*).

ڤلاغى palāngi, v. ڤلغ *palàng.*

ڤلات pelāta. — ايكن *īkan pelāta*, nom d'un petit poisson de mer (*Kl.*).

ڤلاتق pelātuk, v. sous ڤاتق *pātuk.*

ڤلادو pilādu, nom d'un oiseau.

ڤلان pelāna, selle de cheval, appareil pour un éléphant. — ڤلان دان ككغ *pelāna dān kakàng*, la selle et la bride. يغ لكت ڤد ڤلان كدان *yang lekàt pada pelāna kudā-ña*, qui était attaché à la selle de leurs chevaux (*H. Ab.* 100).

برڤلناكن *ber-pelanā-kan*, qui est sellé, qui est fait en selle. كود ميره برڤلناكن بلودو *kūda mērah ber-pelanā-kan belūdu*, un cheval rouge, sellé d'une selle faite de velours (*S. Bid.* 60).

[Jav. et Sund. [illegible] *palana.*]

ڤلامن pelāmin, chambre nuptiale, chambre retirée.

ڤلمينن *pelamīn-an*, ce qui est chambre nuptiale. لك ايڤون ماسق.

كڤلمينن *maka īa-pūn māsuk ka-pelamīn-an*, alors il entra dans la chambre nuptiale (*S. Mal.* 267).

ڤلاسن ***pulāsan***, nom d'un fruit, une sorte de gros *ramboutan* (*Kl.*). v, رمبت *rambut.*

ڤله ***pelīh***. — دمم *demàm pelīh*, sorte de fièvre froide (*Kl.*).

ڤله ***pelùh***, sueur, transpiration, vapeur condensée. — اير *āyer pelùh*, de la sueur, vapeur condensée. سده كلور ڤلهن *sudah kalūar pelùh-ña*, il suait. مك ڤلهن جديله سڤرت تيتق ٢ داره *maka pelùh-ña jadī-lah seperti tītik-tītik dārah*, il sortait de son corps une sueur qui était comme des gouttes de sang (*N.* 141). ڤلهن برهمبورن سڤرت متيار يڠ ترهمبر درڤد كراڠن *pelùh-ña ber-hambūr-an seperti mutiāra yaṅ ter-hambur deri-pada karāṅ-an-ña*, les gouttes de sueur tombaient de son corps, comme des perles qui se détachent du bijou où elles étaient enchâssées (*H. Ab.* 14). اير ڤله يڠ دامبل درڤد اوڤ اير يڠ سوچي *āyer pelùh yaṅ dīambil deri-pada āwap āyer yaṅ sūxi*, l'eau qui vient des vapeurs condensées est considérée comme eau pure (*M.*).

Prov. مڽاڤو ڤله اورڠ مڠامق *meñāpu pelùh ōraṅ meṅ-āmok*, essuyer la sueur des gens qui courent l'*amok*. Le sens est: entreprendre une action téméraire et inutile.

[Jav. ꦭꦸꦃ *luh*, pleurs.]

ڤلهار ***pelihāra*** (S. परिहर *parihara*, prendre autour, embrasser), soin, garde, protection; soigné, élevé, protégé.

برڤلهار *ber-pelihāra*, qui a des soins, qui protège.

ممليهار *memelihāra*, soigner, garder, élever, protéger, conserver. اي اكن مملهاردي ايت داتڠ كڤد كهدوڤن ككل *īa ākan memelihāra dīa ītu dātaṅ ka-pada ka-hidūp-an kakal*, il la conservera pour la vie éternelle (*N.* 175).

ترڤلهار *ter-pelihāra*, qui est gardé, préservé, soigné. سڤاي ترڤلهار سكل ايسي نڬري درڤد بهاي *supāya ter-pelihāra segala īsi nagrī deri-pada bahāya*, afin que les habitants de la ville fussent préservés de danger (*H. Ab.* 257).

ملهراٴي *memelihārā-i*, donner des soins à.

ممليهاراكن *memelihārā-kan*, élever (des enfants, des animaux), soigner, garder, protéger q. q. ou q. ch. اى دڤليهاراكن دڠن سڤرتيڽ *ïa di-pelihārā-kan deṅan sepertī-ña*, il fut élevé d'une manière convenable (*R.* 74). هو ممليهاراكن سكلين اورڠ يڠ مڠاسه دى *hūwa memelihārā-kan sa-kalī-an ōraṅ yaṅ meṅāsih dīa*, le Seigneur protège tous ceux qui l'aiment (*B.*906). ممليهاراكن ڤنوروهن الله *memelihārā-kan peñurūh-an allah*, garder les commandements de Dieu, les observer (*P. M.*). ڤليهاراكن ليدهم سڤاى ليهر جاڠن ترڤڠݢل *pelihārā-kan lidah-mu supāya lēher jāṅan ter-paṅgal*, contenez votre langue, afin de conserver votre cou (*M.*).

ڤليهاراءن *pelihārā-an*, soin, conservation, garde. دان اداله اى ددالم ڤليهاراءن الله *dān adā-lah ïa di-dālam pelihārā-an allah*, il est sous la garde de Dieu (*P. Dew.*). تمڤت ڤليهاراءن ارت *tampat pelihārā-an arta*, un endroit où l'on garde des effets (*D. M.* 344).

ڤمليهارا *pemelihāra*, qui conserve, qui protège: conservateur, protecteur. هو ايت ڤمليهارام *hūwa ītu pemelihārā-mu*, le Seigneur est votre protecteur (*B.* 897).

ڤمليهاراءن *pemelihārā-an*, action de soigner, de garder, de protéger. اكو اين ددالم ڤمليهاراءن حكم *āku ïni di-dālam pemelihārā-an ḥukum*, je suis sous la protection de la loi (*P. Dew.*).

ڤرڤليهاراءن *per-pelihārā-an*, lieu où l'on est élevé, où l'on est soigné. — كود *per-pelihārā-an kūda*, haras.

Quand ce mot signifie: élever, nourrir des enfants, des animaux (dans certaines contrées), il prend l'orthographe et la prononciation du même mot en javanais: ڤيار *piyāra*; on en trouve aussi un grand nombre d'exemples dans la traduction de la Bible. اكو اكن ڤياراڠكو *āku ākan piyāra aṅ-kaw*, je te nourrirai (*B.* 76). اورڠ يڠ مميار بناتڠ٢ *ōraṅ yaṅ memiyāra binātaṅ - binātaṅ*, ceux qui élèvent des animaux (*B.* 6). جكلواى سده ڤيراكن انق٢ *jikalaw ïa sudah piyarā-kan ānak-ānak*, si elle a élevé des enfants (*N.* 344).

[Jav. ꦥꦶꦪꦫ *piyara.*]

ڤليچق pelĕxuk.

ترڤليچق *ter-pelĕxuk*, deboîté, disloqué, luxé (*Kl.*).

ڤليت palīta (Pers. ڤليته), une lampe. — مماسڠ *memāsaṅ pa-*

lita, allumer une lampe. — ممادم *memādam palita*, éteindre la lampe. — تمفت مڠݢنتڠ *tampat meng-yantung palita*, un endroit pour suspendre la lampe. ددالمڽ ايت اد سواتو ڤليت ترڤاسڠ *di-dālam-ña itu ada suātu palita terpāsang*, dedans, il y avait une lampe allumée (*N.* 153). ڤليت يڠ منرڠ كامي *palita yang menerang kāmi*, la lampe qui nous éclaire (*M.*).

Prov. ڤاسڠ ڤليت دلڠݢر تيكس *pāsang palita di-langgar tikus*, allumez la lampe et elle sera renversée par un rat.

[Sund. ᮕᮜᮤᮒ *palita*. Bat. ––– *palita*, la mèche d'une lampe. Mak. ––– *palita*. Day. *palita*.]

ڤليته ***palitah***, v. ڤليت *palita*.

ڤليتر ***pelēter***, hâbleur, babillard (*Kl.*).

ڤليڤس ***pelipis***, les tempes.

ڤليڤيسن *pelipis-an*, les tempes. مڠارڠ رمبت ڤليڤيسن *mengārang rambut pelipis-an*, ajuster les cheveux des deux côtés du front (*M.*). دڤانهڽ كن ڤليڤيسنڽ *di-pānah-ña kena pelipis-an-ña*, il lança une flèche qui l'atteignit à la tempe (*S. Mal.* 192).

[Sund. ––– *palipisan*.]

ڤليبت ***pelibat*** = كليبت *kelibat*.

ڤليمن ***paliman***, nom d'une plante qui ressemble au pissenlit, et dont la racine est employée comme vermifuge (*Kl.*).

ڤليس ***paliyas***, à Dieu ne plaise, loin de nous. اكو بركات كلق سده‌كه الله ممبوڠ قومڽ ڤليسله *āku ber-kāta kalak sudah-kah allah membūwang kaum-ña paliyas-lah*, dirais-je que le Seigneur à rejeté son peuple? à Dieu ne plaise (*N.* 264). — ڤداكو *paliyas-lah padā-ku*, le ciel me préserve de (*M.*).

[Sund. ––– *palias*. Bat. ––– *paliyas*.]

ڤليس ***paliyas***, invulnérable (*Pij.*). (peut-être du précédent).

ڤليست ***pelēset***, glissé, coulé.

[Jav. ––– *pléséd*.]

ڤليست ***pelisit***, nom d'un mauvais génie (*H. Ab.* 144).

On bien, d'un être qui, pendant la nuit, laissant son

corps dans son lit, va, avec sa tête seule, courir çà et là, cherchant à faire du mal.

ڤلوڤه pelūpuh, gros bambou fendu, tel qu'on l'emploie pour les cloisons et les lambris.

دڤلوڤه *di-pelūpuh*, détruit (*Kl.*).

[Jav. ꦥ꧀ꦭꦸꦥꦸꦃ *plupuh.* Sund. ᮕᮜᮥᮕᮥ *palupu.*]

ڤلوڤق pelūpak = كلوڤق *kelūpak.*

ڤلورو pelūru (Port. *pelouro*), balle, boulet. بدل — *pelūru bedìl,* balle de fusil. مريم — *pelūru mariam,* boulet de canon. لالو دتمبقن دڠن ڤلورو *lālu di-tembak-ña deṅan pelūru,* ils tirèrent avec des boulets (*H. Ab.* 12).

ڤلق pelìk, étranger, non ordinaire. نام٢ يڠ ڤلق٢ *nama-nāma yaṅ pelìk-pelìk,* les noms tout à fait étrangers (*H. Ab.* 36).

Peut être de l'Ar. فليق *felīk,* insolite, extraordinaire.

[Bat. ᯇᯮᯞᯪᯂ᯲ *pulik.*]

ڤلق pelùk, embrassé, pris entre les bras; être embrassé. لالو دسمبتن سراي دڤلقن *lālu di-sambut-ña serāya di-pelùk-ña,* il la prit et l'embrassa (*R.* 166).

برڤلق *ber-pelùk,* qui embrasse, embrassant, s'embrassant. مك مهراج بليا ڤون برڤلق دڠن مهراج سمبورن *maka mahārāja baliyā pūn ber-pelùk deṅan mahārāja sambūran,* alors Maharaja Balia et Maharaja Samburan s'embrassèrent (*R.* 66). برڤلق توبه *ber-pelùk tūbuh,* tenir les bras croisés (à la manière malaise, c'est-à-dire les mains venant sur les épaules). ايڤون ممبوڠكن سنجتان لالو برڤلق توبه *ia-pūn membūaṅ-kan senjatā-ña lālu ber-pelùk tūbuh,* il jeta ses armes et croisa les bras (*S. Mal.* 343).

مملق *memelùk,* embrasser, prendre dans les bras. اي داتڠ مملق هنومن *ia dātaṅ memelùk hanūman,* il vint embrasser Hanuman (*R.* 67). اي مملق منچيم انقن *ia memelùk men-xium ānak-ña,* elle embrassa et baisa son fils (*Sul. Ibr.* 22).

ڤملق *pemelùk,* une brassée, autant que les bras peuvent contenir. سڤوهن ايت توجه ڤملق بسرن *sa-pōhon itu tūjuh pemelùk besàr-ña,* cet arbre avait sept brassées de tour (*M.*).

برڤلقڤلوكن *ber-pelùk-pelūkan,* qui s'embrassent mutuellement, s'embrasser. لالو برڤلقڤلوكن امڤت برسودار *lālu ber-peluk-peluk-an ampat ber-sūdāra*, les quatre frères s'embrassèrent (*R.* 166).

[Jav. et Sund. ꦥꦼꦭꦸꦏ꧀ *peluk*. Day. *palok.*]

ڤلكت **pelekàt** (Holl. plakaat), placard, affiche, ordonnance, proclamation. لالو دبچاله سورت ڤلكت *lālu di-baxā-lah sūrat pelekàt*, on lut la proclamation (*H. Ab.* 180).

[Jav. ꦥ꧀ꦭꦼꦏꦠ꧀ *plekat*. Sund. ᮕᮨᮜᮨᮊᮒ᮪ *pelekat*. Day. *palakat.*]

ڤلڠ **palàng** (Pers. ڤلنك *palank*, léopard), rayé, tacheté, bigarré, tarotté. — كود *kūda palàng*, cheval pie. تيڤ٢ بناتڠ برنتق دان ڤلڠ *tiap-tiap binātang berintik dān palàng*, tous les animaux tachetés (*B.* 47).

برڤلڠ *ber-palàng*, qui est tacheté, de plusieurs couleurs. برڤلڠ٢ يائيت ستڠه هيتم دان ستڠه ڤوته *ber-palàng-palàng iā-ītu sa-tengah hītam dān sa-tengah pūtih*, pie, c'est-à-dire moitié noir et moitié blanc (*M.*).

ڤلاڠى *palāng-i*, de couleurs variées, l'arc-en-ciel. ڤايڠ ورن ڤلاڠى *pāyung warna palāng-i*, des parasols bigarrés. كلهاتن ڤلاڠى ايت دالم اون *ka-lihāt-an palāng-i itu dālam āwan*, l'arc-en-ciel paraît dans les nuées. (*B.* 12). يڠ منجديكن ڤلاڠى ايت دڠن برڤ ورن *yang men-jadi-kan palāng-i itu dengan be-brāpa warna*, qui a fait l'arc-en-ciel avec ses couleurs variées (*N. Phil.* 36).

On dit aussi كوڠ ڤلاڠى *kūwung palāng-i*, l'arc-en-ciel.

v. بلڠ *belàng*.

[Jav. ꦥ꧀ꦭꦺꦴꦁꦏ *plongka*, pie.]

ڤلڠڬم **pelinggam,** albâtre ou marbre.

ڤلت **pelit,** chiche, mesquin (*Cr. Batav.*).

ڤلنك **palank,** v. ڤلڠ *palàng*.

ڤلنتڠ **pelanting,** v. لنتڠ *lanting*.

ڤلندق **pelanduk,** petit animal du genre des gazelles, chevrotin. توفه دان ڤلندق يڠ دسمبله اكن مكانن اورڠ *tūfah dān pelanduk yang di-sambilih ākan makān-an ōrang*, des blaireaux et des gazelles que l'on avait tués pour servir de nourriture (*R.* 14).

Prov. ڤلندقله لڤاكن جرت تاڤى جرت تياد ملڤاكن ڤلندق *pelan-*

duk-lah lupā-kan jeràt tetāpi jeràt tiāda me-lupā-kan pelanduk, le chevrotin oublie le lacet, mais le lacet n'oublie pas le chevrotin; c'est-à-dire, il faut toujours être sur ses gardes, si on ne veut pas être surpris (*H. Ab.* 408). Autre prov. گاجه سام گاجه برجوغ ڤلندق ماتی دتڠه٢ *gājah sāma gājah ber-jūwang pelanduk māti di-tengah-tengah*, un éléphant se battant contre un autre, et le cerf mourant au milieu. Le sens est: lorsque les grands se disputent ou se battent, les petits en meurent (en souffrent).

[Bat. [Batak script] *landuk*. Day. *landok*, ruse, cet animal étant considéré comme très-rusé.]

ڤلڤه **palepàh**, v. ڤڤه *pepàh*.

ڤلڤيسن **pelīpīsan**, v. ڤليڤس *pelīpis*.

ڤلباي **pelabāya**, exécuteur de la haute justice, bourreau.

ڤلباڬي **pelbāgey**, v. sous باڬي *bāgey*.

ڤلمبن **palemban**, petit pont, ou petit passage sur des marécages.

ڤلمبن **palumban**, cristal.

ڤلر **pelèr**, le penis, la verge, le nerf: mot injurieux. — بوه *būah pelèr*, les testicules. تمڤت بوه ڤلر *tampat-būah pelèr*, le scrotum. ايتق — *pelèr ītik*, un écrou, une vis. اکو سؤرڠ همب الله اڠکو بری بوه ڤلر *āku sa-ōrang hamba allah angkaw brī būah pelèr*, je suis un serviteur de Dieu et tu m'insultes (*S. Mal.* 289).

ڤلرڤليرن *pelèr-pelēr-an*, petite plaque en métal, qui, chez les enfants, sert à cacher les parties naturelles.

[Jav. [Javanese script] *peli*. Sund. [Sundanese script] *pelér*.]

ڤلس **pelès** (Holl. *flesch*), bouteille, flacon, fiole. سواتو ڤلس کچيل دچيمکنڽ کهيدوڠڽ *suātu pelès kexil di-xium-kan-ña ka-hīdung-ña*, il lui fit respirer le contenu d'une petite fiole (*H. Ab.* 230).

ڤلسيت **pelesìt**, nom d'une espèce de sauterelle (*Kl.*).

ڤس **pesa**, le rouleau autour duquel s'enroule l'étoffe à mesure qu'elle est tissée sur le métier (*Kl.*); métier de tisserand (*M.*).

قساك pusāka (S. du radical पुष् *puš*, partager, posséder), patrimoine, bien qui vient d'héritage, possession, propriété. — براوله *ber-ūleh pusāka*, posséder un héritage. — حق *hak pusāka*, droit d'hérédité, de succession. اى انيله تياد اكن ماكن قسكام *īa inī-lah tiāda ākan mākan pusakā-mu*, celui-ci ne sera pas votre héritier (*B.* 19).

ممقسكاءى *mem-pusakā-i*, hériter de quelque chose, posséder une propriété.

برقسكاءى *ber-pusakā-i*, qui hérite d'une propriété, qui possède une chose comme patrimoine. اكوله هندق ممبرى قدام تانه ايت سڤاى اڠكو برقسكاءى دى *akū-lah hendak mem-brī padā-mu tānah ītu supāya angkau ber-pusakā-i dīa*, je vous donnerai cette terre, afin que vous la possédiez comme votre patrimoine (*B.* 19).

[Jav. et Sund. ꦥꦸꦱꦏ *pusaka*. Mak. ᨄᨘᨔᨀ *pusaka*.]

قسار pasāra; on trouve ce mot pour ڤاسر *pāsar*.

قسيبن pasēban, salle d'audience. همڤر قسيبن ايت اد سبوه بالى لراڠن *hampir pasēban ītu ada sabūah bāley larāng-an*, près de la salle d'audience, il y avait un pavillon dont l'entrée était prohibée (*S. Mal.* 156). اڬوڠ — *pasēban āgung*, la grande salle d'audience.

[Jav. et Sund. ꦥꦱꦺꦧꦤ꧀ *paséban* de ꦱꦺꦧ *seba*, paraître devant un supérieur, du S. सेवा *séva*, culte, hommage.]

قسير paseyar (Port. *passear*), se promener.

قسيارن *paseyār-an*, lieu de promenade; promenade.

قسيسر pasīsir, le rivage de la mer, l'étendue des terres basses entre les montagnes et la mer. تانه قسيسر بارت *tānah pasīsir bārat*, la côte occidentale. كڤال يڠ ممرنتهكن سكلين دايرة قسيسر بارت *kapāla yang memarentah-kan sa-kalī-an dāirat pasīsir bārat*, chef qui gouverne toute la côte occidentale (de Sumatra) (*Lett. Mal.*).

[Jav. et Sund. ꦥꦱꦶꦱꦶꦂ *pasisir.*]

قسوكن pasūkan, v. ڤاسق *pāsuk*.

قسون pasūna (Pers. فسون *fusūn* et افسون *afsūn*), incantation, sorcellerie, enchantement, exorcisme. — ميڽدق *meñīdik pasūna*, scruter l'avenir, avoir recours à des enchantements. دكتاكنڽ اكو فربوت فسون *di-katā-kan-ña āku per-būat pasūna*, il dira que j'ai fait des enchantements (*S. Bid.* 82).

فسق pesòk, trou, ouverture; déchirure (dans de l'étoffe): être troué. كاين فسق برلوبڠ *kāin pesòk ber-lōbang*, de l'étoffe où il y avait des trous (*Sul. Ab.* 4). اندڠ كستوري يڠ تياد فسق اندغڽ *indung kastūri yang tiāda pesòk indung-ña*, des sacs ou des gousses de musc où il n'y a point de trous (*M.*).

فسق٢ *pesòk-pesòk*, des ouvertures: qui est déchiré à plusieurs endroits. مك دليهتڽ فندي ايتڤون تله هابسله فسق٢ بكس دكيكت تيكس *maka di-lihat-ña pundi ītu-pūn telàh hābis-lah pesòk-pesòk bakàs di-gīgit tīkus*, alors il vit le sac déchiré en plusieurs endroits, ayant été rongé par ce rat (*Kal. dan Dam.* 84).

ممسق *memesòk*, percer, faire un trou. ممسق تمفت فليهرائن ارت *memesòk tampat peliharā-an arta*, faire un trou (pour pénétrer) dans un endroit où l'on conserve des effets (*D. M.* 344).

ممسقكن *memesòk-kan*, déchirer, trouer quelque chose. دسورهڽ فسقكن *di-sūruh-ña pesòk-kan*, il ordonnait de le déchirer (*S. Mal.* 268). اد يڠ ممسقكن دندڠ *ada yang memesòk-kan dinding*, quelques-uns faisaient des trous dans les cloisons (*S. Mal.* 311).

فسكل piskal (Port. *fiscal*), inspecteur, procureur fiscal. دهنتركنڽ كفد فسكل كمدين كفد فيتر *di-hantar-kan-ña ka-pada piskal kamudīan ka-pada pētor*, il porte (l'affaire) devant l'inspecteur et ensuite devant le facteur (*H. Ab.* 34).

فسڠ pesing, odeur forte de l'urine.

[Jav. et Sund. ꦥꦼꦱꦶꦁ *pesing*.]

فستاك pustāka (S. पुस्तक *pustaka*, livre), livre des augures.

[Kw. ꦥꦸꦱ꧀ꦠꦏ *pustaka*, talisman écrit. Bat. [illegible] *pustaka*.]

فستي pasti, certain, assuré; certainement. — تيدق *pasti tīdak*, non certes. فستيله ماتي كامي *pastī-lah māti kāmi*, bien certainement nous allons périr (*M.*). انيله سباڠ كايو يڠ بايق فستي اد ترس

دالن *inī-lah sa-bātang kāyu yang bāiķ pasti ada teràs dālam-ña*, ce morceau de bois paraît bon, certainement le cœur en doit être dur (*H. Ab.* 3). سده تنتو دڠن قستين *sudah tantu dengan pastī-ña*, confirmé ou ratifié par son assurance solennelle (*M.*).

[Jav. ꦥꦱ꧀ꦛꦶ *pasṭi*. Sund. ᮕᮞ᮪ᮒᮤ *pasti*.]

قسن **pasàn,** ordre, commandement, parole; ordonné, commandé, dit. قسن بڤاڽ سمواڽ دڤڠڬڽ *pasàn bapā-ña samuā-ña di-pegàng-ña*, il suivit tous les ordres de son père (*M.*). بڬيت قسنڽ كقد همب *bagītu pasàn-ña ka-pada hamba*, tel fut le message qu'il m'apporta (*M.*). تياد دقسن راج *tiāda di-pasàn rāja*, le roi n'ordonna pas.

برقسن *ber-pasàn*, qui ordonne, ordonnant, ordonner, commander, recommander. ستله سده بڬند برقسن ايت *sa-telàh sudah baginda ber-pasàn ītu*, lorsque le prince eut donné ses ordres (*R.* 73). برقسنله اى قد اورڠ يڠ ممڬڠ قرنته روماهڽ *ber-pasàn-lah ia pada ōrang yang memegàng parentah rūmah-ña*, il donna des ordres à l'intendant de sa maison (*B.* 73). ايتوله سبب همب برقسن كقد توانكو *itū-lah sebàb hamba ber-pasàn ka-pada tūan-ku*, c'est pourquoi je recommande à monseigneur (*R.* 104).

مسانى *memasān-i*, ordonner à, donner à quelqu'un des ordres. مك دقسنيڽ اوله منترى ايت *maka di-pasan-ī-ña ūleh mantrī ītu*, il leur fut ordonné par le ministre (*S. Mal.* 21).

مسنكن *memasàn-kan*, dire, ordonner, commander ou recommander quelque chose. صفة يڠ دقسنكن اوله ايهڽ *ṣifàt yang di-pasàn-kan ūleh āyah-ña*, les caractères qui lui avaient été indiqués par son père (*Sul. Ibr.* 9). امة توانهمب قسنكن جاڠن لالى *ummat tūan-hamba pasàn-kan jāngan lāley*, recommandez à vos disciples de n'être pas négligents (*Mir. Moh.* 70).

قسانن *pasān-an*, ordre, commission, recommandation.

On trouve aussi ڤاسن *pāsan*.

[Mak. ᨄᨔ *pasang*.]

قسف **puspa** (S. पुष्प *pušpa*), fleur. — تامن قسف *tāman puspa*, un jardin de fleurs. مندى دكولم قسف *mandi di-kūlam puspa*, se baigner dans un étang paré de fleurs (*M.*). قمجاڠن — *puspa pamejāngan*, chaise à porteurs princière, ornée d'ouvrages de fleurs (*Kl.*).

[Kw. ꦥꦸꦱ꧀ꦥ *puspa*. Sund. ᮕᮥᮞ᮪ᮕ *puspa*, nom d'un arbre à fleurs.]

ڤسڤراݢم ***pusparāgam*** (S. पुष्पराग *pušparāga*, topaze), une pierre précieuse, la topaze: ce qui est à fleurs. كاين ڤسڤراݢم *kāin pusparāgam*, des étoffes à fleurs (*M.*). ڤسڤراݢم دان بدوري دان انتن ***pusparāgam dān bidūri dān intan***, des topazes, des agates et des diamants (*R.* 15).

Les traducteurs de la Bible ont traduit ڤسڤراݢم *pusparāgam*, par hyacinthe. يڠ كسبلس ايت ڤسڤراݢم *yaṅ ka-sa-belàs itu pusparāgam*, le onzième (fondement de la cité) est d'hyacinthe (*N.*-421).

ب

ب ***b***, la lettre nommée با *bā*, labiale douce, sa valeur est celle du *b* français. (v. Gram.)

ب ***bi*** (Ar.), à, dans, avec. حقير بالذنب *ḥakir bi-el-dzenb*, méprisable dans le péché (*Lett. Mal.*).

با ***bē***, v. وندو *windu*.

باهو ***bāhu*** (S. बाहु *bāhu*), l'épaule, la partie supérieure du bras. انتارا دوا باهو *antāra dūa bāhu*, entre les deux épaules. مڠيڠسيڠ تاڠن باجو كاٴتس باهو *meñiṅsiṅ tāṅan bāju ka-ōtas bāhu*, retrousser la manche de l'habit par dessus l'épaule (*M.*). اى منانه بهوڽ كيري *īa menānah bahū-ña kīri*, il lui lança une flèche dans l'épaule gauche (*R.* 156).

Marsden écrit باه *bāuh*.

[Jav. ꦧꦲꦸ *bahu*. Sund. ᮘᮠ *baha*. Day. *baha*.]

باهو ***bāhu***, nom d'une mesure de superficie, le quart d'une جڠ *jùṅ*.

[Jav. et Sund. ꦧꦲꦸ *bahu*.]

باهو ***bāhu***, v. باو *bāu*.

باهت ***bāhat***, part, portion. سباهت *sa-bāhat*, la même part, la même portiou (*Kl.*). اورغ سباهت *ōraŋ sa-bāhat*, qui ont la même part, copartageants.

باهم **bāhem** (Pers.), avec, ensemble.

ممباهم *mem-bāhem*, être avec, s'attacher à. سڤرت هريمو ممباهم تانه *seperti harīmaw mem-bāhem tānah*, comme le tigre qui tient à la terre (*H. Ab.* 201).

باهس **bāhas**, discuter amicalement sur un sujet (*Cr. Batav.*), faire allusion à, faire une satire (*Kl.*).

ممباهس *mem-bāhas*, enfoncer un coin (*Kl.*).

باى **bāya**, comme, de même que, ainsi que.

سباى *sa-bāya*, tout de même, semblable. بودق٢ يغ سباى دغن اكو *būdak-būdak yaŋ sa-bāya deŋan āku*, les enfants qui se trouvaient là comme moi (*H. Ab.* 27). كليمان ايت بسرن سباى بلاك *ka-limā-ña ītu besār-ña sa-bāya belāka*, les cinq ètaient tout à fait de la même grandeur (*Kl.*).

[Jav. ꦏꦪ *kaya*.]

باى **bāya** = بهاى *bahāya*.

باية **bāyuh**, polygamie.

بايو **bāyu** (S. वायु *vāyu*, vent), grain, coup de vent; divinité qui préside au vent. ڤوڤت بايو هابس تربنتن *pūput bāyu hābis ter-bantun*, s'il survient un coup de vent, ils vont tous sombrer (*M.*). بايو مان ݢراڠن توان يغ داتڠ برڤوڤت اين *bāyu māna garāŋan tūan yaŋ dātaŋ ber-pūput īni*, eh! monsieur quel (bon) vent vous amène? (*M.*).

[Jav. et Sund. ꦧꦪꦸ *bayu.*]

بايق **bāyik, bāik**, bon, bien, favorable, beau. — لاكو يغ بايق *lāku yaŋ bāik*, bonne conduite. — بايق رڤان *bāik rupā-ña*, d'un extérieur avantageux. — سوار يغ بايق *suwāra yaŋ bāik*, une voix mélodieuse. بايقله *bāik-lah*, c'est bien. بايق ايبو بايق باڤ *bāik ību bāik bāpa*, soit le père, soit la mère. جاݢ بايق٢ *jāga bāik-bāik*, faites bien attention. جكلو دمكين بايقله كيت ڤرݢي *jikalaw demikian bāik-lah kita pergi*, puisqu'il en est ainsi, nous ferons bien de partir. راج جوݢ يغ بايق مڠمبل دى *rāja jūa yaŋ bāik meŋ-ambil dīa*, le monarque seul est digne de la posséder (*M.*).

اورغ بايق *ōraŋ bāik*, signifie aussi une personne de haute

condition, ou d'une condition aisée, par opposition à اورڠ جاهت *ōraŋ jāhat,* personne de basse condition. جك اورڠ بايق ستڠه تاهل جك اورڠ جاهت دڤنت سڤاه *jika ōraŋ bāïk sa-teŋah tāhil jika ōraŋ jāhat di-pinta sa-pāho,* si c'est un homme de condition aisée, on lui demandera un demi tael; et s'il est d'une basse condition, on lui demandera seulement un *paho* (un quart de tael) (*Cod. Mal.* 400).

تربايق *ter-bāïk,* très-bien, parfait, excellent.

ممبيكي *mem-baīk-i,* mettre en ordre, arranger, réparer, reconstruire, restaurer, corriger. ممبيكي نڬري همب يڠ ترباكر *mem-baīk-i nagrī hamba yaŋ ter-bākar,* reconstruire ma ville qui a été brûlée (*R.* 134). بري قد اورڠ يڠ تاهو بيكي ايت سوره بيكي بايق٢ *brī pada ōraŋ yaŋ tāhu baīk-i ītu sūruh baīk-i bāïk-bāïk,* la donner (la montre) à quelqu'un qui sait la raccommoder, en lui recommandant de la bien réparer (*Lett. Mal.*).

Prov. جكلو تياد داڤت دبيكي تتاڤي جاڠن دڤچهكن *jikalau tiāda dāpat di-baīk-i tetāpi jāŋan di-pexàh-kan,* quand on ne peut pas raccommoder, il faut se garder de casser. Le sens est: si on ne peut pas faire bien, au moins il faut s'abstenir de faire mal (*H. Ab.* 174).

بربيكي *ber-baīk-i,* qui répare, qui refait. اورڠ بربيكي سنجات *ōraŋ ber-baīk-i senjāta,* des gens pour réparer les armes (*S. Mal.* 316). بربيكي هاتي يڠ ساكت دڠن چرترا *ber-baīk-i hāti yaŋ sākit deŋan xeriterā,* recréer l'esprit par des contes (amusants) (*M.*).

تربيكي *ter-baīk-i,* qui est arrangé, que l'on a réparé, corrigé, rétabli. تربيكي دڠن تولڠ اورڠ ملايو *ter-baīk-i deŋan tūluŋ ōraŋ malāyu,* corrigé avec l'aide de plusieurs Malais (*B.* titre).

ممبايقكن *mem-bāïk-kan,* réparer, rétablir ou faire rétablir. ننتي دبايقكنڽ ڤول *nanti di-bāïk-kan-ña pūla,* il vous guérira de nouveau (*H. Ab.* 281).

بربايقكن *ber-bāïk-kan,* qui répare, qui fait bien. انق چچوك جاڠن لاڬي بربايقكن انق چچون *ānak xuxū-ku jāŋan lāgi ber-bāïk-kan ānak xuxū-ña,* que mes descendants ne fassent jamais de bien aux siens (*R.* 41).

ممڤربيکي *mem-per-baik-i*, faire réparer, faire remettre en ordre ou restaurer. نتي کيت برتمو ڤربيکي جوڬ هاتي اددا *nanti kīta ber-temū per-baik-i jūga hāti adinda*, nous nous rencontrerons pour que votre cœur soit consolé (*Sul. Ibr.* 11). دڤربيکين بارغ يغ تياد بايق *di-per-baik-ī-ña bārang yang tiāda bāik*, il rectifia tout ce qui était mal (*M.*).

کبيکن *ka-baik-an*, bonté, vertu, le bien. سکل اڠݢوت ماسيغ٢ داڤت بهاݢين در سکل کبيکن الکنيسة ڤونن *segala anggōta māsing-māsing dāpat bahagī-an deri segala ka-baik-an el-kanīset pūña*, chaque membre obtient une part des biens qui appartiennent à l'église (*P. M.*).

ڤربيکن *per-baik-an*, l'action de bien faire, de réparer: rétablissement, arrangement.

[Jav. ꦧꦲꦺ *baé* et Sund. ᮘᮄ *bai*, seulement.]

بايغ **bāyang**, ombre, apparence; spectre. کاين بايغ٢ *kāin bāyang-bāyang*, étoffe transparente. ڤد بايغ٢ *pada bāyang-bāyang*, sur la brune, au demi-jour. سام صيفة بايغ٢ دڠن اصلن *sāma ṣifat bāyang-bāyang dengan aṣal-ña*, l'ombre égalait en longueur l'objet qui la projetait (*M.*). دالم بايغ موت *dālam bāyang maut*, dans l'ombre de la mort (*N.* 93). همب ليهت بايغ٢ ڤد بنواين *hamba lihat bāyang-bāyang pada benūwa ini*, j'ai vu des ombres passant sur ce pays (*R.* 102).

بربايغ *ber-bāyang*, qui a de l'ombre.

تربايغ *ter-bāyang*, qui est dans l'ombre, non clair. يغ تربايغ دالم ڤکيرن *yang ter-bāyang dālam pikīr-an*, ce qui n'est pas encore bien fixé dans la pensée, et sur quoi l'on n'a pas encore une certitude de conviction (*Kl.*).

ممباغي *mem-bayāng-i*, faire de l'ombre sur q. ch., ombrager.

ممبايغکن *mem-bāyang-kan*, produire de l'ombre.

ممڤربايغ *mem-per-bāyang*, projeter de l'ombre, faire de l'ombre sur q. ch. يغ دڤربايغ داتس کڤال ڤاتقن *yang di-per-bāyang di-ātas kapāla pātek-ña*, qui répand une ombre sur la tête de ses serviteurs (*M.*).

[Jav. ꦮꦪꦁ *wayang*. Sund. ᮝᮚᮀ *wayang*, représentation théatrale. Mak. [illegible] *bayang*. Day. *wayang*, représentation théatrale.]

بايغ **bāyang**, nom d'un poisson.

بايغ **bāyurg,** nom d'une sorte de couperet.

بايغ **bāyurg,** hurler (*Cr.*).

بايت **bāyat,** semé, semaille du riz.

ممبايت *mem-bāyat,* semer du riz pour le transplanter ensuite. موسم ممبايت *mūsim mem-bāyat,* le temps de semer.

ڤمبايت *pem-bāyat,* qui sème ou sert à semer le riz. تانه ڤمبايت بنه *tānah pem-bāyat benih,* champ à semer.

باين **bāin** (Ar. بان), évident, manifeste, distinct: qui sépare (*D. M.* 236).

ممباينكن *mem-bāin-kan,* manifester, rendre évident.

باين **bāyan,** nom d'une espèce de perroquet (*psittacus osbeckii*). تيغ دان باين سوران ڽات *tīyurg dān bāyan suwarā-ña ñāta,* le sansonnet et le perroquet faisaient entendre leur voix (*S. Bid.* 61).

[Mak. ... *bayarg.*]

باين **bāyan,** une femme de chambre (*Cr.*).

كباين *ka-bāyan.* — نينق *nēnek ka-bāyan,* grand'mère, revenants que l'on suppose être les âmes d'anciens personnages ayant un pouvoir surnaturel (*H. Ab.* 144).

[Sund. ... *kabayan,* anciens personnages que l'on suppose avoir eu un pouvoir surnaturel.]

بايم **bāyam,** nom d'une plante potagère, une espèce d'épinards.

Les différentes sortes indiquées par *Kl.* sont: دوري — *bāyam dūri* ou هوتن — *bāyam hūtan* (*amaranthus spinosus*). بسر — *bāyam besar* ou — ڤوهن *bāyam pōhon* (*cladostochys muricata*). بتل — *bāyam betūl* (*amaranthus retroflexus*). ايكر كوچيغ — *bāyam ikor kūxirg* (*celosia cristata*). ميره — *bāyam mērah* (*amaranthus tricolor*). منيت — *bāyam muñet* (*amaranthus polystachyus*). — سلاسي *bāyam sulāsi* (*amaranthus cruentus*).

[Jav. ... *bayem,* épinards.]

باير **bāyar,** payé, satisfait. — توني *bāyar tūney,* payé, comptant. بايرڤد الله سبب دوس *bāyar pada allah sebab dōsa,* satisfait à la justice de Dieu pour le péché.

مباير *mem-bāyar*, payer, satisfaire. هوتغ — *mem-bāyar hūtaṅ*, payer les dettes. بلنجاڽ — *mem-bāyar belanjā-ña*, en payer les frais. تياد اكن داڤت همب مباير دي *tiāda ākan dāpat hamba mem-bāyar dia*, je ne puis pas le payer (*Sul. Ibr.* 7).

ممياري *mem-bayār-i*, payer à quelqu'un. اوله توكغ ديبيريڽ *ūleh tūkaṅ di-bayar-i-ña*, il fut payé par l'ouvrier (*Sul. Ab.* 139).

ممبايركن *mem-bāyar-kan*, payer q. ch., faire payer. كو اكن بايركن سمواڽ *kaw ākan bāyar-kan samuā-ña*, tu paieras le tout (*M. R.* 56).

ڤمباير *pem-bāyar*, qui paie, payeur.

بيارن *bayār-an*, paiement, terme de paiement.

ڤمبيارن *pem-bayār-an*, action de payer, paiement, satisfaction. ڤمبيارن دوس *pem-bayār-an dōsa*, pénitence, satisfaction pour le péché (*P. M.*).

[Jav. et Sund. [Javanese script] *bayar*. Mak. [Makassarese script] *bayara*. Day. *bayar*. Tag. [Tagalog script] *bayar*. Bis. [Bisayan script] *bayad*.]

باير bāyur, nom d'un arbre dont le bois sert à faire des navires (*pterospermum blumeanum*). *Kl.* en distingue de deux sortes, le هلغ — *bāyur helàṅ* et le ڤوته — *bāyur pūtih*.

باو bāwu, bāu, odeur, saveur, parfum. بوسق — *bāu būsuḳ*, mauvaise odeur, odeur fétide. براوبه باوڽ *ber-ūbah baū-ña*, l'odeur en est changée. منچيم باو مانسي *men-xīum bāu mānusīa*, flairer l'approche de l'homme (*M.*).

Prov. هارم مڠهيلڠكن باو *hārum meṅ-hīlaṅ-kan bāu*, les aromates font perdre les odeurs: une chose meilleure en fait oublier une bonne; ou bien: une bonne récompense fait oublier la peine. Autre prov. جاوه باو بوڠ دكت باو تاهي *jāuh bāu būṅa dekàt bāu tāhi*, de loin l'odeur de la fleur, de près l'odeur de l'ordure. Le sens est: il vaut mieux se tenir un peu éloigné de ses amis que d'en être trop près; parce que trop près il ne manquerait pas de se rencontrer des circonstances qui refroidiraient l'amitié.

سباو *sa-bāu*, d'une même odeur, familier. سرت سباوله اي دڠن اورغ٢ *serta sa-baū-lah īa deṅan ōraṅ-ōraṅ*, en devenant familier avec les hommes (*H. Ab.* 188).

بر باو *ber-bāu*, qui a de l'odeur, de la saveur, sentir. مك اير موار اكن برباو بوسق *maka āyer muāra ākan ber-bāu būsuk*, les eaux du fleuve sentirent mauvais (*B.* 95). مك ايرايت برباو ايرمات *maka āyer ītu ber-bāu āyer māta*, or cet eau avait la saveur des larmes (*R.* 110).

بووءن *baū-an*, odeur.

سبووءن *sa-baū-an*, qui est d'une même odeur, familier, accoutumés ensemble. بلم اد سبووءن دو كربو ايت *belùm ada sa-baū-an dūa karbaw ītu*, ces deux buffles ne sont pas encore accoutumés l'un à l'autre (*M.*).

بوبووءن *bau-baū-an*, des parfums, choses odoriférantes. — يڠ هارم *bau-baū-an yaŋ hārum*, des parfums odoriférants. مماكي ڤكاين يڠ بوبووءن يڠ امت هارم *memākey pakēy-an yaŋ bau-baū-an yaŋ āmat hārum*, revêtir des habits parfumés d'une odeur très-agréable (*Ism. Yat.* 26).

On trouve aussi باهو *bāhu*.

[Sund. *bau*. Bat. *bau*. Mak. et Bug. *bau*. Tag. *baho*, puer. Bis. *baho*, odeur.]

باو **bāwa,** porté, apporté, emmené; être porté, conduit. — اڤي *bāwa āpi*, apporte du feu (litt.: soit par toi apporté). سقسي دباواڽ *saksi di-bawā-ña*, il a amené un témoin. مريله توانهمب همب باو مڠهادڤ دولي يڠ دڤرتوان *marī-lah tūan-hamba hamba bāwa meŋ-hādap dūli yaŋ di-per-tūan*, venez, monseigneur, je vais vous conduire à Sa Majesté (*Ism. Yat.* 5).

ممباو *mem-bāwa*, porter, apporter, emmener, conduire. — خبر *mem-bāwa kabar*, apporter une nouvelle. درين — *mēm-bāwa dirī-ña*, se porter, aller. ماري — *mem-bāwa mārī*, apporter. ڤرڬي — *mem-bāwa pergi*, emporter. كمبالي اي سرت ممباو كڤال اورڠ ايت *kombālī ia serta mem-bāwa kapāla ōraŋ ītu*, il retourna sur ses pas, en apportant la tête de cet homme (*M.*). ممباو دو تيڬ ڤوله اورڠ اكن تمن٢ *mem-bāwa dūa tīga pūloh ōraŋ ākan temàn-temàn*, se faire accompagner par vingt ou trente personnes (*M.*). مولت — *mem-bāwa mūlut*, calomnier, diffamer (*Kl.*).

ممباواءي *mem-bawā-i*, porter à, remettre à, conduire à.

ممباواكن *mem-bawā-kan*, faire porter, transporter q. ch.

قمباو *pem-bāwa*, qui porte, porteur. سقمباو ککين *sa-pem-bāwa kakī-ña*, marchant à pas incertains (*Indr.* 262).

قمباون *pem-bāwan* (terme de marine), le morceau de bois qui se trouve au haut de la voile nommée لاير تنجق *lāyar tanjaḳ*.

بواءن *bawā-an*, charge, fardeau.

قمبواءن *pem-bawā-an*, action de porter, transport.

[Jav. ꦒꦮ *gawa*. Sund. ꦧꦮ *bawa*.]

باوه **bāwah**, sous, dessous, en bas.

دباوه *di-bāwah*, dessous, au-dessous. در باوه *deri bāwah*, de dessous, d'en bas. كباوه *ka-bāwah*, en bas, vers le bas. دباوه اورڠ *di-bāwah ōrang*, sous la puissance de quelqu'un. دباوه اڠن *di-bāwah āngin*, sous le vent. نكرى دباوه اڠن *nagrī di-bāwah āngin*, les pays qui sont à l'est pour les Malais. داتس دباوه دهداڤن *di-ātas di-bāwah di-hadāp-an*, en dessus, en dessous et en face (*H. Ab.* 136). بهو دايڠ سده ممباو بكس ممڽمڤن بوبوءن دباوه سلندڠ يڠ ݢنتڠ در بهوڽ *bahwa dāyang sudah mem-bāwa bakas meñimpan bau-bau-an di-bāwah selendang yang gantung deri bahū-ña*, or la servante a apporté la boîte aux parfums, sous l'écharpe qu'elle avait autour des épaules (*M.*).

ممباوهكن *mem-bāwah-kan*, mettre dessous, faire descendre.

[Mak. ꦫꦮ *rawa.*]

باوق **bāwuḳ**, les favoris, barbe qui se trouve des deux côtés de la figure.

[Jav. ꦧꦽꦮꦺꦴꦏ꧀ *bréwok*, une figure couverte de poil. Sund. ꦧꦮꦸꦏ꧀ *bawuk*, favoris. ꦧꦺꦮꦺꦴꦏ꧀ *bewok*, longue barbe. Bat. ᯅᯂᯮᯂ᯲ *bahuk*, les favoris.]

باوڠ **bāwang**, oignon.

Les différentes sortes sont كوتي — *bāwang kūtey*, ڤري — *bāwang perèy*, تيمر — *bāwang timur*, ڤوته — *bāwang pūtih* ou چين — *bāwang xina*, ail. — ميره *bāwang mērah*, l'oignon rouge ou l'oignon commun. L'oignon européen se nomme ordinairement: بڠݢال — *bāwang benggāla*. بڠكل — *bāwang bungkul*, sorte de pomme ou de bouton de criss (*L.*).

Prov. روسق باوڠ دتمڤ جمبق *rūsaḳ bāwang di-timpa jambaḳ*,

abîmer les oignons lorsque les feuilles en sont tombées. Se dit d'un personnage d'un grand mérite qui tombe dans la foule du commun peuple (*Harg. T.* 88).

[Jav. et Sund. ꦧꦮꦁ *bawarg.* Bat. ᯅᯋᯰ *bawarg.* Day. *bawarg.*]

باوغ **bāwurg,** nom d'un poisson de lac (*bagrus*).

باوت **bāwat,** pencher, incliner, surplomber. دراتس — *bāwat deri ātas,* pendre, descendre.

بواتن *bawāt-an,* ce qui est penché, ce qui surplombe. تالي — *tāli bawāt-an,* manœuvres à bord d'un navire.

باون **bāwan,** un compagnon ou camarade de jeu (*Cr.*).

باور **bāwar,** nom d'un poisson (peut-être le باول *bāwal*).

باور **bāwur, bāur,** mêlé, mélangé, entre-mêlé. — چمفر *xampur bāur,* confus, mêlé, sans ordre. فركتاءن چمفر باور *perkatā-an xampur bāur,* un discours sans suite, incohérent. سورقن برچمفر باور دغن سڬل ببپين *sūrak-ña ber-xampur bāur dergan segala buñi-buñi-an,* leurs cris étaient mêlés au son des instruments de musique (*R.* 33). چمفر باور بڠكي مانسي دان بناتڠ *xampur bāur barkey mānusia dān binātarg,* les squelettes d'hommes et d'animaux étaient confusément entassés (*M.*).

برباور *ber-bāur,* qui est mélangé, qui se trouve avec. دي سده برباور دغن سانقن *dia sudah ber-bāur dergan sānak-ña,* il est retourné au sein de sa famille (*M.*).

ممباورکن *mem-bāur-kan,* mélanger q. ch. جاغن ممباورکن کاين دو روف ايت *jārgan mem-bāur-kan kāin dūa rūpa itu,* n'entremêlez par ces deux sortes d'étoffes (*M.*).

[Jav. et Sund. ꦧꦮꦸꦂ *bawur.* Bat. ᯅᯋᯮᯒ᯲ *baur.* Day. *baur.*]

باول **bāwal,** nom d'un poisson nommé par les européens *pomfret* (*stromatéide*). چرمن — *bāwal xermin* (pomfret miroir) une espèce de pomfret. هيتم — *bāwal hitam,* le pomfret noir. — كديوس *bāwal kadiwas,* une autre espèce de pomfret. فوته — *bāwal pūtih,* le pomfret blanc, un des meilleurs poisson de l'Inde.

[Sund. ᮘᮝᮜ᮪ *bawal.*]

باك **bāka,** origine: de nature, héréditaire. هين بكان *hīna bakāña*, d'une basse extraction. دوس — *dōsa bāka*, péché originel. كملوءن يغ باك *ka-malū-un yaṅ bāka*, opprobre, ineffaçable. ممبوغ — *mem-būaṅ bāka*, renoncer à son origine. — ڤباكت *peñākit bāka* (*Kl.* écrit ڤاك *pāka*), scrofules.

بر باك *ber-bāka*, qui est originel, de nature. يغ برباك ماتى *yaṅ ber-bāka māti*, qui par sa nature doit mourir (*H. Ab.* 76).

v. بقا *baḳā*.

[Bat. ꦧꦏ *baka.*]

باقى **bāḳi** (Ar. بقى), reste, surplus, balance en solde. دفتر باقى هوتغ *daftar bāḳi hūtaṅ*, un bordereau de l'état de ce qui reste dû (*M.*). يغ باقى درڤد مات بند يغ ددعوا *yaṅ bāḳi deri-pada māta benda yaṅ di-dawā*, ce qui reste d'un objet sur lequel on est en discussion (*D. M.* 59).

باكو **bākaw,** manglier, espèce de palétuvier (*rhizophore*). باكو دان اڤاڤى *bākaw dān api-āpi*, des paletuviers de différentes espèces (*H. Ab.* 189).

[Jav. ꦧꦏꦸ *baku*. Sund. ꦧꦏ *baka*. Bat. ꦧꦏꦺꦴ *bako*. Mak. ... *baku*. Day. *bakaw*. Bis. ... *bakao.*]

باكق **bākiḳ,** sirih sauvage, bétel des bois. = سيره هوتن *sirih hūtan*.

باكغ **bākuṅ,** fleur du genre du lis (*crinum, pancratium*). بوغ — *būṅa bākuṅ*, la fleur du lis. اير — *bākuṅ āyer*, espèce de lis aquatique. هندقله مغامتىامتى بغبوغ باكغ دڤادغ *hendaḳ-lah meṅ-āmat-amāt-i buṅa-būṅa bākuṅ di-pādaṅ*, considérez les lis des champs (*N.* 9).

[Jav. et Sund. ... *bakuṅ*. Bat. ... *bakoṅ*. Day. *bakoṅ*, plante aquatique. Tag. et Bis. ... *bakoṅ*.]

باكت **bākat,** entièrement plein (*Cr.*).

باكت **bākat,** le brisement des vagues contre le rivage ou contre un navire (*L.*): houle de la mer (*Cr.*).

باكم **bākam** et ناكم **nākam,** nom d'un rubis (*L.*).

باكر **bākar,** en feu, brûlé, grillé; être brûlé. باكرله همب *bākarlah hamba*, brûlez-moi (litt.:

que je sois brûlé). مك دباكر اورڠله *maka di-bākar ōrang-lah*, et on le brûla (*R.* 134). ماتي دباكر *māti di-bākar*, être brûlé à mort. هايم كمبيري دباكر *hāyam kambīri di-bākar*, des chapons grillés (*H. Ab.* 165). كاڤر دباكر اورڠ *kāpur di-bākar ōrang*, ces gens font cuire de la chaux (*M.*). ميت اكن دباكر *mayet ākan di-bākar*, un cadavre qui doit être brûlé.

ممباكر *mem-bākar*, brûler, griller, rôtir. ستله سده هنومن ممباكر ايت *sa-telàh sudah hanūman mem-bākar ītu*, lorsque Hanuman eut brûlé (le palais) (*R.* 134).

ترباكر *ter-bākar*, qui est brûlé, que l'on a brûlé. رومهڽ تياد ترباكر *rūmah-ña tiāda ter-bākar*, sa maison ne fut pas brûlée (*R.* 134). بولو كنيڠڽ ترباكرله *būlu kening-ña ter-bākar-lah*, ils avaient les sourcils brûlés (*M.*).

ممباكركن *mem-bākar-kan*, faire brûler, faire consumer par le feu. مك دسوروهڽ باكركن كايو ايت *maka di-sūruh-ña bākar-kan kāyu ītu*, il ordonna de faire brûler ce bois (*R.* 166).

كباكارن *ka-bakār-an*, ce qui est en feu, incendie, embrâsement.

[Jav. ꦧꦏꦂ *bakar*, chauffer le fer. Bat. [Batak script] *bahar*. Day. *bakar*.]

باكل ***bākal***, les matériaux qui doivent servir à faire quelque chose. — رومه *bākal rūmah*, matériaux pour construire une maison.

[Jav. ꦧꦏꦭ꧀ *bakal*, ce qui doit être, futur. Sund. [Sundanese script] *bakal*, matériaux bruts qui doivent être employés à quelque chose.]

باكل ***bākul***, corbeille, panier. ممباو ناسي دالم باكل *mem-bāwa nāsi dālam bākul*, porter du riz cuit dans une corbeille. دبواڽ باكل ايت لالو دجولكنڽ دي *di-bawā-ña bākul ītu lālu di-jūal-kan-ña dia*, il apportait ses paniers et les vendait (*M. R.* 54).

[Jav. ꦧꦏꦸꦭ꧀ *bakul*, petit marchand. [Javanese script] *wakul*, corbeil. Sund. [Sundanese script] *bakul*. Bat. [Batak script] *bakul*, mesure de riz. Mak. [Makassarese script] *baku*. Bis. [Bisaya script] *bokag*.]

باكس ***bākas***, vase. v. بكس *bakùs*.

باڬي ***bāgey***, genre, espèce, sorte, classe, mode, manière. ترسبت —

bāgey ter-sebùt, de la manière dont il a été dit. ڬيل — *bāgey gīla*, à la manière d'un fou. منورت باڬيڽ *menūrut bāgey-ña*, selon son espèce. تياد ترلبه كرس ڤرنتاهن باڬى راج كامى *tiāda ter-lebèh kràs parentāh-an bāgey rāja kāmi*, aucun genre de gouvernement n'est plus énergique que celui de notre roi. باڬى مان *bāgey māna*, comment? de quelle manière?

سباڬى *sa-bāgey*, d'une même manière, d'une sorte, de même, comme. دان بارڠ سباڬيڽ *dān bārang sa-bāgey-ña*, et toutes choses de la même nature. سباڬى بوڠ لايو دتڠكى *sa-bāgey būnga lāyu di-tangkey*, comme une fleur fanée sur sa tige. باب سباڬى لاڬى *bāb sa-bāgey lāgi*, un chapitre, une section de plus. سباڬى ڤول *sa-bāgey pūla*, au reste, de plus, en outre.

باڬى٢ *bāgey-bāgey*, de différentes sortes: variété.

سباڬى٢ *sa-bāgey-bāgey*, différemment, diversement.

برباڬى٢ *ber-bāgey-bāgey* et ڤلباڬى *pel-bāgey*, qui est varié, divers. اى مباچ ويدام برباڬى٢ لكوڽ دان بنيڽ *ia mem-bāxa wēdām ber-bāgey-bāgey lakū-ña dān buñi-ña*, ils lisaient les védams de différentes manières et sur des tons divers (*R.* 56). ڤرمات سمبيلن ورن برباڬى٢ *per-māta sambīlan warna ber-bāgey-bāgey*, des pierres précieuses de neuf couleurs différentes (*R.* 123). بوڠ يڠ ڤلباڬى روڤاڽ *būnga yang pel-bāgey rupā-ña*, des fleurs de différentes formes. ڤلباڬى راڬمڽ *pel-bāgey rāgam-ña*, il y avait de la variété dans sa modulation (*M.*).

[Bat. *bagé.*]

باڬى **bāgi,** v. بڬى *bagi.*

باڬو **bāgu,** nom d'un arbre dont l'écorce sert à faire des cordages (*gnetum gnemon*).

باڬت **bāgat,** nom d'une sorte de palmier.

[Bat. *bagot*, sagouier.]

باڬن **bāgan,** sorte de cabane établie temporairement dans la forêt.

باڬس **bāgas,** restauré, fortifié.

[Kw. *bagas*, fort.]

باڬوس **bāgus,** beau, joli, gentil, agréable. — اورڠ *ōrang bāgus*, une belle personne. — كاين *kāin bāgus*, une jolie étoffe. نكرى — يغ *nagri yaŋ bāgus*, une belle ville, un beau pays. اداله ايلق رڤان دان باݢس مكان *adā-lah ēlok rupā-ña dān bāgus mukā-ña*, elle avait un bel extérieur et une jolie figure (*B.* 45).

[Jav. et Sund. ꦧꦒꦸꦱ꧀ *bagus.*]

باغو **bāŋgaw,** oiseau du genre de la cigogne ou du héron (*ciconia capillata*). بسر — *bāŋgaw besàr*, cigogne de la grande espèce. اولر — *bāŋgaw ūlar*, cigogne à long cou. *Kl.* en mentionne encore deux autres espèces. كربو — *bāŋgaw karbaw* et كمبغ — *bāŋgaw kambiŋ*. ليهر باغو ايت ترلالو ڤنجغ سفرت اولر *lēher bāŋgaw ītu ter-lālu panjaŋ seperti ūlar*, le cou de cette cigogne est très-long et ressemble à un serpent (*R.* 102).

Prov. براڤ تغكين تربغ باغو ايت اخرن هڠكڤ اى دبلاكغ كربو جوك *brāpa tiŋgi-ña terbaŋ bāŋgaw ītu ākir-ña hiŋgap īa di-blākaŋ karbaw jūga*, si haut que, dans son vol, se lève la cigogne, il faut toujours qu'à la fin elle vienne se poser sur le dos du buffle. Le sens est: si élevé que soit une personne, il faut cependant, qu'elle revienne aux gens du commun et aux ouvriers (dont elle a besoin) (*H. Ab.* 108).

[Jav. et Sund. ꦧꦔꦺꦴ *baŋo.*]

باغت **bāŋgat,** prompt, rapide, soudain. باغت٢ *bāŋgat-bāŋgat*, à l'instant, très-vite. باغت اغكو كمبالى *bāŋgat aŋkaw kombālī*, revenez promptement (*R.* 153).

سباغت٢ن *sa-bāŋgat-bāŋgat-ña*, aussi vite que possible.

برباغت *ber-bāŋgat*, qui est prompt, qui est empressé, qui s'empresse.

ممباغت *mem-bāŋgat*, presser, hâter, se hâter.

ممباغتكن *mem-bāŋgat-kan*, faire hâter. دباغتكن اوله همب راج *di-bāŋgat-kan ūleh hamba rāja*, les serviteurs du roi le faisaient hâter (*S. Mal.* 259). ڤكرجاءن — *mem-bāŋgat-kan pe-karjā-an*, hâter un travail, le faire exécuter promptement.

ڤمباغت *pem-bāŋgat*, qui excite, qui hâte, excitateur.

ڤمباغتن *pem-baŋgāt-an*, action de faire hâter.

باغتباغتن *bāŋgat-baŋgāt-an*, hâte, précipitation. — دغن *deŋan bāŋgat-baŋgāt-an*, en hâte, avec précipitation.

بر باغتبغاتن *ber-bāṅgat-baṅgāt-an*, qui est prompt à s'emporter, qui a la tête près du bonnet (*R. V.*).

[Jav. ꦧꦔꦼꦠ꧀ *baṅet*, fort, violent. Sund. ᮘᮍᮨᮒ᮪ *baṅat* et Day. *baṅat*, avec violence.]

باغن **bāṅgun**, se réveiller, se lever. در تيدر — *bāṅgun deri tidor*, se réveiller. در تمفت تيدر — *bāṅgun deri tampat tidor*, se lever du lit. درماتى — *bāṅgun deri māti*, ressusciter. هى انق قرمفون اكو سبد قدام باغنله *hey ānak perampūan āku sabda padā-mu bāṅgun-lah*, jeune fille, je vous le dis, levez-vous (*N.* 64). اى باغن درقد تمفت دودقن *ia bāṅgun deri-pada tampat dūduk-ña*, elle se leva de la place où elle était assise (*R.* 37).

ممباغن *mem-bāṅgun*, rèveiller, lever.

ممبغونى *mem-baṅgūn-i*, réveiller quelqu'un. دو تيك كالى سمالم دبغونى بكند *dūa tiga kāli sa-mālam di-baṅgūn-i baginda*, le prince le visitait deux ou trois fois chaque nuit (*S. Mal.* 311).

ممباغنكن *mem-bāṅgun-kan*, réveiller quelqu'un, faire lever, ressusciter quelqu'un, ériger quelque chose. مك اى ممباغنكن سرى رام *maka ia mem-bāṅgun-kan sri rāma*, alors il réveilla Sri Rama (*R.* 108). اى برتيته سكرهله باغنكن مك براف دباغنكن تياد جوك باغن *ia ber-tītah sigràh-lah bāṅgun-kan maka brāpa di-bāṅgun-kan tiāda jūga bāṅgun*, il ordonna de le réveiller: mais bien qu'on fit tout pour le réveiller, il ne se réveillait pas (*R.* 125). مك سكرهله دباغنكنن سكل انق بوهن *maka sigràh-lah di-bāṅgun-kan-ña segala ānak būah-ña*, aussitôt il fit lever toutes les personnes de sa maison (*Kal. dan Dam.* 104). اى ممباغنكن همب *ia mem-bāṅgun-kan hamba*, il me fit revenir à moi (d'un évanouissement) (*Mir. Moh.* 72).

بغونن *baṅgūn-an*, ce qui est érigé, construit; construction. استان راج دغن سكل بغونن دان قنتوكربغ *astāna rāja deṅgan segala baṅgūn-an dān pintu garbaṅ*, le palais du roi avec toutes ses constructions et ses portes d'entrée (*R.* 135).

باغنبغونن *bāṅgun-baṅgūn-an*, tour, donjon, tourelle, gabions. لالو دروبهكنن سواتو باغنبغونن كوت *lālu di-rūbuh-kan-ña suātu bāṅgun-baṅgūn-an kōta*, il démolit une des tourelles du fort (*R.* 149). — داون *dāun bāṅgun-*

bangūn-an, nom d'une plante médicinale (*coleus aromaticus*).

[Jav. [Javanese script] *bangun*, la dernière partie de la nuit. Mak. [Makassarese script] *bangung*, se lever. Tag. et Bis. [Tagalog script] *bangon*, se lever. Day. *bangunan*, érigé, construit.]

باغن ***bāngun***, figure, forme, apparence extérieure. كليهت باغن٢ مكان *ku-lihat bāngun-bāngun mukā-ña*, j'ai vu la forme de leur figure (*H. Ab.* 350).

[Jav. [Javanese script] *wangun* et Sund. [Sundanese script] *bangun*, forme.]

باغن ***bāngun***, résultat, conséquence, issue d'une chose. متيله كيت دتغه لاوت باغنن *matī-lah kita di-tengah lāut bāngun-ña*, le résultat en sera que nous périrons sur mer. باغنن چدرا ايت *bāngun-ña xidrā itu*, la conséquence de la dispute.

باغن ***bāngun***, indemnité donnée pour un meurtre commis. حكمن ممباير باغن ڤرمڤون ايت ليم ڤوله ريل *ḥukum-ña mem-bāyar bāngun perampūan itu lima pūloh réal*, il fut condamné à payer cinquante piastres, en compensation du meurtre de cette femme (*M.*).

باغر ***bāngar***, odeur corrompue, comme celle d'un égout.

[Jav. [Javanese script] *banger*.]

باغر ***bāngar***. ايغر باغر *īngar-bāngar* — *īngar-bingar*. v. ايغر *īngar*.

باغر ***bāngar***, stupide.

باغل ***bāngal***, qui entend dur, un peu sourd: insensible; constipé (*Cr. Batav.*).

باج ***bāxa*** (S. वाच *vāća*, discours), lu, récité; être lu. بچاله سورت ايت اكو دغر *baxā-lah sūrat itu āku dengar*, lisez cet écrit, que j'en entende le contenu (litt.: que par vous soit lu) (*R.* 122). لالو دبچان سورت باتو ايت *lālu di-baxā-ña sūrat bātu itu*, il fut l'écriture qui était sur la pierre (*R.* 55).

ممباج *mem-bāxa*, lire, réciter. جكلو بوله ممباج قران سهاج *jikalaw būleh mem-bāxa ḳorān sahāja*, seulement lorsqu'ils peuvent lire le Coran (*H. Ab.* 26). مغهادڤ قبلة دان ممباج دعا اين *meng-hādap ḳeblat dān mem-bāxa doā ini*, se tourner du côté convenable et réciter cette prière (*M. R.* 220). اورغ ايتڤون تاهو ممباج *ōrang itu-pūn tāhu mem-bāxa*, or cet homme savait lire (*R.* 55). ياسين — *mem-bāxa yāsīn*, v. ce mot.

ممباچاكن *mem-baxā-kan*, lire, faire lire quelque chose.

ڤمباچ *pem-bāxa*, qui lit, lecteur.

باچاٴن *baxā-an*, lecture. باچاٴنك بوكنڽ سڤرت كانق٢ يغ لاين ايت *baxā-an-ku būkan-ña seperti kānak-kānak yaṅ lāin itu*, ma lecture n'était pas comme celle des autres enfants (*H. Ab.* 26).

كباچاٴن *ka-baxā-an*, ce qui est lu, lisible.

[Jav. et Sund. ꦮꦕ *waxa*. Bat. basa. Mak. baxa. Day. *basa*. Tag. et Bis. *basa*.]

باچغ **bāxaṅ** = همباچغ *ham-bāxaṅ*.

باچن **bāxin**, puant; puanteur.

[Jav. *baxin*. Sund. *baxiṅ*.]

باچل **bāxul**, découragé: peureux, craintif.

باج **bāja** (S. वज्र *vajra*, dur, diamant), acier. — بسى *besī bāja*, de l'acier. مك دكيكرله باج ايت *maka di-kīkir-lah bāja itu*, alors on lime l'acier (*H. Ab.* 158).

[Jav. et Sund. *waja*. Mak. et Bug. *bāja*. Day. *waja*.]

باج **bāja**, espèce de noir de fumée, fait avec l'écorce de la noix de coco brûlée, pour noircir les dents.

برباج *ber-bāja*, qui a du noir de fumée. ڬيڬيڽ بهارو بكس برباج *gigi-ña bahāru bakàs ber-bāja*, ses dents portaient les marques de la préparation de baja récemment appliquée (*M.*).

[Jav. *waja*, les dents. Bat. *baja*.]

باج **bāja**, fiente d'animaux, fumier, engrais: une charrue (*M.*). — لڤس *lepàs bāja*, le temps ou les buffles quittent la charrue. — ممبوبه *mem-būbuh bāja*, fumer une terre.

برباج *ber-bāja*, qui est fumé (parlant d'un terrain), qui est cultivé. سڤام تانه يغ تياد برباج لاڬي *sa-upāma tānah yaṅ tiāda ber-bāja lāgi*, comparé à une terre qui n'a pas encore été fumée, ou cultivée (*H. Ab.* 430).

ممباجاكن *mem-bajā-kan*, faire fumer ou cultiver une terre.

On trouve aussi باجق *bājak*.

باجى **bāji**, un coin. دبله اوله اوتس كايو ايت دبوبه باجى *di-blàh ūleh ūtas kāyu itu di-būbuh-ña bāji*, l'ouvrier fendit le bois en y mettant le coin (*Kal. dan Dam.* 10).

[Bat. [Batak script] *baji-baji.*]

باجو **bājaw**, v. باجق *bājak*, pirate.

باجو **bāju**, habit de dessus, robe, habit. — كنچڠ *kanxiŋ bāju*, les boutons de l'habit. رنتى — *bāju rantey*, cotte de mailles. سمبهيڠ — *bāju sembah-yaŋ*, habit qu'on porte durant la prière, vêtement sacré. — بساهن *bāju basāh-an*, habit de bain. مماكى باجو ڤوته *memākey bāju pūtih*, porter un habit blanc. تاڠنڽ ممڬڠ باجو سلطان *tāŋan-ña memegàŋ bāju sul-ṭān*, sa main saisit la robe du Sultan (*Sul. Ibr.* 11). ايڤون دانڬرهكن كاين دان باجو دان دستر *ia-pūn di-anugràh-kan kāin dān bāju dān destar*, il fit présent de vêtements avec l'habit de dessus et le turban (*Ism. Yat.* 7).

Prov. هوكر باجو دبدن سنديرى *hūkur bāju di-badàn sindiri*, la mesure de l'habit prise sur le corps même. Les sens est: ce que nous sommes accoutumés à faire, nous nous imaginons que les autres peuvent le faire aussi: nous mesurons les autres à notre mesure.

Ce mot paraît venir du Pers. بازو *bazu*, nom d'un vêtement pour se baigner et qui s'attache à la ceinture.

[Jav. [Javanese script] *baju*. Bat. [Batak script] *baju*. Mak. [Makassarese script] *baju*. Day. *baju*.]

باجق **bājak**, pirate. — اورڠ *ōraŋ bājak*, un homme qui fait la piraterie.

ممباجق *mem-bājak*, pirater.

ڤمباجق *pem-bājak*, qui fait ou sert à faire la piraterie.

On trouve aussi باجو *bājaw*. — اورڠ *ōraŋ bājaw*, un pirate. — بنتڠ *bintaŋ bājaw*, la constellation des pleïades.

[Jav. et Sund. [Javanese script] *bajag*. Bat. [Batak script] *bajo*, une expédition ennemie. Mak. [Makassarese script] *bayo.*]

باجق **bājak**, engrais; charrue. v. باج *bāja*.

باجق **bājik**, v. بجق *bijik*.

باجغ **bājaṅ**, nom d'un mauvais génie (*H. Ab.* 144).

[Jav. ꦧꦗꦁ *bajaṅ*, un nain. Bat. *bajaṅ*, un avorton.]

باجغ **bājiṅ**, un petit écureuil.

[Jav. *bajiṅ*.]

باجغ **bājiṅ**, se chauffer auprès du feu (*Cr.*).

[Jav. *baḍiyaṅ*, un feu auquel on se chauffe.]

باجغ٢ **bājaṅ-bājaṅ**, sémence de graminées (*Kl.*).

باجن **bājan** (Port. *bacia*), une poêle, un vaisseau, ustensiles de cuisine. يغ كن توكل — *bājan yaṅ kena tūkul*, pièce de vaisselle faite au marteau. مولت باجن يغ سمڤت اتو لوس *mūlut bājan yaṅ sūmpit ātau lūas*, l'ouverture d'un vase, étroite ou large. بيراڤ باجن ڤيرق دان بيراڤ باجن امس *be-brāpa bājan pērak dān be-brāpa bājan amas*, une grande quantité de vases d'or et d'argent (*B.* 35).

ڤمباجن *pem-bājan*, un marchand, ou un fabricant de vaisselle.

[Jav. *wajan*. Sund. *wajan* et *bajan.*]

باڽق **bāñak**, beaucoup, en grande quantité, en grand nombre, très, fort. اورغ — *bāñak ōraṅ*, beaucoup de personnes. بسر — *bāñak besar*, très-grand. باڽق داره ڤون تمڤه *bāñak dārah pūn tumpah*, beaucoup de sang fut répandu. باڽق٢ *bāñak-bāñak*, en très-grand nombre. — براڤ *brāpa bāñak*, combien? — بيراڤ *be-brāpa bāñak*, un certain nombre, une certaine quantité. — امت *āmat bāñak*, extrêmement. باڽقڽ *bāñak-ña*, le nombre, la quantité. توجه ريبو باڽقڽ *tūjuh ribu bāñak-ña*, ils étaient au nombre de sept mille. — اورغ *ōraṅ bāñak*, le peuple, la populace, tout le monde. ڤد سڠک سکل اورغ يغ باڽق ايت *pada saṅka segala ōraṅ yaṅ bāñak itu*, dans l'opinion du peuple (*M. R.* 73).

سباڽق *sa-bāñak*, tant, autant.

سباڽق لاݢي *sa-bāñak lāgi*, autant en plus.

سباڽق٢ *sa-bāñak-bāñak*, aussi nombreux que possible, le maximum.

برباڽق *ber-bāñak*, qui est en nombre, nombreux.

ممباڽاکي *mem-bañāk-i*, ajouter à, augmenter.

ممباڤقبياكى *mem-bāñak-bañāk-i*, attaquer en masse, surpasser par le nombre. دكڤڠن دباڤقبيكين *di-kepùng-ña di-bāñak-bañak-i-ña*, ils l'environnèrent et l'attaquèrent en masse (*S. Mal.* 359). جك اى ممبالس دسوره باڤقبياكى *jika ia mem-bālas di-sūruh bāñak-bañāk-i*, s'il réplique, qu'il soit condamné à rester exposé aux injures de tout l'équipage (*Cod. Mal.* 401).

ممباڤقكن *mem-bāñak-kan*, rendre nombreux.

ممباڤق٢كن *mem-bāñak-bāñak-kan*, faire attaquer en grand nombre, faire vaincre par le nombre.

ممڤرباڤق *mem-per-bāñak*, multiplier, accroître. جاڠن دڤرباڤق كات لاڬى *jāngan di-per-bāñak kāta lāgi*, que vos paroles ne soient pas multipliées, ne parlez pas d'avantage (*R.* 40). اڤبيل مانسى٢ ايت مملاءى اكن دڤرباڤق *apa-bīla mānusīa-mānusīa itu me-mulā-i ākan di-per-bāñak*, lorsque les hommes commencèrent à devenir nombreux (*B.* 8).

تڤرباڤق *te-per-bāñak*, qui s'accroît. سڤاى جاڠن اى تڤرباڤق *supāya jāngan ia te-per-bāñak*, afin qu'il ne devienne pas plus nombreux (*B.* 86).

ممڤرباڤقكن *mem-per-bāñak-kan*, faire multiplier, faire devenir nombreux. اكو هندق ڤرباڤقكن بنهمو *āku hendak per-bāñak-kan benìh-mu*, je veux faire multiplier vos descendants (*B.* 31).

ڤرباڤاكن *per-bañāk-an*, augmentation, multiplication: qui est nombreux.

كباڤاكن *ka-bañāk-an*, ce qui est devenu nombreux, grande quantité: le public; la plupart. درڤد كباڤاكن رعية ايت *deri-pada ka-bañāk-an rayat itu*, à cause du grand nombre des personnes du peuple (*R.* 89). مڠنياى اتس اورڠ كباڤاكن *meng-aniāya ātas ōrang ka-bañāk-an*, opprimer le peuple (*M. R.* 73). ڤد كباڤاكن ڤرمڤوان *pada ka-bañāk-an per-ampūan*, avec la plupart des femmes (*M.*).

باڤق **bāñak,** oie.

[Jav. ꦧꦚꦏ꧀ *bāñak.*]

باڤن **bāñun,** et بباڤن **be-bā-ñun,** du noir pour les dents.

[Jav. ꦧꦚꦺꦴꦤ꧀ *bañon*, noircir les dents.]

باڤل **bāñul,** bouffon, farceur.

[Jav. ꦧꦚꦺꦴꦭ꧀ *bañol.*]

بايل **bāñul,** nom d'un oiseau. On trouve aussi بنيول *banyūl.*

بات **bāta,** brique.

[Jav. et Sund. ꦧꦠ *bata.*]

باتڠ٢ **bātih-bātih,** bande en or qui se met au fourreau d'un criss (*Kl.*).

باتو **bātu,** pierre, roche, caillou: numéral pour certains objets de matière solide. كارڠ — *bātu kārang,* banc de corail. باكر — *bātu-bākar,* brique. براني — *bātu berāni,* aimant. ݢيلڠ — *bātu gīling,* pierre qui sert à broyer des épices ou des légumes. كسارن — *bātu kisār-an,* meule servant à moudre. اوجي — *bātu ūji,* pierre de touche. ڤڠهاسه — *bātu peng-hāsah,* pierre à aiguiser. تمبل — *bātu timbul,* pierre ponce. لوڠ — *bātu lūga,* plomb à sonder. جاڠت — *bātu jāngat,* du caillou, silex. لادڠ — *bātu lādung,* plomb d'une ligne à pêcher. لاد — *bātu lāda,* gravelle. كڤال — *bātu kapāla,* le crâne. مات — *bātu māta,* la lentille cristalline de l'œil. — داچڠ *bātu dāxing,* le poids qui sert à une romaine (balance). — روبين *bātu rūbin* ou جوبين *jūbin,* grandes pierres carrées qui servent à paver. ليچين — *bātu līxin,* caillou, galet. اڤي — *bātu āpi,* pierre à feu ou à fusil. — ڤاسر *bātu pāsir,* granit. كليكر — *bātu kelikir,* gravier, sable. لاوت — *bātu lāut,* rocher, écueil. — ݢول *gūla bātu,* du sucre candi. — كايو *kāyu bātu,* nom d'un bois très-dur (*blumea lacera*). — هوجن *hūjan bātu,* grêle. — توكڠ *tūkang bātu,* maçon. — جورو *jūru bātu,* celui qui, à bord d'un navire, est chargé de veiller à l'ancre. — ݢيݢي دو *gigi dūa bātu,* deux dents. سڤلوترباتو جاوهن *sa-pe-lūtar bātu jāuh-ña,* éloigné d'un jet de pierre (*N.* 141). دلوترن دو بيجي باتو سكالي *di-lūtar-ña dūa bīji bātu sa-kāli,* il lança deux pierres d'un coup (*M.*). اد يڠ ملوترکن دڠن باتو يڠ بسر٢ *ada yang me-lūtar-kan dengan bātu yang besar-besar,* quelques-uns lui lançaient de grandes pierres (*R.* 160).

[Jav. ꦮꦠꦸ *watu.* Sund. ᮘᮒᮥ *batu.* Bat. ᯅᯖᯮ *batu.* Mak. et Bug. ᨅᨈᨘ *batu.* Day. *batu.* Tag. et Bis. ᜊᜆᜓ *bato.*]

باتق **bātik,** toile ou étoffe peinte, indienne. اڤاكه كون بركاين

باتق *apā-kah gūna ber-kāin bātiḳ*, pourquoi se revêtir de toile peinte? (*H. Ab.* 93).

[Jav. et Sund. ꦧꦛꦶꦏ꧀ *baṭik*. Day. *batik*.]

باتق **bātoḳ,** la coque d'un coco.

[Jav. ꦧꦛꦺꦴꦏ꧀ *baṭok*. Sund. *batok*.]

باتق **bātuḳ,** toux; tousser. اى جاتُه ساكيت باتق كرڠ *ia jātuh sākit bātuḳ krìng*, il tomba malade d'une toux sèche, toux étique (*H. Ab.* 167). جكلو اورڠ باتق اتو برسن *jikalaw ōrang bātuḳ ātaw bersin*, si quelqu'un tousse ou éternue (*M.*).

[Jav. ꦮꦠꦸꦏ꧀ *watuk*. Sund. *batuk*.]

باتق **bātuḳ,** le front, le crâne, le dessus de la tête (*R. V.*). تيته توانكو ڤاتق جنجوڠ داتس باتق كڤال ڤاتق *titah tūan-ku pāteḳ junjung di-ātas bātuḳ kapāla pāteḳ*, je pose les ordres de Votre Altesse au dessus de ma tête (je me soumets aux ordres de Votre Altesse) (*R.* 92).

[Jav. ꦧꦛꦸꦏ꧀ *baṭuk*, le front. Sund. *babatok*, le crâne.]

باتڠ **bātang,** tige, tronc; numéral pour les choses longues. — كايو *bātang kāyu*, un tronc d'arbre, une pièce de bois. اير — *bātang āyer*, un ruisseau, une rivière. ليهر — *bātang lēher*, le cou. هيدڠ — *bātang hīdung*, l'entre-deux des narines, la paroi du nez. توبه — *bātang tūbuh*, le tronc d'un corps humain. ݢايڠ — *bātang gāyung*, le manche d'une cuillère à pot. ڤوهن جاتي ليم باتڠ *pōhon jāti lima bātang*, cinq chênes. تڠكت تيݢ باتڠ *tungkat tīga bātang*, trois cannes.

برباتڠ *ber-bātang*, qui a une tige, qui est en tige. كتان ڤون برباتڠله *ketān pūn ber-bātang-lah*, le lin était en tige (*B.* 99). — بسي *besi ber-bātang*, du fer en barres.

ممباتڠ٢ *mem-bātang-bātang*, pousser des tiges, former des tiges.

برباتڠكن *ber-bātang-kan*, qui met en tige, qui fait pousser des tiges. اى برباتڠكن تمباݢ *ia ber-bātang-kan tembāga*, il avait poussé des tiges en cuivre (*S. Mal.* 31).

ڤباتڠ *pe-bātang* et ڤرباتڠ *per-bātang*, la longueur d'un coussin.

بفرباتغ *be-per-bātaṅ*, qui est formé en long, qui est fait en tige.

بتاغن *batāṅ-an*, barrière, digue dans une rivière. — جورو *jūru batāṅ-an*, et — ڤنڠکو *penuṅgu batāṅ-an*, un garde-barrière. اى منت بکاى بتاغن ڤد سى ڤنڠکو بتاغن *īa minta bukā-i batāṅ-an pada sī penuṅgu batāṅ-an*, il demanda au garde-barrière de la lui ouvrir (*S. Mal.* 301).

ڤماتغ *pemātaṅ*, tout ce qui sert à faire une barrière ou une digue.

[Jav. ꦮꦠꦁ *wataṅ*, une lance. Sund. ᮝᮒᮀ *wataṅ*. Mak. ᨅᨈ *bataṅ*. Bug. ᨓᨈ *wataṅ*. Day. *bataṅ*. Tag. et Bis. ᜊᜆ *bataṅ*.]

باتغ *bātaṅ*, explication, commentaire.

[Jav. et Sund. ꦧꦠꦁ *bataṅ*.]

باتغ *bātaṅ*, cadavre, corps mort.

[Jav. ꦧꦛꦁ *baṭaṅ*.]

باتغ٢ *bātuṅ-bātuṅ*, nom d'un coquillage.

باتن *bātin*, titre de certains chefs d'un rang inférieur, en usage chez certains peuples de l'archipel indien.

باتر *bātur*, galerie. دالم داترڽ باتر بهين *dālam di-ātur-ña bātur behīna*, et en dedans (de la prison) il y a des galeries partout (*H. Ab.* 111).

باتر *bātur*, les employés, les serviteurs à bord d'un navire (*Kl.*).

[Jav. ꦧꦠꦸꦂ *batur*, domestique. Sund. ᮘᮒᮥᮁ *batur*, associé pour le travail.]

باتل *bātel*, une sorte de mangue (*mangifera fœtida*) (*Kl.*).

باتل *bātil*, écuelle, petite jatte, écuelle en cuivre. سفرت باتل کچل *seperti bātil kecil*, comme une petite écuelle (*R.* 147). — سمڤن *sampan bātil*, un petit bateau, nacelle (*S. Mal.* 54).

[Mak. ᨅᨈᨒᨗ *batili.*]

باتس *bātas*, borne, limite; petites digues pour séparer les champs.

ممباتسکن *mem-bātas-kan*, établir des limites; faire des petites digues pour séparer les champs.

بتاسن *batās-an*, séparation.

قربتاسن *per-batās-an*, limites posées, séparation.

[Jav. ꦮꦠꦺꦱ꧀ *wates*. Sund. ᮝᮒᮞ᮪ *watas*.]

باد **bād** (Pers.), vent. — زير *zīr bād*, sous le vent. — بالا *bālā bād*, sur le vent, au vent.

بادى **bādé**, conjecture, soupçon; futur.

[Jav. ꦧꦝꦺ *baḍé*, vouloir; futur. Sund. ᮘᮓᮦ *badé*, conjecture.]

بادى **bādey**, coup de vent, de tempête; trombe (*Kl.*). تيغ كامى سده قاته دبادى تادى *tiang kāmi sudah pātah di-bādey tādi*, le dernier coup de vent à rompu notre mât (*M.*).

بادى **bādey**, nom d'une maladie dont on reconnait trois sortes. كايو — *bādey kāyu*, روس — *bādey rūsa* et هريمو — *bādey harīmaw* (*Kl.*). كن بادى هريمو كاكى تاغنڽ لمڤه *kena bādey harīmaw kāki tāngan-ña lumpuh*, celui qui est attaqué de la maladie nommée *badey harimaw* est paralysé des pieds et des mains.

بادى **bādey** = بادق *bādak*.

بادق **bādak**, le rhinocéros. — تندق *tanduk bādak* ou چول — *xūla bādak*, corne de rhinocéros. گاجه — *bādak gājah*, le rhinocéros à une corne (*rhinoceros javanus*). كربو — *bādak karbaw*, le rhinocéros à deux cornes (*rhinoceros sumatrensis*). اد سئيكر بادق بسر سفرت بوكت *ada sa-ikor bādak besār seperti būkit*, il y a un rhinocéros aussi haut qu'une colline (*R.* 25). كولت بادق ايت سفرت كولت نڠك *kūlit bādak ītu seperti kūlit nangka*, la peau de ce rhinocéros ressemblait à l'écorce rude du fruit du nangka (*R.* 25). — ليده *lidah bādak*, nom d'une plante (*opuntia magnifolia*).

[Jav. ꦮꦝꦏ꧀ *wadak*. Sund. ᮘᮓᮊ᮪ *badak*. Bat. [Batak script] *badak*. Mak. [Makassar script] *bada*. Day. *badak*.]

بادق **bādek**, nom d'un poignard. dans certains endroits long d'un pied et recourbé, et dans d'autres long d'un demi-pied.

Selon Kl. بادق٢ *bādik-bādik*.

[Bat. [Batak script] *badék*.]

بادغ **bādang**, nom d'un grand crible pour le grain.

بادغ **bādong**, plaque que l'on porte sur la poitrine; plastron.

بربادغ *ber-bādoṅ*, qui a une plaque sur la poitrine.

[Jav. *badoṅ.*]

بادت ***bādut,*** plaisant, bouffon. اكن دڤربوت بادتڽ *ākan di-per-būat bādut-ña*, pour en faire ses bouffons (*K.* 138).

[Jav. *badut.*]

بادم ***bādam*** (Pers. amande), nom d'un fruit, nommé aussi بوه كناڤغ *būah kenāpaṅ*. اى مڠلواركن مڽق بادم دان چوك در دالم بقچاڽ *īa meṅlūar-kan mīñak bādam dān xūka deri dālam bakxā-ña*, il tira de son sac de l'huile d'amandes et du vinaigre (*Amir Hamza* 224).

بادر ***bādar,*** nom d'une sorte de petit poisson de mer.

[Jav. *wader,* un poisson de rivière. Sund. *badar,* petit poisson, fretin. Bat. *badar.*]

بان ***bān*** (Pers.), inspecteur, gardien.

بان ***bāna*** (S. वान *vāna,* houle, grosse mer), action, flux de la mer à l'entrée d'une rivière, brisants.

[Jav. *bena.*]

باني ***bāni,*** v. ڤرباني *perbāni.*

بانغ ***bānaṅ,*** nom d'une plante (*justicia purpurea*) (*Kl.*).

بانغ ***bāniṅ,*** petite espèce de tortue de terre.

بانت ***bānat*** (Hind. بنات *banāt,* étoffe de laine), une sorte de fine étoffe de laine.

بانن ***bānan,*** bien battu, bien rossé, étrillé (*Kl.*).

بانر ***bānir,*** excroissance de la racine de certains arbres; cette excroissance se trouve hors de terre et quelquefois assez considérable pour servir d'abri; bois de racine. تمڤت كدياممن جاكن بانر٢ كايو *tampat ka-diām-an ja-kun bānir-bānir kāyu,* les jakuns habitent entre les excroissances des racines des arbres (*H. Ab.* 354).

[Bat. *banir.*]

باڤ ***bāpa*** et **باڤق** ***bāpak,*** père, papa. — ايبو *ību bāpa*, père et mère. — سودار *bāpa sūdāra,* oncle du côté du père. هي ابوك كماناكه ڤرڬين بڤاك *hey ibū-ku ka-manā-kah pergī-ña bapā-ku,* ô ma mère, dites-moi où est allé mon père (*R.* 61). باڤ کامی يڠ اد دسورڬ *bāpa kāmi yaṅ ada di-suarga*, notre père qui êtes aux cieux (*P. M.*). جك ڤاڤ بڤان *jika pāpa bapā-ña*, si son père est pauvre (*M.*). باڤ نصراني *bāpa naṣrānī*, parrain. (par contraction) ڤاء *pā*. ڤاء سی باڬس *pā si bāgus*, le père de Si Bagus. ڤاء اوق *pā uwàk*, oncle, frère aîné du père. ڤاء چی *pā xi*, pour ڤاء کچل *pā kexìl*, frère puîné du père. ڤاء مود *pā mūda*, frère puîné de la mère. باڤ *bāpa*, s'emploie en s'adressant à un homme âgé auquel on veut témoigner du respect. جکلو اد کاسه بڤاك اکن همب *jikalaw ada kāsih bapā-ku ākan hamba*, si vous, mon père (mon précépteur), avez quelque affection pour moi (*R.* 69).

بر باڤ *ber-bāpa*, avoir un père, qui a un père. تياد کامی براينو باڤ *tiāda kāmi ber-ību bāpa*, nous sommes sans père ni mère.

بربڤاکن *ber-bapā-kan*, qui prend quelqu'un pour père, nommer quelqu'un son père. جك توان سودی بربڤاکن اکو *jika tūan sūdi ber-bapā-kan āku*, si vous voulez me prendre pour père (*S. Bid.* 115).

[Jav. ꦧꦥ *bapa* et ꦧꦥꦏ꧀ *bapak*. Sund. ᮘᮕ *bapa*. Bat. ᯅᯇ *bapa*. Mak. ᨅᨄ *bapa*. Day. *bapa*. Tag. ᜊᜉ *bapa*. Malg. *baba*.]

باڤق ***bāpak***, v. باڤ *bāpa*.

باب ***bāb*** (Ar.), chapitre, partie d'un livre: porte, entrée. باب يڠ ڤرتام کتابك اين *bāb yaṅ portāma kitāb-ku ini*, cette première partie de mon livre (*H. Ab.* 429). باب سباݢی لاݢی ڤد مڽتاکن *bāb sa-bāgey lāgi pada meñatā-kan*, un chapitre de plus, traitant de etc. (*M.*). باب المندب *bāb el-mandeb*, la Porte des pleurs, nom d'un détroit à l'entrée de la mer Rouge.

باب ***bāba*** (Hind. بابا *bābā*, monsieur), titre que l'on donne aux enfants de familles étrangères, mais nés en Malaisie: monsieur. يڠ برنام باب چڠلڠ *yaṅ ber-nāma bāba xaṅliṅ*, et que l'on nommait monsieur Changling (*H. Ab.* 80).

باﺑﻲ ***bābi***, cochon, porc. هوتن — *bābi hūtan*, sanglier (*M.*); (*sus verrucosus*, *Pij.*). تانه — *bābi tānah* (*sus vittatus*). روس — *bābi rūsa*, le sanglier ou cochon-cerf (*sus babi russa*). — بنتڠ *bintaṅ bābi*, la planète Venus.

— بوه *būah bābi* (*crypteronia paniculata*).

مباݒي *mem-bābi*, être, ou faire comme un cochon. برجالن سفرت مباݒي بوت *ber-jālan seperti mem-bābi būta*, courir comme des cochons aveugles, comme des cochons sauvages: jouer à colin-maillard (*Kl.*).

[Jav. et Sund. ꦧꦧꦶ *babi*. Bat. ᯅᯅᯪ *babi*. Mak. et Bug. ᨅᨓᨗ *bawi*. Day. *bawoi*. Tag. et Bis. ᜊᜊᜓ *babory*.]

بابو bābu, nourrice, bonne d'enfant. سوسو — *bābu sūsu*, une nourrice qui allaite. كرڠ — *bābu kerirg*, bonne d'enfant.

[Jav. et Sund. ꦧꦧꦸ *babu*.]

بابڠ bābarg, naissance d'un enfant mort qui n'était pas à terme.

كباڠن *ka-babārg-an*, un enfant mort-né.

[Jav. ꦧꦧꦁ *babarg*, échapper, passer inaperçu. Bat. ᯄᯅᯔ᯦ᯅᯔ᯦ᯉ᯲ *habomboman*, mettre au monde un enfant mort.]

بابت bābat, nettoyé (d'un terrain).

مبابت *mem-bābat*, nettoyer un terrain en en coupant les arbres (*Pij.*).

[Jav. et Sund. ꦧꦧꦢ꧀ *babad.*]

بابت bābat, v. بيت *babàt.*

بابت bābit, nommé, mentionné.

مبابت *mem-bābit*, nommer, mentionner (*Kl.*).

ترباب *ter-bābit*, qui est nommé: que l'on peut mentionner, renommé.

بابن bāban, charge, fardeau, ballot, botte: le contenu d'un discours. — مميكل *memikul bāban*, porter un fardeau. لم بابن دباو اورڠ همب *lima bāban di-bāwa ōrarg hamba*, mes gens portaient cinq charges. روتن دو بابن *rōtan dūa bāban*, deux bottes de rotin. انيله بابن ڤركتاءن راج *ini-lah bāban per-katā-an rāja*, voilà ce que contenait le discours du roi (*M.*).

بابر bābar, largué, lâché (le cordage d'une voile pour la ferler). بايقله بابرلاير سكلين *bāik-lah bābar lāyar sa-kali-an*, il eut été bien que toutes les voiles fussent amenées (*M.*).

مبابر *mem-bābar*, lâcher, larguer les voiles.

ترباب *ter-bābar*, qui est lâché, que l'on a largué.

[Jav. ꦧꦧꦂ *bābar*, ꦲꦩ꧀ꦧꦧꦂ *ambabar*, étendre. Sund. ꦧꦧꦂ *babar*, couper, emporter.]

بابل **bābil,** indifférent, insensible aux exhortations (*Kl.*).

بار **bāra,** charbons ardents, braise, cendre chaude. جاغن — دكڠكم *jāngan di-genggam bāra*, ne ramassez pas avec la main des charbons ardents. ڤانس — *pānas bāra*, emporté, violent. — سار *sāra bāra*, dans la dernière misère, très-pauvre. اليڤن — *alīpan bāra*, le scolopendre rouge. دباوه تيکر تيدر اداله دو تيݢ — ايکر اليڤن *di-bāwah tikar tidor adā-lah dūa tiga ikor alīpan bāra*, sous ma natte à coucher il y avait deux ou trois scolopendres rouges (*H. Ab.* 193).

[Jav. ꦮꦫ *wara*. Sund. ꦧꦫ *bara*. Bat. ᯎᯒ *gara*. Mak. ᨅᨑ *bara*. Day. *barah*. Tag. et Bis. ᜊᜄ *baga*.]

باره **bārah,** abcès, apostème, inflammation, tumeur. مك بݢند ڤون كن ساكت باره كڤد ڤڠݢڠڽ *maka baginda pūn kena sākit bārah ka-pada punggung-ña*, le prince eut un abcès au croupion (*R.* 8). لالو دهيسڤڽ باره ايت دڠن مولتڽ *lālu di-hīsap-ña bāra ītu dengan mūlut-ña*, et elle suça l'abcès (*R.* 8).

برباره *ber-bārah*, qui a un abcès, qui est enflammé.

[Jav. ꦧꦫꦃ *barah*, éruption. Bat. ᯅᯒᯬ *baro*.]

باري **bārī** (Pers.), Dieu, le Créateur.

باري٢ ou برباري **bāri-bāri,** chauve-souris.

بارو **bāru,** arbre dont l'écorce sert à faire du fil, de l'étoupe, et à d'autres usages (*hibiscus taliaceus*). لاوت — *bāru lāut* (*thespesia populnea*). چين — *bāru xīna* (*artemisia vulgaris*). ݢونڠ — *bāru gūnung* (*paritium simile*) (*Cr.*). لندق — *bāru landak* (*abelmoschus mutabilis*) (*Cr.*).

[Jav. et Sund. ꦮꦫꦸ *waru*. Mak. ᨅᨑᨘ *baru*. Bug. ᨓᨑᨘ *waru*.]

بارو٢ **bāraw-bāraw,** nom d'un oiseau chanteur.

[Bat. ᯅᯒᯬᯅᯒᯬ *baro-baro*.]

بارق **bārik** = بله *belāh* (*Kl.*).

بارڠ **bārang,** chose, effets, hardes, biens, propriété: comme pronom indéfini, quelque, quoique, quelconque: exprimant un souhait, puisse-t-il. — تون ڤون *tūan pūña bàrang*, vos effets, vos bagages. دى ڤون بارڠ٢ *dīa pūña bārang-bārang*, ses biens, ses propriétés. اڤ — *bārang apa*, quelque chose que ce soit. بارڠسياڤ *bārang-siāpa*, quiconque. براڤ — *bārang brāpa*, plus ou moins. سداڤت — *bārang sadāpat*, autant que possible. سديکت — *bārang sa-dikit*, quelque peu. جکلو اد بارڠ کسکارن *jikalaw ada bārang ka-sukāran*, s'il y a quelque difficulté. بارڠ دو راتس *bārang dūa rātus*, environ deux cents. اى ملايڠ *īa me-lāyang* بتل منوجو بارڠ کمان *betùl menūju bārang ka-māna*, il prend sa course dans une direction quelconque (*N. Phil.* 112). لکلاکى ايت بوکن بارڠ٢ مانسى انق راج بسر رڤان *laki-lāki itu būkan bārang-bārang mānusīa ānak rāja besàr rupā-ña*, cet homme n'est pas un homme du commun, il paraît être le fils d'un grand roi (*R. V.*). بارڠ کالى *bārang kāli*, quelquefois, peut-être. سبب تاکت بارڠ کالى اى باليق ڤول *sebàb tākut bārang kāli īa bālik pūla*, dans la crainte que peut-être ils ne reviennent (*H. Ab.* 13). بارڠ دسمڤيکن الله *bārang di-sampey-kan allah*, que Dieu veuille faire arriver (*Lett. Mal.*). بارڠ معلوم کڤد تونک *bārang malūm ka-pada tūan-ku*, puisse ceci arriver à la connaissance de Votre Altesse.

[Jav. et Sund. ꦧꦫꦁ *barang*. Bat. ᯅᯒᯰ *barang*. Mak. ᨅᨑ *barang*, quelquefois. Day. *bara*. Tag. ᜊᜎ *balang*. Bis. ᜊᜓᜆ *botang*.]

بارڠ **bāring**, couché. مك بارڠ ڤول اى *maka bāring pūla īa*, et de nouveau il se trouvait couché (*H. Ab.* 83).

بربارڠ *ber-bāring*, qui est couché, qui se repose. بربارڠ٢ منڠاده *ber-bāring-bāring menengāduh*, il était couché le visage en haut (*H. Ab.* 83). سمبل بربارڠ سيره دماکن *sambil ber-bāring sirih di-mākan*, il prenait du bétel en se reposant (*M.*).

ممبارڠکن *mem-bāring-kan*, faire coucher, placer quelqu'un dans une position horizontale. ددالم قبور دبارڠکنن *di-dālam kubūr di-bāring-kan-ña*, ils le mirent dans le tombeau. کڤلان دبارڠکن داتس بنتل *kapalā-ña di-bāring-kan di-ātas bantal*, il se coucha la tête sur un oreiller (*M.*).

قمبريڠن *pem-barīng-an,* action de coucher, d'étendre.

قربريڠن *per-barīng-an,* position horizontale.

بارغ **bārung,** cabane, baraque; étal, boutique; tente, loge. قاسر بارغ٢ *pāsar bārung-bārung,* marché composé de petites boutiques (*M.*). دتڠه٢ بارغن *di-tengah-tengah bārung-ña,* au milieu de sa tente (*B.* 12).

بربارغ *ber-bārung,* qui a une tente, qui habite ou change sa tente. مك بربارغ٢له ابراهيم *maka ber-bārung-bārung-lah ibrāhīm,* Abraham leva donc sa tente (*B.* 18).

[Jav. et Sund. ꦮꦫꦸꦁ *warung.* Bat. [illegible] *barung.* Mak. [illegible] *barung.* Tag. et Bis. [illegible] *balong-balong.*]

بارغ **bārung,** ensemble, avec, en même temps.

[Jav. [illegible] *bareng.*]

بارت **bārat,** l'ouest, l'occident. — اڠين *angin bārat,* vent d'ouest. — لاوت *bārat lāut,* nord-ouest. — داي *bārat dāya,* sud-ouest. تانه قسيسر بارت *tānah pasīsir bārat,* la région de la côte occidentale. متهاري كلهاتن ماسق كبارت *mata-hāri ka-lihāt-an māsuk ka-bārat,* le soleil paraît se coucher à l'ouest (*N. Phil.* 33). — سست *sesàt bārat,* être égaré, avoir perdu la boussole. (Pour le rumb des vents v. اوتار *ūtāra.*)

[Jav. [illegible] *barat,* tempête. Sund. [illegible] *barat.* Mak. [illegible] *bara,* vent d'ouest. Day. *barat,* vent d'ouest, tempête.]

بارت **bārut,** ligature, bande; plastron, pièce d'estomac, comme les enfants en portent dans l'Inde: cuirasse. armure: lié, bandé. مك سݢره داوريڽ بارت لوك *maka sigràh di-ūrey-ña bārut lūka,* aussitôt il délia la ligature de la blessure (*Hang. T.* 100). دبارتڽ قد مات لوك *di-bārut-ña pada māta lūka,* il banda la blessure (*Hang. T.* 95).

بربارت *ber-bārut,* qui a une bande, qui est bandé: cuirassé.

ممبارت *mem-bārut,* bander, lier. سمبل ممبارت لوكاڽ دڠن كاين سراي مناهن دارهڽ *sambil mem-bārut lukā-ña dengan kāin serāya menāhan dārah-ña,* en bandant la blessure avec un linge pour en arrêter le sang (*Hang. T.* 95). داوقاياكنله سسواتو يڠ برݢون اكن ممبارت كڤل *di-upayā-kan-ñā-lah sa-suātu yang ber-gūna ākan mem-bārut kapàl*, ils employèrent toutes sortes de moyens pour lier le vaisseau par-dessous (*N.* 246).

On confond quelquefois ce mot avec بالت *bālut.*

بارس ***bāris,*** rangée, file, ligne; troupes, armée. اتس قرطاس — *bāris ātas kartās*, des lignes tracées sur le papier. برى مارى سورت بارغ سبارس *brī māri sū-rat bāraṅ sa-bāris*, envoyez ici seulement une ligne d'écriture (*M.*). ملنتغ — *bāris melintaṅ*, une rangée de soldats. بوجر — *bāris būjur*, une colonne. سبله — *bāris sa-belàh*, porter les armes. — اجر *ājar bāris*, apprendre à porter les armes, faire l'exercice (*H. Ab.* 99). برديرى بارس تمبل بالق سرت بربوڽى تمبر *ber-dìri bāris tim-bul bālik serta ber-būñi tam-bur*, faire sortir la garde en présentant les armes et tambour battant (*M.*). اى برجالن در بلاكغ منجادى فنوتف اكن بارس رجاراج سكلين *ia ber-jālan deri blākaṅ men-jādi penūtup ākan bāris raja-rāja sa-kalī-an*, il venait derrière pour fermer la marche des troupes commandées par tous les princes (*R.* 143). بارس داتس دان بارس دباوه *bāris di-ātas dān bāris di-bāwah*, les signes qui marquent les voyelles *a* et *i* dans l'écriture (v. Gram.).

بربارس *ber-bāris,* qui forme des rangs, qui porte les armes, faisant l'exercice.

ممبارسكن *mem-bāris-kan,* mettre quelque chose en rang, faire former des rangs. دبارسكنڽ انم بلس كفل فرغ *di-bāris-kan-ña anàm blàs kapàl pràṅ*, ils mirent en rang de bataille seize bâtiments de guerre (*H. Ab.* 426).

بريسن *barīs-an,* qui est mis en rang; régiment, troupes; endroit où se fait l'exercice.

فمبريسن *pem-barīs-an,* action de faire l'exercice, exercice, manœuvre.

[Jav. et Sund. [Javanese script] *baris.* Bat. [Batak script] *mamaris,* faire des décharges d'artillerie pour quelque réjouissance. Mak. [Makassarese script] *barisi.* Day. *baris.* Tag. [Tagalog script] *barlir* et Bis. [Bisaya script] *badlis,* ligne, raie.]

بارس ***bārus,*** nom d'une place située sur la côte ouest de Sumatra, d'où l'on tire un camphre de première qualité, que l'on nomme — كافر *kāpur bārus.*

بال **bāla** (S. बल *bala*, force militaire, armée), le peuple, les sujets, les simples soldats d'une armée. سكل بال تانه ايت *segala bāla tānah itu*, tous les habitants de ce pays. جك انق منترى ممبونه انق بال *jika ānak mantrī mem-būnuh ānak bāla*, si le fils d'un ministre tue le fils d'un homme du peuple (*M.*). تنتار — *bāla tantāra*, le gros d'une armée. مك راج سمت داتڠ دڠن سكل بال تنتران *maka rāja semut dātaṅ deṅan segala bāla tantarā-ña*, alors le roi des fourmis arriva avec toute son armée (*Indr.* 263). اى ميوره برهنتى رعيتن بال تنتران *ia meñūruh ber-henti rayat-ña bāla tantarā-ña*, il ordonna à ses sujets, qui composaient son armée, de faire halte (*M.*).

[Jav. et Sund. ꦧꦭ *bala*. Bat. ᯅᯞ *bala*, confédéré.]

بالا **bālā** (Pers.), sur, au. v. باد *bād*.

بالله **billah** (Ar. de ب *bi* et الله *ilah*), par Dieu.

باله **bāluh**, la caisse d'un tambour, la partie qui est en bois.

بالى **bāley** (S. वलय *valaya*, clôture, enceinte), espèce d'édifice public et ouvert, où l'on se rassemble pour tenir conseil, pour donner audience, pour traiter les affaires publiques : salle d'audience ; pavillon : espèce d'hôtel de ville. — دتڠه *di-teṅah bāley*, au milieu de la salle d'audience, au milieu de l'assemblée. لڠكڤله نڬرى ايت دڠن كوت ڤارتن دان بالين *laṅkap-lah nagrī itu deṅan kōta pārit-ña dān bāley-ña*, il y avait dans cette ville une citadelle et un hôtel de ville (*M.*). كچل — *bāley kecil*, édifice en dehors du palais, et qui sert au ministre pour convoquer le peuple. كمبڠ — *bāley kambaṅ*, maison bâtie sur l'eau et fixée avec des pieux. لنتڠ — *bāley lintaṅ*, le lieu où, à bord des navires, on se réunit pour délibérer, salle du conseil (*Cod. Mal.* 411). بوجر — *bāley bujur*, le lieu qui, à bord des bâtiments, est affecté aux divertissements des مدمود *mudamūda* (*Cod. Mal.* 412). ڬندڠ — *bāley gendaṅ*, place où se tiennent les musiciens, orchestre. درم — *bāley derma*, maison de charité. روڠ — *bāley rūwaṅ*, *baley-rūwaṅ*, et بليرڠ *baleyruṅ*, le *bāley* du roi, la grande salle d'audience du prince.

مك اى نايقله كتاس بالى روغ ايت لالو دودق مپيه بكند *maka ia nāik-lah ka-ātas bāley rūwang itu lālu dūduk meñembah baginda,* il monta à la grande salle d'audience, et ayant repris sa place il salua le prince (*Indr.* 263). داون بالى هادف *dāun bāley hādap,* nom d'une plante médicinale dont les feuilles sont blanches par-dessus et vertes par-dessous, et sont employées pour guérir les blessures (*Kl.*). (Prob. pour داون بالق هادف *dāun bālik hādap,* v. s. بالق *bālik.*)

ڤربلين *per-balēy-an* ou ڤبلين *pe-balēy-an,* qui est devenu *baley,* le *baley,* la salle d'audience.

[Jav. ꦧꦊ *balé,* un banc. Sund. ꦧꦊ *balé,* édifice ouvert. Bat. ᯅᯞᯩ *balé,* cabane sur la tombe d'un roi. Day. *balai,* maison ouverte.]

باليو **bāliyu,** coupé, châtré.

بالو **bālaw** = همبالو *hambālaw.*

بالو **bālu,** veuf, veuve. لكلاكى — *bālu laki-lāki,* un veuf. — ڤرمڤوان *bālu perampūan,* une veuve. تڠݢلله بالو ددالم رومه بڤام *tinggal-lah bālu di-dālam rūmah bapā-mu,* demeurez veuve dans la maison de votre père (*B.* 62). بولس دان بالو *būlus dān bālu,* privée de ses enfants et de son époux (*M.*).

كبلوءن *ka-balū-an,* qui est veuf, ou veuve: viduité. اى تڠݢلكنله سݢل ڤكاين كبلوءنڽ *ia tinggal-kan-lah segala pakēy-an ka-balū-an-ña,* elle quitta ses habits de veuve (*B.* 62).

[Bat. ᯅᯞᯮ *balu.* Mak. ᨅᨒᨘ *balu.* Day. *balo.* Tag. et Bis. ᜊᜎᜓ *balo.*]

بالق **bālik,** derrière, au-delà, de nouveau; tourné, retourné. دبالق ڤنتو *di-bālik pintu,* derrière la porte. كبالق ݢونوڠ *ka-bālik gūnung,* au-delà des monts. بوكت — *bālik būkit,* derrière la colline. ماتا — *bālik māta,* jonglerie. بالقڽ *bālik-ña,* l'inverse, le contraire. كمبالى — *bālik kombāli,* revenir, venir de nouveau. — ساكت *bālik sākit,* rechute dans une maladie. — ڤوتر *pūtar bālik,* chercher à embrouiller une chose par beaucoup de paroles. ادب — *bālik adab,* à rebours des bonnes manières, grossièrement. چاك — *bālik xāga,* nom d'une plante à fleurs (*hibiscus mutabilis*). داون بالق هادف *dāun bālik hādap,* nom d'une plante dont les feuilles sont blanches d'un côté. v. sous بالي *bāley*.

Prov. بالق بلاكڠ لاين بچار *bālik blākang lāin bicāra*, le dos tourné, un autre langage: se dit de ceux qui parlent en notre absence autrement qu'en notre présence.

بالق بله *bālik-belàh*, بلق بالق *belàk-bālik* ou بولق بالق *bōlak-bālik*, sans dessus-dessous, bouleversé, renversé, détruit. سڤاي جاڠن كبالق بله اكن سبوه نݢري ايت *supāya jāngan ku-bālik-belàh ākan sa-būah nagrī itu*, afin que je ne détruise pas cette ville (*B.* 26).

بربالق *ber-bālik*, qui se tourne, qui retourne, se retourner. مك توان رتن ڤون بربالق ككيري *maka tūan retna pūn ber-bālik ka-kīri*, alors la jeune Retna se tourna à gauche (*Ism. Yat.* 29). اي بربالق ڤول *ia ber-bālik pūla*, elle se retourna de nouveau (*R.* 170). بربالقله اي كنݢرين *ber-bālik-lah ia ka-nagrī-ña*, il retourna dans son pays (*M.*).

ممبالق *mem-bālik*, tourner, retourner. استري توانڽ ممبالقله متاڽ كڤد يوسف *istrī tūan-ña mem-bālik-lah matā-ña ka-pada yūsuf*, la femme de son maître tourna les yeux sur Joseph (*B.* 63).

تربالق *ter-bālik*, qui est tourné, que l'on a tourné; de travers. مكاڽ تربالق كبلاكڠ *mukā-ña ter-bālik ka-blākang*, sa figure tournée par derrière (*B.* 13).

ممبليكي *mem-balīk-i*, retourner à, revenir à quelque chose. مالو همب ممبليكي لاݢي *mālu hamba mem-balīk-i lāgi*, il serait honteux à moi d'y revenir encore (*S. Mal.* 208).

ممبالقكن *mem-bālik-kan*, tourner q. ch., faire retourner, renverser q. ch. كمدين دبالقكنڽ كڤلڽ *kamudian di-bālik-kan-ña kapàl-ña*, ensuite ils firent retourner leur navire (*H. Ab.* 12). دبالقكن الله بوڠنڽ كباوه *di-bālik-kan allah bubūng-an-ña ka-bāwah*, que Dieu le renverse, en en mettant le haut en bas (*S. Mal.* 34). بلاهن — *bālik-belāh-an*, bouleversement, destruction, ruine. مك دسورهڽ لوط كلوار در تڠه٢ بالق بلاهن ايت *maka di-sūruh-ña luṭ ka-lūar deri tengah-tengah bālik-belāh-an itu*, il fit sortir Lot, afin qu'il ne se trouvât pas dans la destruction (de ces villes) (*B.* 26).

قمبليكن *pem-balik-an*, action de tourner, de renverser, de renvoyer.

كبليكن *ka-balik-an*, qui est retourné, renvoyé.

[Jav. ꦮꦭꦶꦏ꧀ *walik*. Sund. ᮘᮜᮤᮊ᮪ *balik*. Bat. ᯅᯞᯪᯂ᯲ *balik*. Mak. ᨅᨒᨗ *bali*. Day. *balik*. Tag. et Bis. ᜊᜎᜒ *balik*.]

بالق **bālok̩** et **bālak̩** (Holl. *balk*), poutre, pièce de bois. — كڤال *kapāla bālok̩*, bloc de bois. دڤكوكن كڤد سواتو كڤال بالق *di-pakū-kan ka-pada suātu kapāla bālok̩*, on le cloue à un bloc de bois (*H. Ab.* 28).

[Sund. ᮘᮜᮧᮊ᮪ *balok*. Mak. ᨅᨒᨚ *balo*. Day. *balok*.]

بالق **bāluk̩** (Espag. *faluca* ou Ar. فلك *fulk*), nom d'un petit bâtiment à voile pouvant entrer dans les rivières, espèce de felouque.

[Sund. ᮘᮜᮥᮊ᮪ *baluk*.]

بالغ **bālang**, flacon, bouteille, aiguière. سڤرتي مانكم ددالم بالغ *seperti mānikam di-dālam bālang*, ressemblait à des perles dans un flacon (*S. Bid.* 9).

بالغ **bālang**, jeté, lancé.

ممبالغ *mem-bālang*, jeter, lancer.

ممبالغكن *mem-bālang-kan*, jeter, lancer q. ch. مك كبالغكن چقمرك اين كڤداڽ *maka ku-bālang-kan cokmar-ku ini kapadā-ña*, je lui aurais lancé ma massue (*Amir Hamz.* 205).

[Jav. et Sund. ꦧꦭꦁ *balang*.]

بالغ **bālang** = بلالغ *bilālang*.

[Jav. ꦮꦭꦁ *walang*.]

بالغ **bālang**. — سمڤن *sampan bālang*, nom d'un bateau à deux mâts, un peu plus grand que le *sampan jōhor* (*Kl.*).

بالغ **bāling**, jeté, lancé (*Cr.*). v. بالغ *bālang*.

بالغ **bālung**, crête de coq. بالغ٢ هايم *bālung-bālung hāyam*, nom d'une plante dont la fleur ressemble à une crête de coq. — كولت *bālung kūlit*, cavité longitudinale dans le tronc d'un arbre, autour de laquelle l'écorce a poussé (*Kl.*).

بربالغ *ber-bālung*, qui a une crête, crêté.

بلوغن *balūng-an*, ce qui est crêté, une crête.

بالغ٢ **bāling-bāling**, girouette.

بالت **bālut,** sachet, pochette, enveloppe, être dans un sac, dans une enveloppe. ملك دبالتن دغن كاين كونڠ *maka di-bālut-ña dergan kāin kūniŋ*, il la mit dans un sac d'étoffe jaune (*H. Ab.* 121).

ممبالت *mem-bālut,* mettre dans un sachet, envelopper.

[Bat. [illegible] *balut.* Mak. [illegible] *balu*, rouler autour de. Tag. [illegible] *balot*, envelopper.]

بالت **bālut,** des yeux gonflés à force de pleurer. متاڽ بالت بكس مناڠس *matā-ña bālut bakàs menāŋis*, ses yeux gonflés annonçaient qu'elle avait pleuré (*S. Bid.* 72).

[Jav. [illegible] *balut.*]

بالن **bālun,** roulé comme une natte.

بالن **bālun,** battu, frappé.

بالم **bālam,** nom d'un pigeon de couleur brun-clair.

بالم **bālam,** une espèce de bois de construction.

بالم٢ **bālam-bālam,** à peine visible, dans le lointain (*Kl.*).

بالر **bālar,** tache blanche sur la peau; égratigné, écorché, balafré (*Kl.*).

بالر **bālur,** v. بيلر *bīlur.*

بالس **bālas,** réponse, récompense, vengeance; répondu, rendu. سورت — *bālas sūrat*, réponse à une lettre. بچار — *bālas bixāra*, réplique à une observation. اڤاكه بالسڽ *apā-kah bālas-ña*, quelle sera sa récompense? بوڽي — *bālas būñi*, un écho.

Prov. اڤام اورڠ چمڤق بوڠ دبالس چمڤق تاهي *upāma ōraŋ xampak būŋa di-bālas xampak tāhi*, comme quelqu'un qui envoie une fleur et auquel on renvoie de l'ordure. Pour dire qu'un bienfait a été récompensé par de l'ingratitude.

بربالس *ber-bālas*, qui a une réponse, répondant, rendant.

ممبالس *mem-bālas*, répondre, répliquer, rendre, récompenser, punir. جك اي ممبالس *jika ia mem-bālas*, s'il réplique (*Cod. Mal.* 401). كامو سده ممبالس جاهت ݢنتي بايق *kāmu sudah mem-bālas jāhat ganti bāik*, vous avez rendu le mal pour le bien (*B.* 73). ڤنتن — *mem-bālas pantun*, répondre à un couplet par un autre couplet. حريم — *mem-*

bālas marīam, répondre à un salut d'artillerie. دندم — *mem-bālas dendam*, venger.

ممبالسکن *mem-bālas-kan*, répondre à quelque chose, venger, p. ex. une injure, rendre une chose. جکلو اغکو ݢاݢه ڤرݢيله بالسکن کمتين بڤام *jikalaw aŋkaw gāgah pergi-lah bālas-kan ka-matī-an bapā-mu*, si tu es courageux, va venger la mort de ton père (*R.* 62). يا الله تعالى بالسکن اوليهمو کيراڽ کسوکارن حال اکو ڤد عمر *yā allah taāla bālas-kan ūleh-mu kirā-ña ka-sukār-an ḥāl āku pada omar*, ô Dieu très-haut, rendez, je vous en prie, à Omar la misère que je souffre (*M. R.* 85).

بربالسکن *ber-bālas-kan*, qui répond à quelque chose, qui venge quelque chose. هندق بربالسکن کمتين سودارسهاي *hendak ber-bālas-kan ka-matī-an sūdāra sahāya*, voulant venger la mort de notre frère (*S. Mal.* 197).

ڤمبالسکن *pem-bālas-kan*. اڤ کراغن ڤمبالسکن دي *apa garāŋ-an pem-bālas-kan dia*, que pourrions nous faire pour le récompenser? (*S. Bid.* 144).

تفربالسکن *te-per-bālas-kan*, qui est vengé, qui est puni. بارغسياڤ يغ ممبونه قين توجه کالي تفربالسکن *bāraŋ-siāpa yaŋ mem-būnuh ḳayin tūjuh kāli te-per-bālas-kan*, quiconque tuera Caïn, en sera puni sept fois (*B.* 6).

ڤمبالس *pem-bālas*, celui qui répond, qui venge, vengeur.

ڤمبلاسن *pem-balās-an*, action de rendre, de venger, vengeance.

ڤربلاسن *per-balās-an*, ce qui est fait en retour, rétribution.

کبلاسن *ka-balās-an*, rétribution, satisfaction.

[Jav. *wales*. Sund. *bales*. Bat. *balos*. Mak. *balasa*. Day. *baléh*. Bis. *balas*, rendre. *balus*, vengeance.]

بالحق **bi-el-ḥaḳ**, en verité, de حق *ḥaḳ*.

بالغ **bālig** (Ar. بلغ), adulte, pubère, nubile, parvenu à l'âge de discrétion. انقك تله بالغ *ānak-ku telàh bālig*, mon enfant est parvenu à l'âge de discrétion. کانق٢ يغ بلم بالغ *kānak-kānak yaŋ belùm bālig*, des enfants qui n'ont pas encore atteint l'âge de puberté. اد يغ سده سمڤي عمرن بالغ *ada yaŋ sudah sampey* ụmur-ña bālig, quelques-uns étaient arrivés à l'âge nubile. — عقل ạkal bālig, parvenu à l'âge de discrétion.

[Jav. et Sund. ꦧꦭꦺꦒ꧀ ba-lég.]

باسه bāsah, mouillé, humide. — ڤكاين pakēy-an bāsah, des habits mouillés. هابسله باسه دان كدغينن hābis-lah bāsah dān ka-diṅgīn-an, tout-à-fait mouillé et froid (*M.*). دان سڬل رماڽ ڤون لاڬي باسه dān segala rumā-ña pūn lāgi bāsah, et son poil était encore tout mouillé (*R.* 130).

Énig. انق راج مندى تاءباسه ānaḳ rāja mandi tā-bāsah, un jeune prince qui se baigne sans se mouiller. كلادى kelādi, le tubercule nommé *keladi* qui croît dans les endroits marécageux.

مماسه mem-bāsah, mouiller, humecter (*R. V.*).

مماسهكن mem-bāsah-kan, mouiller ou faire mouiller quelque chose, rendre une chose humide. هوجن مماسهكن بومى hūjan mem-bāsah-kan būmi, la pluie humecte la terre (*N. Phil.* 78).

بساهن basāh-an, ce qui est mouillé; humidité. — كاين kāin basāh-an, un habit de bain (*H. Ab.* 215).

ڤمبساهن pem-basāh-an, action d'humecter, arrosage (*R. V.*).

[Jav. ꦧꦱꦃ basah, pourri, gâté. ꦧꦱꦲꦤ꧀ basahan, vêtement officiel. Bat. ᯅᯘ ba-so. Mak. ᨅᨔ basa. Tag. et Bis. ᜊᜐ basa.]

باسه bāsuh, lavé; être lavé, purifié. توان ڤتري ايتڤون باڠون لالو باسه موك tūan putri ītu-pūn bāṅun lālu bāsuh mūka, la princesse se leva et se lava le visage (*M.*).

مماسه mem-bāsuh, laver, purifier. مك بڬند ڤون مماسه باجو دان سلوارڽ maka baginda pūn mem-bāsuh bāju dān selūar-ña, alors le prince lava son habit et son pantalon (*Sul. Ibr.* 3).

مماسهكن mem-bāsuh-kan, laver ou faire laver quelque chose. اى سوره كڤد بودق٢ مماسهكن ڤاڤن ia sūruh ka-pada būdaḳ-būdaḳ mem-bāsuh-kan pāpan, elle ordonnait aux enfants de laver la planchette (*H. Ab.* 20).

ڤمباسه pem-bāsuh, qui lave, ou sert à laver, un laveur. — تمڤت tampat pem-bāsuh, un endroit qui sert à laver, un lavoir.

ممبسوهن *pem-basūh-an*, action de laver, lavage.

[Jav. ꦲꦱꦸꦃ *asuh*, ꦩꦱꦸꦃ *masuh.*]

باسى **bāsey,** une enflure jaune du corps, qui ne peut se guérir lorsqu'elle vient aux jambes.

باسى **bāsi,** moisi, chanci; odeur de moisi; moisissure. — ناسى يڠ *nāsi yang bāsi*, du riz cuit moisi. — ڤوچت سڤرت *pūxat seperti bāsi*, pâle comme de la moisissure. — مولت *mūlut bāsi*, bouche qui sent mauvais, qui sent le moisi.

باسى **bāsi,** change, frais du change, agio.

[Jav. ꦧꦱꦶ *basi.*]

باسى **bāsi,** un plat pour le potage. كاسر — *bāsi kāsar*, une sorte de plats grossiers venant de Chine. توتڤ — *bāsi tūtup*, espèce de plat ou de bassin qui sert à couvrir.

[Sund. ꦧꦱꦶ *basi*, un grand plat.]

باسڠ **bāsung,** racines d'un certain bois très-tendre, et très léger, dont on se sert pour faire des poignées de certains instruments, des flottes de lignes à pêcher, de filets etc.

[Bat. *basung.*]

باسل **bāsal,** enflure causée par des sérosités, hydropisie.

بازار **bāzār** (Pers.), marché, bazar. v. ڤاسر *pāsar*.

باطن **bāṭin** (Ar. بطن), intérieur, caché, occulte. هندقله منترى ايت سوچى اداڽ دڠن ظاهر دان باطن *hendaḳ-lah mantrī ītu sūxi adā-ña dengan ẓlāhir dān bāṭin*, il faut qu'un ministre soit pur intérieurement et extérieurement (*M. R.* 119).

[Jav. et Sund. ꦧꦠꦶꦤ꧀ *batin.*]

باطل **bāṭil** (Ar. بطل), faux, vain, inefficace, injuste. حق دان باطل *ḥaḳ dān bāṭil*, le juste et l'injuste.

ممباطلكن *mem-bāṭil-kan*, rendre inefficace.

بہ **bah,** débordement, inondation, déluge. — موسم *mūsim bah*, la saison des pluies, temps où débordent les rivières. اير ڤون بهله نݢرى ايت *āyer pūn bah-lah nagrī ītu*, l'eau inonda la ville (*M.*). ترڤلهار درڤد اير بہ *ter-peli-*

hāra deri-pada āyer bah, préservé du déluge (*H. D.* 10).

به **beh, buh,** lit, matelas (*Cr.*).

به **behi** (Ar.), dans lui, sur lui. v. ب *bi*.

بهاي **bahāya, bāya** (S. भय *baya*, effrayant), danger, malheur, désastre. ڤد كتيك بهاي *pada kotika bahāya*, au moment du danger. دلوڤتكن الله اورڠ ايت درڤد بهاي *di-lūput-kan allah ōrang itu deri-pada bahāya*, Dieu préservera ces gens du danger (*M.*). (Ce mot, sans changer de sens, se joint à مار *māra*, qui a la même signification). اكن جادي تولق مار بهاي *ākan jādi tūlak māra bahāya*, pour avoir été préservé du danger (*Cod. Mal.* 406).

بربهاي *ber-bahāya*, dangereux, qui est en danger. سأورڠ رعية ڤون جاڠن بربهاي *sa-ōrang rayat pūn jāngan ber-bahāya*, qu'aucune des personnes du peuple ne soit en danger (*Ism. Yat.* 88).

[Jav. et Sund. ꦧꦪ *baya*.]

بهاڬى **bahāgi** (S. भाग *bāga*), part, division; partagé, divisé; être partagé. سبهاڬى كڤد سڬل فقير دان مسكين دان يڠ تيڬ بهاڬى ايت اكندى *sa-bahāgi ka-pada segala fakir dān miskin dān yang tiga bahāgi itu ākan dia*, une part pour les fakirs et les pauvres, et les trois autres parts pour lui (*R.* 55). سوروهن بهاڬى دو ڤربندهراءن *sūruh-ña bahāgi dūa per-bendaharā-an*, il voulut que le trésor fut partagé en deux (*M.*).

بربهاڬى *ber-bahāgi*, qui est en parts, qui se divise, qui partage. اى اكن بربهاڬى جراهن *ia ākan ber-bahāgi jarāh-an*, il partagera les dépouilles (*B.* 83).

ممبهاڬى *mem-bahāgi*, partager, diviser. رمڤاسن — *mem-bahāgi rampās-an*, partager le butin.

تربهاڬى *ter-bahāgi*, qui est partagé, divisé: qui peut être partagé: divisible. دو — *ter-bahāgi dūa*, partagé en deux.

ممبهڬيكن *mem-bahagi-kan*, diviser q. ch., faire le partage d'une chose. مك ڤڠانن ايتڤون دبهڬيكنله كڤد سڬل بودق٢ *maka pangānan itu-pūn di-bahagi-kan-lah ka-pada segala būdak-būdak*, et les gâteaux sont partagés entre les enfants (*H. Ab.* 30). دبهڬيكنڽ ڤد مريكئيت هيدڤهدوڤن *di-bahagi-kan-ña pada ma-*

rīka-ītu hīdup-hīdūp-an, il leur fit le partage de ses biens (*N.* 127).

ڤمباڬی *pem-bahāgi*, qui divise, diviseur, distributeur, dispensateur.

بهاڬين *bahagī-an*, division, portion. بريله ڤداك بهاڬين هرت يڠ تنتو *brī-lah padā-ku bahagī-an harta yaṅ tantu*, donnez-moi la portion qui me revient (*N.* 127).

ڤمبهاڬين *pem-bahagī-an*, action de partager, de diviser; partage, dispensation.

ڤربهاڬين *per-bahagī-an*, ce qui est divisé, partagé; partie, division.

[Kw. ꦧꦒ *baga*. Jav. ꦧꦒꦺ *bagé*. Sund. ᮘᮌᮤ *bagi*. Bat. ᯅᯎᯪ *bagi*. Day. *bagi*.]

بهان **bahāna** (S. बाणि *bāṇi* et वाणी *vāṇī*, discours), voix, parole; son, bruit, cris. بهاناڽ تياد لاڬی بربوڽی *bahaṇā-ña tiāda lāgi ber-būñi*, sa voix cessa de se faire entendre (*M.*). بهاناڽ سڤرتي لاڠيت اکن رنته رساڽ *bahanā-ña seperti lāṅit ākan runtuh rasā-ña*, leurs clameurs étaient telles qu'on aurait dit que le ciel allait s'écrouler (*R.* 139). بهاناڽ مولت سکل بناتڠ *bahanā-ña mūlut segala bīnātaṅ*, les cris de toute espèce d'animaux. بهاناڽ سمڤيله کادر *bahanā-ña sampeylah ka-udara*, le bruit (des tambours) s'éleva jusqu'aux nues (*M.*).

بربهان *ber-bahāna*, qui sonne, qui produit un bruit, qui prononce des paroles. بڬيندا ترسنيم لالو بربهان *baginda ter-sinñum lālu ber-bahāna*, le prince se mit à rire et fit entendre sa voix (*S. Bid.* 67).

ممبهاناکن *mem-bahanā-kan*, faire produire un son; dire q. ch. تياداله اي بهاناکن راج *tiadā-lah ia bahanā-kan rāja*, il ne mentionne pas le roi (*Kal. dan Dam.* 37).

On trouve aussi بهنا *bahanā*. [Jav. ꦧꦤꦶ *bani*.]

بهار **bahāra** (S. भार *bhara*, poids d'environ 150 kilog.), nom d'un poids qui varie selon les lieux et les choses que l'on pèse: un *bahar*. Dans beaucoup d'endroits le *bahara* de clous de girofle est de 550 livres, celui de muscades est de 571 livres, tandis que celui de poivre serait seulement de trois *pikul*, ou 375 livres. امس دان ڤيرق برڤولهٓ بهار *amàs dān pērak ber-pūloh-pūloh bahāra*, des *bahars* d'or et d'argent par dizaines (*R.* 66). لاد سڤوله بهار ليم بلس ريل سبهار *lāda sa-pūloh bahāra līma blās réal sa-bahāra*, dix bahars de poivre, à quinze piastres par *bahar* (*M.*).

Le *bahar* est en usage dans une grande partie du monde, mais avec des valeurs différentes. Selon Richardson le بهار *bahār* persan serait de 600 livres, et le *bahar* arabe de 400 livres. Les Coptes ont aussi leur *bahar*, pesant, selon les uns, trois cents, selon d'autres, quatre cents, ou six cents, ou mille livres. En hindoustani بهار *bahār*, signifie un gros poids d'or: un fardeau.

[Kw. *bara* et Mak. *bara*, cent millions. Bis. *bala*, charger sur le dos. Comp. Gr. *βάρος*, poids.]

بهار **bahāra**, ferme, solide; lesté; intrépide.

بهاري **behārī**, civilisé, poli, qui a de bonnes manières, gracieux. ماسقله بݢند راج يڠ بهاري *māsuk-lah baginda rāja yaṅ behārī*, entra le prince, roi gracieux (*S. Bid.* 30).

Ce mot est probablement une corruption du Pers. بهراى *behrai*, prudent, judicieux, qui conclue ou qui décide bien. On trouve (*S. Bid.* 55). دمكين تعبيرڽ اورڠ يڠ بهاري *demikian tabīr-ña ōraṅ yaṅ behārī*, c'est ainsi que l'expliquent les devins.

بهاري **behārī** (Pers.), printannier vernal. — طوفان *ṭūfān behārī*, bourrasque équinoxiale.

بهارو **bahāru**, nouveau, frais, récent, neuf; aussitôt après, de nouveau. — رومه *rūmah bahāru*, une maison neuve. — روتي *rōtī bahāru*, du pain frais. — اورڠ *ōraṅ bahāru*, un nouveau venu, un novice. اورڠ ممبوبه اير اڠݢر بهارو كدالم خيك٢ بهارو *ōraṅ mem-būbuh āyer aṅgūr bahāru ka-dālam kīk-kīk bahāru*, on met le vin nouveau dans des outres neuves (*N.* 14). بڽيڽين يڠ تياد بربوڽي ايتڤون بهروله بربوڽي *buñi-buñi-an yaṅ tiāda ber-būñi itu-pūn baharū-lah ber-būñi*, et les instruments de musique qui avaient cessé commencèrent de nouveau (*R.* 57). سكارڠ — *bahāru sa-kāraṅ*, à présent. اين — *bahāru īni*, à l'instant. تادي — *bahāru tādi*, il y a un instant, tout à l'heure.

ممبهروءي *mem-baharū-i*, renouveler, remettre à neuf. مك اڠكوله اكن ممبهروءي كلكوون بومي *maka aṅkaw-lah ākan mem-baharū-i ka-lakū-an būmi*, et vous renouvellerez la face de la terre (*B.* 881). نكاح — *mem-baharū-i nikāḥ*, renouveler un mariage, reprendre une femme que l'on avait répudiée (*D. M.* 263).

بهاربهروان *bahāru-baharū-an*, tout nouveau.

فمبهروان *pem-baharū-an*, action de renouveler, renouvellement.

كبهروان *ka-baharū-an*, ce qui est nouveau, ce qui est renouvelé: nouveauté, innovation.

[Jav. [illegible] *wahu*. Sund. [illegible] *baru*. Bat. [illegible] *im-baru*. Mak. [illegible] *béru*. Bug. [illegible] *baru*. Tag. et Bis. [illegible] *bago*.]

بهاس **bahāsa, bāsa** (S. भाषा *bāša*), langue, langage; conduite, bonnes manières. ملايو — *bahāsa malāyu*, la langue malaise. جاوى — *bahāsa jāwi*, la langue propre du pays sans mélange. جاو — *bahāsa jāwa*, la langue javanaise. دالم — *bahāsa dālam*, la langue de la cour. بغساون — *bahāsa bangsā-wan*, le langage poli. كچوكن — *bahāsa kačūk-an*, langage corrompu, mêlé. كاسر — *bahāsa kāsar*, langage grossier. — طبيب *bahāsa ṭabīb*, le langage

des médecins, terme médical. همب تياد تاهو بهاس اورغ دالم نكرى اين *hamba tiāda tāhu bahāsa ōrang dālam nagrī īni*, je ne sais pas la langue des gens de ce pays (*R.* 68). كورغ فاتت بهساڽ *kūrang pātut bahasā-ña*, ses manières ne sont pas convenables. اورغ يغ تياد تاهو بهاس *ōrang yang tiāda tāhu bahāsa*, une personne peu versée dans les bonnes manières (*M.*).

Prov. بهاس ايت تياد دجول اتو دبلى *bahāsa itu tiāda di-jūal ātaw di-belī*, la parole ne se vend ni ne s'achète. Le sens est: les paroles sont prononcées sans dépense; si elles sont bonnes, la réponse le sera aussi. Autre prov. سبب بهاس منونجقكن بغس *sebāb bahāsa menunjuk-kan bangsa*, le langage fait connaître la personne.

بربهاس *ber-bahāsa*, qui sait bien parler, avoir un langage poli, avoir de bonnes manières. اى بربهاس دغن اورغ *īa ber-bahāsa dengan ōrang*, il avait un langage poli envers tout le monde (*H. Ab.* 82).

ممبهساكن *mem-bahasā-kan*, traduire, mettre dans une langue; rendre poli (*R. V.*).

فربهساءن *per-bahasā-an*, langage, manières polies; sentence, proverbe.

[Jav. et Sund. ꦧꦱ *basa*. Mak. et Bug. ᨅᨔ *basa*. Day. *basa* et *bahasa*.]

بهين **behīna,** très, tout-à-fait, extrêmement, complètement, partout. — بپين *buñī-ña behīna*, le son en est très-fort. سالهن تياد — *sālah-ña tiāda behīna*, sa faute n'est pas extrêmement grande. دڠن بهينان ساڠت *deŋan behīnā-ña sāŋat*, dans une grande détresse. ورن توبهن تياد ڤوته بهين *warna tūbuh-ña tiāda pūtih behīna*, la couleur de son corps n'était pas extrêmement blanche (*H. Ab.* 82). دالم داترن باتر بهين *dālam di-ātur-ña bātur behīna*, en dedans (de la prison) il y a des galeries partout (*H. Ab.* 111).

بهو **bahuwa, bahwa** (S. भाव *bāva*, existence d'une chose), mot qui se place au commencement d'un écrit, comme pour attirer l'attention, et aussi, au commencement d'une phrase ou d'un membre de phrase, et peut se traduire par: voici, attendu que, or, mais, quant à, effectivement, réellement. Souvent il répond à notre *que*, conjonction. بهو اين سورت تابق بايق داتڠ درڤد *bahwa īnī sūrat tābek bāñak dātaŋ deri-pada*, voici une lettre de compliments venant de la part de, etc. بهو دچرتراکن *bahwa di-xeriterā-kan*, attendu qu'on raconte. بهو تياد لاڬي شك *bahwa tiāda lāgi šak*, or, il n'y a plus de doute. بهو سسڠڬوهن *bahwa sa-suŋguh-ña*, mais il est bien certain. دچرتراکن بهواد سورڠ راج *di-xeriterā-kan bahwa ada sa-ōraŋ rāja*, on raconte qu'il y avait un roi. جکلو اى شك اکن بناتڠ بهو بناتڠ ايت هارس دماکن *jikalaw ia šak ākan binātaŋ bahwa binātaŋ itu hārus di-mākan*, s'il doute que ce soit un animal bon à manger.

بهق **behek** (Ar.), dartre, maladie de la peau. ڤياکت بهق دان برص يڠ ترجاهت *peñākit behek dān bereṣ yaŋ ter-jāhat*, les dartres et la lèpre sont des maladies très-mauvaises (*M. R.* 21).

بهکن **behkan,** oui, vraiment, assurément, cela même, oui bien. اتو بوکن — *behkan ātaw būkan*, oui ou non, cela est ou n'est pas. بهکن اکوله منتري سلطان *behkan akū-lah mantrī sulṭān*, oui.

c'est moi qui suis le ministre du Sultan (*M. R.* 217). درفد بهکن ايت *deri-pada behkan ītu*, d'après cette assurance.

[Kw. *beh*, exact, vrai.]

بهگی **bahagīya, bahagīa** (S. भाग्य *bagya*, sort), fortune, bonheur, béatitude, de bon augure. — اورغ *ōrang bahagīa*, gens de fortune, les bienheureux. ترلالو سکالی بهگی کامو *ter-lālu sa-kāli bahagīa kāmu*, vous êtes extrêmement heureux (*Mir. Moh.* 51). اڤ ݢراعن بهگی همب *apa garāng-an bahagīa hamba*, combien grand est mon bonheur! (*M.*).

بربهگی *ber-bahagīa*, qui a du bonheur, fortuné, heureux. بربهگیاله اورغ ايت يغ منداڤت دمکين تمن *ber-bahagiā-lah ōrang ītu yang men-dāpat demikīan temàn*, heureux l'homme qui trouve un tel ami (*M. R.* 219). بربهگیاله سکل اورغ يغ جينق هتين *ber-bahagiā-lah segala ōrang yang jinak hatī-ña*, bienheureux ceux qui sont doux de cœur (*N.* 6). ترلالو سکالی بربهگی محمد ککاسه الله *ter-lālu sa-kāli ber-bahagīa mohammed ke-kāsih allah*, Mahomet est extrêmement heureux d'être l'ami de Dieu (*Mir. Moh.* 5).

[Jav. *bagya*. Sund. *bagia*. Bat. *badiya*.]

بهترا **bahatrā** (S. वहित्र *vahitra*), bateau, canot, bâtiment, galère; l'arche. نايق بهترا اتو ڤراهو لالو برلاير *nāik bahatrā ātau prāhu lālu ber-lāyar*, embarquez-vous sur une galère ou sur un autre bâtiment, et mettez à la voile. تورنکن بهترا داينغ٢ *tūrunkan bahatrā dāyung-dāyung*, lancez à l'eau la galère à plusieurs rames. سده حاضر الات بهترا *sudah hādlir alāt bahatrā*, les matériaux sont prêts pour l'équipement du vaisseau (*M.*). بوتله اوله‌م سبوه بهترا *būat-lah ūleh-mu sa būah bahatrā*, construisez une arche (*B.* 8).

[Jav. *bahita*.]

بهن **behna**, indifférent, insouciant (*Cr.*).

بهر **behùr**, banc dans une rivière, endroit peu profond (*Cr.*).

بهرق **behrak**, v. بيرق *bērak*.

بهلقا **behlekā** (Ar.), v. بلاك *belāka*.

بي **bēya**, impôt, droit, péage, tribut. مغمبل بي کفل *meng-ambil* *bēya kapàl*, percevoir un droit sur les navires. جاڠن دڠاڠن اين كن بي *jāŋan dagāŋ-an īni kena bēya*, ces objets sont exempts de droit (*M.*). بي كربو *bēya karbaw*, péage qu'on perçoit sur les buffles.

ممبياكن *mem-beyā-kan*, établir un impôt sur quelque chose, rendre tributaire.

ڤبين *pabēyan*, bureau de péage.

Ce mot paraît venir du suivant dans le sens de *cauris* coquillages avec lesquels, autrefois, on payait l'impôt.

[Jav. [illegible] *béya*. Sund. [illegible] *béa* et [illegible] *béya*. Mak. [illegible] *béya*. Day. *bea*. Bis. [illegible] *bohis*, tribut.]

بي **bīya**, testacées, escargots, coquillages: cauris. سبله — *bīya sa-belàh*, coquillage univalve.

بي٢ *biya-bīya*, nom d'une sorte de féverolles. A Sumatra, on donne aussi ce nom à un arbuste dont les feuilles servent à enrouler le tabac (*Pij.*).

بياي **biyāya, biāya** (S. व्यय *vyaya*), dépense, débours; ration. — ملبهكن *me-lebèh-kan biāya*, augmenter la dépense. اد بياڽ تيڤ٢ هاري *ada biayā-ña tiap-tiap hāri*, il a sa ration journalière. لبه درڤد بياي مكانن *lebèh deri-pada biāya makān-an*, au-delà de la ration ordinaire de vivres. اكن بياي كندراءنڽ *ākan biāya kandarā-an-ña*, à titre de ration pour sa monture (*M.*). بياي مڠرڠكن دي اتس يڠ امڤوڽ *biāya meŋrìŋ-kan dia ātas yaŋ ampūña*, la dépense pour les faire sécher (les dattes) doit être faite par celui auquel elles appartiennent (*D. M.* 32).

بربياي *ber-biāya*, qui est de ration, qui a sa ration.

ممبياي *mem-biāya*, faire la dépense, donner la ration.

ممبياكن *mem-biayā-kan*, faire une dépense pour quelque chose: dépenser son argent; fournir ce qui est nécessaire à l'entretien de quelqu'un.

بربياكن *ber-biayā-kan*, qui dépense, qui s'entretient avec quelque chose (*Amir Hamza* 108)

ڤمبياي *pem-biāya*, qui fait la dépense; qui sert à l'entretien.

ڤمبياءن *pem-biayā-an*, l'action de faire la dépense, d'entretenir; dépense, entretien.

[Tag. [illegible] *biyaya*, salaire.]

بياوق **biyāwak**, l'iguane, espèce de gros lézard. داڽشله بياوق

تڠ‌لالو باڽق *dātaŋ-lah biyāwak ter-lālu bāñak,* il vint une très-grande quantité d'iguanes (*S. Mal.* 93). كابق — *biyāwak gābok,* سروني — *biyāwak sarūni,* تمباك — *biyāwak tembāga,* noms de différentes sortes d'iguanes.

ممياوق *mem-biyāwak,* imiter l'iguane, c'est-à-dire, ramper sur le ventre, ou marcher à quatre pattes.

بياد **biyāda,** femme, efféminé.

[Kw. ... *biyada,* servantes dans le Suralaya (le ciel).]

بيادب **bī-adab** (Pers.), sans manières, grossier, impoli. اڤ سبب‌ڽ اڠكو مڽرو اكو دتڠه جالن دڠن كلكوان بيادب ايت *apa sebàb-ña aŋkau meñerū āku di-teŋah jālan deŋan ka-lakū-an bī-adab ītu,* pourquoi m'apostrophes-tu ainsi au milieu du chemin, d'une manière impolie (*Kal. dan Dam.* 94).

v. ادب *adab.*

بياڤري **biyāprī, biāprī** (S. व्यापारि *vyāpāri*, occupé), marchand, négociant: expert, expérimenté. بياڤري يڠ كيكاي داتڠ *biāprī yaŋ kaya-kāya dātaŋ,* des marchands très-riches arrivèrent (*R.* 172).

On trouve aussi بيڤاري *bēpārī.*

بيارق **biyārak,** pour بياوق *biyāwak.*

بياس **biyāsa, biāsa** (S. अभ्यास *abyāça*), habitué, accoutumé; expert, adroit, usuel: être habitué. كارن اي سده بياس برسمسام دڠن توان ڤتري *kārna īa sudah biāsa ber-sama-sāma deŋan tūan putrī,* car elles étaient accoutumées à accompagner la princesse (*R.* 72). دسمبه‌ڽ سڤرت اورڠ بياس *di-sembah-ña seperti ōraŋ biāsa,* il fit son compliment comme quelqu'un qui est accoutumé. اورڠ سده بياس دڠن واڠ ايت *ōraŋ sudah biāsa deŋan waŋ itu,* on est accoutumé à cette monnaie. يڠ بياس دڤاكي *yaŋ biāsa di-pākey,* ce qu'il a coutume de porter sur soi (*M.*). هيلڠ بياس *hīlaŋ biāsa,* perdre l'habitude, se déshabituer.

ممبياساكن *mem-biasā-kan,* habituer quelqu'un, faire prendre une habitude. تياد دبياساكن‌ڽ منولس درڤد كچيل‌ڽ *tiāda di-biasā-kan-ña menūlis deri-pada kecìl-ña,* ils ne les habituent pas à écrire dès leur enfance (*H. Ab.* 26).

سفرت بڬيمان يڠ تله دبياساكن درڤد زمان دهولو *seperti bagīmāna yang telàh di-biasā-kan deripada zemān dahūlu*, comme cela s'est pratiqué de tout temps (*M.*).

كبياسائن *ka-biasā-an*, qui est habitué; qui est de coutume; habitude, usage.

[Kw. ꦧꦶꦪꦱ *biyasa*. Sund. ᮘᮤᮞ *bisa*. Bat. ᯅᯪᯛᯘ *bi-yasa*, être satisfait, être suffisant. Mak. ᨅᨗᨐᨔ *biyasa*. Tag. ᜊᜒᜑᜐ *bihasa.*]

بيهوش ***bī-hūš*** (Pers.), en défaillance, hors de ses sens. سكلين بيهوشله تياد خبركن دريڽ *sa-kalī-an bī-hūš-lah tiāda kabar-kan dirī-ña*, tous se trouvaient hors de leurs sens (*Amir Hamz.* 144). — اوبت بيهوش *ōbat bī-hūš*, drogue qui fait perdre les sens.

بيو ***bēyo***, nom d'une espèce d'étourneau, nommé aussi تيوڠ مس *tīyung màs* (*gracula religiosa*).

[Jav. ꦧꦺꦪꦺꦴ *béyo*. Mak. ᨅᨙᨐᨚ *béyo.*]

بيوق ***bēwak*** = بياوق *biyāwak*.

بيوكو ***biyōko***, nom d'une petite tortue (*L.*).

بيول ***biyōla, biōla*** (Port. *viola*), violon. اد يڠ ممالوكمبڠ بيول ماسيڠ٢ دڠن راڬمڽ *ada yang memālu gambang biōla māsing-māsing dengan rāgam-ña*, quelques uns touchaient le *gambang* ou le violon, chacun dans un ton particulier (*H. Ab.* 273).

[Sund. ᮘᮤᮚᮧᮜ *biyola*, Mak. ᨅᨗᨐᨚᨒ *biyola.*]

بيق ***bīyak, biak***, remâché, ruminé: la nourriture qui se trouve dans le premier ventricule des animaux ruminants. — مامه *mā-mah biak*, ruminer, remâcher.

بيق ***bīyak***, fertile, fécond; prolifique. بورڠ يڠ هيدڤ دڠن مڽمبر بورڠ لاين تياد منجادى بيق *būrung yang hīdup dengan meñambar būrung lāin tiāda men-jādi bīyak*, les oiseaux de proie ne sont pas prolifiques (*Exer.* 106).

بيك ***bēka***, manque de délicatesse, inconvenance, simplement, sans cérémonie.

بكبيك *beka-bēka*, d'une manière inconvenante (*M.*).

بيكو ***bīku*** (S. भिक्षु *bixu*, mendiant bouddhiste), ermite, solitaire. ملك برتمو دڠن سکل بيكو ڤرکى

كفد سواتو تمڤت ڤرتڤاءن *maka ber-temū dengan segala bīku pergi ka-pada suātu tampat per-tu-pā-an*, il rencontra des ermites qui se rendaient à un lieu de pénitence (*R.* 153).

[Kw. ꦮꦶꦏꦸ *wiku.* Siam. *phi-khu*, religieux, mendiant.]

بيكو **bīku,** dentelé, découpé, entaillé, cannelé.

بربيكو *ber-bīku,* qui est dentelé, qui a des entailles. باجو يغ تڤي بربيكو *bāju yang tepī ber-bīku,* un habit dont les bords sont dentelés (*Kl.*).

بيكو **bīku,** sorte de petit panier ou corbeille (*Kl.*).

بيكغ **bīkang,** nom d'une sorte de crêpes ou de beignets. همڤر تمڤت اورغ بركدى بيكغ *hampir tampat ōrang ber-kadèy bīkang,* près de la boutique d'un marchand de crêpes (*S. Mal.* 89).

ڤمبكاغن *pem-bikāng-an,* poêle où l'on cuit les *bikangs.*

On trouve aussi بڠكغ *beng-kang.*

[Jav. ꦧꦶꦏꦁ *bikang.*]

بيكت **bīkat,** épingle, brochette.

بربيكت *ber-bīkat,* qui a des épingles, épinglé.

ممبيكتكن *mem-bīkat-kan,* attacher avec des épingles, faire servir quelque chose d'épingle.

بربيكتكن *ber-bīkat-kan,* qui sert d'épingle, qui épingle quelque chose.

بيكن **bīkin,** fait, construit, arrangé, mis en ordre. كوا بيكن رومه *guā bīkin rūmah,* je fais une maison (litt.: une maison est par moi faite) (*H. Ab.* 316). يغ توان دورن سده بيكن بتل *yang tūan dorn sudah bīkin betùl,* que monsieur Doorn a mis en ordre (*Lett. Mal.*).

ممبيكن *mem-bīkin,* faire, arranger.

Ce mot est très-usité dans le langage vulgaire, surtout dans le détroit de Malacca: toutefois on ne le trouve dans aucun bon auteur; dans *H. Ab.* il est donné comme bas-malais. *Kl.* le fait venir de بايق *bāïk,* mais il me semble plutôt venir de quelque langue européenne, peut être de l'anglais *make,* faire, ou de *begin,* commencer, ou bien du hollandais *maken* ou de *begaan.*

بيكر **bīker,** pour بكر *biker.*

بيك٢ ou بڬيك **bīga-bīga,** danse en rond.

بربكيبك *ber-biga-bīga*, qui danse en rond; danser en tournant, p. ex. dans une danse guerrière; décrire des cercles en volant (*Kl.*).

ممبكيبك *mem-biga-bīga*, faire tourner quelque chose, p. ex. la langue, ou une chique dans la bouche (*Kl.*).

بيغ **bīyang.** لالا — *bīyang lāla*, arc-en-ciel.

بيغغ **bīngung,** troublé, déconcerté, stupide, simple. مك منجديله بيغغ سكلين *maka men-jadī-lah bīngung sa-kalī-an*, tous furent troublés (*H. D.* 11). فد سغك فاتق يغ بيغغ *pada sangka pātek yang bīngung*, suivant l'opinion de moi, ton esclave doué de peu d'intelligence (*M.*).

مبيغغكن *mem-bīngung-kan*, troubler, déconcerter quelqu'un, rendre stupide. سفاي جاغن اي داتغ مبيغغكن اكو *supāya jāngan īa dātang mem-bīngung-kan āku*, de peur qu'elle ne vienne me faire affront (*N.* 131).

كبيغوغن *ka-bingūng-an*, état de trouble, trouble, stupidité.

[Jav. et Sund. ꦧꦶꦔꦸꦁ *bingung*. Mak. ᨅᨙᨂᨚ *béngo*, ivre, étourdi.]

بيغت **bēngut,** incliné, plus haut d'un côté que de l'autre (*Kl.*).

بيغل **bīngal,** entêté, opiniâtre, obstiné.

بيغس **bēngis,** v. بغس *bengis*.

بيچق **bīxak,** boue, vase: boueux. بيچق سهغك مات كاكي *bīxak sahingga māta kāki*, de la boue jusqu'à la cheville du pied. جالن ترلالو بيچق *jālan ter-lālu bīxak*, un chemin extrêmement boueux.

بيج **bīja** = بيجي *bīji*.

بيجي **bījey,** mineral d'étain.

بيجي **bīji** (S. बीज *vīja*), semence, graine; (numéral pour les choses rondes). بغوغ — *bīji bunga-būnga*, des graines de fleurs. رمفت — *bīji rumput*, des graines d'herbes. مات — *bīji māta*, la prunelle de l'œil. باتو انتن دو بيجي *bātu intan dūa bīji*, deux diamants. تلر هايم انم بيجي *telòr hāyam anàm bīji*, six œufs de poule. سابق — *bīji sābak* ou راتف — *bīji rātap*, lamentation, chant funèbre.

بربيجي *ber-bīji*, qui a des graines, qui porte des graines, monter à graine. سايرغ بربجيجي *sāyur yang ber-biji-bīji*, des herbes qui portent des graines (*B.* 1). كارن جاكغ بربجيله *kārna jāguṅ ber-bijī-lah,* car le maïs montait à graine (*B.* 99).

بيجيبيجين *biji - biji - an,* les graines en général, graineterie.

[Jav. wiji et wijah. Bat. *bija.* Mak. *bija* et Bug. *wija,* race.]

بيجق **bijak,** prudent, adroit, habile, sage. سلاكو اورڠ بيجق *sa-lāku ōraṅ bijak,* en homme prudent. يڠ برنام لكلاكى يڠ بيجق *yaṅ ber-nāma laki-lāki yaṅ bijak,* que l'on peut appeler un homme habile (*H. Ab.* 254). ترلالو بيجق ممانه *ter - lālu bijak memānah,* très-adroit à tirer de l'arc (*S. Mal.* 303).

كبيجاكن *ka-bijāk-an,* prudence, sagesse, habileté.

Selon *Pij.* peut-être du S. विज्ञ *vijña,* habile.

بيجن **bijan,** nom d'une plante oléagineuse (*sesamum*). اى داتڠ مماكن بيجن ايت سرت دكايسڽ هابسله برتبورن *ia dātaṅ me - mākan bijan itu serta di-kāis-ña hābis-lah ber-tabūr-an,* ils (les corbeaux) venaient manger ces graines, en les grattant et les éparpillant (*Kal. dan Dam.* 77).

On prononce aussi *bijin.*

[Jav. wijan et wijén.]

بيت **beit** (Ar.), maison, demeure. — القدس *beit el-mukaddas,* la maison sainte, le temple; la ville de Jérusalem. — الحرام *beit el - harām,* le temple de la Mecque. — المال *beit el-māl,* le trésor public. نفقة ايسى رومهڽ ايت درڤد بيت المال *nefakat isi rūmah-ña itu deri-pada beit el-māl,* l'entretien de sa famille fut pris sur le trésor public (*M. R.* 56).

بيت **beit** (Ar.), vers, versification.

بربيت *ber-beit,* en vers, formant des vers.

بيت **bēta,** serviteur, domestique: pronom de la première personne, je, moi. بيت ڤروار *bēta perwāra,* nourrice, gouvernante de demoiselle de haut rang. v. ڤروار *perwāra.* بيت اين بهارو داتڠ درى لاوت *bēta ini bahāru dātaṅ deri lāut,* je viens d'arriver par mer. بوكنڽ بيت يڠ دجديكنڽ *būkan-ña bēta yaṅ di-jadi-kan-ña,* ce n'est pas moi qui en suis la cause (*M.*).

بيت **bita,** facile, aisé, commode.

بربيت *ber-bita,* qui est facile, qui est à l'aise (*S. Mal.* 199).

بيتى **biti** (S. वित्ति *vitti,* connaissance, examen), preuve, marque, témoignage devant un tribunal.

بيتق **bītik,** nom d'une sorte de perroquet.

[Jav. ꦧꦺꦛꦺꦛ꧀ *béṭét*, nom d'un oiseau qui a les plumes vertes.]

بيد **bēda** (S. भेद *bēda*), différence; différent. سكارڠ اين بيد ترلالو *sakāraṅ īni bēda ter-lālu*, maintenant ils sont très-différents (*M.*). جاوه بداڽ *jāuh bedā-ña*, grande est la différence (*Kl.*).

بربيد *ber-bēda*, qui est différent, qui diffère.

ممبداكن *mem-bedā-kan*, distinguer, établir une différence, remarquer la différence. سڤاي داڤت اى ممبداكن ڤد انتار سڬل يڠ بايق دان جاهت *supāya dāpat īa mem-bedā-kan pada antāra segala yaṅ bāik dān jāhat*, afin qu'il puisse distinguer les bons des méchants (*M. R.* 74). تياد داڤت اى ممبداكن انتار سورق سکچيت دان بوڽي تڠيسن *tiāda dāpat īa mem-bedā-kan antāra sūrak suka-xita dān būñi taṅīs-an*, ils ne pouvaient discerner si c'étaient des cris d'allégresse ou des lamentations (*M.*).

بربداكن *ber-bedā-kan*, qui distingue, qui fait une différence.

ڤربداءن *per-bedā-an*, différence, distinction, diversion. کتهوءى ڤربداءن انتاريڠ سوچى دان يڠ کن نجس *ka-tahū-i per-bedā-an antāra yaṅ sūxi dān yaṅ kena nejis*, à savoir la différence qu'il y a entre ce qui est pur et ce qui est souillé.

On trouve aussi بيده *bēdah*.

[Jav. ꦧꦺꦢ *béda*. Sund. ꦧꦺꦢꦃ *bedah*.]

بيد **bīda,** espièglerie, niche (*Kl.*).

بيدادرى **bīdādari** = بدياداری *bidiyādāri*.

بيدى **bīdey,** nattes grossières de rotin sur lesquelles on fait sécher les grains, et dont les gens riches se servent aussi en place de tapisserie. بوڽيڽ سڤرتى کاچڠ جاتە کبيدى *buñi-ña seperti kāxaṅ jātuh ka-bīdey*, leur bruit était semblable à celui que font les pois en tombant sur une natte (*S. Mal.* 359).

[Bat. *bidé.*]

بيدى **bīdey** = بيلر *bilur* (*Kl.*).

بيدق **bīdak,** pion au jeu d'échec. ممبوڠ سبيجى بيدق *mem-būaṅ sa-*

biji bīdak, ôter un pion au jeu d'échecs (*S. Mal.* 199).

[Jav. ꦮꦺꦴꦁꦥꦶꦝꦏ꧀ *worg pidak*, un homme du commun.]

بيدق **bīduk**, nom d'un *prāhu* à pêcher. — بنتغ *bintarg bīduk*, la Grande Ourse.

بيدغ **bīdarg**, large, d'une surface étendue. Numéral pour les choses qui ont une surface d'une certaine étendue. دان ددان بيدغ *dān-dadā-ña bīdarg*, il avait la poitrine large (*H. Ab.* 82). لاير سبيدغ *lāyar sa-bīdarg*, une voile. قرطاس سبيدغ *kartās sa-bīdarg*, une feuille de papier. كبن سبيدغ *kebòn sa-bīdarg*, une plantation.

Ce mot est aussi employé pour désigner un objet étendu sur lequel se trouve des dessins, des ornements, comme la page d'un livre, une étoffe, un patron à broder, etc.

ممبيدغكن *mem - bīdarg - kan*, élargir, étendre en surface.

بداغن *bidārg - an*, qui est large, étendu; largeur, étendue en surface.

ڤبداغن *pe - bidārg - an* ou ڤمبداغن *pem-bidārg-an*, métier à broder (prob. parce qu'il tient étendue la pièce sur laquelle on brode).

بيدن **bīdan**, sage-femme, accoucheuse. دهولو درڤد داتغ بيدن كڤدان مك مريكئيت سده هابس برانق *dahūlu deri-pada dātarg bīdan ka-padā-ña maka ma-rīka-ītu sudah hābis ber-ānak*, elles accouchent avant que la sage-femme n'arrive (*B.*86). بالس — *bālas bīdan*, une fête qui se donne au moment où l'on congédie la sage-femme, quarante jours après l'accouchement.

بيدر **bīdar**, petite embarcation à un mât: bateau de parade. ماسغ٢ منوجو تورن سكوچي بيدر برکايه منوجو كڤل يغ بسر *māsirg-māsirg menūju tūrun sekūci bī-dar ber-kāyuh menūju kapàl yarg besàr*, chacun se rendit à l'embarcation qui se dirigea vers le navire (*Sul. Ab.* 40).

بيدر **bīdur**, morceau d'étain, la quarantième partie d'un بهار *bahāra* (*Cr.*).

بيدل **bīdal** = ديدل *dīdal* (*Kl.*).

بيدس **bīdas**, aussi gros que l'on peut prendre avec la main.

بين **beina** (Ar. بان), entre, parmi.

بين **bīna** = بهين behīna.

بيني **bīnī**, femme légitime, épouse. — مغمبل merg-ambil bīni, prendre une femme, se marier. — ممبوغ mem-būarg bīni, répudier une femme. دان — كندق bīni dān gundik, les épouses et les concubines. بنين برامفت bīni-ña ber-ampat, il a quatre femmes. بيني رجراج دان بيني منترى٢ سكلين فون نايقله داتس قراراكن bīni raja-rāja dān bīni mantrī-mantrī sa-kalī-an pūn nāik-lah di-ātas per-arāk-an, les épouses des rois et des ministres montèrent toutes sur des chars (*R.* 4).

Prov. هيلغ بيني بوله دچهارى هيلغ بودى بدن چلاك hīlarg bīni būleh di-xahāri hīlarg būdi badān xelāka, une épouse est perdue, on peut la chercher; la sagesse est perdue, le corps est malheureux. C'est-à-dire: il est difficile de retrouver la sagesse quand on l'a perdue.

بربيني ber-bīni, qui a une femme. — اورغ يغ ōrarg yarg ber-bīni, un homme marié.

بربنيكن ber-binī-kan, qui épouse une femme.

[Sund. ... awéwé. Mak. ... bainé. Tag. et Bis. ... babayé.]

بينغ **bīnurg, bīnarg,** nom d'une plante (*bucida nitida*) (*Pij.*).

بينة **beiyinet** (Ar. بان), démonstration, preuve (*D. M.* 80).

بيڤارى **bēpāri** = بياڤرى biāpri.

بيبى **bībi,** tante, sœur cadette de la mère.

[Jav. et Sund. ... bibi.]

بيبق **bēbek,** canard, cane; chèvre (*Cr.*).

[Jav. et Sund. ... bébék.]

بيبيت **bībit,** semence, jeune plante qui doit être replantée, plant: semé, être semé: pris du bout des doigts. اد يغ دبيبتن āda yarg di-bībit-ña, quelques-uns la semaient (la poudre) (*H. Ab.* 231). دبيبتن هوجغ كڠكغ ايت di-bībit-ña hūjurg kargkurg itu, ils prenaient du bout des doigts cette plante potagère. (*S. Mal.* 170).

ممبيبيت mem-bībit, semer, repiquer du plant, et aussi, toucher q. ch. avec le bout des doigts.

[Jav. et Sund. ... bibit. Day. bibit, race, origine.]

بيبر **bĕbar,** se disperser.

[Jav. [illegible] *bubar* et [illegible] *bibar*. Bat. [illegible] *hébar.*]

بيبر **bibir,** les lèvres; bord, côté. — ميره *mĕrah bibir,* la couleur rouge des lèvres. — منوتف *me-nūtup bibir,* fermer les lèvres. بيبرڽ نيفس *bibir-ña nipis,* ses lèvres étaient minces (*H. Ab.* 82). مات — *bibir māta,* les paupières. چاون — *bibir xā-wan,* le bord d'une coupe.

بيبرن *bibīr-an,* qui est des lèvres: et aussi, babillard.

[Bat. [illegible] *bibir.* Mak. [illegible] *bibéré.* Bug. [illegible] *wiwé.* Day. *miñak bibir,* espèce de graisse dont on se frotte les lèvres.]

بيبس **bĕbas,** libre, sans gêne, sans crainte. ترلالو بيبسڽ بارڠ كهندقڽ دلكوكنڽ سهاج *ter - lālu bĕbas-ña bāraṅ ka-hendak-ña di - lakū - kan - ña sahāja,* ils étaient extrêmement libres et faisaient tout ce qu'ils voulaient (*H. Ab.* 300).

ممبيبسكن *mem-bĕbas-kan,* rendre libre: exempter des droits. دبيبسكنڽ سريبو اورڠ *di-bĕbas-kan-ña sa-ribu ōraṅ,* ils délivrèrent (de l'esclavage) mille personnes (*H. D.* 161). دبيبسكن اوله كمڤاني *di-bĕbas-kan ūleh kom-pāni,* permis par la Compagnie de passer sans payer des droits (*M.*).

كبيباسن *ka-bebās-an,* licence: droit: liberté. اي دودق دڠن كبيباسن *ia dūduk deṅan ka-bebās-an,* ils vivent en liberté (*H. D.* 136).

[Jav. [illegible] *bébas,* ouvrier que l'on ne nourrit pas. Sund. [illegible] *bébas,* dette acquittée. Mak. [illegible] *bébasa,* avoir un passage franc. Day. *bebas.*]

بيمسقتي **bimasakti,** la voie lactée.

La physionomie de ce mot annonce une origine sanscrite; il semble formé de भीम *bîma* et de शक्ति *çakti,* mais avec un sens particulier que lui ont donné les peuples de l'archipel Indien, car en S. *bima* signifie *terrible* et *sakti, puissance.*

[Jav. [illegible] *bimasakti,* nom d'un certain astre. Sund. *bimasakti,* la voie lactée.]

بير **bira,** nom d'une plante (*alocasia macrorrhiza*). Selon *Kl.*, les différentes espèces sont اير — *bira āyer.* كلادي — *bira kelādi.* كچل — *bira kexil.* — نݢري *bira nagrī* et هوتن — *bira hūtan.*

[Sund. [illegible] *birah,* nom d'une plante sauvage. Bat. [illegible] *bi-*

ra. Mak. ᨅᨗᨑ *bira*, une plante (*aroïdea*). Bis. ᜊᜒᜄ *biga*.]

بير **bīyar, bīar,** permis, accordé, octroyé. Ce mot indique aussi un subjonctif, un désir. بيرله بيت يغ فرڬى *bīyar-lah bēta yaṅ pergi*, qu'il me soit permis d'y aller. بيرله كيت ماتى دسينى *bīyar-lah kīta māti di-sīni*, qu'il nous soit accordé de mourir ici. بيرله دى ماسق *bīyar-lah dīa māsuḳ*, qu'il entre. اتوله حالڽ بيرتون تاهو اداڽ *itū-lah hāl-ña bīyar tūan tāhu adā-ña*, tel est l'état des choses, sachez par conséquent (*M.*).

ممبير *mem-bīyar*, permettre, accorder. تاڬل اڤ جوڬ كامو سده ممبير لكىلاكى ايت فرڬى *tāgal apa jūga kāmu sudah mem-bīyar laki-lāki ītu pergi*, pourquoi avez-vous donc laissé cet homme s'en aller? (*B.* 87).

ممبيركن *mem-bīyar-kan*, permettre quelque chose. جاڠنله كراڽ بيركن بيت اين برچرى درفدام *jāṅan-lah kirā-ña bīyar-kan bēta īni ber-xerèy deri-padā-mu*, ne permettez pas que je me sépare de vous (*P. M.*).

بيره **bīrah,** pour بير *bīra*.

بيره **bīrih,** les fibres, les côtes des feuilles: queue d'une feuille; bord, côté. مك بيره سلودڠ ايت منجادى سبيله فدڠ *maka bīrih selūdaṅ ītu men-jādi sa-bīlah pedàṅ*, or avec la partie dure de la queue de cette feuille on fit un glaive (*S. Mal.* 210).

On trouve aussi بيرى *bīri* et بيره *birah*.

[Mak. ᨅᨗᨑᨗ *biriṅ* et Bug. ᨓᨗᨑᨗ *wiriṅ*, côté, bord.]

بيرى **bīrey,** pavé, planché. مسجد — *bīrey mesjid*, le pavé de la mosquée. بالى — *bīrey bāley*, le plancher de la salle. كفل — *bīrey kapàl*, le pont d'un navire.

بيرى **biri,** v. كبيرى *kabīri*.

بيرى٢ ou بريبرى **biri-biri,** brebis, mouton. كربو لمبو دان بريبرى *karbaw lembu dān biri-biri*, des buffles, des vaches et des moutons (*M.*). (Ce mot se trouve ordinairement joint à كمبيڠ *kambiṅ*. *Kl.* lui donne les sens de: laineux, poil frisé. *Kambiṅ biri-biri* aurait donc le sens de chèvre à laine). ڬمبال يغ بايق ايت بلنجاكن جواڽ كارن كمبيڠ بريبريڽ *gombāla yaṅ bāik ītu belanjā-kan jiwā-ña kārna kambiṅ biri-birī-ña*, le bon pasteur donne sa vie pour ses brebis (*P. M.*).

' Selon *Cr.* ce mot viendrait du S.: peut être le fait-il venir de भीरु *bīru*, bouc (selon Burnouf), chèvre (selon Wilson). Mais il paraît plus probable que les Malais l'ont près de l'Hind. بهير *bher*, qui vient aussi du S. भेडी *bēḍī*, brebis.

بيرو **bīru,** bleu, bleu ciel, azur. اد يغ ميره اد يغ بيرو *ada yaŋ mērah ada yaŋ bīru*, quelques-uns étaient rouges, d'autres étaient bleus (*M.*). توا — *bīru tuā*, bleu foncé. مود — *bīru mūda*, bleu clair. — بوغ *būŋa bīru*, nom d'une plante (*clitoria ternatea*). بورغ بيرو لاوت *būruŋ bīru lāut*, nom d'un oiseau, une sorte de bécasse (*limosa melanura*).

ممبيروكن *mem-bīrū-kan*, rendre bleu, teindre en bleu.

كبيروءن *ka-bīrū-an*, qui est bleu, le bleu, la couleur bleue. ورناڽ همڤر٢ كبيربيروءن *warnā-ña hampir-hampir ka-biru-birū-an*, sa couleur approchait du bleu (*H. Ab.* 118).

[Jav. ꦧꦶꦫꦸ *biru*. Day. *biro*.]

بيرق **bērak,** action de faire ses besoins, d'aller à la selle. بيرق كنچغ ڤون دستوله *bērak kin-caŋ pūn di-sitū-lah*, c'était là que les grands et les petits besoins étaient satisfaits (*H. Ab.* 251).

Prov. سڤرت اورغ يغ سده بيرق دتڠه جالن *seperti ōraŋ yaŋ sudah bērak di-teŋah jālan*, comme quelqu'un qui a fait ses besoins au milieu de la rue. Se dit d'une personne dont la faute est connue, bien qu'elle ait honte de l'avouer.

ممبيرق *mem-bērak*, faire ses besoins, aller à la selle.

ممبيرقكن *mem-bērak-kan*, rendre ses excréments: faire ses besoins sur quelque chose, salir quelque chose avec des excréments. بيجي يغ دمنتهكنڽ اتو يغ دبيرقكنڽ *bījī yaŋ di-muntah-kan-ña ātaw yaŋ di-bērak-kan-ña*, du grain qu'il a vomi ou rendu avec ses excréments (*M.*).

Prov. بوڠاڽ دسونتيڠكن ڤڠکلڽ دبيرقكن *buŋā-ña di-sunting-kan paŋkal-ña di-bērak-kan*, on se pare d'une fleur et on souille d'excréments le pied de la plante qui l'a produite. Pour dire: des bienfaits récompensés par de l'ingratitude. Autre prov. سڤرت كوچيغ بيرقكن رمبت *seperti kūxirg bērak-kan rambut,* comme un chat qui rend du poil (dans ses excréments). Comme un chat qui, après avoir mangé un petit animal, le rend sans l'avoir bien digéré. Se dit de personnes qui font les choses à demi.

On trouve aussi بهرق *behrak.*

[Kw. *birak,* rejeter.]

بيرق٢ bīrik-bīrik = بيرق *babērek.*

بيرغ bērarg, fâché, en colère, furieux. برتمبه بيرغ *ber-tambah bērarg,* leur fureur s'augmentait (*Sul. Ab.* 47). — هايم *hāyam bērarg,* nom d'un coq de joute dont les plumes sont jaunes.

ممبيرغ *mem-bērarg,* se fâcher, se mettre en colère. تياد ككند ممبيرغ *tiāda kakanda mem-bērarg,* je ne me fâcherai pas (*Sul. Ab.* 122).

بيرغ bērarg. — اولر *ūlar bērarg,* espèce de serpent de mer fabuleux.

[Bat. *urar-bérarg.*]

بيرغ٢ bērarg-bērarg, un petit serpent de mer très-venimeux (*Kl.*).

v. برغ٢ *berārg-berārg.*

بيرم bēram, sorte de pierre précieuse. مك دڤراولهن ڤرمات بيرم دان بدورى *maka di-perūleh-ña permāta bēram dān bidūri,* et il obtint des pierres précieuses et des agates (*R.* 167).

بيرم bēram, éléphant. بݢند ڤون نايق بيرم مت *baginda pūn nāik bēram meta,* le prince monta un éléphant non apprivoisé (*S. Bid.* 139).

بيرمانق bīra-mānik, un collier de grains de corail rouge entremêlés de porcelaine ou de quelques autres petits coraux. v. مانق *mānik.*

بيرس bīras, beau-frère, belle-sœur.

بيل bīla (S. वेला *vēla*), temps, époque. — منچهارى *men-xahāri bīla,* choisir son temps, épier l'occasion. اڤبيل *apa-bīla,* quand, à quelle époque? بيلمان *bila-māna,* quand, lorsque. بيلمان ڤاتق اين اد دانغ *bīla-māna* *pātek īni ada dātang*, lorsque je serai arrivé (*B.* 89).

[Sund. ᮃᮕᮘᮤᮜ *apa-bila*, lorsque.]

بيل **bēla**, sacrifice volontaire d'une femme aux funérailles de son mari, ou d'un homme aux funérailles de sa femme. توان ڤتري برموهنله كڤد بنداڽ هندق ڤرݢي بيل مك بنداڽ تياد دبريڽ بيل *tūan putrī ber-mūhun-lah kapada bundā-ña hendak pergi bēla maka bundā-ña tiāda di-brī-ña bēla*, la princesse prit congé de sa mère, voulant se dévouer aux manes de son époux, mais sa mère ne lui permit pas de se sacrifier (*R.* 157, 158). سبب ڤربواتنم مك انقك بيل دڠن ڤرمڤوان ايت *sebāb per-buāt-anmu maka ānak-ku bēla dengan perampūan ītu*, vos démarches sont cause que mon fils s'est dévoué avec cette femme (qu'il avait épousée en secret) (*M.*).

بربيل *ber-bēla*, qui est accompagné, dont les funérailles sont accompagnées du sacrifice de son consort. متيله اكو تياد بربيل *matī-lah āku tiāda ber-bēla*, je mourrai sans être accompagné. اورڠ يڠ ماتي دڠن بلم كاوين تياد بربيل *ōrang yang māti dengan belum kāwīn tiāda ber-bēla*, les gens qui meurent avant d'être mariés ne peuvent pas avoir leurs funérailles accompagnées du sacrifice d'un consort.

Peut-être du S. वेला *vēla*, mort aisée ou subite.

[Jav. ꦧꦺꦭ *béla*. Bat. ᯅᯩᯞ *béla*.]

بيل **bēla**, peine, châtiment infligé pour avoir causé la mort de quelqu'un. جكلو ماتي سأورڠ مريكئيت توجه اورڠ بيل ݢنتيڽ *jikalau māti sa-ōrang marīka-ītu tūjuh ōrang bēla gantī-ña*, si l'un d'eux vient à être tué, sept personnes sont sacrifiées pour venger sa mort (*H. Ab.* 113). منونتت بليبل اورڠ يڠ دبونه *menuntut bela-bēla ōrang yang di-būnuh*, demander vengeance pour les personnes qui ont été tuées (*H. D.* 164).

ممبلاكن *mem-belā-kan*, venger quelqu'un, tirer vengeance d'une injure (*R.* 100).

بيله **bīlah**, copeau de bambou: numéral des choses plates, minces, etc. كرس سبيله سكين دو بيله *krīs sa-bīlah sikīn dūa bīlah*, un criss et deux couteaux. ليهتله دسين دو بيله ڤدڠ *līhat-lah* *di-sini dūa bīlah pedàng*, voici deux épées (*N.* 141). مڽندغ ڤدغ سبيله سؤرغ *meñandang pedàng sa-bīlah sa-ōrang*, ceindre l'épée, chacun la sienne (*M.*). ڤاڤن دو بيله *pāpan dūa bīlah*, deux planches.

[Jav. ꦮꦶꦭꦃ *wilah*, bambou fendu: lame d'un glaive.]

بيلق **bīlak**, nom d'un arbre qui donne une espèce de coton, une espèce de cratoeva.

بيلق **bīlik**, cabinet, chambre, appartement. ادڤون مالݢي ايت اد سريبو بيلق يغ ترلالو انده ڤرهياسنڽ *ada-pūn māligey ītu ada sa-rību bīlik yang ter-lālu indah per-hiās-an-ña*, or, dans ce palais il y avait mille chambres magnifiquement meublées (*R.* 168).

بربيلق *ber-bīlik*, qui est enclos, qui est arrangé en chambre.

[Mak. *bili.*]

بيلق **bīluk**, tourné, louvoyé; hésité. — اڠين بيلق *āngin bīluk*, vent contraire. سبب بلم ڤرنه اكو مليهت سورت ملايو يغ دبوبه چڤ اكن تتاڤي اكو بيلق٢ *sebàb belùm pernah āku me-lihat sūrat malāyu yang di-būbuh xàp ākan tetāpi āku bīluk-bīluk*, je n'avais encore jamais vu de livre malais imprimé, c'est pourquoi j'hésitais (*H. Ab.* 128).

ممبيلق *mem-bīluk*, tourner, tournoyer, louvoyer, courir des bordées.

ممبيلقكن *mem-bīluk-kan*, faire tourner, faire louvoyer, diriger un navire vers. دبيلقكنڽ ڤراهو منوجو ڤولو *di-bīluk-kan-ña prāhu menūju pūlau*, il dirigea le navire vers l'île (*Hang. T.* 4).

[Jav. et Sund. ꦧꦶꦭꦸꦏ꧀ *biluk*. Mak. *bilu*. Day. *bilok*. Tag. et Bis. *bilok.*]

بيلغ **bīlang**, récit, rapport; compte; rapporté; compté. سده اي بيلغ كڤد كامي *sudah īa bīlang ka-pada kāmi*, il nous a raconté (litt.: a été par lui raconté). تيݢ كالي دبيلغ ريل ايت *tīga kāli di-bīlang réal ītu*, ces piastres ont été comptées trois fois. بيلغ اوله مو سݢل بنتغ جكلو اڠكو سمڤت *bīlang ūleh-mu segala bintang jikalau angkau sampat*, comptez les étoiles, si vous le pouvez (*B.* 19).

بربيلغ *ber-bīlang*, comptant, racontant.

ممبيلغ *mem-bīlang*, dire, raconter: compter, nombrer. سبب ايت ملك كامي ممبيلغ كڤد تون *sebàb*

nombrable. سڤرت ڤاسر دلاوت يڠ تياد كبلاڠن *seperti pāsir di-lāut yaṅ tiāda ka-bilāṅ-an,* comme le sable de la mer qui est innombrable (*B.* 52).

[Jav. ꦮꦶꦭꦁ *wilaṅ.* Sund. ᮘᮤᮜᮀ *bilaṅ.* Bat. *bilaṅ* et *mamilaṅ,* compter q. ch. Mak. et Bug. *bilaṅ.* Day. *bilaṅ,* part, partie. Tag. *bilaṅ.*]

بيلت ***bēlut,*** perfidie, trahison; trahi; traître. اى بيلت درين جالن اكن اڠڬريس *ia bilut diri-ña jā-lan ākan iṅgris,* il se fit traître et montra le chemin aux Anglais (pour prendre la ville) (*H. Ab.* 13).

ڤمبيلت *pem-bēlut,* un traître, un perfide.

Selon *Cr., bēlut* signifie aussi: plier sans reprendre sa première forme, comme une mauvaise lame.

[Jav. *belot,* revêche. Sund. *belot,* circulaire.]

بيلن ***bīlan,*** filé, cardé.

ممبيلن *mem-bīlan,* filer, carder (*Cr. Batav.*).

بيلر ***bīlur,*** marque d'un coup reçu. ستساتو بيلر روتن داتس توبهك

ītu maka kāmi mem-bīlaṅ ka-pada tūan, c'est pour cela que nous vous en fîmes part (*M.*).

تربيلغ *ter-bīlaṅ,* qui est dit, que l'on a compté; qui peut être compté. بوكنكه اكن اورڠ اسڠ كامي سده تربيلغ *būkan-kah ākan ōraṅ āsiṅ kāmi sudah ter-bī-laṅ,* n'avons-nous pas été comptés comme des étrangers? (*B.* 49). يڠ تياد تربيلغ *yaṅ tiāda ter-bīlaṅ,* qui sont innombrables (*M. R.* 217).

ممبيلڠكن *mem-bīlaṅ-kan,* raconter, nombrer q. ch. كارن ترلالو ساڠت ممبيلڠكن اورڠ لكوڽ ايت *kārna ter-lālu sāṅat mem-bī-laṅ-kan ōraṅ lakū-ña ītu,* car on raconte hautement ce qu'il vient de faire (*R.* 35).

بلاڠن *bilāṅ-an,* ce qui est dit ou raconté: ce qui est nombré: récit; compte, nombre. امت باڽق بلاڠنڽ *āmat bāñak bilāṅ-an-ña,* leur nombre est très-grand (*M. R.* 95). سالە بلاڠنڽ *sālah bilāṅ-an-ña,* le récit en est faux. — كتاب *kitāb bilāṅ-an,* le quatrième des livres de Moïse nommé aussi العداد *el-idād,* le livre des Nombres (*B.*).

كبلاڠن *ka-bilāṅ-an,* la chose racontée; ce qui est compté,

satu-sātu bīlur rōtan di-ātas tūbuh-ku, chaque marque du rotin avec lequel on a frappé sur moi (*H. Ab.* 24).

On trouve aussi بالر *bālur*.

[Jav. [Javanese script] *bilur* et [Javanese script] *balur*. Bat. [Batak script] *barur*.]

بيلس **bilas**, dérangé, en désordre; affecté, indisposé. بيلس كدو متان *bilas ka-dūa matā-ña*, ses yeux étaient affectés (chassieux) (*B.* 45).

ممبيلسكن *mem-bīlas-kan*, déranger, mettre en désordre; affecter, indisposer. ممبيلسكن رمبت يڠ ايكل *mem-bīlas-kan rambut yaṅ īkal*, déranger des cheveux bouclés (*M.*).

بلاسن *bilās-an*, qui est dérangé, affecté, gâté: جاڠن ساڠت مناڠس مات يڠ بيسي كلو بلاسن *jāṅan sāṅat menāṅis māta yaṅ bīsey kalaw bilās-an*, ne vous livrez pas à des pleurs excessifs, de peur que vos beaux yeux n'en soient gâtés (*M.*).

[Jav. [Javanese script] *bélés*, les yeux rouges. Bat. [Batak script] *bilas* et [Batak script] *milas*, les yeux chassieux. Day. *bilas*, aveugle.]

بيلس **bīlas**.

ممبيلس *mem-bīlas*, se rincer le corps après le bain, rincer q. ch.

[Jav. [Javanese script] *bilas*, propre.]

بيلس **bilis**, nom d'un poisson.

بيس **bisa** (S. विष *viša*), poison, venin: expert, subtil, habile. تركن — *ter-kena bīsa*, être empoisonné. اولر — *ūlar bisa*, serpent venimeux. سكل بناتڠ يڠ بيس *segala bināṭaṅ yaṅ bīsa*, toutes les bêtes venimeuses. ڤناورسكل — *penāwar segala bīsa*, antidote contre le poison. On dit aussi: هاتي — *bīsa hāti*, douleur d'estomac. ڤرت — *bīsa prùt*, colique. بيس ترلالو اورڠ ايت *bīsa ter-lālu ōraṅ ītu*, cet homme est très-habile.

Prov. جكلو اولر مپوسر اكر بولهكه هيلڠ بيسان *jikalaw ūlar meñūsur ākar būleh-kah hilaṅ bisā-ña*, quand le serpent suivrait une racine, en perdrait-il son venin? Si un homme grand et riche s'abaisse au rang du pauvre et du misérable, sa grandeur ou sa richesse en seront-elles diminuées? (*H. Ab.* 76).

بربيس *ber-bīsa*, qui a du poison, qui est empoisonné, qui est vénéneux ou venimeux.

بربساكن *ber-bisā-kan*, qui empoisonne.

ممبساكن *mem-bisā-kan*, empoisonner, rendre vénéneux ou venimeux.

كبساءن *ka-bisā-an*, la chose empoisonnée, infectée; infection.

Le second sens de ce mot n'est peut-être qu'une corruption de بياس *biāsa*, accoutumé, expert; ou bien son premier sens viendrait du S. विष *viša*, poison, et le second de विषा *višā*, intelligence. Ce qui le ferait supposer, c'est qu'il a les deux sens dans plusieurs autres langues de l'archipel indien.

[Jav. ꦮꦶꦱ *wisa*, poison. ꦧꦶꦱ *bisa*, force. Sund. ꦧꦶꦱ *bisa*, poison; habile. Bat. [illegible] *bisa*, tout ce qui est vénéneux; force, puissance. Mak. [illegible] *bisa*, habile. Tag. [illegible] *bisa*, venin du serpent.]

بيس ***bīyas, bīas,*** poussé, emporté par le vent ou par le courant: course journalière du soleil (*Cr.*). اڠين بسرڤون تورنله مك اى ڤون بيس كبروني *āṅin besàr pūn tūrun-lah maka īa pūn bīas ka-berūni*, un vent violent s'éleva et ils furent emportés sur Bornéo (*S. Mal.* 172). تاكت اى اكن بيس تردمڤر ڤدكارڠ *tākut īa ākan bīas ter-dampar pada kāraṅ*, ils craignaient d'être jetés sur un récif (*M.*).

[Sund. [illegible] *biyas*. Day. *tabias.*]

بيسى ***bīsey,*** beau, joli, magnifique, agréable. جاڠن ساڠت مناڠس مات يڠ بيسى كلو بلاسن *jāṅan sāṅat menāṅis māta yaṅ bīsey kalaw bilās-an*, ne vous livrez pas à des pleurs excessifs, de peur que vos beaux yeux n'en soient gâtés (*M.*). بيسى رسان مكانن ايت *bīsey rasā-ña makān-an itu*, cette nourriture a un gout agréable (*Kl.*).

ممبيسيكن *mem-bīsey-kan*, embellir, rendre magnifique, rendre agréable.

كبسين *ka-bisēy-an*, beauté, magnificence. كبسين اتوله ڤد مقدسن *ka-bisēy-an itū-lah pada makdis-ña*, la magnificence éclate dans son saint lieu (*B.* 876).

بيسى٢ ***bīsey-bīsey,*** nom d'un poisson.

بيسى ***bīsi,*** une personne de mauvaise vie: parole d'insulte.

بيسو ***bīsu,*** muet. — تولى دان بيسو *tūli dān bīsu*, sourd-muet. اكو سڤرت

اورغ بيسو âku seperti ōrang bīsu, j'étais comme un muet (*H. Ab.* 39). انجغ٢ بيسو تياد اى تاهو مڽالق anjing-anjing bīsu tiāda ia tāhu meñālak, des chiens muets qui ne peuvent aboyer (*B.* 1025).

[Jav. et Sund. bisu. Day. biso.]

بيسق **bīsik,** chuchotement; chuchoté, dit tout bas. دغن سوميڽ ڤرمڤوان بيسق dengan suamī-ña perampūan bīsik, la femme parle bas à son mari (litt.: est par la femme parlé bas) (*M.*).

بيسق٢ *bīsik-bīsik,* secrètement, tout bas, à part.

بربيسق *ber-bīsik,* qui chuchote, chuchotant, parlant tout bas. مك بگند ڤون داتغ بربيسق٢ كڤد تليڠاڽ maka baginda pūn dātang ber-bīsik-bīsik ka-pada telingā-ña, alors le prince vint lui parler à l'oreille (*R.* 71). بربيسق٢ ڤرلاهن٢ *ber-bīsik-bīsik perlāhan-perlāhan,* parler bas et doucement (*H. Ab.* 293).

ممبيسكي *mem-bisīk-i,* parler tout bas à quelqu'un. اى دبيسكي تن عمر ia di-bisīk-i tun omar, il parla tout bas à Tun Omar (*S. Mal.* 295).

ممبيسقكن *mem-bīsik-kan,* chuchoter q. ch., parler tout bas de quelqu'un.

[Jav. bisik et wisik. Bat. hosik et husip. Mak. bisi. Day. bisik.]

بيسق **bēsuk,** le futur, le temps à venir. Et aussi = ايسق ēsuk. — ڤاڬي bēsuk pāgi, demain matin.

[Jav. bésuk.]

بيسڠ **bīsing,** clameur, bruit confus. — ممبوات mem-būat bīsing, exciter des clameurs, rendre bruyant.

بيسن **bēsan,** la relation, l'affinité qu'il y a entre deux personnes, dont les enfants se marient ensemble.

[Jav. bésan.]

بيسل **bīsul,** tumeur, furoncle, ulcère. لاد — bīsul lāda, des pustules, le charbon (*Kl.*).

[Sund. bisul.]

بيزوري **bīzūrey** (Port. *vice-rei*), vice-roi.

بيع **beia** (Ar. باع), échange dans le commerce, vente et achat (*D. M.* 1). — حكم hukum beia, loi concernant le commerce, code commercial.

بو **bū,** rôtir, griller (*Cr.*).

بواي **buwāya, buāya,** crocodile. لابو — *buāya lābu,* كاتق — *buāya kātaḳ,* تمباك — *buāya tembāga,* différentes sortes de crocodiles. مك دالم ڤارت ايت اداله ببراڤ بواي *maka dālam pārit itu adā-lah be-brāpa buāya,* or, dans ces fossés il y avait beaucoup de crocodiles (*H. Ab.* 56). دچكواوله بواي *di-xekāw ūleh buāya,* saisi par un crocodile. — بورغ *būrung buāya,* martin-pêcheur, alcyon (*alcedo leucocephala*). — ليده *lidah buāya,* l'aloès. بواي٢ *buāya-buāya,* carlingue d'un mât (*mar.*).

[Jav. ꦧꦪ *baya.* Bat. [illegible] *buwaya.* Mak. et Bug. [illegible] *buwaja.* Tag. [illegible] *buaya.* Bis. [illegible] *boaya.*]

بواي **buwāya,** une monnaie en cuivre de la valeur de vingt duits, autrefois en usage (*Kl.*).

بواي **būay,** pour بوي *būwoy.*

بواج **buwāja,** fumier, engrais.

بوان **buwāna** (S. भुवन *buvana*), le monde.

[Kw. [illegible] *buwana.* Sund. [illegible] *buana.*]

بواب **bawwāb** (Ar. باب), portier.

بواسير **bawāsīr** (Ar. بسر), les hémorrhoïdes.

بوه **būwah, būah,** fruit, des fruits. منته — *būah mentah,* des fuits verts. مڠكل — *būah mengkal,* des fruits à moitié mûrs. ماسق — *būah māsaḳ,* des fruits mûrs. رانم — *būah rānum,* des fruits blets. باسه — *būah bāsah,* fruit pendant à l'arbre. دليم — *būah dalīma,* grenade. اڠݢر — *būah anggur,* du raisin. ڤال — *būah pāla,* des noix muscades. كرس — *būah keràs,* la noix du كميري *kemiri.*

Ce mot s'emploie aussi pour indiquer de petites choses comparées à de plus grandes, ou dépendantes de plus grandes. مريم — *būah mariam,* des boulets de canon. چاتر — *būah xātur,* les pièces du jeu d'échecs. چوكي — *būah xūki,* les pièces du jeu de dames. ڤاري — *būah pāri,* des dés à jouer. باجو — *būah bāju,* des boutons. بتس —

būah betìs, le mollet. لاڠن — *būah lāṅan*, le gros du bras. ڤلر — *būah pēler*, les testicules. ڤڠڬڠ — *būah piṅgaṅ*, les rognons. اير بكو — *būah āyer bakū*, de la grêle. تمباڠن — *būah timbāṅ-an*, des poids à peser. — انق *ānaḳ būah*, les subordonnés, ou les personnes qui sont à la suite d'un chef. هاتي — *būah hāti*, terme de tendresse. هي انقك بوه هتيك *hey ānaḳ-ku būah hati-ku*, ô mon enfant bien-aimé (*R.* 61). On dit aussi: مولت — *būah mūlut*, sujet de conversation.

بوه *būah* est encore employé comme numéral, pour un grand nombre d'objets. دو بوه ڤرماتا *dūa būah permāta*, deux joyaux. تيڬ بوه نڬري *tīga būah nagrī*, trois villes. امڤت بوه روماه *ampat būah rūmah*, quatre maisons. ليم بوه كڤل *līma būah kapàl*, cinq navires. سبوه ڤولو *sa-būah pūlaw*, une île. سڤولوه بوه مڠڬيس *sa-pūloh būah maṅgis*, dix fruits du mangoustanier.

Prov. سبب بوه ككنالن ڤوهنڽ *sebàb būah ka-kenāl-an pōhon-ña*, l'arbre est connu à son fruit. Le sens: les paroles et les actions d'une personne la font connaître.

بربوه *ber-būah*, qui porte des fruits. ڤوهن كايو يڠ بربوه *pōhon kāyu yaṅ ber-būah*, des arbres donnant des fruits (*B.* 1).

بربوهكن *ber-būah-kan*, qui fait produire des fruits, qui donne des fruits. مك بربوهكنله تانه ايت *maka ber-būah-kan-lah tānah itu*, alors la terre donna des fruits (*B.* 68). ڤدين بربوهكن امس *padī-ña ber-būah-kan amàs*, leur *padi* avait produit des fruits en or (*S. Mal.* 29).

بوهبواهن *būah-buāh-an*, les fruits en général; fruiterie. بوهبواهن يڠ هيدڤ *būah-buāh-an yaṅ hīdup*, des fruits frais. بوهبواهن يڠ كريڠ *būah-buāh-an yaṅ keriṅ*, des fruits secs.

[Jav. [Javanese script] *woh* et [Javanese script] *uwoh*. Sund. [Sundanese script] *buah* et [Sundanese script] *buwa*. Bat. [Batak script] *buwah*. Mak. [Makassarese script] *buwa*. Day. *bua*. Tag. et Bis. [Tagalog script] *boṅa*. Malg. *wua*.]

بوهي **būhi**, écume, mousse. اي منتهكن بوهي *īa muntah-kan būhi*, il vomit de l'écume (*S. Mal.* 32). — لايڠ *lāyaṅ būhi*, nom d'une hirondelle; probablement celle dont le nid, fait avec de l'écume de la mer, est bon à manger.

Énig. اورڠ توا مپلم بوهى *ōrang tuā meñelàm būhi*, un vieillard qui plonge dans l'écume. سندق *senduk*, une cuillère.

بربوهى *ber-būhi*, qui écume, écumant. مولتڽ — *ber-būhi mūlut-ña*, sa bouche écume.

بوهڠ **bōhong**, mensonge, fausseté; faux; être faux: menti. جاڠنله كامو بوهڠ *jāngan-lah kāmu bōhong*, gardez-vous de mentir.

بربوهڠ *ber-bōhong*, qui ment, mensonger, trompeur. مساكن همب بربوهڠ قد بڤاك *masā-kan hamba ber-bōhong pada bapā-ku*, comment pourrais-je mentir à mon père? (*M.*).

ممبوهڠ *mem-bōhong*, mentir, tromper. جاڠن ممبوهڠ لاڬى *jāngan mem-bōhong lāgi*, ne trompez plus (*B.* 97).

ممبوهڠكن *mem-bōhong-kan*, tromper quelqu'un, faire passer quelqu'un pour menteur. اى مارهله دان ممبوهڠكن اكو *ia mārah-lah dān mem-bōhong-kan āku*, ils se fâchaient et m'appelaient menteur (*H. Ab.* 324).

ڤمبوهڠ *pem-bōhong*, qui ment, qui trompe; un menteur, un trompeur. ڤمبوهڠ دان بوده *pem-bōhong dān bōdoh*, des menteurs et des imbéciles (*H. Ab.* 69). مك كتاڽ اڠكو ڤمبوهڠ *maka katā-ña angkau pem-bōhong*, et il lui dit: tu es un menteur (*H. Ab.* 122).

ڤمبوهڠن *pem-bohōng-an*, action de mentir, de tromper: tromperie, duperie.

[Sund. ... *bohong*. Tag. ... *bolaan*.]

بوهن **būhun**, le corps, le tronc, la principale partie d'une chose (*Cr.*).

بوى **būway**, bercé, balancé.

بربوى *ber-būway*, qui se berce (*S. Mal.* 259).

ممبوى *mem-būway*, bercer, balancer.

ممبويكن *mem-būway-kan*, bercer quelqu'un, faire balancer quelqu'un ou q. ch. باتو دان روتن دبويكنڽ *bātu dān rōtan di-būway-kan-ña*, il lança une pierre suspendue à un rotin (*M.*).

بربويكن *ber-būway-kan*, qui fait bercer ou balancer.

بواين *bawāy-an*, berceau. دودق دبواين بربوى *dūduk di-buwāy-an ber-būway*, placé dans un berceau et se balançant (*S. Mal.* 259).

بويه **buyih** = بوهي *būhi.*

بويغ **būyiṅ** = رويغ *rūyiṅ.*

بويغ **būyuṅ,** cruche, vase, urne. مك دسيرمكن اير بويغ ايت كڤد سيت ديوي *maka di-sīram-kan āyer būyuṅ itu ka-pada sīta dēwi,* et elle versa l'eau qui était dans la cruche sur Sita Déwi (*R.* 132). يغ مڠمبل اير دڠن بويغ امس *yaṅ meṅ-ambil āyer deṅan būyuṅ amās,* qui puisait de l'eau avec un vase d'or (*R.* 148). بويغ برايسي تولڠ راج *būyuṅ ber-īsi tūlaṅ rāja,* l'urne qui contenait les ossements du roi (*R.* 52).

Énig. بويغ هيجو برايسي لاد هيتم *būyuṅ hījaw ber-īsi lāda hītam,* une cruche jaune remplie de poivre noir. بوه بتق *būah betik,* le fruit du papayer. Il a la forme d'une petite cruche, il est jaune, et est rempli de graines noires, qui ressemblent aux grains de poivre.

[Jav. ꦧꦸꦪꦸꦁ *buyuṅ,* une aiguière avec un cou étroit. Sund. ꦧꦸꦪꦸꦁ *buyuṅ,* une grande jarre en terre.]

بويغ **būyuṅ.**

سيبويغ *sī-būyuṅ,* expression dont un père se sert à l'égard de son fils lorsqu'il ne veut pas prononcer son nom. Pour une fille on dit سيڤوڤق *sī-ūpik.*

بويت **būyut** = چيچت *xixit.* Selon *L*, trisaïeul, trisaïeule. Selon *Kl.*, ancêtres au septième degré.

بوير **būyar,** boire (en parlant du papier).

[Jav. ꦧꦸꦪꦂ *buyar,* se répandre partout.]

بوير **būyir,** nom d'un oiseau.

بوق **būwak,** bouillonnement, p. ex. de l'eau qui est sur le feu ou qui sort de terre (*Kl.*).

بوك **būka,** ouvert, découvert, délié. بوك ڤنتو ايت *būka pintu itu,* ouvrez cette porte (litt.: soit pour vous cette porte ouverte).

ممبوك *mem-būka,* ouvrir, découvrir, délier. ݢدغ — *mem-būka gedoṅ,* ouvrir le magasin. بچار — *mem-būka bixāra,* ouvrir une cause, commencer un plaidoyer. جالن — *mem-būka jālan,* ouvrir une voie. ڤواس — *mem-būka puāsa,* cesser le jeûne. كاين — *mem-būka kāin*, découvrir le corps.

تربوك *ter-būka*, qui est ouvert, que l'on a ouvert. ڤنتو تربوك اوله اڠين *pintu ter-būka ūleh āngin*, la porte a été ouverte par le vent.

ممبكاءى *mem-bukā-i*, ouvrir à. اى ڤون منت دبكاءى ڤنتو *ia pūn minta di-bukā-i pintu*, alors il demanda qu'on lui ouvrit la porte (*R.* 60).

ممبكاكن *mem-bukā-kan*, ouvrir q. ch., faire ouvrir, découvrir, faire connaître q. ch. اى ڤون ممبكاكن متاڽ *ia pūn mem-bukā-kan matā-ña*, alors il ouvrit les yeux (*R.* 101). جاڠنله راج ايت ممبكاكن دوس سڬل همب الله *jāngan-lah rāja itu mem-bukā-kan dōsa segala hamba allah*, le roi ne doit pas découvrir les fautes des serviteurs de Dieu (*M. R.*). ممبكاكن رهسى اين *mem-bukā-kan rahasīa ini*, faire connaître ce secret (*H. Ab.* 120). اى منت دبكاكن ڤنتو *ia minta di-bukā-kan pintu*, il demanda qu'on ouvrit la porte (*R.* 123).

كبكاءن *ka-bukā-an*, ce qui est ouvert; ouverture.

[Kw. ꦧꦸꦏ *buka*, commencement. ꦧꦸꦏꦏ꧀ *bukak*, ouvert. Sund. ᮘᮥᮊ *buka*. Bat. ᯅᯮᯂ *buha*. Mak. ᨅᨘᨀᨑ *bukara*. Day. *buka*, l'étendue d'une chose. Tag. et Bis. ᜊᜓᜃ *buka*.]

بوكو ***būku***, articulation, jointure, nœud, p. ex. du roseau, du bambou, etc. تاڠن — *būku tāngan*, le poignet. كاكى — *būku kāki*, la cheville du pied. جارى — *būku jāri*, les jointures des doigts. ڤينڠ — *būku pīnang*, les nœuds de la tige de l'aréquier. اسم — *būku āsam*, os sus-maxillaire. بوله — *būku būluh*, une sorte de chaîne de cou en or, dont les chaînons ressemblent aux nœuds du bambou.

بوكو ***būku***, grain. (Prob. le même que بوكر *būkur*.)

[Jav. ꦮꦸꦏꦸ *wuku*, graine de coton.]

Prov. ساتو بوكو دالم ڤروت *sātu būku dālam prùt*, avoir un grain dans le ventre. C'est-à-dire, avoir une chose qui inquiète, qui pèse (*H. Ab.* 164).

بوكق ***bōkak***, large, largeur. ڤنجڠ تيڬ كاكى بوكق سكاكى *panjang tiga kāki bōkak sa-kāki*, trois pieds de long sur un pied de large. براڤ بوكقڽ كاين ايت *brāpa bōkak-ña kāin itu*,

بچار — *būaŋ bixāra*, un avis méprisé. اير — *būaŋ āyer*, uriné. ساكت بوغ ٢ اير *ṣākit būaŋ-būaŋ āyer*, diabète. همب بوغ قد شيطان *hamba būaŋ pada šēṭān*, je renonce au démon (litt.: est par moi rejeté le démon) (*P. M.*).

ممبوغ *mem-būaŋ*, jeter, rejeter, expulser, chasser, bannir, prodiguer, répudier. وغ — *mem-būaŋ wàŋ*, prodiguer de l'argent. بلاكغ — *mem-būaŋ blākaŋ*, tourner le dos, prendre la fuite. دريں — *mem-būaŋ dirīña*, se retirer, s'exiler. مالو — *mem-būaŋ mālu*, circoncire. ارغ دموك — *mem-būaŋ āraŋ di-mūka*, venger un affront. دادو — *mem-būaŋ dādu*, jeter les dés, jeter le sort. جكلو شيطان ممبوغ شيطان *jikalaw šēṭān mem-būaŋ šēṭān*, si le démon chasse le démon (*N.* 19).

تربوغ *ter-būaŋ*, qui est jeté, que l'on a proscrit; échoué, naufragé. ايرمات يغ تربوغ *āyer māta yaŋ ter-būaŋ*, les larmes qui furent versées. انق تربوغ اوله ابوڽ *ānaḳ ter-būaŋ ūleh ibūña*, un enfant exposé par sa mère. تيك بوه ڤراهو سده تربوغ *tiga būah prāhu sudah ter-būaŋ*, trois navires sont échoués (*M.*).

ممبواغي *mem-buāŋ-i*, jeter à, jeter vers.

ممبوغكن *mem-būaŋ-kan*, jeter quelque chose, répudier ou proscrire quelqu'un. باتو يغ اكو بوغكن كدالم لاوت اين *bātu yaŋ āku būaŋ-kan ka-dālam lāut ini*, cette pierre que j'ai jetée dans la mer (*R.* 55). ممبرى سورت طلاق دان ممبوغكن ڤرمڤون ايت *mem-brī sūrat ṭalāḳ dān mem-būaŋ-kan perampūan itu*, donner un billet de divorce et renvoyer sa femme (*N.* 33). ممبوغكن ڽواڽ *mem-būaŋ-kan ñawā-ña*, prodiguer sa vie (*H. Ab.*). ممبوغكن اوبت توجه كالى *mem-būaŋ-kan ōbat tūjuh kāli*, il salua de sept coups de canon (*Lett. Mal.*).

بواغن *buāŋ-an*, rejet, expulsion.

ڤمبواغن *pem-buāŋ-an*, action de jeter, de bannir: bannissement, répudiation.

كبواغن *ka-buāŋ-an*, ce qui est jeté, un banni, rebut. رعية — *ka-buāŋ-an rayat*, le rebut du peuple (*P. M.*). كتيك — *ka-buāŋ-an kotīka*, perte de temps (*id.*).

[Jav. ꦧꦸꦮꦁ *buwaŋ*, Sund. ᮘᮥᮃᮀ *buaŋ*, bannir. Bat. [illegible] *buwaŋ*, enterrer q. q. avec solennité. Mak. et Bug. ᨅᨓ *buwaŋ*. Tag. ᜊᜓᜌᜈ᜔ *boyan*, exilé.]

بوغ **būŋa**, fleur. ماور — *būŋa māwar*, la rose. چمفاك — *būŋa xampāka*, michelie. چڠكه — *būŋa xeŋkeh* ou لاوغ — *būŋa lāwaŋ*, des clous de girofle. ڤال — *būŋa pāla*, le macis de la muscade. كارغ — *būŋa kāraŋ*, éponge. — كارغ *kāraŋ būŋa*, corail. سكمبغ — *būŋa sa-kembaŋ*, une fleur épanouie. سكنچف — *būŋa sa-kunxup*, un bouton de fleur. — تڠكي *taŋkey būŋa*, la tige d'une fleur. — مڠارغ *meŋāraŋ būŋa*, faire un bouquet, grouper un assortiment de fleurs. اڤي — *būŋa āpi*, étincelles de feu, feu d'artifice. مس — *būŋa mȧs*, intérêt d'argent, tribut. — وغ *būŋa wȧŋ*, intérêt d'argent prêté. تانه — *būŋa tānah*, rente foncière, produit d'une terre. اندي — *būŋa andey*, dé à jouer, chance résultant du jeu des dés. اير — *būŋa āyer*, nom d'un poisson. چين — *būŋa xīna*, nom d'une fleur. ڤرڬي مموڠت بوغ ددالم تامن *pergi memūŋut būŋa di-dālam tāman*, aller cueillir des fleurs dans le jardin (*R.* 12). اورغ توا ايت ڤون برسرو۲كن اكن بڠاڽ *ōraŋ tuā itu pūn ber-serū-serū-kan ākan buŋā-ña*, alors la vieille se mit à crier ses fleurs (à vendre) (*R.* 13).

Prov. سباڬي بوغ سدڤ دڤاكي لايو دبوغ *sa-bāgey būŋa sedȧp di-pākey lāyu di-būaŋ*, comme une fleur, agréable quand elle est fraîche, et que l'on jette quand elle est fanée. Se dit des gens que l'on fête dans leur jeunesse et que l'on abandonne dans leur vieillesse. Autre prov. بودق۲ موڽت منداڤت بوغ اداكه اي تاهو اكن فائدة بوغ ايت *būdak-būdak mūñit men-dāpat būŋa adā-kah ia tāhu ākan faïdat būŋa itu*, lorsque de petits singes trouvent des fleurs, en connaissent-ils l'utilité? Le sens est: lorsque des choses précieuses tombent dans les mains de personnes sans intelligence et qui n'en connaissent pas la valeur, elles sont perdues, comme des fleurs entre les mains de petits singes qui les dépècent.

Énig. بوهڽ دأتس بڠاڽ دأتس جوڬ *būah-ña di-ātas buŋā-ña di-ātas jūga*, son fruit est en-dessus et sa fleur est aussi en-dessus. ڤوكق ستو *pōkok setū*, la plante nommée *setu*.

بربوغ *ber-bũnga*, qui a des fleurs, qui fleurit; argent qui porte intérêt. دو ريبو رغكت تياد بربوغ *dũa ribu ringgit tiãda ber-bũnga*, deux mille piastres ne portant pas d'intérêt (*H. Ab.* 261).

بغبغان *bunga-bungã-an*, les fleurs en général.

[Jav. [illegible] *bungahan*, intérêt d'argent. Sund. [illegible] *bunga*, intérêt d'argent. Bat. [illegible] *bunga*. Mak. [illegible] *bunga*. Day. *bunga*, intérêt d'argent. Tag. et Bis. [illegible] *bonga*, fruit.]

بوغارن bũngãran, prémices, première production. — بوه٢ *bũah-bũah bũngãran*, les prémices des fruits.

بوغر bũngur, nom d'un très-bel arbre à fleurs et qui fournit aussi un bon bois pour la construction des navires (*Kl.*).

بوغل bũngol, stupide, idiot (*Kl.*).

بوچق bõxak, vermoulu, abîmé.

بوچق bũxuk, nœud aux vieux arbres: à une massue: bouton au couvercle d'un vase.

بوچڠ bõxong, sorte de cruche en terre, dont on se servait jadis dans les jours de fêtes, pour servir les boissons fortes (*Kl.*).

بوچر bõxor, qui fait eau, qui coule: babil, caquet (*Cr.*). ڤراهو ايت سده جادى بوچر *prãhu ĩtu sudah jãdi bõxor*, ce navire a fait une voie d'eau. — مولت *mũlut bõxor*, babillard.

ممبوچركن *mem-bõxor-kan*, établir une voie d'eau, p. ex. à un navire pour le faire sombrer.

[Jav. et Sund. [illegible] *boxor*. Mak. [illegible] *bonxoro*.]

بوجق bũjuk, caressé, adouci, consolé, cajolé: être caressé. سراى دبوجقڽ دڠن ڤركتا٢ن يڠ مانس *serãya di-bũjuk-ña dengan per-katã-an yang mãnis*, en la consolant par des paroles douces (*R.* 36). مڠاڤاكه مك كيت دبوجق سڤرت كانق كچل *meng - apã - kah maka kĩta di-bũjuk seperti kã-nak kexil*, pourquoi nous cajoler de la sorte, comme (si nous étions) de petits enfants? (*M.*).

ممبوجق *mem-bũjuk*, caresser, adoucir, consoler, cajoler. اى ڤرݢى ممبوجق استرين *ĩa pergi mem-*

būjuk istrī-ña, il alla calmer son épouse (*Indr.* 259). ممبوجق دڠن چمبچمبوءن *mem-būjuk deŋan xumbu-xumbū-an*, adresser des compliments flatteurs (*M.*).

ممبوجقكن *mem-būjuk-kan*, caresser, flatter quelqu'un, faire consoler ou cajoler. ممبوجقكن دى دڠن كات يڠ لمه لمبت *mem-būjuk-kan dīa deŋan kāta yaŋ lemàh lembut*, il la flatta par des paroles douces et tendres (*M.*).

بربوجق٢ *ber-būjuk-būjuk*, qui flatte; caressant.

ڤمبوجق *pem-būjuk*, flatteur, qui caresse.

بجوكن *bujūk-an*, caresse, flatterie.

ڤمبجوكن *pem-bujūk-an*, action de flatter, flatterie, cajolerie.

بربوجقبجوكن *ber-būjuk-bujūk-an*, qui se caressent réciproquement, se flatter mutuellement.

On trouve aussi ڤوجق *pūjuk*, موجق *memūjuk*.

[Jav. ꦧꦸꦗꦸꦏ꧀ *bujuk*, amorce, appât. Sund. ᮘᮥᮏᮥᮊ᮪ *bujuk*.]

بوجق **būjuk**, nom d'un poisson. ايكن ارون يڠ بسرايت نمان بوجق *īkan arūwan yaŋ besàr ītu namā-ña būjuk*, lorsque le poisson nommé *aruwan* est grand, il porte le nom de *bujuk* (*Kl.*).

بوجڠ **būjaŋ**, personne non mariée, célibataire; domestique, personne de la suite: jeune animal mâle. كورڠ بايق دودق بوجڠ بݢين *kūraŋ bāik dūduk būjaŋ bagīni*, il n'est pas bon de demeurer ainsi non marié (*H. Ab.* 164). اداله سهاى تڠݢل بوجڠ ساج *adā-lah sahāya tiŋgal būjaŋ sāja*, me voilà demeuré célibataire. دايرڠكن اوله ليم راتس بوجڠ *di-īriŋ-kan ūleh līma rātus būjaŋ*, suivi de cinqcents jeunes hommes (*M.*). — كود *kūda būjaŋ*, un jeune étalon.

ڤربجاڠن *per-bujāŋ-an*, ou ڤمجاڠن *pemujāŋ-an*, la partie d'une maison où se tiennent les *boujangs*.

[Jav. ꦮꦸꦗꦁ *wujaŋ*, célibataire. ꦧꦸꦗꦁ *bujaŋ*, domestique. Sund. ᮘᮥᮏᮀ *bujaŋ*. Bat. ᯅᯮᯐᯰ *bujaŋ*. Day. *bujaŋ*.]

بوجڠ **būjiŋ**, un certain bois dur qui sert à faire des piques.

بوجڠݢ **būjaŋga** (S. भुजङ्ग *bujaŋga*, serpent), historien.

[Jav. ꦧꦸꦗꦁꦒ *bujoŋga*. Sund. ᮘᮥᮏᮀᮌ *bujaŋga*.]

بوجڠݢ **bŭjangga.** — ڤڠانن *pangānan bŭjangga*, sorte de bouillie ou pâte faite de farine de riz et cuite dans du ݢي *gi* ou ميڽق ساڤي *miñak sāpi*.

بوجر **bŭjur,** longueur, en long; étendu en long. لنتڠ دان بوجر ليڠ قبور *lintang dān bŭjur liang kubūr,* la largeur et la longueur de la fosse, du tombeau (*M.*). جالنله دتانه ايت ڤد بوجرڽ *jālan-lah di-tānah ītu pada bŭjur-ña,* parcourez cette terre dans sa longueur (*B.* 18). ڤد بوجر لاڠيت *pada bŭjur langit,* à travers les airs (*M.*).

ممبوجر *mem-bŭjur,* s'étendre en long, être posé en long.

Énig. امقڽ ممبوجر انقڽ ملنتڠ *āmak-ña mem-bŭjur ānak-ña me-lintang,* la mère est placée en long et l'enfant en travers. باتو ݢيليڠ *bātu giling,* pierres à broyer les épices. On broie les épices avec deux pierres; l'une, plus grande et plate, est placée en long; et l'autre, plus petite et de la forme d'un cylindre, est roulée en travers sur la première.

ممبوجرکن *mem-bŭjur-kan,* mettre en long, étendre une chose dans le sens de sa longueur. تتکال اولر ايت ممبوجرکن ديريڽ *tatkāla ūlar itu mem-bŭjur-kan dirī-ña,* lorsque le serpent s'étend de toute sa longueur (*M.*).

[Jav. ꦲꦸꦗꦸꦂ *ujur.* Bat. [illegible] *bujur.* Mak. [illegible] *bu-juru.*]

بوڽي **bŭñi,** son, bruit; sens du contenu d'un écrit. اڠين — *bŭñi āngin,* le bruit du vent. سوار — *bŭñi suāra,* le son de la voix. مريم — *bŭñi mariam,* le bruit du canon. ݢنت — *bŭñi genta,* le son de la cloche. ڤاسن — *bŭñi pāsan,* la teneur d'un ordre. سورت — *bŭñi sūrat,* le sens, le contenu d'une lettre. ترلالو ݢمڤيت بوڽيڽ *ter-lālu gempīta buñī-ña,* le son en était éclatant. سڤرتي تاݢر بوڽيڽ *seperti tāgar buñī-ña,* le bruit en était comme celui du tonnerre (*R.* 155). ستله راج مندڠرکن بوڽي ڤرکتاان ددالم سورت ايت *sa-telāh rāja men-dengar-kan bŭñi per-katā-an di-dālam sūrat ītu,* aussitôt que le roi eut entendu le sens des paroles de la lettre (*M. R.*). بوڽي داتس بوڽي دباوه بوڽي دهداڤن *bŭñi di-ātas bŭñi di-bāwah bŭñi di-hadāp-an,* les sons voyelles de la langue malaise (*H. Ab.* 135).

بربوڽي *ber-būñi*, qui résonne, sonnant, retentissant. ستله هاري سيڠ مك بربوڽيله ݢندرڠ ڤرڠ *sa-telàh hāri siang maka ber-buñī-lah genderàng pràng*, aussitôt que le jour parut, le tambour se fit entendre (*R.* 150). اي ڤون تندق تياد بربوڽي *ia pūn tunduk tiāda ber-būñi*, alors il s'inclina et se tut (*R.* 130).

Prov. بربوڽي باتو بربوڽيله دي *ber-būñi bātu ber-buñī-lah dīa*, muet comme une pierre; se dit d'une personne prise en faute et qui ne sait que répondre (*H. Ab.* 123).

Énig. دڤڠڠ بربوڽي دلتق ديم *di-pegàng ber-būñi di-letàk dīam*, quand on le prend, il fait du bruit, quand on le pose, il se tait. ڤراد ݢريسيق *prāda gerisik*, du clinquant.

ممبوڽي *mem-būñi*, faire du bruit, produire ou émettre un son.

ممبوڽيکن *mem-buñī-kan*, faire sonner, faire résonner, exprimer ou prononcer quelque chose. — چمتي *mem-buñī-kan xamotī*, faire claquer le fouet (*Exer.* 157). تتاڤي بلم لاݢي بوله ممبوڽيکن سواتو ڤرکتاءن *tetāpi belùm lāgi būleh mem-buñī-kan suātu per-katā-an*, ne pouvant encore prononcer aucun mot (*H. Ab.* 19).

بوڽين *buñī-an*, son, voix, son des instruments de musique.

بوڽيبوڽين *buñī-buñī-an*, instruments de musique. سکل بوڽيبوڽين ڤون بربوڽيله *segala buñī-buñī-an pūn ber-buñī-lah*, tous les instruments de musique résonnèrent (*Ism. Yat.* 209).

v. بوني *būni*.

[Jav. ꦲꦸꦤꦶ *uni*. Sund. ᮘᮧᮑᮤ *buñi*. Bat. ᯔᯮᯉᯪ *muni*.]

بوت ***bōt*** (Ang. *boat*), bot, petit bateau.

بوت ***būta***, aveugle. — تولي دان بوت *tūli dān būta*, sourd et aveugle. — مات *būta māta*, ou — دو بله مات *būta dūa belàh māta*, privé des deux yeux. — سبله مات *būta sa-belàh māta*, borgne. ڤد کتيک ايت جوݢ متاڽ ڤون بتاله *pada ko-tika ītu jūga matā-ña pūn butā-lah*, à l'instant même, il devint aveugle (*R.* 102). ممبوروسکن واڠ دڠن بوت تولي *mem-bōros-kan wàng dengan būta tūli*, dépenser son argent à tort et à travers. — ڤريݢي *perigi būta*, un puits sans eau.

بربوت *ber-būta*, qui est aveugle, qui s'aveugle. بربوت بارڠ سواتو بربوت تولي *ber-būwat bāraṅ suātu ber-būta tūli,* faire q. ch. à la hâte, grossièrement, brocher.

ممبتاكن *mem-butā-kan,* aveugler, rendre aveugle. متام تله دبتاكن الله *matā-mu telāh di-butā-kan allah,* Dieu vous a-t-il aveuglés?

بربتاكن *ber-butā-kan,* qui aveugle.

كبتاءن *ka-butā-an,* aveuglement, cécité. اى ڤلوكن سكل لكلاكى ايت دغن كبتاءن *īa palū-kan segala laki-lāki ītu deṅan kabutā-an,* ils frappèrent tous ces hommes d'aveuglement (*B.* 25).

[Kw. ꦮꦸꦠ *wuta.* Sund. ᮝᮥᮒ *wuta.* Mak. *buta.* Bug. *uta.* Bis. *bota.*]

بوت būta (S. भूत *bhūta*), génie, démon, titan (*H. Ab.* 144).

[Jav. et Sund. ꦧꦸꦠ *buta.* Mak. *bota.*]

بوت būwat, būat, fait, construit, fabriqué, causé; être fait. بايق — *būat bāīk,* bien fait, bien agi. جاهت — *būat jāhat,* être mal fait, mal agi. بنچان — *būat benxāna,* du dommage causé. اڤ بوله بوت *apa būleh būat,* que faire? (litt.: que peut-il être fait?). مك دبوتڽ ڤاتهساياڤڽ *maka di-būat-ña pātah sāyap-ña,* il fit comme s'il avait eu les ailes cassées (*Kal. dan Dam.* 99).

بربوت *ber-būat,* qui fait, faisant, agissant; faire, agir. دسورهڽ بربوت سواتو ڤراهو *di-sūruh-ña ber-būat suātu prāhu,* il ordonna de construire un vaisseau (*M.*).

ممبوت *mem-būat,* faire, construire, fabriquer, causer. — انياي *mem-būat aniāya,* opprimer, tyranniser. جنجي — *mem-būat janji,* faire une convention. ريڠن — *mem-būat riṅan,* faire peu de cas. بيرله اى ممبوت ماتى ديريڽ *biar-lah īa mem-būat māti dirī-ña,* qu'il fasse le mort, qu'il fasse semblant d'être mort (*Kal. dan Dam.* 82).

ممبواتى *mem-buāt-i,* travailler à, travailler pour. دسوره بواتى قمر ڤداك *di-sūruh buāt-i ḳemer pedāka,* il ordonna de travailler à faire des ornements en forme de lune et des colliers (*S. Bid.* 9).

ممبوتكن *mem-būat-kan,* exécuter, accomplir q. ch.

بربوتكن *ber-būat-kan,* qui exécute, qui accomplit.

ڤربوت *per-būat,* qui est fait, être exécuté, être produit. دڤربوتڽاله ڤرچرين *di-per-būat-ña-lah per-xerēy-an,* il fit une division (*B.* 1). يغ دبوت دان يغ دڤربوت *yaŋ di-būat dān yaŋ di-per-būat*, l'agent et le patient (*M.*).

ممڤربوت *mem-per-būat*, faire exécuter, faire construire.

ممڤربوتکن *mem-per-būat-kan*, faire faire, faire produire q. ch. اوله سأورغ ڤرمڤوان يغ دڤربوتکن ايت *ūleh sa-ōraŋ perampūan yaŋ di-per-būat-kan ītu*, c'est à cause d'une femme que cela a été fait (*R.* 158).

ڤمبوت *pem-būat*, qui fait, qui produit, faiseur.

بواتن *buāt-an*, qui est fait, action, fabrication. اينده٢ سکالى بواتنڽ *indah-indah sa-kāli buāt-an-ña*, la fabrication en était admirable (*R.* 3). سوکر — *buāt-an sūkar*, œuvre difficile.

ڤربواتن *per-buāt-an*, la chose faite: travail, œuvre. جاهت — *per-buāt-an jāhat*, mauvaises actions. مڠاڤ اڠکو ڤربوت ڤربواتن يغ دمکين *meŋ-āpa aŋkaw per-būat per-buāt-an yaŋ demīkian*, pourquoi en avez-vous agi ainsi? (*R.* 77). امس — *per-buāt-an amàs*, ouvrage en or.

ڤمبواتن *pem-buāt-an*, action de faire, d'exécuter, œuvre, exécution.

[Sund. *buat*, couper le padi. Bat. *buwat*, utile. Mak. et Bug. *buwa*. Bis. *bohat*.]

بوتال butāla (S. भूतल *butala*), la terre.

On trouve aussi بنتال *buntāla*. [Kw. *buntala*.]

بوته būtuh, membre viril.

[Mak. *buto*, le scrotum.]

بوتو būtu, pour بوته *būtuh*.

بوتق būtak, trouble, épais.

[Jav. *butek*.]

بوتق būtak, chauve. يغ بوتق اوبنڽ *yaŋ būtak ūbun-ña*, qui a le sommet de la tête chauve. يغ چچاله اکن دى دان کتاله ڤداڽ براڠکتله يا بوتق *yaŋ xuxā-lah ākan dīa dān katā-lah padā-ña ber-aŋkat-lah īā būtak*, qui se moquaient de lui en lui disant: monte, chauve (*B.* 581). بورغ بوتق *būruŋ būtak*, nom d'un très-gros oiseau.

[Jav. *buṭak*. Sund. *butak*.]

بوتغ bōtaŋ (Port. *botão*), bouton.

بوتن **būtun**, nom d'une plante dont on mange les feuilles crues (*L.*).

بوتر **bōtor**, nom d'une sorte de féveroles qui se mangent vertes.

[Jav. ꦧꦺꦴꦠꦺꦴꦂ *botor.*]

بوتر **būtir**, grain, globule: numéral pour les petits objets ronds. لاد سبوتر *lāda sa-būtir*, un grain de poivre. بوه اڠکر دو بوتر *būah anggur dūa būtir*, deux grains de raisin, deux pépins. — کاچ *būtir kāxa*, petits grains de verre. دمب — *būtir domba*, crottes de brebis. بربيله سناڤڠ ايت مك لالو سبوتر در سبله کريڽ دان سبوتر در سبله کانن *ber-buñi-lah senāpang ītu maka lālu sa-būtir deri sa-belàh kirī-ña dān sa-būtir deri sa-belàh kānan-ña,* le fusil fit feu, et des deux balles, l'une passa à sa droite et l'autre à sa gauche (*H. Ab.* 66).

[Bat. ᯅᯮᯖᯪᯒ᯲ *butir,* petit bouton provenant de la piqûre d'un insecte.]

بوتل **bōtol** (Holl. *bottel*), bouteille. جکلو اڠکو ماسقکن سواتو بوتل کوسڠ کدالم اير *jikalaw angkaw māsuk-kan suātu bōtol kōsong ka-dālam āyer,* si vous enfoncez dans l'eau une bouteille vide (*N. Phil.* 136).

بوتل **būtil** = بوتر *būtir.*

بوتل **būtul,** pour بتل *betùl.*

بوده **bōdoh,** simple, sot, niais, imbécile, inexpérimenté, ignorant. بيل دان بوده *babàl dān bōdoh,* ignorant et sot. سفرت لاکو اورڠ بوده *seperti lāku ōrang bōdoh,* comme se conduirait un imbécile (*M.*). اکو اين سئورڠ بوده *āku ini sa-ōrang bōdoh,* je suis un ignorant (*H. Ab.* 2).

بربوده٢کن *ber-bōdoh-bōdoh-kan,* qui rend imbécile, hébéter. — دري *ber-bōdoh-bōdoh-kan dirī-ña,* contrefaire l'imbécile.

کبدوهن *ka-bodōh-an,* simplicité, imbécillité, ignorance. صبر درڤد کبدوهن اورڠ لاين *ṣabar deri-pada ka-bodōh-an ōrang lāin,* indulgent pour l'ignorance des autres (*H. Ab.* 134).

On trouve aussi بودو *bōdo* et بودق *bōdoḳ.*

[Jav. ꦧꦺꦴꦝꦺꦴ *boḍo.* Sund. ᮘᮧᮓᮧ *bodo.*]

بودی **bōdi** (S. बोधि *bōdhi*), le figuier sacré (*ficus religiosa*):

بودو **būdu,** poisson mariné, confit ou salé (*Cr.*).

[Bat. ᯅᯑᯮ *budu*. Tag. ᜊᜓᜇᜓ *bodo*.]

بودق **būdaḳ,** enfant, jeune personne, garçon ou fille: domestique, esclave. فڠاجارن ترڤندق ڬون بودق٢ كچيل *perg-ajār-an terpendeḳ gūna būdaḳ-būdaḳ kexil,* enseignement très-abrégé à l'usage des petits enfants (*P. M.*). مك بودق بڠكوق ايت ڤون كلوارله دري استان *maka būdaḳ burgkuḳ itu pūn ka-lūar-lah deri astāna,* or cet enfant bossu sortit du palais (*R.* 9). دى ڤون بودق عقلڽ توا *dia pūn būdaḳ aḳal-ña tuā,* c'est un jeune garçon, (mais) son esprit est mûr (*M.*). سؤورڠ بودقڽ سده لارى *sa-ōrarg būdaḳ-ña sudah lāri,* un de ses esclaves a disparu (*M.*). كبودقبداكن *ka-būdaḳ-budāk-an,* des enfantillages.

[Jav. ꦧꦸꦝꦏ꧀ *buḍak,* esclave. Sund. *budak*. Bat. ᯅᯑᯂ᯲ *budak*.]

بودق **būduḳ,** le dernier degré de la lèpre.

[Jav. ꦧꦸꦝꦸꦏ꧀ *buḍuk,* très-enflé.]

بونه **būneh,** nom d'un fruit acide.

le banian. اد اورڠ ماتى دبونه دباوه بودى *ada ōrarg māti di-būnuh di-bāwah bōdi,* un homme avait été tué sous un banian (*S. Mal.* 228).

[Sund. *bodi*. Mak. *bodi,* nom d'un arbre dont les feuilles servent en médecine.]

بودى **būdi** (S. बुद्धि *buddi*), sagesse, intelligence, pénétration, raison, bon sens. — بچارا *būdi bixāra,* un avis sage. — عقل *aḳal būdi,* intelligence, sagacité. كارن هيلڠ بودى منجادى ڬيل كات نورى ايت *kārna hīlarg būdi men-jādi gīla kāta nūri itu,* car, en perdant l'esprit, dit le perroquet, on devient fou (*M.*).

بربودى *ber-būdi,* sage, intelligent, prudent. تتاڤى اڠكو تياد بربودى *tetāpi argkaw tiāda ber-būdi,* mais vous n'êtes pas prudent (*R.* 42).

[Jav. et Sund. ꦧꦸꦝꦶ *budi.*]

بوديمان **būdīmān,** v. بديمان *budīmān.*

بودو **bōdu,** rempli de crainte (*M.*).

بونه būnuh, būnoh, tué, assassiné, mis à mort; être tué. يغ اكو هندق بونه دغن تاغنك *yang āku hendak būnuh dengan tāngan-ku*, je veux qu'il soit tué de ma main (*R.* 82). جكلو داڤت دتڠكڤڽ تياد هارس دبونه *jikalaw dāpat di-tangkap-ña tiāda hārus di-būnuh*, s'il est arrêté, il n'est pas bon qu'il soit mis à mort. براڤ كربو هابس دبونه *brāpa kar-baw hābis di-būnuh*, on tua un grand nombre de buffles (*M.*).

ممبونه *mem-būnuh*, tuer, assassiner, mettre à mort, abattre, éteindre. اكو داتڠ اين هندق ممبونه اڠكو *āku dātang īni hendak mem-būnuh angkaw*, je viens ici dans l'intention de te tuer (*R.* 27). جاڠن اڠكو ممبونه *jāngan ang-kaw mem-būnuh*, vous ne commettrez point d'homicide (*B.* 117).

On trouve aussi ممونه *memū-nuh*. هارس باڬي كيت ممونه بارڠسياڤ لكلاكي درڤد كافر *hārus bāgi kīta memūnuh bārang-siāpa laki-lāki deri-pada kāfir*, il nous est permis de mettre à mort tous les païens qui nous ont fait la guerre (*D. M.* 356). Cette forme du verbe actif est défectueuse et doit être évitée. La lettre ب *b*, qui commence le radical étant douce doit être conservée. v. Gram.

تربونه *ter-būnuh*, qui est tué, que l'on a exécuté. اى تله ماتى تربونه اوله مهراج روان *ia telàh māti ter-būnuh ūleh maha-rāja rawāna*, il fut tué par Maharaja Rawana (*R.* 61).

ڤمبونه *pem-būnuh*, qui tue, assassin, meurtrier, homicide. اورڠ ڤمبونه كيت بونه ڤد كتيك ايت جوڬ *ōrang pem-būnuh kīta būnuh pada kotīka itu jūga*, le meurtrier, nous le mettons à mort sur le champ (*M.*).

بنوهن *bunūh-an*, meurtre, exécution. اڤ ڬناڽ اورڠ بنوهن دمكين *apa gunā-ña ōrang bu-nūh-an demīkīan*, à quoi peut servir cet homme de meurtre? (*S. Mal.* 349).

ڤمبنوهن *pem-bunūh-an*, action de tuer, assassinat; échafaud *R. V.* — تمڤت *tampat pem-bunūh-an*, le lieu de l'exécution (*S. Mal.* 89).

ڤربنوهن *per-bunūh-an*, place des exécutions; et aussi, meurtre. اوله كارن سواتو ڤربنوهن *ūleh kārna suātu per-bunūh-an*, à cause d'un meurtre (*N.* 144).

كبنوهن *ka-bunūh-an*, celui qui est tué: un assassiné: meurtre, exécution.

بربونهبنوهن *ber-bŭnuh-bunūh-an*, se tuer mutuellement, se battre ensemble à mort. برهنتى مريكئيت درقد هندق بربونهبنوهن ايت *ber-henti marīka-ītu deri-pada hendaḳ ber-būnuh-bunūh-an ītu*, ils cessèrent de vouloir se massacrer (*H. Ab.* 236).

[Jav. ꦧꦸꦤꦸꦃ *bunuh*. Sund. ꦧꦸꦤꦸꦃ *bunuh*, couper une chose et l'ouvrir. Bat. ᯅᯮᯉᯮ *bunu*. Mak. ᨅᨘᨊᨚ *buno*. Bug. ᨕᨘᨊᨚ *uno*. Day. *puno*, percer avec une lance. Tag. et Bis. ᜊᜓᜈᜓ *bono*, se battre.]

بونى **būni**, caché, occulte.

بربونى *ber-būni*, qui est caché, qui se tient caché.

ممبونى *mem-būni*, cacher, recéler. سبب ايتوله ممبونى دريڽ درقد راج *sebàb itū-lah mem-būni dirī-ña deri-pada rāja*, c'est pourquoi il se cacha du roi (*M.*).

تربونى *ter-būni*, qui est caché, que l'on a recélé. ڤربنداهراٴن يڠ تربونى *per-bendaharā-an yaṅ ter-būni*, des trésors cachés. اى جو يڠ ڽات دان يڠ تربونى *īa jūa yaṅ ñāta dān yaṅ ter-būni*, c'est lui qui se manifeste et qui se tient caché (*M.*).

ممبنيكن *mem-bunī-kan*, cacher quelque chose, faire cacher, recéler. بايقله متيار ايت كبنيكن ددالم باجوك *bāiḳ-lah mutiāra ītu ku-bunī-kan di-dālam bajū-ku*, je ferai bien de cacher ces perles sous mon vêtement (*M.*).

بنيٴن *bunī-an*, cachette.

Ce mot s'emploie plus ordinairement précédé de la particule سم *sem*.

سمبونى *sem-būni*, caché, secret, occulte, mystérieux.

برسمبونى *ber-sem-būni*, qui se cache, qui se tient caché. اى ڤون برسمبونى ددالم هوتن *īa pūn ber-sem-būni di-dālam hūtan*, il se cacha dans la forêt (*R.* 96). لاريله اى برسمبونى *larī-lah īa ber-sem-būni*, il s'enfuit furtivement (*M.*).

مڽمبونى *meñem-būni*, cacher, recéler.

ترسمبونى *ter-sem-būni*, qui est caché, que l'on a caché. تياد يڠ ترسمبونى درقد علموڽ *tiāda yaṅ ter-sem-būni deri-pada ilmū-ña*, il n'y a rien de caché pour lui (*M.*).

مڽمبنيكن *meñem-bunī-kan*, cacher ou recéler q. ch. مك يعقوب سمبنيكنله دى دباوه ڤوهن كايو *maka yaḳub sem-bunī-kan-lah dīa di-bāwah pōhon kāyu*, et Jacob les cacha sous un arbre (*B.* 56).

On trouve aussi بوني *būñi.* هندق ممبيكن دريڽ *hendak me-ñem-buñi-kan dirī-ña,* voulant se cacher (*H. D.* 42). Mais cette manière d'écrire et de prononcer ce mot est, en général, rejetée par les bons auteurs.

[Kw. et Sund. ... *buni.* Bat. ... *buni.*]

بونين ***būniyan,*** ce mot paraît indiquer : un spectre, un fantôme ou quelque mauvais génie (*Kl.*).

بوڤغ ***bōpeṅ,*** très-marqué de la petite vérole (*L.*).

بوبه ***būbuh,*** placé, posé, apposé, mis ; être placé. بوبهله دى ايت داتس ميج *būbuh-lah dia itu di-ātas mēja,* placez-le sur la table (litt. : soit par vous placé). بوبهددالم ڤنجار *būbuh di-dālam panjāra,* mis en prison.

ممبوبه *mem-būbuh,* placer, mettre, poser, apposer. ممبوبه ڤلان ڤد كود *mem-būbuh pelāna pada kūda,* poser une selle sur le cheval. چف — *mem-būbuh xàp,* apposer un sceau. ممبوبه ݢارم دان لاد *mem-būbuh gāram dān lāda,* mettre du sel et du poivre. هرݢ — *mem-būbuh harga,* mettre à prix, fixer un prix.

ممبوبهكن *mem-būbuh-kan,* placer ou poser quelque chose, faire placer. سموان بوبهكن داتس تاغنك *samuā-ña būbuh-kan di-ātas tāṅan-ku,* posez le tout sur ma main (*R.* 104).

بوبو ***būbu,*** nom d'une nasse faite en rotin ou en bambou fendu. مك ڤرݢيله اى كهولو سوغى ايت مناهن بيوڽ *maka pergī-lah ia ka-hūlu suṅey itu menāhan bubū-ña,* il alla vers le haut de la rivière et y plaça sa nasse (*Chr. Pas.* 11).

[Sund. ... *bubu* et ... *buwu.* Bat. ... *bubu.* Mak. et Bug. ... *bu.* Tag. et Bis. ... *bobo.*]

بوبق ***būbuk,*** petits insectes, très-petits scarabés qui s'engendrent dans le bois et dans les graines, espèce de charançons. برس ايت برس جاو سده دماكن بوبق *berȧs itu berȧs jāwa sudah di-mākan būbuk,* ce riz est du riz de Java et il est rongé par les charançons (*M.*).

[Jav. et Sund. ... *bubuk.* Bat. ... *burbur.* Mak. ... *bubu.*]

بوبغ ***būbuṅ,*** le toit d'une maison.

بيوغن *bubūrg-an,* le faîte d'un toit: touffe de cheveux qu'on laisse sur le haut de la tête des enfants. بيوغن روماهن كباوه *bu-būrg-an rūmah-ña ka-bāwah,* on met le faîte de la maison en bas (*H. Ab.* 234). اى ملمڤت كڤد بيوغن استان راج *ia me-lumpat ka-pada bubūrg-an astāna rāja,* il sauta sur le toit du palais du roi (*R.* 134).

On trouve aussi بمبغ *bumburg.*

[Sund. ꦮꦸꦮꦸꦁ *wuwurg.* Bat. ᯅᯮᯅᯮᯰ *buburg.* Mak. ᨅᨘᨆᨅᨘ *bum-burg.* Bug. ᨅᨘᨓᨘ *buwurg.* Tag. et Bis. ᜊᜓᜊᜓ *boborg.*]

بوبغ ***būburg,*** un fourreau, un étui.

بوبت ***būbut,*** tiré, tourné, roulé.

ممبوبت *mem - būbut,* tourner en tirant: tourner, faire le métier de tourneur.

بيوتن *bubūt-an,* ce qui est tourné, ou tiré: un tour de tourneur. — تالى *tāli bubūt-an,* cable qui sert à maintenir le mât d'un navire, et qu'on renforce en roulant une branche autour (*S. Mal.* 139).

[Jav. et Sund. ꦧꦸꦧꦸꦠ꧀ *bu-but.*]

بوبت ***būbut,*** nom d'un oiseau (*centropus philippensis*) ; une sorte de faisan (*Kl.*).

بوبر ***būbur,*** bouillie; mis en bouillie, réduit en pâte. بوبر يغ چاير *būbur yarg xāyer,* pâte liquide, bouillie. بوبر يغ چاير سوره بوتكن *būbur yarg xāyer sūruh būat-kan,* il ordonna de préparer de la bouillie (*Sul. Ab.* 111). — سوسو *būbur sūsu,* riz cuit dans du lait.

ممبوبر *mem-būbur,* réduire en bouillie, mettre en pâte. اد يغ ممبوبر *ada yarg mem - būbur,* quelques-uns préparaient de la pâte (*Sul. Ab.* 111).

[Jav. et Sund. ꦧꦸꦧꦸꦂ *bubur.*]

بوبل ***būbul.***

ممبوبل *mem - būbul,* raccommoder des filets.

[Bat. ᯅᯮᯅᯮᯞ᯲ *bubul.*]

بوبل ***būbul,*** nom d'une maladie aux pieds, peut-être la goutte (*Cr.*).

بوبس ***būbus,*** s'envoler en essaim, comme les fourmis volantes.

بوم ***būm*** (Ar.), hibou.

بوم **būm** (Holl. *zeilboom*), longue perche qui sert à tenir une voile déployée (*Kl.*).

بوم **būma,** petite figure, poupée = ڤاتڠ *pāturg* (*L.*).

بومی **būmi** (S. भूमि *bŭmi*), la terre, le monde, le sol, terrain. بومی دان لاڠيت *būmi dān lārgit,* le ciel et la terre. برججق دبومی *ber-jejȧk di-būmi,* marcher sur la terre. تتکالا بومی اکن قيامة *tat-kāla būmi ākan kiāmat,* lorsque la fin du monde arrivera. تانمکن بيجی ايت کدالم بومی *tānam-kan bĭji itu ka-dālam būmi,* mets ces semences en terre. بومی يڠ تڬر *būmi yarg tegȧr,* une terre forte, compacte. بومی دان اير دان هواء دان اڤی *būmi dān āyer dān hawā dān āpi,* la terre, l'eau, l'air et le feu (*M.*).

[Jav. et Sund. ꦧꦸꦩꦶ *bumi.*]

بومو **būmu,** chasseur d'éléphants. بڬند ممڠڬل سڬل بومو *baginda memanggil segala būmu,* le prince fit venir ses chasseurs d'éléphants (*S. Mal.* 293).

بوور **būwar,** sorte de baguette de ligne à pêcher (*Cr.*).

بوره **bōreh,** sorte de cosmétique: un liniment jaune, dont on se sert pour frotter tout le corps des jeunes mariés.

بربوره *ber-bōreh,* qui a du cosmétique, qui se met du cosmétique.

[Jav. ꦧꦺꦴꦫꦺꦃ *boréh.*]

بوری **būrey,** une chose qui sort de ce qui la contient, p. ex. les intestins qui sortent du ventre par une blessure, du grain qui sort d'un sac par une déchirure.

بوری **būri,** trompette. — برتيف *ber-tiup būri,* qui sonne de la trompette.

بربوری *ber-būri,* qui trompette, qui sonne de la trompette. — اورڠ *ōrarg ber-būri,* des trompettes (dont la fonction est de sonner de la trompette).

بوری **bōriya, bōria,** v. منورا *manūra.*

بورو **būru,** chassé, poursuivi; être chassé.

بربورو *ber-būru,* qui chasse, chassant. بربورو سڤنجڠ جالن *ber-būru sa-panjarg jālan,* chasser tout le long du chemin (*M.*). ای ڤرڬی بربورو روس دڠن سڬل انق رجاراج يڠ مود *ia pergi ber-būru rūsa dengan segala ānak raja-rāja yarg mūda,* il se rendit à la chasse du cerf avec toute la jeune noblesse (*M.*).

ممبورو *mem-būru*, chasser, donner la chasse, poursuivre. ڤرڬيله اى كڤادڠ هندق ممبورو *pergī-lah ia ka-pādang hendak mem būru*, il sortit dans les champs pour chasser (*B.* 40). دالم هوتن ايت اداله سؤورڠ ممبورو *dālam hūtan itu adā-lah sa-ōrang mem-būru*, dans cette forêt se trouvait un homme qui chassait (*Kal. dan Dam.* 67).

ممبروكن *mem-burū-kan*, chasser quelque chose, faire chasser. تتاڤي دبروكنڽ اوله ابراهيم *tetāpi di-burū-kan-ña ūleh ibrāhīm*, mais ils (les oiseaux) étaient chassés par Abraham (*B.* 20).

ممڤربورو *mem-per-būru*, faire chasser.

ڤمبورو *pem-būru*, qui chasse, chasseur. مك ڤمبورو ايتڤون مرنتڠكن جارڠڽ *maka pem-būru itu-pūn me-rentang-kan jāring-ña*, alors le chasseur étendit son filet (*Kal. dan Dam.* 68). *Pem-būru* est aussi le nom d'un mauvais génie (*H. Ab.* 144).

ڤمبروءن *pem-burū-an*, action de chasser, la chasse. اى اداله ڬاڬه ڤد ڤمبروءن *ia adā-lah gāgah pada pem-burū-an*, il fut un fort chasseur (*B.* 13).

ڤربروءن *per-burū-an*, ce qui est chassé, le gibier. بير كراڽ بڤاكو ماكن درڤد ڤربروءن انقڽ *bīyar kirā-ña bapā-ku mākan deri-pada per-burū-an ānak-ña*, que mon père veuille bien manger de la chasse de son fils (*B.* 42). — انجڠ *anjing per-burū-an*, un chien de chasse.

[Jav. ꦧꦸꦫꦸ *buru*, poursuite. Sund. ᮘᮥᮛᮥ *buru*, faire hâter.]

بورو būru, éléphantiasis (*Cr.*).

بورق bōrak (Ar.), être fantastique qui, selon la croyance des mahométans, a servi de monture à Mahomet dans son voyage imaginaire de la Mecque à Jérusalem, et ensuite à travers les cieux, jusqu'au trône de Dieu (*Mir. Moh.* 4).

بورق būrik, marqué de petite vérole.

[Jav. et Sund. ꦧꦸꦫꦶꦏ꧀ *burik*.]

بورق būruk, mauvais, déchu, endommagé, avarié, gâté, indigne, usé. — ڤركاكس يڠ *per-kākas yang būruk*, meubles dépéris. — ڤكاين *pakēy-an būruk*, des habits usés. — بوه يڠ *būah* *yang būruk*, des fruits gâtés. — نام يغ *nāma yang būruk*, mauvaise réputation. بدن بورق اين *badàn būruk īni*, ce corps de néant. بايقڽ — *būruk bāik-ña*, le mauvais et le bon côté de cela. كندغ هريمو ايت سده بورق *kandang harīmaw ītu sudah būruk*, la cage de ce tigre était endommagée (*H. Ab.* 73). جمباتن يغ بورق ايتڤون منجادى بهارو *jambātan yang būruk ītu-pūn menjādi bahāru*, les ponts qui étaient en mauvais état furent renouvelés (*Ism. Yat.* 98).

ممبورق *mem-būruk*, pourrir, gâter.

ممبورقكن *mem-būruk-kan*, faire gâter, faire pourrir.

[Jav. et Sund. [Javanese script] *buruk*. Bat. [Batak script] *buruk*, usé.]

بورغ **bōrang,** chausse-trape.

[Jav. [Javanese script] *borang*.]

بورغ **bōrong,** en bloc, en tas, en masse; vendu en gros.

بربورغ *ber-bōrong*, qui fait en gros, qui est en gros; qui accapare.

ممبورغ *mem-bōrong*, faire le commerce en gros. ممبورغ رومه *mem-bōrong rūmah*, acheter une maison avec tout ce qu'elle contient.

ڤمبورغ *pem-bōrong*, qui commerce en gros, accapareur.

[Jav. et Sund. [Javanese script] *borong*. Mak. [Makassarese script] *borong*, paquet, tas.]

بورغ **būrung,** oiseau: le pénis (terme bas). سکل بورغ يغ دادر *segala būrung yang di-udara*, tous les oiseaux de l'air. سکاون — *būrung sa-kāwan*, une volée d'oiseaux. هنتو — *būrung hantu*, hibou, chouette. ديوات — *būrung dēwāta* ou سوڤو — *būrung sōpo*, l'oiseau de paradis. — راوا *būrung rāwa* (*columba litoralis*). تاهن — *būrung tāhun*, le bucéros. نورى — *būrung nūri*, le loris, oiseau du genre des perroquets. راج والى — *būrung rāja wālī*, aigle. نسر — *būrung nasàr*, vautour.

Prov. ڤڠاجر بورغ *peng-ājar būrung*, instructeur d'oiseaux. Se dit de ceux qui donnent des leçons à ceux qui ne les comprennent pas, mais qui les suivent machinalement.

بوروغن *burūng-an* et بورغبوروغن *būrung-burūng-an*, les oiseaux en général. سکل بوروغن دلاڠت *segala burūng-an di-lāngit*, tous les oiseaux du ciel (*B.* 2).

ڤبروڠن *pa-burūṅ-an*, l'endroit où l'on place la volaille.

[Bat. *buruk*. Day. *buroṅ*.]

بورت **būrat**, nom d'un cosmétique.

[Kw. *burat*, onguent.]

بورت **būrit**, la partie de derrière de quelque chose. كڤل — *būrit kapàl*, la poupe d'un navire. اورڠ مانسي — *būrit ōraṅ mānusīa*, le derrière d'une personne.

سمبورت *sem-būrit*, péché contre nature, pédérastie. — اورڠ *ōraṅ sem-būrit*, un pédéraste, sodomite.

بريتن *burīt-an*, ce qui est derrière, le derrière d'un navire, la poupe. اد اورڠ برجاݢ دسبله بريتن *ada ōraṅ ber-jāga di-sabelàh burīt-an*, une garde était placée d'un côté, à la poupe. كورڠ — *kūruṅ burīt-an*, cabine d'arrière, dunette d'un navire. اي ڤون لالو كاتس كورڠ بريتن ايت *ia pūn lālu ka-ātas kūruṅ burīt-an ītu*, lorsqu'ils furent sur la dunette du navire (*Bis. Kaj.* 27).

[Kw. *wuri*. Jav. *buri* et *burit*.]

بورت **būrut**, rupture, hernie, une descente d'intestins. — ڤڽاكت *peñākit būrut*, une hernie.

بورند **būranda**, une cabine dans un navire (*Kl.*).

بورس **bōros**, dissipé, gaspillé, prodigué, perdu.

ممبورس *mem-bōros*, dissiper, gaspiller, prodiguer.

ممبورسكن *mem-bōros-kan*, dissiper, gaspiller, prodiguer quelque chose. سرت ممبورسكن سهاج وڠڽ *serta mem-bōros-kan sahāja waṅ-ña*, ne faisant que gaspiller leur argent (*H. D.* 17). اورڠ يڠ ممبورسكن هرتاڽ *ōraṅ yaṅ mem-bōros-kan hartā-ña*, quelqu'un qui dissipe son bien, un dissipateur, un prodigue (*M.*).

ڤمبورس *pem-bōros*, prodigue, dissipateur.

[Jav. *boros*, dissipateur. Jav. et Sund. *boros*, nom d'une plante bonne à manger.]

بورس **būras**, endommagé, avarié.

بورس **būrus**, fané, flétri, séché. — داون *dāun būrus*, des feuilles fanées, flétries. رمبتن سڤرت

کاڤس دبورس *rambut-ña seperti kāpas di-būrus*, ses cheveux ressemblaient au coton, quand les capsules se sèchent et s'entr'ouvrent (*M.*).

بول būwal, bouillonnement de l'eau qui est sur le feu, et aussi de l'eau croupissante d'un fossé (*Kl.*).

بول bōla, exagération.

بربول *ber-bōla*, qui exagère, qui ment.

ڤربول *per-bōla*, mensonge, exagération.

(Prob. le même que بولق *bōlak.*)

بوله bōlah (Port. *bola*), boule, bille. — رومه *rūmah bōlah*, maison de café, salle de billard. —ماين *māin bōlah*, jouer au billard.

بوله būlah, entier, le tout, la totalité, plein. بوله تيݢ هاري *būlah tiga hāri*, trois jours entiers.

بوله būleh, v. اوله *ūleh*.

بوله būluh, le bambou (*bambusa*).

Les Malais connaissent un grand nombre d'espèces de bambous; les principales sont: بتڠ — *būluh betùng*, la plus grosse espèce de bambou (v. بتڠ *betùng*). دوري — *būluh dūri*, bambou à épines (*bambusa blumeana*). چين — *būluh xīna*, le bambou chinois (*arundinaria glaucescens*). اولر — *būluh ūlar*, bambou aux serpents. ݢادڠ — *būluh gādìng*, bambou d'ivoire. *Kl.* mentionne encore les espèces suivantes: اندڠ — *būluh andung*, هيتم — *būluh hītam*, مايڠ — *būluh māyang*, تالي — *būluh tāli* et کاسڤ — *būluh kāsap*. رنتق — *būluh rantik*, espèce de jonc. مک دامبلڽ ڤداڽ سواتو ڤتي بوله٢ رنتق *maka di-ambil-ña padā-ña suātu peti būluh-būluh rantik*, et elle prit un panier de jonc (*B.* 86). ڤرندو — *būluh pe-rindu*, une sorte de flûte éolienne faite d'un bambou dans lequel on a pratiqué une fente et que l'on expose ensuite à l'action du vent. ترلالو امت مردو بوڽيڽ سڤرت بوله ڤرندو رساڽ *ter-lālu āmat merdu buñi-ña seperti būluh pe-rindu rasā-ña*, le son en était mélodieux et faisait l'effet du *būluh pe-rindu* (*M.*). مموکل بوله *memūkul būluh*, frapper le bambou (un certain morceau de bambou dont le son s'entend au loin, et que l'on frappe pour donner un signal) (*H. Ab.* 289).

بولة٢ *būluh-būluh*, tuyau: canon de fusil.

[Jav. *wuluh*. Sund. *buluh*. Bat. *bulu*. Mak. *bulo.*]

بولى٢ ou **بلبولى** ***buli-būli,*** une petite bouteille avec un cou long et étroit, et un gros ventre: fiole. — دماسقكنڽ كدالم سواتو *di-mā-suk-kan-ña ka-dālam suātu buli-būli,* il l'introduit (le sang) dans une fiole (*H. Ab.* 146). دواة — *buli-būli dawāt,* un encrier (*S. Mal.* 274).

[Sund. *buli-buli,* un vase couvert. Bat. *buli-buli.* Mak. *buli.*]

بولو ***būlu,*** plume, duvet, poil, laine. هايم — *būlu hāyam,* des plumes de poule. كمبغ — *būlu kambing,* poil de chèvre. دمب — *būlu domba,* de la laine. مات — *būlu māta,* les cils des yeux. قاهت — *būlu pāhat,* duvet. بابي — *būlu bābi,* des soies de cochon. لندق — *būlu landak,* les piquants du porc-épic. — لالغ — *bulu-būlu lālang,* la fleur veloutée de certaines herbes. تڠكق — *būlu tengkuk,* le poil du cou, la crinière du cheval, du lion, etc. — هولت *hūlat būlu,* chenille à poil. — كاچڠ *kāxang būlu,* haricots velus. — بله *belāh būlu,* nom d'une toile. — — داون *dāun bulu-būlu,* nom d'une plante (*tragia hirsuta*).

بربولو *ber-būlu,* qui a des plumes ou du poil, emplumé, velu. سودراك اتوله سئورغ يغ بربولو كولتڽ *sūdarā-ku itū-lah sa-ōrang yang ber-būlu kūlit-ña,* mon frère a la peau velue (*B.* 40).

[Jav. *wulu.* Sund. *bulu.* Bat. *im-bulu.* Mak. *bulu.* Day. *bulu.* Tag. et Bis. *polok,* plume de la gorge du coq.]

بولق ***bōlak,*** paroles dont le sens est à côté de la vérité, bourde, équivoque.

v. بالق *bālik* et قوتر *pūtar.*

بولغ ***bōlong,*** percé dans la longueur, p. ex. un tronc d'arbre: percé de part en part.

بربولغ *ber-bōlong,* qui a un trou dans la longueur, qui perce, perçant.

مبولڠ mem-bōlong, percer, faire un trou dans la longueur.

مبلوڠي mem-bolōng-i, faire un trou à quelque chose, percer une chose de part en part.

[Jav. et Sund. ꦧꦺꦴꦭꦺꦴꦁ bolong.]

بولڠ **būlang**, longue pièce d'étoffe avec laquelle on s'enveloppe la tête. بولڠ هولو *būlang hūlu*, *bulang* qui enveloppe ma tête, ma couronne, ma gloire, expression de caresse. هي انقك بولڠ هولو *hey ānak-ku būlang hūlu*, ô mon enfant, toi qui es ma gloire, objet de mes affections (*S. Bid.* 47).

بربولڠ *ber-būlang* ou بربولڠ٢ *ber-būlāng-būlang*, qui a une pièce d'étoffe autour de la tête. بربولڠ٢ انتن *ber-būlang-būlang intan*, ayant la tête ornée d'une guirlande de diamants (*M.*).

مبولڠ *mem-būlang*, envelopper la tête d'un *bulang*; attacher un éperon à un coq que l'on doit faire battre (*Pij.*).

بلاڠن *bulāng-an* ou داون بولڠ *dāun būlang* (terme de Méd. داون ڤيلڠ *dāun piling*), nom d'une plante épineuse (*colocasia vera*) (*Pij.*). Les fruits de cette plante sont employés à teindre le tabac frais, et les feuilles servent en médecine (*Kl.*). تمڤت ايت ڤنه دڠن ڤوهن٢ بلاڠن *tampat ītu penūh dengan pōhon-pōhon bulāng-an*, ce lieu était rempli d'arbres de l'espèce nommée *bulangan*.

بولڠبالڠ **bōlang-bāling**, girouette, moulin à claquets. ڤلورو — *pelūru bōlang-bāling*, deux boules attachées ensemble, boulet à deux têtes; deux objets attachés ensemble, et tournant sur un point qui leur sert de pivot (*Kl.*).

بولت **būlat**, rond, sphérique, circulaire, cylindrique. — باتو *bātu būlat*, une pierre ronde. — بسي *besī būlat*, du fer en barres cylindriques. — كايو *kāyu būlat*, du bois non équarri. تتكالا بولن كلهاتن بولت *tatkāla būlan ka-lihāt-an būlat*, lorsque la lune paraît ronde (*N. Phil.* 25). — بوجر *būlat būjur*, oval. بولت٢ *būlat-būlat*, tout-à-fait. دڠن بولت٢ هاتي *dengan būlat-būlat hāti*, de tout cœur.

مبولت *mem-būlat*, contempler avec étonnement, regarder de tous ses yeux, ouvrir de grands yeux (*Kl.*).

بلاتن *bulāt-an*, ce qui est rond, une boule, une sphère. دنيا — *bulāt-an duniā*, la boule du monde, la sphère terrestre ou céleste (*N. Phil.* 7). سبله بلاتن *sa-belàh bulāt-an*, un côté d'une sphère, hémisphère. سبوه بلاتن *sa-būah bulāt-an*, une boule (*N. Phil.* 12).

[Jav. et Sund. ꦈꦭꦠ꧀ *ulat*, visage. Mak. ᨅᨒ *bula*. Day. *bulat*.]

بولت **būlut,** paquet; mis en paquet, enveloppé.

ممبولت *mem-būlut*, envelopper, mettre en paquet.

ممبولتكن *mem-būlut-kan*, envelopper quelque chose, en faire un paquet. دبولت٢كن دغن كاين ڤانس *di-būlut-būlut-kan deŋan kāin pānas*, être enveloppé dans de la flanelle (*Kl.*).

v. بالت *bālut* et بلت *balìt*.

بولن **būlan,** la lune, mois, menstrues, période de la grossesse. بهارو — *būlan bahāru* ou تمبل — *būlan timbul*, la nouvelle lune. ڤرنام — *būlan purnāma*, la pleine lune. ڤرنام — راي *būlan purnāma rāya*, une pleine lune que l'on fête. — نايق *nāik būlan* ou — تربيت *terbit būlan*, le lever de la lune. — تورن *tūrun būlan* ou — ماسق *māsuk būlan*, le coucher de la lune. ڤرباني — *būlan perbāni*, quartiers de la lune. لڠكڠ — *būlan laŋkuŋ*, la nouvelle lune jusqu'à son premier quartier. برتمبه — *būlan ber-tambah*, la lune croissante. — ڬرهان *grahāna būlan*, éclipse de lune. مكاڽ سڤرت بولن ڤرنام ڤد امڤت بلس هاري بولن *mukā-ña seperti būlan purnāma pada ampat blàs hāri būlan*, elle ressemblait à la pleine lune, c'est-à-dire lorsqu'elle est dans son quatorzième jour (*R.* 3). متهاري ممبري ڤنجم چهاياڽ كڤد بولن *mata-hāri mem-brī pinjam xahayā-ña ka-pada būlan*, le soleil prête sa lumière à la lune (*N. Phil.* 20). ڤد بولن يڠ لالو *pada būlan yaŋ lālu*, pendant le mois dernier. دالم بولن يڠ داتڠ *dālàm būlan yaŋ dātaŋ*, le mois prochain. سبولن لاماڽ *sa-būlan lamā-ña*, pendant un mois. مك ستله داتڠله كڤد دلاڤن بولن *maka sa-telàh dātaŋ-lah ka-pada dulāpan būlan*, et lorsqu'elle fut arrivée au huitième mois (*R.* 74). ڤد هاري كتوجه بلس درڤد بولن ايت *pada hāri ka-tūjuh blàs deri-pada būlan ītu*, au dix-septième jour du mois (*B.* 9).

سده باوه بولن *sudah bāwah bū-lan,* elle est dans le temps des menstrues (*M.*). ملك ستله ݢنڤله بولنڽ ملك ڤتري براناقله لكيلاكي *maka sa-telàh genàp-lah būlan-ña maka putrī ber-ānak-lah lakì-lāki,* lorsque le temps de sa grossesse fut accompli, la princesse mit au monde un fils (*Chr. Pas.* 7). كارن اياله ساكت بولن *kārna ìā-lah sākìt būlan,* car il est lunatique (*N.* 30).

Voici les noms des douze mois de l'année mahométane en usage chez les Malais: محرم — *būlan muharam,* le premier mois de l'année. صفر — *būlan ṣafar,* le 2e mois. ربيع الاول — *būlan rabī el-awal,* le 3e mois. ربيع الاخر — *būlan rabī el-āḳir,* le 4e mois. جمادى الاول — *būlan jumādī el-awal,* le 5e mois. جمادى الاخر — *būlan jumādī el-āḳir,* le 6e mois. رجب — *būlan rejeb,* le 7e mois. شعبان — *būlan ṡabān,* le 8e mois. ڤواس — *būlan puāsa* ou رمضان — *būlan ramelān,* le 9e mois. شوال — *būlan ṡawāl,* le 10e mois. ذوالقعده — *būlan dulḳadah,* le 11e mois. ذوالحجه — *būlan dulhijah,* le 12e mois.

Prov. اڤام سيچابل هندق مڽاڤي بولن *upāma si-xābul hendak meñāpey būlan,* comme le présomptueux qui veut prendre la lune. Se dit de celui qui entreprend quelque chose au-dessus de ses forces. v. le même prov. sous چبل *xēbol.* Autre prov. اڤاكه ݢون بولن ترڠ دالم هوتن جكلو دالم نݢرى الڠكه بايقڽ *apā-kah gūna būlan tràng dālam hūtan jikalaw dālam nagrī ālang-kah bāiḳ-ña,* pourquoi la lune reluit-elle dans la forêt? ne serait-ce pas mieux qu'elle reluisit à la ville? Le sens est: pourquoi aller faire de grandes choses dans un pays étranger? ne serait-ce pas mieux de les faire dans son propre pays, pour ses parents et ses amis?

بربولن٢ *ber-būlan-būlan,* pendant des mois.

بلانن *bulān-an,* mensuel. — باير *bāyar bulān-an,* paiement mensuel. — سورت *sūrat bulān-an,* écrit périodique paraissant tous les mois.

بولن٢ *būlan-būlan,* nom d'un poisson.

[Jav. ꦮꦸꦭꦤ꧀ *wulan.* Sund. ᮘᮥᮜᮔ᮪ *bulan.* Bat. [illegible] *bulan.* Mak. [illegible] *bulang.* Bug. [illegible] *ulang.* Day. *bulan.* Tag. [illegible] *bowan.* Bis. [illegible] *bulan.* Malg. *wulana.*]

بولر **būlar**, une pellicule sur l'œil (*Cr.*); certaine beauté des yeux (*Kl.*).

بولر **būlir**, épi, grappe.

ممبولر *mem-būlir*, tordre, p. ex. un linge.

[Jav. *wuli*. Bat. *burir*. Mak. *buléré*. Bug. *bulé*. Tag. *bowig*. Bis. *bolig*.]

بولر **būlur**, une faim excessive.

كبلورن *ka - bulūr - an*, qui souffre de la faim, affamé.

بولس **būlus**, privé (comme un père de ses enfants), dépouillé (comme un arbre de ses feuilles), chauve. بالو دان بولس *bālu dān būlus*, veuve et privée de ses enfants. اكو اين برجالن سٔورغ بولس *āku īni ber-jālan sa-ōrang bū-lus*, je suis seul et sans enfants (*B.* 19).

ممبولسكن *mem - būlus - kan*, priver, dépouiller quelqu'un. كامو بولسكن اكو *kāmu būlus - kan āku*, vous me privez de mes enfants (*B.* 71).

بربولسكن *ber-būlus-kan*, qui prive quelqu'un, qui dépouille quelqu'un ou quelque chose.

تربولسكن *ter-būlus-kan*, qui est privé, que l'on a dépouillé. اكو اكن تربولسكن لاكي درفد كدو كامو فد سواتو هاري *āku ākan ter-būlus-kan lāgi deri-pada ka-dūa kāmu pada suātu hāri*, et je serai privé de vous deux (mes enfants) en un jour (*B.* 42).

فمبلوسن *pem-bulūs-an*, action de priver, dépouillement; privation.

[Day. *bulus*, partie du tronc d'un arbre privée de branches.]

بولس **būlus**, nom d'un poisson qui ressemble au mulet.

بولس **būlus**, nom d'une tortue de terre.

[Jav. *bulus*.]

بوس **būsa**, écume. لاوت منجادی فوتهله سبب بوس *lāut men-jādi pūtih-lah sebàb būsa*, et la mer devient blanche d'écume (*Exer.* 138).

[Sund. *budah*. Bat. *bura*. *busa*. Tag. et Bis. *bula*.]

بوس **būwas**, farouche, féroce, cruel, sauvage, carnassier. سڬل بناتڠ يڠ بوس *segala binātang yang būwas*, tous les animaux sauvages. — هريمو *harīmaw būwas*, un tigre féroce. انجغ — يغ *anjiṅ yaṅ būwas*, un chien courroucé. بناتغ يغ جينق دان بناتغ يغ بوس *bīnātaṅ yaṅ jīnak dān bīnātaṅ yaṅ būwas*, les animaux domestiques et les animaux sauvages. بناتغ يغ بوس سده ماكن دى *bīnātaṅ yaṅ būwas sudah mākan dīa*, une bête féroce l'a dévoré (*B.* 61). اياله سفرت بناتغ يغ امت بوس *īā-lah seperti bīnātaṅ yaṅ āmat būwas*, ils sont comme des animaux très-féroces (*M. R.* 84). بوس هاتى *būwas hāti*, cruel, vindicatif. — — داون *dāun būwas-būwas*, nom d'une grande feuille médicinale que l'on applique sur la tête pour rafraîchir (*T. Med.* داون ڤكس *dāun pekis*) (*Kl.*).

بوسق **būsuḳ**, putride, puant, infect, gâté, pourri. — بڠكى يغ *baṅkey yaṅ būsuḳ*, un cadavre en putréfaction. — بووءن *bāū-an būsuḳ*, une odeur fétide. — كاين *kāin būsuḳ*, une étoffe pourrie. — بوه *būah būsuḳ*, des fruits gâtés. — نام *nāma būsuḳ*, mauvaise réputation. اير ايت بوسق *āyer ītu būsuḳ*, cette eau était corrompue (*R.* 103).

Prov. تيف٢ بوسق ايت مراوف جوك اداڽ *tīap-tīap būsuḳ ītu merāwap jūga adā-ña*, chaque mauvaise chose répand son odeur. Le sens est: il n'y a pas de mauvaise chose qui ne finisse par être connue.

ممڤربوسقكن *mem-per-būsuḳ-kan*, faire qu'une chose répande une mauvaise odeur, faire puer. كامو سده ڤربوسقكن باو كامى ڤد مثات فرعون *kāmu sudah per-būsuḳ-kan bāu kāmi pada mata-māta farąūn*, vous nous avez mis en mauvaise odeur devant Pharaon (*B.* 92).

[Jav. [Javanese script] *bosok*. Sund. [Sundanese script] *busuk*. Bat. [Batak script] *busuk*. Day. *busok*, gâté.]

بوسغ **būsuṅ**, enflure; hydropisie, particulièrement du ventre. داره — *būsuṅ dārah*, enflure ou tumeur causée par un amas de sang. سى بوسغ *sī būsuṅ*, mot d'injure; sobriquet.

[Jav. et Sund. [Javanese script] *busuṅ*, enflure du ventre. Mak. [Makassarese script] *basuṅ*, ventre enflé.]

بوسغ **būsuṅ**, banc de sable, monceau de sable. بوسغ ڤاسر ياءيت تمڤت ڤاسر برتمبن *būsuṅ pāsir īā-ītu tampat pāsir ber-tambun*, un banc de sable, c'est-à-dire un endroit où le sable s'était amoncelé (*H. Ab.* 238).

nettoyer le coton. مك بوسرفانې ڤون دلنترکنن كڤد سرى رام *maku būsar pānah-ña pūn di-luntar-kan-ña ka-pada srī rāma*, il lança tout à la fois et la flèche et l'arc contre Sri Rama (*R.* 156). اى منجادى سڤرت کاڤس دبوسرايت *ia men-jādi seperti kāpas di-būsar itu*, ils devinrent comme le coton qui est nettoyé avec l'instrument nommé *busar* (*R.* 99). سڤرت دو بنتق بوسر *se-perti dūa bantuk būsar*, comme deux demi-cercles.

Énig. ساتو بوسر ورناڽ توجه *sātu būsar warnā-ña tūjuh*, un demi cercle avec sept couleurs. ڤلاڠى *palāngi*, l'arc-en-ciel.

ممبوسر *mem-būsar*, nettoyer du coton avec l'instrument nommé *busar*.

ڤموسر *pemūsar*, v. ڤوسر *pūsar*.

[Jav. [Javanese script] *busur*, un arc. [Javanese script] *wusu*, instrument à nettoyer le coton. Bat. [Batak script] *busur*. Mak. [Makassarese script] *bisoro*. Tag. et Bis. [Tagalog script] *bosog*.]

بقا **bakā** (Ar. بقى), durable, permanent, éternel. — توهن يڠ *tūhan yang bakā*, l'Éternel. كارن همب اين اكن كمبالى كنكرى يڠ بقا

ياءيت بايق دلاوت بايق ددارت جكلو ڤاسر برتمبن نماڽ بوسڠ *iā-ītu bāik di-lāut bāik di-dārat jikalaw pāsir ber-tambun namā-ña būsung*, soit dans la mer, soit sur la terre, lorsque le sable s'amoncelle on nomme cela *busung* (*Kl.*).

[Day. *busong*.]

بوست **būsut**, monticule, éminence, tas, monceau; monceau de terre formé par un nid de fourmis. برلارى مڠليليڠى بوست ايت *ber-lāri mengulilīng-i būsut itu*, tourner en courant autour de ce nid de fourmis (*H. Ab.* 350). انى٢ — *būsut āney-āney*, tas de terre où les fourmis blanches font leur nid.

بوسن **bōsen**, rassasié, satisfait, saturé. برچرى بلم رساڽ بوسن *ber-xerèy belùm rasā-ña bōsen*, ils se séparèrent n'étant pas encore rassasiés (d'être ensemble) (*S. Bid.* 162).

[Jav. et Sund. [Javanese script] *bosen*.]

بوسر **bōsor**, avide, gourmand, glouton. اورڠ ايت ترلالو بوسر ماكنن *ōrang ītu ter-lālu bōsor mākan-ña*, cet homme mange d'une manière gloutonne.

بوسر **būsar**, arc, demi-cercle, arc à tirer des flèches; arc à

kārna hamba ini ākan kombāli ka-nagrī yaṅ baḳā, car je vais passer au séjour de l'immortalité (*Sul. Ibr.* 5). در نکری یغ فناء کنکری یغ بقا *deri nagrī yaṅ fenā ka-nagrī yaṅ baḳā*, d'un séjour de corruption vers un séjour d'immortalité (*M.*).

Voy. باك *bāka*.

[Jav. ꦧꦏ *baka*. Day. *boka*, toujours.]

بکاتل bekātul. — بوبر *būbur bekātul*, une bouillie préparée avec du riz noir (*Kl.*).

بکيم bekīm (Ar. بكم), muet. بنيم اصلن بکيم *binī-muaṣal-ña bekīm*, votre épouse est d'une extraction muette (non noble) (*S. Bid.* 103).

بقيع bekyu (Ar. بقع), nom du cimetière de Médine.

بکو bakū, coagulé, caillé, gelé, solidifié. — اير *āyer bakū*, de la glace. — بوه۲ اير *būah-būah āyer bakū*, des grêlons (*B.* 98). منتيك بکو دان منتيك چاير *mantēga bakū dān mantēga xāer*, du beurre solide et du beurre fondu (*N. Phil.* 128).

بربکو *ber-bakū*, qui est coagulé, qui se fige. هوجن باتو اي اتوله تيتق اير يغ بربکو *hūjan bātu ia itū-lah tītiḳ āyer yaṅ ber-bakū*, la grêle n'est autre chose que des gouttes d'eau qui sont gelées (*N. Phil.* 55).

ممبکوکن *mem-bakū-kan*, faire coaguler, faire geler. سفاي اي ممبکوکن دريڽ *supāya ia mem-bakū-kan dirī-ña*, afin qu'elle (l'eau) se gèle d'elle-même (*N. Phil.* 124). بوله کمبليکن کوساڽ کلو دبکوکن *būleh kombalī-kan kuasā-ña kalaw di-bakū-kan*, on peut lui rendre sa dureté en le solidifiant de nouveau (*N. Phil.* 131).

[Jav. ꦧꦏꦸ *baku*].

بکوکغ bekūkuṅ, une sorte de brême de mer, dorade (*chrysophrys calamara*).

v. بڠکڠکڠ *beṅkuṅkuṅ*.

بکق bekàḳ, accouplé, s'accoupler (des animaux).

بربکق *ber-bekàḳ*, qui s'accouple, s'accouplant, qui engendre (des animaux).

بربکقکن *ber-bekàḳ-kan*, qui fait produire, qui fait accoupler.

بقچ baḳxa, sac, bourse. ملك دماسقکن کدالم بقچاڽ *maka di-māsuḳ-kan-ña ka-dālam baḳ-*

xā-ña, il les mit dans son sac (*Amir Hamza* 134).

بقتى **bakti** (S. भक्ति *bakti,* culte, adoration), service, obéissance, bonne action, mérite. بربوت بقتى قد الله *ber-būat bakti pada allah,* servir Dieu. اكن كنل كاسه دان بقتى كفداڽ *ākan kenàl kāsih dān bakti ka-padā-ña,* pour le connaître, l'aimer et le servir (*P. M.*).

بربقتى *ber-bakti,* qui est de service, qui sert.

كبقتين *ka-bakti-an,* service, obéissance, dévouement. كبقتين سهري هرين *ka-bakti-an sa-hari-hari-an,* service quotidien (*P. M.*). هندقله راج مڠاسه اكن مريكئيت دركارن كبقتينڽ *hendak-lah rāja meṅāsih ākan marika-itu deri kārna ka-bakti-an-ña,* le roi doit les aimer à cause de leurs services (*M. R.* 222). درفد كبقتينڽ اكن همب *deri-pada ka-bakti-an-ña ākan hamba,* pour son dévouement à mon service (*M.*).

[Jav. et Sund. ꦧꦏ꧀ꦠꦶ *bakti.*]

بكن **bikin** = بيكن *bikin.*

بكم **bekàm,** marque, impression faite dans la chair: saigné, les ventouses appliquées.

بربكم *ber-bekàm,* qui fait une impression dans la chair: qui saigne (*D. M.* 353).

[Bat. ... *bohom,* ... *mamohom,* tirer du sang, sucer le sang. Tag. ... *bakam,* appliquer les ventouses.]

بكر **biker** (Ar.), ce qui est intact, vierge, pucelle: intégrité. اكن مڠمبل بكرڽ فتري ايت *ākan meṅambil biker-ña putrī itu,* pour déflorer la princesse (*R.* 14). مك اداله دداڤت اوله سوميڽ ايت دڠن بكرڽ *maka adā-lah di-dāpat ūleh suamī-ña itu deṅan biker-ña,* et leurs maris les trouvent avec leur intégrité (*Mir. Moh.* 107).

بكل **bakàl,** provisions pour un voyage, munitions, viatique, magasin. اكن بكل همب ددالم ڤراڠن *ākan bakàl hamba di-dālam pe-prāṅ-an,* pour ma provision durant la campagne. بكل يڠ تياد هابس دان فليت يڠ تياد فادم *bakàl yaṅ tiāda hābis dān palīta yaṅ tiāda pādam,* un magasin intarissable et une lampe qui ne saurait s'éteindre (*M.*). اير بكل دالم كفل همب فون هابس *āyer bakàl dālam kapàl hamba pūn hābis,* la provision d'eau, dans mon navire, est consommée (*Ism. Yat.* 17).

بربكل *ber-bakàl*, qui a des provisions.

ممبكل *mem-bakàl*, faire des provisions.

ممبكالى *mem-bakāl-i*, donner des provisions à, approvisionner quelqu'un.

ممبكلكن *mem-bakàl-kan*, approvisionner ou faire approvisionner quelqu'un. تيداله ممبكلكن دريڽ ڤد موسم هوجن *tiadā-lah mem-bakàl-kan dirī-ña pada mūsim hūjan*, ils ne s'approvisionnent pas pendant la saison des pluies (*M. R.* 36).

بربكلكن *ber-bakàl-kan*, qui approvisionne.

بكالن *bakāl-an*, qui est une provision, viatique. ناسى — *bakāl-an nāsi*, une provision de riz. يڠ قدس — *bakāl-an yaṅg kudus*, le saint viatique, que l'on donne aux malades (*P. M.*).

ڤربكالن *per-bakāl-an*, ce qui est pris pour provision, munition. بارڠ ڤربكالن درڤد جنس ٢ الو *bāraṅg per-bakāl-an deri-pada jenis-jenis alūwa*, il y avait pour provision différentes sortes de pâtisseries (*H. Ab.* 272). بربوت ڤربكالن ترلالو بايق برباڬى ٢ رڤان *ber-būat per-bakāl-an terlālu bāñak ber-bāgey-bāgey rupā-ña*, faire abondante provision de diverses choses nécessaires (*M.*).

[Jav. et Sund. ꦧꦏꦭ꧀ *bakal*, la matière dont une chose doit être faite. Bat. [illegible] *bohal*. Day. *bakal*.]

بقل **bekl** (Ar.), herbe potagère. Plur. بقول *bukūl*.

بكس **bakàs**, signe, marque, impression, trace, empreinte, cicatrice. كاكى — *bakàs kāki*, trace, piste. تاڠن — *bakàs tāṅgan*, seing, signature: force. توبه — *bakàs tūbuh*, un présent, un don d'amitié, consistant en quelqu'objet à l'usage du corps, comme un habit. كلڤاسن — *bakàs ka-lepās-an*, marque de pardon. مڽاڤو موك سڤاى هيلڠ بكس تيدر *meñāpu mūka supāya hilaṅg bakàs tidor*, se laver la face pour faire disparaître les traces du sommeil. تمڤت بكس نبى ادم *tampat bakàs nabī adam*, le lieu où se trouve l'empreinte des pieds du prophète Adam (*R.* 135). مناره بكس تاڠنڽ سرت دڠن چڤ *menāruh bakàs tāṅgan-ña serta deṅgan chàp*, apposer sa signature et son sceau (*M.*). سڤاى دكتهوءياله بكس تاڠنڽ *supāya di-*

katahu-i-ñā-lah bakàs tāŋgan-ku, afin qu'il connaisse la force de mon bras (*R.* 42). لالو مڽمبوت بكس توبه دان سورت *lālu me-ñambut bakàs tūbuh dān sūrat,* il reçut le présent et la lettre. ای ممهونكن كاڤن بكس توبه *ia memūhun-kan kāpan bakàs tūbuh,* il demande un habit en signe d'amité (*M.*).

[Jav. ꦮꦼꦏꦱ꧀ *wekas,* fin. Day. *bakas,* vieux. Tag. ᜊᜃᜐ᜔ *ba-kas,* trace, *bukat,* cicatrice.]

بكس bakàs, vase, vaisseau, cuve, boîte. سواتو بكس يڠ اد برايسی ارق دان داره *suātu bakàs yaŋ ada ber-isi ārak dān dārah,* un vase rempli d'arac et de sang (*H. Ab.* 281). — دواة *bakàs dawāt,* encrier. — سيره *bakàs sīrih,* boîte à mettre du bétel. — اير مندی *bakàs āyer mandi,* baquet, baignoire.

On trouve souvent باكس *bā-kas.*

بقسی baḳsi, risé, arrisé, les ris des voiles pris. لالو دبقسینڽ لاير *lālu di-baḳsī-ña lāyar,* ils prirent les ris des voiles (*Kl.*).

ممبقسی *mem-baḳsi,* arriser les voiles, prendre les ris.

بقسيس baḳsis (Pers. بخشيش), un petit présent, un pourboire. — ممينت *meminta baḳsis,* demander un présent. — ممبری *mem-brī baḳsis,* donner un pourboire.

بڬ bagi, v. بڬی *bagī.*

بڬاون bagāwan (S. भगवान् *bagavān*), bienheureux: titre que l'on donne aux saints personnages, ou aux personnes religieuses. همب ڤرڬی دڠن امڤت اورڠ بڬاون این *hamba pergi deŋan ampat ōraŋ bagāwan īni,* je vais aller avec ces quatre saints personnages (*R.* 70).

[Jav. et Sund. ꦧꦒꦮꦤ꧀ *ba-gawan.*]

بڬی bagī, à, vers, pour. ڤوجی بڬی الله *pūji bagī allah,* louange soit à Dieu. منجادی همب بڬی سودراڽ *men-jādi hamba bagī sūdarā-ña,* devenir le serviteur de son frère. مڠمبل بڬی دريڽ *meŋ-ambil bagī dirī-ña,* prendre pour soi (*M.*).

On trouve aussi باڬی *bāgi* et بڬ *bagi.*

بڬيت bagītu (de باڬی *bāgey* et ايت *ītu*), ainsi, de cette sorte. بڬيت باڽق *bagītu bāñak,* autant que cela, tant. دهولوڤون بڬيت

جوڬ *dahūlu pūn bagītu jūga*, c'est ainsi qu'il en était autrefois. بڬيت بڬين *bagītu bagīni*, comme ceci, comme cela. بڬتوله *bagitū-lah*, c'est ainsi qu'il en est.

بڬين bagīni (de باڬي *bāgey* et اين *īni*), ainsi, comme cela, de cette façon. بوتله بڬين *būat-lah bagīni*, faites ainsi. بڬنيله حالڽ *baginī-lah ḥāl-ña*, tel est son état. بڬيت بڬين *bagītu bagīni*, comme ceci, comme cela; d'une façon et d'une autre.

بڬق begùḳ, goitre, tumeur au cou (*Kl.*).

بڬند bagīnda (pour بهڬيند *bahagianda*, de بهڬي *bahagīa* et ند *nda*, béatitude, majesté), prince, roi, Sa Majesté, Son Altesse. بڬند كدو ايت *baginda ka-dūa itu*, le couple royal. مك بڬند ڤون ترسنم *maka baginda pūn ter-sinñum*, alors le prince sourit (*Indr.* 259). بڬند ڤون هيلغ داتس تخت *baginda pūn hīlang di-ātas takta*, le roi est mort sur le trône. تندق مڽمبه دولي بڬند *tunduḳ meñembah dūli baginda*, courbez-vous pour rendre hommage à la majesté royale (*M.*). — داون *dāun baginda*, nom de certaines feuilles qui servent à nettoyer les cheveux.

[Jav. ꦧꦒꦺꦟ꧀ꦝ *bagéṇḍa*. Sund. ᮘᮌᮤᮔ᮪ᮓ *baginda*.]

بڬيمان bagimāna (de باڬي *bāgey* et مان *māna*), de la manière, de quelle manière, comment? combien? بڬيمان ڬراڠن ڤرنته نڬري اين *bagimāna garāng-an parentah nagrī īni*, dis-moi, je t'en prie, comment ce pays est gouverné. سڤرتي بڬيمان استعادة ڤرنته تتكال دهولو *seperti bagimāna istiādat parentah tatkāla dahūlu*, de la même manière dont cela se pratiquait anciennement (*M.*). بڬيمان بوله همب نايق *bagimāna būleh hamba nāiḳ*, comment pourrais-je monter? سبڬيمان هيبتله تمڤت اين *sa-bagimāna heibat-lah tampat īni*, ô combien ce lieu est terrible! (*B.* 44).

بڠ bang, nom d'une formule que les parents récitent à l'oreille droite d'un enfant nouvellement né. هارس اتس مريكئيت ممبري بڠ ڤد تليڠ كانن بودق ايت *hārus ātas marīka-ītu mem-brī bang pada telinga kānan būdaḳ ītu*, ils doivent réciter la formule *bang* à l'oreille droite de l'enfant (*M. K.* 161).

Le texte de cette formule est en Arabe, en voici la traduction:

توهن يڠ مها بسر سقسى اکو بهو سسڠݢوهڽ تياد توهن يڠ دسمبه ملاينکن الله دان سقسى اکو بهو سسڠݢوهڽ نبى محمد سبنرڽ فسوره الله داتڠکن اوليهم اتس بربوت سمبهيڠ داتڠکن اوليهم اتس بربوت کبجيکن توهن يڠ مها بسر تياد توهن ملاينکن الله *tūhan yaṅ mahā besàr saḳsi āku bahwa sa-suṅguh-ña tiāda tūhan yaṅ di-sembah me-lāin-kan allah dān saḳsi āku bahwa sa-sūṅguh-ña nabī muḥammed sa-benàr-benàr-ña pe-sūruh allah dātaṅ-kan ūleh-mu ātas ber-būat sembahyaṅ dātaṅ-kan ūleh-mu ātas ber-būat ka-bijik-an tūhan yaṅ mahā besàr tiāda tūhan me-lāin-kan allah,* le seigneur est grand; je confesse que Dieu seul doit être adoré, je confesse que Mahomet est le véritable envoyé de Dieu; puisses-tu être toujours adonné à la prière et aux bonnes œuvres; le seigneur est grand et il n'y a pas d'autre Dieu que lui.

ممبڠکن *mem-baṅ-kan,* réciter la formule *baṅ* à l'oreille droite d'un enfant nouveau-né. دبڠکنڽ فد تليڠ کانن *di-baṅ-kan-ña pada teliṅa kānan,* il lui récita la formule *baṅ* à l'oreille droite (*Sul. Ab.* 73).

بڠ *baṅ* = ابڠ *ābaṅ,* rouge.

بڠ *boṅ*, frère aîné, v. امبڠ *em-boṅ.*

بڠ *boṅ*. ڤڠاڤ — *boṅ peṅāpa,* nom d'un remède contre la dyssenterie (*Kl.*).

بڠه *beṅah* = جناک *jenāka* (*Kl.*).

بڠک *baṅka*, un saumon d'étain de 50 à 60 katis. (Prob. ainsi nommé de l'île de Bangka qui produit beaucoup d'étain.)

بڠک *biṅka*, nom d'un petit gâteau fait avec de la farine de riz, du lait de coco, des œufs et du sucre. کوکس — *biṅka kūkus,* une espèce du même cuit à la vapeur.

بڠک *boṅka*, orgueilleux = بڠکق *boṅkaḳ.*

بڠکاوڠ *biṅkāwaṅ*, nom d'une plante (*gleichenia hermanni*) (*Kl.*).

بغكاون **baŋkāwan,** une latte, à laquelle on coud les feuilles qui servent de couverture, pour pouvoir les étendre sur la charpente du toit. اتف سبغكاون *ātap sa-baŋkāwan,* un assemblage de feuilles enfilées de cette manière.

[Bat. [Batak script] *boŋkowan.* Mak. [Makassar script] *baŋkawaŋ.*]

بغكاتق **biŋkātak,** nom d'une petite grenouille noire (*Kl.*).

بغكار **baŋkāra.** — هودغ *hūdaŋ baŋkāra,* espèce de langouste ou chevrette, v. مغكار *maŋkāra.*

بغكارغ **biŋkāruŋ,** le lézard volant.

بغكال **baŋkāla,** quelqu'un auquel quelque chose est resté dans le gosier.

بغكاس **beŋkāsa,** nom d'un poisson.

بغكاس **beŋkāsa,** lacet, piége (*Kl.*).

بغكه **buŋkah,** un gros morceau, un gros fragment, une grosse pièce, p. ex. de bois (*Kl.*).

بغكي **baŋkey,** cadavre, corps mort, squelette. بوسق — *baŋkey būsuk,* cadavre en putréfaction. مانسي — *baŋkey mānusia,* un cadavre, un squelette d'homme. بناتغ — *baŋkey binātaŋ,* cadavre d'un animal. مك بغكين ايت دباكرن *maka baŋkey-ña itu di-bākar-ña,* et il brûla son corps (*R.* 104). بغكي جكين ايت سفرت بوكت بسرن *baŋkey jegin itu seperti būkit besàr-ña,* le cadavre de ce monstre était aussi gros qu'une colline (*R.* 28).

[Jav. [Javanese script] *waŋké* et [Javanese script] *baŋké.* Sund. [Sundanese script] *baŋka.* Bat. [Batak script] *baŋké.* Mak. [Makassar script] *bakké.* Day. *baŋkay.* Tag. et Bis. [Tagalog script] *baŋkay.*]

بغكي **biŋkey,** bordure; cercle d'un truble, circonférence de l'œil, cadre d'un tableau, etc.

[Bat. [Batak script] *biŋké.* Day *biŋkaŋ.*]

بغكو **baŋko** (Port. *banco*), banc, banquette. فركاكس مالكي سفرت ميج كرسي دان بغكو *perkākas māligey seperti mēja krusi dān baŋko,* les meubles du palais, comme les tables, les fauteuils et les banquettes (*N. Phil.* 125).

بغكو **bengku,** nom d'un arbre qui fournit un bon bois pour la construction des navires (*Kl.*).

بغكو **bengkuwa,** nom d'un oiseau.

On trouve ord. بغكوا *beng-kuwā.*

بغكوغ **bangkūwang,** nom d'une plante ressemblant au *pandan* et dont les feuilles servent à faire des *atap* et des nattes. — كاچغ *kāxang bangkūwang,* nom de certains pois (*pachyrrhizus angulatus*).

[Sund. ᮘᮀᮊᮝᮀ *bangkwang.* Bat. ᯅᯰᯄᯮᯋᯰ *bangkuwang.*]

بغكودو **bangkūdu,** nom d'un arbre dont la racine sert à teindre (*morinda citrifolia*). Selon *Kl.*, la racine est employée en médecine, extérieurement comme liniment, et à l'intérieur, contre les vers et les maux d'estomac. Les différentes espèces sont بادق — *bangkūdu bādak,* داون بسر — *bangkūdu dāun besàr,* لكلاكى — *bangkūdu laki-lāki* et هوتن — *bangkūdu hūtan.*

On trouve aussi مغكودو *mangkūdu* et چغكودو *xangkūdu.*

[Jav. ꦏꦸꦢꦸ *kudu.* Sund. ᮎᮀᮊᮥᮓᮥ *xangkudu,* ᮎᮀᮊᮥᮓᮥ ᮘᮓᮊ᮪ *xangkudu badak, fagrea morindifolia.* Bat. ᯅᯰᯄᯮᯑᯮ *bangkudu.* Mak. ᨅᨗᨃᨘᨑᨘ *bingkuru.*]

بغكق **bangkak,** enflé, gonflé; enflure, tumeur. تاغنڽ — *bangkak tāngan-ña,* il a la main enflée. بغكق متاڽ كارن مناغس *bangkak matā-ña kārna menāngis,* il avait les yeux enflés à force de pleurer (*M.*). اى برداره دان توبهڽ ڤون بغكق٢ *ia ber-dārah dān tūbuh-ña pūn bangkak-bangkak,* il était ensanglanté et son corps était tout enflé (*R.* 115). بغكل — *bangkak bongkil,* enflé avec des tumeurs, enflé partout.

بربغكق *ber-bangkak,* qui est enflé, qui a une tumeur.

[Day. *bangkak.*]

بغكق **bengkok** (S. वङ्क *vangka,* détour d'une rivière, eau qui serpente), plié, courbé, tortueux: non légitime. — جالن *jālan bengkok,* un chemin tortueux. — هاتى *hāti bengkok,* trompeur, de mauvaise foi. — انق *ānak bengkok,* enfant illégitime. تياد تاهو ملنتر اتو بغكق *tiāda tāhu me-lentur ātaw bengkok,* qui ne peut pas plier ou se courber (*H. Ab.* 24). لورغ يغ بغكق اكن دبتلكن *lūrung yang bengkok ākan* *di-betùl-kan*, les chemins tortueux seront redressés (*N.* 96). جالنن بڠكق٢ سڤرت اولر *jālan-ña bergkok-bergkok sepertiūlar*, un chemin tortueux et serpentant (*H. Ab.* 189). بڠكڠ بڠكق *bergkarg bergkok*, v. بڠكڠ *bergkarg*.

ممبڠكقكن *mem-bergkok-kan*, courber, rendre tortueux.

[Jav. et Sund. ... *bégkok*. Mak. ... *béko*.]

بڠكق **borgkak**, orgueilleux, superbe, بڠكق هاتي — *borgkak hāti*, arrogant, orgueilleux.

On trouve aussi بڠك *borgka*.

[Jav. ... *bargkokan*, grosse grenouille. Sund. ... *burgkak*, ravi, joyeux.]

بڠكق **burgkuk**, bossu, convexe: bosse, gibbosité. — اورڠ *ōrarg burgkuk*, un bossu. جاڠن برديري بڠكق *jāgan ber-dīri burgkuk*, ne vous tenez pas courbé. ستله دليهتن بودق بڠكق ايت كلور *sa-telàh di-lihat-ña būdak burgkuk itu ka-lūar*, aussitôt qu'il vit sortir cet enfant bossu (*R.* 9). مك بڠكقن ايت ڤون برڤنده كبلاكڠ *maka burgkuk-ña itu pūn ber-pindah ka-blākarg*, alors sa bosse changea de place et se fixa par derrière (*R.* 9). ڬونڠ بڠكق *gūnurg burgkuk*, nom d'une montagne en pain de sucre dans l'intérieur de Sumatra.

بربڠكق *ber-burgkuk*, qui est bossu, qui est convexe.

[Jav. ... *wurgkuk*. Sund. ... *bergkurg*. Bat. ... *burgkuk*. Mak. ... *bukku*. Tag. ... *bokot*. Bis. ... *boktot*.]

بڠكڠ **bargking**, espèce de grande boîte ronde en laque avec un couvercle plat, dont on se sert pour mettre les habits (*Kl.*).

بڠكڠ **bergkarg**, courbé, recourbé. بڠكڠ بڠكق *bergkarg bergkok*, courbé et tortueux. سباتڠ كايو يڠ بايق لاڬي لورس تياد بڠكڠ بڠكق *sa-bātarg kāyu yarg bāik lāgi lūrus tiāda bergkarg bergkok*, un morceau de bois bon et droit n'est ni courbé ni tortueux (*H. Ab.* 3).

بڠكڠ **bergkarg**, résistant, récalcitrant.

[Jav. ... *bargkarg*.]

بڠكڠ **bergkarg**, v. بيكڠ *bīkarg*.

بغكغ **bergkerg,** vicieux, mauvais (*Cr.*).

بغكغ **bergkurg,** ceinture, sac qu'on porte à la ceinture. دان لم باتو دبغكغن *dān lima bātu di-bergkurg-ña*, il avait cinq pierres dans sa ceinture (*H. D.* 40).

بغكغ **bergkurg,** courbé, recourbé, v. بغكق *bergkok*, et بغكغ *bergkarg*.

[Jav. et Sund. [illegible] *berg-kurg.*]

بغكغ **birgkirg,** entêté, rebelle, mutin. v. بغكغ *bergkarg*, récalcitrant.

بغكغ **burgkarg,** courbé (des membres), perclus; paralytique (*M.*). برجالن بغكغ *ber-jālan burgkarg*, courir avec les jambes courbées en dehors.

بغكغكغ **bergkurgkurg,** nom d'un poisson, prob. le même que بكوكغ *bekūkurg*.

Marsd. écrit بغكنكن *berg-kunkun*.

بغكت **bargkit,** levé, relevé, ressuscité. كارن سده اى بغكت سفرت اى سده كتاكن *kārna sudah ia bargkit seperti ia sudah katā-kan*, car il est ressuscité comme il l'avait dit (*N.* 54).

بربغكت *ber-bargkit,* qui se lève, qui ressuscite, se levant, s'élever. مك قانه ايت قون برݢرقله دان بربغكت *maka pānah itu pūn ber-gràk-lah dān ber-bargkit,* alors l'arc commença à se mouvoir et se leva (*R.* 32). اى بربغكت فرݢى مغهادف بݢند *ia ber-bargkit pergi merg-hādap baginda*, il se leva et alla se présenter au prince (*R.* 48). مك دولى قون بربغكتله كُدر *maka dūli pūn ber-bargkit-lah ka-udara,* et la poussière s'éleva dans les airs (*M.*).

ممبغكت *mem-bargkit,* lever, ériger.

ممبغكتكن *mem-bargkit-kan,* faire lever, élever quelque chose, faire ressusciter. لالو دبغكتكنن كاتس كفلاڽ *lālu di-bargkit-kan-ña ka-ātas kapalā-ña,* alors il l'éleva au-dessus de sa tête (*M.*). كو اين اكن ممبغكتكن دى قد هارى يغ اخر *āku ini ākan mem-bargkit-kan dia pada hāri yarg ākir,* et je le ressusciterai au dernier jour (*N.* 161).

كبغكيتن *ka-bargkīt-an,* action de se lever, résurrection. كبغكيتن

موتى *ka-bangkĭt-an mautī*, la résurrection des morts (*P. M.*). منجادى سقسى كبغكيتن *men-jādi saksi ka-bangkĭt-an*, devenir témoin de la résurrection (*N.* 194).

[Bat. ᯅᯰᯂᯪᯖ᯲ *bangkit.*]

بغكت bongkot, le tronc d'un arbre.

[Jav. et Sund. ꦧꦺꦴꦁꦏꦺꦴꦠ꧀ *bongkot.*]

بغكن bangkin = بغكغ *bangking.*

بغكنكن bengkunkun. v. بغكغكغ *bengkungkung.*

بغكر bongkar, levé, soulevé, enlevé, renversé; être levé, être renversé pour faire des recherches, être fouillé. دسوروهكنپاله بغكر ساوه *di-sūruh-kan-ña-lah bongkar sāuh*, il ordonna de lever l'ancre (*H. Ab.* 120). لالو دبغكرنݢونوغ ايت *lālu di-bongkar-ña gūnung itu*, il souleva la montagne (*R.* 72). دان باتو يغ بسر٢ دسوروه بغكر *dān bātu yang besar-besar di-sūruh bongkar*, il ordonna d'enlever les grandes pierres qui s'y trouvaient (*R.* 1). سکل روم دبغكر *segala rūmah di-bongkar*, on fit des perquisitions dans toutes les maisons (*Šiar singapūra terbākar* 55).

ممبغكر *mem-bongkar*, lever, soulever, renverser, bouleverser, faire des perquisitions. مواتن — *mem-bongkar muāt-an*, décharger un navire. اورڠ يغ ڤرڬي ممبغكر ايت *ōrang yang pergi mem-bongkar itu*, les gens qui étaient allés faire des perquisitions (*Šiar singapūra terbākar* 55).

On trouve aussi مبغكر *memongkar.* حيرانله مليهت كرا كچل ايت داڤت مبغكر ڤوهن ايت *heirān-lah me-lihat kerā kecil itu dāpat memongkar pōhon itu*, il fut étonné de voir qu'un petit singe fut capable de jeter l'arbre à la renverse (*M. R.*).

ممبغكركن *mem-bongkar-kan*, renverser, abattre, faire renverser quelque chose. اى ممبغكركن ڤوهن كايو دان مروبهكن روم٢ *ia mem-bongkar-kan pōhon kāyu dān me-rūbuh-kan rūmah-rūmah*, il abat les arbres et renverse les maisons (*N. Phil.* 73).

[Sund. ᮘᮧᮀᮊᮁ *bongkar*. Mak. ᨅᨚᨃᨑ *bongkara*. Day. *bungkar*, décharger un navire.]

بغكل bangkal, nom d'une plante (*nauclea orientalis*).

بڠكل **bangkil,** insulte, réprimande, reproche, blâme: blâmé, insulté.

بربڠكل *ber-bangkil,* qui insulte, insultant, insolent, qui blâme.

ممبڠكل *mem-bangkil,* reprocher, blâmer.

ممبڠكلكن *mem-bangkil-kan,* insulter quelqu'un, reprocher quelque chose à quelqu'un.

ڤربڠكيلن *per-bangkīl-an,* qui est blâmé; blâme, reproche.

بڠكل **bengkal** = مڠكل *mengkal.*

بڠكل **bongkil,** v. بڠكق *bangkak.*

بڠكل **bungkal,** poids à peser l'or; certain poids d'or de la valeur de cent-vingt francs environ. بارڠ دو بڠكل امس هرڬاڽ *bārang dūa bungkal amàs hargā-ña,* le prix est d'environ deux *bungkal* d'or. امس ايت دو ڤولة ليم رڠڬت سبڠكل *amàs itu dūa pūloh līma ringgit sa-bungkal,* c'est de l'or à vingt-cinq piastres le *bungkal.* ڤينڠ سڤوله لقس سبڠكل جادي ريل دو ڤوله امڤت *pīnang sa-pūloh laksa sa-bungkal jādi réal dūa pūloh ampat,* cent mille *pinang* pour un *bungkal* (d'Achem) valant vinqt-quatre piastres (*M.*).

[Kw. [illegible] *wungkal,* pierre. Bat. [illegible] *bungkal.* Mak. [illegible] *bongkala.*]

بڠكل **bungkul,** nœud, excroissance aux arbres: bosse, gibbosité. v. بڠكق *bungkuk.*

بڠكس **bangkas,** sorte de coq de joute.

بڠكس **bengkas,** et بيڠكس **bebengkas** éternuer (*Cr.*).

بڠكس **bingkas,** élasticité. — ڤمتق *bingkas pemetik,* l'élasticité de la corde d'un arc. ادر — *bingkas udara,* l'élasticité de l'air. اورڠ — *bingkas ōrang,* élasticité, ou facilité des mouvements d'une personne (*Kl.*).

بڠكس **bingkis,** présent, don; présenté, offert. سورت دان بڠكس *sūrat dān bingkis,* une lettre accompagnée d'un présent. سواتو بڠكس اكن سودراڽ *suātu bingkis ākan sūdarā-ña,* un présent pour son frère (*B.* 52). تريم اڠكو اڤاله بڠكسك *tarīma angkau apā-lah bingkis-ku,* acceptez, je vous prie, mon présent (*B.* 53).

ممبغكس *mem-birgkis*, présenter, offrir un présent.

ممبغكسكن *mem-birgkis-kan*, faire un présent de q. ch., donner q. ch. en présent. دبغكسكن بݢند اكن انقد امڤت اورڠ منتري يڠ مدمود *di-birgkis-kan baginda ākan anakda ampat ōrarg mantrī yarg muda-mūda*, le prince accorda à son fils quatre jeunes officiers (*S. Bid.* 166).

بغكيسن *birgkīs-an*, ce qui est offert, un présent. ترلالو باڽق ممباو بغكيسن *ter-lālu bāñak mem-bāwa birgkīs-an*, un grand nombre de personnes portaient des présents (*S. Bid.* 136).

بغكس burgkus, paquet, faisceau, botte, pièce. — بنڠ دو *benārg dūa burgkus*, deux paquets de fil. اڤيون سبغكس *āpiūn sa-burgkus*, une caisse d'opium. لالڠ سبغكس *lālarg sa-burgkus*, une botte d'herbe. ڤكاين تيݢ بغكس *pakēy-an tiga burgkus*, trois paquets d'habits. كاين دو بغكس *kāin dūa burgkus*, deux pièces d'étoffe. هنتو بغكس *hantu burgkus*, nom d'un génie (*H. Ab.* 144). كوه بغكس *kūweh burgkus*, espèce de gâteau enveloppé dans une feuille de bananier.

بربغكس *ber-burgkus*, qui est en paquet, qui forme un paquet. امس ايت بر بغكس دغن قرطاس سهاج *amās itu ber-burgkus dergan kartās sahāja*, cet or n'est qu'enveloppé de papier (*M.*).

ممبغكس *mem-burgkus*, faire des paquets, botteler, empaqueter.

ممبغكسكن *mem-burgkus-kan*, empaqueter quelque chose, faire un paquet, une botte de quelque chose.

بغكوسن *burgkūs-an*, une enveloppe, un paquet. سكارڠ امبل بغكوسن اين *sakārarg ambil burgkūs-an ini*, maintenant prenez ce paquet (*H. Ab.* 287).

[Jav. [Javanese script] *wurgkus*. Sund. [Sundanese script] *burgkus*. Bat. [Batak script] *burgkus*, mouchoir; mouchoir de tête. Mak. [Makassarese script] *burgkusu*. Day. *burgkus*. Tag. [Tagalog script] *torgkos*. Bis. [Bisaya script] *borgkos*.]

بغݢال berggāla, Bengale.

بغݢالي *berggālī*, bengali, qui est du Bengale.

بغݢى barggi, résistance, rébellion.

[Jav. [Javanese script] *barggi*.]

بغغ bangang, maladie vénérienne.

بغبغ bungbung, v. بوبغ *būbung*.

بغلي bungley, nom d'une plante dont la racine est employée comme épice, et qui est aussi très-usitée en médecine.

[Jav. ꦧꦼꦁꦭꦺ *benglé*. Sund. *panglay* (*zingiber gramineum*). Bat. *bunglé*, *burlé* (*zingiber gramineum*).]

بغلن bunglon = بغكارغ *bingkārung* (*Kl.*).

[Jav. et Sund. *bunglon*, caméléon.

بغس bangsa (S. वंश *vaṅça*), race, famille, tribu, caste, extraction, nation. باڽقله جنس بغس اورغ *bāñak-lah jenis bangsa ōrang*, il y a différentes races d'hommes. اورغ بغس تڠڮي *ōrang bangsa tinggi*, un homme d'une grande famille. يغ كورغ بغس *yang kūrang bangsa*, de basse naissance. بغس مناكه توان همب اين *bangsa manā-kah tūan hamba īni*, monsieur, de quelle famille êtes-vous? اورغ ايت در بغس چين *ōrang ītu deri bangsa xīna*, cet homme est d'extraction chinoise. بغس اورغ ڤوته يغ لاين درڤد بغس ولند *bangsa ōrang pūtih yang lāin deri-pada bangsa wolanda*, une nation européenne différente de celle des Hollandais.

بربغس *ber-bangsa*, qui est de caste, de bonne famille. كارن اى اورغ تياد بربغس *kārna īa ōrang tiāda ber-bangsa*, car c'est un homme qui n'est pas de bonne famille (*M.*).

ممبغساكن *mem-bangsā-kan*, donner de la noblesse, établir dans une caste, reconnaître comme étant d'une caste (*D. M.*).

[Jav. *wongsa*. Sund. *bangsa*. Bat. *bangsa*. Mak. *bansa*. Day. *bangsa*.]

بغس bengis, cruel, rigoureux, dur. — موك *mūka bengis*, un air fâché. دبوڠكنڽ عادة جاهت دان بغس ايت *di-būang-kan-ña ādat jāhat dān bengis ītu*, il abolit ces usages mauvais et cruels (*H. Ab.* 59). مك اورغ مصري ڤقسالە دى ايت برجاك دڠن بغس *maka ōrang meṣiri paksā-lah dīa ītu ber-jāka dengan bengis-ña*, les Égyptiens les poussaient au travail avec dureté

(*B.* 86). — باتو *bātu bergis*, queux, pierre à aiguiser (*M.*).

كبغيسن *ka-bergīs-an*, cruauté, dureté.

On trouve aussi بيغس *bērgis*.

بغساون ***bargsāwan*** (S. वंशवान् *vançavān*), noble distingué, de caste, de haute extraction. اورغ — *ōrang bargsāwan*, un gentilhomme. كارن تونهمب راج بسر دان راج بغساون *kārna tūan-hamba rāja besar dān rāja bargsāwan*, car, monseigneur, vous êtes roi et d'une noble extraction (*R.* 25). بغساونن سام جوك دغن باف استرين *bargsāwan-ña sāma jūga dergan bāpa istrī-ña*, sa naissance était aussi noble que celle de son beau-père (*M.*).

[Sund. ꦧꦁꦱꦲꦤ꧀ *bargsaan.*]

بغسي ***bargsi*** (S. वंशी *vançī*, flûte), flûte, fifre, instrument de musique fait avec un bambou. — منيف *meniup bargsi*, jouer de la flûte. سكل بيبيئن درفد دندي بغسي *segala buñi-buñi-an deri-pada dandi bargsi*, les instruments de musique tels que luth, flûte, etc. (*R.* 5). دفوفتن — *bargsi di-pūput-ña*, il joua de la flûte (*M.*).

بربغسي *ber-bargsi*, qui joue de la flûte. سفرت اورغ بربغسي *seperti ōrang ber-bargsi*, comme des gens qui jouaient de la flûte (*S. Mal.* 283).

v. ملغسي *melargsi.*

بغسو ***burgsu***, le cadet d'une famille, l'enfant le plus jeune, le dernier-né. — فتري *putri burgsu*, la plus jeune princesse. دان انقن يغ بغسو سكالي *dān ānak-ña yang burgsu sa-kāli*, et le dernier de tous ses enfants (*R.* 97). ملك كتاله يغ سولغ كفد يغ بغسو *maka katā-lah yang sōlong ka-pada yang burgsu*, alors l'aînée dit à la plus jeune (*B.* 26).

[Sund. ꦧꦸꦁꦱꦸ *burgsu*. Bat. [illegible] *punsu*, l'extrémité de l'épine dorsale: le croupion. Mak. [illegible] *burgko*. Tag. [illegible] *borgso.*]

بغست ***bargsat***, coquin, fripon, tricheur, misérable.

[Jav. ꦧꦁꦱꦠ꧀ *bargsat.*]

بغسل ***bargsal***, hangar, loge, pavillon: magasin. كليهت بغسل بسر٢ اد تيك بغسل *ku-lihat bargsal besar-besar ada tiga bargsal*, je vis de grands hangars au nombre de trois (*H. Ab.* 288).

[Jav. ꦧꦁꦱꦭ꧀ *bargsal*, bâtiment d'un prince dans le voisinage du palais. Sund. [Sundanese script] *bangsal*, magasin.]

بغسل ***bungsil,*** le fruit du coco qui vient de se nouer, après la fleur.

بچان ***baxāna,*** citerne.

v. بجانه *bejānah.*

بچار ***bixāra*** (S. विचार *vicāra*), consultation, délibération, discussion, conférence, conseil, opinion, avis, affaire, cause, discours, plan, expédient. سده ڤوتس — ***sudah pūtus bixāra,*** la discussion est terminée. — منت ***minta bixāra,*** demander avis. — تولغ دغن ***tūlung dengan bixāra,*** aider de ses conseils. بايقله بچرام ايت *bāik-lah bixarā-mu itu*, votre avis est excellent (*R.* 87). دان كڤد بچراك ݢوسر اى كڤداك *dān ka-pada bixarā-ku gūsar ia ka-padā-ku*, dans mon opinion, il est fâché contre moi (*R.* 93). هيلغ بچار سهاى *hīlang bixāra sahāya*, ma cause est perdue. تيداله دالم بچار همب لاݢى *tiadā-lah dālam bixāra hamba lāgi*, ce n'est plus mon affaire. سى ٢ — *bixāra sia-sia*, de vains discours. جاغن ڤنجغ بچار *jāngan panjang bixāra*, que votre discours ne soit pas trop long, abrégez. اڤاكه بچار كيت ***apā-kah bixāra kita,*** quel est pour nous le meilleur plan? quelle marche devons-nous suivre? (*M.*). مان بچار كامو اكن ممبونه دى ***māna bixāra kāmu ākan mem-būnuh dia,*** quel expédient avez-vous pour le mettre à mort? (*R.* 16).

سبچار ***sa-bixāra,*** d'un même avis, unanime.

بربچار ***ber-bixāra,*** qui délibère, qui confère, délibérant, conférer. ستله سده بربچار ***sa-telāh sudah ber-bixāra,*** lorsque l'on eut fini de conférer (*R.* 89). اورغ — ***ōrang ber-bixāra,*** un homme bien avisé, de bon conseil (*R.* *V.*).

ممبچار ***mem-bixāra,*** conférer, délibérer.

ممبچراكن ***mem-bixarā-kan,*** soutenir une discussion, considérer une chose, mettre un avis à exécution, donner un conseil sur q. ch. بچراكنله اولهم ***bixarā-kan-lah ūleh-mu,*** considérez (*M.* *R.* 15). مان بچار توهمب بچراكنله ***māna bixāra tūan-hamba bixarā-kan-lah,*** que monseigneur exécute ce qu'il a résolu (*M.* *R.* 213). بچراكن كيت ڤد جالن يغ بتل *bixarā-kan kita pada jālan yang betūl*, montreznous le bon chemin (*M.*).

ترېچراکن *ter-bixarā-kan*, ce qui a été discuté, sur quoi on a délibéré (*R. V.*).

ڤمبچار *pem-bixāra*, un conseiller, moniteur.

ڤمبچراءن *pem-bixarā-an*, action de conseiller, avis, conseil.

ڤبچراءن *pe-bixarā-an*, lieu où l'on délibère, chambre du conseil (*M.*).

[Jav. ꦮꦶꦕꦫ *wixara*, parler sur q. ch. Sund. ᮕᮤᮎᮛ *pixara*, procès. Mak. ᨅᨗᨌᨑ *bixara*. Day. *bixara*, procès.]

بچق **bexàk**, eau stagnante, mare où l'eau est stagnante, endroit bas, bourbier. دان دتمڤت بچق۲ دسوروهڽ تمبق *dān di-tampat bexàk-bexàk di-sūruh-ña tembok*, et il fit remplir les endroits bas (*H: Ab.* 309).

[Sund. ᮘᮎᮊ᮪ *baxak*.]

بجانه **bejānah**, vase, bassin, cuve, baquet.

بجق **bejàk**, pétri.

[Jav. ꦮꦼꦗꦏ꧀ *wejak*.]

بجق **bejik, bijik**.

کبجيکن *ka-bijik-an*, ce qui est bon, bonté, vertu, probité, acte de bienfaisance, marque de bienveillance. منچهاري جالن کبجيکن *men-xahāri jālan ka-bijik-an*, chercher le sentier de la justice. — بربوت *ber-būat ka-bijik-an*, faire des actes de bienfaisance, rendre des services. مڠراکن کبجيکن نکري *meŋira-ŋirā-kan ka-bijik-an nagrī*, considérer ou avoir en vue le bien, la prospérité du pays (*M.*). کبجيکن مان يڠ لاون دي *ka-bijik-an māna yaŋ lāwan dīa*, quelle est la vertu qui le combat (ce vice)? (*P. M.*).

Selon *Kl.*, à Rhio on prononce *bajik*.

[Jav. ꦧꦼꦗꦶꦏ꧀ *bexik*. Bat. ᯅᯐᯪᯂ᯳ *bajik*. Mak. ᨅᨍᨗ *baji*.]

بجقسان **bijakṣāna** (S. विचक्षण *vićaxaṇa*), habile, prudent, discret, sage, intelligent. عارف دان — *ārif dān bijakṣāna*, habile et prudent. — منتري يڠ *mantrī yaŋ bijakṣāna*, des ministres sages, de sages conseillers. ڤتري يڠ — *putrī yaŋ bijakṣāna*, une princesse discrète et vertueuse. يڠ امت ستياون لاکي بڠساون سرت بجقسان *yaŋ āmat satiāwan lāgi baŋsāwan serta bijakṣāna*, qui est fidèle, noble et intelligent (*Lett. Mal.*). بجقسان ڤد بارڠ علم

bijaksāna pada bārang ilmu, versé dans toutes les sciences (*M.*).

بتاء betā, v. بته *betàh*.

بتاغر bitāngur, v. بنتاغر *bintāngur*.

بتاڤ betāpa, v. اڤ *apa*.

بتار batāra (S. भट्टार *baṭṭāra*, respectable), titre que l'on donne aux divinités hindoues, et aussi aux princes. بتار اندرا تورن كدالم دنيا اين *batāra indrā tūrun kadālam duniā īni*, Batara Indra descendant sur la terre. كن سمڤه بتار ݢورو *kena sumpah batāra gūru*, frappé d'un maléfice prononcé par Batara Guru. كلو اد كسيهن بتار كسن *kalaw ada kasīhan batāra kisna*, si je puis trouver grâce aux yeux de Batara Kisna (*M.*). مڠرجاكن تيته سري بتار *mengarjā-kan titah srī batāra*, exécuter les ordres du prince (*S. Bid.* 140). جنجي ڤادك بتار دڠن كول *janji pāduka batāra dengan kūla*, la promesse que Votre Majesté m'a faite (*S. Mal.* 149).

[Jav. ꦧꦛꦫ *baṭara*. Sund. ꦧꦠꦫ *batara*. Bat. ᯅᯖᯒ *batara*. Mak. ᨅᨈᨑ *batara*. Bis. ᜊᜆᜎ *batala*, idole.]

بتاري batāri, nom d'une plante (*sorghum saccharatum*) (*Kl.*).

بته betàh (S. वट *vaṭa* ou बट *baṭa*, être ferme, être en état de), convalescent, relevé de maladie. جكلو تياد اي بته *jikalaw tiāda ia betàh*, s'il n'est pas rétabli de sa maladie (*Cod. Mal.* 467).

On trouve aussi بتق *betàk* et بتاء *betā*.

[Jav. ꦧꦼꦠꦃ *betah*, persister. Sund. ꦧꦼꦠꦃ *betah*, avoir q. ch. pour agréable.]

بتيك batēka, nom d'une plante (*citrullus edulis*) (*Kl.*).

بتين betīna, féminin, femelle. — كود *kūda betīna*, une jument. — هايم *hāyam betīna*, une poule. — ساڤي *sāpi betīna*, vache. ايكن ايت بوكن اي جنتن دان بوكن اي بتين *īkan ītu būkan ia jantan dān būkan ia betīna*, ce poisson n'est ni mâle ni femelle (*M. R.* 168). اد ڤون بناتڠ اين بتين *ada pūn bināta̅ng īni betīna*, or cet animal est femelle (*R.* 27). D'après Marsd. et *R. V.*, *betina* s'emploie quelquefois en parlant d'une personne; mais cela ne peut être qu'en style bas, et en y attachant un sens de mépris.

بتوه **betūwa,** v. توه *tūwah.*

بتق **betàk,** v. بته *betàh.*

بتق **betìk,** le papayer (*carica papaya*). رمبي — *betìk rambey,* papayer dont les fruits pendent avec une longue queue. باتڠ — *betìk bātang,* papayer dont le fruit se trouve placé auprès du tronc à la couronne de l'arbre. Les feuilles servent à la teinture: elles s'emploient aussi comme remède pour les chevaux; et les racines servent comme remède contre les vers (*Kl.*). Énig. كچل بركاين هيجو هتين ڤوته بسر بركاين كونڠ هتين هيتم *kexìl ber-kāin hījaw hatī-ña pūtih besàr ber-kāin kūning hatī-ña hītam,* jeune, il est revêtu de vert et a le cœur blanc; vieux, il est revêtu de jaune et a le cœur noir.' بوه بتق *būah betìk,* le fruit du papayer: avant maturité ce fruit est vert et a les graines blanches; mûr, il est jaune et a les graines noires.

[Bat. [illegible] *botik.*]

بتڠ **betìng,** banc de sable, basfond dans une rivière ou dans la mer. هارس معلم تاهو اكن بتڠ دان ڬوسڠ دان كارڠ *hārus malim tāhu ākan betìng dān gūsung dān kārang,* un pilote doit connaître les bancs de sable, les bas-fonds et les bancs de corail (*Cod. Mal.* 407).

[Day. *bating.*]

بتڠ **betùng,** une espèce de gros bambou, de la grosseur de la cuisse d'un homme; on le nomme aussi — بولو *būlu betùng.* ترلالو امت تبل بتڠ ايت *ter-lālu āmat tebàl betùng ītu,* ce bambou était extrêmement gros (*Chr. Pas.* 1). — كاتق *kātak betùng,* une sorte de grenouille jaune avec des taches noires (*Kl.*).

[Jav. [illegible] *petung.* Mak. [illegible] *butung,* nom d'un arbre. Day. *betong.* Bis. [illegible] *botong,* la plus grosse espèce de canne.]

بتل **betùl,** vrai, véritable, réel, franc, exact, juste, droit. — اورڠ ملايو *ōrang malāyu betùl,* un véritable Malais. جالن — يڠ *jālang yang betùl,* le vrai chemin. — كات يڠ *kāta yang betùl,* des paroles vraies. — داچڠ *daxing betùl,* des balances justes. — هتوڠن يڠ *hitūng-an yang betùl,* un compte exact. — هاتي

hāti 'betùl, un cœur droit. — بردیری *berdīri betùl*, se tenir debout.

بربتل *ber-betùl*, qui se tient droit, qui est droit, qui se redresse.

بتل٢ *betùl-betùl*, indubitablement, très-certainement, tout-à-fait juste.

سبتلی *sa-betùl-ña*, en toute vérité, véritablement; directement.

ممبتولی *mem-betūl-i*, diriger directement vers, viser à, mirer, buter. ملك دبتلینی کفد انق لیده رقساس ایت *maka di-betul-ī-ña ka-pada ānak līdah raksāsa ītu*, alors il visa droit à la luette du monstre (*R.*).

ممبتلکن *mem-betùl-kan*, rendre une chose droite, redresser, corriger, réparer quelque chose. هندق مڠڠکت ممبتلکن ڤراراکن ایت *hendak meng-angkat mem-betùl-kan per-arāk-an ītu*, voulant enlever et redresser le char (*R.* 4). ای سوره بتلکن سݢل لورغ *ia sūruh betùl-kan segala lūrung*, il ordonna de redresser les chemins (*II. Ab.* 308). ای ڤون ترکجت لالو ممبتلکن دریی *ia pūn ter-kejùt lālu mem-betùl-kan dirī-ña*, il se réveilla et se leva (*R.* 113). بایق ساله سده اکو بتلکن *bāñak sālah sudah āku betùl-kan*, j'ai corrigé beaucoup de fautes (*II Ab.* 45).

بربتلکن *ber-betùl-kan*, qui rend droit, qui redresse, corrigeant.

بربتولن *ber-betūl-an*, ce qui est droit, en direction. همب ليهت سبوه ڤولو بربتولن دغن تنجوغ این *hamba lihat sa-būah pūlaw ber-betūl-an dengan tanjung inī*, j'aperçois une île en droite ligne de ce cap (*R.* 136).

کبتولن *ka-betūl-an*, ce qui est fait droit, droiture, rectitude, justice, exactitude. جالن کبتولن *jālan ka-betūl-an*, le chemin de la rectitude, de la justice (*M. R.* 71).

[Bat. [Batak script] *botul.*]

بتس **betàs,** amorcé.

ممبتس *mem-betàs*, amorcer, à la surface de l'eau, les poissons qui viennent par bancs (*Kl.*).

بتس **betìs,** la jambe, depuis le genou jusqu'au pied. — جنتغ *jantung betìs*, le gras de la jambe, le mollet. ممباسه کدوکاکی هڠݢ بتس *mem-bāsah ka-dūa kāki hingga betìs*, se mouiller les pieds jusqu'à la jambe (jusqu'à la cheville) (*M.*). بتسن سفرت بنتغ ڤادی *betìs-ña seperti ben-*

tang pādi, ses jambes sont comme des épis de riz gonflés (*S. Bid.* 21).

بربتس *ber-betis*, être assis les deux jambes l'une contre l'autre (*Cr.*).

[Jav. *wentis*, les cuisses. Sund. *bitis*. Bat. *bitis*, le mollet. Mak. *bitisi*. Bis. *bitiis*. Malg. *witsi*.]

بد **bad** (Pers.), mauvais, méchant. بخت — *bad bakt*, mauvaise fortune.

بدا **bedā** (Ar.), commencement.

بداوي **bedāwī**, pluriel de بدوي *bedawī*.

بدات **bidāta**, nom d'une plante (*sonneratia acida*).

بدار **bidāra** (S. विदर *vidara* ou विदार *vidāra*), nom d'un arbre (*zizyphus jujuba*). Selon *Kl.*, les différentes sortes sont, لاوت — *bidāra lāut*, اولو — *bidāra ūlu*, ڤاهت — *bidāra pāhit*, ڤوته — *bidāra pūtih* et چين — *bidāra xīna*. ڤوهن بدار يڠ سده بربوه *pōhon bidāra yang sudah ber-būah*, des arbres *bidara* qui portaient des fruits (*S. Mal.* 21). v. ويدار *widāra*. بالڠ — *bidāra bālang*, nom d'un crustacé.

[Jav. *widara*. Sund. *bidara*.]

بدار **bidāra**, embarcation, v. بيدر *bīdar*.

بده **bedāh** (S. भेद *bēda*, action de fendre, de briser); déchiré. brisé. v. بيد *bēda*.

[Jav. *bedah*. Sund. *bédah*.]

بدي **bedèy**, niveler une terre labourée (*Cr.*).

بدي **bedèy**, frapper, battre: rompre (*Cr.*).

بدي **bedīya**, paillette d'or (*Cr.*).

بدياداري **bidiyādāri, bi-diādāri** (S. विद्याधरी *vidyādari*, nom d'une classe de demi-déesses), nymphe céleste, personnage mythologique féminin, déesse. سفرت بدياداري در دالم سورڬ *seperti bi-diādāri deri dālam suwarga*, comme une nymphe descendue du ciel (*R.* 34). اي هندق مڠمبل سڬل ديوى٢ دان

بدياداري دان فري اكن دايغ٢ن *ia hendaḳ meng-ambil segala dewi-dēwi dān bidiādāri dān ferī ākan dāyang-dāyang-ña*, il veut enlever les déesses, les nymphes et les fées, pour en faire les femmes de sa suite (*R.* 136). انقٓناكن بدياداري *ānak-anāk-an bidiādārī*, des chérubins (*M.*). بوڠ تاڤق بدياداري *būnga tāpaḳ bidiādāri*, nom d'une fleur, espèce d'épidendrum (*M.*).

On trouve aussi بداداري *bi-dādāri*.

[Jav. ꦮꦶꦢꦢꦫꦶ *widadari*. Mak. [illegible] *bidadari*.]

بديمان **budīmān** (S. बुद्धिमान् *buddimān*), sage, intelligent, expérimenté. سکل اورڠ يڠ بديمان *segala ōrang yang budīmān*, tous les gens sages. بجقسان دان بديمان *bijaḳsāna dān budīmān*, prudent et sage. معلم يڠ بديمان *mạlim yang budīmān*, un pilote expérimenté. سورڠ منتري يڠ بديمان *sa-ōrang mantrī yang budīmān*, un ministre intelligent (*Kal. dan Dam.* 67).

On trouve aussi بوديمان *būdi-mān*.

[Kw. [illegible] *budiman*, vrai, juste.]

بديح **bedīḥ** (Ar. بدح), parole d'insulte, injure. هي بديح يڠ چلاك *hey bedīḥ yang xelāka*, chien de mauvais augure que tu es! (*M.*)

بدواكن **baduwākan** = ڤدواكن *paduwākan*.

بدوي **bedawī** (Ar. بدا), nomade, bédouin, habitant du désert. مك دسورهڽ منچهاري ڤد سکل قومڽ عرب دان بدوي *maka di-sūruh-ña men-xahārī pada segala ḳaum-ña ạrab dān be-dawī*, il ordonna de chercher parmi tous ses gens Arabes et Bédouins (*M. R.* 207).

بدون **bidūwan** (S. विद्वस् *vidwas*, savant, habile), chanteur de profession, joueur d'instruments, danseur. مك بدون يڠ بايق٢ سوران ڤون بربيله *maka bi-dūwan yang bāiḳ-bāiḳ suarā-ña pūn ber-bunī-lah*, et tous les chanteurs qui avaient une belle voix se mirent à chanter (*Bis. Raj.* 59). مك انده٢ رڤان تاري بدون ايت *maka indah-indah rupā-ña tārī bidūwan itu*, et ces danseurs dansaient d'une manière ravissante (*M.*).

On trouve aussi ce mot écrit بدوان *biduwān*.

[Bat. [illegible] *biduwan*.]

بدوند biduwanda, garde du corps. بنتاردان بدوند رعية سكلين *bantāra dān biduwanda rạyat sa-kalī-an*, les hérauts, les gardes du corps et tout le peuple (*R.* 4). هداغن داغكت اوله بدوند *hidāŋ-an di-aŋkat ūleh biduwanda,* ce furent les gardes du corps qui servirent les mets (*M.*). v. بدون *bidūwan.*

بدوری bidūri, une pierre précieuse, agate. Selon J. Rigg, l'opale. مالكى يغ درفد باتو يغ انده٢ ايت سفرت فيروزه دان بدوری *mạligey yaŋ deri-pada bātu yaŋ indah-indah itu seperti fīrūzah dān bidūri*, un palais construit de pierres précieuses telles que des turquoises et des agates (*R.* 140). بولن — *bidūri būlan*, œil de chat, variété de quartz taillé en cabochon. ورن بدوری *warna bidūri,* nom d'une plante qui donne du coton (*asclepias argentata*) (*M.*). Selon *Kl.*, فوهن بدوری *pōhon bidūri* (*calotropis gigantea*).

Ce mot vient prob. du S. विदूरज *vidūraja*, lapis-lazuli; litt.: venant de loin; de *vidūra*, très-éloigné et de *ja*, né, issu de (à la fin des mots composés).

بدق bedàk, nom d'un cosmétique composé de farine de riz et de parfums. ايرليمودان لاغر دان بدق *āyer līmaw dān lāŋir dān bedàk*, de l'eau de citron, du *lāŋir* et du *bedak* (*Bis. Raj.* 61). چوچرله ايربدق تيك كالى فد كفال *xūxur-lah āyer bedàk tiga kāli pada kapāla,* lavez-vous trois fois la tête avec un cosmétique (*M.*). دبرين كفداڽ بدق لاغر كتاڽ فرݢيله اغكو مندى *di-brī-ña ka-padā-ña bedàk lāŋir katā-ña pergī-lah aŋkaw mandi,* il lui donna du cosmétique *bedak* et du *lāŋir*, en lui disant: allez vous laver (*Kal. dan Dam.* 64).

بربدق *ber-bedàk,* qui se sert du cosmétique *bedak.*

ممبدق *mem-bedàk,* frotter avec du cosmétique.

ممبداكى *mem-bedāk-i*, mettre du cosmétique *bedak* à, frotter quelqu'un avec du *bedak.* دمنديكن دان دبداكى *di-mandi-kan dān di-bedāk-i,* il fut lavé et frotté avec du cosmétique (*S. Mal.* 149).

ممبدقكن *mem-bedàk-kan,* frotter ou faire frotter quelqu'un avec du cosmétique.

[Jav. ꦮꦼꦝꦏ꧀ *wedak.* Sund. ꦧꦼꦝꦏ꧀ *bedak.* Mak. ᨅᨑ *bara.* Bug. ᨅᨙᨉ *béda.*]

بدق bedùk, gros tambour pour annoncer l'heure de la prière. Une garde de trois heures (*Cr.*).

On trouve ordinairement بدوق *bedūk*.

[Jav. ꦧꦼꦝꦸꦒ꧀ *bedug*. Sund. ᮘᮨᮓᮥᮌ᮪ *bedug.*]

بدڠ bedùṅ, lange, linge dans lequel un petit enfant est enveloppé.

ممبدڠ *mem-bedùṅ*, envelopper un enfant.

بدن badàn (Ar.), corps, tronc, cadavre. بدن سکل يڠ ماتي *badàn segala yaṅ māti*, les corps de tous ceux qui sont morts. بدن بورق اين *badàn būruk īni*, ce misérable corps (terme d'humilité équivalant à je, moi). توان پاو دان بدن ککند *tūan ñāwa dān badàn kakanda*, vous êtes l'âme et je suis le corps (*Indr.* 259). کن ڤياکت ڤد بدن اتو ڤد عقل *kena peñākit pada badàn ātaw pada ạkal*, devenir malade de corps ou d'esprit (*M.*).

Énig. بدن ڤوته کونڠ ترهنتر منتيکن پاو داتڠ پاو بدن بناس *badàn pūtih kūniṅ ter-hantạr me-nantī-kan ñāwa dātaṅ ñāwa badàn bināsa*, un corps de couleur jaune clair apparaît, il attend l'âme, et lorsque l'âme arrive il disparaît. بولن دڠن متهاري *būlan deṅan mata-hāri*, la lune avec le soleil. Autre énig. بدنڽ ميره جريڽ براتس٢ متاڽ هيتم *badàn-ña mērah jarī-ña be-rātus-rātus matā-ña hītam*, il a le corps rouge, des centaines de doigts et ses yeux sont noirs. هليڤن *halīpan*, le myriapode.

بربدن *ber-badàn*, qui a un corps, corporel. الله تياد بربدن *allah tiāda ber-badàn*, Dieu n'est pas corporel (*P. M.*).

[Jav. et Sund. ꦧꦝꦤ꧀ *badan*. Bat. ᯅᯑᯉ᯲ *badan.*]

بدبه bedebàh, exclamation : malheureux! infortuné! ô maudit!

بدر badàr, une sorte de pierre qui se place dans les anneaux (*L.*).

بدل bedàl, frappé, battu (avec un rotin, avec un bâton, etc.), fustigé. دامبلڽ کايو دبدل سنديري *di-ambil-ña kāyu di-bedàl sendīri*, elle prit un bâton et la frappa elle même (*S. Bid.* 34).

ممبدل *mem-bedàl*, frapper, battre, bâtonner, fustiger.

ممبدالي *mem-bedāl-i*, donner des coups de bâton à quelqu'un, frapper quelqu'un. تولڠله اکو سڬره بدالي *tūluṅ-lah āku sigràh bedāl-i*, venez vite m'aider à lui donner des coups (*S. Bid.* 38).

بدل **bedàl,** tiré; être tiré.

ممبدل *mem-bedàl,* tirer, ôter.

ممبدالي *mem-bedāl-i,* rogner, raccourcir.

[Jav. [illegible] *bedol.*]

بدل **bedìl,** arme à feu, fusil: tiré, fait feu. — ملڤس *me-le-pàs bedìl,* faire feu. سمبوين — *bedìl sembūyan,* pièces de canon servant à donner des signaux. — ڤلورو *pelūru bedìl,* balle de fusil. سڬل بدل بسر دسوروهڽ ڤاسڠ *segala bedìl besàr di-sūruh-ña pāsaṅ,* il ordonna une décharge générale de l'artillerie (*M.*). ڤتي اوبت بدل *petī ōbat bedìl,* une caisse de poudre à canon (*H. Ab.* 61).

بربدل *ber-bedìl,* qui a des armes à feu, muni d'armes à feu, qui fait feu.

ممبدل *mem-bedìl,* tirer, faire feu.

بربدلبديلن *ber-bedìl-bedīl-an,* qui font feu l'un sur l'autre, qui tirent simultanément, ou se tirent réciproquement des coups de fusil.

[Jav. [illegible] *bedil.* Sund. [illegible] *bedil.* Bat. [illegible] *bodil.* Mak. [illegible] *badili.* Day. *badil.* Bis. [illegible] *badil.*]

بدس **bedìs,** qui a un gros ventre (*Cr.*).

بدعة **bedạt** (Ar. بدع), hérésie. hétérodoxie, schisme, innovation. جاڠن راج مڠرجاكن بدعة يائيت بارڠ ڤربواتن يڠ برسلاهن دڠن شريعة *jāṅan rāja meṅarjā-kan bedạt ïā-ïtu bāraṅ per-buāt-an yaṅ ber-salāh-an de-ṅan šeriạt,* que le roi se garde bien de faire des hérésies, c'est-à-dire des actes qui sont en désaccord avec la loi du Coran (*M. R.* 65). — اورڠ *ōraṅ bedạt,* hérétique, novateur, égaré. هي كامو اورڠ بدعة دان تياد بربودي *hey kāmu ōraṅ bedạt dān tïā-da ber-būdi,* ô gens égarés et dépourvus de sens! (*M.*).

بن **bana** = بان *bāna.*

بن **bin** (Ar.) = ابن *ïbn,* fils.

بن **bunn** (Ar.), le caféyer.

بناء **binā** (Ar.), édifice, construction, bâtisse. اورڠ يڠ براوسه

سواتو بناء ōrang yang ber-ūsah suātu binā, un homme qui construit un édifice (*D. M.* 62).

بناتڠ **binātang,** animal. ليئر — *binātang līar*, animaux sauvages. بوس — *binātang būwas*, animaux féroces. جيݞق — *binātang jīnak*, animaux apprivoisés. نجس — *binātang nejis*, animaux impurs. بناتڠ ايت تياد تاهو اكن بايق دان جاهت *binātang ītu tiāda tāhu ākan bāik dān jāhat*, ces animaux ne savent pas distinguer le bien du mal (*R.* 105). سكلين بناتڠ دبومي دان سكلين بورڠ دلاڠت *sa-kalī-an binātang di-būmi dān sa-kalī-an būrung di-lāngit*, tous les animaux qui sont sur la terre et tous les oiseaux du ciel (*B.* 2). مريكئيت سڤرت بناتڠ امڤت كاكي *marīka-ītu seperti binātang ampat kāki*, ces gens (sont stupides) comme des animaux à quatre pieds (*M.*).

بتاڠن *binatāng-an*, bétail, bestiaux en général. ڬمبال٢ بتاڠن ابراهم *gombāla-gombāla binatāng-an ibrāhim*, les bergers des bestiaux d'Abraham (*B.* 17).

بنار **binăra,** laveur, blanchisseur; lavé, blanchi; battu. اڤبيل اورڠ بنار ايت سده ممباسه كاين دموتكنڽ كاتس كلدي ايت دبوياله كنڬري *apa-bīla ōrang binăra ītu sudah mem-bāsuh kāin di-mūat-kan-ña ka-ātas kaldey ītu di-bawa-ñā-lah ka-nagrī*, lorsque ce blanchisseur avait lavé le linge, il le mettait sur son âne et le rapportait à la ville (*Kal. dan Dam.* 90).

ممنار *mem-binăra*, laver, blanchir, battre. اورڠ يڠ ممناركاين *ōrang yang mem-binăra kāin*, un laveur de linge (*D. M.* 128).

ڤمنراءن *pem-binarā-an*, action de laver; lavage, blanchissage.

بنالو **benālu,** nom d'un arbre (*Kl.*).

بناس **bināsa** (S. विनाश *vināça*), ruiné, détruit, abîmé, dévasté, exterminé. تله بناساله همب *telàh bināsā-lah hamba*, j'ai été ruiné. نسچاي بناس راس هاتي توانهمب *nisxāya bināsa rāsa hāti tūan-hamba*, certainement les sentiments de votre cœur seront détruits (*Ism. Yat.* 49). سگل رعية هابسله بناس *segala rayat hābis-lah bināsa*, tout le peuple fut exterminé (*M.*). — ممبري *mem-brī bināsa*, causer la ruine.

بربناس *ber-bināsa*, de destruction, détruisant.

ممبناس *mem-bināsa*, détruire, ruiner, abîmer.

ممبناساكن *mem-binasā-kan*, détruire quelque chose, exterminer quelqu'un. ممبونه مانسي دان ممبناساكن نكري *mem-būnuh mānusia dān mem-binasā-kan nagrī-ña*, tuer les hommes et détruire leur ville (*R.* 67). سكلين ڤون اكو ممبناساكن *sa-kalī-an pūn āku mem-binasā-kan*, je les exterminerai tous (*R.* 122).

بربناساكن *ber-binasā-kan*, qui détruit ou qui abîme quelque chose.

ممڤربناساكن *mem-per-binasā-kan*, faire détruire, faire dévaster. باڽق دڤربناساكنڽ *bāñak di-per-binasā-kan-ña*, il fit dévaster beaucoup (de pays) (*S. Mal.* 201).

ڤمبناس *pem-bināsa*, qui ruine ou détruit, destructeur, dévastateur.

ڤمبناساءن *pem-binasā-an*, action de détruire, destruction, dévastation.

كبناساءن *ka-binasā-an*, ce qui est détruit, destruction, ruine; destructible. ممبچاراكن اكن كبناساءنڽ *mem-bicarā-kan ākan ka-binasā-an-ña*, travailler à sa destruction (*M. R.* 217).

بنه **benih**, graine, semence, plant, origine, matrice. — باوڠ *benih bāwang*, graine d'oignon. بنه چڠكي دان بنه بوه ڤال *benih cengkē dān benih būah pāla*, plants de giroflier et de muscadier. جكلو بنه يڠ تياد بايق دتانم تياد بوله برتمبه ڤوهن يڠ بايق *jikalau benih yang tiāda bāik ditānam tiāda būleh ber-tumbuh pōhon yang bāik*, si on a planté de mauvais plants, on ne peut espérer de bons arbres (*H. Ab.* 400). بنه ساݢو ڤوهنڽ كچل٢ *benih sāgu pōhon-ña kecil-kecil*, très-petits rejetons de l'arbre qui produit le sagou (*M.*).

بربنه *ber-benih*, qui a de la semence.

بربنهكن *ber-benih-kan*, qui produit de la semence, qui multiplie.

[Kw. [Kawi script] *winih*, principe. Jav. semence. Sund. [Sundanese script] *binih*. Bat. [Batak script] *boni*. Mak. [Makassarese script] *binĕ*. Bug. [Buginese script] *winĕ*, plant de padi. Day. *biñi*. Tag. et Bis. [Tagalog script] *binhi*.]

بني **benī**, v. بنو *benū*.

بنياك **beniāga** = برنياك *berniāga*.

بنيول **banīyūl** = بايل *bāñul.*

بنيك **bonēka** (Port. *boneca*), poupée.

بنيتن **banītan,** nom d'un arbre dont on se sert pour faire des mâts de navire.

بنين **banīyan, banīan** (S. बणिज् *baṇij*), marchand, négociant hindou.

بنين **banīyan, banīan,** chemise de flanelle (*Kl.*). كاين بارغ دو تيك بنين *kāin bāraṅ dūa tīga banīan*, deux ou troix paquets d'étoffe (*S. Mal.* 258, *Trad. de Leyden*).

On trouve aussi بنڽن *bañīan.*

بنين **banīyan, banīan,** un petit sac pour les provisions.

بنو **benū** et بني **benī,** plur. de بن *bin*, les fils, la postérité.

بنو **benū,** lac ou étang formé par la nature (*Kl.*). v. دانو *dānaw.*

بنو **benūwa, benūa,** pays, région, contrée. چين — *benūa xīna*, la Chine. عجم — *benūa ajem*, la Perse. بنو يغ هاغت *benūa yaṅ hāṅgat,* un pays chaud. همب منچهاري مکانن همب ددالم بنو اين *hamba men-xahārī makānan hamba di-dālam benūa īnī,* je cherche ma vie dans ce pays (*R.* 102). — اورغ *ōraṅ benūa,* les aborigènes d'un pays; nom que l'on donne à quelques tribus qui habitent la péninsule malaise. — سبوه *sa-būah benūa,* une contrée.

[Bat. ᯅᯉᯮᯋ *banuwa.* Océan. *wenua, fenua* et *honua.*]

بنوغ **benūwaṅ,** nom d'une sorte de bois.

بنودم **benūdam,** affection (*Cr.*).

بنق **benàk,** peu intelligent, qui comprend difficilement.

بنق **benàk,** moelle, cervelle.

بنغ **benàṅ,** fil, du fil, ficelle. سوتر — *benàṅ sūtra,* fil de soie. ستوکل — *benàṅ sa-tūkal,* un écheveau de fil. درفد سواتو بنغ سمڤي کفد ڤغيکت کاست *deri-pada suātu benàṅ sampey ka-pada peṅ-īkat kāsut,* depuis un fil jusqu'à un cordon de soulier (*B.* 19). ارغ — *benàṅ āraṅ,* ficelle ou cordeau dont se servent les menuisiers et les charpentiers pour marquer des lignes sur le bois. — داون *dāun benàrg*, nom des feuilles d'une plante (*rostellularia diffusa* ou, selon *Cr.*, *justitia purpurea*).

[Jav. et Sund. ꦧꦼꦤꦁ *benarg*. Bat. ᯅᯉᯰ *bonarg*. Mak. ᨅᨊ *bannarg*. Day. *benarg*, tissu. Bis. ᜊᜈ *bonarg*, coton filé.]

بنغ ***benìrg*** = هنغ *henìrg*.

بنچان ***benxāna*** (S. वञ्चन *vañćana*), mal, tort, dommage, séduction. اورغ مان ڤول يغ داتغ بربوت بنچان دان اکن ممبناساکن کيت اين *ōrarg māna pūla yarg dātarg ber-būat benxāna dān ākan mem-binasā-kan kīta īni*, qui est celui qui vient nous nuire et causer notre ruine? جکلو بنچان داتغ سيڤاکه اکن ممبنتو *jikalaw benxāna dātarg siapā-kah ākan mem-bantu*, si quelque mal nous arrive, qui viendra à notre secours? (*M.*) وقت بنچان *waktu benxāna*, moment malheureux, jour néfaste.

ممبنچاناکن *mem-benxanā-kan*, porter au mal, rendre mauvais, pervertir, séduire. اولر ايت سده ممبنچاناکن سهاي *ūlar ītu sudah mem-benxanā-kan sahāya*, c'est le serpent qui m'a séduite (*B.* 4).

ڤمبنچاناٴن *pem-benxanā-an*, action de pervertir, perversion, séduction.

[Kw. ꦧꦼꦚ꧀ꦕꦤ *benxana*, malheur, adversité.]

بنچه ***benxah***, terre basse, marécage.

بنچه ***benxah***, pétrir (*Cr.*).

بنچي ***banxi***, doloire, herminette (outil de tonnelier, de charpentier).

بنچي ***banxi***, hermaphrodite.

بنچي ***banxi***, levée d'un tribut pour les besoins de l'État ou faite par les chefs. Selon *Cr.* recensement d'une population. Prob. parce que la levée d'un tribut se fait, ou est censée se faire, en proportion de la population: mais il n'y a pas chez les peuples malais de recensement proprement dit. Selon *Kl.* بنچي *banxi* signifie encore, quantité, nombre.

بنچي ***benxi***, haine, aversion: haï, détesté. سکل سودراک بنچي اکن داکو *segala sūdarā-ku benxi ākan dāku*, tous mes frères me haïssent. بنچيله اى اكن سوميڽ *benxī-lah ïa ākan suamī-ña*, elle détestait son époux. يڠ بنچي اكن اكام *yaŋ benxi ākan agāma*, qui ont la religion en aversion. كات ترلالو بنچي *kāta ter-lālu benxi*, expressions les plus mordantes (*M.*), paroles détestables.

بربنچي *ber-benxi*, haineux, qui déteste.

ممبنچي *mem-benxi*, avoir de la haine, haïr, détester.

تربنچي *ter-benxi*, qui est haï, que l'on hait. دان كامو اكن اد تربنچي اوله سكلين اورڠ *dān kāmu ākan ada ter-benxi ūleh sa-kalī-an ōraŋ*, et vous serez haïs de tout le monde (*N.* 16).

ممبنچيكن *mem-benxī-kan*, avoir une chose en aversion, haïr quelqu'un.

ڤمبنچي *pem-benxi*, qui déteste, haineux, rancuneux.

كبنچين *ka-benxī-an*, ce qui est haï, haine, aversion. تتكالا دليهت هو بهو كبنچينله لياْ *tatkāla di-līhat hūwa bahwa ka-benxī-an-lah lïā*, lorsque le Seigneur vit que Rachel était méprisée (*B.* 45). منجادى كبنچين *men-jādi ka-benxī-an*, devenir un objet d'horreur (*H. Ab.* 77).

[Mak. ᨅᨋᨗ *banxi.*]

بنچق ***bunxak***, nœud, bouton (*Kl.*).

بنچڠ ***banxaŋ***, entretien familier, causerie.

بربنچڠ *ber-banxaŋ*, qui s'entretient familièrement.

ممبنچڠ *mem-banxaŋ*, causer, discourir.

بنچڠ ***banxaŋ***, empêché, arrêté.

ممبنچڠ *mem-banxaŋ*, empêcher, arrêter (*Pij.*).

بنچت ***banxut***, aigri, oxidé, éventé : mot d'insulte.

بنچت ***binxut***, bosse, tumeur, convexité; enflé, bosselé. بنچت كڤلاڽ دڤوكل دڠن كايو *binxut kapalā-ña di-pūkul deŋan kāyu*, il a une bosse à la tête, parce qu'on l'a frappé avec un bâton (*Kl.*).

تربنچت *ter-binxut*, qui est en bosse, convexe. مات چچق ايت تربنچت كلوار *māta xexàk ītu ter-binxut ka-lūar*, les yeux du lézard sont convexes, sortent de la tête (*Exer.* 108).

[Jav. ꦧꦼꦚ꧀ꦗꦸꦠ꧀ *benjut*, une bosse au front.]

بنچت **bunxit,** gros, bouffi, enflé, p. ex. du ventre, des joues, etc. (*L.*). v. بنچت *binxut.*

بنچت **bunxit,** le dernier, le plus jeune = بڠسو *buŋsu* (*L.*).

بنجي **binjey,** nom d'un fruit (*mangifera fœtida*).

بنجو **banju,** décompte, déduction, liquidation, solde.

ڤربنجوان *per-banjū-an,* un décompte.

بنجر **banjar,** rang, file, ligne, rangée. اي مڠاتر سمواڽ ڤد دو بنجر *ia meŋ-ātur samuā-ña pada dūa banjar,* il les disposa tous sur deux lignes (*M.*).

بربنجر *ber-banjar,* qui est en rang, qui forme rangée. دتانمڽ بربنجر كامڤت ڤولهڽ *di-tānam-ña ber-banjar ka-ampat pūloh-ña,* il en planta quarante sur une même ligne (*R.* 18). تتكالا اي بربنجر ديريڽ *tatkāla ia ber-banjar dirī-ña,* lorsqu'ils se rangèrent en file (*M.*).

بنجارن *banjār-an,* ce qui est en rang; ordre; rangée.

بربنجارن *ber-banjār-an* et بربنجر٢ *ber-banjar-banjar,* formant des rangées, qui sont en rang.

[Jav. [Javanese] *banjar.*]

بنجير **banjir,** inondation, débordement.

[Jav. [Javanese] *banjir.*]

بنڽون **banñon, bañon,** se teindre les lèvres en rouge comme ornement.

[Jav. [Javanese] *bañon,* noircir les dents.]

بنت **benàt,** avoir de la joie, de l'allégresse (*Kl.*).

بنتاڠر **bintāŋur,** nom d'un arbre (*calophyllum*) (*Pij.*). جكلو دچوري اورڠ ايت ݢاله بنتاڠر *jikalaw di-xūri ōraŋ ītu gālah bintāŋur,* si quelqu'un vole une gaffe de bois de *bintāŋur* (*Cod. Mal.* 431). Selon *Kl.*, il y en a de différentes sortes, لاوت — *bintāŋur lāut,* هوتن — *bintāŋur hūtan,* بوڠ — *bintāŋur būŋa,* جڠكر — *bintāŋur jaŋkar* et باتو — *bintāŋur bātu.*

On trouve aussi بتاڠر *bitāŋur.*

بنتار **bantāra** = ابنتار *abantāra.*

بنتارو **bintāro,** nom d'un arbre de la famille des apocynacées (*cerbera*).

بنتارغ **bintāraṅ,** bois coupé et que l'on a laissé en pile dans la forêt (*L.*).

بنتال **buntāla,** v. بوتال *butāla.*

بنته **bantah,** dispute, contestation; disputé, contesté. اد بيراڤ بايق بنته *ada be-brāpa bāñaḳ bantah,* il y avait beaucoup de disputes, de contestations.

بربنته *ber-bantah,* qui conteste, qui dispute. مك بربنته ناخدا دغن جورو مودى *maka ber-bantah nāḳodā deṅan jūru mūdi,* le subrécargue disputait avec le capitaine.

ممبنته *mem-bantah,* disputer, contester. — تيدق سكالى *tīdaḳ sa-kāli mem-bantah,* je ne veux absolument pas disputer (*Sul. Ab.* 17).

ممبنتاهى *mem-bantāh-i,* contredire quelqu'un, disputer à quelqu'un quelque chose.

بربنتهكن *ber-bantah-kan,* qui conteste q. ch., qui se disputent sur q. ch. اد يغ بربنتهكن تمڤت *āda yaṅ ber-bantah-kan tampat,* quelques-uns se disputaient les places (*M.*).

ممڤربنتهكن *mem-per-bantah-kan,* disputer une chose, sur une chose. اڤ جوك يغ كامو ڤربنتهكن *apa jūga yaṅ kāmu per-bantah-kan,* quelle est la chose sur laquelle vous vous disputez? (*Kl.*).

ڤمبنته *pem-bantah* et ڤربنته *per-bantah,* qui dispute; disputeur, querelleur, boute-feu.

بنتاهن *bantāh-an,* dispute, contestation. — اورغ *ōraṅ bantāh-an,* disputeur (*H. Ab.* 28).

بربنتاهن *ber-bantāh-an,* qui est de contestation.

بربنتهبنتاهن *ber-bantah-bantāh-an,* se disputer ensemble, contester réciproquement. جاغنله بربنتهبنتاهن انتران *jāṅan-lah ber-bantah-bantāh-an antarā-ña,* qu'ils ne se disputent pas ensemble (*M. R.* 97).

ڤربنتاهن *per-bantāh-an,* dispute, contestation. جاغن كيران اد ڤربنتاهن دانتراك دان دانترام *jāṅan kirā-ña ada per-bantāh-an di-antarā-ku dān di-antarā-mu,* qu'il n'y ait, je vous en prie, aucune contestation entre vous et moi (*B.* 17).

كبنتاهن *ka-bantāh-an,* objet d'une contestation, dispute.

[Kw. [javanese] *bantah.* Sund. [javanese] *bantahan,* opposition. Day. *bantah.*]

بنته **binteh,** nom d'un jeu (*Cr.*).

بنتی **bantey,** viande de boucherie, animal tué; être abattu. ساڤی — *bantey sāpi*, du bœuf. روس — *bantey rūsa*, du cerf. لمبولمبوک سده دبنتی *lembu-lembū-ku sudah di-bantey*, mes bœufs sont tués (*N.* 39).

بربنتی *ber-bantey*, qui tue, qui abat. — تمڤت *tampat ber-bantey*, un abattoir (*M.*).

ممبنتی *mem-bantey*, tuer, abattre un animal. کربو — *mem-bantey karbaw*, abattre un buffle. یڠ همب سده ممبنتی بݢی اورڠ همب *yaṅ hamba sudah mem-bantey bagī ōraṅ hamba*, que j'ai tué pour (le distribuer à) mes gens (*M.*).

تربنتی *ter-bantey*, qui est tué, abattu, immolé, égorgé. انق دمب یڠ سده تربنتی رڤان *ānak domba yaṅ sudah ter-bantey rupā-ña*, un agneau qui paraissait égorgé (*N.* 402).

ڤمبنتی *pem-bantey*, celui qui tue ou abat un animal; boucher (*R. V.*).

بنتین *bantēy-an*, ce qui est tué ou abattu. بنتیله بنتین دان سدیاکنله ایت *bantey-lah bantēy-an dān sediā-kan-lah ītu*, tuez un animal et préparez-en la chair (*B.* 72).

بنتی٢ **binti-binti,** filles, filles de service (*Kl.*). دولاکی استری دغن دایرڠکن سکل دایڠ٢ بنتی٢ *dūa lāki istrī deṅan di-īriṅ-kan segala dāyaṅ-dāyaṅ binti-binti*, l'époux et l'épouse ayant à leur suite les nourrices et les femmes de service.

بنتیکس **bentīgas,** l'arc qui sert à tendre un piége ou un collet pour prendre les animaux (*Cr.*).

بنتو **bantu** (S. बन्धु *bandu*, allié), aide, secours, assistance: troupes auxiliaires, allié. — ممنت *me-minta bantu*, demander du secours. ای داتڠ بنتو ڤرڠ دغن سودران *īa dātaṅ bantu pràṅ deṅan sūdarā-ña*, il entra en campagne comme allié de son frère (*M.*).

ممبنتو *mem-bantu*, secourir, assister, aider. برداتڠ ممبنتو ڤرڠ *ber-dātaṅ mem-bantu pràṅ*, arrivant pour porter secours à l'armée (*R.* 139). ای میوره ممبنتو ڤاهڠ *īa meñūruh mem-bantu pāhaṅ*, il ordonna de secourir la ville de Pahang (*S. Mal.* 316).

بنتوممبنتو *bantu-mem-bantu*, s'entr'aider, se secourir mutuellement.

ممبنتوکن *mem-bantū-kan*, aider ou faire aider quelqu'un (*Cr.*).

قمبنتو *pem-bantu*, aide, celui qui assiste, associé.

[Jav. et Sund. [illegible] *bantu*.]

بنتو buntu, ignorant, insensible, sans sentiment (*Kl.*).

بنتورغ bintūrung, une sorte de belette (*ictides ater*).

بنتولو bentūlu, nom d'un poisson (*L.*).

بنتق bantuk, courbé, arqué, en rond; numéral des choses arquées. سفرت تاجى يغ دبنتق *seperti tāji yang di-bantuk*, recourbé comme l'éperon d'un coq de joute. سفرت دو بنتق بوسر *seperti dūa bantuk būsar*, en forme de deux arcs ou demi-cercles (*M.*). كسفوله جرين دبوبه سفوله بنتق چنچن *ka-sa-pūloh jari-ña di-būbuh-ña sa-pūloh bantuk xinxin*, à ses dix doigts il avait mis dix anneaux (*S. Mal.* 169).

ممبنتق *mem-bantuk*, courber, arquer.

ممبنتقكن *mem-bantuk-kan*, courber q. ch., faire un arc de q. ch. — كايو *mem-bantuk-kan kāyu*, courber des pièces de bois (p. ex. pour en faire des canots).

بربنتقكن *ber-bantuk-kan*, qui courbe, qui fait courber q. ch.

قمبنتوكن *pem-bantūk-an*, action de courber, d'arquer.

كبنتوكن *ka-bantūk-an*, ce qui est courbé, courbure, arqûre.

[Bat. [illegible] *bontuk*. Day. *taji bantok*, éperon recourbé d'un coq de joute.]

بنتق bintak. — قراهو *prāhu bintak*, une sorte de *prāhu* de pirate.

بنتق buntak, court, comprimé, dont la longueur ne correspond pas avec la largeur; tronqué.

بنتغ bantang, grande maison où se réunissent les sauvages de Bornéo et qui sert d'habitation à plusieurs familles (*Cr.*).

بنتغ banting, frappé; battre; battement du cœur: cahot d'une voiture.

ممبنتغ *mem-banting*, battre, frapper; frapper avec une chose contre une autre, comme le linge sur la pierre pour le laver, ou comme en battant un métal.

Prov. سفرت امبق ممبنتغ درين *seperti ombak mem-banting*

diri-ña, comme les vagues qui se heurtent elles-mêmes.

[Jav. et Sund. ꦧꦤ꧀ꦠꦶꦁ *banting*.]

بنتغ **banting**, nom d'une sorte de bâtiment marchand à deux mâts.

بنتغ **bentang**, étendu, déployé, dressé, placé. بنتغله سايڤن *bentang-lah sāyap-ña*, ses ailes étaient déployées.

ممبنتغ *mem-bentang*, étendre, déployer, dresser, placer. بندغ يغ اتسن اى سده ممبنتغ تراتقن *bendang yang ātas-ña ia sudah mem-bentang terātak-ña*, le champ sur lequel il avait dressé ses tentes (*B*. 54).

تربنتغ *ter-bentang*, qui est étendu, que l'on a dressé. جارغ يغ تربنتغ *jāring yang ter-bentang*, un filet tendu (*M*.).

ممبنتاغى *mem-bentāng-i*, étendre un plan sur q. ch. دبنتاغى ڤرمداني *di-bentāng-i permadāni*, était placé sur le tapis (*S. Mal*. 55).

ممبنتغكن *mem-bentang-kan*, étendre ou faire étendre q. ch. يغ تله ممبنتغكن لاغت يغ سبسر ايت *yang telàh mem-bentang-kan lāngit yang sa-besàr ītu*, qui a étendu la voûte du ciel laquelle est si vaste (*H. Ab*. 4). ڤايغ دبنتغكن اورغله *pāyung di-bentang-kan ōrang-lah*, on déploya des parasols. دبنتغكنڽ تيرى كلمبو *di-bentang-kan-ña tirey kulambu*, ils tirèrent ou tendirent les rideaux (*M*.).

بنتاغن *bentāng-an*, qui est étendu, extension. v. ڤنتغ *pentang*.

بنتغ **bintang**, un astre, une étoile. اوتار — *bintang ūtāra* ou قطب — *bintang kuṭub*, l'étoile polaire. تيمر — *bintang tīmur* ou بابي — *bintang bābi*, l'étoile du matin. ڤتغ — *bintang petàng*, Vénus, lorsqu'elle paraît le soir. لاوت — *bintang lāut*, l'étoile de la mer. تتڤ — *bintang tetàp* ou ثابتة — *bintang ṣābitat*, étoile fixe. برايدر — *bintang ber-īdar* ou سيارة — *bintang siyārat*, les planètes. برايكر — *bintang ber-īkor* ou براسڤ — *bintang ber-āsap*, comète. دليهتڽ سڤرت بنتغ جاته در لاغت *di-līhat-ña seperti bintang jātuh deri lāngit*, il aperçut comme un astre tombé du ciel (*R*. 79). بومى ايت سواتو بنتغ برايدر اداڽ *būmi ītu suātu bintang ber-īdar adā-ña*, la Terre est une planète (*N. Phil*. 83).

Voici les noms des astres les plus connus: متهارى *mata-hāri* ou شمس *šems*, le Soleil. بولن *būlan* ou قمر *ḳemer*, la Lune. عطارد *uṭārid*, Mercure. زهرة *zahrat*, Vénus. بومي *būmi*, la Terre. مريخ *marīḳ*, Mars. مشترى *muštarī*, Jupiter. زحل *zaḥal*, Saturne. هرشل *heršel*, Herschell.

Le numéral pour les astres est بوه *būah*, اد توجه بوه بنتغ برايدر *ada tūjuh būah bintang beridar*, il y a sept-planètes (*N. Phil.* 84).

Constellations: بنتغ بيدق *bintang bīduḳ*, la Grande Ourse. بنتغ كرتيك *bintang kartīka*, les Pléiades. بنتغ جبار *bintang jubār*, Orion.

Les signes du zodiaque se nomment برج *burj*, plur. بروج *burūj*. On nomme aussi فلك *felek*, le mouvement orbiculaire des corps célestes.

راج بنتغ *rāja bintang*, les sept astres que les Malais supposent exercer tour à tour leur influence sur les vingt-quatre heures du jour. Ce sont Jupiter, Mars, le Soleil, Vénus, Mercure, la Lune et la Terre.

On nomme aussi بنتغ *bintang*, une croix, une décoration. يغ مماكى بنتغ بسر در وردى نيديرلندى ليوو *yang memākey bintang besār deri wurdi nīdirlandi līwu*, qui a la grande croix de l'ordre du Lion néerlandais (Lettre du sultan de Ternate).

Prov. سڤوله بنتغ برتابر بوله‌كه سام دغن بولن يغ ساتو *sa-pūloh bintang ber-tābur būleh-kah sāma dengan būlan yang sātu*, dix étoiles pourraient elles avoir la lumière de la lune seule. Le sens est: un homme habile peut faire plus, à lui tout seul, que beaucoup d'autres ensemble, manquant de capacité (*H. Ab.* 275).

بنتغ بنتاغن *bintang-bintāng-an*, les astres en général, les constellations.

[Kw. ꦮꦶꦤ꧀ꦠꦁ *wintang*. Jav. ꦭꦶꦤ꧀ꦠꦁ *lintang*. Sund. ꦧꦼꦤ꧀ꦠꦁ *bentang*. Bat. [illegible] *bintang*. Day. *bintang*. Tag. [illegible] *bitoin*. Bis. [illegible] *bitoon*.]

بنتغ **binting**, rempart, boulevard.

بربنتغ *ber-binting*, qui a des remparts. — نكرى يغ *nagrī yang ber-binting*, une ville fortifiée.

[Jav. ꦧꦶꦤ꧀ꦠꦶꦁ *binting*, un fort.]

بنتغ **bunting**, grosse, enceinte: pleine, fecondé (aussi des plantes). — ڤرمڤون يغ *perampūan yang bunting*, une femme enceinte. — كود بتين يغ *kūda be-*

tīna yaṅ buntiṅ, une jument pleine. — منجادى *men-jādi buntiṅ*, devenir enceinte, concevoir. دان تله بنتڠله اى دڠن همب توجه بولن *dān telàh buntiṅ-lah īa deṅan hamba tūjuh būlan*, et elle est enceinte de moi depuis sept mois (*R.* 71).

ممبنتيڠى *mem-buntiṅ-i*, rendre enceinte. اڤبيل دبنتيڠى اوله سؤورڠ يڠ مردهيك اكن سهايان *apa-bīla di-buntīṅ-i ūleh sa-ōraṅ yaṅ mardahīka ākan sahayā-ña*, si un homme libre a rendu son esclave enceinte (*D. M.* 393).

ممبنتڠكن *mem-buntiṅ-kan*, rendre enceinte, féconder. جكلو دكات اوله توننى كبنتڠكن اكن دى *jikalaw di-kāta ūleh tūan-ña ku-buntiṅ-kan ākan dīa*, si son maître dit: c'est moi qui l'ai mise enceinte (*D. M.* 97).

كبنتيڠن *ka-buntiṅ-an*, qui est enceinte; grossesse.

[Jav. ꦮꦼꦠꦼꦁ *weteṅ*, ventre; ꦩꦼꦠꦼꦁ *meteṅ*, enceinte. Tag. ᜊᜓᜈ᜔ᜆᜒᜐ᜔ *buntis*.]

بنتت **bantut**, inachevé, incomplet, imparfait, interrompu, rendu vain, inutile. — روتى *rōti bantut*, du pain qui n'est pas assez cuit. مك ڤجاءنن بنتتله *maka pujā-an-ña bantut-lah*, leurs rites religieux furent interrompus (*R.* 154).

ممبنتتكن *mem-bantut-kan*, rendre incomplet, interrompre, rendre inefficace. تياد اكو ماو ممبنتتكن ڤجاءنك اين *tiāda āku māu mem-bantut-kan pujā-an-ku ini*, je ne veux pas interrompre les rites religieux auxquels je suis appliqué (*R.* 154).

بنتت **bintat**, petit bouton, petite pustule. هابسله توبهن سموا بنتت٢ دماكن ڽاموق *hābis-lah tūbuh-ña samuā bintat-bintat di-mākan ñāmuḳ*, il avait le corps tout couvert de petits boutons, parce qu'il avait été piqué par les moustiques (*Kl.*).

بنتت **buntat**, petite tubercule ou tubérosité qui se trouve au-dessous d'un fruit ou d'une fleur (*Kl.*).

بنتت **buntut**, le dos, le derrière des personnes ou des animaux. اى ڤون نايق كبنتت گاجه *īa pūn nāiḳ ka-buntut gājah*, il monta sur la croupe de l'éléphant (*S. Mal.* 295).

بربنتت *ber-buntut*, qui est derrière, de derrière. برجالن بربنتت٢ *ber-jālan ber-buntut-*

buntut, marcher l'un derrière l'autre.

[Jav. et Sund. ꦧꦸꦤ꧀ꦠꦸꦠ꧀ *buntut,* queue.]

بنتن **bantun,** arraché, extirpé, renversé, déraciné; être arraché. بنتنله ڤاتق كراڽ دري دالم تاڠن سودراك *bantun-lah pātek kirā-ña deri dālam tāṅan sūdarā-ku,* que je sois arraché (délivré) des mains de mon frère (*B.* 52). دبنتنڽ ڤوهن كايو ايت *di-bantun-ña pōhon kāyu itu,* il déracina l'arbre (*R.* 81). بنتن دري اتس كود *bantun deri ātas kūda,* renversé de cheval.

ممبنتن *mem-bantun,* arracher, extirper, renverser, déraciner. مك بنتار ايتڤون ممبنتن بولو كاكيڽ *maka bantāra itu-pūn mem-bantun būlu kakī-ña,* et les officiers arrachèrent le poil de ses pieds (*R.* 145). ممبنتن دري اتس تانه *mem-bantun deri ātas tānah,* exterminer de dessus la face de la terre (*M.*).

تربنتن *ter-bantun,* qui est arraché, qui est sorti de sa place. باجي ايتڤون تربنتن *bāji itu-pūn ter-bantun,* le coin se trouva sorti de sa place.

بنتن **bentan,** faiblesse, obscurcissement des yeux causé par la faiblesse, par une défaillance; inflammation (*Cr.*). ڤڠسنله اكو سبب بنتن ترلالو كرس *piṅsan-lah āku sebàb bentan ter-lālu kràs,* la faiblesse était telle que je tombai sans connaissance (*H. Ab.* 403).

بنتن **bintan,** nom d'un arbre (*cerbera*) (*Pij.*).

Selon *Kl.*, le suc de cet arbre est vénéneux, ce qui porterait à croire que c'est l'apocyn maritime; il en distingue aussi de deux sortes. بسر — *bintan besàr* et كچل — *bintan kecil.*

بنتر **bantar,** tendu, raide.

ممبنتركن *mem-bantar-kan,* tendre, raidir q. ch., p. ex., une corde.

بنتر **bentar.**

سبنتر *sa-bentar,* moment, au moment, à l'instant. — نتي *nanti sa-bentar,* attendez un moment. لاڬي — *sa-bentar lāgi,* dans peu de temps, à l'instant. اين — *sa-bentar ini,* tout de suite, sur le champ. بارڠ سبنتر تيدقله دام *bāraṅ sa-bentar tidak-lah dīam,* (le feu) ne discontinuait pas (*M.*). سبنتر ايت جوك اى ڤون لنيڤ *sa-bentar itu jūga ia pūn lenñap,* à l'instant ils disparurent (*H. Ab.* 12).

[Jav. [illegible] *bentar,* déchirure. Sund. [illegible] *bentar,* devenir connu.]

بنتر **buntar,** arrondi, potelé, dodu. — سوسو *sūsu buntar,* les seins arrondis (*M.*). — ايکن *ikan buntar,* nom d'un poisson; une sorte de barbeau? (*Pij.*).

ممبنترکن *mem - buntar - kan,* rendre arrondi, dodu.

بنتل **bantal,** oreiller, traversin, coussin. سراك — *bantal serāga,* un coussin carré et plat. سندارن — *bantal sandār-an,* coussin sur lequel on appuie le dos, coussin du dos d'un fauteuil, etc. ڤراغينن — *bantal perŋgīn-an,* coussin qui excite à la mollesse, aux appétits sensuels. سندرکڤد بنتل *sandar ka-pada bantal,* s'appuyer sur un coussin. دان اکن بنتلڽ سبوه بوکت *dān ākan bantal-ña sa-būah būkit,* et une colline lui servait d'oreiller (*R.* 25). تڠݢيکن سديکت کڤلاڽ دڠن بنتل *tiŋgī-kan sa-dīkit kapalā-ña deŋan bantal,* soulevez-lui un peu la tête au moyen d'un coussin (*M.*).

Prov. اورڠ مڠنتق دسورڠکن بنتل *ōraŋ meŋ-antuḳ di-sūruŋ-kan bantal,* passer un oreiller à quelqu'un qui a envie de dormir: dire à quelqu'un des choses qui lui plaisent, qui lui sont agréables (*H. Ab.* 3). Autre prov. مات تيدر بنتل منجاك *māta tidor bantal men-jāga,* les yeux dorment et l'oreiller veille.

بربنتل *ber-bantal,* qui a un oreiller, appuyé sur un coussin. بربنتل تانه *ber - bantal tānah,* ayant la terre pour oreiller.

بربنتلکن *ber-bantal-kan,* qui met un oreiller à quelqu'un, coussiner quelqu'un; qui fait un coussin de quelque chose.

[Jav. et Sund. [illegible] *bantal.* Day. *bantal.*]

بنتل **bentil,** bouton, pustule, empoule. سوسو — *bentil sūsu,* le tetin, le bout de la mamelle. بنتل٢ سبب دماکن ڽاموق *bentil-bentil sebàb di-mākan ñāmuḳ,* des pustules causées par la piqûre des moustiques. v. بنتت *bintat.*

[Jav. [illegible] *pentil,* bouton. Mak. [illegible] *bintolo.*]

بنتل **buntal,** enflé, gonflé, p. ex. une bulle, une vessie, etc. — ايکن *ikan buntal,* nom d'un poisson qui se gonfle et devient comme une boule lorsqu'on l'irrite ou qu'on le frotte contre q. ch.

[Sund. [illegible] *buntul,* nom d'un poisson. Bat. [illegible] *buntul,* id.]

بنتل **buntil,** nœud à une étoffe, à un mouchoir, etc.

بربنتل *ber-buntil,* qui a un nœud.

بربنتل٢ *ber-buntil-buntil,* rempli de nœuds.

ممبنتل *mem-buntil,* faire un nœud à une étoffe, à une corde, etc.; nouer quelque chose.

تربنتل *ter-buntil,* noué, qui est dans un nœud.

[Jav. et Sund. [illegible] *buntel.*]

بنتل **buntil,** un grand sac pour mettre les habits, etc. (*Kl.*).

بنتل **buntul,** anneau de la gaîne d'un criss.

بنتس **bentus,** heurter contre quelque chose (*Cr.*).

[Jav. [illegible] *bentus.* Sund. [illegible] *bentur.*]

بند **benda** (S. भाण्ड *bāṇḍa*), biens, trésor, richesses: matière, corps, chose, objet. باݢي٢ بند يڠ اينده٢ *bāgey-bāgey benda yaṅ indah-indah,* divers objets précieux. بند تناڠن *benda tunāṅan,* joyaux de noces. سبب برچمڤر دڠن سواتو بند يڠ سوچي *sebāb ber-čampur deṅan suātu benda yaṅ suči,* comme allié à une matière plus pure (*M.*). بند يڠ برچهاي دان بند يڠ ݢلڤ *benda yaṅ ber-čahāya dān benda yaṅ gelàp,* les corps lumineux et les corps opaques (*N. Phil.* 20). بند٢ يڠ تياد برڽاو *benda-benda yaṅ tiāda ber-ñāwa,* corps inanimés. — مات بند *māta benda* chose, objet de valeur. مات بند برنياݢ *māta benda berniāga,* objets de commerce.

بربند *ber-benda,* qui a des biens, qui est riche, opulent.

ممڤربنداکن *mem-per-bendā-kan,* faire qu'une chose devienne un bien, une propriété. بند يڠ تله دڤربنداکنڽ *benda yaṅ telàh di-per-bendā-kan-ña,* les biens qu'il avait acquis (*B.* 16).

[Jav. [illegible] *bonda.* Sund. [illegible] *banda.*]

بند **bunda,** mère (en style poli). اينده دان بند *ayanda dān bunda,* père et mère. برموهنله اي کڤد بنداڽ *ber-mūhun-lah ia ka-*

pada bundā-ña, elle prit congé de sa mère (*M.*). بڤاك مڠتاكن كڤد بنداك اكن سڬل ڤركتاءن توان ايت *bapā-ku mengatā-kan ka-pada bundā-ku ākan segala perkatā-an tūan itu*, mon père raconta à ma mère les paroles de ce monsieur (*H. Ab.* 14). بند عيس المسيح بند الله *bunda īsa el-meseḥ bunda allah*, mère de Jésus-Christ, mère de Dieu (*P. M.*).

Ce mot vient de ايبو *ību*, mère, et de la particule ند *nda*, qui se joint aux termes de parenté dans le style de cour: il devrait donc être ايبند *ibunda*, mais la première syllabe a disparu, et on ne trouve jamais que بند *bunda*.

بند **bunda**, nom d'une plante (*artocarpus pubescens*).

بندال **bandāla** (Port. *bandola*, bandoulière), giberne.

[Mak. ᨅᨉᨚᨒ *bandola*, poire à poudre.]

بندالو **bandālu**, nom d'un oiseau.

بندهار **bendahāra** (S. भाण्डागार *bāṇḍāgāra*, trésor), trésorier, ministre des finances; titre d'un grand officier de la couronne, que portent les souverains de Lingga et de Pahang. راج ممڠڬل بندهارلالو سوروه مڠلوركن سڬل هرت *rāja memanggil bendahāra lālu sūruh menga-lūar-kan segala harta*, le roi appela son trésorier et lui ordonna d'apporter ses objets précieux (*M. R.* 214).

ڤربندهراءن *per-bendaharā-an*, trésor, garde-meuble, des trésors. هرت يڠ اد دالم ڤربندهراءنك *harta yang ada dālam perpendaharā-an-ku*, tous les objets précieux qui sont dans mon trésor (*M. R.* 214). اى ميوره ممبوك ڬدڠ مڠلوركن سڬل ڤربندهراءن *īa meñūruh mem-būka godong menga-lūar-kan segala perbendaharā-an*, il ordonna d'ouvrir les magasins et d'exposer tout ce qu'ils contenaient de précieux (*M.*).

[Jav. [illegible] *bendara*, maitre. Sund. [illegible] *bandaran*, maison où l'on perçoit les impôts. Mak. ᨅᨉᨑ *bandara*, trésorier.

بندهارى **bendahāri** (S. भाण्डागारिक *bāṇḍāgārika*), gouverneur du palais, majordome.

[Tag. [illegible] *bandahali*.]

بندى **bendé**, bassin, petit gong.

[Jav. [illegible] *bendé*.]

بنديا **bandeyā** (Port. *bandeja*), cabaret, plateau.

بندير **bandēra** (Port. *bandeira*), drapeau, pavillon, enseigne. — نايق *nāiḳ bandēra* ou — ڤاسڠ *pāsang bandēra*, arborer le pavillon. — تيڠ *tiang bandēra*, mât de pavillon. منجاڬ — *men-jāga bandēra*, garder, protéger le pavillon. ڤراهو ڤاير بندير ولند *prāhu pāyar bandēra wolanda*, un bâtiment croiseur portant le pavillon hollandais (*H. Ab.* 11).

سمنڍير *semandēra*, le mât de beaupré? (*Pij.*)

[Jav. et Sund. ꦧꦤ꧀ꦢꦺꦫ *bandéra*. Bat. [illegible] *bandéra*. Mak. [illegible] *bandéra*. Day. *bandéra*. Bis. [illegible] *bandéla*.]

بنديل **bandēla**, ballot, paquet.

[Mak. [illegible] *bandala*.]

بندو **bendo**, couperet.

[Jav. ꦧꦼꦤ꧀ꦝꦺꦴ *beṇḍo*.]

بندو **bendu** (S. बन्धु *bandu*, parent, allié), ami, camarade (*Cr.*).

بندو **bendu**, sorte de chaise à porteurs, de civière (*L.*). v. تندو *tandu*.

بندو **bendu**, colère.

[Kw. et Sund. ꦧꦼꦤ꧀ꦢꦸ *bendu*.]

بندو **bindu**, tour, banc de tourneur : la place ou le tourneur se met pour tourner. — جنجن *xinxin bindu*, l'anneau en fer qui se place à l'extrémité du bois à tourner pour l'empêcher de se fendre : et aussi, nom d'une bague qui a la même forme (*Kl.*).

بندوون **bendūwan**, un galérien, un condamné aux fers.

Ce mot paraît n'être autre que l'hindoust. بندوا *benduwā*, un prisonnier, un captif, peut-être du Pers. بنده *bandeh*, attaché, enchaîné, ou du S. बन्धय *bandya*, captif. *Kl.* le fait venir de بندو *bendu*.

بندق **bondoḳ**, bosse.

بربندق *ber-bondoḳ*, qui a une bosse, bossu.

بندق **bondoḳ**, nom d'une rose sauvage (*L.*).

بندق **bunduḳ** (Ar.), noisette, aveline; amande. باتڠ داهن٢ هيجو درڤد ڤوهن بندق *bātang dāhan-dāhan hījaw deri-pada pōhon bunduḳ*, des branches vertes d'amandier (*B.* 48).

بندغ **bandang,** oscillation, brandillement.

[Jav. bandring et bandil. Sund. bandring, une fronde.]

بندغ ***banding,*** image, ressemblance; pareil, semblable; comparé.

بربندغ *ber-banding*, appareillant, comparant. بربندغ دفتر ايت دغن دفتر لاين *ber-banding daftar itu dengan daftar lāin*, comparant cette liste avec l'autre (*M.*).

ممبندغ *mem-banding*, comparer, mettre en parallèle.

ممبندغكن *mem-banding-kan*, confronter, comparer une chose avec une autre. بوله دبندغكني دغن دى *būleh di-banding-kan-ña dengan dīa*, il peut le comparer avec (*H. Ab.* 255). تياد بوله دبندغكن *tiāda būleh di-banding-kan*, il est incomparable (*M.*) تياد داڤت كبندغكن *tiāda dāpat ku-banding-kan*, je ne saurais le comparer (*R.* 155).

بربندغكن *ber-banding-kan*, qui confronte, qui met en parallèle.

ڤمبندغ *pem-banding*, qui compare, ou sert à comparer; comparateur (*R. V.*).

بنديغن *bandīng-an*, qui est comparé; comparaison, analogie. تياد سام بنديغن *tiāda sāma bandīng-an*, il n'y a pas de comparaison. سيت ديوى يغ تياد بنديغن ددالم دنيا اين *sita dēwi yang tiāda bandīng-an di-dālam duniā ini.* Sita Déwi qui est incomparable dans le monde entier (*R.* 166).

ڤربنديغن *per-bandīng-an*, analogie, rapport. اڤاته ڤربنديغن اد *apā-tah per-bandīng-an ada*, quel rapport y a-t-il?

كبنديغن *ka-bandīng-an*, qui est comparé; comparaison, confrontation.

[Sund. banding.]

بندغ ***bandung,*** digue, chaussée; enceinte, ce qui environne.

Prov. سڤرت تلر دو سبندغ ڤچه ساتو ڤچه دو *seperti telór dūa sabandung pexàh sātu pexàh dūa*, comme deux œufs d'un même nid, si vous en cassez un, vous cassez les deux (des œufs du lézard qui sont collés ensemble). Se dit de deux personnes qui ont ensemble des liens de parenté; l'une devenant mauvaise entraîne l'autre dans le malheur.

ممبندغ *mem-bandung*, faire une digue, une enceinte.

ممبندغكن *mem-bandung-kan*, endiguer.

بندوغن *bandūng-an*, qui est endigué, digue; écluse.

ڤمبندوغن *pem-bandūng-an*, action d'endiguer, endiguement.

[Jav. et Sund. ꦧꦼꦤ꧀ꦝꦸꦁ *bendung*.]

بندغ **bendang**, terre cultivée, champs, terrain arable. بوت كرج بندغ *būat karja bendang*, travailler aux champs. كوه يغ دهوجغ بندغن *gūah yang di-hūjung bendang-ña*, la caverne qui est à l'extrémité de son champ (*B.* 32). ڤادى بندغ تاهن اين سده هابس *pādi bendang tāhun ini sudah hābis*, la récolte du riz de cette année est consommée (*M.*).

بنداغن *bendāng-an*, les terrains cultivés, les champs en culture. لالو مريكئيت ممارغله ايسى سݢنڤ بنداغن اورغ عمليقى *lālu marika-itu memārang-lah isi sa-genàp bendāng-an ōrang ạmaliki*, ils ravagèrent tout le pays des Amalécites (*B.* 18).

بندغ **bundung**, maladie qui attaque principalement les buffles.

[Bat. ... *burnung*.]

بندت **bandut**, l'anneau qui attache l'ornement nommé ارغ *āring*, à la lame d'un criss (*Kl.*).

بندر **bandar** (Pers.), ville maritime et commerçante, port de mer, factorerie.

شاهبندر *šāh-bandar*, capitaine de port, v. ce mot. سكلين نكرى دان بندر *sa-kalī-an nagrī dān bạndar*, toutes les villes de l'intérieur et les ports de mer. دان نكرى ملاك ڤون بندر بسر *dān nagrī malāka pūn bandar besàr*, et la ville de Malacca était alors un grand port de mer (*H. Ab.* 10). مغهنتر لاد كڤد بندر كمڤانى *meng-hantar lāda kapada bandar kompāni*, transporter du poivre à la factorerie de la Compagnie des Indes (*M.*).

بندر *bandar*, est aussi un titre, que porte un officier dont le rang suit celui de ڤڠݢاو *punggāwa* (*Kl.*).

[Jav. ꦧꦤ꧀ꦢꦂ *bandar*, fermier. Sund. ꦧꦤ꧀ꦢꦂ *bandar*. Day. *bandar*, capitaine de port.]

بندرق **bandrèk**, adultère, formication. — انق *ānak bandrèk*, un enfant adultérin.

[Jav. ... *bandrék*.]

بندرغ **benderàng**, semblable à un autre, deux choses parallèles, d'une même forme. — بولن *būlan benderàng*, la lune dans son croissant, lorsque ses deux cornes paraissent semblables. — تمبق *tumbak benderàng*, espèce de pique à deux pointes. — برجالن *ber-jālan benderàng*, marcher de pair. ترڠ بندرڠ چهاي اڤي *tràng benderàng xahāya āpi*, une lumière comme celle d'un feu (*H. Ab.* 330). متهاري كلهاتنله مك ڤد كتيك ايت ترڠ بندرڠ رڤان *mata-hāri ka-lihāt-an-lah maka pada kotika itu tràng benderàng rupā-ña*, le soleil parut et on vit également (parfaitement) clair (*R.* 156).

سبندرڠ *sa-benderàng*, correspondant avec une autre chose, parallèle, formant une paire.

[Jav. [illegible] *béndrong*, agir de concert. Sund. [illegible] *bandung*.]

بندرسه **bandarsah**, chapelle, oratoire. v. مندرسه *mandarsah*.

بندل **bandil**, un instrument pour prendre les malfaiteurs (*Pij.*).

بندل **bendul**, chambranle d'une porte, châssis d'une croisée, cadre en bois dans une construction. ڤهاتن بندل دان ڤهاتن ڤنتو *pahāt-an bendul dān pahāt-an pintu*, les sculptures qui ornent les châssis et la porte (*S. Mal.* 336).

بندل **bendul**, nom d'un oiseau.

بنن **benàn**, un laveur, un foulon (*Cr.*) = بنار *binār*a.

بنم **benàm**, sombré, coulé bas.

ممبنم *mem-benàm*, enfoncer, ficher, p. ex., des clous.

تربنم *ter-benàm*, qui a sombré, qui est coulé bas, qui est enfoncé. سمڤن سده تربنم *sampan sudah ter-benàm*, la chaloupe a chaviré (*M.*).

[Bat. [illegible] *bonom*, [illegible] *mamonom*, faire sombrer.]

بنم **benàm**, cuire dans les cendres chaudes (*Cr.*).

[Jav. [illegible] *benem*, brûler. Bat. [illegible] *bonom*.]

بنر **benàr**, vrai, véridique, exact, correct, juste, bon. ڤركتاءن يڠ بنر *per-katā-an yang benàr*, une proposition vraie. parole dite selon la vérité. — اورڠ *ōrang benàr*, un homme sincère. بنردان ساله *benàr dān* *sālah*, le juste et l'injuste. تياد برتمو جالن يغ بنر *tiāda ber-temū jālan yang benàr*, sans rencontrer le vrai chemin (*R.* 84). بارغ يغ بنر اتوله دكرجاكنڽ *bārang yang benàr itū-lah di-karjā-kan-ña*, il a fait tout ce qui était bien (*R.* 100). بنر ڤد ڤرجنجيئن *benàr pada per-janji-an*, fidèle à ses engagements (*M.*).

سبنرڽ *sa-benàr-ña*, véritablement, réellement, en vérité. دليهتڽ بوكنله اير سبنرڽ *di-līhat-ña būkan-lah āyer sa-benàr-ña*, il vit que ce n'était pas réellement de l'eau (*R.* 111). مغاجر جالن الله دغن سبنرڽ *meng-ājar jālan allah dengan sa-benàr-ña*, enseigner la voie de Dieu dans la vérité (*N.* 39). تياد دغن حق سبنرڽ *tiāda dengan ḥak sa-benàr-ña*, il n'est pas exactement conforme à l'équité (*M.*). دغن سبنر٢ڽ اكو بركات *dengan sa-benàr-benàr-ña āku ber-kāta*, je vous dis en vérité.

بربنر *ber-benàr*, qui est vrai, avoir pour vrai (*R. V.*).

ممبنر *mem-benàr*, vérifier, redresser.

ممبنركن *mem-benàr-kan*, rendre vrai, justifier, approuver. تياد ڤرنه دبنركنڽ *tiāda pernah di-benàr-kan-ña*, il n'approuvait jamais (*H. Ab.* 42).

تربنركن *ter-benàr-kan*, qui est vérifié, avéré, prouvé vrai. مك كتكتامو اكن تربنركن *maka ka-ta-katā-mu ākan ter-benàr-kan*, et vos paroles seront reconnues vraies (*B.* 70).

ممڤربنركن *mem-per-benàr-kan*, attester comme vrai; faire voir l'exactitude d'une chose (*R. V.*).

كبنارن *ka-benār-an*, vérité, exactitude. اكو اين اد جالن دان كبنارن دان كهدوڤن *āku inī ada jālan dān ka-benār-an dān ka-hidūp-an*, je suis la voie, la vérité et la vie (*N.* 179). اڤاته اد كبنارن *apā-tah ada ka-benār-an*, qu'est ce que la vérité? (*N.* 187).

[Jav. et Sund. ꦧꦼꦤꦼꦂ *bener.*]

ببارن **babāran**, espèce de poisson à coquille.

ببارن **babāran**, peine, difficulté.

ببيكن **bibīkan**, nom d'un certain bois flexible.

ببيرق **babēreḳ**, nom d'un oiseau, une espèce de mérops ou de grimpereau.

On trouve aussi بيرق٢ *bīriḳ-bīriḳ*.

[Bat. ᯘᯬᯒᯪᯂ᯲ ᯘᯬ ᯒᯪᯂ᯲ *birik-birik.*]

بيغ **babàng** = بابغ *bābang.*

بيت **babàt,** ceinture, pièce d'étoffe qu'on porte autour du corps: ceint, entouré, enveloppé, emmailloté.

ممبيت *mem-babàt,* entourer, envelopper, ceindre, emmailloter.

تربيت *ter-babàt,* qui est enveloppé, emmailloté.

ڤمبيت *pem-babàt,* qui enveloppe, ou sert à envelopper.

ڤمباتن *pem-babāt-an,* action d'envelopper, d'emmailloter.

كباتن *ka-babāt-an,* ce qui est enveloppé.

On trouve aussi بابت *bābat.* ممابتله دى دغن كاين لمڤغ٢ *mem-bābat-lah dīa dengan kāin lamping-lamping,* elle l'emmaillota de langes (*N.* 93). كانق٢ ايت تربابت *kānak-kānak ītu ter-bābat,* un petit enfant emmailloté (*N.* 94).

[Jav. et Sund. ꦧꦼꦧꦼꦢ꧀ *bebed.* Mak. ᨅᨅ *baba.* Day. *babat.* Tag. ᜊᜊ *babat,* bande que l'on met sur les yeux. Bis. ᜊᜆ *baat,* attacher.]

ببن **bebàn** = بابن *bāban.*

ببل **bebàl,** ignorant, peu instruit, distrait, étourdi, simple. ببل دان بوده *bebàl dān bōdoh,* ignorant et sot. ترلالو سكالى ببل اڠكو *ter-lālu sa-kāli bebàl angkau,* tu es bien ignorant. كڤد بارغ سالہ ببلڽ هندقله توان اجارى *ka-pada bārang sālah bebàl-ña hendak-lah tūan ajār-i,* vous l'avertirez à chaque faute qu'elle commettra par ignorance (*M.*). كباڽقن اورغ يغ ببل *ka-bañāk-an ōrang yang bebàl,* un grand nombre de personnes peu instruites (*H. Ab.* 3).

ببالن *bebāl-an,* ignorance, étourderie.

كببالن *ka-bebāl-an,* ignorance, étourderie, simplicité.

بم **bem** (Ar.), basse (instrument de musique).

بماتا **bumāta,** qui a le pas léger, léger à la course (*Cr.*).

بماتا **bumāta,** pet, *crepitus ventris* (*Cr.*).

بمنتار **bomantāra,** l'atmosphère.

[Kw. ꦧꦺꦴꦩꦤ꧀ꦠꦫ *bomantara.*] Ce mot doit venir du S., prob. de भूमि *būmi,* terre et अन्तर *antara,* intervalle, entre.

بمب **bomba** (Port.), pompe. اى منارق بمب دان برلومر دغن ارغ *īa menārik bomba dān ber-lūmur deŋan āraŋ,* il travaillait à la pompe (à incendie) et était couvert de charbon (*H. Ab.* 415).

بمباغن **bambāŋan,** nom d'un poisson de mer de la grosseur d'un cabillaud (*Kl.*).

بمبارن **bembāran,** nom d'une sorte de chaise à porteurs.

بمبو **bambu,** un morceau de bambou, d'un nœud à un autre, servant de mesure; sifflet fait d'un petit morceau de bambou. — دالم *dālam bambu,* en secret. (Le bambou forme un tuyau avec lequel on peut parler à l'oreille). اورغ يغ منجاݢ ايت ڤون منيڤله بمبو *ōraŋ yaŋ men-jāga ītu pūn meniup-lah bambu,* et l'homme qui veillait donna un coup de sifflet (*H. Ab.* 295).

[Jav. ꦧꦩ꧀ꦧꦸ *bambu.* Mak. ᨅᨅᨘ *babu,* nom d'un instrument de musique ?]

بمبو **bumbu,** condiments, épices dont on se sert pour préparer le carry.

[Jav. et Sund. ꦧꦸꦩ꧀ꦧꦸ *bumbu.*]

بمبوغن **bumbūŋan** = بيوغن *bubūŋ-an,* v. بوبغ *būbuŋ.*

بمبغ **bambaŋ,** gros, gras (*L.*).

بمبغ **bimbaŋ,** irrésolu, chancelant, craintif; ému, attendri par l'amour (*Kl.*). سڤاى جاغن بمبغ هاتى ڤاتق برڤرغ *supāya jāŋan bimbaŋ hāti pātek ber-prāŋ,* afin que le cœur de ton serviteur ne soit pas chancelant dans le combat. سڤاى جاغن بمبغ هاتى ككند اكن تون ناوككند اين *supāya jāŋan bimbaŋ hāti kakanda ākan tūan ñāwa kakanda īni,* que le cœur de ton ami ne se montre pas inconstant envers celle qui est l'âme de ses affections (*M.*). ملیهت ڤرمڤوان هتين بمبغ *me-lihat perampūan hatī-ña bimbaŋ,* à la vue d'une femme son cœur est ému.

ممبمبغكن *mem-bimbaŋ-kan,* faire chanceler, rendre irrésolu ou craintif.

بمباغن *bimbāŋ-an,* ému, attendri par un amour mutuel. اورغ سبمباغن *ōraŋ sa-bimbāŋ-an,* couple amoureux. انق كامو سبمباغن دغن اورغ ايت *ānak kāmu sa-bimbāŋ-an deŋan ōraŋ ītu,* votre fille entretient un commerce illicite avec cet homme (*M.*).

بمبغ **bimbang,** fête ou réjouissances, qui se donnent à l'occasion de quelque événement public. ترکمڤل اورغ باپق دبمبغ *terkumpul ōrang bāñak di-bimbang,* beaucoup de monde assistait à la fête (*M.*).

بمبغ **bumbung,** v. بوبغ *būbung.*

بمبن **bemban,** nom d'un arbre dont les feuilles servent à faire des paniers et des nattes; le fruit, qui n'est pas bon à manger, étant arrivé à son état de maturité est rouge (*mangifera thalpa*) (*Kl.*).

v. بمبم *bembam.*

[Bat. [Batak script] *bomban.* Day. *bamban.* Tag. [Tagalog script] *bamban,* nom d'une plante.]

بمبن **bumban,** sorte d'ornement de tête, qui laisse le sommet découvert? Sorte de corbeille (*Pij.*).

بمبم **bembam,** cuire dans la cendre chaude.

[Bat. [Batak script] *bombom.*]

بمبم **bembam,** nom d'un fruit. بمبم این بوه ڤتانى *bembam ini būah patāni,* ce *bembam* est un fruit de Patani (*S. Bid.* 58).

Selon Hoewell, *mangifera taïpan.*

[Sund. [Sundanese script] *bembem,* fruit ressemblant à la mangue.]

بر **ber,** particule préfixe, employée dans la formation des verbes, des adjectifs et des adverbes. (v. Gram.)

برا **berā,** peine sympathique, tic douloureux.

برا **berā,** honte = مالو بسر *mālu besàr* (*Kl.*).

براهى **berāhi** (S. विरहि *virahi,* séparé de la personne aimée), être aimant, être épris, être enchanté de, aimer passionnément. براهى اکن ڤرمڤوان *berāhi ākan perampūan,* avoir de l'amour pour une femme. سبب برهيله اى اکن انق ايت *sebàb berahī-lah ia ākan ānak itu,* parce qu'elle raffole de cet enfant. اى ڤون منجادى ݢيل دان براهى سڤرت اورغ مابق *ia pūn men-jādi gīla dān berāhi seperti ōrang mābuk,* il devint fou d'amour, et semblable à un homme pris de vin (*M.*). کمدين درڤد جادى توان جديکه بݢيك براهى

kamudian deri-pada jādi tuā-ku jadi-kah bagī-ku berāhi, après que je suis devenue vieille, me sera-t-il encore donné d'user du mariage? (*B.* 23). سوك چت دان براهي مليهت بوڠ ايت *sūka xita dān berāhi me-lihat būnga itu,* réjoui et enchanté à la vue de cette fleur (*M.*).

Sent. يڠ كاسه ايت انتار تياد دان براهي ايت بچار تياد *yang kāsih itu antāra tiāda dān berāhi itu bixāra tiāda,* celui qui aime ne peut souffrir de délai, et celui qui est passionné n'a plus de jugement (*S. Mal.* 342).

ممبرهيكن *mem-berahi-kan,* aimer quelqu'un, porter son affection sur q. ch. اورڠ يڠ براهي دان اورڠ يڠ دبرهيكن *ōrang yang berāhi dān ōrang yang di-berahi-kan,* la personne qui aime et la personne aimée, l'amant et l'amante (*M. R.* 167).

ڤمبراهي *pem-berāhi,* qui aime, amant, amoureux, amateur (*R. V.*).

v. راهي *rāhi.*

[Jav. [Javanese script] *birahi.*]

براق **borāk** = بورق *bōrak.*

براڬن **berāgan.** — ماتي *māti berāgan,* un corps mort qui n'a pas changé, au point qu'il paraît comme s'il était encore vivant (*Kl.*).

براغن **barāngan,** nom d'un fruit qui ressemble à la châtaigne. Le fruit *barangan* est un peu plus petit que le سراغن *sarāngan.*

[Jav. [Javanese script] *sarangan.* Bat. [Batak script] *barangan.*]

براغن **barāngan,** arsenic: arsenic rouge. ڤوته — *barāngan pūtih,* arsenic blanc.

[Jav. et Sund. [Javanese script] *wa-rangan.* Mak. [Makassar script] *barangey.*]

براني **berāni,** brave, courageux, entreprenant, audacieux; être brave, avoir du courage, de la hardiesse. براني اي منجواب *berāni ia men-jawāb,* il eut la hardiesse de répliquer. اي براني منيكي مالڬي توان ڤتري *ia berāni me-naik-i māligey tūan putrī,* il osa monter aux appartements de la princesse. ترلالو براني درڤد سڬل راجا جن *ter-lālu berāni deri-pada segala raja-rāja jin,* éminemment brave entre les princes des génies (*M.*). مك سكلين ڤون تياد براني سڠڬه ڤد ڤولو ايت *maka sa-kali-an pūn tiāda berāni singgah pada pūlaw itu,* aucun d'eux n'eut le courage de

... ..ur cette île (*Ism.* ... بتو *bātu berānī*, ... aimant. — بسى *besī* ... un aimant.

ممبرنيكن *mem - beranī - kan*, ... brave, rendre courageux. دبرنيكن ... *di-beranī-kan-ña* ... il se donna du courage (... 60). اى جاڠن ممبرنيكن سكل همب الله دڠن ڤربواتن يڠ سالد ايت *ia jāŋan mem-beranī-kan segala hamba allah deŋan ...-buāt-an-ña yaŋ sālah ītu*, qu'il se garde bien d'encourager les autres hommes (à faire mal) par ses mauvaises actions (*M. K.* 197).

Prov. برانى مالو تاكت ماتى *brānī mālu tākut mātī*, avoir le courage de supporter la honte et avoir peur de mourir. Se dit de ceux qui aiment mieux souffrir l'opprobre et la honte, que de s'exposer à quelque inconvénient pour défendre la vérité et le droit.

Prov. سياڤ برانى منڠكڤ هريمو *siāpa berānī menaŋkap harīmau*, qui oserait saisir le tigre avec la main? Se dit d'une chose dangereuse que l'on n'ose pas exécuter.

ڤمبرنين *pem - beranī - an*, l'action de donner du courage, encouragement.

كبرنين *ka-beranī-an*, courage, andace, bravoure. هندقله اى منونجقكن كبرنين ايت *hendak-lah īa menuṇjuk-kan ka - beranī-an-ña ītu*, qu'il montre son courage.

On trouve aussi وانى *wānī*, d'après le Javanais. v. ce mot.

[Jav. ... *wani*. Sund. ... *barani*, pierre d'aimant. Bat. ... *barani*. Mak. ... *barani*. Bug. ... *warani*. Day. *batu barani*, pierre d'aimant. Tag. ... *bato balani*, et Bis. ... *batoŋ balani*, pierre d'aimant.]

براڤ **berāpa, brāpa,** combien? en quel nombre? en quelle quantité? دبلين — *brāpa di-belī-ña*, combien en a-t-il acheté? ڤنجڠ — *brāpa panjaŋ*, quelle longueur? كالى — *brāpa kālī*, combien de fois? براڤاكه لاماڽ توان همب برتاڤ اين *brapā - kah lamā-ña tūan-hamba ber-tāpa īnī*, combien y a-t-il de temps que monseigneur fait pénitence? (*R.* 6).

ببراڤ *be - brāpa*, quelques, certain. لاما — *be-brāpa lamā-*

ña, quelque temps. باڽق اورڠ — *be-brāpa bāñak ōrang*, un certain nombre de personnes. بيراڤ هاري اي برجالن *be-brāpa hāri ia ber-jālan*, il marcha un certain nombre de jours.

سبراڤ *sa-brāpa*, un certain nombre, une certaine quantité.

v. اڤ *āpa*.

برار **berāra,** nom d'un arbre épineux (Ar. اراك *erāk*).

برهال **berhāla,** idole, simulacre auquel on rend un culte divin. هندو — *berhāla hindu*, idoles indiennes. چين — *berhāla xīna*, magots chinois. برهال لكلاكي دان برهال ڤرمڤون *berhāla laki-lāki dān berhāla perampūan*, des idoles mâles et des idoles femelles. — مموجي *memūji berhāla*, adorer les idoles. برهالبرهالڽ ايت ڤيرق دان امس ڤربواتن تاڠن٢ مانسي *berhāla-berhālā-ña ītu pērak dān amas per-buāt-an tāngan-tāngan mānusīa*, leurs idoles ne sont que de l'or et de l'argent, et des ouvrages de la main des hommes (*B.* 889). مريله توان اکو باو کرومه برهال ايت *marī-lah tūan āku bāwa ka-rūmah berhāla ītu*, venez, je vais vous conduire dans la pagode (*R.* 35).

[Jav. *brahala*. Sund. *berala*. Mak. *barahala.*]

برهم **brahma** (S. ब्राह्म *brāhma*), grande divinité indienne, le générateur du monde, première hypostase de Brahma: une des cinq divinités qui exercent leur influence sur les cinq divisions du jour. v. کتيك *kotīka*.

برهمان **brahmān** (S. ब्रह्मन् *brahman*), brahme. — اورڠ *ōrang brahmān*, un brahme. مك اداله دالم انتار مجلس ايت سورڠ برهمان *maka adā-lah dālam antāra mejelis ītu sa-ōrang brahmān*, or, parmi les hommes du conseil il y avait un brahme (*Kal. dan Dam.* 6). مك اي مماکي ڤکاين برهمان *maka ia memākey pakēyan brahmān*, alors il se revêtit de l'habit de brahme (*R.* 10).

بری **brī,** donné, concédé; être donné. اکو بری موهن *āku brī mūhun*, je permets (litt.: est par moi permis). بريله دي ماري *brī-lah dia mārī*, faites le venir. دبری الله *di-brī allah*, Dieu veuille.

ممبرى *mem-brī,* donner, concéder, accorder. مالو — *mem-brī mālu,* inspirer de la honte. — حرمة *mem-brī ḥormat,* honorer. امفن — *mem-brī ampun,* pardonner. تولغ — *mem-brī tūluṅ,* aider. جواب — *mem-brī jawāb,* répondre. هاتى — *mem-brī hāti,* encourager. سوار — *mem-brī suāra,* donner de la voix, appeler. تاهو — *mem-brī tāhu,* informer. فرݢى ممبرى تاهو كفد سرى رام *pergi mem-brī tāhu ka-pada srī rāma,* allez en informer Sri Rama (*R.* 51).

ممبريكن *mem-brī-kan,* donner ou faire donner q. ch.

فمبرى *pem-brī,* donateur.

فمبريئن *pem-brī-an,* action de donner, don, présent, concession. روح القدس دغن سكل فمبريئنن *rūḥ ul-ḳudus deṅan segala pem-brī-an-ña,* l'esprit saint avec ses dons (*P. M.*). درفد فمبريئن يغ ترسبت *deri-pada pembrī-an yaṅ ter-sebūt,* des présents dont on vient de parler (*H. Ab.* 50).

كبريئن *ka-brī-an,* ce qui est donné, don, concession.

[Jav. ꦮꦺꦃ *weh.*]

برى ***berèy,*** répandu, dispersé.

ممبرى *mem-berèy,* répandre, disperser.

ممبريكن *mem-berèy-kan,* faire répandre, disperser q. ch.

Ce mot se trouve souvent joint à چرى *xerèy,* v. ce dernier.

برى٢ ***beri-beri,*** nom d'un scarabée gris de la grosseur du bout du petit doigt (*Kl.*): gros insecte ailé, le dragon volant (*M.*). Selon *L.*, moucherons qui se trouvent dans les fruits.

[Bat. [Batak script] *bari-bari,* petites mouches presque imperceptibles.]

بريغ ***berīyaṅ, berīaṅ,*** sorte de bois léger, que l'on emploie comme chevrons dans la construction des toits. Et aussi morceau de bois suspendu, sur lequel on frappe pour donner un signal: on s'en sert ordinairement pour appeler les ouvriers qui travaillent dans les plantations. دفوكلن بريغ٢ دان تمبر ترلالو ريوه بڽين *di-pūkul-ña berīaṅ-berīaṅ dān tambur ter-lālu riyuh buñī-ña,* ils frappèrent sur des *berīaṅ* et battirent la caisse en faisant un grand bruit (*H. Ab.* 290).

بريغن ***berīṅin,*** nom d'un arbre, le multipliant, sorte de ficus

(*ficus indica*) (*M.*), (*urostigma benjaminum*) (*Pij.*).

[Jav. et Sund. ... *wa-ringin.* Bat. ... *ba-ringin.*]

بريت berīta, brīta (S. वार्त्त *vārtta*), nouvelles, rapport, bruit, rumeur. — منڠر *menengar berīta*, entendre un rapport. خبر دان بريت تيدااله كدڠارن *kabar dān berīta tiadā-lah ka-dengār-an*, on ne put savoir de ses nouvelles (*M.*).

بربريت *ber-berīta*, qui rapporte, donnant des nouvelles. اى بربربتااله اكن ڤرى حال *īa ber-be-ritā-lah ākan prī ḥāl*, il rapporta les circonstances (*S. Mal.* 128).

ممبريت *mem-berīta*, rapporter, informer, rendre compte, adresser la parole. اى ڤون ممبريت ڤول ڤد بنداڽ *īa pūn mem-berīta pūla pada bundā-ña*, il s'adressa de nouveau à sa mère (*R.* 61).

ممبرتاكن *mem-beritā-kan*, publier une nouvelle, faire savoir q. ch. دبرتاكنڽ ايت كڤداڽ *di-beritā-kan-ña itu ka-padā-ña*, il le lui rapporta (*R.* 90).

[Jav. et Sund. ... *warta.* Bat. ... *barita.* Mak. ... *birita.* Day. *brita.* Tag. et Bis. ... *balita.*]

بريد berīda, intelligent, sage, expérimenté, vieillard, vénérable. بيت هارڤكن بچار منترى بريد *bēta hārap-kan bixāra mantrī berīda*, jespère en vos conseils, ô ministre expérimenté (*S. Bid.* 93). سمڤى كبالى سوداڬر بريد *sampey ka-bāley sūdāgar berīda*, l'intelligent négociant arriva à la salle d'audience (*Sul. Ab.* 5).

بريسه brīsih, v. برسه *bersih.*

برو berū, brū, v. برق *beruk.*

بروك birūga, poule sauvage (*Cr.*). v. هايم *hāyam.*

بروغ brūwang, brūang, ours. اداله كريمن بيت سيكر انق بروغ بتين *adā-lah kirīm-an bēta saīkor ānak brūang betīna*, j'envoie pour présent une jeune ourse (*M.*). سموا كامى مراوغ سڤرت بروغ٢ *samuā kāmi me-rāwung seperti brūang-brūang*, nous avons tous hurlé comme des ours (*B.* 1028).

[Sund. ... *bruwang.* Bat. ... *baruwang*, nom que l'on donne aux vieux ours qui ont une tache ronde et blanche sur le museau. Mak. ᨅᨑᨓ *baru-wan̄.*]

بروچی **barōxi,** étoffe de soie et de coton, ordinairement rayée, venant du golfe de Cambay.

[Mak. ᨅᨑᨚᨕᨗ *baroxi.*]

بروج **burūj,** v. برج *burj.*

بروجل **berūjul,** sorte de charrue (*Pij.*).

بروتی **berōti,** des lattes sciées d'une certaine grosseur et qui peuvent servir de chevrons.

برودو **brūdu,** petit crapaud, grenouille, etc.

[Kw. ꦲꦶꦫꦼꦢꦸ *iredu,* sangsue.]

برودة **burūdat** (Ar. برد), froid, froideur. جکلوحرارة ایت مڠهیلڠکن برودة *jikalaw ḥarārat itu mem̄-hilan̄-kan burūdat,* si la chaleur fait complètement disparaître le froid (*M. R.* 13).

برون **barūna** (S. वरुण *varuṇa*), le dieu des eaux.

[Sund. ᮘᮛᮥᮔ *baruna.*]

برونق **berūnuk,** un ver de mer, qui, à l'intérieur, est rempli d'une boue grise (*Kl.*).

برونغ **brōnon̄,** un panier ou un baquet, dont on se sert pour la récolte du riz et du poivre.

برورغ **birūrun̄,** nom d'une plante (*melastoma sp.*) (*Pij.*).

برق **berḳ** (Ar.), lumière. دان ای منت درڤدام برق ڤد انتار حق دان باطل *dān ia minta deri-padā-mu berḳ pada antāra ḥaḳ dān bāṭil,* et il demande de vous la lumière (pour distinguer) entre le droit et l'injustice (*M. R.* 75).

برق **berùḳ, brùḳ,** nom d'une espèce de singe (*magot, R. V.*) (*simius nemestrinus*) (*Pij.*). مموڠت سڬل انق کرا دان برق لوتڠ *memūn̄ut segala ānaḳ kerā dān brùḳ lūtun̄,* rassembler les singes de différentes espèces *brùḳ* et *lūtun̄* (*R.* 66). دار دڠ برق سمبیلن ایکر *dāra dan̄ brùḳ sambīlan ikor,* neuf guenons, formant le cortége d'une reine (*M.*). — تابڠ برق *tābun̄ brùḳ,* nom d'une plante (litt.: le vase aux singes) (*nepenthes distillatoria*) (*M.*).

On trouve aussi برو *brū.*

بربرق۲ برق۲ **bariḳ-bariḳ** et **ber-bariḳ-bariḳ,** redresser les plumes du cou (se dit d'un coq qui va se battre).

برکق **berkik,** nom d'un oiseau, une espèce de bécasse.

برکغ **barkuṅ,** nom d'une petite barque; et aussi d'un grand arbre (*Kl*); espèce de poisson ou autre animal marin (*M.*): selon d'autres, nom d'un fruit bon à manger.

برکة **berkat** (Ar. برك), bénédiction, prospérité, bonheur, influence heureuse. الله — *berkat allah*, la bénédiction de Dieu. دغن برکة فرتفاءنڽ *deṅan berkat per-tapā-an-ña*, par l'influence heureuse de sa pénitence (*R.* 83). برکة فد يڠ مماکي اي *berkat pada yaṅ memākey ia*, bonheur à celui qui le porte.

مبرکة *muberkat*, v. ce mot.

ممبرکة *mem-berkat*, prononcer une bénédiction, bénir.

ممبرکاتي *mem-berkāt-i*, prononcer des bénédictions sur, bénir quelqu'un. اي ممبرکاتي دي *ia mem-berkāt-i dia*, il les bénissait (*N.* 74).

ممبرکتکن *mem-berkat-kan*, rendre heureux, faire prospérer (*R. V.*).

[Jav. [illegible] *berkat*. Sund. [illegible] *berekat*. Day. *barakat.*]

برکس **berkas,** fagot, botte, gerbe. سبرکس کايو افي *sa-berkas kāyu āpi*, un fagot de bois à brûler. مڠيکت برکس ٢ فد سام تڠه بندڠ *meṅ-ikat berkas-berkas pada sāma teṅah bendaṅ*, lier des gerbes au milieu d'un champ (*B.* 60).

ممبرکس *mem-berkas*, fagoter, botteler.

ممبرکاسي *mem-berkās-i*, mettre en bottes. لالڠ ايت فون دبرکاسي دجديکنڽ امفت برکس *lālaṅ itu pūn di-berkās-i di-jadi-kan-ña ampat berkas*, il se mit à botteler l'herbe et il en fit quatre bottes (*R.* 73).

ممبرکسکن *mem-berkas-kan*, mettre ou faire mettre q. ch. en bottes, en paquets. سمواڽ دبرکسکنڽ *samuā-ña di-berkas-kan-ña*, il mit tout en paquet (*Amir Hamz.* 224).

[Bat. [illegible] *borhos*, petit paquet. Tag. [illegible] *balakas*. Bis. [illegible] *bogkos*.]

برقس **biraksa** (S. वृक्ष *vrexa*, arbre), nom d'un arbre (*cassia fistula*). مرق فون بربيله دفوهن کايو برقس *meràk pūn ber-buñi-*

lah di-pōhon kāyu biraksa, le paon faisait entendre son chant sur le cassia (*Bis. Raj.* 8).

برڬق ***berguk***, nom d'un voile dont se servent les nouvelles mariées et les pélerins; ce voile est fort en usage parmi les femmes de Malacca (*Kl.*).

برغ ***beròng***, nom d'une sorte de gong (*Cr.*).

برغ٢ ***beràng-beràng***, loutre. v. بيرغ٢ *bērang-bērang*.

برغا ***berengā***, les petits vers qui sortent des œufs d'insectes.

برغكالي ***barang-kāli*** = بارغ كالي *bārang kāli*, v. sous بارغ *bārang*.

برغسياڤ ***barang-siāpa***, pour بارغسياڤ *bārang-siāpa*. v. sous بارغ *bārang* et sous اڤ *apa*.

برغسغ ***berangsang***, exciter, animer, donner du courage, en faisant prendre quelque nourriture ou quelque boisson excitante, ou bien par le son des instruments de musique.

برچو ***berxu***, v. مرچو *merxu*.

برچق ***berexàk***, v. رچق *rexàk*.

برج ***burj*** (Ar.), château, forteresse: signe du zodiaque. براڤ لاما٢ن برهنتي اي سسواتو برج *brāpa lamā-ña ber-henti īa sa-suātu burj*, combien de temps il (le soleil) s'arrête dans chaque signe du zodiaque (*M. R.* 145).

بروج *burūj*, pluriel de برج *burj*.

برت ***beràt, bràt***, pesant, onéreux, oppressif, difficile, empêché; important, grave. بابن ترلالو برت *bāban ter-lālu bràt*, un fardeau très-pesant. برت ڤرنتهن *bràt parentah-ña*, son gouvernement est oppressif. بچاريغ برت *bixāra yang bràt*, une affaire importante. دوس برت دان دوس ريغن *dōsa bràt dān dōsa ringan*, péché grave et péché léger (*P. M.*). برت مولتك دان برت ليدهك *bràt mūlut-ku dān bràt lidah-ku*, j'ai de la difficulté à parler (*B.* 90). اكن همب اين لاڬي برت دوڤوله هاري اڤبيل سدهله برت همب كلق همب داتغله مغهادڤ دي *ākan hamba īni lāgi bràt dūa pūloh hāri apa-bīla sudah-lah bràt hamba kalàk hamba dātang-lah meng-hādap dīa*, quant à moi, je suis empêché pour vingt jours; quand cet empêchement n'existera plus, j'irai me présenter à lui (*R.* 61).

Prov. براڤ برت مات منندڠ برت جوك باهو ممیکل *brāpa bràt māta menandaṅ bràt jūga bāhu memīkul*, combien pesant pour les yeux qui regardent, mais réellement pesant pour l'épaule qui porte. Le sens est: une chose n'est pas difficile pour celui qui regarde, ou pour celui qui donne des avis; mais bien pour celui qui la fait.

ممبراتی *mem-brāt-i*, peser sur quelqu'un, charger, surcharger, opprimer quelqu'un. الله تعال تياد ممبراتی سکل همبان *allah taʿāla tiāda mem-brāt-i segala hambā-ña*, Dieu ne surcharge aucun de ses serviteurs (*M. R.* 33). تياد دبراتی الله اکن سئورڠ *tiāda di-brāt-i allah ākan sa-ōraṅ*, personne n'est opprimé par Dieu (*id.*). ای ڤون ممبراتی هتين *ia pūn mem-brāt-i hatī-ña*, il appesantit son cœur (*B.* 96).

ممبرتکن *mem-bràt-kan*, rendre pesant, aggraver, appesantir. ستله برکمڤڠله ایر کدالم اون۲ ایت ممبرتکن ای سمڤی تورنله کبومی *sa-telàh ber-kampuṅ-lah āyer ka-dālam āwan-āwan ītu mem-bràt-kan īa sampey tūrun-lah ka-būmi*, lorsque l'eau s'est rassemblée dans les nuages, elle les rend pesants jusqu'à les faire tomber à terre (*N. Phil.* 54). دان تياد ای ممبرتکن کیت *dān tiāda ia mem-bràt-kan kīta*, et elle ne nous appesantit pas (*H. Ab.* 23).

کبراتن *ka-brāt-an*, poids, pesanteur, fardeau, difficulté, gravité.

[Jav. [illegible] *werat*. Sund. [illegible] *wrat*, poids de l'or. Bat. [illegible] *borat*. Tag. [illegible] *bi-gat*, [illegible] *balat*, poids de l'or. Bis. [illegible] *bogat.*]

برته ***bertih***, riz grillé dans son enveloppe pour en faire une sorte de pâtisserie nommée ڤوری *pūri*. مك بوپی مريم دراتس کوت ايت ڤون سڤرت برته دکورڠ *maka būñi marīam deri ātas kōta ītu pūn seperti bertih di-gōreṅ*, le bruit des canons du fort était semblable à celui du riz que l'on fait griller dans son enveloppe (*Kl.*).

[Bat. [illegible] *borti.*]

برته ***bertuh***, sortir ou éclater avec violence (*Cr.*). v. le précédent.

برتن ***berten***, griller, rôtir (*Cr.*).

lah di-pōhon kāyu biraksa, le paon faisait entendre son chant sur le cassia (*Bis. Raj.* 8).

برڬق ***berguk,*** nom d'un voile dont se servent les nouvelles mariées et les pélerins; ce voile est fort en usage parmi les femmes de Malacca (*Kl.*).

برڠ ***beròng,*** nom d'une sorte de gong (*Cr.*).

برڠ٢ ***beràng-beràng,*** loutre. v. بيرڠ٢ *bērang-bērang*.

برڠا ***berengā,*** les petits vers qui sortent des œufs d'insectes.

برڠکالي ***barang-kāli*** = بارڠ کالي *bārang kāli*, v. sous بارڠ *bārang*.

برڠسياڤ ***barang-siāpa,*** pour بارڠسياڤ *bārang-siāpa*. v. sous بارڠ *bārang* et sous اڤ *apa*.

برڠسڠ ***berangsang,*** exciter, animer, donner du courage, en faisant prendre quelque nourriture ou quelque boisson excitante, ou bien par le son des instruments de musique.

برچو ***berxu,*** v. مرچو *merxu*.

برچق ***berexàk,*** v. رچق *rexàk*.

برج ***burj*** (Ar.), château, forteresse: signe du zodiaque. براڤ لمان برهنتي اي سسواتو برج *brāpa lamā-ña ber-henti ia sa-suātu burj*, combien de temps il (le soleil) s'arrête dans chaque signe du zodiaque (*M. R.* 145).

بروج *burūj*, pluriel de برج *burj*.

برت ***beràt, bràt,*** pesant, onéreux, oppressif, difficile, empêché; important, grave. بابن ترلالو برت *bāban ter-lālu bràt*, un fardeau très-pesant. برت ڤرنتهن *bràt parentah-ña*, son gouvernement est oppressif. بچاريڠ برت *bixāra yang bràt*, une affaire importante. دوس برت دان دوس ريڠن *dōsa bràt dān dōsa ringan*, péché grave et péché léger (*P. M.*). برت مولتك دان برت ليدهك *bràt mūlut-ku dān bràt lidah-ku*, j'ai de la difficulté à parler (*B.* 90). اکن همب اين لاڬي برت دو ڤوله هاري اڤبيل سده‌له برت همب کلق همب داتڠله مڠهادڤ دي *ākan hamba ini lāgi bràt dūa pūloh hāri apa-bīla sudah-lah bràt hamba kalàk hamba dātang-lah meng-hādap dīa*, quant à moi, je suis empêché pour vingt jours; quand cet empêchement n'existera plus, j'irai me présenter à lui (*R.* 61).

Prov. براڤ برت مات منندغ برت جوݢ باهو ممیکل *brāpa bràt māta menandaŋ bràt jūga bāhu memīkul*, combien pesant pour les yeux qui regardent, mais réellement pesant pour l'épaule qui porte. Le sens est: une chose n'est pas difficile pour celui qui regarde, ou pour celui qui donne des avis; mais bien pour celui qui la fait.

ممبراتي *mem-brāt-i*, peser sur quelqu'un, charger, surcharger, opprimer quelqu'un. الله تعال تياد ممبراتي سکل همباڽ *allah taʿāla tiāda mem-brāt-i segala hambā-ña*, Dieu ne surcharge aucun de ses serviteurs (*M. R.* 33). تياد دبراتي الله اکن سؤرغ *tiāda di-brāt-i allah ākan sa-ōraŋ*, personne n'est opprimé par Dieu (*id.*). اي ڤون ممبراتي هتيڽ *ïa pūn mem-brāt-i hatī-ña*, il appesantit son cœur (*B.* 96).

ممبرتکن *mem-bràt-kan*, rendre pesant, aggraver, appesantir. ستله برکمڤغله اير کدالم اون٢ ايت ممبرتکن اي سمڤي تورنله کبومي *sa-telàh ber-kampuŋ-lah āyer ka-dālam āwan-āwan ītu mem-bràt-kan ïa sampeŋ tūrun-lah ka-būmi*, lorsque l'eau s'est rassemblée dans les nuages, elle les rend pesants jusqu'à les faire tomber à terre (*N. Phil.* 54). دان تياد اي ممبرتکن کيت *dān tiāda ïa mem-bràt-kan kīta*, et elle ne nous appesantit pas (*H. Ab.* 23).

کبراتن *ka-brāt-an*, poids, pesanteur, fardeau, difficulté, gravité.

[Jav. *werat*. Sund. *werat*, poids de l'or. Bat. *borat*. Tag. *bigat*, *balat*, poids de l'or. Bis. *bogat*.]

برته ***bertih***, riz grillé dans son enveloppe pour en faire une sorte de pâtisserie nommée ڤوري *pūri*. ملك بوڽي مريم دري اتس کوت ايت ڤون سڤرتي برته دکورغ *maka būñi marīam deri ātas kōta ītu pūn seperti bertih di-gōreŋ*, le bruit des canons du fort était semblable à celui du riz que l'on fait griller dans son enveloppe (*Kl.*).

[Bat. *borti*.]

برته ***bertuh***, sortir ou éclater avec violence (*Cr.*). v. le précédent.

برتن ***berten***, griller, rôtir (*Cr.*).

dans le tamis ne se trouve pas avec le riz non décortiqué (que l'on donne aux volailles, et par conséquent) ce riz ne sera pas pris par le bec du canard, c'est-à-dire: sera tout à fait perdu.

بربرس *ber-beràs*, qui a du riz, qui est fourni de riz.

Prov. سفرت منفڠ تياد بربرس *seperti menepùng tiāda ber-beràs*, comme piler (vouloir faire) de la farine sans riz. C'est-à-dire: entreprendre une chose sans avoir la connaissance ou l'argent nécessaire pour la faire.

[Jav. *beras* et *wos.* Sund. *beyas.* Bat. *boras.* Mak. *bérasa.* Day. *behas.* Tag. *bigas.* Bis. *bogas.*]

برس berùs (Ang. *brush*), brosse, vergette.

برسيه bersih et **bresih,** propre, net, nettoyé. — اير *āyer bersih,* de l'eau pure. مك دڠن دو تيݢ هاري تمفت ايت ڤون برسيهله *maka deŋan dūa tiga hāri tampat itu pūn bersih-lah,* or, en deux ou trois jours, ce lieu fut nettoyé (*R.* 2). ممبيکى برسه تيف٢ جالن *mem-baïk-ï bersih tïap-tïap jālan,* nettoyer, débarrasser tous les chemins (*M.*). — بورڠ *būruŋ bersih,* nom d'un oiseau bleu du genre édolie (*edolius puella*) (*Pij.*).

ممبرسه *mem-bersih,* nettoyer, purifier.

ممبرسيهکن *mem-bersih-kan.* nettoyer quelque chose, rendre une chose propre. موک — *mem-bersih-kan mūka,* rendre le visage gai, joyeux.

On trouve aussi ڤرسه *persih, presih,* برسى *bersī, bresī* et برسه *brisih.*

[Jav. *resik.* Sund. *bresih.*]

برسى bersī, v. برسه *bersih.*

برسن bersin, éternuer. مك دچابتن بولو هيدڠن مك اى برسن *maka di-xābut-ña būlu hiduŋ-ña maka ïa bersin,* ils lui arrachèrent les poils du nez, alors il éternua (*R.* 145). جکلو اى برسن مك هندقله اى مڠوچف الحمد لله ددالم هتين *jikalaw ïa bersin maka hendak-lah ïa meŋ-ūxap el-hemed lillahi di-dālam hatī-ña,* lorsqu'il éternue, il doit dire mentalement: Dieu soit loué (*M.*).

[Sund. [Sundanese script] *brésin*. Bat. [Batak script] *barsi*. Mak. [Makassarese script] *borassing*.]

برزخ berzek (Ar.), temps qui s'écoule pour un homme, depuis sa mort jusqu'au jour de la résurrection. — عالم *ālam berzek*, le royaume des morts.

برص bereṣ (Ar.), lèpre, ladrerie. ڤياكت بهق دان برص يڠ ترجاهت *peñākit behek dān bereṣ yang ter-jāhat*, les dartres et la lèpre sont des maladies très-mauvaises (*M. R.* 21).

بل bel, particule préfixe. v. Gram.

بلا belā, aide, assistance, secours: aidé, assisté. سبب بلا ڤليهارا ابوك ايت *sebàb belā pelihāra ibū-ku itu*, avec l'aide des soins de ma mère (*H. Ab.* 18).

بربلا *ber-belā*, aidant, qui aide.

ممبلا *mem-belā*, aider, assister.

تربلا *ter-belā*, qui est aidé, assisté, secouru. تيداله تربلا اوله ڤاتق سكلين *tiadā-lah ter-belā ūleh pātek sa-kali-an*, il ne pourra être assisté par aucun de nous (*S. Mal.* 49).

ممبلاكن *mem-belā-kan*, assister quelqu'un, faire secourir.

بربلاكن *ber-belā-kan*, qui aide quelqu'un.

ممڤربلا *mem-per-belā*, faire aider, faire assister quelqu'un.

ممڤربلاكن *mem-per-belā-kan*, faire porter secours à q. q., faire qu'une personne en aide une autre.

ڤربلا *per-belā*, qui aide, qui assiste; aide. سرت دڠن اورڠ ڤربلاڽ *serta dengan ōrang per-belā-ña*, avec des personnes propres à seconder ou assister (*M.*).

[Sund. [Sundanese script] *bela*. Mak. [Makassarese script] *béla*, ami.]

بلا belā (Ar. بل), calamité, malheur, adversité, fléau. بلا دري مان داتڠ اين *belā deri māna dātang ini*, d'où provient ce malheur. كيت سكلين مراساٸ بلا *kīta sa-kali-an me-rasā-i belā*, nous avons tous éprouvé l'adversité. اڤاكه چلاك كيت سكلين كداتڠن بلا اين *apā-kah celāka kīta sa-kali-an ka-datang-an belā ini*, combien nous sommes malheureux, d'avoir été frappés de ce fléau (*Kal. dan Dam.* 87). بلا الله تعالى

belā allah taāla, un fléau du Dieu très-haut (*M. R.* 225). سني — *belā senī*, consomption. سمڤر — *belā sampar*, le fléau de la peste.

[Jav. ꦧꦶꦭꦻ *bilai*. Sund. ᮘᮦᮜ *béla*. Mak. ᨅᨒ *bala*.]

بلا **belā**, conservé, entretenu, travaillé.

ممبلا *mem-belā*, conserver en ordre, travailler, défricher, entretenir, tirer parti. سواتو كبن — *mem-belā suātu kebòn*, entretenir un jardin.

ممبلاكن *mem-belā-kan*, conserver, entretenir quelque chose, tirer parti de quelque chose. وقت — *mem-belā-kan waktu*, racheter le temps, l'employer utilement (*Kl.*).

بلايم **belāyam**, pour برلايم *berlāyam*. v. لايم *lāyam*.

بلاك **belāka**, entièrement, complètement, parfaitement, tout-à-fait, absolument. — يڠ ستي *yang satīa belāka*, qui est parfaitement fidèle. — يڠ سترو *yang satrū belāka*, qui est tout-à-fait ennemi. كارن اي لاڬي كانق٢ بلاك *kārna īa lāgi kānak-kānak belāka*, il n'est encore absolument qu'un enfant (*M.*). سكليني درڤد امس بلاك *sa-kalī-an-ña deri-pada amàs belāka*, tout était fait d'or (*R.* 36). مك بلاك اودارا ڤنوهله دڠن اڤي *maka belāka udara penùh-lah dengan āpi*, et l'air fut complètement rempli de feu (*R.* 65).

[Kw. ꦧꦼꦭꦏ *belaka*, vrai, sincère. Jav. *id.* franc.]

بلاكڠ **belākang, blākang**, derrière, le dos, le derrière, le revers, après. ڤنتو بلاكڠ *pintu blākang*, porte de derrière. بلاكڠني كن لوك *blākang-ña kena lūka*, il reçut une blessure par derrière. ستله سده اي دسورتن بلاكڠ ڤرمڤوان ايت *sa-telàh sudah īa di-sūrat-ña blākang perampūan ītu*, lorsqu'il eut écrit sur le dos de la femme (*R.* 88). در بلاكڠ *deri blākang*, de derrière. لالو دودق در بلاكڠ راج *lālu dūduk deri blākang rāja*, il s'assit alors derrière le roi (*M.*). اي ڤون برجالن در بلاكڠ سري رام *īa pūn ber-jālan deri blākang srī rāma*, et il marchait à la suite de Sri Rama (*R.* 27).

Prov. بلاكڠ ڤارڠ لاڬي جكلو داسه نسچاي تاجم *blākang pārang lāgi jikalau di-āsah nisxāya tājam*, même le dos du couteau, si on le repasse, deviendra tranchant. Signifie : un sot même et un indifférent acquerront de l'intelligence et de l'énergie, si tous les jours on les enseigne et on les excite (*Kl.*).

دبلاكڠ *di-blākaṅ*, par derrière, après, postérieurement, en cachette. اورڠ يڠ دبلاكڠ كامي *ōraṅ yaṅ di-blākaṅ kāmi*, les personnes qui sont derrière nous, ou qui viendront après nous. ننتي دبلاكڠ باڽق كوناڽ *nanti di-blākaṅ bāñak gunā-ña*, cela sera très-utile par la suite (*H. Ab.* 160). مك استري ڤون بربوات زنا دبلاكڠ لكيڽ *maka istrī pūn ber-būat zinā di-blākaṅ lakī-ña*, or la femme commit un adultère en cachette de son mari (*Bis. Raj.* 47).

كبلاكڠ *ka-blākaṅ*, en arrière, par derière. برڤاليڠ موك كبلاكڠ *ber-pāliṅ mūka ka-blākaṅ*, tourner le visage en arrière, détourner les yeux. جاڠنله اڠكو منوله كبلاكڠ *jāṅan-lah aṅkau menūlih ka-blākaṅ*, ne regardez point derrière vous (*B.* 26).

بربلاكڠ *ber-blākaṅ*, qui est par derrière, qui se trouve après, qui vient après.

ممبلاكڠ *mem-blākaṅ*, tourner le dos, aller en arrière. ممبلاكڠ برجالن *mem-blākaṅ ber-jālan*, allant à reculons (*Exer.* 161).

ممبلاكاڠي *mem-blakāṅ-i*, aller derrière quelqu'un, mettre après, estimer moindre : remettre, hésiter. اي راج توا تياد هارس كامي ممبلاكاڠي دي *ïa rāja tuā tiāda hārus kāmi mem-blakāṅ-i dïa*, c'est un roi respectable ; il n'est pas convenable que nous fassions moins de cas de lui (que des autres) (*R.* 20).

ممبلاكڠكن *mem-blākaṅ-kan*, mettre derrière, faire suivre.

كبلاكاڠن *ka-blakāṅ-an*, ce qui est en arrière, ce qui suit ; suite.

[Mak. et Bug. ᨅᨒᨀ *balakaṅ*, peu éloigné.]

بلاڠ **belāṅa**, pot, vase en terre vernissée ayant une large ouverture. ڤريوق دان بلاڠ *prïuk dān belāṅa*, un pot à faire cuire le riz et un vase en terre. اي ممباو ناسي ساباكل دان ݢولي سبلاڠ *ïa mem-bāwa nāsi sa-bākul dān gūley sa-belāṅa*, elle lui apporta du riz dans une corbeille, et du carry dans un pot (*R.* 63). — ساو *sāu belāṅa*, le couvercle d'un pot, d'un *belāṅa*.

Sāu belāṅga est aussi le nom d'un poisson plat.

Prov. سبب نيل ستيتق روسق سوسو سبلاغ *sebàb nīla sa-titik̟ rūsak̟ sūsu sa-belāṅga*, une goutte d'indigo gâte tout un pot de lait. Le sens est: une petite faute fait perdre de grands mérites (*H. Ab.* 124).

[Bat. [Batak script] *balaṅga*. Mak. [Makassar script] *balaṅga*. Day. *belaṅga*, vases sacrés.]

بلاچو **belāxu,** nom d'une sorte de toile de coton, tissu croisé.

بلاچن **belāxan,** du caviar, petits poissons ou chevrettes séchés au soleil, broyés dans un mortier et formant une conserve que l'on mêle au carry, aux épices etc., pour servir d'assaisonnement au riz. ايكن — *belāxan īkan*, caviar de poissons. هودغ — كچل *belāxan hūdaṅ kexìl*, caviar de chevrettes. بوكنن بلاچن ايكن دان سمواں بلاچن هودغ يغ كچل٢ *būkan-ña belāxan īkan dān samuā-ña belāxan hūdaṅ yaṅ kexìl-kexìl*, ce caviar n'est pas du caviar de poissons, mais bien du caviar fait avec de toutes petites chevrettes (*Lett. Mal.*).

[Sund. [Sundanese script] *balaxaṅ*.]

بلات **belāta,** nom d'un poisson (*Kl.*).

بلاتق **belātik̟,** nom d'un oiseau, une espèce de moineau (*fringilla oryzivora*). دان بورغ بلاتق بربيله *dān būruṅ belātik̟ berbuñī-lah*, et le moineau faisait entendre sa voix (*Bis. Raj.* 14).

[Jav. [Javanese script] *galaṭik.*]

بلاتق **belātuk̟,** le pivert. باتو — *belātuk̟ bātu* (*picus tristis*). — باوغ *belātuk̟ bāwaṅ* (*picus bengalensis*). هالت — *belātuk̟ hālat* (*picus analis*). Cet oiseau est prob. le même que le ڤلاتق *pelātuk̟*. v. ڤاتق *pātuk̟*.

[Jav. [Javanese script] *platuk*. Bat. [Batak script] *tuktuk.*]

بلاد **bilād,** plur. de بلد *beled*.

بلادو **belādaw,** nom d'un poignard, dont la lame est courte, mais large et très-tranchante.

بلانق **belānak̟,** sorte de poisson, le muge (mugil).

[Jav. [Javanese script] *balenak.*]

بلابت **belābat**, nom d'un sabre de bois, arme dont on se sert pour l'escrime.

بلابر **belābur**, ration, portion de vivres. برس اكن بلابر سݢل رعية *beràs ākan belābur segala rayat*, la portion de riz que l'on devait donner aux soldats (*S. Mal.* 92).

[Jav. ꦧꦺꦭꦧꦸꦂ *belabur*, abondance de vivres. Sund. ᮘᮨᮜᮘᮥᮁ *belabur*, dispersé. Mak. et Bug. ᨅᨒᨅᨘᨑᨘ *balaburu*, tas, monceau.]

بلابر **belābur**, pour ڤلوبر *pelūbur*. v. لوبر *lūbur*.

بلابس **belābas**, nom d'une sorte de fabrique de soie (*Cr.*).

بلال **bilāl** (Ar.), nom du crieur qui avertissait le peuple, lorsque Mahomet devait faire la prière.

بلاله **belālah** et بلال **belāla** = ڤلاله *pelālah*, v. لاله *lālah*.

[Mak. ᨅᨒᨒ *balala.*]

بلالى **bulāley**, la trompe de l'éléphant, la trompe du cousin et d'autres insectes. مك لالو دامبلن اى دعن بلالين *maka lālu di-ambil-ña ia dengan bulāley-ña*, et il (l'éléphant) le prit avec sa trompe (*Bis. Raj.* 16). — اولر *ūlar bulāley*, nom d'un serpent gros et court, ressemblant à la trompe de l'éléphant.

Prov. ماتى ݢاجه تياد داڤت بلالى ماتى هريمو تياد داڤت بلڠن *māti gājah tiāda dāpat bulāley māti harīmaw tiāda dāpat belàng-ña*, un éléphant meurt et on n'en trouve pas la trompe, un tigre meurt et on n'en trouve pas la peau. Le sens est: les méchants savent faire le mal, et savent aussi le cacher, de manière à en faire perdre la trace.

[Jav. ꦠꦼꦭꦭꦺ *telalé*. Sund. ᮒᮥᮜᮜᮦ *tulalé*. Bat. ᯅᯮᯞᯞᯩ *bulalé*. Mak. ᨅᨘᨒᨒᨙ *bulalé.*]

بلالق **belālak**, tache blanche sur l'œil.

[Jav. ꦧꦭꦺꦴꦭꦺꦴꦏ꧀ *balolok*, la vue égarée. Mak. ᨅᨘᨒᨒᨀ *bulalakang.*]

بلالغ **bilālang**, sauterelle. منچهارى سݢل هولت٢ دان بلالغ *men-xahāri segala hūlat-hūlat dān bilālang*, chercher des vers et des sauterelles, faire une collection d'insectes (*H. Ab.* 83). بلالغ يڠ بترباڠن دادر بربريو

bilālang yang be-terbāng-an di-udara be-ribu-ribu, les sauterelles qui volent par milliers dans les airs (*M.*). چورغ — *bilālang xūrang*, nom d'une sorte de sauterelles. چڠکادو — *bilālang xingkādu* et کمبر — *bilālang gambar*, deux autres sortes (*Kl.*). کننت — *bilālang kunñit*, nom d'une grosse espèce (*Exer.* 97). ڤاه بلالڠ *pāho bilālang*, la cuisse depuis l'aine jusqu'au genou.

Prov. دتمڤت تياد لڠ کات بلالڠ اکوله لڠ *di-tampat tiāda lang kāta bilālang akū-lah lang*, dans les lieux où il n'y a pas d'aigle, les sauterelles disent: nous sommes des aigles. Dans le royaume des aveugles, les borgnes sont rois (*H. Ab.* 163).

On trouve aussi بالڠ *bālang*.

[Jav. et Sund. ꦮꦭꦁ *walang*. Bat. [illegible] *bilalan*, le gésier d'un oiseau. Tag. [illegible] *balang*.]

بلاسه ***belāsah***, rosser, donner une volée de coups (*Kl.*).

بلاغة ***belāget*** (Ar. بلغ), éloquence.

بله ***belàh, blàh***, fendu, coupé en long, partagé; être fendu. بله بوله ايت *belàh būluh itu*, fendez ce bambou (litt.: soit par vous fendu). ڤرت کمبڠ ايت ڤون دبلهن *prùt kambing ītu pūn di-belàh-ña*, il fendit le ventre de la chèvre (*R.* 71). مک دبلهن سکل هلبالڠ لالو تمڤل اى کهداڤن رواں *maka di-belàh-ña segala hulubālang lālu tampil īa ka-hadāp-an rawāna*, il fendit la foule des guerriers et avança jusqu'en présence de Rawana (*R.* 162).

Prov. سڤرت ڤينڠ دبله دو *seperti pīnang di-belàh dūa*, comme une noix d'arec fendue en deux. Le sens est: ils se ressemblent comme deux gouttes d'eau.

بله *belàh*, côté, part, partie. سبله *sa-belàh*, un côté. کدوبله *ka-dūa belàh*, les deux côtés. دسبله *di-sa-belàh*, d'un côté, de l'autre côté. دسبله ڬونڠ *di-sa-belàh gūnung*, de l'autre côté de la montagne. مات سبله *māta-sa-belàh*, d'un œil, borgne. دسبله سين دان دسبله سان *di-sa-belàh sini dān di-sa-belàh sāna*, de ce côté-ci et de ce côté-là, par ici et par là. دتندڠکنن رات دڠن سبله ککين دان يڠ سبله ککين ايت منندڠکن رواں *di-tendang-kan-ña rāta dengan sa-belàh kakī-ña dān yang sa-*

belàh kakī-ña ītu menendang-kan rawāna, d'un pied il renversa le char, et de l'autre, il renversa Rawana lui-même (*R.* 65).

بربله *ber-belàh,* qui se fend, se fendant, de côté.

ممبله *mem-belàh,* fendre, se fendre, éclater. سفرت هللنتر يڠ ممبله *seperti hali-lintar yang mem-belàh,* comme le tonnerre qui éclate (*R.*).

تربله *ter-belàh,* qui est fendu, éclaté. مك تربلهله سكلين مات ايرتوبر *maka ter-belàh-lah sakalī-an māta āyer tūbir,* et toutes les sources de l'abîme furent rompues (*B.* 7).

ممبلاهي *mem-belāh-i,* fendre q. ch., faire une fente à q. ch.

ممبلهكن *mem-belàh-kan,* fendre ou faire fendre q. ch., faire éclater.

De سبله *sa-belàh,* on forme les suivants.

ميبله *meñabelàh,* mettre de côté, séparer. سبله ميبله *sa-belàh meñabelàh,* de tous côtés, de part et d'autre.

ميبلهكن *meñabelàh-kan,* mettre de côté, séparer q. ch. اي سبلهكنله سڬل انق ايت *īa sa-belàh-kan-lah segala ānak ītu,* il sépara ses enfants (il les mit en plusieurs compagnies) (*B.* 53).

ڤيبله *peñabelàh,* qui forme un côté, antagoniste, contre-partie.

ڤيبلاهن *peñabelāh-an,* action de mettre à part, partialité.

[Jav. *belah.* Bat. *bola.* Mak. *balla.* Day. *belah,* une partie.]

بلي ***balèy,*** caresse, cajolerie, affection. دان باڬي ٢ چمبوءن دان بلي *dān bāgey-bāgey xumbū-an dān balèy,* par toutes sortes de compliments et de caresses (*R.* 155).

بليبلين *balèy-balēy-an,* des caresses, des témoignages d'affection. ميمفيكن بليبلين يڠ هارس *meñampey-kan balèy-balēy-an yang hārus,* témoigner l'affection qui est due (*M.*).

بلي ***bela*** (Ar.), oui, certainement, assurément.

بلي ***belèy,*** nom d'un filet à pêcher.

On trouve aussi بلق *blèk.*

بلي ***belī,*** acheté; être acheté. همب سده بلي *hamba sudah belī,* j'ai acheté (litt.: par moi a été acheté). دڠن براڤ دبلين ايت *dengan brāpa di-belī-ña ītu,* combien a-t-il acheté cela? جول بلى *jūal belī*, acheté et vendu, commerce.

بربلى *ber-belī*, qui achète, achetant.

ممبلى *mem-belī*, acheter. — رومه *mem-belī rūmah*, acheter une maison. دڠاڠن — *mem-belī dagāṅ-an*, acheter des marchandises. ماوكه توانهمب ممبلى چينچين *maū-kah tūan-hamba mem-belī xinxin*, monseigneur veut-il acheter un anneau? (*Sul. Ibr.* 17).

تربلى *ter-belī*, qui est acheté, que l'on a acheté. دڠاڠن يڠ تياد تربلى اوله اورڠ دالم نݢرى *dagāṅ-an yaṅ tiāda ter-belī ūleh ōraṅ dālam nagrī*, des marchandises qui ne sont achetées par personne dans le pays (*Lett. Mal.*)

ممبليكن *mem-belī-kan*, acheter ou faire acheter q.. ch. دڠن هرݢاڽ دبليكنڽ روتى شعير *deṅgan hargā-ña di-belī-kan-ña rōti šair*, et avec le prix il achetait du pain d'orge (*M. R.* 54).

ڤمبلى *pem-belī*, qui achète, acheteur; qui sert à acheter; prix d'achat.

بليان *belī-an*, achat. بلى٢ن *belī-belī-an*, marchandises.

كبليان *ka-belī-an*, ce qui est acheté, acquisition.

ڤمبليان *pem-belī-an*, action d'acheter, achat, acquisition. هرݢ ڤمبليان اورڠ لاين *harga pem-belī-an ōraṅ lāin*, le prix que paient les autres personnes (*M.*).

ڤربليان *per-belī-an*, place où l'on achète, boutique, magasin. مماسق ڤربليان كمڤانى *me-māsuk per-belī-an kompānī*, entrer dans le magasin de la Compagnie (*M.*).

بربليان *ber-belī-an*, qui est d'achat, qui achète. سمواڽ داتڠله هندق بربليان *samuā-ña dātaṅ-lah hendak ber-belī-an*, tous venaient pour acheter (*B.* 69).

[Bat. [Batak script] *boli*. Mak. [Makassar script] *balli*. Day. *bali*. Tag. et Bis. [Tagalog script] *bili*.]

بليا ***balīya*** (S. बाल्य *bālya*), jeune, tendre, frais. اڤاكه نام اورڠ مود بليا *apā-kah nāma ōraṅ mūda balīya*, quel est le nom de ce tout jeune homme? (*Sul. Ab.* 77).

بليو ***balīyu***, mot dont on se sert comme pronom de la 2ᵉ et de la 3ᵉ personne, avec les personnes auxquelles on veut témoigner du respect. بليو سده ممبنركن كات *balīyu sudah mem-benār-kan kāta*, monsieur, vous avez confirmé ce qui a été dit (*M.*).

بليق **belīyaḳ, belīaḳ,** largement ouvert (de la bouche, d'une plaie, etc.).

ممبليق *mem-belīaḳ*, s'ouvrir tout grand.

ممبليقكن *mem-belīaḳ-kan*, faire ouvrir.

ڤمبلياكن *pem-belīāk-aṇ*, action d'ouvrir tout grand.

بليكو **balīku,** tour, sinuosité; détour d'une rivière. — تنجغ *tanjuŋ balīku*, l'angle saillant d'une rivière.

بليكت **balīkat,** omoplate. باهو دغن بليكت يغ لوس ايت تند براني *bāhu deŋan balīkat yaŋ lūas itu tanda berānī*, des épaules et des omoplates larges sont une marque de courage (*M. R.* 193). ساكت ڤد بليكتن كيري كانن *sākit pada balīkat-ña kīri kānan*, sentant des douleurs (rhumatismales) aux deux épaules (*M.*).

[Jav. et Sund. ꦮꦭꦶꦏꦠ꧀ *walikat*. Tag. ᜊᜎᜒᜃᜆ᜔ *balikat*, épaule.]

بليݢو **belīgu,** nom d'une plante qui appartient à la famille des cucurbitacées; elle donne un très-gros fruit vert (*Kl.*).

[Jav. ꦧꦭꦶꦒꦺꦴ *baligo*.]

بليغ **balīyaŋ,** nom d'un arbre qui produit le bois de fer.

بليغ **belīyuŋ,** nom d'un instrument qui sert de doloire et de hache. بواله اوله‌م بليغ اين ڤرسمبهكن ڤد سودار كيت *bawā-lah ūleh-mu belīyuŋ īni per-sembah-kan pada sūdāra kīta*, prenez cette doloire et offrez-la à mon frère (*S. Mal.* 58). بݢيمان روڤ بليغ دان بنچي *bagī-māna rūpa belīyuŋ dān banči*, quelle est la forme du *belīyuŋ* et du *banči*? (*M.*).

Prov. سڤرت كاڤق مڽلم بليغ *seperti kāpaḳ meñelām belīyuŋ*, comme la hache engloutit avec elle la doloire. Signifie: quand quelqu'un se noie, celui qui est envoyé à son secours périt souvent avec lui.

On trouve ord. بليوغ *belīyūŋ*.

[Sund. ᮘᮜᮤᮚᮥᮀ *baliyuŋ*. Bat. ᯅᯞᯪᯩᯮᯰ *baliyuŋ*.]

بليغ **belīyuŋ.** — ڤوتيغ *pūtiŋ belīyuŋ*, v. *pūtiŋ*.

بلية **belīyet** (Ar. بله), calamité, fléau. راج يغ ظالم اد سواتو بلية *rāja yaŋ tlālim ada suātu beliyet*, un roi tyran est un fléau (*M. R.* 69).

بليتر **belēter** = ڤليتر *pelēter*.

بليد **belīda,** nom d'un poisson (*chirocentrus dorab*) (*Pij.*).

On trouve aussi بليده *belīdah.*

بليدغ **balēdang,** espèce de poisson de mer, qui a la forme d'un serpent.

[Bat. ᯅᯞᯩᯑᯰ *balédang.*]

بلين **balīyan,** nom d'un arbre dont le bois est employé dans les toits des maisons (*Kl.*).

C'est peut-être le même que بليغ *balīyang.*

بليبت **belībat,** une pagaie ou rame plate aux deux extrémités, et faisant l'effet de deux rames.

ممليبت *mem-belībat,* ramer avec une rame dont les deux extrémités sont plates, en donnant alternativement un coup de rame à droite et un à gauche (*Kl.*).

بليبر **balēbar?** nom d'un fruit. مڠكس دان بليبر ترلالو باپق دباو اورڠ در ملاك *manggis dān balēbar ter-lālu bāñak di-bāwa ōrang deri malāka,* on apportait de Malacca une très-grande quantité de mangoustans et de *balebar* (*Kl.*).

بليبس **balībis,** nom d'une espèce de canard ou de sarcelle (*anas arcuata*). بورڠ بليبس داتس لنتي *būrung balībis di-ātas lanteï,* le canard sauvage se reposant sur l'auvent (*H. Ab.* 267).

[Jav. et Sund. ꦩꦭꦶꦮꦶꦱ꧀ *maliwis.*]

بلير **balīra,** morceau de bois qui sert au tisserand pour tirer le fil; affiquet, porte-aiguille, navette.

[Bat. ᯅᯞᯪᯎ *baliga.* Mak. ᨅᨒᨗᨑ *balira.* Bug. ᨓᨒᨗᨉ *walida.* Tag. et Bis. ᜊᜎᜒᜎ *balila.*]

بليروڠ **baleyrūwang,** v. بالي *bāley* et روڠ *rūwang.*

Ce mot est ordinairement prononcé *balérung.*

بليرڠ **balērang,** soufre. — ݢليٴن *galī-an balērang,* mine de soufre. مك هو سده مڠهجاني كاتس سدوم بليرڠ دان اڤي *maka hūwa sudah meng-hujān-i ka-ātas sodūm balērang dān āpi,* or Dieu fit tomber une pluie de soufre et de feu sur Sodome (*B.* 26). تياد هارس مموتهكن جڠڬت دڠن بليرڠ سڤاي كلهاتن سڤرت روڤ اورڠ توا *tiāda hārus me-mūtih-kan janggut dengan* *balēraŋ supāya ka-lihāt-an seperti rūpa ōraŋ tuā*, il ne convient pas de se blanchir la barbe avec du (de la vapeur de) soufre, pour se donner un air de vieillesse (*M.*).

[Jav. et Sund. ꦮꦭꦶꦫꦁ *waliraŋ*. Bat. ᯅᯒᯩᯒᯩ *barérê*. Mak. ᨅᨒᨗᨑ *baliraŋ*.]

بليل ***balīla,*** trahison, conspiration (*Cr.*).

[Jav. ꦧꦭꦶꦭ *balila*, être rebelle.]

بليل ***balīla,*** nom d'un criss uni, qui n'est pas damasquiné (*Kl.*).

بليسه ***be-līsah,*** pour برليسه *ber-līsah*, v. ليسه *līsah*.

بلو٢ ***belū-belū.***

بربلو٢ *ber-belū-belū*, ayant des taches sur le corps.

On trouve aussi simplement بلو *belū*.

بلوهن ***belūhan,*** selle en forme de chaise que l'on place sur un éléphant. دتيكمكنڽ كن بلوهن ݢاجه راج *di-tīkam-kan-ña kena belūhan gājah rāja*, il la lança et atteignit l'éléphant du roi au flanc (*S. Mal.* 20).

On trouve aussi بلون *belūwan*.

بلوى ***belwa*** (Ar. بلا), essai, épreuve.

بلوى ***belūwey,*** pari, gageure avec chances égales au jeu ou dans une jonte de coqs.

[Bat. ᯅᯞᯬ *balu*.]

بلوكر ***belūkar,*** taillis, bois nouvellement coupé, jeune bois. — بلوكر دو موسم *belūkar dūa mūsim*, taillis de deux ans. ڤد بلوكر اتو لالڠ *pada belūkar ātaw lālaŋ*, parmi le taillis ou dans l'herbe haute. منبس بلوكر *menebas belūkar*, vider, éclaircir le taillis (*M.*). هريمو منتي دالم بلوكر دتڤي جالن *harīmaw me-nanti dālam belūkar di-tepī jālan*, un tigre attendait dans le taillis sur le bord du chemin (*H. Ab.* 74).

Le radical est le Jav. ꦭꦸꦏꦂ *lukar*, nu, dépouillé (non usité en malais).

بلودو ***belūdu*** (Port. *veludo*), du velours. كود ميره برڤلناكن بلودو *kūda mērah ber-pelanā-kan belūdu*, un cheval rouge sellé d'une selle garnie de velours (*S. Bid.* 60).

On trouve aussi بلدو *beludū*.

[Jav. et Sund. ꦧꦼꦭꦸꦢꦿꦸ *beludru*. Bat. ᯅᯪᯞᯮᯞᯮ *bilulu*. Mak. et Bug. ᨅᨗᨒᨘᨒᨘ *bilulu*.]

بلودق **belōdoḳ,** nom d'un poisson de mer (*Kl.*).

بلودق **bilūdaḳ,** animal venimeux du genre des serpens, vipère, aspic (*M.*). سئيكر بلودق ڤاڬتله تاڠنڽ *sa-īkor bilūdaḳ pāgut-lah tāṅgan-ña,* une vipère le mordit à la main (*N.* 246).

[Jav. ꦧꦼꦝꦸꦝꦒ꧀ *beḍuḍag.*]

بلودل **belūdal,** nom d'une pâtisserie (*Kl.*).

بلون **belūwan** = بلوهن *belūhun.*

بلوبو **belūbu,** grande jarre en terre pour conserver le riz, et qui sert aussi à le mesurer; elle contient quelquefois dix et quelquefois vingt *gantangs* (*Kl.*).

[Bat. *balubu.*]

بلوبر **belūbur,** pour ڤلوبر *pelūbur,* v. لوبر *lūbur.*

بلوبلي **belūbelèy,** causer, babiller.

بلور **belūr** (Pers.), cristal. v. هبلر *hablur.*

بلورتي **baluwarti** et ملواتي **malawāti** (Port. *baluarte*), boulevard, bastion.

بلولڠ **belūlaṅ,** peau, cuir. لمبو — *belūlaṅ lembu,* la peau d'un bœuf. مڠليتي بلولڠ درڤد توبهن *meṅgulīt-i belūlaṅ deri-pada tūbuh-ña,* écorcher, dépouiller de sa peau (*M.*). سبيدڠ — *belūlaṅ sa-bīdaṅ,* une peau.

[Jav. ꦮꦭꦸꦭꦁ *walulaṅ.*]

بلولڠ **bilōlaṅ,** nom d'un bateau de pêche, en usage à Macassar.

بلوط **bellūṭ** (Ar. بلط), chêne; frêne.

بلوغ **bulūġ** (Ar. بلغ), arrivé à l'âge de majorité; parfait.

بلق **belàḳ,** nœud dans le bois. بربلق٢ *ber-belàḳ-belàḳ,* qui a des nœuds. — كايو *kāyu ber-belàḳ-belàḳ,* bois plein de nœuds, bois veiné à cause de ses nœuds.

بلق **belèḳ,** pour بلي *belèy,* nom d'un filet à pêcher.

بلكس **balkas,** nom d'un grand sac tricoté.

بلقس **belḳis** (Ar.), nom de la reine de Saba qui visita Salomon.

بلڠ **belàṅ,** de diverses couleurs, taroté: la peau des animaux lorsqu'elle est de diverses couleurs. — اولر *ūlar belàṅ,* nom d'un serpent venimeux. — ساكت *sākit belàng*, nom d'une certaine maladie.

Prov. هريمو ماتى منغكلكن بلغ . كاجه ماتى منغكلكن تولغ *harīmaw māti meninggal-kan belàng gājah māti meninggal-kan tūlang*, quand un tigre meurt, il laisse sa peau, et quand un éléphant meurt, il laisse ses os. Le sens est: on ne peut laisser après la mort que ce que l'on a acquis pendant la vie; un nom honorable, ou un nom méprisable (*H. Ab.* 109).

v. ڤلغ *palàng*.

[Jav. ꦧꦼꦭꦁ *belang*, et ꦮꦼꦭꦁ *welang*. Sund. ᮘᮨᮜᮀ *belang*. Bat. ᯅᯬᯞᯰ *bolang*. Mak. ᨅᨒ *balang*. Day. *belang*. Tag. et Bis. ᜊᜎᜅ᜔ᜄᜏ *balanggao*, arc-en-ciel.]

بلغ ***belìng***, porcelaine; vaisselle vernissée.

بلغكغ ***balìngkung***, long sabre, comme ceux dont se servent les pirates malais.

بلغكر ***belangker***, nom d'un poisson (*Cr.*).

بلغكس ***balangkas***, nom d'un crabe (*Cr.*).

بلغكس ***balangkas***, nom d'une plante marine, considérée par les chinois comme une friandise (*L.*). — ايكر *īkor balangkas*, la queue à trois pointes (prob. la feuille de cette plante.) بسى — *balangkas besī*, morceau de fer à trois pointes.

بلغكو ***belunggu***, v. لغكو *lunggu*.

بلغسغ ***balongsong***, couverture, de métal. — كاين *kāin balongsong*, espèce d'étoffe de coton et de soie.

[Jav. ꦧꦭꦺꦴꦁꦱꦺꦴꦁ *balongsong*.]

بلت ***balìt***, enveloppe, bandage, ligature; enveloppé, entortillé. دسڤوڽ اتس سكل بلت ايت دغن اير *di-sapū-ña ātas segala balìt itu dengan āyer*, qu'il humecte tout le bandage avec de l'eau (*M.*). ڤغكغڽ دبلت ناك *pinggang-ña di-balìt nāga*, son corps était entortillé par un serpent (*M.*).

بربلت *ber-balìt*, qui entortille, qui se tord, qui serpente. سڤرت اولر بربلت٢ لكوڽ *seperti ūlar ber-balìt-balìt lakū-ña*, il était comme un serpent qui se tortille (*R.* 41). اير بربلت ڤد ڤادغ *āyer ber-balìt pada pādang*, l'eau serpentait dans la plaine (*M.*).

ممبلت *mem-balı̆t*, entortiller, envelopper. كفال — *mem-balı̆t kapāla*, envelopper la tête de quelque habillement.

ممبلتكن *mem-balı̆t-kan*, envelopper ou faire envelopper quelque chose. رمبت — *mem-balı̆t-kan rambut*, rouler, tresser les cheveux autour de la tête (*M.*). مك بلتكن كفد توبه همب *maka balı̆t-kan ka-pada tūbuh hamba*, et enveloppez-moi le corps (*R.* 134).

بلت **belàt**, sorte de nasse contenant trois ou quatre compartiments qui se suivent; elle est ordinairement faite de rotin. اى ممبوت بلت *ia mem-būat belàt*, il fabriquait des nasses (*H. Ab.* 213).

Prov. سفرت ايكن ددالم بلت *seperti ikan di-dālam belàt*, comme un poisson dans une nasse. Signifie: lorsque nous sommes dans un endroit trop étroit, ou sous la puissance d'autrui, nous ne pouvons pas faire ce que nous voulons (*Kl.*).

[Bat. [Batak script] *bolat*, endroit où l'on place des branches d'arbres dans une rivière pour prendre le poisson. Day. *balat*.]

بلت **belùt**, sorte d'anguille. — تولڠ *tūlang belùt*, sorte de bordure ouvragée.

بربلت *ber-belùt*, qui se roule, comme une anguille (?).

ممبلت *mem-belùt*, se rouler comme une anguille: faire une bordure ouvragée.

ڤمبلوتن *pem-belūt-an*, châssis, formant une bordure ouvragée.

Ce mot paraît avoir été confondu avec بلت *balı̆t* et بلت *belàt*.

[Jav. [Javanese script] *welut*, une anguille. Sund. [Sundanese script] *belut*, anguille. Bat. [Batak script] *bolut*, anguille.]

بلد **beled** (Ar.), pays, province, contrée. السلطان فى بلد ڤلمبڠ *el-sulṭān fī beled palembang*, le sultan du pays de Palembang (inscription de monnaie).

بلدان *buldān*, pluriel de بلد *beled*. معتبر كفد سكلين بلدان *mụtebir ka-pada sa-kali-an buldān*, honoré dans tous les pays (*Lett. Mal.*).

بلدا **beledā**, nom d'une sorte de pâte, faite avec de la farine de haricots.

بلدو **beludū** = بلودو *belūdu*.

بلنج **belanja**, dépense, argent pour la dépense: entretien, traitement, pension; gages. بلنج اكن ڤكرجاءن كرجاءن *belanja ākan pe-karjā-an ka-rajā-an*, dépenses pour l'administration du royaume (*M. R.* 215). بلنج كڤل ڤرغ ترلالو باپق *belanja kapàl pràng ter-lālu bāñak*, la dépense des vaisseaux de guerre est très-considérable (*M.*). كورڠ بلنج برس *kūrang belanja beràs*, la provision de riz pour la consommation journalière n'est pas suffisante (*M.*). بلنج بودق اورڠ *belanja būdak ōrang*, les gages des domestiques (*M.*). بلنج امڤت ريل سبولن *belanja ampat real sa-būlan*, son salaire est de quatre piastres par mois (*M.*). دڠن بلنج پواڽ *dengan belanja ñawā-ña*, en exposant sa vie.

ممبلنجاكن *mem-belanjā-kan*, dépenser, débourser quelque chose, p. ex. de l'argent. مك بلنجاكن اوله مو سكل هرت ايت *maka belanjā-kan ūleh-mu segala harta ītu*, dépensez tous ces trésors (*M. R.* 215). جكلو عمرم سريبو تاهن جاڠنله اڠكو تاكت ممبلنجاكن دى سبب منونت علم *jika-law umur-mu sa-rību tāhun jāngan-lah angkaw tākut mem-belanjā-kan dīa sebàb menuntut ilmu*, quand votre vie devrait être de mille ans, ne craignez pas de l'employer à la recherche de la science (*H. Ab.* 25).

ڤمبلنجاءن *pem-belanjā-an*, action de dépenser, dépense.

[Jav. [Javanese script] *belonja*. Sund. [Sundanese script] *balanja*. Bat. [Batak script] *balanja*. Mak. [Makassarese script] *balanja*. Bug. [Buginese script] *balanxa*. Day. *balanja*.]

بلنج **belanja**, retombé dans une maladie, rechute (*L.*).

بلنتار **belantāra**, v. انتار *antāra*.

بلنتي **belantey**, sorte de bois léger (*Kl.*).

بلنتق **belantik**, petit morceau de bois avec lequel on tend un lacet ou un piége: lacet, piége.

[Jav. [Javanese script] *beluntik*.]

بلنتس **beluntas**, nom d'une plante (*pluchaea indica*), elle sert à faire des haies.

On trouve aussi لنتس *luntas*.

بلند **belanda**, hollandais, Hollande = ولند *wolanda*.

بلندوی ***belandūwi,*** hollandais (de بلند *belanda* avec une terminaison arabe).

بلبت ***belebàt,*** sorte de petit gâteau préparé à la vapeur (*Kl.*).

بلبل ***bulbul*** (Pers.), nom d'une sorte de rossignol.

بلبس ***balebàs,*** règle, instrument à tracer des lignes; petite latte en forme de règle que l'on passe sur une étoffe qui vient d'être tissée pour l'unir; le tisserand s'en sert aussi pour tenir les fils séparés.

Prov. دتورنكن بلبس ڤاكن دكولڠكن دغن ڤساڽ *di-tūrun-kan balebàs pākan di-gūliŋ-kan deŋan pesā-ña*, le *balebas* étant baissé, la trame s'enroule autour de son rouleau. Se dit pour indiquer qu'une œuvre est finie et que tout ce qui en dépend est achevé.

[Jav. [Javanese script] *blebes.* Bat. [Batak script] *balobas.* Mak. et Bug. [Buginese script] *balabasa.*]

بلم ***belùm, belòm,*** pas encore. سمڤي — *belùm sampey,* pas encore arrivé. ماسق — *belùm māsak,* pas encore mûr. تنتو — *belùm tantu,* pas encore constaté. ڤوتس — *belùm pūtus,* pas encore fini. بلم ڤرنه ليهت *belùm pernah lihat,* on n'a encore jamais vu. اڤ بلم لاݢي اڠکو ڤرݢي *apa belùm lāgi aŋkaw pergi,* quoi! vous n'êtes pas encore parti (*R.* 125). تتاڤي حسرة راج جوݢ يڠ بلم همب براوله *tetāpi hesrat rāja jūga yaŋ belùm hamba ber-ūleh,* mais je n'ai pas encore pu obtenir ce que le roi désire (*Ism. Yat.* 16). بلم سکالي *belùm sa-kāli,* pas encore une fois, absolument pas encore.

سبلم *sa-belùm,* tout le temps qu'il n'y a pas encore, avant que. دجولڽ سبلم همب سمڤي *di-jūal-ña sa-belùm hamba sampey,* il le vendit avant mon arrivée (*M.*).

بلمان ***bila-māna,*** v. بيل *bila.*

بلمڤي ***belumpey,*** pour بلم سمڤي *belùm sampey.* سلام بلمڤي لاݢي برچري کدواڽ *sa-lāma belumpey lāgi ber-cerèy ka-duā-ña,* tant que les deux ne se sont pas séparés (*D. M.* 9).

بلمبغ ***balambaŋ,*** un paquet, flocon (de la matière nommée ايجق *ijuk*); sorte de jonc pour lier les graminées en gerbe: une gerbe, une botte (*Cr.*).

بلمبغ **balimbirg,** nom d'un petit fruit long et acide (*averrhoa*): les Malais en connaissent de différentes sortes: بسى — *balimbirg besī* ou فنجورو — *balimbirg penjūru*, sorte de carambole. بولو — *balimbirg būlu* (*averrhoa bilimbi*). بولت — *balimbirg būlat*. كرس — *balimbirg keris*. مانس — *balimbirg mānis* et هوتن — *balimbirg hūtan*.

[Jav. et Sund. ꦧꦭꦶꦩ꧀ꦧꦶꦁ *balimbirg*. Bat. ᯅᯞᯪᯰᯅᯪᯰ *balirgbirg*.]

بلمبغ **balumbarg** = كلمبغ *galumbarg*.

بلر **belàr,** fourmillé.

ممبلر *mem-belàr*, fourmiller (*Kl.*).

بلر **belùr,** poisson séché au soleil.

On trouve ord. بلور *belūr*.

بللغ **bilelàrg,** horoscope, divination. — علم *ilmu bilelàrg*, art de dire la bonne aventure, de tirer l'horoscope.

بلس **belàs,** attendri, affligé, compatissant; compassion. درفد ساغت بلس هتين *deri-pada sārgat belàs hati-ña*, parce que leurs cœurs étaient extrêmement affligés (*R.* 157). هتين بلس برچمفر راون *hati-ña belàs berxampur rāwan*, son cœur éprouvait un mélange de tristesse et de joie (*S. Bid.* 6).

ممبلسكن *mem-belàs-kan*, affliger, attrister; compatir aux peines de quelqu'un. ممبلسكن هاتى سكل اورغ يغ ممندغ دى *mem-belàs-kan hāti segala ōrarg yarg memandarg dīa*, il affligeait le cœur de tous ceux qui le voyaient (*M.*). بگند ڤون ساغت بلسكن ڤترى *baginda pūn sārgat belàs-kan putrī*, le prince éprouvait une grande compassion pour la princesse (*S. Bid.* 3).

Marsden prononce *balis*.

[Jav. ꦮꦼꦭꦱ꧀ *welas*.]

بلس **belàs, blàs,** mot qui sert à former les nombres depuis onze jusqu'à dix-neuf.

سبلس *sa-blàs*, onze. — دو *dūa blàs*, douze. — لم *līma blàs*, quinze. — بيراڤ *be-brāpa blàs*, un grand nombre.

[Jav. et Sund. ꦧꦼꦭꦱ꧀ *belas* ou ꦮꦼꦭꦱ꧀ *welas*.]

بلسان ***belesān*** (Ar.), baume de la Judée.

بلغ ***belḳ*** (Ar.), orgueilleux, altier.

بلغم ***belgem*** (Ar.), pituite, viscosité. سڤرتي بلغم دان صفرا *seperti belgem dān ṣefrā*, comme la pituite et la bile (*M. R.* 20).

بسان ***busāna*** (S. भूषण *bhūṣaṇa*, ornement), habillement, vêtements précieux.

[Kw. ꦨꦸꦱꦤ *busana.*]

بسي ***besī,*** du fer. بر باتڠ — *besī ber-bātaṅ*, du fer en barre. — ڤاكو *pāku besī*, des cloux de fer. باج — *besī bāja*, de l'acier. — توكڠ *tūkaṅ besī*, un forgeron. — باتو *bātu besī*, espèce de pierre très-dure. — كايو *kāyu besī*, bois de fer. براني — *besī brānī*, aimant. — تاهي *tāhi besī* ou — كارت *kārat besī*, rouille, oxyde de fer. ڤامر — *besī pāmur*, espèce d'acier que l'on emploie pour damasquiner les criss. همب سوروه ڤربوت سبواه ڤتي بسي *hamba sūruh per-būat sa-būah petī besī*, je vais ordonner de faire un coffre en fer (*R.* 16).

[Jav. et Sund. ꦧꦼꦱꦶ *besī.* Bat. ᯅᯬᯘᯪ *bosi.* Mak. ᨅᨔᨗ *bassi.*]

بسوسو ***besūsu,*** nom d'une racine blanche et douce qui se mange, elle est de la grosseur du raifort (*Kl.*).

بسقا ***besḳā*** (Ar. بسق), action de cracher, crachat, catarrhe. سڬل ڤپاكيت يڠ نام بسقا دان زكام *segala peñākit yaṅ namā-ña besḳā dān zukām*, les maladies que l'on nomme catarrhe et rhume de cerveau (*M. R.* 21).

بستان ***bostān*** (Pers.), un jardin.

بستاري ***bestāri*** (S. विस्तर *vistara*, extension), accompli, doué de grands talents, excellent. جاڠنله كيت لاون دڠن راج يڠ بستاري *jāṅan-lah kita lāwan deṅan rāja yaṅ bestāri*, ne disputons pas contre un roi qui a de si rares talents (*M.*). يڠ عارف دان بستاري *yaṅ ārif dān bestāri*, qui est sage et accompli (*M. R.* 228). هي ككند بستاري *hey kakanda bestāri*, ô mon excellent ami (*M.*).

بسنو ***bisnu*** (S. विष्णु *viṣṇu*), le dieu Vichnou, une des cinq divinités qui exercent leur influence sur les cinq divisions du jour. v. كتيك *kotika*.

بسند ***busanda,*** vieux, âgé.

بسم **bismi** (Ar. ب et سما), au nom. بسم الله الرحمن الرحيم *bis-millahi er-rahaman er-rahīm,* au nom de Dieu clément et miséricordieux (formule d'usage au commencement d'un écrit).

بسمبي **besembi,** v. اسم *āsam.*

بسر **besàr,** grand, vaste, gros, important; être grand, être d'un haut rang. — رومه *rūmah besàr,* une grande maison. — سوڠي *sūngey besàr,* une grande rivière. — هاري *hāri besàr,* un jour de fête. — توان *tūan besàr,* le chef. — هاتي *hāti besàr,* fier, orgueilleux. اورڠ بسردالم نڬري *ōrang besàr dālam nagrī,* les grands personnages d'un pays. اورڠ كاي مسكين بسركچل *ōrang kāya miskīn besàr kexil,* les riches et les pauvres, les grands et les petits (*M. R.*). ڤنجڠ دان ليبرن اتوله بسرن كتاب اين *panjang dān lēbar-ña itū-lah besàr-ña kitāb ini,* la longueur et la largeur de ce livre, voilà ce qui forme sa grandeur (*N. Phil.* 138). منجادي — *men-jādi besàr,* grandir, devenir grand.

بربسر *ber-besàr,* qui a de la grandeur, qui s'agrandit, s'agrandissant.

ممبسر *mem-besàr,* faire l'action d'agrandir.

ممبسركن *mem-besàr-kan,* agrandir quelque chose, rendre grand, illustrer, magnifier. بالي ايت ڤون ممبسركن دريں *bāley itu pūn mem-besàr-kan dirī-ña,* le pavillon s'agrandit de lui-même (*R.*). هي سڬل رجاراج الله تعالى جوڬ ممبسركن كامو *hey segala raja-rāja allah taāla jūga mem-besàr-kan kāmu,* ô vous tous qui êtes rois, sachez que c'est Dieu qui vous a rendus grands (*M. R.* 61).

بربسركن *ber-besàr-kan,* qui agrandit, agrandissant.

ممڤربسركن *mem-per-besàr-kan,* faire grandir, faire multiplier. دان سده اڠكو ڤربسركن كبجيكنم *dān sudah angkau per-besàr-kan ka-bijik-an-mu,* et vous avez multiplié vos bienfaits (*B.* 26).

كبسارن *ka-besār-an,* grandeur, magnificence, ostentation. سهاري راج ايت مڠهندق منجقكن كبسارنن *sa-hāri rāja itu meng-hendak menunjuk-kan ka-besār-an-ña,* un jour ce roi voulut montrer sa magnificence (*M. R.* 43). ككياءن ايت ممباوكڤد كبسارن *ka-kayā-an itu mem-bāwa ka-pada ka-besār-an,* les richesses conduisent à la grandeur (*H. Ab.* 23). — داون *dāun ka-besār-an*, nom de certaines feuilles qui servent à nourrir les vers à soie.

ڤربسارن *per-besār-an*, insignes royaux, grandeur, agrandissement (*R. V.*).

[Jav. besar, *besar*, nom du douzième mois de l'année mahométane. Mak. basara *basara.*]

بحر **behr** (Ar.), grande masse d'eau, la mer. داتڠ درڤد بحر *dātang deri-pada behr*, arrivant de la mer (*R.* 130).

بحري *behrī*, de la mer, maritime. خالق البحري *kālik el-behrī*, créateur de la mer (*S. Bid.* 32).

بحرية *behriat*, marins, les gens de mer.

بحث **behs** (Ar.), controverse, discussion.

بربحث *ber-behs*, qui controverse, discuter (*Pij.*).

بخيل **bakīl** (Ar. بخل), avare, ladre. الله برسترو اكن سڬل اورڠ يڠ بخيل *allah ber-satrū ākan segala ōrang yang bakīl*, Dieu est l'ennemi des avares (*M. R.* 203).

بخت **bakt** (Pers.), fortune, destin, bonheur.

بخشيش **bakšīš**, v. بقسس *baksis*.

بشارة **bišāret** (Ar. بشر), bonne nouvelle.

بصير **beṣīr**, voyant bien, d'une bonne vue, de بصر *beṣer*.

بصر **beṣer** (Ar.), organe de la vue, vision.

بضع **buḍlu** (Ar.), droit d'avoir un commerce charnel avec une personne (*D. M.* 257).

بطالة **beṭālet** (Ar. بطل), oisiveté, vacances.

بطم **buṭum** (Ar.), térébenthine.

بطريق **beṭrīk** (Ar. بطرق), patriarche.

بعيد **baid** (Ar. بعد), éloigné, distant, absent. بارڠ يڠ دباوهن القريب و البعيد *bārang yang di-bāwah-ña el-kerīb u el-baid*, tous ceux qui sont sous sa puissance, ceux qui sont proches comme ceux qui sont éloignés (*Lett. Mal.*).

بعد **bad** (Ar.), alors, ensuite, après. دهولو الله بعد ڤهولو *dahūlu allah bad pangūlu*, d'abord

Dieu, puis ensuite celui qui gouverne (*S. Bid.* 47).

وبعد *wa-bad,* en outre, après cela, ensuite, de plus.

امابعد *amā-bad* = وبعد *wa-bad.* امابعد سكل الة كرجاءن حاضرله سده *amā-bad segala ālat karajā-an hādlir-lah sudah*, et ensuite tous les insignes royaux parurent (*S. Bid.* 141).

بعده ***badehu*** = بعد *bad.*

بعذاب ***beazāb,*** v. عذاب *azāb.*

بعض ***badl*** (Ar.), un certain, quelque.

بغاة ***bugāt*** (Ar. بغا), rebelle. حكم بغاة دان حكم مرتد *hukum bugāt dān hukum murtad*, loi concernant les rebelles et les apostats (*D. M.* 331).

بغير ***begīr*** (Ar. ب et غار), excepté, si ce n'est.

بغل ***begl*** (Ar.), mulet. رنده سديكت درفد بغل *rendah sa-dikit deri-pada begl,* un peu plus bas qu'un mulet (*Mir. Moh.* 11).

بفت ***bafta*** (Pers. بافته. Ar. بفته), sorte de calicot, toile de coton blanc des Indes.

م

م ***m***, la lettre ما *mā*, nommée ميم *mim*, par les Arabes; nasale de la classe des dentales, sa valeur est celle de *m* français. (v. Gram.)

م ***me,*** **مغ** ***meng,*** **مڽ** ***meñ,*** **من** ***men*** et **مم** ***mem,*** particule préfixe, qui donne au verbe auquel elle est jointe un sens actif. Pour l'emploi de cette particule et de ses variétés, v. Gram.

م ***mu*** , contraction du pronom كامو *kāmu,* tu, toi, vous. بدنم *badan-mu,* ton corps. همبام *hambā-mu,* ton serviteur. باوسرتام *bāwa sertā-mu,* porte, prends avec toi. تاهواولهم *tāhu üleh-mu,* sachez. v. Gram.

ماء ***ma*** = مق *mak.*

ماء ***mā*** (Ar. ماه), eau.

ماءالحياة *mā-el-ḥeyāt*, eau de l'immortalité. (*Bloemlezing* 255).

ماهو ***māhu***, v. ماو *māu*.

ماهغ ***māhuṅ***, v. ماوغ *māwuṅ*.

ماهل ***māhal***, cher, d'un haut prix. — هرك *harga māhal*, prix élevé. — قد ماس *pada māsa māhal*, dans un temps de cherté. كبلى ماهل هندقك جول فون ماهل *ku-belī māhal hendaḳ-ku jūal pūn māhal*, j'ai acheté cher et je veux vendre cher (*H. Ab.* 37). بارغ٢ يغ ماهل منجادى موره *bāraṅ-bāraṅ yaṅ māhal menjādi mūrah*, des marchandises qui étaient chères, sont devenues à bon marché (*M.*).

Prov. ماهل دبلى سوكر دچهارى *māhal di-belī sūkar di-xahāri*, cher à acheter, difficile à trouver. Se dit de choses rares.

[Sund. [Sundanese script] *mahal*. Day. *mahal*, difficile, rare. Tag. et Bis. [Tagalog script] *mahal*.]

ماى ***māya*** (S. माया *māyā*), apparence, illusion: ombre.

مايفاد *māya-pādu*, la terre (v. ce mot).

مايغ ***māyaṅ***, spadice de la fleur du palmier; grappe; épi de grain; cheveux. — تراورى *māyaṅ ter-ūrey*, cheveux détachés et frisés (*Kl.*).

برمايغ *ber-māyaṅ*, qui produit un spadice. فنغ ايت برمايغ ترلالو بسر مايغن *pinaṅ itu ber-māyaṅ ter-lālu besàr māyaṅ-ña*, cet aréquier produisit un spadice d'une grosseur extraordinaire (*S. Mal.* 209).

فمايغ *pe-māyaṅ*, nom d'un bateau à une voile, dont la marche est rapide. دان لاكى سبوه فمايغ *dān lāgi sa-būah pe-māyaṅ*, il y avait encore un *pemayaṅ* (*H. Ab.* 204).

[Jav. et Sund. [Javanese script] *mayaṅ*, la fleur du *pinang*. Bat. [Batak script] *mayaṅ*. Mak. [Makassarese script] *mayaṅ*.]

مايغ ***māyaṅ*** = اتر *ātur*. ترمايغ *ter-māyaṅ* = تراتر *ter-ātur* (*Kl.*).

ماءيغ ***mā'yuṅ***, nom d'une sorte de comédie malaise dans laquelle les deux principaux personnages sont une actrice nommée *ma'yuṅ* et un acteur nommé فاءيغ *pa'yuṅ* (*Kl.*).

مايدة ***māyidet*** (Ar. ماد), table toute dressée, avec des mets sur les plats.

ماين **māyin, māin,** jouer, s'amuser, badiner, folâtrer: jeu, amusement. ڤاسڠ — *māin pāsarg,* jouer aux dames. چاتر — *māin xātur,* jouer aux échecs, aux dames. كرتس — *māin kartas,* jouer aux cartes. سنجات — *māin senjāta,* s'exercer aux armes. ڤانه — *māin pānah,* tirer de l'arc. رومه ماين وايڠ *rūmah māin wāyarg,* un théâtre. هايم — *māin hāyam,* le jeu de la poule. Il se joue par deux groupes de joueurs qui se tiennent l'un en face de l'autre. Chaque groupe choisit un des siens que l'on couvre de l'habit appelé سارڠ *sārurg,* et qui doit jouer le rôle de la poule. Ces deux poules sont ainsi conduites, chacune par un joueur de son parti, au milieu de la place qui se trouve vide entre les deux groupes. Le conducteur de la poule d'un parti doit essayer, au son de la voix, de connaître, et ensuite appeler par son nom, la poule de l'autre partie; pour cela il la fait caqueter; s'il parvient à la connaître, la poule est acquise à son parti, et le parti opposé se trouve ainsi diminué; si non, on recommence et l'on choisit deux autres poules. — هاڠس *māin hārgus* = جڠجڠ سيكو رمبت *xarg-xarg siku rimbat,* v. جڠجڠ *xarg-xarg.* — كاتق *māin kātak,* nom d'un jeu, à peu près comme celui qui est nommé سودق٢ — *māin sūduk-sūduk,* v. سودق *sūduk.* — مڠجڠر *main mergejàr-rgejàr,* jouer aux barres. Le jeu des barres se joue en Malaisie à peu près comme en Europe.

برماين *ber-māin,* qui joue, jouant, s'amusant, s'exerçant. — دودق *dūduk ber-māin,* s'asseoir et jouer. سري رام دان لقسمان ڤون اد برماين٢ دموك ڤنتو استان *srī rāma dān laksamāna pūn ada ber-māin-māin di-mūka pintu astāna,* Sri Rama et Laksamana s'amusaient devant la porte du palais (*R.* 9). سري رام تياد كرجان لاين ملاينكن برماين٢ ڤانه *srī rāma tiāda karjā-ña lāin me-lāin-kan ber-māin-māin pānah,* Sri Rama ne s'amusait à autre chose qu'à tirer de l'arc (*R.* 9). كارن برماين٢ *kārna ber-māin-māin,* pour plaisanter, par plaisanterie.

برماينكن *ber-māin-kan,* qui s'amuse de quelque chose, jouer avec quelque chose. اي برماين٢كن چوچڤ مانق استڠڬين *īa ber-māin-māin-kan xūxup mānik istarggī-an,* elle s'amusait à respirer les parfums contenus dans une boîte (*R.* 76).

ممڤرماينكن *mem-per-māin-kan*, se jouer, se moquer de quelqu'un, faire passer quelqu'un pour fou. مك سڬل لكلاكى يڠ ممڬڠ عيسى ايت ڤرماينكنله دان ڤلوكنله دى. *maka segala laki-lāki yang memegang Īsa itu per-māin-kan-lah dān palū-kan-lah dīa*, ceux qui tenaient Jésus se moquaient de lui et le frappaient (*N.* 142).

ڤرماينن *per-main-an*, jeu, jouet, divertissement, exercice. برماين ڤلباڬى ڤرماينن *ber-māin pel-bāgey per-main-an*, jouer à différents jeux. — ڤڬاوى *pegāwey per-main-an*, l'appareil d'un jeu (p. ex. toutes les pièces du jeu des échecs). تڠكڤله كيجڠ دو ايكر ايت اكن ڤرماينن همب *tangkap-lah kījang dūa īkor itu ākan per-main-an hamba.*, attrapez ces deux chevreuils pour en faire mon amusement (*R.* 95). مك اد سأورڠ بودق بڠكوق ڤرماينن بنداڽ *maka ada sa-ōrang būdak bungkuk per-main-an bundā-ña*, il y avait un enfant bossu qui était l'idole (le jouet) de sa mère (*R.* 9).

[Sund. ᮙᮃᮄᮔ᮪ *main*. Bat. ᯔᯞᯂᯔ᯲ *mayam.*]

مايڤاد ***māyapāda*** (S. माया *māyā* et पद *pada*, le lieu de l'apparence), la terre, ce monde. تتكال تورن كمايڤاد *tatkāla tūrun ka-māyapāda*, lorsqu'elle descendit sur la terre (*S. Bid.* 27).

مايم ***māyam***, poids d'or valant la seizième partie d'un tael.

ماير ***māyur***, v.ساير *sāyur*.

ماو ***māwu, māu***, vouloir. همب تياد ماو *hamba tiāda māu*, je ne veux pas. اڤ توان ماو *apa tūan māu*, que voulez-vous? تياد جوڬ دى ماو ديم *tiāda jūga dīa māu dīam*, encore ne voulait-elle pas cesser. ماوكه اڠكو مليهت نارك *maū-kah angkaw me-līhat nāraka*, voulez-vous voir l'enfer? (*Mir. Moh.* 115).

ماو *māu*, est souvent un auxiliaire pour indiquer le futur. ايسقله همب ماو داتڠ *ēsuk-lah hamba māu dātang*, je viendrai demain. هوجن ماو تورن *hūjan māu tūrun*, il menace de pleuvoir. اى ماو ماتى *īa māu māti*, il va mourir.

ماو *māu*, a quelque-fois le sens de, falloir, devoir. اكن جادى كاى ماو كرج *ākan jādi kāya māu karja*, pour devenir riche, il faut travailler.

ماو *māu*, répété équivaut, à notre mot *soit*, répété. ماو جنتن ماو بتين *māu jantan māu betina*, soit mâle soit femelle. ماو كفد بايقن ماو كفد جاهتن *māu ka-pada bāiḳ-ña māu ka-pada jāhat-ña*, soit pour son bien, soit pour son mal.

كماوءن *ka-maū-an*, volonté.

On trouve aussi ماهو *māhu*. مك مهوله همب نايق كاتس بالى روغ *maka mahū-lah hamba nāiḳ ka-ātas bāley rūang*, alors je vais monter à la salle d'audience (*R.* 10).

[Day. *maku*.]

ماوين ***māwīn***, v. كاوين *kāwīn*.

ماوغ ***māwung, māung***, d'un gout répugnant, nauséabond. سده مرساءى ڤاهت ماوغ *sudah me-rasā-i pāhit māwung*, ayant ressenti ce qu'il avait d'amer et de nauséabond (*H. Ab.* 334).

On trouve aussi ماهغ *māhung*.

ماور ***māwar***, rose (*rosa centifolia*). — بوغ *būnga māwar*, la rose. — اير *āyer māwar*, de l'eau de rose. — جمبو *jambu māwar*, le jambu rose, la pomme de rose. بوغ ماور ڤوته *būnga māwar pūtih*, la rose blanche. مك دمنديكنن دغن اير ماور *maka di-mandi-kan-ña dengan āyer māwar*; ils le lavèrent avec de l'eau de rose (*R.* 52).

Ce mot, comme l'indique *Pij.* paraît venir de l'Ar. ماء *mā*, eau, et ورد *ward*, rose.

[Jav. et Sund. [Javanese script] *mawar*. Mak. [Makassarese script] *mawara*.]

ماوس ***māwas***, l'orang-outang. دو ايكر ماوس يغ دناماءى اوله اورغ ڤوته اورغ هوتن *dūa īkor māwas yang di-namā-i ūleh ōrang pūtih ōrang hūtan*, deux *mawas* que les Européens nomment orang-outang (*H. Ab.* 85).

[Bat. [Batak script] *mawas*. Day. *mias*.]

ماكى ***māki***, outrage, injure: outragé, injurié. اڤاكه كناءن ماكى دان نست *apā-kah gunā-ña māki dān nista*, à quoi servent les outrages et les injures. — سن *sena māki*, nom d'une médecine tirée du règne végétal (*Kl.*).

مكماكى *maki-māki*, railler, singer, contre-faire. سراى ممندغ

كاين باجو اورڠ مود ايت مکماکی كاين توننڽ *serāya memandaŋ kāin bāju ōraŋ mūda ītu maki-māki kāin tūan-ña,* observant que le vêtement de ce jeune homme imitait (contrefaisait) celui de sa maîtresse (*M.*).

مماکی *me-māki,* outrager, injurier. انق۲ يڠ مماکی ايبو بڤاڽ *ānak-ānak yaŋ me-māki ību bapā-ña,* des enfants qui outragent leur père et leur mère (*H. Ab.* 16). منمڤر اورڠ دان مماکی بينيڽ *menampar ōraŋ dān me-māki binī-ña,* battre un homme et injurier sa femme (*M.*).

ماكن ***mākan,*** mangé, chiqué, fumé. مك سکل بوهڽ ايت ڤون دماکنڽاله *maka segala būah-ña ītu pūn di-mākan-ñā-lah,* et il en mangea tous les fruits (*R.* 74).

On donne souvent à ce radical un sens actif; ainsi on dit, ناسي — *mākan nāsi,* manger du riz, faire un repas. سيره — *mākan sirih,* chiquer le bétel. اڤيون — *mākan apiūn,* fumer l'opium. تمباکو — *mākan tembāko,* chiquer ou fumer du tabac. Au figuré, ce mot est employé d'un grand nombre de manières; en voici quelques exemples. — گاجي *mākan gāji,* être à gages. اورڠ — *mākan ōraŋ,* ruiner quelqu'un. رومه تياد دماکن اڤي *rūmah tiāda di-mākan āpi,* la maison ne fut pas brûlée (*R.* 166). بسي دماکن کراتن *besī di-mākan karāt-an,* le fer rongé par la rouille. ڤيسو تياد ماکن اتس باتو *pīsaw tiāda mākan ātas bātu,* le ciseau ne prend pas sur la pierre; n'entame pas la pierre. کلو۲ ڤدڠ ايت تياد دماکنڽ *kalaw-kalaw pedàŋ ītu tiāda di-mākan-ña,* pour voir si ce glaive pourra le couper (*R.* 85). اڠين تياد ماو ماکن لاير *āŋin tiāda māu mākan lāyar,* le vent ne veut pas prendre la voile (*R. V.*). ڤليت يڠ ماکن باڽق مينق *palīta yaŋ mākan bāñak miñak,* une lampe qui use beaucoup d'huile.

Énig. دماکن تاءبوله دمينم تاءبوله جکلو تياد اي کيت ماتي *di-mākan ta-būleh di-mīnum ta-būleh jikalaw tiāda īa kīta māti,* on ne peut le manger, on ne peut le boire, et cependant s'il n'existait pas nous ne pourrions pas vivre. اڠين *āŋin,* l'air.

مماکن *me-mākan,* manger quelque chose. اي مماکن رنتيڠ۲ کايو *īa me-mākan ranting-ranting kāyu*, ils mangent les jeunes branches des arbres (*Exer.* 149).

ترماكن *ter-mākan*, ce qui se mange, savoureux, appétissant (*Pij.*).

مكانن *makān-an*, de la aliments, des vivres. اد ڤون اكن مكانن تون *ada pūn ākan makān-an tūan*, pour ce qui est de votre nourriture (*R.* 79).

كمكانن *ka-makān-an*, ce qui est mangé, ce qui est dévoré.

[Jav. ꦥꦏꦤ꧀ *pakan*, aliments, ꦩꦏꦤ꧀ *makan*, manger. Bat. ᯇᯂᯉ᯲ *pakan*, nourrir. Day. *kuman*, manger: *pakanan*, nourrir.]

ماكن ***mākin***, plus, d'autant plus, à plus forte raison, de plus en plus. ملاينكن ماكن سست *me-lāin-kan mākin sesàt*, mais qui s'égare de plus en plus (*M.*). Ce mot se trouve plus ordinairement répété, comme dans les exemples suivants: ماكن كول دتارهڽ ماكن مانس اداڽ *mākin gūla di-tāruh-ña mākin mānis adā-ña*, plus on y met de sucre, plus il est doux. ماكن بسر انق ايت ماكن ايلق *mākin besàr ānak itu mākin ēlok*, plus cet enfant croissait, plus il embellissait. ماكن توا ماكن جاهت *mākin tuā mākin jāhat*, il devient d'autant plus mauvais qu'il vieillit davantage.

سماكن *sa-mākin*, dans la proportion de, d'autant plus.

On trouve aussi مكن *makin* et مڠكن *mangkin*. دان مڠكنله برتمبه٢ كاسه سايڠڽ اكن تون ڤتري *dān mangkin-lah ber-tambah-tambah kāsih sāyang-ña ākan tūan putrī*, et son affection pour la princesse augmentait de de plus en plus (*R.*).

[Jav. ꦩꦁꦏꦶꦤ꧀ *mangkin*. Bat. ᯔᯂᯪᯉ᯲ *mahin*.]

ماڠڬ ***māgung***, nom d'un poisson.

ماڬن ***māgon***, chambre d'un navire, le carré.

ماڬل ***māgel***, cotonneux, cardé, ligneux (*Kl.*); distillerie (*Cr.*).

ماڠو ***māngu***, effrayé, épouvanté, terrifié.

ترماڠو *ter-māngu*, qui est effrayé, terrifié, stupéfait. اد يڠ ترمڠماڠو سبب مندڠر سوراڽ *ada yang ter-mangu-māngu sebàb men-dengar suarā-ña*, quelques-uns furent très-effrayés en entendant sa voix (*M.*). بكند ڤون ترمڠماڠو دڠن سكل ڤرمنتري *ba-*

ginda pūn ter-maṅgu-māṅgu deṅgan segala per-mantrī, le prince fut terrifié avec ses ministres (*Indr.* 263). ترماغو سڤرت اورڠ يڠ مابق *ter-māṅgu seperti ōraṅ yaṅ mābuk*, stupéfait comme une personne ivre (*M.*).

[Kw. ꦩꦔꦸ *maṅgu.*]

ماغت **māṅgut.** v. غاغت *ṅgāṅgut.*

ماچ **māxa,** nom d'un coquillage.

ماچڠ **māxaṅ** = همباچڠ *hambāxaṅ.*

ماچن **māxan** = هريو *harīmaw.*

[Jav. ꦩꦕꦤ꧀ *maxan.*]

ماچم **māxam,** échantillon, modèle, patron; genre, espèce, sorte. — دڬاڠن *māxam dagāṅ-an*, échantillon de marchandises. اوبت بدل ماچم ساتو تڠ *ōbat bedìl māxam sātu toṅ*, un baril de poudre pour échantillon. بارڠ٢ بيراڤ ماچم *bāraṅ-bāraṅ be-brāpa māxam*, des objets de bien des espèces (*H. Ab.* 80). اڤ ماچم اورڠ ايت *apa māxam ōraṅ itu*, quelle espèce de personnes sont ces gens-là? (expression de mépris).

ماج **māja** (S. मज्जा *majjā*, moelle), nom d'un arbre, et de son fruit qui a une odeur forte. ايڤون دودقله دباوه ڤوهن ماج *īa-pūn dūduk-lah di-bāwah pōhon māja*, il s'assied sous un arbre *māja* (*R.* 131). Les Malais en distinguent de deux sortes: le *maja* commun et le ڤاهت — *māja pāhit* ou *maja* amer. C'est de ce dernier que l'ancienne capitale de Java avait pris son nom de Majapahit.

[Jav. et Sund. ꦩꦗ *maja.*]

ماجه **mājuh,** gourmand, glouton, vorace.

[Kw. ꦩꦗꦸꦃ *majuh*, manger. Sund. ꦩꦗꦸ *maju.*]

ماجن **mājun,** panacée des Malais, consistant en toutes sortes de médecines mêlées ensemble et prises de temps en temps en boisson, en prononçant quelquefois des formules superstitieuses, pour conserver la santé, ou pour préserver de maladies (*Kl.*). (C'est l'Ar. معجون *majūn* de عجن *ajun*).

ماجر **mājur** (Holl. *majoor*), major, officier supérieur.

ماجل **mājal,** émoussé (d'un couteau etc.).

[Bat. [Batak script] *majal.*]

مات **māta,** œil, organe de la vue. جولغ — *māta jūliŋ,* louche. بيلس — *māta bīlas,* qui regarde de travers. نيلس — *māta nīlas,* chassieux. تاجم — *māta tājam,* clairvoyant. — كرس *kràs māta,* audacieux. — بولو *būlu māta,* les cils des yeux. — كلوڤق *kalūpaḳ māta,* les paupières. بيجي — *bīji māta,* le globe de l'œil. — انق *ānaḳ māta,* la prunelle de l'œil. — ڤوته *pūtih māta,* le blanc de l'œil. — كجڤ *kexàp māta,* clignotement. — ڤوهن *pōhon māta,* l'angle intérieur de l'œil. — ايكر *īkor māta,* l'angle extérieur de l'œil. — اير *āyer māta,* les larmes. كرنيت دغن مات *kareñit deŋan māta,* froncer le sourcil, regarder de mauvais œil. — جرمن *xermin māta,* des lunettes.

Ce mot s'emploie d'un grand nombre de manières au figuré: اير — *māta āyer,* source, fontaine. كايو — *māta kāyu,* nœud dans le bois. تغ — *māta toŋ,* le bondon d'un tonneau. — كنچي *māta kunxi,* le trou de la serrure. كاكي — *māta kāki,* la cheville du pied. سوسو — *māta sūsu,* le bout de la mamelle. داچغ — *māta dāxiŋ,* l'indicateur d'une balance. ڤيسو — *māta pīsaw,* la lame d'un couteau. واغ — *māta wāŋ,* espèces, argent monnayé. ڤوني — *māta pūney,* espèce de lacis en rotin. بند — *māta benda,* effets, biens, meubles. دڬاڠن — *māta dagāŋan,* marchandises. جالن — *māta jālan,* avant-garde.

On nomme aussi مات *māta,* les points de la boussole. تيمر سمات اوتار *tīmur sa-māta utāra,* est-nord-est. مات *māta,* est aussi numéral pour certains objets. سمات انق تڠݢ *sa-māta ānaḳ taŋga,* un échelon. كوچغ — *māta kūxiŋ,* nom d'un petit fruit, et de la plante qui le produit (*mephitidia cyanocarpa*). بوت — *māta būta,* nom d'une plante (*excoecaria agallocha*).

مةمات **mata-māta,** hommes de la police. ادالهبرابق باڽق مةمات *adā-lah be-brāpa bāñaḳ mata-māta,* il y avait un grand nombre d'agents de police.

سمات **sa-māta** ou سمةمات **sa-mata-māta,** simple, simplement, seulement, purement. ملك سكلين ايت بوهغ سمةمات *maka sa-kalī-*

an ītu bōhoṅ sa-mata-māta, or ce sont de purs mensonges (*H. Ab.* 60).

برمات *ber-māta*, qui a des yeux. بناتڠ يڠ برمات دو *bināṭaṅ yaṅ ber-māta dūa*, des animaux qui ont deux yeux. برمات اير *ber-māta āyer*, qui a une source d'eau. سواتو ڤريݢى يڠ برمات اير هيدڤ *suātu prīgi yaṅ ber-māta āyer hīdup*, un puits qui avait une source d'eau vive (*B.* 39).

متهارى *mata-hāri*, le soleil. v. ce mot.

[Jav. et Sund. [illegible] *mata*. Bat. [illegible] *mata*. Mak. [illegible] *mata*. Day. *mata*. Tag. et Bis. [illegible] *mata*.]

مات **māta**. — ݢاجه *gājah māta*, un éléphant non aprivoisé. v. مت *meta*.

ماته **mātah**, pour منته *mentah*.

ماتى **māti**, mort; mourir: fixé. — اورڠ *ōraṅ māti*, un homme mort. دبونه — *māti di-būnuh*, assassiné, tué. دݢنتڠ — *māti di-gantuṅ*, pendu. لمس — *māti lemàs*, suffoqué, étouffé, noyé. يڠ هيدڤ دان يڠ ماتى *yaṅ hīdup dān yaṅ māti*, les vivants et les morts. ماتى هيدڤ ڤون ڤاتق برسماسام دڠن ڤادك انكند ايت *māti hīdup pūn pāteḳ ber-sama-sāma deṅan pāduka anakanda ītu*, mort ou vivant je vous accompagnerai (*R.* 50). اداكه لاݢى هيدڤ اتو ماتيكه *adā-kah lāgi hīdup ātaw mati-kah*, est-elle encore vivante, ou bien est-elle morte? (*R.* 129). اورڠ ايت ماو ماتى *ōraṅ itu māu māti*, cet homme va mourir. سنسچاى اڠكو اكن ماتى *sa-nisxāya aṅkaw ākan māti*, certainement vous mourrez (*B.* 3). Au figuré: — تانه *tānah māti*, terre inculte, non défrichée. — جارى *jāri māti*, le doigt du milieu. — هرݢ *harga māti*, prix fixe.

Énig. بناتڠ امڤت كاكى مڠهڠكڤ دكايو ماتى داتڠ ڤول دو كاكى ڤوكل٢ تاماتى *bināṭaṅ ampat kāki meṅ-hiṅgap di-kāyu māti dātaṅ pūla dūa kāki pūkul-pūkul tā-māti*, un animal à quatre pieds se perche sur un bois mort, arrivent ensuite deux autres pieds qui le frappent continuellement et il n'en meurt pas. كندڠ اتو ربان دڤوكل اورڠ *gendaṅ ātaw rabāna di-pūkul ōraṅ*, un tambour ou un tambourin que l'on bat.

سماتی *sa-māti*, le mort, le défunt. اکن ݢنتی راج کیت سماتی *ākan ganti rāja kita sa-māti*, à la place de notre roi défunt (*M.*).

ممتیکن *me - matī - kan* , tuer, faire mourir. يا تونك جاڠنله کراڽ همب دمتیکن دهولو برتمو دڠن دی *yā tūan-ku jāŋan-lah kirā-ña hamba di-matī-kan dahūlu ber-temū deŋan dīa*, seigneur, faites que je ne sois pas mis à mort avant de l'avoir vu (*R.* 103). ممتیکن اورڠ عادل دڠن اورڠ فاسق *me-matī-kan ōraŋ ādil deŋan ōraŋ fāsiḳ*, faire mourir le juste avec l'impie (*B.* 24). سبله هوجڠ دمتیکن *sa-belàh hūjuŋ di-matī-kan*, qui est fixé à l'extrémité (*H. Ab.* 28).

کمتیئن *ka-matī-an*, la mort, le décès; qui est mort, qui est mortel. هی تون٢ سکلین بهوکامو براوله دکچیت سبب کمتیئن راج کامو *hey tūan-tūan sa-kalī-an bahwa kāmu ber-ūleh duka-xita sebàb ka-matī-an rāja kāmu*, ô messieurs, vous allez tous ressentir une profonde tristesse à cause de la mort de votre roi (*R.* 49). تیاد اکو کتهوءی هاری کمتیئنك *tiāda āku ka-tahū-i hāri ka-matī-an-ku*, je ne connais pas le jour de ma mort (*B.* 40). ای ڤون مناڠیس سڤرت اورڠ کمتیئن *ia pūn menāŋis seperti ōraŋ ka-matī-an*, ils pleuraient comme on pleure un mort (*R.* 148). بارڠ يڠ کمتیئن *bāraŋ yaŋ ka-matī-an*, ce qui est mortel (*N.* 298). ليهتله اڠکو سأورڠ کمتیئن *līhat-lah aŋkaw sa-ōraŋ ka-matī-an*, considérez que vous devez mourir (*B.* 27).

Crawf. fait venir ce mot du S. मृति *mriti*, la mort, mais on pourrait également lui donner une origine sémitique. On trouve en Héb. מות *maut*, mourir, au prétérit, מֵת *met*, מַתִי *mati*, etc., et en Ar. موت *maut*, la mort. Ce dernier est aussi passé dans cette forme en malais.

[Jav. ꦥꦠꦶ *pati*, mort. ꦩꦠꦶ *mati*, mourir. Bat. ᯔᯖᯩ *maté*. Mak. et Bug. ᨆᨈᨙ *maté*. Day. *matey*. Tag. et Bis. ᜉᜆᜌ *patay*. Malg. *mati*. Océan. *maté*.]

ماده ***mādah***, discours, parole, récit. تیدقله همب ڤنجڠکن ماده *tidaḳ-lah hamba panjaŋ-kan mādah*, je ne prolongerai pas ce récit (*Sul. Ab.* 14).

برماده *ber-mādah*, qui parle, qui raconte (*Sul. Ab.* 15).

مادو ***mādu*** (S. मधु *maḍu*), miel. — اندڠ *induŋ mādu* ou — سارڠ *sāraŋ mādu*, rayon de miel. — لاوت *lāut mādu*, un océan de miel. سڤرت شكر برچمڤر مادو *seperti šukar berxampur mādu*, comme du sucre mêlé de miel. On dit aussi — اير *āyer mādu*, du miel. بيت سده راس سديكت اير مادو *bēta sudah rāsa sa-dikit āyer mādu*, j'ai goûté un peu de miel (*B.* 448).

مدمدوٴن *madu - madū - an*, essaim d'abeilles, ou la masse de cire et de miel attachée à la branche d'un arbre (*M.*).

[Jav. et Sund. ꦩꦝꦸ *madu*. Day. *madu.*]

مادو **mādu**, dénomination corrélative de plusieurs femmes qui ont un même mari. جكلو اڠكو امبل مدمادو برسيسى انق ٢ك ڤرمڤون *jikalaw aṅkaw ambil madu-mādu ber-sisi ānak-ānak-ku perampūan*, si vous prenez encore d'autres femmes avec mes filles (*B.* 51). هندق جادى مدوك *hendak jādi madū-ku*, voulant devenir seconde épouse de mon mari (*S. Bid.* 33).

برمادو *ber-mādu*, épouses corrélatives, épouses du même mari. برمادو توان دڠن راج ڤرمڤون *ber-mādu tūan deṅan rāja perampūan*, vous serez une co-épouse avec la reine (*S. Mal.* 299). توان برهادڤ امڤت برمادو *tūan ber-hādap ampat ber-mādu*, vous quatre, qui êtes femmes du même mari, paraissez (*M.*).

ڤرمدوٴن *per-madū-an*, état corrélatif de plusieurs femmes qui ont un même mari. — عادة *ādat per-madū-an*, droit qu'on est obligé de payer (en certains circonstances) pour épouser deux femmes (*M.*).

[Jav. ꦩꦫꦸ *maru*. Sund. ꦩꦝꦸꦏ꧀ *maduk*, être mutuellement opposé.]

مادت **mādat**, opium préparé pour être fumé, avec ou sans tabac. اى سوك مڽابڠ دان مينم مادت *ia sūka meñābuṅ dān minum mādat*, qui se plaisent à faire battre les coqs et à fumer l'opium (*H. Ab.* 372). — رومه *rūma mādat*, maison où l'on fume l'opium.

برمادت *ber-mādat*, qui fume l'opium. جكلو بڤاڽ ايت برمادت مك انقڽ ايتڤون برمادت *jikalaw bapā-ña itu ber-mādat maka ānak-ña itu-pūn ber-mādat*, si le père fume l'opium, le fils le fume aussi (*H. Ab.* 432).

ڤمادت *pe-mādat*, fumeur d'opium.

[Jav. et Sund. *madat.*]

مادت ***mādat***, échauguette, tour d'observation. — بالى *bāley mādat*, batterie pour affûter les canons.

مان ***māna*** (S. मान *māna*, mesure), où, qui, quoi, comment?

دمان *di-māna*, où? en quel endroit? كمان *ka-māna*, vers quel endroit? درمان *deri-māna*, d'où? de quel endroit? كال — *māna kāla*, quand? à quel temps? — اورڠ *ōrang māna*, quelle personne? بوله — *māna būleh* comment cela se pourrait-il? مان تيته توان *māna titah tūan*, quels que soient vos ordres. مان سكواس همب *māna sa-kuāsa hamba*, autant qu'il est en mon pouvoir. بايق درمان داتڠث *bāik deri māna dātang-ña*, de quelque lieu qu'il vienne.

ممان *mana-māna*, quelque, quelque lieu. دممان *di-mana-māna*, en quelque lieu que ce soit, partout. سممان *sa-māna-māna*, partout, tout à fait, absolument.

بكمان *bagi-māna* ou سبكمان *sa-bagi-māna*, comment? de quelle manière? بكمناكه اڠكو بوله تاهو *bagi-manā-kah angkaw būleh tāhu*, comment pouvez vous savoir? (*N. Phil.* 10). سبكمان اى اكن دڠر ڤاتق *sa-bagi-māna ia ākan dengar pātek*, comment m'écouterait-il? (*B.* 93).

مناكن *manā-kan*, comment? pourquoi? مناكن همب داڤت *ma-nā-kan hamba dāpat*, comment pourrais-je? دمناكن بوله اى ڤرڬى *di-manā-kan būleh ia pergi*, comment pourrait-il partir?

ڤرمناءى *per-manā-i*, v. ce mot.

[Jav. *mana*, qui, quel, lequel. Sund. *mana*. Day. *mana*. Tag. *ano*, et Bis. *mano*, mot interrogatif.]

مانه ***mānah*** (S. मनस् *manas*), cœur, esprit, intelligence.

[Jav. *manah*. Sund. *mana*. Avec le Sanscr. comparez. Gr. μένος. Lat. *mens.*]

مانه ***mānah*** (S. मन *mana*, estimer, apprécier), estimer, révérer; vénérable, respectable: ce que l'on doit estimer ou révérer; héritage, relique (*Kl.*).

[Bat. *mano-mano*, cadeau qui vient d'un

défunt. Tag. ᜋᜈ mana, héritage.]

مانى **mānī** (S. मणि maṇi, pierre précieuse), bijou, pierre précieuse, corail.

كمنيئن ka-manī-an, qui est orné de corail, ou de pierres précieuses. قنجيقنجين يڠ كمنيئن panji-panjī-ña yaṅ ka-manī-an, leurs étendards, qui étaient ornés de pierres précieuses (S. Bid. 135).

On trouve aussi مانق mānik. تتكال اى براوله سچمبل مانق استڠكى tatkāla ia ber-ūleh sa-xembul mānik istaṅgi, lorsqu'elle avait obtenu une boîte en pierres précieuses contenant des parfums (R. 76).

[Jav. ꦩꦤꦶ mani.]

مانو **mānaw,** nom d'une sorte de rotin rouge.

[Bat. mallo.]

مانق **mānik** et مانق٢ **mānik-mānik** = مانى mānī, bijou.

[Jav. ꦩꦤꦶꦏ꧀ manik.]

مانق **mānuk,** oiseau. — ديوات mānuk dēwāta, l'oiseau de paradis.

[Jav. et Sund. ꦩꦤꦸꦏ꧀ manuk. Bat. manuk, poule, volaille. Tag et Bis. ᜋᜈ manok, volaille.]

مانكم **mānikam** (S. माणिक्य māṇikya), rubis, pierres précieuses. ميره سڤرت مانكم mērah seperti mānikam, rouge comme un rubis. ورن توبهن سڤرت مانكم يڠ كونڠ warna tūbuh-ña seperti mānikam yaṅ kūniṅ, son teint ressemblait à la topaze. مانكم يڠ امت ڤوته mānikam yaṅ āmat pūtih, pierre d'une eau très-pure. سڠݢهسان يڠ برتاتهكن رتن ماتو مانكم siṅgahsāna yaṅ ber-tātah-kan ratna mātu mānikam, un trône orné de joyaux et de pierres précieuses (R. 5). سبيجى — mānikam sa-bījī, un rubis, une pierre précieuse.

Prov. اداڤون مانكم جكلو دجاتهكن كدالم لمباهن سكاليڤون نسچاى تياد اكن هيلڠ چهيان ada-pūn mānikam jikalaw di-jātuh-kan ka-dālam limbāh-an sa-kāli-pūn nisxāya tiāda ākan hilaṅ xahayā-ña, quand on laisserait tomber une pierre précieuse dans la boue, elle ne perdrait pas son brillant pour cela. Le sens est: quant un homme de bonne famille et bien élevé tomberait dans la pauvreté et dans la servitude, ses manières et son langage feront toujours connaître la noblesse de son origine (*H. Ab.* 330).

[Kw. et Sund. ꦩꦤꦶꦏꦼꦩ꧀ *ma-nikem.* Mak. [illegible] *manikang.* Tag. [illegible] *manik,* perles en verre.]

مانغ *mānung.*

برمانغ *ber-mānung*, être plongé dans ses pensées, absorbé dans des réflexions.

برمنوڠي *ber-manūng-i*, id. (*Pij.*).

مانس *mānis*, doux, agréable, délicat. مانس سفرت اير مادو *mā-nis seperti āyer mādu*, doux comme du miel. كتان — *mānis katā-ña*, ses paroles sont douces et persuasives. لكون — *mānis lakū-ña*, ses manières sont affables. مكان — *mānis mukā-ña*, sa figure, son extérieur est agréable. — كولت *kūlit mānis*, ou — كايو *kāyu mānis*, de la cannelle. — جارى *jāri mānis*, le doigt annulaire. — ايتم *ītam mānis*, d'un brun clair, une brunette.

ممانسكن *me-mānis-kan*, adoucir, rendre doux.

منيسن *manīs-an*, douceur, délicatesses, confitures.

ڤمانس *pe-mānis*, se dit pour — جارى *jāri mānis*.

[Jav. et Sund. ꦩꦤꦶꦱ꧀ *manis*. Bat. [illegible] *manis*, reluisant, comme frotté avec de l'huile. Mak. [illegible] *manisang*, douceur. Day. *anis*. Tag. et Bis. [illegible] *tamis*.]

مانسى *mānusīya, mānusīa* (S. मानुष *mānuša*), l'homme, le genre humain, humanité. — ڽاو *ñāwa mānusīa*, l'âme de l'homme. — توبه *tūbuh mānu-sīa*, le corps de l'homme. بڠكى — *bangkey mānusīa*, des cadavres humains. برهادڤ كڤد مانسى *ber-hādap ka-pada mā-nusīa*, paraître en public. — كبڽاكن *ka-bañāk-an mā-nusīa*, la foule, grande population. الله منجديكن مانسى دڠن قدرتن *allah men-jadī-kan mā-nusīa dengan ḳoderat-ña*, Dieu a créé l'homme par sa puissance (*M. R.* 10). يڠ سده جادى مانسى *yang sudah jādi mānusīa*, qui est devenu homme (*P. M.*). تمڤت يڠ تياد سمڤى مانسى *tampat yang tiāda sampey mānusīa*, lieu désert.

[Jav. et Sund. ꦩꦤꦸꦱ *manusa* et ꦩꦤꦸꦱ꧀ꦮ *manuswa.* Bat. [illegible] *manusiya.*]

مانشي **mānušia** = مانسي *mānusia.*

مانع **mānia** (Ar. منع), prohibant, empêchant (*D. M.*).

مابق **mābuk,** ivre, enivré, qui a des vertiges. منومن — *mābuk minūm-an,* enivré par la boisson. لاوت — *mābuk lāut,* ou امبق — *mābuk ombak,* qui a le mal de mer. كبسارن — *mābuk ka-besār-an,* enivré par les grandeurs. مك ستله اي سده مينم سكلين ڤون هابس مابق *maka sa-telàh ia sudah minum sa-kali-an pūn hābis mābuk,* et lorsqu'ils eurent bu, ils se trouvèrent tous ivres (*R.* 133). تيدااله بوله برجالن لاݢي سبب مابق داره *tiadā-lah būleh ber-jālan lāgi sebàb mābuk dārah,* il ne pouvait plus marcher, étant tombé en faiblesse, à cause du sang qu'il avait perdu (*H. Ab.* 330).

ممبوكي *me-mabūk-i* (*R. V.*), procurer l'ivresse à, donner des vertiges à.

ممابقكن *me-mābuk-kan,* enivrer, rendre ivre. سكل يڠ ممابقكن سڤرت ارق دان توق *segala yang me-mābuk-kan seperti ārak dān tūak,* tout ce qui enivre, comme l'arak et le toddi (*M.*).

ڤمابق *pe-mābuk,* ivrogne. جك اد اورڠ ڤمابق اتو اورڠ ڤرمڤس *jika ada ōrang pe-mābuk ātaw ōrang pe-rampas,* si c'est un ivrogne ou un ravisseur du bien d'autrui (*N.* 277).

ڤمبوكن *pe-mabūk-an,* action d'enivrer, enivrement; ivrogne (*Cr.*).

كمبوكن *ka-mabūk-an,* ivrognerie, ivresse. كمبوكن اد كترونن درڤد كدماڤن *ka-mabūk-an ada ka-turūt-an deri-pada ka-demāp-an,* l'ivrognerie est une des suites de la gourmandise (*P. M.*).

[Sund. ᮙᮘᮧᮊ᮪ *mabok.* Bat. [illegible] *mabuk.* Day. *mabok,* lourd, pesant. Bis. [illegible] *hobog.*]

مام **māma,** v. مامق *māmak.*

مامه **māmah,** mâché, chiqué. مامهله داݢيڠ ايت *māmah-lah dāging ītu,* mâchez cette chair (litt.: soit par vous cette chair mâchée). تمباكو ايت دماسقكن كمولتن مك دمامهن *tembāko ītu* *di-māsuk-kan-ña ka-mūlut-ña maka di-māmah-ña*, ils mettaient le tabac dans leur bouche et le chiquaient (*H. Ab.* 349). سمبل سيره د مامه *sambil sirih di-māmah*, en chiquant le bétel (*Sul. Ab.* 23). — بيق *māmah bīyak*, ruminé.

مماه *me-māmah*, mâcher, chiquer quelque chose.

Prov. كاجه ممامه ارس بايق دايكت كرا يغ كچل مماكن بوه كايو *gājah me-māmah āris bāik di-īkat kerā yang kecil me-mākan būah kāyu*, l'éléphant mange le tronc du bananier, il est bon qu'il y soit obligé, afin que le petit singe puisse en manger les fruits. Le sens est: les grands doivent être modérés dans leur abondance, afin que les petits puissent avoir le nécessaire.

ممامهكن *me-māmah-kan*, mâcher ou faire mâcher quelque chose, ronger quelque chose.

[Jav. et Sund. [illegible] *mamah*. Bat. [illegible] *mama*. Mak. [illegible] *mama*.]

مامى **māmey**, être en délire, parler en rêvant.

[Jav. [illegible] *amé* et [illegible] *ngamé*.]

مامون **māmūn** (Ar. امن), celui auquel on peut avoir confiance.

ماموم **māmūm** (Ar.), ceux à la tête desquels se trouve un امام *imām*: laïques, catéchumènes. واجب اكن ماموم مڠيكت امامن *wājib ākan māmūm meng-īkut imām-ña*, le catéchumène doit suivre le prêtre. امام ڤون بري سلام اكن مامونن يغ ڤد ڤيهق كانن دان ڤد ڤيهق كيري *imām pūn bri salām ākan māmūn-ña yang pada pīhak kānan dān pada pīhak kiri*, le prêtre salue l'assemblée à droite et à gauche (*M.*).

مامق **māmak**, oncle paternel: titre honorifique en parlant à un homme âgé. ڤريڽ برتمو دغن مامقڽ *prī-ña ber-temū dengan māmak-ña*, comment il avait rencontré son oncle (*R.* 81). مڠاڤ تون منڠکڤ مامق تون كارن اى اين سودارا ايه تون *meng-āpa tūan menangkap māmak tūan kārna ia ini sūdāra āyah tūan*, pourquoi avez-vous porté la main sur votre oncle? car cet homme est le frère de votre père (*M.*). هى مامقك *hey māmak-ku*, ô mon respectable ami (*M.*).

On trouve aussi مام *māma*.

مامغ **māmaŋ,** hésitant, douteux, incertain. مك متان ڤون مامغ *maka matā-ña pūn māmaŋ,* son regard était incertain (*Amir Hamz.* 152).

[Jav. ꦩꦩꦁ *mamaŋ* et ꦩꦁꦩꦁ *maŋmaŋ.*]

مامر **māmar,** blessé, lésé: faible, abattu par la douleur.[1]

[Jav. ꦩꦩꦂ *mamar,* troublé.]

مار **māra** (S. मार *māra,* mort, destruction), mal, dommage, désastre, danger. اكن جالن ايت تياد اڤ مران *ākan jālan ītu tiāda apa marā-ña,* ce chemin n'offre pas le moindre danger (*M.*).

برمار *ber-māra,* qui a du mal, qui est en danger. لڤسله اى درڤد سترو ايت دغن تياد برمار *lepàs-lah īa deri-pāda satrū ītu deŋan tiāda ber-māra,* il fut délivré d'entre les mains de cet ennemi, sans avoir éprouvé aucun mal (*M.*).

Ce mot se joint souvent à بهاي *bahāya,* en conservant le même sens. جالن ايت ڤون تياد مربهاي *jālan ītu pūn tiāda mara-bahāya,* ce chemin n'offre aucun danger (*R.* 25). تاغنن ايت ڤون تياد مربهاي *tāŋan-ña ītu pūn tiāda mara-bahāya,* et sa main n'eut aucun mal (*R.* 104).

ڤمار *pe-māra,* oiseau de mauvais augure.

[Jav. ꦩꦂ *mar,* effrayé, craintif. Bat. ▬ *mar.*]

مار **māra,** devant, par devant, en avant. — اندر *undur māra,* en arrière et en avant.

v. ارا *arā* et اره *ārah.*

[Jav. ꦩꦫ *mara,* à, vers.]

مارا **mārā,** v. sous اره *ārah.*

ماره **mārah,** en colère, irrité, courroucé, furieux. مك بݢند ڤون ترلالو ماره *maka bagında pūn ter-lālu mārah,* et le prince fut extrêmement en colère (*R.* 3). مارهن تياد داڤت دتاهن *mārah-ña tiāda dāpat di-tāhan,* sa rage ne put être contenue (*M.*).

ممراهي *me-marāh-i,* se mettre en colère contre quelqu'un.

ممارهكن *me-mārah-kan,* faire mettre quelqu'un en colère, rendre furieux.

ڤماره *pe-mārah,* qui se met en colère, grondeur, grognon.

كمراهن *ka-marāh-an,* colère, emportement.

On trouve aussi اماره *amārah.* كاماراهن *ka-amarāh-an,* colère (*P. M.*).

ماری **mārī,** venir. سین — *māri sini,* viens ici. — فرگی *pergi māri,* aller et venir. — بری *brī māri,* envoyez ici. مریله انقك *marī-lah ānak-ku,* viens, mon enfant. ماری کیت قولغ *māri kīta pūlang,* venez, allons, partons. ماری اغکو دسین اکو هندق برکات کفدام *māri angkaw di-sini āku hendak ber-kāta ka-padā-mu,* venez ici, je veux vous parler (*R.* 88).

کماری *ka-māri,* par ici, à venir. — کسان *ka-sāna ka-māri,* par ici, par là, de tous cotés.

[Bat. ᯔᯒᯪ *mari.* Day. *mari,* courir.]

مارق **mārak,** allumer, faire du feu (*Cr.*).

مال **māl** (Ar.), richesses, possessions. بيت المال *beit el-māl,* le trésor. v. بيت *beit.*

مال **māla,** tomber par dessèchement. — تانه *tānah māla,* terre de pipe (*Kl.*).

ماله **mālah,** même et, encore, tellement que, jusqu'à ce que. ای ساغت، مناغس ماله باسه دغن کاین بجون *īa sāngat menāngis mālah bāsah dengan kāin bajū-ña,* il pleura tellement que ses vêtements en furent trempés (*M.*). ماله هابس دغن بولو کنڠن ترباکر *mālah hābis dengan būlu kening-ña ter-bākar,* jusqu'à ce que ses sourcils fussent brûlés (*M.*).

[Jav. ꦩꦭꦃ *malah,* même. Sund. ꦩꦭꦃ *malah,* de préférence, plutôt.]

مالی **māley** (S. माला *mālā*), collier de perles, guirlande de fleurs; bouquet. لقسان بوغ دکارغ مالی *laksāna būnga di-kārang māley,* comme des fleurs dont on a fait un bouquet (*S. Bid.* 12).

برمالی *ber-māley,* placé en guirlande, fait en collier. برمالی انتن دکارغ *ber-māley intan di-kārang,* porter un collier de diamants (*M.*).

برماليکن *ber-māley-kan,* qui forme une guirlande, un collier.

مالی٢ **māley-māley,** nom d'une plante médicinale employée contre les enflures aqueuses. — بوه *būah māley-māley,* nom d'un fruit que l'on mange avec du sel (*Kl.*).

مالو **mālu,** honteux, modeste, poli, respectueux, intimidé honte, affront. — تندق tunduk mālu, baisser la tête de honte. — ممبري mem-brī mālu, faire honte, jeter la honte sur quelqu'un. — بوڠ būwang mālu, couper le prépuce, circoncire. تيداله اڠكو مالو اكن الله tiadā-lah angkaw mālu ākan allah, ne rougis-tu pas devant la face de l'Éternel? (M.). تيداله مالو ڤد يڠ امڤوڽ جوڠ tiadā-lah mālu pada yang ampūña jūng, il manque de respect envers le propriétaire du navire (Cod. Mal. 401). اكو تياد مالو اكن اڠكو āku tiāda mālu ākan angkaw, je ne suis pas intimidé devant vous (R. 42).

برمالو ber-mālu, qui a honte, qui rougit. يڠ تياد برمالو yang tiāda ber-mālu, qui ne rougit pas, impudent, éhonté. اي تياد برمالو ia tiāda ber-mālu, ils ne rougissaient pas (B. 4). هي اڠكو يڠ تياد برمالو hey ankaw yang tiāda ber-mālu, ô toi, qui es éhonté (Kal. dan Dam. 78).

مملوءي me-malū-i, montrer de la pudeur envers quelqu'un, traiter quelqu'un avec égard. تياد دملوءي اوله اورڠ ملاك tiāda di-malū-i ūleh ōrang malāka, ils n'étaient pas traités avec égard par les gens de Malacca (S. Mal. 286).

ممڤرملوكن mem-per-malū-kan, rendre honteux, faire rougir (R. V.).

كملوءن ka-malū-an, honte, ce qui est honteux; les parties naturelles. كارن اي براوله كملوءن kārna ia ber-ūleh ka-malū-an, car ils étaient couverts de honte (R. 85). اكن كملوءن بڤاڽ تياد دليهتڽ ākan ka-malū-an bupāña tiāda di-līhat-ña, ils ne virent pas dans leur père ce que la pudeur défendait de voir (B.).

مالو mālaw = همبالو hambālaw.

مالك mālik (Ar. ملك), possesseur, maître, seigneur.

مالڬي māligey, palais, maison de prince, appartement royal. مالڬي توجه ڤڠكت māligey tūjuh pangkat, palais à sept étages. — ايسي īsi māligey, le personnel du palais, les courtisans. ددالم تامن ايت اد توجه بوه مالڬي di-dālam tāman ītu ada tūjuh būah māligey, dans ce jardin, il y avait sept palais (R. 140). ڤرڬيله اي كمالڬي انكنداڽ pergi-lah ia ka-māligey anakandāña, il se rendit à l'appartement de son enfant (*M.*).

[Jav. ꦩꦭꦶꦒꦺ *maligé*. Sund. ᮙᮜᮨᮌᮤ *malegi*. Mak. *maligé.*]

مالغ *mālang* (de الغ *ālang*, de travers), malheureux, infortuné, misérable, sans succès. كامى مالغ سده تربوغ *kāmi mālang sudah ter-būwang*, malheureux que nous sommes, on nous chasse (*M.*). مغفاكه تون منغكلكن اندند مالغ چلاك اين *meng-apā-kah tūan meninggal-kan adinda mālang xelāka ini*, pourquoi avez-vous délaissé votre épouse infortunée et misérable? (*R.*157). انتغ يغ مالغ *untung yang mālang*, revers, infortune, mauvais succès.

مالغ *mālang,* titre, officier militaire d'un certain rang. مالغ دان فنجورت دان فغكاو *mālang dān pen-jūrit dān punggāwa,* des officiers de différents grades (*M.*).

مالغ *mālang,* nom d'une espèce d'anguille.

مالغ *māling,* dérobé, volé; être volé. اى برجاك تاكت مالغ *ia ber-jāga tākut māling*, il veille dans la crainte d'être volé (*M.*).

— فنتو *pintu māling*, porte dérobée, porte secrète. لالو فرݢى كفد فنتو مالغ *lālu pergi ka-pada pintu māling*, il sortit par une porte dérobée (*R.* 10).

مالغ٢ *māling-māling*, à la dérobée, en secret, furtivement. ممبرى تاهو مالغ٢ *mem-brī tāhu māling-māling*, informer en secret.

ممالغ *me-māling*, dérober, voler. سفرت اورغ هندق ممالغ *seperti ōrang hendak me-māling*, comme quelqu'un qui a l'intention de commettre un vol (*M.*).

[Jav. et Sund. ꦩꦭꦶꦁ *maling*. Day. *maling*.]

مالن *mālan,* pour مالغ *mālang*.

مالف *mālap,* faible, pâle (de la lumière d'une lampe): lent, lambin (au travail) (*Kl.*).

مالم *mālam,* nuit, la nuit. — دان سيغ *mālam dān siyang,* la nuit et le jour. هارى — *mālam hāri,* la nuit, le temps de la nuit. هارى راى — *mālam hāri rāya,* la vigile d'une fête. — تغه *tengah mālam,* minuit, au milieu de la nuit. — توجه *tūjuh mālam,* sept nuits, une semaine. — براف *brāpa mālam,* combien de jours?

(litt. : combien de nuits?) اين — *mālam ini*, ce soir. سمالم *sa-mālam*, hier soir, hier, la nuit dernière. — ايسق *ēsuk mālam*, demain soir. سبت — *mālam sabtu*, vendredi soir. مك هاري ڤون مالمله *maka hāri pūn mālam-lah*, et on était à la nuit. مك دڤڠڬلله الله اكن كلم ايت مالم *maka di-panggil-lah allah ākan klàm itu mālam*, et Dieu donna aux ténèbres le nom de nuit (*B.* 1).

برمالم *ber-mālam*, passer la nuit. همب هندق برمالم دسين *hamba hendak ber-mālam di-sini*, j'ai l'intention de passer la nuit ici (*R.* 13).

سمالامن *sa-malām-an*, de nuit, nuitamment. — برهمڤن *ber-himpun sa-malām-an*, s'assembler nuitamment.

ڤرملامن *per-malām-an*, action de passer la nuit, lieu où l'on passe la nuit, étape. — تمڤت *tampat per-malām-an*, auberge. اي برجالن درڤد سواتو ڤرملامن داتڠ كڤد سواتو ڤرملامن *ia ber-jālan deri-pada suātu per-malām-an dātang ka-pada suātu per-malām-an*, il voyagea ainsi d'étape en étape (*Sul. Ibr.* 13).

[Kw. ꦩꦭꦼꦩ꧀ *malem*, nuit. Sund. ꦩꦭꦼꦩ꧀ *malem*, les nuits du 20ᵉ ou 30ᵉ jour du jeûne. Day. *alem*, nuit; *andau malem*, hier.]

مالس **mālas**, paresseux, nonchalant, négligent, indolent. اورڠ — *ōrang mālas*, un paresseux. مڠاجي — *mālas meng-āji*, paresseux à la leçon. هي همب يڠ مالس *hey hamba yang mālas*, ô serviteur paresseux! درڤد باڽق مينم اير ايت برتمبه٢ مالس *deri-pada bāñak mīnum āyer itu ber-tambah-tambah mālas*, en buvant beaucoup d'eau, on devient indolent (*M. R.* 220).

كملاسن *ka-malās-an*, paresse, négligence, indolence: et aussi, le paresseux (*stenops tardigradus*).

ماس **māsa** (S. मास *māsa*, mois), temps, saison, époque, période. ڤد ماس ايت *pada māsa itu*, en ce temps-là. ڤد ماس هيدڤ *pada māsa hīdup*, pendant la vie. يڠ بايق — *māsa yang bāik*, temps propice. منابر — *māsa menābur*, le temps des semailles. ڤانس — *māsa pānas*, la saison chaude. هوجن ڤد ماسڽ *hūjan pada masā-ña*, de la pluie en son temps. سؤرڠ ڤون تياد كڤد ماس ايت يڠ لبه بسر *sa-ōrang pūn tiāda ka-pada māsa itu yang* *lebèh besàr,* il n'y avait à cette époque aucun homme qui fut plus grand que lui (*R.* 172).

[Jav. ꦩꦁꦱ *marsa.* Tag. ᜋᜐ *masa.*]

ماس **māsa,** peut-on croire? serait il? il n'y a pas à penser. ماس بوله همب فرگي *māsa būleh hamba pergi,* pourrais-je vraiment m'en aller? (*M.*). ماس بنركه همب منونجقكن جالن كفد سترو توهنكو *māsa benàr-kah hamba menunjuk-kan jālan ka-pada satrū tūhan-ku,* aurait-il été convenable que je montrasse le chemin aux ennemis de monseigneur? (*M. R.* 217).

مساكن *masā-kan,* même sens. مساكن تياد هيدف لاگي *masā-kan tiāda hīdup lāgi,* serait-il possible qu'il n'en restât pas un seul vivant? (*R.* 154). مساكن لاگي اغكو مغهيلڠكن اورڠ عادل دڠن اورڠ فاسق *masā-kan lāgi angkau meng-hīlang-kan ōrang ādil dengan ōrang fāsik,* pourriez-vous perdre le juste avec l'impie? (*B.* 24).

ماسه **māsih,** encore. كارن توان ماسهله كانق٢ *kārna tūan māsih-lah kānak-kānak,* car vous n'êtes encore qu'un enfant (*S. Bid.* 106). لاگي — *māsih lāgi,* plus encore.

On trouve aussi ماسي *māsi.*

[Jav. ꦩꦱꦶꦃ *masih.*]

ماسق **māsak,** mûr: cuit, préparé (des aliments), épuré (des métaux). — بوه فيسڠ يڠ *būah pīsang yang māsak,* des bananes mûres. — فادي بلم *pādi belùm māsak,* le padi n'est pas encore mûr. — ناسي سده *nāsi sudah māsak,* le riz est cuit.

برماسق *ber-māsak,* qui cuit; cuire, mûrir.

مماسقكن *me-māsak-kan,* faire mûrir, faire cuire. متهاري مماسقكن بوهبواهن *mata-hāri me-māsak-kan būah-buāh-an,* c'est le soleil qui fait mûrir les fruits (*N. Phil.* 36). اي مماسقكن ناسي كامي *ia me-māsak-kan nāsi kāmi,* c'est elle qui nous a cuit notre riz (*M.*).

ممفرماسقكن *mem-per-māsak-kan,* faire cuire, faire mûrir q. ch.

[Bat. [illegible] *masak.* Day. *masak.*]

ماسق **māsuk,** entré; être entré; entrer. اي سده ماسق رومه *ia* *sudah māsuk rūmah*, il est entré dans une maison. سده ماسق نصراني *sudah māsuk naṣrānī*, devenu chrétien. اى هندق ماسق اسلام *ia hendak māsuk islām*, il veut embrasser le mahométisme. — متهاري *mata-hārī māsuk*, le soleil se couche.

ممسق *me-māsuk*, entrer, introduire. دريں — *me-māsuk dirī-ña*, se mêler, s'entremettre. تاغن — *me-māsuk tāṅgan*, entreprendre.

ممسوكى *me-masūk-ī*, pénétrer dans, entrer dans q. ch. سكتيك اين كيت مسوكى كوت *sa-kotīka īnī kīta masūk-ī kōta*, à l'instant je vais pénétrer dans le fort (*R.* 152). اد فون كوت لڠكفوري تله دمسوكى اوله لقسمان *ada pūn kōta laṅgkapūrī telah di-masūk-ī ūleh laksamāna*, Laksamana avait pénétré dans le fort de Langkapuri (*R.* 154).

ممسقكن *me-māsuk-kan*, faire entrer, porter ou mettre dans, introduire q. q. هندق ماسقكن كڤلن ايت كدالم سوڠى *hendak māsuk-kan kapàl-ña itu ka-dālam sūṅey*, il se proposait de faire entrer son navire dans la rivière (*M.*). لالواى ماسقكن لوط كدالم رومه *lālu ia māsuk-kan lot ka-dālam rūmah*, ils firent entrer Lot dans la maison (*B.* 25). نسچاى اكو ماسقكن دى كدالم سورڬ *nisxāya āku māsuk-kan dīa ka-dālam suwarga*, certainement, je les introduirai dans le ciel (*Mir. Moh.* 126).

برماسقمسوكن *ber-māsuk-masūk-an*, entrer simultanément, se pénétrer réciproquement.

كمسوكن *ka-masūk-an*, où l'on est entré, qui est pénétré. كمسوكن شيطان *ka-masūk-an šeiṭān*, être possédé du démon.

[Day. *masok.* Tag. ᜉᜐᜓᜃ᜔ *pasok.*]

ماسغ٢ *māsiṅ - māsiṅ*, chaque, chacun, tous; un à un, séparément. ماسغ٢ ممباو تراتقن *māsiṅ-māsiṅ mem-bāwa terātak-ña*, chacun portait sa tente. ماسغ٢ ڤولڠ كڤد رومهن *māsiṅ-māsiṅ pūlaṅ ka-pada rūmah-ña*, ils s'en retournèrent chacun chez soi (*M.*). ماسغ٢ دغن قدرن *māsiṅ-māsiṅ deṅgan kedar-ña*, chacun selon son rang (*R.* 6).

v. اسغ *āsiṅ*.

[Sund. ᮙᮞᮤᮀ *masiṅ*, séparément. Day. *masiṅ-masiṅ*, de toutes sortes.]

ماسن *māsin*, v. اسن *āsin*.

ماسم **māsam,** v. اسم *āsam.*

ماش **māša** (Ar.), repousser quelqu'un, l'éloigner pour le priver de q. ch.

مها **mahā** (S. महा *mahā*, grand), grand, haut, élevé, très, extrêmement.

مهراج *maha-rāja*, grand roi, grand prince. مهبڠساون *maha-baṅsāwan*, très-noble. مهبسر *maha-besàr*, très-grand. مهملي *maha-mulia*, très-glorieux, excellent. مهرسي *maha-resī*, saint personnage. مها اندہ٢ *mahā 'in-dah-indah*, très-admirable, très-précieux. نام يڠ مها ايلق *nāma yaṅ mahā ēlok*, les noms les plus éminents. يڠ مها تڠڬي *yaṅ mahā tiṅgi*, le Très-haut, le Seigneur. يڠ مها سوچي *yaṅ mahā-sūxi*, le très-saint, Dieu.

[Jav. et Sund. ꦩꦲ *maha.*]

مهيسوار **mahēswāra** (S. महेश्वर *mahēçvara*), nom de l'une des cinq divinités qui ont influence sur les cinq divisions du jour. (v. كتيك *kotika*).

مهيسف **mahīsap,** pour مڠهيسف *meṅ-hīsap*, v. هيسف *hīsap.*

مهر **mehir** (Ar.), la dot que l'on assure à une femme pour son mariage (*D. M.* 139).

مهرسي **maharesī** (S. de महा *mahā* et ऋषि *riši*), chantre sacré, nom donné à certains saints personnages védiques. ترلالو باڽق مهرسي يڠ توا٢ *ter-lālu bāñak maharesī yaṅ tuā-tuā*, il y avait beaucoup de saints personnages très-âgés (*R.* 75).

مهل **mahàl,** v. ماهل *māhal.*

مي **mey** (Ang.), le mois de mai.

ميا **miyā,** espèce de singe. بورڠ — *būruṅ miyā*, nom d'un oiseau = بيو *bēyo* (*Kl.*).

ميوا **mēwa,** v. ميوه *mēwah.*

ميوه **mēwah,** abondant, fertile: superflu (*Kl.*). مك تانه ايت ترلالو ميوه اداڽ *maka tānah ītu ter-lālu mēwah adā-ña*, or cette terre était extrêmement fertile (*H. D.* 20).

كمواهن *ka-mewāh-an*, abondance, fertilité. ڤري كمواهن بڬندا تونك *prī ka-mewāh-a ı baginda tūan-ku*, l'état d'abondance dans lequel se trouve le prince monseigneur (*H. D.* 52).

On trouve aussi ميوا *mēwa.*

ميك **mīka,** pronom personnel de la seconde personne (usité chez les *ōraŋ lāut*).

ميڬ **mēga** (S. मेघ *mêgha*), nuage: dais, baldaquin. مڬميڬ ڤون مماڠن اتس لاڠت *mega-mēga pūn mem-bāŋun ātas lāŋit,* les nuages s'élèvent jusqu'au ciel (*N. Phil.* 18). مك ميڬ ايت هابس بترباڠن اوله اڠن *maka mēga ītu hābis be-terbāŋ-an ūleh āŋin,* le vent avait dispersé les nuages (*M.*).

برميڬ *ber-mēga,* nébuleux, couvert.

[Jav. et Sund. ꦩꦺꦒ *méga.* Tag. ᜊᜒᜑ *bigha.*]

ميڠ **mīyaŋ,** démangeaison brûlante sur la peau, comme celle qui est causée par l'attouchement d'orties ou d'acalèphes (*Kl.*).

ميڠ **mīyuŋ,** pour ماءيڠ *māyuŋ.*

ميڠت **mēŋut** = بڠت *bēŋut.*

ميج **mēja** (Port. *meza*), table. — منارة *menāruh mēja,* dresser la table. قلم دان قرطاس داتس ميج بسر *ḳalam dān ḳarṭās di-ātas mēja besàr,* il y avait des plumes et du papier sur une grande table (*H. Ab.* 83).

On trouve aussi ميس *mēsa* et ميز *mēza.*

[Jav. et Sund. ꦩꦺꦗ *méja.* Mak. ᨆᨙᨍ *méjaŋ.* Day. *meja.*]

ميجو٢ ou مجيجو **miju-mīju** (Pers.), lentilles, herbes potagères. مك اى ڤون بريله ڤدان روتى دان تناكن مجيجو *maka ia pūn brī-lah padā-ña rōti dān tanāk-an miju-mīju,* et il lui donna du pain et un plat de lentilles (*B.* 38).

ميڽق **miñaḳ,** huile, graisse. — كلاڤ *miñaḳ kelāpa,* huile de noix de coco. جارق — *miñaḳ jāraḳ,* huile de ricin. تانه — *miñaḳ tānah,* huile de pétrole. ساڤي — *miñaḳ sāpi* = ڬي *gī.* بابي — *miñaḳ bābi,* graisse de porc, lard. بوبوءن — *miñaḳ bau-baū-an,* huiles essentielles, parfums. ايكن — *miñaḳ ikan,* huile de foie. رڠس — *miñaḳ reŋas,* sorte de vernis. رقسى — *miñaḳ raḳsi,* une sorte d'huile odoriférante.

برميڽق *ber-miñaḳ,* qui a de l'huile, onctueux, graisseux. سندى مانسى اد برميڽق *sindi mā-nusia ada ber-miñaḳ,* les jointures du corps humain sont onctueuses (*Exer.* 106).

ممينق *me-miñak*, huiler. — ممينق رمبت *me-miñak rambut*, oindre les cheveux avec de l'huile.

برمياکی *ber-miñāk-i*, qui met de l'huile à q. ch., verser de l'huile sur. دمان اڠکو سده برمياکی نشان *di-māna aŋkaw sudah ber-miñāk-i nišān*, l'endroit où vous avez versé de l'huile sur (la pierre qui devait être) un monument.

برمينقکن *ber-miñak-kan*, oindre q. ch. avec de l'huile, embaumer. سدهله بلی رمڤه۲ سڤاي اي داتڠ برمينقکن دی *sudah-lah belī rampah-rampah supāya ia dātaŋ ber-miñak-kan dia*, elles avaient acheté des parfums pour l'embaumer (*N.* 88).

ممڤرمينقکن *mem-per-miñak-kan*, faire oindre (*R. V.*).

[Jav. ꦩꦺꦤꦾꦏ꧀ *méñak*. Sund. ᮙᮤᮔᮡᮊ᮪ *miñak*. Bat. ᯔᯪᯖᯂ᯲ *miyak*. Mak. et Bug. ᨆᨗᨊ *miña*. Day. *miñak*, huile odoriférante.]

ميت ***mayet*** (Ar. مات), corps mort, cadavre. — ملڠکڤ *me-laŋkap mayet*, ensevelir un corps, le disposer pour les funérailles. — مناڠم *menānam mayet*, enterrer le corps d'un mort. — ممڤرمڤهکن *mem-pe-rampah-kan mayet*, embaumer un corps mort. دان برلڠکڤ اکن ممباکر ميت ايهند بگند *dān ber-laŋkap ākan mem-bākar mayet ayahnda baginda*, et se préparer à brûler le corps du prince leur père (*R.* 53). مک دڤوجان ميت *maka di-pujā-ña mayet*, et il s'acquitta des cérémonies religieuses qui se pratiquent auprès du corps d'un défunt (*R.* 53).

ميتر ***mītar***, v. ڤيتر *pītar*.

ميدان ***mēdān*** (Ar. ماد), une place publique, une plaine. — ميدان مالگی *mēdān māligey*, cour ou esplanade au devant d'un palais. — ڤرڠ *mēdān praŋ*, arène, champ de bataille. مريله اڠکو کلوار کتڠه ميدان ڤڤراڠن *marī-lah aŋkaw ka-lūar ka-teŋah mēdān pe-prāŋ-an*, venez au milieu du champ de bataille (*R.* 145).

On trouve aussi ميدن *mēdan*.

مين ***mīna*** (Hind. مينا *maina*), le بيو *bēyo* de l'Inde, une espèce de geai. گاجه — *mīna gājah*, veau marin (*Kl.*).

مين ***mīna***, une sorte de poids pour l'or ou l'argent: un talent.

— سڤولُه sa-pūloh mīna, dix talents (Kl.).

Ce mot n'est probablement pas autre que le Gr. μνᾶ, le Lat. mina, et notre mot français mine. Chez les Athéniens la mine était de 436 grammes et valait 92 f. 68 c. à peu près.

مينغ **mīnang**, pour ڤينغ pīnang. v. ce mot.

مينم **mīnum**, bu; être bu. — اير āyer mīnum, de l'eau potable. دارهم كمينم dārah-mu ku-mīnum, je boirai ton sang (litt.: par moi sera bu). مك دسمبت اوله هنومن اير سوسو ايت لالو دمينمڽ maka di-sambut ūleh hanūman āyer sūsu ītu lālu di-mīnum-ña, Hanuman reçut ce lait et le but (R. 132). On dit: ماكن مينم برسكساءن mākan mīnum ber-suka-sukā-an, manger et boire joyeusement.

Prov. مينم اير براس دوري mīnum āyer be-rāsa dūri, boire de l'eau, et ressentir des épines. Le sens est: manger le pain de la douleur.

ممينم me-mīnum, boire, boire q. ch. اير — me-mīnum āyer, boire de l'eau. ممينم داره همب الله me-mīnum dārah hamba allah, boire le sang des serviteurs de Dieu (exploiter ses semblables) (H. Ab. 194).

ترمينم ter-mīnum, qui est bu. ستله ترمينم راچن ايت sa-telàh ter-mīnum rāxun itu, lorsque ce poison eut été bu (Amir Hamz. 217).

ڤمينم pe-mīnum, un buveur, un ivrogne. — اورغ ōrang pe-mīnum, un homme qui boit beaucoup, adonné à la boisson.

منومن minūm-an, ce qui est bu, boisson, breuvage, liqueur. يغ سدڤ — minūm-an yang sedàp, boisson agréable. تمڤاين منومن دوڤوله دمينم اوله اورغ باڽق ايت tempāyan minūm-an dūa pūloh di-mīnum ūleh ōrang bāñak ītu, vingt jarres de boisson furent vidées par la multitude (M.).

ڤرمنومن per-minūm-an, une coupe, un vase pour boire.

[Jav. et Sund. [illegible] inum. Bat. [illegible] minum. Mak. [illegible] inung. Bug. [illegible] minung. Tag. et Bis. [illegible] inom.]

ميڤس **mīpis**, v. تيڤس tīpis.

ميمغ **mēmang**, auparavant, autrefois, déjà: ordinairement, habituellement. كارن اى ايت ميمغ تاهو بهاس ڤرسي kārna īa ītu mēmang tāhu bahāsa parsi, car il savait déjà la langue persane (*H. Ab.* 357).

[Sund. ꦩꦼꦩꦁ *mémarg*, par conséquent, naturellement. Mak. et Bug. *mémarg*.]

ميره **mērah,** rouge. توا — *mērah tuā*, rouge foncé. مود — *mērah mūda*, rouge clair. تلر — *mērah telòr*, le jaune d'un œuf. — كود *kūda mērah*, cheval bai. مانكم يڠ ميره *mānikam yarg mērah*, un rubis. ميره دتفى لاڠت *mērah di-tepī lāngit*, l'aurore. ملك اير لاوت ايت ڤون ميره سڤرت داره *maka āyer lāut ītu pūn mērah seperti dārah*, et l'eau de la mer était rouge comme du sang (*R.* 153).

Énig. كچل بركاين هيجو بسر بركاين ميره *kexìl ber-kāin hijaw besàr ber-kāin mērah*, petit il est vêtu de jaune et grand il est vêtu de rouge. لاد چين *lāda xīna*, poivre long.

ممرهكن *me-mērah-kan*, rougir, rendre rouge, peindre q. ch. en rouge. ڤيڤى — *me-mērah-kan pīpi*, farder.

[Jav. ꦩꦶꦫꦃ *mirah*, un rubis.]

ميرون **meyrūn** (Ar. ميرن), confirmation. سر الميرون *ser el-meyrūn*, le sacrement de confirmation (*P. M.*).

ميرغ **mīring,** v. ايرغ *īring*.

ميرت **mērut** et مرت **merùt,** de travers, à l'envers. v. كارت *kārut*.

ميرت **mīrat,** pour l'Ar. معراج *mirāj*.

ميل **mīl** (de l'Ang. *mile*, ou peut-être directement de l'Ar. ميل *mīl*), mille géométrique. كدغارن سمڤى برميل ٢ جاوهن *ka-dengār-an sampey ber-mīl-mīl jāuh-ña*, que l'on peut entendre à plusieurs milles de distance (*Exer.* 134). سواتو ميل فرنسس *suātu mīl fransis*, un kilomètre.

ميلو **mīlu** (Port. *milho*), nom que les habitants de Moluques, donnent au maïs.

ميلق **mīlik** = ميلك *mīlik*.

ميلك **mīlik** (Ar. ملك), propriété, domaine, royaume. توان ڤتری سده جادی ميلكڽ *tūan putrī sudah jādi mīlik-ña*, la princesse est devenue sa propriété, sa possession (*Kl.*). كدو ديس ددالم ميلك *ka-dūa dēsa di-dālam mīlik*, les deux pays ne formeront qu'un royaume (*S. Bid.* 138).

مميلكى *me-mīlik-ī*, dominer sur, soumettre un pays. هندق

ملكي سئيسى نكرى *hendak me-milik-i sa-īsi nagri*, voulant soumettre toute la population du pays (*Sul. Ab.* 46).

ميلن **mīlun,** classe de certains êtres surnaturels (*Cr.*).

ميس **mēsa,** table. v. ميج *mēja.*

ميس **mīsa** (Port. *missa*), la messe. دغرله اڠكو ميس ڤد هاري مهتوهن *dengar-lah angkau mīsa pada hāri maha-tūhan,* entendez la messe les jours consacrés au Seigneur (*P. M.*).

ميسا **mīsā,** fumer, aspirer la fumée, p. ex. du tabac ou de l'opium (sans doute pour مڠيسڤ *meng-īsap* de ايسڤ *īsap* ou هيسڤ *hīsap*, v. ce mot).

ميسي **mīsey** et **mīsi,** moustaches. مڠندم ميسي هڠڬ كلهاتن ميره بيبر *meng-andam mīsey hingga ka-lihāt-an mērah bībir*, disposer ses moustaches de manière que le rouge des lèvres soit visible (*M.*).

برميسي *ber-mīsey,* qui porte moustaches. اد يڠ برجڠڬت اد يڠ برميسي *ada yang ber-janggut ada yang ber-mīsey,* les uns portaient de la barbe et d'autres des moustaches (*Sul. Ab.* 24).

[Tag. [Tagalog script] *misay.*]

ميسن **mēsan,** pierre sur une tombe, les extrémités d'une tombe; ou les deux pierres qui se trouvent aux deux extrémités d'une tombe.

[Jav. [Javanese script] *méjan* ou [Javanese script] *mahéjan.*]

ميسن **mīsan** et مسانن **mīsā-nan,** neveu, nièce: cousins.

[Jav. [Javanese script] *misanan* et Sund. [Sundanese script] *misan* ou [Sundanese script] *misanan,* cousins.]

ميز **mēza** = ميج *mēja.*

موات **mawāt** (Ar. موت), désert, terre non défrichée. احيا الموات *iḥyā el-mawāt*, défrichement d'une terre (*D. M.* 133).

موار **muwāra,** l'embouchure d'une rivière; confluent de deux rivières. — ڤڠهولو *panghūlu muwāra,* officier préposé à un passage d'eau, près de l'embouchure d'une rivière: commissaire des bateaux.

Les traducteurs de la Bible ont quelquefois donné à ce mot le sens de fleuve. اداله اى برديري برسيسي موار *adā-lah īa ber-diri ber-sīsi muwāra,* il se tenait sur le bord du fleuve (*B.* 66). ايكن يڠ اداله دموار ايت ماتى *īkan yang adā-lah di-muwāra ītu māti*, les poissons qui étaient dans le fleuve moururent (*B.* 95).

[Jav. [Javanese script] *muwara*, place où l'on peut jeter l'ancre. Sund. [Sundanese script] *muhara*. Bat. [Batak script] *muwara*.]

موافقة ***muwāfaḳat*** (Ar. وفق), convenir, agir d'accord, faire société ensemble. — بربوت *ber-būat muwāfaḳat*, faire une convention. — سكل كامي *segala kāmi muwāfaḳat*, nous convenons tous ensemble. بيت هندق موافقة دڠن صحبة بيت مك صحبة بيت جاوه *bēta hendaḳ muwāfaḳat dengan soḥbat bēta maka soḥbat bēta jāuh*, je voudrais m'entendre avec mon ami, mais il est éloigné (*M.*).

ممواففتكن *me-muwāfaḳat-kan*, faire convenir, faire réunir, réconcilier. هندق موافقتكن دى *hendaḳ muwāfaḳat-kan dīa*, voulant les réconcilier (*S. Mal.* 124).

[Jav. et Sund. [Javanese script] *mupakat*.]

موهوب ***mawhūb*** (Ar. وهب), ce qui est donné en présent, don, cadeau. موهوب يائيت سواتو يڠ دبريكن *mawhūb īa-ītu suātu yang di-brī-kan*, par *mawhūb* on entend la chose qui est donnée (*D. M.* 142).

موهن ***mūhun***, v. sous فوهن *pūhun*.

موي ***mūi***, pour بوهي *būhi*.

موي ***mūwey***, levé (parlant de la pâte), augmenté, gonflé (du riz, des haricots, etc.), accru, augmenté (du feu).

برموي *ber-mūwey*, qui lève, gonflant, s'accroissant.

مموي *me-mūwey*, lever, se gonfler, s'augmenter.

ممويكن *me-mūwey-kan*, faire lever, faire gonfler, faire accroître, faire augmenter. اڠن تيمر فون ممويكن افي *angin tīmur pūn me-mūwey-kan āpi*, le vent de l'est a fait augmenter le feu (*P. Dew.*).

مويڠ ***mōyang***, bisaïeul, père du grand père (*M.*); trisaïeul (*Kl.*). Voici selon ce dernier les noms donnés aux différents degrés de parenté: 1er باف *bāpa*. 2e داتق *dātuḳ*. 3e نينق *nēneḳ*. 4e مويڠ *mōyang*. 5e چيلواڬي *xīlawāgi*. 6e چافق *xāpaḳ*. 7e بويت *būyut*.

— نينق *nēnek mōyarg*, les ancêtres. عادة ايت تورنتمورن درڤد نينق مويغ *ādat itu tūrun-temū-run deri-pada nēnek mōyarg*, cette coutume descend de nos ancêtres (*Exer.* 129).

[Sund. ꦤꦺꦤꦺꦏ꧀ꦩꦺꦴꦪꦁ *néné-moyarg*, ancêtres.]

موك **mūka** (S. मुख *muka*, face, front), la face, le visage. — ورن *warna mūka*, la couleur du visage, le teint مانس — *mūka mānis*, un air prévenant, une figure agréable. ماسم — *mūka māsam*, un air fâché. — ڤاڤن *mūka pāpan*, effronterie. تبل — *mūka tebàl*, éhonté, sans pudeur. اير — *mūka āyer*, la surface de l'eau. سورت — *mūka sūrat*, page d'un livre (*H.Ab.*175). ڤد موك كليم سورت اين *pada mūka ka-līma sūrat ini*, à la cinquième page de ce livre. بنتل — *mūka bantal*, l'extrémité d'un coussin. دغن مكموك *dergan muka-mūka*, avec une démonstration extérieure, à l'extérieur.

دموك *di-mūka*, en face, vis-à-vis. دموك رومه *di-mūka rūmah*, en face de la maison. دموك ڤنتو *di-mūka pintu*, devant la porte. دان مكان سڤرت بولن ڤرنام *dān mukā-ña seperti būlan purnāma*, et son visage était comme la pleine lune (*R.* 7). ملك اى ممالڠكن مكان درڤد منترى ايت *maka ia memāling-kan mukā-ña deri-pada mantri itu*, et il détourna son visage pour ne pas voir ce ministre (*M. R.* 215).

Prov. تبل كولت موك *tebàl kūlit mūka*, la peau de la figure épaisse. Se dit de personnes qui ne rougissent de rien, qui sont déhontées (*H. D.* 163).

Énig. اورغ دودق دأتس كايو ماسم مكان *ōrarg dūduk di-ātas kāyu māsam mukā-ña*, quelqu'un assis sur du bois et faisant triste figure. اورغ دودق دجمبن *ōrarg dūduk di-jamban*, une personne qui est au cabinet.

سموك *sa-mūka*, d'une même figure.

ميكاكن *meña-mukā-kan*, confronter l'un avec l'autre.

[Kw., Sund. ꦩꦸꦏ *muka*.]

موق **mūwak**, faisan.

موكه **mūkah**, adultère, fornication: celui qui commet l'adultère. ملك دسورهڽ ڤڠكل موكه ايت كروهن *maka di-sūruh-ñā-*

lah paṅgil mūkah-ña ītu karūmah-ña, elle fit venir chez elle l'homme avec lequel elle commettait l'adultère (*Kal. dan Dam.* 107).

برموكه *ber-mūkah*, qui commet l'adultère, forniquer. اى ڤون برموكه ڤول *ia pūn ber-mūkah pūla*, elle commit l'adultère une seconde fois (*R.* 77). جاڠن اڠكو برموكه *jāṅan aṅkaw ber-mūkah*, vous ne commettrez point de fornication (*B.* 117). ڤرمڤوان يڠ برموكه *perampūan yaṅ ber-mūkah*, une femme adultère.

[Jav. ꦩꦸꦏꦃ *mukah*, ne pas accomplir, manquer.]

موكم ***mūkim*** (Ar. مقيم), paroisse, commune, communauté. اورڠ دو ڤوله دو موكم *ōraṅ dūa pūloh dūa mūkim*, les gens du canton des vingt-deux paroisses (*M.*). ڤڠولو موكم *paṅgūlu mūkim*, celui qui est chargé du soin de la mosquée.

موك٢ ou **مڠموك** ***muga-mūga***, puisse-t-il être, Dieu veuille, plaise à Dieu. اكن بارڠسياڤ ماكن ناسي ايت مڠموك براوله انق ڤرمڤوان *ākan bāraṅ-siāpa mākan nāsi ītu muga-mūga ber-ūleh ānak perampūan*, quant à quiconque mangera ce riz, puisse-t-il devenir père d'une fille (*R.* 6). مڠموك جاڠن كراڽ اڠكو ڤرڬي *muga-mūga jāṅan kirā-ña aṅkaw pergi*, n'y vas pas, je t'en conjure (*M.*).

[Jav. ꦩꦸꦒ *muga*.]

موڬه ***mōgah***, sorte d'étoffe de soie (*Cr.*); mousseline (*M.*).

موڠت ***mūṅut***, chanceler, vaciller.

موجود ***mawjūd*** (Ar. وجد), trouvé, qui se trouve, qui est présent (*D. M.* 11).

موجر ***mūjur***, droit, en long, non en travers: heureux au jeu.

مموجوري *me-mujūr-i*, gagner au jeu, gagner une partie.

[Jav. et Sund. ꦩꦸꦗꦸꦂ *mujur.*]

موڽت ***mūñet***, v. منيت *munñet.*

موت ***maut*** (Ar. مات), la mort. — بايڠ٢ *bāyaṅ-bāyaṅ maut*, les ombres de la mort. ملك الموت *malak el-maut*, l'ange de la mort. مك ڤوتري ڤون ساكت مك سمڤيله اى اكن موتن *maka putrī pūn sākit maka sampey-lah ia ākan maut-ña*, or la princesse fut malade, et cette maladie la conduisit à la mort (*R.* 117).

موتي *maut-ī*, mort, privé de la vie, les morts. كبڠكيتن موتي

ka-bangkīt-an mautī, la résurrection des morts (*P. M.*).

[Jav. ꦩꦲꦺꦴꦠ꧀ *maot*. Sund. ᮙᮅᮒ᮪ *maut*.]

موت ***mōta***. — كاين *kāin mōta*, toile à voile, grosse toile à sacs.

[Jav. ꦩꦺꦴꦛ *moṭa*. Sund. ᮙᮧᮒ *mota*.]

موت ***mūwat, mūat***, chargé, rempli, contenant; être chargé. لاد ايت سده دموت دالم تمباغن *lāda ītu sudah di-mūat dālam tembāng-an*, le poivre a été chargé sur un navire affrété (*M.*). ڤراهو يڠ بوله موت دو ڤوله كوين *prāhu yang būleh mūat dūa pūloh kōyan*, un navire du port de vingt koyans (*M.*).

برموت *ber-mūat*, qui est chargé, qui porte.

Prov. ڤراهو ڤاڤن برموت انتن *prāhu pāpan ber-mūat intan*, un navire en bois chargé de diamants. Le sens est: un homme d'un extérieur commun rempli de bonnes qualités.

ممموت *me-mūat*, charger.

ترموت *ter-mūat*, qui est chargé, que l'on a chargé, qui contient. تياد ترموت تانه ايت سڤاي بردودق سمسام در كارن اداله بند مريكئيت باڽق *tiāda ter-mūat tānah ītu supāya ber-dūduk sama-sāma deri kārna adā-lah benda marīka-ītu bāñak*, ce pays ne pouvait les contenir tous les deux, parce qu'ils avaient beaucoup de biens (*B.* 17).

مموتكن *me-mūat-kan*, charger ou faire charger quelque chose. هندق مموتكن سڬل بارڠ۲ن دكڤل *hendak me-mūat-kan segala bārang-bārang-ña di-kapàl*, voulant faire charger ses effets sur le navire (*H. Ab.* 121).

مواتن *muāt-an*, chargé, chargement, cargaison, fardeau. براڤ مواتن كڤل ايت *brāpa muāt-an kapàl ītu*, combien peut charger ce navire?

[Jav. ꦲꦩꦺꦴꦠ꧀ *amot*. Sund. ᮙᮥᮃᮒ᮪ *muat*. Day. *buwat*.]

موته ***mūtah*** = منته *muntah*.

موتو ***mūtu***, silencieux, taciturne.

موتڠ ***mūting***, tache, éclaboussure, souillure.

مود ***mūda***, jeune, non encore mûr, pâle de couleur. — اورڠ *ōrang mūda*, une jeune personne. انق كمبڠ يڠ مود *ānak kambing yang mūda*, un chevreau. — لاڬي

lāgi mūda, encore jeune. كلاڤ — *kelāpa mūda*, une noix de coco non mûre. — ميره *mērah mūda*, rouge clair. — امس *amàs mūda*, or pâle, or mêlé d'argent. كارن همب اين اورڠ مود بلم تاهوكڤد عقل دان بچار *kārna hamba īnī ōrang mūda belūm tāhu ka-pada akal dān bixāra*, car nous sommes des jeunes gens incapables de donner avis et de porter des jugements (*R.* 53). يڠ ترمود *yang ter-mūda*, qui est le plus jeune. ڤامود *pā-mūda*, oncle, le frère puîné de la mère. مامود *mā-mūda*, tante, la sœur puinée de la mère. راج مود *rāja mūda*, titre donné quelquefois au jeune frère d'un souverain.

[Jav. ꦩꦸꦝ *muḍa*. Bat. [illegible] *uda*, oncle, jeune frère du père. Day. *muda*, non encore mûr.]

مود **mūda** (S. मूढ *mūḍa*), simple, stupide, idiot.

[Kw. ꦩꦸꦝ *muḍa*.]

مودہ **mūdah**, aisé, facile; léger, de peu d'importance, de peu de valeur. ڤكرجاءن يڠ مودہ *pe-karjā-an yang mūdah*, une besogne facile. دان رعية كيت مودهله اى منچهارى مكاننن *dān rayat kīta mūdah-lah īa men-xahāri ma-kān-an-ña*, il sera facile à mes gens de se procurer des provisions (*M.*).

مودہ٢ *mūdah-mūdah*, facilement, très-aisé.

ممودهكن *me-mūdah-kan*, considérer comme peu important, faire peu de cas, mépriser.

ممڤرمودهكن *mem-per-mūdah-kan*, rendre vil, mépriser, donner peu de valeur. ڤكرجاءن كرا كچل ايت جاڠن دڤرمودهكن *pe-karjā-an kerā kexìl ītu jāngan di-per-mūdah-kan*, gardez-vous de mépriser la conduite de ce petit singe (*R.* 134). دڤرمودهكنڽاله اكن كسلوڠن ايت *di-per-mūdah-kan-ñā-lah ākan ka-solōng-an ītu*, il fit peu de cas de son droit d'aînesse (*B.* 38). جاڠن توانكو ڤرمودہ٢كن ڤكرجاءن اورڠ هين ايت *jāngan tūan-ku per-mūdah-mūdah-kan pe-karjā-an ōrang hīna ītu*, que Votre Altesse ne méprise pas le travail de ce pauvre homme (*M.*).

مداهن *mudāh-an*, facilité.

كمداهن *ka-mudāh-an*, qui est peu apprécié, qui est facile: mépris, facilité. دنيا — *ka-mudāh-an duniā*, le mépris du monde. منجادى كمداهن ممبيكى

منجادي كموداهن ممبايقي كتاب ايت *men-jādi ka-mudāh-an mem-baiḳ-i kitāb itu*, corriger ce livre devient une chose facile (*H. Ab.* 408).

مودهمداهن *mūdah-mudāh-an*, peut-être, il est possible que: chose très-facile. سياڤ تاهو ڤكرجاءن ڤرڠ اين مودهمداهن *siāpa tāhu pe-karjā-an prang ini mūdah-mudāh-an*, qui sait à quoi cette guerre peut-être aboutira? (*M.*)

[Bat. ... *muda.*]

مودو ***mūdu***, sobre, modéré (*Cr. Bergk.*).

مودق ***mūdiḳ***, v. اودق *ūdiḳ*. دمودق *di-mūdiḳ* = داودق *di-ūdiḳ*.

مودر ***mōdar***, suffoqué, étouffé. — ماتي *māti mōdar*, mourir suffoqué (*Kl.*).

مودل ***mūdal***, principal, capital, fonds. مودل دڠن بوڠ *mūdal dengan būnga*, capital et intérêts. مودل دڠن لاباڽ *mūdal dengan labā-ña*, le capital et le gain. بليٴن — *mūdal belī-an*, mise de fonds primitive. اي ماكن مودلڽ سهاج *ia mākan mūdal-ña sahāja*, ils ne faisaient qu'y manger leurs capitaux (*H. Ab.* 201).

سمودل *sa-mūdal*, un associé.

برمودل *ber-mūdal*, qui a un capital, qui a des fonds. اورڠ يڠ اد برمودل *ōrang yang ada ber-mūdal*, les gens qui avaient des fonds (*H. Ab.* 201).

[Sund. ... *modal.*]

مودع ***mūdi'*** (Ar. ودع), celui qui confie un dépôt. مودع *mūda'*, celui auquel le dépôt est confié (*D. M.* 206).

موبڠ ***mūbang***, tourner, aller autour de quelque chose.

ممبڠكن *me-mūbang-kan*, faire tourner, tourner quelque chose.

[Jav. ... *mubeng*, du radical. ... *ubeng.*]

موبڠ ***mūbang***, écorce verte de la noix de coco: jeune fruit, fruit non mûr (*Pij.*).

مومن ***mūmin*** (Ar. امن), fidèle, croyant, orthodoxe. مومن دان كافر *mūmin dān kāfir*, croyant et infidèle.

مومنين *mūmenīn*, les croyants, les orthodoxes. اميرالمومنين ايت نماڽ *amīr el-mūmenīn itu namā-ña*, le commandeur des croyants, voilà son nom (*M. R.* 3).

مومل ***mūmal,*** toile d'ortie, mousseline.

موره ***mūrah,*** libéral, bienfaisant, généreux, bienveillant: bon marché, pas cher. تياد كفد ماس ايت يغ ترلبه بسر عادلن دان فركسان دان مورهن *tiāda ka-pada māsa itu yaṅ ter-lebèh besàr ạdil-ña dān perkasā-ña dān mūrah-ña,* il n'y avait, à cette époque, personne qui fut plus juste, plus puissant et plus libéral (*R.* 172). اورغ كيكركه اڠكو اتو اورغ مورهكه *ōraṅ kīkir-kah aṅkaw ātaw ōraṅ mūrah-kah,* fussiez-vous avare, ou fussiez-vous un homme généreux (*M.*). هرڬ كاين دالم نݢرى كده اين ترلالو موره *harga kāin dālam nagrī kedàh ini ter-lālu mūrah,* les toiles sont à très-bas prix dans ce pays de Kedah (*M.*). بارغ٢ يغ موره دان يغ ماهل *bāraṅ-bāraṅ yaṅ mūrah dān yaṅ māhal,* des marchandises à bon marché et d'autres chères (*M.*).

ممورهكن *me-mūrah-kan,* adoucir, rendre bienveillant. — فراڠي *me-mūrah-kan perāṅi,* adoucir le caractère.

كمراهن *ka-murāh-an,* libéralité, générosité, bienfaisance. ملمڤهكن عادل دان كمراهن *me-limpah-kan ạdil dān ka-murāh-an,* faire abonder la justice et la générosité (*M.*).

[Jav. [Javanese] *murah.* Sund. [Sundanese] *murah,* bon marché. Bat. [Batak] *mura,* aisé, bon marché. Day. *murah,* facile, doux. Tag. [Tagalog] *mora,* bon marché.]

مورى ***mūri*** (Pers. tuyau en terre joint à un aqueduc), flûte, tuyau d'orgue, orgue. باڤ سکل يغ ڤيتق کچاڤي دان مورى *bāpa segala yaṅ pētịk kexāpi dān mūri,* il fut le père de ceux qui touchent la harpe et l'orgue (*B.* 6).

(Marsden fait venir ce mot du S., peut-être de मुरली *muralī,* une flûte.)

مورى ***mūri,*** nom d'une espèce de toile de coton des Indes (de l'européen moiré) (*Kl.*).

مورى ***mūrey,*** nom d'un oiseau ressemblant à une petite pie.

مورغ ***mōriṅ,*** v. چورغ *xōriṅ.*

مورغ ***mūraṅ*** (Port. *murrão*), mèche pour mettre le feu au canon. سرت ممکڠ مورغ ڤد تاڠنڽ *serta memegàṅ mūraṅ pada* *tāṅgan-ña*, tenant une mèche à la main (*H. Ab.* 61).

مورغ ***mūruṅ***, mélancolique, chagrin.

مورف ***mūrup*** et **مورب** ***mūrub***, flamme, rouge couleur de flammes. برباجو كسمب مورب *ber-bāju kasumba mūrub*, revêtu d'un habit d'étoffe peinte, à fleurs couleur de feu (*S. Bid.* 89).

[Jav. ꦲꦸꦫꦸꦧ꧀ *urub*, flamme. ꦩꦸꦫꦸꦧ꧀ *murub*, flamber.]

مورب ***mūrub***, v. مورف *mūrup*.

مورم ***mūram***, terne, sans éclat: sombre, fâché, de mauvaise humeur, lugubre. — موك *mūka mūram*, un visage qui montre de la mauvaise humeur. — برهاتي *ber-hāti mūram*, d'une humeur sombre et fâcheuse. اير مكان مورم براوبه *āyer mukā-ña mūram ber-ūbah*, le teint de sa figure prit un caractère sombre (*S. Bid.* 36).

ممورمكن *me-mūram-kan*, rendre terne; rendre sombre, lugubre. درج يڠ مانس جاڠن دمورمكن *durja yaṅ mānis jāṅan di-mūram-kan*, que cette charmante figure ne prenne pas un air fâché (*M.*).

مول ***mūla*** (S. मूल *mūla*), commencement, principe, origine, cause, motif. درقد ملاڽ كچل *deri-pada mulā-ña kexil*, depuis son enfance. درملاڽ داتڠ كسداهنڽ سمواڽ دچرتراكنڽ *deri mulā-ña dātaṅ ka-sudāh-an-ña samuā-ña di-xeritrā-kan-ña*, il raconta tout depuis le commencement jusqu'à la fin (*R.* 115). ڤد ملاڽ دجديكن الله اكن سورڬ دان دنيا *pada mulā-ña di-jadi-kan allah ākan suarga dān duniā*, au commencement Dieu fit le ciel et la terre (*B.* 1). اڤ ملاڽ اڠكو تياد داڤت منداڤتكن كامي *apa mulā-ña aṅkau tiāda dāpat men-dāpat-kan kāmi*, pourquoi n'êtes-vous pas venu me voir? (*M. R.* 217).

ململ *mula-mūla*, premièrement, en premier lieu.

برمول *ber-mūla*, en commençant, d'abord.

سبرمول *sa-ber-mūla*, dès le commencement, en premier lieu. Ce mot est aussi employé pour indiquer qu'un nouveau récit commence, et peut alors se traduire par: de nouveau, en outre, de plus, ensuite.

ممول *me-mūla*, commencer.

ملاءي *me-mulā-i*, se mettre à quelque chose, commencer

quelque chose. دڠن نام الله جوا اكو ممولاءى ڤركتاءن يڠ دالم سورت اين *deŋan nāma allah jūa āku me-mulā-i per-katā-an yaŋ dālam sūrat ini*, au nom de Dieu je commence le récit contenu dans cet écrit (*M.*). اى سده ممولاءى ڤكرجاءن اين *ia sudah me-mulā-i pe-karjā-an ini*, il a donné commencement à cette affaire (*R.* 146).

ڤرمولاءن *per-mulā-an*, ce qui commence, le commencement, le principe. اد ڤون ڤرمولاءن حكاية اين *ada-pūn per-mulā-an ḥikāyat ini*, or voici le commencement de cette histoire (*R.* 75).

كمولاءن *ka-mulā-an*, le commencement, le principe. دركمولاءن سمڤى كسداهن *deri ka-mulā-an sampey ka-sudāh-an*, depuis le commencement jusqu'à la fin.

بركمولاءن *ber-ka-mulā-an*, ce qui a un commencement. تياد اى بركمولاءن دان تياد بركسداهن *tiāda ia ber-ka-mulā-an dān tiāda ber-ka-sudāh-an*, il est sans commencement et sans fin (*M. R.* 29).

[Jav. et Sund. ꦩꦸꦭ *mula*. Bat. [illegible] *mula*. Mak. [illegible] *mula*. Tag. et Bis. [illegible] *mula*.]

مول ***mūwal***, dégoûté, ennuyé. اورڠ اكن مول درميڠم اير دمواراىت *ōraŋ ākan mūwal deri mīnum āyer di-muwāra ītu*, et les hommes seront dégoûtés en buvant de l'eau du fleuve (*B.* 95).

برمول *ber-mūwal*, qui est dégoûté, avoir du dégoût. — رزقى *ber-mūwal rezekī*, avoir du dégoût pour les aliments.

كموالن *ka-muwāl-an*, aversion, dégoût; qui est de dégoût, dégoûtant. مريكئيت اكن اد كموالن ڤد سكلين داڬيڠ *marīka-ītu ākan ada ka-muwāl-an pada sa-kalī-an dāgiŋ*, ils seront un objet de dégoût aux yeux de toute chair (*B.* 1037).

مولا ***mūlā*** ou **مولى** ***mūlā*** (Ar. ولى), maître, seigneur, monarque. يا ربى مولا *yā rabbī mūlā*, ô maître souverain. ملام *mulā-mu*, ton maître.

مولانا *mūlānā*, notre maître, notre seigneur. Titre que l'on donne aux interprètes et aux docteurs de la loi mahométane. اورڠ ڤنديت مولانا *ōraŋ pandīta mūlānā*, un docteur de la loi.

مولى ***mūlā***, v. مولا *mūlā*.

مولق ***mūlik***, beau, gentil, agréable, riant, élégant. مولق سكالى چوچواورڠ توا اين *mūlik sa-kālī* *xūxu ōrang tuā ini*, le petit enfant de cette femme est extrêmement gentil (*R.* 13). ڤادڠ يڠ مولق *pādang yang mūlik*, une plaine riante (*M.*).

مولت ***mūlut***, bouche, gueule, ouverture. مانس — *mūlut mānis*, persuasif, affable. ڤنجڠ — *mūlut panjang*, prolixe. ݢڠݢو — *mūlut ganggu*, babillard. برت — *mūlut bràt*, embarrassé pour parler (*B.* 90). ڤنتس مولتڽ *pantas mūlut-ña*, il a la langue bien pendue. ترڠاڠ — *mūlut terngānga*, la bouche béante. — ڤنجم *pinjam mūlut*, emprunter une bouche, employer le ministère d'un avocat. تڠ — *mūlut tòng*, la bonde d'un tonneau. ڤريڬي — *mūlut prigi*, l'entrée d'un puits (*B.* 44). دمولت کارڠڽ *di-mūlut kārong-ña*, à l'entrée de leurs sacs (*B.* 73). جاڠن کلوار کتاڽ دري دالم مولتڽ *jāngan ka-lūar katāña deri dālam mūlut-ña*, que ses paroles ne puissent pas sortir de sa bouche (*R.* 170).

Loc. ترلنجر مولتڽ *ter-lanjur mūlut-ña*, il a la bouche (la langue) trop longue, il parle trop (*R. V.*).

Prov. جك کربو دڤݢڠ اورڠ تليڽ جك مانسى دڤݢڠ مولتڽ *jika karbaw di-pegàng ōrang tali-ña jika mānusīa di-pegàng mūlut-ña*, on saisit un buffle par sa corde et un homme par sa bouche. C'est-à-dire, c'est par ses paroles qu'on connaît un homme.

مولر ***mūlur***, v. هولر *hūlur*.

مولس ***mōlis***, blanc. — ڤيڠن يڠ *pinggan yang mōlis*, une assiette blanche. — کاين *kāin mōlis*, de l'étoffe blanche, du coton blanc (*Kl.*).

مولس ***mūlas***, crampe dans les entrailles, colique.

[Jav. et Sund. [Javanese script] *mules*.]

مولفة ***muwalefet*** (Ar. ولف). associés, alliés (*D. M.* 213).

موسه ***mūsuh***, ennemi, ennemi du pays, ennemi politique. نڬرى سده دامبل اوله موسه *nagrī sudah di-ambil ūleh mūsuh*, la ville a été prise par l'ennemi. برجالن منداڤتکن موسه *ber-jālan mendāpat-kan mūsuh*, marcher à la rencontre de l'ennemi. منولڠ اکن موسه کامي *menūlung ākan mūsuh kāmi*, secourir nos ennemis. اد يڠ هندق ممبونه موسهڽ *ada yang hendak mem-būnuh mūsuh-ña*, il y en a qui veulent tuer leurs ennemis (*H. Ab.* 148).

ڤرموسوهن *per-musūh-an*, qui est traité en ennemi, qui a des ennemis. نكري ملاك ڤرموسوهن *nagrī malāka per-musūh-an*, le pays de Malacca est entouré d'ennemis (*S. Mal.* 170).

[Jav. *murgsuh*. Sund. *musuh*. Bat. *musuh*. Day. *musoh.*]

موسغ **mūsarg,** espèce de chat sauvage. ڤنهله دغن انجغ يغ كلڤارن دان موسغ٢ *penùh-lah dergan anjirg yarg ka-lapār-an dān mūsarg-mūsarg*, rempli de chiens affamés et de chats sauvages (*H. D.* 195). جبت — *mūsarg jebàt*, la civette. سوچي جبت جك تياد باڽق رمروم موسغ دالمڽ *sūxi jebàt jika tiāda bāñak ruma-rūma mūsarg dālam-ña*, le parfum de la civette est (réputé) pur, lorsqu'il ne contient que peu de poil de l'animal (*M.*). اكر — *mūsarg ākar* = تڠݢالغ *targgālurg*.

[Jav. *musarg*. Bat. *misarg.*]

موسم **mūsim** (Ar. وسم), saison, mousson, année. ڤانس — *mūsim pānas*, le saison chaude, l'été. كرغ — *mūsim kerìrg*, saison de la sécheresse. ديڠين — *mūsim dirgin*, la saison froide, l'hiver. هوجن — *mūsim hūjan*, la saison des pluies. تيݢ موسم ݢنڤ *tīga mūsim genàp*, trois années entières. ڤد موسم دهداڤن *pada mūsim di-hadāp-an*, à la mousson suivante (*S. Mal.* 53). دالم نكري يغ دكت كأوتار دان سلاتن اد امڤت موسم *dālam nagrī yarg dekàt ka-utāra dān selātan ada ampat mūsim*, dans les pays qui sont vers les pôles nord ou sud il y a quatre saisons (dans l'année) (*N. Phil.* 38). سوره برلاير ڤد اول موسم *sūruh ber-lāyar pada awal mūsim*, ordonnez de mettre à la voile au commencement de la mousson (*Lett. Mal.*). ساتو موسم اڠن لاماڽ *sātu mūsim ārgin lamā-ña*, la durée d'une mousson de vent, c'est-à-dire pendant les six mois que souffle le vent du nord, ou les six mois que souffle le vent du sud (*Kl.*).

[Sund. *musim*. Bat. *musin* ou *musim*. Mak. *musirg*. Day. *musim.*]

موذن **muezzin** (Ar. اذن), mouddin, crieur qui appelle à la prière. بلنج اكن امام دان خاطب دان موذن *belanja ākan imām dān katib dān muezzin*, la dépense pour l'entretien du prêtre, du prédicateur et de celui qui appelle à la prière (*M. R.* 200).

موز ***mawz*** (Ar.), banane, bananier.

موزه ***mūzah*** (Pers.), bottes, bottines. دان موزه نبى دكناكن ڤد كاكين *dān mūzah nabī di-kenā-kan-ña pada kakī-ña*, et il chaussa les bottines du prophète (*Amir Hamza* 208).

موصى ***mūṣī*** (Ar. وصى), testateur. موصى به *mueṣṣā bih*, ce qui est recommandé par un testament (*D. M.* 190).

موضحة ***mūdliḥet*** (Ar. وضح), une blessure qui va jusqu'à l'os (*D. M.*).

ممضحتكن *me-mudliḥet-kan*, faire à quelqu'un une blessure qui va jusqu'à l'os, faire une blessure grave. سورغ يڠ ممضحتكن اكن سورغ *sa-ōrang yang me-mudliḥet-kan ākan sa-ōrang*, une personne qui fait une blessure grave à une autre personne (*D. M.* 314).

مق ***maḳ***, mère; mot dont on se sert en parlant à une femme agée. اوق — *maḳ uwàḳ*, tante, sœur ainée du père. مود — *maḳ mūda*, tante, sœur plus jeune de la mère. سودار — *maḳ sūdāra*, tante du côté de la mère.

On trouve aussi امق *āmaḳ*. ڤرمڤون يڠ مملهراكن دى ايت اى ايتوله امقن *perampūan yang memlihară-kan dīa ītu ia ītū-lah āmaḳ-ña*, la femme qui l'a élevé est appelée sa mère (*H. Ab.* 146).

v. aussi مامق *māmaḳ*.

مك ***maka***, mot qui se place au commencement d'une phrase, ou qui lie deux membres de phrase; et, or, alors, ensuite, que. مك كات اورغ *maka kāta ōrang*, or on dit. اورغ مان اين مك داڤت سمڤى ككونڠ اين *ōrang māna ini maka dāpat sampey ka-gūnung ini*, qu'est-ce que cet homme, pour être en état de grimper sur cette montagne? بلم كرڠ سواتو اڠكتان مك دباسهن لاين *belùm kering suātu anggotā-ña maka di-bāsah-ña lāin*, il ne donne pas à un membre le temps de sécher, qu'il ne mouille l'autre.

[Jav. ꦩꦁꦏ *mongka*. Sund. ꦩꦏ *maka*, ainsi soit.]

مكاتب ***mukātib*** (Ar. كتب), un esclave qui convient avec son maître qu'il se rachètera avec le pécule qu'il amassera (*D. M.*).

مماكاتبكن *me - mukātib - kan*, donner à un esclave la faculté de se racheter (*D. M.* 15).

مقابلة ***muḳābelat*** (Ar. قبل), collation, confrontation. اورڠ مباچ كتاب دان دڠن مقابلة منصحكن دى اد ڤهال *ōraṅ mem-bāxa ki-tāb dān deṅan muḳābelat men-ṣeḥ-kan dīa ada pahāla*, ceux qui, en collationnant les livres, les corrigent, acquièrent du mérite (*M. R.* 225).

ممقابلتكن *me-muḳābelat-kan*, collationner, confronter, comparer. كتاب اين اڤبيل سده دسورتن دمقابلتكن سڤاى صح سورتن *kitāb ini apa-bīla sudah di-sūrat-ña di-muḳābelat-kan supāya ṣeḥ sūrat-ña*, lorsque ce livre aura été copié, qu'il soit collationné afin que la copie en soit corrigée (*M. R.* 225).

مقام ***maḳām*** (Ar. قام), tombe, tombeau.

ممقامكن *me-maḳām-kan*, inhumer, enterrer, mettre dans la tombe (*Kl.*).

[Jav. ꦩꦏꦩ꧀ *makam.*]

مقام ***meḳām*** (Ar. قام), séjour, résidence. اورڠ يڠ منڠڬوى مقام ايت *ōraṅ yaṅ menuṅgū-ī me-ḳām ītu*, la personne qui gardait ce lieu (*Amir Hamz.* 184).

مكين ***makīn***, v. sous ماكن *mākin*.

مقيم ***muḳīm*** (Ar. قام), habitant; habitation fixe. Mal. = موكم *mūkim*. v. ce mot.

مكو ***makū*** (?), nom d'une plante (*Kl.*).

مكوت ***makōta*** (S. मकुट *ma-kuṭa*), couronne, diadème. جكلو اكو بريكن مكتاك اين سوله٢ كڤلاك سرهكن كڤدام *jikalaw āku brī-kan makotā-ku īnī sa-ūleh-sa-ūleh kapalā-ku seràh-kan ka-padā-mu*, si je vous remets ma couronne, c'est comme si je vous livrais ma propre tête (*R.* 40). مك امبلله ڤاتق مكوت يڠ اد داتس كڤلان *maka ambil-lah pāteḳ makōta yaṅ ada di-ātas kapa-lā-ña*, et je lui ai enlevé le diadème qu'il portait sur sa tête (*B.* 481). كرجاءن — *makōta ka-rajā-an*, la couronne royale. ديس — *makōta dēsa*, la couronne du pays, expression dont on se sert en s'adressant à un prince. مكوت سڬل رجراج *makōta segala raja-rāja*, la couronne des rois (titre d'un des livres de la littérature malaise).

برمكتاكن *ber-makotā-kan*, qui forme couronne, servant de couronne. برمكتاكن مانكم اديكار *ber-makotā-kan mānikam ādi-kāra*, des pierres précieuses formant une couronne admirablement travaillée (*S. Bid.* 159).

تفرمكتاكن *te-per-makotā-kan*, que l'on a couronné. يڠ تفرمكتاكن دڠن دردوري *yang te-per-makotā-kan dengan duri-dūri*, qui a été couronné d'épines (*P. M.*).

On trouve aussi مكت *makota*.

[Jav. ꦩꦏꦸꦛ *makuṭa*. Sund. *makuta*. Mak. *makota*.]

مكق ***mekik***, crier, jeter des cris.

[Jav. *bekik*.]

مكتوب ***maktūb*** (Ar. كتب), écrit.

المكتوب *el-maktūb*, l'écrit; livre sacré.

ترمكتوب *ter-maktūb*, qui est écrit, que l'on a écrit. ترمكتوب سورت اين توجه بلس هاري بولن شعبان *ter-maktūb sūrat ini tu-juh blàs hāri būlan ṡạbān*, cette lettre a été écrite le dix-septième jour du mois *chaban* (*Lett. Mal.*).

مكتب ***maktab*** (Ar. كتب), école où l'on apprend à écrire.

مقدمة ***mukaddamat*** (Ar. قدم), ce qui précède, préface d'un livre (*M. R.* 1).

مقدس ***makdis*** (Ar. قدس), lieu saint. كبسين اتوله ڤد مقدسڽ *ka-bisēy-an itū-lah pada mak-dis-ña*, la magnificence éclate dans son saint lieu (*B.* 876).

مقدس *mukadas*, saint, sanctifié, consacré. بيت المقدس *beit el-mukadas*, le temple saint, Jérusalem.

مقبورة ***makbūrat*** (Ar. قبر), sépulture, cimetière. مك تله دبوتڽ ايت اكن كلڠكاڤن مقبورتك *maka telàh di-būat-ña itu ākan ka-langkāp-an makbūrat-ku*, or elle l'a fait pour préparer ma sépulture (*N.* 47).

مقمل ***mekmel*** = مومل *mūmal*.

مكر ***mekra*** (Ar.), ruse, finesse. ڬيڬي يڠ برتند ايت تند مكر *gigi* *yang ber-tindeh ītu tanda mekra*, les dents placées en devant l'une de l'autre indiquent la ruse (*M. R.* 192).

مقر ***mukir*** (Ar. قر), celui qui fait un aveu (*D. M.* 91).

مكروه ***makrūh*** (Ar. كره), ce dont on doit s'abstenir, malséant, inconvenant: désagréable, repoussant. فصل يغ مڠتاكن سڬل يغ مكروه دالم سمبهيڠ *faṣal yang mengatā-kan segala yang makrūh dālam sembahyang*, chapitre expliquant tout ce que l'on doit éviter pendant la prière (*M.*). دان توبهڽ ايت يغ مكروه دجاوهكن درڤد روماهڽ دان سڬره دتانمكن *dān tūbuh-ña ītu yang makrūh di-jāuh-kan deri-pada rūmah-ña dān sigràh di-tānam-kan*, et son cadavre devenu un objet d'horreur est emporté et enterré le plus tôt possible (*M. R.* 24).

[Jav. ꦩꦏꦿꦸꦃ *makruh.*]

مكرمة ***mukramat*** (Ar. كرم), honneur, gloire, dignité.

مقصود ***makṣūd*** (Ar. قصد), intention, dessein, plan, désir, volonté. سكل دايغ٢ تهوله مقصود توننڽ *segala dāyang-dāyang tahū-lah makṣūd tūan-ña*, toutes les femmes connaissaient l'intention ou les désirs de leur maîtresse (*M.*). اڤاكه مقصود اتوسن داتغ اين *apā-kah makṣūd utūs-an dātang īni*, quel est le but ou l'objet de votre ambassade? (*M.*).

مقصودكن *me-makṣūd-kan*, vouloir, désirer quelque chose. تياد سمڤي كڤد تمڤت يغ دمقصودكنڽ *tiāda sampey ka-pada tampat yang di-makṣūd-kan-ña*, ils n'arrivent pas au lieu qu'ils désiraient atteindre (*Cod. Mal.* 465).

مڬه ***megàh***, v. ڬه *gàh.*

مڬت ***megàt***, d'une origine noble, illustre. — اورڠ *ōrang megàt*, les gens d'une naissance illustre. — سڬل *segala megàt-megàt*, les gens illustres, la noblesse d'un pays (*megat* est aussi un titre donné à certains personnages).

مڬت ***megàt***, rester tranquille en parlant d'une toupie, ce que nous exprimons en français par le mot dormir.

مڠ ***meng***, particule préfixe, v. م *me.*

مغاف merg-āpa, v. اڤ apa.

مغه mergah, essouflé, empressé, hors d'haleine.

ترمغه *ter-mergah*, qui est essoufflé, qui est hors d'haleine. اى داتڠ برلرلارى دڠن ترمغه٢ *ia dātarg ber-lari-lāri dergan ter-mergah-mergah*, il arriva en courant et se trouvait hors d'haleine (*H. Ab.* 231).

[Jav. ꦩꦼꦔ꧀ꦒꦺꦃꦩꦼꦔ꧀ꦒꦺꦃ *merggéh-merggéh*. Sund. ᮙᮨᮍᮤ *mergi*, difficulté de respirer.]

مغكار margkāra (S. मकर *makara*, le Capricorne, signe du zodiaque: monstre marin), le Capricorne. Selon *Cr.*, l'Écrevisse. — هودڠ *hūdarg margkāra*, sorte de crevettes.

On trouve aussi هودڠ بڠكار *hūdarg barykāra*, v. ce dernier mot.

[Jav. ꦩꦁꦏꦫ *margkara*, crevette, écrevisse de mer.]

مغكارڠ mergkārurg = بڠكارڠ *birgkārurg*.

مغكالى margkāley, une œuvre inachevée, arrêtée, interrompue. (*Kl.*).

ممغكالى *me-margkāley*, laisser une œuvre inachevée; arrêter, interrompre.

مغكه margkah, dur, pas assez cuit, pas assez mûr.

مغكه margkih, v. چڠكه *xorg-kah*.

مغكو margko, v. مغكق *marg-kok*.

مغكوڠ margkūwarg = بڠكوڠ *bargkūwarg*.

مغكودو margkūdu = بڠكودو *bargkūdu*.

مغكوبومى margku būmi, v. sous ڤڠكو *pargku*.

مغكق margkok, tasse, coupe, écuelle, bassin. مغكق٢ن ترلالو كوتر *margkok-margkok-ña ter-lālu kōtor*, leurs tasses étaient très-sales (*H. Ab.* 288). مغكق باسه موك *margkok bāsuh mūka*, bassin pour se laver la figure. مغكق چوچى تاڠن *margkok xū-xi tārgan*, bol dans lequel on offre de l'eau pour laver les doigts après le repas. ڤڠكق — *margkok purggok*, pot de chambre, vase de nuit.

ممغكوكن *me-margkōk-an*, nom d'une plante.

On trouve aussi مغكو *margko*.

مغكت **mangkat,** v. اغكت *ang-kat.*

مغكن **mangkin** et مغكين **mangkīn.** v. sous ماكن *mākin.*

مغكبومي **mangku-būmi,** pour مغكو بومي *mangku būmi,* v. sous ڤغكو *pangku.*

مغكر **mangkur,** sorte de palanquin orné, litière de cérémonie. ڤتري كامڤت ايتوڤون نايقله كاتس مغكر سبوه سورغ *putrī ka-ampat ītu-pūn nāiḳ-lah ka-ātas mangkur sa-būah sa-ōrang,* les quatre princesses montèrent chacune dans un palanquin (*M.*). اسوغن — *mangkur usūng-an,* des litières portées à dos d'hommes. گاجه — *mangkur gājah,* des litières portées par des éléphants (*M.*). راج چين ڤون كلورله برباينغ٢ رڤان كلهاتن دالم مغكر كاچ *rāja xīna pūn ka-lūar-lah ber-bāyang-bāyang rupā-ña ka-lihāt-an di-dālam mangkur kāxa,* le roi de Chine sortit et apparut comme une ombre au travers du verre dont sa litière était faite (*S. Mal.* 168).

ممغكركن *me-mangkur-kan,* porter en litière.

مغكر **mungkur,** boîte en bois (*Cr.*).

مغكل **mangkal,** presque mûr; pas très-mûr, nouvellement cueilli. بربوك ڤواس دغن تيك بيجي خرما يغ مغكل اتو تيك يغ كرغ *ber-būka puāsa dengan tīga bīji ḳormā yang mangkal ātau tīga yang kring,* rompant le jeûne en mangeant trois dattes fraîches ou trois dattes sèches (*M.*).

[Sund. [illegible] *mengkel.* Bat. [illegible] *mongkor.* Tag. [illegible] *mamangkal.*]

مغكل **mangkel,** resté, arrêté dans la gorge.

ترمغكلن *ter-mangkel-an,* qui a quelque chose dans la gorge, qui a avalé de travers, qui s'est engoué en mangeant.

[Jav. [illegible] *mangkel.*]

مغكل **mungkil,** enflé, boursoufflé (*Cr.*).

مغكس **mangkas,** pour مغكل *mangkal.*

مغكس **mengkis,** cri, crié.

ممغكس *me-mengkis,* crier, s'écrier: braver, poser d'une

manière hantaine (*Kl.*). اى مغكس كتان چه *ia me-mengkis katā-ña ach*, il criait en disant : fi donc ! (*S. Mal.* 153).

مغاك ***mangga***, la mangue, le fruit du manguier. A Rhio, on fait une distinction entre مغاك *mangga* et مڤلم *mampelam*; le premier est plus court et plus rond (*Kl.*).

مغݢال ***manggāla*** (S. मङ्गल *mangala*, heureux, prospère), conducteur.

[Kw. et Jav. ꦩꦁꦒꦭ *manggala*. Sund. ꦩꦁꦒꦭ *manggala*, en composition des noms propres dans un sens avantageux.]

مغݢى٢ ***manggi-manggi***, le manglier (*rhizophora*).

مغݢو ***minggo*** (Port. *domingo*), nom du dimanche, semaine. — هارى *hāri minggo*, le dimanche. — دو *dūa minggo*, deux semaines.

مغݢوق ***menggok***, courbé, de travers, dévié.

[Jav. ꦔꦼꦁꦒꦺꦴꦏ꧀ *menggok*, aller de côté.]

مغݢڤ ***menggap***, être épris de quelque chose, être curieux, être empressé. ترلالو مغݢڤ اى برنغ *ter-lālu menggap ia bernang*, très-empressé à nager (*Exer.* 146).

مغݢڤ٢ *menggap - menggap*, être très-épris, très-empressé. مك مغݢڤ٢له اى برجالن نايق كريت *maka menggap-menggap-lah ia ber-jālan nāik karēta*, ils viennent avec empressement et montent en voiture (*Exer.* 155).

Ce mot paraît quelquefois être pris pour مغه *mengah*, essouflé.

[Jav. ꦩꦼꦁꦒꦼꦥ꧀ *menggep*.]

مغݢر ***munggur*** = مغكر *mungkur*.

مغݢس ***manggis***, mangouste, fruit délicat et très-recherché (*garcinia mangostana*). دباوه ڤوهن مغݢس *di-bāwah pōhon manggis*, sous un mangoustan (*H. Ab.* 229).

On trouve aussi مغݢست *manggista* et مغݢستن *manggistan*.

[Jav. ꦩꦁꦒꦶꦱ꧀ *manggis*. Sund. ꦩꦁꦒꦸ *manggu*. Bat. [illegible] *manggisto*. Mak. [illegible] *manggisi*.]

مغمغ ***mongmong***, bassin de crieur, instrument que l'on frappe pour publier quelque chose. دسورهڽ ممالو مغمغ *di-sūruh-ña memālu moŋmoŋ*, il ordonna de publier au son du bassin (*S. Mal.* 83).

مغرم ***meŋeràm***, couver, v. رم *ràm.*

مغلی ***maŋlī***, sorte de fruit de jardin (*Kl.*).

مغلی ***meŋelī?*** à haute voix, tout haut. ترتوتاو مغلی *ter-tawa-tāwa meŋelī*, rire aux éclats (*Kl.*).

Ce mot est probablement une corruption de ݢلق *gelàḳ*, auquel on a donné le préfixe م *me*.

مغس ***maŋsa*** (S. मांस *māṅsa*), chair, viande, nourriture des animaux carnassiers.

[Jav. ꦩꦁꦱ *maŋsa*.]

مچه ***muxah*** (Pers.), sourcil.

مجاهد ***mujāhid*** (Ar. جهد), un guerrier dans une guerre sainte. سکل مجاهد دان غازی ماکی دی ڤد هاری ڤرغ دغن کافر *segala mujāhid dān ġāzi memākey dia pada hāri pràŋ deŋan kāfir*, les guerriers et les héros s'en servent dans les guerres contre les infidèles (*M. R.* 53).

مجازی ***mejāzi*** (Ar. جزا), métaphorique, fictif non réel. مندهلوکن ڤکرجاءن توهن حقیقی درڤد ڤکرجاءن توهن مجازی *men-dahulū-kan pe-karjā-an tūhan ḥaḳīḳi deri-pada pe-karjā-an tūhan mejāzi*, préférer les affaires du seigneur véritable à celles du seigneur fictif (qui n'est que le représentant du premier) (*M. R.* 154).

مجهول ***majhūl*** (Ar. جهل), inconnu, non énoncé. نقد يغ برچمڤر دان يغ مجهول *neḳd yaŋ ber-xampur dān yaŋ majhūl*, de l'argent mêlé et d'une valeur inconnue (*D. M.* 115).

مجوس ***mejūs*** et **مجوسی** ***mejūsi*** (Ar. مجس), adorateur du feu; mage. سده ممڠݢل اورغ مجوس ایت دیم٢ *sudah memaŋgil ōraŋ mejūs ītu dīam-dīam*, ayant appelé les mages en secret (*N.* 2).

مجد ***mejed*** (Ar.), glorieux, sublime. ورقة المجد *warḳat el-mejed*, la sublime épître (*M.*).

مجنون **mejnūn** (Ar. جن), possédé par le démon: fou.

مجبر **mujbir** (Ar. جبر), qui peut forcer, qui peut contraindre. ولى يغ مجبر *walī yang mujbir*, un tuteur qui peut contraindre son pupille (*D. M.* 226).

مجرب **mujerreb** (Ar. جرب), éprouvé, instruit par l'expérience.

مجلس **mujelis**, beau, élégant, gracieux, bien fait. مجلس رڤاڽ سڤرت بولن ڤرنام *mujelis rupā-ña seperti būlan purnāma*, sa face était belle comme celle de la pleine lune (*M.*). مجلس ترلبه درڤد ڤترى *mujelis ter-lebèh deripada putrī*, beaucoup plus gracieuse que la princesse (*S. Bid.* 17).

On trouve aussi منجلس *munjelis*.

Ce mot vient de l'Ar. مجلى *mujelli*, manifesté, montré. اجلى *ajla*, beau de visage, du radical جلا.

مجلس **mejlis** (Ar. جلس), assemblée, réunion, conseil, société. سكلين كامو يغ دالم مجلس *sa-kalīan kāmu yang dālam mejlis*, vous tous qui êtes maintenant dans cette assemblée (*M.*). مك دنداڽ دحكمكن اوله مجلس *maka dendā-ña di-ḥukum-kan ūleh mejlis*, il méritera d'être condamné par le conseil (*N.* 7). دان هداڠن داڠكت اورڠله كهداڤن مجلس *dān hidāng-an di-angkat ōrang-lah ka-hadāp-an mejlis*, et l'on servit des mets à toute la société (*R.* 160). عادة ترتيب مجلس رجاراج *ādat tertīb mejlis raja-rāja*, l'étiquette, le cérémonial des cours (*M.*). ڤڠولو مجلس *pangūlu mejlis*, le président du conseil.

مڽاڤ **meñāpa**, v. ساڤ *sāpa*, sous اڤ *apa*.

مڽابتكن **meñābit-kan**, v. sous ثابت *ṣābit*.

مڽموككن **meñamukā-kan**, de سموك *sa-mūka*, v. sous موك *mūka*.

مڽلم **meñalma**, v. sous جلم *jalma*.

مت **meta** (S. मत्त *matta*, éléphant en rut), sauvage, non apprivoisé (d'un éléphant). بݢند ڤون نايق بيرم مت *baginda pūn nāik bēram meta*, le prince monta un éléphant non apprivoisé (*S. Bid.* 139).

[Kw. [Kawi script] *meta*, éléphant sauvage.]

متهاري *mata-hārī* (de مات *māta*, œil, et هاري *hārī*, jour), le soleil. متهاري دان بولن *mata-hārī dān būlan*, le soleil et la lune. هيدڤ — *mata-hārī hīdup*, l'est. ماتي — *mata-hārī māti*, l'ouest. تربيت — *mata-hārī terbit*, ou نايق — *mata-hārī nāik*, le lever du soleil. ماسق — *mata-hārī māsuk* ou تورن — *mata-hārī tūrun*, le coucher du soleil. — چهاي *xahāya mata-hārī*, l'éclat du soleil. — سينر *sīnar mata-hārī*, rayon de soleil. — ڮرهان *grahāna mata-hārī*, éclipse de soleil. سڤرت متهاري بهارو تربيت دتڤي لاڠيت *seperti mata-hārī bahāru terbit di-tepī lāngit*, semblable au soleil qui vient de se lever à l'horizon.

[Sund. [Sundanese script] *mata-pohi*. Bat. [Batak script] *matani*. Mak. [Makassarese script] *mata-allo*. Day. *matanandan*.]

متي *mutīya, mutīa* (S. मुत्य *mutya*), perle. ڤايڠ متي دكارڠ *pāyung mutīa di-kārang*, des parasols garnis de perles. هوجن — *hūjan mutīa*, une grêle de perles. ڤدڠ برهولو متي *pedàng ber-hūlu mutīa*, une épée à poignée de nacre de perles. — اندڠ *indung mutīa*, nacre de perles, l'écaille qui renferme les perles. تيݢ بيجي متي *tīga bījī mutīa*, trois perles.

On trouve aussi متيار *mutiāra*. اي ميوره اورڠ ميلم مڠمبل متيار ڤد لاوت ايت *ia meñūruh ōrang meñelàm meng-ambil mutiāra pada lāut ītu*, il ordonna à des hommes de plonger dans la mer pour pêcher des perles (*R.* 166).

متيار *mutiyāra*, v. متي *mutīya*.

متو *mutū*, pierre de touche; degré de pureté de l'or; le plus pur est celui qui a dix *mutu* ou degrés. ورناڽ سڤرت امس سڤوله متو *warnā ña seperti amàs sa-pūloh mutū*, sa couleur était celle de l'or très-pur (à vingt-quatre carats) (*R.* 2). لولو — *mutū lūlu*, مانکم — *mutū mānikam*, perles, pierres précieuses.

متكبر *mutekebbir* (Ar. كبر), orgueilleux. الله تعالى سترو جو اکن اورڠ يڠ متکبر *allah taāla* *satrū jūa ākan ōrang yang mutekebbir*, le Dieu très-haut est ennemi des orgueilleux (*M. R.* 194).

متر ***matara,*** exorcismes. ترلفس در فرهمباءن شيطان اوله فمبچاءن متر *ter-lepàs deri per-hambā-an šeṭān ūleh pem-baxā-an matara,* il est délivré de l'esclavage du démon par la récitation des exorcismes (*P. M.*).

Ce mot est prob. une corruption de منترا *mantrā.*

متري ***matrèy,*** sceau, cachet; scellé, cacheté. سرت اكو بوك درفد مترين *serta āku būka deripada matrèy-ña,* lorsque je brisai le sceau (de la lettre) (*H. Ab.* 394). لالو دمترين *lalu di-matrèy-ña*, il la cacheta (*M.*). چنچين متري *xinxin matrèy,* anneau qui porte un cachet.

ممتري *me-matrèy*, sceller, cacheter.

ترمتري *ter-matrèy*, qui est scellé, que l'on a cacheté, qui est imprimé. چف جنجيءن ترمتري اتس قرطاس اين *xàp janjī-an ter-matrèy ātas kartās īni,* une empreinte du sceau de ratification est apposée sur cet acte (*M.*). ترمتري سكلين فركتاءن ايت دالم هاتي كيت *ter-matrèy sa-kali-an per-katā-an ītu dālam hāti kīta,* ces paroles sont imprimées dans mon cœur (*H. Ab.* 422).

ممتريكن *me-matrèy-kan,* sceller quelque chose, mettre un sceau sur quelque chose. كمتريكنله حكايتك اين دغن چف *ku-matrèy-kan-lah ḥikāyat-ku īni dengan xàp,* j'ai marqué cette histoire d'un sceau (*H. Ab.* 428).

مترس ***matrùs*** (Holl. *matroos*), matelot. بيراف مترس ايت مابق *be-brāpa matrùs ītu mābuk,* un grand nombre de matelots étaient ivres (*H. Ab.* 78). مغگولغ لاير مترس سگرهله *meng-gūlung lāyar matrùs sigràh-lah*, que les matelots ferlent vite les voiles (*Sul. Ab.* 21).

متحرك ***muteḥerik*** (Ar. حرك), mu, mis en mouvement. جكلو متحرك ايت جادي ساكن *jikalaw muteḥerik ītu jādi sākin,* si ce qui est en mouvement devient immobile (*M. R.* 13).

متصل ***mutteṣil*** (Ar. وصل), contigu, joint à un autre; conjointement. مات بند سرت زيادتن يغ متصل *mata benda serta ziādat-ña yang mutteṣil,* un objet conjointement avec son augmentation (*D. M.* 25).

متعة mutạt (Ar.), présent qui doit être donné à la femme dans le divorce (*D. M.* 252).

متعلق mutaạllik (Ar. علق), dépendant de, selon, concernant (*D. M.* 20).

مد medd (Ar.), certains signes graphiques, le meddah. مدن دان وقفن دان قلقلتن *medd-ña dān wekif-ña dān kelkelet-ña*, ses signes graphiques, ses pauses et ses mouvements (de la langue malaise) (*H. Ab.* 50).

مداى mudāya, ressource, expédient (*Cr.*). v. داى *dāya.*

مداومة mudāumah (Ar. دام), continuel, permanent. مداومه سننتياس *mudāumah sa-nantiāsa,* pour toujours (*Lett. Mal.*).

مدالى madāli, v. مدلى *madali.*

مده mudah, pour موده *mūdah.*

مدو madu = مادو *mādu,* miel.

مدغ medàŋ, nom d'un arbre dont le bois léger et tendre cause des démangeaisons sur la peau. (Selon *Kl.*) les différentes sortes sont: بتل — *medàŋ betùl,* سير — *medàŋ sīra,* ڤاوه — *medàŋ pāuḥ,* هنتو — *medàŋ hantu* et بواى — *medàŋ buwāya.*

[Sund. ꦩꦢꦁ *madaŋ,* arbre de la famille des laurinées. Bat. ᯔᯑᯰ *modaŋ.* Day. *madaŋ.*]

مدبر mudebber (Ar. دبر), un esclave qui devient libre après la mort de son maître (*D. M.* 318).

مدرسة madrasat (Ar. درس), école supérieure, académie ordinairement attachée a une mosquée.

مدلى madali, nom d'un instrument de musique, clairon.

On trouve aussi مدالى *madāli* (*R.* 3).

مدح madaḥ (Ar.), panégyrique, éloge, louange, discours, raisonnement. جاڠن تڠݢى مڠڠكتكن مدح *jāŋan tiŋgi meŋ-aŋkat-kan madaḥ,* ne louez pas trop hautement: n'élevez pas trop votre voix (*S. Bid.* 28).

برمدح *ber-madaḥ,* qui loue, qui fait un discours.

من ***men,*** particule préfixe. v. م *me.*

من ***menn*** (Ar.), poids de deux livres environ. يغ دلاڤن بلس من برتن *yang delāpan belàs menn bràt-ña*, du poids de dix-huit *menn* (*Amir Hamz.* 149).

منا ***menā*** (prob. de l'Ar. معنى *mạna*, sens, signification). دغن تياد سمنا٢ *deṅgan tiāda sa-menā-menā*, sans raison, sans cause, sans aucun motif. اداكه راج يغ بسر ايت ماو ممبونه اورغ دغن تياد سمنا٢ *adā-kah rāja yang besàr itu māu mem-būnuh ōrang deṅgan tiāda sa-menā-menā*, pourrait-il venir dans la pensée d'un grand roi de vouloir mettre à mort un homme sans aucun motif? (*Kal. dan Dam.* 123).

مناجاة ***munājāt*** (Ar. نجو), agir ou parler en secret avec quelqu'un. ملك اكو دغن اورغ مود اين ماو ڤرڬي كسان هندق مناجاة *maka āku deṅgan ōrang mūda ini māu pergi ka-sāna hendaḳ munājāt*, je vais me retirer avec ce jeune homme pour traiter quelque chose avec lui (*B.* 30).

منان ***mennān*** (Ar. من), bienveillant, bon.

منارة ***menāret*** (Ar. نار), tour, minaret. هندق ممباغنكن سواتو منارة *hendaḳ mem-bāṅgun-kan suātu menāret*, voulant élever une tour (*H. D.* 11).

On trouve aussi منار *menāra.*

[Jav. ꦩꦼꦤꦫ *menara.*]

منافق ***munāfiḳ*** (Ar. نفق), hypocrite, simulé, faux dévot. سكل اورغ منافق ايت يغ دلور اد لاين دان دالم اد لاين *segala ōrang munāfiḳ itu yang di-lūar ada lāin dān dālam ada lāin*, ces hommes hypocrites qui se montrent au dehors autrement qu'ils ne sont au dedans (*M. R.* 218).

منه ***minno*** (Ar., de la préposition مِن et du pronom affixe de la troisième personne هُ). مستثنى منه *musteṣni minno*, l'ensemble dont on excepte q. ch. (*D. M.* 96).

منى ***meni*** (Ar.), sperme génital. سكل يغ هيدڤ — *meni segala yang hīdup*, le sperme de tout ce qui a vie. ملك راج ايكن ڤون داتغ منلن منى هنومن *maka rāja ikan pūn dātang menelàn meni hanūman*, et le roi des poissons étant arrivé avala le sperme que

Hanuman avait laissé tomber (*R.* 131).

منيغ menīṅga, nom d'une plante (*Kl.*).

منيت menīt (Ang.), minute. بومي مڠلليڠي متهاري دالم تيݢ راتس انم ڤوله ليم هاري ليم جام امڤت ڤوله منيت *būmi meṅguliliṅ-i mata-hāri dālam tīga rātus anàm pūloh līma hāri līma jām ampat pūloh minīt,* la terre fait sa révolution autour du soleil en trois cent soixante cinq jours cinq heures et quarante minutes (*N. Phil.* 87).

منير manīra, pronom de la 1ère personne, je, moi. جكلو منير جادي راتو *jikalau manīra jādi rātu,* si je deviens roi (*S. Mal.* 146).

[Jav. ꦩꦤꦶꦫ *manira.*]

منيرن menīran, nom d'une plante médicinale.

[Jav. ꦩꦼꦤꦶꦫꦤ꧀ *meniran.*]

منور manūra, mascarade, certain jeu de masques siamois, dans lequel l'histoire de Rama est représenté (*Pij.*). C'est probablement de là qu'est venu ممبوري *mem-bōriya* ou بوري *bō-riya, bōria,* mot très-usité dans le détroit de Malacca, et surtout à Pulo Pinang, dans le sens de masque, mascarade. موسم ممبوري *mūsim membōria* ou موسم بوري *mūsim bōria,* le temps des fêtes hindoues, pendant lequel ont lieu des déguisements et des mascarades.

منكال mana-kāla = مانكال *māna-kāla,* v. مان *māna.*

منقول menḳūl (Ar. نقل), transportable, chose meuble (*D. M.* 32).

منكر munkir (Ar. نكر), qui ne connaît pas, qui renie, qui désavoue, qui renonce à ses engagements. كيت تياد منكر ڤرجنجين كيت *kīta tiāda munkir perjanjī-an kīta,* nous ne nous écarterons pas de notre engagement (*M.*).

منكر munkir (Ar.), nom de l'un des deux anges qui (d'après la croyance mahométane) sont chargés de faire subir un interrogatoire dans le tombeau. نكير دان منكر دالم قبور *nekīr dān munkir dālam ḳubūr,* Nekir et Munkir se trouveront dans le tombeau (*M. R.* 33).

منقطع munḳeṭiạ (Ar. قطع), coupé, tronqué. منقطع الاول *mun-*

keṭia el-awal, dont le commencement est retranché (*D. M.* 138).

منغ **menàṅ**, vaincre, gagner, surpasser, avoir l'avantage sur. — سياڤ يڠ منغ *siāpa yaṅ menàṅ*, qui a gagné? يڠ منغ اتس سترون *yaṅ menàṅ ātas satrū-ña*, celui qui l'emporte sur ses ennemis.

ممنغكن *me-menàṅ-kan*, rendre victorieux, faire vaincre. يا توهنك منغكن اڤاله همبام *yā tūhan-ku menàṅ-kan apā-lah hambā-mu*, ô seigneur, rends ton serviteur victorieux (*M.*). سڤرت دمنغكن الله *seperti di-menàṅ-kan allah*, comme si Dieu les avait rendus victorieux (*H. Ab.* 110).

كمناغن *ka-menāṅ-an*, victoire, les fruits de la victoire, butin. ايڤون كمبليله دڠن كمناغن *ia-pūn kombalī-lah deṅgan ka-menāṅ-an-ña*, il s'en retourna avec les fruits de la victoire (*R.* 92). — براوله *ber-ūleh ka-menāṅ-an*, remporter la victoire (*R.* 137).

[Jav. [Javanese script] *menaṅ*. Bat. [Batak script] *monaṅ*. Day. *manaṅ*. Mak. [Makassarese script] *manaṅ*, s'accorder.]

منغ **menùṅ**.

ترمنغ *ter-menùṅ*, pensif, rêveur; regarder en réfléchissant. مك ترمنغله اى سكتيك *maka termenùṅ-lah ia sa-kotīka*, et il regarda en réfléchissant un instant (*Kl.*).

منغكر **meneṅkar**, v. چغكر *xeṅkar*.

منچه **menxah**, le بيو *bēyo* — مين *mīna*.

[Jav. [Javanese script] *ménxo*.]

منچو **menxo** = بيو *bēyo* (*Kl.*).

منچق **menxak**, pour ممنچق *me-menxak*, v. ڤنچق *penxak*.

منچخ **munxuṅ**, proéminent, saillant (des parties de la figure), museau. بيبر *bibir munxuṅ*, des lèvres saillantes. — هيدغ *hīduṅ munxuṅ*, nez saillant, nez aquilin. — هيدغن *hīduṅ-ña munxuṅ*, il avait le nez saillant (*H. Ab.* 82). مولتن منچخ ڤندى مڠاجق *mūlut-ña munxuṅ pandey meṅ-ājok*, leurs bouches canines sont promptes à gronder (*M.*).

Prov. هيدغ تاء منچخ ڤيڤى ترسورغ٢ *hīduṅ tā-munxuṅ pīpi ter-sūruṅ-sūruṅ*, lorsque le nez n'est pas saillant, les joues ressortent. C'est-à-dire, l'homme n'a pas alors la marque d'une haute extraction. Les Malais considèrent les Arabes qui ont le nez saillant, comme le premier peuple du monde.

ڤرمنچوغن *per-munxūrg-an*, petites constructions près d'une maison: dépendances (ces dépendances forment ordinairement une partie saillante).

بڤرمنچوغن *be-per-munxūrg-an*. — روماه *rūmah be-per-munxūrg-an*, maison accompagnée de petits bâtiments qui en dépendent, qui y sont attenants (*S. Mal.* 99).

[Sund. [Sundanese script] *manxurg*, un nez aquilin. Bat. [Batak script] *munsurg*. Mak. [Makassarese script] *munxey*.]

منچت **menxit,** une souris.

[Bat. [Batak script] *monsi* (peut-être de l'Ang. *mouse*).]

منچر **manxur,** v. ڤنچر *panxur*.

منج **manja,** attaché, affectueux. ڤد كتيك ايت منجاله اكو كڤد نينقكو *pada kotīka ītu manjā-lah āku ka-pada nēnek-ku,* dans ce temps-là j'étais très-attaché à mon aïeule (*H. Ab.* 19).

ڤرمنج *per-manja,* qui est attaché, qui a de l'affection, qui soigne, qui veille affectueusement sur quelqu'un. سوداݢر لاكي استري ساغت ڤرمنج *sūdāgar lāki istrī sārgat per-manja,* le marchand et sa femme veillent très-affectueusement sur elle (*S. Bid.* 20).

[Kw. [Kawi script] *maja,* enfant, chose que l'on a à soi.]

منج **manja,** nom d'une noix de la grosseur d'uen noisette, et pour la forme et la couleur ressemblant à la noix muscade; on l'emploie comme médecine dans le *sākit bārah*. Les différentes sortes sont لاوي — *manja lāwey,* كلغ — *manja kelirg* et — كاني *manja kāni* (*Kl.*).

[Sund. [Sundanese script] *majakani,* noix de galle.]

منجاغن **menjārgan,** cerf. منچهاري كيجغ دان منجاغن *menxahāri kījarg dān menjārgan,* chercher la biche et le cerf (*M.*).

[Jav. [Javanese script] *menjargan,* cerf. Mak. [Makassarese script] *jorga,* cerf.]

منجاغن **menjārgan,** nom d'une embarcation = ڤنجاجب *penjājab* (*Kl.*). Prob. pour منجوغن. *manjūrgan*.

منجوغن **manjūrgan,** nom d'un bateau.

منجق **menjak̩,** moment, instant.

سمنجق *sa-menjak̩*, un moment, du moment, depuis le temps, depuis que. مك سمنجق اى سمڤى كملاك *maka sa-menjak̩ ïa sampey ka-malāka*, or depuis son arrivée à Malacca (*H. Ab.* 113). سمنجق ماتى استرين ايت دودقله اى دالم دكچت *sa-menjak̩ māti istrī-ña ïtu dūduk̩-lah ïa dālam duka-cita*, depuis la mort de son épouse, il était plongé dans la tristesse (*H. Ab.* 167).

منجڠ **manjuŋ,** torche, gros flambeau dont on se sert à la pêche.

منجڠ *me-manjuŋ*, se servir du flambeau nommé *manjuŋ*, pour pêcher (*Kl.*).

منجڠ **menjuŋ,** demander respectueusement q. ch. (prob. pour منجنجڠ *men-junjuŋ*). v. جنجڠ *junjuŋ*.

منجڤاد **manjapāda** (S. मनुज *manuja*, homme et पद *pada*, place), le monde, le globe, la terre.

منجر **manjur,** empoisonné, qui a du poison (*Cr.*).

منجر **manjur,** qui coule, qui s'écoule; éloquent (*Cr.*).

منجلين **menjalēna,** visible de loin (*Kl.*).

منجلس **munjelìs,** v. مجلس *mujelìs*.

منيت **munñet,** le singe à longue queue; singe en général. — جمبو *jambu munñet*, nom d'une plante (*anacardium occidentale*). رومه — *rūmah munñet*, guérite, belvédère. جنس٢ منيت درڤد اڠك *jenìs-jenìs munñet deri-pada oŋka*, différentes sortes de singes comme *oŋka* etc. (*H. Ab.* 74).

Prov. سڤرت منيت منداڤت بوڠ *seperti munñet men-dāpat būŋa*, comme un singe qui trouve une fleur. Le sens est: quand une chose précieuse se trouve dans la main d'un fou, elle est bientôt abîmée (*H. Ab.* 108).

On trouve aussi مويت *mūñet*.

[Jav. ꦩꦺꦴꦚꦺꦠ꧀ *moñat.* Sund. ꦩꦺꦴꦚꦺꦠ꧀ *moñét.*]

منين **menñan** = كمنين *kaminñan*.

منت **menta** = مت *meta*.

منت **minta,** v. ڤنت *pinta*.

منتاري **mantārì** = متهاري *mata-hārì*.

منته mentah, vert, non mûr; cru, non cuit. مربت بوه٢ يڠ منته *me-rebùt bŭah-bŭah yaṅg mentah,* prendre des fruits qui ne sont pas mûrs (*M.*). تياد دبرين داڬيڠ منته *tiāda di-brī-ña dāgiṅg mentah,* on ne lui donnait pas de viande crue (*H. Ab.* 73). — مسيو *misīyu mentah,* salpêtre.

Énig. منته كاوه ماسق كاتس *mentah ka-bāwah māsak ka-ātas,* vert il tend en bas, mûr il tend en haut. بوه ملاك *bŭah malāka,* le fruit du malacca. Ce fruit avant sa maturité est incliné vers la terre, et ne s'élève que quand il est mûr.

[Jav. ꦩꦼꦤ꧀ꦠꦃ *mentah.* Bat. ᯔᯖᯂ᯲ *matah.* Mak. ᨆᨈ *mata.* Day. *manta.*]

منته muntah, vomissement, ce qui est vomi: vomir, cracher. — اوبت *ōbat muntah,* un vomitif. سڤرت سايكر انجڠ اد كمبالي كڤد منتهن *seperti sa-īkor anjiṅg ada kombālī ka-pada muntah-ña,* comme un chien qui retourne à son vomissement (*B.* 934). جدين مابق دان منته *jadī-ña mābuk dān muntah,* il s'enivra et vomit (*M.*). منتهله اي سبب مينم ايرماسن *muntah-lah īa sebàb me-mīnum āyer māsin,* il vomit parce qu'il avait bu de l'eau de la mer (*H. Ab.* 167.)

Prov. اڤام انجڠ ماكن منتهن *upāma anjiṅg mākan muntah-ña,* comme un chien qui mange ce qu'il a vomi. Se dit d'un avare qui cherche à reprendre ce qu'il a donné.

منتهكن *me-muntah-kan,* vomir q. ch. لالواي منتهكن داره *lālu īa me-muntah-kan dārah,* il vomit du sang (*R.* 106).

On trouve aussi موته *mūtah.* Ce mot n'est autre que le Jav. *utah,* vomissement, *mutah* vomir, auquel *n* a été ajouté par euphonie.

[Jav. et Sund. ꦈꦠꦃ *utah.* Bat. ᯅᯖᯂ᯲ *utah.* Day. *uta.*]

منتهب muntehib (Ar. نهب), piller, enlever de force. اورڠ يڠ منتهب يعني يڠ مڠمبل ارت ساورڠ دڠن كرس *ōraṅg yaṅg muntehib yạnī yaṅg meṅg-ambil arta sa-ōraṅg deṅgan kràs,* un homme qui pille, c'est-à-dire qui enlève par force le bien d'un autre (*D. M.* 339).

منتيك muntīka = مستيك *mus-tīka.*

منتيڬ mantēga (Port. *manteiga*), beurre. — بوڠ *būṅga*

mantēga (fleur de beurre), nom d'une fleur calicée jaune (*Kl.*).

منتمين **mantīmun** = تمين *tīmun*, concombre. دندغ — *mantīmun dendaŋ*, une espèce du même (*Kl.*).

Prov. سفرت درين دغن منتمين *seperti durīan deŋan mantīmun*, comme le dourian (fruit épineux) avec le concombre (fruit lisse). Se dit de deux personnes ou de deux choses qui n'ont pas plus de rapport entre elles que ces deux fruits.

منتو **mantu,** pour منتو *menantu*, beau-fils, belle-fille (*S. Bid.* 63).

منتوه **mentūwah,** v. منتوق *mentūwak*.

منتوق **mentūwak,** degré de parenté qu'on acquiert par le mariage: beau-père, belle-mère. — سكل كلورك *segala kūlawarga mentūwak*, tous les alliés par mariage. ڤرمڤون — *mentūwak perampūan*, belle-mère.

On trouve aussi منتوه *mentūwah*. اى مڠݢمبلاكن كاون كمبيغ دمب٢ منتوهڽ *ia meŋgombalā-kan kāwan kambiŋ domba-domba mentūwah-ña*, il faisait paître les brebis de son beau-père.

v. توا *tuwā*.

منتق **mantik,** germer, pousser de graine (*Cr.*).

منترا **mantrā** (S. मन्त्र *mantra*), enchantement, charme. ايڤون مماج منتراڽ *ia-pūn mem-bāxa mantrā-ña*, il lut en prononçant des paroles magiques (*R.* 124). تتاڤي سكل اورغ سستراون بوتله دمكين جوك دغن منترا٢ڽ *tetāpi segala ōraŋ sasterāwan būatlah demikīan jūga deŋan mantrā-mantrā-ña*, mais les magiciens faisaient de même avec leurs enchantements (*B.* 95).

منترائي **me-mantrā-i,** enchanter, charmer, faire des enchantements sur q. ch. مك دمنترائيڽ بويڠ يڠ ساتو *maka di-mantra-i-ña būyuŋ yaŋ sātu*, alors il enchanta une des cruches (*R.* 131).

[Jav. et Sund. ꦩꦤ꧀ꦠꦿ *mantra.*]

منتري **mantrī** (S. मन्त्रि *mantri*), un conseiller, ministre. — كأمڤت *mantrī ka-ampat*, les quatre conseillers d'état. — ڤردان *perdāna mantrī*, le premier ministre, le vizir. ڤاسن اكن سكل منتري *pāsan ākan segala mantrī*, ordre, avis qui s'adresse aux ministres (*M. R.* 222). مهامنتري *maha-mantrī*, titre d'un grand officier de la cour, qui vient après le مڠكو بوى *mangku būmi*, et au-dessus du *perdāna mantrī* (*Kl.*).

Prov. سڤرت راج دڠن منترى *seperti rāja dengan mantrī*, comme un roi avec son ministre. Se dit de deux choses qui se conviennent parfaitement (*Kl.*).

[Jav. ꦩꦤ꧀ꦠꦿꦶ *mantri*. Sund. ꦩꦤ꧀ꦠꦿꦶ *mantri*, un petit officier. Mak. ᨆᨊ᨞ᨈᨑᨗ *mantari*.]

منتظم muntetlim (Ar. نظم), arrangé, mis en ordre (*D. M.* 161).

منذ manda, pour ماء *mā*, mère (style de cour). Terme dont on se sert en s'adressant à une femme âgée. منذ اين اورڠ سياڤ *manda īni ōrang siāpa*, qui êtes-vous, ma vénérable? (*S. Mal.* 197).

منذاڤ mendāpa (S. मण्डप *maṇḍapa*, pavillon), pavillon, construction où l'on reçoit les convives.

[Jav. ꦥꦤ꧀ꦢꦥ *pandapa*. Sund. ꦩꦤ꧀ꦢꦥ *mandapa*.]

منذه mindah, v. انده *indah*.

منذى mandi, se baigner, se laver le corps, prendre un bain. منذى دان برليمو *mandi dān ber-līmaw*, se baigner et se frotter avec des acides. اى سده ڤرڬى منذى *ia sudah pergi mandi*, il est allé prendre un bain.

ممنذيکن *me-mandī-kan*, laver quelqu'un, faire prendre un bain, faire baigner. همب مڠمبل اير اين اکن ممنذيکن انق همب *hamba meng-ambil āyer īni ākan me-mandī-kan ānak hamba*, je prends cette eau pour laver mon enfant (*R.* 149). ستله سده دمنذيکن *sa-telah sudah di-mandī-kan*, lorsqu'on les eut baignés (*Bis. Raj.* 57).

ڤرمنذين *per-mandī-an*, bain ; lieu où l'on se baigne.

On trouve aussi ڤمنذين *pe-mandī-an*. اى بربوت ڤمنذين *ia ber-būat pe-mandī-an*, ils firent une salle de bain (*S. Mal.* 186).

[Sund. ꦩꦤ꧀ꦢꦶ *mandi*.]

منذى mandi, vénéneux, venimeux.

[Jav. ꦩꦤ꧀ꦢꦶ *mandi*.]

منذى mandey, v. اندى *andey*.

منذى mandey, mot dont on se sert en s'adressant à une mère (*Kl.*).

منديكى **mandīkey,** v. كمنديكى *kamandīkey.*

منديرا **mandēra** = بنديرا *bandēra.*

منذير **mandīra,** nom d'un arbre (*ficus rumphii*) (*Kl.*).

منذو **mundu,** nom d'un arbre dont le fruit savoureux et de couleur jaune ressemble à la pomme (*Kl.*).

منذوسى **mendūsi,** à moitié endormi, entre le sommeil et la veille (*Kl.*).

(Prob. de l'Ang. *drowsy*).

منذق **mendaḳ,** qui a déposé, qui est clarifié (d'un liquide); dépôt, marc. بلم سمڤى منذقڽ *belùm sampey mendaḳ-ña,* il n'a pas encore déposé, il n'est pas encore clarifié. قهوة — *mendaḳ ḳahwat,* marc de café.

برمنذق *ber-mendaḳ,* qui dépose, se clarifiant, se clarifier.

ممنذاكى *me-mendāk-i,* faire qu'un liquide dépose, se clarifie.

ممنذقكن *me-mendaḳ-kan,* clarifier un liquide.

ممڤرمنذقكن *mem-per-mendaḳ-kan,* faire clarifier, faire déposer un liquide.

ڤمنذق *pe-mendaḳ,* qui sert à clarifier. تاوس اتوله ممنذق ايركره *tāwas itū-lah me-mendaḳ āyer kerùh,* l'alun est une chose qui sert à clarifier l'eau (*P. Dew.*).

منذق **mondoḳ,** v. ڤارڠ *pārang.*

منذق **munduḳ,** rat (*Cr.*). — تيكس *tīkus munduḳ,* une taupe (*M.*).

منذڠ٢ **mandang-mandang,** peu à peu, par degrés, insensiblement.

منذم **mendam,** étourdi, qui perd la tête, ivre. منذم سڤرت مابق *mendam seperti mābuḳ,* étourdi comme quelqu'un qui est ivre (*Sul. Ab.* 98). — براهى *be-rāhi mendam,* fou, ivre d'amour.

[Jav. [Javanese script] *mendem.*]

منذم **mundam,** bassin à laver, cuvette. ستڠه دتاروهڽ ڤد منذم امس دان ستڠه دتاروهڽ ڤد منذم ڤيرق *sa-tengah di-tāruh-ña pada mundam amàs dān sa-tengah di-tāruh-ña pada mundam pēraḳ,* il en mit une partie dans une cuvette en or et une partie dans une cuvette en argent (*Kl.*).

[Bat. [Batak script] *mundom.*]

مندر mandur (Port. *mandador*), chef d'ouvriers, chef de village, intendant, inspecteur. اد بيراڤ ڤوله اورڠ مندرڽ *ada bebrāpa pūloh ōrarg mandur-ña*, il y avait plusieurs dizaines d'hommes qui les commandaient (*H. Ab.* 220). اى منجادى مندر كڤد راج *ia men-jādi mandur ka-pada rāja*, il était devenu intendant chez le roi (*H. Ab.* 66).

[Sund. ꦩꦤ꧀ꦝꦺꦴꦂ *mandor.*]

مندرا menderā (S. मन्दर *mandara*), lent, endormi, paresseux. — مانس *mānis manderā*, doux et lent (*Kl.*).

مندرا mendrā, une servante, une domestique, fille de service, une demoiselle. سأورڠ مندرا ڤرڬى منچهارى *sa-ōrarg mendrā pergi men-xahāri*, une servante alla à sa recherche (*S. Bid.* 23).

مندرس mendaràs = دادڤ *dādap*, nom d'un arbre (*erythrina*).

Ce mot viendrait alors du S. मन्दार *mandāra* (*erythrina fulgens*).

مندرسه mandarsah (Ar. مدرسة du radical درس), endroit pour prier, petite chapelle. دڤربوت مريكئيت سبوه مندرسه *di-per-būat marīka-ītu sa-būah mandarsah*, ils construisirent une chapelle (*H. Ab.* 213).

مندل mandul, stérile. مك اداله سراى مندل تيداله ڤداڽ بارڠ انق *maka adā-lah sarāi mandul tiadā-lah padā-ña bārarg ānak*, or Sarah était stérile et elle n'avait point d'enfant (*B.* 15).

مندليك mandalīka, nom d'un arbre, et de sa fleur (*artocarpus rigida*). دسلاڠى دڠن مندليك *di-selārg-i dergan mandalīka*, mélangé de fleurs de mandalika (*S. Bid.* 27).

[Mak. et Bug. ᨆᨉᨒᨗᨀ *mandalika*, nom d'un arbre dont le fruit est vénéneux.]

مندليك mandalīka, les conducteurs, les chefs.

منتو menantu, gendre ou bru. — لكيلاكى *menantu laki-lāki*, gendre. — ڤرمڤوان *menantu perampūan*, bru. توان ڤترى دڠن سكچيتاڽ مليهت منتوڽ *tūan putrī dergan suka-xitā-ña me-līhat menantū-ña*, la princesse éprouva un grand plaisir en voyant sa bru (*R.* 46). كتاله اى

فد كدو منتون لكلاكي يڠ هندق براستريكن كدو انقن ڤرمڤون *katā-lah īa pada ka-dūa menantū-ña laki-lāki yaŋ hendaḳ ber-istrī-kan ka-dūa ānaḳ-ña per-ampūan,* il parla à ses deux gendres qui devaient épouser ses deux filles (*B.* 25).

[Jav. *mantu.* Sund. *minantu.* Mak. *mintu.*]

منف ***menìp,*** étincelle. اڤي — *menìp āpi,* étincelle de feu (*Kl.*).

منبر ***minber, mimber*** (Ar. نبر), chaire, tribune, estrade. نايق اي كاتس منبر سمبل مموجي الله *nāiḳ īa ka-ātas mimber sambil memūji allah,* il monta en chaire et se mit à louer Dieu (*M. R.* 57). تتكالا خاطب دودق دااتس منبر *tatkāla ḳāṭib dūduḳ di-ātas mimber,* lorsque le prédicateur est en chaire (*M.*).

منسيڠ ***mansīyaŋ,*** nom d'une plante dont les feuilles triangulaires servent à faire des ouvrages tressés.

[Bat. *basiyaŋ.*]

منشي ***munšī*** (Ar. نشا), auteur, écrivain; professeur de langue, interprète. منشي ارتيڽ ݢورو اتو ڤڠاجر دالم بهاس٢ ***munšī arti-ña gūru ātaw peŋ-ājar dālam ba-hāsa-bahāsa, munšī*** signifie précepteur ou professeur de langues (*H. Ab.* 40).

منفرد ***munfered*** (Ar. فرد), à part, séparé (*D. M.* 117). ممنفردكن *me-munfered-kan,* séparer, distinguer (*D. M.* 126).

منفصل ***munfaṣil*** (Ar. فصل), distingué, distinct, séparé, disjoint (*D. M.* 13).

منفعة ***menefiạt*** (Ar. نفع), utilité, profit, avantage. تياد ممبري اكن مريكئيت منفعة فد هاري قيامة *tiāda mem-brī ākan marīka-ītu me-nefiạt pada hārī ḳiāmat,* il ne leur en reviendra aucune utilité au jour du jugement (*M. R.* 105).

مبارك ***mubārak*** (Ar. برك), béni, qui est béni. دان مبارك بوه ڤرتم *dān mubārak būah prùt-mu,* et le fruit de votre sein est béni (*P. M.*). ماسقله اڠكوهي مبارك هو *māsuḳ-lah aŋkaw hey mu-bārak hūwa,* entrez, vous qui êtes béni du Seigneur (*B.* 34).

مباح ***mubāḥ*** (Ar. باح), bien commun, sur lequel tout le monde a droit (*D. M.* 83).

مباشرة mubāšeret (Ar. بشر), acte que l'on fait soi même, que l'on exécute personnellement. دغن ميوره اتو دغن مباشرة *dergan meñūruh ātaw dergan mubā-šeret,* ce que l'on a ordonné de faire ou ce que l'on a fait soi-même (*D. M.* 294).

مبهم mubham (Ar. بهم), non fixé, vague, incertain (*D. M.* 94).

مبركة muberkat (Ar. برك), béni, qui est béni. مبركتم درڤد سکل اورڠ ڤرمڤوان *muberkat-mu deri-pada segala ōrarg perampūan*, vous êtes bénie par dessus toutes les femmes (*P. M.*).

مم mam, manger (langage enfantin).

[Sund. ... *mam.*]

مم mem (Ang. *mam, ma'am*), madame.

مم mem, particule préfixe. v. م *me.*

ممائ mamāi, être en délire (*Cr.*).

مميز mumeyiz (Ar. ماز), qui distingue; qui est arrivé à l'âge de raison (*D. M.* 8).

ممکن mumkin (Ar. مكن), possible, ce qui est possible.

ممغکر memorgkar, pour ممبغکر *mem-borgkar,* v. بغکر *borgkar.*

ممڤائ memuñā-i, v. sous امڤون *ampūña.*

ممدود mamdūd (Ar. مد), tendu, p. ex. avec des cordes: prolongé, qui se prolonge.

ممنيرن memanīran, nom d'une plante (*aeschynomene pumila*). — ڤوته *memanīran pūtih* (*portulaca quadrifida*).

ممنوکن mamanūkan, nom d'une plante (*panax cochleatum*)(*Cr.*).

ممند mamanda = مامق *mā-mak,* langage de cour. بگند ڤون برتيته براڤ لمان سده ممند کيت هيلڠ *baginda pūn ber-tītah brāpa lamā-ña sudah ma-manda kīta hilarg,* le prince demanda, combien y-a-t-il de temps que notre oncle paternel est mort? (*Bis. Raj.* 65).

ممڤی mimpi, rêve, songe. سڤرت اورڠ باڠن درڤد تيدرڽ ممڤين دمکين *seperti ōrarg bārgun deri-pada tīdor-ña mumgatā-*

kan mimpī-ña demikian, comme quelqu'un qui vient de se réveiller, il raconta ainsi son rêve (*R.* 153). دنيا اين سفرت ممفي يغ انده٢ *duniā ini seperti mimpi yaŋ indah-indah*, ce monde est comme un beau songe (*Sul. Ibr.* 2).

برممفي *ber-mimpi*, rêver, songer. سفرت اورغ يغ برممفي ماسق كدالم سورݢ *seperti ōraŋ yaŋ ber-mimpi māsuk ka-dālam suarga*, comme un homme qui rêve qu'il entre en paradis (*M.*).

ممفيكن *me-mimpī-kan*, rêver de quelque chose.

برممفيكن *ber-mimpī-kan*, qui rêve de quelque chose, voir quelque chose en songe.

ممفيئن *mimpī-an*, rêve, songe, ce qui est rêvé. ممفيئن اين يغ بيت سده برممفي ايت *mimpī-an īni yaŋ bēta sudah ber-mimpi ītu*, ce rêve que j'ai fait (*B.* 59).

[Jav. et Sund. ꦲꦶꦩ꧀ꦥꦶ *impi*. Bat. [illegible] *ipi*. Day. *nupi*. Tag. [illegible] *panagimpan* (*panag-impi-an*). Malg. *nufi*.]

ممفت ***mampat***, pression, p. ex. de l'air.

ممفتكن *me-mampat-kan*, exercer une pression sur quelque chose (*Kl.*).

ممفت ***mampat***, nom d'une médecine (*Kl.*).

ممفلي ***mempelèy***, un nouveau marié, un fiancé. لكلاكي — *mempelèy laki-lāki*, un nouveau marié. ڤرمڤوان — *mempelèy perampūan*, une nouvelle mariée. — ڤرجموءن *per-jamū-an mempelèy*, un repas de noces. مغهنتر — *meŋ-hantar mempelèy*, conduire le mariage, accompagner le marié jusqu'à la demeure du père de sa future. اى ڤرهياسن سفرت اورغ يغ هندق جادى ممفلي *ia per-hiyās-an seperti ōraŋ yaŋ hendak jādi mempelèy*, il était orné comme quelqu'un qui veut se marier (*R.* 154).

ممفلم ***mampelàm***, mango, mangue (*mangifera indica*). ڤوهنڽ ممفلم اينددالم كبن مهراج روان *pōhon-ña mampelàm īni di-dālam kebòn maha-rāja rawāna*, l'arbre qui produit cette mangue est dans le jardin de Maharaja Rawana (*R.* 132). بوه ممفلم سبيجي *būah mampelàm sa-bīji*, un fruit du mango.

Les principales sortes de mangues connues des Malais sont: سيم — *mampelàm siam*, دودل—

mampelàm dōdol et قيسغ — *mampelàm pīsang*.

On trouve aussi همقلم *hampelàm*, امقلم *ampelàm* et مرقلم *marpelàm*.

[Jav. ꦥꦼꦊꦩ꧀ *pelem*. Sund. ꦲꦩ꧀ꦥꦼꦊꦩ꧀ *ampelem*.]

ممقلس **mempelàs**, nom d'un arbre dont les feuilles servent à polir le bois; les différentes sortes sont: دارى — *mempelàs dāri*, dont les feuilles ne sont pas très-rudes. گاجه — *mempelàs gājah*, dont les feuilles sont rudes, et سوكن — *mempelàs sūkun*, une espèce qui donne des fruits savoureux (*Kl.*).

ممقس **mampus** (du radical هاقس *hāpus*), mort, tué, تركن — *ter-kena mampus*, tué, assommé. ماتى ممقسله كو *māti mampus-lah kaw*, (imprécation) puisses-tu mourir assommé. سمواڽ هابس ماتى ممقس دڠن سكل قانه *samuāña hābis māti mampus dengan segala pānah*, tous avaient été tués par les flèches (*R.* 155).

ممقس **mimpis** = تيقس *tīpis*.

ممباچڠ **mambāxang** = همباچڠ *hambāxang*, mangue grossière.

Prov. بوه ممباچڠ بورق كولتڽ *būah mambāxang būruk kūlitña*, l'écorce de la mangue nommée *mambaxang* est grossière. Se dit d'une maison mal construite, mais qui renferme des choses précieuses; ou d'un homme de grossière apparence, mais qui a de grandes qualités.

ممبالو **membālaw** = همبالو *hambālaw*.

ممبو **mambu** = ببو *bambu*.

ممبورى **membōria**, v. منورا *manūra*.

ممبڠ **mambang**, espèce d'êtres surnaturels, esprits célestes. سكل انق رجاراج ديو ممبڠ اندرا چندرا سكلين تورن درادر *segala ānak raja-rāja dēwa mambang indrā xandrā sa-kalī-an tūrun deri udara*, les princes avec les divinités, les êtres surnaturels, les demi-dieux et autres génies descendirent des airs (*R.* 31). كونڠ — *mambang kūning*, la lumière jaune que répand quelquefois le soleil à son couchant.

ممبغ **mamberg,** cycle de douze ans.

[Jav. amberg, entourer.]

ممبغ **mumbarg,** reste, surplus, ce qui est de plus que la mesure, excédent, surabondant. — سكاتن *sukāt-an mumbarg*, mesure comble (*M.*).

ممبر **mimber** = منبر *minber*.

ممبرق **mamberùk,** nom d'un pigeon à couronne (*Cr.*).

ممبرغ **memberàrg** et برغ٢ **beràrg-beràrg,** une sorte de loutre.

ممرچق **memrexìk,** v. رچق *rexìk*.

ممرم **memeràm,** v. sous رم *ram*.

مملكة **memlakat** (Ar. ملك), royaume; royauté, puissance, grandeur.

مر **murr** (Ar.), myrrhe; amer.

مراهي **merāhi,** attirer, séduire (*Kl.*).

v. براهي *berāhi*.

مراون **merāwan,** nom d'un arbre qui fournit un bon bois de charpente, il est aussi employé pour faire des mâts de navire; l'écorce sert à couvrir les toits et les murs. Les espèces sont: باتو — *merāwan bātu*, بوغ — *merāwan būrga*, ليلن — *merāwan līlin* et سوغو — *merāwan sūrgu* (*Kl.*).

مراوڤ **merāwap,** v. اوڤ *āwap*.

مراڬى **merāgey,** nom d'un oiseau.

مراة **mirāt** (Ar. مر), un miroir.

مراد **murād** (Ar. راد), désir, volonté; desiré.

مران **merāna,** incurable, maladie incurable (*Kl.*).

مرانڤ **merānap,** apparaitre dans le lointain à race terre ou à la surface de l'eau = نمڤق رنده *nampak rendah* (*Kl.*).

مرابحة **murābahat** (Ar. ربح), vente avec profit, gagner sur la vente de quelque chose (*D. M.* 20).

مراضى **murādla** (Ar. مرض), malades, les malades. سرالمراضى

ser el-murādla, le sacrement des malades, l'extrême-onction (*P. M.*).

مره **meràh,** joie, allégresse, vivacité (*Kl.*); titre donné au fils d'un سوتن *sūtan* (*Pij.*).

[Sund. *merih*, vivacité. Bat. *mamora*, être riche.]

مره **merih,** l'intérieur de la gorge, le gosier, le larynx (*Kl.*).

مرياون **meriyāwan,** nom d'un arbre (*Kl.*).

مريو **mariyaw,** une mine. — امس *mariyaw amàs*, une mine d'or.

مريك **marīka,** gens, personnes, peuple. برموهن ڤولڠ مريك سكلين *ber-mūhun pūlang marīka sakalī-an*, tous les gens s'en retournèrent (*Sul. Ab.* 39). ممبرى سلام كڤد مريك *mem-brī salām ka-pada marīka*, saluer l'assemblée (*M.*).

مريكئيت *marīka-ītu*, pronom personnel de la troisième personne du pluriel. مريكئيت كمبليله كڤد تمڤتن *marīka-ītu kombalī-lah ka-pada tampat-ña*, ils s'en retournèrent chez eux (*M.*).

مريكن **merīkan** (Eur.), américain. — بلاچو *belāxu merīkan*, une espèce de toile de coton americaine, tissu croisé.

مريڽو **merīño,** titre d'un inspecteur de police, Selon *Kl.*, ce mot viendrait du Port., peut-être de *marinho*, marin, ce qui ferait supposer que ce poste était du temps des Portugais rempli par un marin.

مريد **murīd** (Ar. راد), disciple, adepte, écolier. مريدن ڤون اداله سقدر امڤت راتس اورڠ *murīd-ña pūn adā-lah sa-ḳedar ampat rātus ōrang*, ses disciples étaient au nombre de quatre cents (*R.* 53). مك دسورهن بارڠ دو اورڠ درڤد مريد٢ن *maka di-sūruh-ña bārang dūa ōrang deri-pada murīd-murīd-ña*, et il envoya deux de ses disciples (*N.* 17).

مرين **meriyan,** nom d'un arbre (*Kl.*).

مريڨت **merīpat,** caractère, le naturel. — ڨنداڠن *pandāng-an merīpat*, lire dans le cœur, examiner quelqu'un et découvrir ce qu'il est. — علم *ilmu merīpat*, aptitude à connaître le caractère des hommes.

Ce mot, qui est donné par Klinkert, est prob. une corruption de معرفة *marifat*. v. aussi فراسة *firāsat* et قيافة *ḳiāfat*.

مريم **mariyam, mariam,** pièce de canon. — منمبق *menembaḳ mariam*, ou — مماسغ *memāsaŋ mariam*, tirer le canon. ڤوكل دلاڤن دتمبق مريم *pūkul delāpan di-tembaḳ mariam*, à huit heures on tirait le canon (*H. Ab.* 56).

ممريمكن *me-mariam-kan*, canonner. سمسام كامي مريمكن كدارت *sama-sāma kāmi mariam-kan ka-dārat*, nous canonnâmes le rivage de concert (*M.*).

[Jav. [Javanese script] *mariyem*. Sund. [Sundanese script] *maryem*. Mak. [Makassarese script] *mariyaŋ*. Day. *mariam.*]

مريخ **merrīḳ** (Ar. مرخ), la planète Mars. ملك اداله بنتغ مريخ ايت كلهاتن مپال ميره ورناڽ *maka adā-lah bintaŋ merrīḳ ītu ka-lihāt-an me-ñāla mērah warnā-ña*, la planète Mars paraît briller d'une couleur rougeâtre (*N. Phil.* 87). v. بنتغ *bintaŋ*.

مروة **muruet** (Ar. مرا), honneur, bienséance, de bonnes manières. مروة ايت ياءيت برڤراڠي يغ سڤرتيڽ ڤد مساڽ دان تمڤتڽ *muruet ītu ia-ītu ber-perāŋi yaŋ sepertī-ña pada masā-ña dān tampat-ña*, *muruet*, c'est-à-dire dont les manières sont convenables selon les temps et les lieux (*D. M.* 369).

مروڤ **merwap** = هاوڤ *hāwap* (*Pij.*).

مروسغ **merūsiŋ** ou مرنسغ **merunsiŋ,** bouder, faire la moue, être de mauvaise humeur (*Kl.*).

مرق **meràḳ**, un paon. مرق جنتن دان مرق بتين *meràḳ jantan dān meràḳ betīna*, un paon mâle et un paon femelle. اي منجديكن ديري سڤرت روڤ مرق *īa men-jadī-kan dirī-ña sepertī rūpa meràḳ*, il prit la forme d'un paon (*R.* 67). ملك مرق ايت ڤون مڠيڬل كدواڽ *maka meràḳ ītu pūn meŋ-īgal ka-duā-ña*, et les deux paons se mirent à faire la roue (*Ism. Yat.* 21). — بوڠ *būŋa meràḳ*, fleur de paon, œillet d'Espagne (*poinciana pulcherrima*). كمڤ — *meràḳ gempa*, nom que l'on donne à un certain ornement en or qu'une nouvelle mariée se met dans les cheveux. مڠيڬل — *merak meng-igal,* une sorte de bouton en forme de paon faisant la roue.

[Jav. et Sund. ꦩꦼꦫꦏ꧀ *merak.* Mak. ᨆᨑᨀ *maraka.* Day. *marak.*]

مرك **murka** (S. मूर्ख *mūrka,* stupide), irrité, en colère, être courroucé. ساعت مركاله اي اكن كيت *sāngat murkā-lah ia ākan kīta,* il était furieusement irrité contre nous (*M.*).

Prov. دبوت دڠن كارن الله منجادي مرك الله *di-būat dengan kārna allah men-jādi murka allah,* fait pour Dieu, et provoquant la colère de Dieu. Se dit d'une chose faite d'abord avec une bonne intention; mais qui, par la suite, devient mauvaise.

ممركاءي *me-murkā-i,* se mettre en colère contre quelqu'un, être irrité, avoir de l'indignation contre quelqu'un. تاكت دمركاءي اوله ڤرميسوري *tākut di-murkā-i ūleh permisūri,* craignant de s'attirer l'indignation de la reine (*M.*). جك دمركاءي الله تعالى اكن مريكئيت *jika di-murkā-i allah taāla ākan marīka-ītu,* si Dieu est irrité contre eux (*Mir. Moh.* 48).

ممركاكن *me-murkā-kan,* s'indigner contre quelqu'un, maudire quelqu'un. اي ترلالو ماره دان مركاكن متهاري *ia ter-lālu mārah dān murkā-kan mata-hāri,* il était dans une grande colère et maudissait le soleil (*R.* 59).

ممڤرمركاكن *mem-per-murkā-kan,* faire mettre en colère, irriter quelqu'un. الله تعالى يڠ دڤرمركاكن اوله دوس *allah taāla yang di-permurkā-kan ūleh dōsa,* Dieu très-haut qui est irrité par le péché (*P. M.*).

[Jav. ꦩꦸꦂꦏ *murka,* avide, mécontent.]

مرقه **markah** = مركه *markah.*

مركه **markah** (Port. *marca*), les marques qui se trouvent à une ligne de sonde.

مركولي **merkūli,** nom d'un arbre de futaie qui fournit un bon bois de charpente.

مركنيت **merkunñit, merkuñit,** nom d'une plante (*Kl.*).

مركف **murekkip,** pour مركب *murekkib,* composé, double. جاهل مركف ارتيڽ جاهل برسوسن

jāhil murekkip artī-ña jāhil ber-sūsun, *jahil* (fou) *murekkip* signifie, doublement fou (*H. Ab.* 245).

مركب **murekkib** (Ar. ركب), composé, double. v. مركف *murekkip*.

مرك **morga** (S. मृग *mrega*), bêtes sauvages, se trouve ordinairement joint à ستوا *satwā*. v. ce mot. سڤاي سݢل مرݢستوا جاڠن داڤت ماكن بوه ايت *supāya segala morga-satwā jāṅan dāpat mākan būah ītu*, pour empêcher les bêtes sauvages de manger ce fruit (*R.* 132). مرݢستوا يڠ ݢالق لقسان بادق مماكن انقڽ *morga-satwā yaṅ gālak laksāna bādak me-mākan ānak-ña*, des animaux sauvages et féroces, comme le rhinocéros qui mange ses enfants (*R.* 157).

[Jav. mergu.]

مرڠ **meràṅ**, paille, chaume. مرڠ ڤادي يڠ تڠݢل *meràṅ pādi yaṅ tiṅgal*, la paille qui reste après la récolte du padi (*M.*). مرڠ دان امڤن باڽق ايت سرت كامي *meràṅ dān umpan bāñak ītu serta kāmi*, il y a chez nous beaucoup de paille et de foin (*B.* 34).

Mars. écrit aussi مارڠ *māraṅ*, mais c'est à tort, car ce mot n'est autre que le Jav. *meraṅ*, même signification.

مرڠو **meraṅu**, v. مرڠن *meraṅun*.

مرڠݢي **meruṅgi** = كيلر *kēlor*.

مرڠݢو **meraṅgaw**, laisser sa femme en gage pour une dette: ou, femme restant en gage dans la maison d'un créancier pour sûreté du payement d'une dette. ڤرمڤوان اورڠ يڠ دودق مرڠݢو هوتڠ *perampūan ōraṅ yaṅ dūduk meraṅgaw hūtaṅ*, la femme qui resta en gage pour la dette de son mari (*M.*).

مرڠن **meraṅun**, nom d'un petit tambour. سݢل بڽيڽين درڤد ݢنت دان مرڠن *segala buñi-buñīan deri-pada genta dān meraṅun*, les instruments de musique tels que des cloches et des tambours (*R.* 56).

Pij., d'après *Cr.*, écrit مرڠݢو *meraṅgu*. *Kl.* écrit مرڠو *meraṅu*.

مرج **marx** (Ang.), le mois de Mars.

مرچ **murxa** (S. मूर्छा mūrčā), s'évanouir, tomber en syncope. ملك تون ڤتری مرچاله مندغر تمڤق ايت *maka tūan putrī murxā-lah men-deṅar tempik ītu*, et la princesse s'évanouit en entendant ces cris (*R.* 65). سكتيك اى سدرله درڤد مرچاڽ *sa-kotīka īa sedàr-lah deri-pada murxā-ña*, aussitôt qu'il revient de son évanouissement (*M.*).

[Jav. ꦩꦸꦂꦕ *murxa.*]

مرچو **merxu**, guérite placée sur un lieu élevé, siége à la tête d'un mât pour la vigie, le haut d'une tour, tourelle, le sommet de quelque chose, sommet de la tête. كوت — *merxu kōta*, le beffroi d'une forteresse. دودقله اى دمرچو مالڮى *dūduk-lah īa di-merxu māligey*, il s'assit sur la tourelle du palais. نايقله كمرچو ڮونغ تڠڮى ايت *nāik-lah ka-merxu gūnuṅ tiṅggi ītu*, il grimpa jusqu'au sommet de cette haute montagne (*M.*). اتس مرچو باتوكڤال ڤاتق *ätas merxu bātu kapāla pātek*, sur le sommet de ma tête (*Kl.*).

On trouve aussi برچو *berxu.*

[Kw. ꦩꦼꦂꦕꦸ *merxu*, montagne.]

مرچو **merxu.** — اورڠ *ōraṅ merxu*, calomniateur, mauvaise langue (*Kl.*).

مرچن **merxun**, feu d'artifice, pétard. مماسڠ مرچن ترلالو بايق *memāsaṅ merxun ter-lālu bā-ñak*, on y faisait beaucoup de feux d'artifice (*H. Ab.* 320).

مرچڤاد **marxapāda** (S. मर्त्य *martya*, mortel, et पद *pada*, lieu, place), le lieu des mortels, la terre, le monde.

[Kw. ꦩꦂꦕꦥꦢ *marxapada.*]

مرجان **marjān** (Ar. رجن), corail, corail rouge. مرجان ليم بيجى *marjān līma bīji*, cinq grains de corail. ڤنه دڠن لولو دان مرجان *penùh deṅan lūlu dān marjān*, rempli de perles et de grains de corail (*M. R.* 149).

مرجن **màrjan** = مرجان *mar-jān.*

مرت **merta**, v. sous سرت *serta.*

مرت **merùt**, v. كرت *kerùt.*

مرتاڤل **mertāpal**, nom d'un arbre (*Kl.*).

مرتوا **maratuwā** = منتوا *men-tuwā*. v. توا *tuwā.*

مرتد murtadd (Ar. رد), apostat, renégat. اسلام اتو مرتد *islām ātaw murtadd*, fidèle ou apostat (*D. M.* 2). حكم بغاة دان حكم مرتد *ḥukum bugāt dān ḥukum murtadd*, loi concernant les rebelles et les apostats (*D. M.* 331). مرتد اياله يڠ براوبه امانڽ *murtadd iā-lah yaṅ ber-ūbah imān-ña*, il passe pour un apostat, qui a changé de religion (*M.*).

مرتبة mertabat (Ar. رتب), degré, rang, grade, charge, office, emploi. نايق مرتبتڽ درڤد كيت سكلين *nāiḳ mertabat-ña deri-pada kita sa-kali-an*, être élevé d'un degré au-dessus de nous tous (*M.*). مرتبة سكل نبي٢ *mertabat segala nabī-nabī*, l'office des prophètes (*H. D.* 60). توروت مرتبتڽ *tūrut mertabat-ña*, suivant ses fonctions.

مرتل martil (Port. *martello*), marteau, masse.

مردهيك mardahīka, mardhīka, libre, non esclave, libéré, délivré, préservé. — اورڠ *ōraṅ mardahīka*, un homme libre, un affranchi. سهاي اتو مردهيك *sahāya ātaw mardahīka*, esclave ou libre. دو انق لكلاكي سؤرڠ درڤد سهاي ڤرمڤون دان سؤرڠ درڤد مردهيك ڤرمڤون *dūa anaḳ laki-lāki sa-ōraṅ deri-pada sahāya perampūan dān sa-ōraṅ deri-pada mardahīka perampūan*, deux fils, l'un de la servante et l'autre de la femme libre (*N.* 313). اي مردهكاله درڤد اڤي نارك *ia mardahīkā-lah deri-pada āpi nāraka*, il est délivré, préservé du feu de l'enfer (*M. R.* 79).

ممردهكاكن *me-mardahīkā-kan*, racheter quelqu'un de l'esclavage, rendre libre. المسيح سده ممردهكاكن كامي. *el-mesēḥ sudah me-mardahīkā-kan kāmi*, le Christ nous a rendus libres (*N.* 314). يڠ ممردهكاكن اتو يڠ دمردهكاكن *yaṅ me-mardahīkā-kan ātaw yaṅ di-mardahīkā-kan*, celui qui donne la liberté ou celui qui est rendu à la liberté (*M.*).

كمردهكاءن *ka-mardahīkā-an*, liberté, état d'affranchissement. برديريله كلق دالم كمردهكاءن *ber-dirī-lah kalàḳ dālam ka-mardahīkā-an*, tenez-vous donc dans l'état de liberté (*N.* 314).

On trouve aussi مرديك *mardīka.*

[Jav. et Sund. [illegible] *mardika*. Bat. [illegible] *mardaékoh*. Mak. et Bug. [illegible] *maradéka*. Day. *maradéka*. Tag. [illegible] *mahadlika*.]

مرديك **mardīka** = مردهيك *mardahīka.*

مردو **merdu** (S. मृदु *mrdu,* doux), doux, agréable, mélodieux. ترلالو مردو بپين *ter-lālu merdu buñī-ña*, le son en était extrêmement doux (*M.*). ترلالو مردو سوران *ter-lālu merdu suarā-ña,* sa voix était très-mélodieuse (*R.* 68).

[Kw. [illegible] *merdu,* odeur agréable. Comp. Gr. βραδύς. (E. Burnouf.)]

مرنته **marentah,** pour ممرنته *memarentah* de ڤرنته *parentah* (*Sul. Ab.* 14).

مرنتي **maranti,** nom d'un arbre qui donne un bois très-dur (une espèce de *dipterocarpea*).

[Bat. [illegible] *maranti.*]

مرند **meranda** = برند *beranda.*

مرنسغ **merunsing,** v. مروسغ *merūsing.*

مرڤاتي **merapāti,** pigeon, colombe. دلڤسكنڽ سيكر بورغ مرڤاتي تتاڤي تياد داڤت مرڤاتي ايت تمڤت ڤرديامن *di-lepàs-kan-ña sa-īkor būrung merapāti tetāpi tiāda dāpat merapāti ītu tampat per-diām-an,* il laissa aller une colombe, mais cette colombe ne trouva pas où se reposer (*B.* 11).

On prononce aussi *merpāti.* voy. ڤرڤاتي *perapāti.*

مرڤوين **merpūyan,** nom d'un bois dur qui sert à des ouvrages de charpente.

مرڤوني **merpūney,** nom d'un arbre des forêts qui donne un bois de chauffage (*Kl.*).

مرڤولي **merpūley** = ممڤلي *mempelèy.*

مرڤلم **marpelàm** = ممڤلم *mampelàm.*

مربه **merbah,** nom d'un oiseau un peu plus gros qu'une grive et qui a un chant agréable.

[Bat. [illegible] *ambaroba.*]

مربو **merbaw,** nom d'un arbre dont le bois est très dur (*intsia amboinensis*). — ڤوهن *pōhon merbaw,* l'arbre *merbaw.* ڤاڤن — *pāpan merbaw,* des planches de *merbaw.* كبڽاكن كايو مربو دڤاكي دسيتو *ka-bañāk-an kāyu merbaw di-pākey di-situ,* on y employa une grande quantité de bois de *merbaw* (*H. Ab.* 159).

[Bat. [Batak script] *morbo*.]

مربولن **merbūlan,** nom d'un arbre dont le bois est tendre et seulement bon à bruler (*Kl.*).

مربق **merboḳ,** nom d'une espèce de petites tourterelles.

مرمبڠ **merumbuŋ,** sorte de plante (*Kl.*).

مرمر **marmor** (Ar.), marbre. ڤنتوݢربڠ يڠ دڤربوتن درڤد باتو مرمر *pintu garbaŋ yaŋ di-per-būat-ña deri-pada bātu marmor,* des portes (de la ville) construites en pierres de marbre (*H. D.* 130).

مرليلڠ **merlilíŋ,** nom d'un arbre qui fournit un bois de charpente (*Kl.*).

مرسق **mersiḳ,** clair, perçant (de la voix), grêle, fluet (du corps). — توبهن *tūbuh-ña mersiḳ,* ayant le corps fluet, la taille fine (*S. Mal.* 314).

مرسل **marsal.** Ce mot paraît avoir le sens de مشهور *mašhūr,* renommé, fameux.

مرحوم **marḥūm** (Ar. رحم), qui est l'objet de la pitié de Dieu; celui de qui on dit: que Dieu lui soit propice; défunt, feu, vénéré. درڤد ماس ڤادك مرحوم *deri-pada māsa pāduka marḥūm,* du temps de mon parent défunt. مريله توان همب ڤرسمبهکن کڤد ڤادك مرحوم *marī-lah tūan hamba per-sembah-kan ka-pada pāduka marḥūm,* venez, monsieur, je vous présenterai à celui que je vénère (*M.*).

مرحلة **merḥelet** (Ar. رحل), journée de chemin, de voyage. جکلو اد غايبن ايت دو مرحلة *jika-law ada gāib-ña ītu dūa merḥelet,* s'il est absent, éloigné de deux journées de chemin (*D. M.* 226).

ملايو **malāyu,** malais. — اورڠ *ōraŋ malāyu,* les Malais. — تانه *tānah malāyu,* les pays malais. — بهاس *bahāsa malāyu,* la langue malaise.

مملايوکن *me-malayū-kan,* rendre malais, malaïser.

ملايوءن *malayū-an,* qui est du malais. استري توان ايت اد ملايو ملايوءن سديکت *istrī tūan ītu ada malāyu-malayū-an sadikit,* l'épouse de ce monsieur et un peu malaise, affecte d'être une malaise (*Kl.*).

ملايكة malāīkat (Ar. لاك), ange, les anges. ملايكة اد يڠ منولڠ كيت. *malāīkat ada yaṅ menūluṅ kīta*, il y a un ange qui nous secourra (*M.*). سكل ملايكتڽ مندڠ حضرة بڤاك يڠ اد دسورڬ *segala malāīkat-ña memandaṅ ḥadlirat bapā-ku yaṅ ada di-suarga*, leurs anges voient la face de mon père qui est dans les cieux (*N.* 31).

ملايكت *malāīkat* est en Ar. le pluriel de ملاك *malāk*, mais les Malais l'emploient pour le singulier et pour le pluriel.

[Jav. ꦩꦭꦲꦺꦏꦠ꧀ *malaékat*. Sund. ᮙᮜᮆᮄᮊᮒ᮪ *maléīkat*. Mak. ᨆᨒᨕᨙᨀ *malaéka.*]

ملاينكن melāīnkan, v. لاين *lāīn*.

ملاك malāka, nom d'un arbre (*emblica officinalis*). سمبه اورڠ كايو ملاك نماڽ توانك *sembah ōraṅ kāyu malāka namā-ña tūan-ku*, ils lui dirent: monseigneur, cet arbre se nomme *malāka* (*S. Mal.* 95). — بوه *būah malāka*, le fruit du malaka: nom d'une sorte de petit gateau.

[Sund. ᮙᮜᮊ *malaka*. Bat. ᯔᯞᯂᯂ᯲ *malakah.*]

ملاتي malāti (S. मालती *mā-latī*), nom d'une petite fleur odoriférante, dont les femmes se parent (*jasminum sambac*). — تڠكيڠ *malāti toṅkiṅ*, malati du Tonkin (*pergularia odoratissima*).

[Jav. ꦩꦭꦠꦶ *malaṭi*. Sund. ᮙᮜᮒᮤ *melati.*]

ملاڤتاك melāpetāka = ملڤتاك *melapetāka*.

ملهم mulham (Ar. لهم), inspiré.

ملی mulīya, mulīa (S. मौल्य *maulya*, prix, valeur), glorieux, magnifique, splendide, honorable. — بندر يڠ *bandar yaṅ mulīya*, une ville magnifique. — ڤكاين يڠ *pakēy-an yaṅ mulīya*, des vêtements somptueux. — مكانن يڠ *makān-an yaṅ mulīya*, un festin splendide. اڠڬوت يڠ ملی ياءيت هاتي *aṅgōta yaṅ mulīya īa-ītu hāti*, le membre (l'organe) honorable du corps, c'est-à-dire le cœur (*M.*). مهملی *maha-mulīya*, éminent, sublime. دولی يڠ مهملی *dūli yaṅ* *maha-mulīya*, trône sublime (*M.*).

ممليا كن *me-muliyā-kan*, glorifier, honorer, estimer, faire cas de. مك مريكئيت ممليا كنله الله *maka marīka-ītu me-muliyā-kan-lah allah*, et ils glorifièrent Dieu (*N.* 105). يغ منداڤت كتاب اين هاروس ممليا كن اداڽ *yaṅ mendāpat kitāb ini hārus me-muliyā-kan adā-ña*, ceux qui possèdent ce livre doivent en faire grand cas (*M. R.* 223).

برمليا كن *ber-muliyā-kan*, qui glorifie, glorifiant.

ممڤرمليا كن *mem-per-muliyā-kan*, faire honorer, faire glorifier. اى دڤرمليا كن اوله سري رام *īa di-per-muliyā-kan ūleh srī rāma*, Sri Rama le fit honorer (*R.* 166).

كمليا ءن *ka-muliyā-an*, gloire, magnificence, grandeur, honneur. تياد سليمان تركناله دغن سموا كمليا ءنڽ سڤرت سلي درڤد سݢل اين *tiāda solīmān ter-kenā-lah deṅan samuā ka-muliyā-an-ña seperti sa-ley deri-pada segala īni*, Salomon dans toute sa gloire n'a jamais été vêtu comme l'un d'eux (*N.* 9).

[Jav. ꦩꦸꦭꦾ *mulya*.]

ملياون ***mulīyāwan*** = ملى *mulīya*, glorieux. راج يغ درماون لاݢى ملياون *rāja yaṅ dermāwan lāgi muliyāwan*, un roi généreux et glorieux (*R.* 71).

ملياني ***me-layān-i***, v. لاين *lāyan*.

مليݢى ***malīgey***, v. مالݢى *māligey*.

مليله ***malēlah***, acier. ڤنتوڽ درڤد بسى مليله *pintū-ña deri-pada besī malēlah*, et ses portes étaient en acier (*S. Mal.* 26).

On trouve aussi مليلا *malēlā*.

v. aussi ليل *līla*.

[Kw. ꦩꦭꦺꦭ *maléla*, acier. Jav. ꦩꦭꦺꦭ *maléla*, terre ou sable noir et brillant.]

ملواتى ***malawāti*** = بلورتى *baluwarti*.

ملوك ***mulūk***, pluriel de ملك *malik*, roi. كتاب زينة الملوك *kitāb zīnat el-mulūk*, livre qui traite des choses qui donnent de l'éclat aux rois (*M. R.* 214).

ملوكت ***melūkut***, grain de riz cassé (*Kl.*).

ملك ***malak***, pour ملاك *malāk* (Ar. لاك), un ange. الموت — *malak el-maut*, l'ange de la mort. مك برسبدالله قداث ملك هو *maka ber-sabdā-lah padā-ña malak hūwa*, et l'ange du Seigneur lui dit (*B.* 21).

ملك ***malik*** (Ar.), roi, un roi. سهڠک داتڠ يڠ امڤوڽ ملك *sa-hiŋga dātaŋ yaŋ ampūña malik*, jusqu'à ce qu'arrive le roi auquel il (le royaume) appartient (*Sul. Ibr.* 19).

ملك ***milk*** (Ar.), propriété.

ملككن *me-milk-kan*, exercer le droit de propriété sur une chose (*D. M.* 4).

ملكورن ***melikūran,*** nom d'un fruit bon à manger (*Kl.*).

ملڠ ***melaŋ,*** nom d'une fleur (prob. la même que ملر *malùr*) (*Kl.*).

ملڠبڠ ***melaŋbaŋ,*** nom d'une sorte de bateau (*S. Mal.* 58).

ملڠسي ***melaŋsi,*** bourdonner. برتاجق ڬباهن كمبڠ ملڠسي *ber-tājuk gubāh-an kumbaŋ me-laŋsi*, portant un ornement en bouquet dans la forme d'un frelon qui bourdonne (qui vole) (*S. Bid.* 159).

Prob. du radical بڠسي *baŋsi*, flûte.

ملڤرڠن ***melaperŋan,*** nom d'une plante (*Kl.*).

ملڤتاك ***melapetāka,*** malheur, infortune. برتمبهله ڤول ملڤتاك *ber-tambah-lah pūla melapetāka*, mon infortune augmentera encore (*S. Bid.* 152).

(Ce mot est formé du Jav. ꦩꦭ *mala*, mal. S. मल *mala*, Lat. *malum*, et du Kw. ꦥꦠꦏ *pataka*, grand malheur. S. पातक *pātaka*, perte.)

ملبوي ***melabūwi,*** nom d'une plante (*Kl.*).

ململ ***melmel*** = مومل *mūmal.*

ملر ***malùr,*** jasmin (sorte de *malāti*). هيدڠڽ سڤرت كوتم ملر *hi-duŋ-ña seperti kūtum malùr*, son nez ressemble à un bouton de jasmin (*S. Bid.* 21).

[Kw. ꦩꦼꦤꦸꦂ *menur*, argent. Jav. ꦩꦼꦤꦸꦂ *menur*.]

ملر ***melàr,*** étendre, élargir, dilater.

ملعون ***melūn*** (Ar. لعن), maudit, excommunié. ادڤون كافر ملعون اين *ada-pūn kāfir melūn ini*, ces maudits infidèles (*Amir Hamz.* 242).

مس **màs** = امس *amàs*.

مساقاة **musāķāt** (Ar. سقى), donner à quelqu'un une plantation à cultiver en lui assurant le droit sur une partie des revenus (*D. M.* 122).

مسار **musāra,** ration, portion journalière: dépense quotidienne: nourriture.

ممسراكن *me - musarā - kan,* faire de q. ch. une portion. ستله سده دمسراكنڽ كدالم بهساڽ سنديرى *sa-telàh sudah di-musarā-kan-ña ka-dālam bahasā-ña sendīri,* lorsqu'ils en ont fait une portion de leur langue (lorsqu'ils se sont habitués à traiter une chose dans leur langage) (*S. Mal. Préf.*).

v. مشار *mušāra.*

مسالة **mesālet** (Ar. سال), question, interrogation, problème, énigme. اى برتڽاكن درڤد سڬل ڤنديت مسالة اين *ia ber-tañā-kan deri-pada segala pandīta mesālet īni,* il posa cette question aux savants (*M. R.* 214).

مسافر **musāfir** (Ar. سفر), voyageur. مسافر جوڬ اداڽ غريب جوڬ نماڽ *musāfir jūga adā-ña gerīb jūga namā-ña,* il est un voyageur et doit être appelé un étranger (*M. R.* 37).

مسى **misī,** cassé, brisé: morceaux cassés: fragile. تيڠ٢ڽ دان تمبق٢ڽ مسى لاڬى اد سمڤى سكارڠ ترتڠڬل *tīang-tīang-ña dān tembok-tembok-ña misī lāgi ada sampey sakārang ter-tinggal,* jusqu'à présent il en reste encore des murs et des colonnes brisées (*H. D.* 149).

مسيو **misīyu,** poudre à canon. — منته *misīyu mentah* ou — ݢارم *gāram misīyu,* salpêtre.

مسيڠ **misīyang** = منسيڠ *mansīyang.*

مسيح **mesēḥ** (Ar. مسح), Messie. المسيح *el-mesēḥ,* le Messie. — عيسى *isa el-mesēḥ,* Jésus le Messie, Jésus-Christ. — كئكوتن *ka-ikūt-an el-mesēḥ,* l'imitation de Jésus-Christ traduite en malais.

مسيحى **mesēḥi** (Ar. مسح), du Messie, appartenant au Messie, au Christ; chrétien. — اورڠ *ōrang mesēḥi,* un chrétien. كڤد

مسكن٢ **miskun-miskun** = بڠكودو *bangkūdu.*

مسجد **mesjid** (Ar. سجد), lieu d'adoration, mosquée, église. اى ڤرڬى مليهت مسجد *ia pergi me-lihat mesjid,* il alla voir la mosquée (*H. Ab.* 113). مسجد بيت المقدس *mesjid beit el-mukaddas,* le temple de Jérusalem (*Mir. Moh.* 20).

[Jav. ꦩꦼꦱ꧀ꦗꦶꦢ꧀ *mesjid.*]

مستيك **mustika** (S. मुष्टिक *mustika,* orfèvre), bézoard, bijou, pierreries; terme d'affection. ايو هى ادند انتن مستيك *āyo hey adinda intan mustika,* ô ma bien-aimée qui êtes pour moi comme un bijou (*Sul. Ab.* 94).

مستولى **mestūli,** toile de coton très-grossière, toile à faire des sacs.

Prov. جول سوتر بلى مستولى *jūal sūtra beli mestūli,* vendre la soie pour acheter de la toile grossière. C'est-à-dire, donner une chose de grande valeur pour en avoir une de peu de valeur (*M.*).

مستقيم **mustakīm** (Ar. قام), juste, droit. سڤرت تراجو يڠ مستقيم *seperti terāju yang mustakīm,*

ک‌ڤد تاهن مسيحى *ka-pada tāhun meséhi,* l'an de Jésus-Christ (*H. Ab.* 126).

مسوى **masūi,** nom d'une écorce aromatique.

[Sund. ꦩꦱꦸꦮꦶ *masui.*]

مسكى **maski** (Port. *masque*), quoique, bien que, même, n'importe, nonobstant. مسكى توان ڬوسر همب بيلڠ جوڬ *maski tūan gūsar hamba bilang jūga,* bien que vous vous fâchiez, je vous dirai néanmoins (*M.*). مسكى سمڤى بردارە *maski sampey ber-dārah,* même jusqu'à répandre du sang (*H. Ab.* 30). مسكيله داتڠ سورت *maskī-lah dātang sūrat,* nonobstant l'arrivée de la lettre (*M.*).

مسكين **meskīn** (Ar. سكن), pauvre, nécessiteux, misérable, indigent. — اورڠ *ōrang meskīn,* un homme pauvre. صحابتك كاي دان مسكين *sohābat-ku kāya dān meskīn,* mes amis riches et pauvres. بريله سواتو انڬره اكن داكو اورڠ مسكين *brī-lah suātu anugrāh ākan dāku ōrang meskīn,* faites-moi un don à moi qui suis pauvre (*R.* 97).

[Jav. ꦩꦶꦱ꧀ꦏꦶꦤ꧀ *miskin.*]

comme une balance juste (*Lett. Mal.*).

مستكم ***mustakim***, une sorte de benjoin (*Kl.*).

مستقل ***mustekill*** (Ar.), indépendant, libre de ses actes (*D. M.* 45).

مستر ***mister*** (Ang.), monsieur.

مستثنى ***mustesnī*** (Ar. ثنا), excepté, qui est excepté. مستثنى منه *mustesnī minno*, l'ensemble dont on excepte q. ch. (*D. M.* 96).

v. استثنا *istisnā*.

مستحيل ***mustehīl*** (Ar. حال), impossible. تتاڤى مستحيل اداڽ *tetāpi mustehīl adā-ña*, mais c'est impossible (*H. Ab.* 86).

مستحق ***mustehikk*** (Ar. حق), digne de, qui mérite, ayant droit sur. دامبل اورڠ مات بند دڠن مستحقڽ *di-ambil ōrang māta benda dengan mustehikk-ña*, quelqu'un qui s'empare d'un objet de valeur sur lequel il a un droit (*D. M.* 17).

المستحق *el-mustehik*, le digne, le méritant (mot que les Malais placent souvent en tête de leurs lettres).

مستعير ***musteir***, v. sous معار *muār*.

مستعد ***mustaidd*** (Ar. عد), prêt, préparé, arrangé. ستله مستعدله *sa-telàh mustaid-lah*, lorsque tout fut prêt (*M. R.* 207).

مستعد *me-mustaid*, préparer, arranger.

مستعدكن *me-mustaid-kan*, préparer ou faire préparer q. ch. مك دمستعدكنڽله انت ايت *maka di-mustaid-kan-ñā-lah onta ītu*, alors il fit préparer les chameaux (*M. R.* 207).

مسمى ***musemmī*** (Ar. سما), nommé, inscrit, indiqué, fixé. يڠ تركورڠ درڤد مهر مسمى *yang ter-kūrang deri-pada mehir musemmī*, qui est moindre que la dot qui avait été fixée (*D. M.* 223).

مسرا ***meserrā*** = مسرة *meserrat*.

مسرى *mesrī*, v. جڠڬ *jingga*.

مسرة ***meserrat*** (Ar. سر), joie, allégresse, contentement. اى ترلالو كاسه مسرتڽ اكن بڬند ايت *ia terlālu kāsih meserrat-ña ākan baginda ītu*, ils étaient épris et satisfaits de ce prince (*R.* 47).

On trouve aussi مسرا *meserrā*.

مسلم muslim (Ar. سلم), résigné à la volonté de Dieu; un mahométan, un fidèle, musulman.

مسلمين muslimīn (plur. oblique de مسلم *muslim*), les musulmans, les mahométans, les fidèles. امام المسلمين ايت اياله *imām el-muslimīn ītu iā-lah*, il fut prêtre parmi les mahométans (*M. R.* 3).

مسخرة maskaret (Ar. سخر), moquerie, risée: objet de la risée, figure ridicule, qui prête à rire. هي مسخرة كمان اغكو فركى *hey maskaret ka-māna arjkaw pergi*, hé! toi qui as une figure ridicule, où vas-tu? (*Amir Hamz.* 191).

مسطور mestūr (Ar. سطر), écrit, décrit. مسطور نماڽ دالم سكل كتاب *mestūr namā-ña dālam segala kitāb*, dont le nom est écrit dans les livres (*M. R.* 78).

مسطر mester (Ar. سطر), règle géométrique, ligne. مسطر يڠ بركليلڠ بلاتن دنيا *mester yang berkulīling bulāt-an duniā*, la ligne qui fait le tour du globe (l'équateur) (*N. Phil.* 9).

مثقال miskāl (Ar. ثقل), poids; un miskal.

مثنوى mesnawī (A. ثنى), rime, poésie dans laquelle deux vers riment avec la même lettre (*M. R.* 3).

مثل misal (Ar.), similitude, ressemblance, analogie, comparaison, parabole, proverbe. مثلڽ *misal-ña*, par exemple.

امثال *amsāl* (plur. de مثل *misāl*), des similitudes, des proverbes. امثال سليمان *amsāl solimān*, les proverbes de Salomon: titre d'un livre de la Bible.

تمثيل *tamsīl*, comparer, faire une comparaison, dire une parabole; parabole, proverbe. راج بركتاله سواتو تمثيل دڠن بهاس فرسى *rāja ber-katā-lah suātu tamsīl dengan bahāsa farsī*, le roi dit une parabole en langue persane (*M. R.* 127).

مثلى misalī (Ar. مثل), qui est pareil, qui a des parties semblables: homogène (*D. M.* 77).

محاطة muhattat (Ar. حط), vente avec perte (*D. M.* 20).

محيط muhīt (Ar. حاط), qui entoure, qui embrasse. On donne ce nom à l'Océan, parce qu'il embrasse la terre. مهبسر لاوت يڠ محيط نمان *maha-besār lāut yang* *muhīṭ namā-ña*, la grande mer que l'on nomme Océan (*M. R.* 23).

مجور **mehjūr** (Ar. حجر), interdit, mis en tutelle, pupille. تياد هارس بگی ولی مپندراکن هرت مجورڽ *tiāda hārus bagī walī meñandarā-kan harta mehjūr-ña*, il n'est pas permis à un tuteur d'engager les biens de son pupille (*D. M.* 31).

محترم **muhterim** (Ar. حرم), vénéré, respecté; chose dont la possession doit être respectée; propriété (*D. M.* 207). على المحترم *ala el-muhterim* (sentence que les Malais mettent quelquefois en tête de leurs lettres).

محتشم **muhtašem** (Ar. حشم), imposant, qui commande le respect; imperturbable (*S. Mal.* 234).

محبوب **mehbūb** (Ar. حب), aimé, bien-aimé, amant, amante. تمفت حباب دان محبوب *tampat hubāb dān mehbūb*, le lieu où l'on aime et où l'on est aimé: de l'amant et de l'amante (*M. R.* 35).

محبة **muhabat** (Ar. حب), amour, affection, affectueux. ورقة المحبة *warkat el-muhabat*, une lettre affectueuse (*Lett. Mal.*).

محراب **mihrāb** (Ar. حرب), niche qui, dans les mosquées, se trouve dans la direction de la Mecque, et où l'imam se place pour réciter la prière. اى بردیری دالم محراب دان سمبهیڠ دو رکعة *ia ber-dīri dālam mihrāb dān sembahyang dūa rakat*, il se tint dans le lieu de la prière et fit deux inclinations (*M. R.* 53).

محروس **mehrūs** (Ar. حرس), gardé, protégé, sous la garde de Dieu.

محروسة **mehrūset** (Ar. حرس), ville gardée, ville fortifiée, capitale d'un pays.

محشر **mahšer** (Ar. حشر), rassemblement, réunion de tous les peuples à la résurrection générale, jugement dernier. ڤد يوم المحشر *pada yūm el-mahšer*, au jour de la résurrection générale (*M. R.* 105). ددالم ڤادڠ محشر *di-dālam pādang mahšer*, dans la plaine du jugement dernier (*id.* 4).

محصول **mehsūl** (Ar. حصل), résultat, produit, revenu. هرڬ يڠ

محصول تانه ايت *harga yaŋ meḥṣūl tānah ītu*, le prix du produit d'une terre (*D. M.* 36).

محصن ***muḥṣen*** (Ar. حصن), marié, chaste, pudique. (*D. M.* 268).

محفوظ ***meḥfūṭl*** (Ar. حفظ), gardé dans la mémoire, digne d'être retenu par cœur. — لوح *lōḥ meḥfūṭl*, tablette sur laquelle Dieu écrit la destinée des hommes (*M. R.*).

مخيل ***meḳīl*** (Ar. خال), ce qui paraît, ce qui semble. مخيل ڤد عقل *meḳīl pada aḳal*, ne paraît-il pas à l'intelligence? (*H. Ab.* 52).

مختلس ***muḳtelis*** (Ar. خلس), prendre, empoigner (comme celui qui prend q. ch. qui ne lui appartient pas et s'enfuit avec) (*D. M.* 339).

مخلوق ***maḳlūḳ*** (Ar. خلق), créé, ce qui est créé, créature (*P. M.*).

مخلد ***muḳelled*** (Ar. خلد), éternel, perpétuel, durable. دان بكين دولة دان نعمة مخلد *dān bagī-ña dawlat dān nimet muḳelled*, jouissant du salut et du bonheur éternel (*M. R.* 4).

مخلص ***muḳelliṣ*** (Ar. خلص), sauveur. بكى كامو سده تڤرانق مخلص *bagī kāmu sudah te-per-ānaḳ muḳelliṣ*, il vous est né un sauveur (*N.* 93).

مخصوص ***meḳṣūṣ*** (Ar. خص), en particulier, particulièrement. ابد جزيلة يڠ مخصوص بخير *abad jezīlet yaŋ meḳṣūṣ biḳeir*, une longue vie passée particulièrement dans le bien (*Lett. Mal.*).

مذهب ***mezheb*** (Ar. ذهب), société religieuse, secte religieuse.

مذهب ***mezheb*** (Ar. ذهب), chemin, passage. ڤنتو ݢربڠ امڤت مذهب *pintu garbaŋ ampat mezheb*, quatre portes formant quatre passages (pour entrer au palais) (*R.* 135).

مذكور ***mezkūr*** (Ar. ذكر), mentionné, récité, ci-dessus nommé. مذكور ڤرين ڤد ليده نبى ادم *mezkūr pri-ña pada līdah nabī ādam*, sa conduite a été mentionnée par la langue du prophète Adam (*M. R.* 78).

ترمذكور *ter-mezkūr*, qui a été mentionné, que l'on a nommé. يڠ ترمذكور دالم سورت ايت *yaŋ ter-mezkūr dālam sūrat ītu,* qui a été mentionné dans la lettre (*Lett. Mal.*). كتيك قوم يغ ترمذكور ايت *ka-tīga kaum yang ter-mezkūr ītu,* les trois sortes de personnes ci-dessus mentionnées (*M. R.* 186).

مذكر **muzkir** (Ar. ذكر), louant, glorifiant.

مذبوح **mezbūḥ** (Ar. ذبح), égorgé, immolé, sacrifié (*D. M.* 299).

مذبح **mezbéḥ** (Ar. ذبح), autel, place où l'on immole une victime. اقاته لبه ملى هدية اتو مذبح يغ مغقدسكن هدية *apā-tah lebèh mulīya hadiyat ātaw mezbeh yang meng-kudus-kan hadiyat,* lequel doit-on plus estimer, ou le don ou l'autel qui sanctifie le don? (*N.* 41).

مزمور **mezmūr** (Ar. زمر), psaume, cantique. يغ ترسبت اكن داكو ددالم سكل مزمور *yang ter-sebùt ākan dāku di-dālam segala mezmūr,* ce qui a été dit de moi dans les psaumes (*N.* 147). سورت سكل مزمور٢ *sūrat segala mezmūr-mezmūr,* titre du livre des psaumes de David (*Bib.*).

برمزمور *ber-mezmūr,* qui psalmodie, qui chante des cantiques, psalmodier. اكو اكن برمزمور بكيم *āku ākan ber-mezmūr bagī-mu,* je chanterai des psaumes en votre honneur (*B.* 905).

[Jav. ꦩꦱ꧀ꦩꦸꦂ *masmur.*]

مزرعة **mezraat** (Ar. زرع), champ ensemencé. — حكم *hukum mezraat,* loi concernant l'ensemencement ou la culture des terres (*D. M.* 122).

مشاورة **mušāwarat** (Ar. شار), conseil, délibération, conférence. ستله فوتس مشاورة ايت *sa-telàh pūtus mušāwarat ītu,* lorsque la délibération fut terminée (*M.*). مشاورة دغن ايسى جوغ ايت اكن ممبونه ناخدا *mušāwarat dengan īsi jūng ītu ākan mem-būnuh nākodā,* le complot formé par les gens du navire pour tuer le capitaine (*Cod. Mal.* 402).

برمشاورة *ber-mušāwarat,* qui tient conseil, délibérant. مك لالو اى برمشاورة *maka lālu ia ber-mušāwarat,* ils tinrent conseil (*R.* 39). سكل اغكس برمشاورة هندق منجديكن راج *segala unggas ber-mušāwarat hendak men-jadī-kan rāja,* les oiseaux délibérèrent pour nommer un roi (*Kal. dan Dam.* 91).

ممشاورتكن *me - mušāwarat-kan*, tenir conseil, délibérer sur q. ch. جكلو تياد دمشاورتكن *jika-law tiāda di-mušāwarat-kan*, si l'on n'a pas délibéré (*Cod. Mal.* 409).

[Jav. ꦩꦸꦱꦮꦫꦠ꧀ *musawa-rat.*]

مشار ***mušāra*** (Ar. شار), indiqué, fixé; paie; ration fixée, portion. اداكه مشار اغكو سمڤى كڤد اغكو ڤد تيڤ٢ بولن *adā-kah mu-šāra aŋkaw sampey ka-pada aŋkaw pada tiap-tiap būlan*, la paie que vous recevez chaque mois est-elle suffisante pour vous? (*M. R.* 81). كارن مشار اداله بكى امام٢ *kārna mušāra adā-lah bagī imām-imām*, parce que c'était la portion réservée aux prêtres (*B.* 80).

On trouve aussi مسار *musāra*.

مشهور ***mašhūr*** (Ar. شهر), célèbre, fameux, notoire, publié, divulgué. ترللوله مشهور نمان *ter-la-lū-lah mašhūr namā-ña*, son nom est devenu fameux. مك مشهورله ددالم نكرى *maka maš-hūr-lah di-dālam nagrī*, or on en parlait publiquement dans la ville (*M.*).

ترمشهور *ter-mašhūr*, qui est devenu célèbre, fameux. سڤاي ترمشهورله نام تونك *supāya ter-mašhūr-lah nāma tūan-ku*, puisse le nom de Votre Altesse devenir fameux. يغ ترمشهور نمان دتانه سيم *yaŋ ter-mašhūr namā-ña di-tānah siam*, dont les noms sont célèbres dans le pays de Siam (*R.* 183).

ممشهوركن *me - mašhūr - kan*, rendre notoire, publier, faire connaître. كتاب — *me-mašhūr-kan kitāb*, publier un livre. مك دمشهوركن ددالم نكرى *maka di-mašhūr-kan di-dālam nagrī*, et on publia dans le pays (*R.* 152).

مشقة ***mešekket*** (Ar. شق), peine, fatigue, travail pénible.

مشكل ***muškil*** (Ar. شكل), difficile, compliqué, ardu, obscur. ڤكرجاءن يغ امت مشكل *pe-karjā-an yaŋ āmat muškil*, une affaire extrêmement épineuse (*S. Mal.* 84). سوال يغ مشكل *suwāl yaŋ muškil*, des questions difficiles. خبر يغ مشكل *kabar yaŋ muškil*, rapport équivoque, obscur.

مشترى ***muštarī*** (Ar. شرا), la planète Jupiter. بنتغ مشترى ترلالو

بسر سرت دغن ايلقن *bintarg muštarī ter-lālu besar serta dergan ēlok-ña*, la planète Jupiter est remarquable par sa grosseur et sa beauté (*N. Phil.* 88). v. بنتغ *bintarg*.

مشنوى mešnū (Ar. شنا), haï, détesté. قد انتار سكل مانسى يغ لاين مشنوى *pada antāra segala mānusīa yarg lāin mešnū*, détesté des autres hommes (*M. R.* 219).

مشرق mašrak (Ar. شرق), l'orient, l'est. در مشرق داتغ كمغرب *deri mašrak dātarg ka-magrab*, de l'orient à l'occident (*R.* 158). بارغ اورغ مجوس در بنو مشرق برداتغ *bārarg ōrarg ma-jūs deri benūa mašrak ber-dātarg*, des mages arrivèrent de l'orient (*N.* 2).

[Jav. ꦩꦱꦿꦶꦏ꧀ *masrik.*]

مشلهت mešlehat, v. sous مصلحة *meṣlehat.*

مشغول mešgūl (Ar. شغل), occupé, troublé, inquiet, préoccupé. هاتى يغ مشغول *hāti yarg mešgūl*, un cœur inquiet. بردىم درين سفرت لاكو اورغ يغ مشغول *ber-diam dirī-ña seperti lāku ōrarg yarg mešgūl*, il se tut, comme une personne troublée (*M.*). سفاى جاغن مشغولن *supāya jārgan mešgūl-ña*, afin qu'il ne soit pas inquiet (*M. R.* 38). دان ترلالو ساغت مشغولن *dān ter-lālu sārgat mešgūl-ña*, et son affliction était à son comble (*R.* 157).

ممشغولكن *me-mešgūl-kan*, rendre inquiet, troubler. جاغن مشغولكن بدين اكن كركير يغ لاين *jārgan mešgūl-kan budī-ña ākan kira-kira yarg lāin*, qu'il ne se trouble pas l'esprit par des pensées étrangères (*M. R.* 225).

[Jav. ꦩꦱ꧀ꦒꦸꦭ꧀ *masgul.*]

مصاهرة muṣāherat (Ar. صهر), parenté, affinité.

مصر meṣir (Ar.), l'Égypte, la ville du Caire. — تانه مصر *tānah meṣir*, le pays d'Égypte.

مصرى *meṣirī*, égyptien. سواتو سهاى فرمفون مصرى *suātu sahāya perampūan meṣirī*, une servante égyptienne (*B.* 20).

[Jav. et Sund. ꦩꦺꦱꦶꦂ *mesir.*]

مصلى muṣellī (Ar. صلا), le lieu où se placent les musulmans, pour prier ou lire le Coran, ce lieu est ordinairement un peu élevé. دودق داتس مصلى مڠهادڤ قبلة *dūduk di-ātas muṣellī meng-hādap keblat*, se tenir à l'endroit où l'on fait la prière en se tournant du côté de la Mecque (*M. R.* 221).

مصلى ***muṣellī*** (Ar. صلا), priant, qui prie, pieux. اى مصلى دان درماون *ia muṣellī dān dermāwan*, il est pieux et charitable (*M. R.* 217).

مصلحة ***meṣleḥat*** (Ar. صلح), utilité: affaire, occupation: stratagème, ruse. كارن مصلحة اينله دبريكن الله ڤڠكت كرجاان اكن سؤرڠ همباڽ *kārna meṣleḥat inī-lah di-brī-kan allah pang-kat ka-rajā-an ākan sa-ōrang hambā-ña*, c'est pour cette utilité que Dieu a donné la dignité royale à un de ses serviteurs (*M. R.* 70). باڽق مصلحتڽ رقساس ايت *bāñak meṣleḥat-ña rakṣāsa itu*, ces démons sont pleins de ruse (*M.*); mais dans ce dernier sens on trouve plus ordinairement مشلهت *mešlehat*.

مصلحتكن *me-meṣleḥat-kan*, user de stratagème.

On trouve souvent مشلهت *mešlehat*.

[Jav. ꦩꦸꦱ꧀ꦭꦏꦃ *muslakah.*]

مصحف ***moṣḥaf*** (Ar. صحف), un livre.

المصحف *el-moṣḥaf*, le Coran.

مصطفى ***muṣṭafa*** (Ar. صفا), choisi, le meilleur; un des noms de Mahomet. سكل اورڠ مصطفى *segala ōrang muṣṭafa*, ceux qui ont été choisis (*N.* 264).

[Jav. ꦩꦸꦱ꧀ꦠꦥ *mustapa.*]

مضمون ***medlmūn*** (Ar. ضمن), une chose dont quelqu'un est responsable (*D. M.* 39).

مضرة ***medlerat*** (Ar. ضر), dommage, tort, injustice. منجديله مضرة اخرڽ مڽسل ڤون تيداله برڬون لاڬى *men-jadī-lah medlerat ākir-ña meñesàl pūn tiadā-lah ber-gūna lāgi*, à la fin viendront les revers et les regrets seront superflus. جاڠنله اڤاله ادند مڠرجاكن ڤكرجاان يڠ ممبرى مضرة دان ممبرى كجى نام كيت *jāngan-lah apā-lah adinda mengarjā-kan pe-karjā-an yang mem-brī medlerat dān mem-brī kejī nāma kīṭa*, abstiens-toi, je t'en prie, mon frère, de toute action qui pourrait causer du préjudice et ternir notre renommée (*M.*).

[Jav. et Sund. ꦩꦭꦫꦠ꧀ *ma-larat*, pauvre, nécessiteux.]

segala ōrang miamār ītu pergi me-līhat tampat ītu, les ministres avec les architectes allèrent voir ce lieu (où devait être bâti le palais) (*M. R.* 110).

معمودية **mamūdīt** (Ar. عمد), baptême. سر المعمودية *ser el-mamūdīt*, le sacrement de baptême. ممبرى سر المعمودية *mem-brī ser el-mamūdīt*, donner le baptême, baptiser. تريم سر المعمودية *tarīma ser el-mamūdīt*, recevoir le sacrement de baptême (*P. M.*).

معمور **mamūr** (Ar. عمر), habité, peuplé; cultivé, abondant. سڤاى جادى معمور سكل نكرى *supāya jādi mamūr segala nagrī*, afin que tout le pays devint peuplé (*M.*). معمور نكرى ملاك ڤد ماس ايت *mamūr nagrī malāka pada māsa ītu*, la ville de Malacca était alors très-fréquentée (*H. Ab.* 46). دبرى الله رزقى معمور *di-brī allah rezekī mamūr*, Dieu donna de la nourriture en abondance (*H. Ab.* 163).

معراج **mirāj** (Ar. عرج), degré, action de monter. ليلة المعراج *leilat el-mirāj*, la nuit de l'ascension, la nuit dans laquelle Mahomet est supposé avoir traversé les sept étages du ciel pour arriver au trône de Dieu. چرترا معراج رسول الله تتكال معراج كلاڠت *xeritrā mirāj rasūl allah tatkāla mirāj ka-lāngit*, récit de l'ascension du prophète de Dieu lorsqu'il est monté au ciel (*Mir. Moh.* 1). معراج حضرة عيسى *mirāj hadlirat īsa*, l'ascension de N. S. Jésus-Christ.

معروف **marūf** (Ar. عرف), connu (*D. M.*). تمڤت عارف دان معروف *tampat ārif dān marūf*, le lieu où est celui qui connait et celui qui est connu (*M. R.* 35).

معرفة **marifat** (Ar. عرف), connaissance, science. دتوتڤ الله تعالى ڤنتو معرفة ڤداڽ *di-tūtup allah taāla pintu marifat padāña*, Dieu leur ferme la porte de la science (*M. R.* 70). چرترا اين يڠ ڤوهن معرفة ايت *xeritrā īni yang pōhon marifat ītu*, ces paroles sont la source de la science (*M. R.* 17).

برمعرفت *ber-marifat*, rempli de connaissance, judicieux. هى اورڠ يڠ برمعرفة دڠركن اولهم چرترا اين *hey ōrang yang ber-marifat dengar-kan ūleh-mu xeritrā īni*, ô vous qui êtes judicieux, écoutez ces paroles (*M. R.* 17).

معلى ***muạlla*** (Ar. على), élevé, sublime, éminent.

معلوم ***mạlūm*** (Ar. علم), connu, compris, clair, notoire, remarquable. — علم *ilmu mạlūm*, connaissance claire. — ممبري *membrī mạlūm*, faire connaître, informer. دساڽ بلم معلوم *dosā-ña belùm mạlūm*, sa faute n'est pas encore connue (*M.*).

ممعلومكن *me-mạlūm-kan*, faire connaître. سهڠݢ اكو ممعلومكن قدامو *sa-hiṅgah āku me-mạlūm-kan padā-mu*, jusqu'à ce que je vous fasse connaître (*N.* 3).

Prov. كلو كربو سكندڠ داڤت دكاولكن مانسى سورڠ تياد داڤت دمعلومكن *kalaw karbaw sa-kandaṅ dāpat di-kāwal-kan mānusia sa-ōraṅ tiāda dāpat di-malūm-kan*, il est plus facile de garder une étable pleine de buffles que de ramener un seul homme à la raison.

معلم ***mạlim*** (Ar. علم), pilote, maître, directeur, instituteur, précepteur. كڤل — *mạlim kapàl*, pilote, patron à bord d'un navire. اڠن — *mạlim āṅgin*, pilote voilier, pilote en second. جك معلم دتولڠ تيݢ تاهل معلم اڠن تڠه دو تاهل *jika mạlim di-tūluṅ tīga tāhil mạlim āṅgin teṅgah dūa tāhil*, si le pilote reçoit trois taels, le pilote en second recevra un tael et demi (*Cod. Mal.* 404). دسرهكنڽ انقڽ كڤد معلم *di-seràh-kan-ña ānaḳ-ña ka-pada mạlim*, ils confièrent leur fils aux soins d'un précepteur (*M.*). دجاديكنڽ اورڠ معلم *di-jadī-kan-ña ōraṅ mạlim*, il le choisirent pour les conduire (*M. R.* 79).

[Jav. et Sund. ꦩꦭꦶꦩ꧀ *malim.*]

معلف ***mạlef*** (Ar. علف), crêche, mangeoire.

معزول ***mạzūl*** (Ar. عزل), éloigné, renvoyé, congédié.

ممعزولكن *me-mạzūl-kan*, renvoyer, congédier quelqu'un. جك دمعزولكن دڠن سسواتو سبب *jika di-mạzūl-kan deṅgan sa-suātu sebàb*, s'il est renvoyé pour une raison quelconque (*Cod. Mal.* 425).

معشوق ***mạšūḳ*** (Ar. عشق), aimé, qui est aimé, bien-aimé. تمڤت عاشق دان معشوق *tampat ạ̄šiḳ dān mạšūḳ*, le lieu où se trouve l'amant et l'aimé (*M. R.* 35).

معصية ***mẹṣiyet*** (Ar. عصى), méchanceté, prévarication, péché (*D. M.* 136).

معصوم **maṣūm** (Ar. عصم), protégé, sous la protection de la loi; intègre (*D. M.* 288).

معظم **muạttlem** (Ar. عظم), grand, respectable.

معفا **mụfā** (Ar. عفا), disculpé, excusé, pardonné.

ممعفاكن *me-mụfā-kan*, disculper quelqu'un.

v. معاف *maāf*.

مغرور **magrūr** (Ar. غر), aveuglé: orgueilleux, présomptueux. اد سورغ راج مغرور اى درفد كبسارنى *ada sa-ōrarg rāja magrūr ia deri-pada ka-besār-an-ña*, il y avait un roi orgueilleux de sa grandeur (*M. R.* 109).

ممغروركن *me-magrūr-kan*, enorgueillir. منترى ايت جاغن مغروركن دريى *mantrī ītu jārgan magrūr-kan dirī-ña*, que les ministres (du roi) se gardent bien de s'enorgueillir (*M. R.* 140).

مغرب **magrab** (Ar. غرب), occident, ouest, le couchant. داتغ در مغرب *dātarg deri magrab*, arrivant de l'occident. — سمبهيغ *sembahyarg magrab*, la prière du soir. در مشرق داتغ كمغرب *deri mašrak dātarg ka-magrab*, de l'orient à l'occident. مغرب اتوله دهولو ماسق متهارى *magrab ītū-lah dahūlu māsuk mata-hārī*, *magrab* est le lieu où se trouve le soleil avant son coucher (*M. R.* 221).

[Jav. ꦩꦲꦿꦶꦧ꧀ *mahrib.*]

مغلوب **maglub** (Ar. غلب), conquis, vaincu.

مفارق **mufārek** (Ar. فرق), separé, divisé. سفاى جاغن لاگى مفارق كيت دغن دى *supāya jārgan lāgī mufārek kīta dergan dīa*, afin qu'il n'y ait plus de division entre nous et lui (*S. Mal.* 163).

مفارقة **mufāreket** (Ar. فرق), division, séparation. تياد هندق حال مفارقة *tiāda hendak ḥāl mufāreket*, je ne veux pas l'état de division (*S. Bid.* 128).

مفاحص **mufāḥis** (Ar. فحص), qui recherche avec soin les fautes des autres.

مفوه **mufawwah** (Ar. فوه), loquace, bavard.

مفلس **muflis** (Ar. فلس), pauvre, insolvable (*D. M.* 44).

ر

ر r, la lettre nommée را *rā*, une des liquides, sa valeur est celle de *r* français. (v. Gram.)

را rā, pour رای *rāya*.

راهی rāhi, appât, amorce; amorcé, attiré. دراهی *di-rāhi*, être attiré, être amorcé.

مراهی *me-rāhi*, amorcer, attirer, allécher.

راهو rāhu (S. राहु *rāhu*), nom d'un monstre qui, dans les éclipses, est censé dévorer le soleil ou la lune. v. کدو *kedū*.

راهغ rāharg, les mâchoires. دباوه راهغ کدو دان دباوه داکو *di-bāwah rāharg ka-dūa dān di-bāwah dāgu*, sous les deux mâchoires et sous le menton (*M.*). راهغ *rāharg*, trachée-artère (*Kl. Ithio*).

راهت rāhat, machine à filer, rouet, fuseau. — تیغ *tiyarg rāhat*, quenouille. مغنته بنغ — *rāhat merg-anteh benàrg*, un rouet à filer. — مموسغ *memūsirg rāhat*, faire tourner la machine (*M.*).

راهف rāhap, salutation, compliment. مغهادف کملاك ممباو راهف *merg-hādap ka-malāka mem-bāwa rāhap*, se rendre à Malacca pour présenter des salutations (*S. Mal.*).

Selon *Kl.*, de l'Ar. رحب *rahab*. Plusieurs des dérivés de رحب ont effectivement en Ar. un sens analogue à celui du راهف malais.

راهب rāhib (Ar. رحب), moine, prêtre chrétien.

رای rāya, grand, solennel. — جالن *jālan rāya*, le grand chemin, grande route. جالن رای يغ فوته دلاغت *jālan rāya yarg pūtih di-lārgit*, la voie lactée. — هاری *hārı rāya*, jour de fête. بولن فرنام رای *būlan pur-nāma rāya*, pleine lune fériée. — بوغ *būrga rāya*, nom d'une fleur, nommée aussi بوغ سفاتو *būrga sapātu*, parce qu'on s'en sert pour cirer les souliers (*hibiscus rosa sinensis*). ای میرهله

سفرت بوڠ راى سبب مابق ايت *ia mērah-lah seperti būnga rāya sebàb mābuk ītu*, ils étaient rouges comme la fleur *raya*, parce qu'ils étaient ivres (*H. Ab.* 290).

[Sund. ꦲꦫꦶꦫꦪ *hari-raya*, un jour de fête. Bat. ᯒᯀ *raya.*]

رايه *rāyah*, pillé, dévasté, confisqué.

رياهن *rayāh-an*, chose pillée; pillage, confiscation.

[Jav. et Sund. ꦫꦪꦃ *rayah.*]

رايه *rāyih*, *rāih*, accaparé, monopolisé.

مرايه *me-rāih*, accaparer, monopoliser.

ڤرايه *pe-rāih*, accapareur, monopoleur.

رايو *rāyu*, flatté, amadoué.

مرايو *me-rāyu*, flatter, amadouer.

رايو *rāyaw*, remué.

مرايو *me-rāyaw*, remuer. تاڠن — *tāngan me-rāyaw*, des bras qui s'agitent, qui ne peuvent rester tranquilles. باڽق اورڠ مرايو دالم رومه ايت *bāñak ōrang me-rāyaw dālam rūmah ītu*, beaucoup de gens se remuent dans cette maison (*Kl.*).

مرايوكن *me-rāyaw-kan*, faire remuer.

رايت *rāyit*.

مرايت *me-rāyit*. — اكر *ākar me-rāyit*, nom d'une racine médicinale (*leuconotis anceps*) (*Kl.*).

رايڤ *rāyap*, la fourmi blanche, nommée aussi سمت ڤوته *semùt pūtih*: grimpant, qui grimpe.

مرايڤ *me-rāyap*, grimper. بايق يڠ تربڠ بايق يڠ مرايڤ *bāik yang terbang bāik yang me-rāyap*, soit ce qui vole soit ce qui grimpe (*H. Ab.* 84).

Les fourmis blanches causent de grands dégâts dans les maisons, surtout dans les toits et les planchers; elles y arrivent en grimpant dans les murs, ou le long des murs, en pratiquant des passages couverts, qui les garantissent de la lumière qu'elles ne peuvent soutenir, et qui ressemblent assez aux racines de lierre poussant le long des murs; d'où ce mot a pris au figuré le sens de grimper.

[Jav. ꦫꦪꦥ꧀ *rayap*, fourmi blanche. Sund. ꦫꦪꦥ꧀ *rayap*, grimper, et, fourmiller. Day. *rayap*, nuire.]

رايس *rāyis*, *rāis*, essuyé (avec la main).

مرايس *me-rāyis*, essuyer avec la main, ramasser en essuyant.

راو **rāwa,** marais, marécage. — بورغ *būrung rāwa,* nom d'une sorte de pigeon (*columba littoralis*).

[Jav. *rawa.*]

راو **rāwu,** retenu (parlant de l'haleine). دروون نفس *di-rawū-ña nafas-ña,* il retint son haleine (*Kl.*).

مراو *me-rāwu*, retenir l'haleine.

راوي **rāwey,** une ligne pour pêcher, à laquelle sont attachés des hameçons au moyen de petites cordes, et que l'on fait couler au fond de l'eau.

مراوي *me-rāwey,* pêcher avec la ligne nommée *rāwey.*

[Sund. *rawé,* lacet pour prendre des animaux. Day. *raway.*]

راوي **rāwi** (Ar. روى), conteur, narrateur, historien. كات راوي بهو سلطان ايت ترلالو عادل *kāta rāwi bahwa sulṭān itu ter-lālu ạdil,* l'historien dit que ce sultan fut un homme très-juste (*S. Mal.* 107).

راوغ **rāwang** = راو *rāwa.*

راوغ **rāwung,** cri, hurlement. ببراڤ راوغ دان راتڤ همب الله *be-brāpa rāwung dān rātap hamba allah,* les cris et les plaintes des serviteurs de Dieu (*H. D.* 163).

مراوغ *me-rāwung,* crier, hurler. سموا كامي مراوغ سڤرت بروغ ٢ *samuā kāmi me-rāwung seperti brūang-brūang,* nous avons tous hurlé comme des ours (*B.* 1028).

Ce mot tire prob. son origine du S. रव *rava,* grand bruit. On trouve en Kw. *rahunung,* rumeur, alarme, et en Mak. *rau,* hurler.

راوت **rāwit,** impliqué dans une offence (*Cr.*).

راوت **rāwut, rāut,** râclé, poli; action de râcler. — ڤيسو *pīsaw rāut,* petit couteau qui sert à râcler, à polir quelque chose, surtout le rotin.

مراوت *me-rāut,* râcler, polir, ôter les aspérités sur le rotin.

روتن *raūt-an* ou روتن *rōtan,* ce qui est poli, râclé; le rotin. v. روتن *rōtan.*

[Sund. *raut.* Mak. *rau.* Bug. *dau.*]

راون **rāwan,** émotion, ravissement; compassion: ému, ravi.

ممبري راون هاتي سڬل اورڠ يڠ منڠر دي *mem-brī rāwan hāti segala ōraŋ yaŋ meneŋar dīa*, causant de l'émotion à tous ceux qui l'entendaient. هتين بليسه برچمفر راون *hatī-ña be-līsah ber-xampur rāwan*, son cœur éprouvait un sentiment mêlé de peine et de plaisir (*M.*). راونله هتين مك تياد براس لاڬي *rāwan-lah hatī-ña maka tiāda be-rāsa lāgi*, tellement ému que les facultés de son âme étaient suspendues (*M.*).

مراون *me-rāwan*, émouvoir, charmer, dire des paroles agréables. اي مراون٢ استرين *īa me-rāwan-rāwan istrī-ña*, il disait des paroles agréables à son épouse (*Bis. Raj.* 37).

مراونكن *me-rāwan-kan*, causer de l'émotion, charmer, affecter quelqu'un. لكوڽ مراونكن هاتي *lakū-ña me-rāwan-kan hāti*, ses manières charmaient les cœurs (*Sul. Ab.* 28). دودق ممالو بڽيبڽين مراونكن هتين *dūduḳ memālu buñi-buñi-an me-rāwan-kan hatī-ña*, il s'assit et se mit à jouer des instruments pour calmer son esprit (*M.*).

راون rāwan, cartilage. — تولڠ *tūlaŋ rāwan*, les côtes (*Kl. Rhio*).

راون rāwan, numéral pour les objets faits de cordes ou de fils; p. ex.: جال سراون *jāla sa-rāwan*, un filet à pêcher. Assemblage complet de certaines choses, garniture, service, p. ex.: كنچيڠ سراون *kanxiŋ sa-rāwan*, une garniture de boutons.

راكق rākaḳ.

مراكق *me-rākaḳ*, défectueux (*Kl.*).

راكت rākat, attaché l'un à l'autre, collé, soudé; (aussi) une sorte de pois rouges, qui servent à faire de la colle.

مراكت *me-rākat*, coller, souder, cimenter.

ڤراكت *pe-rākat*, colle, soude, ciment.

[Jav. *raket*. Bat. *rakot*, gomme, soude. Mak. *rakka* et *rakki*. Tag. et Bis. *gakot*.]

راكت rākat, pour ركعة *rakạt*.

راكت rākit, en ordre, préparé: sorte de danse: une paire, un compagnon, c'est-à-dire un des deux qui font une paire: échafaudage, théâtre: un radeau. — ميبرڠ اورڠ *rākit meñabrŭŋ ōraŋ*, un radeau pour passer une rivière. بوله — rākit būluh, un radeau de bambou. — منولق راكت menūlak rākit, pousser un radeau.

مراكت me-rākit, exécuter la danse nommée rakit, se tenir sur un échafaudage: se placer deux à deux (S. Mal. 159).

ركيتن rakīt-an, paire, ce qui est apparié: radeau.

[Jav. ꦫꦏꦶꦠ꧀ rakit, préparé: paire. Sund. rakit, paire; radeau. Mak. raki, radeau.]

راكت rākut, n'être pas honorable, prévaricateur, qui n'agit pas droit (Cr.).

راكن rākan, v. ركن rekàn.

راڬ rāga, ouvrage en osier, panier, corbeille. — بوه būah rāga, boule d'osier servant à jouer. — سيڤق sēpak rāga, jeu dans lequel on lance avec le pied une balle en osier. رڬراڬ raga-rāga, nom d'un anneau qu'on porte au poignet.

[Bat. raga. Mak. et Bug. raga.]

راڬ rāga, le corps humain. دڠن سقم — rāga deṅan sukma, le corps avec l'âme (S. Bid. 142).

[Kw. raga.]

راڬي rāgi, levain, ferment.

Prov. روسق راڬي دبوت تاڤي rūsak rāgi di-būat tāpey, un peu de ferment est détruit pour faire de la liqueur fermentée; un peu de levain fait aigrir toute la pâte. Le sens est: un nom honorable est perdu par une petite action mauvaise.

[Jav. et Sund. ꦫꦒꦶ ragi. Day. ragi.]

راڬي rāgi (S. रागिन् rāgin, teint), figures, modèle d'étoffes.

[Bat. ragi. Mak. ragi-ragi, de plusieurs couleurs.]

راڬو rāgu, embarrassé, embrouillé. — منجادي men-jādi rāgu, tomber dans l'embarras. هتوڠنڽ — rāgu hitūṅ-an-ña, ses comptes sont embrouillés.

مرڬوكن me-ragū-kan, mettre dans l'embarras, embrouiller quelque chose.

[Kw. rago, obstacle. Bat. ragu.]

راڬڠ rāgaṅ, déchiré avec force, pris, arraché par force.

مراڬغ *me-rāgaṅ*, déchirer, arracher par force.

راڬغ ***rāguṅ?***

تراڬغ *te-rāguṅ*, courant sur, donnant contre q. ch.; p. ex., contre une porte, contre un meuble (*Kl.*).

راڬم ***rāgam*** (S. राग *rāga*, mode musical), modes en musique, modulation, chant, mélodie: assemblage de couleurs, variété de couleurs, échantillon. ممتيق دنديڽ برباڬي٢ راڬم يڠ دڤتيقڽ *me-metìk dandi-ña ber-bāgey-bāgey rāgam yaṅ di-petìk-ña*, il touchait son luth et jouait différents airs (*R.* 10). اينده٢ دان ڤلباڬي راڬمڽ *indah-indah dān pel-bāgey rāgam-ña*, la mélodie en était exquise et très-variée. بوڽي راڬم *būñi rāgam*, air, modulation, harmonie. باڽق راڬمڽ كاين ايت *bāñak rāgam-ña kāin itu*, il y a plusieurs patrons de cette indienne (*M.*). — ڤسڤ *puspa rāgam*, patron à fleurs: l'hyacinthe. كاين ڤسڤ راڬم *kāin puspa rāgam*, de l'étoffe à dessins de fleurs (*M.*). سراڬم باو *sa-rāgam bāu*, un mélange d'odeurs.

[Bat. ... *ragam*, manière, sorte.]

راڬم ***rāgam***, (S. राग *rāga*, passion), inclination, volonté, caprice.

راڬم ***rāgum***, étau, étau d'établi, comme ceux dont les forgerons se servent pour limer (*Kl.*).

راڬس ***rāgas***, cheveux coupés; queue coupée (d'un cheval). چنچڠ تيدق راڬس تيدق *xinxaṅ tidak rāgas tidak*, elle ne fut pas blessée et n'eut pas les cheveux coupés (d'une femme surprise en adultère) (*M.*).

مراڬس *me-rāgas*, couper les cheveux.

[Jav. ... *ragas*, arbre sans feuilles.]

راڠ ***rāṅga***, nom d'un coquillage de mer en forme de corne avec de longues pointes (*Kl.*).

[Jav. ... *raṅgah*, pointu.]

راغن ***rāṅgin***, nom d'une sorte de rondache. اى برماين راغن ترلالو هيبة لكوڽ *ia ber-māin rāṅgin ter-lālu heibat lakū-ña*, il se servait de sa rondache d'une manière étonnante (*Is. Yat.* 135).

براغن *be-rāṅgin*, qui porte une rondache. جك كن اورڠ براغن ترس دڠن راغنڽ *jika kena ōraṅ be-rāṅgin trùs deṅgan rāṅgin-ña*, s'il touchait un homme armé d'une rondache, il le perçait ainsi que sa rondache (*S. Mal.* 304).

[Jav. ꦫꦔꦶꦤ꧀ *rangin.*]

راچق **rāxak**, battu rudement, frappé fortement, p. ex., sur un tambour.

مراچق *me-rāxak*, battre fortement.

راچق **rāxik**, piége, trappe. — ترکن *ter-kena rāxik*, pris au piége.

براچق *be-rāxik*, qui a un piége.

ڤراچق *pe-rāxik*, qui tend des piéges, oiseleur.

راچق **rāxik**, coupé menu.

مراچقکن *me-rāxik-kan*, couper quelque chose menu, diviser un morceau déjà coupé (*N. Phil.* 140).

راچن **rāxun**, poison. دان — ڤناورڽ *rāxun dān penāwar-ña*, du poison et son antidote. — کن *kena rāxun*, être empoisonné. اد يڠ ممبری راچن *ada yang membrī rāxun*, quelques-uns leur donnaient du poison (*H. Ab.* 192). اوبت يڠ اد دالم سديکت درڤد راچن *ōbat yang ada dālam-ña sa-dīkit deri-pada rāxun*, des médicaments dans lesquels entre une petite quantité de poison (*M.*).

مرچونی *me-raxūn-i*, donner du poison à q. q., empoisonner.

[Jav. ꦫꦕꦸꦤ꧀ *raxun*. Bat. [illegible] *rasun*. Mak. [illegible] *raxung*. Tag. [illegible] *lason.*]

راج **rāja** (S. राजा *rāja*), roi, chef, prince, monarque: roi au jeu d'échecs. ڤرمڤون — *rāja perampūan*, une reine. مود — *rāja mūda*, l'héritier présomptif du trône, titre du vice-roi de Lingga. مك لقسمان دجديکنن راج مود *maka laksamāna di-jadi-kan-ña rāja mūda*, et il fit Laksamana l'héritier présomptif de la couronne (*R.* 169). رجراج *raja-rāja*, princes feudataires, grands vassaux. مك بگند مپوره ڤردان منتری مڠهمڤنکن سگل رجراج *maka baginda meñūruh perdāna mantrī meng-himpun-kan segala raja-rāja*, le prince ordonna au premier ministre de réunir les grands vassaux (*R.* 47). — کايو *kāyu rāja* ou کايو دولڠ *kāyu dūlang*, nom d'un arbre (*cassia fistula*). بنتڠ — *rāja bintang*, v. بنتڠ *bintang*. هودڠ — *rāja hūdang*, nom d'un oiseau, une sorte d'alcyon. بورغ — *būruṅ rāja*, nom d'un oiseau (*paradisea regia* ou *cicinnurus regius* [*Wallace* vol. II, p. 245]). سيغ — *rāja siṅga*, nom d'une maladie vénérienne (*Cr.*). فنوم — *rāja penōma*, l'argent que l'on paie au père d'une fille que l'on épouse (*Cr.*).

مهراج *maha-rāja*, grand prince, empereur; titre d'un grand dignitaire.

براج *be-rāja*, qui a un roi, gouverné par un roi. دڤنتان هندق براج *di-pintā-ña hendaḳ be-rāja*, ils demandaient à être gouvernés par un roi (*H. D.* 36).

برجراج *be-raja-rāja*, servir le roi (*Kl.*).

مراج *me-rāja*, agir en roi. — ليل *me-rāja lēla*, faire le maître, trancher du maître.

مرجاكن *me-rajā-kan*, faire devenir roi, proclamer quelqu'un roi, couronner. هندق مرجاكن انكند بكند *hendaḳ me-rajā-kan anakanda baginda*, voulant proclamer roi le prince son fils (*R.* 46). مك سموان درجاكنن كفد نكرى٢ يغ كچل *maka samuā-ña di-rajā-kan-ña ka-pada nagrī-nagrī yaṅ kexìl*, et il les établit tous chefs de petites villes (*R.* 173).

كرجاءن *ka-rajā-an*, royaume, règne, royauté, gouvernement. دالم بنوكلغ اد سؤرغ راج ترلالو بسر كرجاءنن *dālam benūa klìṅ ada sa-ōraṅ rāja ter-lālu besàr ka-rajā-an-ña*, dans l'Inde, il y avait un roi dont le royaume était très-grand (*R.* 1). كرجاءنم داتڠله *ka-rajā-an-mu dātaṅ-lah*, que votre règne arrive (*N.* 8). — آلة *ālat ka-rajā-an*, les insignes royaux.

[Jav. et Sund. ꦫꦗ *raja*. Bat. ᯒᯐ *raja*. Lat. *rex*, *regis*.]

راجه ***rājah***, amulette écrite, formule magique.

[Jav. et Sund. ꦫꦗꦃ *rajah*. Bat. ᯒᯐ *raja*. Day. *rajaḥ*.]

راجوالى ***rāja-wāli***, l'aigle, le faucon. ملڤسكن انجغ اتو راجوالى *me-lepàs-kan anjiṅ ātaw rāja-wāli*, lâcher un chien ou un faucon (*M.*).

راجق ***rājuḳ***, mélancolique, sombre, triste, bourru, de mauvaise humeur. اڤبيل اكو تركنغ٢ راجق دان ماسم موك ڬروك *apa-bīla āku ter-kenàṅ-kenàṅ rājuḳ dān māsam mūka gurū-*

ku, lorsque je me rappelle la mauvaise humeur et le mécontentement de mon précepteur (*H. Ab.* 24).

مراجق *me-rājuk*, montrer de la tristesse, s'affliger, être de mauvaise humeur, se fâcher. ڤتري ڤون لاݢي منڠس مراجق برچنتاكن انقڽ دبونه راج *putrī pūn lāgi menāngis me-rājuk ber-xintā-kan ānak-ña di-būnuh rāja*, la reine continuait à pleurer en silence la perte de son enfant que le roi avait fait mettre à mort (*M.*). سڤرت اورڠ مراجق رڤاڽ *seperti ōrang me-rājuk rupā-ña*, ils avaient l'air de gens qui sont de mauvaise humeur. جاڠن توان مراجق *jāngan tūan me-rājuk*, ne vous fâchez pas (*M.*).

راجت rājut, petite bourse: ouvrage tricoté; tricot, tricoté. دراجتڽ سارڠ كاكي *di-rājut-ña sārung kāki*, elle a tricoté des bas.

مراجت *me-rājut*, tricoter (*Kl.*).

[Jav. ꦫꦗꦸꦠ꧀ *rajut.*]

راجن rājan, douteux, ambigu, un dilemme. راجن درڤد بچار سام برت كدو ڤيهق *rājan deri-pada bixāra sāma brat ka-dūa pīhak*, indécis entre deux arguments qui se balançaient de part et d'autre (*M.*).

راجين rājin, diligent, soigneux, appliqué, attentif, ardent. هنومن ايت ترلالو راجن *hanūman itu terlālu rājin*, Hanuman était très appliqué (à ce travail) (*R.* 133). كانق٢ ايت راجن ممباچ دى *kānak-kānak itu rājin mem-bāxa dīa*, les enfants le lisent avec ardeur (le livre) (*Ism. Yat.* 3). راجن بربوت جاهت *rājin ber-būat jāhat*, prompt à faire le mal (*M.*).

مراجنكن *me-rājin-kan*, rendre diligent, soigneux, appliqué. — دريڽ *me-rājin-kan dirī-ña*, s'appliquer avec ardeur.

كرجينن *ka-rajīn-an*, ardeur, application, diligence.

[Sund. ᮛᮎᮤᮔ᮪ *rajin*. Day. *rajin*, volontiers.]

رات rāta, de niveau, plat, uni, poli, égalisé: tout ensemble, tout à fait. — سام *sāma rāta*, sur le pied de l'égalité. — تنجڠ *tanjung rāta*, un promontoire aplati. ساتو باتو يڠ رات *sātu bātu yang rāta*, une pierre plate. سݢل يڠ لكق ايت اكن جالن يڠ رات *segala yang lekòk itu ākan jālan yang* *rāta*, les chemins raboteux deviendront unis (*N.* 96). تانهن ڤون رات *tānah-ña pūn rāta*, le terrain en était uni (*R.* 2). جاتهله رات كبومي *jātuh-lah rāta ka-bumi*, il tomba à plate terre. ستله سده دليهتن رات *sa-telàh sudah di-lihat-ña rāta*, après qu'il eut fait une revue générale (*M.*).

مرتاكن *me-ratā-kan*, rendre égal, égaliser, aplatir, unir. رومه لام ايتڤون درتاكن منجادى هلامن *rūmah lāma ītu-pūn di-ratā-kan men-jādi halāman*, la vieille maison fut détruite au niveau du sol et on en fit une cour (*H. Ab.* 159).

[Jav. et Sund. ꦫꦠ *rata*. Day. *rata*.]

رات rāta (S. रथ *rata*), char, chariot, voiture. مك رات ايتڤون بركولغ٢له سندرين *maka rāta ītu-pūn ber-gūliṅ-gūliṅ-lah sen-dirī-ña*, et le char se mit à rouler de lui-même (*R.* 51). گاجه كود دان ڤداتي دان رات *gājah kūda dān pedāti dān rāta*, des éléphants, des chevaux, des voitures et des chariots (*M.*). تربڠ — *rāta terbaṅ*, un char volant.

[Jav. ꦫꦠ *rata*.]

راتو rātu, titre honorifique, commun aux deux sexes, chef, monarque, prince ou princesse. ايهن راتو ممڠڠ نڬري *āyah-ña rātu meme-gàṅ nagrī*, son père gouverne une province (*M.*). براڠكتله ڤولڠ بڬند راتو *ber-aṅkat-lah pūlaṅ baginda rātu*, le prince monarque partit pour s'en retourner (*S. Bid.* 68). ڤرميسوري — *rātu permīsūri*, une reine.

Ce mot vient de la langue Jav., dans laquelle il s'applique surtout aux princesses, ce qui ferait supposer qu'il est originaire du Sanscrit रतु *ratu*, femme vertueuse.

[Jav. et Sund. ꦫꦠꦸ *ratu*. Mak. *ratu*. Day. *rato*, princesse, titre honorifique pour les femmes de sang royal.]

راتق rātak, choix, option; choisi.

مراتق *me-rātak*, choisir, opter.

On trouve aussi راته *rātah* (*Kl.*).

راتف rātap, lamentation, plainte. برباڬي٢ بوڽي راتڤڽ *ber-bāgey-bāgey būñi rātap-ña*, ils exprimaient diversement leurs douleurs par des chants funèbres et des lamentations (*M.*). — بيچي

biji rātap ou — بوتر *būtir rātap*, chant funèbre, lamentation.

مراتف *me-rātap*, se lamenter, se plaindre. مك تون ڤترى مراتف دمكين بپين *maka tūan putrī me-rātap demikian buñī-ña*, alors la princesse se lamenta, prononçant les paroles suivantes (*R.* 157). مك سكل ايسى استان ڤون مراتف سڤرت تاكر *maka segala isi astāna pūn me-rātap seperti tāgar*, et tous les habitants du palais poussèrent des plaintes dont le bruit ressemblait à celui du tonnerre (*Ism. Yat.* 138).

مرتاڤى *me-ratāp-i*, se lamenter sur quelqu'un, plaindre quelqu'un. بݢند سده درتاڤى اورڠ *baginda sudah di-ratāp-i ōrang*, on se lamentait sur le prince (*S. Mal.* 246). سڤرت هندق درتاڤى *seperti hendak di-ratāp-i*, comme quelqu'un que l'on plaint (*S. Bid.* 27).

راتس ***rātus***, cent, centaine.

سراتس *sa-rātus*, un cent. امڤت لم راتس *ampat līma rātus*, quatre ou cinq cents. مك ببراڤ راتس كربو دسمبله اورڠ *maka be-brāpa rātus kerbaw di-sambilah ōrang*, on immola plusieurs centaines de buffles (*R.* 3). تڠه دو راتس *tengah dūa rātus*, cent-cinquante.

براتس *be-rātus*, qui est par centaines.

[Jav. [Javanese script] *atus*. Sund. [Sundanese script] *ratus*. Bat. [Batak script] *ratus*. Day. *ratus*. Tag. et Bis. [Tagalog script] *gatos*.]

راد ***raad*** (Holl.), conseil, assemblée.

راد ***rāda***, doux, paisible.

مراد *me-rāda*, adoucir, apaiser.

On trouve aussi راده *rādah*.

راده ***rādah***, v. راد *rāda*.

رادى ***rādey***, nageoires, ailerons d'un poisson.

[Bat. [Batak script] *radé*.]

رادق ***rādak***, percé, transpercé avec une pique, une lance. اى درادق ڤرڠݢى دڠن تمبق ڤنجڠ *ia di-rādak pringgi dengan tumbak panjang*, il fut percé par un portugais avec une longue pique (*S. Mal.* 360).

مرادق *me-rādak*, percer avec une pique; percer de bas en haut.

مرادقكن *me-rādak-kan*, percer ou faire percer q. ch. avec une pique.

برادقكن *be-rādak̠-kan,* qui perce avec une pique, qui enfonce une pique dans q. ch. يڠ برتمبق برادقكن تمبقن *yaṅg ber-tumbak̠ be-rādak̠-kan tumbak̠-ña,* ceux qui avaient des piques perçaient avec leurs piques (*S. Mal.* 19).

On trouve aussi رودق *rōdok̠.*

رادغ ***rādaṅg,*** chaleur produite par la fièvre, ou par un travail forcé, ou par une course (*Kl.*).

رادن ***rāden,*** titre qui se donne ordinairement aux personnes de famille royale, ou descendant de quelque grand personnage. دجديكن بݢندا رادن *di-jadī-kan baginda rāden,* le prince lui donna le titre de raden (*S. Mal.* 62).

[Jav. et Sund. ꦫꦢꦺꦤ꧀ *radén.*]

ران ***rāna,*** princesse = رتن *ratna.* بوڠ چمڤاك دݢوبه سؤرغ ران *būṅga campāka di-gūbah sa-ōraṅg rāna,* des fleurs de champaka liées en bouquet par une princesse (*S. Bid.* 4).

ران ***rāna*** (S. रण *raṇa,* bataille), champ de bataille.

[Kw. et Sund. ꦫꦤ *rana.*]

رانه ***rānih,*** nom d'une plante (*lycopodium planum*).

رانو ***rānu*** = دانو *dānaw.*

رانم ***rānum,*** tout à fait mûr, entièrement mûr; mou, tendre. كارن بلم رانم لاݢي اتوله سببن سهاي تياد امبلكن *kārna belūm rānum lāgi itū-lah sebāb-ña sahāya tiāda ambil-kan,* ils n'étaient pas encore mûrs, et c'est la raison pour laquelle je ne les ai pas pris (*Kl.*).

راڤه ***rāpih,*** miette, qui s'émiette facilement. سراڤهڤون تياد *sa-rāpih-pūn tiāda,* il n'y a pas une miette.

مراڤه *me-rāpih,* émietter.

[Day. *rapey,* qui s'émiette aisément.]

راڤه ***rāpuh,*** fragile, frangible, qui tombe facilement en poussière (du bois, des étoffes) (*Kl.*).

Ce mot pourrait bien être le même que le précédent.

[Sund. ꦫꦥꦸꦃ *rapuh.*]

راڤه ***rāpuh,*** calmé, tranquillisé; se calmer.

ڤراڤه *pe-rāpuh,* qui calme. — علم *ilmu pe-rāpuh,* science occulte qui indique les moyens de calmer quelqu'un (*H. Ab.* 144).

[Jav. ꦫꦥꦸꦃ *rapuh.*]

راڤغ ***rāpaŋ,*** nom d'un poisson de mer, un gros بلانق *belānak* (*Kl.*).

راڤت ***rāpat,*** joint, uni, réuni, assemblé; être joint, être réuni, serré (d'un tissu), être proche. مولتڽ ڤون راڤتله *mūlut-ña pūn rāpat-lah,* et les lèvres de sa bouche se trouvèrent réunies (*R.* 78). سڤرت بولن دراڤت اون *seperti būlan di-rāpat āwan,* comme la lune lorsqu'un nuage s'approche d'elle. دبله كايو لالو دراڤت *di-belàh kāyu lālu di-rāpat,* il fendit le bois et ensuite il l'ajusta. راڤتله كامي تيك لوره *rāpat-lah kāmi tīga lūrah,* nous qui sommes des trois tribus avons tous la même opinion (*M.*). — ڤڠولو *paŋūlu rāpat,* administrateur communal à Sumatra.

مراڤت *me-rāpat,* ajuster, joindre. كمودى — *me-rāpat kamūdi,* ajuster le gouvernail.

ترراڤت *ter-rāpat,* qui est réuni, que l'on a joint. دان مولتڽ ايت ترراڤتله سڤرت سدكال *dān mūlut-ña ītu ter-rāpat-lah seperti sada-kāla,* et les lèvres de sa bouche se trouvèrent jointes comme auparavant (*R.* 78).

مراڤتكن *me-rāpat-kan,* faire joindre, faire assembler, réunir. دوكاكى — *me-rāpat-kan dūa kāki,* joindre les deux pieds. مك ڤڠليم ڤرڠ ايت ڤون مراڤتكن بارسڽ *maka paŋlīma pràŋ ītu pūn me-rāpat-kan bāris-ña,* alors le chef militaire fit rassembler ses troupes.

رڤاتن *rapāt-an,* union, jointure, rapprochement.

كرڤاتن *ka-rapāt-an,* qui est joint, qui est réuni; proximité, jonction. جكلو تياد كرڤاتن منترى *jikalaw tiāda ka-rapāt-an mantrī,* si les ministres ne sont pas tous du même avis (*M.*).

[Jav. ꦫꦥꦼꦠ꧀ *rapet.* Sund. ᮛᮕᮒ᮪ *rapat.* Mak. ᨑᨄ *rapa.* Day. *rapat.*]

راب ***rāba,*** tâté, touché; être tâté. درباڽ سلوره توبهڽ *di-rabā-ña selūruh tūbuh-ña,* il lui tâta tout le corps.

ربراب *raba-rāba,* tâtonné, tâté à différentes reprises; être tâtonné. ابليس يڠ ربراب ددان دان ڤروتڽ *iblīs yaŋ raba-rāba dadā-ña dān prùt-ña,* le diable lui tâta la poitrine et le ventre (*M. R.* 45).

برابا *be-rāba*, qui tâte, tâtant.

بررابا *be-raba-rāba*, qui tâtonne, tâtonnant.

مرابا *me-rāba*, tâter, toucher, tâtonner. بڤاڽ ايت مربالہ دي *bapā-ña ītu me-rabā-lah dīa*, son père le tâta, le toucha (*B.* 41). جالن — *me-rāba jālan*, chercher son chemin en tâtant. مرابا كسان كماري *me-rāba ka-sāna ka-māri*, tâtonner çà et là.

Prov. مرابا كسان كماري سڤرتي اورڠ بوت كهيلاڠن توڠكتڽ *me-rāba ka-sāna ka-māri seperti ōrang būta ka-hilāng-an tungkat-ña*, aller à tâtons comme un aveugle qui a perdu son bâton (*H. Ab.* 149).

[Mak. et Bug. ... *rawa.*]

رابو rābu, le poumon.

رابق rābuḳ, mèche, amadou, toute matière servant à allumer.

[Jav. ... *rabuk*, fumier pour fumer la terre. Bat. ... *rabuk*, poudre à canon.]

Prov. سڤرتي رابق دڠن اڤي *seperti rābuḳ dengan āpi*, comme l'amadou auprès du feu.

رابڠ rābung, *atapes* liées ensemble pour être placées sur le faîte d'un toit, afin d'empêcher la pluie de pénétrer: le premier rang d'*atapes* au faîte d'un toit.

ڤرابڠ *pe-rābung* et ڤربوڠن *pe-rabūng-an*, la chose qui forme le faîte d'un toit, les premières *atapes*.

[Day. *rawong.*]

رابت rābit, déchiré.

مرابت *me-rābit*, déchirer.

[Jav. ... *robat-rabit*, guenille, chiffon. Day. *rabit*, chiffon.]

رابت rābut, dégagé, échappé, p. ex. un poisson de l'hameçon, un oiseau d'un lacet, etc. (*Kl.*).

[Sund. ... *rabut*, enlever, arracher.]

رابن rāban, reniflement; le parler du nez.

برابن *be-rāban*, qui parle du nez; qui radote. — اورڠ *ōrang be-rāban*, un radoteur.

رابن rābun, qui a la vue faible, myope; vue trouble.

مرابن *me-rābun*, faire de la vapeur, des fumigations, enfumer.

[Bat. [Batak script] *rabun*, myope. Day. *rabon*, enfumer.]

رابطة ***rābiṭat*** (de l'Ar. رابط *rabit*, lien, attache, du radical ربط), femme, épouse.

رام ***rāma***, père (*S. Mal.* 365).

[Jav. et Sund. [Javanese script] *rama.*]

رام ٢ ou **ررام** ***rama-rāma***, papillon. كنچڠ برڤاهت ررام *kanxiŋ-ber-pāhat rama-rāma*, un bouton travaillé en forme de papillon (*S. Bid.* 98).

Selon *Kl.* *rama-rama*, le papillon géant ou grand papillon nocturne.

[Bat. [Batak script] *rama-rama.*]

رامه ***rāmah***, intime, familier; être familier, être affable.

مرامهرماهي *me-rāmah-ramāh-i*, être affable avec quelqu'un. اكن هاتي — *me-rāmah-ramāh-i ākan hāti*, gagner le cœur (*Kl.*).

ڤرامه *pe-rāmah*, qui agit avec familiarité, avec affabilité. اي ترلالو ڤرامه دڠن اورڠ ٢ سمواڽ *ia ter-lālu pe-rāmah deŋan ōraŋ-ōraŋ samuā-ña*, il était extrêmement affable avec tout le monde (*H. Ab.* 346).

برامهرماهن *be-rāmah-ramāh-an*, qui agissent familièrement ensemble, familiarité réciproque. برامهرماهنله اكو دڠن سڬل سوڤي ٢ ايت *be-rāmah-ramāh-an-lah āku deŋan segala sūpey-sūpey ītu*, j'étais devenu familier avec ces soldats (*H. Ab.* 40).

[Bat. [Batak script] *ramah.*]

رامه ***rāmih***, v. رامي *rāmi.*

رامي ***rāmey*** (S. रम्य *ramya*), agréable, plaisant, joyeux, gai, content: populeux, fréquenté, peuplé. مك ترلالو رامي دان مردو بپين *maka ter-lālu rāmey dān merdu buñi-ña*, le son en était très-agréable et très-mélodieux. مك سڬل ببپين ڤون دڤالو اورڠله ترلالو رامي *maka segala buñi-buñi-an pūn di-pālu ōraŋ-lah ter-lālu rāmey*, et on frappait sur les instruments de musique avec beaucoup d'entrain (*R.* 123). تمڤق سورقن ترلالو رامي *tempik sū-rak-ña ter-lālu rāmey*, ils applaudissaient fréquemment. تتكالا راج ايت نڬري اچهڠون رامي ساڠت *tatkāla rāja ītu nagrī āxih-pūn rāmey sāŋat*, du temps de ce roi le pays d'Achem était très-peuplé. دغن عادل صحابة بيت جادی رامی ددالم بندر ڤولو ڤينڠ *deŋan ādil ṣoḥābat bēta jādi rāmey di-dālam bandar pūlaw pīnaŋ*, par la justice avec laquelle mon ami gouverne, le port de Pulo Pinang devient très-fréquenté (*Lett. Mal.*).

مرامی ٢ *me-rāmey-rāmey*, aller en grand nombre, se porter avec ardeur en grand nombre sur.

مراميکن *me-rāmey-kan*, rendre joyeux; rassembler en grand nombre, rendre peuplé. دغن عادل مراميکن سکل نکری *deŋan ādil me-rāmey-kan segala nagrī*, par sa justice il avait rendu le pays très-peuplé (*M. R.*).

کراماين ou کرمين *ka-ramēy-an*, grande quantité, grand nombre. مك اڠکو اد اکن باڤ کرمين خلايق *maka aŋkaw ada ākan bāpa ka-ramēy-an kalāiḳ*, et tu seras le père de nombreuses nations (*B.* 21).

براميرمين *be-rāmey-ramēy-an*, qui s'amuse, qui se réjouit, qui s'amusent ensemble. توان ڤتری لاکی برماين ٢ دان براميرمين کڤد تنامن کولم *tūan putrī lāgi ber-māin-māin dān be-rāmey-ramēy-an ka-pada tanām-an kūlam*, la princesse continuait de jouer et de s'amuser avec les fleurs aquatiques (*M.*).

Ce mot s'écrit encore رامه *rāmeh*. Sa prononciation est encore moins fixée que son orthographe; car on la trouve indiquée: *ramih, rameh, rami* et *ramey*; c'est à cette dernière que nous nous sommes arrêté parce qu'elle nous a paru être la plus généralement admise.

[Kw. *ramya*. Jav. et Sund. *ramé*. Mak. *rama-rama*. Day. *rami*.]

رامی **rāmi**, nom de différentes plantes filamenteuses dont on fait des cordes, du fil, etc. (*boehmeria nivea*) (*S. Mal.* 266).

On trouve aussi رامه *rāmih*.

[Jav. *rami*, lin.]

رامو **rāmu**, assemblage de toutes sortes de choses, collection de choses disparates; rassemblé, réuni (de choses de différentes sortes).

مرامو *me-rāmu*, ramasser tout ce qui se trouve sous la main. ای مرامو سڤرت ڤيامن بارڠ يڠ برتمو *ia me-rāmu seperti peñāmun bāraŋ yaŋ ber-temū*, ils s'emparent comme des pillards de tout ce qu'ils trouvent (*H. Ab.* 376).

رامو **rāmu**, travaillé, préparé (du bois, de matériaux).

برامو *be-rāmu*, qui travaille qui prépare le bois. داتڠ اورڠ برامو راسق ايت *dātaṅ ōraṅ be-rāmu rāsuḳ ītu*, des gens vinrent pour préparer les bois de la charpente (du palais) (*S. Mal.* 183).

مرامو *me-rāmu*, travailler, préparer des matériaux, des pièces de bois. همب مليهت سؤرڠ يڠ مراموكايو دهوتن *humba me-lihat sa-ōraṅ yaṅ me-rāmu kāyu di-hūtan*, j'ai vu un bûcheron qui travaillait le bois dans la forêt (*R. V.*).

Énig. ممبوت رومه دالم رومه مرامو دالم بدن *mem-būat rūmah dālam rūmah me-rāmu dālam badàn*, elle construit une maison dans une maison et prépare les matériaux dans son corps. لاب٢ *laba-lāba*, une araignée.

رموءن *ramū-an*, ce qui est préparé, des matériaux. سهاي چهاري رموءن اي چهاري توكڠ *sa-hāya xahāri ramū-an ia xahāri tūkaṅ*, je cherche des matériaux et lui, il cherche des ouvriers (*Kl.*).

رامق rāmaḳ = رام *rāma*, père.

رامس rāmas, pressé avec la main, façonné, pétri: être façonné, être pétri. تيڬ سكاتن تڤڠ لومت رامسله اوله *tīga sukāt-an tepùṅ lūmat rāmas-lah ūleh-mu*, pétrissez trois mesures de fine farine (*B.* 23). تانه درامسڽ هندق مڽومبت ليڠ *tānah di-rāmas-ña hendaḳ meñumbat liaṅ*, il pétrit de l'argile pour boucher l'ouverture (*M.*). درامس هاتي *di-rāmas hāti*, oppressé, accablé de douleur.

مرامس *me-rāmas*, presser dans la main, façonner, pétrir.

[Bat. *ramos*. Mak. *ramasa*.]

رامس rāmus, la barbe. — بواڠ *būaṅ rāmus*, couper, rafraîchir la barbe. — چوكر *xūkur rāmus*, raser la barbe.

برامس *be-rāmus*, qui a de la barbe, barbu. برامس سعمر هيدڤڽ تياد دچوكرڽ *be-rāmus sa-umur hīdup-ña tiāda di-xūkur-ña*, ils ont de la barbe qu'ils ne rasent jamais (*H. Ab.* 348).

رالڤ rālip, somnolence, assoupissement des yeux.

ڤرالڤ *pe-rālip*, celui qui a envie de dormir, dormeur (*Kl.*).

راس rāsa (S. रस *rasa*), goût, sensation, sens, sentiment. — هاتي *rāsa hāti*, sens intérieur.

رساڽ ڤدس *rasā-ña pedàs*, le goût en était fort. دمكين رساڽ *demikīan rasā-ña*, telles furent leurs sensations. مك ايرڽ ترلالو سجق دان نعمة رساڽ *maka āyer-ña ter-lālu sejuk dān namat rasā-ña*, l'eau en était fraîche et faisait éprouver une sensation agréable (*Sul. Ibr.* 3). سلاكو همب ماتي رساڽ *sa-lāku hamba mātī rasā-ña*, il me semblait que j'allais mourir (*R.* 8). كارن ترلالو مالو رساڽ ڤاتق منڠر كتاڽ *kār-na ter-lālu mālu rasā-ña pātek menengar katā-ña*, car j'éprouvai une grande confusion en entendant ses paroles (*R.* 43). — ݢنتي *gantī rāsa*, sorte de tarte à l'ananas.

راس *rāsa*, signifie aussi: vif argent, mercure; second sens que les Malais ont également emprunté au sanscrit, et qui est passé dans une grande partie des langues de l'archipel indien; car on le retrouve en Jav., Sund., Mak., Day. etc. Pris dans ce sens, les Malais écrivent aussi رقس *rakṣa*. سواتو تمڤت يڠ برايسي رقس *suātu tampat yang ber-isi rakṣa*, une boîte remplie de mercure (*H. Ab.* 411).

سراس *sa-rāsa*, de même goût, semblable, pareil.

براس *be-rāsa*, qui sent, qui éprouve, qui a le sentiment de; sentir: sentant. تياد براس لاڬي *tiāda be-rāsa lāgi*, qui avait perdu tout sentiment, ne sentant plus.

مراس *me-rāsa*, sentir, goûter.

مرساءي *me-rasā-i*, sentir, éprouver quelque chose. دان درساءيله بكس تاڠنكو *dān di-rasa-i-ñā-lah bakàs tāngan-ku*, et il sentira la force de mon bras (*R.* 42). مك همب رساءي ڤد كاكي همب باتو ايت *maka hamba rasā-i pada kākī hamba bātu ītu*, et je sentais que cette pierre était sous mes pieds (*Mir. Moh.* 22).

مرساكن *me-rasā-kan*, donner du goût.

ممڤرساكن *mem-pe-rasā-kan*, faire éprouver, faire que quelqu'un sente.

ڤراس *pe-rāsa*, le goût, le toucher, le tact. ڤراس ليده ڤراس توبه *pe-rāsa līdah pe-rāsa tū-buh*, le goût, le sens du toucher (*M. R.* 11).

رساءن *rasā-an*, ce qui est éprouvé, sensation.

ڤرساءن *pe-rasā-an*, l'action de sentir, de toucher, expérience: les sens. دان تياد جاته دباوه ڤرساءن كامي *dān tiāda jātuh di-bāwah pe-rasā-an kāmi*, il ne tombe pas sous nos sens (*P. M.*).

ڤڠرساٴن *peṅ-rasā-an*, considération, opinion, sentiment, imagination. نڭري يڠ دالهکن کڤد ڤڠرساٴنڽ *nagrī yaṅ di-ālah-kan ka-pada peṅ-rasā-an-ña*, des villes dont il s'imaginait avoir fait la conquête (qu'il avait conquises dans son imagination) (*M.*).

[Jav. et Sund. ꦫꦱ *rasa*. Bat. ᯒᯘ *rasa*. Mak. et Bug. ᨑᨔ *rasa*. Day. *rasa*.]

راس rāsa (Ar.), chef. راس المال *rāsul-māl*, somme d'argent, le capital (*D. M.* 29).

راسي rāsey, sorte de civette (*viverra rase*). Selon *Kl.* = موسڠ *mūsaṅ*.

[Jav. ꦫꦱꦺ *rasé*, civette. Sund. ꦫꦱꦺ *rasé*, *viverra rase*.]

راسي rāsi.

سراسي *sa-rāsi*, convenable, apte à, propre à. ايبو بڤاڽ تياد سراسي ممليهاراکن دي *ību bapā-ña tiāda sa-rāsi memelihara-kan dia*, son père et sa mère ne sont pas aptes à l'élever (*H. Ab.* 17). ددڤتين تمڤت ايت تياد سراسي باڬي تمڤت کدياماننڽ *di-da-pat-ī-ña tampat ītu tiāda sa-rāsi bāgey tampat ka-diām-an-ña*, il trouva que cette place n'était pas convenable pour en faire son habitation (*Kl.*).

راسق rāsuḳ, pièces de bois formant la charpente d'une maison, pièces de bois sur lesquelles reposent les solives. راسق استان ايت سهست ليبرڽ *rāsuḳ astāna ītu sa-hasta lēbar-ña*, les pièces de bois de la charpente du palais avaient une coudée de large (*S. Mal.* 182). توڤي٢ — *rāsuḳ tūpey-tūpey*, les pièces de bois sur lesquelles reposent les solives. تمڤو بندل — *rāsuḳ tumpu bendul*, pièces de bois qui couvrent l'extrémité des solives (*Kl.*).

[Sund. ꦫꦱꦸꦏ꧀ *rasuk*.]

راسق rāsuḳ, attaqué, rendu malade par quelque mauvais génie, troublé. سمالم اي کن راسق ڤونتيانق دان ڤولڠ همڤير ماتي *sa-mā-lam īa kena rāsuḳ puntīānaḳ dān pōloṅ hampir māti*, la nuit dernière il a été attaqué par l'esprit *Puntianak* et par le lutin *Polong*, et il a failli en mourir (*H. Ab.* 143).

مراسق *me-rāsuḳ*, attaquer quelqu'un, le rendre malade.

اى ڤرݢى مراسق اورڠ ايت ارتيڽ ميڽكيتى اكن دى *ia pergi me-rāsuḳ ōrang itu artī-ña me-ñakīt-i ākan dia*, il va attaquer cet homme, c'est-à-dire lui causer une maladie (*H. Ab.* 146).

كرسوكن *ka-rasūk-an*, qui est troublé, attaqué, ou possédé par le démon.

راسن ***rāsan*** (prob. du Holl. *grenzen*), limites, frontières.

Prov. عبارة نݢرى براوبه راسن *ibārat nagrī ber-ūbah rāsan*, comme un pays dont les frontières sont changées. C'est-à-dire, chose qui fait grand bruit, grand mouvement.

رهن ***rehin*** (Ar.), gage, nantissement, otage. — حكم *ḥukum rehin*, loi concernant les gages (*D. M.* 30).

مرهنكن *me-rehin-kan*, mettre q. ch. en gage, engager. هوتڠ يڠ درهنكن هرت سبيڽ *hūtang yang di-rehin-kan harta sebàb-ña*, dette pour laquelle on a donné q. ch. en gage (*D. M.* 31).

رهسى ***rahasīya, rahasīa*** (S. रहस्य *rahasya*), secret, mystère, chose cachée. ادالله كلوار رهسياڽ *adā-lah ka-lūar rahasiā-ña*, son secret fut divulgué. بايقله اكو كتاكن رهسى اين ڤداڽ *bāiḳ-lah āku katā-kan rahasia ini padā-ña*, je ferai bien de lui révéler ce secret (*R.* 62). اداڤون رهسى ايت مك سأورڠ ڤون تياد تاهو *ada-pūn rahasia itu maka sa-ōrang pūn tiāda tāhu*, or personne ne connaissait ce secret (*M.*). — ڤتاره *pe-tāruh rahasia*, dépositaire d'un secret. — خبر *ḳabar rahasia*, intelligence, correspondances secrètes.

On prononce aussi *rusīya*.

[Kw. [illegible] *rusiya*. Mak. [illegible] *rahasiya.*]

رى ***rīya, rīa,*** bruyant de joie, joyeux. — سوك *sūka rīya*, joie extrême. دڠن كهدوڤن رى *dengan ka-hidūp-an rīya*, menant une vie joyeuse.

كرياءن *ka-riyā-an*, joie, allégresse.

Ce mot se retrouve en Sund. [illegible] *riya*, joint à [illegible] *jaka*, un jeune homme. Ce sens le rapprocherait du singalèse *riya*, un des noms du cupidon hindou (Clough, pag. 595, qui lui donne une origine sanscrite).

ريه ***rīyah,*** fastueux, superbe.

ريه **rīyuh** = ريوه *riyūh.*

ريواس **rīwāsa** = ديواس *dīwāsa.*

ريوه **riyūh,** grand bruit, cris bruyants de joie ou de tristesse. ريوهله اى دغن تمڤق سورقڽ *riyūh-lah ia dengan tempiḳ sūraḳ-ña,* ils poussaient des cris d'allégresse. ڤد كتيك يڠ ريوه *pada kotīka yang riyūh,* dans un moment d'allégresse (*M.*). مك ددغرڽ ترلالو ريوه بوڽي تاڠس اورڠ *maka di-dengar-ña ter-lālu riyūh būñi tāngis ōrang,* il entendit les cris lamentables des gens qui pleuraient (*R.* 152). ريوهله بوڽي راتڤڽ *riyūh-lah būñi rātap-ña,* le bruit de leurs chants funèbres retentissait au loin (*M.*). ريوه رنده *riyūh rendah,* grande rumeur.

ريوغ **rēwang,** louvoyer, faire voile au plus près du vent.

[Mak. *rewang,* vaciller.]

ريك **rēka** (S. रेखा *reḳā* et लेखा *leḳā,* fraude: ligne, dessin), moyen, ruse: habilement fait, artistement arrangé. كاست سراتى سولم دريك *kāsut surāti sūlam di-rēka,* des souliers faits d'étoffe de surat avec des bordures habilement travaillées (*S. Bid.* 9).

مريك *me-rēka,* prendre des moyens, user de ruse: faire habilement.

[Jav. *réka.*]

ريق **riyaḳ,** flegme, mucosité.

[Jav. *riyak.*]

ريق **riyuḳ,** des deux côtés, l'un après l'autre; de droite à gauche et de gauche à droite, en zigzag. ڤاته ريق كاكي تاڠن *pātah rīyuḳ kāki tāngan,* se cassant bras et jambes, en tombant à droite et à gauche (*H. Ab.* 24). چاڤق ريق بوت *xāpiḳ rīyuḳ būta,* les estropiés, les gens de travers et les aveugles (*S. Mal.* 147).

ريكت **rīkat,** boue, bourbe, fange.

ريكن **rīkun.** — داون *dāun rīkun* = داون ريغ٢ *dāun rīyang-rīyang,* v. ريغ٢ *rīyang-rīyang.*

ريغ **rīyang** (terme de marine), ramer à reculons. ريغ كيرى ڤاهت كانن *rīyang kiri pāhut kānan,* ramer en arrière à babord et en avant à tribord. سماغت — *rīyang* *sumāṙgat*, être étourdi, en regardant de dessus une hauteur en bas (*Kl.*).

تريغ *te-rīyaṙg*, languissant (des arbres et des plantes).

ريغ **rīyaṙg,** chenille, insecte, hanneton; nom d'une espèce d'escarbot qui produit un bruit clair et aigu en volant. سفرت ريغ بياس دكمفلكن اورغ *seperti rīyaṙg biāsa di-kumpul-kan ōraṙg*, comme on a coutume de ramasser les hannetons (*B.* 996). مك ريغ فون بربيله *maka rīyaṙg pūn ber-buñī-lah*, et on entendait le bruit produit par le vol du *riyaṙg* (*Bis. Raj.* 14).

ريغ٢ **rīyaṙg-rīyaṙg.** كايو ريغ٢ *kāyu rīyaṙg-rīyaṙg*, bois très-dur dont on se sert pour faire des palissades. داون ريغ٢ *dāun rīyaṙg-rīyaṙg*, nom d'une plante rampante, à feuilles quadridentées, dont les Malais se servent en médecine (*Kl.*).

[Jav. ꦫꦶꦪꦁ *riyuṙg*, nom d'une plante, une sorte de laiche. Bat. [illegible] *riyaṙg-riyaṙg*, nom d'une plante rampante.]

ريغق **rīṙgik,** pour رڠكق *riṙggik*.

ريغن **rīṙgan,** léger, de peu de poids, de peu d'importance. تياد برت ريغن سهاج *tiāda bràt rīṙgan sahāja*, cela n'est pas pesant, mais léger. دوس برت دان دوس ريغن *dōsa bràt dān dōsa rīṙgan*, des péchés graves et des péchés légers. همب دهولو ترلالو ساكت سفرت اكن ماتي رساڽ ادفون اكن سكارڠ اين ترلالو ريغن *hamba dahūlu ter-lālu sākit seperti ākan māti rasā-ña adapūn ākan sakāraṙg īni ter-lālu rīṙgan*, j'étais dernièrement très-malade et me croyais près de mourir, mais à présent je me sens de beaucoup soulagé (*M.*).

مريغنكن *me-rīṙgan-kan*, alléger, soulager, faire peu de cas, mépriser. مريغنكن سبله كاكي درفد سبلهڽ لاين *me-rīṙgan-kan sabelàh kāki deri-pada sa-belàh-ña lāin*, soulager une jambe en se portant davantage sur l'autre (*M.*). مريكئيت ريغنكن سڱل اورڠ يغ بسر٢ *marīka-itu rīṙgan-kan segala ōraṙg yaṙg besàr-besàr*, ils font peu de cas des grands personnages (*M. R.* 73).

[Mak. et Bug. [illegible] *riṙgaṙg*.]

ريج **rēja,** tout ce que l'on coupe, retranche, rogne, ôte, etc. comme superflu et de peu ou d'aucune valeur. رجريج قرطاس *reja-rēja kartās,* des rognures de papier/ رجريج هايم *reja-rēja hāyam,* les pattes, etc., d'une volaille. كاين — *rēja kāin,* des guenilles, chiffons.

ريدى rīdey, un petit siége malais (*Kl.*): une chaise à porteurs (*Cr.*).

رين rīna (S. दिन *dina*, jóur), le point du jour.

[Jav. rahina et rina.]

رينه rīnah, couler, suinter, tomber goutte à goutte.

ريقس rēpus, attaché ensemble.

مريقس *me-rēpus,* attacher ou lier des choses ensemble (*Cr.*).

ريب rība, giron, les genoux. دسمبتڽ انق درباڽ *di-sambut-ña ānak di-rībā-ña,* elle prit l'enfant sur ses genoux (*M.*).

مريب *me-rība,* prendre sur ses genoux, prendre dans son giron. اى ڤون مريب كڤال سرى رام *ia pūn me-rība kapāla srī rāma,* il prit la tête de Sri Rama sur ses genoux (*R.* 101).

مرباكن *me-ribā-kan,* faire mettre sur les genoux, faire prendre dans le giron.

رباءن *ribā-an,* le giron, les genoux lorsqu'on est assis. اى لاڬى تيدر درباءنڽ لقسمان *ia lāgí tīdor di-ribā-an-ña laksamāna,* il était endormi sur les genoux de Laksamana (*R.* 108). ڤرميسورى ڤون ربه ڤڠسن درباءن انكند *per-misūri pūn rebah pingsan di-ribā-an anakanda,* la reine tomba évanouie sur les genoux de sa fille (*M.*).

كرباءن *ka-ribā-an,* le giron; qui est pris dans le giron.

[Mak. riwa.]

ريبو rību, mille, millier.

سريبو *sa-rību,* un mille, un millier. تڠه دوريبو *tengah dūa rību,* quinze cents. كورڠ سراتس دوريبو *kūrang sa-rātus dūa rību,* mille neuf cents. داون سريبو *dāun sa-rību,* nom d'une plante (*Kl.*).

بريبو *be-rību,* par mille. برريبو *be-ribu-rību,* des milliers, par milliers.

Aucun dictionnaire ne donne l'étymologie de ce mot malais; mais on trouve en Heb. רִבּוֹ *ribbo,* d'où probablement l'Ar. ربى. C'est là qu'il faut aller chercher l'origine du *rību* malais.

Il faut remarquer cependant qu'en Heb. et en Ar., il signifie dix mille. En empruntant des noms de nombre aux langues étrangères les peuples de l'archipel Indien en ont souvent changé le sens. v. la remarque qui suit le mot جوت *jūta*.

[Jav. [illegible] *éwu*. Sund. [illegible] *éwu* et [illegible] *rébu*. Bat. [illegible] *ribu*. Mak. et Bug. [illegible] *sabu*. Day. ribu. Tag. et Bis. [illegible] *libo*. Malg. *ariwu*.]

ريبت rībut, tempête, ouragan, coup de vent, rafale. درهلون — *rībut deri halūwan,* rafale en avant du navire. اد ريبت دلاوت *ada rībut di-lāut,* il y a un ouragan sur mer. كلورله درقد انق ڤانه ايت اڠن ريبت *ka-lūar-lah deri-pada ānak pānah itū āngin rībut,* et de cette flèche il sortit un vent de tempête (*R.* 44).

Prov: جكلو سڤوهن كايو باڽق اكرڽ لاڬي تڬه اڤاكه دتاكتكن ريبت *jikalaw sa-pōhon kāyu bāñak ākar-ña lāgi tegūh apā-kah di-tākut-kan rībut,* si un arbre a beaucoup de racines et s'il est solide, pourquoi craindrait-on pour lui la tempête? (*H. Ab.* 163).

بريبت *be-rībut,* orageux, tempêtueux.

مريبت *me-rībut,* faire de l'orage, de la tempête.

[Jav. [illegible] *riwut*. Sund. [illegible] *ribut*. Mak. et Bug. [illegible] *rimbu*. Day. *riwut,* vent, respiration.]

ريمه rēmah, miettes, restes. مان ريمه ناسي *māna rēmah nāsi,* où sont les miettes de riz? (*S. Mal.* 362).

مريمه٢ *me-rēmah-rēmah,* émietter.

مريمه٢كن *me-rēmah-rēmah-kan,* réduire ou faire réduire q. ch. en miettes.

ريمو rīmaw, v. هريمو *harīmaw.*

ريمس rīmas, oppressé, étouffant de chaleur.

ريل réyal, réal (Port. *réal*), une piastre d'Espagne.

Le ريل *real,* équivaut à deux جمڤل *jampal*; à quatre سوكو *sūku*; à huit تالي *tāli*; à dix كيجير *kējir*; à vingt-quatre وڠ *wang*; à deux cent quarante دويت *dūyit*; à cinq francs quarante centimes.

[Jav. [illegible] *réyal*. Sund. [illegible] *réal*. Mak. et Bug. [illegible] *reyala*. Day. *rear*.]

ريس **rīsa,** enflure, tumeur, bosse: le tronc du bananier (probablement parce qu'il paraît enflé). سڬل رعيت بركتاكن ريس *segala rayat ber-kotā-kan rīsa*, le peuple fit un rempart avec des troncs de bananiers (*S. Mal.* 90).

ريسي **rēsi,** v. رسي *resī.*

ريسو **rīsaw** (S. रिश्व *riṣwa*, malfaisant), libertin, débauché, vagabond, scélérat. دو تيڬ اورڠ يڠ ريسونين *dūa tīga ōraṅ yaṅ rīsaw nian*, deux ou trois véritables scélérats (*M.*). ريسو هولو لال *rīsaw hūlu lāla*, quelqu'un qui mène une vie désordonnée (*Kl.*).

ريسو **rīsu,** chiffonné, froissé (*Cr. Bengk.*).

ريسق **rīsiḳ,** recherché, examiné; marque, indication; nouvelle. سبلم كيت ريسق بايق٢ سڬل بودي ڤكرتي دان ڤرڠين *sa-belùm kīta rīsiḳ bāiḳ-bāiḳ segala būdi pakritī dān peraṅī-ña*, avant que nous ayons fait des recherches sur sa conduite et sur son caractère. جك انقك مناره عاشق كڤد همب بريله ريسق *jika ānaḳ-ku menāruh ʿāšiḳ ka-pada hamba brī-lah rīsiḳ*, si mon fils a pour moi de l'affection, qu'il m'en donne des marques. سٲورڠ ڤون تيدق مندڠر ريسق *sa-ōraṅ pūn tīdaḳ men-deṅar rīsiḳ*, personne n'en a eu des nouvelles (*Kl.*).

ريحان **reiḥān** (Ar. راح), toute plante odoriférante. روضة يڠ برايسي روح دان ريحان *rawdlet yaṅ ber-īsi rawḥ dān reiḥān*, un jardin où souffle un vent frais, et embaumé par l'odeur des fleurs odoriférantes (*M. R.* 149).

رو **rū,** espèce de sapin avec des feuilles très-fines; on le plante comme arbre d'agrément; le sifflement du vent dans ses feuilles produit un son plaintif.

v. ديودارو *dēwadāru.*

رواية **riwāyat** (Ar. روى), récit, relation.

مروايتكن *me-riwāyat-kan*, faire un récit, raconter q. ch. سڤرت دروايتكن ڤد كتاب حديث *seperti di-riwāyat-kan pada kitāb ḥadiṣ*, comme il est raconté dans le livre des traditions (*M. R.* 188).

روادة **ruādet** (Ar. راد), compliments d'usage. مك بݢند ڤون ممبري روادة اكن سݢل رجاراج *maka baginda pūn mem-brī ruādet ākan segala raja-rāja*, et le prince fit adresser les compliments d'usage à toute la noblesse (*M.*).

روه **rūwah**, appelé, convoqué. اڤبيل دروه اورڠ اڠکو *apa-bīla di-rūwah ōrang angkau*, lorsque des gens vous appellent.

مروه *me-rūwah*, appeler, convoquer. جبرايل ڤون مروه ملك رضوان *jibrāil pūn me-rūwah malak radluan*, alors Gabriel appela l'ange Radluan (*Mir. Moh.* 4). لالو اي مروه سکل رعيتڽ *lālu ia me-rūwah segala rayatña*, il convoqua ses sujets (*M.*).

تروه *te-rūwah*, qui est appelé, que l'on a convoqué. تروه سماسام *te-rūwah sama-sāma*, appelés, convoqués, réunis (*M.*).

روَاهن *ruwāh-an*, سروَاهن *sa-ruwāh-an*, la distance à laquelle on peut faire entendre la voix, une portée de la voix.

روه **rūwah**, jeté, rejeté (*Cr.*).

روي٢ **rūwey-rūwey**, un oiseau de proie (*M.*). Prob. = روق٢ *rūwak-rūwak*.

رويڠ **rūyang**, nom d'une lance à barbes; et aussi, nom d'une lance chinoise (*Kl.*).

رويڠ **rūying**, nom d'un dévidoir; et aussi, le petit dévidoir auquel le fil s'enroule à un rouet.

رويڠ **rūyung**, la partie dure ou ligneuse du palmier, par opposition à la partie qui forme la moelle (*Pij.*).

روق **rūwak** et روق٢ **rūwak-rūwak**, nom d'un oiseau aquatique, de l'ordre des échassiers, ayant un grand bec noir et plat, au-dessus duquel les trous des narines sont tellement placés, que quelquefois on y passe une corde pour attacher l'animal. — ڤوته *rūwak-rūwak pūtih*, le héron. — بڠکي *rūwak-rūwak bangkey*, le vautour.

روکق **rōkok** (Holl. *rooken*, fumer), cigare.

[Jav. [illegible] *rokok*. Sund. [illegible] *roko*. Mak. [illegible] *roko*. Day. *roko*.]

روکن **rūkun**, institutions, statuts, règle, précepte. مڠرجاکن روکن حاجي *mengarjā-kan rūkun ḥāji*, observer les règles du pélerinage (*Kl.*).

روكم **rūkam,** nom de certains fruits sauvages. اسم — *rūkam āsam* (*flacourtia sapida*). — بادق *rūkam bādak* (*capparis sp.*). مانس — *rūkam mānis* (*flacourtia rukam*). سڤت — *rūkam sepàt* (*flacourtia jangomas*).

[Jav. ꦫꦸꦏꦼꦩ꧀ *rukem*. Bat. ᯒᯮᯂᯔ᯲ *rukam*. Day. *rukam*.]

روڬى **rūgi,** perte, dommage: perdu. — كن *kena rūgi*, souffrir une perte. اونتڠ تيدق روڬى سهاج *untung tīdak rūgi sahāja*, point de gain, mais pure perte. بير تون تولڠ جاڠن كامى روڬى *bīyar tūan tūlung jāngan kāmi rūgi*, aidez nous, monsieur, afin que nous n'éprouvions point de perte (*M.*). مك اكو روڬى ڤد هارى اين *maka āku rūgi pada hāri ini*, j'ai fait une perte aujourd'hui (*Sul. Ibr.* 15).

بروڬى *be-rūgi*, qui souffre une perte, perdant.

مروڬى *me-rūgi*, perdre, souffrir un dommage. تياد لبان دڤراولهن ملاينكن مروڬى جوڬ *tiāda labāña di-per-ūleh-ña me-lāin-kan me-rūgi jūga*, il n'éprouva que des pertes sans jamais rien gagner (*M.*).

مرڬيكن *me-rugī-kan*, faire perdre, faire souffrir un dommage.

كرڬين *ka-rugī-an*, perte, ce qui est perdu: qui souffre une perte. كارن سام اداڽ ڤولو ڤينڠ ايت دڠن نڬرى اين سماله براوله كرڬين *kārna sāma adā-ña pūlaw pinang itu dengan nagrī ini samālah ber-ūlèh ka-rugī-an*, car si les circonstances de Pulo Pinang et celles de ce pays-ci sont les mêmes, leurs charges doivent aussi être égales (*M.*). — ڤڠڬنتين *peng-gantī-an ka-rugī-an*, indemnité, dédommagement.

[Jav. et Sund. ꦫꦸꦒꦶ *rugi*. Bat. ᯒᯮᯎᯪ *rugi*. Mak. et Bug. ᨑᨘᨁᨗ *rugi*.]

روڬل **rūgul,** ravi, enlevé de force.

مروڬل *me-rūgul*, ravir, enlever de force. هندق مروڬل تون مند *hendak me-rūgul tūan manda*, voulant enlever de force la princesse Manda (*S. Mal.* 279).

ممڤروڬل *mem-pe-rūgul*, faire enlever, faire ravir.

روغ **rūwang, rūang,** trou, ouverture: intervalle qui se trouve entre quatre piliers sur lesquels une maison repose; espace qui se trouve compris entre les côtés d'un navire : compartiment. بالى تڠه سمبيلن روڠ *bāley teŋah sambīlan rūaŋ*, le pavillon du milieu avait neuf compartiments (*S. Bid.* 95). — تمب *timba rūaŋ*, v. تمب *timba*. — بالى *bāley rūaŋ*, v. بالى *bāley*.

[Jav. ꦫꦺꦴꦁ *roŋ*. Sund. ꦫꦺꦴꦮꦁ *roaŋ*. Bat. [illegible] *ruwaŋ*, ouverture. Mak. [illegible] *rowaŋ*, cale d'un navire. Day. *ruwaŋ*.]

روغت **rūŋut**, pour رغت *reŋut*, grondé.

روغس **rūŋus**.

مهروغس *maha-rūŋus*, bruit creux et glissant, comme celui d'une arme que l'on tire du fourreau.

روچ **rūxa**, la populace, le menu peuple (*Cr.*).

[Jav. ꦫꦸꦕꦶ *ruxi*, grossier.]

روج **rōja**, fleurs rassemblées ensemble en forme de rose. (Notes de van Hoëvell sur le *S. Bid.* 251. Ce mot n'est peut-être autre que le lat. *rosa*.)

مروج *me-rōja*, rassembler des fleurs, les réunir en forme de rose.

روجق **rūjak**, un coup porté à travers le jonc ou le rotin qui forme le plancher d'une maison.

مروجق *me-rūjak*, porter un tel coup.

[Sund. [illegible] *rojok*.]

روجق **rūjak**, sorte de salade, faite avec des fruits verts hachés, et assaisonnés de vinaigre, de poivre long, de soui et d'un peu de sucre. مانس — *rūjak mānis*, un *rujak* fait avec un jeune coco, des fruits vert et du sucre.

مروجق *me-rūjak*, préparer en *rujak*.

روت **rūwat**, après un changement de forme, reprendre sa forme naturelle.

[Kw. [illegible] *ruwat*.]

روت **rūwet**, la barbe d'une flèche, dardillon (*Cr.*).

[Jav. [illegible] *ruwet*, difficile, embarrassé.]

روتى **rōti**, du pain. هيتم — *rōti hītam*, pain de seigle, pain bis. مته — *rōti mentah*, pâte, pain non cuit. روتى يڠ تياد برخمير

rōti yaŋ tiāda ber-ḳamīr, du pain sans levain. — سبوه *sa-būah rōti*, un pain. روتي دو بيجي *rōti dūa biji*, deux petits pains. تياد اوله روتي سهاج مانسي هيدڤ *tiāda ūleh rōti sahāja mānusia hīdup*, l'homme ne vit pas seulement de pain (*N.* 4).

Ce mot se trouve dans un trop grand nombre des langues de l'Inde pour n'avoir pas une origine hindoue. B. Clough (Dictionary of the Singhalese and English languages p. 847), le donne comme venant du Sanscrit. A. D. Campbell (Dictionary of the Teloogoo language p. 498), le donne comme Hind. Mais le dictionnaire Hindoustani de Shakespear le donne comme d'origine sanscrite: रोटी *roṭi*. Toutefois les dictionnaires sanscrits de Wilson et de E. Burnouf ne le donnent pas.

[Jav. et Sund. [illegible] *roti*. Mak. et Bug. [illegible] *roti*.]

روتن **rōtan**, le rotang, le rotin. Les malais en connaissent un grand nombre de variétés; les noms des principales sont: — سمت *rōtan semùt*, — كاوت *rōtan kāwat*; — ساك *rōtan sāga*, — سالق *rōtan sālaḳ*, — جرنڠ *rōtan jerenàŋ*, — سمبو *rōtan semambu*, — بيني *rōtan bīni*. On dit: — منت *minta rōtan*, être méchant, vouloir avoir le fouet. روتن دو بلس ڬالڠ *rōtan dūa belàs gāluŋ*, douze bottes de rotin. بيراڤ روتن ڤچه٢ دتوبهك *be-brāpa rōtan pecàh-pecàh di-tūbuh-ku*, un grand nombre de rotins furent brisés sur mon corps (*H. Ab.* 22).

[Jav. [illegible] *rotan*. Bat. [illegible] *hotaŋ*. Mak. [illegible] *raukaŋ*.]

رود **rōda** (Port.), roue, rouage. كريت امڤت رود *karēta ampat rōda*, voiture à quatre roues. دڤربوتكن اوله توكڠ هرلوجي رودرود دان تليڽ *di-per-būat-kan ūleh tūkaŋ horlūji roda-rōda dān tali-ña*, c'est un horloger qui en a fait les rouages et la chaîne (*N. Phil.* 143).

[Jav. [illegible] *roḍa*. Sund. [illegible] *roda*. Mak. [illegible] *roda*.]

رودي **rūdi**, la cheville du pied.

رودي **rūdi**, pour اردي *urdi*, ordre, commandement.

رودق **rōdoḳ**, percé avec une pique (parlant d'un mur, d'une cloison): rateau, ratissoire (*Cr. Bengk.*). v. رادق *rādaḳ* et روجق *rūjaḳ*.

مرودق *me-rōdoḳ*, percer un mur avec une pique ou avec une lance (*Kl.*).

رودس rūdus, sorte de sabre qui se porte sans fourreau.

[Bat. [Batak] rudus.]

رونت rūnut, traces, vestiges: filaments qui se trouvent aux jeunes cocotiers et qui ressemblent au fil sur le métier du tisserand.

مرونت *me-rūnut,* suivre les traces.

[Day. *runut.*]

روف rūpa (S. रूप *rūpa*), forme, apparence, physionomie: sorte, espèce. رڤان مانس *rupā-ña mānis,* sa physionomie est agréable. اورڠ مود يڠ بايق رڤان *ōraṅ mūda yaṅ bāiḳ rupā-ña,* jeune personne bien faite. دڠاڠن بيراڤ باڽق رڤان *dagāṅ-an be-brāpa bāñaḳ rupā-ña,* des marchandises de bien des sortes.

رڤان *rupā-ña,* en apparence, semblablement, ressemblant, paraissant. كلهاتن رڤان متهاري برجالن دان بومي ايت رڤان تتف *ka-lihāt-an rupā-ña mata-hāri ber-jālan dān būmi ītu rupā-ña tetap,* le soleil paraît se mouvoir et la terre paraît être fixe (*N. Phil.* 33). سفرت ڬمبر رڤان *seperti gambar rupā-ña,* ressemblant à une peinture (*M.*).

بروف *be-rūpa,* qui a une forme, formé (*N. Phil.* 140).

مرڤاكن *me-rupā-kan,* former, donner une forme, donner l'apparence, transformer. اى مرڤاكن دريڽ سفرت مانسى *īa me-rupā-kan dirī-ña seperti mānusīa,* il prit la forme humaine (*R.* 21). سرت مرڤاكن دريڽ سفرت سؤرڠ برهمان *serta me-rupā-kan dirī-ña seperti sa-ōraṅ brahmān,* en prenant l'apparence d'un brahme (*R.* 96).

ممفرڤاكن *mem-pe-rupā-kan,* faire prendre une forme, une apparence; former. تتكال ايت دفرڤاكنله الله اكن مانسى *tatkāla ītu di-pe-rupā-kan-lah allah ākan mānusīa,* lorsque Dieu forma l'homme (*B.* 3).

رڤاون *rupāwan,* bien formé (*Kl.*).

سروف *sa-rūpa,* d'une même forme, semblable, ressemblant: comme, comme si. سودارا دو سروف *sūdāra dūa sa-rūpa,* deux frères qui se ressemblent. سروف نڬرى دككيڽ *sa-rūpa nagrī di-kakī-ña,* comme si une ville se trouvait au pied (de la montagne). سروف اورڠ ماتى *sa-rūpa ōraṅ mātī,* comme un homme qui se meurt.

مڽروف *meñarūpa,* ressembler, imiter.

مڽرڤاى *meñarupā-i,* donner une forme semblable à, faire

[Jav. et Sund. *ruba.* action de corrompre par des présents.]

روبه rūbeh (Pers.), renard.

روبه rūbuh, tombé, écroulé, renversé; tomber, s'écrouler, être renversé. سبله — *rūbuh sa-belàh,* à moitié écroulé. رومه ايت هندق روبه *rūmah ītu hendak rūbuh,* cette maison est sur le point de s'écrouler. مك كايو ايت ڤون روبه *maka kāyu ītu pūn rūbuh,* alors cet arbre tomba (*R.* 131). سڤرت باتو روبه بپين *seperti bātu rūbuh buñī-ña,* le bruit ressemblait à celui d'un rocher qui s'écroule (*M.*). مك رومه كيت سده دروبه اڠن سمالم *maka rūmah kīta sudah di-rūbuh āngin sa-mālam,* or ma maison a été renversée par le vent la nuit dernière (*R. V.*).

مروبهكن *me-rūbuh-kan,* abattre, renverser, démolir. رومه — *me-rūbuh-kan rūmah,* démolir une maison. مك لالو دروبهكن سواتو باڠن بڠونن كوت *maka lālu di-rūbuh-kan-ña suātu bāngun-bangūn-an kōta,* alors il renversa une des tourrelles du fort (*R.* 149).

كربوهن *ka-rubūh-an,* démolition, ruine. سهڠن اداله كربوهن

qu'une chose ressemble à une autre, comparer à.

مپرڤاكن *meñarupā-kan,* faire d'une même forme, faire semblable, égaliser.

[Jav. et Sund. *rupa.* Bat. *rupa.* Mak. et Bug. *rupa.*]

روفيه rūpiyah, rūpiah (S. रूप्य *rūpya,* or ou argent monnayé), une roupie. Il y a plusieurs sortes de roupies; il y a la roupie d'or et la roupie d'argent: la roupie d'argent n'a pas partout la même valeur, elle varie de deux francs à deux francs cinquante centimes. كاتجقكن ساتو روفيه كتاڠنن *ku-unjuk-kan sātu rūpiah ka-tāngan-ña,* je lui mis une roupie dans la main (*H. Ab.* 70).

On trouve aussi روفيا *rūpiyā* et رفيه *rupīyah.*

Quoique ce mot soit d'origine sanscrite, il ne paraît pas que les Malais l'aient pris directement de cette langue, mais plutôt de l'Hind. ou du Pers. où il a tout-à-fait la même signification.

[Jav. et Sund. *rupiyah.* Mak. *rupiya.*]

روب٢ ou **ربروب ruba-rūba,** sorte d'impôt, droit d'ancrage.

ايت بسر *sa-hiṅgga adā-lah karubūh-an-ña ītu besàr,* tellement que la ruine en est grande (*N.* 11).

[Jav. ꦫꦸꦧꦸꦃ *rubuh.* Sund. ꦫꦸꦧꦸꦃ *rubuh,* tomber malade.]

روبغ ***rūbiṅg,*** les agrès d'un navire.

روبغ ***rūbuṅg,*** entouré, assailli par un grand nombre.

كروبغ *kerūbuṅg,* environné, entouré, assiégé, assailli par un grand nombre. متيله همب دكروبغ اوله بناتغ سكل اين *matī-lah hamba di-kerūbuṅg ūleh binātaṅg segala īni,* je crains pour ma vie, entouré comme je suis de tous ces animaux (*M.*).

مغروبغ *meṅgrūbuṅg,* entourer, environner, assaillir. — رمبتن *rambut-ña meṅgrūbuṅg,* ils entouraient, réunissaient leurs cheveux (*H. Ab.* 435). باڽقله داتغ مغروبغ دى سرت دكيكتن *bāñaḳ-lah dātaṅg meṅgrūbuṅg dīa serta di-gīgit-ña,* ils vinrent l'assaillir en foule et le mordirent (*M.*).

مغربوغى *meṅgrubūṅg-ī,* se porter en grand nombre autour de, assaillir quelqu'un. سڤرت ڽامق مغربوغى گاجه *seperti ñāmuḳ meṅgrubūṅg-ī gājah,* comme des moustiques qui assaillent de toutes parts un éléphant (*M.*).

[Jav. ꦫꦸꦧꦸꦁ *rubuṅg.*]

روبن ***rūbin,*** v. جوبن *jūbin.*

روم ***rūma*** (S. रोम *roma*), poil, soies, plumes, cheveux, duvet. رمبت درى كڤال اتو روم درڤد بدن *rambut deri kapāla ātaw rūma deri-pada badàn,* les cheveux de la tête ou les poils du corps. دان بولو رماڽ ڤون تياد كوكر *dān būlu rumā-ña pūn tiāda gūgur,* et pas un cheveu de sa tête n'est tombé (*R.* 91). نجس روم سكل بغكى بناتغ دان بلوڽ دان رمبتن *nejìs rūma segala baṅgkey bināṭaṅg dān bulū-ña dān rambut-ña,* le poil de toute bête morte est impur, ainsi que la laine et les longs poils de la queue ou de la crinière (*M.*). روم دولى *rūma dūa ley,* deux poils, ou deux cheveux.

برروم *ber-rūma,* qui a du poil, qui a des soies, velu. سهيڠݢ برايكر دان برروم *sa-hiṅgga ber-īkor dān ber-rūma,* bien qu'il eut une queue et du poil (*R.* 151).

رومه ***rūmah,*** maison, demeure, habitation, bâtiment. باتو —

rūmah bātu, une maison bâtie en pierres ou en briques. ڤاڤن — *rūmah pāpan*, maison bâtie en bois ou en planches. برڤڠکت — *rūmah ber-pangkat*, une maison à plusieurs étages. کود — *rūmah kūda*, une écurie. هايم — *rūmah hāyam*, un poulailler. بچار — *rūmah bixāra*, le tribunal. — ڤنجڠ *rūmah panjang*, maison de débauche, lieu de prostitution. تڠڬ — *rūmah tangga*, maison à escalier; c'est-à-dire maison habitée par des personnes, par opposition aux bâtiments destinés à tout autre usage. درومه *di-rūmah*, à la maison. — دموک *di-mūka rūmah*, vis-à-vis de la maison. — ايسی *isi rūmah*, les habitants d'une maison. يڠ امڤوڽ رومه *yang ampūña rūmah*, le propriétaire de la maison. رومه همب اد جاوه دان همب هندق برمالم دسين *rūmah hamba ada jāuh dān hamba hendak ber-mālam di-sini*, ma maison est éloignée, je vais passer la nuit ici (*K.* 13).

Énig. ممبوت رومه دالم رومه مرامو دالم بدن *mem-būat rūmah dālam rūmah me-rāmu dālam badan*, elle construit une maison dans une maison et prépare les matériaux dans son corps. لاب٢ *laba-lāba*, une araignée.

برومه *be-rūmah*, qui a une maison, qui est établi. اى برومه سندريڽ *ia be-rūmah sendiri-ña*, elle demeurait seule dans sa maison (*S. Mal.* 279).

[Jav. ꦲꦸꦩꦃ *umah*. Sund. ꦫꦸꦩꦃ *rumah*. Bat. [illegible] *ruma*.]

رومن rūman, les barbes du riz, du millet, du blé, etc.: balle du grain (probablement pour رماءن *rumā-an*, de روم *rūma*).

رومن rūman, l'extérieur d'une personne, la taille, la figure. — لوبڠ *lōbang rūman*, les pores de la peau (*M.*).

رومن rūmun.

کرومن *kerūmun*, réuni, rassemblé, rallié. کرومنله کامو *kerūmun-lah kāmu*, serrez les rangs (litt.: soyez serrés).

برکرومن *ber-kerūmun*, qui se réunissent, se rassembler, être en foule. اى ڤرڬى برکرومن مليهت ايت *ia pergi ber-kerūmun melīhat itu*, ils courraient en foule pour voir (*H. Ab.* 79).

مڠرومن *mengerūmun*, réunir, rassembler.

مڠرومونی *mengerumūn-i*, mettre les uns avec les autres, réunir des hommes ou des animaux: se réunir à. كرا برق لوتڠ دكرمنين *kerā bràk lūtuŋ di-kerumun-ī-ña*, il rassembla des singes de différentes sortes (*R.*). اورڠ ملاك مڠرومني دي *ōraŋ malāka meŋerumūn-ī dīa*, les gens de Malacca se réunirent autour de lui (*S. Mal.* 325).

مڠرومنكن *meŋerūmun-kan*, faire réunir, faire rassembler.

روس ***rūsa***, cerf. — بربورو *ber-būru rūsa*, chasser le cerf. بابي — *bābi rūsa*, le sanglier-cerf. روس دان كيجڠ يڠ دسمبله اكن مكانن اورڠ *rūsa dān kijaŋ yaŋ di-sambilih ākan makān-an ōraŋ*, les cerfs et les daims qui étaient tués pour servir de nourriture (*R.* 14).

Prov. سڤرت روس ماسق كمڤڠ *seperti rūsa māsuk kampuŋ*, comme un cerf qui arrive dans un village. Se dit de celui qui, pour la première fois, entre dans une assemblée, ou entreprend un travail, et se trouve saisi de crainte.

[Bat. [Batak script] *ursa*. Mak. [Makassar script] *rusa*. Tag. et Bis. [Tagalog script] *osa*.]

روس ***rūwas***, nœuds d'une canne à sucre, d'un roseau; les jointures des doigts; distance d'un nœud à un autre. سروس جاري يڠ ڤوتڠ *sa-rūwas jāri yaŋ pūtuŋ*, l'articulation d'un doigt qu'on a coupé (*M.*).

رواسن *ruwās-an*, ce qui forme articulation, jointure. اتورن ايلق رواسن سلاسر *atūr-an ēlok ruwās-an selāsar*, les jointures de la galerie étaient belles (*Kl.*).

[Jav. [Javanese script] *ros*. Sund. [Sundanese script] *ruwas*. Bat. [Batak script] *ruwas*.]

روسق ***rūsak***, ravagé, endommagé, abîmé, détérioré, naufragé, détruit, être ravagé, être abîmé, être corrompu. متيله كاون كامي سؤرڠ روسق دو اورڠ *matī-lah kāwan kāmi sa-ōraŋ rūsak dūa ōraŋ*, un de mes compagnons fut tué, deux autres furent mis hors d'état de servir (*M.*). منداڤت اورڠ روسق ڤد سواتو تمڤت ددالم لاوت *men-dāpat ōraŋ rūsak pada suātu tampat di-dālam lāut*, rencontrer des gens qui ont fait naufrage en mer (*Cod. Mal.* 400). كود ايت جاڠن كامو روسق *kūda itu jāŋan kāmu rūsak*, ne harassez pas ce cheval. بناس — *rūsak bināsa*, entièrement dévasté. هاتي — *rūsak hāti*, affligé, troublé, désespéré; affliction. مڠاڤ داتڠ دڠن روسق هتيم meng-āpa dātang dengan rūsaḳ hatī-mu, pourquoi en venir à cet excès d'affliction? (M.).

بروسق be-rūsaḳ, qui est ruiné, abîmé, détruit, déflorė, corrompu. هاتی — be-rūsaḳ hāti, qui est affligé, qui est dans la douleur. جاڠنله ادند بروسق هاتی jāngan-lah adinda be-rūsaḳ hāti, gardez-vous, ma bien-aimée, de vous abandonner à la douleur (M.).

مروسق me-rūsaḳ, ravager, endommager, corrompre.

مروسقکن me-rūsaḳ-kan, dévaster, ravager, détruire, endommager q. ch.; déflorer, corrompre une personne اکو اکن مروسقکن مريکيت āku ākan me-rūsaḳ-kan marika-itu, je les détruirai (B. 8). کارن تله سده‌له دروسقکن سکلين داڬڠ اکن جالنڽ kārna telàh sudah-lah di-rūsaḳ-kan sa-kalī-an dāging ākan jālan-ña, parce que toute chair avait corrompu sa voie (B. 8).

کرساکن ka-rusāk-an, ce qui a été abîmé, ce qui est corrompu; corruption, destruction, détérioration.

[Jav. et Sund. ꦫꦸꦱꦏ꧀ rusak. Mak. rusa. Day. rusah et rusak.]

روسق rūsuḳ, le côté, le flanc. ای منيکم دی ڤد روسق کانن īa menīkam dīa pada rūsuḳ kā-nan, il lui perça le côté droit. — تولڠ tūlang rūsuḳ, les côtes. ای ڤون امبلله سواتو درڤد روسقڽ īa pūn ambil-lah suātu deri-pada rūsuḳ-ña, il lui enleva une de ses côtes (B. 3). — ساکت 'sākit rūsuḳ, malade de pleurésie.

[Jav. et Sund. ꦲꦸꦱꦸꦏ꧀ usuk, chevron. Bat. rusuk. Mak. rusu. Bis. gosok.]

روسڠ rōsing, bouderie, la moue: boudé.

مروسڠ me-rōsing, bouder, faire la moue, murmurer en soi-même (Kl.).

On trouve aussi مرنسڠ me-ronsing.

روح rūḥ (Ar. راح), esprit, âme, la vie. روح الله اداله برڬرق۲ داتس موک سڬل اير rūḥ allah adā-lah ber-geràḳ-geràḳ di-ātas mūka segala āyer, l'esprit de Dieu était porté sur les eaux (B. 1).

روح ياءيت يغ تياد بربدن *rūḥ iā-ītu yarg tiāda ber-badàn*, esprit, c'est-à-dire ce qui n'est pas corporel (*P. M.*). الله روح جوك دان هارس سمبه سجودن دغن روح *allah rūḥ jūga dān hārus sembah sujūd-ña dergan rūḥ*, Dieu est esprit et doit être adoré en esprit (*N.* 114). دتغكفن روح سكل رجراج دان ستغه دلفسكنن سفاى له تولغ سندين كفد تتكال اى برفرغ *di-targkap-ña rūḥ segala raja-rāja dān sa-tergah di-lepàskan-ña supāya lemàh tūlarg sendī-ña ka-pada tatkāla ia ber-pràrg*, il s'empara des esprits vitaux de tous les princes, et il en laissa échapper la moitié, afin que leurs membres fussent énervés au jour du combat (*M.*). اتوله علامة روحن راج برام ديو *itū-lah ạlāmat rūḥ-ña rāja brāma dēwa*, c'était le signal de l'esprit de raja Brama Dewa (*M.*). القدس — *rūḥ ul-ḳudus*, le Saint Esprit. مك تورنله روح القدس كاتس سكلين اورغ يغ منغر *maka tūrun-lah rūḥ ul-ḳudus ka-ātas sa-kalī-an ōrarg yarg menergar*, le Saint Esprit descendit sur tous ceux qui écoutaient (*N.* 213). مك جادى سكل باو درفد روح القدس *maka jādi segala ñāwa deri-pada rūḥ ul-ḳudus*, et tous lès esprits qui procèdent du Saint Esprit (*M.*).

روحانى *rūḥāni*, spirituel, saint: agréable. كامو اين يغ اد روحانى *kāmu ini yarg ada rūḥāni*, vous qui êtes des hommes spirituels (*N.* 315).

[Jav. et Sund. ꦫꦺꦴꦃ *roh*, esprit. ꦫꦺꦴꦲꦤꦶ *rohani*, spirituel.]

روح rawḥ (Ar.), vent frais, souffle léger.

روضة rawḍlet (Ar. روض), parterre, jardin de fleurs, lieu agréable. مجلس راج كامى اڤمان سفرت روضة الجنان *mejlis rāja kāmi upamā-ña seperti rawḍlet el-jinān*, le conseil (assemblée) de notre roi est comparable au jardin embaumé du paradis (*M. R.* 149).

ركه rekàh, crevé, fendu; fente (des fruits, ou des pieds ou des mains à cause d'une enflure).

مركه *me-rekàh*, se crever, se fendre (des fruits par une grande maturité, ou de la peau par l'enflure). بيبرن باݢى ساݢ مركه *bibir-ña bāgey sāga me-rekàh*, ses livres étaient comme une graine de *saga* qui se fend (*Kl.*).

ركوع rukū̱ (Ar. ركع), s'incliner pendant la prière. دان ستڠه مريکيت ركوع *dān sa-teṅgah marīka-ītu rukū̱*, et une partie d'entr'eux (des anges) s'inclinaient (*Mir. Moh.* 35).

رکن rekàn ou **رکانن rekānan,** associé, compagnon. سهاي هندق کرکير دڠن رکانن سهاي *sahāya hendaḳ kira-kīra deṅgan rekānan sahāya*, je veux régler mes comptes avec mon associé (*H. Ab.* 226).

برکن *be-rekàn*, qui forme société, qui a des associés. ياءيت برکن دڠن سيد محمد *iā-ītu be-rekàn deṅgan saïd muhamed*, il était en société avec Saïd Muhamed (*H. Ab.* 226).

On trouve aussi راکن *rākan*.

[Day. *rakan*, celui qui doit accomplir le service d'un maitre.]

رکن rukn (Ar.), ce sur quoi q. ch. repose, appui : éléments des choses (*D. M.* 1).

رقس raḳsa, v. sous راس *rāsa*.

رقس reḳsa (S. रक्ष *raxa*), garde, surveillance.

[Jav. ꦫꦺꦏ꧀ꦱ *reksa*. Sund. ᮛᮊ᮪ᮞ *raksa*.]

رقساس raḳsāsa (S. राक्षस *rāxasa*), esprit malin, monstre, géant, spectre. رقساس ايت لاڬي تيدر دان بسرڽ سڤرت بوکت *raḳsāsa ītu lāgi tīdor dān besàrña seperti būkit*, ce monstre qui était endormi, était de la grosseur d'une colline (*R.* 27). سڤرت رقساس يڠ ڬالق روڤاڽ *seperti raḳsāsa yaṅg gālaḳ rupā-ña*, il avait la figure d'un spectre terrible (*M.*). — ڤرمڤوان *raḳsāsa perampūan*, monstre féminin, géante.

[Jav. et Sund. ꦫꦏ꧀ꦱꦱ *raksasa.*]

رقسي raḳsi, parfums préparés; parfumé. — ميڽق *mīñaḳ raḳsi*, huile parfumée.

مرقسي *me-raḳsi*, parfumer, p. ex. le corps, une maison, etc.

رکعة rakạt (Ar. ركع), inclination de la tête ou du corps, en faisant la prière. سمبهيڠ دو رکعة شکور *sembahyaṅg dūa rakạt šukūr*, prière d'action de grâces accompagnée de deux inclinations (*M. R.* 221). سسواتو رکعة سمبهيڠ راج يڠ عادل ايت سام دڠن سريبو رکعة سمبهيڠ رعية ايت ديلڠ ڤهلاڽ *sa-suātu rakạt sembahyaṅg rāja yaṅg ạdil ītu sāma deṅgan sa-*

rību rakạt sembahyaṅ rạyat ītu di-bīlaṅ pahalā-ña, chaque inclination que fait un roi fidèle en priant, a un mérite égal à mille inclinations faites par ses sujets (*M. R.* 69). مغشارتكن كڤلان ڤد ركعة دان ڤد سجود *meṅ-išārat-kan kapalā-ña pada rakạt dān pada sujūd*, secouer la tête en s'inclinant et en se prosternant (*M.*).

رك **rega,** pour ارك *arga.*

ركغ **regàṅ,** étendu, déployé, tiré, raidi à force d'être tiré.

مركغ *me-regàṅ,* s'étendre; déployer, tirer.

مركغكن *me-regàṅ-kan,* étendre, tirer q. ch. ديری — *me-regàṅ-kan dīri,* s'étendre pour arriver à q. ch. d'élevé.

رغ **roṅ,** la gomme produite par le *garcinia cambogia*, gomme-gutte (*Cr.*).

رغك **raṅka,** le devant de la tête, les cheveux du front, toupet, la crête d'un coq. جكلو ڤد رغكان كوكر رمبت كڤلان *jikalaw pada raṅkā-ña gūgur rambut kapalā-ña,* si les cheveux de la partie antérieure de la tête lui tombent (*M.*). لقسمان دكڤال كاجه برتمباتن رغك *laḳsamāna di-kapāla gājah ber-tambāt-an raṅka,* Laksamana sur le cou de l'éléphant le dirigeait (*R.* 119).

برغك *be-raṅka,* qui a q. ch. sur le front, qui a un toupet. هايم برغك *hāyam be-raṅka,* un coq crêté.

مرغكاكن *me-raṅkā-kan,* couvrir la partie antérieure de la tête, arranger les cheveux en toupet. مغهولركن كاين در كڤلان كمكان دغن درغكاكني ڤد مكان سڤرت يغ دكرجاكن ڤرمڤون داتس اغن *meṅ-hūlur-kan kāin deri kapalā-ña ka-mukā-ña deṅan di-raṅkā-kan-ña pada mukā-ña seperti yaṅ di-karjā-kan perampūan di-ātas āṅin,* abaisser la coiffure sur le visage, et puis la retrousser sur le front, à la manière des femmes de l'occident (*M.*).

رغك *raṅka* (d'après *Crawf.* et *Pij.*), gaîne, fourreau; matrice, moule; maison sans femme; pauvre, abandonné.

[Jav. [illegible] *weroṅka,* fourreau d'un criss. Mak. [illegible] *raṅka,* empoigner. Day. *raṅka,* garniture du fourreau d'un criss.]

رڠق **reŋaḳ,** nom d'un coquillage d'eau salée, muni de grosses pointes (*Kl.*).

رڠكه **ruŋkuh,** paraître vieux. — دودق *dūduk ruŋkuh,* être assis comme un vieux bonhomme.

رڠكى **raŋkey,** lié, uni, attaché ensemble; botte, grappe; liaison. بوه سرڠكى *būah sa-raŋkey,* une grappe de fruits. ڤركتاءن — *raŋkey per-katā-an,* liaison des mots (*H. Ab.* 47).

برڠكى *be-raŋkey,* qui est lié, attaché, mis ensemble. تولڠ كوسڠ برڠكى ٢ سواتو دڠن سواتو *tūlaŋ kōsoŋ be-raŋkey-raŋkey suātu deŋan suātu,* des os creux liés l'un à l'autre (*Kl.*).

مرڠكى *me-raŋkey,* lier, attacher.

مرڠكيكن *me-raŋkey-kan,* lier des choses ensemble, faire des bottes. بولهله اكو مرڠكيكن حروف *būleh-lah āku me-raŋkey-kan ḥurūf,* je pouvais lier les lettres (*H. Ab.* 26).

رڠكيڠ **raŋkīyaŋ,** sorte de grenier à serrer le riz.

[Bat. ... *raŋkiyaŋ.*]

رڠكق **raŋkaḳ,** action de se traîner, de marcher à quatre pieds, sur les pieds et les mains.

مرڠكق *me-raŋkaḳ,* marcher sur les pieds et les mains, se traîner sur le ventre. اد يڠ مرڠكق ٢ مباچ *ada yaŋ me-raŋkaḳ-raŋkaḳ mem-bāča,* quelques-uns lisaient avec lenteur, comme en se traînant (*H. Ab.* 132).

رڠكق **raŋkiḳ,** nom d'un coquillage, v. sous سيڤت *sīput.*

رڠكق **riŋkiḳ,** hennissement du cheval.

مرڠكق *me-riŋkiḳ,* hennir.

رڠكڠ **raŋkiŋ,** un grand panier muni d'un couvercle et que l'on porte sur le dos, espèce de hotte.

رڠكڠ **raŋkuŋ,** accroupi, assis sur le gras des jambes.

مرڠكڠ *me-raŋkuŋ,* s'accroupir.

مرڠكڠكن *me-raŋkuŋ-kan,* faire accroupir, placer comme accroupi. مرڠكڠكن كدو سكوڽ درڤد لمبڠڽ دان مرڠكڠكن ڤرتڽ درڤد لوتڽ *me-raŋkuŋ-kan ka-dūa sikū-ña deri lambuŋ-ña dān me-raŋkuŋ-kan prùt-ña deri-*

pada lūtut-ña, se placer les coudes sur les hanches et le ventre contre les genoux (*M.*).

رغكغ **rengkung**, trachée-artère. رغكوغن *rengkūng-an* et كرغكوغن *ka-rengkūng-an*, le cou.

[Bat. *rungkung*, le cou.]

رغكغ **ringking**, son éclatant, comme celui que fait entendre un chien de chasse lorsqu'il aperçoit le gibier.

مرغكغ *me-ringking*, donner de la voix (d'un chien de chasse).

رغكت **ringkit**, créneaux, parapets, chaperons ou larmiers d'une muraille.

رغكف **rangkap**, doublé; deux, paire. — بوغ *būnga rangkap*, fleur double.

برغكفرغكافن *be-rangkap-rangkāp-an*, être mis à deux, se trouver par paire. — مناری *menāri be-rangkap-rangkāp-an*, danser deux à deux (*Kl.*). v. اغكف *angkap* et اغكف *anggap*.

[Jav. *rangkep*. Sund. *rangkap*.]

رغكم **rangkum**, une poignée. براس سرغكم *bràs sa-rangkum*, une poignée de riz.

رغكل **rangkul**, embrassé, serré dans les bras.

[Jav. *rangkul*.]

رغكس **ringkas**, abrégé, écourté.

مرغكسكن *me-ringkas-kan*, abréger, écourter q. ch. — ڤركتاان *me-ringkas-kan perkatā-an*, abréger un discours, dire une chose en résumé (*H. Ab.* 47).

رغكاسن *ringkās-an*, abrègement, abrégé, résumé. سورت — *ringkās-an sūrat*, l'abrégé d'une lettre.

رغكس **ringkis** = دغكس *dingkis*.

رغكس **rungkas**, une sorte de grosses huîtres.

رغڬ **rangga**, fatigué, harassé, essouflé.

ترغڬ *te-rangga*, qui est essouflé, qui est harassé. ای لاری ڤول ترغڬ٢ *ia lāri pūla te-rangga-rangga*, il se remit à courir et se trouva tout essouflé.

مرغڬاكن *me-ranggā-kan*, harasser, fatiguer quelqu'un.

رغڬ **rengga**, la grosse fourmi rouge (*Kl.*). = كرغڬ *kerengga*.

رڠك ringga, paniers qui se placent des deux côtés sur une bête de somme (*D. M.* 127), séparation dans une étable (*M.*). جك تياد كواس اى دودق اتس رڠك *jika tiāda kuāsa ia dūduk ātas ringga,* si elle ne peut être assise dans un des paniers (*M.*). ممباو دڬاڠن ڤد رڠك سبله *mem - bāwa dagāng - an pada ringga sa-belàh,* charger ses marchandises dans l'un des paniers (*M.*).

برڠكاكن *be - ringgā - kan,* qui forme panier sur une bête de somme.

رڠك rungga, creux, trou, cavité, orifice. كرڠك يڠ اد ددالم رڠك كايو *kerengga yang ada di-dālam rungga kāyu,* les grosses fourmis rouges qui sont dans les creux des arbres (*H. Ab.* 369). لوبڠ بدن يڠ دنماءى اكن دى رڠك *lōbang badàn yang di-namā-i ākan dia rungga,* les ouvertures du corps, les émonctoires naturels (*M.*). برناوڠ دباوه رڠك *ber-nāwung di-bāwah rungga,* se refugier dans quelque trou. كبكوبو دالم رڠك *kubu-kūbu dālam rungga,* retranchements dans les parties inaccessibles d'un pays (*M.*).

[Jav. ꦫꦺꦴꦁ *rong,* trou dans la terre. Mak. ᨑᨘᨀ *rungga,* trou que l'on fait dans un champs de riz, et où le poisson se rassemble.]

رڠكه ranggah, cueilli, récolté (des fruits des arbres).

مرڠكه *me-ranggah,* cueillir, récolter les fruits des arbres. موسم — *mūsim me-ranggah,* le temps de la cueillette des fruits (*Kl.*).

رڠكو runggu, se tenir accroupi d'une manière pensive (*Cr. Benk.*).

[Day. *runggo,* paresseux.]

رڠكق ringgik.

مرڠكق٢ *me - ringgik - ringgik,* pousser, exciter à se marier; pousser constamment à q. ch. ببراڤ درڠكق٢ اوله بڬند اكن انكند بڬند ايت هندق دبرين براستري تياد جوڬ اى ماو *be-brāpa di-ringgik-ringgik ūleh baginda ākan anakanda baginda ītu hendak di-brī-ña ber-istrī tiāda jūga ia māu,* combien de fois Sa Majesté pressait son fils de se marier, mais il ne le voulait pas (*Kl.*).

رڠكڠ ranggang, large, disjoint, ouvert.

برڠكڠ *be-ranggang,* qui est ouvert, qui s'ouvre, qui se relâche. رماڽ دان اورتڽ برڠكڠله *rumā-ña dān ūrat-ña be-rarggarg-lah*, les poils de son corps et ses artères sont ouverts et relâchés (*Amir Hamz.* 156).

مرڠكڠ *me-rarggarg*, s'ouvrir, se disjoindre, s'élargir.

مرڠكڠكن *me-rarggarg-kan*, ouvrir quelque chose, faire disjoindre, entr'ouvrir. اي مرڠكڠكن ڤاروهڽ *ia me-rarggarg-kan pāruh-ña*, il ouvre son bec (*Exer.* 119). درڠكڠكنڽ سديكت ڤنتو ايت *di-rarggarg-kan-ña sa-dikit pintu itu*, ils entr'ouvraient leurs portes (*H. Ab.* 298).

[Jav. ꦫꦁꦒꦁ *rerggarg*. Bat. ... *garggarg*. Mak. et Bug. ... *rarggarg*. Day. *rarggarg*.]

رڠكڠ rarggurg = رڠكڠ *rarkurg*.

رڠكت rerggut, crampes, spasmes, tranchées. ڤروت — *rerggut prùt*, tranchées de colique (*M.*).

مرڠكت *me-rerggut*, tirer çà et là, balancer quelque chose qui pend.

مرڠكتكن *me-rerggut-kan*, faire balancer. درڠكتكنڽ سارڠ ايت *di-rerggut-kan-ña sārarg itu*, ils faisaient balancer, ils tiraient çà et là le nid (*Kl.*).

رڠكت rirggit, piastre, dollar. ممبوكاكن وڠ ليم راتس رڠكت *membukā-kan warg līma rātus rirggit*, ouvrir un crédit de cinq cents piastres (*H. Ab.* 11). — ݢوردن *rirggit gurdan*, piastre d'Espagne. كڤال — *rirggit kapāla*, rixdale. مريم — *rirggit mariam*, piastre à colonnes. — جانق *rirggit jānik*, ou بورڠ — *rirggit būrurg*, piastre mexicaine.

[Jav. et Sund. ꦫꦶꦁꦒꦶꦠ꧀ *rirggit*. Mak. ... *rirggi*.]

رڠكس rarggas, effeuillé, sans feuille, aride, sec, une branche aride: sèchement, simplement. دڠن رڠكسڽ سهاج اكو سبوتكن *dergan rarggas-ña sahāja āku sebùtkan*, je les nomme sèchement (sans entrer dans aucun détail) (*H. Ab.* 144).

برڠكس *be-rarggas*, qui est sec, aride; sans feuille.

مرڠكس *me-rarggas*, effeuiller.

مرڠكاسي *me-rarggās-i*, ôter les feuilles à.

مرڠكسكن *me-rarggas-kan*, rendre aride, priver une branche de ses feuilles; élaguer. كرڠكسكن سهاج ڤركتاان ايت *ku-rarggas-kan sahāja per-katā-*

an ītu, j'en ai seulement retranché ces mots (*H. Ab.* 169).

[Bat. [illegible] *raŋgas*. Day. *raŋgan*.]

رغت **reŋat**, cours de ventre, dyssenterie.

[Jav. [illegible] *reŋat*. Sund. [illegible] *riŋat*. Day. *reŋat*, gerçure, scarification au derrière.]

رغت **reŋit**, moustique d'une très petite espèce.

[Jav. [illegible] *reŋit*. Bat. [illegible] *roŋit*. Day. *raŋit*.]

رغت **reŋut** = رغكت *reŋgut*.

رغت **reŋut**, murmuré, grondé, marmotté.

مرغت٢ *me-reŋut-reŋut*, murmurer, gronder, marmotter.

رغرغ **reŋreŋ**, esquisse, croquis, plan.

[Jav. [illegible] *réŋréŋ*.]

رغس **reŋas**, nom de l'arbre à vernis. — كايو *kāyu reŋas*, le bois de cet arbre; il est d'une couleur rouge foncé, et sert à faire des meubles. C'est aussi de ce bois que l'on tire le vernis chinois nommé چت *xàt*. بوه رغس *būah reŋas*, nom d'une sorte de gâteaux, ainsi nommés parce qu'ils ressemblent au fruit de cet arbre.

مرغس *me-reŋas*, vernisser (des vases de terre).

[Jav. [illegible] *iŋas*. Day. *raŋas*.]

رچا **rexā** (S. अर्चा *arćā*), idole.

[Jav. [illegible] *rexa*.]

رچان **raxāna**, v. رنچان *ranxāna*.

رچق **rexàk**, petite tache, petite marque, comme celle de la petite vérole (*Kl.*).

برچق *be-rexàk*, marqué de petites taches, variolé, visage grêlé: marqué çà et là de la petite vérole.

v. رچق *rexìk*.

[Jav. [illegible] *berxak*.]

رچق **rexìk** et ڤرچق **perxìk**, aspergé, répandu, éclaboussé: aspersion, éclaboussure. اير — *rexìk āyer*, aspersion d'eau. لمڤر — *rexìk lumpur*, éclaboussure de boue. اى امبلله داره دان ڤرچقله ايت كاتس قوم *īa ambil-lah dārah dān perxìk-lah ītu ka-ātas kaum*, il prit le sang et en aspergea le peuple (litt.: fut par lui aspergé) (*B.* 123).

برچق *be-rexìk*, qui asperge, éclaboussant; asperger.

مرچق *me-rexìk*, ممرچق *me-merxik* et *mem-perxìk*, asperger, éclabousser, jaillir. لمڤر ڤون مرچق كاتس *lumpur pūn me-rexìk ka-ātas*, la boue jaillit (*P. Dew.*). دان ايرڽ ممرچق كأدر *dān āyer-ña me-merxik ka-udara*, et l'eau en jaillissait dans l'air (*R.* 140). مك اغكو اكن ممرچق ايت ڤد هارون *maka aŋkaw ākan memerxik ītu pada hārūn*, et vous en aspergerez Aaron (*B.* 133). باج دڤنتق كڤد باتو مك مرچقله اڤي *bāja di-pantık ka-pada bātu maka me-rexìk-lah āpi*, en frappant avec de l'acier sur une pierre il en jaillit du feu (*P. Dew.*).

ممرچق مرچق *me-merxik-merxik*, asperger; jaillir avec continuité.

ترچق *te-rexìk* et تڤرچق *te-perxik*, qui est répandu, qui est aspergé, ce sur quoi q. ch. a jailli, qui est tacheté: qui peut être aspergé. دارهڽ تڤرچق داتس ڤكاينڽ *dārah-ña te-perxik di-ātas pakēy-an-ña*, son sang jaillit sur ses vêtements (*M.*). هاتي كامي سده تڤرچق *hāti kāmi sudah te-perxik*, notre cœur a été aspergé (purifié) (*N.* 365). تڤرچقله درڤد دارهڽ كڤد دندغ *te-perxik-lah deri-pada dārah-ña ka-pada dindiŋ*, et la muraille fut teinte de son sang (*B.* 596). كمبغ٢ جنتن يغ تڤرچق *kambiŋ-kambiŋ jantan yaŋ te-perxik*, les béliers tachetés et de diverses couleurs (*B.* 47). باجو اوڠو تڤرچق دڠن اير امس *bāju ūŋu te-perxik deŋan āyer amàs*, un habit de pourpre moucheté d'or (*M.*).

Prov. دتڤق اير ددولڠ تڤرچق موك سنديري جوڬ *di-tepùk āyer di-dūlaŋ te-perxik mūka sindiri jūga*, avec le plat de la main, battez l'eau dans un bassin et elle vous jaillira au visage. Le sens est: si vous divulguez les fautes de vos proches, il en résultera de la honte pour vous même.

مرچقكن *me-rexìk-kan*, ممرچقكن *me-merxik-kan*, et ممڤرچقكن *mem-perxik-kan*, faire jaillir, faire éclabousser, asperger avec q. ch. اير ماور ايتڤون درچقكنڽاله كتوبهڽ *āyer māwar ītu-pūn di-rexìk-kan-ñā-lah ka-tūbuh-ña*, et avec cette eau de rose il aspergea son corps. توبهڽ ڤون درچقكن دڠن اير ماور *tūbuh-*

ña pūn di-rexìk-kan dengan āyer māwar, il aspergea son corps avec de l'eau de rose (*P. Dew.*).

On trouve encore ce mot écrit. رچي *rexī* et رڠچق *renxik*, et aussi les dérivés suivants.

كمرچق *kemerexìk*, گمرچق *gemerexìk*. كمرڠچق *kemerenxik*, گمرڠچق *gemerenxik*, كمريچق *kemerīxik* et گمريچق *gemerīxik*, bruit que fait l'eau lorsqu'un corps y tombe, lorsqu'elle est agitée (*P. Dew.*).

Ce mot se trouve dans un assez bon nombre des langues de la même famille, avec des changements quelquefois assez notables dans la forme ou dans le sens. En voici des exemples:

[Jav. [Javanese script] *rixih*, pluie douce. [Javanese script] *rixik*, le bruit de la pluie. [Javanese script] *merexik*, tacheter (*R. V.*). Sund. [Sundanese script] *éxék*, [Sundanese script] *xéxéran*, éparpillé; parsemé. Mak. [Makassarese script] *raxi*, *taraxi*, éclabousser, jaillir. [Makassarese script] *raxiki*, jaillir sur quelqu'un. Day. *risih*, aspergé, éclaboussé. Bis. [Bisaya script] *lisay*, jaillir (des grains de riz qui jaillissent du mortier où on le pile). Tag. [Tagalog script] *wisik*, asperger. Il est probable que tous ces mots ont eu pour origine le Kw. [Kawi script] *xi*, rivière, d'où le Sund. [Sundanese script] *xi*, eau.]

رجاس ***rejāsa***, nom d'un arbre (*elaeocarpus*). اى دودق دباوه ڤوهن كايو رجاس *ia dūduk dibāwah pōhon kāyu rejāsa*, elle était assise sous un éléocarpe (*Bis. Raj.* 12).

[Jav. [Javanese script] *rejasa.*]

رجه ***rejàh*** (Pers.), trace des pieds, vestige.

رجه ***rejàh***, brutal, grossier, malhonnête.

دڤرجاهي *di-pe-rejāh-i*, être traité avec brutalité, malhonnêtement (*Kl.*).

رجيم ***rejīm*** (Ar. رجم), lapidé: maudit; qui mérite d'être lapidé, d'être maudit. شيطان الرجيم *šetān el-rejīm*, Satan le lapidé, le maudit.

رجوع ***rujūa*** (Ar. رجع), action de revenir sur une parole donnée (*D. M.* 42).

رجق ***rejùk***, sauté, élevé verticalement.

مرجق *me-rejùk*, sauter, s'élancer verticalement, comme p. ex. un chat, pour monter sur une table (*Kl.*).

رجغ rejàng, lès vingt-quatre signes, à la connaissance desquels est attaché, selon les Malais, l'art de prédire l'avenir.

[Bat. [illegible] *rojang.*]

رجغ rejàng.

مرجغ *me-rejàng*, lever, remuer des pierres avec un pied de chèvre.

فرجغ *pe-rejàng*, levier en fer, pied de chèvre (*Kl.*).

رجن rejàn, grave dyssenterie: perte de sang.

[Bat. [illegible] *rojan.*]

رجب rejeb (Ar.), le septième mois de l'année mahométane.

رجم rejem (Ar.), lapider (particulièrement d'une femme adultère). رجم هڠݢ داتڠ كفد متيڽ *rejem hingga dātang ka-pada mati-ña*, lapider jusqu'à causer la mort (*D. M.* 335).

**رجعى rujā* (Ar. رجع), révocable, dont le retour est permis (*D. M.* 220).

رڽاي reñāyi = رنڽاي *renñāyi.*

رڽه reñah = رنڽه *renñah.*

رت ràt, serré, tiré fortement, fermement attaché; ordinairement رت۲ *ràt-ràt*, fortement, fermement, durement.

On trouve aussi هرت *heràt* et رات *rāt.*

رت ràt, le monde; l'ensemble d'un pays, d'un royaume.

[Kw. et Sund. [illegible] *rat.*]

رته retih, trotter, aller le trot.

[Bat. [illegible] *roti.*]

رتي reti = ارتي *arti.*

رتق retàk, crevé, fendu.

مرتق *me-retàk*, crever, se fendre, se déchirer.

رتاكن *retāk-an*, fente, crevasse, déchirure.

[Day. *retah*, une petite déchirure.]

رتغ retùng, indisposition, maladie.

رتن ratna (S. रत्न *ratna*), joyau, pierre précieuse: princesse. داتس سڠݢاسان يڠ برتاتهكن رتن *di-ātas singgasāna yang ber-tātah-kan ratna*, sur un trône garni de joyaux (*R.* 5). — چمڤاك *ratna xampāka*, topaze. — بوغ

bũnga ratna, nom d'une paquerette.

[Kw. ꦫꦠ꧀ꦤ *retna*. Sund. ᮛᮒ᮪ᮔ *ratna*.]

رتل ***retàl*** = هرتل *hartal* (*Rhio. Kl.*).

رده ***redùh***, calme, tranquille = تده *tedòh* (*Kl.*).

ردق ***redìḳ*** = هردق *hardiḳ*.

ردغ ***redàng***, tiède, entre chaud et froid (*Kl.*).

ردف ***radùp***, obscurci, sombre, nébuleux; être obscurci. متهاري ردف تياد ڽات *mata-hāri radùp tiāda ñāta*, le soleil obscurci était devenu invisible (*M.*). تياد بوله مليهت ڤلاڠي كتيك ردف *tiāda būleh me-līhat palāngi kotīka radùp*, on ne peut pas voir d'arc-en-ciel, lorsque le temps est sombre (*N. Phil.* 50).

بردف *be-radùp*, qui est sombre, nébuleux, qui devient sombre, qui se couvre. — لاڠيت بردف *lāngit be-radùp*, un ciel qui est couvert.

ردف ***redàp***, nom d'un tambourin. منڤر ربان دان ردف *me-nampar rabāna dān redàp*, battre différentes espèces de tambourins (*M.*).

ردم ***redàm***, brisé, broyé. ردم راس هتيك *redàm rāsa hatī-ku*, mon cœur se sentait comme brisé (*H. Ab.* 405) (souvent ce mot s'emploie conjointement avec رمق *remùḳ*), رمق ردمله توبهڽ *remùḳ redàm-lah tūbuh-ña*, son corps fut brisé.

ردم ***redùm***, sombre, couvert (*Cr.*).

رنغ ***ranùng***, méditation, réflexion, considération: médité, considéré: être consideré. قدوس رنغڽ *ḳudūs ranùng-ña*, leurs méditations étaient saintes (*P. M.*). سمبيل كرنغ٢ *sambil ku-ranùng-ranùng*, lorsque je réfléchissais (*H. Ab.* 396). مك درنغ٢ اوله كوچيڠ اكن بناتڠ ايت *maka di-ranùng-ranùng ūleh kūxing ākan binātang ītu*, alors le chat considéra ces animaux (*Kal. dan Dam.* 95).

مرنغ *me-ranùng*, méditer, réfléchir, considérer, regarder, contempler. مرنغ اتس كهدوفن مها المسيح *me-ranùng ātas ka-hidūp-an mahā el-mesēḥ*, méditer sur la vie de Jésus-Christ (*P. M.*).

مرنغ بومی *me-ranùng būmi*, considérer la terre.

رنغ **renàng,** nager.

برنغ *bernang*, pour *be-renàng*, nageant, qui nage, nager. تياد لاگی كواس برنغ *tiāda lāgi kuāsa bernang*, ils n'avaient plus la force de nager (*H. Ab.* 214).

Prov. ايتق داجر برنغ *ītik diājar be-renàng*, un canard auquel on apprend à nager. Se dit de personnes instruites, auxquelles on voudrait donner des leçons, ou auxquelles on voudrait apprendre à faire une chose à laquelle elles sont accoutumées.

مرناغی *me-renāng-i*, traverser à la nage. لاوت داره ابغ رناغی *lāut dārah ābang renāng-i*, j'ai traversé une mer de sang (*M.*).

مرنغكن *me-renàng-kan*, faire nager, emporter quelque chose en nageant. دتيتهكن بگند مرنغكن رنتی ترلالو بسر *di-tītah-kan baginda me-renàng-kan rantey ter-lālu besàr*, le prince lui ordonna de traîner à la nage une très-longue chaîne (*S. Mal.* 68).

[Sund. ᮛᮔᮀᮛᮔᮥᮀ *renang-renung*, ramper comme les plantes. Mak. ᨑᨚᨊ *ronang*, surnager.]

رنغ **renèng,** sombre, couvert, nuageux (*Cr.*).

رنچان **ranxāna** (S. रचन *raćana*, arrangement des mots dans une phrase, des vers dans une strophe), écrit, copie, esquisse, plan; récit, narration; arrangement, p. ex. de fleurs en guirlande. منچهاری ڤندڤاتن هندق بوت رنچان سورت ايت *men-xahāri pen-dapāt-an hendak būat ranxāna sūrat ītu*, demander l'avis pour dresser le plan de la lettre (*M.*).

مرنچان *me-ranxāna*, narrer, raconter, parler, arranger. ستله سده مرنچان *sa-telàh sudah me-ranxāna*, lorsqu'il eut fini de parler (*Sul. Ab.* 12).

مرنچناكن *me-ranxanā-kan*, esquisser, former quelque chose, faire un récit, une narration. كرنچناكن در زمان مويڠك *ku-ranxanā-kan deri zemān mōyang-ku*, je prendrai le récit à commencer du temps de mes ancêtres (*H. Ab.* 5).

On trouve aussi رچان *raxāna*. يغ درچناكن درڤد وجه الله *yang di-raxanā-kan deri-pada wajah allah*, qui a été formé à l'image de Dieu (*M.*).

[Jav. ꦫꦺꦤꦕꦤ *reñxana*, essai.]

رنچه **ranxah,** marécage (*Cr.*): fouillé, labouré (les champs de riz couverts d'eau).

مرنچه *me-ranxah*, fouiller, labourer les champs de riz couverts d'eau, à l'aide des pieds des animaux qu'on y lâche à cet effet.

رنجق ***renxik,*** pour رچق *rexik*.

رنجق ***rinxik,*** petit, mince; petit morceau de quelque chose. رنجق مرسق *rinxik mersik*, une petite voix claire et grêle (*S. Mal.* 314).

[Jav. [illegible] *rénxék*. Sund. [illegible] *rinxi*.]

رنجغ ***ranxing,*** grêle, mince, fluet.

رنجغ ***ranxing,*** pour رنتغ *ranting*.

رنجغ ***ranxung,*** coupé, taillé (l'extrémité de quelque chose). -- فيسو *pisaw ranxung*, sorte de couteau qui sert à tailler.

مرنجغ *me-ranxung*, couper l'extrémité de quelque chose, tailler, émonder. قلم — *me-ranxung kalam*, tailler une plume.

فرنجغ *pe-ranxung*, qui taille ou sert à tailler. قلم — *pe-ranxung kalam*, un canif.

[Mak. [illegible] *ranxung*. Bug. [illegible] *danxong*.]

رنجغ ***renxung,*** nom d'un criss qui se fabrique dans le royaume d'Achem (*Pij.*).

رنجف ***ranxap,*** très-aiguisé (d'armes et d'outils).

رنجم ***renxam,*** incertain, changeant; saisir une chose dans un moment, dans un autre moment en saisir une autre, sans s'arrêter à rien (*Kl.*).

رنجو ***ranjaw,*** petits pieux acérés, qu'on fiche en terre pour arrêter la marche de l'ennemi, chausse-trape. دكاكي كوبو ايت دبوبن رنجو *di-kāki kūbu itu di-būbuh-ña ranjaw*, au pied de ces retranchements on mettait des *ranjaw* (*H. Ab.* 56). لوك سأورغ تافق ككين كن رنجو *lūka sa-ōrang tāpak kaki-ña kena ranjaw*, l'un fut blessé à la plante du pied par une chausse-trape (*M.*). بسي — *ranjaw besi*, petit instrument en fer à quatre pointes, dont une reste toujours en haut, et fait l'effet de chausse-trape.

[Bat. [illegible] *ranjo*.]

رنجغ ***ranjang,*** tressé, ouvrage tressé; p. ex. panier, canapé garni de rotin, fond de lit en rotin, siége garni en fil de fer.

کرنجغ *kranjang*, corbeille, panier, v. ce mot.

رنجغ **ranjung**, se courber profondément, ramper (*Cr.*).

رنجغ **renjung**, nom d'une sorte de crabe.

رنجغ **runjang**, tenu baissé (d'une lame, d'une bayonnette).

مرنجغ *me-runjang*, tenir baissé (d'une pique, d'une lance, etc.) (*Kl.*).

رنجس **renjis**, jailli, aspergé.

برنجس *be-renjis*, jaillissant, qui asperge.

مرنجس *me-renjis*, asperger.

مرنجسکن *me-renjis-kan*, faire jaillir, asperger avec quelque chose. مرنجس٢کن اير دالم سکلين بيلق *me-renjis-renjis-kan āyer dālam sa-kalī-an bīlik*, asperger avec de l'eau dans toutes les chambres (*Kl.*).

ممڤرنجس *mem-pe-renjis*, faire jaillir, faire asperger.

ممڤرنجسکن *mem-pe-renjis-kan*, faire asperger avec quelque chose.

ڤرنجس *pe-renjis*, qui asperge ou sert à asperger.

رنياي **reññāyi, reñāi**, bruiner, tomber par petites gouttes, petite pluie continuelle.

رنيه **reññah, reñah**, fragile, cassant (*Cr.*).

[Jav. ꦉꦚꦃ *reñah*. Sund. ᮛᮨᮔᮤᮚᮂ *reniyah*, fêlé.]

رنت **ronta.**

مرنت٢ *me-ronta-ronta*, résister (se dit de quelqu'un qui est pris et qui résiste). اداڤون اورغ يغ دسمبله ايت تياد بوله ممبري سوسه اتو مرنت٢ *ada-pūn ōrang yang di-sambilih ītu tiāda būleh mem-brī sūsah ātaw me-ronta-ronta*, or la personne qui doit être immolée ne peut faire aucune difficulté ni résister (*Kl.*).

رنتاك **rantāka**, petite artillerie, petite pièce de canon fabriquée dans le pays. لڠکڤله مريم دڠن رنتاك *langkap-lah marīam dengan rantāka*, munie de pièces de canon de gros et de petit calibre (*S. Bid.* 94). برت٢ن رنتاك ايت دو سڤيکل *brat-ña rantāka ītu dūa sa-pīkul*, ces pièces pèsent un *pikul* les deux (*M.*). رنتاك بسي

rantāka besi, petit canon de fer.

[Jav. *rantaka*. Mak. *rantakaŋ*. Day. *rantaka*.]

رنته **runtuh**, tomber, s'écrouler, se rompre, crever. دان لاڠيت سڤرت اکن رنته لکوڽ *dān lāŋit seperti ākan runtuh lakū-ña*, et le firmament paraissait vouloir s'écrouler (*R.* 40). سڤرت اکن رنته رساڽ داد همب *seperti ākan runtuh rasā-ña dāda hamba*, il me semblait que ma poitrine allait se rompre (*M.*).

مرنتهکن *me-runtuh-kan*, faire tomber, abattre, démolir. درنتهکنڽ روماهڽ *di-runtuh-kan-ña rūmah-ña*, ils démolirent sa maison (*M.*).

کرنتوهن *ka-runtūh-an*, chute, ruine, ce qui est en ruine, un tas de ruines.

[Jav. *runtuh*. Bat. *runtuh*. Mak. *runtuŋ*. Day. *runto*.]

رنتى **rantey**, chaine, des chaines; enchainé. مك دکنچيکن رنتى دڤڠڬڠڽ *maka di-kunxī-kan rantey di-piŋgaŋ-ña*, on lui attache une chaine avec un cadenas autour des reins (*H. Ab.* 28). کيت ڤوکل کيت ايکت کيت رنتى دياڽ *kīta pūkul kīta ikat kīta rantey diā-ña*, nous les châtions, nous les garottons, nous les enchainons (*M.*). — باجو *bāju rantey*, cotte de mailles.

Prov. اڤام کيجڠ درنتى دڠن رنتى امس جکلو اى لڤس لارى جوڬ اى کهوتن ماکن رمڤت *upāma kījaŋ di-rantey deŋan rantey amàs jikalaw ia lepàs lāri jūga ia ka-hūtan mākan rumput*, quant le cerf serait enchainé avec une chaine d'or, si on le lâche il court à la forêt manger de l'herbe. C'est-à-dire: personne ne peut abandonner sa nature; Chassez le naturel, il revient au galop.

برنتى *be-rantey*, qui a une chaine, orné d'une chaîne. اى برنتى امس *ia be-rantey amàs*, attaché avec une chaine d'or (*S. Mal.* 22).

مرنتى *me-rantey*, enchainer.

مرنتيکن *me-rantey-kan*, enchainer ou faire enchainer quelqu'un, faire mettre aux fers. اورڠ ايت دسوروه راج درنتيکن کدالم ڤنجار *ōraŋ ītu di-sūruh rāja di-rantey-kan ka-dālam panjāra*, le roi ordonna qu'on enchainât cet homme dans la prison (*M.*).

[Jav. et Sund. ꦫꦤ꧀ꦠꦺ *ranté.* Bat. ᯒᯉ᯲ᯖᯩ *ranté*, bride. Mak. ᨑᨈᨙ *ranté.*]

رنتی ranti, nom d'une plante sauvage ayant de petites fleurs blanches et des baies noires (*Kl.*).

رنتو rantaw, point saillant d'une rivière, d'une côte; espace compris d'un angle à un autre sur une côte: errant, vagabond (*Cr.*). تلق دان رنتو هابسله هيلغ *telùk dān rantaw hābis-lah hilarg*, les baies et les côtes avaient disparu (*M.*). سرت دايرة تلق رنتو جاهنى *serta dairat telùk rantaw jajāh-an-ña*, avec l'étendue des baies et des côtes de son territoire (*H. Ab.* 208). قادى رنتو دكت سوغى *pādi rantaw dekàt surgey*, du riz qui croît sur le bord des rivières (*M.*). اورغ تلق رنتو يغ لاين *ōrarg telùk rantaw yarg lāin*, les habitants des autres districts (*S. Mal.* 120).

مرنتو *me-rantaw*, suivre les sinuosités d'une rivière, voyager par eau. سفاى كيت قركى مرنتو بارغ كمان منچهارى ماكن *supāya kita pergi me-rantaw bārarg kamāna men-xahāri mākan*, afin que je voyage en parcourant les rivières pour chercher ma nourriture (*Kl.*).

[Bat. ᯒᯉ᯲ᯖᯬ *ranto*, ligne d'une rivière depuis un endroit où le courant est fort jusqu'à un autre: partie de la vie de quelqu'un.]

رنتق rantik, roseau, jonc. بوله — *būluh rantik*, du jonc, de l'osier. مك دامبلن سواتو قتى بوله ٢ رنتق *maka di-ambil-ña suātu petī būluh-būluh rantik*, et elle prit un panier de jonc (*B.* 86).

رنتق rintak, tiré avec effort, arraché.

مرنتق *me-rintak*, tirer avec effort, saisir, arracher. انجغ ايت قون مرنتق رنتی ايت لالو قوتس *anjirg itu pūn me-rintak rantey itu lālu pūtus*, le chien tira si fort que la chaîne se cassa (*S. Mal.* 156). مك اى قون مرنتق درين مك قوتسله تلين *maka ia pūn me-rintak dirī-ña maka pūtus-lah talī-ña*, il se retira avec une telle force que la corde cassa (*Livre d'exerc.* N° 7, p. 60).

رنتق rintik, goutte, tache, éclaboussure; tombant par gouttes: tacheté, éclaboussé. دان هوجن قون رنتق ٢ *dān hūjan pūn rintik-rintik*, et il se mit à pleuvoir

(*R.* 161). هوجن ڤانس ڤون رنتق٢ *hūjan pānas pūn rintiḳ-rintiḳ*, il tombait une pluie chaude (*M.*).

برنتق *be-rintiḳ*, qui a des gouttes, qui est tacheté. مڽکوکن درسيت تيڤ٢ بناتڠ برنتق *meñakū-kan deri situ tīap-tīap binā-tang be-rintiḳ*, mettre à part les animaux tachetés (*B.* 47).

رنتغ **rantang**, une sorte de panier en rotin, différent du کرنجغ *kranjang* et du باکل *bā-kul*. بوه بواهن — *rantang bū-wah-buwāh-an*, un panier de fruits que l'on place sur la table pour dessert. ڤنجهيتن — *rantang pen-jahīt-an*, corbeille de couturière, corbeille à ouvrage. سوسن — *rantang sūsun*, panier à mettre la nourriture, lorsque l'on va manger dehors.

[Mak. et Bug. ≈⌒ *rantang*, panier à mettre la nourriture en voyage.]

رنتغ **ranting**, branches coupées d'un arbre, émondes, broutilles; la barbe des épis. اى مڠمبل رنتغ اسم ايت مك دلنترکنڽ *īa meng-am-bil ranting āsam ītu maka di-luntar-kan-ña*, il prenait les branches du tamarinier et les lançait (*R.* 108).

مرنتغ *me-ranting*, émonder, tailler les arbres.

رنتغرنتيڠن *ranting-ranting-an*, les branches coupées, branches émondées. — مڠمڤلکن *meng-umpul-kan ranting-ranting-an*, rassembler les branches émondées (*M.*).

On trouve aussi رنچغ *ranxing*.

[Jav. ꦉꦤ꧀ꦠꦺꦁ *renteng*, déchiré. Bat. ᯒᯉ᯲ᯖᯪᯰ *ranting*.]

رنتغ **rentang**, étendu, tendu.

مرنتغ *me-rentang*, étendre, tendre. ڤرݢيله دعن ڤرتند مرنتغ تالى *pergī-lah dengan per-tanda me-rentang tāli*, allez avec l'inspecteur étendre la corde (pour vérifier) (*S. Mal.* 339). جارغ — *me-rentang jāring*, tendre un filet.

مرنتاغى *me-rentāng-i*, étendre sur quelque chose, tendre quelque part. مرنتاغى تالى لبه *me-rentāng-i tāli lebùh*, étendre une corde sur la place (*S. Mal.* 338).

مرنتغکن *me-rentang-kan*, tendre ou faire étendre quelque chose.

رنتغ **rentang**, fâché, mis en colère.

مرنتغ *me-rentang*, se fâcher, frapper la terre de colère.

رنتغ **rentung**, brûlé, consumé par le feu (*Cr.*).

رنتغ **rintaṅ,** empêché, gêné = لنتغ *lintaṅ.*

مرنتاغي *me-rintāṅ-i,* mettre un obstacle à, empêcher, arrêter. کبانکن رجراج هندق مرنتاغي ݢوبرنمنت *ka-banāk-an raja-rāja hendak me-rintāṅ-i gūbernement,* la plus grande partie des princes voulaient entraver le gouvernement. سڤاى مرنتاغي اڠين *supāya me-rintāṅ-i āṅin,* afin de faire obstacle au vent (*Kl.*).

مرنتغكن *me-rintaṅ-kan,* arrêter, empêcher quelque chose.

رنتغ **runtuṅ.**

مرنتغكن *me-runtuṅ-kan,* arracher une chose d'un endroit où elle était enserrée.

v. رنتن *runtun.*

رنتن **runtun,** arraché, tiré (se dit d'une chose qui était enserrée).

مرنتن *me-runtun,* tirer, arracher (hors de quelque chose).

[Bat. [illegible] *runtun.*]

رنتس **rintas** = لنتس *lintas.*

رند **randa** (S. रण्डा *raṇḍā*), veuve.

مرند *me-randa,* être veuve, mener la vie d'une veuve.

جند *janda,* n'est prob. qu'une corruption de ce mot.

[Jav. [illegible] *ronḍa.* Sund. [illegible] *randa.* Day. *randa.*]

رند **randa.** جاو — *randa jāwa.* sorte de millet (*panicum palmaefolium*).

رند **renda** (Port. *renda*), dentelle, bordure, passement, galon d'or ou d'argent. رند ساتو ايكت *renda sātu ikat,* un rouleau, ou une pièce de galon.

برند *be-renda,* qui a un galon, galonné. — باجو *bāju be-renda,* un habit galonné.

[Jav. et Sund. [illegible] *rénda.* Day. *rénda.*]

رنده **rendah,** bas, peu élevé: humble. — تانه *tānah rendah,* terre basse. — ڤوهن *pōhon rendah,* un arbre peu élevé. — تمڤت *tampat rendah,* un lieu bas. — اورغ *ōraṅ rendah,* un homme bas, peu honorable. — ڤكرتي *pakrīti rendah,* une conduite basse.

Prov. رنده ݢونغ تڠݢي هارڤ *rendah gūnuṅ tiṅggi hārap,* les montagnes sont basses avec une espérance élevée. C'est-à-dire: celui qui a de grandes espérances fait peu de cas des difficultés.

مرنده *me-rendah,* s'abaisser, s'humilier. اکو ڤون تياد لاݢي مرنده *āku pūn tiāda lāgi me-rendah,* et moi, je ne m'abaisserai pas non plus (*S. Bid.* 126).

مرندهکن *me-rendah-kan,* abaisser, humilier, raccourcir. مرندهکن درين اکن سکل يڠ کورڠ درڤداڽ *me-rendah-kan dirī-ña ākan segala yaṅ kūraṅ deri-padā-ña,* s'abaisser au-dessous de ceux qui sont moindres que soi (*M. R.* 170). رندهکنله دريم کباوه تاڠنڽ *rendah-kan-lah dirī-mu ka-bāwah tāṅan-ña,* humiliez-vous sous sa main (*B.* 21).

رنداهن *rendāh-an,* abaissement, bassesse.

کرنداهن *ka-rendāh-an,* qui est abaissé, qui est bas, bassesse. اوله کارن اى سده منيلق کرنداهن همباڽ ڤرمڤوان *ūleh kārna īa su-dah menīlik ka-rendāh-an hambā-ña perampūan,* parce qu'il a regardé la bassesse de sa servante (*N.* 92). — هاتى *ka-rendāh-an hāti,* humilité (*P. M.*).

[Sund. ꦫꦼꦤ꧀ꦢꦃ *rendah.* Day. *randah.*]

رنده rendah, bruit joyeux, acclamation. دسان ڤول ريه دان رنده *di-sāna pūla rīyuh dān rendah,* il y avait encore là des divertissements et des cris de joie (*S. Bid.* 112). (Ce mot se trouve plus ordinairement joint à ريه *rīyuh.*) — ريه رنده *rīyuh rendah,* grand bruit, grandes acclamations.

رندى randi, ceinture (*Cr.*).

کاين رندى *kāin randi,* espèce de soie noire de Chine, qui sert surtout aux Chinois pour faire des pantalons: on s'en sert aussi pour des rideaux qui se placent aux portes. ماسق کڤنتو برتودڠ رندى *māsuk ka-pintu ber-tūduṅ randi,* la porte d'entrée avait un rideau de soie noire (*Kl.*).

رندو randaw, remué avec une cuiller.

مرندو *me-randaw,* remuer avec une cuiller.

مرندوکن *me-randaw-kan,* remuer ou faire remuer quelque chose avec une cuiller, p. ex. de la pâte, des légumes dans un pot, etc. بيرله همب رندوکن دهولو سايرماير *bīyar-lah hamba randaw-kan dahūlu sāyur-māyur,* il faut auparavant que je remue les légumes (*Kl.*).

رندو randu, l'arbre à coton (*eriodendrum anfractuosum*).

هوتن — *randu hūtan*, l'arbre à coton sauvage (*salmalia malabarica*).

[Jav. ꦫꦤ꧀ꦢꦸ *randu*. Sund. ᮛᮔ᮪ᮓᮥ *randu.*]

رندو rindu, désir, attente, envie de quelque chose, anxiété, mélancolie: désiré, être désiré. رندو بند اکن انقڽ *rindu bunda ākan ānak-ña,* le désir d'une mère pour revoir son enfant. ايکن رندو اکن اير *īkan rindu ākan āyer,* le poisson languit après l'eau. دڠن رندو منڠر کتاڽ *dengan rindu menengar katā-ña,* écouter ses paroles avec plaisir (*M. R.* 220). اى ڤون مناڠس درڤد ساڠت رندوڽ *ia pūn menāngis deri-pada sāngat rindū-ña,* et il pleura de joie (*Sul. Ibr.* 22). — ڤنتن *pantun rindu,* chanson amoureuse, chant d'amour. (Ce mot se trouve souvent joint à دندم *dendam.*) رندو دندم ساڠت اکن رومه بڤاڽ *rindu dendum sāngat ākan rūmah bapā-ña,* vif désir de revoir la maison paternelle, atteint de la maladie du pays (*M.*).

برندو *be-rindu,* qui désire, désireux, désirant.

مرندو *me-rindu,* désirer, souhaiter, attendre avec anxiété, soupirer, gémir. — دودق *dūduk me-rindu,* se trouvait dans l'anxiété (*S. Bid.* 11). سڤرت ڤڠڬو مرندو *seperti punggo me-rindu,* comme le hibou qui gémit (*S. Bid.* 64).

ترندو *te-rindu,* qui est désiré, que l'on désire. يڠ ترندو ڤد ڤڠليهاتن *yang te-rindu pada penglihāt-an,* dont on désire la vue.

مرندوکن *me-rindū-kan,* désirer quelque chose, attendre quelque chose avec impatience, s'inquiéter de. هندقله راج ايت سنتياس رندوکن برصحابة سڬل ڤنديت *hendak-lah rāja ītu santiāsa rindū-kan ber-ṣoḥābat segala pandīta,* le roi doit toujours désirer avoir pour amis les hommes savants (*M. R.* 73).

ڤرندو *pe-rindu,* qui désire, qui est mélancolique. — بوله *bū-luh pe-rindu,* bambou plaintif, sorte de flûte éolienne, v. بوله *būluh.*

کرندوان *ka-rindū-an,* ce qui est désiré; concupiscence, inclination. اڠکو اين ممرنتهکن ڤد کرندوان دوس *angkaw ini memarentah-kan pada ka-rindū-an dōsa,* et tu domineras l'inclination au péché (*B.* 5).

رندق randuk, un gros et vieux bouc. بسر سديکت درڤد کمبڠ رندق

besàr sa-dikit deri-pada kambiṅ randuḳ, un peu plus gros qu'un gros bouc (*S. Mal.* 50).

[Bat. ... *randut*. Day. *randok*.]

رندق **runduḳ**, courbé, plié, courbé jusqu'à terre, p. ex. des épis de riz (*Kl.*).

رندغ **randuṅ**, marcher sur, ou par dessus quelque chose.

مرندغكن *me-randuṅ-kan*, faire marcher dessus, faire fouler aux pieds. ملك كاجهك اين كرندغكن قد باليروغ راج ملاك *maka gājah-ku īni ku-randuṅ-kan pada bāley-rūwaṅ rāja malāka*, et je ferai marcher mon éléphant jusqu'à la salle d'audience du roi de Malacca (*Kl.*).

رندغ **rendaṅ**, frit, fricassé: être frit. اف درندغ دالم كوالى *apa di-rendaṅ dālam kuwāli*, qu'est-ce qu'on frit dans cette poêle? هاغسله هاتى باكى درندغ *hāṅus-lah hāti bāgey di-rendaṅ*, le cœur (d'un amant) est fondu, comme s'il avait été frit (*M.*).

مرندغ *me-rendaṅ*, frire, fricasser. مرندغ دالم ميڽق *me-rendaṅ dālam miñaḳ*, frire dans l'huile.

ڤرندغ *pe-rendaṅ*, ce avec quoi on fait frire. — ميڽق *miñaḳ pe-rendaṅ*, de l'huile à friture.

[Bat. ... *rondaṅ*.]

رندغ **rendaṅ**, touffu, épais, dense, qui donne de l'ombre. رمڤق لاكى رندغ *rampaḳ lāgi rendaṅ*, dont les branches s'étendent et forment ombrage. اد سڤوهن كايو دتڤى ڤادغ ترلالو رندغ *ada sa-pōhon kāyu di-tepī pādaṅ ter-lālu rendaṅ*, il y avait à l'extrémité de la plaine un arbre très-touffu (*Sul. Ibr.* 3).

رندغ **rindaṅ**, la quille d'un navire.

رندغ **rundiṅ**.

مرندغ *me-rundiṅ*, former des projets pour des entreprises lucratives (*Kl.*).

رندغ **runduṅ**, tendu (des piéges), dressé (des embûches). درندغ مالغ *di-runduṅ mālaṅ*, piège tendu par la mauvaise fortune.

مرندغ *me-runduṅ*, tendre des piéges, dresser des embûches (*Kl.*).

رندم rendam, trempé, imbibé, plongé dans un liquide.

برندم *be-rendam,* qui est imbibé, trempant, baignant. برندم دغن ايرمات *be-rendam degan āyer māta,* plongé dans les larmes (*S. Bid.* 30).

مرندم *me-rendam,* plonger dans un liquide, s'imbiber.

مرندمكن *me-rendam-kan,* plonger une chose dans un liquide, faire imbiber. مرندمكن فرتن ايت كدالم چوك *me-rendam-kan prùt-ña ītu ka-dālam xūka,* faire imbiber ses entrailles de vinaigre (*H. Ab.* 146).

برندمكن *be-rendam-kan,* qui fait imbiber, qui mouille. سنتياس برندمكن ايرمات *santiāsa be-rendam-kan āyer māta,* des pleurs qui mouillent (qui coulent) toujours (*S. Bid.* 135).

[Jav. [Javanese script] *réndem.* Bat. [Batak script] *rondam.* Day. *randam.*]

رفه repùh, caduc, fragile, éphémère. يغ برپاو رفه دان يغ برباك ماتي *yang ber-ñāwa repùh dān yang ber-bāka māti,* qui a une vie caduque et qui, par nature, est sujet à la mort (*H. Ab.* 76).

[Sund. [Sundanese script] *rapuh,* facile à rompre, cassant, fragile. Bat. [Batak script] *répo,* devenir estropié. Mak. [Makassarese script] *répo,* estropié, perclus. Day. *rapui*? mauvais.]

رفيه rupīyah, v. روفيه *rūpiyah.*

رفوي repūwi = فاوي *pāwi.*

رفغ repàng, coupé ou limé horizontalement, p. ex. les dents (*Cr.*).

رفت repàt, nom d'un fruit de couleur verte, d'une forme oblongue, de la grosseur d'une poire de Franc-Réal d'été, et d'un goût doux, comme celui de la mangue (*Kl.*).

رفت repùt, pourrir, se gâter (*Cr.*).

رب rabb (Ar.), Dieu, seigneur.

العالمين -- *rabb el-ạlamīn,* seigneur des mondes.

ربي *rabbī,* mon Dieu! mon seigneur! يا ربي يا الهي *ya rabbī ya illahī,* ô mon seigneur! ô mon Dieu! (*Sul. Ibr.* 22).

On dit aussi — الهي *illahī rabbī,* mon seigneur et mon Dieu (*S. Bid.* 32).

ربا ribā (Ar.), usure, intérêt d'argent (*D. M.* 1).

ربان **rabāna,** tambourin. — ممالو *memālu rabāna,* ou — منمفر *menampar rabāna,* jouer du tambourin.

رباب **rabāb** (Ar. رب), violon, instrument de musique, viole. سکل ببوپين درفد رباب کچاڤي *segala buñi-buñi-an deri-pada rabāb kexāpi,* les instruments de musique tels que violon, luth, etc. (*R.* 5).

[Jav. et Sund. ꦫꦼꦧꦧ꧀ *rebab.*]

رباط **ribāṭ** (Ar. ربط), une corde, une attache.

رباطان **ribāṭān** (Ar. ربط), des liens, des ligaments. لاين درفد رباطان دان اغشية دان عضاريف *lāin deri-pada ribāṭān dān igašiyat dān adlārif,* sans y comprendre les ligaments, les téguments et les petits vaisseaux (*M. R.* 12).

رباعي **rubāī** (Ar. ربع), pièce de vers de quatre hémistiches, quatrain (*M. R.* 7).

ربه **rebàh,** tombé, écroulé: tomber, s'écrouler. اد يغ ربه ترتهارف *ada yaṅ rebàh ter-tihārap,* quelques-uns étaient tombés la face contre terre. بالى ايت ربهله اتڤن سبله *bāley ītu rebàh-lah ātap-ña sa-belàh,* un côté de la toiture de ce bâtiment s'est écroulé (*M.*). اى ڤون ربه دکاکی سرى رام *īa pūn rebàh di-kāki srī rāma,* il tomba aux pieds de Sri Rama (*R.* 152). ستله اى منغر کات سوميڽ مك اى ڤون ربه ڤغسن ڤول *sa-telàh īa menengar kāta suamī-ña maka īa pūn rebàh pingsan pūla,* lorsqu'elle entendit la voix de son mari, elle tomba en défaillance de nouveau (*R.* 155). باتغ ربه *bātaṅ rebàh,* bois tombés par vétusté ou abattus par accident.

Prov. ساتو دتتق سڤوله ربه *sātu di-tetàk sa-pūloh rebàh,* un est coupé et dix tombent; se dit, quand on adresse à un seul homme une parole ou une réprimande qui en atteint un grand nombre.

مربهکن *me-rebàh-kan,* renverser, abattre, faire tomber quelque chose.

[Jav. et Sund. ꦫꦼꦧꦃ *rebah.* Bat. [illegible] *robo.* Mak. [illegible] *raba.* Tag. [illegible] *giba.* Bis. [illegible] *goba.*]

ربية **rubīyah,** une femme pieuse, vénérable, honorable.

[Jav. ꦫꦸꦧꦶꦪꦃ *rubiyah.*]

ربيع **rebīa** (Ar. ربع), le printemps. الاول — *rebī-el-awal*, le troisième mois de l'année mahométane. الاخر — *rebī-el-ākir*, le quatrième mois de l'année.

ربوى **ribawī,** usuraire (*D. M.*), v. ربا *ribā*.

ربغ **rebùng,** rejeton, bouture, jeune pousse; principalement la jeune pousse du bambou que l'on mange.

Prov. ڤد تتكال ربغ تياد دڤاته مك كتيك سده منجادى اوراڤاكه كناڽ *pada tatkāla rebùng tiāda dipātah maka kotīka sudah menjādi ūra apā-kah gunā-ña*, si la pousse du bambou n'est pas cueillie quand elle jeune, quelle utilité aura-t-elle quand elle aura grandi? (elle n'est plus bonne à manger). Signifie: si on ne profite pas d'une chose à temps, elle devient inutile (*H. Ab.* 432).

مربغ *me-rebùng*, se séparer (de nuages amoncelés qui semblent annoncer un orage) (*Kl.*).

[Jav. ꦲꦺꦧꦸꦁ *ebung*. Sund. ꦲꦺꦮꦸꦁ *ewung*. Bat. [illegible] *robung*. Tag. et Bis. [illegible] *labong*.]

ربت **rebùt,** pillé, volé, enlevé, saisi; être pillé, être saisi. متيار سبجى ايت دربتڽ *mutiāra sa-bīji itu di-rebùt-ña,* il saisit la perle (*M.*).

مربت *me-rebùt*, piller, butiner, voler, enlever, obtenir, s'emparer. تيداله كامى داتغ اكن مربت كبسارن راج *tiadā-lah kāmi dātang ākan me-rebùt kabesār-an rāja,* nous ne sommes pas venus pour nous emparer des richesses du roi (*M.*). دان اى مربتله ايسى نكرى *dān ia me-rebùt-lah isi nagrī*, et ils pillèrent tout ce qui était dans la ville (*B.* 56).

مربتكن *me-rebùt-kan*, piller quelque chose, enlever une chose de force. سڤرت انجغ مربتكن تولغ *seperti anjing me-rebùt-kan tūlang*, comme des chiens qui se jettent sur un os (*M.*).

ممڤربتكن *mem-pe-rebùt-kan*, dépouiller, ou faire dépouiller quelqu'un, assaillir quelqu'un. اداكه ڤاتت سورغ ڤرمڤون دڤربتكن دغن اورغ يغ برڤوله٢ *adā-kah pātut sa-ōrang perampūan di-pe-rebùt-kan dengan ōrang yang ber-pūloh-pūloh*, convient-il qu'une femme soit assaillie par une troupe d'hommes? (*M.*).

ربوتن *rebūt-an*, butin, dépouilles, prise. تتكال ايت ربوتن

تتکالا ايت ربوتن کامو اکن دکمفلکن tatkāla itu re-būt-an kāmu ākan di-kumpul-kan, et on amassera vos dépouilles (B. 996). — ماين māin rebūt-an, jeu dans lequel on gagne des prix qu'il faut atteindre sur un échafaudage en bois.

بربت٢ be-rebùt-rebùt, qui rivalisent au combat, qui pillent à qui mieux mieux; rivaliser pour attraper quelque chose au mât de cocagne.

[Jav. et Sund. ꦫꦼꦧꦸꦠ꧀ rebut. Bat. robut. Mak. rabu. Day. marabut.]

ربن rebàn, cage, volière, cage à poules.

ربس rebùs, bouilli, cuit à l'eau. — هايم hāyam rebùs, une poule cuite à l'eau. — اوبي ūbi rebùs, des pommes de terre cuites à l'eau.

مربس me-rebùs, cuire dans l'eau, bouillir.

مربسکن me-rebùs-kan, faire cuire à l'eau, faire bouillir quelque chose. داݢيڠ دربسکن دهولو کمدين بهارو دبري dāgiṅ di-rebùs-kan dahūlu kamudīan bahāru di-brī, on faisait d'abord bouillir la chair, puis on la lui donnait (H. Ab. 73).

ربوسن rebūs-an, qui est cuit à l'eau (S. Mal. 347).

ربح rebeḥ (Ar.), gain, profit. ربح ارتيڽ لاب rebeḥ artī-ña lāba, rebeh signifie gain, ou profit (D. M. 115).

ربع rebạ, v. اربعا arbạ̄.

رم ràm, couvé, produit (des animaux).

ڠرم ṅeràm, مڠرم meṅeràm et ممرم memeràm, couver, produire (des animaux).

دفرم di-peràm, être couvé (Kl.).

Le mot correspondant en Jav. est ꦔꦿꦼꦩ꧀ aṅrem, couver; mais le radical paraît être ram ou rem, Jav. ꦉꦩ꧀ rem, se reposer, être en repos. On trouve aussi en Tag. lim-lim, et en Bis. lomlom, couver, dont le radical doit être lom pour rom ou ram. ڠرم ṅeràm est donc ràm devenu verbe actif à la manière javanaise, et les Malais en ont fait مڠرم meṅeràm.

رم ràm, un paquet de feuilles dont on se sert comme d'appât pour prendre les crevettes.

رم٢ rumrum, caresse, cajolerie; caressé.

مرم٢ *me-rumrum*, caresser, cajoler.

رماج *remāja*, nubile, adulte. کچل مولق سدڠ رماج *kexil mūlik sedang remāja*, délicate et jolie et déja nubile (*S. Bid.* 20). انقك سدڠ رماج ڤترا بلم سمڤی بودی بچار *ānak-ku sedang remāja putrā belum sampey būdi bixāra*, bien que mon fils soit adulte, il a cependant encore trop peu d'intelligence (*Kl.*).

Prob. du S. रमणीय *ramaṇīya*, agréable, charmant.

[Jav. ꦫꦩꦾ *ramya*, plaisant, agréable.]

رمونی *ramūniya, ramūnia*, nom d'un fruit de la grosseur d'une olive, et que l'on fait confire dans l'eau salée ou dans le vinaigre.

رمق *remak*, qu'il soit plutôt, soit, ainsi soit. رمق ماتی حرام لاری *remak māti harām lāri*, que l'on meurt plutôt que de fuir (*Sul. Ab.* 58). رمق برلاکو اڤاڤ ڤون *remak ber-lāku apa-āpa pūn*, qu'il arrive ce qui voudra. رمقله ڤوته تولڠ جاڠن ڤوته مات کيت *remak-lah pūtih tūlang jāngan pūtih māta kita*, nos ossements peuvent blanchir, nos yeux ne blanchiront pas (*M.*).

رمق *remuk*, cassé, brisé, mis en pièces, écrasé, être cassé, se casser. رمقله ای ڤاته سکالی *remuk-lah ia pātah sakāli*, il se casse et se brise (*H. Ab.* 24).

مرمقکن *me-remuk-kan*, casser, briser, mettre en morceaux, écraser quelque chose. سڤرت کاچ يڠ درمقکن داتس باتو *seperti kāxa yang di-remuk-kan di-ātas bātu*, comme du verre que l'on brise sur une pierre. ياٴيت اکن مرمقکن بڬيم کڤال *iā-ītu ākan me-remuk-kan bagī-mu kapāla*, et elle t'écrasera la tête (*B.* 5).

[Jav. et Sund. ꦫꦼꦩꦸꦏ꧀ *remuk*. Mak. ᨑᨙᨆᨚ *rémo*. Day. *ramok*.]

رمڠ *remang*, sombre, couvert, demi-jour.

[Jav. ꦫꦼꦩꦼꦁꦫꦼꦩꦼꦁ *remeng-remeng*. Mak. ᨑᨆ *rammang*, nuée. Day. *remeng*.]

رمڠ *remang*.

مرمڠ *me-remang*, bourdonner, produire un bruit sourd, un bruit creux. اکو تاکت منڠر سوارايت داتڠ مرمڠ٢ *āku tākut menengar suāra ītu dātang me-remang-remang*, j'ai peur en entendant ce bruit sourd qui vient en bourdonnant (*Kl.*).

رمڤاجی ***rampāji***, sorte de couteau ou de rasoir.

کرمڤاجی *ka-rampāji* = رمڤاجی *rampāji*.

On trouve aussi کرمڤاکی *ka-rampāgi* et کرمڤاکی *karampāki*. بواله ڤندی٢ کرمڤکيك *bawā-lah pundi-pundi karampakī-ku*, donnez-moi le sac où sont mes rasoirs (*Kal. dan Dam.* 23).

رمڤانی ***rempāney***, nom d'une plante (*ardisia*).

رمڤه ***rempah***, détruit, abîmé. — ربه *rebàh rempah*, tomber en ruines, se renverser. اد يڠ برهمبتهمباتن ترسرندڠ جاته ربه رمڤه *ada yaṅ ber-hambat-hambāt-an ter-serondoṅ jātuh rebàh rempah*, quelques-uns se poussant les uns les autres, et se renversant tombaient à terre (*S. Mal.* 48).

برمڤه *be-rempah*, qui périt, qui se détruit.

On trouve aussi رمڤق *rempak*.

[Jav. ꦫꦼꦩ꧀ꦥꦏ꧀ *rempak*. Day. *rampak*, tort, dommage.]

رمڤه ***rempuh***, frayé, ouvert par force (d'un chemin).

مرمڤه *me-rempuh*, se frayer un chemin. اى لارى مرمڤه ڤد سمق٢ تياد ممندڠ کبلاکڠ *ïa lārī merempuh pada semàk-semàk tiāda memandaṅ ka-blākaṅ*, il courut en se frayant un chemin parmi les broussailles, et ne regardant pas derrière lui (*S. Mal.*).

رمڤه٢ ***rampah-rampah***, aromates, épices, parfums, plantes aromatiques. کولى — *rampah-rampah gūley*, les épiceries, ou aromates qui entrent dans la composition du carry. رمڤه٢ دان ميڽق يڠ هارم *rampah-rampah dān miñak yaṅ hārum*, des épiceries et des huiles odoriférantes (*M.*). سدهله اى بلى رمڤه٢ *sudah-lah ïa belī rampah-rampah*, elles avaient acheté des parfums (*N.* 88).

ممڤرمڤه٢کن *mem-pe-rampah-rampah-kan*, embaumer, faire embaumer. برڤاسنله اى دوکن٢ ايت اکن ڤرمڤه٢کن بڤاڽ *ber-pāsan-lah ïa dūkun-dūkun ītu ākan perampah-rampah-kan bapā-ña*, il ordonna aux médecins d'embaumer le corps de son père (*B.* 84).

تڤرمڤه٢کن *te-pe-rampah-rampah-kan*, qui a été embaumé,

que l'on a embaumé. اورڠ ماتي يڠ تڤرمڤه٢كن *ōrang māti yang te-pe-rampah-rampah-kan*, une personne morte qui a été embaumée (*B.* 84).

[Mak. et Bug. *rampa-rampa.*]

رمڤي rampey, mélange de différentes choses, p. ex. de fleurs, de feuilles, de légumes, etc. — بوڠ *būnga rampey*, un mélange de fleurs de différentes sortes. چيڤر يڠ برايسي بوڠ رمڤي *xēper yang ber-īsi būnga rampey*, un plateau couvert de fleurs mélangées (*H. Ab.* 383). بوڠ رمڤي امس دان ڤيرق دان بوڠ رمڤي سڠݢه *būnga rampey amas dān pērak dān būnga rampey sungguh*, des fleurs imitées en or et en argent, et d'autres qui étaient naturelles. منورنكن هوجن متي دان بوڠ رمڤي *me-nūrun-kan hūjan mutia dān būnga rampey*, faire tomber une pluie de perles et de fleurs (*M.*).

[Sund. *rampé*. Mak. *rampé.*]

رمڤي rimpi, fruits secs ou desséchés, surtout des bananes (*Kl.*).

رمڤق rampak, étendu (comme les branches d'un arbre). رمڤقڽ بربايڠ٢ *rampak-ña ber-bāyang-bāyang*, ses branches étendues donnaient de l'ombrage. ڤوهن كايو دتڠه ڤادڠ يڠ رمڤق داهنڽ لاݢي رندڠ داونڽ *pōhon kāyu di-tengah pādang yang rampak dāhan-ña lāgi rendang dāun-ña*, un arbre au milieu de la plaine, dont les branches s'étendent au loin et dont le feuillage est épais (*M.*).

سرمڤق *sa-rampak*, d'une étendue, tout étendu. سكالي — *sa-rampak sa-kāli*, tous ensemble, tous à la fois. اورڠ٢ ايت جاتوه سرمڤق سكالي *ōrang-ōrang itu jātuh sa-rampak sa-kāli*, ils tombèrent tous à la fois par terre. تيݢ بوه ڤراهو ماسق سرمڤق سكالي *tīga būah prāhu māsuk sa-rampak sa-kāli*, trois navires entrèrent ensemble. دتمبق ليم ڤوله مريم سرمڤق سكالي *di-tembak līma pūloh mariam sa-rampak sa-kāli*, ils tirèrent cinquante coups de canon à la fois.

رمڤق rempak, détruit, abîmé. v. رمڤه *rempah*.

رمڤق rompak, piraterie; piraté, attaqué par des pirates. درمڤقڽ تيݢ بوه ڤراهو *di-rompak-ña tiga būah prāhu*, il attaqua et pilla trois navires (*H. Ab.* 120).

— ڤراهو *prāhu rompaḳ*, navire de pirates.

ممرمفق *me-rompaḳ*, faire la piraterie, pirater.

ڤرمفق *pe-rompaḳ*, qui pirate, un pirate. ساي تياد ماو ڤندغ اورغ ڤرمفق *sāya tiāda māu pandaṅ ōraṅ pe-rompaḳ*, je ne veux pas avoir devant moi la figure d'un pirate (*H. Ab.* 123).

رمفغ ***rampiṅ***, fin, délié, grêle, délicat, svelte. ڤڠڬڠڽ رمفغ *piṅ-gaṅ-ña rampiṅ*, il avait la taille délicate (*H. Ab.* 82).

[Jav. et Sund. [illegible] *ram-piṅ.*]

رمفغ ***rampuṅ***, décidé, conclu.

ممرمفغ *me-rampuṅ*, décider, conclure.

رمفوغن *rampūṅ-an*, décision.

[Jav. [illegible] *rampuṅ.*]

رمفغ ***rimpaṅ***, le fruit du gingembre ayant la forme de doigts.

[Sund. [illegible] *rempaṅ*. Bat. [illegible] *rimpaṅ.*]

رمفغ ***rompoṅ***, défiguré, mutilé, coupé, manquant, être coupé. تلڠاڽ ڤون سده رمفغ سبله *teliṅā-ña pūn sudah rompoṅ sa-belàh*, une de ses oreilles était coupée. رمفغ ڬيڬي *rompoṅ gīgi*, édenté (*M.*). مك درمفغڽ هيدغڽ *maka di-rompoṅ-ña hīduṅ-ña*, et il lui coupa le nez (*R.* 89). *Rompoṅ - rampiṅ*, coupé en lambeaux, plein de déchirures et de trous.

ممرمفوغي *me-rompōṅ-i*, couper à quelqu'un un membre, mutiler, défigurer quelqu'un. دسوروهڽ رمفوغي هيدغم *di-sūruh-ña rom-pōṅ-i hīduṅ-mu*, il a ordonné de vous couper le nez (*R.* 89).

ممرمفغكن *me - rompoṅ - kan*, couper un membre à quelqu'un, mutiler. دان اڠكو رمفغكن هيدغڽ *dān aṅkau rompoṅ-kan hī-duṅ-ña*, et coupez-lui le nez (*R.* 88). هندقله كامي رمفغكن تلڠاڽ *hendaḳ-lah kāmi rompoṅ-kan teliṅā - ña*, nous voulons lui couper les oreilles (*M.*).

[Jav. et Sund. [illegible] *rom-paṅ*, ébréché.]

رمفت ***rumput***, herbe, l'herbe. سلي رمفت جاڠن اد يغ تڠڬل *sa-ley rumput jāṅan ada yaṅ tiṅgal*, qu'il ne reste pas un brin d'herbe (*R.* 137). جكلو الله مڠهياسي بݢيت رمفت دڤادغ *jikalau allah meṅ-hiās-i bagītu rumput di-pādaṅ*, si Dieu orne ainsi l'herbe des champs (*N.* 9). كرغ — *rumput kriṅ*, du foin.

لالڠ — *rumput lālaṅ*, espèce de mauvaise herbe dont on débarrasse difficilement un champ qui en est infesté (*andropogon caricosum*). كربو — *rumput karbaw*, la cynosure de l'Inde (*cynosurus indicus*). كود — *rumput kūda* (*echinochloa colonum*). كملوٴن — *rumput kamalū-an*, la sensitive (*mimosa pudica*). رمفت ليده هايم *rumput lidah hāyam*, espèce de spermacocée (*spermacoce scaberrima*). مس — *rumput mas*, ruellie (*ruellia repanda*). فرسمن — *rumput prasman*, l'eupatoire (*eupatorium ayapana*). سقتي — *rumput sakti* (*nasturtium indicum*). سري — *rumput serèy*, espèce de citronnelle (*andropogon schoenanthus*). شيطان — *rumput šēṭān*, espèce de leucas (*leucas linifolia*). لكلاكي — *rumput laki-lāki* (*verna indica*). لرلاري — *rumput lari-lāri* (*spinifex squarrosus*). رمفت تاهي بابي *rumput tāhi bābi*, feuilles médicinales dont on se sert contre les étourdissements. فورن — *rumput pūrun*, sorte de jonc dont on se sert pour faire des nattes.

Prov. جكلوكاسه اكن ڤادي بوڠله اكن رمفت *jikalaw kāsih ākan pādi būaṅ-lah ākan rumput*, si vous aimez le riz, otez l'herbe ; c'est-à-dire : sacrifier l'inutile à l'utile.

رمفوتن *rumpūt-an*, herbage.

رمفترمفوتن *rumput-rumpūt-an*, les herbes en général, tout ce qui est herbacé (*N. Phil.* 120).

[Jav. [Javanese script] *rumput*. Sund. [Sundanese script] *jukut*. Mak. et Bug. [Buginese script] *rompo-rompo*.]

رمفن **rumpun**, une touffe, tout ce qui pousse d'une racine commune. سرمفن سري *sa-rumpun serèy*, une touffe de citronnelle. سرمفن بوله *sa-rumpun būluh*, une touffe de bambou. مك اداله سرمفن بوله بتڠ *maka adā-lah sa-rumpun būluh betùṅ*, or il y avait une touffe de gros bambou (*R.* 2).

رمفس **rampas**, pillé, volé, arraché, enlevé de force : être pillé. متيار تيڬ بيجي درمفس بداوي *mutiāra tīga bīji di-rampas bedāwi*, les brigands du désert ont enlevé trois perles. بارڠ اف يڠ برتمو هابس درمفسڽ *bāraṅ apa yaṅ ber-temū hābis di-rampas-ña*, ils pillaient tout ce qui leur tombait sous la main (*M.*).

مرمفس *me-rampas*, piller, voler, arracher, butiner. مرمفس

سکل رومه *me-rampas segala rūmah,* mettre toutes les maisons au pillage. مك اورڠ ڤون مرمفسله سکل بند *maka ōrang pūn me-rampas-lah segala benda,* et ils prirent toutes les richesses (*B.* 18).

ترمفس *te-rampas,* qui a été pillé, que l'on a ravagé. دان بايق رومه اورڠ ترمفس *dān bāñak rūmah ōrang te-rampas,* et beaucoup de maisons habitées avaient été pillées (*M. R.* 87).

مرمفاسی *me-rampās-i,* enlever à quelqu'un, voler quelqu'un.

مرمفسکن *me-rampas-kan,* enlever quelque chose de force à quelqu'un. مرمفسکن سنجتاان درفد تاڠنن *me-rampas-kan senjatā-ña deri-pada tāngan-ña,* leur arracher les armes des mains (*M.*).

رمفاسن *rampās-an,* pillage, proie, butin. ڤد ڤاڬی هاری ای اکن ماکن رمفاسن *pada pāgi hāri ia ākan mākan rampās-an,* le matin il dévorera sa proie (*B.* 83). رمفاسن ايت دبهاڬی تيڬ *rampās-an itu di-bahāgi tiga,* le butin fut partagé en trois (*M.*).

کرمفاسن *ka-rampās-an,* celui qui est pillé, qui a souffert du vol. همب کرمفاسن *hamba ka-rampās-an,* je suis pillé, on m'a volé (*R. V.*).

[Jav. et Sund. ꦫꦩ꧀ꦥꦱ꧀ *ram-pas.* Day. *rampàs.*]

رمفس **rampus,** interrompre, parler hors de saison. — مولت *mūlut rampus,* quelqu'un qui parle mal à propos, à contre-temps, qui en interrompt un autre.

رمب **remba,** aller de front, marcher l'un à côté de l'autre (*Cr.*).

[Mak. [illegible] *rémba.*]

رمب **rimba,** bois, forêt. هوتن رمب يڠ بسر *hūtan rimba yang besàr,* forêt immense et déserte. ممبوڠ کرمب *mem-būang ka-rimba,* reléguer vers les bois, bannir de la société. ممباو کيکيوءن در رمب *mem-bāwa kayu-kayū-an deri rimba,* rapporter de la forêt du bois de construction. ای مللوءی ڤادڠ دان رمب *ia me-lalū-i pā-dang dān rimba,* il traversa des plaines et des forêts (*Sul. Ibr.* 3). مك سکل ڤوهن رمب ايت ڤون تيداله کلهاتن *maka segala pōhon rimba itu pūn tiadā-lah ka-lihāt-an,* on n'apercevait plus les arbres de la forêt (*Indr.* 262). هنتو رمب *hantu rimba,* nom d'un démon des forêts, espèce de sylvain (*H. Ab.* 144).

[Bat. [Batak script] *ramba.*]

رمباى rembāya, nom d'une sorte de bateau.

[Jav. [Javanese script] *rumbaya.*]

رمباين rembāyan, nom que l'on donne à un (vieux?) bouc (*Pij.*).

[Bat. [Batak script] *rambé.* Tag. et Bis. [Tagalog script] *lambayan*, un bouc.]

رمبه٢ rembah-rembah, couler en abondance (des pleurs) (*Kl.*).

رمبى rambey, nom d'un fruit en grappe longue : chaque fruit est de la grosseur d'un petit œuf de pigeon, un peu oblong, imitant assez un gland, et la grappe une rangée de glands; d'où, probablement, le mot suivant.

رمبى rambey, gland, franges, ornement, guirlande.

برمبيكن *be-rambey-kan*, qui imite des glands, qui forme guirlande, fait en guirlande. برمبيكن انتن دان ڤرمات *be-rambey-kan intan dān permāta*, orné de diamants et d'autres joyaux. برمبى٢كن متيار *be-rambey-rambey-kan mutiāra*, orné de pierres précieuses (*R.* 47). ڤايڠ يڠ برمبى٢كن *pāyung yang be-rambey-rambey-kan*, des parasols ornés de glands (*M.*). هايم رمبى *hāyam rambey*, poule frisée.

[Sund. [Sundanese script] *rambé.* Mak. [Makassarese script] *rombé-rombé.* Day. *rambay.*]

رمبيا rumbiyā, l'arbre, le palmier qui produit le sagou.

[Bat. [Batak script] *rumbiya.* Mak. [Makassarese script] *rumbiya.*]

رمبيك rambēga, sorte d'arbuste avec des fleurs violettes, donnant un coton sauvage. v. لمبيك *lambēga.*

رمبو rambu, frange; les poils de la peau, le poil qui se trouve sur certains fruits, etc. برسابق چندى رمبو بدورى *ber-sābuk xindey rambu bidūri*, ayant une ceinture d'étoffe à fleurs, avec des franges en pierres précieuses (*S. Bid.* 159).

برمبو *be-rambu*, qui a une frange, frangé.

[Bat. [Batak script] *rambu*, filaments des fruits, peluche.]

رمبوتی rambūti, v. رمبت *rambut.*

رمبوتن rambūtan, v. رمبت *rambut.*

رمبونی rambūney, d'une grandeur, d'une taille moyenne (*Kl.*).

رمبق rombaḳ, rompu, détruit, démoli, abîmé. هندق درمبقن *hendaḳ di-rombaḳ-ña,* voulant le rompre (*H. Ab.* 70).

مرمبق *me-rombaḳ,* rompre, détruire, démolir. ملڠكر نكری دان مرمبق دی *me-laṅgar nagrī dān me-rombaḳ dīa,* prendre une ville d'assaut et la démolir (*M.*). فرجنجین — *me-rombaḳ perjanjī-an,* rompre un engagement.

ترمبق *te-rombaḳ,* qui est détruit, que l'on a démoli. فاكر باتو اد ترمبق *pāgar bātu ada te-rombaḳ,* la muraille était démolie (*M.*).

كرمباكن *ka-rombāk-an,* ce qui est détruit, démoli; ruines, décombres.

On trouve aussi رمفق *rompaḳ.*

[Sund. ꦫꦺꦴꦩ꧀ꦧꦏ꧀ *rombak.* Day. *rumbak,* un grand trou.]

رمبڠ rambaṅ.

رمبڠ٢ *rambaṅ-rambaṅ,* chance, hasard, douteux. يڠ رمبڠ٢ فركی ككفراڠن *yaṅ rambaṅ-rambaṅ pergi ka-perāṅ-an,* qui court au combat tête baissée (*M.*).

مرمبڠ *me-rambaṅ,* aller, ou faire au hasard. — فوكل *pūkul me-rambaṅ,* frapper partout.

رمبڠ rembaṅ, juste au milieu; pendant; au milieu du jour. دسینر متهاری سدڠ رمبڠ *di-sīnar mata-hāri sedaṅ rembaṅ,* le soleil jetant ses rayons au milieu du jour (*Sul. Ab.* 46). ستله رمبڠله متهاری *sa-telāh rembaṅ-lah mata-hāri,* lorsqu'il fut midi (*Kal. dan Dam.* 126). دلاوت رمبڠ كفل برلابه *di-lāut rembaṅ kapàl ber-lābuh,* le vaisseau était à l'ancre en pleine mer (*M.*).

رمبڠ rembaṅ, se lever, apparaître.

رمبت rambat, portique, vestibule (*M.*).

رمبت rambat, s'étendre en poussant et en grimpant, p. ex. comme le lierre (*Cr. Batav.*).

[Jav. et Sund. ꦫꦩ꧀ꦧꦠ꧀ *rambat,* grimper.]

رمبت rambut, cheveux, crins, poil. — سلى sa-ley rambut, un cheveu. لوره رمبتڽ *lūruh rambut-ña,* les cheveux lui tombent. — مراڬس *me-rāgas rambut,* couper les cheveux. — ميڽسر *meñisir rambut,* peigner les cheveux. — سڠڬل *saŋgul rambut,* boucle ou nœud de cheveux. ترهوري — *rambut ter-hūrey,* les cheveux épars. تڠسي — *rambut taŋsey,* des cheveux clairs. كمبڠ — *rambut kembaŋ,* cheveux épais. ڤڤوه — *rambut papūwah,* cheveux crépus. — سرم *rambut serùm,* cheveux hérissés. كارن اي ممبنتنكن سلى رمبت يڠ دتڠه كڤال ڤتري *kārna ia mem-bantun-kan sa-ley rambut yaŋ di-teŋah kapāla putri,* parce qu'il a arraché un cheveu sur le milieu de la tête de la princesse (*Chr. Pas.* 9). سده دڤڬڠڽ تاڠنڽ دان رمبتڽ *sudah di-pegàŋ-ña tāŋan-ña dān rambut-ña,* il l'avait saisie par le bras et par les cheveux (*R.* 89). رمبتڽ اداله ڤوته سڤرت ثلج *rambut-ña adā-lah pūtih seperti salju,* ses cheveux étaient blancs comme la neige (*V.* 397). — ڤتري *rambut putri,* nom d'une plante (*cassyta filiformis*). داون — *dāun rambut,* nom d'une plante (*ophioderma pendulum Cr.*).

رمبوتي *rambūt-i,* qui est de cheveux, de crins, de poil (*Marsden, Crawfurd*). — كاين *kāin rambūt-i,* tissu de poil.

رمبوتن *rambūt-an,* nom d'un fruit de la grosseur d'un œuf: ainsi nommé parce que son écorce est chevelue (*nephelium lappaceum*).

[Jav. ꦫꦩ꧀ꦧꦸꦠ꧀ *rambut.* Day. *rambo,* fil. Mak. [illegible] *rambuti,* nom d'une étoffe fine.]

رمبت rembat.

برمبت *be-rembat,* battre l'un contre l'autre; murmure causé par le vent dans le feuillage d'un arbre (*Kl.*).

رمبت rimbat, le bord d'un prahu, la partie supérieure du bastingage; le fer, le bois ou le rotin placé au-dessus du bastingage, pour empêcher les hommes de tomber à la mer: barres, traverses.

رمبت rimbat = رمبس *rimbas.*

رمبت rimbit, surchargé d'affaires: difficile.

مرمبتكن *me-rimbit-kan,* rendre difficile (*Kl.*).

رمبن rambon, de la grêle.

رمبن rembun, exubérant, abondant (des plantes).

[Bat. [illegible] *rumbun.*]

رمبمبغ rembumbung, nom d'un arbre.

[Bat. [illegible] *dongdong.*]

رمبس rembas, suinter, transpirer.

[Jav. [illegible] *brebes.* [illegible] *merebes.* Sund. [illegible] *rembes.*]

رمبس rimbas, espèce de hache dont on se sert pour planer ou doler le bois, sorte de doloire.

مرمبس *me-rimbas,* planer, polir le bois.

On trouve aussi رمبت *rimbat.*

[Sund. [illegible] *rimbas.* Bat. [illegible] *rimbas.*]

رمل ramal (Ar.), sable; art de prédire l'avenir au moyen de signes magiques tracés sur le sable; horoscope. علم الرمل *ilmu er-ramal,* l'art de tirer l'horoscope. رمل نجوم *ramal nujūm,* astrologie (*S. Bid.* 90). ملك سكلين ڤون مليهت نجوم دان ممبيلغ٢ رملن *maka sa-kalī-an pūn me-lihat nujūm-ña dān mem-bīlang-bīlang ramal-ña,* alors tous regardèrent dans leurs livres d'astrologie et comptèrent les lignes magiques tracées sur le sable (*R.* 15).

رمس remis, nom d'un testacé, espèce de moule bivalve. سيڤت برجنس٢ دان كڤه دان لوكن دان رمس *siput ber-jenis-jenis dān kepah dān lūkan dān remis,* toutes sortes de coquillages, des *kepah* des *lukan* et des *remis* (*H. Ab.* 84).

[Sund. [illegible] *haremis.*]

رمضان ramedlān (Ar. رمض), ramadan, le neuvième mois de l'année mahométane, c'est le mois du jeûne (*S. Mal.* 106).

رلى ralèy, رالى rāley ou **غلى galey** (Holl. *galei*), galère, bâtiment à rames (*Kl.*).

رلى relèy, mère-perle, coquille de nacre, longue d'un pied et de la largeur de la main (*Kl.*).

رسا resā, nom d'un arbre qui fournit du bois pour faire les petits bateaux. بوكت — *resā* *būkit*, ڤاى — *resā pāya*, deux sortes du même.

رسالة risālet (Ar. رسل), mission, légation, apostolat, message. تياد ڤكرجاءن ترسوكر درڤد ڤكرجاءن كرجاءن ملاينكن رسالة *tiāda pe-karjā-an ter-sūkar deri-pada pe-karjā-an ka-rajā-an me-lāin-kan risālet*, il n'y a pas de fonction plus difficile à remplir que celle de gouverner les peuples, si ce n'est celle de l'apostolat (*M. R.* 48).

رسى resī (S. ऋषि *risi*, un saint), saint personnage, un saint.

On trouve ordinairement ce mot joint à مه *maha*. مهرسى *maha-resī*, un saint personnage. بگند ڤون ڤرگيله کڤد سأورڠ مهرسى *baginda pūn pergī-lah ka-pada sa-ōrang maha-resī*, le prince alla trouver un saint personnage (*R.* 4).

On trouve aussi ce mot écrit ريسى *rēsī* (*R.*).

[Jav. et Sund. ꦉꦱꦶ *resi.*]

رسول rasūl (Ar. رسل), envoyé, apôtre, un envoyé de Dieu. دمي رسول الله *demi rasūl allah*, par l'envoyé de Dieu. Dans le sens chrétien, ce nom est donné aux douze apôtres envoyés par Jésus-Christ. اد ڤون سگل نام کدو بلس رسول اداله اين *ada pūn se-gala nāma ka-dūa belàs rasūl adā-lah inī*, or voici les noms des douze apôtres (*N.* 15).

ارسال *irsāl* = رسالة *risālet*, mission, apostolat. يڠ اوليهن کامى سده منمبت نعمة دان ارسال *yang ūleh-ña kāmi sudah meñambut nimet dān irsāl*, par qui nous avons reçu la grâce et l'apostolat (*N.* 251).

رسولى *rasūli*, apostolique. الکنيسة يڠ الرسولى *el-kanīset yang er-rasūlī*, l'église apostolique (*P. M.*).

رسولين *rasūlin* (pluriel de رسول *rasūl* (*P. M.*). سکلين الرسولين *sa-kalī-an er-rasūlin*, tous les apôtres.

[Jav. et Sund. ꦫꦱꦸꦭ꧀ *rasul.*]

رسق resik, beau, pur, clair.

مرسق *me-resik*, se montrer clair, être pur, perçant, éclatant (de la voix). منترى برسرو سوارا‌ن مرسق *mantrī ber-serū suwarā-ña me-resik*, le ministre criait et sa voix était éclatante (*S. Bid.* 61).

v. برسه *bresih*.

[Jav. ꦉꦱꦶꦏ꧀ *resik*. Day. *rasih.*]

رستغ **rastuŋ,** ulcère, maladie vénérienne, dans laquelle le nez se détruit par la putréfaction. On dit aussi: كوچي — *rastuŋ kōxi.* La maladie du cancer se nomme aussi *rastuŋ.*

[Day. *rastoŋ.*]

رسم **resam** (Ar.), tracer, dessiner, écrire. دبريكن اوله نينقك ايت سباتغ قلم رسم *di-brī-kan ūleh nēnek-ku itu sa-bātaŋ kalam resam,* mon aïeul m'avait donné un crayon à écrire (*H. Ab.* 20).

Selon *Kl.*, *resam* est le nom d'une plante avec les tiges de laquelle on fait des plumes à écrire, nommées *kalam-resam.*

رسم **resm** (Ar.), loi, usage, coutume, ce qui est établi. بارغ رسم دان عادة يغ بياس اورغ كافرمنورت *bāraŋ resm dān ādat yaŋ biāsa ōraŋ kāfir menūrut,* les lois et les usages que les infidèles ont coutume de suivre (*M. R.* 202).

رسمال **rasamāla.** — كايو *kāyu rasamāla,* à Rhio, on nomme ainsi un bois odoriférant très-dur et dont on se sert en médecine. Vers le détroit de la Sonde, c'est un bois très-solide, qui sert surtout à la charpente et à la menuiserie; il est couleur rosée et d'un grain très-fin (*Kl.*) (*liquidambar altingia*).

Selon Marsden, *rasamala* est un grand arbre, qui donne une gomme ou résine, liquide et rouge, ressemblant au benjoin.

J. Rigg donne ce mot comme venant du S. रस *rasa,* goût, saveur, et मल *mala,* excrétion, exsudation.

[Jav. [Javanese script] *rasamala,* parfums préparés. Sund. [Javanese script] *rasamala,* nom d'un grand arbre qui donne une gomme aromatique.]

رحيم **raḥīm** (Ar. رحم), clément, compatissant, miséricordieux. اغكو توهن رحيم دان رحمان *aŋkaú tūhan raḥīm dān raḥmān,* vous êtes le seigneur clément et miséricordieux (*S. Bīd.* 33).

[Jav. et Sund. [Javanese script] *rahim.*]

رحم **raḥim** (Ar.), la matrice, qui appartient à la matrice.

رحمان **raḥmān** (Ar. رحم), bon, clément, miséricordieux. بسم الله الرحمان الرحيم *bismillahi er-raḥmān er-raḥim,* au nom du Dieu très-clément et très-miséricordieux (formule d'usage au commencement d'un écrit). يغ امڤون قرنيه رحيم دغن رحمان *yaŋ am-*

pūña parentah raḥīm dengan raḥmān, dont le gouvernement est doux et clément.

رحمانى *raḥmāni*, ce qui tient de la clémence, de la miséricorde. مڤيڤكو اين رحمانى بوكن مڤى شيطان *mimpi-ku īni raḥmāni būkan mimpi šēṭān*, ce songe m'a été envoyé par la clémence de Dieu, et ne vient pas du démon (*Amir Hamza* 187).

[Jav. et Sund. ꦫꦃꦩꦤ꧀ *rah-man.*]

رحمة raḥmat (Ar. رحم), clémence, pitié, miséricorde, compassion. رحمة الله تعالى يڠ تياد بركسداهن *raḥmat allah taāla yang tiāda ber-ka-sudāh-an*, la miséricorde de Dieu qui est infinie (*M. R.* 2). — سلطان *sulṭān raḥmat*, un prince débonnaire.

[Jav. et Sund. ꦫꦃꦩꦠ꧀ *rah-mat.*]

رزقى rezeḳī (Ar. رزق), nourriture, moyens de subsistance. الله تعالى اد ممبرى رزقى ڤد همبان *allah taāla ada mem-brī rezeḳī pada hambā-ña*, le Dieu très-haut donne la nourriture à ses serviteurs (*Sul. Ibr.* 15). — برموول *ber-mūwal rezeḳī*, avoir du dégout pour les aliments.

رشيد rešīd (Ar. رشد), droit, convenable, valable, honnête, intelligent. يائيت سورت رشيد *iā-itu sūrat rešīd*, cette lettre est valable (*H. Ab.* 268). — جالن *jālan rešīd*, chemin droit (*D. M.* 54).

رشد rešd (Ar.), rectitude, loyauté (*D. M.* 54).

رضا redlā, reḷā (Ar.), inclination, volonté, bon plaisir, acquiescement, consentement; avoir pour agréable. دڠن رضا هاتى *dengan redlā hāti*, de bon cœur. دڠن رضا سوميڽ *dengan redlā suami-ña*, du consentement de son mari. رضاله اكو ماتى *redlā-lah āku māti*, je suis content de mourir (*M.*).

مرضاكن *me-redlā-kan*, faire plaisir à, contenter quelqu'un, se soumettre à. رضاكن ككند سكلين *redlā-kan kakanda sa-kalī-an*, est-ce le plaisir de tous mes amis? (*M.*). بايقله اكو رضاكن *bāīk-lah āku redlā-kan*, je ferai bien de me soumettre (*Bis. Raj.* 14).

كرضاءن *ka-redlā-an*, ce qui est devenu le bon plaisir, agréable, la volonté. الله — *ka-redlā-an allah*, ce qui est agréable à Dieu, la volonté de Dieu.

برضا٢ن *be-redlā-redlā-an*, qui se conviennent mutuellement (*D. M.* 25).

رضاع ***ridlā*** (Ar. رضع), action de téter (*D. M.* 280).

رضاعة ***redlāat*** (Ar. رضع), allaitement (*D. M.*).

رضى ***rudlī*** (Ar. رضا), qui est satisfait, qui a pour agréable. رضى الله عنه *rudlī allah anhu*, que Dieu soit satisfait de lui (formule qui se place après les noms des premiers khalifes ou des compagnons de Mahomet) (*M. R.* 3).

رضوان ***redluwān*** (Ar. رضا), nom de l'ange qui garde la porte du paradis, selon la croyance des mahométans. هى ملك رضوان بكـٓيله همب قنتو سورڮ اين *hey malak redluwān buka-ī-lah hamba pintu suarga īni*, hé, ange Redluwan, ouvre-moi la porte du ciel (*Mir. Moh.* 4).

رضوانى ***ridlwānī*** (Ar. رضا), qui est du paradis, qui concerne le paradis.

رطيب ***reṭīb*** (Ar. رطب), humide. سَتڠه رطيب دان ستڠه يابس *sa-teṅah reṭīb dān sa-teṅah yābus*, une partie est humide et une partie est sèche (*M. R.* 13).

رطوبة ***ruṭūbet*** (Ar. رطب), humidité, état de ce qui est humide. جكلو رطوبة ايت ترلبه جادى درڤد يبوسة *jikalaw ruṭūbet ītu terlebèh jādi deri-pada yebūset*, si l'humide l'emporte sur le sec (*M. R.* 13).

رطل ***reṭl*** (Ar.), nom d'un poids, une livre. سواتو بند يڠ سراتس رطل برتن *suātu benda yaṅ sa-rātus reṭl bràt-ña*, un objet du poids de cent livres (*D. M.* 129).

D'après le dictionnaire persan, arabe et anglais de J. Richardson, le *reṭl* serait d'à peu près 375 grammes; mais d'après le dictionnaire arabe-français de Kazimirski, il varie selon les pays.

رعية ***raγyat*** (Ar. رعى), sujets, le peuple, les simples soldats d'une armée. ممبوت انياى ڤد رعيتن *mem-būat aniāya pada raγyat-ña*, opprimer ses sujets. بنتار دان بدوند رعية سكلين *bantāra dān biduwanda raγyat sa-kalī-an*, les hérauts, les gardes du corps et tout le peuple (*R.* 3). ببراڤ ديبو رجراج هلبالڠ دان رعية *be-*

brāpa ribu raja - rāja hulu-bālang dān rayat, plusieurs milliers de nobles, d'officiers et de simples soldats (M.).

[Jav. ꦫꦪꦠ꧀ rayat, et Day. rayat, tout le personnel qui se trouve sous un maître de maison, ou sous un chef.]

رفاقة ***refāḳat*** (Ar. رفق), bienveillance, bonté. ممبري خبر درفد رفاقتڽ mem-brī ḳabar deri-pada refāḳat-ña, faire connaître sa bienveillance (M. R. 4).

رفيق ***refīḳ*** (Ar. رفق), bienveillant, obligeant; compagnon. صحبة يڠ صادق دان رفيق ṣoḥbat yang ṣādiḳ dān refīḳ, un ami sincère et bienveillant (M. R. 4).

رفع ***refạ*** (Ar.), action de lever, de hausser.

مرفع me-refạ, lever, hausser.

مرفعكن me-refạ-kan, lever quelque chose, porter en haut, envoyer à un supérieur. همب مرفعكن سكفڠ سورت كباوه حضرة سري فادك توان يڠ مهملي hamba me-refạ-kan sa-keping sūrat ka-bāwah ḥadlirat sri pāduka tūan yang maha-mulīa, je fais parvenir ce morceau de lettre en la présence du bien-aimé et très-honoré seigneur (Lett. Mal.).

ل

ل ***l,*** la lettre لا lā, nommée لام lām par les Arabes, une des liquides. Sa valeur est celle de l français. (v. Gram.)

لاهن ***lāhan,*** radical de فرلاهن per-lāhan, v. ce mot.

لايه ***lāyah,*** baissé, courbé, incliné: un voile (Kl.).

ملايه me-lāyah, se courber, s'incliner, se baisser: voiler (Kl.). — كفال — me-lāyah kapāla, incliner la tête (M.).

ملايهكن me-lāyah-kan, faire incliner, baisser ou courber quelque chose. مريكئيت ملايهكن كفلاڽ marīka-ītu me-lāyah-kan kapalā-ña, ils baissèrent leur tête (B. 73).

لايو ***lāyu***, fané, flétri, desséché; se faner, se flétrir, dépérir, se dessécher. — داون *dāun lāyu*, des feuilles desséchées. — بوڠ *būnga lāyu*, des fleurs fanées. تاڠنڽ — *lāyu tāngan-ña*, il avait la main desséchée. سفرت بوڠ يڠ لايو دتڠكي *seperti būnga yang lāyu di-tangkey*, comme une fleur fanée sur sa tige (*M.*). سکل داون کايو براوبه ورنان سفرت هندق لايو *segala dāun kāyu ber-ūbah warnā-ña seperti hendak lāyu*, les feuilles des arbres changent de couleur, comme pour se dessécher (*N. Phil.* 40).

Loc. جکلو لايو بوڠ دڠڠم شاه عالم *jikalaw lāyu būnga di-genggam šāh ālam*, si la fleur vient à se faner dans la main de Votre Majesté. C'est-à-dire: si Votre Majesté vient à mourir (*S. Mal.* 244).

مليوکن *me-layū-kan*, faire faner, faire dépérir.

[Mak. ᨒᨐᨘ *layu*. Day. *layu*. Tag. ᜎᜑᜒ *lahi*, fané. Bis. ᜎᜌ *laya*, se faner.]

لايق ***lāyik***, ***lāik*** (Ar. لائق), convenable, qui sied, propre à, compétent. ڤکاين يڠ لايق *pakēyan yang lāik*, des habits convenables. ڤرکتاٴن يڠ لايق *perkatā-an yang lāik*, termes propres. ڤري يڠ لايق *pri yang lāik*, d'une manière convenable. ڤرمڤوان ايت مڠيکت لکلاکي برتاڤ سدڠ لايقڽ ايت دودق ددالم نکري *perampūan itu meng-īkut laki-lāki ber-tāpa sedang lāik-ña itu dūduk di-dālam nagrī*, cette femme suit son mari qui va faire pénitence, lorsqu'il serait convenable qu'elle restât dans le pays (*R.* 87). مانسي يڠ لايق اکن مڠاجر اورڠ لاين٢ *mānusīa yang lāik ākan meng-ājar ōrang lāin-lāin*, des personnes compétentes pour instruire les autres (*N.* 347).

لايڠ ***lāyang***, voler, planer.

لايڠ٢ *lāyang-lāyang*, hirondelle. سفرت بورڠ لايڠ٢ دمکين ڤون منچيچتله اکو *seperti būrung lāyang-lāyang demikīan pūn men-cicit-lah āku*, j'ai crié comme les petits de l'hirondelle (*B.* 1004). سارڠ بورڠ لايڠ٢ *sārang būrung lāyang-lāyang*, les nids d'hirondelles bons à manger. بوهي — *lāyang-lāyang būhi*, l'espèce d'hirondelle dont le nid est bon à manger. بابي — *lāyang-lāyang bābi*, nom d'une autre espèce d'hirondelle.

brāpa rību raja-rāja hulu-bālang dān rạyat, plusieurs milliers de nobles, d'officiers et de simples soldats (*M.*).

[Jav. ꦫꦪꦠ꧀ *rayat*, et Day. *rayat*, tout le personnel qui se trouve sous un maître de maison, ou sous un chef.]

رفاقة **refāḳat** (Ar. رفق), bienveillance, bonté. ممبری خبر درفد رفاقتڽ *mem-brī ḳabar deri-pada refāḳat-ña*, faire connaître sa bienveillance (*M. R.* 4).

رفيق **refīḳ** (Ar. رفق), bienveillant, obligeant; compagnon. صحبة يڠ صادق دان رفيق *ṣoḥbat yang ṣādiḳ dān refīḳ*, un ami sincère et bienveillant (*M. R.* 4).

رفع **refạ** (Ar.), action de lever, de hausser.

مرفع *me-refạ*, lever, hausser.

مرفعكن *me-refạ-kan*, lever quelque chose, porter en haut, envoyer à un supérieur. همب مرفعكن سكفڠ سورت كباوه حضرة سرى فادك توان يڠ مهملي *hamba me-refạ-kan sa-keping sūrat ka-bāwah ḥadlirat srī pāduka tūan yang maha-mulīa*, je fais parvenir ce morceau de lettre en la présence du bien-aimé et très-honoré seigneur (*Lett. Mal.*).

ل

ل **l**, la lettre لا *lā*, nommée لام *lām* par les Arabes, une des liquides. Sa valeur est celle de *l* français. (v. Gram.)

لاهن **lāhan**, radical de ڤرلاهن *per-lāhan*, v. ce mot.

لايه **lāyah**, baissé, courbé, incliné: un voile (*Kl.*).

ملايه *me-lāyah*, se courber, s'incliner, se baisser: voiler (*Kl.*). كڤال — *me-lāyah kapāla*, incliner la tête (*M.*).

ملايهكن *me-lāyah-kan*, faire incliner, baisser ou courber quelque chose. مريكئيت ملايهكن كڤلاڽ *marīka-ītu me-lāyah-kan kapalā-ña*, ils baissèrent leur tête (*B.* 73).

لايو lāyu, fané, flétri, desséché; se faner, se flétrir, dépérir, se dessécher. — داون *dāun lāyu*, des feuilles desséchées. — بوڠ *būnga lāyu*, des fleurs fanées. تاڠنن — *lāyu tāngan-ña*, il avait la main desséchée. سڤرت بوڠ يڠ لايو دتڠکي *seperti būnga yang lāyu di-tangkey*, comme une fleur fanée sur sa tige (*M.*). سڬل داون کايو براوبه ورنان سڤرت هندق لايو *segala dāun kāyu ber-ūbah warnā-ña seperti hendak lāyu*, les feuilles des arbres changent de couleur, comme pour se dessécher (*N. Phil.* 40).

Loc. جکلو لايو بوڠ دڬڠڬم شاه عالم *jikalaw lāyu būnga di-genggam šāh ālam*, si la fleur vient à se faner dans la main de Votre Majesté. C'est-à-dire: si Votre Majesté vient à mourir (*S. Mal.* 244).

مليوکن *me-layū-kan*, faire faner, faire dépérir.

[Mak. [illegible] *layu*. Day. *layu*. Tag. [illegible] *lahi*, fané. Bis. [illegible] *laya*, se faner.]

لايق lāyik, lāik (Ar. لائق), convenable, qui sied, propre à, compétent. ڤکاين يڠ لايق *pakēyan yang lāik*, des habits convenables. ڤرکتاءن يڠ لايق *perkatā-an yang lāik*, termes propres. ڤري يڠ لايق *prī yang lāik*, d'une manière convenable. ڤرمڤوان ايت مڠيکت لکلاکي برتاڤ سدڠ لايقڽ ايت دودق ددالم نڬري *perampūan itu meng-ikut laki-lāki bertāpa sedang lāik-ña itu dūduk di-dālam nagrī*, cette femme suit son mari qui va faire pénitence, lorsqu'il serait convenable qu'elle restât dans le pays (*R.* 87). مانسي يڠ لايق اکن مڠاجر اورڠ لاين٢ *mānusia yang lāik ākan meng-ājar ōrang lāin-lāin*, des personnes compétentes pour instruire les autres (*N.* 347).

لايڠ lāyang, voler, planer.

لايڠ٢ *lāyang-lāyang*, hirondelle. سڤرت بورڠ لايڠ٢ دمکين ڤون منچيچيتله اکو *seperti būrung lāyang-lāyang demikian pūn men-cicit-lah āku*, j'ai crié comme les petits de l'hirondelle (*B.* 1004). سارڠ بورڠ لايڠ٢ *sārang būrung lāyang-lāyang*, les nids d'hirondelles bons à manger. بوهي — *lāyang-lāyang būhi*, l'espèce d'hirondelle dont le nid est bon à manger. بابي — *lāyang-lāyang bābi*, nom d'une autre espèce d'hirondelle.

لايم lāyam, action de brandir, d'agiter: se cabrer (*Cr.*).

برلايم *ber-lāyam,* qui brandit, qui s'agite.

برلايمكن *ber-lāyam-kan,* brandir, secouer, agiter quelque chose. سيله قدغ يغ برلايمكن درين *sa-bīlàh pedàng yang ber-lāyam-kan dirī-ña,* un glaive qui s'agitait (*B.* 5).

لاير lāyar, une voile. — مماسغ *memāsang lāyar,* mettre à la voile. — مغمبل *meng-ambil lāyar,* serrer les voiles. منورنكن — *menūrun-kan lāyar,* amener les voiles. — كاين *kāin lāyar,* de la toile à voile. اكغ — *lāyar āgung,* la grande voile. ڤبورغ — *lāyar peñūrung,* voile d'artimon. ڤغاڤه — *lāyar pengāpuh,* hunier. توڤغ — *lāyar tūpang,* misaine. — سمنديرا *lāyar semandēra,* civadière. سابر — *lāyar sābur,* voile de perroquet. ترجق — *lāyar tarjak,* voile en forme de trapèze. — ايكن *ikan lāyar,* nom d'un poisson.

برلاير *ber-lāyar,* qui met à la voile, qui voyage sur mer. لاݢى دو هاري بوله برلاير *lāgi dūa hāri būleh ber-lāyar,* dans deux jours vous pourrez mettre à la voile (*H. Ab.* 96).

ملايركن *me-lāyar-kan,* conduire un navire. مك دلايركنله كچى ايت *maka di-lāyar-kan-lah kexī itu,* alors il dirigea le bâtiment (*H. Ab.* 119).

ڤلايارن *pe-layār-an* ou ڤرلايارن *per-layār-an,* voyage sur mer, navigation. سهاري سمالم ڤلايارنڽ *sa-hāri sa-mālam pe-layār-an-ña,* il a vogué un jour et une nuit (*M.*).

[Jav. et Sund. [illegible] *layar.* Bat. [illegible] *rayar.* Day. *rayar.* Tag. et Bis. [illegible] *layag.*]

لاير lāyur, brûlé, grillé, desséché.

ملاير *me-lāyur,* brûler, griller, dessécher, échauder, rôtir. — تاغن *me-lāyur tāngan,* s'échauder la main (*M.*).

ترلاير *ter-lāyur,* qui est brûlé, qui a été desséché. ترلاير اوله اغن تيمر *ter-lāyur ūleh āngin tīmur,* desséché par le vent d'est (*B.* 66).

كليورن *ka-layūr-an,* dessèchement, brûlure, ce qui est desséché. كليورن اوله اڤي *ka-layūr-an ūleh āpi,* une explosion causée par le feu (*M.*).

لاير lāyur, page d'un livre (*Cr. Batav.*).

لايس **lāyis,** éloigné, repoussé.

ملايس *me-lāyis,* repousser, éloigner de soi (*Kl.*).

لاو **lāwa** ou للاو **lelāwa,** pour لاور *lāwar* et كللاور *kalulāwar.*

لاو۲ ou لولاو **lawa-lāwa,** v. لاب۲ *laba-lāba.*

لاوه **lāwah,** une plaisanterie; faire semblant (*Cr.*).

لاوه **lāwuh,** v. لاوق *lāwuk.*

لاوه۲ **lāwah-lāwah** = لاب۲ *laba-lāba.*

لاوي **lāwi,** les deux plus longues plumes de la queue d'un oiseau; les plus longs cheveux de la tête.

[Bat. ... *lawi.*]

لاوق **lāwuk, lāuk,** vivres, pitance, ce qui se mange avec le pain ou avec le riz. لاوق اكن بڤان ڤد جالن *lāuk ākan bapāña pada jālan,* des vivres pour leur père pendant le chemin (*B.* 76). دسورهن بوت لاوق *di-sūruh-ña būat lāuk,* il ordonna d'en faire des vivres (*H. D.* 76). لاوقن ڤد سواتو تالم *lāuk-ña pada suātu tālam,* on lui servit sa pitance sur un plateau (*S. Mal.* 347. ڤاوق — *lāuk pāuk,* toutes sortes de provisions de bouche, de pitances.

برلاوقكن *ber-lāuk-kan,* faire un mets de quelque chose, en faire sa pitance.

On trouve aussi لاوه *lāwuh.*

[Jav. ... *lawuh,* hors-d'œuvre qui se mangent avec le riz. Sund. ... *lauk,* poisson, viande. Day. *lauk,* poisson.]

لاوغ **lāwang,** signe fait des yeux; indiqué par un signe des yeux.

ملاوغ *me-lāwang,* faire signe des yeux, indiquer par un clin d'œil; appeler.

لاوغ **lāwang,** porte, porte d'un palais (*Pij.*). ڤنتو لاوغ دتوتڤن *pintu lāwang di-tūtup-ña,* elle ferma la porte (du palais) (*S. Bid.* 102).

[Jav. et Sund. ... *lawang.*]

لاوغ **lāwang,** clou. — بوغ *būnga lāwang,* clou de girofle. — كولت *kūlit lāwang,* sorte de cannelle dont l'odeur ressemble à celle du clou de girofle (*cinnamomum culilawan*).

v. لابغ *lābang.*

لاوت **lāwat**, visité, être visité. Ce mot paraît aussi signifier division ou partie d'une armée, comme on le voit par ce passage du *R.* 127. رعية يغ دولاڤن لاوت .... يغ امڤت لاوت اتوله يغ مغيرغكن انقك يغ امڤت لاوت ايت تڠݢل منوڠݢوى نݢرى *rayat yaṅ dūlāpan lāwat .... yaṅ ampat lāwat itū-lah yaṅ meṅ-īriṅ-kan ānak-ku yaṅ ampat lāwat ītu tiṅgal menuṅgū-i nagri*, de l'armée qui forme huit divisions, quatre divisions accompagneront mon fils, et quatre divisions resteront pour garder le pays.

ملاوت *me-lāwat*, visiter quelqu'un, faire des compliments de condoléance; inspecter. سكلين ملاوت اكن داكو *sa-kalī-an me-lāwat akan dāku*, tous venaient me complimenter (*H. Ab.* 403). مك راج ڤون مپوره ملاوت كڤل ايت *maka rāja pūn meñūruh me-lāwat kapàl ītu*, le roi ordonna d'aller visiter le bâtiment (*Kl.*).

ملواتى *me-lawāt-i*, faire une visite à, visiter quelque chose. مك متمات ڤون سكرهله دلوتيپ *maka mata-māta pūn sigràh-lah di-lawat-ī-ña*, le surveillant alla les visiter (les navires) (*Kl.*).

لاوت **lāwat**, ombre, représentation d'une chose par l'ombre (*Cr.*).

لاوت **lāwut**, **lāut**, la mer. — بسر *lāut besàr*, l'Océan. سلاتن — *lāut selātan*, l'océan méridional. قلزم — *lāut ḳulzum*, la mer Rouge. — اير *āyer lāut*, de l'eau de mer. — تڤى *tepī lāut*, la côte maritime. — امبق *ombaḳ lāut*, les vagues de la mer. تيمر — *tīmur lāut*, le nord-est. تڠه — *teṅah lāut*, la pleine mer. براڠكت كلاوت *ber-aṅkat ka-lāut*, partir pour une expédition maritime. ددالم لاوت دان ددارت *di-dālam lāut dān di-dārat*, sur mer et sur terre (*R.* 80). اورڠ تڠݢلم ددالم لاوت قلزم *ōraṅ teṅgelàm di-dālam lāut ḳulzum*, les gens furent noyés dans la mer Rouge (*B.* 109).

ملاوت *me-lāut*, prendre la mer, se mettre en mer. تياد بوله ملاوت *tiāda būleh me-lāut*, ils ne pouvaient pas prendre la mer (*S. Mal.* 304).

ملووتى *me-laūt-i*, se mettre en mer, voyager sur mer.

لووتن *laūt-an*, la mer, la haute mer, ce qui est mer. مك اكن

ڤرهمڤونن سڮل اير ايت دڤڠڮلن لٶوتن *maka ākan per-himpūn-an segala āyer ītu di-paŋgil-ña laūt-an*, et il nomma mer le rassemblement des eaux (*B.* 1).

D'après J. Rigg, ce mot viendrait du S. लवण *lavaṇa*, salé, et de उद *uda*, eau.

[Kw. ꦭꦲꦸꦠ꧀ *laut*, se suivre comme les vagues de la mer, et aussi, mer. Sund. ᮜᮅᮒ᮪ *laut*, mer. Bat. *laut*. Day. *laut*, rivage. Tag. ᜎᜂᜆ᜔ *laot*, la haute mer.]

لاون ***lāwan***, adversaire, rival, ennemi: opposé, contre. تيدالہ برکنالن کاون دڠن لاون *tiadā-lah ber-kenāl-an kāwan deŋan lāwan*, on ne pouvait discerner ses amis de ses ennemis (*M.*). نتيله اولهم جاڠن ڤربوت اکو سڤرت لاون يڠ لاين ايت *nantī-lah ūleh-mu jāŋan per-būat āku seperti lāwan yaŋ lāin ītu*, faites bien attention, vous ne me ferez pas comme vous avez fait aux autres ennemis (que vous avez eu à combattre) (*R.* 164). حکم — *lāwan hukum*, contre la loi, illégal. عادة — *lāwan ādat*, opposé aux usages. — بوڠ *būŋa lāwan*, nom d'une fleur (*caryophyllum aromaticum*).

برلاون *ber-lāwan*, être opposé, être ennemi, qui combat. انتار دو برلاون *antāra dūa ber-lāwan*, entre deux contraires.

ملاون *me-lāwan*, résister, s'opposer, combattre, vaincre. سڮل يڠ ملاون دسورهن بونه *segala yaŋ me-lāwan di-sūruh-ña būnuh*, il ordonna de tuer tous ceux qui feraient résistance (*M.*). تياد داڤت کيت ملاون دی *tiāda dāpat kīta me-lāwan dīa*, nous ne sommes pas capables de lui résister (*M.*).

ترلاون *ter-lāwan*, qui est combattu, qui peut être combattu. کلو۲ تياد ترلاون اوله همب *kalaw-kalaw tiāda ter-lāwan ūleh hamba*, peut-être ne pourrais-je pas le combattre (*S. Mal.* 67).

ملواني *me-lawān-i*, s'opposer, résister à quelqu'un.

برلاونکن *ber-lāwan-kan*, qui combat. اداله سبب درڤد همب برلاونکن مهراج رواݢ *adā-lah sebàb deri-pada hamba ber-lāwan-kan maha-rāja rawāna*, c'est parce que j'ai combattu Maharaja Rawana (*R.* 103).

ڤلاون *pe-lāwan*, nom d'un arbre qui fournit un bois excellent et très-dur; *Kl.* en indique de quatre espèces. بتل — *pe-lāwan betùl*, بوکت — *pe-lāwan būkit*, فای — *pe-lāwan pāya* et تود — *pe-lāwan tōda*.

کلوانن *ka-lawān-an*, qui est devenu ennemi: inimitié, opposition.

[Jav. et Sund. ꦭꦮꦤ꧀ *lawan*. Mak. ᨒᨓ *lawa*, empêcher, arrêter. Day. *lawan*.]

لاور **lāwar**, chauve-souris.

[Jav. ꦭꦮ *lawa*, petite espèce de chauve-souris. T. R. fait venir ce mot du S. लव *lawa*, petit.]

لاوس **lāwas**.

ملاوس *me-lāwas*, ne produisant rien, ni fruits ni fleurs (des plantes) (*Kl.*).

لاوس **lāwas** = لوس *lūwas*.

لاك **lāka**, nom d'un arbre dont le bois est odoriférant (*myristica iners*).

[Jav. et Sund. ꦭꦏ *laka*. Day. *laka*, nom d'un arbrisseau.]

لاکی **lāki**, mari, époux. لاکی دان بینی *lāki dān bīni*, mari et femme.

لکلاکی *laki-lāki*, homme, masculin, mâle. — اورڠ *ōrang laki-lāki*, un homme. — انق *ānaḳ laki-lāki*, un enfant mâle. ماکی چار لکلاکی *memākey xāra laki-lāki*, prendre des vêtements d'homme. — ڤربواتن *per-buāt-an laki-lāki*, une œuvre virile, un acte de courage. بايق لکلاکی اتو ڤرمڤون *bāiḳ laki-lāki ātaw perampūan*, que ce soit un garçon ou une fille (*R.* 4). اى برانقله انق لکلاکی *ia ber-ānaḳ-lah ānaḳ laki-lāki*, elle mit au monde un fils (*B.* 28). جکلو سڠڬه اڠکو لکلاکی *jikalaw sungguh angkaw laki-lāki*, si vous êtes véritablement un homme, si vous avez du courage (*R.* 41). اى منونجقکن لکلکين *ia menunjuḳkan laki-lakī-ña*, il a montré son courage (*R.* 94). اى اداله داتڠ دان سرتان امڤت راتس لکلاکی *ia adā-lah dātang dān sertā-ña ampat rātus laki-lāki*, il s'avançait avec quatre cents hommes (*B.* 53).

برلاکی *ber-lāki*, qui a un mari, qui se marie. ڤرمڤون يڠ برلاکی *perampūan yang ber-lāki*, une femme mariée. نسچاى تياد اکو برلاکی دڠن اورڠ ايت *nisxāya tiāda āku ber-lāki dengan ōrang ītu*, je n'épouserai certainement pas cet homme (*M.*).

برلکيکن *ber-lakī-kan*, qui épouse un mari. اى برلکيکن تن ڤيرق *ia ber-lakī-kan tun pēraḳ*, elle épousa Tun Pérak (*S. Mal.* 143).

كلكيئن *ka-lakī-an* et كلكلكيئن *ka-laki-lakī-an*, virilité, force, courage. اى منونجقكن كلكيئنڽ *ïa menunjuk-kan ka-lakī-an-ña*, il a montré son courage (*R.* 86). مريله اغكو منتاكن دريم دان كلكلكيئنم *marī-lah aŋkaw meñatā-kan dirī-mu dān ka-laki-lakī-an-mu*, venez, montrez-vous, et faites voir votre courage (*M.*).

[Jav. ꦭꦏꦶ *laki*. Sund. ꦭꦭꦏꦶ *lalaki*. Mak. ᨒᨀᨗ *laki*, mâle. Tag. et Bis. ᜎᜎᜃᜒ *lalaki*.]

لاكو **lāku**, conduite, actions, maintien, gestes. لاكو يغ تياد ڤاتت *lāku yaŋ tiāda pātut*, conduite qui n'est pas convenable. سياڤاله اين امڤوڽ لاكو *siapā-lah ini ampūña lāku*, qui a fait ceci. باڬي٢ لكوڽ *bāgey-bāgey lakū-ña*, leurs actions étaient diverses. — داون لاكو *dāun lāku*, nom d'une plante grimpante ayant des feuilles rouges et vertes, dont les Malais se servent contre la fièvre chaude (*Kl.*).

سلاكو *sa-lāku*, ainsi, de cette manière, pareillement.

برلاكو *ber-lāku*, arriver, avoir lieu, avoir cours. واغ يغ تياد برلاكو *wāŋ yaŋ tiāda ber-lāku*, monnaie qui n'a pas cours.

ملكوكن *me-lakū-kan*, exécuter, effectuer, traiter quelque chose. اى ماسغ٢ ملكوكن كسكاءنڽ *ïa māsiŋ-māsiŋ me-lakū-kan ka-sukā-an-ña*, chacun satisfaisait ses désirs. (*R.* 38). اڤاكه سببڽ ملكوكن دريم دمكين *apā-kah sebàb-ña me-lakū-kan dirī-mu demikīan*, pourquoi vous conduisez-vous ainsi? (*R.* 56). اى ملكوكن دريڽ برباڬي٢ لكوڽ *ïa me-lakū-kan dirī-ña ber-bāgey-bāgey lakū-ña*, elle se composait en se tenant de différentes manières. اڤاته اغكو ملكوكن اين *apā-tah aŋkaw me-lakū-kan ini*, pourquoi faites vous-cela? (*R.* 87). اڤ سبب مك توان ملكوكن ڤرمڤوان يغ سلاكو اين *apa sebàb maka tūan me-lakū-kan perampūan yaŋ sa-lāku ini*, quel motif peut vous porter à traiter une femme de cette manière? (*M.*).

برلكوكن *ber-lakū-kan*, qui exécute, qui traite. برلكوكن ڤكرجاءن كرجاءن دغن سمڤرناڽ *ber-lakū-kan pe-karjā-an karajā-an deŋan sempurnā-ña*, qui gouverne d'une manière parfaite (*M. R.* 222).

تڤرلكوكن *te-per-lakū-kan*, ce que l'on fait arriver, ce qui doit être exécuté. اكن تاهو اڤاله اكن تڤرلكوكن ڤداڽ *ākan tāhu apālah ākan te-per-lakū-kan padāña*, pour savoir ce qui devait lui arriver (*B.* 86).

كلكوٴن *ka-lakū-an*, conduite, action. كلكوٴن يڠ بايق *ka-lakū-an yang bāiḳ*, une bonne conduite.

[Jav. ꦭꦏꦸ *laku*. Sund. ᮜᮊᮥ *laku*, possible, exécutable. Mak. *laku*, passable, courant. Day. *laku*, demande. Bis. *lakao*, marcher.]

لاكن lākin (Ar. لكن), mais, néanmoins, cependant.

لاكن lākon, pour لكوٴن *lakū-an* = كلكوٴن *ka-lakū-an*, v. لاكو *lāku*.

لاكر lākar, fond, nature, caractère, disposition naturelle, état primitif.

ملاكركن *me-lākar-an*, faire un fond, établir un modèle, mettre dans un état primitif.

[Jav. ꦭꦏꦂ *lakar*.]

لاكر lākur, mêler, mélanger (*Cr.*).

لاڬ lāga, combat d'animaux: opposé, en opposition (de deux points opposés, de deux places qui sont vis-à-vis l'une de l'autre).

برلاڬ *ber-lāga*, qui combat: qui est en opposition à quelque chose.

ممڤرلاڬ *mem-per-lāga*, faire combattre: mettre en opposition.

[Kw. *laga*, guerre, bataille. Sund. *lalaga*, faire semblant de résister, de se battre. Mak. et Bug. *laga*, combattre.]

لاڬي lāgi, v. لاکى *lāgi*.

لاکى lāgi, encore, aussi, en outre, de plus, d'ailleurs. — براڤ *brāpa lāgi*, combien encore? — امڤت *ampat lāgi*, quatre de plus. — سديكيت *sa-dīkit lāgi*, un peu plus. اد لاکى هيدڤ *ada lāgi hīdup*, il est encore vivant. اورڠ برعلم لاکى بجقسان *ōrang ber-ilmu lāgi bijaksāna*, un homme instruit et en même temps judicieux. ڤول — *lāgi pūla*, de plus, en outre. ڤون — *lāgi pūn*, ensuite, en outre.

سلاکى *sa-lāgi*, autant que, aussi longtemps que. سلاکى اد ڤركتارن چكروال *sa-lāgi ada per-kitār-an xakrawāla*, aussi longtemps que dureront les révolutions des sphères célestes (*Lett. Mal.*).

On trouve assez ordinairement لاکٓ *lāgi*.

[Jav. ꦭꦒꦶ *lagi*, précis, au moment, pendant. Day. *lagi*, encore.]

لاکو ***lāgu***, mélodie, modulation, chant.

برلاکو *ber-lāgu*, qui a une modulation modulé, chanté, noté. کتاب قجيڤجيئن دغن برلاکو *kitāb puji-puji-an dengan ber-lāgu*, un livre d'église avec son chant noté (*H. Ab.* 407).

T. Roorda fait venir ce mot du S. लघु *lagu*, léger, agréable, que l'on retrouve en Grec: ὀλίγος. Lat. *levis*. Germ. *leicht*.

[Jav. et Sund. ꦭꦒꦸ *lagu*. Mak. et Bug. ᨒᨁᨘ *lagu*. Day. *lago*.]

لاکم ***lāgam***, nom d'un arbre.

لاغو ***lāngaw***, espèce de grosse mouche. — هيجو *lāngaw hījaw*, la mouche bleue de la viande.

[Bat. [illegible] *langon*. Day. *langau*.]

لاغغ ***lāngang***, solitaire, isolé, retiré, tranquille, désert.

[Bat. [illegible] *langa*.]

لاغغ ***lāngung***, pensant, réfléchissant, pensif.

لاغت ***lāngit***, le ciel, le firmament. — بومی دان *būmi dān lāngit*, le ciel et la terre. بنتغ يغ دلاغت *bintang yang di-lāngit*, les étoiles du firmament. — کاکی *kāki lāngit*, l'horizon.

لاغت٢ *lāngit-lāngit* ou للاغت *la-lāngit*, toile dont on tapisse les plafonds: dais, ciel de lit. — مولت *lāngit-lāngit mūlut*, le palais de la bouche.

ملاغت *me-lāngit*, vers le ciel, très-haut, se perdre dans les nues.

[Jav. et Sund. ꦭꦔꦶꦠ꧀ *langit*. Bat. [illegible] *langit*. Mak. et Bug. ᨒᨂᨗ *langi*. Day. *langit*. Tag. et Bis. [illegible] *langit*.]

لاغن ***lāngan***, bras, manche. لاغن٢ کدو تاغنن *lāngan-lāngan ka-dūa tāngan-ña*, les bras de ses deux mains (*M.*). مماسه تاغن هغک لاغن *mem-bāsuh tāngan hingga lāngan*, se laver les mains jusqu'aux bras. لاغن دايکتن

lāŋan-ña di-ikat-ña, il lui lia les bras. — ممبنتلكن *mem-bantal-kan lāŋan*, faire un oreiller de son bras. باجو — *lāŋan bāju*, la manche d'un habit.

On trouve aussi لڠن *laŋan*.

[Jav. ꦭꦺꦔꦺꦤ꧀ *leŋen*.]

لاغر ***lāŋir***, espèce d'écorce servant de cosmétique, dont on fait usage au bain pour se laver: lavé, nettoyé avec du *laŋir*. جك توجه کالى لاغر دان مندى *jika tūjuh kāli lāŋir dān mandi*, quand vous vous serez lavé sept fois en vous servant de *laŋir* (*S. Bid.* 103). دبريکنن کڤداڽ بدق لاغر کتاڽ ڤرگيله اڠکو مندى *di-brī-kan-ña ka-padā-ña bedȧḳ lāŋir katā-ña pergī-lah aŋkau mandi*, il lui donna du cosmétique *laŋir* en lui disant: allez vous laver (*Kal. dan Dam.* 64).

برلاغر *ber-lāŋir*, qui se sert du cosmétique nommé *laŋir*. سگرهله توان ڤرگى مندى برلاغر *sigràh-lah tūan pergi mandi ber-lāŋir*, allez de suite vous baigner en vous servant de *lāŋir* (*R.* 11).

ملاغر *me-lāŋir*, se servir du cosmétique nommé *laŋir* pour se laver. ڤرگى کتامن ملاغر توبه *pergi ka-tāman me-lāŋir tūbuh*, aller au jardin pour se nettoyer le corps avec du *laŋir*.

ملڠيرى *me-laŋīr-i*, frotter quelque chose avec du *laŋir*. توان ڤترى ملڠيرى سوميڽ مك اندرا جاتى ملڠيرى استريڽ *tūan putrī me-laŋīr-i suamī-ña maka indrā jāti me-laŋīr-i istri-ña*, la princesse frotta son mari avec du cosmétique, et Indra Jati en fit autant à son épouse (*R.* 154). كرس — *me-laŋīr-i krìs*, consacrer un criss dans le sang.

On trouve aussi لڠر *laŋir*.

[Bat. [Batak script] *paŋir*. Mak. [Makassarese script] *laŋiri*.]

لاچر ***lāxur***, pour لنچت *lanxut*.

لاجو ***lāju***, qui vogue, qui passe vite. سمڤن ڤون لاجو سڤرت بورڠ *sampan pūn lāju seperti būruŋ*, l'esquif voguait avec la rapidité de l'oiseau. لجوڽ تياد ترکيرکير *lajū-ña tiāda ter-kira-kira*, coulant avec une rapidité incroyable (*M.*).

ملجوکن *me-lajū-kan*, faire voguer, faire passer rapidement, transporter. اڠين ملجوکن کڤل درى سبوه نگرى کسبوه نگرى *aŋin me-lajū-kan kapȧl deri sa-būah nagrī ka-sa-būah nagrī*, le vent transporte les navires d'un pays à l'autre (*N. Phil.* 74).

[Jav. ꦭꦗꦸ *laju*, poursuivre, continuer. Sund. ᮜᮏᮥ *laju*. Day. *laju*, rapide.]

لاجر **lājur,** sillon, raie, ligne: une page rayée.

[Kw. et Sund. ꦭꦗꦸꦂ *lajur*.]

لاڽق **lāñeḳ,** v. ليڽق *lēñeḳ*.

لات **lāta** (S. लता *latā*, plante rampante), rampant.

ملات *me-lāta*, ramper, se traîner. — بناتڠ يڠ *bìnātaŋ yaŋ me-lāta*, animaux rampants. — تنامن يڠ *tanām-an yaŋ me-lāta*, une plante qui s'étend en rampant. داتس ڤروتم اڠكو اكن ملات *di-ātas prùt-mu aŋkaw ākan me-lāta*, tu ramperas sur ton ventre (*B.* 4). يڠ ملات دباوه كاكي سݢل مانسى *yaŋ me-lāta di-bāwah kāki segala mānusìa*, qui rampent sous les pieds de tous les hommes (*M. R.* 27).

ڤلات *pe-lāta*, qui rampe. — ايكن *ikan pe-lāta*, nom d'un poisson.

[Jav. ꦭꦠ *lata*, feuille: nom d'une fleur.]

لات **lāta** (S. लट्ट *laṭṭa*), misérable, vil, bas.

لات **lāta,** indisposition nerveuse, v. لاته *lātah*.

لاته **lātah** (S. लट *laṭa*, qui parle comme un enfant), indisposition nerveuse chez les femmes, dans laquelle elles disent tout ce qui leur vient à la bouche.

On trouve aussi لات *lāta*.

[Sund. ᮜᮒ *lata* et ᮜᮒᮂ *latah*.]

لاته **lātih.**

ملاته *me-lātih*, tenir dans l'asservissement, défendre (*Pij.*): instruire, enseigner (*Cr.* et *Kl.*): une source (*Kl.*).

لاتى٢ ou لتلاتى **latt-lāti,** nom d'un oiseau.

لاد **lāda,** poivre. ڤوته — *lāda pūtih*, poivre blanc. ميره — *lāda mērah*, poivre rouge, poivre de Cayenne. ڤنجڠ — *lāda panjaŋ* ou چين — *lāda xīna*, poivre long (*piper longum*). برايكر — *lāda ber-ikor*, le cubèbe (*piper cubeba*). دڬوسق لاد چين مولتڽ *di-gōsoḳ lāda xīna mūlut-ña*, on lui frotte la bouche avec du poivre long (*H. Ab.*). Le poivre ordinaire, à baies rondes et noires, se nomme لاد كچل *lāda kecil.* سڤرت لاد كچل اڤيل ماسق داتڠ كوال ڤادڠ *seperti lāda kecil apa-bīla māsuk dātang kuāla pādang*, lorsque des chargements de poivre arrivent dans le port de Padang (*Lett. Mal.*). — متى *lāda mutīa*, nom d'une pâtisserie en forme de petites boulettes. انجڠ — *lāda anjing*, nom d'une plante. — سيڤت *sīput lāda*, nom d'un coquillage. داون لاد ڤاهت *dāun lāda pāhit*, nom donné à certaines feuilles médicinales. لدلاد *lada-lāda*, les boutons d'une jaquette.

On trouve aussi لاده *lādah.*

[Sund. *lada*, piquant. Bat. *lada.* Mak. *lada.* Tag. *lada.*]

لادى lādi. — اورڠ *ōrang lādi* = اورڠ ساكى *ōrang sākey*, v. *sākey* (*Kl.*).

لادڠ lādang, terre préparée pour la culture, surtout celle du riz, mais ne pouvant pas être submergée. — ڤادى *pādi lādang*, riz cultivé dans un terrain sec, qui ne peut pas être submergé. — منڠڬو *menunggu lādang*, surveiller une plantation. ممبوت لادڠ دان ساوه *mem-būat lādang dān sāwah*, préparer des terrains secs et des terrains humides (*H. Ab.* 335).

برلادڠ *ber-lādang*, qui a des champs de riz, qui cultive des champs de riz. سمواڽ اد برلادڠ *samuā-ña ada ber-lādang*, tous avaient des champs de riz (*H. Ab.* 335). بوليهڽ برلادڠ موسم اين *būleh-ña ber-lādang mūsim īni*, ils pourront façonner leurs terres pendant la saison actuelle (*M.*).

ڤلادڠ *pe-lādang*, qui cultive les champs de riz. — اورڠ *ōrang pe-lādang*, un cultivateur.

[Bat. *ladang.*]

لادڠ lādang, nom d'une sorte de bateau. سبوه لادڠ اورڠڽ ليم اورڠ *sa-būah lādang ōrang-ña līma ōrang*, un bateau de ceux nommés *ladang*, dans lequel il y avait cinq personnes (*Hang. T.* 7).

لادڠ lāding, nom d'une sorte de couteau.

[Jav. *lading.* Bat. *lading.* Mak. *lading.* Day. *lading.*]

لادڠ lādung, afflué, confiué, arrêté ensemble, qui ne coule plus. — باتو *bātu lādung*, le plomb d'une ligne à pêcher, qui la maintient contre le courant.

برلادڠ *ber-lādung*, qui conflue, qui se joint en coulant, qui s'arrête, comme les larmes sur les joncs, ou l'eau dans un trou sur un chemin.

ملادڠ *me-lādung*, confluer, arriver dans un endroit pour s'y réunir.

ملادڠكن *me-lādung-kan*, faire confluer, faire arrêter ensemble.

لان *lāna*.

كلان *kelāna*, vagabonder, rôder.

[Jav. ꦭꦤ *lana*. ꦭꦼꦭꦤ *lelana*, errer.]

لانو *lānaw*, boue, fange, vase (*Kl.*).

لانڠ *lānang*, mâle, courageux.

[Jav. et Sund. ꦭꦤꦁ *lanang*, mâle, masculin.]

لانڠ *lānang*.

ملانڠ *me-lānang*, tenir une corde à la main et la faire tourner avec un poids à son extrémité (*Kl.*).

لانن *lānun*, pirate, voleur sur mer (de Lanon, nom d'un district de l'île de Mindanao). بايق لانن اتو ڤرمڤق. *bāik lānun ātaw pe-rompak*, soit des voleurs sur mer ou des pirates (*H. Ab.* 420). اورڠ لانن هندق داتڠ كنڬري كيت *ōrang lānun hendak dātang ka-nagrī kita*, les lanuns menacent de faire une descente dans mon royaume (*Lett. Mal.*).

On trouve aussi الانن *ilānun*.

لاڤه *lāpah*, découpé (d'un animal, après avoir été abattu). مك دلاڤهن ايكن ايت *maka di-lāpah-ña ikan itu*, alors on découpe ce poisson (la baleine après l'avoir tuée) (*Exer.* 139).

ملاڤه *me-lāpah*, couper, dépouiller un animal après l'avoir abattu.

[Bat. ⸻ *lapa*. Tag. et Bis. ᜎᜉ *lapa*.]

لاڤق *lāpik*, base, piédestal, étai, natte sur laquelle on s'assied, sol. رومه — *lāpik rūmah*, les fondements d'une maison. — تيڠ *lāpik tiyang*, la base d'une colonne. كاكي — *lāpik kāki*, marche-pied.

برلاڤق *ber-lāpik*, qui a une base, qui est appuyé sur quelque chose.

lāba, une toile d'araignée. سفرت کاکی لبلاب رڤان *seperti kāki labalāba rupā-ña*, ressemblant aux pattes d'une araignée (*H. D.* 218).

On trouve aussi لاو٢ *lawa-lāwa* et لاوه٢ *lāwah-lāwah*.

[Bat. *lawah*. Day. *lawa*, nom d'une petite araignée jaune. Tag. *lalawa*. Bis. *laoa-laoa.*]

لابه *lābuh*, baissé, tombé, ancré. برلابه *ber-lābuh*, qui est mouillé, qui est à l'ancre. ستله سده کفل ایت برلابه *sa-telàh sudah kapàl itu ber-lābuh*, aussitôt que le navire fut à l'ancre (*M.*). مك برلابهله ڤول دسیت *maka ber-lābuh-lah pūla di-sitū*, et nous mouillâmes de nouveau en cet endroit (v. *Ab.* 10). مك برلابهله مالم ایت *maka ber-lābuh-lah mālam ītu*, et nous passâmes cette nuit à l'ancre (id.).

ملابه *me-lābuh*, baisser, laisser tomber, ancrer, mouiller. ای ملابه ڤوکت ڤد کوال سوڠی *īa me-lābuh pūkat pada kuāla sūngey*, ils jetèrent les filets à l'embouchure de la rivière (*R.* 55).

ترلابه *ter-lābuh*, qui est baissé, que l'on a baissé, ancré, mouillé. ترلابه ساوه کانن دان کیری *ter-lābuh sāuh kānan dān kiri*, des ancres étant jetées à droite et à gauche (*Sul. Ab.* 21).

ملابهکن *me-lābuh-kan*, jeter, laisser tomber, abaisser quelque chose, jeter l'ancre. دسوروهڽ دلابهکن تیری *di-sūruh-ña di-lābuh-kan tīrey*, il ordonna de baisser le rideau (*R.* 71). دان لابهکن ڤوکتم اکن منڠکڤ ایکن *dān lābuh-kan pūkat-mu ākan menangkap īkan*, jetez vos filets pour prendre du poisson (*N.* 100).

لبوهن *labūh-an*, action de jeter, d'ancrer; ancrage, mouillage. منونجقکن لبوهن یڠ بایق *me-nunjuk-kan labūh-an yang bāik*, indiquer un mouillage sûr (*M.*).

ڤلبوهن *pe-labūh-an*, endroit où l'on mouille, mouillage, port. ای ڤرڬیله منچهاری تمڤت ڤلبوهن *īa pergī-lah men-xahāri tampat pe-labūh-an*, il alla chercher un mouillage (*H. Ab.* 177).

[Jav. et Sund. *labuh*. Bat. *dabu*. Mak. *labu*. Day. *laboh.*]

لابی٢ ou **لبلابی *labi-lābi*,** nom d'une tortue d'eau douce de couleur brun fauve.

[Bat. *labi*, nom d'une tortue de terre. Tag.

labi-labi, nom d'une petite tortue. Bis. *labi-labi*, nom d'un poisson.]

لابي٢ ou **لبلابي٢** ***labi-lābi***, sorte de petits tripans (*Kl.*).

لابو ***lābu*** (S. अलाबु *alābu*), calebasse, courge, citrouille. دستوله دسمڤنڽ اوبي دان لابو *di-situ-lah di-simpan-ña ūbi dān lābu*, ils conservent là les pommes de terre et les citrouilles (*Exer.* 162). Les Malais distinguent différentes sortes de *labu*. اير — *lābu āyer*, ميره — *lābu mērah*, مانس — *lābu mānis* ou ڤرڠݢي — *lābu priṅgi*, citrouille. كندي — *lābu kendi*, courge à faire des gourdes.

[Sund. *labu*. Bat. *tabu-tabu*. Malg. *tawu*.]

لابڠ ***lābaṅ***, gros clou, grosse pointe.

[Bat. *labaṅ*.]

لابر ***lābur***, enduit, barbouillé, frotté, poissé. بدنڽ هابسله لابر *badàn-ña hābis-lah lābur*, ils avaient tout le corps barbouillé (*M.*).

ملابركن *me-lābur-kan*, enduire, frotter, barbouiller, poisser quelque chose. دان دلابركنڽ ايت دڠن ݢاله دان ݢلݢال *dān di-lābur-kan-ña itu deṅan gālah dān gala-gāla*, et elle l'enduisit de bitume et de poix (*B.* 86).

[Jav. *labur*, du mortier. Sund. *labur*, répandre, éparpiller.]

لابر ***lābur***.

ڤلابر *pe-lābur*, ce qui est distribué à un grand nombre de personnes (*Kl.*): portion, ration (*Cr.*).

لابر ***lābur*** = كلبورن *ka-lubūr-an*, v. لوبر *lūbur* (*Kl.*).

لابرڠ ***lābraṅ***, les haubans d'un navire, les cordes qui soutiennent les mâts.

[Sund. *labraṅ*.]

لام ***lāma***, espace de temps, durée, longtemps, antérieur, d'autrefois. — براڤ *brāpa lāma*, combien de temps. — دو جام *dūa jām lāma*, l'espace de deux heures. — باڽق *bāñak lāma*, bien longtemps. — اورڠ *ōraṅ lāma*, les hommes d'autrefois. — بكس يڠ *bakàs yaṅ lāma*, une ancienne marque. — بيني *bīni lāma*, une précédente épouse. — جالن *jālan lāma*, l'ancienne voie. — ڤكاين *pakēy-an lāma*, de vieux habits, par opposition à habits neufs.

للام *lama-lāma,* enfin, en dernier lieu; très-longtemps, très-ancien.

سلام *sa-lāma,* aussi longtemps que, d'une même durée. هيدڤ — *sa-lāma hīdup,* toute la vie. سللام *sa-lama-lāma,* toujours. در سللاماڽ *deri sa-lama-lamā-ña,* de toute éternité, de tout temps.

ممڤرلاماكن *mem-per-lamā-kan,* faire durer longtemps (*R. V.*).

برڤرلاماكن *be-per-lamā-kan,* qui fait durer, faisant prolonger longtemps.

كلاماءن *ka-lamā-an,* la suite du temps, longueur du temps, par la suite, enfin. لام كلاماءنڽ منجديله لير *lāma ka-lamā-an-ña men-jadī-lah līar,* par la suite des temps ils sont devenus sauvages (*H. Ab.* 349).

[Jav. ꦭꦩꦶ *lama.* Mak. ... *lama.*]

لامن ***lāman,*** feuillet d'un livre (*Cr.*).

لامن ***lāman,*** pour هلامن *halā-man.*

لامن ***lāmen,*** vide, inoccupé: espace, place (*Cr.*).

لامن ***lāmin,*** deux, une paire, un couple. — باجو *bāju lāmin,* cuirasse ou armure sur laquelle on écrit certains caractères pour rendre invulnérable (*Kl.*).

ڤلامن *pe-lāmin* et ڤلمينن *pe-lamīn-an,* v. ڤلامن *pelāmin.*

On trouve aussi هلامن *halā-min* et كلامن *kelāmin.* v. ce dernier.

لامن ***lāmun,*** en cas que, s'il arrive que, pourvu que, si, quoique. تياد — *lāmun tiāda,* à moins que, si ce n'est que. لامن مريكئيت مڠهمڤونكن درين لاون كيت *lāmun marīka-ītu meng-himpun-kan dirī-ña lāwan kīta,* en cas que ces gens se réunissent contre moi (*B.* 56). لامن هيدڤ جوڬ انق همب *lāmun hīdup jūga ānak hamba,* pourvu que mon enfant vive (*R.* 71). لامن اڠكو اد مپوره ادق كامي ڤرڬي *lāmun angkaw ada meñūruh ādik kāmi pergi,* si vous voulez laisser partir notre jeune frère (*B.* 71). جاڠن — *lāmun jāngan,* de peur que. لامن جاڠن اكو تركارم *lāmun jāngan āku ter-kāram,* de peur que je ne fasse naufrage (*S. Bid.* 12).

[Jav. et Sund. ꦭꦩꦸꦤ꧀ *lamun.* Day. *amun.*]

لامس **lāmus,** se dépouiller, se défaire de sa peau, comme un serpent (*Cr.*).

لار **lāra,** malade, affligé = ساكت *sākit.* يغ ممبوت اورغ سغسار اي جوݢ منداڤت لار *yaṅ mem-būat ōraṅ saṅsāra ia jūga men-dāpat lāra,* ceux qui font souffrir les autres tombent eux-mêmes dans la peine (*S. Bid.* 47).

[Jav. ꦭꦫ *lara.*]

لاره **lārah,** qui se vend, qui a cours, qui est recherché.

On trouve aussi لاريس *lāris.*

[Jav. ꦭꦫꦶꦱ꧀ *laris.*]

لاره **lārih.**

ملاره *me-lārih,* inviter à boire, verser à boire.

[Jav. ꦭꦫꦶꦃ *larih.*]

لاري **lāri,** courir, fuir, s'enfuir. لكس — *lāri lekàs,* courir vite. لاري سڤرت كيجغ *lāri seperti kījaṅ,* courir comme un daim. كاوين — *lāri kāwin,* ravir une fille, l'épouser furtivement. — لڤس *lāri lepàs,* s'échapper. مك مريكئيت ڤون سكلين هابس لاري *maka marīka-ītu pūn sa-kalī-an hābis lāri,* et tous s'étaient enfuis (*R.* 68).

ملريكن *me-larī-kan,* enlever, emporter furtivement, faire courir, mettre en fuite. سݢل هلبالغ ايت ملريكن سݢل ݢندق *segala hulubālaṅ ītu me-larī-kan segala gundik,* les guerriers enlevèrent les concubines (*R.* 65). استريك دلريكن اورغ *istrī-ku di-larī-kan ōraṅ,* on a enlevé mon épouse (*R.* 112). دان سلطان ملريكن كداڽ دغن ساغت *dān sulṭān me-larī-kan kudā-ña deṅan sāṅat,* et le Sultan fit courir son cheval au galop (*M. R.* 158). كريت يغ دلريكن دغن دراسڽ *karēta yaṅ di-larī-kan deṅan dràs-ña,* une voiture qui est trainée avec vitesse (*N. Phil.* 32).

لريئن *larī-an,* course.

برلريئن *ber-larī-an,* qui court, qui se sauve, qui fuit. مك برلريئنله راج سدوم *maka ber-larī-an-lah rāja sodōm,* et le roi de Sodome fut mis en déroute (*B.* 18). ماسغ٢ برلريئن كسان كماري *māsiṅ-māsiṅ ber-larī-an ka-sāna ka-māri,* chacun fuyant à la débandade (*M.*). اڤبيل اغكو برلريئن *apa-bīla aṅkaw ber-larī-an,* lorsque vous vous sauviez (*B.* 56).

برلرلريّن *ber-lari-larī-an*, courir çà et là, pêle-mêle, courir précipitamment. سكلينن برلرلريّن منداڤتكن دى *sa-kalī-an-ña ber-larī-larī-an men-dāpat-kan dia*, ils accoururent tous précipitamment vers lui (*R.* 92).

كلريّن *ka-larī-an*, course, fuite; qui est mis en fuite.

ڤلارى *pe-lāri*, qui court, coureur, fugitif. — سهاى *sahāya pe-lāri*, un esclave fugitif. بودق٢ ڤلارى مڠاجى *būdak-būdak pe-lāri meŋ-āji*, des enfants qui fuient de l'école (*H. Ab.* 28).

ڤلريّن *pe-larī-an*, action de courir, de fuir.

[Jav. ꦭꦫꦶ *lari*. Mak. et Bug. ᨒᨑᨗ *lari*.]

لارو ***lāru***, ingrédient que l'on mêle au jus extrait des cannes ou du palmier, pour le faire cristalliser plus vite, aussi bien que pour le purifier ou lui donner de la couleur: p. ex. de la chaux, de l'huile, une infusion d'écorce du Nangka, etc. (*Kl.*).

[Sund. ꦫꦫꦸ *raru*. Bat. [illegible] *raru*.]

لارق ***lāraḳ***, nom d'une plante parasite dont le fruit se mange et dont l'écorce est employée dans la teinture (*Cr.*).

Selon *Kl.* = لرق *leràḳ*.

لارق ***lāriḳ***, tourné, être tourné (comme une roue que l'on fait tourner, ou comme une chose que l'on entourne sur une autre). دان كڤد كدو ڤوله لاڠنڽ ايت ڤون دو ڤوله مانكم دلارق *dān ka-pada ka-dūa pūloh lāŋan-ña itu pūn dūa pūloh mānikam di-lāriḳ*, et ses vingt bras étaient entourés de vingt pierres précieuses (il avait vingt bracelets dont chacun était formé d'une pierre précieuse) (*R.*).

ملارق *me-lāriḳ*, tourner, se servir d'un tour.

ملارقكن *me-lāriḳ-kan*, tourner ou faire tourner q. ch.

ڤلارق *pe-lāriḳ*, qui tourne: une roue à potier, un tour. توكڠ ڤلارق — *tūkaŋ pe-lāriḳ*, un tourneur.

ڤلريكن *pe-larik-an*, action de tourner; ce qui tourne.

[Mak. et Bug. ᨒᨑᨗ *lari*.]

لارق ***lāriḳ***, une règle, une ligne, une raie.

[Jav. ꦭꦫꦶꦏ꧀ *larik*.]

لارغ **lārang,** défendu, interdit, empêché. اڤ الله لارغ دغن ڤپروهن اين *apa allah lārang dengan peñurūh - an īni,* que défend Dieu par ce commandement? (*P. M.*). دلارغڽ اوله توننڽ *di-lārang-ña ūleh tūan-ña,* défense lui fut faite par son maître (*M.*).

برلارغ *ber-lārang,* qui est défendu, prohibé. ڤركار يغ اد برلارغ دان ڤنتغ درڤد راج *porkāra yang ada ber - lārang dān pantang deri-pada rāja,* des choses qui sont défendues et prohibées à tout autre qu'au roi (*H. Ab.* 434).

ملارغ *me-lārang,* défendre, prohiber. مناهن دان ملارغ *me-nāhan dān me-lārang,* restreindre et prohiber.

ملارغکن *me-lārang-kan,* défendre, empêcher quelque chose. ايتڤون هندق همب سهوتي دلارغکن بݢند *ītu - pūn hendak hamba sahūt-i di-lārang-kan baginda,* je voulais y répondre; mais le roi me le défendit (*M.*). سکل همباڽ يغ دهداڤنڽ تياد ملارغکن فقير ايت داتغ *segala hambā-ña yang di - hadāp - an - ña tiāda me-lārang-kan fakīr ītu dātang,* ses serviteurs qui étaient présents n'empêchèrent pas le fakir d'arriver jusqu'à lui (*M. R.* 44).

اکن ملارغکن انکند ايت جاڠن برڤرغ *ākan me-lārang-kan anakanda ītu jāngan ber - prang,* pour empêcher le prince mon fils de se battre (*R.* 43).

لراڠن *larāng-an,* prohibition, défense: chose prohibée, marchandise de contrebande; réservé, privé. — ڤرنته *parentah larāng - an,* une défense, une prohibition. بوکنڽ لراڠن راج *būkan - ña larāng - an rāja,* ce ne sont pas des marchandises prohibées par le roi (*M.*). تامن — *tāman larāng-an,* un jardin privé, réservé.

[Jav. [illegible] *larang,* rare. [illegible] *larangan,* ce qui est défendu. Sund. [illegible] *larang.* Bat. [illegible] *rarang.* Mak. [illegible] *larang.*]

لارت **lārat,** étendu, disséminé, propagé: planer, se mouvoir en l'air comme un nuage; s'en aller comme un navire qui chasse sur ses ancres. اي تاکت کڤلڽ ايت لارت *ia tākut kapàl - ña ītu lārat,* il craint que le navire ne s'en aille à la dérive (*Lett. Mal.*).

ملارت *me-lārat,* s'étendre, se disséminer, s'augmenter, errer, vagabonder. اي ماکن سهاري

ملارت *ia mākin sa-hāri me-lārat,* il augmentait de jour en jour (*Sul. Ab.* 10). — اورڠ *ōrang me-lārat,* vagabond.

برلراتن *ber-larāt-an,* qui est étendu, qui se propage. برلراتن ڤول حرام ايت *ber-larāt-an pūla harām itu,* cette prohibition s'étend encore (*D. M.* 281).

كلراتن *ka-larāt-an* (se dit des étoiles qui filent). — بنتڠ *bintang ka-larāt-an,* une étoile filante.

[Jav. ꦭꦫꦸꦠ꧀ *larut.* Bat. ᯒᯒᯖ᯲ *rarat.* Mak. ᨒᨑ *lara.*]

لارت ***lārat,*** pouvoir, être en état. جديله تاهن٢ لارت اى مڠاتر ايت *jadī-lah tāhun-tāhun lārat ia meng-ātur itu,* pendant des années il fut en état de le faire (*Il. Ab.* 159).

لارس ***lāras,*** corps, partie principale d'un tout, le canon d'un fusil (*Cr.*); la crosse d'un fusil (*Kl.*). Numéral des sarbacanes. سمڤيتن دو ڤوله لارس *sumpīt-an dūa pūloh lāras,* vingt sarbacanes.

لارس ***lāris*** = لاره *lārah* (*Kl.*).

لال ***lālu,*** v. لالو *lālu.*

لاله ***lālah,*** glouton, vorace, polyphage.

ڤلاله *pe-lālah,* qui est glouton. — اورڠ *ōrang pe-lālah,* une personne vorace, un gourmand (*Kl.*).

لاله ***lālih,*** séché, boucané (de la viande ou du poisson).

ملاله *me-lālih,* faire sécher, boucaner. ملاله ڤد اسڤ *me-lālih pada āsap,* saurer, fumer.

لالى ***lāley,*** négligent, paresseux, fainéant, inattentif, qui n'a pas ses sens, qui est dans un état d'insensibilité. اى لالى اكن كرجاڽ *ia lāley ākan karjā-ña,* il est paresseux à l'ouvrage. در بيلڽ دان لاليڽ *deri bebàl-ña dān lāley-ña,* par leur ignorance et leur insouciance. جاڠن برى دياڽ تڠڬل لالى برماين *jāngan brī diā-ña tinggal lāley ber-māin,* ne les laissez pas plus longtemps lambiner et s'amuser à des riens. اندة٢ ڤڠلهاتنڽ ددالم لاليڽ *indah-indah peng-lihāt-an-ña di-dālam lāley-ña,* ils eurent durant leur ravissement des visions extraordinaires (*M.*). لالى هاتى همب لالو ربه *lāley hāti hamba lālu rebàh,* le cœur me manqua et je tombai (*Mir. Moh.* 71).

ترلالى *ter-lāley*, qui est négligé, non gardé; qui a perdu ses sens. كامو سده داتڠ مليهت دمان تانه اين اداڽ ترلالى *kāmu sūdah dātaŋ me-lihat di-māna tānah īni ter-lāley adā-ña*, vous êtes venus pour voir les endroits faibles (non gardés) de ce pays (*B.* 69). بڬندا ايت ترلالى درفد ساڠت كسكيتن ايت *baginda ītu ter-lāley deri-pada sāŋat ka-sakīt-an ītu*, le prince était évanoui à cause de la grandeur du mal qu'il souffrait (*R.* 8).

ملاليكن *me-lāley-kan*, négliger q. ch. اى مالس سهيڠݢ تانهڽ ايت ڤون دلاليكنڽ *īa mālas sa-hiŋga tānah-ña ītu pūn di-lāley-kan-ña*, ils sont si paresseux qu'ils négligent leurs terres (*H. D.* 208).

ڤرلالى *per-lāley*, qui est négligent, paresseux. — اورڠ *ōraŋ per-lāley*, un paresseux, un fainéant. — علم *ilmu per-lāley* ou ڤلالى *pe-lāley*, nom d'une science occulte (*H. Ab.* 144).

[Jav. et Sund. ꦭꦭꦶ *lali*. Mak. ᨒᨒᨙ *lalé*.]

لالى **lāley**, les bras, manœuvres qui servent à faire tourner les vergues avec leurs voiles (*S. Mal.* 139).

لالو **lālu**, passé, être passé; se passer, dépérir, vieillir, disparaître. اد تڠه هارى لالو *ada teŋah hāri lālu*, il est midi passé. ڤوكل امڤت لالو *pūkul ampat lālu*, quatre heures passées. تاهن يڠ لالو *tāhun yaŋ lālu*, l'année dernière. لالو لمڤو *lālu lampaw*, passer outre. ݢادى ايت سده لالو *gādey ītu sudah lālu*, ce gage est périmé. اورڠ دوا ماسق لالو دودق *ōraŋ dūa māsuk lālu dūduk*, deux hommes entrèrent et s'assirent (*M.*). — لالڠ *lālu lālaŋ*, passer, passer et repasser, aller et venir. هندق لالو لالڠ دلاوت *hendak lālu lālaŋ di-lāut*, voulant aller et venir, de la terre à la mer (*H. Ab.* 187).

v. لالڠ *lālaŋ*.

سلالو *sa-lālu*, passé, éloigné, par delà: quelquefois, souvent.

برسلالو *ber-sa-lālu*, qui passe.

برسللوكن *ber-sa-lalū-kan*, qui fait passer, qui fait continuer (*P. M.*).

ترلالو *ter-lālu*, extrêmement, excessivement. ساكت — *ter-lālu sākit*, extrêmement malade.

برلالو *ber-lālu*, passant, qui passe. برلالو كسان كمارى *ber-lālu ka-sāna ka-māri*, aller et venir, se balancer (*M.*).

مللوءى *me-lalū-i*, outrepasser, transgresser, excéder, se dispenser, éviter. براف مللوءى بوكت دان كونغ *be-brāpa me-lalū-i būkit dān gūnung*, ils passèrent beaucoup de collines et de montagnes (*R.* 56). جاڠن تون للوءى ڤاسن ڤادك ايهند *jāngan tūan lalū-i pāsan pāduka ayahnda*, gardez vous de transgresser les ordres de votre bien-aimé père (*R.* 58). سأورڠ ڤون تياد داڤت مللوءى كهند بارڠ كهندقڽ *sa-ōrang pūn tiāda dāpat me-lalū-i ka-pada bārang kahendak-ña*, personne ne pouvait se dispenser de suivre sa volonté (*R.* 66). جكلو دالم توجه لاڤس كوت سكالى ڤون تيداله بوله مللوءى سراتن ايت *jikalaw dālam tūjuh lāpis kōta sa-kāli pūn tiadā-lah būleh me-lalū-i surāt-an itu*, quant on se renfermerait dans une forteresse à sept enceintes, on ne pourrait éviter le destin (*Kal. dan Dam.* 70).

مللوكن *me-lalū-kan*, faire passer, transporter au-delà, éloigner. كواس يڠ مللوكن درڤد تڠه *kuāsa yang me-lalū-kan deri-pada tengah*, la force qui éloigne du centre, la force centrifuge (*N. Phil.* 110). للوكنله اوله كامو سكل ديوات اورڠ هلت *lalū-kan-lah ūleh kāmu segala dēwāta ōrang halàt*, jetez loin de vous tous les dieux étrangers (*B.* 56).

[Jav. ꦭꦭꦸ *lalu*, s'en aller. Sund. *laler*, passer à côté. Bat. *laluwan*, passé, en parlant des fruits. Mak. *lalo*. Tag. *lalo*.]

لالغ **lālang**, espèce d'herbe, à feuilles longues et coupantes, dont la fleur est cotonneuse (*imperata arundinacea*). چمار تمبق سڤرت بوڠ لالغ رڤاڽ *xemāra tumbak seperti būnga lālang rupā-ña*, les queues blanches de vache attachées aux lances ressemblaient aux fleurs du *lalang* (*M.*). ا‍ى داتڠله ممباو بوڠ لالغ سبركس *ia dātang-lah mem-bāwa būnga lālang sa-berkas*, il vint apportant une botte de fleurs de *lalang* (*R.* 58). — بورڠ *būrung lālang*, nom d'un oiseau. — لالو *lālu lālang*, v. لالو *lālu*. اكر سده لالغ *ākar sudah lālang*, sorte de racine médicinale, que l'on emploie extérieurement dans les convulsions (*Kl.*).

لالغ *lālang* est aussi employé pour لغ *lang* et هالغ *hālang*, v. ces mots.

[Jav. *alang-alang*, herbe. Jav. et Sund. *lang-*

lang, faire la ronde, la patrouille. Mak. *lalang*, chemin. *alalang*, parcourir.]

لالت **lālat**, mouche. كربو — *lālat karbaw*, l'œstre. كود — *lālat kūda*, le taon. — تاهي *tāhi lālat*, tache de rousseur. اڤبيل جاته لالت ڤد منومن سأورڠ *apabila jātuh lālat pada minūman sa-ōrang*, lorsqu'il tombe une mouche dans la boisson de quelqu'un (*M.*). اى ڤون منجديكن دريڽ سئيكر لالت امس *ia pūn men-jadi-kan dirī-ña sa-īkor lālat amàs*, il se transforma en une mouche couleur d'or (*R.* 126).

[Jav. *laler*. Bat. *lanok*.]

لاس **lāsa**, estropié, mutilé. يڠ تيڤق دان لاس دمكين اين *yang tēpuk dān lāsa demikian inī*, qui est ainsi perclus et estropié (*S. Mal.* 346). دڠن اڠݢوت يڠ لاس *dengan anggōta yang lāsa*, avec un membre estropié. — تيڤق *tēpuk lāsa*, paralysé.

لاسو **lāsu**, s'aigrir, tourner à l'acide (*Cr.*).

لازوردى **lāzuwerdi** (Pers.), lapis-lazuli, ou pierre d'azur: bleu d'azur, azuré. تولسڽ لازوردى دچمڤوري *tūlis-ña lāzuwerdi dicampūr-i*, les dessins qui étaient dessus étaient mêlés de lapis-lazuli (*S. Bid.* 18). دتاتهكن لازوردى يڠ كونيڠ برامس *di-tātah-kan lāzuwerdi yang kūning beramàs*, garni de lapis-lazuli à veines dorées (*M.*).

لازم **lāzem** (Ar. لزم), nécessaire, indispensable. دان لازمله اد سواتو تند *dān lāzem-lah ada suātu tanda*, il y a nécessairement une marque (*M. R.* 223).

ملازمكن *me-lāzem-kan*, faire une chose qui était nécessaire, accomplir un devoir. اڤبيل اكو لازمكنله اكن عادة *apa-bīla āku lāzem-kan-lah ākan ādat*, lorsque j'eus accompli le devoir d'usage (*H. Ab.* 396).

لە **lah**, particule terminale, qui donne à la phrase de l'expression; quelquefois elle est affirmative, et semble être par opposition à كه *kah?* بايقله *bāik-lah*, c'est bien. اتوله *itū-lah*, c'est cela. Quelquefois elle semble indiquer un impératif. ماريله *marī-lah*, viens. سودهله *sudah-lah*, finissez. Enfin, assez souvent, elle semble indiquer un prétérit ou passé. دامبل اورڠله

di-ambil ōrang-lah, le peuple accepta. گندرغ دڤوكل اورغله *gen-derang di-pūkul ōrang-lah*, on battit la caisse. Dans ce dernier cas, elle a le sens de تله *telàh*; c'est pourquoi on ne doit pas les employer ensemble dans une même phrase: ainsi on dira تله سده ايت *telàh sudah ītu*, et non تله سدهله ايت *telàh sudah-lah ītu*.

لهر ***lahàr***, lac, pièce d'eau.

لي ***ley***, v. هلي *halèy*.

ليارن ***līyāran***, nom d'un coquillage.

ليهت ***līhat***, vu, aperçu, regardé, considéré. ليهتله اولهم *līhat-lah ūleh-mu*, voyez, considérez (litt.: soit par vous vu). اڤ كو ليهت *apa kaw līhat*, que voyez-vous?

برليهت *ber-līhat*, qui voit, voyant. برليهتله بيت براولغ استان *ber-līhat-lah bēta ber-ūlang astāna*, je vous verrai en visitant le palais (*S. Bid.* 28).

مليهت *me-līhat*, voir, apercevoir, regarder, considérer, découvrir. سڤاي ڤاتق داڤت مليهت *supāya pātek dāpat me-līhat*, afin que je puisse voir (*N.* 133).

ترليهت *ter-līhat*, vu, aperçu. ستله ترليهت اوله بردان اكن سري رام *sa-telàh ter-līhat ūleh berdāna ākan srī rāma*, lorsque Sri Rama eut été aperçu par Berdana (*R.* 118).

ملهاتي *me-lihāt-i*, regarder vers, jeter les yeux sur q. ch. نكري ترسرهله كڤداڽ ملهاتي بايق دان جاهت *nagri ter-seràh-lah ka-padā-ña me-lihāt-i bāik dān jāhat*, la ville lui fut remise entre les mains, pour voir ce qui s'y passait de bien et de mal (*R.* 60). ايسق هاري اكو ڤرݢي ملهاتي كامو *ēsuk hāri āku pergi me-lihāt-i kāmu*, demain j'irai vous voir (*R.* 3).

مليهتكن *me-līhat-kan*, faire voir, connaître ou faire connaître q. ch. جاڠن دليهتكنڽ *jangan di-līhat-kàn-ña*, que cela ne soit pas connu (*R.* 53).

ممڤرلهاتي *mem-per-lihāt-i*, faire apercevoir quelque chose. بايقله دارت ايت دڤرلهاتي *bāik-lah dārat ītu di-per-lihāt-i*, que l'élément aride apparaisse (*B.* 2).

ممڤرليهتكن *mem-per-līhat-kan*, faire voir, faire que quelqu'un voie ou regarde quelque chose. الله سده ڤرليهتكن اكو لاڬي بنهم *allah sudah per-līhat-kan āku lāgi benih-mu*, Dieu m'a fait voir votre postérité (*B.* 81). هندق اى دڤرليهتكن دڠن توهمب كملياءنن *hendak ïa di-per-lïhat-kan dengan tüan-hamba ka-mulïä-an-ña,* il veut vous faire voir sa gloire (*Mir. Moh.* 10).

كليهاتن *ka-lihät-an*, vue, aspect, qui est vu, qui apparaît: qui reçoit l'impression de la vue. اى تياد كليهاتن ڤد سيڠ هارى سڤرت اى كليهاتن ڤد مالم *ïa tiäda ka-lihät-an pada sïang häri seperti ïa ka-lihät-an pada mälam,* ils ne sont pas aperçus pendant le jour, comme ils le sont pendant la nuit (les astres) (*N. Phil.* 17). مك كليهاتنله ڤدان هو *maka ka-lihät-an-lah padä-ña hüwa,* le Seigneur lui apparut (*B.* 39). بورڠ انتو ايت ڤد سيڠ هارى ايت تياد كليهاتن متان دان كيت ڤد مالم تياد كليهاتن *bürung antu ïtu pada sïang häri ïtu tiäda ka-lihät-an matä-ña dän kïta pada mälam tiäda ka-lihät-an,* les hiboux ont des yeux qui ne voient pas pendant le jour, et nous, nous ne voyons pas pendant la nuit (*Kal. dan Dam.* 89).

بركليهاتن *ber-ka-lihät-an*, qui est aperçu, visible. سڬل كڤال ايت بركليهاتن دتانه *segala kapäla ïtu ber-ka-lihät-an di-tänah,* on voyait toutes ces têtes par terre (*M. R.* 89).

ڤڠليهت *peng-lïhat*, ce qui voit, le sens de la vue. ڤڠليهت دان ڤنڠر دان ڤراس دان ڤنچيوم دان ڤنجابت *peng-lïhat dän penengar dän pe-räsa dän pen-xïüm dän pen-jäbat,* la vue, l'ouïe, le goût, l'odorat et le toucher (*M. R.* 11).

ڤڠليهاتن *peng-lihät-an*, action de voir, vision, perception; le sens de la vue. اڤاكه ڤڠليهاتن تونك كتاكن كڤد همب سكلين *apä-kah peng-lihät-an tüan-ku katä-kan ka-pada hamba sa-kalï-an,* racontez-nous la vision que vous avez eue (*R.* 49). كارن كڤد ڤڠليهاتنن *kärna ka-pada peng-lihät-an-ña,* car selon leur vue (*R.* 66).

On trouve aussi le dérivé برليهتليهاتن *ber-lïhat-lihät-an*, qui fait attention (*B.* 69).

[Jav. ꦭꦶꦪꦠ꧀ *liyat.*]

ليهر **lëher,** le cou, la gorge. — ڤنجڠ *lëher panjang*, un long cou. — باجو *lëher bäju*, le collet d'un habit. — مموتڠ *memütung lëher*, trancher la tête. اكن مڠرت باتڠ ليهرم *äkan mengerat bätang lëher-mu,* pour vous couper le cou (*R.* 122). مك دڤاتهكنن ليهرن

maka di-pātah-kan-ña lēher-ña, et il lui cassa le cou (*R.* 147). اى ڤون برداکف ليهرڽ دان مناڠيسله لکت ڤد ليهرڽ *ia pūn ber-dākap lēher-ña dān menāngis-lah lekàt pada lēher-ña,* il se jeta à son cou et l'embrassa en pleurant (*B.* 78).

ليو **līyu** (Chin. 流 *liêou,* être porté avec le courant), action de godiller, de faire mouvoir un aviron qui se trouve au derrière d'une embarcation (*P. Dew.*). Selon *Kl.*, manière de ramer à quatre personnes.

برليو *ber-līyu,* qui godille, godillant.

مليو *me-līyu,* godiller.

مليوکن *me-liyū-kan,* faire godiller, faire avancer une embarcation avec une godille.

ڤليو *pe-līyu,* godilleur; instrument servant à godiller, godille.

ليو **līyu,** four à briques, briqueterie.

[Sund. ꦭꦶꦪꦺꦴ *lio.*]

ليوت **lēwat,** fat, vain, sot (*Cr.*).

ليوت **līwat,** aller au-dessus, surpasser, excéder, être supérieur, être considérable. مك تتکال اى مليهت اکن سرى رام ليوت ايت *maka tatkāla ia me-līhat ākan srī rāma līwat ītu,* lorsqu'il vit les forces supérieures de Sri Rama (*R.* 144).

[Jav. et Sund. ꦭꦶꦮꦠ꧀ *liwat.* Day. *liwat,* passé. Bis. [illegible] *lioas,* le temps étant passé, après.]

ليونن **layōnan,** un corps, un cadavre.

[Jav. ꦭꦪꦺꦴꦤ꧀ *layon.*]

ليور **lēwer,** libre, lascif; femme de mauvaise vie (*Cr.*).

ليك **lēka,** oisif, inoccupé; flâneur. سهرهارى ليك برماين سهاج *sa-hari-hāri lēka ber-māin sahāja,* tous les jours inoccupé, et ne faisant que jouer (*H. Ab.* 21).

ليق **līyuk,** assis et appuyé tout à fait par derrière.

مليق *me-līyuk,* s'asseoir, être assis en s'appuyant par derrière, être assis dans un fauteuil à grand dossier (*Kl.*).

ليکق **lēkak,** intrigue d'amour (*Cr.*).

ليكر **līkur,** particule servant à former les noms de nombre depuis vingt-et-un jusqu'à vingt-neuf.

سليكر *sa-līkur*, vingt-et-un. — دو *dūa līkur*, vingt-deux. ليم ليكر هاري بولن *līma līkur hāri būlan*, le vingt-cinquième jour de la lune, ou du mois.

[Jav. et Sund. ꦭꦶꦏꦸꦂ *likur*. Mak. ᨒᨗᨀᨚᨑᨚ *likoro*. Day. *rikor*.]

ليكس **līkas,** tourné, dévidé.

مليكس *me-līkas*, tourner, dévider.

لكاسن *likās-an*, dévidoir.

Prov. سفرت سوترددالم لكاسن *seperti sūtra di-dālam likās-an*, comme la soie dans le dévidoir. De même que la soie dans le dévidoir est toute préparée pour être employée, ainsi l'homme qui, dans sa jeunesse, est bon et bien-élevé, est tout prêt pour devenir par la suite un membre utile dans la société.

[Jav. ꦭꦶꦏꦱ꧀ *likas.*]

ليكت **līgat,** tourner vite sur soi-même, comme une toupie. دكليلڠكنڽ ليكت٢ *di-kulīlingkan-ña līgat-līgat*, il le faisait tourner en pirouettant sur lui-même (*Amir Hamz.* 192). برفوسيغ سفرت كاسيغ يغ ليكت *ber-pūsing seperti gāsing yang līgat*, tourner comme une toupie qui a un mouvement de rotation sur elle-même (*Kl.*).

ليكس **līgas,** amble (allure du cheval).

مليكس *me-līgas*, marcher l'amble. كود يغ مليكس *kūda yang me-līgas*, un cheval qui va l'amble.

ليغ **līyang, līang,** un creux, un trou, cavité. تانه — *līang tānah*, un souterrain, un terrier. هيدغ — *līang hīdung*, narines, naseaux. تليغ — *līang telīnga*, le trou de l'oreille. ناك لاكي تيدر ددالم ليغڽ *nāga lāgi tīdor di-dālam līang-ña*, le dragon était encore endormi dans son trou (*R.* 28). دباوه كونغ ايت اد سبوه ليغ *di-bāwah gūnung ītu ada sa-būah līang*, au pied de cette montagne il y avait une caverne (*R.* 110).

[Sund. ꦭꦶꦪꦁ *liang*. Mak. ᨒᨛᨐᨂ *léyang*. Day. *liang*, trou dans la terre servant de repaire aux reptiles.]

ليغ **lēnga,** v. ليغه *lēngah*.

ليغه **lēngah,** négligent, indolent, inattentif.

برليغه *ber-lĕŋah*, qui est inattentif, négligent.

مليغه *me-lĕŋah*, négliger, oublier.

ترليغه *ter-lĕŋah*, qui est dans un état d'indifférence, de négligence. اى ڤون تيداله ترليغه لاكو تونن ايت *ĭa pūn tiadā-lah ter-lĕŋah lāku tūan-ña ītu*, il ne négligeait pas d'observer la conduite de sa maîtresse (*Bis. Raj.* 47).

مليغهكن *me-lĕŋah-kan*, négliger q. ch. دريڽ — *me-lĕŋah-kan dirī-ña*, prendre une contenance indolente.

ممڤرليغه *mem-per-lĕŋah*, faire négliger q. ch.

ممڤرليغهكن *mem-per-lĕŋah-kan*, rendre négligent, faire que quelqu'un néglige quelque chose.

ڤليغه *pe-lĕŋah*, celui qui néglige: et aussi, passe-temps.

ڤلغاهن *pe-leŋāh-an*, action de négliger, négligence, indolence.

On trouve aussi ليغ *lĕŋa* et لين *lĕna*.

[Jav. [Javanese script] *léna* Bat. [Batak script] *léna.*]

ليغه **lĕŋah**, de longue durée, durable (*Cr.*).

ليچى **lĭxi**, nom d'un fruit, le litché.

ليچق **lĕxak**, chemin devenu boueux après la pluie (*Kl.*).

ليچق **lĕxuk**, poli, rendu luisant (du bois).

مليچق *me-lĕxuk*, polir, fourbir, donner de l'éclat (au bois).

مليچقكن *me-lĕxuk-kan*, rendre luisant. دليچق٢كن سمڤى بركيلت *di-lĕxuk-lĕxuk-kan sampey ber-kĭlat*, polir jusqu'à faire reluire (*Kl.*).

ليچق **lĭxik**, broyer fin (des choses sèches), p. ex. des médecines: piler dans un mortier (*Kl.*).

ليچق **lĭxik**, nom d'un jeu que l'on joue avec le fruit nommée بوه ايڤل *bŭah ĭpil* ou گندو *gandu*.

ليچت **lĭxat**, blessure, plaie, écorchure de la peau.

[Jav. et Sund. [Javanese script] *léxét*, échauffé, écorché par le frottement.]

ليچن **lĭxin**, doux, uni, poli, glissant. — تمڤت *tampat lĭxin*, un endroit doux au toucher. جالن — *jālan lĭxin*, un sentier glissant. باتو يڠ ليچين *bātu yang līxin*, une pierre lisse. — امس *amàs līxin*, or qu'on trouve dans la terre meuble, par opposition à celui qu'on trouve dans la roche. رسان — *līxin rasā-ña*, il est doux au toucher. اكو انيله سأورڠ يڠ ليچين كولتك *āku inī-lah sa-ōrang yang līxin kūlit-ku*, j'ai la peau lisse (*B.* 40). مك درسئين ليچين *maka di-rasa-ī-ña līxin*, il sentit que le terrain était glissant (*R.* 60).

كليچينن *ka-līxīn-an*, ce qui est doux, uni, poli; douceur au toucher; polissage. كأتس كليچينن باتڠ ليهرڽ *ka-ātas ka-līxīn-an bātang lēher-ña*, sur les endroits de son cou où sa peau lisse était à découvert (*B.* 40).

ليج **lēja**, nom d'une étoffe rayée, de soie (selon *Cr.*); du guingamp (selon d'autres).

On trouve aussi هليج *halēja*.

ليڽق **lēñek**, broyé, pétri; être broyé. تانه جادى لمڤر سبب دليڽق۲ كاجه ايت *tānah jādi lumpur sebàb di-lēñek-lēñek gājah itu*, la terre était devenu de la boue, parce que les éléphants l'avaient pétrie (avaient trépigné dessus) (*H. Ab.* 71).

On trouve aussi لاڽق *lāñek*.

ليڽڠ **līñang**, léger, qui va vite (d'un navire à voile) (*Kl.*).

ليت **līyat, līat**, tendre, mou, souple, flexible, malléable, ductile. — تانه *tānah līat*, argile, terre à potier. بوه۲ يڠ ليت *būah-būah yang līat*, des fruits tendres et mûrs. تانه ليت مرهنتيكن اير *tānah līat mer - henti - kan āyer*, la terre argileuse empêche l'eau de passer (*N. Phil.* 57).

مليتكن *me-līat-kan*, rendre tendre, donner de la souplesse. مليتكن سكل اڠكتان *me-līat-kan segala anggotā-ña*, donner de la souplesse à ses articulations (*M.*).

[Sund. [Sundanese script] *liat*, coriace, visqueux. Bat. [Batak script] *niyat*, étendre en large par la pression.]

ليتر **lītar**, babiller, jaboter, marmotter.

بليتر *be-lītar*, qui babille, babillant; marmotter, jaboter.

ڤليتر *pe-lītar*, babillard, marmotteur, hableur; fable.

ليده **līdah**, la langue: langage. — مڠرقكن *mengràk-kan līdah*, remuer la langue. ميبت دڠن ليده *meñebùt dengan līdah*, dire de la langue, de vive voix. بفرمان اى اتس ليده عمر *be-firmān īa* *ātas līdah ọmar,* il annonça par la langue d'Omar. قنجغ — *līdah panjarj,* babillard. برت — *līdah beràt,* difficulté à parler. — انق *ānaḳ līdah,* la luette, languette. انق ليده تمباڠن *ānaḳ līdah timbāṅ-an,* la languette, ou l'aiguille d'une balance. — اڤي *līdah āpi,* flamme. لوكو — *līdah lūku,* le fer d'une charrue. — ايكن *ikan līdah,* nom d'un poisson, la sole. داون ليده٢ *dāun līdah-līdah,* nom d'une plante légumineuse (*bauhinia corymbosa*). بادق — *līdah bādaḳ,* nom d'une plante; cactus. بواى — *līdah buāya,* nom d'une agave, aloès. بيبق — *līdah bēbeḳ,* nom d'une plante du genre garance. هايم — *līdah hāyam,* nom d'une plante du genre spermacocée.

ڤڠليده *peṅ-līdah,* nom d'une grande spatule en bois, qui sert à remuer une grande quantité de riz cuit.

[Jav. ꦭꦶꦢꦃ *liḍah.* Bat ... *dila.* Mak. et Bug. ... *lila.* Day. *jela.* Tag. et Bis. ... *dila.*]

ليدى ***līdi,*** côte ou nervure d'une feuille du cocotier. اكو ڤربوت لايڠ٢ ليدى كچل *āku perbūat lāyaṅ-lāyaṅ līdi keċil,* je faisais des cerfs-volants avec la côte des feuilles du cocotier (*H. Ab.* 31). — اولر *ūlar līdi,* nom d'un petit serpent mince. — ساڤو *sāpu līdi,* nom d'un balai d'étable fait de nervures de cocotier.

ليدڠ ***lēdaṅ,*** vaste, étendu. — كونڠ *gūnuṅ lēdaṅ,* nom de la plus grande montagne de la péninsule malaise, ainsi nommée à cause de son étendue.

W. R. van Hoëvell donne à ce mot le sens de: clair. كونيڠ يڠ ليدڠ *kūniṅ yaṅ lēdaṅ,* un jaune clair (*S. Bid.* 87).

v. كدڠ *gedàṅ.*

ليدڠ ***līdaṅ,*** serrer les fils de la trame en tissant (*M.*).

ليدل ***līdal*** = ديدل *dīdal.*

لين ***lēna,*** lambin, inattentif, indifférent, tranquille; long, de longue durée. داتڠ — *lēna datarj,* lent à venir. تيدر مالم تياد اكن لين *tidor mālam tiāda ākan lēna,* son sommeil n'était pas tranquille (*S. Bid.* 36). — برجالن *ber-jālan lēna,* être long-temps en chemin.

برلين *ber-lēna,* qui lambine; différer, être inattentif. جاڠن لاڬى كيت برلين *jāṅan lāgi kita ber-*

lēna, ne différons pas davantage (*M.*).

Selon *T. R.* du S. लीन *līna*, dissipé, dispersé. v. aussi لڠه *lěŋah*.

[Jav. ꦭꦺꦤ *léna.*]

لينو **līnu,** tremblement de terre.

[Jav. ꦭꦶꦤ꧀ꦢꦸ *liṇḍu.*]

لينڠ **lěnoŋ,** nom d'un jeu, que l'on joue avec une noix d'arec.

[Bat. *lénoŋ.*]

لينڠ **līnaŋ,** coulant, dégouttant, tomber par gouttes. دليهتڽ اير لينڠ *di-līhat-ña āyer līnaŋ,* il s'aperçut que l'eau coulait (*M.*).

برلينڠ *ber-līnaŋ,* qui coule, qui dégoutte, couler. برلينڠ٢ اير متاڽ سبب تركنڠكن سيت ديوي *ber-līnaŋ - līnaŋ āyer matā - ña sebàb ter-kenàŋ-kan sīta dēwi,* ses larmes coulaient en se rappelant Sita Déwi (*R.* 129). دليهتڽ ايرايت برلينڠ٢ *di-līhat-ña āyer ītu ber-līnaŋ-līnaŋ,* il vit que cette eau coulait (*R.* 103).

ترلينڠ *ter-līnaŋ,* qui coule, qui dégoutte. ترلينڠ٢ اير متاڽ سڨرت امبن داتس رمڨت *ter-līnaŋ - līnaŋ āyer matā - ña seperti embun di-ātas rumput,* ses larmes tombaient goutte à goutte, comme la rosée sur l'herbe (*M.*).

لينس **līnus,** nom d'une plante (*Kl.*).

ليڨ **lēpa** (S. लेप *lepa*), ce qui sert à enduire, à plâtrer, plâtre, mortier, pommade: plâtré, enduit, graissé.

مليڨ *me - lēpa,* enduire, plâtrer, oindre.

ترليڨ *ter-lēpa,* qui est jeté contre q. ch. pour enduire: qui est rejeté. دبوڠكن سؤرڠ دڠن ترليڨ *di-būaŋ-kan sa-ōraŋ deŋan ter-lēpa,* envoyer une personne dans la solitude en la rejetant (de la société) (*S. Bid.* 81).

[Jav. ꦭꦺꦥ *lépa.*]

ليڨ٢ ou لڨليڨ **lepa - lēpa,** nom d'un bateau (*Kl.*).

ليڨي **līpey,** nom d'une sorte de parasol grossier.

ليڨت **līpat,** plié, doublé, retroussé; être plié, être en double. سڨاي سده دچڨكن بوله دليڨت قرطاس *supāya sudah di-xàp-kan būleh di-līpat kartās,* afin que le papier puisse être plié lorsqu'il est imprimé (*H.*

Ab. 157). كمبليكن دڠن ليفتڽ *kombalī-kan deŋan līpat-ña,* restituez-le au double (*M.*).

برليفت *ber-līpat,* qui plie, qui se plie. تاڠن — *ber-līpat tāŋan,* qui plie les bras (*M.*).

مليفت *me-līpat,* plier, doubler. كاين — *me-līpat kāin,* plier du linge.

ترليفت *ter-līpat,* qui est plié, que l'on a plié. ترليفت ترلتق داتس بنتل *ter-līpat ter-letàk di-ātas bantal,* plié et placé sur un coussin (*S. Bid.* 50).

لفاتن *lipāt-an,* qui est plié, pli, doublure. بوك درفد لفاتنڽ *būka deri-pada lipāt-an-ña,* dèpliez, décachetez-la (la lettre) (*M.*).

فرلفاتن *per-lipāt-an,* la chose pliée; qui est en plis; pli, ride. كولت — *per-lipāt-an kūlit,* les rides de la peau. داون فرلفاتن تليڠ *dāun per-lipāt-an teliŋa,* le contour de l'oreille.

[Jav. [illegible] *lempit.* Mak. [illegible] *lapa.* Day. *lipet.*]

ليفت līpit, des plis fins; plissé à petits plis, comme des collerettes, des surplis.

مليفت *me-līpit,* plisser à petits plis.

فليفت *pe-līpit,* fer à plisser (*Kl.*).

ليفت līput, débordé, répandu sur, remplissant.

مليفت *me-līput,* déborder, se répandre.

ملفوتي *me-lipūt-i,* s'étendre sur, remplir quelque chose. الله يڠ اكن سسواتو اد ملفوتي *allah yaŋ ākan sa-suātu ada me-lipūt-i,* Dieu remplit toute chose, s'étend à tout (*M. R.* 32).

[Kw. [illegible] *limput,* couverture. Sund. [illegible] *liput,* couvert. Bis. [illegible] *lipot,* cerner.]

ليفن līpan, myriapode, scolopendre, cent-pieds. ريڠ٢ دان ليفن *rīyaŋ-rīyaŋ dān līpan,* des chenilles et des scolopendres (*H. Ab.* 83).

On trouve aussi هاليفن *hālīpan,* et اليفن *alīpan.*

[Bat. [illegible] *lipan.* Tag. et Bis. [illegible] *olahipan.*]

ليفر lēper, un plat. v. چيفر *xēper.*

ليفر līpur, consolation; consolé, fortifié, encouragé, rassuré.

برليفر *ber-līpur,* qui est consolé, fortifié, rassuré. بلله اكو

برليقر belùm-lah āku ber-līpur, je ne suis pas encore rassuré (*M.*).

مليقرکن me-līpur-kan, consoler, rassurer quelqu'un, fortifier. اکن مليقرکن هتين ākan me-līpur-kan hatī-ña, pour fortifier leurs cœurs.

ڤڠليقر pen-līpur, qui console, qui rassure, consolateur. هاتى — pen-līpur hāti, qui ranime les esprits. لار — pen-līpur lāra, qui apaise les soucis. يڠ منجادى ڤڠليقر لار هاتى ککند yan men-jādi pen-līpur lāra hāti kakanda, devenu le consolateur qui apaise les soucis de mon cœur (*Indr.* 261).

[Jav. ꦭꦶꦥꦸꦂ lipur.]

ليقس **līpas,** cancrelas.

[Bat. [illegible] ipos. Mak. [illegible] kulipasa.]

ليبر **lēbar,** large, ample; largeur. — جالن jālan lēbar, une route large. — کاين kāin lēbar, du drap fin (à cause de sa largeur qui surpasse celle des étoffes ordinaires). دان ليبرن امڤت دڤ dān lēbar-ña ampat depa, et sa largeur est de quatre brasses (*R.* 55).

مليبرکن me-lēbar-kan, élargir, rendre large, étendre.

ڤلبارن pe-lebār-an, action d'élargir, élargissement (*R. V.*).

ليم **līma,** cinq. بلس — līma blàs, quinze. ڤوله — līma pūloh, cinquante. راتس — līma rātus, cinq cents. کالى — līma kāli, cinq fois. ݢند — līma ganda, quintuple. لاڤس — līma lāpis, cinq fois autant, à cinq couches. سراتس برى ليم sa-rātus brī līma, cinq pour cent. داون سکاتى ليم dāun sa-kāti līma, nom de certaines feuilles médicinales.

برليم ber-līma, être à cinq, qui sont cinq.

ڤرليم per-līma, cinquième, la cinquième partie. — دو dūa per-līma, deux cinquièmes.

کليم ka-līma, le cinquième, qui vient après le quatrième, et aussi, les cinq, tous les cinq. کليم اورڠ ايت ka-līma ōran itu, ces cinq personnes ensemble.

ڤڠليم pan-līma, chef, gouverneur, commandant. لاوت — pan-līma lāut, amiral, commandant d'une flotte. ڤرڠ — pan-līma pràn, un général. هندقله راج ميوره ڤڠليم يڠ براني hendak-lah rāja meñūruh pan-līma yan brāni, le roi doit établir sur ses armées un commandant courageux (*Sul. Ibr.* 20). کارن

اى ڤڠليم كاجه *kārna ia pang-lima gājah*, car il était chargé du soin des éléphants (*S. Mal.* 136).

[Jav. et Sund. ꦭꦶꦩ *lima*. Bat. ᯞᯪᯔ *lima*. Mak. et Bug. ᨒᨗᨆ *lima*. Tag. et Bis. ᜎᜒᜋ *lima*.]

En Mak. et Bug., ainsi que dans les langues océaniennes, *lima* signifie aussi: la main, ce qui en indique l'origine comme nombre. *Lima* cinq, ou le nombre des doigts de la main.

ليمو **līmaw,** (Pers. ليمون), nom générique de toutes les espèces de citrons et oranges; les Malais en connaissent une très-grande variété. كستوري — *līma kastūri,* une sorte de très-petite orange. نيڤس — *līmaw nīpis,* le limon. ليلڠ — *līmaw lēlang,* كدڠس — *līmaw kedangsa,* كاڤس — *līmaw kāpas,* هنتو — *līmaw hantu,* ڤورت — *līmaw pūrut,* cinq sortes non mangeables, mais qui sont employées en médecine. مانس — *limaw mānis,* l'orange ordinaire. بسر — *līmaw besàr* ou بتاوى — *līmaw butāwi,* le pamplemousse. بالى — *līmaw bāli,* le citron. گدى — *līmaw gedē,* l'orange amère. Un grand nombre d'autres sortes sont connues sous les noms de — كنچي — *līmaw kunxi,* سمبل — *līmaw sambal,* كوه — *līmaw kūwih,* ران — *līmaw rāna,* سوسو — *līmaw sūsu,* كربو — *līmaw karbaw,* كسمب — *līmaw kasumba,* كاڤس ڤنجڠ — *līmaw kāpas panjang,* جڤن — *līmaw japùn,* ڤيڤت — *līmaw pīpit,* وڠكڠ -- *līmaw wangkang,* cette dernière est la meilleure des oranges chinoises, qui sont apportées par les *wangkangs.*

برليمو *ber-līmaw,* frotté avec du jus de limon, se frotter de ce jus. ڤرڬى مندى برليمو *pergi mandi ber-līmaw,* aller se baigner et se frotter avec du jus de limon (*R.* 63).

مليموكن *me-līmaw-kan,* frotter quelqu'un avec du jus de limon, ordinairement après le bain.

[Sund. ᮜᮤᮙᮧ *limo,* une petite espèce de citron. Mak. et Bug. ᨒᨙᨆᨚ *lémo.*]

ليمڤر **lēmpar,** pour لمڤر *lempar.*

ليمر **līmur,** pour لمبر *limbur.*

ليمس **līmas,** un toit aplati, opposé au toit incliné (*Kl.*). -- رومه ليمس *rūmah līmas,* maison dont le toit est aplati.

[Sund. ᮜᮤᮙᮞ᮪ *limas,* un toit à quatre côtés, toit en pavillon.]

لير ***līyar, līar,*** sauvage, féroce, indompté. — بناتڠ *binātaṅ līar*, bête sauvage. — كود *kūda līar*, cheval qui n'est pas dressé. بناتڠ يڠ جيتق دان بناتڠ يڠ لير *binātaṅ yaṅ jīnaḳ dān bināṭaṅ yaṅ līar*, les animaux domestiques et les animaux sauvages (*B.* 2). جكلو لير كندرا٢نن *jikalaw līar kandarā-an-ña*, si sa monture est rétive (*M.*).

[Sund. *liar*, vagabonder. Bat. *riyar*. Day. *riyar*. Malg. *dia*.]

لير ***līyur, līur,*** bave, salive, crachat. ايرليرن مليله كدڬون *āyer līur-ña me-līlih ka-dagū-ña*, sa bave lui coulait sur le menton (*M.*). منلن اير لير *menelàn āyer līur*, avaler sa salive. — سيهنچر *si-hanxur līur*, expression d'insulte, v. هنچر *hanxur*.

برلير *ber-līyur*, qui a de la bave; baver.

ملير *me-līur*, hurler pendant la nuit (des chiens) (*Kl.*).

ليري ***līrey.*** كليري *kelīrey* = كليرو *kelīru*.

ليرو ***līru,*** prob. le radical de كليرو *kelīru*.

ليرق ***līriḳ,*** percé, troué.

مليرق *me-līriḳ*, percer, trouer (*Kl.*).

ليرڠ ***lēraṅ,*** brancard, civière.

[Mak. et Bug. *léraṅ*.]

ليرڠ٢ ***lēreṅ-lēreṅ,*** petites roues, comme celles que l'on met sous les fauteuils, les chaises de malades, etc. (*Kl.*).

برليرڠ٢ *ber-lēreṅ-lēreṅ*, qui a des petites roues. — كرسي *krusī ber-lēreṅ-lēreṅ*, une chaise qui a des roues.

ليرن ***līran,*** le jour astronomique, le jour et la nuit, vingt-quatre heures.

[Jav. et Sund. *liron*, de *liru*, un tour.]

ليل ***leil*** ou **ليلة** ***leilat*** (Ar.), nuit. المعراج — *leilat ul-mirāj*, la nuit de l'ascension (où les mahométans croient que leur prophète est monté au ciel).

ليل ***līla*** et **ليله** ***līlah,*** pièce de canon d'un petit calibre relativement à sa longueur. ليل تمباڬ سڤاسڠ ڤنجڠن انم هست ڤلورون بسر ليمو *līla tembāga sa-pāsaṅ panjaṅ-ña anàm hasta pelurū-ña besàr līmaw*, deux canons de bronze, longs de six coudées et du calibre d'une orange (*M.*).

ليل *līla* = مليله *malēlah*, acier.

Il est probable que ليل *līla*, ليله *līlah*, canon, ليل *līla*, مليله *malēlah*, acier, ليله *līlih*, مليله *me-līlih*, couler lentement, or fondu, viennent tous d'un même radical, dont le thème se retrouve dans le Tag. *lila*, creuset, morceaux de lingot.

[Kw. *maléla*, acier. Jav. *lela*, parler lentement. *maléla*, terre noire reluisante, sable brillant. Sund. *lila*, une pièce de canon longue et mince. *lilah*, lentement. Bat. *lelo*, batterie d'une arme à feu. Mak. *léla*, longue pièce de canon. Tag. *lila*, creuset, morceaux de lingot.]

ليل *līla* (S. लीला *līlā*), amusement, volupté), terme de tendresse, d'affection, de familiarité; expression flatteuse. Escrime, art de faire des armes. هی ڤرمڤون مود ليل ڤرڬيله اغکو سکالی کڤدان *hey perampūan mūda līla pergī-lah aṅkaw sa-kāli kapadā-ña*, ô jeune et charmante dame, allez le voir encore une fois (*R.* 88). — مهراج *maharāja līla*, crime, crime de lèse-majesté, crime public, oppression. اورغ چين مهراج ليل مڽامن بارغ دمان دی سوك *ōraṅ ċīna maharāja līla meñāmun bāraṅ di-māna dīa sūka*, les Chinois commettaient les plus grands crimes, faisant de la piraterie partout où ils se trouvaient (*H. Ab.* 300).

مليل *me-līla*, s'exercer à l'escrime.

مللاكن *me-līlā-kan*, brandir une arme, s'exercer avec des armes. مللاكن ڤدغ داتس كود *me-līlā-kan pedaṅ di-ātas kūda*, étant à cheval et s'exerçant avec l'épée (*S. Bid.* 30).

[Jav. *lila*, avoir pour agréable. Sund. *léla*, content, satisfait.]

ليله *lēleh*, découvert, dépouillé, exposé.

مليله *me-lēleh*, découvrir, dépouiller, exposer, expliquer.

مليلهكن *me-lēleh-kan*, découvrir q. ch., faire qu'une chose soit exposée à la vue. اد يغ مليلهكن سسوڽ *ada yaṅ me-lēleh-kan susū-ña*, quelques-uns d'entre eux se découvraient la poitrine (*M.*).

ليله **lĭlĭh,** coulant, ruisselant, qui découle, qui dégoutte. اير يغ ليله درڤد تاغنن *āyer yang lĭlĭh deri-pada tāngan-ña*, l'eau qui dégouttait de ses mains.

مليله *me-lĭlĭh*, couler, ruisseler, découler, dégoutter. اى نايق كاتاس ݢونغ ٢ ڤد اير يغ مليله *ia nāïk ka-ātas gūnung-gūnung pada āyer yang me-lĭlĭh*, ils passèrent sur les montagnes, en suivant l'eau qui coulait (*R.* 110). سڤرت اير يغ مليله رڤان *seperti āyer yang me-lĭlĭh rupā-ña*, ils ressemblent à une eau courante (*M.*). — مس *màs me-lĭlĭh*, or fondu.

لليهن *lĭlĭh-an*, coulement, écoulement, fusion; et aussi, série, rangée de maisons, de montagnes, etc.

برليلهلليهن *ber-lĭlĭh-lĭlĭh-an*, qui coule, qui coule continuellement. — دارهن *dārah-ña ber-lĭlĭh-lĭlĭh-an*, son sang continuait à couler.

[Jav. [Javanese script] *lilih*, s'affaisser, descendre.]

ليلغ **lēlang** (Port. *leilão*), encan, enchère; vendu à l'encan. مك دليلغ هرتان *maka di-lēlang hartā-ña*, ses effets furent vendus à l'enchère (*H. Ab.* 201).

مليلغ *me-lēlang*, vendre à l'encan.

مليلغكن *me-lēlang-kan*, faire vendre quelque chose à l'encan. كليلغكنله سكل بارغ ٢ ايت *ku-lēlang-kan-lah segala bārang-bārang ītu*, je fis vendre tous ces objets à l'encan (*H. Ab.* 406).

[Jav. et Sund. [Javanese script] *lélang*. Mak. [Makassarese script] *lélong*.]

ليلت **lĭlit,** entortillé, entrelacé, tressé; être entortillé. — كاچغ *kāxang lĭlit*, le pois rampant, grimpant.

مليلت *me-lĭlit*, s'entortiller, grimper autour de quelque chose, s'entrelacer. سڤرت ݢادغ كستوري يغ مليلت ڤوهن اغسوك *seperti gādung kastūri yang me-lĭlit pōhon angsōka*, comme l'épidendrum qui s'entortille autour de l'*angsoka* (*Indr.* 260).

Énig. كايو ماتى مليلت كولت كربو *kāyu māti me-lĭlit kūlit karbaw*, un bois mort entoure une peau de buffle. ربان *rabāna*, un tambourin.

مليلتكن *me-lĭlit-kan*, entortiller quelque chose, faire entrelacer.

[Jav. et Sund. [Javanese script] *lilit*. Bat. [Batak script] *lilit*. Day. *lilit*.]

ليلن **lĭlin,** cire: bougie, chandelle, cierge. ليلن سڤوله تمڤغ *lĭ-*

lin sa-pūloh tampang, dix pains de cire. ليلن يڠ چاير *līlin yang xāyer*, de la cire fondue. دو ليلن ترڤاسڠ *dūa līlin ter-pāsang*, deux bougies allumées (*H. Ab.* 83). — كاين ليلن *kāin līlin*, de la toile cirée (*H. Ab.* 264). — سمبڠ *līlin sambang*, un gâteau de cire dans lequel les larves sont encore très jeunes.

[Jav. et Sund. ꦭꦶꦭꦶꦤ꧀ *lilin*. Mak. ᨒᨗᨒᨗ *liling*, bougie. Day. *lilin*.]

ليس **lēsa**, action de gouverner avec un aviron à la proue d'une embarcation.

برليس *ber-lēsa*, qui gouverne, gouvernant avec un aviron.

مليس *me-lēsa*, gouverner avec un aviron à la proue d'une embarcation.

ترليس *ter-lēsa*, qui est gouverné, ou qui peut être gouverné avec un aviron.

ملساكن *me-lesā-kan*, gouverner, diriger une embarcation avec un aviron à la proue.

ڤليس *pe-lèsa*, celui qui gouverne, ou l'instrument qui sert à gouverner, etc. (*P. Dew.*).

ليس **līyas, līas.**

ڤلياسن *pe-liyās-an*, pirate, voleur sur mer (*Kl.*).

ليسه **līsah,** inquiet, agité, triste, morose, impatient. — ڤرتين *prùt-ña līsah*, ses entrailles sont émues.

برليسه *ber-līsah* ou بليسه *be-līsah*, qui est inquiet, agité, triste, troublé. برليسه هاتي سلطان كمتينن *ber-līsah hāti sulṭān ka-mati-matī-an*, le cœur du Sultan était mortellement ému. سمواڽ مناڠس دان بليسه هتيڽ مليهت كلكوان توان ڤتري *samuā-ña menāngis dān be-līsah hatī-ña me-līhat ka-lakū-an tūan putri*, tous pleuraient et avaient le cœur attristé en voyant le trouble, l'émotion de la princesse (*M.*).

[Bat. [illegible] *balisa*, n'être pas bien portant. Day. *balisa*, inquiétude. Tag. [illegible] *balisa*, précipitation et inquiétude. Bis. [illegible] *balisa*, chose à rebours.]

ليست **līsut,** sucé, être sucé.

مليست *me-lisut*, sucer. يڠ مليست سوسو بنداكو *yang me-līsut sūsu bundā-ku*, qui a sucé les mamelles de ma mère (*M.*).

ليست **līsut,** ridé, froncé, ratatiné par la vieillesse. سكل سواتو يڠ كيت ڤندڠ كلهاتن ليست دان لايو

segala sa-suātu yaŋ kīta pandaŋ ka-lihāt-an lisut dān lāyu, tout ce que nous voyons apparaît ridé et fané (*Kl.*).

لو **law** (Ar.), si. En malais, ce mot ne se trouve qu'en composition, comme dans جكلو *jikalaw*. voyez sous جك *jika*.

لو **lū** (Chin. 係 *ŋy*, pron. *lou*), tu, toi (bas malais). لو دان كو *lū dān gūa*, toi et moi (*H. Ab.* 316).

لواط **lawwāṭ** (Ar. لاط), sodomite, — بارغسياڤ *bāraŋ-siāpa lawwāṭ*, quiconque est sodomite (*H. Ab.* 59).

لويغ **lōyaŋ**, cuivre jaune; bronze. — مريم *marīam lōyaŋ*, canons de bronze.

[Bat. ᯞᯬᯂ *loyaŋ*. Day. *luyaŋ*, bracelet de cuivre jaune.]

لويت **lūyut**, plié, courbé (des branches d'arbres), sous le poids des fleurs ou des fruits (*Kl.*).

ملويت *me-lūyut*, plier, courber.

لوك **lōka** (S. लोक *lōka*), le monde.

لوك **lūka**, blessure; blessé; être blessé. — كن *kena lūka*, recevoir une blessure. سمبهله لكاڽ *sembuh-lah lukā-ña*, sa blessure est guérie. اڠݢوت يغ لوك *aŋgōta yaŋ lūka*, un membre blessé. باڽق اورغ ماتی دان لوك *bāñak ōraŋ māti dān lūka*, beaucoup de tués et de blessés. ڤاره — *lūka pārah*, blessure mortelle, blessure grave.

ملوك *me-lūka*, blesser. كلو دی ملوك اتو ممبونه اورغ *kalaw dīa me-lūka ātaw mem-būnuh ōraŋ*, s'il blesse ou tue un homme (*M.*).

ترلوك *ter-lūka*, qui est blessé, que l'on a blessé. تياد سواتو تمڤت توبه يغ تياد ترلوك *tiāda suātu tampat tūbuh yaŋ tiāda terlūka*, il n'y avait pas un seul endroit du corps, où il n'y eut une blessure (*P. M.*).

ملكاءی *me-lukā-i*, faire une blessure à quelqu'un. — يغ *yaŋ me-lukā-i*, celui qui l'avait blessé (*Sul. Ab.* 141).

ملكاكن *me-lukā-kan*, blesser quelqu'un, causer une blessure. ملكاكن كڤال انقڽ *me-lukā-kan kapāla ānak-ña*, il a blessé son enfant à la tête (*Sul. Ab.* 142).

[Bat. ᯞᯮᯂ luka, un peu blessé. Mak. ᨒᨚᨀᨚ loko.]

لوق lūḳ, v. لق lùḳ.

لوق lūwaḳ, district, canton.

[Jav. ꦭꦸꦮꦃ luwah, vallée.]

لوكه lūkah, nom d'un filet à prendre le poisson: une nasse (*Kl.*). اى مناهن لوكه ددالم سوڠى *ia menāhan lūkah di-dālam sūngey,* il plaça un filet dans la rivière (*S. Mal.* 60).

لوكو lūku, charrue. — ليده *lidah lūku,* le fer de la charrue.

[Jav. ꦮꦺꦭꦸꦏꦸ *weluku.* Sund. ꦭꦸꦏꦸ *luku.*]

لوكق lōkiḳ, lent à payer ses dettes: avare, tenace.

لوكن lūkan, nom d'un testacé, coquillage. برجنس٢ سيڤت دان كڤه دان لوكن دان رمس *ber-jenìs-jenìs sīput dān kepàh dān lūkan dān remìs,* toutes sortes de coquillages, des *kepah,* des *lūkan* et des *remis* (*H. Ab.* 84). — ميتار *lūkan mutiāra,* coquillage où se trouvent les perles, la nacre.

[Bat. ᯞᯬᯂᯉ᯲ *lokan.*]

لوكس lōkos, chauve, pelé, dénudé.

ملوكس *me-lōkos,* peler, dénuder (*Kl.*).

لوكس lūkis, dessiné, tracé, gravé, brodé.

ملوكس *me-lūkis,* dessiner, tracer, graver, broder.

ترلوكس *ter-lūkis,* qui est dessiné, que l'on a gravé. مك اد ترلوكس دڤرهياسن ايت *maka ada ter-lūkis di-per-hiās-an itu,* et sur ces ornements on avait gravé (*Kl.*).

ملوكسكن *me-lūkis-kan,* faire dessiner, broder quelque chose.

لكيسن *lukīs-an,* dessin, gravure, broderie.

لوڮ lōga, mesurer la superficie, ou la longueur et la largeur de quelque chose (*Kl.*).

لوڮ lūga, v. دوڮ *dūga.*

لوڮم lōgam (on trouve ce mot joint à هيتم *hitam*). — هيتم *hitam lōgam,* noir de poix.

لوڠ lōng, pour لڠ *lòng,* caisse, boîte.

لوچى lōxé, nom d'un insecte (*M.*.

لوچغ lōxing, cloche, sonnette. بربپله لوچغ ايت ber-buñi-lah lōxing ītu, alors cette sonnette se mettait à sonner (*H. D.* 128).

On trouve aussi لنچغ lonxing. سوراڽ لنچغ برتلتالو suarā-ña lonxing ber-talu-tālu, et le son des cloches retentissait (*S. Bid.* 146).

[Sund. ꦭꦺꦴꦕꦺꦁ loxéng. Mak. ᨒᨚᨌᨙ loxéng.]

لوچت lūxut, échappé, parti, décoché: s'échapper, se décocher, partir, disparaître. سده لوچت ڤداك sudah lūxut padā-ku, il est entièrement perdu pour moi (*M.*).

ملوچتكن me-lūxut-kan, faire décocher, faire échapper, faire disparaître, faire perdre, rendre libre. ملوچتكن هاتى درڤد سكل كبراتن me-lūxut-kan hāti deri-pada segala ka-brāt-an, débarrasser le cœur de tout souci (*Kl.*).

[Jav. ꦥꦭꦺꦤ꧀ꦕꦸꦠ꧀ palenxut, décocher une flèche. Sund. ꦭꦸꦕꦸꦠ꧀ luxut. Bat. ᯞᯮᯘᯮ lusut, sombrer. Day. lusut, être libre.]

لوت lūt, pour الت elūt.

لوت lūwat, avoir du dégout (*Cr.*).

لوتق lūtik, jointures, coutures des planches d'un navire, elles sont ordinairement remplies de goudron ou de braie (*Kl.*).

لوتق lūtik. — ڤينغ pīnang lūtik = ڤينغ كوتى pīnang kūtey.

لوتغ lōting (Chin. 樓臺 léou tay, galerie), endroit élevé, étage supérieur, grenier, galetas. نايق ڤول اى كاتس لوتغ nāik pūla īa ka-ātas lōting, il remonta à l'étage supérieur (*H. Ab.* 117).

[Jav. et Sund. ꦭꦺꦴꦠꦺꦁ loténg.]

لوتغ lūtang = لوتت lūtut.

لوتغ lūtung, nom d'une espèce de singe noir (*semnopithecus maurus*). مموغت سكل انق كرا دان بروق لوتغ memūngut segala ānak kerā dān brùk lūtung, rassembler les singes des différentes espèces bruk et lutung (*R.* 66). — ايكر īkor lūtung, sorte de petit canon.

[Jav. et Sund. ꦭꦸꦠꦸꦁ lutung. Bug. ᨒᨚᨈᨚ lotong, noir.]

لوتت lūtut, le genou; nœud, jointure, articulation des doigts. — مليڤت me-lipat lūtut, fléchir le genou. يغ بمبغ — *lūtut yang bimbang*, un genou chancelant. اى تاهو ناسى ترساجى دلوتتڽ *ia tāhu nāsi ter-sāji di-lūtut-ña*, elles se font servir le riz sur leurs genoux (*H. Ab.* 91).

برلوتت *ber-lūtut*, qui est à genoux, qui fléchit les genoux.

ملوتت *me-lūtut*, frapper avec l'articulation du doigt.

[Sund. ᮒᮥᮝᮨᮁ *tuwer*. Bat. ᯖᯬᯖ᯲ *tot*. Day. *utut*. Tag. et Bis. ᜆᜓᜑᜓᜇ᜔ *tohod*.]

لوتر ***lūtar***, jeté, lancé: frappé, lapidé. دلوترڽ كاكق ايت *di-lūtar-ña gāgak itu*, il frappa le corbeau (d'une pierre). حكمڽ دلوتر دغن باتو *ḥukum-ña di-lūtar dengan bātu*, il est condamné à être lapidé (*M.*).

ملوتر *me-lūtar*, jeter, lancer, darder; lapider, frapper en lançant une pierre. باتو — *me-lūtar bātu*, lancer une pierre. اندى — *me-lūtar undey*, jeter les dés. چكر — *me-lūtar xakra*, lancer le disque. ڤنداهن — *me-lūtar pandāhan*, lancer un projectile. دغن باتو — *me-lūtar dengan bātu*, lapider. مك مريكئيت ملوترله دى دغن باتو *maka marīka-ītu me-lūtar-lah dīa dengan bātu*, et ils le lapidaient (*N.* 206).

ملتارى *me-lutār-i*, lancer à, jeter des pierres à quelqu'un. سکل اورغ ملتارى دى سهڠك ماتى *segala ōrang me-lutār-i dīa sahingga māti*, on les lapida jusqu'à ce qu'ils fussent morts. (*Amir Hamza* 124).

ملوتركن *me-lūtar-kan*, jeter, lancer quelque chose. ايڤون ملوتركن چنچنڽ كڤداڽ *ia-pūn me-lūtar-kan xinxin-ña ka-padā-ña*, elle lui jeta son anneau (*R.* 100). مالو اكو اكن ملوتركن اورغ ايت *mālu āku ākan me-lūtar-kan ōrang ītu*, j'aurais honte (dit l'ange de la mort) de jeter du blâme sur cet homme (*M.*).

ڤلوتر *pe-lūtar*, ce qu'on jette, dard, jet. سكيرکيرسڤلوتر باتو جاوهڽ *sa-kira-kira sa-pe-lūtar bātu jāuh-ña*, à peu près à la distance d'un jet de pierre (*N.* 141).

ڤلتارن *pe-lutār-an*, action de jeter, de frapper, jet, coup. ڤاتق تڠكيسكن سکل ڤلتارنڽ *pātek tangkis-kan segala pe-lutār-an-ña*, j'ai paré tous ses coups (*R.* 108).

On trouve aussi لنتر *luntar*.

لوده ***lūdah***, salive, crachat. — تمڤت *tampat lūdah*, un crachoir.

برلوده *ber-lūdah*, qui crache, crachant, cracheur. برلوده كسان

كمارى *ber-lūdah ka-sāna ka-māri*, cracher de tous côtés. — اولر *ūlar ber-lūdah* ou *ūlar be-lūdah*, un serpent venimeux (litt.: un serpent cracheur).

ملوده *me-lūdah*, cracher. مكروه ملوده كهداڤن اتوكنن *ma-krūh me-lūdah kahadāp-an ātaw ka-kānan*, il est malséant de cracher devant soi ou à sa droite (*M.*).

ملداهى *me-ludāh-i*, cracher sur ou contre, conspuer. تتكال ايت اورغ سده ملداهى مكان *tat-kāla itu ōrang sudah me-ludāh-i mukā-ña*, alors ils lui crachèrent au visage (*N.* 50).

ملودهكن *me-lūdah-kan*, cracher quelque chose, p. ex. du sang. ايتڤون دلودهكنن *itu-pūn di-lūdah-kan-ña*, et elle le cracha (*R.* 8). جك داڤت دلودهكن اكن دى *jika dāpat di-lūdah-kan ākan dia*, s'il peut être craché (*M.*).

ڤرلداهن *per-ludāh-an*, un crachoir. مك دلودهكنن كڤد سبوه ڤرلداهن سهغڬ ڤنهله *maka di-lūdah-kan-ña ka-pada sa-būah per-ludāh-an sa-hingga penùh-lah*, elle le cracha dans un crachoir jusqu'à le remplir (*R.* 8).

[Tag. [Tagalog script] *loda*. Bis. [Bisaya script] *loa*.]

لودغ **lūdang**, nom d'un bateau. On dit aussi: — سمڤن *sampan lūdang* (*Kl.*).

لونق **lūnak**, tendre, mou, doux, indulgent.

[Bat. [Batak script] *lunak*, qui a beaucoup de chair (d'un dourian)].

لونس **lūnas**, la quille d'un navire. دباوهن سڤرت لونس ڤراهو *di-bāwah-ña seperti lūnas prāhu*, le dessous est comme la quille d'un navire (*Exer.* 145).

[Jav. [Javanese script] *lunas*. Mak. [Makassar script] *lunasa*. Day. *lunas*.]

لوف **lūpa** (S. लोप *lōpa*, disparition), oublié, négligé, omis; être oublié. جنجى — *lūpa janji*, une promesse oubliée. — جاغن *jāngan lūpa*, n'oubliez pas (litt.: ne soit pas par vous oublié). تتاڤى جاغنله توان همب لوف اكن همب *tetāpi jāngan-lah tūan-hamba lūpa ākan hamba*, que monseigneur ne m'oublie pas (*R.* 46). مك سدهله اى لوف مغمبل روتى *maka sudah-lah ia lūpa meng-ambil rōti*, et ils avaient oublié de prendre du pain (*N.* 28).

ملوف *me-lūpa*, oublier. — ايغتن *me-lūpa ingat-ña*, perdre la mémoire.

ترلوف *ter-lūpa*, qui est oublié, que l'on a oublié. اتو خلاف اتو ترلوف *ātaw ḳilāf ātaw ter-lūpa*, ou omis ou bien oublié (*H. Ab.* 428).

ملفاءى *me-lupā-i*, oublier une chose. جاغن كامو لفاءى *jāngan kāmu lupā-i*, ne l'oubliez pas (*S. Mal.* 250).

ملفاكن *me-lupā-kan*, oublier, négliger quelque chose. دغن كبسارن دنيا ملفاكن دريڽ *dengan ka-besār-an duniā me-lupā-kan dirī-ña*, étant occupés des grandeurs du monde, ils s'oublient eux-mêmes (*M. R.* 86). تياد اكو ملفاكن كسيهن توان *tiāda āku me-lupā-kan kasih-an tūan*, je n'oublierai pas votre bienfait (*Kal. dan Dam.* 80).

ممفرلفاكن *mem-per-lupā-kan*, faire oublier. الله سده ڤرلفاكن اكو سكل كسكارنك *allah sudah per-lupā-kan āku segala ka-sukār-an-ku*, Dieu m'a fait oublier tous mes travaux (mes maux) (*B.* 68).

ڤنلوف *pen-lūpa*, qui oublie, ou fait oublier.

كلفاءن *ka-lupā-an*, oublié, ce qui est oublié : oublieux (*R. V.*).

لفلفاءن *lupa-lupā-an*, oublieux (*Kl.*).

[Jav. ꦭꦸꦥ *lupa*, faible. Bat. ᯞᯮᯇ *lupa*. Mak. ᨒᨘᨄ *lupa*. Tag. ᜎᜒᜋᜓᜆ᜔ *limot*.]

لوف٢ ou لفلوف **lupa-lūpa**, colle de poisson.

لوفق **lōpaḳ**, mare, étang, bassin, endroit où l'eau s'arrête. سواتو لوفق مات اير *suātu lōpaḳ māta āyer*, un bassin d'eau venant de source (*R.* 103).

لوفق **lōpaḳ**, trace d'animaux sauvages (*Cr.*).

لوفق٢ **lōpaḳ-lōpaḳ**, sorte d'étui.

لوفق **lōpiḳ**. — سمفن *sampan lōpiḳ*, nom d'un bateau (*Kl.*).

لوفت **lūput**, sauvé, échappé, délivré, racheté, passé. مك داتغله سؤرغ يغ لوفت *maka dātang-lah sa-ōrang yang lūput*, alors arriva un homme qui avait échappé (au vainqueur) (*B.* 18). نسچاي كرجاءنك لوفت درفداك *niscāya ka-rajā-an-ku lūput deri-padā-ku*, assurément mon règne passera. تاكتله اى اكن لوفت وقت *tākut-lah ia ākan lūput waḳtu*, il craint que le temps ne soit expiré (*M.*).

ملوفت *me-lūput*, délivrer, débarrasser. ملوفت درفد كسكارن *me-lūput deri-pada ka-sukār-an*, débarrasser d'une difficulté (*M.*).

ملوفتكن *me-lūput-kan*, délivrer, affranchir, libérer, racheter quelqu'un. انق الله جادى مانسى اكن لوفتكن كامى *ānak allah jādi mānusia ākan lūput-kan kāmi*, le fils de Dieu s'est fait homme pour nous racheter (*P. M.*). سورغ لكلاكى سده ملوفتكن كامى *sa-ōrang laki-lāki sudah me-lūput-kan kāmi*, un homme nous a délivrées (*B.* 87).

كلفوتن *ka-lupūt-an*, salut, rachat, délivrance; qui est délivré. اكن كلفوتن بسر *ākan ka-lupūt-an besàr*, une délivrance signalée (*B.* 76).

بركلفوتن *ber-ka-lupūt-an*, qui est sauvé, qui est délivré. يغ تڠݢل ايت اكن بركلفوتن *yang tinggal ītu ākan ber-ka-lupūt-an*, celui qui restera sera sauvé (*B.* 52).

ڤلوفت *pe-lūput*, qui sauve, qui délivre, libérateur (*R. V.*).

ڤلفوتن *pe-lupūt-an*, action de délivrer, de racheter, salut.

[Jav. ꦭꦸꦥꦸꦠ꧀ *luput*. Sund. ꦭꦸꦥꦸꦠ꧀ *luput*, manqué. Day. *luput*.]

لوب ***lōba*** (S. लोभ *lōbha*), cupidité, convoitise, avidité. لوب اكن هرت دنيا اين *lōba ākan harta duniā īni*, convoitise des biens de ce monde (*H. Ab.* 271).

ملباكن *me-lobā-kan*, escroquer (*Kl.*).

[Kw. ꦭꦺꦴꦧ *loba*, voluptueux: qui fait bombance. Sund. ꦭꦺꦴꦧ *loba*, abondant.]

لوبي٢ ou **لبلوبي** ***lobi-lōbi***, nom d'un arbre, dont les fruits sont bons à manger (*flacourtia*).

Selon *Kl.* les espèces sont: اسم — *lobi-lōbi āsam*. بادق — *lobi-lōbi bādak*. مانس — *lobi-lōbi mānis* et سڤت — *lobi-lōbi sepàt*.

لوبق ***lōbak***, radis, raifort, rave (*raphanus caudatus. J. Rigg*).

[Jav. et Sund. ꦭꦺꦴꦧꦏ꧀ *lobak*. Mak. et Bug. ᨒᨚᨅ *loba*.]

لوبق ***lūbuk***, le côté d'une rivière où l'eau a de la profondeur: les endroits profonds de la mer, les abîmes de la mer.

[Bat. ᯞᯮᯅᯮᯂ᯳ *lubuk*. Day. *lowok*.]

لوبغ ***lōbang***, trou, creux, fosse, terrier. كنچي — *lōbang kunxi*, le trou d'une serrure. هيدغ — *lōbang hīdung*, les narines. — رومن *lōbang rūman*, les pores de la peau. لندق — *lōbang landak*, niche dans un caveau pour y déposer un cadavre. — مڠكيرق *meng-gīrik lōbang*, faire un trou. — مڠݢالي *meng - gāli lōbang*, creuser une fosse. منڠر ڤد لوبڠ دندڠ *menengar pada lōbang dinding*, écouter par les trous de la cloison (*M.*).

Prov. بارڠسياڤ مڠݢالي لوبڠ اي جوݢ ترڤروسق كدالمڽ *bārang-siāpa meng-gāli lōbang īa jūga terprōsok ka-dālam-ña*, celui qui creuse une fosse périra dedans. C'est-à-dire: celui qui dresse des piéges aux autres y sera pris lui-même (*H. Ab.* 165).

برلوبڠ *ber-lōbang*, qui a des trous, percé. تيݢ — *ber-lōbang tīga*, qui a trois trous (*H. Ab.* 28).

ملوبڠكن *me-lōbang-kan*, percer, creuser quelque chose, faire des trous.

[Jav. [Javanese script] *luwang*. Bat. [Batak script] *lubang*. Mak. [Makassarese script] *lobang*. Day. *lowang*.]

لوبر ***lūbur***, action de battre le grain; battu.

برلوبر *ber-lūbur*, qui est secret, qui est caché. بيلق برلوبر *bīlik ber-lūbur*, chambre cachée pour y conserver les choses précieuses. — ڤنتو *pintu ber-lūbur*, porte cachée (*Kl.*).

ملوبر *me-lūbur*, battre le grain, battre en grange.

ڤلوبر *pe-lūbur*, l'aire d'une grange où l'on bat le grain; grenier, endroit où l'on met le riz (*Kl.*).

كلبورن *ka-lubūr-an*, fossé creusé dans la terre pour prendre les animaux, piége, trappe. جاته كدالم كلبورن ڤلنتق ابليس *jātuh ka-dālam ka-lubūr-an pe-lentik iblīs*, tomber dans le piége de la palette du diable (*H. Ab.* 406).

لومت ***lūmat***, poudre, poussière, particules déliées. — تڤڠ *tepung lūmat*, fine farine. — اوبت *ōbat lūmat*, poudres médicinales. تيݢ سكاتن تڤڠ لومت رامسله اوله‌مو *tīga sukāt-an tepung lūmat rāmas-lah ūleh-mu*, pétrissez trois mesures de fine farine (*B.* 23).

ملومتكن *me - lūmat - kan*, broyer, mettre en poudre, moudre.

كلماتن *ka-lumāt-an*, ce qui est mis en poudre (*R. V.*).

لومت lūmut, mousse; plantes aquatiques; moisissure, algue. ڤرڬي كهوتن منچهاري چنداون دان لومت٢ *pergi ka-hūtan men-xahāri xendāwan dān lūmut-lūmut,* aller à la forêt chercher des champignons et des mousses (*H. Ab.* 83). كارڠ — *lūmut kāraŋ,* éponge.

Prov. تيف٢ باتو يڠ اد برڬولق سلالو دالم سوڠي ايت تياداله دهڠڬڤ اوله لومت اكن دي *tiap-tiap bātu yaŋ ada ber-gōlik sa-lālu dālam sūŋey itu tiadā-lah di-hiŋgap ūleh lūmut ākan dia,* la mousse ne s'attache pas aux pierres qui sont continuellement agitées çà et là dans la rivière. Le sens est: celui qui rencontre beaucoup de difficultés dans le monde, n'est pas facilement souillé par le mal.

برلوتن *ber-lumūt-an,* qui est produit par l'humidité.

[Jav. et Sund. [illegible] *lumut.* Bat. [illegible] *limut.* Mak. [illegible] *lumu.* Day. *limot.* Tag. et Bis. [illegible] *lomot,* algue, fucus qui naissent dans les endroits humides.]

لومر lūmur, sali, souillé, taché, barbouillé. لومر دڠن داره *lūmur deŋan dārah,* teint de sang.

برلومر *ber-lūmur,* qui est sali, souillé, barbouillé. برلومر دڠن لمڤر دان ارڠ *ber-lūmur deŋan lumpur dān āraŋ,* souillé de boue et barbouillé de charbon (*H. Ab.* 24).

ملومركن *me-lūmur-kan,* souiller, barbouiller quelqu'un. سهاي دلومركن دڠن ارڠ *sahāya di-lūmur-kan deŋan āraŋ,* on m'a noirci de charbon (*M.*).

برلومركن *ber-lūmur-kan,* qui souille, qui salit quelque chose. يڠ تياد برلومركن ڤكاين٢ن *yaŋ tiāda ber-lūmur-kan pakēy-an-pakēy-an-ña,* qui n'ont pas souillé leurs vêtements (*N.* 399).

لومس lūmas, enduit, couvert, peint. لومس دڠن كاڤر *lūmas deŋan kāpur,* blanchi à la chaux. لومس دڠن امس *lūmas deŋan amàs,* doré.

ترلومس *ter-lūmas,* qui est enduit, qui est couvert d'une matière colorante. ترلومس دڠن داره *ter-lūmas deŋan dārah,* trempé de sang.

لور lūwar, lūar, hors, dehors.

دلور *di-lūar,* en dehors, sans, à l'exclusion. اد اورڠ دلور *ada ōraŋ di-lūar,* il y a quelqu'un dehors. دلور هوتڠ *di-lūar hūtaŋ,* à l'exclusion de la dette. درلور

deri lūar, de dehors, du dehors. اى داتغ درلور *ia dātang deri lūar*, il vient du dehors.

كلور *ka-lūar*, vers le dehors: et aussi, sortir, provenir, jaillir. كلورله اغكو *ka-lūar-lah angkaw*, sors d'ici, va-t-en. كلورله ايرمتاث *ka-lūar-lah āyer matā-ña*, ses larmes coulèrent. مات ايركلور درفد چله باتو *māta āyer ka-lūar deri-pada xelàh bātu*, une source jaillit des fentes du rocher (*M.*). بايقله اكوكلور برتمو دغن دى *bāik-lah āku ka-lūar ber-temū dengan dīa*, je ferai bien de sortir pour aller au devant d'eux (*R.* 111).

مغلور *mengalūar*, sortir, faire l'action de sortir.

مغلوارى *mengaluār-i*, sortir à, sortir vers quelqu'un ou vers quelque chose. اى براغكت مغلوارى راج *ia ber-angkat mengaluār-i rāja*, il partit pour aller à la rencontre du roi (*S. Mal.* 18).

مغلوركن *mengalūar-kan*, faire sortir, mettre à la porte, chasser; montrer, manifester. مك هارس راج مغلوركن دى درفد نكرى *maka hārus rāja mengalūar-kan dīa deri-pada nagrī*, il convient que le roi le chasse du pays (*M. R.* 82). ايڤون مغلوركن ليدهث *ia-pūn mengalūar-kan līdah-ña*, et il tirait la langue (*R.* 60). اى مغلوركن انق ڤانهث *ia mengalūar-kan ānak pānah-ña*, il décocha sa flèche (*R.* 44). مك ماسغ٢ ڤون مغلوركن بچار ماسغ٢ *maka māsing-māsing pūn menga-lūar-kan bixāra māsing-māsing*, chacun donna son opinion (*Kal. dan Dam.* 82). مغلوركن كسقتين *mengalūar-kan ka-saktī-an*, manifester un pouvoir surnaturel.

كلوارن *ka-luār-an*, le dehors, sortie. — اورغ *ōrang ka-luār-an*, un étranger. سورت كلوارن *sūrat ka-luār-an*, nom du second livre de Moïse, l'Exode, qui traite de la sortie des Israélites de l'Égypte.

بركلوارن *ber-kaluār-an*, qui est du dehors, qui est étranger.

[Jav. ꦭꦸꦮꦂ *luwar*, libre, délivré. Sund. ᮜᮥᮃᮁ *luar*. Bat. [illegible] *ruwar*. Day. *ruar*. Tag. [illegible] *lowal*.]

لوره *lūrah*, vallée: tribu (*M.*). عادة لوره كامى *ādat lūrah kāmi*, la coutume de notre tribu. اورغ تيك لوره *ōrang tīga lūrah*, membre des trois tribus.

[Kw. [illegible] *lorah*, vallée. Jav. et Sund. ꦭꦸꦫꦃ *lurah*, chef de district, de tribu. Jav. [illegible] *luwah*, vallée. Bat. [illegible] *rura*, vallée.]

لوره **lūruh,** tombé: tomber (comme les feuilles, les fruits). لورهله بوه٢ *lūruh-lah būah-būah,* les fruits étaient tombés. جك لوره رمبتن *jika lūruh rambut-ña,* si ses cheveux tombent (*M.*). لورهله قلم درقد جرين *lūruh-lah kalam deri-pada jarī-ña,* la plume lui échappa des mains.

ملورهكن *me-lūruh-kan,* faire tomber, laisser tomber. جك دهيسقن سوسو ايت دلورهكنن *jika di-hīsap-ña sūsu ītu di-lūruh-kan-ña,* si (l'enfant) en tétant laissait tomber le lait (*M.*).

[Bat. *ruru.*]

لورى **lūri** = نورى *nūri.*

لورق **lūrik,** sorte d'étoffe rayée.

[Jav. *lurik,* rayé à raies longues et fines. Sund. *loréng,* rayé.]

لورغ **lūrung,** chemin, rue, route, sentier. تيڤ٢ لورغ دان جالن *tiap-tiap lūrung dān jālan,* toutes les rues et tous les chemins (*H. Ab.* 24). اى مڽورهكن ممبيكى سكل لورغ *ia meñūruh-kan mem-baik-i segala lūrung,* il ordonna de réparer toutes les routes (*M.*). — لورغ اير *lūrung āyer,* canal pour l'écoulement des eaux.

[Jav. *lurung,* chemin dans une place habitée, rue d'une ville. Sund. *lurung.*]

لورت **lūrut,** pelé, râclé, écorché, écrasé: chose enlevée de dessus une autre, en râclant, en coupant, etc. دلورتن داڬيڠ هايم *di-lūrut-ña dāging hāyam,* il enlevait la chair de la poule (en la détachant des os) (*S. Mal.* 347).

ملورت *me-lūrut,* peler, râcler.

لروتن *lurūt-an,* qui est pelé, râclé.

كلروتن *ka-lurūt-an,* la chose pelée; panaris.

لورس **lūrus,** droit, direct, sincère. — جالن لورس *jālan lūrus,* chemin droit. — ڤركتاٴن لورس *per-katā-an lūrus,* des paroles sincères, sans détours. — هاتى لورس *hāti lūrus,* un cœur droit.

ملورسكن *me-lūrus-kan,* redresser, rendre droit. جالن بڠكوق هندقله دلورسكن *jālan bengkok hendak-lah di-lūrus-kan,* que les chemins tortueux soient redressés (*H. Ab.* 308).

ممڤرلورسكن *mem-per-lūrus-kan,* faire devenir droit, sincère. منت دڤرلورسكن دڠن ترغن بچار سهاى *minta di-per-lūrus-kan deŋan tràŋ-ña bixāra sahāya*, je demande qu'il soit fait un exposé sincère et clair de mon affaire (*M.*).

[Jav. ꦭꦸꦫꦸꦱ꧀ *lurus* et ꦫꦸꦫꦸꦱ꧀ *rurus*. Mak. ᨒᨘᨑᨘᨔᨘ *lurusu.*]

لوله ***lūluh***, dissous, fondu, réduit en poudre, pulvérisé, réduit en atomes. — انجر *anxur lūluh*, réduit en poudre. لنتق — *lūluh lantak*, brisé, pulvérisé. اى ݢوݢرله كبومى منجادى دولى انجر لوله *ia gūgur-lah ka-būmi men-jādi dūli anxur lūluh*, il tomba à terre et devint de la poussière réduite en atomes (*R.* 58). تولڠن لوله لنتق سفرت هابو *tūlaŋ-ña lūluh lantak seperti hābu*, leurs ossements furent brisés et réduits en poudre (*M.*).

ملولهكن *me-lūluh-kan*, réduire quelque chose en poussière, faire dissoudre, pulvériser.

كلوله *ka-lūluh*, qui est dissous, qui est brisé. لاكو يڠ تياد كلوله *lāku yaŋ tiāda ka-lūluh*, conduite que l'on ne fera pas changer.

[Jav. ꦭꦸꦭꦸꦃ *luluh*. Sund. ᮜᮥᮜᮥᮂ *luluh*, fouler aux pieds, pétrir.]

لولو ***lūlu*** (Ar. لالا), perle. لولو دو مات *lūlu dūa māta*, deux perles. فنه دڠن لولو دان مرجان *penūh deŋan lūlu dān marjān*, rempli de perles et de coraux (*M. R.* 149).

لولق ***lūluḳ*** = سوه *sūluh*.

فلولق *pe-lūluḳ* = فنوله *peñū-luh*.

لولڠ ***lūlaŋ***, périr (*Cr. Benk.*).

لولڠ ***lūluŋ***, hurlé, crié.

ملولڠ *me-lūluŋ*, hurler, crier. لولڠ ملولڠ *lūluŋ-me-lūluŋ*, faire entendre des hurlements répétés.

لولت ***lūlut***, enduit, barbouillé, graissé, fardé. دامر — *lūlut dāmar*, enduit de poix, goudronné. دلولتن فد سکل توبهن *di-lūlut-ña pada segala tūbuh-ña*, il lui en frotta tout le corps (*M.*).

برلولت *ber-lūlut*, qui enduit, qui se graisse, qui se frotte. مك لالو برلولت مك براوله دکين *maka lālu ber-lūlut maka ber-ūleh dakī-ña*, elle se frotta de manière à ramasser la saleté de son corps (*R.* 11).

ملولت *me-lūlut*, enduire, barbouiller, graisser, farder, parfumer. اى ماسقله کرومه ملولت تون تيجى *ia māsuḳ-lah ka-rūmah me-lūlut tūn tiji*, elle entra pour parfumer *Tun Tiji* (*S. Mal.* 298).

ڤلولت *pe-lūlut*, qui fait des parfums, marchand de parfums, parfumeur: qui sert à parfumer. سوراغ ڤرمڤون توا ڤلولت *sa-ōrang perampūan tuā pe-lūlut*, une vieille femme qui vendait des parfums (*S. Mal.* 297).

كلولت *ka-lūlut*, que l'on a enduit, que l'on a barbouillé.

ڤرللوتن *per - lulūt - an*, onguent, parfums.

[Jav. ꦭꦸꦭꦸꦠ꧀ *lulut*, collé. Day. *luloh*.]

لولم **lūlum**, lécher, sucer. — جاري *lūlum jāri*, lécher les doigts.

لولر **lūlur**, glissé, coulé.

ملولر *me-lūlur*, glisser, couler.

لولر **lūlur**, englouti, avalé.

لولس **lūlus**, pouvoir, être octroyé, être en état de: faire, accomplir. جك لولس سمبه همبام *jika lūlus sembah hambā-mu*, s'il est permis à ton esclave de parler (*R.* 159). تياد لاکی داڤت لولس كاكی سكل رعية برججق دبومی *tiāda lāgi dāpat lūlus kāki segala rayat ber-jejak di-būmi*, les pieds des soldats ne pouvaient plus toucher à terre (*R.* 139).

ملولسكن *me-lūlus-kan*, faire octroyer, faire accomplir, exécuter quelque chose, se conformer à. ملولسكن سكل وصيتن *me-lūlus-kan segala waṣiyat-ña*, se conformer à toutes ses dispositions testamentaires (*M.*). درڤد اکو ملولسكن كهندقك *deri-pada āku me-lūlus-kan ka-hendak-ku*, parce que j'ai voulu accomplir ma volonté (*R.* 165).

[Jav. ꦭꦸꦭꦸꦱ꧀ *lulus*, durable, constant.]

لوس **lūsa**, après-demain, dans deux jours, au jour suivant. — ايسق *ēsuk lūsa*, un des jours prochains; temps indéterminé, mais non éloigné. — ڤاكی *pāgi lūsa*, demain ou le jour suivant. ای هندق ڤرکی لوس *ia hendak pergi lūsa*, il veut partir après-demain. كمدين ايسق لوس داتڠ ڤول سبوه سمڤن *kamudian ēsuk lūsa dātang pūla sa-būah sampan*, un des jours suivants arriva un autre bateau (*H. Ab.* 197).

لوس **lūwas, lūas**, grand, large, vaste, étendu. — لوبڠ *lōbang lūwas*, un large souterrain. تاڠن باجو يڠ لوس *tangan bāju yang* *lūwas*, les larges manches d'une robe. گونڠ يڠ تڠݢی دان ڤادڠ يڠ لوس *gūnuṅ yaṅ tiṅgi dān pādaṅ yaṅ lūwas*, de hautes montagnes et de vastes plaines (*R.* 56).

ملوس *me-lūwas*, s'agrandir, s'étendre.

ملوسکن *me-lūwas-kan*, agrandir, étendre, rendre vaste, élargir, expliquer, éclaircir. هندق ملوسکن نکری *hendak me-lūwas-kan nagrī*, voulant agrandir la ville (*H. Ab.* 219).

کلواسن *ka-luwās-an*, largeur, étendue, explication, clarté, évidence. همب سده ميتاکن دی ايت دڠن کلواسن *hamba sudah me-ñatā-kan dia itu deṅan ka-luwās-an*, je l'ai expliqué clairement.

[Jav. et Sund. ꦭꦮꦱ꧀ *lawas*, étendue de temps. Bat. [Batak script] *lawas*. Mak. [Makassarese script] *luwasa*.]

لوسه *lūsuh*, chiffonné, délustré: abîmé, ravagé, détruit, consumé.

[Jav. ꦭꦸꦱꦸꦃ *lusuh*, périr, dépérir (de la chair du corps).]

لوسه *lūsuh* et **لڠسو *liṅsu*** (Port. *lenço*), mouchoir de poche.

لوسڠ *lūsuṅ*, sorte d'éruption blanche sur tout le corps, dans laquelle la peau se desquamme continuellement (*Kl.*).

لوسن *lōsin* (Holl. *dozijn*), douzaine.

لوح *lōḥ* (Ar. لاح), tablette. — لوح ڤاڤن *lōḥ pāpan*, tablette couverte de sable, sur laquelle on montre aux enfants à écrire et à compter. لوح باتو — *lōḥ bātu*, une ardoise. اي سورتکن سکل ڤڠاجر يڠ اد ترسورت ڤد لوح ايت *ia sūrat-kan segala peṅ-ājar yaṅ ada ter-sūrat pada lōḥ itu*, il prit une copie des sentences qui se trouvaient écrites sur la tablette (*M. R.* 99).

[Jav. ꦭꦺꦴꦃ *loh*.]

لق *lùḳ*, courbure dans la lame d'un criss. کريس سمڤان لق تيݢ *kris sampāna lùḳ tiga*, un criss heureux à trois courbures.

برلق *ber-lùḳ*, qui a des courbures, criss à lame flamboyante.

On trouve ordinairement لوق *lūḳ* et quelquefois للوق *lelūḳ*.

لکه *lekàh*, fissure, crevasse, déchirure, ouverture.

ملکه *me-lekàh*, s'ouvrir.

ڤلکه *pe-lekàh*, ce qui sert à ouvrir. — ڤنتو *pintu pe-lekàh*, trappe sur le pont d'un navire, fermeture d'un sabord.

لقيط lekīt (Ar. لقط), enfant trouvé. — حكم *ḥukum lekīt*, loi concernant les enfants trouvés (*D. M.* 153).

لقوة lekwet (Ar. لقا), paralysie de la bouche, distortion de la figure par la paralysie. ڤياكت لقوة دان افلاج يڠ ترجاهت *peñākit lekwet dān eflāj yaŋ ter-jāhat*, la paralysie de la bouche et les humeurs qui coulent des yeux sont de très-mauvaises maladies (*M. R.* 21).

لكق lekòk, creux, cavité, impression: inégal, creux. مات — *lekòk māta*, cavité des yeux. — مات *māta lekòk*, des yeux creux. — ڤيڠن *piŋgan lekòk*, une assiette creuse. — ڤيڤي *pīpi lekòk*, des joues creuses. مات يڠ لكق ايت تند دڠكي *māta yaŋ lekòk ītu tanda deŋki*, des yeux creux indiquent la haine (*M. R.* 190).

ملكق *me-lekòk*, creuser.

ملكقكن *me-lekòk-kan*, creuser quelque chose.

ممڤرلكقكن *mem-per-lekòk-kan*, faire creuser, faire rentrer, rendre concave.

لكق٢ *lekòk-lekòk*, creusé partout, qui a des hauts et des bas.

[Jav. ꦭꦺꦏꦺꦴꦏ꧀ *lekok*. Sund. ꦭꦺꦏꦺꦴꦭꦺꦏꦺꦴ *leko-leko*, les bords saillants et rentrants d'une rivière. Day. *lekok*, être courbé.]

لكت lekàt, adhérent, qui touche, attaché; être contigu, toucher. لكتله تمڤل ايت *lekàt-lah tampal ītu*, cet emplâtre tient. اينيله لكت ايتوله چاير *inī-lah lekàt itū-lah xāer*, ceci est gluant, cela est liquide. متاڽ ايت لكت دسبرڠ سوڠي ايت دان كاكيڽ لكت دسين *matā-ña ītu lekàt di-sabràŋ suŋey ītu dān kakī-ña lekàt di-sini*, la pointe adhérait à un côté de la rivière, et le pied touchait à l'autre côté (*R.* 54).

ملكت *me-lekàt*, adhérer, s'attacher, se coller, toucher. ڬته ايت ملكت ڤد باتڠ ڤوهن ايت *getàh ītu me-lekàt pada bātaŋ pōhon ītu*, la glu s'attache au tronc de l'arbre (*R. V.*).

ملكتكن *me-lekàt-kan*, faire adhérer, faire toucher, attacher, coller. متام لكتكن كڤد تبيڠ دسبرڠ ايت *matā-mu lekàt-kan ka-pada tebìŋ di-sabràŋ ītu*, faites adhérer votre pointe au bord opposé de la rivière (*R.* 54). اى ميوره لكتكن ڤد ڤنتو نكرى *īa meñūruh lekàt-kan pada pintu nagrī,* il ordonna d'afficher à la porte de la ville (*M. R.* 169).

ملکتکن ݢلر *me-lekàt-kan gelàr,* conférer un titre. کواس يغ ملکتکن سواتو دغن سواتو *kuāsa yaṅ me-lekàt-kan suātu deṅan suātu,* la force de cohésion (*N. Phil.* 119). وغ ايت سهاي لکتکن ڤد بليئن برس *waṅ ītu sahāya lekàt-kan pada beli-an bràs,* je destine cet argent à acheter du riz (*M.*).

[Bat. ... *lokat.* Day. *leket.*]

لکن lakin = لاکن *lākin.*

لکف lekàp.

لکفلکف *lekàp-lekàp,* bruit produit par le craquement des jointures des doigts.

لکف lekàp = لکت *lekàt.*

لکم lekum (Ar.), pour vous, à vous.

لکر lekàr, sorte de panier en rotin tressé dont on se sert pour mettre les pots ou les poêles que l'on retire du feu (*Kl.*).

لکر٢ lekàr-lekàr, nom d'une sorte de myriapode (*Kl.*).

لقلق lokḳlek, rouler les yeux dans la tête d'une manière sauvage.

لکس lekàs, vite, promptement, en hâte. نايقکن انچي اين لکس *nāik-kan enci īnī lekàs,* faites vite monter ce monsieur (*H. Ab.* 70). ڤولغ — *lekàs pūlaṅ,* retourne en toute hâte. منت توان لکس داتغ *minta tūan lekàs dātaṅ,* je vous prie de venir de suite. — جالنّ *jālan-ña lekàs.* son trajet a été court.

ملکسکن *me-lekàs-kan,* faire hâter, précipiter. يغ ملکسکن متين *yaṅ me-lekàs-kan matī-ña,* celui qui a précipité sa mort (*D. M.* 299).

[Jav. ... *lekas,* commencement.]

لقس lakṣa (S. लक्ष *laxa.* cent mille), dix mille. جکلو سڤوله لقس رغݢت سکاليڤون *jikalau sa-pūloh lakṣa riṅgit sa-kāli-pūn,* quand même il y aurait cent mille piastres (*H. Ab.* 277). برڤوله٢ ريبو لقس *ber-pūloh-pūloh rību lakṣa,* des centaines de millions.

[Jav. ... *leksa.* Sund. ... *laksa.* Bat. ... *loksa.* Mak. ... *lassu.* Day. *laksa.* Tag. et Bis. ... *laksa.*]

لقس **laksa,** vermicelle.

[Sund. ᮜᮊ᮪ᮞ *laksa.*]

لقسان **laksāna** (S. लक्षण *laxaṇa*, signe, marque, nom), comme, ainsi, de même que, semblable à. لقسان ايكن دالم كوبغ *laksāna ikan dālam kūbaṅ*, comme un poisson dans un bourbier. لقسان اورغ يغ تيدر *laksāna ōraṅ yaṅ tidor*, semblable à un homme qui dort. مركستوا يغ كالق لقسان بادق مماكن انقڽ *morga-satwā yaṅ gālak laksāna bādak me-mākan ānak-ña*, une bête féroce qui, comme le rhinocéros mange ses enfants (*R.* 157). بوغ اندرا لقسان *būṅa indrā laksāna*, nom d'un arbuste épineux ayant des fleurs jaunes (*Kl.*).

[Kw. ꦭꦼꦏ꧀ꦱꦤ *leksana*, action, démarche.]

لقسمان **laksamāna** (S. लक्ष्मण *laxmaṇa*, le frère et premier ministre de Rama), amiral, commandant dans la marine. دڤيجق اوله لقسمان *di-pījak ūleh laksamāna*, foulé aux pieds par le grand amiral (*H. Ab.* 92).

[Jav. et Sund. ꦭꦏ꧀ꦱꦩꦤ *laksmana.*]

لقط **leket** (Ar.), qui est trouvé, ramassé (*D. M.* 145).

لقطة **leketet** (Ar. لقط), une chose trouvée ou ramassée, trouvaille. — حكم *hukum leketet*, loi concernant les choses trouvées (*D. M.* 145).

لݢا **legā,** v. لݢه *legàh.*

لݢه **legàh,** espace, intervalle, place. بريله لݢه انتاركاون *bri-lah legàh antāra kāwan*, gardez un espace entre un troupeau et l'autre (*B.* 52).

On trouve aussi لݢا *legā.*

[Jav. ꦭꦺꦒ *lega.* Sund. ᮜᮨᮌᮂ *legah*, large, étendu.]

لݢق **legàk,** bouillonner (*Cr.*).

لݢت **legàt,** vite (de la course d'un navire) (*Kl.*).

لݢندي **legundi,** nom d'un arbuste (*vitex trifoliata*).

[Jav. ꦭꦼꦒꦸꦤ꧀ꦝꦶ *legundi.* Bat. ᯔᯬᯉ᯲ᯑᯪ *gundi.*]

لݢم **legàm** = لوݢم *lōgam.*

لغ **laṅ,** nom d'une espèce d'aigle, faucon (*falco pondicerianus*). — لاوت *laṅ lāut* (*falco dimidiatus*). — ڤيسغ *pīsaṅ laṅ*, nom d'une sorte de banane rouge.

Prov. بلالغ تله منجادى لغ *bilālarg telàh men-jādi larg*, les sauterelles sont devenues des aigles. Se dit des habitants d'un pays qui a prospéré, et où chacun a acquis de la fortune et de la capacité (*H. Ab.* 4).

On trouve aussi الغ *ālarg* et هالغ *hālarg*.

لغ ***lirg***, nom d'une mesure de capacité contenant (selon *Pij.*) 1/2 *xūpak*, (selon *Kl.*) 1/2 *kūtuk*.

لغ ***lorg***, caisse, boîte, couvercle que l'on met sur un corps mort, que l'on enterre (*Kl.*). حتى لغ بسى ايتفون دسوره تون فترى الس دغن چندى يغ كماسن *hata lorg besī itu-pūn di-sūruh tūan putrī ālas dergan xindey yarg ka-amās-an*, alors la princesse ordonna de doubler l'intérieur de la boîte en fer avec de l'étoffe d'or. Marsden prononce *larg*.

Énig. لغ دالم لغ فوته كونغ دالم لغ *lorg dālam lorg pūtih kūnirg dālam lorg*, une boîte dans une boîte, du blanc et du jaune dans la boîte. تلر *telòr*, un œuf; ici on prend pour une boîte le corps du poulet dans l'œuf. Autre Énig. لغ دالم لغ سمسام دالم لغ *lorg dālam lorg sama-sāma dālam lorg*, boîte en boîte et ensemble dans la boîte. بوه نغك *būah nargka*, le fruit du *nangka*. Les graines du *nangka* sont dans des compartiments qui, avec les graines, sont renfermés dans l'écorce du fruit.

لغ ***lorg*** (Chin.), fusée.

لغ ***lerga***, nom d'une plante oléagineuse (*sesamum indicum*). سياڤ داڤت مبيلغ بيجى لغ سڤوله كوين *siāpa dāpat mem-bīlarg bīji lerga sa-pūloh kōyan*, qui pourra compter dix *koyan* de graine de sesame (*Indr.* 263).

[Jav. ꦭꦼꦔ *lerga*, huile. Bat. [illegible] *lorga*, sésame.]

لغه ***lergoh***, souffler de fatigue, haleter.

كلغوهن *ka-lergōh-an*, qui est essouflé de fatigue.

لغى ***lergey***, lent, nonchalant.

لغق ***lerguk***, triste, mélancolique (*Cr.*).

لغكار ***lergkāra*** (S. अलङ्कार *alargkāra*, ornement du langage, rhétorique), incompatible; fabuleux.

[Jav. ꦭꦁꦏꦫ *lergkara*.]

لڠكار **leŋkāra,** nom d'un tambour composé d'un bassin en cuivre et d'une peau; on s'en sert à Lingga et à Rhio dans les circonstances solennelles (*Pij.*).

لڠكه **laŋkah** (S. लङ्ग् *laŋg*, लङ्गन *laŋgana*, action de sauter, de franchir), pas, enjambée; avancé sur, franchi, transgressé. برجالن دو تيݢ لڠكه *ber-jālan dūa tīga laŋkah*, avancer de deux ou trois pas. جكلو اد لڠكه همب *jikalaw ada laŋkah hamba*, si j'ai transgressé.

برلڠكه *ber-laŋkah,* qui avance, qui franchit, qui transgresse.

ملڠكه *me-laŋkah,* franchir, transgresser, passer outre. — سكالي *me-laŋkah sa-kāli*, franchir d'une seule enjambée. بارڠسياڤ ملڠكه ݢارس اين *bāraŋsiāpa me-laŋkah gāris ini*, quiconque franchira cette ligne (*R.* 97).

ترلڠكه *ter-laŋkah,* qui avance, qui est avancé, passé. تياد ترلڠكه كاكي *tiāda ter-laŋkah kāki*, qui n'avance pas, à pas lents.

ملڠكاهي *me-laŋkāh-i,* passer sur, enjamber par-dessus q. ch. سدكال دلڠكاهي انجيڠ ايت اوله لكلاكي ايت *sadakāla di-laŋkāh-i anjiŋ ītu ūleh laki-lāki ītu*, cet homme passait toujours pardessus le chien (*Bis. Raj.* 47).

ملڠكهكن *me-laŋkah-kan,* faire passer outre, faire franchir, faire transgresser. اڤبيل اي ملڠكهكن كاكين كدارت *apa-bīla īa me-laŋkah-kan kakī-ña kadārat*, lorsqu'il posa le pied sur la terre (*H. Ab.* 107).

ڤلڠكه *pe-laŋkah,* nom d'un usage superstitieux, qui se pratique en mettant à la voile (*Kl.*).

كلڠكاهن *ka-laŋkāh-an,* transgression. كلڠكاهن ڤپروهن الله *ka-laŋkāh-an peñurūh-an allah*, transgression des commandements de Dieu (*P. M.*).

[Jav. et Sund. [Javanese script] *laŋkah*. Bat. [Batak script] *laŋka*, voyage. Mak. [Makassar script] *liŋka*, aller. Day. *laŋkah.*]

لڠكوس **leŋkūwas,** nom d'une racine médicinale (*alpinia galanga*).

[Jav. et Sund. [Javanese script] *laos*. Bat. [Batak script] *halawas*. Mak. [Makassar script] *laŋkuwasa*. Tag. [Tagalog script] *laŋkoas*. Bis. [Bisaya script] *laŋkaoas*.]

لڠكق **leŋkok,** tortu, tortueux, sinueux. — لورڠ يڠ *lūruŋ yaŋ leŋkok*, des sentiers tortueux.

برلغكق *ber-lengkok*, qui est tortueux, qui forme des sinuosités.

v. بغكق *bengkok*.

لغكغ ***langkung,*** être abondant, excédant. بوهبواهن لغكغله دڤولو ايت *būah-buāh-an langkung-lah di-pūlaw itu*, les fruits abondaient dans cette île (*R.* 17).

ملغكوغي *me-langkūng-i*, surpasser, excéder quelque chose.

Kl. pron. *lengkeng*.

[Jav. ꦭꦁꦏꦸꦁ *langkung.*]

لغكغ ***lengkang,*** fort, enivrant, narcotique (de mauvaises odeurs) (*Kl.*). v. *lungkang*.

لغكغ ***lengkung,*** arche, voûte, arcade, demi-cercle: arqué, voûté. جمباتن — *lengkung jambātan*, l'arche d'un pont. مسجد — *lengkung mesjid*, la coupole d'une église. — بولن *būlan lengkung*, le croissant de la lune. لغكغ دو بنتق *lengkung dūa bantuk*, deux arcs. دلغكغ كارغ *di-lengkung kārang*, environné d'écueils.

برلغكغ *ber-lengkung*, qui est arqué, qui est voûté, qui forme une arche ou un arc. ڤلاغي اد برلغكغ يغ ملى *palāngi ada ber-lengkung yang mulīa*, l'arc-en-ciel forme un arc magnifique (*N. Phil.* 51).

ترلغكغ *ter-lengkung*, arqué, voûté (*M.*).

ملغكغكن *me-lengkung-kan*, voûter, arquer quelque chose, courber. مك اى ملغكغكن دريڽ *maka īa me-lengkung-kan dirīña*, elle se courba de manière à former un arc (*Mir. Moh.* 20).

كلغكغ *ka-lengkung*, cercle, enceinte dans laquelle on fait battre les coqs (*Kl.*).

[Jav. ꦭꦺꦁꦏꦸꦁ *lengkung.*]

لغكغ ***lengkung,*** gondolé, tortué (comme le bois par la chaleur) (*Kl.*).

لغكغ ***lingking,*** nom d'un fruit apporté de Chine dans l'archipel indien, le litchi. (Chin. 荔枝 *li-tchi*) (*nephelium litchi*).

لغكغ ***lungkang,*** tas de fumier: une mare: nom d'un poisson qui répand une très-mauvaise odeur: et aussi, nom d'une barque de pêcheur (*Pij.* et *Kl.*).

لغكت ***langkat,*** trois jours après. dans trois jours (*Kl.*).

لغكن ***langkan,*** plancher, étage supérieur, chambre haute (*Kl.*).

دلڠكن دودق لالو مپورت *di-larg-kan dūduk lālu meñūrat,* il se tenait dans une chambre haute et se mit à écrire (*Šiar singa-pūra ter-bākar* 3).

لڠكف ***langkap,*** prêt, préparé, disposé, complet, complètement. ستله سده لڠكفله سكلين *sa-telàh sudah langkap-lah sa-kalī-an,* lorsque tous furent prêts (*R.* 42). لڠكف دڠن سنجتان *langkap de-ngan senjatā-ña,* complètement armé.

سلڠكف *sa-langkap,* un assortiment, une garniture complète. — ڤكاين *pakēy-an sa-langkap,* un habillement complet.

برلڠكف *ber-langkap,* qui est prêt, qui se prépare, se préparer, se disposer. مپوره برلڠكف *meñū-ruh ber-langkap,* ordonner de se préparer (*R.* 42).

ملڠكف *me-langkap,* préparer, disposer. واجب اتس باڤ ملڠكف ميت انقن *wājib ātas bāpa me-langkap mayet ānak-ña,* c'est au père à préparer le corps de son enfant (pour les funérailles) (*M.*).

ترلڠكف *ter-langkap,* qui est préparé, que l'on a paré ou préparé. يڠ ترلڠكف سڤرت سورڠ ڤرمڤون ممڤلي *yang ter-langkap seperti sa-ōrang perampūan mempelèy,* qui était parée comme une jeune mariée (*N.* 420).

ملڠكاڤي *me-langkāp-i,* pourvoir quelqu'un de ce qui est nécessaire, p. ex. d'habits, préparer, habiller quelqu'un. مك دلڠكاڤي اوله بنداڽ دڠن سڤرتين *maka di-langkāp-i ūleh bundā-ña dengan seperti-ña,* sa mère l'habilla d'une manière convenable (*R.* 158).

ملڠكفكن *me-langkap-kan,* préparer, faire préparer, équiper quelque chose. لڠكفكن سڬره كڤل *langkap-kan sigràh kapàl,* préparez vite le navire (*Sul. Ab.* 36).

كلڠكاڤن *ka-langkāp-an,* équipement, préparatif: expédition, flotte. ستله لڠكفله سكل كلڠكاڤن *sa-telàh langkap-lah segala ka-langkāp-an,* lorsque l'on eût fait tous les préparatifs (*R.* 73). مك كلورله كيت سرت دڠن سكلين كلڠكاڤن كيت *maka ka-lūar-lah kīta serta dengan sa-kalī-an ka-langkāp-an kīta,* nous partîmes avec toute notre flotte (*M.*).

ڤرڠكف *perangkap, sa-perang-kap* = سلڠكف *sa-langkap.*

[Jav. et Sund. ꦗꦁꦏꦺꦥ꧀ *jang-kep,* complet. Bat.

lovgkop, pourvoir de quelque chose. Day. *laŋkap*, prompt. Tag. ᜎᜅ᜔ᜃᜉ᜔ *laŋkap*, appareiller.]

لغكف ***laŋkap***, nom d'un palmier (*saguerus langkap*).

[Jav. et Sund. ꦭꦁꦏꦥ꧀ *laŋkap*. Bat. [illegible] *laŋkap*.]

لغكف ***liŋkap***, abîmer, endommager (*Cr.*).

لغكر ***laŋkar***.

ملغكاري *me-laŋkār-i*, protéger, abriter (*Cr.*).

لغكر ***liŋkar***, entortillé, en spirale, être roulé comme une corde, ou comme un serpent: le moyen d'une roue. ڤرت — *liŋkar prùt*, les intestins grèles. تالي — *liŋkar tāli*, rouer une manœuvre (à bord d'un navire). اى دودق داتس ايكرڽ يڠ دلغكرڽ *ia dūduk di-ātas īkor-ña yaŋ di-liŋkar-ña*, il s'assied sur sa queue qu'il avait entortillée (*R.* 134).

برلغكر *ber-liŋkar*, qui est entortillé, qui est roulé en spirale. مك تتكال ناڬ ايت برلغكر *maka tatkāla nāga ītu ber-liŋkar*, lorsque le serpent était entortillé (*R.* 113).

ملغكر *me-liŋkar*, s'entortiller, se tenir entortillé, rouler. دليهتڽ ناڬ ايت لاڬي ملغكر *di-lihat-ña nāga ītu lāgi me-liŋkar*, il vit le serpent qui se tenait entortillé (*R.* 113). اورڠ ملغكر٢ تالي ايت *ōraŋ me-liŋkar-liŋkar tāli ītu*, on roule la corde (*Exer.* 136).

ملغكركن *me-liŋkar-kan*, entortiller quelque chose, mettre une chose en spirale. سراي دلغكركن ايكرڽ *serāya di-liŋkar-kan īkor-ña*, en roulant sa queue en forme de spirale (*R.* 133).

لغكارن *liŋkār-an*, ce qui est entortillé, état de ce qui est entortillé. مك اى ڤون كلورله درڤد لغكارنڽ *maka ia pūn ka-lūar-lah deri-pada liŋkār-an-ña*, et il se détortilla (*S. Mal.* 46).

[Bat. [illegible] *riŋkar*. Mak. et Bug. [illegible] *léŋkéré*.]

لغكاوي ***leŋgāwey***, sorte de grande boîte à bétel (*Pij.*).

لغكان ***laŋgāna*** (S. लङ्घन *laŋghana*, sauter, bondir), revêche, rétif.

[Jav. ꦭꦁꦒꦤ *laŋgana*.]

لغكار ***laŋgāra***, v. كلغكار *ke-laŋgāra*.

لڠكارن **langgāran**, un pied, un support pour y placer un flambeau.

[Bat. [Batak script] *nanggaran*.]

لڠكه **lunggul**, assis, être assis.

ملڠكه *me-lungguh*, s'asseoir, se placer. ملڠكه داتس همڤارن *me-lungguh di-ātas hampār-an*, s'asseoir sur un tapis étendu (*S. Bid.* 54).

[Jav. [Javanese script] *lungguh*.]

لڠكى **linggi**, la proue et la poupe d'une embarcation malaise.

لڠكو **lunggu**, fers, chaînes, ceps, entraves: enchaîné, mis aux fers. دتڠكڤڽ لالو دلڠكوڽ *di-tangkap-ña lālu di-lunggū-ña*, il le saisit et le mit aux fers (*M.*).

ملڠكو *me-lunggu*, enchaîner, mettre aux fers.

ترلڠكو *ter-lunggu*, qui est enchaîné, que l'on a mis dans les fers. ككيڽ سده ترلڠكو *kakī-ña sudah ter-lunggu*, ses pieds étaient enchaînés (*M.*).

بلڠكو *belunggu*, qui est aux fers, prisonnier. دمان اورڠ۲ بلڠكو سلطان اداله *di-māna ōrang-ōrang belunggu sulṭān adā-lah*, où les prisonniers du roi se trouvaient (*B.* 64).

ممبلڠكو *mem-belunggu*, enchaîner.

تربلڠكو *ter-belunggu*, qui est enchaîné, que l'on a enchaîné. مان اى تربلڠكو *māna īa ter-belunggu*, où ils étaient enchaînés (*B.* 64).

ممبلڠكوكن *mem-belunggū-kan*, faire enchaîner, faire mettre aux fers. دان اى بلڠكوكن دى دهداڤن متتاڽ *dān īa belunggū-kan dīa di-hadāp-an mata-matā-ña*, et il le fit mettre aux fers en leur présence (*B.* 70).

La forme trisyllabique de ce mot qui se retrouve dans plusieurs des langues de l'archipel Indien, porterait à regarder لڠكو *lunggu* comme une contraction du Jav. [Javanese script] *balenggu*; mais la forme bisyllabique, générale dans cette famille de langues, semble indiquer que بلڠكو *belunggu* a dû être primitivement لڠكو *lunggu*, auquel on a joint le préfixe بر *ber*, devenu ب *be* devant la liquide ل *l*, qui commence le radical.

[Jav. [Javanese script] *balenggu*. Bat. [Batak script] *baluwangja*, menottes. Mak. et Bug. [Bugis script] *balanggu*. Tag. et Bis. [Tagalog script] *bilanggo*, emprisonner.]

لڠكق **lenggak**, jeté, secoué, agité (*Cr.*).

لڠكق **lenggak**, grenier (*Cr.*).

لغكق **lorggok** = لغكه lurgguh (*Kl.*).

لغكق **lurgguk**, entassé, en monceau.

[Bat. lurgguk.]

لغكغ **larggarg**, v. sous تغكغ turggarg.

لغكغ **lerggarg**, secoué, agité, tiré ou porté çà et là. كڤلان دلغكغ٢ن *kapalā-ña di-lerg-garg-lerggarg-ña*, il secouait la tête (*S. Mal.* 57).

ملغكغ *me-lerggarg*, secouer, agiter, voltiger.

ملغكغكن *me-lerggarg-kan*, secouer q. ch., faire agiter.

لغكندى **larggundi**. — داون *dāun larggundi*, sorte de plante employée en médecine (*Kl.*).

لغكم **lirggam**, rouge. — ورن *warna lirggam*, couleur rouge. v. سدلغكم *sada-lerggam*.

لغكر **larggar**, attaqué, assailli, abordé; échoué. كيت ماو لغكر كوت نكرى ايت *kita māu larggar kōta nagrī ītu*, nous attaquerons les ouvrages de la ville (litt.: par nous seront attaqués).

ملغكر *me-larggar*, attaquer, assaillir, aborder; faire échouer un navire. راج سيسوسترس هندق ملغكر سبوه كوت *rāja sēsostris hendak me-larggar sa-būah kōta*, le roi Sésostris voulant attaquer un fort (*H. D.* 147). كڤل — *me-larggar kapàl*, longer un bâtiment dans le dessein de venir à l'abordage (*M.*). بيدق — *me-larggar bīduk*, porter le flanc d'un bateau à terre, le faire échouer (*M.*).

ترلغكر *ter-larggar*, qui est échoué, que l'on a fait échouer; qui est attaqué. مك ترلغكر جوغ ايت لالو روسق *maka ter-larggar jūrg ītu lālu rūsak*, si la jonque échouée vient à être perdue (*Cod. Mal.* 406).

ملغكارى *me-larggār-i*, diriger une attaque contre, assaillir quelqu'un (*Cr.*).

ملغكركن *me-larggar-kàn*, combattre, attaquer quelqu'un. بوكنكه اى ڤون ملغكركن ڤركتاءن قران *būkan-kah ia-pūn me-larggar-kan per-katā-an korān*, ne va-t-il pas contre les paroles du Coran (*H. D.* 119).

برلغكر لغكارن *ber-larggar-larggār-an*, s'attaquer réciproquement. لالو برڤرغ برلغكر لغكارن *lālu ber-pràrg ber-larg-gar-larggār-an*, on livra bataille et on s'attaqua réciproquement (*S. Mal.* 201).

[Jav. et Sund. ꦭꦁꦒꦂ *laŋgar*. Bat. ᯒᯰᯎᯒ᯲ *raŋgar*. Day. *raŋgar*.]

لغكر **laŋgar,** un oratoire, une chapelle domestique. ڤوهن كايو ڤد كاكي لغكر ايت *pōhon kāyu pada kāki laŋgar ītu,* un arbre qui est au pied de cet oratoire (*Amir Hamz.* 182).

[Jav. ꦭꦁꦒꦂ *laŋgar.*]

لغكر **luŋgar,** lâche, ample (des habits), vacillant, non solide (d'un clou).

[Bat. ᯒᯰᯎᯒ᯲ *ruŋgar.*]

لغدي **laŋdey,** gué, ou bas fond, dans une rivière. لغدي دتڤي اير — *laŋdey di-tepī āyer,* des basses à proximité du bord d'une rivière (*M.*).

لغن **laŋan,** v. لاغن *lāŋan.*

لغر **laŋir** = لاغر *lāŋir.*

لغر **leŋar,** étourdi, à demi évanoui.

[Jav. et Sund. ꦏꦭꦺꦔꦺꦂ *kaleŋer,* évanoui.]

لغر **leŋar,** chauve (*Cr*).

[Jav. ꦭꦼꦔꦂ *leŋar,* un grand front.]

لغلغ **laŋlaŋ,** faire la ronde, la patrouille, visiter, inspecter.

ملغلغ *me-laŋlaŋ,* visiter quelqu'un, inspecter. ايسق كمبالي داتڠ ملغلغ *ēsuk kombāli dātaŋ me-laŋlaŋ,* demain, je reviendrai vous visiter (*S. Bid.* 87).

[Jav. et Sund. ꦭꦁꦭꦁ *laŋlaŋ.*]

لغس **leŋas,** humide, mouillé. داتر داتس ڤرمداني لغس *di-ātur di-ātas permadāni leŋas,* et dessus était posé un tapis humide (*S. Bid.* 49).

ملغسكن *me-leŋas-kan,* humecter, mouiller.

لغسو **liŋsu,** v. لوسه *lūsuh.*

لغسڠ **laŋsuŋ,** aller, s'avancer, marcher vers; direction vers. اي لغسڠ مڠهادڤ بڬند *ia laŋsuŋ meŋ-hādap baginda,* il s'avança en présence du roi. بهرولهسكارڠ اين ڤاتق لغسڠ كماري *baharū-lah sakāraŋ ini pātek laŋsuŋ ka-māri,* je ne fais que d'arriver en ces lieux (*M.*). مك ڤاتق لغسڠ برجالن *maka pātek laŋsuŋ ber-jālan,* alors mon chemin sera achevé, je serai arrivée (à la mort) (*S. Bid.* 41).

[Sund. ᮜᮀᮞᮀ *loŋsoŋ,* actif, diligent.]

لغست ***largsat,*** nom d'un petit fruit rond (*lansium domesticum*). بايق لاݢي جنس بوهبواهن لغست *bāñak lāgi jenis būah-buāh-an largsat,* il y avait encore plusieurs variétés de *largsat.*

Selon *Kl.* le noyau du *largsat,* réduit en poudre, est employé contre la fièvre.

On trouve aussi لغسد *largsad,* لنست *lansat* et لنسه *lansah.*

[Jav. ꦭꦁꦱꦼꦥ꧀ *largsep.* Mak. ᨒᨔ *lasa.*]

لغسن ***lurgsin,*** chaîne d'un tissu, par opposition à la trame qui se nomme ڤاکن *pākan.*

[Jav. ꦭꦸꦁꦱꦺꦤ꧀ *lurgsén.*]

لغسر ***lirgsir,*** baisser (du soleil); le temps où le soleil baisse, vers le soir. ڤد کتيک لغسر متهاري *pada kotīka lirgsir matahāri,* au moment où le soleil baisse (*S. Bid.* 29). سمڤى لغسر هاري *sampey lirgsir hāri,* jusqu'au déclin du jour. کارن بايغ۲ ايت لغسر *kārna bāyarg-bāyarg ītu lirgsir,* car les ombres du soir commençaient à descendre (*M.*).

[Jav. et Sund. ꦭꦶꦁꦱꦶꦂ *lirgsir.*]

لغسر ***lurgsur,*** avancé, procédé, parti, glissé.

ملغسر *me-lurgsur,* partir, procéder, glisser.

On trouve aussi ݢلغسر *gelurgsur* et مڠݢلغسر *merg-gelurgsur,* du Jav. ꦔ꧀ꦭꦸꦁꦱꦸꦂ *nglurgsur.* دغن ڤنتسن اى مڠݢلغسر *dergan pantas-ña ia merg-gelurgsur,* ils glissent avec agilité (*Exer.* 145).

[Jav. ꦭꦸꦁꦱꦸꦂ *lurgsur,* entreprendre. Sund. ꦭꦸꦁꦱꦸꦂ *lurgsur,* partir.]

لجه ***lexàh,*** bourbier, endroit fangeux, vase. دسوروهڽ دوکغ مللوءى لجه ايت *di-sūruh-ña dūkurg me-lalū-i lexàh ītu,* ils se faisaient porter pour passer ces bourbiers (*S. Mal.* 286).

لجه ***lexùh,*** un peu mouillé, tellement qu'en tordant ou pressurant, on ne puisse rien en exprimer (*Kl.*). v. لجر *lexùr.*

لجه ***lexùh,*** diminuer par la cuisson, p. ex. des herbes (*Kl.*).

لجر ***lexùr,*** assez humecté pour être pressuré, bien que non complètement trempé (*Kl.*).

لجة ***lujjet*** (Ar. لج), pleine mer, océan.

لت lat et **هلت helàt,** espace de temps (*Kl.*). اد لت تيک هاری لمان *ada lat tiga hāri lamā-ña,* dans un espace de trois jours.

برهلت *ber-helàt,* qui a un espace de temps. برهلت لم مالم *ber-helàt lima mālam,* avec un espace de temps de cinq nuits.

لت lot (Holl. *lood*), sonde, plomb de sonde.

Prov. سڤرت لت دڠن مرکه *seperti lot deŋan markah,* comme le plomb de la sonde avec les marques (les petits morceaux de linge qui le long de la corde marquent les brasses). Se dit d'un homme instruit et habile qui, par sa capacité, entraîne après lui l'homme ignorant, de même que le plomb entraîne avec lui au fond de la mer les marques légères qui sont attachées à la corde.

لت leta, défaut, défectuosité. انقن تياد کبری لت *ānak-ña tiāda ku-brī leta,* je ne veux en aucune manière nuire à leur enfant (*S. Bid.* 25).

لته letàh, trouble, sale (*Cr.*). [Jav. [Javanese script] *letuh.*]

لته letèh, faible, débile, épuisé. لته لسو توبهن سبب مليهت سترون *letèh lesū tūbuh-ña sebàb melihat satrū-ña,* à la vue de l'ennemi toute sa force l'abandonna. همب سده لله دان تياد لته *hamba sudah lelàh dān tiāda letèh,* je ne suis pas débile, je suis fatigué (*M.*). دان لته توبهن *dān letèh tūbuh-ña,* et son corps est faible (*H. Ab.* 147).

برلته *ber-letèh,* qui se fatigue, qui s'affaiblit, s'épuise. سی۲ برلته کيت *sia sīa ber-letèh kīta,* c'est en vain que nous nous fatiguons (*S. Bid.* 68).

کلتيهن *ka-letēh-an,* faiblesse, épuisement, débilité. کارن کلتيهنك امت بسر *kārna ka-letēh-an-ku āmat besàr,* car ma faiblesse est très-grande (*P. M.*).

لتق letàk, placé, posé, déposé, fixé: être placé. دلتقن انق کچل داتس باتو *di-letàk-ña ānak kecìl di-ātas bātu,* il posa le petit enfant sur une pierre (*M.*).

ملتق *me-letàk,* placer, poser, déposer, mettre bas; fixer, établir.

ترلتق *ter-letàk,* qui est placé, que l'on a posé. برهال۲ يڠ ترلتق دالم رومه سمبهيڠ *berhāla-berhāla yaŋ ter-letàk dālam rūmah sembahyaŋ,* des idoles qui sont placées dans les temples (*H. D.* 225).

ملتقكن *me-letàḳ-kan*, placer, faire placer, poser, déposer q. ch. قرمات يغ كچل ايت قون دلتقكنن كفد تالم امس *permāta yaṅ kexil ītu pūn di-letàḳ-kan-ña ka-pada tālam amàs*, il posa cette petite pierre précieuse sur un plateau en or (*Ism. Yat.* 21). مك ݢونغ ايت دلتقكنن دتڠه هلامن *maka gūnuṅ ītu di-letàḳ-kan-ña di-teṅgah halāman*, et il déposa la montagne au milieu de l'esplanade (*R.* 73). لتقكنن دريڽ كبومي *letàḳ-kan-ña dirī-ña ka-būmi*, il se coucha à terre (*M.*). حكم — *me-letàḳ-kan ḥukum*, prononcer une sentence, porter un jugement.

لتق letàḳ = رتق *retàḳ*.

لتق letùḳ, pour لتف *letùp*.

لتف letùp, éclaté, craqué, sauté en éclats.

لتف٢ *letùp-letùp*, pétard, nom d'un instrument avec lequel les enfants s'amusent en produisant un son de pétard.

ملتف *me-letùp*, craquer, éclater, sauter en éclats, faire explosion. مك ملتفله اوبت بدل *maka me-letùp-lah ōbat bedìl*, alors la poudre à canon fit explosion (*H. Ab.* 61).

ملتف٢ *me-letùp-letùp*, continuer à craquer, éclater à différentes reprises.

v. لتس *letùs*.

لتم letùm, rendre un son comme un tonneau vide sur lequel on frappe (*Cr.*).

لتس letìs.

ملتس *me-letìs*, humecter, asperger, arroser, en trempant la main dans un liquide et en frappant avec (*Kl.*).

لتس letùs, éclaté, crevé (d'une ampoule, d'une vessie), éclat, pétillement (comme du bois sur le feu). سفرت لتس دردوري *seperti letùs duri-dūri*, semblable au pétillement des épines sur le feu (*M.*).

ملتس *me-letùs*, éclater, crever, pétiller.

v. لتف *letùp*.

لنج lanxa, grenouille (*Cr.*); selon *Kl.*, لنچه *lanxih*. — بورغ — *būruṅ lanxa-lanxa*, nom d'un oiseau.

لنج٢ linxa-linxa, passer d'un travail à un autre sans rien terminer (*Kl.*).

لنچه **lanxih**, v. لنچ *lânxa*.

لنچڠ **lanxang** (Port. *lanchão*), nom d'une sorte de bateau ou gabare. كنيكن بڬند لنچڠ امس دان ڤرميسوري دلنچڠ ڤيرق *ka-naïk-an baginda lanxang amàs dān permīsūri di-lanxang pērak*, le roi était sur un bateau doré, et la reine sur un bateau argenté (*S. Mal.* 40).

لنچڠ **lanxung**, faux, falsifié. ملكوكن وڠ لنچڠ *me-lakū-kan wang lanxung*, mettre de la fausse monnaie en circulation (*M.*).

لنچوڠن *lanxūng-an*, qui est falsifié; falsification. امس لنچوڠن اتو ڤيرق لنچوڠن *amàs lanxūng-an ātaw pērak lanxūng-an*, de l'or ou de l'argent falsifié, faux (*H. Ab.* 24).

[Jav. [Javanese script] *lañxung*, fiente de poule. Bat. [Batak script] *lansung*.]

لنچڠ **linxung**, aller par un autre chemin que celui que l'on avait d'abord pris; changer de conduite (*Kl.*).

لنچڠ **lonxing**, v. لوچڠ *lōxing*.

لنچت **lanxit**.

ملنچت *me-lanxit*, sauter pour sortir d'un puits, lorsqu'il n'est pas profond (*Kl.*).

[Sund. [Sundanese script] *luñxat*, sauter.]

لنچت **lanxut**, en vain, inutilement.

لنچن **linxin** = ليچن *līxin*.

لنچف **lunxip**, pointu, aiguisé.

[Jav. [Javanese script] *lungit* et [Javanese script] *lañxip*.]

لنچر **lanxar**, prompt, rapide, courant. تاڤي بلم لاڬي لنچر اي ممباچ *tetāpi belùm lāgi lanxar ia mem-bāxa*, mais il ne lisait pas encore couramment (*H. Ab.* 136). ترلنچر ليدهن *ter-lanxar līdah-ña*, il a la langue bien pendue (*M.*).

لنچارن *lanxār-an*, promptitude; ce qui est prompt; nom d'un bateau (probablement ainsi nommé à cause de la rapidité de sa marche). كنيكن بڬند لنچارن برتيڠ تيڬ *ka-nāik-an baginda lanxār-an ber-tiang tiga*, le prince était monté sur un lanxaran à trois mâts (*S. Mal.* 48).

[Jav. [Javanese script] *lañxar*. Sund. [Sundanese script] *lañxar*, divisé. Bat. [Batak script]

ᨑᨂᨔ ransar. Mak. et Bug. ᨒᨂᨑ lanxara.]

لنجر **lanxur,** jaillir, sortir d'un tuyau.

برلنجورن *ber-lanxūr-an*, qui sort d'un tuyau, qui coule.

لنجر **lunxur,** lancé à l'eau: être lancé. — سمڤن *sampan lunxur*, bateau construit de manière à pouvoir être lancé du rivage à la mer (*M.*).

ملنجر *me-lunxur*, éloigner en poussant, lancer à l'eau. ملنجر لالوكسبرڠ *me-lunxur lālu ka-sabrāng*, il lança (le bateau) de telle sorte qu'il alla jusqu'à l'autre rive (*S. Mal.* 63).

ملنجركن *me-lunxur-kan*, lancer ou faire lancer un bateau à la mer.

لنچس **lunxas,** manqué, non touché, p. ex. une boule, une balle, une bille, etc. (*Kl.*).

لنجڠ **lanjung.** — تبو *tebū lanjung*, jeunes cannes à sucre qui ne sont pas encore bonnes à manger (*Kl.*).

لنجڠ **lonjong,** long et fin vers le haut, finissant en pointe (*Kl.*). [Jav. ꦭꦺꦴꦚ꧀ꦗꦺꦴꦁ *loñjong*, ce qui est long et rond. Sund. ꦭꦺꦴꦚ꧀ꦗꦺꦴꦁ *loñjong*, long et égal.]

لنجت **lanjut,** long, de longue durée, prolongé; être de longue durée, être prolongé. — عمر *umur lanjut*, une longue vie. مسان — *lanjut masā-ña*, sa durée est longue. جك اد لنجت وقت *jika ada lanjut waktu*, si le terme est prolongé. — بوه *būah lanjut*, nom d'un fruit aigre; il est oblong et ressemble à une grosse mangue.

ملنجت *me-lanjut*, prolonger, différer.

ملنجتكن *me-lanjut-kan*, prolonger q. ch.. بارڠ دلنجتكن الله عمر توان *bārang di-lanjut-kan allah umur tūan*, Dieu veuille prolonger vos jours (*M.*). — ملنجتكن ڤركتاءن *me-lanjut-kan per-katā-an*, prolonger un discours.

ترلنجتكن *ter-lanjut-kan*, qui est prolongé, que l'on fait durer longtemps. سڤاي ترلنجتكن عمرن *supāya ter-lanjut-kan umur-ña*, afin que sa vie soit prolongée (*M. R.* 224).

كلنجوتن *ka-lanjūt-an*, prolongation (*R. V.*).

لنجر **lanjur,** passé, dépassé, excédé, exagéré.

ترلنجر *ter-lanjur*, qui est passé, qui est au-delà des bornes, exagéré. ڤركاري يغ سده ترلنجر *por-kāra yarg sudah ter-lanjur*, une affaire sur laquelle on ne peut plus revenir (*H. Ab.* 294). ڤركتاءن کيت سده ترلنجر *per-katā-an kīta sudah ter-lanjur*, nos paroles ont dépassé les bornes de la bienséance (*M.*). مولتن — *ter-lanjur mūlut-ña*, il a la langue trop longue (*R. V.*).

لنجورن *lanjūr-an*, excès, exagération. سلنجورن ابغ مراتڤ ادند *sa-lanjūr-an ābarg me-rātap adinda*, l'excès de vos démonstrations de douleur pour votre amie (*M.*).

لنجر **lanjur**, stature, toute la longueur du corps.

Prov. براڤ ڤنجغ لنجر بڬيتوله سليمت *brāpa panjarg lanjur bagitū-lah salīmut*, la couverture doit être de la longueur du corps. Le sens est: toutes nos actions doivent être proportionnées à notre état; nous devons agir comme les pauvres, si nous sommes pauvres, et comme riches, si nous sommes riches.

لنجر **lanjur**, pousser en haut (des plantes).

لنجر **lunjur**, avoir les jambes allongées.

برلنجر *ber-lunjur*, étant assis, allonger les jambes.

Prov. بلم دودق برلنجر دهولو *belùm dūduk ber-lunjur dahūlu*, allonger les jambes avant de s'asseoir. C'est-à-dire: faire des dépenses d'argent que l'on n'a pas encore.

لنيو **lenñaw, leñaw**, boue, fange: bourbier, fondrière.

[Jav. ꦭꦚꦸ *luñu*, uni, glissant.]

لنيق **lenñak, leñak** = للڤ *lelàp*, et aussi: osciller, en parlant d'une toupie (*Kl.*).

لنيت **lunñut, luñut**, large, étendu.

لنيڤ **lenñap, leñap**, disparaître, s'évanouir, passer, périr. اي تربغ كدر لنيڤ *ia terbarg ka-udara leñap*, il s'envola dans les airs et disparut (*R.* 67). مك لنيڤله اي ايت درڤد ڤڠليهتن *maka leñap-lah ia itu deri-pada perg-lihat-ña*, il disparut de devant leurs yeux (*N.* 147). لنيڤ تياد بركتهوءن *leñap tiāda ber-ka-tahū-an*, il s'est éclipsé, l'on ne sait où. هرتاك يغ لنيڤ ايت

hartā-ku yaṅ leñap ītu, mes effets qui ont disparu (ont été dérobés) (*M.*).

ملنيڤكن *me-leñap-kan*, faire disparaître, faire périr. اكولنيڤكنله دى درداالم دنيا اين *āku leñap-kan-lah dīa deri dālam duniā īni*, je le ferai disparaître de ce monde (je l'exterminerai) (*R.* 42).

[Sund. ᮜᮨᮑᮕ᮪ *leñap*. Mak. ᨒᨆ *laña*. Day. *leñoh*, se fondre.]

لنته ***lintah***, sangsue.

Prov. يڠداتڠ ايت لنته يڠ مڠهيسڤ داره *yaṅ dātaṅ itu lintah yaṅ meṅ-hīsap dārah*, les nouveaux-venus sont des sangsues qui sucent le sang. Le sens est: on ne gagne pas à changer son entourage (*H. Ab.* 178).

لنتي ***lantey***, lattes, bois fendu en lattes pour planchéier; plancher. On nomme aussi *lantey* un auvent, ou espèce de saillie formée par le toit des maisons, pour les préserver de la pluie. — ممارڠ *memāraṅ lantey*, faire des lattes. — نيبڠ *nībuṅ lantey*, nom d'un palmier (*caryota urens*) dont on fait ordinairement des lattes. نيبڠ — *lantey nībuṅ*, lattes, ou plancher, faits de ce palmier. ڤاڤن — *lantey pāpan*, un plancher fait de planches et non de lattes. بسي — *lantey besī*, barres de fer aplaties. بورڠ بليبس دااتس لنتي *būruṅ balībis di-ātas lantey*, le canard sauvage se reposant sur l'auvent (*H. Ab.* 267).

لنتو ***lantu***, faible (*Cr.*).

لنتق ***lantak***, enfoncé, fixé, cloué; établi, placé. — لوله *lūluh lantak*, brisé, pulvérisé (v. لوله *lūluh*).

برلنتق *ber-lantak*, fixant, qui établit.

ملنتق *me-lantak*, enfoncer, fixer, établir. ملنتق دڠن ڤاسق *me-lantak deṅan pāsak*, fixer avec une cheville. ملنتق كايو تمڤت اورڠ مڠڬنتڠكن ڤليت *me-lantak kāyu tampat ōraṅ meṅ-gantuṅ-kan palīta*, attacher une pièce de bois pour suspendre une lampe (*M.*).

ترلنتق *ter-lantak*, qui est enfoncé, que l'on a fixé. ڤاكو يڠ ترلنتق *pāku yaṅ ter-lantak*, un clou qui est enfoncé (*M.*).

ملنتقكن *me-lantak-kan*, fixer quelque chose, établir quelqu'un dans une dignité. سياڤاكه هندق دلنتقكن اوله بندهار *siapā-kah hendak di-lantak-kan ūleh ben-*

dahāra, qui sera établi (chef) par le Bendahara? (*H. Ab.* 184). دلنتقكنڽ دڠن ميڽق *di-lantaḳ-kan-ña dengan miñaḳ*, il l'établit (roi) en lui faisant des onctions avec de l'huile (*H. D.* 37).

ممڤرلنتقكن *mem-per-lantaḳ-kan*, faire établir, faire placer

ڤلنتق *pe-lantaḳ*, ce qui sert à enfoncer, baguette de fusil, mouton, instrument qui sert à enfoncer, à fixer.

[Jav. ꦭꦤ꧀ꦠꦏ꧀ *lantak*, baguette de fusil. Day. *lantak.*]

لنتق lentik, limé, raccourci (des dents). ݢيݢيڽ هيتم لاݢي ڤون لنتق *gigī-ña hītam lāgi pūn lentiḳ*, ses dents étaient noires et bien limées (*S. Bid.* 98).

[Bat. ᯞᯬᯉ᯦ᯖᯪᯂ᯲ *lontik.*]

لنتق lentik, aspergé, p. ex. avec un paquet de feuilles que l'on a trempé dans l'eau.

ملنتق *me-lentiḳ*, asperger, mouiller en aspergeant.

ڤلنتق *pe-lentiḳ*, palette dont on se sert pour tuer les mouches. جاتهكدالمكلبورن ڤلنتق ابليس *jātuh ka-dālam ka-lubūr-an pe-lentiḳ iblīs*, tomber dans le piége de la palette du diable (*H. Ab.* 406).

لنتق lintuk, pliant, souple, flexible, courbé, tortillé. ڤيڠڬڽ دان تاڠنڽ ڤون لنتق *pinggang-ña dān tāngan-ña pūn lintuḳ*, ses vertèbres et ses bras étaient souples.

ملنتق *me-lintuḳ*, plier, courber, friser. كڤال — *me-lintuḳ kapāla*, courber la tête. انق رمبتڽ ملنتق ويلس *ānaḳ rambut-ña me-lintuḳ wilis*, ses cheveux ondoyants formaient des boucles d'une couleur noire (*S. Bid.* 72).

ملنتقكن *me-lintuḳ-kan*, faire plier, faire courber.

[Bat. ᯞᯬᯉ᯦ᯖᯪᯂ᯲ *lontik.*]

لنتڠ lantang, être visible de loin (*Kl.*).

لنتڠ lanting, jeté, lancé, dardé.

لنتڠ٢ *lanting-lanting*, armes à jet, armes à projectiles.

ملنتڠ *me-lanting*, jeter, lancer, darder.

ترلنتڠ *ter-lanting*, qui est jeté à terre, qui est étendu. كيجڠ ايت ڤون ترلنتڠله سڤرت لاكو كيجڠ ماتي *kijang itu pūn ter-lanting-lah seperti lāku kijang māti*, ce cerf était étendu à terre comme s'il eût été mort (*Kal. dan Dam.* 83).

فلنتغ *pe-lantiŋ*, être étendu, être jeté à terre.

برفلنتغ *ber-pe-lantiŋ*, qui est étendu à terre, qui se trouve dispersé à terre. برفلنتغله سكل سنجات كسان كماري *ber-pe-lantiŋ-lah segala senjāta ka-ṣāna kamārī*, toutes les armes étaient dispersées à terre (*M.*).

ترفلنتغ *ter-pe-lantiŋ*, qui est jeté à terre, qui est étendu ou dispersé à terre. دليهتڽ كفال انقڽ تله برفڠكل دو ترفلنتغ *di-līhat-ña kapāla ānaḳ-ña telàh ter-paŋgal dūa ter-pe-lantiŋ*, elle vit gisante à terre la tête de son fils dont le corps avait été coupé en deux (*R.* 86). اي جاته ترفلنتغ كبومي *ia jātuh ter-pe-lantiŋ kabūmi*, il tomba et se trouva étendu à terre (*R.* 99).

برفلنتيغن *ber-pe-lantīŋ-an*, ce qui est à terre, ce qui est dispersé ou épars çà et là. كفال هابسله برفلنتيغن كبومي *kapāla hābis-lah ber-pe-lantīŋ-an kabūmi*, les têtes étaient éparses par terre (*M.*).

لنتغ **lentiŋ**, à ressort, élastique.

ملنتغ *me-lentiŋ*, avoir de l'élasticité.

ملنتغكن *me-lentiŋ-kan*, rendre élastique.

لنتغ **lintaŋ**, travers, de travers, en travers, largeur. — كايو *kāyu lintaŋ*, pièce de bois mise en travers, traverse, solive. بوجر — *lintaŋ būjur*, de biais, en diagonale, obliquement. فاير — *lintaŋ pāyar*, en croisant, action des navires de guerre qui croisent. ليم هاري فرجلانن لنتغڽ *līma hārī per-jalān-an lintaŋ-ña*, que l'on peut traverser par une marche de cinq jours (*Mir. Moh.* 113). برجالنله دتانه ايت فد بوجرڽ دان فد لنتغڽ *ber-jālan-lah di-tānah itu pada būjur-ña dān pada lintaŋ-ña*, parcourez cette terre dans sa longueur et dans sa largeur (*B.* 18). فوكغ — *lintaŋ pūkaŋ*, en désordre, en confusion, l'un dans l'autre. جري بري لنتغ فوكغ *xerèy-berèy lintaŋ pūkaŋ*, expression qui marque la précipitation et la confusion.

ملنتغ *me-lintaŋ*, traverser, passer à travers. سئيكر بناتغ تيدق اد ملنتغ *sa-īkor binātaŋ tidaḳ ada me-lintaŋ*, aucun animal ne passa sur lui (*M.*). بنچان يغ ملنتغ *benxāna yaŋ me-lintaŋ*, un accident qui survient à travers (*M.*).

ملنتغكن *me-lintaŋ-kan*, poser en travers, traverser ou faire traverser quelque chose. دريں — *me-lintang-kan dirī-ña*, se mettre en travers. تمبقں دلتڠكنں داتس كداں *tumbak-ña di-lintang-kan-ña di-ātas kudā-ña*, il mit sa lance en travers (du cou) de son cheval (*M.*).

لنتغ **lintang**, astre, v. بنتغ *bintang*.

[Jav. ꦭꦶꦤ꧀ꦠꦁ *lintang*.]

لنتغ **linting**, v. جاڬغ *jāgung*.

لنتغ **luntang**. — بالى *bāley luntang*, place destinée aux princes devant la galerie d'un palais, et où ils peuvent prendre l'air (*Kl*).

لنتر **lantar**.

ڤلنتارن *pe-lantār-an*, esplanade, terrain ouvert devant une maison.

[Jav. ꦭꦠꦂ *latar*, ꦥꦭꦠꦫꦤ꧀ *plataran*.]

لنتر **lentur**, plié, courbé, fléchi; être plié. اڤبيل اى لاݢى مود بݢيمان كهندق كيت بوله دلنتراكن دى *apabīla ia lāgi mūda bagimāna ka-hendak kīta būleh di-lentur ākan dia*, lorsqu'ils sont encore jeunes, nous pouvons les plier à notre volonté (*H. Ab.* 26).

بلنتر *be-lentur*, qui est plié, qui fléchit, qui se courbe.

ملنتر *me-lentur*, plier, fléchir. تياد اى تاهو ملنتر *tiāda ia tāhu me-lentur*, il ne peut pas fléchir (*H. Ab.* 24).

ملنتورى *me-lentūr-i*, courber vers, fléchir sur.

ملنتركن *me-lentur-kan*, courber, plier quelque chose.

ممڤرلنتر *mem-per-lentur*, faire courber, faire plier.

ممڤرلنتورى *mem-per-lentūr-i*, faire courber vers.

ممڤرلنتركن *mem-per-lentur-kan*, faire qu'une chose se courbe, fléchisse.

ڤلنتر *pe-lentur*, qui courbe, ou sert à courber, à plier.

لنتر **lontar** (S. ताल *tāla*), nom d'un palmier (*borassus flabelliformis*). سياڤ يڠ ترديرى سڤرت ڤوهن لنتر ايت *siāpa yang terdīri seperti pōhon lontar ītu*, qui est celui qui se tient là debout comme un palmier? (*M.*). — داون *dāun lontar*, la feuille du palmier dont on se sert pour écrire avec une aiguille.

[Jav. et Sund. ꦭꦺꦴꦤ꧀ꦠꦂ *lontar*. Bat. [Batak script] *otal*. Mak.

[Bug. … tala. Bug. … ta. Tag. … tual.]

لنتر **luntar** = لوتر lūtar.

لنتس **lintas,** traversé, par, à travers. لنتسله اوله كامو كهداڤن مكاك lintas-lah ūleh kāmu ka-hadāp-an mukā-ku, marchez devant moi (B. 52). — منيكم menīkam lintas, enfoncer un poignard au travers du corps. دركانن لنتس ككيرى deri kānan lintas ka-kiri, de part en part.

ملنتس me-lintas, passer par, traverser, pénétrer. سياڤ يڠ براني ملنتس درڤد ڤيهق نكرى همب siāpa yaṅg berāni me-lintas deri-pada pīhak nagrī hamba, qui osera traverser mes états. اى ملنتسله دتڠه بنو يڠ برنام نكرى سڤوله ia me-lintas-lah di-teṅgah benūa yaṅg ber-nāma nagrī sa-pūloh, il passa par le milieu du pays nommé Décapole (N. 69).

ترلنتس ter-lintas, que l'on passe, qui peut être pénétré, pénétrable. ترلنتس دمات اورڠ ter-lintas di-māta ōraṅg, pénétrable à l'œil de l'homme, exposé à la vue (M.).

ممڤرلنتسكن mem-per-lintas-kan, faire traverser, envoyer par. مك دڤرلنتسكنله الله سواتو اڠين كاتس بومى maka di-per-lintas-kan-lah allah suātu āṅgin ka-ātas būmi, alors Dieu envoya un vent violent sur la terre (B. 10).

ڤلنتس pe-lintas, qui passe, passager. — اورڠ ōraṅg pe-lintas, des voyageurs qui ne font que passer sans s'arrêter.

[Jav. … lantas, uni, égal. Bat. … lontas, rapide. Mak. … lantasa.]

لنتس **luntas,** v. بلنتس beluntas.

لند **landa,** contre le vent.

ملند me-landa, aller contre le vent, naviguer avec un vent contraire.

لند **lunda,** nom d'une plante (Kl.).

لندق **landak,** hérisson, porc-épic. — دورى dūri landak, les piquants d'un hérisson, ou d'un porc-épic. — بابي bābi landak, un porc-épic. — بوڠ būṅga-landak, nom d'une fleur (barleria prionitis Kl.).

[Jav. … landak. Sund. … landak. Mak. … landa.]

لندق **landek,** une boucle de cheveux artistement frisée.

لندغ **lendong,** une anguille (*Cr.*).

لندغ **lindung,** abri, couvert, écran, paravent, refuge, protection.

برلندغ *ber-lindung,* qui a un abri, qui est à couvert. دودق برلندغ دبالق ڤوهن *dūduk ber-lindung di-bālik pōhon,* être à l'abri derrière un arbre. برلندغ كڤد الله *ber-lindung ka-pada allah,* avoir recours à Dieu (*M.*). تتكال همب برلندغ دباوه سايڤ سودارهمب *tatkāla hamba ber-lindung di-bāwah sāyap sūdāra hamba,* lorsque j'étais à l'abri des ailes de mon frère (*R.* 104).

ملندغ *me-lindung,* couvrir, protéger, défendre.

ترلندغ *ter-lindung,* qui est caché, qui est protégé, abrité. ايت ترلندغ كڤد كيت *ītu ter-lindung ka-pada kīta,* il est caché pour nous (*N. Phil.* 25). اڤبيل كيت ترلندغ درڤد متهاري *apa-bīla kita ter-lindung deri-pada mata-hāri,* lorsque nous sommes à l'abri des rayons du soleil (*N. Phil.* 23).

ملندوغي *me-lindūng-i,* mettre un abri sur quelque chose, étendre sa protection sur quelqu'un. متهاري تياد كلهاتن لاگي سبب دلندوغي اوله سايڤن *mata-hāri tiāda kalihāt-an lāgi sebab di-lindūng-i ūleh sāyap-ña,* le soleil n'était plus visible à cause de l'ombre de ses ailes (*M.*).

ملندغكن *me-lindung-kan,* couvrir, cacher quelque chose, protéger quelqu'un. بايڠ بومي يڠ ملندغكن بولن *bāyang būmi yang me-lindung-kan būlan,* l'ombre de la terre qui couvre la lune (au moment d'une éclipse) (*N. Phil.* 11). جاڠن سكلكالي ملندغكن بارڠ سسواتو كڤد اكو *jāngan sa-kali-kāli me-lindung-kan bārang sa-suātu ka-pada āku,* gardez-vous bien de me cacher quoi que ce soit (*R.* 15). رجاراج يڠ عادل ملندغكن سگل رعيتن *raja-rāja yang ādil me-lindung-kan segala rayat-ña,* les rois qui sont justes protègent leurs sujets (*R.* 98).

برلندغكن *ber-lindung-kan,* qui met à l'abri. اي برلندغكن دريݢ درڤد سترون *ia ber-lindung-kan dirī-ña deri-pada satrū-ña,* ils se mettent à l'abri contre leurs ennemis (*H. D.* 138).

ڤرلندوغن *per-lindūng-an,* ce qui couvre, qui protège, refuge, lieu retiré, lieux d'aisance. ڤرلندوغن اورڠ بردوس *per-lindūng-an ōrang ber-dōsa,* refuge, des pécheurs (*P. M.*). كود جاته كدالم ڤرلندوغن *kūda jātuh ka-*

dālam per-lindūng-an, le cheval était tombé dans la fosse d'aisance (*S. Mal.* 163).

On trouve aussi سلندغ *sa-lindung*, à l'abri. برسلندغ *ber-sa-lindung*, qui se met à l'abri. برسلندغ كبالق فنتو *ber-sa-lindung ka-bālik pintu*, qui se refugie derrière la porte. برسلندغكن *ber-sa-lindung-kan*, qui met à l'abri.

[Sund. [illegible] *lindung*. Bat. [illegible] *lindung*. Tag. [illegible] *lindong*. Bis. [illegible] *landong*, ombre.]

لندف ***landap***, nom d'une fleur, une sorte de lis: ordinairement سيلندف *sī-landap*.

[Jav. [illegible] *landep*, nom d'une plante.]

لندر ***lendir***, phlegme, crachat (*Kl.*). v. *lindir*.

لندر ***lindir***, graisseux, gluant, gélatineux, visqueux. لندر درفد ميق *lindir deri-pada mīñak*, graissé d'huile (*M.*). سبب لندر دالمن *sebàb lindir dālam-ña*, parce qu'il y a des viscosités (*H. Ab.* 276). ڤاچي يڠ لندر *pāxey yang lindir*, terre glaise. — چيرت *xirit lindir*, dyssenterie.

لندس ***landas***.

لنداسن *landās-an*, enclume, billot.

[Jav. [illegible] *landes*. Bat. [illegible] *landasan*. Bis. [illegible] *landasan*.]

لندس ***lindis***, rouleau pour unir la terre.

لنسه ***lansah***, v. لڠست *langsat*.

لنسي ***lensey***, extinction d'une dette: dédaigné, peu estimé.

لنست ***lansat***, v. لڠست *langsat*.

لنست ***lunsat***, sauter, bondir. v. لنچت *lanxit*.

لنسن ***lunsin*** = لڠسن *lungsin*.

لنسم ***linsum***, nom d'un arbuste (*Kl.*).

ملنسم *me-linsum*, place où croissent les arbustes, place qui se couvre d'arbustes.

لنسر ***lansar***.

ملنسر *me-lansar*, se lancer tout droit en avant, comme un serpent (*Kl.*).

Énig. بركتق بوكنن تدغ ملنسر بوكنن اولر *ber-ketùk būkan-ña tedùng me-lansar būkan-ña ūlar,* il est roulé sans être un reptile, il se lance en avant sans être un serpent. اورڠ برتنن *ōraṅ ber-tenùn,* un tisserand qui tisse.

لف **lap,** pour ايلف *īlap.*

لفو **lepaw,** petite boutique (*Pij.*).

لفو **lepū,** nom d'un poisson de mer dont la peau est très-dure et qui a un aiguillon venimeux. *Kl.* en mentionne de trois sortes: برنجت — *lepū beranjut,* كارڠ — *lepū kāraṅ* et ستو — *lepū setū.*

لفق **lepàḳ,** séparé l'un de l'autre, peigné, démêlé.

ملفق *me-lepàḳ,* qui se sépare, qui se démêle. جڠكتن ڤون ڤوتيه له ملفق سڤرت كافس يڠ تربوسر *jaṅgut-ña pūn pūtih-lah me-lepàḳ seperti kāpas yaṅ ter-būsar,* sa barbe était blanche et démêlée comme du coton bien cardé (*Kl.*).

لفق **lepùḳ,** plâtré, enduit, couvert d'une couche.

ملفق *me-lepùḳ,* plâtrer, enduire, couvrir d'une couche. سمواڽ ترتوتف اوله ڤوته ملفق *sa-muā-ña ter-tūtup ūleh pūtih me-lepùḳ,* tout est couvert d'un blanc (la neige) qui s'étend comme une couche (*Exer.* 152).

لفڠ **lepàṅ.** — بوه *būwah lepàṅ,* sorte de pâtisserie, de friandise (*Kl.*).

لفر **lepùr,** suffoqué, étouffé (*Kl.*). — ماتى *māti lepùr* = ماتى لمس *māti lemàs.*

لفلف **laplap** (Holl. *lap*), torchon.

ملفلفكن *me-laplap-kan,* essuyer avec un torchon (*Kl.*).

لفس **lepàs,** délivré, relâché, acquitté, exempté, affranchi, passé. لفس درفد هوتڠ *lepàs deri-pada hūtaṅ,* déchargé d'une dette. — مردهيك *lepàs mardahīka,* affranchi, devenu libre. لفس درفد دوس *lepàs deri-pada dōsa,* exempt de péché. لفس درفد چوكى *lepàs deri-pada xūkey,* exempt d'impôt. سده لفس مريم *sudah lepàs mariam,* le canon a été tiré. لفس تيك هارى *lepàs tīga hāri,* il y a trois jours. لفس جمعة اين سهاى برجالن *lepàs jumaṭ īni sahāya ber-jālan,* quand cette semaine sera passée, je partirai. تون تياد اكن لفس درفد تاڠنك *tūan tiāda ākan lepàs deri-pada tāṅan-ku,* vous n'échapperez pas de mes mains (*R.* 40).

برلقس *ber-lepàs,* qui s'affranchit, qui devient libre.

ملقس *me-lepàs,* délivrer, exempter, affranchir.

ترلقس *ter-lepàs,* qui est délivré, que l'on a affranchi, échappé. ترلقس درڤد بلا اين *ter-lepàs deri-pada belā ini,* étant délivré de ce danger (*R.* 45).

Prov. بارڠ ترݢڠݢم جاته ترلقس *bāraṅ ter-geṅgam jātuh ter-lepàs,* ce qui était tenu dans la main en échappe. C'est à dire, ce que l'homme croyait fermement tenir, souvent lui échappe.

ملقسكن *me-lepàs-kan,* délivrer, relâcher, affranchir quelqu'un, faire délivrer, faire exempter. كمناته كيت ملقسكن ديري درڤد بلا ايت *ka-manā-tah kīta me-lepàs-kan dīri deri-pada belā ītu,* comment échapperons-nous à ce danger? (*R.* 45). ملقسكن اورڠ دري دالم ڤنجار *me-lepàs-kan ōraṅ deri dālam panjāra,* faire sortir quelqu'un de prison (*R. V.*). سڤاي اكو لقسكن اڠكو كمبالي ككنݢريم *supāya āku lepàs-kan aṅkaw kombāli ka-nagrī-mu,* afin que je vous permette de retourner dans votre pays (*R.* 42). سمنتار بلم اي ملقسكن انق ڤانهڽ *samantāra belùm ia me-lepàs-kan ānak pānah-ña,* avant qu'il eut lancé sa flèche (*R.* 65).

لڤاسن *lepās-an,* délivrance, pardon, exemption; objet délivré.

ڤلڤاسن *pe-lepās-an,* action de délivrer, d'affranchir; délivrance, affranchissement.

كلڤاسن *ka-lepās-an,* ce qui est délivré, affranchi; délivrance, pardon. — بكس *bakàs ka-lepās-an,* marque de pardon.

[Jav. [Javanese script] *lepas.* Bat. [Batak script] *lopas.* Mak. [Makassar script] *lappasa.* Day. *lapas.* Tag. [Tagalog script] *lipas.* Bis. [Bisaya script] *lapas.*]

لبان *lubān* (Ar. لبن), résine. — لبان جاوي *lubān jāwi,* benjoin.

لبارن *lebāran,* la grande fête mahométane, qui se célèbre à la nouvelle lune terminant le carême ou le jeûne.

[Jav. [Javanese script] *lebar,* être à la fin. Sund. [Sundanese script] *labaran.*]

لبه *lebàh,* abeille, mouche à miel. اير مادو يڠ تله ترڤنچر درڤد سارڠ لبه *āyer mādu yaṅ telàh ter-panxur deri-pada sāraṅ lebàh,* le miel qui a coulé du rayon formé par les abeilles (*H. Ab.* 25).

Prov. اقام اورغ مملهراكن درين دالم سارغ لبه *upāma ōrang meme-liharā-kan dirī-ña dālam sārang lebàh*, comme celui qui, se trouvant dans un nid d'abeilles, cherche à éviter leur piqûre. Se dit de quelqu'un qui se trouve dans une position difficile, et qui par malheur ne peut pas en sortir (*Livre de lecture* N° 7, p. 95).

[Bat. [Batak script] *loba.*]

لبه **lebèh,** plus, supérieur, excédant, de plus. بسر — *lebèh besàr,* plus grand. بايق — *lebèh bāik,* meilleur. لبه تڠڬي درڤد يڠ لاين *lebèh tinggi deri-pada yang lāin,* plus élevé que l'autre. — كورغ *lebèh kūrang,* plus ou moins. كارن لبه اى درڤد سكل ديو *kārna lebèh ïa deri-pada segala dēwa,* car il était supérieur à toutes les autres divinités. بارغ يڠ لبه دڤولڠكنڽ *bārang yang lebèh di-pūlang-kan-ña,* tout ce qu'il y avait de plus, il le rendit (*M.*).

ترلبه *ter-lebèh,* très, fort, beaucoup plus, excessivement.

برلبه *ber-lebèh,* qui est plus, supérieur, au-dessus, à plus forte raison. اكو ممبرى حرمة برلبه اكن ڬروك *āku mem-brī hormat ber-lebèh ākan gurū-ku,* mais, à plus forte raison, dois-je honorer mon précepteur (*M. R.* 176).

ملبه *me-lebèh,* surpasser, faire plus.

ملبهى *me-lebēh-i,* surpasser quelqu'un ou quelque chose, ajouter à.

ملبهكن *me-lebèh-kan,* augmenter quelque chose, faire plus, estimer plus. نسچاى اكو لبهكن دى درڤدام *nisxāya āku lebèh-kan dïa deri-padā-mu,* certainement je le mettrai au-dessus de vous (*R.* 159). اى جاڠن ملبهكن درين درڤد سكل اورغ يڠ لاين *ïa jāngan me-lebèh-kan dirī-ña deri-pada segala ōrang yang lāin,* qu'il se garde bien de se faire plus que les autres hommes (*M. R.* 157).

لبيهن *lebēh-an,* le plus, ce qui est plus, excédant.

برلبيهن *ber-lebēh-an,* ce qui est augmenté, ce qui est de plus. مك اى ساڠت برلبيهن ڤركتاانڽ *maka ïa sāngat ber-lebēh-an per-katā-an-ña,* mais ils se mirent à crier encore plus haut (*M.*).

كلبيهن *ka-lebēh-an,* excès, surplus, reste, excellence. يڠ ترانده ڤدكلبيهن *yang ter-indah pada ka-lebēh-an,* qui est plus précieux (plus favorisé) que tous les autres (*B.* 82). سڤاي ڽات كلبيهن راج *supāya ñāta ka-lebēh-an rāja*, afin que soit connue l'excellence de la dignité royale (*M. R.* 223).

بركلبيهن *ber-ka-lebēh-an*, qui est plus, qui prévaut sur. مك سكل ڤنتو ݢربڠ نارك تياد اكن بركلبيهن اتسڽ *maka segala pintu gar-barg nāraka tiāda ākan ber-ka-lebēh-an ātas-ña*, et les portes de l'enfer ne prévaudront pas contre elle (*N.* 28).

[Kw. ꦭꦺꦮꦶꦃ *lewih*. Jav. ꦭꦸꦮꦶꦃ *luwih*. Sund. ᮜᮧᮝᮤᮂ *lowih*. Bat. ᯞᯬᯀᯪ *lobi*. Mak. ᨒᨅᨗ *labi*. Day. *labih*. Bis. ᜎᜊᜒ *labi*.]

لبه lebùh, place publique, rue, chemin: faubourg (*Cr.*). دلبه كامي ماو برمالم *di-lebùh kāmi māu ber-mālam*, nous voulons passer la nuit sur la place publique (*B.* 25). سݢنڤ لبه ڤكن دان ڤاسر *sa-genàp lebùh pakàn dān pāsar*, toutes les rues et les places publiques (*M.*).

[Jav. ꦭꦼꦧꦸꦃ *lebuh*, terre non cultivée; place où l'on jette les ordures.]

لبه lubùh, poussière. هابو دان لبه *hābu dān lubùh*, cendre et poussière. ديرسكن ايرجك تياد هوجن سڤاي جاڠن تربڠ لبهڽ *dāris-kan āyer jika tiāda hūjan supāya jārgan terbarg lubùh-ña*, arrosez d'eau, s'il ne pleut pas, afin d'empêcher la poussière de s'élever (*M.*). دڤرڤاكن الله اكن مانسي درڤد لبه تانه *di-pe-rupā-kan allah ākan mānusīa deri-pada lubùh tānah*, Dieu forma l'homme du limon de la terre (*B.* 3).

On trouve aussi لبو *lubū*.

[Jav. et Sund. ꦭꦼꦧꦸ *lebu*.]

لبي lebi (Ar. لاوي *lāwi* de l'Hebr. לֵוִי) lévite, ecclésiastique, prêtre mahométan du second ordre. دڤڠݢلڽ خطيب اتو لبي *di-panggil-ña ḳaṭīb ātaw lebi*, faire venir un prêtre ou un lévite (*H. Ab.* 377).

[Jav. et Sund. ꦭꦼꦧꦺ *lebé*.]

لبو lubū, poussière, v. لبه *lubùh*.

لبت lebàt, épais, serré, touffu. commun, en grande quantité. — داون *dāun lebàt*, feuillage épais. — هوجن *hūjan lebàt*. grosse pluie. مك داتڠ انق ڤانه ايت سڤرت هوجن يڠ لبت *maka dātarg ānak pānah itu seperti hūjan yarg lebàt*, et les flèches tombèrent sur lui comme une pluie serrée (*R.* 40). دان بوهن ترلالو

لبت dān būah-ña ter-lālu lebàt, et ses fruits étaient très-serrés, étaient en grosses grappes(R. 74). بوه ايت ڤون ترلالو لبت ددالم رمب būah itu pūn ter-lālu lebàt di-dālam rimba, ces fruits se trouvent en grande quantité dans la forêt (R. 81).

[Jav. [illegible] lebet, intérieur, profond. Day. labat.]

لبن lebàn, nom d'un arbre (*vitex pubescens*).

[Sund. [illegible] *laban* (*vitex leucoxilon*). Bat. [illegible] *aloban*.]

لبم lebàm, tache bleue sur le corps, meurtrissure. سڠل بدنڽ ڤون بيرو لبم *segala badàn-ña pūn bīru lebàm*, tout son corps était couvert de taches bleues (*H. Ab.* 148). ملهاراكن توبه درڤد لبم *memeliharā-kan tūbuh deri-pada lebàm*, préserver le corps de taches bleues (*Kl.*).

لبر lebùr, fondu, en fusion, se fondre.

ملبر *me-lebùr*, fondre, dissoudre.

لبورن *lebūr-an*, action de fondre, fusion. — داڤر *dāpur lebūr-an*, un fourneau pour fondre les métaux.

كلبورن *ka-lebūr-an*, ce qui est fondu, métal en fusion. لاوت — *lāut ka-lebūr-an*, une mer de métal en fusion.

برتلبورن *ber-te-lebūr-an*, qui est en fusion, qui est dissous. اى جاتق برتلبورن كدالم لاوت *ïa jātuh ber-te-lebūr-an ka-dālam lāut*, ils tombèrent dissous dans la mer (*R.* 114).

Se prend quelquefois pour لومر *lūmur*.

[Kw. [illegible] *labu*, périr. Jav. et Sund. [illegible] *lebur*. Mak. [illegible] *laboro*, détruire.]

لم lam. — اير *āyer lam*, de l'eau sur laquelle on a prononcé des paroles du Coran, eau bénite (*Kl.*).

لمه lemàh, faible, abattu, languissant, lâche, relâché, doux de caractère. لمهله توبهڽ *lemàh-lah tūbuh-ña*, son corps était faible. ذكر — *lemàh zakar*, impuissant. لمهله سڠل اڠڬوتاڽ *lemàh-lah segala arggotā-ña*, tous ses membres s'affaiblirent. بيت يڠ لمه ڤد سڬنڤ ڤركار *bēta yarg lemàh-pada sa-genàp porkāra*, je suis d'une humeur douce et complaisante en toutes circonstances (*M.*).

له *lemàh*, se joint à لمبت *lembut*, v. ce mot.

ملمهكن *me-lemàh-kan*, affaiblir, abattre, relâcher. اڤ ڤپاکت ايت يڠ ملمهكن ادام *apa peñākit itu yaṅ me-lemàh-kan adā-mu*, quelle est la maladie qui vous affaiblit? (*M. R.* 52). دلمهکنن کوساڽ *di-lemàh-kan-ña kuasā-ña*, il en diminue la force (*N. Phil.* 129).

کلماهن *ka-lemāh-an*, faiblesse, langueur. دڠن کلماهن کادائن کامي *deṅan ka-lemāh-an ka-adā-an kāmi*, avec la faiblesse de notre nature (*M. R.* 86).

[Mak. et Bug. *lamma*. Day. *lamah*.]

لمو **lemū,** dégoûtant, nauséabond (*Cr.*).

لموکت **lemūkut,** grains de riz cassés (*Cr.*).

لموسر **lamūsir,** les intestins.

[Bat. *ramusir.*]

لمق **lemàḳ,** graisse, gras, nourrissant. چاير — *lemàḳ xāyer*, graisse fondue. دلاڤهڽاله کولت ايکن ايت لالو دکلوارکنن لمقن *di-lāpah-ñā-lah kūlit īkan ītu lālu di-ka-lūar-kan-ña lemàḳ-ña*, ils dépouillent ce poisson de sa peau et ils en prennent la graisse (*Exer.* 139). لمق بناتڠ يڠ هارس دماکن اکن دي *lemàḳ bināṫaṅ yaṅ hārus di-mākan ākan dīa*, la graisse des animaux qu'il est permis de manger (*M.*). ناسي لمق *nāsi lemàḳ*, du riz cuit avec du lait de coco.

[Bat. *lomak*, abondant, fertile.]

لمڠ **lemàṅ,** sorte de mets fait de farine de riz glutineux et de lait de coco, et cuit dans un bambou.

[Jav. *ṅlemeṅ*. Bat. *lomiṅ*.]

لمڤ **limpa** = لمڤه *limpah*, le foie.

لمڤاکم **limpāgam,** l'insecte volant qui provient de la fourmi blanche.

[Bat. *limpagom.*]

لمڤاتو **lampātu,** selon *Kl.*, nom d'une plante. Selon *M.*, nom d'un oiseau.

لمڤه **lampoh,** v. لمڤو *lampau*.

لمڤه **limpah,** abondant, plein, superflu, débordant, rempli, inondé. اى برتمبهله دڠن لمڤهن *īa ber-tambah-lah deṅgan limpah-ña*, il augmenta avec abondance.

Prov. متيله كومن كن ڤلنتق سكلين عالم لمڤه دارهڽ *matī-lah kūman kena pe-lentiḳ sa-kalī-an ʿālam limpah dārah-ña*, un petit insecte est écrasé, et le monde entier est inondé de son sang. Le sens est: beaucoup de bruit pour rien.

ملمڤه *me-limpah*, abonder, déborder, se répandre. ايربه ملمڤه داتس بومي *āyer bah me-limpah di-ātas būmi*, l'eau du déluge se répandant sur la terre (*H. D.* 11).

ملمڤهكن *me-limpah-kan*, faire abonder, produire en abondance. بايقله سكل ايرايت ملمڤهكن سواتو كلمڤاهن دريڠ هيدڤ *bāiḳ-lah segala āyer ītu me-limpah-kan suātu ka-limpāh-an deri yaṅg hīdup*, que les eaux produisent en abondance des animaux vivants (*B.* 2).

ممڤرلمڤهكن *mem-per-limpah-kan*, faire produire en abondance, faire répandre. بايقله دڤرلمڤه٢كن سكل ايت ڤد بومي *bāiḳ-lah di-per-limpah-limpah-kan segala ītu pada būmi*, qu'ils se répandent tous sur la terre (*B.* 11).

كلمڤاهن *ka-limpāh-an*, abondance. هارڤله كامي كڤد كلمڤاهن كرنى توان *hārap-lah kāmi kapada ka-limpāh-an karunīa tūan*, nous mettons notre confiance dans votre excessive générosité (*M.*).

لمڤه ***limpah***, le foie. — انق لمڤه *ānaḳ limpah*, la rate. — ساكت لمڤه *sākit limpah*, maladie de foie.

[Jav. [illegible] *limpa*. Bat. [illegible] *limpa*. Mak. [illegible] *lémpaṅg*. Tag. [illegible] *limpa*, la rate.]

لمڤه ***lumpuh***, paralytique, paralysé.

[Jav. et Sund. [illegible] *lumpuh*. Bat. [illegible] *lumpu*.]

لمڤي ***lampey***, grêle, fluet, mince, svelte. — تڠكت لمڤي *tuṅkat lampey*, un bâton mince, une baguette. — ايكن لمڤي *īkan lampey*, sorte d'anguille.

[Jav. [illegible] *lempé*, nom d'un serpent.]

لمڤي ***lampey***, agité, être agité.

ملمڤي *me-lampey*, agiter, mouvoir. مك سكل بديادارى ملمڤي والى كونيڠ *maka segala bidiādāri me-lampey wāli kūniṅg*, et les nymphes agitaient (portaient) des écharpes jaunes (*R.* 154).

ترلمڤي *ter-lampey*, qui est agité, qui s'agite. سگل داون کايو ترلمڤي۲ سڤرت اورڠ مڠڤاسي راج *segala dāun kāyu ter-lampey-lampey seperti ōrang mengipās-i rāja*, toutes les feuilles des arbres s'agitaient, comme pour rafraîchir le roi (*M.*).

v. لمبي *lambey*.

لمڤي **lempey.**

لمڤيلمڤين *lempey-lempēy-an*, épi de grain ou d'herbe (*Kl.*).

لمڤو **lampaw,** passé, outrepassé, surpassant, excédant, excessif; au-delà. ايريڠ لمڤو لوتت *āyer yang lampaw lūtut*, de l'eau jusqu'au-dessus des genoux. سڤرت اڤام چهاي متهاري يڠ لمڤو چهاي بولن *seperti upāma xahāya matahāri yang lampaw xahāya būlan*, de même que l'éclat du soleil surpasse l'éclat de la lune. ترلالو لمڤو هتين *ter-lālu lampaw hati-ña*, il avait les passions extrêmement vives (*M.*). ملك اي سنديري لالو لمڤو دموك مريكئيت *maka ia sendīri lālu lampaw di-mūka marīka-ītu*, et il s'avança devant eux (*B.* 53).

ترلمڤو *ter-lampaw*, ou تلمڤو *te-lampaw*, qui est passé. سورت ايت سده ترلمڤو تمڤتن *sūrat ītu sudah ter-lampaw tampat-ña*, la lettre a passé l'endroit où elle était adressée (*M.*). منکالا تاهن ايت تلمڤو *mana-kāla tāhun ītu te-lampaw*, lorsque cette année-là fut passée (*B.* 79).

ملمڤاوي *me-lampāw-i*, passer au-delà de quelque chose.

On trouve aussi لمڤه *lampoh*. ستله سگل هاري ڤنڠيسن سده ترلمڤه *sa-telàh segala hāri penangis-an sudah ter-lampoh*, lorsque les jours du deuil furent passés (*B.* 84).

[Bat. [Batak script] *lompo.*]

لمڤووي **lempūwi,** nom d'une plante (*Kl.*).

لمڤويڠ **lempūyang,** nom d'une plante (*zingiber cassumunar*). — هوتن *lempūyang hūtan* (*globba marantina*).

[Jav. [Javanese script] *lempuyang*. Sund. [Sundanese script] *lampuyang*. Bat. [Batak script] *lompayang*. Mak. [Makassarese script] *lampuyang*. Day. *lampuyang*. Tag. et Bis. [Tagalog script] *lampoyang*.]

لمڤوني **lempūney,** nom d'un arbre des forêts, qui fournit un bois bon à brûler (*Kl.*).

لمفق **lempuk,** sorte de bouillie, de marmelade (*Kl.*).

لمفڠ **lampiṅg** = لمفن *lampin.*

لمفڠ **lampuṅg,** ce qui flotte sur l'eau, bouée, liéges (d'un filet de pêcheur).

برلمفڠ *ber-lampuṅg,* qui flotte, flottant.

ملمفڠ *me-lampuṅg,* apparaître sur l'eau comme une bouée, s'élever au-dessus d'une surface.

ڤلمفڠ *pe-lampuṅg,* qui forme bouée, qui aide à tenir quelque chose sur l'eau.

ڤلمفڠ *pi-lampuṅg,* moyen magique pour s'élever.

[Bat. [illegible] *lampuṅg,* nom d'un gros poisson de rivière. Bug. [illegible] *lémpoṅg,* s'accumuler, rester (des liquides).]

لمفڠ **lemperg,** un rouleau de tabac javanais.

[Sund. [illegible] *lémpéṅg,* chose mince, comme un morceau de tabac coupé d'un rouleau. Bat. [illegible] *lempeṅg.* Mak. [illegible] *pempeṅg,* une couple de rouelles de tabac: petit gâteau double. Day. *lempeṅg,* petit gâteau rond et épais.]

لمفڠ **lempiṅg,** une sorte de pâtisserie. بڠك — *lempiṅg biṅka,* nom d'un gâteau.

لمفڠ **lempuṅg,** tendre, flexible, mou, p. ex. du bois (*Kl.*).

لمفڠ **limpaṅg,** réuni, lié: liaison, assemblage.

برلمفاڠن *ber-limpāṅg-an,* en un petit tas (*Kl.*).

لمفڠ **limpuṅg,** la vessie d'un poisson (*Cr.*).

لمفڠ **lumpaṅg,** sorte de mortier à piler le riz.

[Jav. [illegible] *lumpaṅg.*]

لمفت **lampit,** nom d'une sorte de natte en rotin.

[Jav. et Sund. [illegible] *lampit.* Day. *lampit.*]

لمفت **lumpat,** sauter, bondir. تيڠ — *lumpat tīyuṅg,* nom d'un jeu qui consiste à sauter à la corde: deux personnes tiennent la corde et la font tourner, à peu près comme cela se pratique en Europe.

برلمفت *ber-lumpat,* sautant, bondissant, qui saute. برلمفتله كرا كاتس ڤوهن كايو *ber-lumpat-lah kerā ka-ātas pōhon kāyu,* les singes sautèrent dans un arbre (*M.*).

ملمفت *me-lumpat*, faire l'action de sauter, bondir, s'élancer. — ملمفت تورن *me-lumpat tūrun*, sauter du haut en bas. هنومن ملمفت كاودر *hanūman me-lumpat ka-udara*, Hanuman s'élança dans l'air (*R.* 65).

Énig. امقڽ ترلنتڠ انقڽ ملمفت٢ *āmak-ña te-lintaṅ ānak-ña me-lumpat-lumpat*, la mère est couchée en travers et l'enfant saute. لسڠ دڠن الو *lesùṅ deṅan ālu*, un mortier à piler le riz avec son pilon.

ترلمفت *ter-lumpat*, qui danse, dansant, sautant.

ملمفاتي *me-lumpāt-i*, sauter sur quelque chose. باڽق ماتي دلمفاتي اوله تودق ايت *bāñak māti di-lumpāt-i ūleh tōdak itu*, beaucoup de personnes sur lesquelles le poisson s'élança en moururent (*S. Mal.* 90).

ملمفتكن *me-lumpat-kan*, faire sauter, lancer. راج دڠن سڠݢاسان سكالي دلمفتكنڽ لالو كاودر *rāja deṅan siṅgasāna sa-kāli di-lumpat-kan-ña lālu ka-udara*, il lança dans l'air le roi et le lit de repos (sur lequel il dormait) (*R.* 125).

برلمفت٢ *ber-lumpat-lumpat*, sautiller, danser. مك كامو كدوا برتري تاري دان برلمفت٢ دهداڤن سري رام *maka kāmu ka-dūa ber-tari-tāri dān ber-lumpat-lumpat di-hadāp-an srī rāma*, et tous les deux vous danserez et sautillerez devant Sri Rama (*R.* 95).

ترلمفت٢ *ter-lumpat-lumpat*, qui est sautillant, dansant. مك ايفون ترتري تاري دان ترلمفت٢ دهداڤن سري رام *maka iā-pūn ter-tori-tāri dān ter-lumpat-lumpat di-hadāp-an srī rāma*, et ils étaient dansant et sautillant devant Sri Rama (*R.* 95).

ڤلمفاتن *pe-lumpāt-an*, saut, bond (*R. V.*).

برلمفاتن *ber-lumpāt-an*, qui est sautant, qui saute. داتڠله برلمفاتن سرت دڠن تمفيق سورق *dā-taṅ-lah ber-lumpāt-an serta deṅan tempik sūrak*, ils arrivèrent en sautant et en criant (*M.*).

[Jav. ꦭꦸꦩ꧀ꦥꦠ꧀ *lumpat*. Sund. ꦭꦸꦩ꧀ꦥꦠ꧀ *lùmpat*, courir. Bat. [illegible] *lumpat*. Mak. [illegible] *lumpa*. Day. *lumpat*, venir sur, courir. Tag. [illegible] *lumbay*, sauter sur la pointe des pieds. Bis. [illegible] *lompayag*, sauter.]

لمقدو lampedū, *Cr.* = همقدو *hampedū.*

لمڤن lampin, langes, maillot; emmailloté. دكناكن لمڤن ݢريڠسيڠ *di-kenā-kan lampin geriŋsiŋ,* enveloppé de langes en batiste (*S. Bid.* 5).

[Jav. ꦭꦩ꧀ꦥꦶꦤ꧀ *lampin,* ce qui sert à prendre q. ch. Bat. [illegible] *lampin.* Tag. [illegible] *lampin.*]

لمقر lampar, répandu, débordant, qui coule par dessus, déborder: contagieux (*Pij.*). كسكارن كارن اڠن اتو ساڠت لمقر *ka-sukār-an kārna āŋin ātaw sāŋat lampar,* des dégâts causés par le vent ou par le débordement des eaux.

ملمقر *me-lampar,* se répandre sur, inonder quelque chose. — تبيڠن *me-lampar tebiŋ-ña,* déborder, inonder ses bords (d'une rivière).

لمقر lampur, tas, monceau de blé.

[Mak. [illegible] *lamporo.*]

لمقر lempar, jeté, lancé, dardé. Prov. لمقر باتو سمبنيكن تاڠن *lempar bātu sembuni-kan tāŋ-an,* lancer une pierre et cacher la main. Se dit de ceux qui font faire quelque chose et qui se cachent, afin que l'on ne sache pas que ce qui a été fait vient d'eux.

ملمقر *me-lempar,* jeter, lancer, darder.

ملمقاري *me-lempār-i,* lancer à, jeter dessus.

ملمقركن *me-lempar-kan,* lancer q. ch. دلمقركن باتو *di-lempar-kan-ña bātu,* il lançait des pierres. نسچاي دلمقركنن ڤندي٢ ايت *nisxāya di-lempar-kan-ña pundi-pundi itu,* certainement, il jettera son sac (*Kal. dan Dam.* 82).

ڤلمقر *pe-lempar,* qui lance ou sert à lancer.

لمقارن *lempār-an,* jet.

[Jav. ꦭꦼꦩ꧀ꦥꦂ *lémpar.*]

لمقر lumpur, boue, fange, bourbe, vase. لومر دڠن لمقر *lū-mur deŋan lumpur,* sali de boue. برݢولڠ دالم لمقر *ber-gūliŋ dālam lumpur,* se rouler dans la fange. جادي اير سڤرت لمقر *jādi āyer seperti lumpur,* l'eau devint bourbeuse (*M.*). دان تاهو اي اكن بتڠ دان ݢوسڠ دان لمقر *dān tāhu ia ākan betiŋ dān gūsuŋ dān lumpur,* et il (le pilote) doit connaître les bancs de sable, les plages et les endroits vaseux (*Cod. Mal.* 407).

[Jav. ꦭꦸꦩ꧀ꦥꦸꦂ *lumpur.* Day. *rumpur,* marais.]

لمقس ***lampas,*** babillard, loquace, qui a du caquet (*Cr.*).

لمقس ***lampes,*** précipité, téméraire (*Cr.*). v. le précédent.

لمب ***lumba,*** tâcher, s'efforcer, rivaliser.

برلمب *ber-lumba,* qui s'efforce, qui rivalise; rivaliser. اى ماسغ٢ برلمباله اكن منتاكن قرى اين دغن سمڤرناڽ *ia māsiŋ-māsiŋ ber-lumbā-lah ākan ma-ñatā-kan prī īni deŋan sempurnā-ña,* chacun s'efforçait à montrer d'une manière plus parfaite (sa générosité) (*M. R.* 204).

برلمب٢ *ber-lumba-lumba,* rivaliser ensemble, s'efforcer l'un à l'envi de l'autre, ou l'un contre l'autre.

ملمباكن *me-lumbā-kan,* faire rivaliser. تمڤت اورغ برلمباكن كود *tampat ōraŋ ber-lumba-lumbā-kan kūda,* l'endroit où l'on fait courir les chevaux (*H. Ab.* 389).

[Jav. ꦭꦸꦩ꧀ꦧ *lumba,* s'élever.]

لمب٢ ***lumba-lumba,*** nom d'un poisson, le marsouin.

لمباك ***lembāga,*** état, condition, taille, stature, ce qui a une stature, une forme, corps. سڤرت لمباكاڽ سدى *seperti lembagā-ña sedīa,* conformément à leur état précédent. عادة لمباك ملايو درڤد زمان دهولو *ādat lembāga ma-lāyu deri-pada zemān dahūlu,* les usages établis parmi les Malais d'ancienne origine (*M.*). سياڤ درڤد كامو دغن برچنت سمڤت تمبه ڤد لمباكاڽ سواتو جوك هست *si-āpa deri-pada kāmu deŋan ber-xinta sampat tambah pada lembagā-ña suātu jūga hasta,* qui d'entre vous pourrait, avec tous ses soins, ajouter à sa taille la hauteur d'une coudée? (*N.* 9). لمباك ايت يايت تيڤ٢ سواتو يغ داڤت دليهت دغن مات *lembāga itu iā-ītu tīap-tīap suātu yaŋ dāpat di-līhat deŋan māta,* on nomme *lembaga* tout ce que les yeux peuvent voir (*N. Phil.* 132).

برلمباك *ber-lembāga,* qui a un corps, qui a une forme, corporel. بناتغ ڤون اد برلمباك *bināntaŋ pūn ada ber-lembāga,* les animaux sont des êtres corporels (*N. Phil.* 132).

لمباكاٴن *lembagā-an,* forme corporelle.

[Day. *lambagan.*]

لمبه **limbah, lembah,** vallée, vallon, endroit bas où se réunissent les eaux, fondrière; campagne. دالم لمبه٢ هوتن *dālam lembah-lembah hūtan*, dans les vallées au fond des forêts (*N. Phīl.* 27). سگل لمبه٢ ايت رتاله *segala lembah-lembah ītu ratā-lah*, les endroits bas furent comblés (*H. Ab.* 221). باڽق كالى سده اكو ترڤروسقله دالم لمبه دان ڤارت *bāñak kāli sudah āku ter-prōsok-lah dālam lembah dān pārit*, bien des fois j'aurais péri dans une fondrière ou dans une fosse (*H. Ab.* 24). مريكئيت منداڤت سواتو لمبه لالو دودق اى دسان *marīka-ītu men-dāpat suātu lembah lālu dūduk īa di-sāna*, ayant trouvé une campagne, ils y habitèrent (*B.* 14).

برلمبه *ber-lembah*, qui a des endroits bas. هوتن اين برلمبه *hūtan īni ber-lembah*, cette forêt a des endroits bas, a des fondrières (*P. Dew.*).

ملمبه *me-lembah*, devenir bas, se former en vallée.

ترلمبه *ter-lembah*, que l'on a fait en vallée; pouvant devenir vallée (*P. Dew.*).

ملمباهى *me-lembāh-i*, aller dans une vallée, mettre en vallée.

ملمبهكن *me-lembah-kan*, rendre un terrain bas, former une fondrière, faire devenir vallée.

ممڤرلمبه *mem-per-lembah*, faire faire une vallée, une fondrière.

ممڤرلمباهى *mem-per-lembāh-i*, faire aller dans une vallée, dans une fondrière.

ممڤرلمبهكن *mem-per-lembah-kan*, faire faire une vallée, faire tomber quelqu'un dans une fondrière.

ڤلمبه *pe-lembah*, moyen pour faire devenir vallée ou fondrière, le liquide.

لمباهن *lembāh-an*, et ڤلمباهن *pe-lembāh-an*, endroit où se réunissent les eaux, endroit bas, fondrière. اى مناره لمباهن دباوه روموڽ *īa menāruh lembāh-an di-bāwah rūmah-ña*, ils font, sous leurs maisons, des endroits bas où l'eau croupit (*Exer.* 128).

لمبه **lumbih,** v. لمبى *lumbi*.

لمبى **lambey,** agité, secoué; être agité, être indiqué par un mouvement. لمبى دڠن تاڠن *lambey dengan tāngan*, être indiqué par un signe de la main. دى لمبى تمنڽ *dīa lambey temàn-ña*, ils firent signe à leurs compagnons.

ملبى *me-lambey*, agiter, secouer, faire signe. كايو ملاتى ملبى رڤان سڤرت هندق مڠيكت *kāyu melāti me-lambey rupāña seperti hendak meng-īkut*, les plantes rampantes se mouvaient en ondes et semblaient vouloir suivre (*Indr*. 262).

ملبيكن *me-lambey-kan*, agiter, secouer q. ch. اى منارى سراى ملبى٢كن كيڤسڽ *īa menāri serāya me-lambey-lambey-kan kīpasña*, elles dansaient, en même temps qu'elles agitaient leurs éventails (*M*.).

لمبى ***lumbi,*** fouiller la terre à la manière d'un sanglier.

On trouve aussi لمبه *lumbih*.

لمبيك ***lambēga*** = رمبيك *rambēga*. — داون *dāun lambēga*, feuille médicinale dont on se sert pour les maladies d'estomac.

لمبو ***lembu,*** nom générique de la race bovine. جنتن — *lembu jantan*, un bœuf. بتين — *lembu betīna*, une vache. هوتن — *lembu hūtan*, bœuf sauvage. — انق *ānak lembu*, un veau. ببراڤ راتس لمبو دسمبله اورڠ *bebrāpa rātus lembu di-sambilih ōrang*, on immola des bœufs par centaines (*R*. 3).

[Jav. et Sund. [Javanese script] *lembu*. Bat. [Batak script] *lombu*.]

لمبو ***lumbu,*** houle; les vagues qui roulent: houleux, agité. كارن ساڠت لمبو امبق *kārna sāngat lumbu ombak*, à cause d'une grosse houle.

لمبورو ***lembūru,*** nom d'un poisson de mer. Selon *M*., il ressemble à l'éperlan.

لمبق ***lembik,*** mou, tendre, flexible, souple. — تانه *tānah lembik*, de l'argile tendre et molle.

لمبق ***limbak,*** ondoyant, glissant, se suivant, comme des pièces d'argent que l'on compte (*Kl*.).

[Jav. [Javanese script] *limbak*, vagues qui se suivent.]

لمبق ***limbuk,*** nom d'un oiseau, le même qui se nomme دكت *dekùt*.

لمبغ ***lamburg,*** côté, flanc. كانن — *lamburg kānan*, le côté droit. كڤل — *lamburg kapàl*, le côté d'un navire. ملك لالودڤانه اوله سرى رام كن لمبغ ترس كسبله *maka lālu* *di-pānah ūleh srī rāma kena lambuŋ trùs ka-sa-belàh*, Sri Rama lui tira une flèche dans le côté et le traversa (*R.* 28).

ملمبغ *me-lambuŋ*, mettre sur le côté, faire aller par le côté, frapper sur le côté. اى ملمبغ دريں *ia me-lambuŋ dirī-ña*, il se frappa sur les côtés (*S Mal.* 218).

لمبوغن *lambūŋ-an*, qui est de côté, côté, flanc; qui va d'un côté à l'autre, qui balance. بوهن لمبغلمبوغن *būah-ña lambuŋ-lambūŋ-an*, ses fruits se balançaient.

[Jav. ꦭꦩ꧀ꦧꦸꦁ *lambuŋ*. Bat. ᯞᯔ᯦ᯅᯮᯰ *lambuŋ*.]

لمبغ lembaŋ, vallée.

v. لمبه *lembah*.

[Jav. et Sund. ꦊꦧꦏ꧀ *lebak*. Bat. ᯞᯬᯔ᯦ᯅᯰ *lombaŋ*.]

لمبغ lembiŋ, lambiŋ, lance, pique. ممكغ *memegàŋ lembiŋ*, saisir une lance. اد يغ منيكم دغن لمبغن *ada yaŋ menīkam deŋan lembiŋ-ña*, quelques-uns le perçaient avec leur lance (*R.* 133).

[Jav. ꦭꦺꦩ꧀ꦧꦶꦁ *lembiŋ*.]

لمبغ limbaŋ.

ملمبغ *me-limbaŋ*, flâner (*Kl.*).

لمبغ limbuŋ.

لمبوغن *limbūŋ-an*, sorte de lèpre qui fait que tout le corps est enflé. — كست *kusta limbūŋ-an*, lèpre qui couvre tout le corps (*Kl.*).

لمبوغن *limbūŋ-an*, ravin resserré entre deux montagnes.

v. لمبغ *lembaŋ*, vallée.

لمبغ lumbuŋ, mine perpendiculaire, dans laquelle on descend comme dans un puits, pour extraire le minerai (*Kl.*).

لمبت lambat, lent, nonchalant, tardif, temporiseur; être lent. جاغنله لمبت اغكو ڤرڬى *jāŋan-lah lambat aŋkaw pergi*, ne soyez pas lent à partir (*R.* 66). جكلو اغكو لمبت تورن در سين كڤلام اكو ڤغڬل *jikalaw aŋkaw lambat tūrun deri sini kapalā-mu āku paŋgal*, si vous ne descendez promptement, je vous coupe la tête (*R.* 170). جكلو لمبت كيت ميبرغ *jikalaw lambat kita meñabràŋ*, si nous tardons à passer de l'autre côté (de la rivière) (*R.* 54). كارن اى لمبت داتغ *kārna ia lambat dātaŋ*, parce qu'il avait tardé à venir (*R.* 122).

ملمبت *me-lambat*, tarder, temporiser, lambiner.

ترلمبت *ter-lambat*, qui est arrêté, qui retarde. كلوجادى اداله ترلمبت سهاى دسيت *kalau jādi adā-lah ter-lambat sahāya di-situ*, s'il arrive que je m'y arrête longtemps (*M.*).

ملمبتكن *me-lambat-kan*, remettre, retarder quelque chose. مڠڤاته دولى ملمبتكن اكن ڤكرجاءن اين *meng-apā-tah dūli me-lambat-kan ākan pe-karjā-an ini*, pourquoi Votre Majesté tarde-t-elle à terminer cette affaire? (*R.* 49).

ممڤرلمبتكن *mem-per-lambat-kan*, faire temporiser, faire retarder.

ڤرلمباتن *per-lambāt-an*, action de remettre, de différer, ajournement, lambinerie.

برلمباتن *ber-lambāt-an*, qui diffère, qui est négligent. هاڽ برلمباتنله اى *hāña ber-lambāt-an-lah ia*, et comme il différait (*B.* 26).

[Jav. ꦭꦩ꧀ꦧꦠ꧀ *lambat*, passé depuis longtemps. Day. *lambat.*]

لمبت lembut, doux, pliant, flexible, souple; mou, énervé, tendre, affectueux. — هات لمبت *hāti lembut*, faible ou aisé à attendrir. لمبتله هتيڽ *lembut-lah hatī-ña*, son cœur s'attendrit.

Ce mot se trouve souvent joint à له *lemàh*. اڠين له لمبت *angin lemàh lembut*, un vent faible. له لمبت ڤركتاءنڽ *lemàh lembut per-katā-an-ña*, ses paroles étaient douces et tendres.

ملمبتكن *me-lembut-kan*, attendrir, adoucir, fléchir. الله يڠ دلمبتكن اوله توبة *allah yang di-lembut-kan ūleh tōbat*, Dieu qui se laisse fléchir par la pénitence (*P. M.*). سڤاى ملمبتكن هتيڽ *supāya me-lembut-kan hatī-ña*, pour lui attendrir le cœur (*H. Ab.* 183).

كلمبوتن *ka-lembūt-an*, douceur, souplesse.

[Jav. ꦭꦼꦩ꧀ꦧꦸꦠ꧀ *lembut*, fin, délié. Sund. ꦭꦼꦩ꧀ꦧꦸꦠ꧀ *lembut*, petit, diminutif.]

لمبت limbat, nom d'un poisson qui vit dans les marais.

[Bat. [Batak script] *limbat.*]

لمبب lembab, humide, mouillé. كاين يڠ لمبب *kāin yang lembab*, des habits mouillés. كرتس يڠ لمبب *kartas yang lembab*, du papier humide.

برلمبب *ber-lembab*, qui est humide.

ململبب *me-lembab*, humecter, mouiller.

ترلبب *ter-lembab*, qui est humecté, qui peut être mouillé.

ملمبكن *me-lembab-kan*, humecter q. ch., rendre humide.

ممڤرلمبكن *mem-per-lembab-kan*, faire humecter q. ch.

ڤلمبب *pe-lembab*, qui humecte, ou sert à humecter (*P. Dew.*).

لمبر **lembar**, fil tordu, ficelle, comme faisant partie d'une corde.- تالى يڠ تيڬ لمبر *tāli yang tīga lembar*, une corde faite de trois ficelles tordues ensemble.

ملمبر *me-lembar*, tordre ensemble plusieurs fils.

لمبر **lembar**, numéral pour les choses minces et déliées. قرطاس دو لمبر *kartās dūa lembar*, deux feuilles de papier. بلون سلمبر ڤون تياد ݢوݢر *bulū-ña sa-lembar pūn tiāda gūgur*, il n'était pas tombé un seul de ses poils (*R.* 133).

[Jav. [Javanese script] *lembar*. Sund. [Sundanese script] *lambar*. Bat. [Batak script] *rambar*. Day. *rambar*.]

لمبر **lembar**.

لمبارن *lembār-an*, morceau de bois qui sert à porter q. ch. sur l'épaule (*Pij.*).

لمبر **limbur**, à peine visible, entre la clarté et l'obscurité: le crépuscule. — سمبر *sambur limbur*, le temps du crépuscule (*Kl.*).

لمس **lemàs**, étouffé, suffoqué. — ماتى *māti lemàs*, mourir étouffé. ددالم اڤى بدنم لمس *di-dālam āpi badàn-mu lemàs*, ton corps sera suffoqué dans les flammes (*M.*).

ملمس *me-lemàs*, étouffer, suffoquer.

ملمسكن *me-lemàs-kan*, faire étouffer, suffoquer quelqu'un. سڤاى اى دلمسكن دڠن اسڤ اڤى *supāya ia di-lemàs-kan dengan āsap āpi*, afin qu'il fût suffoqué par la fumée du feu (*R.* 164).

لمس **lemàs**, uni, lisse, doux au toucher. رمبت لمس تند ڤناكت *rambut lemàs tanda penākut*, des cheveux lisses sont une marque de timidité (*M. R.* 189).

[Jav. [Javanese script] *lemes*.]

لرق **leràk**, nom d'un fruit: sa couleur est d'un vert transparent; il est de la grosseur d'une noix et on s'en sert comme de savon (*Kl.*).

لرڤ **leràp,** espèce de petite monnaie en cuivre, ayant un trou carré au milieu (*Kl.*).

للايو **lelāyu,** étendard attaché à une longue perche.

[Kw. ꦊꦭꦪꦸ *lelayu.*]

للاکن **lelākon,** pièce de théâtre.

[Jav. ꦭꦭꦏꦺꦴꦤ꧀ *lalakon,* de ꦭꦏꦸ *laku.*]

للاغن **lelāṅon,** un jardin.

[Kw. ꦊꦭꦔꦺꦴꦤ꧀ *lelaṅon.*]

للابڠ **lelābuṅ,** une sentinelle; un émissaire.

لله **lelàh,** fatigué, accablé de lassitude; travail, fatigue, lassitude. برجالن — *lelàh berjālan*, fatigué d'avoir marché. ترلالو ساڠت للهن دان دهڬان *terlālu sāṅat lelàh-ña dān dahagā-ña,* leur lassitude et leur soif étaient extrêmes (*M.*).

برلله *ber-lelàh,* qui est fatigué, qui se fatigue.

مللهکن *me-lelàh-kan,* travailler, s'éfforcer: fatiguer.

برللهکن *ber-lelàh-kan,* qui fatigue. دري — *ber-lelàh-kan dirī-ña,* se fatiguer.

ممڤرللهکن *mem-per-lelàh-kan,* faire fatiguer, se fatiguer pour q. ch. سيسياله يڠ دڤرللهکن اوله يڠ دڤرتون *sia-siā-lah yaṅ di-per-lelàh-kan ūleh yaṅ di-per-tūan*, c'est en vain que Votre Majesté se fatigue (*R.* 152).

کللاهن *ka-lelāh-an,* fatigue, lassitude. اى دودق برجنتى کاکى دڠن کللاهن *ia dūduk ber-jantey kāki deṅan ka-lelāh-an,* elle s'assit les jambes pendantes, tant elle était fatiguée (*K. Tam.*).

[Jav. ꦊꦭꦃ *lelah,* parler doucement. Sund. ꦊꦭꦃ *lelah,* Bat. ᯞᯬᯞ *lola.* ᯔᯒ᯲ᯎᯞᯬᯞ *maṅgalola,* poursuivre q. q.]

لله **lillahi** (Ar. الله), à Dieu, pour Dieu.

للى **lelī,** ramasser, récolter (*Cr.*).

للڠ **lelàṅ,** regardé fixément, contemplé (*Cr.*).

مللڠ *me-lelàṅ,* regarder fixément, contempler.

[Jav. ꦝꦼꦭꦼꦁ *deleṅ.*]

للغسى **lelaṅsey,** tapisserie, tenture (*Cr.*).

للت **lelàt,** v. sous سيره *sirìh.*

للڤ **lelàp,** profond (en parlant du sommeil). — تيدر *tīdor le-*

لسان **lisān** (Ar. لسن), parole, accent, langue. — دغن *deṅan lisān*, de vive voix, verbalement.

لسي **lesī** (se trouve joint à ڤوچت *pūxat* et à تڤق *tepòk*). — ڤوچت *pūxat lesī*, pâle comme un mort. — تڤق *tepòk lesī*, entièrement perclus (*Kl.*).

لسو **lesū,** mou, débile, faible. رسان بدن ساڠت لسو *rasā-ña badàn sāṅat lesū*, son corps était extrêmement faible (*M.*). Ce mot se trouve souvent joint à لته *letèh*. — لته *letèh lesū*, épuisé, rendu de fatigue, sans energie.

[Jav. et Sund. ꦊꦱꦸ *lesu.*]

لسكر **laskar** = لشكر *laškar.*

لسغ **lesùṅ,** mortier, pièce de bois creuse dans laquelle on pile le riz. اد يغ ممالو لسغ *ada yaṅ memālu lesùṅ*, quelques-uns frappaient le mortier à piler le riz (pour faire du bruit) (*H. Ab.* 325). بسي — *lesùṅ besī*, un mortier de fer.

[Jav. ꦊꦱꦸꦁ *lesuṅ*. Sund. ᮜᮤᮞᮥᮀ *lisuṅ*. Bat. ᯞᯬᯘᯮᯰ *losuṅ*.

làp, dormir profondément. — انتق *antuk lelàp*, grande envie de dormir. ترلالو للڤ تيدرڽ *ter-lālu lelàp tīdor-ña*, son sommeil était très-profond. اورڠ بركاول ايت تيدر للڤ *ōraṅ ber-kāwal ītu tīdor lelàp*, les gardes étaient profondément endormis (*R.* 148).

[Jav. et Sund. ꦊꦊꦥ꧀ *lelep*, plongé dans l'eau. Day. *lelep*, plongé dans l'eau.]

للڤ **lelàp,** disparu.

ترللڤ *ter-lelàp*, qui a disparu.

كللاڤن *ka-lelāp-an*, disparition.

للڤ **lelèp,** confisqué à cause d'un temps écoulé, perdu par prescription (*Cr.*).

[Jav. ꦊꦊꦥ꧀ *lelep*, tard, tardif.]

للس **lelàs,** nu, découvert à force de frotter, râclé, pelé.

[Day. *lalas*. Tag. ᜎᜎ *lalas.*]

لس **làs,** assemblage, jointure entre des pierres. ڤڠلس *peṅelàs*, fiche dont se servent les maçons.

لس **làs,** rêne, guide (*Kl.*).

Mak. ꦕꦸꦁ *assuṅ*. 'Day. *lisoṅ*. Bis. ᜎᜓᜐᜓᜅ᜔ *losoṅ*.]

لسف lesàp = لنيف *lenñap*, disparaître. ايفون لسفله *ia-pūn lesàp-lah*, et ils disparurent (*H. Ab.* 12).

لسر lesìr.

برلسر *ber-lesìr*, s'escrimer avec la lance.

لحق leḥek (Ar.), attenant, contigu, suivant.

لحد leḥed (Ar.), niche dans un sépulcre pour y placer un corps mort.

لذة lezzat, lezat (Ar. لذ), plaisir, volupté; saveur; délicieux, agréable. — مرساى *me-rasā-i lezat*, éprouver du plaisir. رسان ترلالو امت لذة *rasā-ña ter-lālu āmat lezat*, ils éprouvaient des sensations très-agréables (*M.*). مكانن يغ امت لذة چت رسان *makān-an yaṅ āmat lezat xita rasā-ña*, des mets dont le goût est délicieux (*Sul. Ibr.* 19).

برلذة *ber-lezat*, qui est dans les plaisirs, voluptueux. ادا له اى برلذة دالم مالكين *adā-lah ia ber-lezat dālam māligey-ña*, prenant ses plaisirs dans son palais (*H. D.* 16).

لزوم luzūm (Ar. لزم), nécessité, obligation (*D. M.* 143).

لشكر laškar (Pers.), armée, soldat, 'matelot. تمفت لشكرن مپبرغ لاوت ايت *tampat laškar-ña meñabràṅ lāut itu*, une route par laquelle son armée put traverser la mer (*M.*). كفل٢ ايت برموت لشكر *kapàl-kapàl itu ber-mūat laškar*, ces navires étaient chargés de soldats (*H. Ab.* 97).

لطيف leṭīf (Ar. لطف), mince, délicat, délié. لطيف ارتين نيفس دان هالس *leṭīf arti-ña nīpis dān hālus*, le mot *leṭīf* signifie mince et délié (*M.*).

لعان liạ̄n (Ar. لعن), imprécation, malédiction.

ملعان *me-liạ̄n*, faire une imprécation, maudire (*D. M.* 269).

لعان٢ن *liạn-liạ̄n-an*, imprécations mutuelles, se maudire mutuellement (*D. M.* 269).

لعنة lạnat (Ar. لعن), une imprécation, un anathème. لعنة الله اتس اورغ يغ ظالم *lạnat allah ātas ōraṅ yaṅ ṭlālim*, la malédiction de Dieu est sur les tyrans (*H. Ab.* 378).

ملعنتكن *me-lanat-kan*, maudire q. q. دلعنتكن الله دان سكل ملايكة اكن دى *di-lanat-kan allah dān segala malāikat ākan dīa*, il est maudit de Dieu et des anges (*M.*).

لعل **lal** (Pers.), rubis. سفرت لعل دان ياقوت *seperti lal dān yākūt*, comme des rubis et des hyacinthes (*M. R.* 118).

لغى **lega** et لغوى **legwa** (Ar. لغو), vain, futile, inutile (*D. M.* 61).

لغة **logat** (Ar. لغا), expression, locution, langage, dialecte, idiome. كفد قوم ماسڠ٢ منورت لغتڽ *ka-pada kaum māsing-māsing menūrut logat-ña*, aux nations suivant le langage propre à chacune d'elles. معنى لغة ايت بهاس سواتو قوم *mana logat ītu bahāsa suātu kaum*, le mot *logat* signifie le dialecte particulier à une nation (*M.*). كتاب لغة بهاس ملايو *kitāb logat bahāsa malāyu*, un dictionnaire de la langue malaise (*H. Ab.* 8).

لفظ **lefetl** ou **lefez** (Ar.), mot, parole, son articulé. لفظ و معنا *lefetl u mana*, la prononciation et la signification, la parole et le sens. سورت ايت كورڠ لفظڽ دان باپق معناڽ *sūrat ītu kūrang lefetl-ña dān bāñak manā-ña*, une lettre qui a peu de mots, mais beaucoup de sens (*M. R.* 146).

ملفظكن *me-lefetl-kan*, prononcer des paroles, articuler des sons. ملفظكن دڠن ليده *me-lefetl-kan dengan līdah*, prononcer avec la langue (*M.*).

س

س **s**, la lettre سا *sā*, nommée سيم *sīm* par les Arabes : sifflante ; sa valeur est celle de *s* français.

س **sa**, particule inséparable, contraction de ساتو *sātu*. سرومه *sa-rūmah*, une maison. سبيجى *sa-bīji*, un grain. كفال ساتو *kapāla sa-bātu*, une tête. نكرى سبوه *nagrī sa-būah*, une ville. كاين سهلى *kāin sa-halèy*, une pièce d'étoffe. ايكن سئيكر *ikan sa-ikor*, un poisson. سئورغ *sa-ōrang*, une personne.

Pour les noms de nombre, la contraction se fait avec les nombres suivants : سڤوله *sa-pūloh*, dix. سبلس *sa-blàs*, onze. سليكر *sa-likur*, vingt-un. سراتس *sa-rātus*, cent. سريبو *sa-rību*, mille. سلقس *sa-laksa*, dix mille. Pour les partitifs : ستڠه *sa-tengah*, une demie. سڤرتيڬ *sa-per-tiga*, un tiers. سڤرامڤت *sa-per-ampat*, un quart, etc.

La même particule sert aussi à former des mots composés ayant le sens :

1° D'adverbes. سباڽق *sa-bāñak*, autant, beaucoup. سكيرکير *sa-kira-kīra*, environ, à peu près. سلام *sa-lāma*, aussi longtemps. سڤنجڠ *sa-panjang*, tout le long. سبنرڽ *sa-benàr-ña*, veritablement. سهارسڽ *sa-hārus-ña*, convenablement سهابسڽ *sa-hābis-ña*, complètement. سهاري *sa-hāri*, un jour, une fois. سهرهاري *sa-hari-hāri*, tous les jours, quotidien. سمالم *sa-mālam*, hier, hier soir. سكالي *sa-kāli*, une fois, à la fois, tout-à-fait.

2° D'adjectifs. سروڤ *sa-rūpa*, semblable, سنام *sa-nāma*, homonyme.

3° De pronoms indéfinis. سواتو *sa-suwātu*, chaque. سسئورغ *sa-sōrang*, chacun.

4° De superlatifs. سبايقڽ *sa-bāik-ña*, au mieux, de son mieux. سبسر *sa-besàr*, très-grand, aussi grand que possible.

س *sa*, a quelquefois le sens de seul, un seul. سڤرتي اى سئورغ لكلاكي ددالم دنيا اين *seperti ia sa-ōrang laki-lāki di-dālam duniā ini*, comme s'il était seul courageux dans ce monde (*R.* 43).

Cette particule change souvent *a* en *e*. Surtout dans la formation des adverbes. *Se-bāñak*, *se-lāma*, *se-panjang*, pour *sa-bāñak*, etc.

[Jav. et Sund. *sa*. Bat. *sa*. Mak. *sa*. Day. *sa*.]

ساهت **sāhut**, réponse; répondu, répliqué; être répondu. مك ساهت اورغ توا ايت *maka sāhut ōrang tuā itu*, alors le vieillard répondit (litt.: fut par le vieillard répondu) (*Sul. Ibr.*). مك سواتو ڤون تياد دساهتڽ *maka suātu pūn tiāda di-sāhut-ña*, il ne répondit rien (*R.* 133).

مپاهت *meñāhut*, répondre, répliquer. اى مپاهت كات استرين *ia meñāhut kāta istrī-ña*, il répondit à ce que disait son épouse (*M.*). سمواڽ ديم تياد مپاهت *samuā-ña diam tiāda meñāhut*, tous se taisant, personne ne répondit (*S. Mal.* 359).

ترساهت *ter-sāhut*, qui répond instinctivement; qui peut répondre.

مپهوتى *meñahūt-i*, répondre à, répliquer à; exaucer. مك ايڤون تياد جوݢ دسهوتيڽ *maka iā-pūn tiāda jūga di-sahut-ī-ña*, et il ne lui répondit pas encore (*R.* 133). مك سݢره دسهوتيڽ سلامڽ *maka sigrah di-sahut-ī-ña salām-ña*, il lui rendit aussitôt son salut (*Mir. Moh.* 5). الله يغ مپهوتى ڤداك *allah yang meñahūt-i padā-ku*, Dieu m'a exaucé (*B.* 56).

ڤاهت *peñāhut*, celui qui répond, répliqueur.

سهوتن *sahūt-an*, réponse.

برساهتسهوتن *ber-sāhut-sahūt-an*, se répondre mutuellement. بورغ٢ ڤڠكو بربوڽى برساهتسهوتن *būrung-būrung punggo ber-būñi ber-sāhut-sahūt-an*, les hiboux chantent en se répondant mutuellement (*N. Phil.* 27).

[Jav. ꦱꦲꦸꦂ *sahur*. Sund. ꦱꦲꦸꦂ *saur*, conversation.]

ساهن *sāhan*, nom d'un grand vase en terre (*Cr.*).

ساهر *sāhur*, nom d'un fruit (*Kl.*).

ساى *sāya*, pour سهاى *sahāya*.

سايو *sāyu*, triste, affligé: chagrin, tristesse. — ممبرى *mem-brī sāyu*, causer du chagrin.

سايق *sāyak*, pièce de vers. (v. سجع).

سايغ *sāyang*, pitié, compassion; éprouver de la pitié. تيداله سايغ لاݢى روڤاڽ *tiadā-lah sāyang lāgi rupā-ña*, ils semblaient ne plus éprouver de compassion. جاڠن دسايغ *jāngan di-sāyang*, qu'il ne s'inquiète pas. — برهاتى *ber-hāti sāyang*, doué d'un cœur compatissant. سايغ *sāyang*, ô pitié! miséricorde! malheur! سايغ سام سهاى *sāyang sāma sahāya*, malheur à moi!

مپايغ *meñāyang*, compatir, plaindre, se compassionner. سايغ جكلو تونك ماتى سياڤ اكن مپايغ اكن داكو *sāyang jikalaw tūanku māti si-āpa ākan meñāyang ākan dāku*, quel malheur! Si monseigneur vient à mourir, qui aura compassion de moi? (*R. V.*).

يڠ مڽايڠ اکن سݢل اورڠ يڠ لاڤر *yang meñāyang ākan segala ōrang yang lāpar*, qui ont compassion de ceux qui ont faim (*M. R.* 196).

مڽايڠکن *meñāyang-kan*, traiter quelqu'un avec miséricorde, avec pitié. تياد اڠکو سايڠکن تمڤت ايت *tiāda angkaw sāyang-kan tampat ītu*, ne traiterez-vous pas cette ville avec miséricorde? (*B.* 24).

ڤڽايڠ *peñāyang*, qui a pitié, qui a compassion.

کسياڠن *ka-sayāng-an*, compassion, pitié, peine.

برکسياڠن *ber-ka-sayāng-an*, qui a de la compassion, qui est compatissant.

[Mak. ᨔᨐ *saya*. Day. *sayang*.]

سايڠ ***sāying, sāing***, avec, ensemble, aller ou agir de concert.

سيڠن *saing-an*, qui va avec.

[Day. *saing*.]

سايت ***sāyat***, dépouiller un arbre de son écorce, une bête de sa peau (*Kl.*).

برسايت *ber-sāyat*, dépouillant, qui ôte la peau. اي برسايت کولف انقن *ia ber-sāyat kūlop ānak-ña*, elle circoncit son enfant (*B.* 91).

سايف ***sāyap***, aile, des ailes. — مڠهمڤرکن *meng-hampar-kan sāyap*, étendre les ailes. ڤاته سايڤن يڠ کدو بله *pātah sāyap-ña yang ka-dūa belah*, il se cassa les ailes des deux côtés. سڤرت سيکر هايم بتين مڠهمڤنکن انق٢ن کباوه سايف٢ *seperti sa-īkor hāyam betīna meng-himpun-kan ānak-ānak-ña ka-bāwah sāyap-sāyap*, comme une poule rassemble ses petits sous ses ailes (*N.* 42). — باجو *bāju sāyap*, un habit ayant des manches longues et larges.

On nomme aussi *sāyap* le volant d'une machine, la roue ou la meule d'un moulin. دجاتهکنن دالم نارک سڤرت دجاتهکنن سايف ڤڠݢليڠن *di-jātuh-kan-ña dālam nāraka seperti di-jātuh-kan-ña sāyap peng-gīling-an*, il les précipitera dans l'enfer, et ils y tomberont comme y tomberait une meule de moulin (*B.*). *Sāyap* est encore le nom que l'on donne aux jets avec lesquels les plantes grimpantes s'attachent aux arbres.

برسايف *ber-sāyap*, qui a des ailes, ailé. همب برتمو دڠن سورڠ ملايکة برسايف *hamba ber-temū dengan sa-ōrang malāikat ber-sāyap*, je rencontrer un ange qui avait des ailes (*Mir. Moh.* 33). سكل بورغ يغ برسايف *segala būrung yang ber-sāyap*, les animaux ailés (*B.* 2).

سايف **sāyup**, au loin, à peine perceptible à la vue ou à l'ouïe; son sourd, son creux; trop loin, trop tard (*Pij.*). مك كوره ڤون بربوڽي سايف *maka gūruh pūn ber-būñi sāyup*, le tonnerre grondait sourdement (*R.* 161). سايف بوڽي بيبرڽ *sāyup būñi bībir-ña*, il avait un son de voix creux (*M.*). سايف مات ممندغ *sāyup māta memandang*, aussi loin que l'œil peut apercevoir (*Kl.*).

[Day. *sayup*, trop tard.]

ساير **sāyir** (Ar. شعر), parler, dire.

مپايركن *meñāyir-kan*, dire q. ch., raconter.

ساير **sāyur**, herbes potagères, légumes. — كبن *kebòn sāyur*, jardin potager. ساير٢ دان ايكن جاڠن دكات *sāyur-sāyur dān ikan jāngan di-kāta*, sans parler des légumes et du poisson (*H. Ab.* 104).

سايرماير *sāyur-māyur*, pour ساير سوماير *sāyur-sūmāyur*, toutes sortes de légumes.

سيورن *sayūr-an*, et سايرسيورن *sāyur-sayūr-an*, les légumes en général.

[Jav. et Sund. ꦱꦪꦸꦂ *sayur*. Day. *sayor*.]

سايس **sāyis, sāis** (Ar. ساس), palefrenier, cocher. برتوتر بهاس ملايو كفد سايسڽ *ber-tūtur bahāsa malāyu ka-pada sāis-ña*, parler malais à son palefrenier (*H. Ab.* 314).

سايع **sāyạ** (Ar. ساع), qui erre à l'aventure, qui court librement.

ساو **sāwu, sāu**, nom d'un arbre, dont les fruits sont bons à manger; la forme de ces fruits ressemble à celle des prunes, la couleur en est brune et le goût doux et farineux. La meilleure espèce se nomme مانيل — *sāu mānīla* (*Kl.*).

ساو **sāwu, sāu**, couvercle. — بلاڠ *sāu belānga*, couvercle d'un vase ayant une large ouverture. Et aussi, nom d'un poisson plat.

ساوه **sāwah**, terrain préparé pour la culture du riz, et pouvant être couvert d'eau. — ڤادى *pādi sāwah*, du riz qui se cultive dans les champs marécageux, par opposition au riz de montagne, qui se cultive dans les endroits secs. ساوه يڠ لوس *sāwah yaŋ lūwas*, des champs de riz étendus. منڠڬالا — *menaŋgāla sāwah*, labourer des champs de riz. — اولر *ūlar sāwah, python bivittatus*, ou *python reticulatus*.

Prov. ڤاچت هندق منجادى اولر ساوه *pāxat hendak men-jādi ūlar sāwah*, une petite sangsue voulant devenir un python. Se dit d'un pauvre qui veut devenir riche au dépend des autres; ou de petites gens qui veulent devenir de grands personnages (*H. Ab.* 194).

[Jav. et Sund. [illegible] *sawah*. Bat. [illegible] *saba*. Mak. et Bug. [illegible] *sawa*, nom d'un serpent.]

ساوه **sāwuh, sāuh,** ancre, grappin. — تالى *tāli sāuh*, un cable. بسى — *sāuh besī*, une ancre en fer. — منجاتهکن *men-jātuh-kan sāuh*, jeter l'ancre, mouiller. ترلابه ساوه کانن دان کيرى *ter-lābuh sāuh kānan dān kiri*, des ancres étaient jetées à droite et à gauche (*Sul. Ab.* 21). — تربڠ *sāuh terbaŋ*, grappin. دسوروهڽ چمڤاکن ساوه تربڠ ڤراهو *di-sūruh-ña xampāk-i sāuh terbaŋ prāhu*, il fit jeter le grappin sur le bateau (*S. Mal.* 201).

[Bat. [illegible] *sao*. Day. *sauh*.]

ساوى **sāwey,** nom d'un oiseau d'un bleu foncé, ayant deux longues plumes à la queue: espèce d'édolie.

ساوى **sāwi,** moutarde. — ڤوهن *pōhon sāwi*, la plante de moutarde. — بيجى *biji sāwi*, graine de moutarde.. On se sert plus ordinairement de سساوى *sesāwi*. اد سڤام دڠن سواتو بيجى سساوى *ada sa-upāma deŋan suātu biji sesāwi*, comparé à un grain de moutarde (*N.* 23).

Prov. سڤرت سواتو بيجى سساوى ددالم رمڤت *seperti suātu biji sesāwi di-dālam rumput*, comme un grain de moutarde dans l'herbe. Se dit d'une chose qui est difficile à trouver.

[Jav. [illegible] *sawi*. Sund. [illegible] *sesawi*. Bat. [illegible] *sabi*.]

ساوڠ **sāwaŋ,** eau basse près de la côte, par opposition à eau profonde, pleine mer: mer bleue.

لاغت — *sāwaŋ lāŋit,* l'espace entre le ciel et la terre.

[Jav. ꦱꦮꦔꦤ꧀ *sawaŋan,* l'embouchure d'une rivière. Sund. ᮞᮝᮍᮔ᮪ *sawaŋan,* les côtés de deux collines entre lesquelles passe un courant d'eau. Bat. [illegible] *sawaŋ,* côté d'une pièce d'eau.]

ساوت **sāwat** (S. वट *vaṭa,* corde, lien), bride, guide (*Cr.*); jeté, passé autour du corps: attaché avec une corde, avec un lien.

برساوت *ber-sāwat,* qui est attaché, qui a un lien. سندغ — *ber-sāwat sandaŋ,* ayant une ceinture.

ڤساوت *pe-sāwat,* ce qui attache, corde, bande, bandage: instrument, machine, force. دلڤسكنباله ڤساوتن مك ڤنتو ايت ڤون ترتوتڤ *di-lepàs-kan-ñā-lah pe-sāwat-ña maka pintu ītu pūn ter-tūtup,* ils lachèrent la corde, et la porte se trouva fermée (*H. Ab.* 70). — كواس *kuāsa pe-sāwat,* électricité (*H. Ab.* 155). اسڤ — *pe-sāwat āsap,* machine à vapeur (*Exer.* 84).

برڤساوت *ber-pe-sāwat,* qui a un bandage, une fermeture, etc. اى برڤساوت در دالم *īa ber-pe-sāwat deri dālam,* il y avait en dedans un moyen de la tenir fermée (*S. Mal.* 22).

Il est douteux que ڤساوت *pe-sāwat,* vienne de ساوت *sāwat;* il pourrait bien être le sanscrit पाश *pāça,* corde, lien: joint à वट *vaṭa.*

ساوت **sāwat,** paraître petit dans le lointain (*Cr.*).

ساون **sāwan,** convulsion, attaque de nerfs. گيل — *sāwan gīla* ou بابي — *sāwan bābi,* épilepsie. بڠكي — *sāwan baŋkey,* apoplexie. ساون *sāwan* est aussi le nom d'un mauvais génie, probablement, parce que l'on suppose que c'est lui qui cause les convulsions (*H. Ab.* 144).

[Jav. ꦱꦮꦤ꧀ *sawan,* effrayer un enfant pour le faire taire. Sund. ᮞᮝᮔ᮪ *sawan.*]

ساك **sāka,** héréditaire.

[Jav. ꦱꦏ *saka,* origine, source.]

ساكى **sākey,** domestique, suivant; associé, compagnon; dépendant: un district, fief. اى سڬرهله ڤرڬى دڠن سڬل همبان دان سهاى دان سڬل ساكين *īa sigràh-lah pergi deŋan segala hambā-ña dān sahāya dān segala sākey-ña,* il partit aussitôt avec ses serviteurs, ses esclaves et tous les gens de sa suite (*R.* 55). مك اى ڤون برحاضرله دڠن سکل ساکين *maka ïā-pūn ber-ḥadlir-lah deṅgan segala sākey-ña*, il se présenta avec tous ses dépendants. مك همب ڤون سئورڠ ساکى ڤد توان *maka hamba pūn sa-ōraṅg sākey pada tūan*, je suis envers vous comme un serviteur (*M.*). يڠ ممڬڠ ساتو ساکى کارن نڬرى اچه دبهاڬى تيڬ *yaṅg memegàṅg sātu sākey kārna nagrī āxih di-bahāgi tīga*, qui était en possession d'un district, le pays d'Achem en comprenant trois (*M.*).

ساکى **sākey,** nom d'une sorte de petit bateau. On dit ordinairement — سمڤن *sampan sākey*, d'après le nom des *ōraṅg sakey*, qui s'en servent.

ساکى **sākey,** battre, battre en grange (*Cr.*).

ساکى **sāki,** panier en forme de van, qui sert à porter la terre, le fumier, le sable, etc. (*Kl.*).

ساکى **sāki,** nom d'une boisson forte.

ساکو **sāko** (Port.), un sac, une poche, une bourse. ايڤون مڠلوارکن ساتو روڤيه امس در دالم سکوڽ *ïā-pūn meṅglūar-kan sātu rūpiah amàs deri dālam sakō-ña*, il tira de sa bourse une roupie d'or (*H. Ab.* 248).

ساکو **sāku,** séparé, divisé, à part, distinct, différent.

سکساکو *saku-sāku*, séparément, chacun en particulier, à la sourdine, en secret. ڤرڬيله سکساکو ڤد جالن ايت *pergī-lah saku-sāku pada jālan ītu*, prenez cette route séparément (*M.*).

مپاکو *meñāku*, séparer, diviser.

ترساکو *ter-sāku*, qui est distinct, qui est séparé, que l'on a mis à part. اورڠ ترساکو انتار سودارسودراڽ لکلاکى *ōraṅg ter-sāku antāra sūdāra-sūdarā-ña laki-lāki*, que l'on a séparé de ses frères (*B.* 83).

مپکوکن *meñakū-kan*, séparer, diviser quelque chose. يڠ تياد داڤت دسکوکن *yaṅg tïāda dāpat di-sakū-kan*, que l'on ne peut séparer (*M.*).

ممڤرسکوکن *mem-per-sakū-kan*, faire diviser, faire séparer. دان در سان اى دڤرسکوکن دان منجادى امڤت هولو *dān deri sāna ïa di-per-sakū-kan dān men-*

jādi ampat hūlu, et de là (le fleuve) est divisé et forme quatre canaux (*B.* 3).

ڤرسكوءن *per-sakū-an,* différence, distinction, séparation. الله اكن جديكن ڤرسكوءن *allah ākan jadī-kan per-sakū-an,* Dieu fera une distinction (*B.* 98).

On trouve aussi سكو *sakū.*

ساكت **sākat,** ce qui sépare, ce qui divise; une traverse; un banc à l'entrée d'une rivière: séparé, divisé, fermé. دساكت٢ تانه ايت لالو دليلغ *di-sākat-sākat tānah ītu lālu di-lēlang,* on fit des lots de terrain que l'on vendit à l'enchère (*H. Ab.* 222).

برساكت *ber-sākat,* qui a une cloison, une séparation. — بيلق *bīlik ber-sākat,* une chambre séparée (*M.*).

مپاكت *meñākat,* barrer, séparer, clore, empêcher. دان مپاكت ادقڽ ايت ترلالو ساڠت *dān meñākat ādik-ña ītu ter-lālu sāngat,* ils faisaient tous leurs efforts pour empêcher leur jeune frère (*Kl.*).

ترساكت *ter-sākat,* qui est séparé, barré, bouché, échoué. جالن يغ ترساكت *jālan yang ter-sākat,* un chemin fermé. تمباڠن يغ ترساكت *tambāng-an yang ter-sākat,* bâtiment échoué (*M.*).

مپاكتكن *meñākat-kan,* faire une séparation, barrer quelque chose.

كسكاتن *ka-sakāt-an,* barre, séparation, obstacle. سڬل چابغ ڤوهن كايو يغ ممبرى كسكاتن ڤد جالن هارس مڠرت دى *segala xābang pōhon kāyu yang mem-brī ka-sakāt-an pada jālan hārus mengerat ḍīa,* toute branche d'arbre qui obstrue la voie publique doit être abattue (*M.*).

ساكت **sākit,** malade, souffrant; affligé, peiné. لالو ساكت متيله راج ايت *lālu sākit matī-lah rāja ītu,* le roi tomba malade et mourut (*M.*). ڤايه — *sākit pāyah,* dangereusement malade. كڤال — *sākit kapāla,* la migraine. — ڤروت *sākit prùt,* la colique. هاتى — *sākit hāti,* peiné, affligé; ayant des sentiments d'animosité. — بولن *sākit būlan,* lunatique. كارن اياله ساكت بولن *kārna iā-lah sākit būlan,* car il est lunatique (*N.* 30).

برساكت *ber-sākit,* qui est malade, qui éprouve de la douleur, être malade. دڠن تياد اى برساكت *dengan tiāda ia ber-sākit,* sans qu'elle éprouve de la douleur (*R.* 71).

مپاكت *meñākit*, tomber malade.

مپكيتي *meñakīt-i*, donner une maladie à. مپكيتي اكن توبه مانسي. *meñakīt-iākan tūbuh mānusīa*, causer quelque mal au corps de l'homme (*H. Ab.* 79).

مپاكتكن *meñākit-kan*, causer de la douleur, affliger, châtier, rendre malade. هاتي — *meñākit-kan hāti*, irriter, provoquer, causer du ressentiment.

ممڤرساكت *mem-per-sākit*, blesser, faire mal, affliger, corriger. كدواڽ ڤون برڤرڠ سنتق هاري تياد دڤرساكت٢ڽ *ka-duā-ña pūn ber-pràng sontok hāri tiāda di-per-sākit-sākit-ña*, ils s'étaient battus tous les deux pendant toute la journée, et il ne s'étaient pas fait de mal (*R.* 164). ڤرساكت دي دغن بارڠ كوساڽ. *per-sākit dīa dengan bārang kuasā-ña*, les châtier selon son pouvoir (*M. R.* 156).

ممڤرسكيتي *mem-per-sakīt-i*, faire du mal à, châtier quelqu'un. مك دڤرسكتيڽ اوله ساري سهيڠك اي لاري *maka di-per-sakit-ī-ña ūleh sāra sa-hingga īa lāri*, elle fut tellement châtiée par Sara qu'elle s'enfuit (*B.* 20). تياد دڤرساكت سكتيڽ *tiāda di-per-sākit-sakit-ī-ña*, ils ne se firent pas de mal (*R.* 164).

ممڤرساكتكن *mem-per-sākit-kan*, blesser, faire blesser quelqu'un, affliger. مك سواتو ڤون تياد دڤرساكتكنڽ *maka suātu pūn tiāda di-per-sākit-kan-ña*, et aucun ne put le blesser.

ڤپاكت *peñākit*, maladie, douleur. كتمبوهن — *peñākit katumbūh-an*, la petite vérole.

ڤپكيتن *peñakīt-an*, action de rendre malade, ce qui rend malade, malsain. تمڤت كوتر٢ اتو ڤپكيتن *tampat kōtor-kōtor ātau peñakīt-an*, des endroits sales ou malsains (*N. Phil.* 73).

ڤرسكيتن *per-sakīt-an*, affliction, peine, souffrance, douleur. منڠرله هو ڤرسكيتنم *menengar-lah hūwa per-sakīt-an-mu*, Dieu a entendu le cri de votre affliction (*B.* 21). كارن ڤاتق كن ڤرسكيتن ددالم ڤال اين *kārna pātek kena per-sakit-an di-dālam ñāla ini*, car je souffre une grande douleur dans ces flammes (*N.* 129).

كسكيتن *ka-sakīt-an*, l'effet de la maladie, de la peine, douleur, plaie, blessure: qui est atteint par la maladie, par la douleur. ايڤون ترلالو ساعت مرساي كسكيتن *īa-pūn ter-lālu sāngat me-*

rasā-i ka-sakīt-an, elle ressentait une très-grande douleur (de sa blessure) (*R.* 89). مك كسكيتنله اى *maka ka-sakīt-an-lah ia*, et il souffrait, il était blessé (*Kal. dan Dam.* 80).

[Jav. sakit. Bat. *sahit*. Tag. et Bis. *sakit*.]

ساكن sākin (Ar. سكن), tranquille, paisible, en repos, qui est immobile. جكلو متحرك ايت جادى ساكن *jikalaw muteḥerik itu jādi sākin*, si ce qui est en mouvement devient immobile (*M. R.* 13).

سكنة *sakinat*, repos, immobilité.

ساكر sākar, v. شكر *šukar*.

ساكل sākal, contraire (en parlant du vent). تورنله اوتار اڠين ساكل *tūrun-lah ūtāra āngin sākal*, le vent passa au nord et nous était contraire (*V. Ab.* 10).

ساك sāga, les graines rouges de l'*abrus precatorius*; elles servent à faire des colliers et des chapelets, et aussi pour peser l'or: vingt-quatre de ces graines valent un *mas*. ڤوهن — *sāga pōhon*, une espèce plus grande: les graines de l'*adenanthera pavonina*. — داون *dāun sāga*, feuilles d'un arbre (probablement le même), dont on obtient un thé employé comme remède pectoral (*Kl.*).

ساڬى sāgi, v. سڬى *segī*.

ساڬو sāgu, sagou, fécule que l'on retire de la moelle de plusieurs espèces de palmiers, mais principalement de celui que les Malais nomment رمبيا *rumbiyā*. رندڠ — *sāgu rendang* (sagou grillé), sagou grossier, sagou commun. اى مماكن ساڬو رندڠ *ia me-mākan sāgu rendang*, ils mangent du sagou grossier (*H. Ab.* 187).

سڬساڬو *sagu-sāgu*, espèce de javelot dont se servent les pirates.

برساڬو *ber-sāgu*, qui donne du sagou.

ڤرسڬوون *per-sagū-an*, place où l'on prépare le sagou.

[Jav. et Sund. *sagu*. Bat. *sagu*. Mak. et Bug. *sagu*. Day. *sago*. Tag. *sago*, nom d'une plante (prob. l'arbre qui produit le sagou).]

ساڬڠ sāgang, oblique, incliné (d'une pique, d'une arme), un bâton que les pêcheurs plantent obliquement dans la terre sur le bord de l'eau et au bout duquel est une ligne qui pend dans l'eau. v. تڠڬڠ *tanggang*.

ساكن٢ **sāgon-sāgon,** sorte de friandise, faite de farine de riz, de coco rapé et de sucre.

(Prob. pour سكوءن *sagū-an*, de ساكو *sāgu*, du sagou, auquel elle ressemble.)

ساڠ **sānga,** v. اسڠ *esang*.

ساڠت **sāngat,** très, fort, extrêmement — ترلالو *ter-lālu sāngat*, excessivement. ساڠتله اى مناڠس *sāngat-lah ia menāngis*, elle pleurait très-fort. درڤد ساڠت تاكتن *deri-pada sāngat tākut-ña*, parce qu'il craignait extrêmement (*M.*). همب رساءى ترلالو ساڠت ساكت *hamba rasā-i ter-lālu sāngat sākit*, je me sentais excessivement malade (*R.* 8).

كساڠاتن *ka-sangāt-an*, qui est fort, extrême: force. درڤد كساڠاتن بدل *deri-pada ka-sangāt-an bedil*, à cause de l'effet extraordinaire des fusils (*S. Mal.* 357).

[Jav. et Sund. [illegible] *sanget* et [illegible] *sangat*. Mak. [illegible] *sangga*, jusqu'à, complet, tout-à-fait.]

ساڠيت **sāngit,** femme de chambre (*Cr.*).

ساج **sāja** et سهاج **sahāja,** seulement, uniquement, simplement, mais, pas plus. همب هندق برماين ساج *hamba hendak ber-māin sāja*, je veux seulement plaisanter. — سديكت ساج *sa-dīkit sāja*, un peu, seulement. — سبنتر ساج *sa-bentar sāja*, rien qu'un instant. جكلو دمكين ساج *jikalau demikian sāja*, si ce n'est que cela. جك ترتيكم ماتى ساج *jika ter-tikam māti sāja*, s'il est poignardé (après avoir porté un coup), c'est un simple homicide (*M.*). بوكن ايت روماه يڠ تڠڬل ساج *būkan ītu rūmah yang tinggal sāja*, ce n'était pas une maison inhabitée (*M.*).

سماج *semāja*, seulement, simplement; au moins, néanmoins, certainement. سماج بيرله كامى دسبت دڠن نامم *semāja biyar-lah kāmi di-sebùt dengan namā-mu*, qu'on m'appelle seulement par votre nom (*M.*). بهوسماجاله تله بركات اى *bahwa semajā-lah telàh ber-kāta ia*, il a seulement dit (*M. R.* 185). سماج ستاهن سكالى *semāja sa-tāhun sa-kāli*. au moins une fois l'année (*P. M.*).

برسجاساج *ber-saja-sāja*, qui est simple, non affecté, non recherché.

ساجی ***sāji*** (S. सज्ज *sajja*), préparé, servi; être préparé (de la nourriture); plat, mets. — تودڠ *tūdung sāji*, couvercle qui se met sur les plats.

برساجی *ber-sāji*, préparant, qui prépare; préparer de la nourriture. ای مپوره برساجی ناسی *ia meñūruh ber-sāji nāsi*, il ordonna de préparer le riz (*S. Mal.* 216).

مپجيکن *meñajī-kan*, servir, préparer, faire préparer de la nourriture. هندقله کامو سجيکن روتی *hendak-lah kāmu sajī-kan rōti*, servez à manger (*B.* 73).

Prov. منتيکن ناسی دسجيکن دلوتت *me-nantī-kan nāsi di-sajī-kan di-lūtut*, attendre qu'on lui serve le riz sur les genoux. Correspond au prov. fr.: attendre que les alouettes tombent toutes rôties.

سجين *sajī-an*, ce qui est préparé, repas, festin, portion de nourriture, plat. ای ممبوتله بڬی مريکئيت سواتو سجين *ia mem-būat-lah bagi marīka-ītu suātu sajī-an*, il leur fit un festin (*B.* 25). دان ای بربايقله سجين ايت لمب کين بسرن درڤد سݢل سجين اورڠ سموان *dān ia ber-bāñak-lah sajī-an-ña ītu līma kīan besàr-ña deri-pada segala sajī-an ōrang samuā-ña*, et il fit sa portion cinq fois plus grande que celles de tous les autres (*B.* 73).

[Jav. ꦱꦗꦶ *saji*. Sund. ꦱꦗꦶ *saji*, couvrir un plat, un mets.]

سات ***sātu***, pour ساتو *sātu*, v. سواتو *suātu*.

ساتو ***sātu*** = سواتو *suātu*.

ساتڠ ***sātang***, perche, long morceau de bois. — هودڠ *hūdang sātang*, sorte de grosses crevettes = هودڠ ڬاله *hūdang gālah*.

[Jav. ꦱꦠꦁ *satang*.]

سادی ***sādey***.

ترسادی *ter-sādey*, être couché d'une manière inclinée, p. ex. quelqu'un sur un sofa (*Kl.*).

سادق ***sādak***, incliné, oblique, de biais: pencher par l'arrière (des mâts d'un navire), percer obliquement avec une lance ou un criss (*Kl.*).

سادڤ ***sādup***, nom d'un couteau d'une certaine forme, dont on se sert pour tailler la partie du palmier qui doit fournir le *tūwak* ou *toddi*: coupé, taillé avec un *sādup*. اى مڠلوركن سادڤن *ia meng-lūar-kan sādup-ña*, il tira son couteau *sādup* (*Amir Hamza* 181). ملك ڤوهن اڠڮور ايتوڤون دسادڤن *maka pōhon anggūr itu-pūn di-sādup-ña*, et il coupa cette vigne avec son *sadup* (*Amir Hamza* 181).

مڽادڤ *meñādup*, tailler, couper avec un *sadup*: tirer, extraire le *tūwak* ou *toddi*.

مڽادڤكن *meñādup-kan*, faire, extraire le *tuwak*.

سادر **sādir** (Pers. نشادر *nušādir*), sel ammoniac.

سادر **sādur,** doré.

مڽادر *meñādur*, dorer.

سدورن *sadūr-an*, dorure (*Kl.*).

سان **sāna,** là, là-bas.

دسان *di-sāna*, là-bas. كسان *ka-sāna*, vers là-bas. — در *deri sāna*, de là, depuis là. — سين *sāna sini*, çà et là, de tous côtés. برجاڬ سڬنڤ سان سين *ber-jāga sa-genàp sāna sini*, on faisait soigneusement la garde çà et là (de tous côtés) (*H. Ab.* 12).

سان **sāna,** v. سن *sana*.

سانق **sānak,** proche, parent. — انق *ānak sānak*, enfant de la sœur, neveu, nièce. سودار — *sānak sūdāra*, parents (*Sul. Ab.* 28).

برسانق *ber-sānak*, qui est parent, qui a des parents. تياد اى برسانق *tiāda ia ber-sānak*, il est sans parents.

Ce mot est formé de انق *ānak* et de la particule préfixe س *sa*.

[Jav. et Sund. ꦱꦤꦏ꧀ *sanak*.]

سانن **sānan** = سان *sāna*, là.

ساڤ **sāpa,** v. اڤ *apa*.

ساڤي **sāpi,** bêtes à cornes de l'espèce bovine. جنتن — *sāpi jantan*, un bœuf. بتين — *sāpi betīna*, une vache. — انق *ānak sāpi*, un veau. كربو — *sāpi karbau*, un buffle. — داڬيڠ *dāging sāpi*, de la chair de bœuf. — ميڽق *miñak sāpi*, du beurre. لاوت — *sāpi lāut*, la vache marine. سواتو بڠكيس امڤت ڤوله ساڤي بتين دان دو ڤوله ساڤي جنتن *suātu bingkis ampat pūloh sāpi betīna dān dūa pūloh sāpi jantan*, un présent de quarante vaches et vingt bœufs (*B.* 52).

در دالم موار ادااله نايق توجه ايكر سڤساڤي *deri dālam muāra adālah nāik tūjuh īkor sapi-sāpi*, du fleuve sortaient sept vaches (*B.* 66).

[Jav. et Sund. ꦱꦥꦶ *sapi*. Mak. *sapi*. Day. *sapi*.]

ساڤو **sāpu**, balai, torchon: balayé, essuyé, frotté; être balayé. تاڠن — *sāpu tāngan*, un mouchoir. امس — *sāpu amàs*, frotté avec de l'or, doré. ڤيرق — *sāpu pērak*, argenté. اى مڠمبل اير ماور لالو دسڤوڽ مكاڽ *īa meng-ambil āyer māwar lālu di-sapū-ña mukā-ña*, il prit de l'eau de rose et lui en frotta la figure (*R.* 152).

مپاڤو *meñāpu*, balayer, brosser, essuyer. اى مپاڤو رومهڽ *īa meñāpu rūmah-ña*, elle balaie la maison (*N.* 127). مپاڤو دڠن مينق *meñāpu dengan miñak*, oindre d'huile, peindre à l'huile.

مپڤوكن *meñapū-kan*, balayer avec quelque chose, faire balayer.

ڤپاڤو *peñāpu*, qui balaie ou sert à balayer. — اورڠ *ōrang peñāpu*, un balayeur. منجادى همب ڤپاڤو *men-jādi hamba peñāpu*, elle devint une frotteuse (*M.*). اى مڠمبل ڤپاڤو لالو مپاڤو *īa meng-ambil peñāpu lālu meñāpu*, ils prenaient des balais et se mettaient à balayer (*H. Ab.* 195).

سڤوٴن *sapū-an*, ce qui est balayé, balayures. كامى سده جادى سڤرت سڤسڤوٴن ددنيا *kāmi sudah jādi seperti sapu-sapū-an di-duniā*, nous sommes devenus comme les balayures du monde (*N.* 276).

[Jav. et Sund. ꦱꦥꦸ *sapu*. Mak. *sapu*. Day. *sapo*. Tag. *sapo*, teindre avec de l'ocre.]

ساڤت **sāpat**, pour سڤت *sepàt*, nom d'un poisson.

ساڤوت **sāput**, couvert, voilé, caché. بولن ڤون دساڤوت اون *būlan pūn di-sāput āwan*, la lune était cachée par un nuage (*S. Bid.* 3).

مپاڤوت *meñāput*, couvrir, voiler, cacher.

سلاڤوت *selāput*, pellicule: croûte mince qui se forme sur une plaie.

[Kw. *saput*, voile.]

ساب **sāba** (S. सभा *sabhā*, assemblée, réunion), visiter, visiter amicalement.

برساب *ber-sāba*, qui visite, visitant.

[Jav. ꦱꦧ *saba*, paraître quelque part d'une manière inattendue. Sund. ꦱꦧ *saba*.]

سابق ***sābuk,*** ceinture, ceinturon, sangle; ceint. تربيت ڤڠكڠڽ دڠن سابق *ter-babat piṅgaṅ-ña deṅan sābuk*, il portait un ceinturon autour du corps (*M.*).

برسابق *ber-sābuk*, qui a une ceinture, qui est ceint. برسابق چندى رمبو بدورى *ber - sābuk xindey rambu bidūri*, ayant une ceinture en étoffe à fleurs, avec des franges en pierres précieuses (*S. Bid.* 159).

[Jav. et Sund. ꦱꦧꦸꦏ꧀ *sabuk.*]

سابغ ***sābuṅ,*** combat de coqs, action de faire battre les coqs. جاڠن انقك برماين سابغ *jāṅan ānak-ku ber-māin sābuṅ*, ne t'amuse pas, mon fils, à faire battre les coqs.

مپابغ *meñābuṅ*, faire battre des coqs. دچهرينڽ هايم جنتن لالو اى مپابغ *di-xaharī-ña hāyam jantan lālu īa meñābuṅ*, ils cherchaient des coqs et les faisaient battre (*H. Ab.* 78).

سابغ مپابغ *sābuṅ-meñābuṅ*, se combattre, s'attaquer mutuellement: étinceler, éclater continuellement, ou à coups répétés, ou par intervalles. ݢوره ڤون بربپيله دان كيلت سابغ مپابغ *gūruh pūn ber-buñī-lah dān kilat sābuṅ-meñābuṅ*, le tonnerre se faisait entendre, et les éclairs sillonnaient les airs (*R.* 156). چهاياڽ سابغ مپابغ ددالم اسڤ بدل *xahayā - ña sābuṅ - meñābuṅ di-dālam āsap bedil*, son éclat brillait par intervalles à travers la fumée du canon. سڤرت اڠين ڤون برتيڤ سابغ مپابغ *seperti āṅin pūn ber - tiup sābuṅ-meñābuṅ*, comme le vent qui souffle par rafales. كدو ڤيهق تنترا ايت سابغ مپابغ *ka - dūa pihak tantāra itu sābuṅ - meñābuṅ*, et les armées opposées s'attaquaient et se défendaient tour à tour. بپيڽ سابغ مپابغ *buñī-ña sābuṅ-meñābuṅ*, on entendait le bruit par intervalles (*M.*).

ڤپابغ *peñābuṅ*, qui fait battre, ou sert à faire battre les coqs.

سبوغن *sabūṅ-an*, joute de coqs, qui est de joute de coqs. — هايم سبوغن *hāyam sabūṅ-an*, un coq destiné à la joute. درمنا مان ممباو هايم سبوغن *deri mana-māna mem-bāwa hāyam sabūṅ-an*, apportant de tous côtés des coqs, pour les faire battre (*H. Ab.* 78).

[Jav. *sawuṅ*, un coq. Sund. *sabuṅ*. Bat. *sabuṅ*. Mak. *sambuṅ*. Tag. et Bis. *saboṅ*.]

سابت **sābit,** sorte de faucille.

مڽابت *meñābit*, couper avec une faucille.

[Bat. *sasabi*.]

سابت **sābit,** clair, venu au jour (*Kl.*).

[Jav. *sabit*.]

سابت **sābut,** écorce filamenteuse de la noix de coco, du bananier, etc. — تالي *tāli sābut*, corde faite avec la filasse provenant de l'écorce de la noix de coco.

v. le prov. sous انتغ *untuṅ*.

برسابت *ber-sābut*, qui est filamenteux, qui a une écorce filamenteuse. سبب باتڠ ڤيسڠ ايت برسابت *sebàb bātaṅ pīsaṅ ītu ber-sābut*, parce que le bananier a une écorce filamenteuse (*Kl.*).

[Sund. *sabut*. Bat. *sabut*. Bis. *sabot*, pili pudendarum hominum et mulierum.]

سابن **sābun,** savon, v. صابون *ṣābūn*.

سابن **sābun,** blanc (de la vaisselle et de la peau). — ڤڠکن *piṅgan sābun*, un plat blanc, — اورڠ *ōraṅ sābun*, un albinos, un homme blanc (*Kl.*).

سابر **sābur,** violent, furieux. transporté, tumultueux. اورڠ برڤرڠ ايتڤون ترلالو سابر *ōraṅ ber-pràṅ ītu-pūn ter-lālu sābur*, ils se sont battus avec fureur. اي برڤاڬت ترلالو سابر *ia ber-pāgut ter-lālu sābur*, ils se becquetaient à outrance. مناڠس ترلالو سابر *menāṅgis ter-lālu sābur*, pleurer amèrement (*M.*). تياد دڠرکن اوله اورڠ کارن ساڠت سابر *tiāda di-deṅar-kan ūleh ōraṅ kārna sāṅat sābur*, personne n'entendait, tant le tumulte était grand (*S. Mal.* 112). — لاير *lāyar sābur*, voile de perroquet.

سابر مڽابر *sābur-meñābur* = سابڠ مڽابڠ *sābuṅ-meñābuṅ* (*Kl.*).

سام **sāma** (S. सम *sama*), égal, semblable, même, ensemble, avec. — رڤاڽ *rupā-ña sāma*, leur apparence est semblable. تياد سام دڠن دولي توانک *tiāda sāma deṅan dūli tūan-ku*, il n'est pas égal à votre majesté. تار — رات — *sāma rāta*, de niveau. — *sāma tāra*, égal. جوك — *sāma jūga*, tout de même. كدواڽ ڤون سام برسنم *ka-duā-ña pūn sāma ber-sinñum*, ils rirent tous deux ensemble. راج سماڽ راج دان ديو سماڽ ديو *rāja samā-ña rāja dān dēwa samā-ña dēwa*, les rois avec les rois, et les dieux avec les dieux.

سمسام *sama-sāma*, ensemble, avec, en compagnie. ڤرڬيله سمسام تمن *pergī-lah sama-sāma temàn-mu*, partez avec votre compagnon.

برسام *ber-sāma*, qui est égal, semblable, comparable.

برسمسام *ber-sama-sāma*, qui accompagne, accompagner, être de compagnie. همب تياد سودي دودق ماكن برسمسام دڠن دي *hamba tiāda sūdi dūduk mākan ber-sama-sāma deṅgan dīa*, je ne consentirai pas à m'asseoir en sa compagnie pour manger (*R.* 30).

ميام *meñāma*, aplanir, comparer.

مياءي *meñamā-i*, comparer à, égaler quelqu'un. تياد يڠ مياءي كڤد بڬند *tiāda yaṅg meñamā-i ka-pada baginda*, personne n'égalait ce prince (*R.* 2). سأورڠ مانسي ڤون تياد دسماءي دڠن دي *sa-ōraṅg mānusīa pūn tiāda di-samā-i deṅgan dīa*, personne ne pouvait lui être comparé.

مياكن *meñamā-kan*, assimiler, rendre semblable, égaliser. اكو دسماكن دڠن اورڠ ڤڠايل *āku di-samā-kan deṅgan ōraṅg peṅgāil*, je suis assimilé à un pêcheur (*M. R.* 167).

برسماكن *ber-samā-kan*, qui assimile; rendre semblable: être assimilé. دڠن سياڤ اڠكو سده برسماكن اكو *deṅgan siāpa aṅgkau sudah ber-samā-kan āku*, à qui m'avez vous comparé? (*P. M.*). اداله اكو برسماكن دڠن سأورڠ برساله *adā-lah āku ber-samā-kan deṅgan sa-ōraṅg ber-sālah*, j'ai été assimilé à un criminel (*P. M.*).

ممڤرسماكن *mem-per-samā-kan*, faire mettre en parallèle (*P. M.*).

ڤنام *peñāma*, la part de deux (*Kl.*).

برسماءن *ber-samā-an*, comparaison, concours, égalité.

برسمسماءن *ber-sama-samā-an*, accompagnement.

Dans le langage usuel, surtout à Malacca, à Pulo-pinang et à Singapour, سام *sāma*, est aussi pris dans le sens de à, vers, pour. بريله سام دي *brī-lah sāma dĭa*, donnez-lui. موكل سام اورڠ *memūkul sāma ōraŋ*, frapper quelqu'un. دكتاكنپاله سام بڤاڽ *di-katā-kan-ñā-lah sāma bapā-ña*, il le dit à son père.

[Jav. *sama*. Mak. *sama*. Day. *sama*. *sama*, accompagner. Bis. *sama*, être égal.]

سامق **sāmaḳ,** écorce de bois mise en poudre pour préparer les cuirs, tan: préparé ou frotté avec du tan; frotté, enduit. سامق دڠن كاڤور *sāmaḳ deŋan kāpur*, préparé, enduit avec de la chaux (*M.*). دسامقڽ دڠن سامق كاچ *di-sāmaḳ-ña deŋan sāmaḳ kāca*, il l'avait enduit avec de la pâte, dans laquelle était entré du verre pilé (*S. Mal.* 266). — توكڠ سامق *tūkaŋ sāmaḳ*, un tanneur.

مپامق *meñāmaḳ*, tanner, préparer avec du *sāmaḳ*.

[Jav. *samak*, bande de cuir.]

سامڠ **sāmaŋ,** nom d'une race de nègres qui se trouve dans la péninsule malaise.

سامن **sāman** (Ang. *summon*), citation en justice, plainte portée contre quelqu'un.

سامن **sāmun,** volé, pillé, dévalisé; être volé. اورڠ يڠ دسامنڽ *ōraŋ yaŋ di-sāmun-ña*, l'homme qu'il a dévalisé (*M.*).

مپامن *meñāmun*, voler, piller, dévaliser, marauder. اد يڠ مپامن دتڠه٢ ترڠ *ada yaŋ meñāmun di-teŋah-teŋah trāŋ*, quelques-uns volaient en plein jour (*H. Ab.* 211). مريله كيت ڤرڬي مپامن سڤاي اداله اكن رزقي كيت *marī-lah kĭta pergi meñāmun supāya adā-lah ākan rezekī kĭta*, allons marauder afin que nous ayons de quoi manger (*M.*).

ڤپامن *peñāmun*, un voleur, brigand. — ڤڠهولو ڤپامن *paŋhūlu peñāmun*, un chef de brigands.

ڤپامونن *peñamūn-an*, brigandage, pillage (*R. V.*).

كسمونن *ka-samūn-an*, volé, vol.

بركسمونن *ber-ka-samūn-an*, qui a été volé, pillé.

[Jav. *samun*, sombre, désert. *ñamun*, agir en secret.]

سامر **sāmar,** déguisé, masqué, caché, travesti. توهنم تاهو بارڠ يڠ سامر *tūhan-mu tāhu bāraŋ yaŋ sāmar*, ton seigneur connaît tout ce qui est caché (*M.*). وقت ايت هاري سده سامر موك

waktu itu hāri sudah sāmar mūka, on était à la fin du jour, il commençait à faire nuit (*H. Ab.* 288).

مپامر *meñāmar,* se déguiser, cacher, représenter sous un déguisement. ماسقله مپامر ڤرݢي منچهاري اورڠ ايت *māsuk-lah meñāmar pergi men-xahāri ōrang itu,* il entra, en se déguisant, pour chercher cette personne (*M.*).

ترسامر *ter-sāmar,* qui est travesti, qui est caché. اي ترسامر دڠن برهال *ia ter-sāmar dengan berhāla,* elle était cachée parmi les idoles (*R.* 36).

مپماري *meñamār-i,* mettre un déguisement à, cacher à.

مپامركن *meñāmar-kan,* cacher, déguiser, travestir quelqu'un. اي اكن مپامركن دريپ سڤرت روڤ هنومن *ia ākan meñāmar-kan dirī-ña seperti rūpa hanūman,* il se déguisera et prendra la forme d'Hanuman (*R.* 148). سيت ديوي ڤون دودقله مپامركن دريپ كڤد برهال *sīta dēwi pūn dūduk-lah meñāmar-kan dirī-ña ka-pada ber-hāla,* Sita Déwi se tenait assise, contrefaisant l'idole (*R.* 36).

ڤپامر *peñāmar,* celui qui se déguise, un espion.

كسمارن *ka-samār-an,* déguisement.

[Jav. [Javanese] *samar.* Sund. [Sundanese] *semar,* une figure dans les romans.]

سامر **sāmir,** feuilles du sagouier enfilées. — كاجڠ *kājang sāmir,* des *kajang* faits de ces feuilles pour servir d'abrivents. Ces *kajang* ne sont pas doubles comme les autres, et leur numéral est بيله *bīlah.* كاجڠ سامر دو بيله *kājang sāmir dūa bīlah,* deux de ces *kajang* (*Kl.*).

سار **sāra,** provision, entretien; ration, gage: la part des matelots dans le chargement d'un navire.

مپراءي *meñarā-i,* approvisionner, faire la ration à.

ممڤرسراءي *mem-per-sarā-i,* faire approvisionner.

[Jav. [Javanese] *sarat.*]

سار **sāra,** pointu, aiguisé. ݢيݢي — *gīgi sāra,* les dents incisives.

Joint à بار *bāra, sara-bāra,* répandu partout, errant. اورڠپ ڤون سربار برهاپت كهوتن *ōrang-ña pūn sara-bāra ber-hāñut ka-hūtan,* et les hommes (de ces navires détruits) errent en troupes dans les forêts (*H. D.* 164).

سرباز *sara-bāra*, paraît venir du S. शर *çara*, flèche et वार *rāra*, multitude: d'où le Kw. ꦱꦫꦮꦫ *sara-wara*, une grande quantité de flèches, ou des flèches lancées de tous côtés.

ساری **sāri**, fleur; le pistil des fleurs. ناك — *sāri nāga*, les pistils dans la fleur du ڽمڤلغ *ñampluṅ*. سغ لر ساری *saṅ lir sāri*, qui est comme le pistil d'une fleur: paroles de flatterie, de caresse (*Kl.*).

[Jav. ꦱꦫꦶ *sari*. Sund. ꦱꦫꦶ *sari* (en composition).]

سارق **sāraḳ**, séparé, sevré, répudié, divorcé: être séparé: séparation, divorce. جکلو کرس لکلاکی هندق سارق *jikalaw kràs laki-lāki hendaḳ sāraḳ*, si le mari insiste sur le divorce (*M.*).

ميارق *meñāraḳ*, sevrer, divorcer, répudier. انق — *meñāraḳ ānaḳ*, sevrer un enfant.

ترسارق *ter-sāraḳ*, qui est sevré, que l'on a sevré. ترسارقله ای درڤد سوسو *ter-sāraḳ-lah ia deri-pada sūsu*, il fut sevré (*B.* 28).

ميارقکن *meñāraḳ-kan*, séparer, faire divorcer.

سارغ **sāraṅ**, nid. بورغ — *sāraṅ būruṅ*, nid d'oiseau: les nids d'hirondelles bons à manger. لاوه٢ — *sāraṅ lāwah-lāwah*, une toile d'araignée. مادو — *sāraṅ mādu*, rayon de miel, ruche d'abeilles. سڬل اڠکس ڤون بلم تربغ درڤد سارغن *segala uṅkas pūn belùm terbaṅ deri-padu sāraṅ-ña*, les oiseaux n'étaient pas encore sortis de leurs nids (*Sul. Ibr.* 3). ايرمادو يغ تله ترڤنچر درڤد سارغ لبه *āyer mādu yaṅ telàh ter-pancur deri-pada sāraṅ lebàh*, le miel qui avait coulé du rayon fait par les abeilles (*H. Ab.* 25). کوالی — *sāraṅ kuwāli*, espèce de grand panier dans lequel on met les ustensiles de cuisine, tels que pots, poêles etc. ڤرمڤق — *sāraṅ pe-rompaḳ*, repaire de volèurs (*Kl.*).

Énig. تڠکی٢ سارغ بابی سارغ لغ داتسن *tiṅgi-tiṅgi sāraṅ bābi sāraṅ laṅ di-ātas-ña*, le nid du porc étant élevé et celui du vautour au-dessus. تودغ ساجی دڠن تودغ هيدغ داتسن *tūduṅ sāji deṅan tūduṅ hīdaṅ di-ātas-ña*, v. ces mots.

[Jav. ꦱꦫꦁꦧꦸꦫꦸꦁ *saraṅ buruṅ*, les nids d'oiseaux que l'on mange.]

سارغ **sāring,** pour جارغ *jāring.*

سارغ **sārung,** fourreau, gaine, étui. جاری — *sārung jāri,* un dé à coudre. کاکی — *sārung kāki* ou بتس — *sārung betìs,* des bas. تاغن — *sārung tāngan,* des gants. کرس — *sārung krìs,* le fourreau d'un criss. — کاین *kāin sārung,* l'habit ordinaire des Malais. کاین سارغ تلڤق *kāin sārung telepùk,* un *sārung* orné de feuilles d'or ou de clinquant.

برسارغ *ber-sārung,* qui a un fourreau, un étui.

مپارغ *meñārung,* faire des fourreaux, mettre dans un fourreau. اورغ مپارغ همڤر سکنڤ تمڤت *ōrang meñārung hampir sagenàp tampat,* presque partout on voyait des hommes occupés à faire des fourreaux de criss (*H. Ab.* 358).

مپارغکن *meñārung-kan,* mettre dans un fourreau, dans un étui, pourvoir d'un fourreau. مك مهراج روان ڤون مپارغکن ڤدغن *maka maha-rāja rawāna pūn meñārung-kan pedàng-ña,* alors Maharaja Rawana remit son glaive dans le fourreau (*R.* 158).

برسارغکن *ber-sārung-kan,* qui munit ou qui est muni d'un fourreau. ڤدغ يغ برهلوکن ڤوالم دان برسارغکن امس *pedàng yang berhulū-kan puālam dān bersārung-kan amàs,* une épée à poignée de pierres précieuses et à fourreau d'or (*M.*).

[Jav. et Sund. [illegible] *sarung.* Bat. [illegible] *sarung.* Day. *saloi.* Tag. [illegible] *salong,* rangainer l'épée.]

سارت **sārat,** plein, chargé; être chargé. کڤل يغ سارت *kapàl yang sārat,* un navire qui a sa cargaison. ڤادغ ايتڤون سارتله دغن بڠکی *pādang ītu-pūn sārat-lah dengan bangkey,* la plaine était jonchée de cadavres (*M.*). ڤرمڤون يغ بنتغ سارت *perampūan yang bunting sārat,* une femme sur le point d'accoucher (*H. Ab.* 250). سارت دغن هوتغ *sārat dengan hūtang,* chargé de dettes.

مپارت *meñārat,* charger, remplir.

ترسارت *ter-sārat,* qui est très-chargé, qui est trop chargé.

مپارتکن *meñārat-kan,* charger, faire charger quelque chose.

[Jav. et Sund. [illegible] *sarat.* Bat. [illegible] *sorat.* Mak. et Bug. [illegible] *sara.* Day. *sarat,* enfoncer beaucoup dans l'eau (des navires).]

سارن ***sāron,*** nom d'un instrument de musique, qui consiste en une caisse en bois à laquelle sont fixées, au moyen de cordes, des barres en métal au nombre de sept.

سارف ***sārap,*** ce qui flotte sur l'eau, qui est emporté par l'eau.

[Jav. et Sund. ꦱꦫꦃ *sarah.* Bat. [illegible] *sarop.*]

سارف ***sārap,*** pour سرف *seràp.*

سالہ ***sālah,*** faute, péché, erreur, culpabilité, différent, manque. — اڤ *apa sālah,* quelle faute? pourquoi pas? quel mal y aurait-il? سيلہ — *sālah sīlah,* transgression. ديلغ — *sālah di-bīlang,* mal calculé. مان اد سالهن *māna ada sālah-ña,* en quoi consiste la faute? ماتى اورغ ايت دغن سالهن *māti ōrang ītu dengan sālah-ña,* cet homme a perdu la vie par sa faute. سديکت — *sālah sa-dīkit,* un peu différent. کن — *sālah kena,* incompatible. اورت — *sālah ūrat,* disloqué. دغر — *sālah dengar,* mal entendu, mal compris. اغن — *angin sālah,* vent contraire. باڤ سودار سالہ منجادى *bāpa sūdāra sālah men-jādi,* oncle, frère du père, qui par l'âge le suit immédiatement. امق سودار سالہ منجادى *āmak sudāru sālah men-jādi,* tante, sœur de la mère, qui la suit par l'âge. سؤورغ — *sālah sa-ōrang,* سواتو — *sālah suātu,* un des deux, l'un d'eux. لاکو — *sālah lāku,* nom d'un arbre (*cissus quadrangularis*).

برسالہ *ber-sālah,* qui est fautif, coupable, défectueux, erroné, différent. — اورغ *ōrang ber-sālah,* un homme coupable. ادالہ کامى اين برسالہ ڤد سودار کامى *adālah kāmi īni ber-sālah pada sūdāra kāmi,* nous sommes coupables envers notre frère (*B.* 70).

مپالہ *meñālah,* blâmer.

ترسالہ *ter-sālah,* qui est devenu défecteux, qui est erroné, qui est différent.

مپلاهى *meñalāh-i,* accuser quelqu'un, imputer une faute à, calomnier, déroger à. دمناکن داڤت دسلاهى *di-manā-kan dāpat di-salāh-i,* comment pourrait-il y être dérogé? (*S. Bid.* 77) (*Bis. Raj.* 34).

مپالهکن *meñālah-kan,* falsifier, rendre défectueux, faire manquer. سکرالہ اى ملمڤت مپالهکن تيکم راج ايت *sigrā-lah īa melumpat meñālah-kan tīkamrāja ītu,* il sauta aussitôt de côté et évita ainsi le coup que le roi voulait lui porter (*M.*).

ممفرسالهکن *mem-per-sālah-kan,* rendre coupable, faire commettre une faute.

سلاهن *salāh-an,* faute, erreur.

برسلاهن *ber-salāh-an,* qui a fait une faute, qui diffère, qui erre. برسلاهن دغن کتان *ber-salāh-an deṅgan katā-ña,* qui ne garde pas sa parole (*M. R.* 167). بتاڤ داڤت اکو برسلاهن دغن بودی ايت *betāpa dāpat āku ber-salāh-an deṅgan būdi itu,* comment pourrais-je m'éloigner du sentier de la sagesse? (*M. R.* 172).

ڤرسلاهن *per-salāh-an,* culpabilité. اڠکو داتڠکن اتس کامی سواتو ڤرسلاهن *aṅkaw dātaṅ-kan ātas kāmi suātu per-salāh-an,* vous nous auriez fait tomber dans un grand péché (*B.* 38). — اورڠ *ōraṅ per-salāh-an,* un coupable.

کسلاهن *ka-salāh-an,* ce qui est commis, une faute, un crime: accusation.

[Jav. et Sund. ꦱꦭꦃ *salah.* Bat. ᯘᯞ *sala.* Mak. ᨔᨒ *sala.* Day. *sala.* Tag. et Bis. ᜐᜎ *sala.*]

سالہ **sāleh,** avancer; un chemin (*Cr.*).

سالی **sāley,** fumé, exposé à la fumée.

مڽالی *meñāley,* fumer, exposer à la fumée, enfumer, boucaner.

ترسالی *ter-sāley,* qui est fumé, noirci par la fumée. ددالم اڤی نارک بدن ترسالی *di-dālam āpi nāraka badān ter-sāley,* dans l'enfer le corps sera noirci par la fumée (*Kl.*).

[Sund. ꦱꦭꦺ *salé.* Bat. ᯘᯞᯩ *salé.* Day. *salé.*]

سالق **sālak,** aboyé, jappé; être aboyé.

مڽالق *meñālak,* aboyer, japper, glapir.

Prov. جکلو براڤ باپڠقون انجيڠ مڽالق بوکت بولهکه رنته *jikalaw brāpa bāñak-pūn anjiṅ meñālak būkit būleh-kah runtuh,* quand un grand nombre de chiens aboyeraient, la montagne tombera-t-elle pour cela? Se dit d'une foule d'ignorants ameutés contre un savant qui dédaigne leurs clameurs (*H. Ab.* 163).

ڤڽالق *peñālak,* qui aboie, aboyeur.

Ce mot paraît venir du radical ꦭꦏ꧀ *lak,* Sund. crier; d'où

ngelak, aboyer. v. aussi كالق gālak̦, être furieux. Jav. galak, id.

سالق **sālak̦,** nom d'une espèce de *rotang* qui porte un fruit un peu acide, mais bon à manger (*zalacca edulis*).

سالغ **sālang,** action de mettre quelqu'un à mort en lui enfonçant un long criss dans le creux qui se trouve au-dessus de la clavicule droite et perçant ainsi le cœur: mis à mort avec le criss فنجغ *panjang*. دسالغ *di-sālang*, être mis à mort de cette manière. الی ٢ — *sālang ali-āli*, le creux d'une fronde (prob. ainsi nommé à cause de sa ressemblance avec le creux qui se trouve au-dessus de la clavicule).

مپالغ *meñālang*, mettre à mort avec le *kris panjang*, le long criss.

ترسالغ *ter-sālang*, mis à mort avec le *kris panjang*.

مپلاغی *meñalāng-i*, infliger à quelqu'un la peine du *kris panjang*.

مپالغکن *meñālang-kan*, exécuter quelqu'un par le *kris panjang*.

ممفرسالغ *mem-per-sālang*, faire exécuter par le *kris panjang*.

ممفرسلاغی *mem-per-salāng-i*, faire infliger à quelqu'un la peine du *kris panjang*.

ممفرسالغکن *mem-per-sālang-kan*, faire exécuter quelqu'un par le *kris panjang*.

فپالغ *peñālang*, qui exécute ou sert à exécuter par le *kris panjang*. — کرس *kris peñālang*, criss dont on se sert dans cette exécution. — تمفت *tampat peñālang*, la place où se fait l'exécution, c'est-à-dire: le creux qui se trouve au-dessus de la clavicule.

سلاغن *salāng-an*, appareil, préparatifs, choses de l'exécution du *kris panjang*. — فرکاکس *perkākas salāng-an*, objets qui servent dans cette exécution.

فپلاغن *peñalāng-an*, l'action d'exécuter par le *kris panjang*.

فرسلاغن *per-salāng-an*, ce qui est de l'exécution, appareil, préparation (*P. Dew.*).

[Jav. salang, la clavicule.]

سالغ **sāling,** accueillir, loger (*M.*).

سالغ **sālung,** tuyau en bambou dont on se sert pour souffler le feu.

[Bat. sulung.]

سالت **sālut,** couvert, plaqué, revêtu, doublé; ce qui couvre. دكرجاكنڤاله كيكايو دان دسالتن ايت دغن امس *di-karjā-kan-ñā-lah kayu-kāyu dān di-sālut-ña itu deŋan amàs,* il fit aussi des bâtons qu'il couvrit d'or (*B.* 147). كيكي — *sālut gīgi,* l'émail qui couvre les dents.

برسالت *ber-sālut,* qui est plaqué, revêtu, orné. كرس برسالت امس *kris ber-sālut amàs,* un criss orné d'or (*S. Mal.* 305).

ميالت *meñālut,* couvrir, revêtir, plaquer, doubler.

ترسالت *ter-sālut,* qui est couvert, que l'on a plaqué, doublé. ترسالت دغن امس *ter-sālut deŋan amàs,* couvert, revêtu d'or.

ميلوتي *meñalūt-i,* mettre une couverture, une doublure à quelque chose.

ممڤرسالت *mem-per-sālut,* faire couvrir, faire revêtir, couvrir avec quelque chose. دان كولت انق جنتن كمبغ٢ بتين ايت دڤرسالتن كاتس كدو تاغنن *dān kūlit ānak jantan kambiŋ-kambiŋ betina ītu di-per-sālut-ña ka-ātas ka-dūa tāŋan-ña,* et elle lui couvrit les mains avec la peau de ces chevreaux (*B.* 41).

ڤيلوتن *peñalūt-an,* placage, doublure, revêtement, lambris, boisage.

[Jav. ꦱꦼꦭꦸꦠ꧀ *selut,* bordure ornée. Sund. ᮞᮜᮥᮒ᮪ *selut.* Day. *selut.* Tag. ᜐᜎᜓᜆ᜔ *salot,* anneau qui orne le manche d'un couteau.]

سالن **sālin,** changé (d'habit ou de nom), traduit (d'une langue dans une autre); être changé, être transvasé.

برسالن *ber-sālin,* qui change, changeant; changer. برسالن رڤان دان ورن توبهن *ber-sālin rupā-ña dān warna tūbuh-ña,* ils changèrent de forme et de couleur. نمان — *ber-sālin namā-ña,* il changea de nom (*M.*). مك برسالن ڤكاين كدوان *maka ber-sālin pakēy-an ka-duā-ña,* ils changèrent tous les deux d'habits (*R.* 154).

ميالن *meñālin,* changer, traduire. سكل اورغ يغ ميورت اتو ميالن كتاب اين *segala ōraŋ yaŋ meñūrat ātaw meñālin kitāb ini,* tous ceux qui copieront ou traduiront ce livre (*M. R.* 225).

ترسالن *ter-sālin,* qui est changé, que l'on a traduit, qui est reproduit. سورت ڤرجنجين لام دان بهارو ترسالن كڤد بهاس ملايو

sūrat per-janji-an lāma dān bahāru ter-sālin ka-pada bahāsa malāyu, l'ancien et le nouveau testaments traduits en langue malaise (*B.*). ترلالو امت بايق رڤان مك ترسالنله روڤ اسكندر *ter-lālu āmat bāiḳ rupā-ña maka ter-sālin-lah rūpa iskander*, son extérieur était très-beau et une reproduction de celui d'Alexandre (*R. V.*).

مڽالنكن *meñālin-kan*, changer, traduire quelque chose, faire changer. اي سالنكنله ڤكاينن *ia sālin-kan-lah pakēy-an-ña*, ils le firent changer d'habits (*B.* 67).

ممڤرسالن *mem-per-sālin*, faire traduire, faire passer d'une langue dans une autre. كتاب يڠ دڤرسالن اورڠ درڤد بهاس عرب *kitāb yang di-per-sālin ōrang deri-pada bahāsa arab*, un livre que l'on a traduit de l'arabe (*M.*).

ممڤرسليني *mem-per-salīn-i*, changer à quelqu'un ses habits, faire présent à quelqu'un d'habits de rechange. ڤرسلنين اوله سري رام دڠن كاين اندە٢ *per-salīn-ī-ña ūleh srī rāma dengan kāin indah-indah*, Sri Rama les revêtit d'habits magnifiques (*R.*) (*S. Bid.* 146).

ڤرسالن *per-sālin*, un habit complet, un habit de rechange. دبرين ليم ڤرسالن ڤد دي *di-brī-ña līma per-sālin pada dīa*, il lui donna cinq habillements complets (*B.* 76).

سلينن *salīn-an*, qui est changé, qui est traduit, une mutation, une traduction. تياد بوله مڠرتي سلينن ايت *tiāda būleh meng-arti salīn-an itu*, on ne peut pas comprendre cette traduction (*H. Ab.* 171).

ڤرسلينن *per-salīn-an*, changement, traduction, récompense en habits, présent d'habits. دبري اوله بڤاك ڤرسلينن اكن ڬروك كاين *di-brī ūleh bapā-ku per-salīn-an ākan gurū-ku kāin*, mon père fit à mon précepteur des présents en habits (*H. Ab.* 32).

[Jav. et Sund. ꦱꦭꦶꦤ꧀ *salin*. Mak. [illegible] *saling*. Day. *salinan*, transvaser. Tag. [illegible] *salin*.]

سالم **sālam,** nom d'une plante (*syzygia cymosa*, *Cr.*).

ساس **sāsa,** fort, solide. اي تڬڤ ساس *ia tegàp sāsa*, il était fort et robuste (*S. Mal.* 314).

مڽاساكن *meñasā-kan*, rendre fort.

[Kw. [illegible] *sasa*, un astre: un lion.]

ساسق **sāsak**, grosse natte en bambou tressé, claie; partie d'une palissade comprise entre les poteaux; palissade: nom d'une sorte de radeau couvert de grosses nattes, et servant au passage des rivières. دڠن ڤاڬر ساسق سلڠكڤ *deṅan pāgar sāsak salaṅkap*, muni d'une palissade en bambou (*S. Bid.* 48).

دساسق *di-sāsak*, être tressé, entrelacé (*Kl.*).

[Jav. et Sund. ꦱꦱꦏ꧀ *sasak*, un pont en bambou.]

ساسر **sāsar,** égaré, erroné; mauvais, en désordre, embarrassé. بهاس — *sāsar bahāsa*, mauvais caractère, mauvaises manières (*S. Mal.* 348).

مپاسر *meñāsar*, égarer, embarrasser. هاتى — *meñāsar hāti*, mettre le cœur dans l'embarras.

[Jav. ꦱꦱꦂ *sasar*.]

ساسر **sāsar.**

سسارن *sasār-an*, but, cible, point auquel on vise (*Kl.*).

ساحر **sāḥir** (Ar. سحر), magicien, sorcier.

ساعة **sāạt** (Ar. ساع), moment, instant, heure. منچهارى ساعة يڠ باءيق درفد سڬل ساعة *men-čahāri sāạt yaṅ bāik deri-pada segala sāạt*, chercher le moment le plus favorable (*Bis. Raj.* 34). فد ساعة يڠ ترسبت *pada sāạt yaṅ ter-sebut*, au moment qui a été dit (*H. Ab.* 15). سهارى سمالم ياءيت دو فوله امفت ساعة *sa-hāri sa-mālam ïā-ītu dūa pūloh ampat sāạt*, un jour et une nuit, c'est-à-dire: vingt-quatre heures (*M.*).

سساعة *sa-sāạt*, un moment, un instant. لاماڽ — *sa-sāạt lamā-ña*, l'espace d'un instant. لاڬى — *sa-sāạt lāgi*, dans un moment, à l'instant. برهنتيله توانهمب سساعة *ber-hentī-lah tūan-hamba sa-sāạt*, que monseigneur s'arrête un instant (*Mir. Moh.* 16).

سهاى **sahāya** et ساى **sāya** (S. सहाय *sahāya*, compagnon), esclave, non libre: pronom de la 1re personne, je, moi. ڤرمڤوان — *sahāya perampūan*, une esclave. — منبس *menebūs sahāya*, racheter un esclave سهاى اتو مردهيك *sahāya ātaw mardahīka*, esclave ou affranchi. اى ڤرڬى دڠن سڬل همباڽ دان سهاياڽ *ïa pergi deṅan segala hambā-ña dān sahayā-ña*, il partit avec ses serviteurs et ses esclaves (*R.* 55). سهاى اكن ڤرڬى *sahāya ākan pergi*, je dois partir. سهاى منت تولغ *sahāya minta tūluṅ*, je demande du secours. توان — *sahāya tūan*, oui, monsieur (manière respectueuse de manifester son assentiment).

سند *sanda*, pour سهايند *sahāyanda*, style de cour; je, esclave du prince. v. ce mot.

ممڤرسهاى *mem-per-sahāya*, soumettre, faire esclave. اڤبيل كيت ڤرسهاياله دى *apa-bīla kīta per-sahayā-lah dīa*, lorsque nous les faisons esclaves (*D. M.* 357).

ممڤرسهاياكن *mem-per-sahayā-kan*, rendre esclave, faire devenir esclave.

سهاج **sahāja** (S. सहज *sahaja*, originel, naturel), dessein, intention, but; voulu, être voulu. دغن سهجاڽ *deṅan sahajā-ña*, avec intention, volontairement. دغن دسهجاڽ اتو دغن لڤاڽ *deṅan di-sahajā-ña ātaw deṅan lupā-ña*, à dessein ou par oubli (*M.*).

سغاج *saṅgāja* et سغهاج *saṅ-hāja*, id. ملك سغاج اكو جديكن ساكت باڽق *maka saṅgāja āku jadī-kan sākit bāñak*, alors je prétendais être très-malade (*H. Ab.* 22).

مڽهاج *meñahāja*, avoir intention, avoir dessein, vouloir. تياد مڽهاج ممبونه دى *tiāda meñahāja mem-būnuh dīa*, il n'avait pas intention de le tuer (*D. M.* 295).

مڽهجاكن *meñahajā-kan*, former un dessein, vouloir, fixer quelque chose. كارن بوكن اكو سهجاكن اكن ممبونه لكيڽ *kārna būkan āku sahajā-kan ākan mem-būnuh lakī-ña*, car je n'ai pas formé le dessein de tuer son mari (*R.* 93). ڤد تمڤت يغ دسهجاكن كيت *pada tampat yaṅ di-sahajā-kan kīta*, vers le lieu que j'ai fixé (*R. V.*).

سهاج **sahāja**, seulement. v. ساج *sāja*.

سهاره **sahārah**, nom d'un grand coffre dans lequel on garde le riz (*Kl.*).

سهم **sehm** (Ar.), lot, portion, part (*D. M.*).

سى **sī**, particule qui se place devant les noms et les pronoms, équivalent à: le, ce; compère.

سياڤ *si-āpa*, lequel, qui: v. sous اڤ *āpa*. انو — *sī ānu*, le un tel. باگس — *sī bāgus*, le nommé *Bagus*. كود — *sī kūda*, compère le cheval. اى ترتاوملهت اكن كلكوءن سى بڠكق *ia tertāwa me-līhat ākan ka-lakū-an sī bungkuk*, ils se mirent à rire en voyant la conduite de ce bossu (*R.* 9). بݢند برتمو دڠن سى ڤنچورى *baginda ber-temū dengan sī pen-xūri*, le prince rencontra des voleurs (*S. Mal.* 227).

Le ى se supprime quelquefois, p. ex. سكوتق *si-kūtuk*, le maudit.

[Jav. et Sund. ꦱꦶ *si*. Bat. *si*. Mak. *si*. Tag. et Bis. *si*.]

سى **sīya,** jointure entre des pierres.

ميى *meñīya*, joindre, réparer les jointures (*Kl.*).

سى **sīya, sīa** (ordinairement répété).

سى٢ *sia-sīa*, vain, inutile, qui n'est bon à rien, faux. — كات *kāta sia-sīa*, paroles oiseuses. ممبوڠكن هرت دڠن سى٢ *mem-būwang-kan harta dengan sia-sīa*, dépenser follement son bien. سوكرله ڤكرجاءن اين سى٢ جوڬ *sūkar-lah pe-karjā-an īni sia-sīa jūga*, cette tâche est difficile, et de plus, elle est inutile (*R.* 123). سكارڠ سى٢ ڤكرجاءن كيت *sakārang sia-sīa pe-karjā-an kīta*, maintenant voilà notre peine perdue (*R.* 124). سڤاى جاڠن سى٢ نام ايهندامو *supāya jāngan sia-sīa nāma ayahndā-mu*, que le nom de ton père ne tombe pas dans le mépris (*M.*).

Sent. سى٢ بربوت بايق اتس اورڠ يڠ تياد بربڠس *sia-sia ber-būat bāik ātas ōrang yang tiāda ber-bangsa*, c'est en vain que l'on agit bien avec des gens qui ont un caractère vil (*S. Mal.* 280).

ميپياكن *meñia-ñiā-kan*, inutiliser, rendre vain.

ڤرسيسياكن *per-sia-siā-kan*, qui est rendu inutile.

كسيسياءن *ka-sia-siā-an*, inutilité, vanité. كسيسياءن اتس سكل كسيسياءن سمواڽ ايت جوڬ كسيسياءن *ka-sia-siā-an ātas segala ka-sia-siā-an samuā-ña itu jūga ka-sia-sīā-an*, vanité des vanités, tout n'est que vanité (*B.* 941).

[Jav. *siya*, misère. Sund. *sia-sia*. Mak. et Bug. *siya-siya*.]

سيانو **si-anū,** v. سى *sī* et انو *ānu*.

سياڤ **siāpa,** v. اڤ *apa*.

سيامغ **siyāmaŋ**, **siāmaŋ**, singe à longs bras, le gibbon (*hylobates syndactylus*). Selon *Kl.*, un grand singe à longue queue. سکل برق دان کوکڠ سيامغ سکلينن ددالم حکمن *segala brūk dān kūkaŋ siāmaŋ sa-kalī-an-ña di-dālam ḥukum-ña*, les grands singes, les bradypes et les gibbons se trouvaient tous sous sa juridiction (*R.* 77).

سيارة **siyārat** (Ar. سار), planète. — بنتڠ *bintaŋ siyārat*, les planètes (astres voyageurs). سلطان السيارة *sulṭān es-siyārat*, le soleil (le roi des planètes). توجه بنتڠ يڠ سيارة نمان *tūjuh bintaŋ yaŋ siyārat namā-ña*, les sept astres nommés planètes (*M. R.* 186).

سياسة **siyāsat** (Ar. ساس), châtiment, torture, contrainte (pour forcer d'avouer); perquisition, recherche, examen. اکو اين اد مڠيرم سکل سياستک کدالم هتيم *āku ini ada meŋirim segala siyāsat-ku ka-dālam katī-mu*, je vais faire tomber mes châtiments sur votre cœur (*B.* 98). اڤبيل سده تنتو اورڠن بوله دسوروه سياسة ڤرقس کلورکن سکل هرت اورڠ تربونه ايت *apa-bīla sudah tantu ōraŋ-ña būleh di-sūruh siyāsat preksa ka-lūar-kan segala harta ōraŋ ter-būnuh ītu*, lorsqu'on s'est assuré de la personne du coupable, on peut le mettre à la torture pour en tirer (lui faire avouer) où sont les effets de la personne homicidée (*M.*).

مياسة *meñiyāsat*, châtier, torturer, rechercher.

مياستکن *meñiyāsat-kan*, châtier, torturer, contraindre quelqu'un, examiner quelque chose. دان تياد مياستکن سکل همبان يڠ ظالم ايت *dān tiāda meñiyāsat-kan segala hambā-ña yaŋ tlālim ītu*, et il ne châtie pas ses serviteurs qui commettent des injustices (*M. R.* 83). کتيک يڠ ڤاتت دسياستکن هارس اي سياستکن *kotīka yaŋ pātut di-siyāsat-kan hārus ia siyāsat-kan*, lorsqu'il est convenable de châtier, qu'il ne néglige pas de le faire (*M. R.* 70). جکلو کامو بياس سياستکن کتاب ايت *jikalaw kāmu biāsa siyāsat-kan kitāb ītu*, si vous avez coutume d'examiner, de scruter ce livre (*Kl.*).

سيو **sēwa**, loyer, fermage; loué, pris à loyer. رومه — *sēwa rūmah*, le loyer d'une maison. — کڤل *sēwa kapàl*, le frêt, le loyer d'un navire — ممبري *mem-brī* *sēwa*, louer, affermer, donner à loyer. كفنجم اتو كسيو *ku-pinjam ātaw ku-sēwa*, je l'empruntais ou je le louais (*H. Ab.* 129). جك دسواڽ ڤول درفد يڠ امڤوڽ *jika di-sewā-ña pūla deri-pada yaṅ ampūña*, s'il le loue de nouveau du propriétaire (*D. M.* 125).

ميو *meñēwa*, louer, prendre à loyer. سئورڠ ميو رومه دڠن سواڽ سڤوله تاهل *sa-ōraṅ meñēwa rūmah deṅan sewā-ña sa-pūloh tāhil*, une personne loue une maison pour dix tails (*D. M.* 125).

ميواكن *meñewā-kan*, louer une chose, prendre une chose à loyer. ميواكن تانه تياد اير بڬين *meñewā-kan tānah tiāda āyer bagī-ña*, louer une terre où il n'y a pas d'eau (*D. M.* 125).

برسواكن *ber-sewā-kan*, qui loue, qui prend une chose à loyer (*D. M.* 125).

ممڤرسواكن *mem-per-sewā-kan*, faire louer, louer une chose, la donner à loyer. جك دڤرسواكن ايت ڤد تاهن يڠ كدو بڬى يڠ ميو ڤد تاهن يڠ ڤرتام *jika di-per-sewā-kan itu pada tāhun yaṅ ka-dūa bagī yaṅ meñēwa pada tāhun yaṅ portama*, s'il le donne à loyer pour une seconde année à celui qui l'avait pris à loyer pour la première année (*D. M.* 125).

سواءن *sewā-an*, qui est de loyer, qui se loue. برڤوله٢ رومه سواءن *ber-pūloh-pūloh rūmah sewā-an*, des dizaines de maisons pour être louées (*H. Ab.* 309).

ڤرسواءن *per-sewā-an*, location, la chose louée. — عقد *ạkad per-sewā-an*, contrat de location (*D. M.* 127).

[Jav. et Sund. ꦱꦺꦮ *séwa*. Mak. et Bug. ᨔᨛᨓ *séwa*. Day. *séwa*.]

سيوق ***sēwak***, une espèce de كسمب *kasumba*, rouge (*Kl.*).

سيومن ***siyūman***, qui a l'usage de ses sens, sain d'esprit; à jeun, sobre, modéré (*Kl.*). مك راج سيومنله درفد تيدرڽ *maka rāja siyūman-lah deri-pada tidor-ña*, le roi était remis de son assoupissement (*M.*). بيراڤ كالي اى ترڤڠسن سيومن ڤول *be-brāpa kāli īa ter-piṅsan siyūman pūla*, un certain nombre de fois elle s'était évanouie et était revenue à elle-même (*H. Ab.* 15). جك اد اى سمبه دان سيومن *jika* *ada ia sembuh dān siyūman*, s'il est sain de corps et d'esprit (*M.*). — اوبت *ōbat siyūman*, drogue qui rend l'usage des sens (*Amir Hamz.* 162).

ميومن *meñiyūman* (*Kl.*), pratiquer la sobriété.

سيور **sēwar,** nom d'une sorte de criss, à lame étroite et à un seul tranchant.

سيور **siyūr,** pour سير *siyur*.

سيول **siyūl,** sifflé. — بورغ *būrang siyūl*, nom d'un oiseau.

برسيول *ber-siyūl*, qui siffle, sifflant. سڤرت اورغ برسيول *seperti ōrang ber-siyūl*, comme des gens qui sifflent (*S. Mal.* 283).

[Jav. siyuh, sifflement du vent. Bat. *siyul.*]

سيك **sīka,** ici, là, cet endroit-là.

دسيك *di-sīka*, ici, dans cet endroit. ڤنهله دسيك داݢڠ بياڤري *penūh-lah di-sika dāgang biāprī*, cet endroit est rempli de marchands étrangers (*S. Bid.* 12).

v. ايك *īka*.

سيق **siyak,** pauvre, nécessiteux: les derniers serviteurs dans une mosquée.

[Bat. *siyak*, mordant, piquant: misère.]

سيكه **sīkah** (Ar. et Pers. سكه *sikka*, monnaie, argent monnayé). Ce mot ne se trouve que joint à رڤيه *rupiah*. ساتو رڤيه سيكه *sātu rupīah sīkah*, une roupie *sicca* (sa valeur est d'à peu près deux francs cinquante centimes). هايم سئيكر ساتو رڤيه سيكه *hāyam sa-īkor sātu rupīah sīkah*, une poule se vendait une roupie *sicca* (*H. Ab.* 104).

[Jav. *seka*, le quart d'une piastre d'Espagne. Sund. *sekat*, cinquante. Mak. *siko*, un faisceau de choses liées ensemble; ligature. Le Sund. rappelle *sa-ikat*, même sens que le Mak. *sika*, et présente une analogie avec la manière de compter des Chinois.]

سيكو **sīku,** nom d'un oiseau.

On trouve aussi سيكودى *sīkūdi*.

سيكو٢ ou سكسيكو **siku-sīku,** une équerre; coude; courbes qui entrent dans la construction d'un navire. سكسكون ترايكت *siku-*

sikū-ña ter-ikat, ses coudes étaient garrottés.

ميڽيكوكن *meñikū-kan*, faire des coudes, courber q. ch.

[Jav. et Sund. *siku*. Bat. *suki-suki*. Mak. *jiku*. Day. *siko*. Tag et Bis. *siko*.]

سيكت sīkat, un peigne, une herse. ڤيسڠ سيسيكت *pisang sa-sīkat*, un régime de bananes.

ميڽيكت *meñikat*, peigner, herser.

ميڽيكتكن *meñikat-kan*, peigner, herser q. ch., faire peigner.

[Jav. et Sund. *sikat*, vergette, étrille. Bat. *sikat*. Day. *sikat*.]

سيكڤ sīkap, l'extérieur d'une personne, forme, figure, maintien, attitude. سيكڤڽ باڬى ديو *sikap-ña bāgey dēwa*, sa forme ressemblait à celle d'un habitant des cieux (*M.*). كامى هندق ملیهت ڤكاينڽ دان سيكڤڽ *kāmi hendak me-līhat pakēy-an-ña dān sikap-ña*, nous voulons voir sa tenue et son attitude (*R.* 31). دان سيكڤڽ ترلالو ڤركاس *dān sikap-ña ter-lālu perkāsa*, et son extérieur annonçait la force (*R.* 74). سيكڤڽ ترلالو ڤنتس *sikap-ña ter-lālu pantas*, son maintien était plein de feu et de vivacité (*Ism. Yat.* 172).

برسيكڤ *ber-sīkap*, qui prend des airs; se composer, prendre une attitude, avoir l'air de. مك بڬند برسيكڤله لالواى برجالن *maka baginda ber-sīkap-lah lālu ia ber-jālan*, alors le prince se composa et se mit à marcher (*R.* 32). ايڤون برسيكڤله ڤد كتيك ايت *ia-pūn ber-sīkap-lah pada kotīka ītu*, ils se continrent pour ce moment (*R.* 124). اى برسيكڤ سڤرتى اكن تربڠ رڤاڽ *ia ber-sīkap seperti ākan terbang rupā-ña*, il prit une attitude comme s'il avait voulu s'envoler (*M.*).

سيڬى sīgey, petits morceaux de bois mis en travers d'un mât, ou de toute autre pièce de bois, et qui servent comme d'échelons pour y monter. — تيڠ *tiyang sīgey*, une pièce de bois qui a de tels petits morceaux de bois en travers, ou pièce de bois à laquelle on a fait des coches pour y monter.

[Bat. *sigé*.]

سيڬى sīgey, astérie, mollusque de mer ayant cinq pointes en forme d'étoile (*Kl.*).

سيکی **sigi,** nom d'un arbre résineux. — كايو سيکی *kāyu sigi,* morceau de bois résineux qu'on allume en guise de torche.

سيکی **sīgi,** montrer quelqu'un au doigt avec mépris (*Cr.*).

سيکی **sīgi,** gravé.
ميڽيکی *meñīgi,* graver de petites choses (*Kl.*).

سيکياں **sa-yogiā-ña,** v. يوکی *yōgia.*

سيکر **sīgar,** sorte de bandeau précieux qu'un nouveau-marié porte sur la tête en place du mouchoir ordinaire.

[Mak. et Bug. [illegible] *sigara,* une sorte de coiffure élevé dont on se sert aux jours de fêtes.]

سيکر **sīgar,** fendu.

[Jav. et Sund. [illegible] *sigar.*]

سيغ **sīyarŋ, sīarŋ,** le jour, la lumière du jour; nettoyé, déblayé, clair. سيغ مالم — *sīarŋ mālam,* jour et nuit, sans interruption. چهاى متهارى منجديکن سيغ *xahāya mata-hāri menjadī-kan sīarŋ,* c'est la clarté du soleil qui produit la lumière du jour (*N. Phil.* 29). تيداله اى براوله تيدر لاکی سمڤی سيغ *tiadā-lah ia ber-ūleh tidor lāgi sampey sīarŋ,* ils ne purent se rendormir jusq'au jour (*M.*). سيغله جالن *sīarŋ-lah jālan,* frayez-vous un chemin.

Prov. تياد سبب هايم سيکر مڠتهوى هارى سيغ *tiāda sebàh hāyam sa-īkor merŋ-atahū-i hāri sīarŋ,* il n'y a pas de raison qu'une poule sache qu'il fait jour. Le sens est: les choses importantes viendront toujours bien à leur temps, sans qu'il soit nécessaire que les fous en aient la bouche pleine.

ميڽيغ *meñīarŋ,* déblayer, nettoyer. ميڽيغ لادغ — *meñīarŋ lādarŋ,* sarcler un champ.

ميڽياغى *meñiārŋ-i,* ôter ce qui est sur q. ch., débarasser de. کبن ايت دسياغى اورغ *kebòn ītu di-siārŋ-i ōrarŋ,* on a nettoyé le champ.

سسياغن *sa-siārŋ-an,* de jour, pendant le jour.

کسياغن *ka-siārŋ-an,* le jour, la lumière du jour, ce qui est devenu clair. ڤد دنهارى تتکال بهارو کسياغن *pada dinihāri tatkāla bahāru ka-siārŋ-an,* à la pointe du jour, lorsqu'il commençait à faire clair (*B.* 73).

ڤرسيغ *per-siaṅ*, nettoyer ou préparer des aliments pour les faire cuire (*Cr.*).

[Jav. ꦱꦶꦪꦁ *siyaṅ*. Bat. ᯘᯫᯀᯰ *siyaṅ*.]

سيغ **siyuṅ,** les défenses d'un sanglier.

[Jav. et Sund. ꦱꦶꦪꦸꦁ *siyuṅ*.]

سيغ **siṅa** (S. सिंह *sinha*), lion. اد ڤاتق منغر دهولو كال سيغ يغ دمكين صفتڽ *ada pāteḳ meneṅar dahūlu kāla siṅa yaṅ demikian ṣifat-ña*, d'après ce que j'ai entendu dire autrefois, c'est ainsi qu'est l'animal que l'on nomme lion (*S. Mal.* 50). اى منجديكن ديريڽ روڤ سڤرت سيغ *ia men-jadi-kan diri-ña rūpa seperti siṅa*, il prit la forme d'un lion (*R.* 143). سقتى — *siṅa sakti*, un lion doué d'une force surnaturelle. ملايغ — *siṅa me-lāyaṅ*, un lion volant, un lion ailé. كڤال — *siṅa kapāla*, nom d'un certain ornement d'un navire (*Kl.*).

[Jav. et Sund. ꦱꦶꦁꦒ *siṅa* et ꦱꦶꦁꦲ *siṅha*. Mak. ᨔᨗᨂ *siṅa*. Day. *siṅa*.]

سيغيت **siṅit,** penché, incliné; être penché. — كڤل *kapàl siṅit*, le navire est penché.

برسيغيت *ber-siṅit*, qui penche; pencher, s'incliner. اى برسيغيتله بهوڽ اكن ممیکل *ia ber-siṅit-lah bahū-ña ākan memikul*, il baisse l'épaule pour porter des fardeaux (*B.* 83).

ميڽيغيتكن *meñiṅit-kan*, faire pencher, faire incliner. كڤل — *meñiṅit-kan kapàl*, mettre un navire sur le côté pour le réparer.

سڽ **seña,** véritablement, certainement, contraction de سسڠكوهڽ *sa-suṅguh-ña*. بهوا سڽ بارغسياڤ هندق بلاجر بهاس٢ *bahwa seña bāraṅ-siāpa hendaḳ bel-ājar bahāsa-bahāsa*, il est certain que ceux qui veulent apprendre les langues (*H. Ab.* 133).

سڽوڽغ **señoñoṅ,** avancer tout droit en nageant (*Kl.*).

سيت **siyat,** coupé par tranches.

ميڽيت *meñiyat*, couper par tranches. ايكن — *meñiyat ikan*, couper du poisson par dalles ou par tranches.

[Bat. ᯘᯩᯛᯖ᯲ *séyat*. Day. *sayat*.]

سيت **sita,** citation, assignation (*Kl.*).

سيت **situ,** là, de là, cela (de ايت *itu*). مك درستوله *maka deri situ-*

lah, or ce fut de là que (*H. Ab.* 49).

سيتق **sītak**, mallette, besace, petit sac.

سيد **seyid** (Ar. ساد), chef, prince, seigneur, maître. Nom que l'on donne aux descendants de Mahomet par *Ali* et *Fatima*.

سيد٢ ou سدسيد **sida-sīda** (S. सिद्ध *siddha*, un saint), garde du corps; officiers occupant auprès de la personne du souverain des emplois, qui dans le Levant se trouvaient souvent remplis par des eunuques, d'où ce mot a quelquefois pris la signification d'eunuque. سيد٢ بدوند دان رعية *sida-sīda biduwanda dān raʿyat*, les officiers de la maison du roi, les gardes et le peuple (*R.* 50). اداله سواتو لكلاكى حبشى سورغ سيد٢ يغ منترى بسر *adālah suātu laki-lāki ḥabašī saōrang sida-sīda yang mantrī besàr*, il y avait un éthiopien eunuque, grand officier (*N.* 208).

سيدى **sīdey**, desséché, sans avoir été exposé directement à la chaleur.

ميدى *meñīdey*, dessécher, ou sécher une chose, sans l'exposer à la chaleur.

ترسيدى *ter-sīdey*, qui est desséché, que l'on a fait sécher, sans l'exposer à la chaleur (*Kl.*).

سيدى **sīdi**, v. سندى *sendi*.

سيدق **sīdik**, demandé, cherché; être cherché. مك سيدقله اى *maka sīdik-lah īa*, il se mit à chercher (litt.: par lui fut cherché) (*B.* 74). سيدقله اولهم اڤاته سرتاك دان امبلله بكيم *sīdik-lah ūleh-mu apā-tah sertā-ku dān ambil-lah bagī-mu*, cherchez partout, et emportez tout ce que vous trouverez à vous (*B.* 50). دسيدقڽ هرت ايت *di-sīdik-ña harta ītu*, il cherchait les effets (*M.*).

ميدق *meñīdik*, demander, chercher, s'informer, consulter. دسوروهڽ ميدق اکن ڤرمڤوان ايت *di-sūruh-ña meñīdik ākan perampūan ītu*, il ordonna de faire des recherches au sujet de cette femme (*M.*). مك ايڤون ڤرڮى ميدق هو *maka īa-pūn pergi meñīdik hūwa*, elle alla consulter le Seigneur (*B.* 37).

ميدقكن *meñīdik-kan*, rechercher, faire chercher q. ch. دغن تياد دسيدق٢کن اکن دى *dengan tiāda di-sīdik-sīdik-kan ākan dīa*, sans faire la moindre perquisition à ce sujet (*M.*).

سليدق *silīdiḳ*, cherché partout, trouver à redire. سقاكه سليدق ايت *siapā-kah silīdiḳ ītu*, qui pourra y trouver à redire (*H. Ab.* 171). دغن راجن دان سليدقن *deŋan rājin-ña dān silīdiḳ-ña*, par tous ses soins et toutes ses recherches (*Segala jenis hikayat* 71).

ميليدقكن *meñilīdiḳ-kan*, examiner, rechercher q. ch., faire des recherches sur q. ch. يغ بياس ميليدقكن سكل علم *yaŋ biāsa meñilīdiḳ-kan segala ilmu*, qui sont habitués à faire des recherches sur les sciences (*H. D.* 174).

سيدغ **sīdaŋ**, assemblée, réunion, compagnie, société: جاغنله ساغت مرندو سيدغ *jāŋanlah sāŋat me-rindu sīdaŋ*, ne pleure pas trop ma compagnie (mon absence) (*S. Bid.* 87). دغن سيدغ ملايكة ايت *deŋan sīdaŋ malāikat ītu*, avec la troupe des anges (*Mir. Moh.* 22). همب ممبرى سلام كفد سيدغ نبى ايت *hamba mem-berī salām kapada sīdaŋ nabī ītu*, je saluai cette réunion de prophètes (*Mir. Moh.* 23).

سيدغ **sīdaŋ**, cordon, lacet (*Pij.*).

سين **sīni**, ici. — سان *sāna sini*, ici et là, çà et là, allant et venant. دسين *di-sīni*, ici. كسين *ka-sīni*, vers ici. — در *deri sīni*, d'ici, depuis ici. تياد اورغ دسين *tiāda ōraŋ di-sīni*, il n'y a personne ici. برجاك سكنف سان سين *ber-jāga sa-genàp sāna sīni*, on faisait soigneusement la garde çà et là, de tous côtés (*H. Ab.* 12).

سينتغ **siyantuŋ**, nom d'un oiseau.

سينن **sīnin** = سين *sīni*.

سينر **sīnar**, rayon, lumière, éclat, l'aube du jour. متهارى — *sīnar mata-hāri*, les rayons du soleil. بولن — *sīnar būlan*, les rayons de la lune, clair de lune.

برسينر *ber-sīnar*, qui a des rayons, qui brille; jeter de l'éclat. متهارى برسينر كفد بولن *mata-hāri ber-sīnar ka-pada būlan*, le soleil envoie ses rayons sur la lune (*N. Phil.* 22). كيكى — *ber-sīnar gīgi*, qui laisse apercevoir ses dents en riant.

منسنارى ou مينارى *meñinār-i* ou *men-sinār-i*, jeter des rayons sur q. ch., éclairer q. ch. جالنن ترغ دسنارى بولن *jālan-ña tràŋ di-sinār-i būlan*, leur chemin était éclairé par la lune (*S. Bid.* 7).

مڽينركن *meñinar-kan* ou منسينركن *men-sinar-kan*, réfracter la lumière, réfléchir les rayons reçus. چرمين منسينركن چهاي ڤليت يڠ كن كڤداڽ *xermin men-sinar-kan xahāya palita yang kena ka-padā-ña*, un miroir réfléchit les rayons de lumière que lui envoie une lampe (*N. Phil.* 22). اڤبيل دسينركن اوله بولن چهاي متهاري *apa-bila di-sinar-kan ūleh būlan xahāya mata-hāri*, lorsque la lune réfléchit les rayons du soleil (*N. Phil.* 22).

برسينركن *ber-sinar-kan*, qui réfracte les rayons, par qui la lumière est renvoyée.

سينارن *sinār-an*, rayon, éclat de lumière. دليهتڽ اد سينارن اڤي *di-lihat-ña ada sinār-an āpi*, elle aperçut un rayon de lumière donné par du feu (*Sul. Ab.*).

سينارن *sinār-an*, nom d'un certain ornement dont les femmes se parent la tête aux jours de fête ou pour danser.

برسينارن *ber-sinār-an*, qui a de l'éclat, brillant, resplendissant, éblouissant. برسينارنله روڤ ڤكاينن *ber-sinār-an-lah rūpa pakēy-an-ña*, leurs vêtements présentaient un spectacle éblouissant (*M.*).

[Kw. ꦱꦸꦤꦂ *sunar*. Sund. ᮞᮤᮔᮁ *sinar*.]

سيڤ ***siyap, siap,*** préparé, apprêté, être préparé. داون سيڤ٢ *dāun siap-siap*, sorte de feuilles médicinales.

برسيڤ *ber-siap*, qui se tient prêt, se préparer. اي سوره سكل دايڠ برسيڤ *ia sūruh segala dāyang ber-siap*, il ordonna à toutes les domestiques de se tenir prêtes.

مڽيڤكن *meñiap-kan*, préparer q. ch., faire apprêter. سيڤكن كڤل دڠن سڬره *siap-kan kapàl dengan sigràh*, préparez vite le navire (*Sul. Ab.* 29).

كسياڤن *ka-siāp-an*, apprêt, préparation, disposition. دڠن كسياڤن هاتي *dengan ka-siāp-an hāti*, avec les dispositions du cœur (*P. M.*).

سيڤي ***sipey*** (Pers. سڤاهي *sipāhi*, militaire), un soldat, un cipaye.

On trouve aussi سوڤي *sūpey*. سكل رعية اڠكريس ايت سوڤي *segala rayat inggris itu sūpey*, les soldats du gouvernement anglais étaient des cipayes (*H. Ab.* 38).

سيڤي sīpey, nom d'un singe. v. سمڤي *simpey* et چيڤي *xipey*.

سيڤو٢ ou **سڤسيڤو** **sipu-sīpu**, très-honteux, confus.

ترسيڤو٢ *ter-sipu-sīpu*, qui est honteux, couvert de confusion (*Kl.*).

كسڤسيڤوءن *ka-sipu-sipū-an*, qui est devenu honteux, qui sont couverts de confusion ensemble.

Crawfurd écrit سيڤت *sīput*.

سيڤق sēpak̦, ruade, coup de pied, action de lancer avec le pied; rué, lancé avec le pied. راڬ — *sēpak̦ rāga*, jeu dans lequel on lance avec le pied un ballon élastique en osier. برماين سيڤق راڬ *ber-māin sēpak̦ rāga*, jouer à ce jeu. سرندغ — *sēpak̦ serandung*, nom d'un jeu, qui se joue par huit enfants, dont quatre se tiennent sur le dos des quatre autres: ils se placent en carré; puis changent régulièrement de place; pendant ce temps ceux qui sont portés lancent, chacun à son tour, un mouchoir roulé à un des autres: si celui-ci attrape le mouchoir, il reste assis et porté; mais s'il ne l'attrape pas, il descend et devient porteur. Celui qui a attrapé le mouchoir douze fois sans manquer est porté en faisant autant de fois le tour du jeu.

برسيڤق *ber-sēpak̦*, qui donne des coups de pied, qui lance avec le pied. راڬ — *ber-sēpak̦ rāga*, qui joue à lancer un ballon avec le pied (*S. Mal.* 196).

ميڤق *meñēpak̦*, lancer avec le pied. سدغ ميڤق راڬ *sedang meñēpak̦ rāga*, pendant qu'il jouait à lancer un ballon avec le pied (*S. Mal.* 196).

ميڤقكن *meñēpak̦-kan*, ruer, donner une ruade contre q. ch. دسيڤقكنڽ اوله كود ايت ڤد هولو هتيڽ *di-sēpak̦-kan-ña ūleh kūda itu pada hūlu hatī-ña*, le cheval lui donna une ruade dans la poitrine (*M. R.* 113).

[Jav. et Sund. ꦱꦺꦥꦏ꧀ *sépak̦*. Mak. ᨔᨛᨄ *sempa.*]

سيڤت sīpat (Ar. صفة *ṣuffet* de صف), cordeau, règle à mesurer: ligne marquée avec la règle. بچاله اولهمو دوا ڤوله سيڤت *baxā-lah ūleh-mu dūa pūloh sīpat*, lisez ces vingt lignes. جديله باينغ٢ سام سيڤت اصلڽ *jadī-lah bāyang-bāyang sāma sīpat aṣal-ña*, l'ombre est aussi longue que l'objet qui la projette.

ميڤتكن *meñīpat-kan*, régler, tracer des lignes, mesurer.

Ce mot est quelquefois pris pour صفة *ṣifat*, v. ce dernier.

[Jav. et Sund. ꦱꦶꦥꦠ꧀ *sipat*. Day. *sipat*. Tag. ᜐᜒᜉᜆ᜔ *sipat.*]

سيفت sīpit, pour سفت٢ *sepìt-sepìt*, v. سفت *sepìt*.

سيفت sīput, mollusque, coquillage. Selon *Kl.*, nom générique des mollusques univalves. منچهارى سيفت برجنس٢ *men-xahāri sīput ber-jenìs-jenìs*, chercher toutes sortes de coquillages (*H. Ab.* 83). — كولت *kūlit sīput*, coquille d'un mollusque.

Voici les noms des principaux mollusques donnés par *Kl.* — چڠكق *sīput xoṅkak*, petits coquillages qui servent au jeu de *xoṅkak*, et qui sont employés comme petite monnaie; dans certains pays on les nomme aussi سيفت بلنج سيم *sīput belanja siam*. بولن — *sīput būlan*, mollusque avec un coquillage cornu et d'un brun tacheté. فنجڠ — *sīput panjaṅ*, id. avec un coquillage long et en spirale. تمب — *sīput timba*, mollusque avec un coquillage ressemblant à un seau indigène. بليتڠ — *sīput belītuṅ*, escargot de mer. لنته — *sīput lintah*, l'escargot commun. سرى — *sīput serèy*, limace, limaçon. ڬندڠ — *sīput gendaṅ*, mollusque de mer avec une coquille longue et mince. باتو — *sīput bātu*, لاد — *sīput lāda*, سيفت لاد دورى *sīput lāda dūri*, فترى — *sīput putrī*, — هوتن *sīput hūtan*, id. avec une coquille couleur jaune citron. — بيڠ *sīput bīṅa*, id. avec une très-grosse et très-belle coquille. هينى *hīney*, id. avec une coquille marquée de rouge et de blanc. كڠ — *sīput kuṅ*, id. avec une grosse coquille dentelée. — بلدو *sīput beludū*, id. avec une coquille jaunâtre et du violet sur le côté. افسل — *sīput apsil*, id. avec une coquille à côtes. — كتم *sīput kētim*, une espèce de crevette. سيفت رڠكق مات داچڠ *sīput raṅkık māta dāxiṅ*, mollusque avec une belle coquille marquée de taches blanches et noires سيفت هنتو لاوت *sīpvt hantu lāut*, id. avec une grande et belle coquille brune et tachetée; les naturels la mettent dans de l'acide pour en faire de la nacre. سيفت بابى لاوت *sīput bābi lāut*, id. avec une coquille dentelée. سيفت بيجى خرما *sīput bīji ḳurmā*, id. avec une coquille unie ressemblant à une datte. سيفت بوه تانه *sīput būah tānah*, espèce de moule avec une coquille à côtes.

[Bat. [illegible] *séput*, escargot.]

سيبر **sību̇r**, une coque de coco munie d'un manche et dont on se sert comme d'une grande cuiller.

[Jav. [illegible] *siwur*.]

سمه **sēmah**, sacrifice offert aux esprits, au démon, etc., pour se les rendre propices.

سماهن *semāh-an*, ce qui est offert à cette intention (*Kl.*).

سمن **sēman**, perdition, dommage, préjudice (*Kl.*).

كسمانن *ka-semān-an*, détruit, perdu, abîmé.

سير **seyir**, (Ar. سار), expédition militaire; troupe de maraudeurs.

سير **siyur**, v. سمڤغ *simpaṅ*.

سير٢ **sīyar-sīyar**, nom d'un fruit huileux et narcotique (*Kl.*).

Kl. écrit سيور٢ *siyūr-siyūr*.

سيره **sīrah**, clair de couleur, p. ex., une étoffe (*Kl.*). Selon d'autres, rouge.

[Bat. [illegible] *sira*, rouge.]

سيره **sīrih**, la plante du bétel: masticatoire dont les feuilles du bétel sont le principal ingrédient. داون سيره سلى *dāun sīrih sa-ley*, une feuille de bétel. سكاڤر — *sīrih sa-kāpur*, une chique, une préparation de bétel, avec tous les ingrédients enveloppés dans la feuille. — ماكن *mākan sīrih* ou — سنتڤ *santap sīrih*, chiquer le bétel. — اوڠ *uwaṅ sīrih*, un pour-boire. سكاڤر سيره لاڽ *sa-kāpur sīrih lamā-ña*, le temps que dure une chique de bétel. تيدالله ماكن سيره *tiadā-lah mākan sīrih*, on ne prit pas de bétel (*R.* 71). اى باسه تاڠنڽ دان ماكن سيره سكاڤر *ia bāsuh tāṅan-ña dān mākan sīrih sa-kāpur*, il se lava les mains et ensuite il prit du bétel (*Ism. Yat.* 31).

سيره بوه *sīrih-būah*, espèce de bétel d'une qualité inférieure, dont on mâche le fruit quand on ne peut pas se procurer de *sīrih* frais. هوتن — *sīrih hūtan*, bétel sauvage, nommé aussi باكق *bā-kik*. للت — *sīrih lelāt*, feuilles de bétel préparés à l'usage des nouveaux-mariés.

سيره ڤينڠ *sīrih-pīnaṅ*, nom d'une amende qu'une personne qui en a blessé une autre est obligé de payer à la demande du blessé.

[Jav. suruh, et sedah. Bat. siré. Mak. siri. Day. sirih.]

سيري **siri**, bourdonné; bourdonnement.

ميري *meñiri*, bourdonner. سڤرت كمبڠ ميري كدڠارن *seperti kumbang meñiri ka-dengār-an*, on les entendait bourdonner comme un essaim de frelons (*R.* 154).

سيرو **sēro**, v. سيرق *sērok*.

سيرق **sērak**, traîné: répandu, çà et là, sans ordre.

ميرق *meñērak*, traîner, p. ex. comme un chien qui traîne un morceau de quelque chose.

ميرق٢كن *meñērak-ñērak-kan*, traîner quelque chose partout, de tous côtés (*Kl.*).

[Bat. *sarak*, jaillir, se détacher.]

سيرق **sērak**, sorte de hibou; nom d'un amphibie (*Pij.*).

سيرق **sērok**, espace fermé par une palissade fixée dans l'eau, et où le poisson vient se prendre comme dans une nasse; nom de l'appareil même.

سروكن *serōk-an*, courant d'eau, canal, ruisseau. — انق *ānak serōk-an*, écluse, vanne. — باجو *bāju serōk-an*, habit avec des demi-manches.

سروكن *serōk-an* paraît aussi signifier: limites, confins. بڬند سمڤي ڤد سروكن نڬري هندي *baginda sampey pada serōk-an nagrī hindīa*, le prince arriva aux confins de l'Inde (*S. Mal.* 5).

On trouve aussi سيرو *sēro* (*H. Ab.* 214).

[Jav. *sérok*, puiser dans un liquide. Sund. *séro*, appareil de bambou pour prendre le poisson. Mak. *salu*, gouttière. Bug. *salo*, rivière. Tag. *salok*, une sorte de pelle pour tirer le poisson de l'eau. Bis. *silo*, canal, aqueduc.]

سيرڠ **sērang**, large, écarté (des mailles d'un filet, d'un ouvrage tressé etc.), écarquillé (des yeux) (*Kl.*).

سيرڠ **sērung**, oblique, qui est de biais, p. ex., une ligne d'écriture, une couture à un habit etc.; obliquement. اي برجالن سيرڠ *ia ber-jālan sērung*, ils marchaient obliquement (*H. Ab.* 99).

[Sund. *serong*. Day. *sirang*.]

سيرغ **sīrirg,** filtré, passé à travers quelque chose.

سريڠن *sirīrg-an*, un filtre, ce qui sert à filtrer.

[Jav. et Sund. [illegible] *sarirg.*]

سيرت **sīrat,** bord, rebord, bordure. تڤي كاين اتو سيرت هڠڬ سقدر امڤت جاري *tepī kāin ātaw sīrat hirgga sa-ḳedar ampat jāri*, un bord, ou une bordure à l'habit, de la largeur de quatre doigts.

برسيرت *ber-sīrat*, qui a une bordure, qui est parsemé. كاين برسيرت متيار *kāin ber-sīrat mutiāra*, de l'étoffe parsemée de perles (*M.*). كاين لڠكڤ دڠن تڤي برسيرت *kāin larygkap dergan tepī ber-sīrat*, étoffe ornée de bordures ouvrées (*S. Bid.* 27).

ميڽيرت *meñīrat*, tresser, faire des filets, border.

ترسيرت *ter-sīrat*, qui a été parsemé, semé. برس ترسيرت سڤنجڠ جالن *bràs ter-sīrat sa-panjarg jālan*, du riz se trouvait semé tout le long du chemin (*M.*).

[Jav. [illegible] *sirat*, rayon. [illegible] *ñirati*, parsemer. Bat. [illegible] *sirat*, bordure d'un habit. [illegible] *manirat*, faire des filets. Mak. [illegible] *sira*, tresser, faire des filets. Day. *sirat*, tresser.]

سيرت **sēret,** ce qui traine, queue d'une robe: traîné; être traîné. دسيرتڽ كتڠه ڤادڠ *di-sēret-ña ka-tergah pādarg*, ils le traînèrent jusqu'au milieu de la plaine (*H. Ab.* 233).

ميڽيرت *meñēret*, traîner, entraîner.

ترسيرت *ter-sēret*, qui traine, traînant. باجو كبسارنڽ يڠ ترسيرت كتانه *bāju ka-besār-an-ña yarg ter-sēret ka-tānah*, leurs habits de cérémonie traînant jusqu'à terre (*H. D.* 146).

[Jav. et Sund. [illegible] *séred.*]

سيرن **sērun,** passement, galon. سيرن بنڠ امس *sērun benàrg amàs*, du galon de fil d'or.

برسيرن *ber-sērun*, qui a du passement, orné de galon (*Kl.*).

سيرف **sīrap,** bardeau, tuiles en bois.

[Jav. et Sund. [illegible] *sirap.*]

سيرف **sīrap,** nom d'un charme employé par les voleurs avant d'entrer dans une maison; ce charme est supposé avoir la vertu d'endormir.

[Jav. [illegible] *sirep*, tranquille, endormi. Sund. [illegible] *sirep*, charme pour endormir.]

سيرف **sirip**, nageoire d'un poisson. ايکن ايت برنڠ لاجو بوکن دري سبب کوت سيرفڽ *īkan ītu ber-naṅ lāju būkan deri sebàb kūat sīrip-ña*, si le poisson nage vite, ce n'est pas à cause de la force de ses nageoires (*Exer.* 116).

سيرم **sīram,** arrosé, aspergé; être arrosé. جك ککند ماتي کلق تون سيرم دڠن اير مات تون *jika kakanda māti kalùk tūan sīram deṅan āyer māta tūan*, si je perds la vie, vous m'arroserez de vos larmes (*Indr.*). دسيرم دڠن اير کتيک ڤتڠ دان ڤاڬي *di-sīram deṅan āyer kotīka petàṅ dān pāgi*, il arrosait (la plante) le soir et le matin (*M.*).

برسيرم *ber-sīram*, qui arrose, qui baigne.

ميڽيرم *meñīram*, arroser, asperger. توکڠ ميڽيرم کبون *tūkaṅ meñīram kebòn*, celui qui est chargé d'arroser un jardin.

ميڽيرمکن *meñīram-kan*, arroser avec quelque chose, faire arroser. سرت دسيرمکنڽ ڤول دڠن مينق *serta di-sīram-kan-ña pūla deṅan mīñak*, en l'arrosant de nouveau avec de l'huile (*R.* 134). لالو دسيرمکنڽ دڠن اير ايت کڤد توبهڽ *lālu di-sīram-kan-ña deṅan āyer ītu ka-pada tūbuh-ña*, avec cette eau il arrosa son corps (*R.* 125).

ڤڽيرم *peñīram*, celui qui arrose: ce qui sert pour arroser; un arrosoir.

ڤڽيرامن *peñīrām-an*, action d'arroser, arrosement, arrosage.

[Jav. et Sund. ꦱꦶꦫꦩ꧀ *sīram*. Day. *siram*.]

سيل **sīyal,** malheur, infortune: sinistre, funeste. ترلمڤو سيل اکو اين *ter-lampaw sīyal āku īni*, mon malheur est extrême. — کن سيل *kena sīyal*, être frappé par une infortune. اکن بوروڠ انتو ايت مکاڽ سيل *ākan būruṅ antu ītu mukā-ña sīyal*, quant au hibou, il a la figure sinistre (*Kal. dan Dam.* 92).

برسيل *ber-sīyal*, qui a du malheur, infortuné. تياد براني لاڬي برلاير کارن دوکالي اين برسيلله سهاي *tīāda berānī lāgi ber-lāyar kārna dūa kālı īni ber-sīyal-lah sahāya*, je n'ose plus naviguer, car les deux dernières fois j'ai été malheureux.

ميڽيل *meñīyal*, causer du malheur.

ڤڽيل *peñīyal*, qui cause du malheur.

ڤرسيالن *per-siyāl-an*, malheur, accident (*P. Dew.*).

سيل **sīla,** action de s'asseoir les jambes croisées sous soi: invité à s'asseoir; être invité, être convié.

برسيل *ber-sīla*, avoir les jambes croisées sous soi. — دودق *dūduḳ ber-sīla*, être assis ayant les jambes croisées.

ميڽيل *meñīla*, inviter, convier.

ترسيل *ter-sīla*, qui est invité, que l'on a convié. مڠتاكن ڤد اورڠ ترسيل هندق مارى سكارڠ *meṅatā-kan pada ōrang ter-sīla hendaḳ mārī sakārang*, dites à ceux qui ont été invités de venir maintenant (*P. M.*).

ميڽيلاكن *meñīlā-kan*, convier, inviter quelqu'un.

On dit سلاكن *sīlā-kan* ou سلاكنله *sīlā-kan-lah*, s'il vous plaît, veuillez, je vous en prie, soyez le bienvenu. سراى كتاڽ سلاكن توانك ماسق *serāya katā-ña sīlā-kan tūan-ku māsuḳ*, en disant: veuillez entrer, monseigneur (*R.* 37). سلاكنله صحبة سكلين *sīlā-kan-lah ṣoḥbat sakalī-an*, ô mes amis, soyez tous les bienvenus (*M.*). دسلاكنڽ براڤ بايق اورڠ *di-sīlā-kan-ña brāpa bāñaḳ ōrang*, il invita beaucoup de monde (*P. M.*).

ممڤرسلاكن *mem-per-sīlā-kan*, faire convier, inviter quelqu'un. توانك دڤرسلاكن اوله ڤدوك انكند *tūan-ku di-per-sīlā-kan ūleh padūka anakanda*, monseigneur est invité par son fils bien-aimé (*R.* 47). مك هندقله ڤاتق ڤرسلاكن توانك ماسق كدالم استان *maka hendaḳ-lah pāteḳ per-sīlā-kan tūan-ku māsuḳ ka-dālam astāna*, qu'il me soit permis d'inviter monseigneur à entrer dans le palais (*Sul. Ibr.* 21).

Le premier sens de ce mot doit se rapporter au S. शील् *çīl*, méditer dans la posture de la statue de Bouddha, c'est-à-dire, assis et les jambes croisées; le second sens, au S. शील *çīla*, bonnes dispositions, manières polies.

[Jav. [Javanese] *sila*, manière respectueuse de s'asseoir. Sund. [Sundanese] *sila*, s'asseoir les jambes croisées. [Sundanese] *silah*, inviter. Bat. [Batak] *sila*, un présent de bienvenue. Tag. [Tagalog] *sila*, s'asseoir les jambes croisées.]

سيله **sīlah,** les dents canines (*Cr.*).

سيله **sīlah,** rapprocher, raccourcir, p. ex. les jambes lorsqu'on les croise étant assis (peut-être une corruption de سيل *sila*).

سيله **silih**, dédommagé, indemnisé, réparé; être dédommagé. تيداله دسيله اوله يڠ امڤون كربو جكلو فد سيڠ ترتيكم *tidā-lah di-silih ūleh yang ampūña karbaw jikalaw pada siang ter-tikam*, il ne sera payé aucune indemnité, si la blessure a été faite au buffle pendant le jour (*M.*).

ميليه *meñilih*, dédommager, indemniser, réparer, remplacer une chose par une autre. — كركين *meñilih ka-rugi-an*, réparer une perte. ملك اتس مدمود اياله ميليه دى *maka ātas muda-mūda iā-lah meñilih dia*, ce sont les *muda* qui sont tenus de les remplacer (*Cod. Mal.* 413).

[Jav. [Javanese script] *silih*, alternativement. Sund. [Sundanese script] *silih*, subséquent. Day. *silih*, avoir des dettes.]

سيله٢ **silah-silah**, rang, ordre, tour, ordre de succession (*Kl.*).

سيلو **silu**, ébloui, aveuglé par la lumière: honteux (*Kl.*). دڤندڠ بڬند لكون سيلو *di-pandang baginda lakū-ña silu*, lorsque le prince la regarda, ses yeux furent éblouis (*S. Bid.* 82).

[Bat. [Batak script] *silo*. Mak. [Makassarese script] *silo*.]

سيلق **silak**, découvert.

ميلق *meñilak*, découvrir, ôter un couvercle de dessus quelque chose.

سيلڠ **silang**, une croix de Saint-André.

برسيلڠ *ber-silang*, qui forme la croix, choses qui se croisent. اد برسيلڠ بكس روتن *ada ber-silang bakās rōtan*, les marques des coups de rotin se croisaient (*H. Ab.* 306).

سيلڠ **silang**, pour سلڠ *selang*.

سيلت **silat**, s'escrimer, se battre à l'épée.

برسيلتكن *ber-silat-kan*, qui s'escrime, qui se bat avec quelqu'un. برسيلتكن كاكى تاڠنڽ *ber-silat-kan kāki tāngan-ña*, qui se bat des pieds et des mains (*Kl.*).

سيلت **silat**, nom d'une danse guerrière. v. le précédent.

سيلف **silap**, méprise, erreur, faute. مات — *silap māta*, tour de passe-passe (*H. Ab.* 150).

برسيلف *ber-sĭlap*, qui erre; faire des méprises. اورڠ برسيلف ماتْ *ōrang ber-sĭlap māta*, celui qui fait des tours de passe-passe.

كسلاڤن *ka-silāp-an*, faute faite, erreur commise, errata (*P. M.*).

[? Jav. ꦱꦶꦭꦶꦧ꧀ *silib*, non remarqué. Sund. ᮞᮤᮜᮨᮕ᮪ *silep*, disparu.]

سيلم **sĭlam,** le crépuscule du soir, la brune. درسينرسمڤي كسيلم *deri sĭnar sampey ka-sĭlam*, depuis l'aube du jour jusqu'à la brune (*M.*). سيلم اين سينرڽ سبتو *sĭlam īni sĭnar-ña sabtu*, demain est le samedi.

Selon *Kl.*, obscurité, la partie la plus obscure de la nuit: au figuré, temps obscur, époque incertaine. اداله كڤد سواتو سيلم قدرة توهن منجديكن عالم *adā-lah ka-pada suātu sĭlam ḳoderat tūhan men-jadī-kan ālam*, Dieu a créé le monde à une époque qui se perd dans la nuit des temps.

سيس **sĭsa** (S. शेष *çēša*, reste), reste, restant, fragment. سڤاى اڠكو اكو برى سيس بوه ممڤلم ايت *supāya angkau āku bri sĭsa būah mampelàm ītu*, afin que je vous donne quelque reste de ces mangues (*R.* 133). كمڤلكنله سڬل ڤاته ڤتاهن يڠ سيس ايت *kumpul-kan-lah segala pātah-patāh-an yang sĭsa ītu*, ramassez les morceaux qui sont restés (*N.* 159).

سيساان *sisa-sisā-an*, les restes, ce qui reste, reliques. برحرمة ڤد سيساان القديسن *ber-ḥormat pada sisa-sisā-an el-ḳadisin*, honorer les reliques des saints (*P. M.*).

[Jav. et Sund. ꦱꦶꦱ *sisa* et ꦱꦺꦱ *sésa*. Mak. ᨔᨙᨔ *sésa*.]

سيسى **sĭsi,** à côté, tout près, en cotoyant: être à côté. دان بنيڽ ايتڤون دودق دسيسيڽ *dān binī-ña ītu-pūn dūduḳ di-sisī-ña*, et ses femmes se reposaient à côté de lui (*R.* 102). مك لقسمان داتڠ كسيسى سرى رام *maka laḳsa-māna dātang ka-sisi srī rāma*. alors Laksamana vint se placer à côté de Sri Rama (*R.* 152). دسيسى لاوت *di-sīsi lāut*, au bord de la mer. دسيسى سرمبيك *di-sisi serambī-ku*, à côté de mon vestibule, à ma porte.

برسيسى *ber-sīsi*, qui est à côté, qui se trouvent l'un à côté de l'autre. اى برديرى برسيسى *ia ber-dīri ber-sīsi*, ils se tenaient côte à côte.

ميسي *meñīsi*, mettre à côté, passer à côté, manquer. ميسيله اغكو سديكت *meñisī-lah angkaw sa-dīkit*, mettez-vous un peu de côté (*S. Mal.* 179).

On trouve aussi سيسه *sīsih*.

[Jav. *sisih*. Sund. *sisi*. Bat. *sisi*. Bis. *sidsid*, bord.]

سيسو *sīsu*, action de polir les dents.

برسيسو *ber-sīsu*, qui râcle, qui polit ou qui lime les dents (avec une pierre) (*M.*).

سيسق *sīsiḳ*, écaille, écaille de tortue, caret: écorce. سيسق نايق هرك دايروف *sīsiḳ nāiḳ harga di-īrūpa*, l'écaille de tortue augmente de prix en Europe (*H. Ab.* 323). ايكن — *sīsiḳ ikan*, des écailles de poisson (*S. Mal.* 60). رمبيا — *sīsiḳ rumbiyā*, l'écorce du sagouier.

برسيسق *ber-sisiḳ*, qui a des écailles, écailleux.

Énig. برسيسق بوكنن اولر برچول بوكنن ناك *ber sisiḳ būkan-ña ūlar ber-ċūla būkan-ña nāga*, il a des écailles et n'est pas un serpent, il a des cornes et n'est pas un dragon. بوه نانس *būah nānas*, l'ananas.

ميسق *meñīsiḳ*, ôter l'écorce d'une branche (*Kl.*).

[Jav. *sisik*. Bat. *sisik*, écaille de poisson. Mak. *sisi*. Bis. *sisik*.]

سيسف *sīsip*, inséré, introduit, casé; être inséré. دسيسفن منان يغ تيرس ايت *di-sīsip-ña manamāna yang tīris ītu*, il inséra (des tuiles) dans les endroits du toit où l'eau passait.

برسيسف *ber-sīsip*, qui est inséré, qui s'introduit. برسيسفله خند سبله كيري *ber-sīsip-lah ḳanda sa-belah kīri*, ayant un criss à la ceinture du côté gauche (*S. Bid.* 118).

ميسيف *meñīsip*, insérer, introduire, percer. شمشير — *meñīsip šemšīr*, ceindre l'épée (*M.*). كسبله — *meñīsip ka-sa-belah*, percer jusqu'à l'autre côté, passer au travers (*S. Mal.* 20).

ترسيسف *ter-sīsip*, qui est inséré, que l'on a introduit. برڤوله٢ ڤيسو برجنس٢ ترسيسف دالم ساتو ڤتي *ber-pūloh-pūloh pīsaw ber-jenis-jenis ter-sīsip dālam sātu petī*, des dizaines de couteaux de différents espèces insérés dans une boîte (instruments de chirurgie placés dans une gaine) (*H. Ab.* 279).

ميسفكن meñisip-kan, insérer, passer quelque chose. سرت دامق دسيسفكنى دڤڠڬڠى serta dāmek di-sisip-kan-ña di-pinggang-ña, en passant des flèches dans leur ceinture (*H. Ab.* 348).

[Mak. sisi.]

سيسر **sisir,** peigne, râteau: peigné. كرڤ — *sisir kerùp,* un peigne fin ou à dents serrées. سيسر دڠن ڤرلاهن *sisir dengan perlāhan,* peigné légèrement. ڤيسڠ سسيسر *pīsang sa-sisir,* un régime de bananes. — بوڠ *būnga sisir,* nom d'une fleur.

On nomme aussi *sisir* le châssis d'un métier de tisserand.

Prov. سڤرت ڬروق دڠن سيسر *seperti gerùk dengan sisir,* comme le ros d'un tisserand avec son châssis. Se dit de deux personnes qui sont tellement liées, qu'elles ne peuvent se passer l'une de l'autre.

ميپيسر *meñisir,* peigner. رمبت — *meñisir rambut,* peigner les cheveux. تانه — *meñisir tānah,* râteler la terre.

ميسيرى *meñisir-i,* passer le peigne sur quelque chose, peigner quelqu'un.

[Jav. et Sund. *sisir.* Bat. *sisir,* herse. Day. *sisir,* nageoire ventrale. Tag. *sisil,* brosse à peigner le coton.]

سو **sūwa,** rencontre; rencontré, trouvé.

برسو *ber-sūwa,* qui rencontre, rencontrant, rencontrer. — دجالن *ber-sūwa di-jālan,* rencontrer sur la route.

ترسو *ter-sūwa,* qui est rencontré, que l'on a retrouvé. بلمڽ — *belùm-ña ter-sūwa,* il n'est pas encore retrouvé (*M.*).

برسواكن *ber-suwā-kan,* qui fait rencontrer; faire rencontrer, p. ex., des coqs pour les faire battre.

سواك **suwāka,** refuge, protection.

برسواك *ber-suwāka,* prendre refuge.

[Kw. *sewaka,* paraître devant un chef.]

سواڠى **suwāngi,** esprit, spectre, esprit mauvais. — بورڠ *būrung suwāngi,* oiseau de nuit. — تمڤت *tampat suwāngi,* un lieu où se trouvent les mauvais esprits; endroit lugubre.

سواجى **suwāji,** une corde que l'on détord pour former deux trous, et qui est attachée à quelque chose que l'on veut hisser, de manière à passer le crochet d'une poulie dans ces deux trous.

Prov. ڤچه كاڤى ڤوتس سواجى *pexàh kāpi pūtus suwāji*, la poulie cassée, la corde à hisser tombe. Signifie: une entreprise manquée en fait manquer une autre.

سوات **suwātu**, v. سواتو *suwātu*.

سواتو **suwātu, suātu,** un, une. — تيڤ٢ *tīap-tīap suātu*, chaque. سورڠ — *suātu sa-ōrang*, un pour chaque personne. سواتوڤون تياد *suātu-pūn tiāda*, il n'y en a pas un seul. اداله سواتو نڬرى بسر *adā-lah suātu nagrī besàr*, il y a une grande ville. ڤد سواتو هارى *pada suātu hāri*, à un certain jour, une fois.

سسواتو *sa-suātu*, chacun, tous.

برسواتو *ber-suātu*, qui est simple, qui n'est pas composé. ڤرتام صفة لمباڬ تياد اى برسواتو *portāma ṣifat lembāga tiāda īa ber-suātu*, la première propriété d'un corps c'est d'être composé de parties (*N. Phil.* 133).

ممڤرسواتوكن *mem-per-suatū-kan*, unir, de plusieurs choses en faire une. جواڽ جاڠن دڤرسواتوكن دڠن ڤرهمڤونن *jiwā-ku jāngan di-per-suatū-kan dengan per-himpūn-an-ña*, que mon âme ne se joigne jamais à leurs conseils (*B.* 82). اى ڤرسواتوكن جواڽ دڠن توبهڽ *īa per-suatū-kan jiwā-ña dengan tūbuh-ña*, il a réuni son âme à son corps (*P. M.*).

ڤرسواتوان *per-suatū-an*, unité, individualité, simplicité.

On trouve souvent سوات *suātu*, ساتو *sātu* et سات *sātu*.

سوامى **suwāmi, suāmi** (S. स्वामी *swāmī*), mari, époux. — منجادى *men-jādi suāmi*, devenir époux. مناڠس كماتين سوامى *menāngis ka-matī-an suāmi*, pleurer la mort d'un époux. دڠن رضا سوميڽ *dengan redlā suamī-ña*, du consentement de son mari. ستله توان ڤترى مندڠر كات سوميڽ *sa-telàh tūan putrī men-dengar kāta suamī-ña*, lorsque la princesse eut entendu ces paroles de son époux (*R.* 30).

برسوامى *ber-suāmi*, qui a un mari, qui se marie; se marier. كارن اى سده برسوامى *kārna īa sudah ber-suāmi*, car elle est mariée. جكلو بلم توان برسوامى تياد كامى ماو برلاكى *jikalaw belùm tūan-ku ber-suāmi tiāda kāmi māu ber-lāki,* tant que notre maîtresse ne sera pas mariée, nous ne voulons pas nous marier non plus (*Ism. Yat.* 171). جكلو اڠكو هندق برسوامى *jikalaw angkaw hendak ber-suāmi,* si vous voulez vous marier (*R.* 87).

برسوميكن *ber-suamī-kan,* qui épouse quelqu'un, prendre un mari. برسوميكن اڠكو اكو تياد سودى *ber - suamī - kan angkaw āku tiāda sūdi,* je ne consens pas à vous prendre pour époux (*Sul. Ab.* 69).

ممڤرسوميكن *mem - per - suamī-kan,* faire marier, faire prendre un mari, marier, p. ex., un père sa fille. ڤاتت كيت ڤرسوميكن دى دڠن اورڠ بركواس *pātut kīta per-suamī - kan dia dengan ōrang ber-kuāsa,* il convient que nous la mariions à un homme puissant (*Kal. dan Dam.* 110). ڤرڬيله ڤرسوميكن درين كڤد سرى رام *pergī-lah per-suamī-kan dirī-ña ka-pada srī rāma,* qu'elle aille se marier avec Sri Rama (*R.* 87).

سوار **suwāra, suāra** (S. स्वर *swara*), la voix, le son de la voix. مانس — *suāra mānis,* une voix douce et agréable. — ݢارڠ *suāra gārang,* voix retentissante. — مڽارغكن *me-ñāring-kan suāra,* faire éclater la voix. — ڤاسڠ *pāsang suāra,* donner de la voix, héler, demander le qui-vive. مك كدڠارن ڤول اكن سوارا اورڠ منت تولڠ *maka ka-dengār-an pūla ākan suarā-ña ōrang minta tūlung,* et on entendit de nouveau la voix de q. q. qui demandait du secours (*R.* 96). سواتو سوار سده تردڠر درام *suātu suāra sudah ter-dengar di-rāma,* une voix a été entendue dans Rama (*N.* 3).

برسوار *ber-suāra,* qui fait entendre sa voix; émettre un son, crier. اى برسوار هى مانسى درمان داتڠ *ia ber-suāra hey mānusia deri māna dātang,* il éleva la voix en disant: ô mortel, d'où venez-vous? (*R.* 110). اى برسوار درلور *ia ber-suāra deri lūar,* il criait du dehors (*R.* 153).

[Jav. [Javanese script] *suwara.* Bat. [Batak script] *sowara.* Mak. [Makassar script] *sara.*]

سوارى **suāri** = كسوارى *ka-suāri.*

سوارڠ **suwārang** = سوالڠ *su-wālang.*

سوال **suwāl, suāl** (Ar. سال). demande, question: سوال دان

جواب *suāl dān jawāb*, demande et réponse. سوال در حال ممباچ قران *suāl deri ḥāl mem-bāxa ḳorān*, des questions sur la manière de lire le Coran (*H. Ab.* 32).

برسوال *ber-suāl*, qui fait des questions, questionner, interroger. جواب — *ber-suāl jawāb*, faire des demandes et des réponses, conférer, causer. هي صحابتك بوكنڽ ڤد كتيك اين برسوال جواب *hey ṣohābat-ku būkanña pada kotīka īni ber-suāl jawāb*, ô mes amis, ce n'est pas le moment de nous amuser à causer (*Kal. dan Dam.* 81).

[Jav. [illegible] *suwal*. Day. *sual.*]

سوال suwāla, sorte de tripan. v. تريڤڠ *trīpang*.

سوالڠ suwālang, ruche d'abeilles, nid d'abeilles. بلم اد نايق سوالڠ *belùm ada nāiḳ suwālang*, les nids d'abeilles ne sont pas encore formés (*M.*).

سوالب suwālab, nom d'une sorte de bateau (*Kl.*).

سواس suwāsa (S. सुवर्चस् *suvarćas*, très brillant), métal factice, composé d'or et de cuivre: on le nomme aussi — تمباڬ *tembāga suwāsa*. — تالم *tālam suwāsa*, un bassin en métal mélangé. ڤدڠ يڠ برهلوكن سواس *pedàng yang ber-hulū-kan suwāsa*, une épée dont la poignée est de métal mélangé. سڠكو امس باتل سواس *sangku amàs bātil suwāsa*, un vase en or sur une soucoupe en métal mélangé (*S. Bid.* 49). — ايكن *īkan suwāsa*, nom d'un petit poisson de mer, d'un goût délicat.

[Jav. et Sund. [illegible] *suwasa*. Bat. [illegible] *suwasa*. Mak. [illegible] *suwasa*.]

سوه sūh, chaleur vitale, chaleur naturelle du corps. مك سوهله داڬيڠڽ *maka sūh-lah dāging-ña*, ses chairs avaient encore de la chaleur (*M.*).

سوه sūwah = ڤرنه *pernah*, jamais: ordinairement employé avec une interrogation ou une négation. — بلم *belùm sūwah*, encore jamais. اداكه سوه توان مليهت يڠ دمكين *adā-kah sūwah tūan me-līhat yang demikīan*, avez-vous jamais rien vu de pareil? (*P. Dew.*).

سوهي sūhī et **سوي sūwī**, sévère, dur.

سوى sūwey = توى *tūwey*.

سويق sūyak̦, déchiré, accroché; être déchiré. اى سويق ڤكاينڽ *ia sūyak̦ pakēy-an-ña*, il déchira ses vêtements (*N.* 50).

ميويق *meñūyak̦*, déchirer.

ميويقكن *meñūyak̦-kan*, déchirer q. ch., faire déchirer, faire accrocher. مك دسويقكنله جرت ڤدكاكي ݢاجه *maka di-sūyak̦-kan-lah jeràt pada kāki gājah*, il lança le nœud coulant au pied de l'éléphant (*S. Mal.* 294).

[Jav. ꦱꦸꦮꦺꦏ꧀ *suwék*, déchiré. ꦱꦸꦮꦏ꧀ *suwak*, arrêté. Bat. [illegible] *suwak*, déchiré Day. *suyak̦*, lancé.]

سويت suwīta, servir, exécuter les ordres d'un prince (*Kl.*).

سوق sūwak̦, anse, enfoncement dans une rivière, crique.

برسوق *ber-sūwak̦*, qui a des anses.

ميوق *meñūwak̦*, former des anses, former des criques (*P. Dew.*).

سوك sōka, v. اڠسوك *aŋsōka*.

سوك sūka (S. सुख *suk̦a*), contentement, plaisir, jouissance; content, joyeux, épris, charmé; avoir pour agréable, aimer. تون ڤون سوك *tūan pūña sūka*, à votre bon plaisir. اڤ تون ڤون سوك *apa tūan pūña sūka*, quel est votre goût? سوك اتو دوك *sūka ātaw dūka*, joie ou chagrin. سوك اى مليهت سکل بوهبواهن *sūka ia me-lihat segala būah-buāh-an*, ils furent joyeux en voyant tous ces fruits (*M.*). ترلالو سوك هتيڽ *ter-lālu sūka hatī-ña*, son cœur fut transporté de joie (*R.* 23). سوك سام سوك *sūka sāma sūka*, se plaire mutuellement, se donner mutuellement de la joie. سکچيت *suka-xita*, sentiment de joie; réjoui.

ميوك *meñūka*, réjouir, plaire.

ميکاءى *meñukā-i*, se réjouir de q. ch., avoir q. ch. pour agréable, désirer une chose. يڠ سهاى سکلين سکاءى *yaŋ sahāya sa-kalī-an sukā-i*, celui que nous avons tous pour agréable (*H. Ab.* 360).

ميکاکن *meñukā-kan*, réjouir quelqu'un, contenter, faire plaisir, rendre joyeux. دان اير اڠڬور يڠ ميکاکن هاتى مانسى *dān àyer aŋgūr yaŋ meñukā-kan hāti mānusīa*, et le vin qui réjouit le cœur de l'homme (*B.* 881). كارن تياد اى داڤت سکاکن سکل

اورڠ *kārna tiāda īa dāpat su-kā-kan segala ōrang*, car il ne peut pas contenter tout le monde (*M. R.* 93).

ممڤرسکاکن *mem-per-sukā-kan*, faire réjouir, faire devenir content. ڤرسکاکن اوله هاتی سکل مريکئيت *per-sukā-kan ūleh-mu hāti segala marīka-ītu*, faites en sorte que tous soient satisfaits (*M. R.* 91).

ڤڽوك *peñūka*, ce qui réjouit, ce qui fait plaisir, agrément.

کسکاءن *ka-sukā-an*, bon plaisir, joie, contentement, satisfaction. ڤد کسکاءنڽ *pada ka-sukā-an-ña*, selon son bon plaisir. تند کسکاءن کامی *tanda ka-sukā-an kāmi*, une marque de notre satisfaction. ای ماسڠ۲ ملکوکن کسکاءنڽ *īa māsing-māsing me-lukū-kan ka-sukā-an-ña*, chacun satisfaisait ses désirs (*R.* 28). ساڠت ݢيل اد اورڠ ايت يڠ کارن سوك مانسی منڠݢلکن کسکاءن الله *sāngat gīla ada ōrang ītu yang kārna sūka mānusīa me-ninggal-kan ka-sukā-an allah*, bien fou est celui qui, pour l'amour des hommes, abandonne le bon plaisir de Dieu (*M. R.* 93).

برسکسکاءن *ber-suka-sukā-an*, se réjouir ensemble, se faire mutuellement plaisir. ماکن مينم برسکسکاءن *mākan mīnum ber-suka-sukā-an*, boire et manger et se réjouir tous ensemble. بارڠ کال ای هندق برسکسکاءن دڠن توان ڤتری *bārang kāla īa hen-dak ber-suka-sukā-an dengan tūan putrī*, toutes les fois qu'il voulait se distraire avec la princesse (*R.* 66).

[Jav. et Sund. ꦱꦸꦏ *suka*. Day. *suka*.]

سوکی ***sūki***, v. سوݢی *sūgi*.

سوکو ***sūku***, quart, la quatrième partie d'un tout: le quart d'une piastre d'Espagne: une partie séparée, branche d'une famille, tribu: pied. کورڠ سسوکو امڤت *kū-rang sa-sūku ampat*, quatre moins un quart, trois et trois quarts. سسوکو جوݢ يڠ براوله ماسق *sa-sūku jūga yang ber-ūleh māsuk*, un quart seulement d'entre eux purent entrer (*R.* 30). اورڠ لاوت سکوڽ ݢلم *ōrang lāut sukū-ña glam*, des gens de la mer dont la tribu se nommait Glam (*H. Ab.* 187). — مڽمبه سوکو *meñembah sūku*, se prosterner aux pieds de quelqu'un (*S. Bid.* 75).

برسکوسوکو *ber-suku-sūku*, par tribus, par parties.

ميڽوكوكن *meñukū-kan*, séparer, mettre en quarts.

ميڽوكوڽوكوكن *meñuku-ñukū-kan*, diviser, mettre en parties (*D. M.* 367).

[Jav. et Sund. ꦱꦸꦏꦸ *suku*, pied, quart de piastre. Bat. *suku*, un quart de piastre. Mak. *suku*, une demi-piastre. Day. *suku*, demi-piastre. Tag. et Bis. *soko*, une demi-livre.]

سوكڠ **sōkoṅ**, pièce de bois oblique, soutien, étai.

سوكڠ٢ *sōkoṅ - sōkoṅ*, les pièces qui, dans la structure d'un bâtiment, traversent obliquement et servent à lier la charpente perpendiculaire. — لاير *lāyar sōkoṅ*, nom d'une des voiles d'un navire. — تڠڬ *taṅga sōkoṅ*, morceau de bois avec des entailles que l'on applique à q. ch. pour y monter.

سوكت **sūkat**, mesure de capacité: mesuré; être mesuré. بريس توجه راتس سوكت *bràs tūjuh rātus sūkat*, sept cents mesures de riz. بريس ايت دسوكت دالم كڤل *bràs ītu di-sūkat dālam kapàl*, le riz fut mesuré à bord du navire (*M.*).

برسوكت *ber-sūkat*, mesurant, qui mesure; mesurer. كلق كيت برتيمبڠ داڬيڠ دان برسوكت داره *kalàk kīta ber-timbaṅ dāgiṅ dān ber-sūkat dārah*, nous allons peser la chair et mesurer le sang (*M.*).

ميوكت *meñūkat*, mesurer (*D. M.* 18).

ميوكتكن *meñūkat-kan*, mesurer ou faire mesurer q. ch.; faire une mesure.

سكاتن *sukāt-an*, mesure, mesurage. هندقله ناخدا ايت مڠمبل سكاتن نڬري ايت *hendak-lah nākodā ītu meṅ-ambīl sukāt-an nagrī ītu*, il faut que le capitaine se serve de la mesure usitée dans ce pays (*Cod. Mal.* 440). تيڬ سكاتن تڤوڠ لومت رامسله اولهم *tīga sukāt-an tepùṅ lūmat rāmas-lah ūleh-mu*, pétrissez trois mesures de fine farine (*B.* 23).

[Tag. *sukat.*]

سوكن **sūkun**, l'arbre à pain (*artocarpus*). كاڤس — *sūkun kāpas* et بيجي — *sūkun bīji*, deux espèces du même. روتي درڤد بيجي سوكن *rōti deri-pada bīji sūkun*, du pain fait avec le fruit de l'arbre à pain (*Exer.* 83).

[Jav. *sukun.*]

سوكر **sūkar**, difficile, gênant, perplexe, compliqué. سوكرله فكرجاءن اين سى٢ جوك *sūkar-lah pe-karjā-an ini sia-sia jūga*, cette tâche est difficile, et de plus, elle est inutile (*R.* 123). اڤاته اكن سوكرڽ *apā-tah ākan sūkar-ña*, qu'y a-t-il de difficile en cela? (*M.*). بوكت يڠ سوكر *būkit yaṅ sūkar*, une hauteur escarpée.

مپوكركن *meñūkar-kan*, susciter des difficultés, rendre difficile, embarrasser.

سكارن *sukār-an*, peine, difficulté.

كسكارن *ka-sukār-an*, rendu difficile : perplexité, affliction. — اورڠ *ōraṅ ka-sukār-an*, quelqu'un qui se trouve dans des difficultés. ڤرڬى منداڤتكن اكن دى كلو٢ اد كسكارن *pergi mendāpat-kan ākan dia kalaw-kalaw ada ka-sukār-an*, allez le trouver, de peur qu'il ne soit dans la peine (*R.* 96).

Selon *Pij.*, ce mot paraît venir du S. सुकर *sukara*, facile, pris euphémiquement pour दुष्कर *duṣkara*, difficile.

[Jav. et Sund. [illegible] *suker*. Mak. [illegible] *sukara*. Day. *sukar*.]

سوك **sōga**, sorte de teinture rouge, tirée du règne végétal. — كاين *kāin sōga*, étoffe teinte en rouge avec du *soga* (*Kl.*).

سوكى **sūgi** (Ar. ساك), action de se nettoyer les dents, de se laver la bouche. — كايو *kāyu sūgi*, petit morceau de bois ou de jonc qui sert à frotter les dents.

برسوكى *ber-sūgi*, se nettoyant les dents; se laver la bouche. سدڠ اى برسوكى *sedaṅ īa ber-sūgi*, pendant qu'il se lavait la bouche (*Bis. Raj.* 50). برسوكى تتكال كونڠ ورن ڬيڬى *ber-sūgi tatkāla kūniṅ warna gīgi*, se brosser les dents lorsqu'elles commencent à jaunir (*M.*).

مپوكى *meñūgi*, faire l'action de se nettoyer les dents, de se laver la bouche. ليده — *meñūgi lidah*, se râcler la langue.

ڤپوكى *peñūgi*, qui sert à brosser ou à nettoyer les dents, brosse à dents.

On trouve aussi سوكى *sūki*.

سوكر **sūgar**.

مپوكر *meñūgar*, se peigner, ou se démêler les cheveux avec les doigts (*Kl.*).

سوكل sūgul (Ar. شغل *šugul*), triste, chagrin. v. شغل *šugul*.

سوغ sūwang, entre deux, à demi, mitigé, facile.

On dit d'une chose chaude: سوغ ٢ كوكو *sūwang-sūwang kūku*, chaud (mais à pouvoir y mettre les ongles sans se brûler). سوغ ٢ ماره *sūwang-sūwang mārah*, à moitié en colère. تياد سوغ ٢ *tiāda sūwang-sūwang*, pas à demi, tout à fait. تياد سوغ ٢ لوف *tiāda sūwang-sūwang lūpa*, qui ne s'oublie pas facilement.

Selon *Cr.*, سوغ *sūwang*, lueur faible, à demi sombre.

Prov. تالى يغ تيك لمبر ايت تا٠ سوغ ٢ فوتس *tāli yang tīga lembar ītu tā-sūwang-sūwang pūtus*, une corde faite de trois ficelles n'est pas facile à casser. L'union fait la force.

سوغى sūngey, fleuve, rivière. مك دليهتڽ اد سواتو سوغى ترلالو امت لوس *maka di-līhat-ña ada su-ātu sūngey ter-lālu āmat lūas*, ils virent qu'il y avait une rivière extrêmement large (*R.* 54). مك سبوه سوغى اداله هيلر *maka sa-būah sūngey adā-lah hīlir*, il y avait un fleuve qui coulait (*B.* 3). — انق *ānak sūngey*, bras de rivière, ruisseau. — اير *āyer sūngey*, de l'eau de rivière. — دسبرغ *di-sabrang sūngey*, de l'autre côté de la rivière. مپبرغ — *meñabrang sūngey*, traverser une rivière. مودق كهولو سوغى *mū-dik ka-hūlu sūngey*, remonter une rivière.

Prov. يغ سوغى منومن ايت ڤد سواتو قوم ايت جوك ميثم دى *yang sūngey minūm-an ītu pada su-ātu kaum ītu jūga me-mīnum dīa*, cette rivière fournit une boisson qu'il a encore besoin de boire. Se dit d'un homme dont un autre a encore besoin (*S. Mal.* 345).

كسوغى *ka-sūngey*, faire ses besoins, aller aux lieux d'aisance (*Kl.*). بسر — *ka-sūngey besār*, les grands besoins. كچل — *ka-sūngey kečil*, les petits besoins.

[Day. *sungey*, un ruisseau.]

سوغو sūngu, corne, les cornes d'un animal.

[Jav. ꦱꦸꦔꦸ *sungu*.]

سوغت sūngut, grognement, murmure: murmuré. موك ماسم دان سوغت *mūka māsam dān sūngut*, visage mécontent, accompagné de murmures (*H. Ab.* 38).

برسوغت *ber-sūngut*, qui murmure; murmurer, marmotter.

grogner. اینڠد برسوغت سوروغ دیری *īnaṅ-da ber-sūṅut sa-ōraṅ dīri*, la duègne marmottait (*M.*). ای برسوغت اکن داکو *īa ber-sūṅut ākan dāku*, ils me faisaient des reproches (*H. Ab.* 164).

میڠوتی *meñuṅūt-i* et میوغتکن *meñūṅut-kan*, murmurer contre quelqu'un.

برسوغتکن *ber-sūṅut-kan*, qui murmure contre quelqu'un. ای برسوغتکن اورڠ یڠ لاری ایت *īa ber-sūṅut-kan ōraṅ yaṅ lāri ītu*, il murmurait contre ceux qui prenaient la fuite (*M.*).

کسڠوتن *ka-suṅūt-an*, murmure, bruit sourd, grognement.

سوغت sūṅut, moustaches; antennes.

برسوغت *ber-sūṅut*, qui a des moustaches. هریمو بناتڠ یڠ برسوغت *harīmaw bināṭaṅ yaṅ ber-sūṅut*, le tigre est un animal à moustaches (*M.*).

[Jav. ꦱꦸꦔꦸꦠ꧀ *suṅut*, antennes. Sund. ꦱꦸꦔꦸꦠ꧀ *suṅut*, bouche.]

سوغن sūṅin, doré, couvert de feuilles d'or (*Pij.*).

سوغر sūṅar, arrogant, très-orgueilleux (*Kl.*).

سوغل sūṅul (Ar. شغل), tristesse, affliction, chagrin.

برسوغل *ber-sūṅul*, qui a du chagrin, affligé, triste. ای برسوغل ببراڤ هاری لاماڽ *īa ber-sūṅul be-brāpa hāri lamā-ña*, il fut triste pendant bien des jours (*H. D.* 42).

v. شغل *šuġul*.

سوچی sūxi (S. शुचि *çuci*), pur, net, sans tache, innocent. — امس *amàs sūxi*, de l'or pur. — کاین *kāin sūxi*, du linge propre. — ایر *āyer sūxi*, de l'eau bien claire. — هاتی *hāti sūxi*, cœur pur, droit. هاتی — *sūxi hāti*, pur de cœur. سوچی درڤد دوس *sūxi deri-pada dōsa*, exempt de péché. تربت درڤد هاتی یڠ سوچی *terbit deri-pada hāti yaṅ sūxi*, venant d'un cœur sincère (*Lett. Mal.*). الله تعالی سچیله درڤد سکل ڤری این *allah taʿālā suxī-lah deri-pada segala prī īni*, le Dieu très-haut est exempt de toutes ces vicissitudes (*M. R.* 33).

میوچی *meñūxi*, laver, purifier, nettoyer.

میچیکن *meñuxī-kan*, rendre pur, rendre sans tache, purifier, nettoyer q. ch. دیری — *meñuxī-kan dīri*, se purifier. میچیکن

تمفت ايت درفد سكل فوهن كايو دان باتو meñuxī-kan tampat ītu deri-pada segala pōhon kāyu dān bātu, nettoyer un terrain des arbres et des pierres qui le couvrent (*R.* 2).

ڤنوچی *peñūxi*, qui purifie, qui lave, purificateur. — اڤي ڤنوچی *āpi peñūxi*, feu purificateur, le feu du purgatoire (*P. M.*). انق ڤنوچی ڤرت *ānak peñūxi prūt*, le plus jeune des enfants, le benjamin; ainsi nommé, parce qu'étant le dernier né, il est considéré comme ayant purifié le sein de sa mère.

ڤنچين *peñuxī-an*, action de laver, de purifier, purification.

سچين *suxī-an*, état de ce qui est pur, pureté, propreté.

كسچين *ka-suxī-an*, ce qui est purifié, lavé; pureté. كسچين هاتي روح دان بدن *ka-suxī-an hāti rūh dān badān*, pureté de cœur, d'esprit et de corps (*P. M.*).

On trouve aussi چوچی *xūxi* et منچوچی *men-xūxi*, v. چوچی *xūxi*, et la remarque qui suit.

[Jav. et Sund. ꦱꦸꦕꦶ *suxi.*]

سوجی sūji (S. सूचि *sūći*, aiguille), brodé, orné; être brodé: broderie. كلو تيدق دغن سجيڽ *kalaw tidak dengan sujī-ña*, s'il n'est pas brodé (*H. Ab.* 93).

برسوجی *ber-sūji*, qui est brodé, qui a des ornements. برسوجی دغن بوغ *ber-sūji dengan bunga*, orné de broderies à fleurs. ساڤو تاغن برسوجی *sāpu tāngan ber-sūji*, un mouchoir ouvré ou brodé (*M.*).

مپوجی *meñūji*, broder, faire des ornements sur q. ch. ڤرمڤوان يغ ڤندي مپوجی *perampūan yang pandey meñūji*, une femme habile à broder.

سجين *sujī-an*, qui est orné; ornements, broderie.

[Jav. ꦱꦸꦗꦶ *suji*, q. ch. qui est pointu, épine. Sund. ꦱꦸꦗꦶ *suji*. Mak. *sugi*].

سوجی sūji (Hind. farine), espèce de ferment en granules, que l'on mêle avec la pâte pour la faire lever. On s'en sert aussi quelquefois pour nourrir les petits enfants.

سوڽ sūña, en repos, tranquille, qui n'est pas tourmenté par des soucis.

برسوڽ *ber-sūña*, qui est en repos, qui est couché (*D. M.* 280).

Ce mot est probablement une corruption du suivant.

v. aussi سنی *sunīya*.

سوني **sūñi** (S. शून्य *çūnya*, vide), solitaire, silencieux, abandonné, dévasté, seul, privé de. كارن هوتن ايت سوني *kārna hūtan itu sūñi*, car cette forêt est solitaire (*R.* 63). سونيله دوسن ايت *suñi-lah dūsun itu*, le village était abandonné. اڤبيل سونيله بوني سوارا *apa-bīla suñī-lah būñi suarā-ña*, aussitôt que le son de sa voix cessait de se faire entendre. سوني سڤرتي نكري يڠ الله *sūñi seperti nagrī yarg ālah*, dévasté comme un pays conquis. ذات تياد سوني درڤد صفة *zāt tiāda sūñi deri-pada ṣifat*, il ne peut y avoir de substance sans accidents (*M.*).

On trouve souvent سوني *sūñi*.

v. aussi سني *sunīya*.

[Kw. *suña*. Mak. et Bug. *sino*. Day. *suni*, se taire].

سوته **sūtuh**, plate-forme, toit plat (*Kl.*).

سوتڠ **sōtorg**, v. سنتڠ *sunturg*.

سوتن **sūtan**, pour سلطان *sulṭān*.

سوتر **sōtor**, dôme, pavillon, étage supérieur (*Kl.*).

سوتر **sūtra** (S. सूत्र *sūtra*, fil), de la soie. — بنڠ *benarg sūtra*, du fil de soie. — كاين *kāin sūtra*, étoffe de soie. — اندڠ *indurg sūtra*, cocon de ver à soie. سڤرتي اورڠ بسر٢ دڠن ڤايڠ سوتر *seperti ōrarg besar-besar dergan pāyurg sūtra*, ayant des parasols de soie, comme des grands personnages (*H. Ab.* 113).

[Jav. et Sund. *sutra*. Bat. *suntora*. Mak. et Bug. *sutara*. Tag. *sutla*.]

سود **sūda**, chausse-trape dans la terre.

[Bat. *suga*, épines que l'on emploie comme chausse-trape. Mak. et Bug. *sura*.]

سودايه **sūduāyah**, sorte de médecine prise du règne végétal (*Kl.*).

سوداكر **sūdāgar** (Pers.), marchand, négociant. — راج *sūdāgar rāja*, le marchand du roi, l'officier préposé au commerce réservé pour le compte du roi. ساڠت كاي سكل سوداكر دالم نكري اچه *sārgat kāya segala sūdāgar dālam nagrī axih*, les marchands d'Achem étaient tous opulents. بڤاكو منجادي سوداكر مماو دكاڠن *bapā-ku men-jādi* *sūdāgar mem-bāwa dagāŋ-an*, mon père devenu marchand transportait des marchandises (*H. Ab.* 10). سوداكر يغ برنام كمڤاني اڠكريس *sūdāgar yaŋ ber-nāma kompāni iŋgris*, les marchands qui forment la compagnie anglaise (*M.*).

[Jav. et Sund. ꦱꦸꦢꦒꦂ *sudagar*. Mak. ᨔᨘᨉᨁᨑ *sudagara*.]

سودار ***sūdāra*** (S. सहोदर *sa-hōdara*), frère, sœur, parent; terme d'affection en s'adressant à des amis. يعقوب ڤرانقله يهودا دان سڬل سودران لكيلاكي *yaḳūb per-ānaḳ-lāh yehūda dān segala sūdarā-ña laki-lāki*, Jacob engendra Juda et ses frères (*N.* 1). هي سڬل توان٢ سوداراكو سكلين *hey segala tūan-tūan sūdarā-ku sa-kalī-an*, ô vous tous, messieurs, mes frères (*R.* 53). سودار يغ توا *sūdāra yaŋ tuā*, = ابڠ *ābaŋ*, frère aîné, le premier né des frères. سودار يغ مود *sūdāra yaŋ mūda* = ادق *ādiḳ*, frère plus jeune, puîné. سڤوڤو — *sūdāra sa-pūpu*, cousins. — سانق *sānaḳ sūdāra*, parents, relations. انجيغ — *sūdāra anjiŋ*, terme familier pour désigner l'espèce d'affinité, qui se trouve entre les enfants qu'un veuf et une veuve mariés ensemble ont eus de leurs précédents mariages.

برسودار *ber-sūdāra*, qui a des frères: qui sont frères. — دو *dūa ber-sūdāra*, deux frères. سلطان يغ تيڬ برسودار *sulṭān yaŋ tīga ber-sūdāra*, les trois sultans qui étaient frères (*Lett. Mal.*).

Loc. ممڠكل كڤال جاڠن برسودار *memaŋgal kapāla jāŋan ber-sūdāra*, couper la tête pour n'avoir plus de frère. Se dit de quelqu'un qui fait disparaître ceux qui pourraient partager quelque chose avec lui (*Amir Hamza* 108).

سودار برسودار *sūdāra-ber-sūdāra*, frère avec frère; se considérer comme des frères, agir amicalement ensemble, fraterniser.

برسوداراكن *ber-sūdarā-kan*, qui prend ou reconnaît quelqu'un pour frère ou sœur.

[Jav. ꦱꦻꦢꦫ *saudara*.]

سودی ***sūdi***, résolu, consentant; vouloir, juger convenable. برسوميكن اڠكو اكو تاء سودی *ber-suamī-kan aŋkau āku tā sūdi*, je ne consens pas à me marier avec vous (*Sul. Ab.* 69). اى تياد سودی مڠيكت *ia tiāda sūdi* *meng-ikut*, il ne voulait pas suivre (*R.* 159). جك سودى تون ڤاكى *jika sūdi tūan pākey*, s'il vous convient, portez-le. تند تون سودى منجادى همب كڤدان *tanda tūan sūdi men-jādi hamba ka-padā-ña*, en signe de votre consentement à devenir son vassal (*M.*).

[Jav. et Sund. ꦱꦸꦢꦶ *sudi.*]

سودى sūdi (S. शुद्धि *çuddi*), épuré, raffiné; éprouvé.

ميودى *meñūdi*, épurer, raffiner, passer par le creuset; éprouver.

سودو sūdu = سودق *sūduk*, cuillère, pris avec une cuillère.

سودو٢ ou **سدسودو sudu-sūdu**, nom d'une plante (*euphorbia neriifolia*).

سودق sūduk, cuillère, pelle, bêche. سودق ڤڠݢالى تانه *sūduk peng-gāli tānah*, bêche à remuer la terre. — هاتى *sūduk hāti*, la partie inférieure de la poitrine, le creux de l'estomac. داون سودق٢ *dāun sūduk-sūduk*, une sorte de cactus, dont les feuilles sont employées contre le mal d'oreille chez les enfants (*Kl.*). ماين سودق٢ *māin sūduk-sūduk*, nom d'un jeu, dans lequel on jette à terre une certaine quantité de coquillages plats, que l'on relève avec un coquillage semblable, comme avec une cuillère; celui des joueurs qui en enlève le plus gagne.

دسودق *di-sūduk*, être pris avec une cuillère, être enlevé avec une pelle. دسودق دبوڠكن ككيرى دان ككانن *di-sūduk di-būang-kan ka-kiri dān ka-kānan*, pris à la pelle et jeté à droite et à gauche (*Exer.* 166).

ميودق *meñūduk*, prendre avec une cuillère ou avec une pelle.

ترسودق *ter-sūduk*, qui est pris à la pelle, qui est enlevé avec une pelle.

ڤيودق *peñūduk*, qui sert à prendre, ou à remuer q. ch.; bêche, pelle.

On trouve aussi سودو *sūdu.*

Prov. كورڠ٢ بوبر لبه٢ سودو *kūrang-kūrang būbur lebèh-lebèh sūdu*, moins il y a de bouillie, plus il y a de cuillères. Le sens est: moins les grands et ceux qui sont à la tête des autres, donnent d'ordres, plus il y a de gens pour leur obéir. Autre prov. سده تيدق ترسودو اوله اڠس بهارو دبريكن كڤد ايتق *sudah tīdak ter-sūdu ūleh angsa bahāru di-brī-kan ka-pada ītik*, ce qui n'a pas été pris par l'oie est aussitôt donné au canard. Le sens est: lorsque les riches ont quelque chose dont ils ne peuvent plus se servir, ils doivent aussitôt le donner aux pauvres.

v. سندق *senduk.*

[Jav. [Javanese script] *sorok*, un sarcloir. [Javanese script] *suru*, feuille en forme de cuillère. Sund. [Javanese script] *suru*. Day. *sudok*, instrument en fer avec lequel on râcle le riz brûlé dans la marmite.]

سودق **sūduk,** nom d'un criss. — بيل *bēla sūduk*, se dit de celui qui se tue avec ce criss pour accompagner q. q. dans la mort.

[Jav. [Javanese script] *suduk.*]

سودغ **sūdang** (prob. racine de سلودغ *selūdang* et employé dans le même sens). v. ce mot.

سودت **sūdut,** coin, angle. مات — *sūdut māta*, coin de l'œil. ساڤو تاغن يغ ڤوته سودتڽ *sāpu tāngan yang pūtih sūdut-ña*, des mouchoirs à coins blancs (*M.*).

سودڤ **sūdip,** cuillère en bois avec un long manche; grande spatule en bois (*Kl.*).

سونت **sūnat,** nom d'un petit bateau (*Cr.*).

سوڤ **sūwap,** petit morceau, une bouchée: un petit présent: pot-de-vin. سسوڤ روتي يغ كرغ *sa-sūwap rōti yang kring*, un morceau de pain sec. ماكن دوا تيݢ سوڤ *mākan dūa tiga sūwap*, manger deux ou trois bouchées. بيت هندق ممباو سسوڤ روتي *bēta hendak mem-bāwa sa-sūwap rōti*, je vais vous apporter un peu de pain (*B.* 23). On dit: — ماكن *mākan sūwap*, recevoir un présent, se laisser corrompre par des présents. ممبري — *mem-brī sūwap*, acheter quelqu'un, le corrompre par un présent.

مڽوڤ *meñūwap*, manger une bouchée. ناسي — *meñūwap nāsi*, manger un peu de riz.

مڽواڤي *meñuwāp-i*, donner un morceau à manger à quelqu'un, porter des bouchées à la bouche de quelqu'un. ڤرميسوري ڤون داتڠله مڽواڤي كدوا ايت *permīsūri pūn dātang-lah meñuwāp-i ka-dūa ītu*, la reine s'approcha et leur porta à la bouche des bouchées de riz (*R.* 38). اندرا جاتي ڤون مڽواڤي استريڽ *indrā jāti pūn meñuwāp-i istrī-ña*, Indra Jati servit à manger à son épouse (*R.* 154).

مپوڤکن *meñūwap-kan*, nourrir, faire manger quelque chose. دسوڤکن انقن *di-sūwap-kan ānaḳ-ña*, elle fit manger son enfant (*M.*). دسوڤکن تاهي دان اير کنچڠ *di-sūwap-kan tāhi dān āyer kenciṅ*, s'être laissé corrompre par un vil présent (*Kl.*).

برسوڤسواڤن *ber-sūwap-suwāp-an*, se donner mutuellement des bouchées.

On trouve aussi سوب *sūwab*.

سوڤي sōpi, excepté, exempt; excellent. تياد سوڤي اکو درڤد برساله *tiāda sōpi āku deri-padu ber-sālah*, je ne suis pas exempt de faute (*H. Ab.* 170).

[Jav. ꦱꦺꦥꦶ *sepi*, absent, en dehors.]

سوڤي sōpi (Holl. *zoopje*, petit verre, la goutte), eau de vie, spiritueux. — رومه *rūmah sōpi*, cantine.

[Sund. ᮞᮧᮕᮤ *sopi*, spiritueux.]

سوڤي sūpey, v. سيڤي *sipey*.

سوڤو sōpo, l'oiseau de paradis; nommé aussi بورڠ ديوات *būruṅ dēwāta*, l'oiseau des dieux. سيکر سوڤو بسر *sa-īkor sōpo besàr*, un oiseau de paradis. کچل — *sōpo kecìl*, le manucode, ou le roi des oiseaux de paradis.

Selon *Pij.*, ce mot vient de la langue qui est parlée dans l'île de Ternate, une des Moluques.

سوڤق sōpaḳ, taches livides produites par la lèpre ou par quelqu'autre maladie: tacheté. بدن يڠ سوڤق *badàn yaṅ sōpaḳ*, un corps qui porte les marques de quelque maladie (*M.*). ݢيل اتو کودڠ اتو سوڤق *gīla ātaw kūduṅ ātaw sōpaḳ*, fou ou estropié ou marqué de taches livides (*D. M.* 229).

سوڤق sōpaḳ, fendre, se fendre (*Cr.*).

[Sund. ᮞᮧᮕ᮪ᮜᮊ᮪ *soplak.*]

سوڤن sōpan (probablement pour سوڤو *sōpo*), nom de l'oiseau de paradis. سيکر بورڠ سوڤن *sa-īkor būruṅ sōpan*, un oiseau de paradis (*M.*).

سوڤن sūpan, courtois, poli, civilisé, respectueux: courtoisie, respect. تياد بربودي دان تياد سوڤن *tiāda ber-būdi dān tiāda sūpan*, ignorant et sans culture. سوڤن دان مالو سده تربوڠ *sūpan dān mālu sudah ter-būaṅ*, on passa sur les compliments et sur le cérémonial (*M.*). دڠن تاکت سوڤن

dengan tākut sūpan-ña, avec timidité et respect (*R.* 69).

سوب **sūwab,** v. سوڤ *sūwap.*

سوبي **sūbi,** le coccyx.

سوبق **sūbiḳ,** vidé, creusé (avec un poinçon, en gravant, en ciselant, etc.).

ميوبق *meñūbiḳ*, vider, creuser (avec un poinçon) (*Kl.*).

سوبڠ **sūbang,** ornements de forme cylindrique qu'on passe dans les trous des oreilles; sorte de pendants d'oreilles. دڤاتت دڠن سوبڠ دان ݢلڠ *di-pātut dengan sūbang dān gelàng*, elle portait admirablement bien des bracelets et des pendants d'oreilles (*S. Bid.* 9).

برسوبڠ *ber-sūbang*, qui a les oreilles ornées de *subang* (*S. Bid.* 27).

[Jav. [Javanese script] *suweng*. Sund. [Sundanese script] *suweng* et [Sundanese script] *subeng*. Bat. [Batak script] *sibong*. Mak. [Makassarese script] *sibong*. Day. *sowang.*]

سوبر **sūbur,** avoir une végétation forte, croitre avec abondance, vigoureusement. سوبر سڤام ڤوهن اڤبيل مداڽ ايت باڽقله داهن *sūbur sa-upāmapōhon apa-bila mudā-ña itu bāñaḳ-lah dāhan*, croitre vigoureusement comme un jeune arbre qui a beaucoup de branches (*H. Ab.* 441).

[Jav. [Javanese script] *subur.*]

سوم **sūm,** navire, nom de certains bâtiments. دولاڤن راتس سوم لاين ڤراهو كچيل *dūlāpan rātus sūm lāin prāhu kexil*, huit cents bâtiments, outre les petits bateaux (*S. Mal.* 128).

سوم **sūm,** flèche, éperon (*Pij.*).

سوم **sūma,** nom d'un poisson de rivière.

Selon *Pij.* et selon *Kl.*, un poisson de mer qui sent l'huile de baleine.

سوم **sūwam,** tiède. — اير *āyer sūwam*, de l'eau tiède.

On trouve aussi سوڠ *sūwang*, v. ce mot.

سومر **sūmur,** un puits, une source. — مڠݢالي *meng-gāli sūmur*, creuser un puits. — اير *āyer sūmur*, de l'eau de source. تياد بوله دبهاݢي سڤرت سومر *tiādа būleh di-bahāgi seperti sūmur*, une chose qui ne peut pas être divisée, comme p. ex. un puits (*D. M.* 369).

[Jav. et Sund. [Javanese script] *sumur*. Day. *sumur.*]

سوز sūwar, signal de nuit: lumière servant de signal (*Pij.*).

برسوز *ber-sūwar*, qui a un signal de nuit, signalé par une lumière.

سوره sūroh, nom d'un arbre (*Kl.*).

سوره sūruh, ordonné, commandé, envoyé, commissionné; être ordonné. سورهله كمارى اتوسن ايت *sūruh-lah ka-māri utūs-an ītu*, faites approcher l'ambassadeur. مك سكلين دسوره اوله ڤترى دودق *maka sa-kalī-an di-sūruh ūleh putrī dūduk*, la princesse ordonna à tous de s'asseoir (*R. V.*).

مپوره *meñūruh*, ordonner, envoyer. مك ڤترى ڤون مپوره ڤول مڠكڤ تيرى كلمبو *maka putrī pūn meñūruh pūla meñiṅkap tirey kulambu*, alors la princesse ordonna de nouveau de tirer le rideau (*R. V.*).

مپورهكن *meñūruh-kan*, envoyer quelqu'un, ordonner, faire ordonner quelque chose. راج ايت مپورهكن بارڠ اورڠ ڤرڬى برجالن دالم سڬل نڬرى *rāja ītu meñūruh-kan bāraṅ ōraṅ pergi berjālan dālam segala nagrī*, le roi envoie des hommes parcourir toutes les villes (*M. R.* 93). اورڠ يڠ دسورهكن راج *ōraṅ yaṅ di-sūruh-kan rāja*, les personnes envoyées par le roi (*M. R.* 93). مك بڬندا ڤون مپورهكن ممڠڬل ڤردان منترى *maka baginda pūn meñūruh-kan memaṅgil perdāna mantrī*, alors le prince ordonna d'appeler son premier ministre (*R.* 89).

ڤسوره *pe-sūruh*, qui est envoyé, messager. اورڠ يڠ اى ڤسوره راج ايت *ōraṅ yaṅ īa pe-sūruh rāja ītu*, les personnes qui sont envoyées par le roi (*M. R.* 93).

ڤپوره *peñūruh*, un messager, un envoyé. داتڠ ڤول ڤپوره راج سيم *dātaṅ pūla peñūruh rāja siam*, il arriva aussi un envoyé du roi de Siam (*M.*).

سروهن *surūh-an*, message, commission, envoyé. برسمبهكن سروهن داتڠ *ber-sembah-kan surūh-an dātaṅ*, annoncer l'arrivée d'un message.

ڤپروهن *peñurūh-an*, action d'envoyer, de commander; ordre, commandement. سڤوله ڤپروهن الله *sa-pūloh peñurūh-an allah*, les dix commandements de Dieu (*P. M.*).

سورهسروهن *sūruh-surūh-an*, commissionnaire, messager d'intrigues.

سوره مپوره *sūruh-meñūruh*, donner des ordres et des contre-ordres; faire aller et venir. جكلو دڠن دمكين جوݢ سوره مڽوره نسچاي متيله كيت ـ *jikalaw deŋan demikīan jūga sūruh-meñūruh nisxāya matī-lah kīta*, si l'on continue à nous faire ainsi aller et venir, certainement c'en est fait de notre vie (*M.*).

[Bat. ᯘᯮᯒᯮ *suru*. Mak. et Bug. ᨔᨘᨑᨚ *suro.*]

سوري ***sōré,*** soir, soirée. — كمبڠ *kembaŋ sōré*, nom d'une fleur (*mirabilis jalappa*); cette fleur se nomme aussi كمبڠ ڤوكل امڤت *kembaŋ pūkul ampat*, fleur de quatre heures; et encore بوڠ وقت *būŋa waktu*, ou fleur du temps.

[Jav. et Sund. ꦱꦺꦴꦫꦺ *soré.*]

سوري ***sūrey,*** démêlé, débrouillé, détaché: être démêlé. مك دسوريڽ بلبولو بورڠ ايت ماكن ساڠت برتمبه٢ ايلقڽ *maka di-sūrey-ña bulu-būlu būruŋ ītu mākin sāŋat ber-tambah-tambah ēloḳ-ña*, il démêlait les plumes de cet oiseau et en augmentait ainsi la beauté (*Kl.*).

مڽوري *meñūrey*, démêler, débrouiller, passer la main dans q. c. pour démêler, ou mettre en ordre, p. ex. dans les cheveux, dans les plumes, etc.

v. اوري *ūrey*.

سوري ***sūri*** (S. शौरि *çauri*), une reine, souveraine; terme d'affection. نيتڽ هندق منجادي سوري *nīyet-ña hendaḳ men-jādi sūri*, son ambition est de devenir reine. مڠهادڤ ڤدوك سوري *meŋ-hādap padūka sūri*, se présenter aux yeux de sa reine (de sa chère maîtresse) (*M.*).

v. ڤرميسوري *permīsūri*.

[Kw. ꦱꦺꦴꦫꦶ *sori*. Sund. ᮞᮥᮛᮤ *suri.*]

سورين ***sūriyan*** (Holl. *serjant*), un sergent, sous-officier.

سورو ***sūraw,*** chapelle domestique, oratoire, lieu de prière = مندرسه *mandarsah*.

سورق ***sōroḳ,*** enfoncé, pressé, bourré.

مڽورق *meñōroḳ*, enfoncer, presser, fouler, bourrer, p. ex. beaucoup de choses dans une caisse, des personnes dans une voiture pleine, etc.

مڽورق٢كن *meñōroḳ-ñōroḳ-kan*, continuer à enfoncer, à presser.

ڤنورق *peñōrok*, instrument qui sert à presser, à enfoncer (*Kl.*).

سورق sūrak, acclamation, cris d'allégresse, cris de triomphe. دڠن تمڤق سورقڽ ترلالو عظمة بنيڽ *deŋan tempik sūrak-ña ter-lālu aṭlamat buñī-ña*, avec des cris et des acclamations, qui retentissaient au loin (*R.* 33).

برسورق *ber-sūrak*, qui jette des cris d'allégresse, qui acclame. برسورقله سڤرت ڬوره بنيڽ *ber-sūrak-lah seperti gūruh buñī-ña*, ils jetaient des cris semblables au bruit du tonnerre (*M.*).

منوراکي *meñurāk-i*, crier à quelqu'un, appeler quelqu'un. کارن ترکجوت سبب دسورکيڽ *kārna ter-kejùt sebàb di-surak-ī-ña*, il tressaillit de frayeur, parce qu'on l'avait appelé (*Kl.*).

[Jav. et Sund. ꦱꦸꦫꦏ꧀ *surak*. Bat. [illegible] *surak*. Day. *surak*.]

سورق sūruk, caché, célé.

منورق *meñūruk*, cacher, céler.

منورقکن *meñūruk-kan*, cacher, faire cacher quelque chose.

[Bat. [illegible] *suruk*.]

سورڬ suwarga, sūrga (S. स्वर्ग *swarga*), le ciel, le séjour des bienheureux. جالن کدالم سورڬ *jālan ka-dālam suwarga*, le chemin qui conduit au ciel. مک تربکاله بکيڽ دولاڤن ڤنتو سورڬ *maka ter-bukā-lah bagī-ña dulāpan pintu suwarga*, les huit portes du ciel lui sont ouvertes (*M.*). نايق کسورڬ *nāik ka-sūrga*, monter au ciel (*P. M.*).

[Jav. ꦱꦸꦮꦂꦒ *suwarga*. Sund. [illegible] *surga*.]

سورڠ sūruŋ et **sōroŋ**, poussé, avancé : être poussé. سورڠله ڤتي ايت کسبله *sūruŋ-lah petī itu ka-sa-belàh*, poussez ce coffre à côté (litt. : soit par vous poussé). باجو سسورڠ *bāju sa-sūruŋ*, habit à grandes manches que l'on relève.

منورڠ *meñūruŋ*, pousser, faire avancer. دتيتهکن بݢند منورڠ ڤيلڠ *di-tītah-kan baginda meñūruŋ pīlaŋ*, le prince ordonna de pousser le canot (*S. Mal.* 63). وڠ — *meñūruŋ waŋ*, donner un pot-de-vin (*S. Mal.* 339).

ترسورڠ *ter-sūruŋ*, qui est poussé, que l'on a fait avancer, ce qui peut être poussé. تياد جوݢ ترسورڠ *tiāda jūga ter-*

sūruṅ, il ne peut être poussé (*S. Mal.* 63).

مپورغکن *meñūruṅ-kan*, pousser, faire avancer q. ch. چرمن بسرايت دسورغکن اوله هنومن دغن ايکرڽ *xermin besàr ītu di-sūruṅ-kan ūleh hanūman deṅan īkor-ña*, Hanuman poussa le grand miroir avec sa queue (*R.* 147).

ڤپورغ *peñūruṅ*, l'artimon d'un bâtiment. — تيغ *tīyaṅ peñūruṅ*, mât d'artimon.

سروغن *surūṅ-an*, un petit présent, un pourboire.

[Jav. et Sund. ꦱꦸꦫꦸꦁ *suruṅ*. Tag. et Bis. ᜐᜓᜎᜓᜅ᜔ *soloṅ*.]

سورت **sūrat**, écrit, lettre; être écrit. كريمن — *sūrat kirīm-an*, une épitre. سفوچق — *sūrat sapūxuk*, un pli, une lettre. — كاسه *sūrat kāsih*, un billet-doux, une lettre d'amitié. طلاق — *sūrat ṭalāḳ*, lettre de divorce. — تند *sūrat tanda*, certificat. — ڤادغ *sūrat pādaṅ*, passeport. وكيل — *sūrat wakīl*, procuration. وصية — *sūrat waṣiat*, un testament. بردريله اى ممباچ سورت *ber-dirī-lah īa mem-bāxa sūrat*, il se leva pour lire l'écrit (*M.*). ستله سده دسورتڽ *sa-telàh sudah di-sūrat-ña*, lorsqu'il eut fini d'écrire (*R.* 122).

مپورت *meñūrat*, écrire, dessiner, peindre. — بلاجر *belājar meñūrat*, apprendre à écrire. سورت ايت درڤد سرى رام يغ مپورت دى *sūrat ītu deripada srī rāma yaṅ meñūrat dīa*, cette pièce est de Sri Rama qui l'a écrite (*R.* 88).

ترسورت *ter-sūrat*, qui est écrit, que l'on a écrit. ترسورت ڤد انم هارى بولن *ter-sūrat pada anàm hāri būlan*, écrit au sixième jour du mois (*Lett. Mal.*). ترسورت دالم هاتى *ter-sūrat dālam hāti*, gravé dans le cœur.

مپورتکن *meñūrat-kan*, écrire, dessiner q. ch. ملايکة يغ مپورتکن کبجيکن راج يغ عادل *malāikat yaṅ meñūrat-kan ka-bījīk-an rāja yaṅ ādil*, les anges qui écrivent les bonnes œuvres des rois justes (*M. R.* 69).

ڤپورت *peñūrat*, celui qui écrit, un écrivain, un scribe. يغ ڤپورت لاين درڤد يغ مپورت *yaṅ peñūrat lāin deri-pada yaṅ meñūrat*, il y a une différence à faire entre un écrivain (un auteur) et celui qui ne fait que transcrire (*M.*).

ڤپراتن *peñurāt-an*, action d'écrire, écriture.

سراتن *surāt-an*, écriture, lettre, écrit, ce qui est écrit: destin. جكلو دالم توجه لاڤس كوت سكاليڤون تيدااله بوله مللوءى سراتن ايت *jikalaw dālam tūjuh lāpis kōta sa-kāli-pūn tidā-lah būleh me-lalū-i surāt-an itu*, quand on s'enfermerait dans un fort qui aurait sept enceintes, on ne pourrait pas éviter le destin (*Kal. dan Dam.* 70).

سورتسراتن *sūrat-surāt-an*, des écrits, des lettres, des papiers.

Marsd. et Crawf. donnent à ce mot une origine arabe. T. Roorda le fait venir de سورة *sūrat*, un chapitre du Coran. J. Rigg, dans son dictionnaire Sunda, lui donne une origine océanienne; *Pijn.* paraît avoir adopté la même opinion; et nous croyons aussi que c'est la seule admissible; car, d'un côté, ce mot a en malais un sens tout-à-fait différent de celui qu'il a en arabe: et, d'un autre côté, il est si universellement admis dans toutes les langues de la famille océanienne avec des dérivés si nombreux, et si généralement en usage, qu'il est presque impossible d'admettre qu'il n'y ait été introduit qu'après l'arrivée des Arabes dans l'archipel Indien.

[Jav. [Javanese script] *serat.* Sund. [Sundanese script] *surat.* Bat. [Batak script] *surat.* Mak. et Bug. [Bugis script] *sura.* Day. *surat.* Tag. et Bis. [Tagalog script] *sulat* et *solat.* Malg. *surata.*]

سورت ***sūrut,*** reflux, jusant, basse marée: retiré; se retirer (en parlant des eaux), se rétrécir. ايرڤاسڠ دان اير سورت *āyer pāsaŋ dān āyer sūrut*, le flux et le reflux. اير به ايت سده سورت *āyer bah itu sudah sūrut*, les eaux du déluge s'étant retirées. (*H. D.* 10).

[Kw. [Kawi script] *surut.* Sund. [Sundanese script] *surud.* Bat. [Batak script] *surut*, baisser. Day. *surut.*]

سورن ***sūren,*** nom d'un arbre qui fournit un bois de construction (*Kl.*).

سورڤ ***sūrup*** = سوسڤ *sūsup.*

سورم ***sūram,*** sombre, obscur, obscurci, nébuleux. دليهتن سڬل توبهن سورم *di-līhat-ña segala tūbuh-ña sūram*, on s'aperçut que son corps était noirci (*M.*). روڤ سڬل ڤتري يڠ مڠهادڤ ايت جادي سورم *rūpa segala putrī yaŋ meŋ-hādap itu jādi sūram*, toutes les princesses qui étaient présentes furent éclipsées (par la beauté de Sita Déwi) (*R.* 168). سورمله چهاي نڬري ايهند *sūram-lah cahāya nagrī ayahnda*, la splendeur du règne de votre père est ternie (par votre mort) (*M.*).

ترسورم *ter-sūram*, qui est obscur, obscurci. مك روڤ توان ڤتري ترسورمله سديكت سبب كن سينر متهاري *maka rūpa tūan pūtri ter-sūram-lah sa-dikit sebàb kena sīnar mata-hāri*, le teint de la princesse était rembruni par l'effet des rayons du soleil (*M.*).

v. مورم *mūram*.

[Jav. ꦱꦸꦉꦩ꧀ *surem.*]

سول ***sūla*** (S. शूल *çūla*, pique, broche), morceau de bois pointu.

ميول *meñūla*, percer avec un morceau de bois pointu, empaler. ستغه دسوروهڽ ڤڠڬل ليهرڽ ستغه ميول *sa-teṅah di-sūruh-ña paṅgal lēher-ña sa-teṅah meñūla*, il fit décapiter la moitié, et ordonna d'empaler l'autre (*M.*).

ميلاكن *meñulā-kan*, empaler quelqu'un, faire empaler. بدنڽ دسلاكن *badàn-ña di-sulā-kan*, son corps fut empalé (*S. Mal.* 86). امبلله اولهم اكن دى سكره سلاكن *ambil-lah ūleh-mu ākan dia sigràh sulā-kan*, emmenez-le et qu'immédiatement il soit empalé (*Kal. dan Dam.* 24).

ڤيول *peñūla*, qui empale ou sert à empaler.

سلاءن *sulā-an*, pièce à empaler, supplice de l'empalement.

v. ترسول *trisūla*.

سوله ***sūlah***, chauve, pelé. — لاد *lāda sūlah*, poivre blanc (*H. D.* 192).

سوله ***sūluh***, flambeau, torche. سوله يڠ براڤي *sūluh yaṅ ber-āpi*, un flambeau ardent (*B.* 20). سڤرت سوله ترڤاسڠ رڤاڽ *seperti sūluh ter-pāsaṅ rupā-ña*, il ressemblait à un flambeau allumé (*M.*).

برسوله *ber-sūluh*, avoir une torche, porter un flambeau. اورڠ لالو برسوله مالم هاري *ōraṅ lālu ber-sūluh mālam hāri*, pendant la nuit les passants portaient des flambeaux.

ميوله *meñūluh*, éclairer avec un flambeau. دسڠكان بڬند داتڠ ميوله موك دڠن دين *di-saṅkā-ña baginda dātaṅ meñūluh mūka deṅan dian*, il croyait voir le prince arriver et jeter de la lumière sur leur visage avec une chandelle (*Ism. Yat.* 29).

ترسوله *ter-sūluh*, qui est éclairé, que l'on a éclairé: ce sur quoi un flambeau jette de la lumière.

مپولهکن *meñūluh-kan*, éclairer quelqu'un ou quelque chose. بولن ڤون تربتله سفرت اورڠ مپولهکن دی *būlan pūn terbit-lah seperti ōraṅ meñūluh-kan dia*, la lune venait de se lever et faisait l'office d'une personne qui aurait éclairé son chemin (*Indr.* 262).

ڤپلوءن *peñulū-an*, lumière artificielle (*R. V.*).

[Jav. et Sund. [illegible] *suluh*. Bat. [illegible] *suluh*. Mak. [illegible] *sulo*. Tag. et Bis. [illegible] *solo*.]

سوله sūluh, v. سولو *sūlu*.

سولو sūlu, espion; espionné; être espionné. بايقله منيتهکن سورڠ هلبالڠ ڤرڬی سولو *bāik-lah menītah-kan sa-ōraṅ hulu-bālaṅ pergi sūlu*, il sera bon d'envoyer un guerrier pour espionner (*R.* 94). هندقله سکل کافر ايت جاڠن مپوره سولو کڤد نکری اسلام *hendak-lah segala kāfir itu jāṅan meñūruh sūlu ka-pada nagrī islām*, les infidèles ne devront pas envoyer d'espion dans les villes musulmanes (*M. R.* 201). — ماين *māin sūlu*, s'escrimer, se battre à l'épée (*Kl.*).

برسولو *ber-sūlu*, qui espionne, qui cherche à connaître. اى ممبل نکری دڠن تياد ڤرڠ اتو برسولو. *ia meṅ-ambil nagrī deṅan tiāda pràṅ ātau ber-sūlu*, ils prirent la ville sans coup férir et sans même envoyer d'espions (*H. Ab.* 13).

مپولو *meñūlu*, espionner, examiner. اى ماسق مپولو ڤد تمڤت سری رام *ia māsuk meñūlu pada tampat srī rāma*, il entra pour examiner le lieu occupé par Sri Rama (*R.* 142).

ڤپولو *peñūlu*, celui qui espionne, qui examine: espion. کامو اد اورڠ ڤپولو *kāmu ada ōraṅ peñūlu*, vous êtes des espions (*B.* 69).

On trouve aussi سوله *sūluh*.

سولق sōlik, ornement, parure, toilette.

ڤرسولق *per-sōlik* et ڤسولق *pe-sōlik*, celui qui se pare, damoiseau, mirliflore, dandy (*Kl.*).

سولق sūlak, fasciné, des yeux fascinés, éblouis.

مپولق *meñūlak*, éblouir les yeux, fasciner.

ڤپولق *peñūlak*, fascinateur, éblouissant, magique.

On trouve aussi سولوء *sūlu*.

Le sens de ce mot se rapproche beaucoup de celui de

سولف *sūlap*; peut-être n'en est-il qu'une seconde forme.

سولغ **sōlong,** le premier, l'aîné, le principal. — انق *ānaḳ sōlong*, l'aîné d'une famille. — اير *āyer sōlong*, la première eau d'un puits ou d'une fontaine. — هوجن *hūjan sōlong*, la première pluie, par opposition à هوجن بغسو *hūjan bungsu*, les dernières pluies, pluies tardives. ملك كتاله يغ سولغ كڤد يغ بغسو *maka katālah yang sōlong ka-pada yang bungsu*, alors l'aînée dit à la plus jeune (*B.* 26).

كسلوغن *ka-solōng-an*, aînesse, droit d'aînesse, priorité. جوالله كلق هاري اين كسلوغنم ڤداك *jūal-lah kalàḳ hāri ini ka-solōng-an-mu padā-ku*, vendez-moi aujourd'hui votre droit d'aînesse (*B.* 38).

سولغ **sūlang,** présenté, être présenté (d'un vase à boire).

مپولغ *meñūlang*, présenter une coupe, offrir à boire.

سولغ مپولغ *sūlang-meñūlang*, se présenter mutuellement une coupe, faire circuler une coupe. راميله مينم سولغ مپولغ *rāmey-lah minum sūlang-meñūlang*, buvant abondamment et se portant fréquemment des tostes (*M.*).

مپولغكن *meñūlang-kan*, faire présenter une coupe, présenter une coupe à quelqu'un. سراي مغيسي سڤيال لالو دسولغكنڽ كڤد توننڽ *serāya meng-īsi sa-piāla lālu di-sūlang-kan-ña ka-pada tūan-ña*, là-dessus il remplit une coupe et la présenta à son maître (*M.*).

برسولغسولاغن *ber-sūlang-sulāng-an*, qui se passent mutuellement la coupe, qui s'invitent mutuellement à boire. براغكڤاغكاڤن دان برسولغسولاغن *ber-anggap-anggāp-an dān ber-sūlang-sulāng-an*, qui dansaient ensemble et s'invitaient réciproquement à boire (*R.* 160).

[Jav. ꦲꦸꦭꦸꦁ *ulung*, donner, présenter.

سولغ **sūlang,** dépôt laissé par la vapeur, par la fumée, suie. — تلاڬ *telāga sūlang*, tuyau par où passe la fumée d'une lampe, tuyau de cheminée.

سولغ **sūling,** flûte traversière. سرت دغن تمبر دان سولغ *serta dengan tambur dān sūling*, au son du tambour et de la flûte (*H. Ab.* 103).

[Jav. et Sund. ꦱꦸꦭꦶꦁ *suling*. Bat. ᯘᯮᯞᯩᯰ *suléng*, un tuyau dont on se sert pour souffler. Mak. et Bug. ضـب *suling*. Day. *suling*.]

سولت sūlit, difficile, qui s'obtient avec peine; retiré, solitaire. اكو ڤرقس اكن سكل ڤركتاءن يڠ سولت٢ دالم سورت اين *āku preksa ākan segala per-katā-an yang sūlit-sūlit dālam sūrat īni*, je l'ai questionné sur tous les mots difficiles qui se trouvent dans cet écrit (*H. Ab.* 310). جالن يڠ سولت *jālan yang sūlit*, un chemin difficile à suivre. رهسي يڠ سولت *rahasīa yang sūlit*, une énigme difficile à deviner. دهوتن ڤد تمڤت سولت *di-hūtan pada tampat sūlit*, dans la forêt en un lieu solitaire (difficile à trouver) (*S. Bid.* 48).

سولن sūlin, une flûte (*M.*), prob. pour سولڠ *sūling*.

سولڤ sūlap, jonglerie, tour de passe-passe : sortilège.

ميولڤ *meñūlap*, jongler, faire des tours d'adresse; enchanter.

ڤيولڤ *peñūlap*, un jongleur, prestidigitateur, magicien. اي ڤڠݢلله اورڠ بيجق دان ڤيولڤ *ia panggil-lah ōrang bījak dān peñūlap*, il fit appeler les sages et les magiciens (*B.* 95).

سلاڤن *sulāp-an*, jonglerie. — توكڠ *tūkang sulāp-an*, un jongleur de profession.

ڤيلاڤن *peñulāp-an*, action de jongler, d'exercer la magie; prestidigitation, enchantement.

On trouve aussi سلڤ *selàp*.

[Jav. et Sund. ꦱꦸꦭꦥ꧀ *sulap*.]

سولڤ sūlap = سوسن *sūsun* (*Kl.*).

سولم sūlam, broderie; brodé.

برسولم *ber-sūlam*, qui a des broderies, qui est brodé. — بنتل *bantal ber-sūlam*, un coussin orné de broderies (*S. Bid.* 72).

ميولم *meñūlam*, broder.

ڤيولم *peñūlam*, qui brode ou sert à broder. — اورڠ *ōrang peñūlam*, un brodeur.

[Jav. et Sund. ꦱꦸꦭꦩ꧀ *sulam*. Mak. صـم *sulang*. Tag. et Bis. [illegible] *solam*.]

سولر sūlur, être à la manière de ce qui rampe, ou se traîne; plante grimpante; sorte d'ornements, ce qui est en spirale. — لاد *lāda sūlur*, le poivrier, lorsqu'il provient de bouture.

ميولر *meñūlur*, ramper, se traîner, serpenter, décrire des sinuosités. ميولر داتس ڤرتن *me-*

ñūlur di-ātas prut-ña, se traîner sur le ventre. لاوت دان بارڠ سكلين يڠ مڽولر دالمڽ *lāut dān bārang sa-kalī-an yang meñūlur dālam-ña*, la mer et tout ce qui rampe ou nage dans ses eaux (*B.* 858). مڽولر همڤر دارت *meñūlur hampir dārat*, faire voile le long de la côte en suivant ses sinuosités.

سلورن *sulūr-an*, ce qui coule, ce qui serpente: un ruisseau, un canal, un aqueduc.

سولرسلورن *sūlur-sulūr-an*, tout ce qui rampe, les reptiles. دان سڬل سولرسلورن دتانه *dān segala sūlur-sulūr-an di-tānah*, et tous les reptiles qui rampent sur la terre (*B.* 2).

[Jav. ꦱꦸꦭꦸꦂ *sulur*, bourgeon, pousse.]

سولر **sūlur**, représentant, plénipotentiaire.

[Jav. et Sund. ꦱꦸꦭꦸꦂ *sulur*.]

سوءساني **swasānī**, bénédiction, salut, salutation. مك بڬيند ڤون ممبري سوءساني *maka baginda pūn mem-brī swasānī*, alors le prince les salua (*R.* 57).

D'après les auteurs cités par *Kl.*, ce mot serait pour le S. स्वस्ति *swasti*, salut; mais nous croyons qu'il faut plutôt le considérer comme une contraction de स्वस्तिवाचन *swastiwāćana*, expression de salut. Le hamzah qui se trouve dans l'ortographe de سوءساني *swasānī*, indique effectivement que ce mot a dû subir une syncope; peut-être aussi doit on prononcer *swasāna*, ce qui le rapprocherait encore plus du sanscrit.

سوسة **sūsah**, inquiétude, malaise, peine, trouble, anxiété. — كن *kena sūsah*, être en peine, avoir de l'inquiétude. هاتي — *sūsah hāti*, affliction, peine intérieure. — جاڠن *jāngan sūsah*, il n'y a pas d'inquiétude à avoir. نتي همب داڤت سوسه *nanti hamba dāpat sūsah*, je me causerai des troubles.

برسوسه *ber-sūsah*, qui a de l'inquiétude, anxieux. جاڠنله توان برسوسه در ايت *jāngan-lah tūan ber-sūsah deri ītu*, ne soyez pas inquiet de cela (*R. V.*).

مڽوسه *meñūsah*, troubler, causer de l'inquiétude.

مڽوسهكن *meñūsah-kan*, troubler, inquiéter quelqu'un. — كسناڠنك *meñūsah-kan ka-senāng-an-ku*, troubler mon repos (*M.*). يڠ كسوسهكنڽ *yang ku-sūsah-kan-ña*, ce dont j'étais inquiet (*H. Ab.* 266).

برسوسهكن *ber-sūsah-kan*, qui trouble, qui inquiète. جاڠنله اڠكو برسوسهكن حالم *jāŋan - lah aŋkau ber-sūsah-kan ḥāl-mu*, ne troublez pas votre position (*Kal. dan Dam.* 111).

سساهن *susāh-an*, inquiétude, trouble, peine.

كسساهن *ka-susāh-an*, qui est affligé, qui est dans la peine: affliction. مملهاراكن يڠ كسساهن دان كسكيتن *memelihara - kan yaŋ ka-susāh-an dān ka-sakīt-an*, avoir soin des affligés et des malades (*Lett. Mal.*).

[Jav. et Sund. ꦱꦸꦱꦃ *susah*. Bat. ᯘᯮᯘ *susa*. Mak. ᨔᨘᨔ *susa*. Day. *susah*.]

سوسه sūsuh = سوسق *sūsuḳ*.

سوسو sūsu, le sein, les mamelles, le pis. بنتر — *sūsu buntar*, des mamelles arrondies, potelées. كوڤق — *sūsu kūpaḳ*, des mamelles longues et pendantes. — هوجڠ *hūjuŋ sūsu* ou — مات *māta sūsu*, tétins, les mamelons. — اير *āyer sūsu* ou simplement سوسو *sūsu*, du lait. سوسو برچمڤر مادو *sūsu ber-xampur mādu*, du lait mêlé de miel ملك سوسو بنداڽ كرڠله *maka sūsu bundā - ña kriŋ-lah*, alors les mamelles de sa mère se desséchèrent (*R.* 79).

مپوسو *meñūsu*, téter, prendre la mamelle. اى ڤون لاڤر هندق مپوسو *ia-pūn lāpar hendaḳ meñūsu*, il eut besoin et voulut téter (*R.* 79).

مپوسوٴى *meñusū-i*, allaiter, nourrir de son lait. مك ايڤون مپسوٴيله دى *maka ia-pūn me-ñusu-i-lah dia*, et elle le nourrit de son lait (*R.* 78). كارن بودق يڠ مپوسو ايت منورت بكس ڤكرتى اورڠ مپسوٴى دى *kārna būdaḳ yaŋ menūsu itu menūrut bakas pakriti ōraŋ meñusū-i dia*, car l'enfant qui tette prend les mœurs de la personne qui l'allaite (*M. R.* 161).

مپسوكن *meñusū - kan*, faire téter, donner du lait, faire sortir le lait des mamelles. نسچاى سوسو اكو اين كسوكن ڤد مولتم *nisxāya sūsu āku ini ku-susū-kan pada mūlut-mu*, certainement je ferai couler du lait de mes mamelles dans votre bouche (*R.*).

سسوٴن *susū-an*, de mamelle, de lait. — انق *ānaḳ - susū - an*, enfants frères de lait. يڠ تياد هارس نكاح دڠن دى سبب سسوٴن *yaŋ tiāda hārus nikāḥ deŋan dia sebàb susū-an*, ceux entre lesquels le mariage est interdit, parce qu'ils ont sucé le même lait (*M.*).

ڤنوسو *peñūsu*, qui donne du lait, une nourrice.

ڤسوسو *pe-sūsu*, nom d'une racine blanche et douce qui se mange crue (*Kl.*).

D'après J. Rigg, ce mot viendrait de *u*, qui en Maori et dans plusieurs autres langues océaniennes signifie mamelle; il se trouverait ici précédé du préfixe *sa* et redoublé, *sa-u sa-u* = *susu*.

[Jav. et Sund. [illegible] *susu.* Bat. [illegible] *susu.* Mak. et Bug. [illegible] *susu.* Day. *tuso.* Tag. [illegible] *suso.* Bis. [illegible] *soso.*]

سوسق **sūsuk̇,** pointe, crochet. — هايم *sūsuk̇ hāyam*, les ergots d'un coq. — سڠݢول *sūsuk̇ sang-gul*, pointe ou épingle que les femmes mettent dans leurs cheveux.

ڤنوسق *peñūsuk̇*, la proue d'un bâtiment qui s'avance en pointe, le cap. مك لقسمان ڤون لڤسله ڤنوسق لالو برلاير كملاك *maka lak-samāna pūn lepàs-lah peñūsuk̇ lālu ber-lāyar ka-malāka*, alors Laksamana changea le cap et se dirigea sur Malacca (*Kl.*).

[Kw. [illegible] *susuk*, épingle, aiguille.]

سوسق **sūsuk̇.**

منوسق *meñūsuk̇*, établir un fort (*Pij.*).

[Bat. [illegible] *susuk.*]

سوسڠ **sūsang,** culbute, cabriole, sauts de bateleur.

منوسڠ *meñūsang*, culbuter, faire la cabriole, faire le bateleur.

ڤنوسڠ *peñūsang*, qui fait ou sert à faire la culbute. — اورڠ *ōrang peñūsang*, un sauteur, un bateleur.

سوسڠ **sūsang,** nom d'un appareil en bois courbé, au bas d'un mât, et où l'on place les voiles roulées et autres objets (*Kl.*).

سوسڠ **sūsung,** nom d'une fleur. — بوڠ *būnga sūsung* (*tabernaemontana coronaria*) (*Kl.*).

سوست **sūsut,** diminuer, dépérir, maigrir, se flétrir.

سوسن **sūsun,** composé, empilé, emboités les uns dans les autres; être composé, être plissé. — بوڠ *būnga sūsun*, des fleurs doubles. — باجو *bāju sūsun*, habit à longues manches que l'on relève.

برسوسن *ber-sūsun*, qui est composé, double, qui est plissé.

ذاتڽ اس تياد برسوسن *zāt-ña asa tiāda ber-sūsun,* sa nature est simple et non composée.

Loc. جاهل برسوسن *jāhil ber-sūsun,* doublement fou, archifou (*H. Ab.* 245).

برسوسن٢ *ber-sūsun-sūsun,* en masse, par piles, par tas. اى تمڤل برسوسن٢ *ïa tampil ber-sūsun-sūsun,* ils avançaient en masse (*S. Mal.*303). برسوسن٢ دان برتندە٢ *ber-sūsun-sūsun dān ber-tindih-tindih,* par tas et par monceaux.

مپوسن *meñūsun,* composer, empiler, emboiter, plisser. يڠ ترسوسن ايت بركهندق كڤد يڠ مپوسن اکن دى *yang ter-sūsun ītu ber-ka-hendak ka-pada yang meñūsun ākan dīa,* ce qui est composé a besoin des parties qui le composent (*M. R.* 31).

ترسوسن *ter-sūsun,* qui est composé, que l'on a composé. جسم ايت مڠتاکن اکن بارڠ يڠ اى اد ترسوسن *jisem ītu mengatā-kan ākan bārang yang ïa ada ter-sūsun,* on nomme corps ce qui est composé de parties (*M. R.* 31).

مپوسنکن *meñūsun-kan,* arranger, composer q. ch. اورڠ يڠ عارف مپوسنکن ڤرکتاٴن *ōrang yang ārif meñūsun-kan per-katā-an,* quelqu'un qui sait composer un discours (*R.* 173).

[Jav. et Sund. [illegible] *susun.* Bat. [illegible] *susun.* Mak. et Bug. [illegible] *susung.* Day. *susun.* Tag. [illegible] *soson.*]

سوسڤ ***sūsup,*** passé, glissé en rampant. سوسڤ ساسڤ *sūsup-sāsap,* se glisser quelque part en se courbant, s'esquiver à la dérobée.

On nomme aussi *sūsup* une esquille, une écharpe qui s'est grissée dans la peau ou sous les ongles (*Kl.*).

مپوسڤ *meñūsup,* passer, glisser en rampant, se retirer en se baissant, s'ésquiver à la dérobée.

مپوسڤکن *meñūsup-kan,* faire passer en rampant.

[Jav. [illegible] *susup.*]

سوسر ***sūsur,*** bord, rive, côté. — اری *sūsur āri,* ornement en broderies au bords des meubles. — ڬالر *sūsur gālur,* ligne de descendance ou d'origine de quelqu'un.

On nomme aussi *sūsur,* une chique de tabac avec laquelle on frotte de temps en temps les lèvres, pour enlever la salive rougie par le bétel. سوسر تمباکو

sa-sūsur tembāko, une chique de tabac.

مپوسر *meñūsur*, aller au bord, cotoyer. اى مپوسر سوڠى *īa meñūsur sūngey*, ils suivaient le bord de la rivière (*Bis. Raj.* 10). ݢونڠ — *meñūsur gūnung*, suivre le long de la montagne.

سسورن *susūr-an*, ce qui fait bordure, ce qui est au bord, ou le long. تڠݢ — *susūr-an tangga*, rampe d'un escalier (*Kl.*).

سوسل sūsul.

مپوسل *meñūsul* = مپوسر *meñūsur*. اڠن — *meñūsul angin*, faire voile contre le vent (*Pij.*).

[Jav. et Sund. ꦱꦸꦱꦸꦭ꧀ *susul*, poursuivre.]

سكاتى sekāti, nom d'un instrument de musique. نفيرى سمفڠ سكاتى *nafīri samping sekāti*, des trompettes, des tambours et des *sekati* (*R.* 3).

[Jav. ꦱꦏꦠꦺꦤ꧀ *sakaten*, nom d'un gros tambour.]

سكان sekāna, v. سكانق *sekānak*.

سكانق sekānak et **سكان sekāna,** nom d'une certaine tribu de gens qui demeurent dans des bateaux, et vivent de pêche et de piraterie (*Kl.*).

سكارڠ sakārang, à présent, présentement, actuellement. — اين *sakārang īni*, à l'instant. — مالم *sakārang mālam*, cette nuit. — بهارو *bahāru sakārang*, tout-à-l'heure, depuis peu. اكن سكارڠ اين *ākan sakārang īni*, jusqu'à présent, quant à présent. سكارڠ بفام ايت اداله دمكه *sakārang bapā-mu itu adā-lah di-mekah*, actuellement votre père est à la Mecque (*Sul. Ibr.* 13).

On fait ordinairement dériver ce mot de كارڠ *kārang*.

[Day. *id.*]

سكه sekàh. — اورڠ *ōrang sekàh*, nom de certains peuples nomades, près de l'île de Bangka; ils sont divisés en cinq سوكو *sūku* (*Kl.*).

سكيت sakītu (pour سئيت *saītu*), autant, tout autant, tout.

سكين sikkīn, sikīn (Ar. سكن), un couteau; un petit couteau: poignard à deux tranchants (*Kl.*). سكين يڠ كچل فرنچڠ قلم *sikīn yang kexìl pe-ranxung kalam*, un canif. — مناجمكن *menājam-kan sikīn*, aiguiser un couteau. دان دامبلن قد تاغن سفتڠ اڤى دان سيله

سکين dān di-ambil-ña pada tā-ngan-ña sa-puntung āpi dān sa-bīlah sikīn, et il portait dans ses mains un tison et un couteau (*B.* 30).

سکو **sakū,** v. ساکو *sāku.*

سکوهن **sekūhan,** espèce d'ornement en fleurs tressées que l'on met dans les cheveux (*Kl.*).

سکوی **seköyi,** millet (*Kl.*).

سکوچی **sekūxi, skūxi** (peut-être du Holl. *schuitje*), chaloupe, bateau. اداله دملاك سبوه سکوچی بسر *adā-lah di-malāka sa-būah skūxi besàr,* il y avait à Malacca un grand bateau (*H. Ab.* 106).

سکوتو **sakūtu,** associé, camarade, compagnon. سکوتو اورڠ ڤنچوری *sakūtu ōrang pen-xūri,* associé d'une bande de voleurs. تياد سکوتو بکيم *tiāda sakūtu bagīmu,* tu n'as point de compagnons. الله يڠ تياد سکوتو *allah yang tiāda sakūtu,* Dieu qui est sans égal (*M.*).

برسکوتو *ber-sakūtu,* qui est associé, être associé. اورڠ يڠ برسکوتو ڤد يڠ ممبلی *ōrang yang ber-sakūtu pada yang mem-beli,* un associé de celui qui achète (*D. M.* 20).

منکوتوی *meñakutū-i,* associer à (*D. M.* 48).

ڤرسکوتوان *per-sakutū-an,* association, société. ڤرسکوتوان ياءين موافقة *per-sakutū-an iā-īni muwāfakat, per-sakutū-an* c'est-à-dire société (*H. Ab.* 281). — القديسين *per-sakutū-an el-kadīsin,* la communion des saints (*P. M.*).

سکونر **sekūner** (Ang. *schooner*), goëlette (*H. Ab.* 210).

سکولا **sekūla** (Port. *eschola*), école. سکولا٢ تمڤت کانق٢ بلاجر *sekūla-sekūla tampat kānak-kānak bel-ājar,* des écoles c'est-à-dire des lieux où les enfants étudient (*H. D.* 222).

سکت **sekàt** = ساکت *sākat.*

سکت **sekùt,** avare, ladre, mesquin (*Kl.*); charmes, enchantements (*Cr.*).

سقتی **sakti** (S. शक्ति *çakti*), puissant, fort, qui possède un pouvoir surnaturel. کارن ای راج ترلالو سقتی *kārna ia rāja terlālu sakti,* car c'est un roi très-puissant (*R.* 43). يڠ سقتی ددالم عالم منشکابو *yang sakti di-dālam*

ālam menangkābaw, qui êtes puissant dans le royaume de Menangkabaw (*M.*). انق ڤانه يڠ سقتى *ānak pānah yang sakti*, une flèche douée d'une vertu surnaturelle (*R.* 45).

سقتيئن *saktī-an*, force, puissance. حيرانله مليهت سقتيئن راج *heirān-lah me-lihat saktī-an rāja*, ils furent étonnés en voyant la puissance du roi (*M.*).

كسقتيئن *ka-saktī-an*, pouvoir, vertu surnaturelle: adresse surhumaine. اڠكو ليهت اكن كسقتيئن سڬل سنجتاك *angkaw lihat ākan ka-saktī-an segala senjatā-ku*, vous voyez quelle est la vertu de mes armes (*R.* 43). — علم *ilmu ka-saktī-an*, science secrète pour donner une vertu surnaturelle (*H. Ab.* 144).

[Jav. et Sund. ꦱꦏ꧀ꦠꦶ *sakti.*]

سكديدى **sikedīdi,** bécasse, v. كديدى *kedīdi.*

سكدمب **sikudomba,** espèce de gros poisson. Selon d'autres, nom poétique donné aux poissons (*Kl.*).

سكنة **sakīnat,** v. sous ساكن *sākin.*

سكڤ **sekōp,** pelle, bêche, etc.; espèce de poêle en fer avec un long manche, pour retirer de l'eau la terre qui contient du minerai d'étain (*Pij.*).

سكم **sekàm,** balle, paille, partie grossière du grain.

Prov. تيدق تربا و سكم *tīdak terbāwa sekàm*, n'être pas en état d'emporter la paille. Se dit de quelqu'un qui paraît simple et candide, mais qui est rempli de malice. Autre prov. مانكم سده منجادى سكم *mānikam sudah men-jādi sekàm*, des pierres précieuses sont devenues de la paille. C'est-à-dire, ce qui était noble est devenu grossier (*S. Bid.* 103).

سقم **sukma** (S. सूक्ष्म *sūxma*), âme, esprit. بڬندا كاسه ترلالو سقم *baginda kāsih ter-lālu sukma*, le prince l'aima de toute son âme (*S. Bid.* 101).

[Jav. et Sund. ꦱꦸꦏ꧀ꦩ *sukma.*]

سكرى **sekrī,** charnière (*Kl.*).

سكل **sekàl,** mesure pour les choses sèches et contenant la moitié d'un چوڤق *xūpak.*

سكل **sekùl,** écuelle faite avec la coque d'un coco (*Kl.*).

سقلات ***saḳelāt*** (Pers.), écarlate, étoffe de laine, drap. — صوف *ṣūf saḳelāt*, camelot rouge. هيجو — *saḳelāt hījaw*, belle étoffe de couleur verte. دهمڤاري درڤد ڤرمداني دان صوف سقلات *di-hampār-i deri-pada permadāni dān ṣūf saḳelāt*, il était tendu de tapis et de camelot rouge (*Sul. Ibr.* 20).

Prov. سڤرت سقلات موك دو *seperti saḳelāt mūka dūa*, comme du drap qui parait d'un côté autrement que de l'autre. Se dit d'un homme à double langue.

[Jav. [illegible] *sekelat*. Sund. [illegible] *sakelat*. Mak. [illegible] *sakala*. Day. *sakalat*, étoffe.]

سكلين ***sakalīan***, v. sous كالي *kāli*.

سقس ***siḳsa*** (S. शिक्षा *çixā*, science acquise), châtiment, mauvais traitement, position difficile, circonstances fâcheuses: châtié, être châtié. سکل اورڠ يڠ جاهت تاكت درڤد سقساڽ *segala ōraŋ yaŋ jāhat tākut deri-pada siḳsā-ña*, tous les méchants craignent ses châtiments (*M.*). سقساك اد ڤد تيڤ٢ ڤاڬي هاري *siḳsā-ku ada pada tīap-tīap pāgi hāri*, mon châtiment avait lieu tous les matins (*B.* 860). كيت تياد ڤاتت مرساءي سقس يڠ دمكين *kīta tīāda pātut merasā-i siḳsa yaŋ demikīan*, il n'est pas convenable que nous subissions de si mauvais traitements (*Kal. dan Dam.* 121). ترلالو سقساڽ درحال ماكن مينم ڤد سهرهاري *ter-lālu siḳsā-ña deri ḥāl mākan mīnum pada sahari-hāri*, grande difficulté pour trouver sa nourriture de chaque jour (*Kal. dan Dam.* 126). نسچاي اي دسقس الله دڠن اڤي نارك *nisxāya īa di-siḳsa allah deŋan āpi nāraka*, il sera certainement puni par Dieu du feu de l'enfer (*M.*).

مڽقس *meñiḳsa*, châtier, punir, infliger un châtiment, opprimer. اڤاكه سببڽ ڤتري مڽقس *apā-kah sebāb-ña putrī meñiḳsa*, pourquoi la princesse châtie-t-elle? (*S. Bid.* 32).

مڽقساكن *meñiḳsā-kan*, châtier, torturer quelqu'un. ڤركاكس مڽقساكن اورڠ *perkākas meñiḳsā-kan ōraŋ*, les instruments servant à châtier les hommes (*H. Ab.* 110).

كسقساءن *ka-siḳsā-an*, qui est châtié: châtiment, punition.

On trouve aussi شقس *šiksa* et سكس *siksa.*

[Jav. et Sund. ꦱꦶꦏ꧀ꦱ *siksa.* Mak. ᨔᨛᨔ *séssa.*]

سقسام **saksāma** (S. क्षमा *xamā*, capable de supporter), constance, zèle: constant, zélé, exact dans l'accomplissement de ses devoirs. لكلاكي ايت دغن ساغت سقسمان برتپاكنله اكن كامي *laki-lāki itu deṅgan sāṅgat saksamā-ña ber-tañā-kan-lah ākan kāmi,* cet homme nous a interrogé avec précision (*B.* 71). سكل اورغ بسر فون ساغت سقسام *segala ōraṅ besàr pūn sāṅgat saksàma,* tous les grands étaient exacts à remplir leurs devoirs (*S. Mal.* 108).

سقسى **saksi** (S. साक्षी *sāxi*), témoin; être témoin. بتل — *saksi betùl,* un témoin légal. شك — *saksi šak,* un témoin douteux. بول — *saksi bōla,* témoin illégal, non légitime. — دست *saksi dusta,* un faux témoin. جاغنله اغكو نايق سقسى دست اتس تمم *jāṅgan-lah aṅgkaw nāik saksi dusta ātas temàn-mu,* vous ne porterez pas de faux témoignage contre votre prochain (*B.* 117). ايسقله بوله اكو فرقس كفد سقسم ايت *ēsuk-lah būleh āku preksa ka-pada saksī-mu ītu,* demain j'interrogerai votre témoin (*Kal. dan Dam.* 60). سقسى سهاى بهوا اد الله توهن يغ اس *saksi sahāya bahwa ada allah tūhan yaṅ asa,* j'atteste que Dieu est le seul seigneur.

برسقسى *ber-saksi,* être témoin, rendre témoignage, certifier, assurer. ايڤون سده سوره كامي برسقسى *ia-pūn sudah sūruh kāmi ber-saksi,* il nous a commandé de rendre témoignage (*N.* 213).

مپقسيكن *meñaksī-kan,* rendre témoignage, attester quelque chose.

ممڤرسقسيكن *mem-per-saksi-kan,* faire rendre témoignage, convaincre quelqu'un. هندقله اى برى تاهو دو تيك كالى دغن دڤرسقسيكنن *hendak-lah ia brī tāhu dūa tīga kāli deṅgan di-per-saksi-kan-ña,* il doit avertir deux ou trois fois en présence de témoins (*M.*).

سقسين *saksī-an,* témoignage, déposition.

كسقسين *ka-saksī-an,* ce qui est déposé, témoignage, preuve, évidence. تتاڤى سكل كسقسين ايت بوكن اداله برسمسماءن *tetāpi segala ka-saksī-an ītu būkan adā-lah ber-sama-samā-an,* mais ces témoignages ne s'accordaient pas (*N.* 86).

On trouve aussi سکسی *saksi* et شکسی *šaksi.*

[Jav. et Sund. ꦱꦏ꧀ꦱꦶ *saksi.* Day. *saksi.* Tag. et Bis. ᜐᜃ᜔ᜐᜒ *saksi.*]

سڬا segā, nom d'une espèce de rotin (*calamus viminalis*). دڤربوت درڤد روتن سڬا *di-per-būat deri-pada rōtan segā*, fait avec le rotin nommé sega (*H. Ab.* 27).

سڬا segā, plat, uni, non froissé (du papier etc. *Kl.*).

سڬار segāra (S. सागर *sāgara*), mer. جاته کديس تڠه سڬار *jātuh ka-dēsa teŋah segāra*, arrivant à une terre au milieu de la mer (*S. Bid.* 105).

سڬارن *segāran*, pour سڬراءن *segarā-an*, ce qui est mer, la mer.

[Jav. et Sund. ꦱꦒꦫ *sagara.*]

سڬه segàh, plein, rassasié.

سڬي segī, côté, le côté d'une figure régulière.

سسڬي *sa-segī*, un côté. — امڤت *ampat segī*, quatre côtés. تيڤ٢ سواتو سڬين سهست *tīap-tīap suātu segī-ña sa-hasta*, chaque côté avait une coudée de long.

ڤرسڬي *per-segī*, de côté, qui a des côtés. باتو يڠ ڤرسڬي تيڬ اداڽ *bātu yaŋ per-segī tīga adā-ña*, une pierre triangulaire. دالم ڤرت ايکن ايت اد سواتو باتو امڤت ڤرسڬي *dālam prùt ikan itu āda suātu bātu ampat per-segī*, dans le ventre de ce poisson il y avait une pierre quadrangulaire (*R.* 55).

بڤرسڬي *be-per-segī*, formé de côtés, ayant des côtés. مک نڬري ايت بڤرسڬي امڤت تمڤتڽ *maka na-grī itu be-per-segī ampat tam-pat-ña*, le plan de cette ville était un carré (*N.* 421).

On trouve aussi ساڬي *sāgi.*

[Jav. ꦥꦱꦒꦶ *pasagi* et Sund. ᮕᮞᮌᮤ *persagi*, carré. Day. *sa-gi*, côté.]

سڬن segàn, paresse, dégoût parresseux. — اورڠ *ōraŋ segàn*, un paresseux.

ڤڽڬن *peñegàn*, qui a du dégoût pour, qui a de l'aversion pour le travail, paresseux, fainéant.

کسڬانن *ka-segān-an*, paresse. دوس يڠ تربيت درکسڬانن *dōsa yaŋ terbit deri ka-segān-an*, les vices qui naissent de la paresse (*P. M.*).

سڬند **seganda**, nom d'une plante qui ressemble au curcuma (*Kl.*).

سڬر **segàr**, frais, nouveau, non rassis.

[Jav. et Sund. ꦱꦼꦒꦼꦂ *seger.*]

سڬر **segàr**, les brins les plus durs, les plus fermes du ايجوق *ījuk*, dont on se sert en guise de plumes à écrire.

[Bat. [illegible] *sogar.*]

سڬرا **sigrā** = سڬره *sigràh.*

سڬره **sigràh** (S. शीघ्र *çīgra*), prompt, diligent: vite, aussitôt, promptement. هي انقك سڬرهله اڠكو برتاڤ *hey ānak-ku sigràh-lah aṅkaw ber-tāpa*, ô mon fils, faites vite pénitence (*R.* 63). مك سڬره دامبل لالو دبله *maka si-gràh di-ambil lālu di-belàh*, aussitôt il la prit et la coupa (*S. Ibr.* 4). ساكتله اورڠ ايت سڬره متيله جو *sākit-lah ōraṅ ītu si-gràh matī-lah jūa*, il tomba malade et mourut subitement (*M.*).

سسڬره *sa-sigràh*, aussi promptement, en toute hâte. اڤ سببڽ كامو سسڬره سده داتڠ ڤولڠ *apa sebàb-ña kāmu sa-sigràh sudah dātaṅ pūlaṅ*, pourquoi êtes-vous revenues si promptement? (*B.* 87).

برسڬره *ber-sigràh*, qui est prompt, qui se hâte, se hâter. بايق جوك برسڬره *bāik jūga ber-sigràh*, il serait bon de se hâter. برسڬرهله دريم *ber-sigràh-lah dirī-mu*, hâtez-vous (*B.* 23).

مڽڬرهكن *meñigràh-kan*, presser, hâter une affaire. هوتڠ — *meñigràh-kan hūtaṅ*, faire hâter le paiement d'une dette (*D. M.* 16).

برسڬرهكن *ber-sigràh-kan*, qui presse, qui fait hâter. لالو بريله ايت كڤد بودق يڠ برسڬرهكن درين اكن سدياكن ايت *lālu brī-lah ītu ka-pada būdak yaṅ ber-sigràh-kan dirī-ña ākan sediā-kan ītu*, il le donna à son serviteur qui se hâta de le préparer (*B.* 23).

Ce mot s'écrit et se prononce aussi سڬرا *sigrā.*

[Kw. [illegible] *sigra.*]

سڬرب **segarba** (S. सगर्भ *sagar-ba*, frère), frère du même père et de la même mère (*Kl.*).

Avec le S. comp. Gr. ἀδελφός (*E. Burnouf.*).

سكل **segala** (S. सकल *sakala*, tout entier), chaque, chacun, tous (quelquefois ce mot exprime simplement le pluriel, v. Gram.). اورغ — *segala ōraŋ*, chaque personne. سكل اورغ يغ حاضر *segala ōraŋ yaŋ ḥādlir*, tous les gens qui étaient présents. سكل يغ مماბقكن *segala yaŋ memābuḳ-kan*, les choses enivrantes.

[Sund. *sagala*.]

سغ **saŋ**, particule qui se place devant les noms des divinités, des princes, et aussi quelquefois devant des noms ordinaires: ironiquement devant des noms de bas personnages. سغ يغ تغݢل *saŋ yaŋ tuŋgal*, le Dieu unique. راج — *saŋ rāja*, le roi. تيكس — *saŋ tīkus*, compère le rat.

[Jav. et Sund. *saŋ*. Bat. *saŋ*.]

سغ **saŋ**, v. اسغ *esàŋ*.

سغاج **saŋāja**, v. سهاج *sahāja*.

سغاجي **saŋāji**, prince, roi, titre honorifique. اينله سكل سغاجي *inī-lah segala saŋāji*, voici les noms des princes (*B.* 58).

فسغاجين *pe-saŋaji-an*, principauté, royaume. سغاجي ٢ اورغ حوري فد فسغاجين ٢ ن دتانه سيعير *saŋāji-saŋāji ōraŋ ḥūri pada pe-saŋaji-an pe-saŋaji-an-ña di-tānah seïr*, les princes des Horréens qui commandèrent les différentes principautés dans le pays de Seïr (*B.* 59).

Ce mot est composé de سغ *saŋ* et de اجي *āji*.

[Sund. *saŋaji*.]

سغوغو **seŋūŋu**, nom d'un insecte (*Pij.*).

سغك **saŋka** (S. शङ्का *çaŋka*), pensée, opinion, conjecture, imagination: pensé, conjecturé. فد سغك همب *pada saŋka hamba*, dans ma pensée, d'après ma conjecture. اورغ — *saŋka ōraŋ*, on pense. مك دسغكان *maka di-saŋkā-ña*, alors il pensa que (*R.* 106). دسغكان اورغ لاين *di-saŋkā-ña ōraŋ lāin*, ils le prirent pour un autre (*M.*). — تيداله *tiadā-lah saŋka*, inconcevable, incroyable.

مپغك *meñaŋka*, songer, penser, réfléchir, croire.

ترسغك *ter-saŋka*, qui est imaginé, qui peut être imaginé,

croyable. ملڠ تياد ترسڠك اكن بايقڽ اورڠ ماتي ڤد كدو ڤيهق *maka tiāda ter-sangka ākan bāñak-ña ōrang māti pada ka-dūa pihak*, on ne saurait s'imaginer combien il y eut de morts des deux côtés (*R.* 163).

مڽڠكاكن *meñangkā-kan*, imaginer, penser, supposer, conjecturer quelque chose. اي سڠكاكن سڬل لذة ايت ككل *ia sangkā-kan segala lezat itu kakal*, ils s'imaginent que ces plaisirs seront éternels (*M. R.* 36). اد اورڠ يڠ مڽڠكاكن بومي اين برديري تتڤ *ada ōrang yang meñangkā-kan būmi ini ber-diri tetap*, il y a des gens qui pensent que la terre est immobile (*N. Phil.* 35). اي دسڠكاكنڽ هريمو *ia di-sangkā-kan-ña harīmaw*, il pensait que c'était un tigre (*Kal. dan Dam.* 91).

كسڠكاءن *ka-sangkā-an*, qui est pensé, imaginé: conjecture, opinion.

سغكاين **sangkāyan**, trombe, tourbillon, différent du ڤوتيڠ بليڠ *pūting belīyung* du تاوڠ *tāwung* et du بادي *bādey* (*Kl.*).

سغكال **sengkāla** (S. शृङ्खल *çrengkala*), anneaux attachés aux pieds d'un animal, entraves, bloc.

Prov. سڤرت ڬاجه دڠن سڠكلاڽ *seperti gājah dengan sengkalā-ña*, comme un éléphant avec l'anneau qui le tient attaché par le pied. Se dit d'un personnage puissante qui rencontre néanmoins des obstacles.

سغكيت **sangkēta**, = سڠڬيت *sanggēta*.

سغكو **sangku**, pot, vase servant à mettre de l'eau. سڠكو امس باتل سواس *sangku amās bātil suwāsa*, un vas en or sur une soucoupe en métal mélangé (*S. Bid.* 49).

[Sund. ᮞᮀᮊᮥ *sangku*, nom d'un vase servant à faire le vermicelle.]

سغكوغ **sengkūwang**, trachée artère (*M.*).

سغكوغ **sengkūwang**, nom de certains tubercules d'une plante rampante; ils se mangent crus, ils ont un goût doux et succulent (*Kl.*).

سغكق **sangkak**, empêchement, obstacle: empêché, arrêté.

مڽڠكق *meñangkak*, empêcher, arrêter.

résurrection, car je désire en entendre le son (*Mir. Moh.* 69).

Avec le Sanscrit comp. Gr. κόγχη, Lat. *concha* (E. Burnouf).

سغكغ **seŋkaŋ,** traverse, barre qui se met en travers, barrière: baillon pour empêcher de crier, muselière; moulure servant d'ornement; morceau de bois qu'on met aux pieds d'un animal pour l'empêcher de courir. ميورهكن توكغ ممبوت سغكغ فنتو بسى *meñūruh-kan tūkaŋ mem-būat seŋkaŋ pintu besī*, ordonner à un ouvrier de faire une barre en fer pour tenir la porte fermée (*H. Ab.* 394). دبوبهن سغكغ دو ككين دهداڤن سڤاي جاڠن اى برجالن جاوه٢ *di-būbuh-ña seŋkaŋ dūa kakī-ña di-hadāp-an supāya jāŋan īa ber-jālan jāuh-jāuh*, il lui mit un morceau de bois aux pieds de devant pour l'empêcher de s'éloigner (*Kal. dan Dam.* 120).

سغكغ **soŋkoŋ,** pour سوكغ *sōkoŋ*.

سغكت **saŋkut,** attaché, fixé, arrêté; empêché, embarrassé, embrouillé.

برسغكت *ber-saŋkut*, qui est attaché, fixé, embarrassé, brouillé.

سغكق **soŋkoḳ,** petit chapeau, petit bonnet.

ترسغكق *ter-soŋkoḳ*, qui est fait en bonnet. — يغ *yaŋ ter-soŋkoḳ*, que l'on a fait en bonnet, dont on a fait un bonnet.

Prov. كولت بابي يغ ترسغكق دكڤال اورغ *kūlit bābi yaŋ ter-soŋkoḳ di-kapāla ōraŋ*, une peau de cochon dont on a fait un bonnet à quelqu'un: expression pour désigner un sanglant outrage, par exemple et plus spécialement, celui d'être trompe par sa femme (*H. Ab.* 360).

[Jav. [Javanese script] *soŋkok*, sorte de chapeau sans bord. Mak. [Makassarese script] *soŋko*.]

سغككال **saŋkakāla** (S. शङ्ख *çaŋḳa*, conque, grande coquille univalve employée comme trompette, et काल *kāla*, temps), trombone, trompette du jour de la résurrection. تيڤله سغككال ايت بارغ سديكت جوكارن همب هندق مندغركن بپين *tīup-lah saŋkakāla ītu bāraŋ sa-dikit jūa kārna hamba hendaḳ men-deŋar-kan buñī-ña*, sonnez un peu de cette trompette de la

ای ستياس برسغكت *ïa santiāsa ber-sangkut*, ils étaient continuellement brouillés (*S. Mal.* 124).

مڠغكت *meñangkut*, attacher, fixer, arrêter; empêcher, brouiller.

ترسغكت *ter-sangkut*, qui est attaché, que l'on a fixé, brouillé. ساتو باكس اير ترسغكت ڤد كانننڽ *sātu bākas āyer ter-sangkut pada kānan-ña*, un vase pour l'eau était attaché à leur côté droit (*H. Ab.* 100).

مڠغكتكن *meñangkut-kan*, fixer, attacher quelque chose. دان بوسر ڤانه دسغكتكنڽ دبلاكڠڽ *dān būsar pānah di-sangkut-kan-ña di-blākang-ña*, et il attacha son arc et ses flèches sur son dos (*Kl.*). همب سغكتكن دی دڤوهن *hamba sangkut-kan dïa di-pōhon*, je l'ai attaché à un arbre (*Kal. dan Dam.* 120).

سغكوتن *sangkūt-an*, attache, lien, attachement. منجديكن سغكوتن دالم هاتی اورڠ ٢ ملايو *men-jadi-kan sangkūt-an dālam hāti ōrang-ōrang malāyu*, a produit un attachement (pour lui) dans le cœur des Malais (*H. Ab.* 415).

كسغكوتن *ka-sangkūt-an*, qui est lié, attaché, qui tient ferme (*H. D.* 130).

[Sund. [illegible] *sangkut.* Bat. [illegible] *sangkot.*]

سغكت ***singkat,*** court; raccourci. — تاڠنڽ *tāngan-ña singkat*, sa main était courte; il n'était pas généreux (*H. Ab.* 309).

مڽغكتكن *meñingkat-kan*, écourter, raccourcir.

سغكت ***sungkit,*** tissé, brodé à jour (d'or ou de fleurs). بركاين سغكت تكت چلاری *ber-kāin sungkit tekàt xelāri*, revêtu d'une étoffe brodée suivant le patron nommé *xelari* (*S. Bid.* 118).

[Jav. [illegible] *songkét.* Mak. [illegible] *songké.* Day. *suit.*]

سغكن ***sangkun,*** fort, ferme, solide.

سغكف ***sangkup,*** v. سڠكف *sangup.*

سغكف ***singkap,*** poussé de côté, écarté, ouvert (d'un rideau). دسغكف سلطان تیری ڤرادوءن *di-singkap sulṭān tirey per-adūan*, le sultan tira le rideau de l'alcôve (*Sul. Ab.* 66).

مڠسغكف *meñirgkap*, pousser de côté, écarter, ouvrir. اد يڠ مڠسغكف اتف *ada yang meñirgkap ātap*, quelques-uns écartaient les ataps du toit (pour voir) (*S. Mal.* 311).

ترسغكف *ter-sirgkap*, qui est tiré, que l'on a ouvert. تيري كلمبو ڤتري ايتڤون ترسغكفله سديكت دتيف اڠين *tīrey kulambu putrī ītu-pūn ter-sirgkap-lah sa-dīkit di-tīup āngin*, les rideaux du lit de la princesse se trouvaient ouverts par le vent (*M.*).

سغكر **sargkar**, cage: anneau que l'on met à une canne, au manche d'un couteau etc., pour l'empêcher de se fendre: mis en cage, être mis en cage. بورڠ دالم سغكر *būrurg dālam sargkar*, un oiseau dans une cage. دامبلڽ لالو دسغكرڽ *di-ambil-ña lālu di-sargkar-ña*, il le prit et le mit en cage.

مڠسغكر *meñargkar*, mettre en cage (*R. V.*).

برسغكركن *ber-sargkar-kan*, muni d'un anneau, qui a un anneau. سمفيتن برسغكركن امس *sum-pīt-an ber-sargkar-kan amàs*, une sarbacane munie d'un anneau d'or (*Kl.*).

سغكارن *sargkār-an*, ce qui est en forme de cage, une cage. دڤربواتكنڽ سغكارن بسر *di-per-būat-kan-ña sargkār-an besàr*, il fit faire une grande cage (*H. Ab.* 73).

[Jav. [Javanese script] *sergker*, fermé, clos.]

سغكر **sergkar**, banc de rameurs (*Kl.*).

سغكر **sirgkur**, couper q. ch. en tirant à soi: frapper avec un poignard, en le tenant dans la main, de telle sorte que la lame soit du côté du petit doigt (*Kl.*).

سغكر **surgkur**, penché, incliné, prosterné: être penché. اي برديري سمواڽ سغكر دان تندق كڤلاڽ *ia ber-dīri samuā-ña surgkur dān tunduk kapalā-ña*, ils se tenaient tous inclinés et la tête baissée (*Mir. Moh.* 51).

مڠسغكر *meñurgkur*, se pencher, se prosterner, se mettre la tête contre terre.

ترسغكر *ter-surgkur*, qui est incliné, qui est prosterné, qui se prosterne. مك ترسغكرله مريكيت كبومي *maka ter-surgkur-lah marīka-ītu ka-būmi*, ils se prosternèrent jusqu'à terre (*B.* 74).

سڠکل **sangkal,** nié, renié, désavoué; être nié. همب تاکن ڤدان مك سڠکلله اى *hamba tañā-kan padā-ña maka sangkal-lah ia,* je les interrogeai, mais ils nièrent (litt: mais par eux fut nié) (*M.*).

برسڠکل *ber-sangkal,* qui renie, qui désavoue; renoncer, renier. مك مڠکوله اى دان تياد برسڠکل *maka meng-akū-lah ia dān tiāda ber-sangkal,* or il confessa et ne nia pas (*N.* 149).

مڽڠکل *meñangkal,* nier, renoncer, désavouer.

مڽڠکالى *meñangkāl-i,* renoncer à, nier quelque chose, renier quelqu'un. تياد ڤاتق اکن مڽڠکالى اڠکو *tiāda pāteḳ ākan meñangkāl-i angkaw,* je ne vous renoncerai jamais (*N.* 48). تتاڤى اى مڽڠکالى دى *tetāpi ia meñangkāl-i dīa,* mais il le renia (*N.* 142).

مڽڠکلکن *meñangkal-kan,* renier, faire renier quelqu'un: retenir, empêcher. اى دسڠکلکن اوله ڤترس *ia di-sangkal-kan ūleh petrus,* il fut renié par Pierre (*P. M.*).

سڠکل **sangkal,** le manche d'un outil de charpentier nommé *pātil:* le manche d'un marteau.

[Jav. ꦱꦁꦏꦭ꧀ *sangkal* et Bat. [Batak script] *sangkal,* le manche d'une hache.]

سڠکل **sengktl,** les dents agacées.

سڠکلاڤ **sangklāpa,** nom d'une plante nommée aussi ڤچه ڤيرڠ *pecàh pīring* (*gardenia florida*).

سڠکلڠ **sengkelàng,** les bras croisés sur la poitrine et les mains placées aux épaules.

مڽڠکلڠکن جارى *meñengkelàng-kan jāri,* croiser les doigts en tenant les mains jointes (*Kl.*).

سڠکلڠ **sengkelìng,** les mains derrière le dos et placées l'une sur l'autre (*Kl.*).

سڠکلڤ **sangklap,** filouter, gripper (*Cr.*).

سڠݢ **sangga,** épines que l'on placę autour du tronc d'un arbre pour empêcher d'y monter.

[Bat. [Batak script] *rungga.* Day. *sunggu,* morceaux de bois pointus que l'on plante, pour que les animaux sauvages se percent en sautant ou en tombant dessus.]

سڠݢايت **sengāyut,** pendu, suspendu.

برسڠݢايت *ber-senggāyut,* qui est suspendu, comme un nid à une branche, ou un singe qui est suspendu par la queue, etc.

برسغكيوتن *ber-senggayūt-an*, qui sont suspendus ensemble.

سغكار ***senggāra*** = سمايم *semā-yam* (*Kl.*).

سغكار ***singgāra***, pénétrer, entrer.

مڽغكراكن *meñinggarā-kan*, entrer quelque part, pénétrer quelque chose.

سغكالغ ***sanggālong***, petites plaques d'or ou d'argent en forme d'une demi-lune, et servant d'ornement (*Pij.*).

سغكه ***singgah***, mouillé, stationné, arrêté, être en station, faisant halte, s'arrêter. جاغن توانك تياد سغكه قد كونغ ايت *jangan tūan-ku tiāda singgah pada gūnung ītu*, que monseigneur se garde bien de passer par cette montagne sans s'y arrêter (*R.* 104). ايااله سغكه برتانق ماكن درومه اورغ ايت *iā-lah singgah bertānak mākan di-rūmah ōrang ītu*, il s'arrêta chez cet homme pour préparer son repas. سڤنجغ جالن بكند سغكه برماين٢ *sa-panjang jālan baginda singgah bermāin-māin*, pendant le cours du voyage le roi s'arrêtait de temps en temps pour s'amuser (*M.*). كڤل اغكريس سغكه دملاك *kapàl inggris singgah di-malāka* des navires anglais qui stationnaient à Malacca (*H. Ab.* 77).

مڽغكه *meñinggah*, stationner, faire halte, s'arrêter. سغكه مڽغكه *singgah-meñinggah*, stationner partout, s'arrêter en tous lieux.

ڤرسغكاهن *per-singgāh-an*, station, halte, relâche. — جالن *jālan per-singgāh-an*, le chemin de la croix (litt.: le chemin des stations) (*P. M.*). — تمڤت *tampat per-singgāh-an*, un lieu de station, auberge, débarcadère.

[Bat. [Batak script] *singgah*. Mak. [Makassar script] *sangga*, arriver.]

سغكه ***sungguh***, réel, certain, sûr, véritable. سڤرت اكن سغكه جوك روڤاڽ *seperti ākan sungguh jūga rupā-ña*, il a toute l'apparence de la réalité. اي سغكه *īa sungguh*, c'est vrai. لاريله اغكو دغن سغكه٢ هتيم *larī-lah angkaw dengan sungguh-sungguh hatī-mu*, cours de toutes tes forces (*M.*).

سسغكه *sa-sungguh* ou سسغكهڽ *sa-sungguh-ña*, réellement, véritablement, en vérité. سسغكهڽاله اغكو ايت انقك *sa-sungguh-ñā-lah angkaw ītu ānak-ku*, vous êtes très-certainement mon fils (*R.* 150).

سن contraction de سغكهن *sa-surgguh-ña.* بهوسن اى بنچى اكن داكو *bahwa sa-surgguh-ña ia benxi ākan dāku*, or il me haïssait véritablement.

برسغكه٢ *ber-surgguh-surgguh*, de bonne foi, pour tout de bon, sérieusement.

مپغكه *meñurgguh*, certifier, assurer.

مپغكوهى *meñurggūh-i*, assurer quelque chose, certifier. مك دسغكه٢ين *maka di-surgguh-surgguh-ī-ña*, il voulut prouver, il essaya (*S. Mal.* 64).

مپغكهكن *meñurgguh-kan*, confirmer quelque chose, approuver, rendre une chose certaine, accomplir. اى مپغكهكن بارغ يغ دكات رجاڽ *ia meñurgguh-kan bārarg yarg di-kāta rajā-ña*, il confirme tout ce que dit le roi (*M. R.* 158).

كسغكوهن *ka-surggūh-an*, qui est rendu certain, certitude, vérité.

سغكهسان ***sirggahsāna*** (S. सिंहासन *sinhāsana*), trône, siége de parade, lit de repos. ايڤون نايقله داتس سغكهسان كرجاءن *ia-pūn nāik-lah di-ātas sirggahsāna ka-rajā-an*, il monta sur le trône royal (*R.* 107). اى برتموله دغن دى ايت تيدر داتس سغكهسان *ia ber-temū-lah dergan dīa ītu tīdor di-ātas sirggahsāna*, il le trouva dormant sur son lit de repos (*R.* 125). اى دودق كڤد سبوه سغكهسان يغ لاين *ia dūduk ka-pada sa-būah sirggahsāna yarg lāin*, il se tenait sur un autre siége de parade (*R.* 166).

On trouve aussi سغكسان *sirggasāna*, mais cette orthographe convient moins à l'étymologie, ce mot venant de सिंह *sinha*, lion, et de आसन *āsana*, siége.

[Kw. et Sund. ꦱꦶꦁꦒꦱꦤ *sirgasana.*]

سغكيت ***sarggēta,*** procès, action judiciaire. تياد جادى ݢاوى سغكيت ملاينكن دباير ساج *tiāda jādi gāwey sarggēta me-lāin-kan di-bāyar sāja*, il ne s'agit pas de procès (de chicanes), il faut payer sur le champ (*M.*). — بركاين *ber-kāin sarggēta*, être revêtu d'habits de magistrat (*H. Ab.* 380).

برسغكيت *ber-sarggēta*, qui a un procès, qui institue une action en justice.

Peut-être du S. सङ्गत *sargata*, qui se rencontre avec, qui convient.

سغكوكو **saŋgūgu,** sorte de poisson à coquilles (*M.*). Nom d'une plante (*clerodendrum serratum, Cr.*).

سغكولغ **saŋgūluŋ,** nom d'un scolopendre qui s'entortille comme une vrille (*Kl.*); de كولغ *gūluŋ*.

سغكق **saŋguḳ,** hausser et baisser la tête, comme quelqu'un qui s'endort.

ترسغكق *ter-saŋguḳ*, qui fait des mouvements de tête. اى ترسغكق٢ مغنتق *ia ter-saŋguḳ-saŋguḳ meŋ-antuḳ,* il haussait et baissait continuellement la tête en sommeillant (*H. Ab.* 15).

سغكغ **saŋgaŋ,** lever ou soulever quelque chose avec les deux mains, p. ex. un meuble (*Kl.*).

سغكغ **siŋgaŋ,** nom d'un châtiment imposé dans les écoles. سغكغ يا٢يت فكغ تاغن كيرى كتليغ كانن دان تاغن كانن كتليغ كيرى سرت باغن دودق دغن تياد برهنتى *siŋgaŋ iā-ītu pegàŋ tāŋan kīri ka-telīŋa kānan dān tāŋan kānan ka-telīŋa kīri serta bāŋun dūduḳ deŋan tiāda ber-henti,* le *siŋgaŋ* qui consiste à prendre l'oreille droite avec la main gauche, et l'oreille gauche avec la main droite, en s'asseyant et se levant continuellement (*H. Ab.* 28).

سغكغ **siŋguŋ,** heurté, poussé; être heurté.

مپغكغ *meñiŋguŋ*, heurter, pousser. يغ بربوپي دغن كمبران سرت مپغكغ *yaŋ ber-būñi deŋan gambirā-ña serta meñiŋguŋ,* il criait avec fureur et heurtait (ce qui se trouvait devant lui) (*R.* 104).

سغكت **saŋgut,** pince; pincé, pris, saisi, empoigné.

مپغكت *meñaŋgut*, prendre, saisir.

سغكوتن *saŋgūt-an*, ce qui est pris; prise, saisie. سهاى — *saŋgūt-an sahāya,* la saisie (le droit de saisie) sur un esclave (*D. M.* 323).

[Jav. ꦱꦺꦁꦒꦸꦠ꧀ *seŋgut,* traîner par terre.]

سغكت **seŋgut.**

مپغكت *meñeŋgut*, branler continuellement la tête, comme quelqu'un qui a envie de dormir (*Kl.*).

Prob. une corruption de سڠکق *sangguk*.

سڠکڤ sanggup, capable, habile, compétent; être en état de, pouvoir.

برسڠکڤ *ber-sanggup*, qui entreprend, qui essaie, qui s'engage à, qui peut. سکل انق رجاراج ايتڤون برسڠکڤله مڠڠکت ڤانه ايت *segala ānak raja-rāja itu-pūn ber-sanggup-lah meng-angkat pānah itu*, les jeunes princes essayèrent de lever l'arc (*R.* 30).

مڽڠکڤ *meñanggup*, se mettre en état de; montrer que l'on peut; promettre, se faire fort de. سرت مڽڠکڤ بوله مڠمبل تانه جاو *serta meñanggup būleh mengambil tānah jāwa*, promettant de prendre Java (*H. Ab.* 253).

On trouve aussi سڠکڤ *sangkup*.

[Jav. et Sund. ꦱꦁꦒꦸꦥ꧀ *sanggup*. Mak. ᨔᨂᨚ *sanggo*. Day. *sanggop*.]

سڠکمار sanggamāra, nom d'une arme, espèce de gaffe avec laquelle, dans le combat, on cherche à écarter le bouclier (*Kl.*).

La physionomie de ce mot semble annoncer une étymologie sanscrite; prob. de सङ्ग *sangga*, jonction, et मार *māra*, mort.

سڠکره singgaràh. Le sens de ce mot paraît très-incertain. D'après Marsd., Crawf. et Pij. il signifie *préparé*. Les traducteurs de la Bible ont pris son composé برسڠکره *ber-singgaràh* dans le sens de mourir. دموک سکلين سودران لکلاکي اي سده برسڠکره *di-mūka sa-kali-an sūdarā-ña laki-lāki ia sudah ber-singgaràh*, il mourut en présence de tous ses frères (*B.* 37).

Roorda V. le transcrit: *sanggrah*, et le traduit par *saigner*. D'où vient ce mot et ses différentes acceptions? On trouve en S. सङ्गर *sanggara*, contrat, et aussi *malheur*. Le *sanggrah* de Roord. V. ne viendrait-il pas de l'Espagnol ou du Portugais *sangrar*, saigner?

سڠکل sanggol, prédire, présager, dire la bonne aventure (*M.*).

سڠکل sanggul, nœud, bourrelet de cheveux: être noué, agraffé, relevé, retroussé. بوڠ يڠ دالم سڠکل توان ايت *būnga yang dālam sanggul tūan itu*, les fleurs qui sont entrelacées dans vos cheveux (*Indr.* 260). رمبت — *sanggul rambut*, un nœud, une tresse de cheveux. کاين — *sanggul kāin*, un nœud par lequel

ka-pada sārarg lebàh ītu sebàb tākut di-sergat-ña, n'osant pas approcher de cette ruche par la crainte d'être piqué (*H. Ab.* 25).

Prov. مولت باو مادو ڤنتت باو سغت *mūlut bāwa mādu pantat bāwa sergat*, la bouche porte du miel et la queue porte un aiguillon. Se dit des personnes qui devant nous ont de belles paroles et qui ensuite nous déchirent.

مڽغت *meñergat*, piquer. سڤرت كال داتغ مڽغت *seperti kāla dātarg meñergat*, comme un scorpion qui viendrait pour piquer (*S. Bid.* 127).

ڤڽغت *peñergat*, qui pique: nom d'une sorte de guêpes.

[Jav. ꦱꦶꦔꦠ꧀ *sirgat*, cornes d'un animal. Sund. *sargat*, venimeux, pernicieux. Day. *sirgit*, piquer dans le corps.]

سغڤ sergap, tranquille (parlant des enfants) (*Kl.*).

سغل sergal, douleur dans les membres, rhumatisme: la goutte aux pieds.

سغل sorgol? onguent pour les yeux, collyre.

les vêtements sont retenus. — چوچق *xūxuk sarggul*, épingle qui se porte dans les cheveux. — توتڤ *tūtup sarggul*, nom d'un ornement en or, qui sert à couvrir les cheveux d'une jeune mariée.

برسغكل *ber-sarggul*, qui a les cheveux en bourrelet, qui est agraffé. سرت مماكي دان برسغكل ليچين٢ *serta memākey dān ber-sarggul līxin-līxin*, s'occupant de s'habiller et d'arranger leurs cheveux (ne s'occupant que de leur toilette) (*H. Ab.* 91).

[Sund. ᮞᮍ᮪ᮌᮥᮜ᮪ *sarggul.*]

سغكل surggal, مڽغكل meñurggal, un fantôme ou lutin ayant la forme d'un nain (*Pij.*).

سغكسان sirggasāna, v. سغكهسان *sirggahsāna*.

سغت sirgat, sergat, aiguillon d'un insecte; piqué, être piqué par un insecte. اداله سغت ڤد ايكرن *adā-lah sergat pada īkor-ña*, il a un aiguillon à la queue. سغتله هاتي *sergat-lah hāti*, le cœur est piqué (*M.*). تياد براني همڤر ككد سارغ لبه ايت سبب تاكت دسغتن *tiāda berāni hampir*

سغسار sangsāra (S. संसार *sansāra*, vicissitude), souffrance, tourment, peine, affliction, embarras. اى سده كن سكل جنس سغسار *ia sudah kena segala jenis sangsāra*, il a enduré toutes sortes de souffrances (*P. M.*). مغجيكن سڤاى لڤس درى سغسار *meng-aji-kan supāya lepàs deri sangsāra*, il priait pour qu'il fût délivré de ses tourments (*M.*). سبب بيراڤ سغسار يغ درساءى اوله ابوك *sebàb be-brāpa sangsāra yang di-rasā-i ūleh ibū-ku*, à cause des peines que ma mère avait endurées (*H. Ab.* 14). منولغ دى درڤد سغسران *menūlung dīa deri-pada sangsarā-ña*, l'aider à sortir d'embarras (*M.*).

مپغسار *meñangsāra*, causer des peines, produire de la douleur, causer du tourment.

مپغسراكن *meñangsarā-kan*, tourmenter quelqu'un, martyriser. دبونهاله دغن بيراڤ سقس يغ دسغسراكنن *di-būnuh-ñā-lah dengan be-brāpa siksa yang di-sangsarā-kan-ña*, ils le firent mourir en lui faisant souffrir toutes sortes de tourments (*H. D.* 74).

كسغسراءن *ka-sangsarā-an*, souffrance, embarras. — تمبهله *tumbuh-lah ka-sangsarā-an*, il s'éleva des difficultés et des embarras (*M.*).

[Jav., Sund. ꦱꦁꦱꦫ *sangsara*.]

سغسي sengsey, hors de soi par la crainte, la joie, etc. (*Cr. Bengk.*).

سغسغ singsing, troussé, retroussé, relevé, élevé. دسغسغن تاغن بجون *di-singsing-ña tāngan bajū-ña*, il retroussait les manches de son habit (*S. Mal.* 153).

مپغسغ *meñingsing*, trousser, retrousser, relever, s'élever. — كاين *meñingsing kāin*, relever, retrousser son habit. فجر ڤون مپغسغله برڤغكت٢ *fejer pūn meñingsing-lah ber-pangkat-pangkat*, l'aurore se leva graduellement (*Indr.* 262).

[Jav. ꦱꦶꦁꦱꦶꦁ *xiñxing*. Bat. *siksik*. Mak. *kingking*.]

سغسغ songsong, escorte, camarade, pareil: être escorté, accompagné. تياد سغسغن *tiāda songsong-ña*, il n'a pas son pareil. هاوس — *songsong hāus*, nom d'un mollusque avec un beau coquillage orné de piquants (*Kl.*).

مپغسغ *meñoṅsoṅ*, accompagner, courir après quelqu'un pour le ramener.

سغسغ ***suṅsaṅ*,** dessus-dessous, devant-derrière, contre le cours naturel, à rebours.

مپغسغ *meñuṅsaṅ*, aller contre, aller à rebours. اغن — *meñuṅsaṅ āṅin*, aller contre le vent.

Prov. سفرت هلغ مپغسغ اغن *seperti halāṅ meñuṅsaṅ āṅin*, comme le milan qui vole contre le vent.

سچين ***sixīna*,** sorte d'escarbot ayant des taches blanches, grises et noires, de longues antennes et sur le dos quatre piquants (*Kl.*).

سچغكي ***sixaṅgey*,** v. چغكي *xaṅgey*.

سجارة ***sejārat*** (Ar. شجر), tige, tronc; chronique. دالم ببراڤ حكاية دان سجارة ملايو *dālam be-brāpa hikāyat dān sejārat malāyu*, dans un grand nombre d'histoires et de chroniques malaises (*H. Ab.* 374). ملايو — *sejārat malāyu*, titre d'un livre de chroniques malaises.

On trouve aussi سجارا *sejārā* et شجرة *šejarat*.

[Jav. et Sund. [Javanese script] *sajarah.*]

سجهتر ***sejahtra*,** paix, prospérité, vertu, perfection. سجهتر اتس بارغسياڤ مڠيكت جالن يڠ بتل *sejahtra ātas bāraṅ-siāpa meṅ-īkut jālan yaṅ betūl*, paix soit sur tous ceux qui marchent dans le droit sentier (de la religion). اداله سجهتر دالم نكري *adā-lah sejahtra dālam nagrī*, il y a paix et sécurité dans la ville (*M.*). مڠرجاكن كرجاءن رجان دڠن سجهتر *meṅarjā-kan karjā-an rajā-ña deṅan sejahtra*, servir le roi avec perfection (*M. R.* 223).

سجود ***sujūd*** (Ar. سجد), se prosterner, se baisser, s'agenouiller, adorer. سري رام ڤون سجودله كڤد كاكي ايهن *srī rāma pūn sujūd-lah ka-pada kāki āyah-ña*, Sri Rama se prosterna aux pieds de son père (*R.* 26). سجود دڠن توجه اڠكوت ياءيت داهي دان كدو تاڤق تاڠن دان كدو لوتت دان ڤرت جاري كاكي كدو *sujūd deṅan tūjuh aṅgōta iā-ītu dāhi dān ka-dūa tāpak tāṅan dān ka-dūa lūtut dān prūt jāri kāki ka-dūa*, le

سغسار **sangsāra** (S. संसार saṅsāra, vicissitude), souffrance, tourment, peine, affliction, embarras. اى سده كن سكل جنس سغسار *ia sudah kena segala jenis sangsāra*, il a enduré toutes sortes de souffrances (*P. M.*). مغجيكن سفاى لفس درسغسار *meng-aji-kan supāya lepàs deri sangsāra*, il priait pour qu'il fût délivré de ses tourments (*M.*). سبب بيراڤ سغسار يغ درساءى اوله ابوك *sebàb be-brāpa sangsāra yang di-rasā-i ūleh ibū-ku*, à cause des peines que ma mère avait endurées (*H. Ab.* 14). منولغ دى درفد سغسراان *menūlung dia deri-pada sangsarā-ña*, l'aider à sortir d'embarras (*M.*).

مپغسار *meñangsāra*, causer des peines, produire de la douleur, causer du tourment.

مپغسراكن *meñangsarā-kan*, tourmenter quelqu'un, martyriser. دبونهپاله دغن بيراڤ سقس يغ دسغسراكنپ *di-būnuh-ñā-lah dengan be-brāpa siksa yang di-sangsarā-kan-ña*, ils le firent mourir en lui faisant souffrir toutes sortes de tourments (*H. D.* 74).

كسغسراءن *ka-sangsarā-an*, souffrance, embarras. — تمبهله *tumbuh-lah ka-sangsarā-an*, il s'éleva des difficultés et des embarras (*M.*).

[Jav., Sund. ꦱꦁꦱꦫ *sangsara.*]

سغسى **sengsey**, hors de soi par la crainte, la joie, etc. (*Cr. Bengk.*).

سغسغ **singsing**, troussé, retroussé, relevé, élevé. دسغسغن تاغن بجون *di-singsing-ña tāngan bajū-ña*, il retroussait les manches de son habit (*S. Mal.* 153).

مپغسغ *meñingsing*, trousser, retrousser, relever, s'élever. — كاين *meñingsing kāin*, relever, retrousser son habit. فجر فون مپغسغله برفغكت٢ *fejer pūn meñingsing-lah ber-pangkat-pangkat*, l'aurore se leva graduellement (*Indr.* 262).

[Jav. ꦱꦶꦚ꧀ꦱꦶꦁ *siñsing*. Bat. [Batak script] *siksik*. Mak. [Makassar script] *kingking*.]

سغسغ **songsong**, escorte, camarade, pareil: être escorté, accompagné. تياد سغسغن *tiāda songsong-ña*, il n'a pas son pareil. هاوس — *songsong hāus*, nom d'un mollusque avec un beau coquillage orné de piquants (*Kl.*).

مپغسغ *meñoṅsoṅ*, accompagner, courir après quelqu'un pour le ramener.

سغسغ **suṅsaṅ,** dessus-dessous, devant-derrière, contre le cours naturel, à rebours.

مپغسغ *meñuṅsaṅ*, aller contre, aller à rebours. اغين — *meñuṅsaṅ āṅin*, aller contre le vent.

Prov. سڤرت هلڠ مپغسغ اڠين *seperti halàṅ meñuṅsaṅ āṅin*, comme le milan qui vole contre le vent.

سچين **sixina,** sorte d'escarbot ayant des taches blanches, grises et noires, de longues antennes et sur le dos quatre piquants (*Kl.*).

سچڠکي **sixaṅgey,** v. چڠکي *xaṅgey*.

سجارة **sejārat** (Ar. شجر), tige, tronc; chronique. دالم بيراڤ حکاية دان سجارة ملايو *dālam be-brāpa hikāyat dān sejārat malāyu*, dans un grand nombre d'histoires et de chroniques malaises (*H. Ab.* 374). ملايو — *sejārat malāyu*, titre d'un livre de chroniques malaises.

On trouve aussi سجارا *sejārā* et شجرة *šejarat*.

[Jav. et Sund. ꦱꦗꦫꦃ *sajarah*.]

سجهتر **sejahtra,** paix, prospérité, vertu, perfection. سجهتر اتس بارڠسياڤ مڠيکت جالن يڠ بتل *sejahtra ātas bāraṅ - siāpa meṅ - īkut jālan yaṅ betùl*, paix soit sur tous ceux qui marchent dans le droit sentier (de la religion). اداله سجهتر دالم نکري *adā-lah sejahtra dālam nagrī*, il y a paix et sécurité dans la ville (*M.*). مڠرجاکن کرجاءن رجاڽ دڠن سجهتر *meṅarjā-kan karjā-an rajā-ña deṅan sejahtra*, servir le roi avec perfection (*M. R.* 223).

سجود **sujūd** (Ar. سجد), se prosterner, se baisser, s'agenouiller, adorer. سري رام ڤون سجودله کڤد کاکي ايهڽ *sri rāma pūn sujūd-lah ka-pada kāki āyah-ña*, Sri Rama se prosterna aux pieds de son père (*R.* 26). سجود دڠن توجه اڠکوت ياءيت داهي دان کدو تاڤق تاڠن دان کدو لوتت دان ڤرت جاري کاکي کدو *sujūd deṅan tūjuh aṅgōta iā-ītu dāhi dān ka-dūa tāpak tāṅan dān ka-dūa lūtut dān pràt jāri kāki ka - dūa*, le prosternement des sept membres, c'est-à-dire, en posant à terre le front, la paume de chaque main, les deux genoux et le dedans des deux orteils (*M.*). كتانه — *sujūd ka-tānah*, s'incliner jusqu'à terre. Ce mot se joint souvent à سمبه *sembah*, surtout lorsqu'il a le sens d'adorer. جكلو اغكو منيارڤ دڠن سمبه سجود ڤداكو *jikalaw aŋkaw meniyārap deŋan sembah sujūd padāku*, si en vous prosternant vous m'adorez (*N.* 5).

سجق sajak, pour سجح *sejaḥ*, et aussi pour سجع *seja*, v. ces deux mots.

سجق sejuk, froid, frais; rafraîchissant. — اير *āyer sejuk*, de l'eau froide. — موسم *mūsim sejuk*, la saison froide. — مالم *mālam sejuk*, une nuit froide. — تمڤت *tampat sejuk*, un endroit frais. — ساكت *sākit sejuk*, malade pour avoir pris froid. مك ايرڽ ترلالو سجق *maka āyer-ña ter-lālu sejuk*, or l'eau en était très-fraîche (*Sul. Ibr.* 3). هاتي — *sejuk hāti*, content, tranquille, heureux. سڤاي سجق هاتي همب اورڠ توا اين *supāya sejuk hāti hamba ōraŋ tuwā ini*, afin que je sois tranquille et heureux dans mes vieux jours (*R.* 172). تس — *sejuk tis*, extrêmement froid.

مپجق *meñejuk*, refroidir, se refroidir.

مپجقكن *meñejuk-kan*, rafraîchir, refroidir, faire refroidir. بدن — *meñejuk-kan badan*, rafraîchir le corps. دچلڤن هوجڠ جريڽ كدالم اير لالو دسجقكنڽ ليدهك *di-xelòp-ña hūjuŋ jarī-ña ka-dālam āyer lālu di-sejuk-kan-ña lidah-ku*, qu'il trempe le bout de son doigt dans l'eau, et qu'il me rafraîchisse la langue (*N.* 129).

كسجوكن *ka-sejuk-an*, qui est devenu froid, froidure. دڤاكيڽ سليمت برلاڤس ٢ سڤاي جاڠن كسجوكن *di-pākey-ña salīmut ber-lāpis-lāpis supāya jāŋan ka-sejuk-an*, il s'enveloppera de plusieurs habits l'un sur l'autre, de peur de se refroidir (*R. V.*).

سجت sejat, sécher en secouant ou en frappant (*Cr.*).

سجم sejam, culbuter, faire la culbute.

ترسجم *ter-sejam*, culbuté, qui fait la culbute.

سجل sejil (Ar.), registre, rouleau, une cédule. سراتو سجل يڠ

ترمترى *suātu sejil yang termatrèy*, un rouleau cacheté.

سجح **sejaḥ** (Ar.), complexion moyenne, être ni trop maigre ni trop chargé de chairs.

سجع **seja** (Ar.), rime, cadence, mètre, vers, pièce de vers. سجعن جڠكل باپق *seja-ña janggal bāñak*, les vers en sont très-défectueux (*S. Bid.* 167).

ستاور **sitāwar.** — داون *dāun sitawar*, nom de feuilles employées en médecine (*Kl.*).

ستاك **sitāka,** nom d'une plante (*plumbago rosea*).

ستى **setti, setī** (Ar. ست), dame, maîtresse. مريم — *setī mariam*, la dame Marie, la sainte Vierge, la mère de Jesus-Christ (*P. M.*). استرين نماڽ ستى سارا *istrī - ña namā-ña setī sāra*, son épouse se nommait la dame Sara (*H. D.* 20). دتولڠ اوله ستى دايڠ *ditūlung ūleh setī dāyang*, elle était aidée par les dames d'honneur de service (*M.*).

[Jav. et Sund. ꦱꦶꦠꦶ *siti.*]

ستى **satīya, satīa** (S. सत्य *satya*), vérité, fidélité, loyauté. تيداله تڬه ستياڽ *tiadā-lah tegùh satiā-ña*, leur fidélité n'est pas à l'épreuve. — مڠوبهكن *meng-ūbah-kan satīa*, manquer de fidélité. — سمڤه *sumpah satīa*, serment de fidélité (*M.*).

برستى *ber-satīa*, fidèle, loyal, véritable. استريك ترلالو برستى كڤداكو *istrī-ku ter-lālu ber-satīa ka-padā-ku*, mon épouse m'est extrêmement fidèle (*R.* 88). جكلو اڠكو تياد ماو برستى دڠن اكو *jikalaw angkaw tiāda māu ber-satīa dengan āku*, si vous ne voulez pas m'être fidèle (*R.* 122). تياد برستى كڤد ناخدا *tiāda ber-satīa ka-pada nāḳodā*, il n'est pas fidèle envers le capitaine (*Cod. Mal.* 402).

كستياءن *ka-satiā-an*, qui est gardé avec fidélité, acte de fidélité. دان درڤد كستياءن اين يڠ اڠكو سده برلكوكن سام همبام *dān deri-pada ka-satiā-an īnī yang angkaw sudah ber-lakū-kan sāma hambā-mu*, et de la fidélité gardée dans les promesses que vous avez faites à votre serviteur (*B.* 52).

برستى ستياءن *ber-satīa-satiā-an*, être fidèle l'un à l'autre. — كيت *kīta ber-satīa-satiā-an*, soyons nous réciproquement fidèles (*R.* 99).

[Jav. ꦱꦠꦾ *satya* et ꦱꦼꦠꦾ *sexa.* Sund. ꦱꦠꦾ *saxa*, fidélité. ꦏꦱꦠꦾꦄꦤ꧀

sa-telāh sudah mandi, après qu'il se fut baigné. ملك حكاية سده دكارڠكنڽ *maka ḥikāyat sudah di-kārang-kan-ña*, il a composé l'histoire.

تاسده *tā-sudah*, sans cesse, continuellement, sans fin.

مپده *meñudah*, finir, terminer.

مپداهي *meñudāh-i*, mettre fin à, compléter, accomplir, exaucer. دعاڽ — *meñudāh-i doā-ña*, exaucer leurs prières.

مپدهكن *meñudah-kan*, finir, terminer, achever, compléter quelque chose. بيچار — *meñudah-kan bicāra*, terminer une affaire. ڤراهو ڤون همڤر دسدهكن *prāhu pūn hampir di-sudah-kan*, le navire était presque achevé. اي مپدهكن كتاب اين *ia meñudah-kan kitāb ini*, il termine ce livre (*M. R.* 219).

ڤپده *peñudah*, qui finit, qui termine.

ڤپداهن *peñudāh-an*, action de finir, de terminer, achèvement, perfectionnement.

سداهن *sudāh-an*, fin, terme. در ملاڽ داتڠ كسداهنڽ سمواڽ دچريتراكنڽ *deri mulā-ña dātang ka-sudāh-an-ña samuā-ña di-cerītrā-kan-ña*, il raconta tout, depuis le commencement jusqu'à la fin (*R.* 115).

كسداهن *ka-sudāh-an*, fin, conclusion, consommation. — تاهن *ka-sudāh-an tāhun*, la fin de l'année.

بركسداهن *ber-ka-sudāh-an*, qui a une fin, qui a un terme. تياد اي بركملاءن دان تياد بركسداهن *tiāda ia ber-ka-mulā-an dān tiāda ber-ka-sudāh-an*, il est sans commencement et sans fin (*M. R.* 29).

سدى **sadīya, sadīa** (S. साद्य *sādya*), antérieur, ancien, déjà, avant le temps présent. اكوسدى ديم ددالم نڬري اين جوڬ *āku sadīa dīam di-dālam nagrī ini jūga*, depuis longtemps je demeure dans ce pays (*R.* 133). كتكات اورڠ يڠ سدى *kata-kāta ōrang yang sadīa*, contes du vieux temps. بواڽ ڤولڠ كڤد تمڤتڽ سدى *bawā-ña pūlang ka-padu tampat-ña sadīa*, reconduisez-le à son ancienne demeure (*M.*). كيت سدى ساله ڤداڽ *kīta sadīa sālah padā-ña*, j'ai été coupable à son égard (*S. Mal.*).

سديكال *sadia-kāla*, le vieux temps, le temps passé. تيداله سڤرت سديكال *tiadā-lah seperti sadia-kāla*, il n'est pas comme ci-devant, comme au temps passé

(*M.*). مك دسمڤنڽ سڤرت عادة سديكال *maka di-simpan-ña seperti ādat sadia-kāla*, et il le conserva selon la coutume des temps anciens (*Ism. Yat.* 8).

سدى **sedīya, sedīa** (S. सज्ज *sajja*), prêt, préparé, paré. دان سدى لڠكڤ سكلين *sa-kalīan langkap dān sedīa*, tous étaient équipés et prêts. اى داتڠ سدى *īa dātang sedīa*, il arriva tout préparé. اد ڤون اكو داتڠ اين سدى هندق مندڤتكن توانهمب *ada pūn āku dātang īni sedīa hendak men-dāpat-kan tūan-hamba*, je viens tout exprès pour vous trouver, mon maître (*M.*).

برسدى *ber-sedīa*, qui est prêt, qui est préparé.

مڽدى *meñedīa*, préparer, se préparer.

مڽدياكن *meñediā-kan*, préparer, apprêter quelque chose. دان انق ساڤى يڠ تله دسورهڽ سدياكن ايت *dān ānak sāpi yang telāh di-sūruh-ña sediā-kan ītu*, et le veau qu'il avait ordonné de préparer (*B.* 23). سدياكنله ايت *sediā-kan-lah ītu*, préparez cela.

برسدياكن *ber-sediā-kan*, qui se prépare, qui fait préparer.

ڤڽدى *peñedīa*, qui prépare, préparateur.

ڤڽدياٴن *peñediā-an*, action de préparer, préparation, préparatifs.

كسدياٴن *ka-sediā-an*, qui est préparé; préparation. بركاستكن ككيكاكى دڠن كسدياٴن انجيل سلامة *ber-kāsut-kan kaki-kāki dengan ka-sediā-an injīl salāmat*, chausser les pieds en préparation à l'évangile du salut (*N.* 322).

[Jav. ꦱꦢꦶꦪ *sadiya*. Sund. ᮞᮓᮤᮚ *sadiya*.]

سديكال **sadīyakāla**, v. سدى *sadīya*.

سديكت **sa-dīkit**, v. ديكت *dīkit*.

سديڠن **sidīngin**, v. sous ديڠن *dingin*.

سدو **sedū**, sanglot, soupir; sangloté.

سدو٢ *sedū-sedū*, nom d'une plante (*euphorbia nereifolia*).

مڽدو *meñedū*, sangloter, soupirer (*R. V.*).

ترسدو *ter-sedū*, sanglotant, soupirant. باڽق يڠ مناڠس ترسدو٢ *bāñak yang menāngis ter-sedū-sedū*, un grand nombre pleuraient et sanglotaient (*Sul. Ab.* 57).

سدو **sedū**, plongé dans l'eau (*Cr. Batav.*).

سدق **sedàḳ**, chatouillement, titillation dans la gorge (*Cr.*).

ترسدق *ter-sedàḳ*, pénible, difficile à avaler à cause d'enflure dans la gorge (*Kl.*).

سدكال **sadakāla** (S. सदा काल *sadā-kāla*), toujours, sans cesse, constamment, ordinairement. سدكال اى برچنتاكن تون فترى *sadakāla īa ber-xintā-kan tūan putrī*, il éprouvait constamment des sentiments pour la princesse (*R.* 131). سدكال سفرت هارى راى *sadakāla seperti hārī rāya*, continuellement comme un jour de fête (*M.*).

سدڠ **sedàṅ**, tandis, pendant; car, vu que; assez, modéré, moyen. تيدر — *sedàṅ tīdor*, pendant le sommeil. سدڠ اى سأورڠ ديرى *sedàṅ īa sa-ōraṅ dīri*, tandis qu'il était seul. دمناكه فاتق اكن دافت سدڠ اورڠ يڠ بسر٢ تياد مڠرجاكن دى *dimanā-kah pātek ākan dāpat sedàṅ ōraṅ yaṅ besàr-besàr tiādā meṅarjā-kan dīa*, comment pourrais-je le faire, puisque de très-grands hommes ne peuvent en venir à bout? (*M.*). سدڠ حكاية ايت ممباو چريترا يڠ دست *sedàṅ ḥikāyat ītu mem-bāwa xeritrā yaṅ dusta*, vu que ces histoires racontent des choses fausses (*M. R.* 223). كدڠ — *sedàṅ gedàṅ*, assez grand, d'une moyenne grandeur. توا — *sedàṅ tuā*, entre deux âges. كفال يڠ سدڠ ايت تند فڠتهوءن *kapāla yaṅ sedàṅ ītu tanda peṅa-tahū-an*, une tête de moyenne grosseur indique de l'intelligence (*M. R.* 189).

سدڠكن *sedàṅ-kan*, pendant que, cependant, même, puisque. سدڠكن كاجه يڠ بركاكى امفت تركادڠ جاته *sedàṅ-kan gājah yaṅ ber-kākī ampat ter-kādaṅ jātuh*, l'éléphant même, qui a quatre pieds, tombe quelquefois (*H. Ab.* 76).

[Sund. id. Jav. *sedeṅ*. Bat., Mak. *sadaṅ*, même. Day. *sadaṅ*, modéré. Bis. [Bisaya script] *sadaṅ*, assez, modéré.]

سدت **sedàt**, vague, indéterminé (en parlant des pensées).

سدت **sedùt**, envie, malveillance, jalousie. فد سدتن دى بوت ايت *pada sedùt-ña dīa būat ītu*, il le fit par jalousie.

مڽدت *meñedùt*, avoir de la malveillance pour quelqu'un; affronter, insulter.

سدن sedàn = سدو *sedū*, sanglot.

سدڤ sedàp, agréable, qui fait plaisir, qui flatte les sens, délicat. ملك دكرجاكنڽاله بارڠ مكانن سدڤ سڤرتي سكاله بڤاڽ *maka di-karjā-kan-ñā-lah bāraṅ makān-an sedàp seperti sukā-lah bapā-ña*, elle prépara un mets agréable, qu'elle savait être du goût de son père (*B.* 41). ڤركتاءن يڠ سدڤ *per-katā-an yaṅ sedàp*, des paroles agréables. هاتي — *sedàp hāti*, agréable au cœur. بدنك اد سدڤ *badàn-ku ada se-dàp*, je me trouve bien. مالم — *sedàp mālam*, nom d'une fleur blanche et odoriférante.

مپدڤكن *meñedàp-kan*, faire plaisir, contenter, satisfaire, rendre agréable. هاتي — *meñe-dàp-kan hāti*, réjouir le cœur.

ممڤرسدڤكن *mem-per-sedàp-kan*, faire réjouir, faire devenir content, faire devenir agréable.

سداڤن *sedāp-an*, friandises, délicatesses, chose agréable, dé-lices. رتيڽ اكن ممبري سدڤ سداڤن راج *rotī-ña ākan mem-brī sedàp-sedāp-an rāja*, son pain fera les délices des rois (*B.* 83).

ڤپداڤن *peñedāp-an*, action de réjouir, de faire plaisir, de divertir.

كسداڤن *ka-sedāp-an*, qui est réjoui, qui est affriandé, qui est satisfait.

[Jav. ꦱꦼꦝꦼꦥ꧀ *sedep.*]

سدڤ sedàp, nom d'une faucille qui sert à couper l'herbe (*Pij.*).

سدر sedàr, avoir ses sens, avoir sa connaissance, être réveillé; se souvenir, souvenir. سكتيك اي سدرله درڤد مرچاڽ *sa-kotīka ia sedàr-lah deri-pada murxā-ña*, aussitôt qu'elle fut revenue de son évanouissement. سدر درڤد منومن *sedàr deri-pada minūm-an*, désenivré. ملك ايڤون سدر اكن دريڽ *maka ia-pūn sedàr ākan dirī-ña*, alors il se trouva revenu à lui-même (*R.* 124). اكن ممبري سدر كڤد راج *ākan mem-brī sedàr ka-pada rāja*, pour en rappeler le souvenir au roi (*M.*).

برسدر *ber-sedàr*, qui a ses sens.

مپدر *meñedàr*, se ressouvenir, se rappeler, se remettre, recouvrer le sentiment. امڤت هاري امڤت مالم تياد مپدر *ampat hāri ampat mālam tiāda meñedàr*, pendant quatre jours et quatre nuits, il ne recouvrit pas ses sens (*M.*). ارتيڽ مپدرم *artī-ña me-*

ñedàr-mu, le but de ceci est de vous faire ressouvenir (*M.*).

ترسدر *ter-sedàr*, qui se rappelle, qui se souvient, se rappelant. ترسدرله اى اكن سودران سراى مناڠس *ter-sedàr-lah ia ākan sūdarā-ña serāya menāṅis*, il se rappela son frère, et là dessus il se mit à pleurer (*M.*).

ميدركن *meñedàr-kan*, faire ressouvenir, rappeler à la mémoire, faire revenir quelqu'un à ses sens. تياد ككند ميدركن توان بارڠ سكتيك *tiāda kakanda meñedàr-kan tūan bāraṅ sa-kotika*, je n'ai pas pu me rappeler un seul instant à votre mémoire (*Bis. Raj.* 58).

ترسدركن *ter-sedàr-kan*, qui est rappelé à la mémoire, dont on se souvient. ملك ايڤون چوچر اير متاڽ ترسدركن راج *maka ia-pūn čūčur āyer matā-ña ter-sedàr-kān rāja*, ses larmes coulaient lorsque la pensée du roi était rappelée à sa mémoire (*Ism. Yat.* 55). ترسدركن كاسه بند *ter-sedàr-kan kāsih bunda*, se rappelant la tendresse de sa mère.

[Bat. [Batak script] *sodar*.]

سدران ***sedrāna*** (S. सन्धारन *sandārana*, répression, compression), modéré, tempéré, médiocre, moyen. توبه‌ڽ سدڠ سدران *tūbuh-ña sedàṅ sedrāna*, il était d'une taille moyenne. تكال سدران بدن درڤد هاڠت دان سجق كرڠ دان باسه *tatkāla sedrāna badàn deri-pada hāṅat dān sejùk krìṅ dān bāsah*, lorsque le corps n'est ni trop chaud ni trop froid, ni trop sec ni trop humide (*M.*).

On trouve souvent سدرهان *sedarhāna*.

سدرى ***sadarīya***, pièce d'habillement dont se servent les pélerins.

Peut-être le سيدارة *sīdārat* des Arabes, selon *Kl.*; mais aussi peut-être du Port. *sudario*.

سدل ***sedàl***, aigre, sur, acide, rude (*Cr. Batav.*).

سدلڠڬم ***sadaleṅgam***, vermillon.

[Bat. [Batak script] *saleṅgam*.]

سدس ***sudus*** (Ar.), la sixième partie, un sixième (*D. M.* 121).

سن ***sana*** (S. सन *sana*, éclat, lustre, nom d'un arbre, *pentaptera tomentosa*), nom d'un grand arbre à fleurs, dont le bois sert à faire des meubles. دتانم ڤوکق سن *di-tānam-ña pōkok sana*, on y avait planté des arbres *sana* (*H. Ab.* 56).

On trouve aussi سان *sāna* et سنا *senā*. v. aussi اڠسان *aŋsāna*.

[Jav. *sana*. Bat. *sona*.]

سن sena. داون سن ماکی *dāun sena māki*, feuilles de séné; purgatif très-connu (ne confondez pas avec سن *sana*).

سناوی senāwi, passagers qui, à bord d'un navire, travaillent pour acquitter leur passage (*Cod. Mal.* 393).

سناور sināwar, sorte d'aréquier.

[Bat. *sindawar*.]

سناڠن senāŋin, nom d'un poisson (*Pij.*).

سناڤڠ senāpaŋ (Holl. *snaphaan*), fusil, arme à feu. — باتو *bātu senāpaŋ*, pierre à fusil. سناڤڠ دو ڤوچق *senāpaŋ dūa pūxuk*, deux fusils. رڤاڽ سدى داسين سناڤڠڽ *rupā-ña sedia di-isī-ña senāpaŋ-ña*, il paraissait disposé à charger son fusil (*H. Ab.* 66). — کمبر *senāpaŋ kambar*, un fusil à double coup.

سنى senī, fin, menu, délicat, petit, fluet, délié. مك اى جادى سنى تڠڬيڽ سجڠکل *maka ia jādi senī tiŋgī-ña sa-jaŋkal*, alors il devint petit, sa taille n'étant plus que d'un empan (*R.* 131). باجو رنتى يڠ سنى خلقهڽ *bāju rantey yaŋ senī kalkah-ña*, une cotte d'armes faite de petits anneaux (*M.*). سوار يڠ سنى *suāra yaŋ senī*, une voix délicate. — باتو *bātu senī*, une petite pierre, un petit caillou. — اير *āyer senī*, urine. بوڠ اير سنى *būaŋ āyer senī*, uriner. — اولر *ūlar senī*, petite espèce de serpent.

[Jav. *sené*, urine.]

سنى suniya, sunīa, calme, tranquille, paisible, apaisé. — اورڠ *ōraŋ sunīa*, une personne paisible. سکالى تيدق برهاتى سنى *sa-kāli tidak ber-hāti sunīa*, le cœur n'est jamais tranquille.

برسنى *ber-sunīa*, qui est paisible, tranquille.

مپنياکن *meñuniā-kan*, apaiser, tranquilliser, calmer.

برسنياکن *ber-suniā-kan*, qui tranquillise, qui calme, qui apaise. کات يغ بايق برسنياکن هاتی ساکلين اورغ *kāta yaṅ bāik ber-suniā-kan hāti sa-kalī-an ōraṅ*, les bonnes paroles calment le cœur de tout le monde (*M. R.* 120).

On trouve aussi سونی *sūña*, v. ce mot. Au reste سنی *sunīa* et سونی *sūña* ne sont probablement que des modifications de سوپی *sūñi*, v. ce mot.

سنيکی **senīkey**, échelle d'escalade, d'assaut (*Kl.*).

سنين **senēn** = اسنين *isnēn*.

سنونه **senūnuh**, modeste, décent, modéré, convenable, raisonnable. تيداله سنونه بربوت دمکين *tiadā-lah senūnuh ber-būat demikīan*, il n'est pas convenable d'en agir ainsi (*B.* 97).

[Day. *sanunoh*, studieux.]

سنق۲ **senàḳ-senàḳ**, douleur, crampe d'estomac. داره — *senaḳ dārah*, perte de sang (*Kl.*).

سنڬ **sang** (Pers.), pierre.

سنغ **senàṅ**, tranquille, paisible, en paix, à son aise, avoir du loisir, pouvoir facilement. هاتی — *senàṅ hāti*, contentement, satisfaction. اکواين تياد بوله سنغ *āku īni tiāda būleh senàṅ*, je ne puis être en paix (*H. Ab.* 40.) تياد اکو سنغ اکن بربوت فکرجاءن ايت *tiāda āku senàṅ ākan ber-būat pe-karjā-an ītu*, je n'ai pas le loisir de me livrer à ce travail. بوله سهای اورغ سنغ بلاجر *būleh sahāya ōraṅ senàṅ bel-ājar*, nous pourrons apprendre facilement (*H. Ab.* 136).

برسنغ *ber-senàṅ*, qui est tranquille, qui est en paix.

مپنغ *meñenàṅ*, contenter, satisfaire, prendre du loisir.

مپنغکن *meñenàṅ-kan*, tranquilliser, mettre quelqu'un à son aise.

کسناغن *ka-senāṅ-an*, paix, repos, loisir.

[Jav. [Javanese script] *seneṅ*. Sund. [Sundanese script] *senaṅ*. Mak. [Makassarese script] *sannaṅ*. Day. *sanaṅ*.]

سنغݢه **sinaṅgth**, nom d'un poisson (*Pij.*).

سنج **senja** (S. सन्ध्या *sandyā*, crépuscule), rouge du soir, crépuscule du soir. کال — *senja kāla*, le temps du crépuscule du soir, le soir. هاری ڤون همڤرله سنج کال *hāri pūn hampir-lah senja kāla*, le jour était sur son déclin, on était à la brune (*H. Ab.* 227). اڤيل سنج کال هندقله دتوتڤ ڤنتو *apa-bīla senja kāla hendak-lah di-tūtup pintu*, à la soirée on doit fermer les portes (*M.*).

On trouve aussi سنج *senja* formant un seul mot avec کال *kāla*. سنجکال *senjakāla*.

[Bat. [Batak script] *sonja*. Jav. [Javanese script] *xandikkala*, crépuscule du soir.]

سنج ***senja***, assis, être assis (*Kl.*).

سنجات ***senjāta*** (S. सज्ज *sajja*, armé), armes offensives: des armes: signes orthographiques dans l'écriture. — گدڠ *gedoṅ senjāta*, un arsenal. — آلة *ālat senjāta*, armes, instruments de guerre. — برماين٢ *ber-māin-māin senjāta*, faire l'exercice avec des armes. سنجات يڠ امت سقتی *senjāta yaṅ āmat sakti*, des armes douées d'une vertu extraordinaire. دتمڤهکن کڤدان دڠن سݢل سنجات *di-tampuh-kan-ña ka-padā-ña deṅan segala senjāta*, ils l'attaquèrent avec toutes leurs armes (*R.* 39).

برسنجات *ber-senjāta*, qui a des armes, qui est armé. مك ايڤون ماسڠ٢ کلورله دڠن تياد برسنجات *maka ia-pūn māsiṅ-māsiṅ ka-lūar-lah deṅan tiāda ber-senjāta*, chacun d'eux sortit sans être armé (*Ism. Yat.* 90).

[Kw. [Kawi script] *sanjata*. Bat. [Batak script] *sonjata*. Mak. [Makassar script] *sanjata*. Day. *sandata*.]

سنجه ***sinjuh***, déchirer, arracher (*M.*).

سنجم ***sunjam*** = سجم *sejam*.

سنيڤ ***senñap, señap***, inculte, inhabité, solitaire. Ce mot se trouve ordinairement joint à سوني *sūñi*. تمڤت سوني سنيڤ *tampat sūñi senñap*, un endroit sauvage et solitaire. سوني سنيڤ سڤرت نݢری يڠ اله *sūñi senñap seperti nagrī yaṅ ālah*, ruiné et désert comme une ville conquise (*M.*).

On trouve aussi سڠڤ *seṅap*. v. aussi سوني *sūñi*, سوڽ *sūña* et سنی *sunīa*.

سنيم ***sinñum***, un sourire. — سنيم مانس *sinñum mānis*, un sourire agréable.

ترسنم *ter-sinñum*, sourire. ايڤون ترسنم سراى كتان *ïa-pūn ter-sinñum serāya katā-ña*, il sourit en disant (*R.* 56). مك ككين ڤون كلهاتن سديكت سفرت لاكو اورغ يغ ترسنم *maka gigī-ña pūn kalihāt-an sa-dīkit seperti lāku ōrang yang ter-sinñum*, et ses dents devinrent en partie visibles, comme lorsqu'on sourit (*M.*). ترسنم٢ سمڤل *ter-sinñum-sinñum simpul*, sourire légèrement. ترسنم سرت مرك *ter-sinñum serta murka*, sourire de colère.

سنڤقغ **senñampang**, heureusement, par bonheur (*Cr.*); juste à temps, au moment, dès que (*Kl.*).

سنڤر **sinñor** (Port. *senhor*), monsieur, seigneur.

سنت **senet** (Ar.), an, année. كڤد تاهن مسيحى 1846 يائيت كڤد هجرة سنت ١٢٦٢ *ka-pada tāhun meseḥi 1846 ïā-ītu ka-pada hejrat senet* ١٢٦٢, en l'année chrétienne 1846, c'est-à-dire, en l'année 1262 de l'hégire (*H. Ab.* 418).

سنة **sonnat** (Ar. سن), usage, tradition, pratiques qui ne sont pas expressément ordonnées par le Coran. راج ايت جاڠن تڠݢلكن سنة *rāja ītu jāngan tinggal-kan sonnat*, le roi doit bien se garder d'abandonner les traditions (*M. R.* 82).

سنة **sonnat, sonat** (Ar.), la circoncision. اهل السنة و الجماعة *ahel es-sonat u el-jumāat*, les gens circoncis et qui font partie de l'assemblée des croyants (*M. R.* 31). — توكڠ سنة *tūkang sonat*, celui qui circoncit (*H. Ab.* 33).

برسنة *ber-sonat*, qui est circoncis. اورڠ يڠ تياد برسنة *ōrang yang tiāda ber-sonat*, les incirconcis.

مينتكن *meñonat-kan*, circoncir quelqu'un. مك ستله سده دسنتكن *maka sa-telàh sudah di-sonat-kan*, aussitôt que j'eus été circoncis (*H. Ab.* 33).

سنت **senta**, nom que l'on donne aux pièces de bois sur lesquelles reposent les poutres du pont, dans un navire.

سنتاجى **sentāji**, licou, courroie, lien, lacet.

سنتادو **sintādu** = چتادو *xintādu*.

سنته **suntuh**, touché, rencontré, heurté. سنته دڠن تاڤق تاڠن *sun-*

tuh deŋgan tāpak̤ tāŋgan, touché du plat de la main.

مپنته *meñuntuh*, toucher, rencontrer, heurter, trébucher. منچيوم دی اتو مپنته دی اتو مليهت دی *men-xium dia ātaw meñuntuh dia ātaw me-lihat dia*, le flairer, le toucher ou le regarder (*M.*). جاڠن کامو مپنته کتاب ملاينکن اورڠ يڠ سوچی *jāŋgan kāmu meñuntuh kitāb me-lāin-kan ōraŋ yaŋ sūxi*, ne touchez pas au livre, hormis ceux d'entre vous qui sont purs (*M.*).

مپنتهکن *meñuntuh-kan*, heurter, faire heurter contre q. ch. سڤاى جاڠن اڠکو سنتهکن ککيم ڤد باتو *supāya jāŋgan aŋkaw suntuh-kan kakī-mu pada bātu*, de peur que vous ne heurtiez le pied contre quelque pierre (*N.* 4).

ڤپنته *peñuntuh*, qui heurte, qui tombe.

ڤپنتوهن *peñuntūh-an*, action de toucher, de heurter; heurt, choc, coup.

سنتوهن *suntūh-an*, rencontre, attouchement.

کسنتوهن *ka-suntūh-an*, ce qui est touché, contre quoi on se heurte; choc, achoppement. اى اکن جادى باتو کسنتوهن *ia ākan jādi bātu ka-suntūh-an*, il deviendra une pierre d'achoppement (*B.* 971).

برسنتهسنتوهن *ber-suntuh-suntūh-an*, qui se touchent ou se heurtent réciproquement. مك برسنتهسنتوهنله انق ۲ ددالم ڤرتن *maka ber-suntuh-suntūh-an-lah ānak-ānak di-dālam prut-ña*, et les deux enfants, dont elle était enceinte, s'entrechoquèrent dans son sein (*B.* 37).

سنتياس *santiyāsa, santiāsa* (S. नित्यश *nityaça*), toujours, sans cesse, continuellement. — هاری *santiāsa hāri*, toute la journée. هيدڤ — *santiāsa hīdup*, toute la vie. سنتياس تيدق برهنتى *santiāsa tīdak ber-henti*, sans relâche. توهنم هيدڤ سنتياس *tūhan-mu hīdup santiāsa*, ton seigneur vit éternellement. بݢند ڤون سنتياس ممندڠ کڤد اير ايت *baginda pūn santiāsa memandaŋ ka-pada āyer itu*, le prince ne cessait de contempler cette eau (*Sul. Ibr.* 4). مك اى سنتياس دودق مناڠس *maka ia santiāsa dūduk menāŋis*, elle était continuellement plongée dans les larmes (*H. Ab.* 13).

On trouve aussi سننتياس *sanantiāsa*.

[Jav. ꦤꦶꦠꦾꦱ *nityasa*.]

سنتوس **santawsa** (S. सन्तोष *santoša*), à l'abri du danger, en paix, en sécurité: être en paix, être préservé de tout danger. سفاى سکل همب الله دغن سنتوس داڤت ڤرڬي داتڠ *supāya segala hamba allah deŋan santawsa dāpat pergi dātaŋ*, afin que les serviteurs de Dieu puissent avec sécurité aller et venir (*M. R.* 199). بايق اڠکو منيمبه کاکيک سڤاى سنتوس دريم *bāik aŋkaw meñembah kakī-ku supāya santawsa dirī-mu*, venez vous prosterner à mes pieds, afin de pourvoir à votre salut (*R.* 44). ددالم اخرة تياد سنتوس ڤد مريکئيت *di-dālam akirat tiāda santawsa pada marīka-ītu*, il n'y aura dans la vie à venir ni joie ni repos pour ces gens-là (*M.*).

برسنتوس *ber-santawsa*, qui est en paix, en sécurité.

برسنتوساکن *ber-santawsā-kan*, qui met en paix, procurer la sécurité. سمبل برسنتوساکن دريث دان بلاث *sambil ber-santawsā-kan dirī-ña dān balā-ña*, en mettant en paix eux mêmes et leurs sujets (*M. R.* 68).

کسنتوساءن *ka-santawsā-an*, paix, tranquillité, sécurité, bonheur. سورڬ دغن کسنتوساءنث *suwarga deŋan ka-santawsā-an-ña*, le ciel avec la sécurité qui y règne (*N. Phil.* 18.).

[Jav. ꦱꦤ꧀ꦠꦺꦴꦱ *santosa*. Sund. ᮞᮔ᮪ᮒᮧᮞ *santausa*.]

سنتق **santuk**, pour انتق *antuk* et pour سنته *suntuh*.

سنتق **sintak**, tiré, arraché, enlevé avec force. سنتقله سنجاتاث درڤد تاڠنث *sintak-lah senjatā-ña deri-pada tāŋan-ña*, arrachez-lui l'arme des mains. دسنتقث درڤد سوسو *di-sintak-ña deri-pada sūsu*, elle l'arracha de la mamelle (*M.*).

منينتق *meñintak*, tirer, arracher, enlever. اى منينتق کريسث *īa meñintak krìs-ña*, il arracha son criss (*Haŋ. T.* 93).

منينتقکن *meñintak-kan*, enlever, tirer, arracher ou faire arracher q. ch. دسنتقکن اوله رواڠ اکن کاين سلوبڠث *di-sintak-kan ūleh rawāna ākan kāin selūbuŋ-ña*, Rawana enleva la couverture dont elle était couverte (*R.* 93). جرت دسنتقکنث کباوه *jerùt di-sintak-kan-ña ka-bāwah*, il abattit la trappe (*M.*).

[Bat. ᯘᯪᯉ᯲ᯖᯂ᯲ *sintak*. Mak. ᨔᨗᨈ *sinta*. Bug. *sitta*. Day. *sintak*, une secousse.]

سنتق **sintik,** sorte de petites huîtres à perle (*Kl.*).

سنتق **sintuk,** nom d'un bois employé dans la médecine. — ڤوهن *pōhon sintuk,* l'arbre qui produit ce bois. — بوه *būah sintuk,* fruits du même, avec lesquels les enfants jouent le jeu nommé. جغ *jìṅ* ou اجغ *ejìṅ.*

سنتق **sontok,** fin, terme; complet, au delà duquel on ne peut aller. سمڤى سنتق سبولن *sampey sontok sa-būlan,* arrivé à la fin du mois, un mois complet. هارى سده سنتق ايسق ساج *hāri sudah sontok ēsuk sāja,* la journée étant terminée, ce sera pour demain. كدواڽ ايت ڤون برڤرغله سنتق هارى *ka-duā-ña ītu ber-pràṅ-lah sontok hāri,* tous les deux s'étaient battus jusqu'à la fin du jour (*R.* 174).

ترسنتق *ter-sontok,* qui est complet, arrêté, qui ne peut aller plus loin.

سنتغ **sentuṅ,** coin, cale.

مڽنتغ *meñentuṅ,* mettre une cale, se servir d'un coin, caler.

سنتغ **sintiṅ,** sorte de coquillage de mer bivalve, de nacre (*Kl.*). — داون *dāun sintiṅ,* nom que l'on donne à certaines petites feuilles, qui sont blanches par dessus et rouges par dessous, et dont on se sert comme remède contre la possession de certain mauvais génie (*Kl.*).

سنتغ **suntiṅ,** fleurs ou autres ornements que l'on porte dans les cheveux derrière les oreilles. سنتغ تركن كڤد تليڠاڽ *suntiṅ ter-kena ka-pada teliṅā-ña,* fleurs disposées autour de ses oreilles en guise d'ornement (*M.*). سنتغ يغ برجمبوكن متيار *suntiṅ yaṅ ber-jambu-jambū-kan mutiāra,* des fleurs, ou ornements, faits en forme d'aigrettes avec des perles (*R.* 15). — باجو *bāju suntiṅ,* espèce de camisole à l'usage des hommes, et qui a une entaille sur le côté (*Kl.*).

برسنتغ *ber-suntiṅ,* orné de fleurs dans les cheveux. اد يغ برسنتغ بوغ كناغ *ada yaṅ ber-suntiṅ būṅa kenāṅa,* les uns étaient ornés de fleurs de kenanga. امس — *ber-suntiṅ amàs,* la tête parée d'ornements d'or (*M.*).

ممڤرسنتغ *mem-per-suntiṅ,* orner de fleurs, mettre des ornements dans les cheveux.

مڤرسنتيڠکن *mem-per-sunting-kan*, faire des ornements en fleurs, mettre des fleurs en ornements. سرت دڤرسنتيڠکنڽ بوڠ٢ان ايت *serta di-per-sunting-kan-ña būnga-bungā-an itu*, en prenant ces fleurs pour en faire des ornements (*Kal. dan Dam.* 2).

[Jav. *sumping*. Sund. *sunting*. Bat. *sunting*. Mak. *sunting*, nom d'une fleur du champaka. Day. *sumping*. Tag. *sunting* et Bis. *sonting*, nom d'une fleur.]

سنتيڠ **sunting,** la loutre (*M.*).

سنتوڠ **suntung,** la sèche. دواة هيتم يڠ دالم ڤروت ايکن سنتوڠ ايت *dawāt hītam yang dālam prùt īkan suntung itu*, la couleur noire qui se trouve dans le ventre de la sèche (*Exer.* 99).

On trouve aussi سوتوڠ *sōtong*.

سنتن **santan,** jus exprimé de la pulpe de la noix de coco rapée: lait de coco. Petits poissons que l'on arrose d'eau de *tuba* et que l'on jette dans la mer en guise d'amorce (*Pij.*).

[Jav. *santen*. Mak. *santang*. Day. *santan*. Tag. *santan*, mets préparé avec du coco et du miel.]

سنتون **santun,** poli, civil, respectueux (on le trouve ordinairement joint à سوڤن *sūpan*). تياد سوڤن سنتون *tiāda sūpan santun*, il manque de politesse. هندقله سوڤن سنتون کامو کڤداڽ *hendak-lah sūpan santun kāmu ka-padā-ña*, vous devez être respectueux envers lui (*M.*).

سنتڤ **santap,** pris, mangé, bu, (style élevé). سده‌که توانکو سنتڤ *sudah-kah tūan-ku santap*, monseigneur a-t-il pris q. ch.? مک سڬره‌له دسنتڤڽ ناسي ايت *maka sigràh-lah di-santap-ña nāsi itu*, et aussitôt il mangea le riz (*R.* 6). مک سمبه توان ڤتري توانکو سنتڤله دهولو *maka sembah tūan putrī tūan-ku santap-lah dahūlu*, la princesse lui dit: que Votre Majesté mange d'abord (*Ism. Yat.* 75).

مڽنتڤ *meñantap*, manger, boire, prendre q. ch. ناسي — *meñantap nāsi*, manger du riz. سيره — *meñantap sīrih*, prendre du bétel.

مڽنتڤکن *meñantap-kan*, prendre une nourriture, manger q. ch. لالو دسنتڤکن *lālu di-*

santap-kan-ña, il mangeait (l'herbe) (*H. Ab.* 71).

سنتاڤن *santāp-an*, ce que l'on prend, repas, régal.

ڤرسنتاڤن *per-santāp-an*, la chose prise, nourriture, vivres, comestibles.

سنتري **santrī**, homme pieux; qui étudie la religion; ou qui veut faire le pélerinage de la Mecque. Quelquefois ce mot indique les étrangers qui sont admis dans un pays; dans ce cas il est ordinairement joint à داݢڠ *dāgaŋ*. چوب ککمڤڠ داݢڠ سنتري *xūba ka-kampuŋ dāgaŋ santrī*, cherchez dans le quartier habité par les étrangers (*S. Bid.* 15).

ڤسنترين *pe-santrī-an* ou ڤسنترن *pe-santren*, l'endroit où demeurent les *santrī*.

[Jav. et Sund. ꦱꦤ꧀ꦠꦿꦶ *santri*. Mak. ᨔᨊ᨞ᨈᨑᨗ *santarri*.]

سنتل **santal**, nom d'une fleur (*flamma peregrina M.*).

سنتل **sental**, frotter q. ch. fortement, p. ex. un meuble avec un linge, la bouche avec la main; punition infligée aux babillards, ou aux enfants qui crient (*Kl.*).

سنتل **sentul**, nom d'un arbre qui produit des fruits de la grosseur d'une orange et d'un goût acide (*sandoricum indicum*, J. Rigg).

سند **sanda**, pronom de la première personne; je, nous. كارن سند دڠر اى لاݢى اد هيدڤ *kārna sanda deŋar ïa lāgi ada hīdup*, car j'ai entendu dire qu'il est encore vivant (*R.* 167). كڤد بچارسند *ka-padu bixāra sanda*, dans mon opinion (*R.* 172). مك تياد سند سكلين ليهت *maka tiāda sanda sa-kalī-an līhat*, aucun de nous n'a vu (*R.* 171).

Ce mot est pour سهايند *sahāyanda*, composé de سهاى *sahāya* et de ند *nda*.

سند **senda**, farces, badinages, plaisanteries, bouffonnerie, singerie. برچمبو دڠن سند دان ݢورو *ber-xumbu deŋan senda dān gūraw*, divertir par des singeries (*M.*).

برسند *ber-senda*, badiner, plaisanter, faire des bouffonneries. اى دودق برسند دان برݢورو *ïa dūduk ber-senda dān ber-gūraw*, ils étaient assis, s'amusant et folâtrant (*R.* 38). اکونن تيدق ماو برسند *āku nen tīdak māu ber-senda*, je n'entends pas plaisanter (*M.*).

سنداو **sendāwa** (S. सिन्धुद्भव *sindudbhava*, sel marin), salpêtre, nitre.

On trouve aussi چنداو *xendāwa*.

[Jav. ꦱꦼꦤ꧀ꦢꦮ *sendawa*. Sund. *xindawa*.]

سندار **sandāra**, gage, ôtage. — حکم *hukum sandāra*, loi concernant les gages (*D. M.* 22). ممبرى بارڠ سندار سمڤى کو کيرم ايت *mem-brī bāraŋ sandāra sampey kaw kīrim ītu*, me donner un gage, jusqu'à ce que vous m'envoyiez cela (*B.* 62).

مڽندار *meñandāra*, engager, donner en gage. — يڠ *yaŋ meñandāra*, celui qui donne un gage (*D. M.* 33).

مڽنداراکن *meñandarā-kan*, donner une chose en gage, engager quelque chose. تياد هارس بݢى ولى مڽنداراکن هرت مهجورڽ *tiāda hārus bagī walī meñandarā-kan harta mehjūr-ña*, il n'est pas permis à un tuteur d'engager les biens de son pupille (*D. M.* 31).

سنداراءن *sandarā-an*, ce qui est engagé: un gage (*D. M.* 8).

On trouve aussi سندرا *sandarā*.

[Bat. *sindor*.]

سندى **sendi** (S. सन्धि *sandi*), articulation, jointure. جارى — *sendi jāri*, les jointures des doigts. — ڤڽاکت *peñākit sendi*, maladie des articulations, rhumatisme articulaire.

برسندى *ber-sendi*, qui est joint, qui a une jointure.

مڽندى٢ *meñendi-ñendi*, former des jointures, des articulations.

مڽنديکن *meñendī-kan*, joindre ensemble, donner des jointures à quelque chose.

برسنديکن *ber-sendī-kan*, qui forme des jointures, qui se joint. درڤد ݢادڠ برسندسنديکن دڠن ڤوالم *deri-pada gādiŋ ber-sendi-sendī-kan deŋan puālam*, fait d'ivoire et dont les parties étaient jointes par du corail (*R.* 12).

On trouve aussi سيدى *sīdi*.

[Sund. *sandi*. Day. *sandik*, être lié à un autre. Tag. et Bis. *sandig*, se joindre à un autre.]

سنديرى **sendīri**, v. ديرى *diri*.

سندو **sandu**, pensif, mélancolique. — لكون *lakū-ña sandu*, elle avait l'air pensif. رڤان — *sandu rupā-ña*, sa contenance annonçait la mélancolie (*M.*). ڤتری جو هتين سندو *putrī jūa hatī-ña sandu*, cependant la princesse était mélancolique (*S. Bid.* 11).

[Jav. ꦱꦼꦤ꧀ꦝꦸ *sendu*, mordant, rébarbatif.]

سندودق **sendūduk**, nom d'un arbuste dont les feuilles, macérées dans l'eau, produisent l'effet du savon et servent à nettoyer la tête. Les fruits ressemblent à ceux du *karamuntiṅ* et sont bons à manger (*Kl.*).

سندق **senduk**, cuillère. ڤيسو دان سندق چار اڠڬريس *pīsaw dān senduk xāra iṅgris*, des couteaux et des cuillères de fabrique anglaise (*H. D.* 120).

مينندق *meñenduk*, prendre à la cuillère, se servir d'une cuillère.

مينندوكی *meñendūk-i*, se servir d'une cuillère pour quelque chose.

مينندقكن *meñenduk-kan*, mesurer quelque chose avec une cuillère, prendre quelque chose à cuillerées. ناسی — *meñenduk-kan nāsi*, servir le riz avec une cuillère (*M.*).

[Jav. ꦱꦼꦤ꧀ꦝꦺꦴꦏ꧀ *sendok*. Sund. *sendok*. Bat. *sonduk*. Mak. et Bug. *sanru*. Day. *senduk*. Tag. et Bis. *sandok*.]

سندڠ **sandaṅ**, ceinture, ceinturon, courroie, lanière servant aux soldats pour porter le sabre, la giberne, etc.; mis à la ceinture, porté au côté. دسندڠن ڤدڠ *di-sandaṅ-ña pedaṅ*, il ceignit le glaive.

مينندڠ *meñandaṅ*, ceindre, porter à la ceinture. ڤدڠ — *meñandaṅ pedaṅ*, ceindre l'épée. كرجاءن — *meñandaṅ ka-rajā-an*, se revêtir des insignes royaux (*M.*).

ترسندڠ *ter-sandaṅ*, qui est ceint, que l'on a mis à la ceinture. سڤوچق سناڤڠ ترسندڠ دبلاكڠن *sa-pūxuk senāpaṅ ter-sandaṅ di-blākaṅ-ña*, un fusil était attaché à leur ceinture par derrière (*H. Ab.* 100).

مينندڠكن *meñandaṅ-kan*, mettre une chose à la ceinture, porter à la ceinture. اى مينندڠكن ڤدڠ درڤد امس *ia meñandaṅ-kan pedaṅ deri-pada amas*, ils portaient à la ceinture des épées garnies d'or (*H. D.* 88).

ممڤرسندغ *mem-per-sandang*, ceindre, porter ou faire porter une arme. ڤدغ دڤرسندغن داتس بهوڽ *pedang di-per-sandang-ña di-ātas bahū-ña*, il suspendit une épée à son épaule (*M.*).

سنداغن *sandāng-an*, ceinture, ceinturon.

[Jav. *sandang*, vêtement. Bat. *manandang*, porter q. ch. sur l'épaule.]

سندغ **sanding**, assis l'un à côté de l'autre.

برسندغ *ber-sanding*, qui sont assis ensemble, être assis l'un à côté de l'autre. مك برسندغله كدواڽ انق رجاراج ايت *maka ber-sanding-lah ka-duā-ña anak raja-rāja itu*, et ces deux enfants de princes se trouvaient assis l'un à côté de l'autre (*R.* 38).

سندغ **sandung**, pédale d'un métier de tisserand.

Prov. دكنچغكن سندغ كارڤ دان چانغ دماينكن *di-kenxang-kan sandung kārap dān xānang di-māin-kan*, quand on tire la pédale d'un métier de tisserand, le *kārap* et le *xānang* (qu'elle fait mouvoir) sont mis en jeu. Se dit lorsqu'une personne exécute une chose, non d'après son propre mouvement, mais parce qu'elle est payée ou excitée par une autre.

سندوغن *sandūng-an*, les cordons en passementerie dans lesquels on passe le bras, quant on est en voiture, pour se trouver assis plus commodément (*Kl.*).

سندغ **sendong** (terme de marine), courbes, genoux et allonges (*M.*).

سندغ **sundang**, sorte de grand criss malais.

سندت **sendet**, 1° circonscrit, étroit, enveloppé; 2° le radier sur lequel on pose les fondements d'une maison. ڤريݢي يغ امت سندت *prigi yang āmat sendet*, un puits très-étroit (*M.*).

[Jav. *sendet*, lent, indolent; insuffisant.]

سندت **sundut**, poulailler, cage à poules.

[Bat. *sunut.*]

سندر **sandar**, appuyé, penché; être appuyé. سندرله جيوككند كڤد بنتل *sandar-lah jīwa kakanda ka-pada bantal*, appuie-toi, ma chère, contre le coussin (*M.*).

برسندر *ber-sandar*, qui penche, pencher, s'appuyer. اد سوورغ توا

دودق برسندر دباوه ڤوهن کايو *ada sa-ōrang tuwā dūduk ber-sandar di-bāwah pōhon kāyu*, il y avait un vieillard appuyé au pied d'un arbre (*M.*). اى برهنتى سراى برسندر *īa ber-henti serāya ber-sandar*, il se reposa en s'appuyant (*R. V.*).

ميندر *meñandar*, pencher, s'appuyer. — سندر *sandar-meñandar*, s'appuyer l'un contre l'autre.

ترسندر *ter-sandar*, qui est appuyé, qui s'appuie. ايڤون مليهت دى ترسندر ڤد باتو *īa-pūn melihat dīa ter-sandar pada bātu*, il le vit s'appuyant contre une pierre (*R.* 167).

ميندارى *meñandār-i*, appuyer contre, pencher vers. اى منت سندارى ڤد دايغ٢ *īa minta sandār-i pada dāyang-dāyang*, il voulut s'appuyer sur les femmes de service (*S. Mal.* 244).

ميندركن *meñandar-kan*, faire pencher, appuyer quelque chose. مك دسندركن امڤت بركس كڤد امڤت ڤنجورو اڤى *maka di-sandar-kan-ña ampat berkas kapada ampat pen-jūru āpi*, il pencha les quatre gerbes vers les quatre coins du feu (*R.* 73).

سندارن *sandār-an* et ڤرسندارن *per-sandār-an*, ce sur quoi on s'appuie, base, piédestal, coussin.

ڤيندارن *peñandār-an*, action de se pencher, de s'appuyer, de se reposer sur.

[Jav. ꦱꦼꦤ꧀ꦝꦺ *séṇḍé*. Bat. [illegible] *sandar*. Day. *sandar.*]

سندرا sandarā, v. سندار *sandāra*.

سندر sindir, ironique, satyrique, moqueur: moqué, raillé. — ڤنتن *pantun sindir*, pièce de vers satyrique. — ڤركتاءن *per-katā-an sindir*, paroles ironiques. كات يغ بنر بوكنن سندر *kāta yang benar būkan-ña sindir*, parlant sérieusement, sans ironie (*M.*).

Prov. ڤوكل انق سندر منتو *pūkul ānak sindir menantu*, frapper la fille avec intention de corriger le gendre. Le sens est: corriger quelqu'un ou lui dire quelque chose, pour qu'un autre en fasse son profit.

ميندر *meñindir*, railler, se moquer.

ميندركن *meñindir-kan*, railler quelqu'un, tourner quelqu'un en ridicule.

ڤيندر *peñindir*, railleur, moqueur, faiseur de satyres.

سنديرن *sindīr-an*, allusion satyrique, moquerie.

[Sund. [Sundanese script] *sindir*. Bat. [Batak script] *sindir*, se scandaliser, se formaliser d'une bagatelle. Day. *sindir*.]

سندرق sendrik, nom d'un poignard. (*Pij.*).

سندرغ sendering, espèce de mollusque qui peut se contracter et prendre la forme d'une boule (*Kl.*).

سندل sandal, tiré, enlevé, pris furtivement. جك اى بركريس در بلاكغ داڤت كول سندل *jika īa ber-kris deri blākang dāpat kūla sandal*, s'il portait le criss par derrière, je pourrais le lui enlever (*S. Mal.* 161).

مپندل *meñandal*, tirer, prendre, enlever en cachette. اڤ داى كول مپندل دى *apa dāya kūla meñandal dīa*, par quel moyen pourrais-je le lui enlever (*S. Mal.* 161).

مپندلكن *meñandal-kan*, enlever par adresse, faire prendre, faire enlever furtivement quelque chose. سندلكن كريس *sandal-kan kris-ña*, enlevez-lui son criss avec adresse (*S. Mal.* 160).

كسندالن *ka-sandāl-an*, qui est volé, qui a souffert un vol, auquel on a enlevé quelque chose. كسندالن اكو اوله جاو *ka-sandāl-an āku ūleh jāwa*, j'ai été volé par les Javanais (*S. Mal.* 161).

[Jav. [Javanese script] *seṇdal*.]

سندل sindil, deux à deux, un duo.

سندل sondol, enlevé avec les cornes pour être lancé. مك دسندلن دغن تندقن *maka di-sondol-ña deṅgan tanduk-ña*, or il l'enleva avec ses cornes (*Kl.*).

مپندل *meñondol*, enlever avec les cornes pour jeter.

(Peut-être le même que *sandal*).

سندل sundal, prostituée, femme de mauvaise vie. ڤرمڤون اين يغ ساغت سندل *perampūan ini yang sāngat sundal*, cette femme qui est coureuse (*M.*). مساكن سڤرت سواتو سندل دكرجاكنن سودار ڤرمڤون كامى *masā-kan seperti suātu sundal di-karjā-kan-ña sūdāra perampūan kāmi*, devaient-ils abuser ainsi de notre sœur comme d'une prostituée (*B.* 56). مالم — *sundal* *mālam*, nom d'une plante (*polyanthes tuberosa*) (*S. Bid.* 100).

برسندل *ber-sundal*, qui est impudique.

سندالن *sundāl-an*, état de prostitution.

ڤرسندالن *per-sundāl-an*, lubricité, impudicité.

Marsd. fait venir ce mot du S. चण्डाल *caṇḍāla*, homme de caste dégradée: mais cette étymologie paraît très-douteuse.

[Jav. et Sund. ꦱꦸꦤ꧀ꦢꦭ꧀ *sundal*. Day. *sundal*.]

سندس ***sundus*** (Pers.), brocart, étoffe brochée de soie, d'or ou d'argent. كاين درڤد سندس دان استبرق *kāin deri-pada sundus dān istebrak*, des habits de brocart et de satin (*Mir. Moh.* 4).

سننتياس ***sananttiāsa*** = سنتياس *santiāsa*.

سنم ***senàm***, vert de mer; la couleur de la rouille qui s'engendre sur le cuivre. بوڠ ايت ورنان سنم *būnga itu warnā-ña senàm*, cette fleur est d'une couleur de vert de mer (*M.*).

سنم ***senàm***, exercice gymnastique (*Cr.*).

سڤاي ***supāya***, pour, afin que, de sorte que. سڤاي تون تاهو *supāya tūan tāhu*, pour que vous sachiez. سڤاي ممبري فايدة بݢين *supāya mem-bri fāidat bagī-ña*, afin que cela lui donne du profit (*H. Ab.* 133). سڤاي نمان ايت تڠݢل ككل *supāya namā-ña itu tinggal kakal*, de sorte que son nom restera éternellement (*M. R.* 227).

[Jav. et Sund. ꦱꦸꦥꦪ *supaya*.]

سڤاتو ***sapātu*** (Port. *sapato*), soulier, chaussure. — ڤنجڠ *sapātu panjang*, des bottes. — كايو *sapātu kāyu*, des sabots. — توكڠ *tūkang sapātu*, cordonnier (*H. Ab.* 158). — بوڠ *būnga sapātu*, nom d'une fleur rouge dont on se sert pour cirer les souliers; on la nomme aussi راي — *būnga rāya*, v. راي *rāya*.

[Jav. et Sund. ꦱꦥꦠꦸ *sapatu*. Mak. ᨔᨄᨈᨘ *sapatu*.]

سڤان ***sepāna*** (S. सोपान *sōpāna*, échelle, escalier), monter, franchir les degrés.

[Mak. et Bug. ᨔᨄᨊ *sapana*, degré.]

سڤارو ***sapāro***, part, partie, portion: moitié, demi. سڤارو هاري اي بلاجر دان سڤارو هاري اي بکرج

sapāro hāri ia bel-ājar dān sapāro hāri ia be-karja, une partie du jour ils étudient et l'autre partie ils travaillent (*Exer.* 88).

برسفروكن *ber-saparō-kan*, qui sépare, qui divise. اكو هندق برسفروكن مريكئيت *āku hendak ber-saparō-kan marīka-ītu*, je les diviserai (*B.* 82).

On trouve aussi سفاره *sapāroh*.

[Jav. ꦥꦫꦺꦴ *paro*, moitié. Sund. ꦱꦥꦫꦺꦴ *saparo*, une moitié.]

سفال٢ ou **سفلفال** ***sapala-pāla***, chacun, tous; tout-à-fait, véritablement. جك سفال٢ باف همب اين مغسيهى همب *jika sapala-pāla bāpa hamba īni mengasīh-i hamba*, si mon père m'aime véritablement (*S. Mal.* 145).

سفاسن ***sipāsan***, myriapode = ليفن *lipan*.

سفه ***sepàh***, chique de bétel qui a déjà été dans la bouche. دفلق دچيم سفه دبرى *di-pelùk di-xīum sepàh di-bri*, il l'embrassa en lui donnant la chique de bétel qu'il avait dans la bouche (*S. Bid.* 11). فترى — *sepàh putrī*, nom d'un oiseau, espèce de grimpereau. راج — *sepàh rāja*, un des noms de l'oiseau de paradis (prob. corruption de سوفو *sōpo*).

[Jav. ꦱꦼꦥꦃ *sepah*. Bat. [illegible] *sopa*. Mak. [illegible] *xappa*. Tag. [illegible] *sapa* et Bis. [illegible] *sopa*, la nourriture que l'on donne toute mâchée aux petits enfants.]

سفه ***sepùh***, liquide, eau dans laquelle on a mis du safran, et qui sert à donner de la couleur à l'or qu'on y trempe: trempé, bruni; être trempé. باج بهارو دسفه *bāja bahāru di-sepùh*, alors l'acier est trempé (*H. Ab.* 158).

ميفه *meñepùh*, tremper, brunir du métal.

ترسفه *ter-sepùh*, qui est trempé, que l'on a bruni. مولق سفرت امس يغ ترسفه رفان *mūlìk seperti amàs yang ter-sepùh rupā-ña*, sa face était resplendissante comme l'or bruni (*M.*).

Prov. سفرت امس يغ سده ترسفه *seperti amàs yang sudah ter-sepùh*, comme de l'or que l'on a trempé pour lui donner une couleur rouge. Se dit du plus haut degré de beauté.

سفوهن *sepūh-an*, cuve, auge d'orfèvre (*M.*).

[Jav. ꦱꦼꦥꦸꦃ *sepuh*. Bat. [illegible] *sopu*. Mak. [illegible] *sapo*.]

سقى sepī, v. سقوى *sepūi.*

سقوى sepūwi, sepūi, doux, frais (en parlant du vent). سقوى٢ اغن سلاتن *sepūi-sepūi āṁgin selātan,* un vent très-doux venait du sud (*S. Bid.* 3).

On trouve aussi سقى *sepī.* دتيف اغن سقى٢ *di-tīup āṁgin sepī-sepī,* il faisait un vent frais (*M.*).

[Jav. et Sund. *sepi,* tranquille.]

سقوكل sapūkal, un criss qui a la lame droite.

[Mak. et Bug. *sapukala.*]

سقوق sepòḳ, claque, coup donné avec le plat de la main (*Kl.*).

سقوق٢ sepòḳ-sepòḳ, doucement (*Cr.*).

سقغ sepàṁ, bois de sapan ou du Brésil (*caesalpinia sappan V. T.*).

[Bat. *sopaṁ.* Mak. *sappaṁ.*]

سقت sepàt, amer, désagréable au goût. — ايكن سقت *īkan sepàt,* nom d'un poisson.

[Jav. *sepet,* amer. Sund. *sepet,* amer; *sepat,* nom d'un poisson, le trichopode, trichoptère.]

سقت sepìt, pinces, pincettes, tenailles: pincé, être pris avec des pinces. جغكت — *sepìt jaṁgut,* pincette à s'arracher le poil de la barbe. مك جفتن دغن سقتن *maka jepìt-ña deṁgan sepìt-ña,* et il le saisit avec ses pinces (*R.* 143). مك دسقتن اوله كتم *māka di-sepìt-ña ūleh ketàm,* et il fut pincé par le crabe (*id.*).

سقت٢ *sepìt-sepìt,* sorte de plante grimpante.

برسقت *ber-sepìt,* qui a des pinces. چرمين مات يغ برسقت *xermin māta yaṁ ber-sepìt,* lunettes à longues branches.

ميقت *meñepìt,* pincer, prendre avec des pinces.

ترسقت *ter-sepìt,* qui est serré, qui est pincé, qui est dans la nécessité. جكلو سهاى تياد ترسقت ساغت *jikalaw sahāya tiāda ter-sepìt sāṁgat,* si je n'étais pas pressé par la nécessité (*Kl.*).

ميقتكن *meñepìt-kan,* pincer ou faire pincer quelque chose.

ڤيقت *peñepìt,* ce qui pince, qui sert à pincer; pinces, pincettes, tenailles. دبوان ڤيقت مك دسقتن اكن دى *di-bawā-ña peñepìt maka di-sepìt-ña ākan dīa*, il prend une pince et le saisit (*Exer.* 146).

[Jav. ꦱꦥꦶꦠ꧀ *sapit.* Sund. ᮏᮕᮤᮒ᮪ *jepit.* Mak. et Bug. ᨔᨗᨄᨗ *sipi.* Tag. et Bis. ᜐᜒᜉᜒᜆ᜔ *sipit.*]

سفتمبر *september* (Ang.), septembre. — بولن *būlan september*, le mois de septembre (*Lett. Mal.*).

سفدس *sipedās*, v. فدس *pedās*.

سفرهنتو *saperhantu* et **سفرنتو *saperantu***, v. هنتو *hantu*.

سفريغ *seprīng* (Ang.), le printemps. سفريغ يائيت ملول سݢل تمبه‌تمبوهن مملائى برتمبه فول *seprīng iā-ītu mula-mūla segala tumbuh-tumbūh-an me-mulā-i bertumbuh pūla*, le printemps est le temps où les premiers bourgeons commencent à pousser (*N. Phil.* 39).

سفرت *seperti*, comme, de même, comme si, quant à, touchant. دهولو — *seperti dahūlu*, comme auparavant. اورغ ݢيل — *seperti ōrang gīla*, comme un fou. بنرله سفرت بچار توانك *benàr-lah seperti bixāra tūan-ku*, précisément comme dit monseigneur.

سفرت اكن متيله رساڽ *seperti ākan matī-lah rasā-ña*, il souffrait comme s'il eût dû mourir (*R.* 8). سفرت فرمنتاءن همب *seperti permintā-an hamba*, quant à ma requête (*M.*). سفرت اورغ يغ برهوتغ *seperti ōrang yang berhūtang*, touchant les gens qui ont des dettes (*Lett. Mal.*).

دغن سفرتين *dengan sepertī-ña*, convenablement, dignement. مك دفليهراكن اوله بݢند دغن سفرتين *maka di-peliharā-kan ūleh baginda dengan sepertī-ña*, il fut élevé par le prince d'une manière convenable (*R.* 8). يغ منمبوت سر٢ دغن سفرتين *yang meñambut ser-ser dengan sepertī-ña*, ceux qui reçoivent les sacrements dignement, avec les dispositions convenables (*P. M.*).

Ce mot paraît être formé du S. प्रति *prati*, à, vers, vis-à vis, et de la particule préfixe *sa*.

سباس *sebās* (Pers. سڤاس *sipās*, louange), bon! bien! courage! سباس اڠكو لكلاكى يغ ڤهلوان *sebās angkau laki-lāki yang pahluwān*, c'est bien! vous êtes un homme courageux (*Amir Hamza.* 206).

سبه *sebèh*, nom d'une plante (*canna pulchra*, *Cr.*).

سبى **sabèy** (Ar. سبيج *sebīj*), habit de dessus, partie de l'habillement commune aux deux sexes. دامبلن كاين سبين دچارقن دو *di-ambil-ña kāin sabèy-ña di-xā-rik-ña dūa*, elle prit son vêtement et le déchira en deux (*M.*). دبرى رسول الله سبين فد فاطمه *di-brī rasūl allah sabèy-ña pada fāṭimah*, le prophète de Dieu donna son habit de dessus à Fatimah (*M. R.* 55).

برسبى *ber-sabèy*, qui a un *sabey*, revêtu du *sabey*. جك تياد برسبى تياد داڤت ماسق *jika tiāda ber-sabèy tiāda dāpat māsuk*, ceux qui n'étaient pas revêtus du *sabey* ne pouvaient pas entrer (*S. Mal.* 100).

سبيل **sebīl** (Ar. سبل), chemin, voie. — الله *sebīl allah*, les voies de Dieu, intentions pieuses. يڠ ڤرڬى برڤرڠ سبيل الله *yang pergi ber-pràng sebīl allah*, ceux qui vont faire la guerre sainte.

سبو **sebū**, comblé, rempli.

ميبو *meñebū*, combler, remplir.

ميبوكن *meñebū-kan*, combler, remplir une chose avec une autre. ميبوكن تانه ڤد ليڠ قبور دڠن چڠكل *meñebū-kan tānah pada liang kubūr dengan xangkul*, combler la fosse avec la terre qui en a été tirée (*M.*).

سبق **sebàk**, qui déborde, qui coule; qui est submergé. داره ڤون سڤرت اير سبق *dārah pūn seperti āyer sebàk*, le sang coulait comme de l'eau (*S. Mal.* 93). تاكت اكن دتربتكن اير سبق *tākut ākan di-terbit-kan āyer sebàk*, craignant que cela ne causât un débordement (*M.*).

Prob. du radical به *bah*.

سبت **sabtu** (Ar.), sabbat, samedi. — هارى *hāri sabtu*, le samedi.

سبت **sebàt**, épais, collant, visqueux, âcre; p. ex. le goût d'une vieille noix d'arec, du gambir (*Kl.*).

[Jav. [Javanese script] *sepet.*]

سبت **sebàt**, coup (de fouet, de rotin). دڤالو دڠن ببراڤ سبت *di-pālu dengan be-brāpa sebàt*, recevoir un grand nombre de coups.

[Jav. [Javanese script] *sabet*, frapper avec un glaive. Sund. [Sundanese script] *sebat*, frapper avec un fouet.]

سبت **sebùt**, prononcé, mentionné, énoncé, nommé, dit: être prononcé. جاڠنله اڠكو سبت نام الهم

سى٢ *jāŋan-lah aŋkau sebùt nāma ilah-mu sia-sīa*, vous ne prononcerez pas le nom du Seigneur votre Dieu en vain (litt.: par vous ne sera pas prononcé) (*B.* 116).

ميبت *meñebùt*, prononcer, énoncer, dire.

ترسبت *ter-sebùt*, qui est dit, que l'on a prononcé, mentionné. سكل نام يڠ ترسبت اين *segala nāma yaŋ ter-sebùt ini*, tous les noms mentionnés ici. ملك ترسبتله ڤركتاءن اورڠ دهولو كال *maka ter-sebùt-lah per-katā-an ōraŋ dahūlu kāla*, or l'ancien proverbe dit (*M.*).

ميبتكن *meñebùt-kan*, prononcer, énoncer, nommer, mentionner quelque chose. اى ميبتكن دڠن كبجيكن نمان *ia meñebùt-kan deŋan ka-bijīk-an namā-ña*, qu'ils prononcent son nom avec bénédiction (*M. R.* 157). بارڠسياڤ باڽق كالى ميبتكن موت *bāraŋ-siāpa bāñak kāli meñebùt-kan maut*, quiconque parle souvent de la mort (*M. R.* 42). سڤاى داڤت دسبتكن همب راج نمان *supāya dāpat di-sebùt-kan hamba rāja namā-ña*, afin qu'ils soient nommés de véritables serviteurs du roi (*M. R.* 157).

سبوتن *sebūt-an*, prononciation, mention. منجادى سبت سبوتن اورڠ *men-jādi sebùt-sebūt-an ōraŋ*, devenir l'objet de la conversation du monde (*H. Ab.* 262).

[Jav. et Sund. [illegible] *sebut*. Mak. [illegible] *sabu*. Day. *sewut*. Bis. [illegible] *saŋpot*.]

سبد **sabda** (S. शब्द *çabda*), dit, parlé: parole: (dans la bouche d'un supérieur) ordre, commandement. سبنرڽ سڤرت سبد توانك *sabenàr-ña seperti sabda tūanku*, la chose est comme monseigneur vient de dire. بڬيتوله سبد توان كيت *bagitū-lah sabda tūan kīta*, tels sont les ordres de notre maître (*M.*).

برسبد *ber-sabda*, qui parle, qui ordonne; parlant, disant, dire. راج سده برسبد *rāja sudah ber-sabda*, le roi a dit, ou ordonné.

[Jav. et Sund. [illegible] *sabda*.]

سبن **sebàn** (Ar. pour اسبان *esbān*), espèce de voile en étoffe fine qui retombe derrière la tête.

سبنتر **sabentar**, v. بنتر *bentar*.

سبب **sebàb** (Ar.), cause, raison, motif; parce que, à cause de. اڤ — *sebàb apa* ou — اڤ *apa sebàb*, pour quelle raison? pourquoi? اين — *sebàb ini*, pour cela. ايت — *sebàb ītu*, pour cette raison, par conséquent. ترکادغ براوبه دغن تيݢ سبب *ter-kādang ber-ūbah dengan tīga sebàb*, d'ordinaire le changement vient de trois causes. سبب درڤد ساغت تاکتن *sebàb deri-pada sāngat tākut-ña*, à cause de son excessive frayeur. — کارن *kārna sebàb*, parce que, à cause de درکارن سبب ايت *deri kārna sebàb ītu*, par cette raison.

برسبب *ber-sebàb*, qui est cause, qui est une raison pour. تيڤ٢ سواتو ايت برسبب اکن سواتو *tīap-tīap suātu ītu ber-sebàb ākan suātu*, chaque chose est cause d'une autre (tout effet est produit par une cause) (*N. Phil.* 104).

ميبکن *meñebàb-kan*, poser la cause, faire qu'une cause existe. دسبکن الله متهاری ممانسکن اير *di-sebàb-kan allah mata-hāri memānas-kan āyer*, Dieu fait que le soleil chauffe l'eau (*N. Phil.* 104).

[Jav. [illegible] *sabab*. Sund. [illegible] *sebab*. Mak. et Bug. [illegible] *saba*. Day. *sabab*.]

سبم ***sebèm***, sali, souillé: paraître triste et pensif (*Cr.*).

سبرهان ***saberhāna***, entier, complet, la totalité, l'ensemble. کاتس سبرهان بومی *ka-ātas saberhāna būmi*, sur toute la terre. هاری — *saberhāna hāri*, toute la journée. — ڤکاين *pakēy-an saberhāna*, un habit complet. ڤرميسوری مڠهياسی توان ڤتری دغن سبرهان ڤکاين يغ کماسن دان يغ اينده٢ *permisūri meng-hiās-i tūan putrī dengan saberhāna pakēy-an yang ka-amās-an dān yang indah-indah*, la reine revêtit la princesse d'un habillement complet d'étoffe d'or et très-précieux (*R.* 37).

سبرغ ***sabràng***, au-delà, de l'autre côté, vis-à-vis. دسبرغ سوڠی *di-sabràng sūngey*, de l'autre côté de la rivière. سلت — *di-sabràng selàt*, de l'autre côté du détroit. داتغ در سبرغ لوتن *dātang deri sabràng laūt-an*, venir des pays d'outre-mer. سده جادی دسبرغ يردين *sudah jādi di-sabràng yurdīn*, ceci se passa au-delà du Jourdain (*N.* 149).

ميبرغ *meñabràng*, passer au-delà, traverser. سوڠی — *meñabràng sūngey*, traverser une rivière. تنجغ — *meñabràng tanjung*, doubler un cap. لالو ای ميبرغ در لڠکڤوری کڤد تانه بسر *lālu ia meñabràng deri langka-pūri ka-pada tānah besàr*, alors il passa de Ceylan sur le continent (*R.*).

Prov. كلو ميبرغ سوغى بير دتلن اوله بواى تتاڤى جاغنله دڤاكت اوله ايكن كچل٢ *kalaw meñabràng sūngey bīyar di-telàn ūleh buwāya tetāpi jāngan-lah di-pāgut ūleh ikan kexìl-kexìl*, lorsqu'un homme traverse une rivière, passe qu'il soit dévoré par un crocodile, mais qu'il ne se laisse pas mordre par les petits poissons. Le sens est: lorsque nous avons fait une faute, que ce soit notre supérieur ou une personne ayant droit qui nous corrige; mais non une personne de basse condition.

سبرغ ميبرغ *sabràng-meñabràng*, des deux côtés, sur les deux bords, de part et d'autre. سبرغ ميبرغ ڤنهله اورغ ممبوت رومه *sabràng-meñabràng penùh-lah ōrang mem-būat rūmah*, de part et d'autre, tout était rempli d'hommes qui construisaient des maisons (*H. Ab.* 235).

ميبراغى *meñabrāng-i*, passer sur, traverser quelque chose. اڤاكه عقل كيت ميبراغى سوغى اين *apā-kah akal kīta meñabrāng-i sūngey īni*, comment passerons-nous cette rivière? (*R.* 54.)

ميبرغكن *meñabràng-kan*, faire passer, transporter quelqu'un ou quelque chose au-delà.

ڤيبراغن *peñabrāng-an*, ce qui sert à passer, bateau, bac; gué, passage. — ڤراهو *prāhu peñabrāng-an*, bateau de passage. — تمڤت *tampat peñabrāng-an*, endroit où l'on passe, gué. ايڤون سمڤيله كتڤى لاوت ڤيبراغن كنكرين *ia-pūn sampey-lah ka-tepī lāut peñabrāng-an ka-nagrī-ña*, ils arrivèrent au bord de la mer, à l'endroit où l'on traversait pour aller à leur ville (*R.* 84). لالواى ميبراغى ڤيبراغن يبوق *lālu ia meñabrāng-i peñabrāng-an yabūk*, il passa le gué de Jaboc (*B.* 52).

برسبراغن *ber-sabrāng-an*, qui est de l'autre côté, qui se tient vis-à-vis, en face. دان اى تاره سڤغكلن برسبراغن دغن تمنن *dān ia tāruh sa-sa-panggal-ña ber-sabrāng-an dengan temàn-ña*, et il plaça chacun des morceaux en face du morceau correspondant (*B.* 20). برديريله برسبراغن دغن دى *ber-dirī-lah ber-sabrāng-an dengan dia*, tenez-vous en face de lui (*B.* 95).

[Jav. et Sund. سبرغ *sabrang*.]

سبل **sabàl**, savoir, avoir connaissance, connaître.

ميبلكن *meñabàl-kan*, reconnaître quelqu'un, confesser. لالو الله سبلكنله ايت *lālu allah sabàl-kan-lah ītu*, Dieu le reconnut (pour son peuple) (*B.* 88).

سبل **sebàl,** affligé, chagrin. مك مڠكن سبل هتين *maka mangkin sebàl hatī-ña*, et son cœur en fut encore plus affligé (*R.* 50). اڤاكه ملان مك نݢري اين ترلالو سبل روڤان *apā-kah mulā-ña maka nagrī ini ter-lālu sebàl rupā-ña,* quelle peut être la cause de l'abattement répandu dans ce pays? (*M.*).

[Jav. ꦱꦼꦧꦼꦭ꧀ *sebel,* contrarié.]

سبلس **sa-blàs,** onze. v. بلس *blàs.* سمڤي ڤوكل سبلس *sampey pūkul sa-blàs,* jusqu'à onze heures (*H. Ab.* 83).

سبس **sebàs** = سباس *sebās.*

سبحانه **subḥānah** (Ar. سبح), gloire à lui (à Dieu), louange lui soit rendue: digne d'être glorifié. دڤلهاراكن الله سبحانه و تعالى كران درڤد بلا ايت *di-pelihārā-kan allah subḥānah u taāla kirā-ña deri-pada belā ītu,* qu'il plaise au Dieu très-haut et digne d'être loué, de les préserver d'une telle calamité (*M. R.* 225).

سما٢ **semā-semā,** rhume, catarrhe.

سمايم **semāyam,** siéger, donner audience, être assis en cérémonie. — دودق سمايم *dūduk semāyam,* siéger, donner audience. لاݢي تڠه سمايم *lāgi tengah semāyam,* au milieu de l'audience. داتس سڠݢهسان كڤد تمڤت راج سمايم *di-ātas singgah-sāna ka-pada tampat rāja semāyam,* sur le trône où le roi avait coutume de donner audience (*R.* 107). سڬل ڤتري سمايم داتس سڠݢهسان *segala putrī semāyam di-ātas singgahsāna,* les princesses étaient assises sur des siéges de cérémonie (*M.*).

برسمايم *ber-semāyam,* qui siége, qui donne audience, siégeant. اى اد برسمايم داتس تخت كرجاءن ددالم نݢري ڤرنسس *īa ada ber-semāyam di-ātas takta ka-rajā-an di-dālam nagrī pransis,* qui siége sur le trône royal de France (*Lett. Mal.*).

La physionomie de ce mot indique une origine étrangère aux langues de l'archipel Indien: peut-être du S. समाय *samāya,* visite; ou bien de समया *samayā,* au milieu. On retrouve ce mot dans plusieurs langues de la famille malaise, mais avec des sens bien différents. Jav. *samaya* et Mak. *samaya*, promettre. Bis. *samaya*, avoir pour agréable.

سماوڠ ***semāwaṅ***, nom d'un fruit (*Kl.*).

سماڠت ***sumāṅat***, esprit, mânes; que l'on suppose pouvoir passer dans le corps d'une autre personne ou d'un animal. کر سماڠتڽ *kùr sumāṅat-ña*, reviens! que Dieu le préserve! interjection.

برسماڠت *ber-sumāṅat*, qui revient à soi, qui a ses esprits: en alarme. اکو سڤرت اورڠ يڠ تياد برسماڠت رساڽ *āku seperti ōraṅ yaṅ tiāda ber-sumāṅat rasā-ña*, j'étais comme quelqu'un qui n'a plus ses esprits (*H. Ab.* 330). سڤرت بودق برسماڠت *seperti būdaḳ ber-sumāṅat*, comme un esclave saisi d'effroi (*M.*).

مڽماڠتکن *meñumāṅat-kan*, mettre quelqu'un en alarme.

[Jav. *sumaṅat*. Bat. *sumaṅot*. Mak. *sumaṅa*.]

سماج ***semāja***, v. ساج *sāja*.

سمي ***semèy***, jeunes plantes, jeunes pousses, plants; endroit où il y a du plant, pépinière (*Cr.*). ددالمڽ بوڠ باڽق سميڽ *di-dālam-ña būṅa bāñaḳ semèy-ña*, dans (ce jardin) il y avait beaucoup de plants de fleurs (*S. Bid.* 48).

مڽمي *meñemèy*, planter du plant qui est venu de graines semées; repiquer.

[Jav. *semi*, bourgeonner. Bat. *samé*, jeune plant de riz.]

سميڠ ***semīyaṅ***, sorte de long harpon avec une barbe en fer et muni d'une ligne (*Kl.*).

سمو ***semū***, tromperie, trahison, perfidie, fraude, artifice: trompé, être trompé. تهوله اي اکن سمو سکل رجاراج ايت *tahū-lah ïa ākan semū segala raja-rāja itu*, il était instruit de la perfidie de tous ces chefs (*M.*). — داي *semū dāya*, machinations perfides.

مڽمو *meñemū*, tromper, user d'artifice, trahir.

ترسمو *ter-semū*, qui est trompé, qui peut être trompé. اورڠ ملاك تياد ترسمو اوله کيت *ōraṅ malāka tiāda ter-semū ūleh kita*, les gens de Malacca ne peuvent pas être trompés par nous (*S. Mal.* 162).

مڽموکن *meñemū-kan*, tromper, trahir quelqu'un. اداکه اڠکو سموکن

انق انسان اوله سواتو ڤڠچوڤن *adā-kah angkaw semū-kan ānaḳ in-sān ūleh suātu penguxūp-an*, quoi! vous trahissez le fils de l'homme par un baiser (*N.* 142). اكن سموكن ڤداكو *ākan semū-kan padā-ku*, c'est pour me trahir (*P. M.*).

[Jav. ꦱꦼꦩꦸ *semu*. Bat. ᯙᯔᯮ *somu.*]

سموا **samuwā, samuā** (S. समूह *samūha*), tout, tous.

سمواڽ *samuā-ña*, le tout, la totalité. سموا سكالي *samuā sa-kāli*, tout à la fois, tous ensemble. ايسي نڬري دكرهكن سموا *isi nagrī di-kerāh-kan samuā*, toute la population de la ville fut convoquée (*S. Bid.* 146).

كسمواڽ *ka-samuā-ña*, tous, l'ensemble, tous ensemble.

[Kw. ꦱꦩꦸꦮ *samua.*]

سمودرا **samūdra** (S. समुद्र *samudra*), la mer, l'océan.

[Kw. ꦱꦩꦺꦴꦢꦿ *samodra*. Sund. ꦱꦩꦸꦢꦿ *samudra.*]

سمق **semàḳ**, endroit couvert de mauvaises herbes ou de broussailles : buisson, arbustes, broussailles. — كبنن *kebòn-ña semàḳ*, leurs jardins sont pleins de mauvaises herbes. براڤ مللوءي هوتن يڠ سمق *brāpa me-lalū-i hūtan yang semàḳ*, il traversa plusieurs bois fourrés. اورڠ دسوره منبس سمق ٢ ايت *ōrang di-sūruh menebàs semàḳ-semàḳ ītu*, des gens reçurent ordre de couper ces broussailles (*H. Ab.* 186). — سامن *semàḳ sāmun*, tout couvert de broussailles, broussailles épaisses. ڤنه دڠن سمق سامن دان دوري *penùh dengan semàḳ sāmun dān dūri*, rempli d'épaisses broussailles et d'épines (*H. Ab.* 315).

منمقكن *meñemàḳ-kan*, remplir de broussailles. مڠاڤ ڤوكق ٢ اين منمقكن تانه ايت *meng-āpa pōkoḳ-pōkoḳ ini meñemàḳ-kan tānah ītu*, pourquoi ces plantes embarrassent-elles ainsi ce terrain de broussailles? (*Kl.*).

سمڠ **semàng**, état d'un débiteur qui est obligé de travailler dans la maison de son créancier pour acquitter sa dette. — انق *ānaḳ semàng*, le débiteur qui est dans cet état. — اندق *induḳ semàng*, le créancier ou le maître.

[Bat. ᯀᯉ᯲ᯑᯮᯂ᯲ ᯘᯬᯔᯰ *induk somang.*]

سمغك **semangka,** melon d'eau, pastèque.

[Jav. ꦱꦼꦩꦺꦴꦁꦏ *semongka.* Sund. ᮞᮙᮀᮊ *samangka.*]

سمغکی **semanggi,** feuilles d'une plante aquatique. كونغ — *semanggi gūnung,* nom d'une pâtisserie dans le genre du اڤم *āpam,* mais faite avec de la farine de pois, des œufs et du sucre.

[Jav. ꦱꦼꦩꦁꦒꦶ *semanggi.*]

سمت **semàt,** piqué, percé, p. ex., avec une aiguille, une épine, une arme, etc.

ميمت *meñemàt,* piquer, percer, piquer des choses pour les attacher ensemble, p. ex. des feuilles pour couvrir les maisons.

ترسمت *ter-semàt,* qui reste fiché, ou enfoncé, p. ex., une flèche dans la chair.

[Bat. ᯘᯬᯔᯬᯖ᯲ *somot.*]

سمت **semùt,** fourmi. رعيتن كلورله سڤرت سمت *rayat-ña ka-lūarlah seperti semùt,* ses troupes affluaient comme des fourmis (*M.*). مك راج سمت ايتڤون داتغ *maka rāja semùt itu-pūn dātang,* alors le roi des fourmis arriva (*Indr.* 263). — ڤوته *semùt pūtih,* fourmi blanche, espèce de fourmis qui causent de grands dégâts dans les maisons. اڤام سمت ممڤرسمبهكن ڤاه بلالغ كڤد راج سليمان *upāma semùt mem-per-sembahkan pāho bilālang ka-pada rāja solīmān,* comme une fourmi qui présente une petite cuisse de sauterelle au roi Salomon. Expression d'humilité, en offrant un présent à un supérieur (*Kl.*).

Prov. اد ݢول اد سمت *ada gūla ada semùt,* où il y a du sucre, il y a des fourmis. Le sens est: où l'on peut trouver à manger, de l'argent ou du profit, là aussi se trouvent toujours beaucoup de gens.

كسمت سموتن *ka-semùt-semūtan,* engourdissement d'un membre: fourmillement éprouvé dans un bras ou dans une jambe.

[Jav. ꦱꦼꦩꦸꦠ꧀ *semut.* Bat. ᯘᯩᯔᯩᯖ᯲ *sémét,* espèce de petites fourmis.]

سمنچ **semanxa.** — تڤق *tepik semanxa,* petit crustacé d'eau douce, avec une coquille blanche et unie (*Kl.*).

سمنجق **samenjak,** v. منجق *menjak.*

سمنتار **semantāra** (S. सम *sama,* et अन्तर् *antara*). dans l'intervalle, tandis que, pendant que, en attendant, aussi longtemps que. ايت — *semantāra itu,* dans cet intervalle. سمنتار لاڬى اكو دسين *semantāra lāgi āku di-sini*, pendant que je reste ici. سمنتارا اد جواك *semantāra ada jiwā-ku*, tant que je vis.

سمنديرا **semandēra** v. بنديرا *bandēra.*

سمندو **semando,** sorte de mariage, lorsque l'homme et la femme sont d'un même rang (*Pij.*).

سمڤ٢ **sumpa-sumpa,** sorte de caméléon.

سمڤان **sampāna** (S. सम्पन्न *sampanna*), béni, être béni: bénédiction, qui porte bonheur. مك سرت سمڤى دسمڤنالله اوله بوندان اكن انكندكدوايت دڠن بيراڤ سمڤان يڠ باءيق *maka serta sampey di-sampanā-lah ūleh bundā-ña ākan anakanda ka-dūa itu deŋan be-brāpa sampāna yaŋ bāik*, à leur arrivée, les deux enfants furent bénis par leur mère, qui leur souhaita toutes sortes de prospérités (*M.*). اكو منداتڠكن اتسك كوتق دان بوكن سمڤان *āku men-dātaŋ-kan ātas-ku kūtuk dān būkan sampāna,* j'attirerai sur moi sa malédiction au lieu de sa bénédiction (*B.* 40). — كريس *krìs sampāna,* un criss qui porte bonheur.

مپمڤان *meñampāna,* donner la bénédiction, souhaiter du bonheur à quelqu'un.

مپمڤناكن *meñampanā - kan,* bénir ou faire bénir quelqu'un. بارڠسياڤ يڠ سمڤناكن اڠكو بهو سمڤان اتسڽ *bāraŋ-siāpa yaŋ sampanā-kan aŋkaw bahwa sampāna ātas-ña,* celui qui te bénira sera comblé de bénédictions (*B.* 41).

On trouve souvent ce mot écrit سمڤنا *sampanā,* Bib. Marsd.

سمڤه **sampah,** ordures, décombres, balayures, poussière. دسڤوڽ سمڤه٢ڽ *di-sapū-ña sampah-sampah-ña,* on a balayé les ordures (*H. Ab.* 315). اى ممباو سڬل سمڤه لالو دباكرڽاله سمڤه ايت *ia mem-bāwa segala sampah lālu di-bākar-ñā-lah sampah itu,* ils ramassèrent toutes les ordures et y mirent le feu (*Kal. dan Dam.* 111). اڤام سمڤه يڠ هين *upāma sampah yaŋ hīna,* comme de vils décombres (*M.*).

Énig. ڤريكي راج يڠ تياد ڤرنه ماسق سمڤه *prīgi rāja yaŋ tiāda pernah māsuḳ sampah*, une fontaine royale dans laquelle il n'est jamais entré d'ordure. بوه نير *būah nīyur*, la noix de coco: on fait allusion à l'eau qui est renfermée dans la noix.

سمڤه **sumpah**, serment, jurement; juré, être juré. سده دايکت دڠن سمڤه *sudah di-īkat deŋan sumpah*, ils furent liés par un serment. همب براني سمڤه ايت *hamba berāni sumpah ītu*, j'ose le jurer. اڤي — *sumpah āpi*, ou سمڤه اوجي اڤي *sumpah ūji āpi*, l'épreuve du feu. ميلم — *sumpah meñelàm*, l'épreuve de l'eau. سمڤه سمبله هايم *sumpah sambìlih hāyam*, serment qui se prête en tuant une poule, serment usité parmi les Chinois. سمڤه مينم اير كريس *sumpah mīnum āyer krìs*, serment que l'on fait en buvant l'eau dans laquelle un criss a été plongé. قران — *sumpah ḳorān*, serment prêté sur le Coran. ماكن — *mākan sumpah*, se parjurer. — كن *kena sumpah*, lié par un serment; éprouver les effets d'un parjure, d'une malédiction. On dit aussi: بوهڠ — *sumpah bōhoŋ* et ساله — *sumpah sālah*, faux serment, jurement mensonger.

برسمڤه *ber-sumpah*, qui jure; faire serment, jurer. اکو سده برسمڤه جاڠن دجامه اوله لکلاکي *āku sudah ber-sumpah jāŋan di-jāmah ūleh laki-lāki*, j'ai fait serment de ne me laisser toucher par aucun homme (*R.* 135). سياڤ برسمڤه دمي مذبح *siāpa ber-sumpah demi mezbeḥ*, celui qui jure par l'autel (*N.* 40).

مڽمڤه *meñumpah*, jurer, faire des imprécations. مڽمڤه ديريڽ اتو اورڠ لاين *meñumpah dirī-ña ātaw ōraŋ lāin*, faire des imprécations sur soi ou sur d'autres personnes (*P. M.*).

مڽمڤاهي *meñumpāh-i*, déférer le serment, exiger le serment de quelqu'un, maudire quelqu'un. تله مڽمڤاهي مريکئيت دڠن سمڤه يڠ امت بسر *telàh meñumpāh-i marīka-itu deŋan sumpah yaŋ āmat besàr*, nous avons exigé de ces gens un serment solennel. تاکت دسمڤاهي راج *tākut di-sumpāh-i rāja*, craignant que le roi ne lui fît prêter serment (*M.*). اياله يڠ مڽمڤاهي رواڽ *iā-lah yaŋ meñumpāh-i rawāna*, c'est lui qui avait maudi Rawana (*R.* 97).

مڽمڤهکن *meñumpah-kan*, assermenter.

برسمفهكن *ber-sumpah-kan*, qui assermente, qui se lie par un serment.

ممفرسمفهكن *mem-per-sumpah-kan*, faire assermenter, faire que quelqu'un se lie par un serment.

سمفاهن *sumpāh-an*, chose sainte par laquelle on jure.

فرسمفاهن *per-sumpāh-an*, jurement, serment. دان اكن فرسمفاهن يڠ اى سده برسمفه *dān ākan per-sumpāh-an yang ia sudah ber-sumpah*, selon le serment qu'il a fait (*N.* 93).

برسمفه سمفاهن *ber-sumpah-sumpāh-an*, se faire des serments réciproques. — برتڬه تڬوهن *bèr-tegùh-tegūh-an ber-sumpah-sumpāh-an*, se lier irrévocablement par des serments réciproques.

[Jav. et Sund. [illegible] *sumpah*. Bat. [illegible] *sumpah*. Mak. et Bug. [illegible] *sumpa*. Day. *sumpah*. Tag. et Bis. [illegible] *sumpa*.]

سمفى ***sampey***, arrivé, venu; être arrivé, arrivant; jusque; suffisant, efficace. — بلم *belùm sampey*, il n'est pas encore arrivé, cela n'a pas encore eu lieu. كارن كتيك فون تله سمفيله *kārna kotika pūn telàh sampey-lah*, car le temps est arrivé (*R.* 49). سرى رام دان لقسمان فون سمفيله ككونوڠ *srī rāma dān lakṣamāna pūn sampey-lah ka-gūnung*, Sri Rama et Laksamana se trouvaient arrivés à la montagne (*R.*). سكارڠ — *sampey sakārang*, jusqu'à présent. — هابس *sampey hābis*, jusqu'à la fin. ككل — *sampey kakal*, pour toujours, à jamais. سمفى تيݢ كالى *sampey tīga kāli*, jusqu'à trois fois. فركتاءنمو تياد سمفى اكن ملارڠكن دى بربوت ايت *per-katā-an-mu tiāda sampey ākan me-lārang-kan dia ber-būat ītu*, vos paroles ne seront pas suffisantes pour l'empêcher de faire cela.

ڽمفى *meñampey*, aller jusqu'à, arriver à.

ڽمفيكن *meñampey-kan*, faire arriver, occasionner, accomplir, apporter, amener. دسمفيكن الله اڤاله كراڽ *di-sampey-kan allah apā-lah kirā-ña*, que Dieu veuille faire arriver (*Lett. Mal.*). مك دسمفيكنله الله كفد فرعون ببراڤ بلا *maka di-sampey-kan-lah allah ka-pada faraun be-brāpa belā*, or Dieu fit arriver sur Pharaon de très-grandes plaies (*B.* 17). سمفيكن اكو لاڠيت *sampey-kan āku lāngit*, conduisez-moi au ciel (*M.*). فرجنجين — *me-*

ñampey-kan per-janjī-an, accomplir une promesse. سمڤيکن قول ايهند اين *sampey-kan ḳaul ayahnda īnī*, remplissez l'engagement de votre père (*M.*). مك سڬل كات ايت دسمڤيکنڽ کڤداڽ *maka segala kāta ītu di-sampey-kan-ña ka-padā-ña*, ils lui rapportèrent ces paroles (*R.* 29).

سمڤين *sampēy-an*, arrivée; l'endroit ou l'on arrive : but.

برسمڤين *ber-sampēy-an*, qui est atteint, qui est obtenu. تيداله اکن برسمڤين سڤرت کهندق هتيك *tiadā-lah ākan ber-sampēy-an seperti ka-hendaḳ hatī-ku*, il n'en sera pas comme je le désire (*R.* 51).

ڤڽمڤين *peñampēy-an*, action d'apporter, d'amener; transport, rapport; accomplissement.

کسمڤين *ka-sampēy-an*, ce à quoi on peut atteindre; accessible. ڤولو ايت کسمڤين کڤل ايت *pūlau ītu ka-sampēy-an kapàl ītu*, l'île de laquelle le bâtiment peut approcher (*R. V.*).

[Jav. et Sund. [Javanese script] *sampé*. Bat. [Batak script] *sampé*. Day. *sampé*.]

سمڤي **sampey**, une pièce d'étoffe, ou un habit qui pend librement, p. ex. un mouchoir de cou, un châle, etc.

مڽمڤي *meñampey*, porter une pièce d'étoffe ou un habit qui pend.

سمڤين *sampēy-an*, ce à quoi un habit pend, porte-manteau.

Ce mot est prob. le radical de سلمڤي *selampey*. v. ce mot.

سمڤي **simpey**; cercle, cerceau; anneau qui se trouve à la garde d'une épée, à la poignée d'une arme.

دسمڤي *di-simpey*, être entouré d'un cercle.

مڽمڤي *meñimpey*, cercler, mettre un cercle, un anneau.

On trouve aussi سيڤي *sīpey*. دان دسيڤي دڠن بسي *dān di-sīpey deṅan besī*, et il était cerclé de fer (*H. Ab.* 248).

سمڤي **simpey**, nom d'un singe (*semnopithecus melalophos*).

سمڤو **sampu**, interrompu (en parlant).

مڽمڤو *meñampu*, interrompre, couper la parole (*Kl.*).

سمڤو **simpu**, nom d'un arbre.

(*Cr.* écrit سمڤوه *simpuh.*)

سمڤق **sampaḳ,** l'anneau placé à l'endroit où la lame d'une arme est fixée au manche. منيكم هڠڬ سمڤق *menīkam hiṅga sampaḳ*, enfoncer une arme jusqu'à la garde (*M.*).

سمڤق **sampuḳ,** réponse, réplique; répondu, répliqué.

مپمڤق *meñampuḳ*, répondre, répliquer. سئورڠ برکات سئورڠ مپمڤق *sa-ōraṅ ber-kāta sa-ōraṅ meñampuḳ*, lorsque l'un parlait, l'autre répliquait.

ترسمڤق *ter-sampuḳ*, aller contre.

سمڤڠ **sampaṅ,** ramé, l'action de ramer avec une pagaie par une personne qui se tient sur l'avant d'un bateau.

برسمڤڠ *ber-sampaṅ*, qui rame, ou gouverne avec une pagaie.

مپمڤڠ *meñampaṅ*, ramer, gouverner avec une pagaie. مپمڤڠ برکڠکڠ ايت لراڠن راج *meñampaṅ ber-kaṅkaṅ itu larāṅ-an rāja*, il est défendu par le roi de ramer avec la pagaie étant à califourchon sur la proue (*P. Dew.*).

ڤپمڤڠ *peñampaṅ*, qui rame ou sert à ramer de la manière nommée *sampaṅ*. — ڤڠايه *peṅāyuh peñampaṅ*, une pagaie, servant à ramer de cette sorte.

سمڤڠ **sampaṅ,** vernis, laque. — ڤوهن *pōhon sampaṅ*, l'arbre qui produit le vernis, la laque.

برسمڤڠ *ber-sampaṅ*, qui a du vernis, qui est vernissé.

مپمڤڠ *meñampaṅ*, vernir, vernisser, couvrir de laque.

ترسمڤڠ *ter-sampaṅ*, qui est vernissé, que l'on a couvert de laque; qui peut être vernissé.

مپمڤڠکن *meñampaṅ-kan*, vernisser ou faire vernisser q. ch.

ڤپمڤڠ *peñampaṅ*, qui vernit ou sert à vernisser: vernisseur: matière à vernisser.

سمڤاڠن *sampāṅ-an*, la chose vernissée, vernissure.

سمڤڠ **sampiṅ,** nom d'une sorte de tambour. ارغن نفيري سمڤڠ *organ nafīri sampiṅ*, des orgues, des trompettes et des tambours (*R.* 3).

سمڤڠ **sampiṅ,** côté (*Cr. Batav.*). v. le mot suivant.

سمڤڠ **simpaṅ,** chemin de côté, de traverse, qui s'éloigne de la route, qui se divise. برتمولہ اى

دغن سمفغ جالن ککير دان ککانن *ber-temū-lah īa deŋan simpaŋ jālan ka-kiri dān ka-kānan*, il arriva dans un endroit où le chemin se séparait vers la droite et la gauche (*M.*). سير — *simpaŋ sīyur*, déviant de tous côtés.

برسمفغ *ber-simpaŋ*, qui va de travers, qui dévie: فرکتاءن ايت باڽق برسمفغ٢ *per-katā-an ītu bāñak ber-simpaŋ-simpaŋ*, ces paroles dévient beaucoup, peuvent être prises dans bien des sens.

منيمفغ *meñimpaŋ*, s'éloigner de la route, dévier, se diviser.

سمفاغن *simpāŋ-an*, chemin de traverse, sentier. تياد — *simpāŋ-an tiāda*, il n'y a pas de chemin détourné (*Ism. Yat.* 85). اير — *simpāŋ-an āyer*, un bras de rivière, une crique.

فرسمفاغن *per-simpāŋ-an*, un sentier de traverse, chemin qui quitte une grande route pour prendre une autre direction. ستله داتغ کفد فرسمفاغن جالن کنکری *sa-telàh dātaŋ ka-pada per-simpāŋ-an jālan ka-nagrī*, étant arrivé au chemin qui se dirigeait vers la ville (*R.* 39). اد امفت فرسمفاغن جالن کنکری ايت *ada ampat per-simpāŋ-an jālan ka-nagrī ītu*, il y a quatre chemins qui conduisent à ce pays (*R.* 25).

کسمفاغن *ka-simpāŋ-an*, déviation; ce dont on doit s'écarter. کارغ٢ ايت کسمفاغن فراهو *kāraŋ-kāraŋ ītu ka-simpāŋ-an prāhu*, ces rochers doivent être évités par les vaisseaux (*R. V.*).

[Jav. et Sund. [illegible] *simpaŋ*. Bat. [illegible] *simpaŋ*. Day. *sampaŋ*.]

سمفت ***sampat***, être en état, être capable, pouvoir; occasion, opportunité. مريکئيت تياد سمفت مياهت فداڽ *marīka-ītu tiāda sampat meñāhut padā-ña*, ils ne pouvaient rien lui répondre (*B.* 75). اى تيدالە سمفت مينم اير در دالم موار *īa tiadā-lah sampat mīnum āyer deri dālam muāra*, ils ne pouvaient boire de l'eau du fleuve (*B.* 95). تيدالە اى سمفت برديرى *tiadā-lah īa sampat ber-dīri*, ils ne sont pas en état de se tenir debout. تياد سمفت ملاون *tiāda sampat me-lāwan*, ils ne sauraient résister. بارغ يغ تياد سمفت نايق کدارت *bāraŋ yaŋ tiāda sampat nāik ka-dārat*, ceux qui ne furent pas en état de gagner le rivage (*M.*). منچهارى — *men-xahāri sampat*, chercher une occasion.

برسمفت *ber-sampat*, qui peut, qui est en état de, capable.

مپمفت *meñampat*, attendre une occasion favorable, se donner le temps.

[Jav. ꦱꦼꦩ꧀ꦥꦼꦠ꧀ *sempet.*]

سمفت ***sumpit***, étroit, circonscrit, renfermé. مولت باجن يڠ سمفت *mūlut bājan yaṅ sumpit*, le goulot étroit d'un vase. مك درساءى اوله ݢاجه ايت جالن سمفت *maka di-rasā-i ūleh gājah itu jālan sumpit*, les éléphants sentaient que le chemin était étroit (*H. Ab.* 69).

سمفت٢ *sumpit-sumpit*, nom d'un coquillage.

مپمفتكن *meñumpit-kan*, rendre étroit, resserrer, serrer. دسمفتكنڽ اكن داكو *di-sumpit-kan-ña ākan dāku*, il me mettait à la gêne (*H. Ab.* 169).

كسمفيتن *ka-sumpit-an*, qui est serré, qui est mis à l'étroit. ترلالو كسمفيتنڽ اورڠ ملاك *ter-lālu ka-sumpit-an-ña ōraṅ malāka*, les gens de Malacca étaient extrêmement gênés (*H. Ab.* 201).

سمفيتن *sumpit-an*, tuyau long et étroit, sarbacane.

مپمفت *meñumpit*, souffler, tirer une flèche avec la sarbacane. فرݢيله اى مپمفت بورڠ *pergi-lah ia meñumpit būruṅ*, il sortit pour tirer aux oiseaux (*M.*).

[Jav. et Sund. ꦱꦸꦥꦶꦠ꧀ *supit.* Day. *sipet.* Tag. ᜐᜓᜋ᜔ᜉᜒᜆ᜔ *sompit.* Bis. ᜐᜓᜋ᜔ᜉᜒᜆ᜔ *soṅpit.*]

سمفت ***sumpit***, nom d'un petit sac finement tressé, qui peut contenir d'un *gantaṅ* à un *gantaṅ* et demi de riz (*Kl.*).

سمفن ***sampan*** (Chin. 三板 *san pan*, trois planches), canot, nacelle, petit bateau. داتڠله سمفن٢ درى كفل *dātaṅ-lah sampan-sampan deri kapal*, alors arrivèrent des canots venant du navire (*H. Ab.* 186).

[Jav. et Sund. ꦱꦩ꧀ꦥꦤ꧀ *sampan.* Mak. ᨔᨄ *sampaṅ.* Tag. et Bis. ᜐᜋ᜔ᜉᜈ᜔ *sampan*, embarcation chinoise. Day. *sampan.*]

سمفن ***sampun***, plat, uni (des cheveux) (*Kl.*).

سمفن ***simpan***, gardé, conservé, économisé, mis en réserve. سمفن بارڠ٢ ايت دالم فتى *simpan bāraṅ-bāraṅ itu dālam peti*, conservez ces objets dans un coffre (litt.: soient par vous conservés). دى تاهو سمفن وڠڽ *dia tāhu simpan waṅ-ña*, il sait conserver son argent. اد تون سمفن كاين فوته *ada tūan simpan kāin pūtih*, avez-vous des toiles blanches en boutique, en magasin? (*M.*). ستله دتوتفن مك دسمفنڽ *sa-telàh di-tūtup-ña maka di-simpan-ña*, lorsqu'il l'avait plié, il le mettait en réserve (*Ism. Yat.* 8).

Prov. تاهو ماكن تاهو سمفن *tāhu mākan tāhu simpan*, savoir manger, savoir épargner. Le sens est: quand on a fait une faute, il faut savoir la réparer.

برسمفن *ber-simpan*, qui garde, qui conserve, conservant, mettant en réserve. سوروهكن برسمفن٢ *sūruh-kan ber-simpan-simpan*, faites emballer ou empaqueter (*M.*).

مڽمفن *meñimpan*, garder, conserver, économiser, mettre en réserve. تياد لاڬي مڽمفن اوبت مسيو *tiāda lāgi meñimpan ōbat misīyu*, il n'avait pas conservé de poudre (*M.*). رهسي — *meñimpan rahasīa*, garder un secret (*H. Ab.* 284). ديري — *meñimpan dīri*, se tenir, se contenir. تيداله ترتيب مڽمفن ديري *tiadā-lah tertīb meñimpan dīri*, je ne me suis pas tenu d'une manière convenable (*S. Bid.* 32).

مڽمفنكن *meñimpan-kan*, garder, conserver ou faire conserver q. ch. دان ميت ايهند فاتق سمفنكن *dān mayet ayahnda pātek simpan-kan*, et nous avons conservé le corps de notre père (*R.* 118).

فرسمفانن *per-simpān-an*, qui est conservé, mis en réserve: conservation, économie. — تمفت *tampat per-simpān-an*, endroit où l'on met en réserve.

سمفن سمفانن *simpan-simpān-an*, des choses cachées, cachettes, mystères (*H. Ab.* 47).

[Jav. [Javanese script] *simpan*. Tag. [Tagalog script] *simpan*.]

سمفنا **sampanā**, v. سمفان *sampāna*.

سمفر **sampar**, pestilence, contagion, épidémie. ماتي درفد سمفر *māti deri-pada sampar*, mort de maladie contagieuse (*M.*). دسمفيكن الله بيراف بلا دان سمفر *di-sampey-kan allah be-brāpa belā dān sampar*, Dieu envoya des calamités et des épidémies (*H. D.* 27).

[Bat. [Batak script] *sampar*.]

سمفر **sampir**, porte-manteau, séchoir: pendu à un porte-manteau; être étendu à un séchoir.

مڽمفر *meñampir*, pendre, étendre.

مڽمڤيري meñampīr-i, étendre, ou pendre quelque part, étendre sur. دسمڤرينکاين di-sampir-ī-ña kāin, on y avait étendu des étoffes (S. Bid. 49).

مڽمڤرکن meñampir-kan, pendre, ou étendre q. ch. کاين باسه دسمڤرکن kāin bāsah di-sampir-kan, des habits mouillés étaient étendus (S. Bid. 72).

سمڤيرن sampīr-an, ce qui est étendu; ce sur quoi une chose est étendue, ce à quoi une chose est pendue.

[Jav. ꦱꦩ꧀ꦥꦶꦂ sampir. Jav. et Sund. ꦱꦩ꧀ꦥꦶꦫꦤ꧀ sampiran, porte-manteau.]

سمڤر **sempur**, nom d'une plante (*colbertia obovata*). اير — sempur ayer (*dillenia speciosa*, Cr.).

سمڤرن **sempurna** (S. सम्पूर्ण *sampūrṇa*), complet, parfait, accompli, sans défaut: être accompli, être achevé. سموان ڤکرجانم ايت سمڤرن samuā-ña pe-karjā-an-mu ītu sempurna, tous vos actes sont parfaits (R. 136). اياله سئورڠ لکلاکي سمڤرن īā-lah sa-ōrang laki-lāki sempurna, c'est un homme accompli (N. 374). سڤاي سمڤرناله نکري توانهمب supāya sempurnā-lah nagrī tūan-hamba, afin que votre pays soit conservé en parfait état (R. 122). براوله ݢه سمڤرن ber-ūleh gàh sempurna, acquérir une réputation sans tache. ݢرهان يڠ سمڤرن grahāna yang sempurna, une éclipse totale. ݢنڤ — sempurna genàp, souverainement parfait (P. M.). نکاحن — sempurna nikāḥ-ña, les cérémonies de son mariage sont accomplies (M.).

برسمڤرن ber-sempurna, qui a la perfection, qui est parfait (P. Deb.).

مڽمڤرن meñempurna, parfaire, accomplir, achever.

ترسمڤرن ter-sempurna, qui est perfectionné, rendu parfait: perfectible.

مڽمڤرناءي meñempurnā-i, compléter.

مڽمڤرناکن meñempurnā-kan, rendre complet, rendre parfait. مڽمڤرناکن نام نينق مويڠ کيت meñempurnā-kan nāma nēnek mōyang kīta, conserver intact le nom de nos ancêtres (R. 119).

ڤڽمڤرن peñempurna, ce qui complète, qui perfectionne.

ڤڽمڤرناءن peñempurnā-àn, action de perfectionner, de compléter: perfectionnement, rétablissement.

سمڤرناٴن *sempurnā-an*, perfection, état de ce qui est complet.

كسمڤرناٴن *ka-sempurnā-an*, qui est parfait; perfection. ڤڠاسيهن يڠ اد ڤڠيكت كسمڤرناٴن *peŋasīh-an yaŋ ada peŋ-īkat ka-sempurnā-an*, la charité qui est le lien de la perfection (*N.* 331).

ڤرسمڤرناٴن *per-sempurnā-an*, qui a été complété; le complet d'une chose.

[Jav. et Sund. [Javanese script] *sampurna*. Mak. [Makassarese script] *sampuruna*.]

سمڤل *sampul*, couverture, enveloppe, fourreau, housse. — سورت *sampul sūrat*, enveloppe d'une lettre.

برسمڤل *ber-sampul*, qui a une couverture, une enveloppe. سورت يڠ برسمڤل دڠن كاين كونيڠ *sūrat yaŋ ber-sampul deŋan kāin kūniŋ*, une lettre dans une enveloppe d'étoffe jaune (*H. Ab.* 115).

مڽمڤل *meñampul*, couvrir, envelopper.

ترسمڤل *ter-sampul*, que l'on a couvert, qui peut être couvert.

مڽمڤولي *meñampūl-i*, mettre une couverture à, pourvoir q. ch. d'une enveloppe.

مڽمڤلكن *meñampul-kan*, couvrir, envelopper q. ch.

ممڤرسمڤل *mem-per-sampul*, faire couvrir.

ممڤرسمڤولي *mem-per-sampūl-i*, faire mettre une couverture, ou une enveloppe à q. ch.

ممڤرسمڤلكن *mem-per-sampul-kan*, faire couvrir q. ch.

سمڤل *sempal*, tampon, bouchon; une chique de tabac: bouché, être bouché. سمڤل دڠن كاڤس *sempal deŋan kāpas*, bouché avec du coton.

مڽمڤل *meñempal*, tamponner, boucher. يڠ مڽمڤل لوبڠ تليڠاڽ *yaŋ meñempal lōbaŋ teliŋā-ña*, qui se bouche les oreilles.

مڽمڤلكن *meñempal-kan*, boucher ou faire boucher q. ch. مڽمڤلكن مولت دڠن كاين *meñempal-kan mūlut deŋan kāin*, fermer la bouche avec un mouchoir.

[Jav. et Sund. [Javanese script] *sumpel*. Bat. [Batak script] *sompol*.]

سمڤل *simpul*, nœud, être en nœud, noué. — مڠوريكن *meŋ-ūrey-kan simpul*, faire couler, ou détacher un nœud. دسمڤلي رمبتڽ دڠن رمبت اورڠ لاين *di-simpul-ña rambut-ña deŋan ram-*

but ōrang lāin, il noua les cheveux de l'un avec les cheveux de l'autre (*M.*). كستوري — *simpul kastūri*, un nœud de l'habit ou du mouchoir dans lequel on a mis du musc. ڤوله — *simpul pūlih*, un nœud bouclé qui peut se défaire. ماتي — *simpul māti*, un nœud noué, qui ne peut se défaire. هيدڤ — *simpul hīdup*, un nœud coulant.

برسمڤل *ber-simpul*, qui a un nœud, qui est en nœud. — تالي *tāli ber-simpul*, corde nouée, qui a des nœuds.

مڽمڤل *meñimpul*, faire un nœud, lier, garder. دهاتي — *meñimpul di-hāti*, garder, conserver dans le cœur (*M.*).

ترسمڤل *ter-simpul*, qui est lié, que l'on a lié. مك درسڽن رمبتڽ ترسمڤل دڠن رمبت تون ڤتري *maka di-rasa-i-ña rambut-ña ter-simpul dengan rambut tūan putrī*, alors il s'aperçut que ses cheveux étaient liés avec ceux de la princesse (*R.* 163).

مڽمڤلكن *meñimpul-kan*, nouer, attacher ou faire attacher q. ch. اي مڽمڤلكن رمبتڽ دڠن رمبت ڤتري *īa meñimpul-kan rambut-ña dengan rambut putrī*, il noua ses cheveux avec ceux de la princesse (*R.* 163).

سمڤولن *simpūl-an*, ce qui est noué, embarrassé, embrouillé; embarras; nœud. ڤركتاءن — *simpūl-an per-katā-an*, discours embarrassé. مك سمڤولن رمبت ايتڤون تربكاله *maka simpūl-an rambut ītu-pūn ter-bukā-lah*, alors le nœud qui tenait les cheveux embarrassés s'ouvrit (*R.* 163). — ممبوك *mem-būka simpūl-an*, délier un nœud (*H. D.* 84).

ڤرسمڤولن *per-simpūl-an*, qui est tenu embarrassé; complication, embarras.

سمڤله **sampelàh**, pressuré, exprimé (de la pulpe du coco.) — مڽق *miñak sampelàh*, huile extraite du coco par la pression.

Marsd. prononce *simplah*; *Cr.* écrit سمڤلق *simplek*, crevé.

سمباڠن **sembārgan**, nom d'un oiseau.

سمبارڠ **sembārang**, de toutes sortes, de quelque manière que ce soit, tout ce que. كالو دڤربوتڽ سمبارڠ بهاس *kālaw di-per-būat-ña sembārang bahāsa*, q. ch. qu'elle fasse ou qu'elle dise (*S. Bid.* 23).

مڽمبارڠكن *meñembārang-kan*, agir indifféremment ou selon son bon plaisir (*Kl.*).

Ce mot vient prob. de سموا *samuā* et بارڠ *bāraṅ*.

[Jav. ꦱꦩꦸꦧꦫꦁ *samubaraṅ*, de ꦩꦸꦧꦫꦁ *mubaraṅ*, tout.]

سمبارڤ **sambārap,** prêt, préparé, achevé: un trousseau, un assortiment d'habits (*Pij.*).

سمبه **sembah,** salut, révérence, hommage, adoration; action d'adresser la parole à un supérieur; action d'offrir q. ch. à un supérieur. — کيرم *kirim sembah,* un envoi de compliments. — سورت *sūrat sembah,* une lettre de cérémonie, de soumission (*S. Mal.* 119). ستله بݢند منڠرکن سمبه *sa-telàh baginda meneṅar-kan sembah,* lorsque le prince eut entendu les paroles qu'on lui adressait (*M.*). تياد ماو دسمبه اوله راج ملاک *tiāda māu di-sembah ūleh rāja malāka,* on ne voulait pas recevoir l'humble salutation du roi de Malacca (*S. Mal.* 175). Quand ce mot signifie adoration, on lui joint ordinairement: سجود *sujūd.* مک اى سمبه سجودله کفد هو *maka ia sembah sujūd-lah ka-pada hūwa,* et il adora Dieu (*B.* 34).

برسمبه *ber-sembah,* qui salue, qui se prosterne.

مڽمبه *meñembah,* saluer, se prosterner, se soumettre, adorer, adresser la parole à un supérieur, offrir. مڽمبه سرت منندق کڤال *meñembah serta menunduk kapāla,* saluer en inclinant la tête. تياد ماو مڽمبه *tiāda māu meñembah,* il ne voulut pas se soumettre (*S. Mal.* 119). مک ايڤون مڽمبه متهارى *maka ia-pūn meñembah mata-hāri,* il adora le soleil (*M.*).

سمبه مڽمبه *sembah-meñembah,* se faire réciproquement hommage, se saluer mutuellement. کدواڽ سمبه مڽمبه لالو دودق برسماسام *ka-duā-ña sambah-meñembah lālu dūduk ber-sama-sāma,* tous les deux se saluèrent mutuellement, puis s'assirent ensemble (*R.* 159).

مڽمبهکن *meñembah-kan,* adresser, offrir q. ch. à un supérieur. ڤرسمبليهن دسمبهکن ڤد توهن الله ساج *per-sambilīh-an di-sembah-kan pada tūhan allah sāja,* le sacrifice ne peut être offert qu'à Dieu (*P. M.*).

ممڤرسمبهکن *mem-per-sembah-kan,* faire hommage de q. ch. à un supérieur; présenter, annoncer q. ch. à un supérieur. مک اڤ دڤرسمبهکنڽ کفد اى بنداڽ *maka apa di-per-*

ūleh-ña itu di-per-sembah-kan-ña ka-pada āyah bundā-ña, ce qu'ils pouvaient avoir, ils en faisaient hommage à leur père et à leur mère (*R.* 47). اى مغرسمبهكن كفداڽ *ia mem-per-sembah-kan ka-padā-ña,* ils vinrent le lui annoncer (*R.* 106). دڤرسمبهكنڽ كفد ڤرميسوري *di-per-sembah-kan-ña ka-pada per-mīsūri,* il les présenta à la reine (*M.*).

بڤرسمبهكن *be-per-sembah-kan,* qui offre, qui présente q. ch. à un supérieur. خبر — *be-per-sembah-kan ḳabar,* qui annonce une nouvelle à un supérieur.

ڤڽمبه *peñembah,* qui se prosterne, qui révère. برهالا — *peñembah berhāla,* adorateur des idoles (*D. M.* 311).

سمباهن *sembāh-an,* offrande.

ڤرسمباهن *per-sembāh-an,* ce qui est offert, présent, offrande.

[Jav. et Sund. ꦱꦼꦩ꧀ꦧꦃ *sembah.* Day. *sembah.*]

سمبه sembuh, guéri, rétabli; être guéri: se guérir. اى ننتى سكره سمبه *ia nanti sigràh sembuh,* il sera bientôt guéri. سمبهله لكاڽ *sembuh-lah lukā-ña,* sa blessure est guérie. دغن تولغ الله ڤڽاكت ايتڤون سمبهله *deṅgan tūluṅ allah peñākit itu-pūn sembuh-lah,* avec l'assistance de Dieu cette maladie se guérit (*H. Ab.* 20).

مڽمبه *meñembuh,* guérir. اكن مڽمبه كسكيتن *ākan meñembuh ka-sakīt-an,* pour guérir une indisposition (*M.*).

مڽمبهكن *meñembuh-kan,* guérir quelqu'un, faire que quelqu'un se rétablisse. سمبهكنله اورغ يغ ضعيف *sembuh-kan-lah ōraṅg yaṅg dlaif,* guérissez les infirmes (*N.* 15). اكو اينيله يغ مڽمبهكن ديكو *āku inī-lah yaṅg meñembuh-kan dīkaw,* c'est moi qui vous guéris (*B.* 110).

ڤڽمبوهن *peñembūh-an,* action de guérir, ce qui guérit (*R. V.*).

كسمبوهن *ka-sembūh-an,* qui est guéri, guérison.

[Jav. ꦱꦼꦩ꧀ꦧꦸꦃ *sembuh,* augmenté. Bat. [Batak script] *sombu,* remédié à.]

سمبهيغ sembahyaṅg (de سمبه *sembah* et du Jav. ꦲꦾꦁ *yaṅg,* Dieu), prière, adoration, culte, cérémonie religieuse; prié, prière faite. مسجد تمڤت سمبهيغ *mesjid tampat sembahyaṅg,* la mosquée est le lieu de la prière. تياد كلور ملاينكن اوله سمبهيغ دان ڤواس

tiāda ka-lūar me-lāin-kan ūleh sembahyaŋ dān puāsa, il ne sort que par la prière et le jeûne (*N.* 30). — ايرِ *āyer sembahyaŋ,* l'eau qui sert aux ablutions religieuses, eau bénite. — باجو *bāju sembahyaŋ,* l'habit qu'on porte pendant la prière. — وقت *waḳtu sembahyaŋ,* le temps de la prière. صبح — *sembahyaŋ ṣubḥ,* la prière du matin. ظهر — *sembahyaŋ tluhr,* la prière de midi. عصر — *sembahyaŋ aṣer,* prière de l'après-midi, les vêpres. مغرب — *sembahyaŋ magrab,* prière qui se fait au coucher du soleil. عشا — *sembahyaŋ iša,* la prière du soir. مك اڤبيل اڠکو سمبهيڠ *maka apa-bīla aŋkaw sem-bahyaŋ,* or lorsque vous priez (litt.: lorsque par vous est prié) (*N.* 3). برسڠکه۲ اڠکو سمبهيڠ *ber-suŋguh-suŋguh aŋkaw sembahyaŋ,* priez avec attention (*M.*).

برسمبهيڠ *ber-sembahyaŋ,* qui prie, priant, adorant; adorer, prier. تتکال ايت اورڠ ملاءي اکن برسمبهيڠ دڠن نام هو *tatkāla itu ōraŋ me-mulā-i ākan ber-sembahyaŋ deŋan nāma hūwa,* dans ce temps-là les hommes commencèrent à invoquer le nom de Dieu (*B.* 6).

منمبهياڠي *meñembahyāŋ-i,* faire des prières à ou sur.

منمبهيڠکن *meñembahyaŋ-kan,* faire une prière, faire que des actes deviennent des prières; prier pour. منمبهيڠکن دو رکعة تحية الوضو *meñembahyaŋ-kan dūa rakaṭ taḥiyat el-wadlū,* faire en inclinant le corps les deux salutations qui accompagnent l'ablution (*M. R.* 220). مك اي برهمڤنله منمبهيڠکن ميتڽ *maka ia ber-himpun-lah meñembah-yaŋ-kan mayet-ña,* alors ils se réunirent pour faire sur son corps les cérémonies religieuses d'usage (*Sul. Ibr.* 6).

[Jav. [Javanese script] *sembahyaŋ.* Sund. [Sundanese script] *sembayaŋ.* Mak. [Makassarese script] *sambayaŋ.*]

سمبي ***simbey,*** se montrer bien élevé, de bonne famille, quoique pauvrement habillé (*Kl.*).

سمبيلو ***sembīlu,*** morceau de bambou fendu, employé comme instrument tranchant. مك دڤوتڠڽ ايت دڠن سمبيلو بوله *maka di-pūtuŋ-ña itu deŋan sembīlu būluh,* alors ils le coupe avec un morceau de bambou fendu (*H. Ab.* 351). هتيك باڬي کن سمبيلو *hatī-ku bāgey kena sembīlu,* il semble qu'on me déchire le cœur avec un instrument tranchant (*M.*).

[Bat. [Batak] *sambilu.*]

سمبيلق sambilik. — ڤورو *pūru sambilik*, hémorrhoïdes (*M.*).

سمبيلڠ sembilang. — ايکن *īkan sembilang*, nom d'une espèce de lotte de mer, munie d'un aiguillon venimeux (*Kl.*).

سمبيلن sambilan, neuf. بلس — *sambilan blàs*, dix-neuf. ڤوله — *sambilan pūloh*, quatre-vingt-dix. راتس — *sambilan rātus*, neuf cents.

Sambilan paraît être pour *sa-ambil-an*, un étant enlevé (sous-entendu) de dix : ou les dix doigts des mains moins un.

سمبو sumbu, mèche d'une lampe ou d'une chandelle, mèche d'artillerie. اڤ ݢون ڤاسڠ ڤليت جك تياد سمبوڽ *apa gūna pāsang palīta jika tiāda sumbū-ña*, il est inutile de chercher à allumer une lampe qui n'a pas de mèche. بادق — *sumbu bādak*, corne de rhinocéros (*H. D.* 192).

برسمبو *ber-sumbu*, qui a une mèche, muni de mèche. اد برسمبو باوه تانه *ada ber-sumbu bāwah tānah*, elle (la caisse de poudre) avait une mèche sous la terre (*H. Ab.* 61). ݢس يڠ دڤاسڠ دڠن تياد برسمبو *gàs yang di-pāsang dengan tiāda ber-sumbu*, du gaz qui est allumé, qui brûle sans mèche (*H. Ab.* 324).

ڤسمبو *pe-sumbu*, épinglette, brochette, carrelet.

[Jav. et Sund. [Javanese] *sumbu*. Bat. [Batak] *sumbu*. Mak. [Makassar] *sumbu*. Day. *sumbo*, chandelle.]

سمبوين sembūyan, signal d'alarme. مك بدل سمبوين ايتڤون دڤاسڠ دراتس کوت دان ݢنت سمبوين دݢرقکن اورڠله *maka bedìl sembūyan itu-pūn di-pāsang deri-ātas kōta dān genta sembūyan di-gràk-kan ōrang-lah*, on donna l'alarme en tirant le canon des remparts et en sonnant le tocsin (*M.*).

سمبوج sembōja = کمبوج *kembōja*.

سمبوني sembūni, v. sous بوني *būni*.

سمبوبر sembūbur, nom d'un poisson.

سمبورت sembūrìt, v. بورت *būrìt*.

سمبولى **sembūli,** corne de rhinocéros.

v. سمبو *sumbu.*

سمبق **sambuk,** coque de noix de coco sèche.

سمبق **sambuk,** sorte de bateau. دغن براڤ بوه كڤل دان سمبق دان باتل *deŋan brāpa būah kapàl dān sambuk dān bātil,* avec un grand nombre de vaisseaux, de bateaux et de nacelles (*S. Mal.* 54).

سمبغ **sambaŋ,** ronde, garde, patrouille. — بركاول *ber-kāwal sambaŋ* ou — برجاك *ber-jāga sambaŋ,* monter la garde, faire la patrouille.

[Jav. ꦱꦩ꧀ꦧꦁ *sambaŋ.*]

سمبغ **sambaŋ,** rayon de miel, lorsque les larves des abeilles s'y trouvent encore.

[Bat. [illegible] *sambaŋ,* un nid d'abeilles abandonné.]

سمبغ **sambuŋ,** lié, attaché, réuni, joint: épissé, épissure (en parlant de cordes): le mât de hune (sur un navire). كايو دسمبغن ككين *kāyu di-sambuŋ-ña kakī-ña,* on lui avait attaché un morceau de bois au pied (*H. Ab.* 278).

ميمبغ *meñambuŋ,* lier, joindre, unir, mettre une pièce.

ڤڽمبغ *peñambuŋ,* qui attache; petit anneau au nœud d'une écharpe.

سمبوغن *sambūŋ-an,* ce qui est attaché, une pièce attachée, morceau ajouté: jointure.

[Jav. et Sund. ꦱꦩ꧀ꦧꦸꦁ *sambuŋ.*]

سمبغ **sembuŋ.** — داون *dāun sembuŋ,* sorte de feuilles que l'on emploie comme remède contre la fièvre (*Kl.*).

سمبغ **somboŋ,** fier, arrogant, hautain, orgueilleux. اى منجادى سمبغ *ia men-jādi somboŋ,* il devint arrogant (*H. Ab.* 365).

ڤڽمبغ *peñomboŋ,* qui s'enorgueillit, fanfaron, hableur, abatteur de quilles.

سمبغ **sumbaŋ,** inceste.

[Bat. [illegible] *sumbaŋ.*]

سمبغ **sumbiŋ,** coche, brèche, entaille, dent: ébréché, crevassé. ڤدغ ايت سمبغ سراتس سمبيلن ڤوله باڽقن *pedàŋ itu sumbiŋ sa-rātus sambīlan pūloh bāñak-ña,* le glaive avait cent-quatre-vingt dix brèches (*S. Mal.* 46). — كيكى سمبڠ *gīgi sumbiṅg*, des dents ébréchées et inégales (*M.*).

ترسمبڠ *ter-sumbiṅg*, qui est ébréché. — ڤدڠ *pedàṅg ter-sumbiṅg*, une arme ébréchée (*M.*).

سمبت *sambat*, agrafe, crochet; agrafé, accroché, joint; être agrafé.

برسمبت *ber-sambat*, qui joint, qui se joint. اى برسمبتله كدوكككين داتس كرى *ia ber-sambat-lah ka-dūa kakī-ña di-ātas garèy*, il joignit ses deux pieds sur son lit (*B.* 83).

ممبت *meñambat*, agrafer, accrocher, joindre. تاڠن — *meñambat tāṅgan*, joindre les mains (*Pij.*).

ترسمبت *ter-sambat*, qui est attaché, que l'on a joint. ممبوك ڤنتو يڠ ترسمبت *mem-būka pintu yaṅg ter-sambat*, ouvrir une porte barricadée.

ممبتكن *meñambat-kan*, agrafer, attacher q. ch., joindre plusieurs choses ensemble. ممبتكن درين دڠن كامى *meñambat-kan dirī-ña deṅgan kāmi*, se lier avec nous.

تڤرسمبت *te-per-sambat*, qui est joint, que l'on fait joindre. سڤاى جاڠن تڤرسمبت لاڬى اى ايت ڤد موسه٢ كامى *supāya jāṅgan te-per-sambat lāgi ia itu pada mūsuh-mūsuh kāmi*, afin qu'ils ne soient pas joints à nos ennemis (*B.* 86).

ڤرسمباتن *per-sambāt-an*, liaison, relation, union.

[Jav. [Javanese script] *sambet*. Mak. [Makassarese script] *sambi*.]

سمبت *sambit* = سابت *sābit*.

سمبت *sambut*, reçu, accepté, accueilli; être reçu. ڤركيله سمبت راج يڠ بسر *pergī-lah sambut rāja yaṅg besàr*, allez recevoir le puissant monarque (litt.: que par vous soit reçu). سڤاى سكره دسمبتڽ سورت اين *supāya sigràh di-sambut-ña sūrat ini*, afin qu'il reçoive cette lettre avec empressement (*R.* 123). دسمبتڽ اكن استرين *di-sambut-ña ākan istrī-ña*, il la reçut pour épouse. ڤاتت دسمبت كبن ايت *pātut di-sambut kebòn itu*, cette plantation doit être renouvelée (*M.*).

برسمبت *ber-sambut*, accueillant, recueillant, recevant.

ممبت *meñambut*, recevoir, accepter, accueillir, aller à la rencontre. سياڤ يڠ ممبت كاموا اى

ممبت اکو دان سياڤ يڠ ممبت اکو اي ممبت دي يڠ مپوره اکو *siāpa yarg meñambut kāmu īa meñambut āku dān siāpa yarg meñambut āku īa meñambut dīa yarg meñūruh āku*, celui qui vous reçoit, me reçoit; et celui qui me reçoit, reçoit celui qui m'a envoyé (*N.* 17). ممبت توانکو کاستان *meñambut tūan-ku ka-astāna*, introduire Son Altesse dans le palais (*M.*). ممبت سر٢ الکنيسة *meñambut ser-ser el-kanīset*, recevoir les sacrements de l'église (*P. M.*). Énig. تيک ممبت سڤوله مڠنجقکن *tīga meñambut sa-pūloh mengunjuk-kan*, trois reçoivent et dix présentent. تڠکو *torgkaw*: *torgkaw* on appelle les trois pierres qui servent à supporter le vase dans lequel on fait cuire le riz; les dix qui présentent sont les dix doigts des mains.

ترسمبوتي *ter-sambūt-i*, qui est reçu de quelqu'un ou par quelqu'un, qui peut être reçu. ڤڠيده ڤرمڤوان تيدقله ترسمبوتي *perg-īdah perampūan tīdak-lah ter-sambūt-i*, les présents que faisaient les femmes ne pouvaient plus être reçus (*S. Mal.* 311).

ڤمبت *peñambut*, celui qui reçoit, receveur.

ڤمبوتن *peñambūt-an*, action de recevoir, accueil, réception, perception.

سمبوتن *sambūt-an*, perception, réception, commerce d'importation.

کسمبوتن *ka-sambūt-an*, ce qui est accueilli, ce qui est reçu, recette: recevable, acceptable.

[Jav. et Sund. [Javanese script] *sambut*. Bat. [Batak script] *sambut*, recevoir une avance d'argent. Day. *sambut*.]

سمبت **sumbat**, bouchon, bondon, tampon: bouché. — ڤنارق *penārik sumbat*, un tire-bouchon. — ڤاکو *pāku sumbat*, vis, cheville à écrou, rivet.

ممبت *meñumbat*, boucher, fermer, bâillonner. مولت — *meñumbat mūlut*, bâillonner, fermer la bouche, faire taire, empêcher de parler.

سمبر **sambar**, saisi, empoigné, pris, coupé; être saisi. دسمبرڽ لالو دتربڠکنڽ کاودر *di-sambar-ña lālu di-terbarg-kan-ña ka-udara*, il s'en saisit et l'emporta dans les airs (*R.* 5). مک دسمبرڽ ڤدڠ ايت *maka di-sambar-ña pedàrg ītu*, il s'empara de ce glaive (*R.* 85). مک لالو دسمبرڽ

ككين مك ايت تمبه ڤول *maka lālu di-sambar-ña kakī-ña maka ītu tumbuh pūla*, il lui coupa le pied, mais il repoussa (*R.* 100).

مپمبر *meñambar*, saisir, s'emparer, enlever, empoigner. — مپمبر ربوتن *meñambar rebūt-an*, saisir sa proie. يڠ مپمبر دڠن کوکو اتو يڠ منچابت دڠن کاکی اکن مکانن *yaŋ meñambar deŋan kūku ātaw yaŋ men-xābut deŋan kākī ākan makān-an-ña*, qui saisissent leur proie avec leurs serres (comme les vautours), ou qui cherchent leur nourriture en grattant la terre (comme les poules) (*M.*).

سمبرمپمبر *sambar-meñambar*, se prendre, se saisir mutuellement.

برسمبارن *ber-sambār-an*, qui s'empoignent, qui se saisissent. مك ايڤون برسمبارن دادر دان سام برڤاڬت ڤڬوتن *maka īa-pūn ber-sambār-an di-udara dān sāma ber-pāgut-pagūt-an*, alors ils se battirent en l'air à coups de serres et de bec (*M.*).

[Jav. ꦱꦩ꧀ꦧꦼꦂ *samber*, vol précipité. Sund. ꦱꦩ꧀ꦧꦼꦂ *samber*. Day. *sambar*.]

سمبر **sambar**, rauque, enroué (*Cr. Batav.*).

سمبر **sambur**, aspergé, jailli, coulé (d'un liquide), rayonné (de la lumière): être aspergé. دسمبر چهای متهاری *di-sambur xahāya mata-hāri*, les rayons du soleil percèrent. لمبر — *sambur limbur*, le temps du crépuscule.

Prov. سڤرت ڤولڠ کن سمبر *sepertipōloŋ kena sambur*, comme un démon chassé par une aspersion (d'eau bénite): courir çà et là, faire une chose et une autre, comme quelqu'un qui est forcé d'agir.

مپمبر *meñambur*, répandre, verser, asperger.

مپمبوری *meñambūr-i*, verser sur quelque chose, arroser. دڠن ايرامس دسمبوری *deŋan āyer amàs di-sambūr-i*, arrosé avec de l'eau d'or (*S. Bid.* 98).

مپمبرکن *meñambur-kan*, jeter, verser, répandre ou faire répandre quelque chose. مپمبرکن اڤی درڤد مولتن *meñambur-kan āpi deri-pada mūlut-ña*, il jetait du feu par la bouche. ای مپمبرکن بسان *īa meñambur-kan bisā-ña*, ils répandaient leur venin (*M.*).

سمبورن *sambūr-an*, éjection, éjaculation, rayonnement: menu plomb, dragée.

برسمبورن *ber-sambūr-an*, qui coule, qui jaillit, qui rayonne.

سمبر · ملك برسمبورنله دارهڽ *maka ber-sambūr-an-lah dārah-ña*, et son sang jaillissait (*H. Ab.* 230).

برسمبر سمبورن *ber-sambur-sambūr-an*, se verser réciproquement de l'eau sur la tête en se baignant.

[Jav. et Sund. *sembur*. Bat. *sombur*. Day. *sambur*.]

سمبر ***sembir***, nom d'un poisson, espadon.

سمبر ***simbar***, répandu, jeté çà et là, éparpillé.

ميمبر *meñimbar*, répandre, jeter çà et là, éparpiller.

ميمبركن *meñimbar-kan*, répandre, éparpiller quelque chose.

v. سمبر *sambur*.

[Kw. *ñimbar*, de *simbar*.]

سمبراني ***sembrāni***, cheval fabuleux, ayant la propriété de voler comme les oiseaux et de nager comme les poissons. سئيكر كود سمبراني ملك اوله كود ايت دبواڽ راج كلور در دالم لاوت تربڠ كئدر *sa-ikor kūda sembrāni maka ūleh kūda itu di-bawā-ña rāja ka-lūar deri dālam lāut terbang ka-udara*, un cheval *sembrani* qui le sortit de la mer et le porta en volant dans les airs (*S. Mal.* 25). سراتس كود سمبراني يڠ تربڠ مڠهيل رتاڽ *sa-rātus kūda sembrāni yang terbang meng-hēla ratā-ña*, cent chevaux ailés traînaient son char (*M.*).

Peut-être du S. सुवर्ण *suvarṇa*, d'une bonne race, ou bien du Mal. براني *berāni*, courageux, et de la particule س *sa*, s'adjoignant la lettre م *m*, pour l'euphonie.

[Jav. *sembrani*. Sund. *sambrani*.]

سمبرن ***samburna*** (S. सुवर्ण *suvarṇa*, d'une belle couleur), couleur d'or.

[Kw. *suwarna*.]

سمبرب ***semberib***, un vase à pieds, sur lequel on place les plats qui contiennent la nourriture; le *semberib* est plus petit que le ڤاهر *pāhar*, mais de la même forme.

On trouve aussi سمرڤ *semerip*.

سمبل ***sambal***, achars, espèce de hors-d'œuvre fortement épicé, que l'on mange avec le riz. بيراڤ جنس سمبل٢ يڠ بايق *be-brāpa jenis sambal-sambal yang* *bāik*, un grand nombre d'excellents achars (*H. Ab.* 165).

[Jav. ꦱꦩ꧀ꦧꦼꦭ꧀ *sambel*. Sund. *sambal*. Mak. *sambala*. Day. *sambal*.]

سمبل ***sambil***, tandis que, en même temps que, lorsque, en: avec un verbe, équivaut à un participe présent précédé de *en*. اى مڠوچڤ سمبل برلينڠ اير متاڽ *ia meng-ūxap sambil ber-līnang āyer matā-ña*, il dit, en même temps que les larmes ruisselaient de ses yeux (*M.*). مك بودق ايتڤون لارى سمبل برتريق٢ *maka būdak itu-pūn lāri sambil ber-trīak-trīak*, alors l'enfant s'enfuit en criant (*R.* 9). دودق سمبل مناڠيس *dūduk sambil menāngis*, il s'assied en pleurant. اى برجالن سمبل ترسنم *ia ber-jālan sambil tersinñum*, il poursuivit son chemin en souriant (*M.*).

Probablement formé de سام *sāma* et بيل *bīla*, en même temps.

سمبل ***sumbul***, petit panier ayant un couvercle, corbillon.

Prov. سمبل داڤت توتڤڽ *sambul dāpat tūtup-ña*, le panier a trouvé son couvercle. Se dit de deux choses qui se conviennent, p. ex., de deux personnes mariées qui s'accordent parfaitement.

سمبله ***sambilih***, immolé, sacrifié, tué (d'un animal que l'on a tué avec les cérémonies religieuses), être immolé, être tué. سمبله هايم دان امبل دارهڽ *sambilih hāyam dān ambil dārah-ña*, tuez une poule et prenez-en le sang (litt.: soit par vous une poule tuée). بيراڤ لمبو دان كربو دسمبله اورڠ اكن مكانن رجاراج ايت *be-brāpa lembu dān karbaw di-sambilih ōrang ākan makānan raja-rāja itu*, combien de bœufs et de buffles, n'immola-t-on pas pour régaler ces chefs! (*M.*).

برسمبله *ber-sambilih*, qui immole, immolant; immoler, sacrifier. ڤرڬيله كامو دان برسمبلهله بڬى الله كامو دالم تانه اين *pergī-lah kāmu dān ber-sambilih-lah bagī ilah kāmu dālam tānah īni*, allez, sacrifiez à votre Dieu dans ce pays (*B.* 97).

مڽمبله *meñambilih*, immoler, sacrifier, tuer un animal avec les cérémonies religieuses. — انتا *meñambilih onta*, sacrifier un chameau. مڽمبله هايم اكن ڤربكالن *meñambilih hāyam ākan per-*

bakāl-an, tuer des poules pour la provision du voyage (*M.*). يغ مڽمبله بݢي ديوات٢ *yang meñambilih bagī dēwāta-dēwāta,* ceux qui offrent des sacrifices aux faux dieux (*B.* 120).

ترسمبله *ter-sambilih,* qui est immolé, qui est offert en sacrifice. سڤرت ترسمبله رڤاڽ *seperti ter-sambilih rupā-ña,* il paraissait comme immolé (*N.* 58).

مڽمبلهکن *meñambilih-kan,* offrir, immoler ou faire immoler un animal en sacrifice. ککليأن اورڠ مصري کامي اکن سمبلهکن بݢي الله کامي *ka-gelī-an ōrang meṣirī kāmi ākan sambilih-kan bagī ilah kāmi,* nous sacrifierons à notre Dieu les choses que les Egyptiens ont en horreur (*B.* 97).

ممڤرسمبلهکن *mem-per-sambilih-kan,* offrir ou faire offrir quelque chose en sacrifice. ڤرسمبلهکنله شکور ڤد الله *per-sambilih-kan-lah šukūr pada allah,* offrez à Dieu un sacrifice de louange (*B.* 846).

سمبليهن *sambilīh-an,* immolation, sacrifice. — تمڤت *tampat sambilih-an,* lieu du sacrifice. — بناتڠ *binātang sambilih-an,* victime.

ڤرسمبليهن *per-sambilīh-an,* ce qui est sacrifié, oblation, sacrifice. ڤرسمبليهن ميس اد سام دڠن ڤرسمبليهن دکايو صليب *per-sambilīh-an mīsa ada sāma dengan per-sambilīh-an di-kāyu ṣalīb,* le sacrifice de la messe est le même que le sacrifice de la croix (*P. M.*).

Ce mot tire son origine de l'Ar. بسم الله *bismillahi,* au nom de Dieu (formule que doivent prononcer les mahométans lorsqu'ils tuent un animal) (*Pij.*).

[Jav. [Javanese script] *sambeléh.* Bat. [Batak script] *samboli.* Mak. [Makassarese script] *samballé.*]

سمرڤ ***semerip,*** v. سمبرب *semberib.*

سمربق ***semerbaḳ,*** qui se répand, qui s'étend, p. ex., une odeur. بهوڽ ڤون امت سمربق *bahū-ña pūn āmat semerbaḳ,* l'odeur s'en répandait (*M.*). بڠ٢ان سمربقله بهوڽ ڤد کليليڠ *bunga-bungā-an semerbaḳ-lah bahū-ña pada kulīling,* des fleurs qui répandent leur parfum dans les environs (*H. Ab.* 75).

مڽمربق *meñemerbaḳ,* exhaler une odeur, répandre une odeur.

مڽمربقکن *meñemerbaḳ-kan,* faire répandre de l'odeur. نروستوک سمربقکن بهوڽ *nar-*

wastū-ku semerbak-kan bahū-ña, mon aspic en exhale l'odeur (*M.*).

Le radic. de ce mot paraît être le Jav. ꦩꦂꦧꦸꦏ꧀ *marbuk*, exhaler une odeur forte, auquel le préfixe س *sa*, a été ajouté.

سمست ***samista*** (S. समस्त *samasta*), le tout, la totalité, l'ensemble: tout ce qui est créé, créature. سكلين — *samista sa-kali-an*, tous, chacun. عالم — *samista ālam*, le monde, l'univers. امت لبه كبسارنن دان كملياءنن ڤد سمست سكلين *āmat lebèh ka-besār-an-ña dān ka-muliā-an-ña pada samista sa-kali-an*, sa grandeur et sa gloire sont beaucoup au-dessus de tout ce qui se trouve dans l'univers (*Ism. Yat.* 1). اورڠ مانسى اد سمست يڠ بربدن دڠن جيو يڠ برعقل *ōrang mānusīa ada samista yang ber-badān dengan jīwa yang ber-akal*, l'homme est une créature corporelle, ayant une âme raisonnable (*P. M.*).

سمسم ***samsam***, métis de Malais et de Siamois (*Pij.*).

سمسم ***sumsum***, moelle. تولڠن — *sumsum tūlang-ña*, la moelle de ses os.

[Jav. ꦱꦸꦩ꧀ꦱꦸꦩ꧀ *sungsum.*]

سمسر ***semsir***, pour شمشير *šemšir*.

سر ***ser*** (Ar.), secret, mystère, sacrement. منمبوت سر٢ الكنيسة *meñambut ser-ser el-kanīset*, recevoir les sacrements de l'église (*P. M.*).

سراهى ***serāhi*** (Ar. صراحى *ṣurāḥi*, de صرح), flacon, bouteille. شربة دتوڠ دالم سراهى *šarbat di-tūang dālam serāhi*, un rafraîchissement versé dans un flacon (*S. Bid.* 73).

سراى ***serāya*** (S. आश्रय *āçraya*, recours), avec, ensemble, en même temps, en: avec un verbe, équivaut à un participe présent précédé de *en*. اى ترسنم سراى ڤرڬى ممبوجق استرين *ia ter-sin-ñum serāya pergi mem-būjuk istrī-ña*, il sourit et en même temps il alla consoler son épouse (*Indr.* 259). اى داتڠ سراى كتان *ia dātang serāya katā-ña*, il arriva en disant.

[Kw. ꦱꦫꦾ *sarya.*]

سراى ***serāya*** (S. आश्रय *āçraya*, action de secourir), appelé au secours, être appelé au secours. تيداله سياڤ لاڬى دسراى *tiadā-lah siāpa lāgi di-serāya*, il n'y a plus personne qui puisse être appelé au secours (*S. Bid.* 125).

ميراى *meñerāya*, appeler au secours.

ميرياكن *meñerayā-kan*, appeler ou faire appeler quelqu'un au secours.

[Kw. [illegible] *sraya*. Bat. [illegible] *saraya*.]

سراى **serāya,** nom d'un arbre. — كايو *kāyu serāya*, bois du *seraya*: bois solide et d'une couleur rougeâtre, qui sert dans les constructions: il y en a de deux sortes. باتو — *serāya bātu* et كافر — *serāya kāpur* (*Kl.*).

سراوت **serāwat,** qui a des vertiges (*Cr. Batav.*).

سراول **serāwal** = سروال *serwāl*, v. سلور *selūwar*.

سراك **serāga** (S. सराग *sarāga*, coloré). — بنتل *bantal serāga*, nom d'un coussin carré et plat, orné de broderies et de clinquant; trois de ces cousins font ordinairement un assortiment: coussin qui forme le dos d'un fauteuil. سندر كڤد بنتل سراك *sandar kapada bantal serāga*, s'appuyer contre les coussins ou carreaux (*M.*).

سراغن **sarāṅgan,** châtaigne. — ڤوهن *pōhon sarāṅgan*, châtaignier. — بوه *būah sarāṅgan*, la châtaigne (*Kl.*).

v. براغن *barāṅg-an*.

سراجم **serājam,** nom d'une plante, dont la racine est employée en médecine, contre les vers et dans les maladies d'estomac (*Kl.*).

سران **serāna** (S. शरण *çaraṇa*, protection, préservatif), talisman, préservatif, enchantements.

[Jav. [illegible] *sarana*, moyen, remède.]

سرانى **serānī** (pour نصرانى *naṣrānī*), chrétien. — اورغ *ōraṅg serānī*, un chrétien. — ماسق *māsuk serānī*, se faire chrétien. — اير *āyer serānī*, l'eau du baptême.

ميرنيكن *meñerani-kan*, faire quelqu'un chrétien, le convertir au christianisme, le baptiser.

Les Portugais étant les premiers chrétiens qui se sont introduits en Malaisie, leur nom a été confondu avec celui de Chrétien: de sorte que سرانى *serānī*, signifie aussi bien portugais que chrétien: aussi, depuis que beaucoup d'autres nations chrétiennes se trouvent représentées dans ces pays, on a pris pour désigner les chrétiens le mot مسيحى *mesēḥi*, qui ne laisse plus d'équivoque. اورڠ مسيحى *ōrang mesēḥi*, un chrétien.

[Sund. [Sundanese script] *sarani*. Mak. [Makassarese script] *sarani*. Day. *sarani*.]

سرابی surābi (S. सुरभि *surabi*, d'un goût agréable), nom d'une espèce de pâtisserie cuite dans la poêle sans graisse.

[Jav. et Sund. [Javanese script] *surabi*.]

سرابت serābut, poils, filaments qui sortent d'un corps, p. ex. d'une étoffe, d'une corde, etc.

برسرابت *ber-serābut*, qui a des poils, qui a des filaments qui ressortent: velu, filamenteux: se dit aussi d'un navire salement gréé (*Kl.*).

v. رمبت *rambut*.

سرام اڠن serāma āngin, certaine manière de battre le tambour nommé ڬندڠ *gendang* (*Kl.*).

v. سرماڠن *sermāngin*.

سراسه serāsah (Pers. سرش *seraš*), nom d'une étoffe de coton. برتاڤه سراسه بوڠ ڤاكن *ber-tāpih serāsah bunga pākan*, revêtue d'un *sarung* de toile de coton orné de fleurs de jasmin (*S. Bid.* 27).

سره seràh, donné, livré, remis en mains; être donné, être livré.

مپره *meñeràh*, remettre, livrer.

ترسره *ter-seràh*, qui est livré, qui est remis entre les mains, qui peut être livré. سكلين ايكن دلاوت ايت ڤد تاڠن كامو تله ترسره *sa-kalī-an īkan di-lāut itu pada tāngan kāmu telàh ter-seràh*, tous les poissons de la mer sont remis entre vos mains (*B.* 12).

مپرهكن *meñeràh-kan*, donner, livrer quelque chose, remettre en mains, rendre par trahison, confier quelque chose à quelqu'un. نڬرى ايت اكو سرهكن كڤدام *nagrī itu āku seràh-kan kapadā-mu*, je remets la ville entre vos mains (*R.* 92). الله تعالى يڠ سده سرهكن موسه٢م كڤد تاڠنم *allah taāla yang sudah seràh-kan mūsuh-mūsuh-mu ka-pada tāngan-mu*, le Dieu très-haut qui a livré vos ennemis entre vos mains (*B.* 19). دسرهكنن انق دوكڤد سؤورڠ معلم *di-seràh-kan-ña ānak dūa kapada sa-ōrang malim*, il confia deux enfants à un précepteur.

كسرهكن دريك كفد الله *ku-seràh-kan dirī-ku ka-pada allah*, je m'en remets à la miséricorde de Dieu (*Ism. Yat.* 109). اى مپرهكن پواڽ دڠن سكاڽ *īa meñeràh-kan ñawā-ña deŋan sukā-ña*, il rendra l'âme avec joie, il mourra content (*M. R.* 42).

Prov. انت مپرهكن ديرى *onta meñeràh-kan dīri*, le chameau se livre lui-même. Se dit de celui qui, étant forcé par le besoin, revient sur ce qu'il a fait.

[Jav. et Sund. ꦱꦫꦃ *srah.* Mak. ᨔᨑᨙ *saré.* Day. *sarah.*]

سرى **serī,** être égal au jeu, ne perdre ni gagner (*Cr.*).

سرى **srī** (S. श्री *çrī*), le teint, la couleur du visage: beauté, grâce, gloire: (devant un nom propre) saint, vénérable, excellent. دان براوبهله سرى مكاڽ *dān ber-ūbah-lah srī mukā-ña*, et la couleur de son visage changea (*B.* 5). سرى نݢرى ملاك اتوله كوت *srī nagrī malāka itū-lah kōta*, la gloire de Malacca, c'était son fort (*H. Ab.* 62). بالى — *srī bāley*, l'intérieur de la salle d'audience (*S. Mal.* 100). — راميان *srī ramayāna*, le vénérable Ramayana. سرى فدوك توان بسر *srī padūka tūan besàr*, Son Excellence monsieur le gouverneur.

سرى *srī*, est aussi le nom d'une des cinq divinités qui exercent leur influence sur les cinq divisions du jour. v. كتيك *kotīka.*

برسرى *ber-srī*, beau, qui a de la vivacité dans les traits, visage rayonnant, glorieux. ورن مكاڽ برسرى٢ سفرت اڤى برپال *warna mukā-ña ber-srī-srī seperti āpi ber-ñāla*, son visage rayonnait comme une flamme(*M.*). اى تياد برسرى لاݢى *īa tiāda ber-srī lāgi*, sa gloire était évanouie (*H. Ab.* 62).

[Kw. ꦯꦿꦶ *srī.* Sund. ꦱꦿꦶ *srī*, titre devant les noms propres.]

سرى **serèy,** citronnelle (*andropogon schoenanthus*).

[Sund. ꦱꦺꦫꦺꦃ *séréh.* Mak. ᨔᨑᨙ *sarré.*]

سرى **serèy,** pris, recueilli sur les fleurs (en parlant du miel).

مپرى *meñerèy*, prendre, recueillir le miel sur les fleurs. كمبڠ يڠ ليرهندق مپرى بوڠ *kumbaŋ yaŋ līyar hendak meñerèy būŋa*, des mouches à miel sauvages, voulant recueillir le miel sur les fleurs (*H. Ab.* 75).

ترسرى *ter-serèy*, qui est recueilli sur les fleurs; fleur sur laquelle le miel a été recueilli. ستله كنتم سده ترسرى *sa-telàh kuntum sudah ter-serèy*, lorsque le miel a été recueilli sur une fleur (*S. Bid.* 155).

سرياون ***seryāwan***, aphthe.

سريو ***srīwa*** (S. श्री *çrī*, beauté et व *va*, bras), titre donné autrefois au Bendahara de Johor. داتق بندهارسريو راج *dātuḳ bendahāra srīwa rāja*.

سريكاى ***srīkāya***, nom du fruit nommé dans certains endroits *corosol*, et dans d'autres cœur de bœuf (*anona squamosa*). ولند — *srīkāya wolanda*, nom d'un gros fruit vert, très-rafraîchissant et acide, ayant des graines qui ressemblent à des haricots noirs.

On nomme aussi *srīkāya*, une sauce faite avec des œufs, et que l'on verse sur les poudings.

[Sund. ꦱꦿꦶꦏꦪ *srikaya.*]

سريكال ***srīkāla***, v. سريݢال *srīgāla*.

سريݢادڠ ***srīgādirg***, nom d'un arbre qui a des fleurs blanches et odoriférantes (*Kl.*).

سريݢال ***srīgāla*** (S. सृगाल *srgāla*) et سريكال ***srīkāla*** शृकाल *çrkāla*), chacal, chien sauvage. كفد راج سيڠ ايت دو اورڠ منترى يا٘يت دوايكر سريݢال *ka-pada rāja sirga ītu dūa ōrarg mantrī iā-ītu dūa īkor srīgāla*, ce roi lion avait deux chacals pour ministres (*Kal. dan Dam.* 9).

[Jav. ꦱꦼꦒꦮꦺꦴꦤ꧀ *segawon*, un chien. Bat. [Batak script] *sorigala.*]

سريدڠ ***serīdirg***, nom d'un poisson.

سرين ***surīyan, surian***, nom d'un arbre qui pour la forme ressemble beaucoup au باير *bāyur* (*Bot.*).

سريف ***serīyap***, nom d'un oiseau, espèce de grue (*Pij.*).

سرمال ***srīmāla***, charpentier, menuisier (*Cr.*).

سرو ***serū***, crié, appelé, proclamé, invoqué, évoqué. ننتى همب سرو جن *nanti hamba serū jin*, j'évoquerai un mauvais génie (litt.: par moi sera évoqué). سروله كفد ديوتام *serū-lah ka-pada dēwatā-mu*, invoquez vos dieux (*M.*).

برسرو *ber-serū*, qui crie, qui proclame, qui invoque; crier, proclamer. سوار اورڠ يڠ برسرو *suāra ōraŋ yaŋ ber-serū*, la voix de quelqu'un qui appelle (*M.*). مك برسروله مريكئيت دڠن سوار ڽارڠ *maka ber-serū-lah marīka-ītu deŋan suāra ñāriŋ*, et ils criaient encore plus fort (*B.* 566).

برسرو٢ *ber-serū-serū*, crier avec continuité, appeler à différentes reprises. مك ايڤون برسرو٢ منت تولڠ *maka ia-pūn ber-serū-serū minta tūluŋ*, et il continuait à crier, demandant du secours (*R.* 96).

ميڽرو *meñerū*, crier après quelqu'un, proclamer, appeler. اڤ سببڽ اڠكو ميڽرو اكو *apa sebàb-ña aŋkau meñerū āku*, pourquoi criez-vous après moi? (*Kal. dan Dam.* 94).

ميڽروكن *meñerū-kan*, proclamer quelque chose, appeler quelqu'un, crier après quelqu'un. سڤرت ميڽروكن اورڠ يڠ ماتي *seperti meñerū-kan ōraŋ yaŋ māti*, c'est comme si l'on criait après un mort (*S. Bid.* 61).

برسرو٢كن *ber-serū-serū-kan*, qui crie quelque chose avec continuité, qui proclame. اورڠ توا ايت برسرو٢كن اكن بڠاڽ *ōraŋ tuā ītu ber-serū-serū-kan ākan buŋā-ña*, la vieille criait ses fleurs (à vendre) (*R.* 13).

ابنتار برسرو٢كن نام بندهار *abantāra ber-serū-serū-kan nāma bendahāra*, les hérauts proclamèrent le nom du grand trésorier (*M.*).

ڤڽروان *peñerū-an*, action d'appeler, d'invoquer; cris, invocation. اكو سده دڠر ڤڽروانڽ *āku sudah deŋar peñerū-an-ña*, j'ai entendu leurs cris (*B.* 88).

سرو **serū** (Ar. سرا), le cyprès.

سرو **serwa** et **serū** (S. सर्व *sarva*), tout, tout entier, universel. توهن سرو سكلين عالم *tūhan serwa sa-kalī-an ālam*, le seigneur Dieu du monde entier.

Marsd. et R. V. ont donné à ce mot le sens de *armée*. Cette erreur est probablement venue de ce que les traducteurs de la Bible ont rendu *Dominus exercituum* (1 *Rois* 15. 2), et *Dominus Sabaoth* (*Jérémie* 11. 20), par توهن سرو سكلين عالم *tūhan serwa sa-kalī-an ālam*.

سروال **serwāl** = سلوار *seluār*.

سرويت **serūyit**, nom d'une lame munie d'une pointe en fer, avec une simple barbe (*Kl.*).

سروكن **serōkan,** v. سيرق sērok.

سروج **serōja** (S. सरोज sarōja), nom d'une fleur aquatique, le lotus. سڤرتي سروج بيرو يڠ ددالم لاوت مادو *seperti serōja bīru yang di-dālam lāut mādu,* comme la fleur du lotus bleu qui se trouve dans une mer de miel (*Indr.* 261).

[Jav. ꦱꦫꦺꦴꦗ *saroja.*]

سرود **serōda,** cercle d'épines, fait de bois de *nibung,* et placé autour d'un arbre, pour empêcher d'en voler les fruits (*Kl.*).

Prov. سڤرتي ممنجت ترکن سرود *seperti memanjat ter-kena serōda,* comme quelqu'un qui monte à un arbre pour en voler les fruits, et qui se trouve accroché par les épines que l'on y a posées. Le sens est: entreprendre une chose et ne pouvoir pas s'en tirer.

سرودي **serōdi,** taillé, poli (des pierres précieuses).

برسرودي *ber-serōdi,* qui est taillé, poli.

v. سردي *serdi.*

سروني **sarūney,** instrument de musique approchant de la clarinette ou du hautbois: selon *Kl.,* trompette. ڬوڠ ڬندڠ سروني *gung gendang sarūney,* le gong, le tambour et la clarinette (*R.* 3). سروني دان نفيري برڬنتيڬنتين *sarūney dān nafīri ber-ganti-gantī-an,* tour-à-tour les clarinettes et les trompettes (*M.*).

Du Pers. سرناي ou سرنا *surnā,* hautbois.

[Jav. et Sund. ꦱꦫꦸꦤꦶ *saruni* et Day. *sarunay,* nom d'un instrument de musique.]

سروني **sarūney,** nom d'une plante (*Wollastonia*; *Cr.* et *Pij.*): il y en a de deux sortes: ڬونوڠ — *sarūney gūnung,* saruney terrestre et اير — *sarūney āyer,* saruney aquatique.

[Jav. et Sund. ꦱꦫꦸꦤꦶ *saruni.*]

سرق **seràk,** rauque, enroué. — سوار *suwāra seràk,* une voix rauque.

سرق *seràk,* nom d'une tortue d'eau douce (*Cr.*). — بورڠ *būrung seràk,* le chat-huant (*M.*).

[Jav. et Sund. ꦱꦼꦫꦏ꧀ *serak,* rauque.]

سرق **serìk,** demander pardon, en promettant de s'amender. کهندق هاتي همب بونه اي سڤاي يڠ

لاين سرق *ka-hendak hātì hamba būnuh ia supāya yaŋ lāin serìk*, je veux qu'il soit mis à mort, afin que les autres demandent pardon et promettent de s'amender.

برسرق *ber-serìk*, qui demande pardon, sollicitant le pardon.

سرق **serìk,** douloureux, pénible, difficile (*Kl.*).

[Jav. ꦱꦼꦫꦶꦏ꧀ *serik*, peine, chagrin.]

سرق سرق **seràk-serìk,** craquement, des articulations, des jointures des doigts, etc. (*Kl.*).

سرکه **serkah,** entièrement rompu (des branches d'arbres) (*Kl.*).

سرکي **serkey.**

مپرکي *meñerkey*, presser q. ch. dans un linge pour en exprimer la partie liquide.

سرکف **serkap** ou **serkup,** un piége, une trappe: et aussi, un panier en forme de cône tronqué, dont on se sert pour prendre le poisson, en l'enfonçant subitement dans l'eau l'ouverture en bas: ce qui a quelquefois fait donner à ce mot le sens de renverser une chose sens dessus dessous. منڠکف بوروڠ دڠن سرکف *menaŋkap būruŋ deŋan serkap*, prendre des oiseaux au piége.

مپرکف *meñerkap*, prendre avec un piége, saisir comme avec un trappe. کارن سڤرت سواتو جرت اي اکن مپرکف سموا اورڠ *kārna seperti suātu jeràt ia ākan meñerkap samuā ōraŋ*, car il saisira tous les hommes comme avec un filet (*N.* 139).

سرڬه **sergah,** brusqué, rudoyé, invectivé. جکلو تياد کيت سرڬه *jikalaw tiāda kīta sergah*, si nous ne brusquons pas (litt.: si n'est pas par nous brusqué) (*Sul. Ab.* 52).

برسرڬه *ber-sergah*, parlant haut, rudoyant, invectivant. دالم اي برسرڬه *dālam ia ber-sergah*, pendant qu'il invectivait.

مپرڬه *meñergah*, brusquer, rudoyer, traiter énergiquement, emporter d'emblée, chasser.

ترسرڬه *ter-sergah*, qui est traité durement de paroles, qui est invectivé, qui peut être invectivé.

مپرڬاهي *meñergāh-i*, dire des invectives à quelqu'un.

مپرڬهکن *meñergah-kan*, brusquer, rudoyer ou faire rudoyer quelqu'un.

ممڤرسرݢاهي *mem-per-sergāh-i*, faire invectiver contre quelqu'un.

ممڤرسرݢهکن *mem-per-sergah-kan*, faire qu'une personne en invective une autre.

ڤپرݢه *peñergah*, qui rudoie, qui invective, rabroueur, bourru.

سرݢاهن *sergāh-an*, paroles hautes, invective.

برسرݢه سرݢاهن *ber-sergah-ser-gāh-an*, se dire réciproquement des paroles dures, invectiver l'un contre l'autre.

ڤپرݢاهن *peñergāh-an*, action de rudoyer par des paroles, d'invectiver: invective, brusquerie.

ڤرسرݢاهن *per-sergāh-an*, qui est invectivé; invective, brusquerie.

[Bat. [Batak script] *sorgaṅ*, effrayer quelqu'un par des cris.]

سرکف **seregàp**, assailli, importuné, tourmenté.

ميرکف *meñeregàp*, assaillir, importuner, tourmenter.

ميرکافي *meñeregāp-i*, causer du tourment, ou des importunités à quelqu'un (*Kl.*).

سرغ **sarèṅ**, avec, ensemble.

[Jav. [Javanese script] *sareṅ*.]

سرغ **seràṅ**, attaqué, assailli; être attaqué. سرغله کوت *seràṅ-lah kōta*, attaquez le fort (litt.: soit par vous attaqué). جکلو اکو سرغ سکل نکرين *jikalaw āku seràṅ segala nagrī-ña*, si j'attaque toutes les villes qui sont sous sa puissance. (*R.* 68).

ميرغ *meñeràṅ*, attaquer, assaillir, dévaster. اکو هندق ميرغ متهاري *āku hendak meñeràṅ mata-hāri*, je veux attaquer le soleil (*R.* 59). ݢرود ڤون اکن داتغ ميرغ نکري *garūda pūn ākan dātaṅ meñeràṅ nagrī*, un griffon s'avance pour dévaster la ville (*M.*).

[Jav. [Javanese script] *seraṅ*.]

سرغ **serìṅ**, souvent, fréquemment.

[Jav. [Javanese script] *asriṅ*.]

سرغ **serìṅ**, filé, cordé, retors.

برسرغ *ber-serìṅ*, qui est filé, tordu. ساتو ڤتارن بنغ يغ بلم برسرغ *sātu putār-an benàṅ yaṅ belùm ber-serìṅ*, une pièce de fil qui n'est pas encore bien tordue (*Kl.*).

ڤپرغ *peñerìṅ*, rouet à filer, roue de cordier.

سرغي **serengi**, nom d'une fleur (*Cr.*).

سرغڠغ **serorggorg,** passages en travers dans les mines d'étain (*Pij.*).

سرغن **serergan,** vexation, persécution.

دسرغنكن *di-serergan-kan,* être vexé, persécuté (*Kl.*).

سرج **serja (?),** sorte d'étoffe servant à faire des vêtements (peut être notre serge) (*Kl.*).

سرت **serta,** avec, ensemble, en même temps, lorsque, accompagné: avec un verbe, équivaut à un participe présent précédé de *en*. كولتڽ يغ تياد ماكن سرتاڽ *kūlit-ña yarg tiāda mākan sertā-ña,* l'écorce qui ne se mange pas avec. همب ماو ڤرڬي سرتام *hamba māu pergi sertā-mu,* je veux aller avec vous. سرت همب ڤرڬي *serta hamba pergi,* lorsque je partis. اورغ كاي ڤڠليم سرت ڤڠولو دو بلس *ōrarg kāya parglīma serta pargūlu dūa blàs,* le chef accompagné de douze magistrats. ماكن — *serta mākan,* en mangeant. — داتڠ *serta dātarg,* en arrivant. دی اورغ داتڠ سرت كات *dīa ōrarg dātarg serta kāta,* ils arrivèrent en disant. دڠن — *serta dergan,* ensemble avec. مرت — *serta merta,* tout ensemble, indistinctement, tous l'un dans l'autre, pêle-mêle.

بسرت *be-serta,* qui est avec, conjointement. ملك سمبه اي بسرت ساكيڽ *maka sembah īa be-serta sākey-ña,* il répondit conjointement avec ses compagnons (*R.* 16).

ميرت *meñerta,* consentir, agréer.

ميرتاءي *meñertā-i,* s'unir à, accompagner, être avec. سڬل صحابة ميرتاءي اكن ممبري نفقة ايسي رومهڽ *segala ṣoḥābat meñertā-i ākan mem-brī nefaḳat īsi rūmah-ña,* ses amis s'unirent pour lui procurer ce qui était nécessaire à l'entretien de sa maison (*M. R.* 56). مريدڽ ميرتاءي دی *murīd-ña meñertā-i dīa,* ses disciples l'accompagnèrent. اكو اكن اد ميرتاءي ديكو *āku ākan ada meñertā-i dīkarg,* je serai avec vous (*B.* 48).

ميرتاكن *meñertā-kan,* unir, mettre ensemble.

ممڤرسرتاكن *mem-per-sertā-kan,* faire accompagner. يغ دڤرسرتاكن دڠن بيراڤ چنت كاسه *yarg di-per-sertā-kan dergan be-brāpa xinta kāsih,* que l'on fait accompagner de bien des sentiments affectueux (*Lett. Mal.*).

[Jav. ꦱꦂꦠ *sarta*. Sund. ᮞᮁᮒ *serta*.]

سرت ***serùt,*** un rabot (*Cr. Batav.*).

ميرتكن *meñerùt-kan,* raboter.

سرداوه ***serdāwah,*** rot, éructation : roter, éructer.

سردادو ***seridādo*** = سلدادو *soldādo.*

سردار ***sardār***(Pers.), commandant, officier supérieur.

سردى ***serdi,*** taillé, poli (des pierres précieuses). انتن دسردى *intan di-serdi,* des diamants que l'on avait taillés (*S. Bid.* 158).

سردغ ***serdang,*** nom d'un arbre dont le bois sert à faire les سمڤن *sampan,* ses feuilles sont employées pour faire des اتڤ *ātap* (*Kl.*).

سردم ***serdam,*** nom d'une sorte de flûte.

[Bat. ᯘᯒ᯲ᯑᯔ᯲ *sordam.*]

سرنا ***surnā*** et سرناى (Pers.) = سروني *sarūney.*

سرنق ***sornok,*** soin, préoccupation, souci.

Ce mot en usage dans le détroit de Malacca, se rencontre très-souvent dans les livres chrétiens.

سرنجغ ***serunjang,*** espèce de lance en bois.

سرنده ***serindih,*** v. سرندت *serindit.*

سرندغ ***serandang,*** nom que l'on donne à deux morceaux de bois croisés, dont on se sert comme de chevalet, pour placer ou soutenir des poteaux.

ميرندغ *meñerandang,* travailler avec le *serandang* (*Kl.*).

سرندغ ***serandung.***

ترسرندغ *ter-serandung,* heurter contrer quelque chose, trébucher, broncher.

Prov. سدغكن ݢاجه يغ بسراية يغ بركاكى امڤت لاݢى تركادغ ترسرندغ *sedang-kan gājah yang besàr ītu yang ber-kāki ampat lāgi ter-kādang ter-serandung,* bien que l'éléphant soit fort et ait quatre pieds, il trébuche cependant quelquefois : il n'y a si bon cheval qui ne bronche (*H. Ab.* 76).

سرندغ ***serondong,*** poussé, enlevé.

ميرندغ *meñerondong*, pousser, enlever, comme un bœuf enlève quelque chose avec ses cornes: intercepter des chevrettes avec une espèce de panier pour les prendre (*Kl.*).

سرندغ ***serunding,*** espèce de hors-d'œuvre composé de coco rapé, de pois verts, de poisson sec et d'épices, le tout mêlé et grillé dans une poêle en fer (*Kl.*).

سرندغ ***serunding,*** nom d'un arbre qui fournit un bois propre à la charpente (*Kl.*).

سرندت ***serindit,*** nom d'une sorte de petit perroquet (*psittacus galgulus Pij.*). انق سرندت دكغكغ الغ *ānak serindit di-gangganq ālang*, le milan dévore les petits du serindit (*M.*).

On trouve aussi سرنده *serindih* et سلندت *selindit*.

سرف ***saràp,*** d'un prix modéré, raisonnable, bon marché. فنت دغن هرك سرف سديكت *pinta dengan harga saràp sa-dīkit*, je désire que le prix soit un peu modique (*M.*).

سرف ***seràp,*** pénétrer, s'imbiber (parlant des liquides).

ميرفكن *meñeràp-kan*, absorber, faire imbiber, p. ex., une éponge qui absorbe l'eau, ou la terre qui absorbe la pluie.

سرفه ***serepih,*** rompu (d'un bâton, d'une branche, etc.) (*Kl.*).

سرب ***serba*** (S. सर्व *sarva* tout), tout, de toutes sortes: tout ce qui est nécessaire à quelque chose, p. ex., à une maison, à un bâtiment, à une expédition, etc. بغبوغ — *serba bunga-būnga*, toutes sortes de fleurs. فراهوداكغ درفد سرب بغس *prāhu dāgang deri-pada serba bangsa*, des bâtiments marchands de toutes les nations (*H. Ab.* 10). رومه — *serba rūmah*, tout l'ameublement d'une maison. كفل — *serba kapàl*, agrès et munitions d'un navire. فرغ — *serba pràng*, munitions de guerre. اى مماكى سرب بورق *īa memākey serba būruk*, il se revêtit d'habits tout-à-fait usés (*S. Mal.* 146). سربي — *serba-serbi*, toutes les choses nécessaires.

On trouve aussi سربنيك *serbanēka*, pour انيك — *serba-anēka*. يامن — *serba yāman*, nom d'un fruit (*Cr.*).

سرب **seràb,** vivre aux dépens d'un autre, obtenir quelque chose sans peine (*Cr.*).

سربي **serbi,** v. sous سرب *serba.*

سربو **serbu,** action de se précipiter.

ميربو *meñerbu,* se précipiter, tomber violemment sur. — لاري *lārì meñerbu,* prendre précipitamment la fuite.

ميربوكن *meñerbū-kan,* précipiter, faire tomber sur. ميربوكن دريڽ كدالم رعية *meñerbū-kan dirī-ña ka-dālam rạyat,* il se précipita au milieu du peuple (*R.* 156). ميربوكن دريڽ كڤد توتڤ تنتارايت *meñerbū-kan dirī-ña ka-pada tūtup tantāra ītu,* il chargea l'ennemi en queue (*M.*).

ڤيربون *peñerbū-an,* action de se précipiter sur, assaut, attaque.

سربق **serbuḳ,** pilé, broyé fin, réduit en poudre: être pilé: poudre. — كنج *ganja serbuḳ,* du chanvre broyé, tillé. ماك دسربقڽ سكلين ايت *maka di-serbuḳ-ña sa-kalī-an ītu,* il pila toutes ces choses, et les réduisit en poudre. كرگاجي — *serbuḳ garagāji,* sciure.

ميربق *meñerbuḳ,* piler, broyer.

ميربقكن *meñerbuḳ-kan,* piler quelque chose, réduire ou faire réduire une chose en poudre.

[Bat. [illegible] *sorbuk,* du riz pilé fin.]

سربن **serban** (Pers. سربند *sarband*), un turban. سموان ڽ ماكي سربن ميره *samuā-ña memākey serban mērah,* tous avaient des turbans rouges (*H. Ab.* 106).

[Jav. [illegible] *serban.* Mak. [illegible] *surubang.*]

سربند **sarband** (Pers.), v. سربن *serban.*

سرم **seràm,** horreur, peur; contraction de la peau causée par le froid au par la peur, chair de poule: hérissé. سواتو سرم درڤد كلم يڠ امت بسر ادالله برلاكو كاتسڽ *suātu seràm deri-pada klàm yang āmat besàr adā-lah berlāku ka-ātas-ña,* une grande peur s'empara de lui, lorsqu'il se vit comme enveloppé de ténèbres (*B.* 20). — رمبتڽ *seràm rambut-ña,* ses cheveux étaient hérissés.

ميرمكن *meñeràm-kan,* faire contracter la peau, faire hérisser les cheveux ou le poil. دسرمكنڽ رماڽ *di-seràm-kan-ña rumā-ña*, il hérissa les poils de sa peau.

سرماڠن ***sermāngin***, nom d'un long tambour que l'on bat en frappant deux coups avec une baguette du côté droit, pendant que l'on frappe un coup avec la main du côté gauche (*Kl.*).

v. سرام اڠن *serāma āngin*.

سرمڤو ***serampu***, un grand sampan ou canot (*M.*).

سرمڤق ***serampak***, attaqué, assailli : attaque.

ترسرمڤق *ter-serampak*, qui est attaqué, qui est assailli. بارڠ كالي ترسرمڤق تياد سمڤت دسمڤت اكن دي *bārang kāli ter-serampak tiāda sampat di-sumpit ākan dia*, quelquefois, étant attaqué par lui, on n'a pas le temps de lui lancer des flèches (*H. Ab.* 253).

سرمڤڠ ***serampang***, harpon à trois pointes garnies de barbes : lance à trois pointes : et aussi, fourche à trois dents, trident.

[Jav. [Javanese script] *sarampang*, javelot. Bat. [Batak script] *surampak*.]

سرمبي ***surambi***, porche, portique, vestibule, galerie ouverte. كلورله اي ڤرڬي كسرمبي *ka-lūar-lah ia pergi ka-surambi*, il s'achemina vers le portique (*M.*). دڠن سرمبي بركليليڠ *dengan surambi ber-kulīling*, il (le temple) était entouré d'une galerie (*H. D.* 49). بلاكڠ — *surambi blākang*, galerie du derrière d'une maison.

[Jav. et Sund. [Javanese script] *surambi*.]

سرمبن ***serimban***, nom d'un jeu : une sorte de jeu ressemblant à nos jeux d'osselets ; mais il se joue avec de petites pierres, qui se placent sur le plat de la main ; on les lance en l'air et on les reçoit sur le dos de la main, où elles doivent rester pour gagner.

سرل ***serūl***, détaché, incohérent, distinct (*Cr.*).

سرله ***serlah***, resplendissant, éblouissant. اينيله كوت تمڤت ترسرله قلب ڤوترا ساڠت سكاله *inī-lah kōta tampat ter-serlah kelbu putrā sāngat sukā-lah*, cette ville est resplendissante, le cœur du prince en sera réjoui (*Kl.*).

سرلڠ ***serling***, fosse à trappe, piége. ادڤون سرلڠ يڠ ترسمبوني اين اداله ترلالو باڽق *ada-pūn ser-*

ling yang ter-sembūni ini adālah ter-lālu bāñak, il y avait là beaucoup de piéges cachés (*Kl.*).

سرلغ **serlong,** un fossé, une mare bourbeuse (*M.*), (peut-être le même que le précédent).

سرسه **sersah,** ivraie, mauvaises herbes que l'on jette. تمفت ممبوغ هابو دان سرسه *tampat membūang hābu dān sersah,* l'endroit où l'on jette la cendre et les mauvaises herbes (*D. M.* 134). مپاڤو سرسه دان چمر *meñāpu sersah dān xumar,* balayer les mauvaises herbes et les ordures (*M.*).

سرسر **sarsar** (Pers.), fou, stupide, insensé. مات يغ كچل تند ايت سرسر *māta yang kexìl tanda ītu sarsar,* les yeux petits désignent un insensé (*M. R.* 190).

سرطان **sereṭān** (Ar. سرط), le cancer (signe du zodiaque).

سلا **selā,** intervalle, place vide. سلاميلا *selā-meñelā,* en achetant, escamoter q. ch. (*Kl.*).

[Jav. et Sund. ꦱꦼꦭ *sela.* Bat. ᯘᯬᯞ *sola.*]

سلاى **silāya,** bel oiseau, du genre des gallinacées, de couleur rouge, avec des plumes blanches sur la tête et à l'extrémité de la queue: cet oiseau, plus petit que le pigeon ordinaire, se nomme aussi *pūney andu.*

Marsd. écrit سيلايا *sīlāyā.*

سلاين **selāyun,** épouvantail pour éloigner les oiseaux: petit moulin à claquets que l'on place dans les jardins, pour faire peur aux oiseaux.

سلاك **selāka,** argent (métal).

[Jav. et Sund. ꦱꦭꦏ *salaka.*]

سلاغن **selāngin,** nom d'un poisson de mer.

سلاتن **selātan** (de سلت *selat*), le sud. — اغن سلاتن *angin selātan,* le vent du sud. — لاوت سلاتن *lāut selātan,* la mer du sud. ريبت درى سلاتن *rībut deri selātan,* une bourrasque venant du sud. اى لالو برلاير منوجو سلاتن *ia lālu berlāyar menūju selātan,* ils naviguèrent dans la direction du sud (*S. Mal.* 41). (Pour les autres points cardinaux v. اوتار *ūtāra.*)

سلاتری ***sulātri***, v. سلستری *sulastri*.

سلاد ***salāda*** (Port.), salade.

سلادغ ***selādaŋ***. (D'après le *S. Mal.*, le *selādaŋ* est un animal un peu plus petit que l'éléphant.) ادڤون سلادغ ايت کچل سديکت درڤد ݢاجه *ada-pūn selādaŋ ītu ḳecil sa-dīkit deri-pada gājah*, page 130. *Kl.* dit que c'est un buffle tacheté. Selon *Pij.*, peut-être le tapir. Le Livre des Exercices semble indiquer que ce mot est le terme génériqne désignant les bêtes à cornes en général, page 83. دنکری امريك اورغ منغکڤ بربريبو سلادغ مك سبب کبڽاکنڽ ايت دبوغکن اورغ داݢيڠڽ ملاينکن دامبل لمق دان کولت دان تندق ساج *di-nagrī amrīka ōraŋ menaŋkap be-ribu-rību selādaŋ maka sebàb ka-bañāk-an-ña ītu di-būaŋ-kan ōraŋ dāgiŋ-ña me-lāin-kan di-ambil lemàḳ dān kūlit dān tanduḳ sāja*, en Amérique, on prend des bêtes à cornes par milliers; la quantité en est si grande que l'on en jette la chair, et on en prend seulement la graisse, la peau et les cornes. L'exemple cité par Marsd. ne s'éloigne pas de ce sens. کربو لبو کمبغ روس کيجغ سلادغ سموان دبنتی اورغله *karbaw lembu kambiŋ rūsa ḳījaŋ selādaŋ samuā-ña di-bantey ōraŋ-lah*, on tua (pour une fête) des buffles, des bœufs, des chèvres, des damis et, en général, toute espèce d'animaux à cornes. سلادغ مود *selādaŋ mūda*, nom d'un jeu: le même que چقچق کندغ *xoḳ-xoḳ kenduŋ*, v. ce mot.

ميلادغ *meñelādaŋ*, courir sur les mains et sur les pieds, aller à quatre pattes (*Kl.*).

سلاڤت ***selāput*** v. ساڤت *sāput*.

سلاڤن ***salāpan*** = دلاڤن *delāpan*.

سلام ***salām*** (Ar. سلم), salut, paix. — ممبری *mem-brī salām*, saluer, souhaiter paix et prospérité. — مياهت *meñāhut salām*, répondre à un salut, rendre un salut. کمبليله سلام کيت کڤد توغم *kombalī-lah salām kīta kapada tūan-mu*, portez mes compliments à votre maître (*M.*).

السلام *es-salām*, la paix, le salut. السلام عليکم *es-salām ąleikum*, la paix soit sur vous. عليه السلام *ąleihi es-salām*, que la paix soit sur lui, qu'il repose en paix. دار السلام *dār es-salām*, le séjour de la paix. مك شيخ اسماعيل ڤون ممبرى سلام السلام عليكم يا سلطان ابراهيم مك سݢره دساهت اوله بݢند و عليكم السلام هى شيخ اسماعيل *maka šeiḳ ismāil pūn mem-brī salām es-salām aleikum yā sulṭān ibrāhīm maka sigràh di-sāhut ūleh baginda u aleikum es-salām hey šeiḳ ismāil*, alors le cheikh Ismaël salua, en disant: la paix soit sur vous, ô Sultan Ibrahim; et le prince répondit aussitôt: et sur vous soit la paix, ô cheikh Ismaël (*Sul. Ibr.* 7). السلام عليكى يا مريم *es-salām aleiki yā mariam*, je vous salue, ô Marie (*P. M.*).

سلامة *salāmat*, prospérité, bien-être, santé, sûreté, paix, bénédiction. اداكه سلامة ڤداڽ *adā-kah salāmat padā-ña*, se porte-t-il bien? (*B.* 44). ڤرݢيله دڠن سلامة *pergī-lah deŋan salāmat*, allez en paix (*B.* 90). — تڠݢل *salāmat tiŋgal*, adieu, la paix soit avec vous. سلامة عمر ڤنجڠ *salāmat umur panjaŋ*, la bénédiction d'une longue vie. سورت تله سمڤى دڠن سلامتڽ *sūrat telàh sampey deŋan salāmat-ña*, la lettre est arrivée en bon état (*Lett. Mal.*).

برسلامة *ber-salāmat*, qui est en bonne santé, bien portant. اداكه برسلامة ايهند كامو *adā-kah ber-salāmat ayahnda kāmu*, votre père est-il bien portant? (*B.* 73).

[Jav. et Sund. [javanese] *salam*. Mak. [makassarese] *sallaŋ*, salut. Mak. et Bug. [buginese] *salama*, bonheur. Day. *salamat*, heureux. Tag. [tagalog] *salamat*, salutation. Bis. [bisaya] *salamat*, remercîment.]

سلار ***selāra***, brûlé avec un fer chaud. دسوروهڽ سلار دڠن بسى *di-sūruh-ña selāra deŋan besi*, il ordonna qu'elle fût brûlée avec un fer chaud (*Sul. Ab.* 69). (Prob. le même que سلر *selùr*.)

سلالة ***sulālat*** (Ar. سل), enfant, postérité, descendance, génération, généalogie. — السلاطين *sulālat es-selāṭīn*, l'histoire des rois (*S. Mal.* 5).

سلاس ***salāsa***, pour ثلاثا *ṣalāṣa*.

سلاسی ***sulāsi*** (S. तुलसी *tulasī*), espèce de basilic (*ocimum basilicum*). — بوڠ *būŋa sulāsi*, expression qui signifie:

avoir beaucoup bu. سكلين ڤون ميمله ستله بوڠ سلاسى مابقن *sa-kalī-an pūn mīnum-lah sa-telàh būṅa sulāsi mābuk-ña*, tout le monde but, et but si bien, qu'on se trouva ivre (*R.* 139). — مابق *mābuk sulāsi*, ivre, complètement ivre. (Cette expression vient de ce que cette fleur a la vertu d'enivrer ou d'étourdir par son odeur.)

[Jav. ꦱꦼꦭꦱꦶꦃ *selasih* et ꦠꦼꦭꦱꦶꦃ *telasih*. Sund. ꦱꦼꦭꦱꦶ *selasi*. Mak. ᨈᨚᨒᨔᨗ *tolasi*. Tag. ᜐᜓᜎᜐᜒ *solasi*.]

سلاسر **selāsar**, galerie sur les côtés d'une salle. دسلاسر بالى *di-selāsar bāley*, dans les galeries de côté de la salle d'audience (*S. Mal.* 138).

سلاطين **selāṭīn**, v. sous سلطان *sulṭān*.

سليك **sulīka**, lance en bois (prob. la même que سليڬى *sulīgi*).

سليكه **selēkuh**, endroit où plusieurs chemins ou fossés se croisent; carrefour (*Kl.*).

سليڬى **sulīgi**, morceaux de bois pointus; sorte de lance en bois (*S. Mal.* 234).

ميليڬى *meñulīgi*, se servir de cette lance, percer avec.

[Jav. ꦱꦸꦭꦶꦒꦶ *suligi*. Bat. ᯘᯮᯞᯪᯎᯪ *suligi*.]

سليڠ **selīyuṅ**, tout à la fois, tout à coup (*Cr.*).

سليچن **silīxin**, sorte de petit poisson de mer (*Kl.*), (prob. de ليچن *līxin*).

سليدق **silīdik**, v. سيدق *sīdik*.

سليمت **salīmut**, couverture de lit, drap, linceul, manteau. — دسنتقڽ *di-sintak-ña salimut*, il arracha la couverture. مك دامبلڽ سلى سليمت دان مندوڠى دى *maka di-ambil-ña sa-ley salīmut dān menudūṅ-i dīa*, alors ils prirent un manteau et le couvrirent (*B.* 13).

برسليمت *ber-salīmut*, qui a une couverture, qui est couvert, enseveli.

ميلوتى *meñalimūt-i*, couvrir, envelopper, ensevelir. دان تون سلوتى ككند دڠن كاين يڠ دڤڠڬڠ تون ايت *dān tūan salimūt-i kakanda deṅan kāin yaṅ di-piṅgaṅ tūan ītu*, m'enseveliras-tu dans l'écharpe qui te ceint les reins? (*Indr.* 259).

مپليمتکن *meñalīmut-kan*, faire de q. ch. une couverture, un drap, un manteau. دامبلڽ سواتو كولت هريمو دسليمتکنڽ کاتس کلدى ايت *di-ambil-ña suātu kūlit harīmaw di-salīmut-kan-ña ka-ātas kaldey ītu*, il prit une peau de tigre et en fit une couverture pour mettre sur son âne (*Kal. dan Dam.* 90).

برسليمتکن *ber-salīmut-kan*, qui fait couverture. ميك — *ber-salīmut-kan mēga*, ayant pour couverture les nuages (*M.*).

[Sund. ᮞᮜᮤᮙᮥᮒ᮪ *salimut.*]

سليمت ***selīmat***, rhumatisme, refroidissement.

سلير ***salīra*** (S. शरीर *çarīra*), le corps, la personne. لمهله اڠکوت ددالم سلير *lemàh-lah anggōta di-dālam salīra*, les membres de mon corps sont devenus faibles (*S. Bid.* 73).

[Jav. ꦱꦫꦶꦫ *sarira*. Bat. [illegible] *sorira.*]

سليرن ***selīran***, bordure servant d'ornement.

سليسه ***salīsih***, différent, dispute. كلو بارڠ كالى داتڠ اڤاڤ سليسهڽ *kalaw bārang kāli dātang āpa salīsih-ña*, si par hasard il s'élève quelque dispute (*M.*).

برسليسه *ber-salīsih*, qui a un démêlé, qui est en discussion, différer. سهاى برسليسه دڠن توان *sahāya ber-salīsih dengan tūan*, je suis en discussion avec monsieur (*H. Ab.* 264).

ڤرسليسهن *per-salīsih-an*, chose contestée, sujet de contestation, discussion. انتراڽ — *per-salīsih-an antarā-ña*, le sujet de contestation qui était entre eux (*H. Ab.* 301).

[Sund. ᮞᮜᮤᮞᮤᮂ *salisih*. Bat. [illegible] *salisi.*]

سليسق ***selīsik***, pressé, repassé comme du linge.

Prov. عبارة كوتو بوله دسليسق *ibārat kūtu būleh di-selīsik*, comme on peut presser (tenir) une puce dans la main. C'est-à-dire: chose difficile.

مپليسق *meñelīsik*, se nettoyer les plumes avec le bec, en le passant continuellement dessus (*Kl.*).

سلواتڠ ***selewātang***, nom de certains officiers de la cour qui aujourd'hui n'existent plus (*Kl.*).

سلوك ***selōka*** (S. श्लोक *çloka*), stance, couplet, chant. اى تياد

ايا تاهو كڤد ارتى سلوك ايت *ïa tiāda tāhu ka-pada arti selōka ītu*, il ne comprit pas le sens de ce couplet (*R.* 99). سلوك يڠ امت مردو *selōka yaṅ āmat merdu*, un chant très-mélodieux (*M.*).

بڤسلوك *ber-selōka*, faire une stance, chanter un couplet. ايڤون برسلوك دڠن بهاس بورڠ *ïa-pūn ber-selōka deṅan bahāsa būruṅ*, elle chanta une stance dans le langage des oiseaux (*R.* 99). اندرا ايتڤون ترسنيم منڠر سلوك بينى ڽ مك ايڤون برسلوك ڤول *indrā ītu-pūn ter-sinñum meneṅar selōka bini-ña maka ïa-pūn ber-selōka pūla*, en entendant le couplet chanté par sa femme, Indra sourit, et répondit aussitôt sur le même air (*M.*).

سلوكڠ **selūkuṅ**, sorte de bouclier long, qui couvre tout le corps.

سلوكت **selūkat**, nom d'un instrument de musique, qui paraît n'être plus en usage (*S. Mal.* 159).

[Jav. [Javanese script] *selukat.*]

سلوكن **selōkan** = سروكن *serōk-an*, v. سيرق *sērok*.

سلوة **salwat** (Ar. سلا), soulagement, contentement. اورڠ هيبة دان سلوة درڤداڽ *ōraṅ heïbat dān salwat deri-padā-ña*, qu'en le voyant, on éprouve un sentiment de crainte et de contentement (*M. R.* 83).

سلودڠ **selūdaṅ**, enveloppe du spadice de la fleur du palmier. دسلاڠى مانكم سلودڠ مايڠ *di-selāṅ-i mānikam selūdaṅ māyaṅ*, orné de pierres précieuses et ayant la forme de la fleur du palmier avec son spadice (*S. Bid.* 5).

Prov. سڤرت سلودڠ منولق مايڠ *seperti selūdaṅ menūlok māyaṅ*, comme la grappe de fruits du palmier rejette le spathe. Se dit d'un enfant qui a été pris et élevé par une personne, qu'il repousse ensuite par ingratitude.

[Bat. [Batak script] *saludaṅ.*]

سلوڤت **selūpat**, tunique mince, pellicule, p. ex. aux oignons, au maïs, au riz, etc.

سلوبڠ **selūbuṅ**, voile, couverture. مك دستقكن اكن كاين سلوبڠڽ *maka di-sintak-kan-ña ākan kāin selūbuṅ-ña*, alors il tira la couverture (dont elle était couverte) (*R.* 93).

برسلوبڠ *ber-selūbuṅ*, qui est voilé, qui a une couverture, se couvrir. مناڠس — *ber-selūbuṅ menāṅis*, être voilé et pleurer. بڬند مڠمبل کاين لالو برسلوبڠ دڠن دکچيتانڽ *baginda meṅ-ambil kāin lālu ber-selūbuṅ deṅan duka-xitā-ña*, le prince prit un voile et se couvrit avec tristesse (*R.* 48).

ميلوبڠکن *meñelūbuṅ-kan*, couvrir q. ch. avec un voile. دسلوبڠکنڽ کڤلاڽ دان تليڠاڽ دڠن کاين سليمتڽ *di-selūbuṅ-kan-ña kapalā-ña dān teliṅā-ña deṅan kāin salīmut-ña*, il se couvrit la tête et les oreilles avec sa couverture (*Kl.*).

برسلوبڠکن *ber-selūbuṅ-kan*, qui se couvre avec quelque chose. برسلوبڠکن کاين ورن دادو *ber-selūbuṅ-kan kāin warna dādu*, qui s'était couverte d'une étoffe de couleur vert-clair (*S. Bid.* 64).

سلومو **selūmu,** la peau, la dépouille d'un serpent (*Cr.*).

سلومن **silūman,** esprit, spectre, fantôme. اين رومه سلومن *ini rūmah silūman*, cette maison est habitée par des fantômes (*S. Bid.* 60).

[Jav. et Sund. ꦱꦶꦭꦸꦩꦤ꧀ *siluman*, esprit, être invisible.]

سلومر **selūmar,** nom d'un arbre qui donne un bois de construction.

سلور **selūwar, selūar** (Ar. سروال *serwāl*, Pers. شلوار *šalwār*), culotte, pantalon. مک بڬند ڤون ممباسه باجو دان سلورڽ *maka baginda pūn mem-bāsuh bāju dān selūar-ña*, alors le prince lava son habit et son pantalon (*Sul. Ibr.* 3).

[Jav. ꦱꦼꦫꦸꦮꦭ꧀ *seruwal*. Bat. [Batak script] *sarawar*. Mak. [Makassarese script] *saluwara*.]

سلوره **selūruh,** partout, entièrement, d'un bout à l'autre. هابسله باسه سلوره توبهڽ دڠن اير متاڽ *hābis-lah bāsah selūruh tūbuh-ña deṅan āyer matā-ña*, son corps fut entièrement mouillé de ses larmes. دالم سلوره تانه ملايو *dālam selūruh tānah malāyu*, dans tout le pays malais (*M.*). اڠين برتيڤ ڤول سلوره هوتن *āṅin ber-tīup pūla selūruh hūtan*, le vent souffle de nouveau dans toute la forêt (*N. Phil.* 18).

سلورن **salūran,** canal, gouttière, rigole, aqueduc, courant d'eau. اتف — *salūran ātap,* les gouttières d'un toit. دلتقله اى سكل باتغ ايت كدالم سلورن٢ دان باكس٢ اير ميثم *di-letȧk-lah īa segala bātaṅ ītu ka-dālam salūran-salūran dān bākas-bākas āyer mīnum,* et il mit ces branches dans les canaux qu'on remplissait d'eau pour y faire boire les troupeaux (*B.* 48). اد سلورن اير دسبله كونغ ايت *ada salūran āyer di-sa-belȧh gūnuṅ ītu,* sur le flanc de la montagne se trouve une chute d'eau (*M.*).

Ce mot paraît dériver de الر *ālur.*

[Mak. ⸺ *salu.*]

سلوسه **salūsuh,** remède que l'on donne aux femmes pendant leurs couches.

[Bat. ⸺ *salusu.* Day. *tarusur.*]

سلق **selùḳ,** cherché avec la main. دسلقڽ سكوڽ *di-selùḳ-ña saḳō-ña,* il mit la main dans sa poche (*H. Ab.* 329).

ميلق *meñelùḳ,* fouiller avec la main, mettre la main dans.

سلغ **selàṅ,** intervalle, interstice; pendant; alternativement, l'un après l'autre, entremêlé. سلغ٢ كيكى *selàṅ - selàṅ gīgi,* les interstices des dents. سلغڤون تيدق براڤ لام *selàṅ-pūn tīdaḳ brāpa lāma,* il n'y eut pas un long intervalle. يغ تربت درڤد سلغ٢ انق جارى رسول الله *yaṅ terbit deri-pada selàṅ-selàṅ ānaḳ jāri rasūl allah,* qui jaillirent d'entre les doigts du prophète de Dieu (*M.*). ڤواس سلغ٢ سهارى *puāsa selàṅ-selàṅ sa-hāri,* jeûnant de deux jours l'un. برچينچين ڤرمات انتن دسلغ٢ دغن زمرد *ber-xinxin permāta intan di-selàṅ-selàṅ deṅan zemrud,* portant une bague de pierreries, de diamants entremêlés d'émeraudes (*M.*). كايو سلغ٢ *kāyu selàṅ-selàṅ,* du bois mis en piles régulières. تانه يغ لواس سلغڽ *tānah yaṅ lūas selàṅ-ña,* un très-vaste pays (*M.*).

La répétition se fait aussi quelquefois avec un changement de voyelle: سلغ سلغ *selàṅ-selìṅ.*

برسلغ *ber-selàṅ,* qui est par intervalle, qui se fait l'un après l'autre, alternativement. ڤكرجاءنك ايت برسلغ٢ هارى *pekarjā-an-ku itu ber-selàṅ-*

selàng hāri, mon travail alternait (se faisait tous les deux jours) (*H. Ab.* 157).

برسلغ سلغ *ber-selàng-selàng*, l'un après l'autre, entremêlés (*H. D.* 149).

ميلغ *meñelàng*, alterner, faire par intervalle.

ميلاغی *meñelāng-i*, mettre de l'intervalle entre plusieurs choses, placer par intervalles. دسلاغی مانکم سلودغ مايغ *di-selāng-i mānikam selūdang māyang*, où les pierres précieuses étaient placées par intervalles, et dans la forme de la fleur du palmier avec son spadice (*S. Bid.* 5).

ميلغکن *meñelàng-kan*, faire des intervalles, faire alterner.

ميلغ۲ *meñelàng-ñelàng*, séparer, mettre à part. ميلغ۲ جڠکت يغ تبل *meñelàng-ñelàng janggut yang tebàl*, séparer, écarter (avec les doigts) le poil d'une barbe touffue (*M.*).

سسلاغن *sa-selāng-an*, la clavicule.

کسلاغن *ka-selāng-an*, intervalle, interstice.

سلغکن *selàng-kan*, puisque, vu que.

[Jav. ꦱꦭꦁ *salang*, intervalle, omoplate. Sund. ᮞᮜᮀ *selang*.]

سلغ **selèng**, v. sous سلغ *selàng*.

سلڠک **selangka**, la clavicule, v. سلغ *selàng* (*P. Dew.*).

سلڠکر **selengkar**, décidé, arrêté.

ميلڠکر *meñelengkar*, décider, arrêter (p. ex. une question de droit) (*Kl.*).

ميلڠکرکن *meñelengkar-kan*, décider ou faire décider q. ch.

سلڠکر **selongkar**, outragé, calomnié, noirci; outrage (*M.*): brouillé, mêlé, renversé.

ميلڠکر *meñelongkar*, brouiller, mêler.

سلت **selàt**, détroit. سلت تانه جاو دان ڤولو ڤرچ *selàt tānah jāwa dān pūlaw perxa*, détroit qui sépare Java de Sumatra, détroit de la Sonde. — اورغ *ōrang selàt*, pirates (ainsi nommés parce qu'ils ont coutume de croiser dans les détroits).

Dans beaucoup de pays malais, on entend par *selat* particulièrement le détroit de Sincapour et aussi la ville de Sincapour. اورغ ممباو مکانن کسلت *ōrang mem-bāwa makān-an ka-selàt*, les gens qui portaient des vivres à Sincapour (*H. Ab.* 198).

ميلت *meñelàt*, mettre entre deux, séparer.

ترسلت *ter-selàt*, resserré, chassé ou poussé entre deux.

سلاتن *selāt-an*, v. ce mot.

[Sund. [Sundanese script] *selat*. Bat. [Batak script] *solot*, fixé entre q. ch. Mak. et Bug. [Buginese script] *salla*. Day. *salat*, bras étroit d'une rivière.]

سلدادو ***soldādo*** (Port.), soldat. سرت اورڠ بسر٢ دان سلدادو *serta ōrang besàr-besàr dān soldādo*, avec des officiers et des soldats (*H. Ab.* 177).

سلندق ***selìndik***, se trouve quelque fois pour سلندت *selìndit*.

سلندڠ ***selendang***, pièce d'étoffe longue, que l'on porte sur les épaules, ou avec laquelle on s'enveloppe le milieu du corps, ceinture, écharpe, manteau. مك تون ڤترى ممبريكن سلندڠڽ اكن ايكت ڤڠكڠ اندرا *maka tūan putrī mem-brī-kan selendang-ña ākan īkat pinggang indrā*, la princesse donna son écharpe pour envelopper le corps d'Indra (*M.*). كوݢرله سلندڠ نبى ايت كبومى *gūgur-lah selendang nabi ītu ka-būmi*, le manteau du prophète tomba à terre (*H. D.* 62).

[Jav. [Javanese script] *saléndang*. Bat. [Batak script] *saléndang*.]

سلندڠ ***sa-lindung***, v. sous لندڠ *lindung*.

سلندت ***selìndit*** = سرندت *serindit*.

سلندڤ ***selandap***, nom d'une plante (*crinum asiaticum*).

سلڤ ***selàp***.

ميلڤ *meñelàp*, s'emparer de quelqu'un (se dit d'un mauvais esprit).

سلڤ ***selàp***, v. سولڤ *sūlap*.

سلڤه ***salepàh***, petite boite en métal pour mettre le bétel ou le tabac. سرب جنس ڤرمات ڤندڠ سلڤه *sèrba jenis permāta pending salepàh*, différentes sortes de bijoux, tels que pierres précieuses, plaques et boites en métal (*S. Bid.* 8).

Kl. écrit et prononce سلڤا *selepā*.

[Jav. [Javanese script] *salepa* et [Javanese script] *salepi*, petite boite à bétel.

Sund. ᮞᮜᮤᮕᮤ salipi, un sac. Bat. salapa, boîte à tabac; salipi, bourse à mettre le bétel. Mak. salapa. Day. salepang, un petit sac.]

سلبى **selbi,** les lombes, les reins (*Kl.*). v. صلب *sulb*.

سلم **salam** (Ar.), achat d'une marchandise qui doit être livrée plus tard, bien que le payement soit fait d'avance (*D. M.* 28). رب السلم *rabb us-salam*, celui qui vend un objet et en reçoit le prix avant de le livrer (*D. M.* 29).

سلم **selàm,** plongé, enfoncé dans l'eau, être plongé.

ميلم *meñelàm*, plonger, s'enfoncer dans l'eau. ستله ميلم ايت مك هابس قادم اڤي *sa-telàh meñelàm itu maka hābis pādam āpi*, lorsqu'il se fut plongé dans l'eau, le feu (qui était à sa queue) s'éteignit (*R.* 134). اى ميوره اورڠ ميلم مڠمبل متيار ڤد لاوت *ia meñūruh ōrang meñelàm mengambil mutiāra pada lāut*, il ordonna à des personnes de plonger dans la mer pour pêcher des perles (*R.* 166). — سمڤه *sumpah meñelàm*, l'épreuve de l'eau.

Prov. سمبل ميلم سمبل ، مينم اير *sambil meñelàm sambil minum āyer*, boire en plongeant et plonger en buvant. Le sens est: utiliser une chose pour une autre, p. ex., enseigner une chose à quelqu'un, pour recevoir de lui des leçons sur une autre (*H. Ab.* 136).

ترسلم *ter-selàm*, qui est plongé, que l'on a mis dans l'eau. ترسلم٢ هندق لمس *ter-selàm-selàm hendak lemàs*, tellement plongé qu'il fut sur le point d'être noyé (*M.*).

ميلمكن *meñelàm-kan*, faire plonger, enfoncer quelque chose dans l'eau. جكلو رواڽ ايتڤون كيت سلمكن كدالم لاوت *jikalaw rawāna itu-pūn kita selàm-kan ka-dālam lāut*, quand ce serait Rawana lui-même, je le plongerai dans la mer (*R.* 152). ڤرمنومن بهارو دسلمكنڽ كڤد اير *per-minūm-an bahāru di-selàm-kan-ña kapada āyer*, il plongea une coupe neuve dans l'eau (*M.*).

[Jav. et Sund. ꦱꦶꦭꦼꦩ꧀ silem. Mak. sélang. Day. selem, être l'un dans l'autre. Tag. salam, l'épreuve par l'eau.]

سلقى **selampey,** pièce d'étoffe portée sur les épaules, ou sur les bras, p. ex., une écharpe.

مپلقى *meñelampey*, se couvrir les épaules d'une pièce d'étoffe, porter une écharpe. اى مپلقى تمقن *ia meñelampey tetampan*, elle portait une écharpe de cérémonie (*Sul. Ab.* 9).

مپلقيكن *meñelampey - kan*, jeter sur les épaules de q. q. une écharpe, le revêtir d'une écharpe.

سلقيكو **selampīku,** nom d'un oiseau.

سلقورى **selampūri,** certaine étoffe de coton des Indes.

(Prob. de Sérampour.)

سلقغ **salempang,** espèce de petite valise, dans laquelle les messagers portent les dépêches et les paquets.

مپلقغ *meñalempang*, jeter sur l'épaule un mouchoir, un *sarung*, etc.

مپلقغكن *meñalempang - kan*, faire porter sur l'épaule un mouchoir, un *sarung*, etc.

سلقت **selimpat,** roulé, entortillé, entrelacé ensemble, mêlé l'un avec l'autre. Se dit aussi des nuées, — اون *awan selimpat,* amas de nuées: d'un amas confus de personnes, et enfin d'une sorte d'ouvrage tressé en pentagone (*Kl.*).

مپلقت *meñelimpat*, rouler, entortiller, lacer l'un dans l'autre: s'esquiver, se retirer à la dérobée.

سلقت مپلقت *selimpat-meñelimpat*, terme d'escrime, chercher à s'éviter mutuellement.

سلبايغ **selembāyung,** la pointe ou l'extrémité ornée du toit des demeures royales (*Kl.*).

سلباد **selimbāda,** nom d'un insecte.

سلبان **selembāna,** être à la cape (d'un navire pendant la tempête).

برسلبان *ber - selembāna*, qui est à la cape, qui met à la cape (*P. Dew.*).

سلبت **salembut** = سليمت *salīmut* (*M.*).

سلبر **selimbar,** nom d'une grande plante parasite (*Pij.*).

سلبر **selumbar,** fragment (*Kl.*).

سلر **selàr,** séché, grillé par le soleil (*Kl.*). — ايكن سلر *īkan selàr*, nom d'un poisson de mer.

سلر **selùr,** brûlé, cautérisé avec un fer chaud.

ميلركن *meñelùr-kan,* brûler quelque chose avec un fer chaud. مك دسلركنڽ تمڤارن ڽامق اورڠ ايت *maka di-selùr-kan-ña tampār-an ñāmuk ōraṅ ītu*, on marque avec un fer chaud l'omoplate de cet homme (*H. Ab.* 59).

سلسي **selesèy,** terminé, réglé, achevé, cessé, débarrassé: être terminé, être réglé. اڤبيل سلسيله ڤكرجاءن كيت *apa-bīla selesèy-lah pe-karjā-an kita*, lorsque notre affaire sera réglée. سده سلسي سڬل ڤركراءن ايت *sudah selesèy segala per-kirā-an ītu*, tous ces comptes sont réglés. ڤد سڠكاڽ بهو تياد لاڬي تڠڬل مالم يڠ داڤت اي سلسي دالمڽ *pada saṅ-kā-ña bahwa tiāda lāgi tiṅgal mālam yaṅ dāpat īa selesèy dālam-ña*, à son avis la nuit était trop avancée pour lui permettre de terminer ce qu'il avait commencé (*M.*). اڤبيل سلسيله اي درڤد ماكن دان مينم *apa-bīla selesèy-lah īa deri-pada mākan dān mīnum*, lorsqu'il eut cessé de manger et de boire (*M. R.* 213).

ميلسي *meñelesèy*, terminer, régler, achever.

ميلسيكن *meñelesèy-kan*, ajuster, terminer quelque chose, mettre quelque chose en ordre. سڤاي همب ميلسيكن رمبت ككند *supāya hamba meñelesèy-kan rambut kakanda*, afin que je puisse mettre vos cheveux en ordre. ڤركراءن — *meñelesèy-kan per-kirā-an*, ajuster le compte (*M.*).

ڤرسلسين *per-selesēy-an*, fin, conclusion. ممنت تولڠ تنتوكن ڤرسلسين ايت *me-minta tūluṅ tantū-kan per-selesēy-an ītu*, demander du secours pour en assurer la conclusion (*H. Ab.* 182).

[Sund. [Sundanese script] *saleseh.* Bat. [Batak script] *salosé.* Day. *sala-saṅ.*]

سلسيم **selesīma,** rhume de cerveau: rétention d'urine, chaude pisse causée par un refroidissement.

سلسيل **silasīla** = سلسلة *silsilet.*

سلستري **sulastri,** nom d'une plante (*calophyllum soulastri, Cr.*).

On trouve aussi سلاتري *sulātri* et سلادري *sulādri.*

[Jav. ꦱꦸꦭꦱ꧀ꦠꦿꦶ *sulastri.* Sund. ꦱꦸꦭꦠꦿꦶ *sulatri.*]

سلسلة **silsilet** (Ar. سلسل), chaîne, série, succession, généalogie.

سلطان **sulṭān** (Ar. سلط), prince, sultan. سلطان دان منتري *sulṭān dān mantri*, le sultan et les ministres. سلطان ڤسيسر بارت *sulṭān pasisir bārat,* le sultan de la côte occidentale (*Lett. Mal.*). سورت سکل سلطان٢ *sūrat segala sulṭān-sulṭān*, le livre des rois (*B.*).

سلاطين *selāṭīn*, pluriel de سلطان *sulṭān.* تاج السلاطين *tāju 'sselāṭīn*, la Couronne des sultans, titre du livre qui est aussi nommé مکوت سکل رجاراج *makōta segala raja-rāja*, la Couronne des rois.

سلطاني *sulṭāni*, qui est de sultan, qui appartient au sultan. -- باجو *bāju sulṭāni,* nom d'un habit de dessus ayant des manches qui arrivent jusqu'aux mains.

سلطانة *sulṭānet*, le sultanat, la dignité de sultan. فصل ڤد مپتاکن ڤري ڤڠکت کرجاءن حکومة دان سلطانة *faṣal pada me-ñatākan pri paŋkat ka-rajā-an ḥukūmat dān sulṭānet,* chapitre où l'on explique ce que c'est que la royauté, la magistrature et le sultanat (*M. R.* 45).

[Jav. et Sund. ꦱꦸꦭ꧀ꦠꦤ꧀ *sultan.*]

سساوي **sesāwi,** v. ساوي *sāwi.*

سسه **sesàh,** fouetté, fustigé, frappé. کمدين دسسه تاڤق ککين *kamudīan di-sesàh tāpak kakīña*, ensuite on lui frappe sur la plante des pieds (*H. Ab.* 28).

مپسه *meñesàh*, fouetter, fustiger, frapper.

مپسهکن *meñesàh-kan*, fouetter quelqu'un, frapper ou faire frapper quelqu'un.

سسونن **susūnan,** titre donné aux souverains, particulièrement à celui de Mataram et à celui de Surakarta. ممواکن سورت کڤد سسونن متارم *mem-bawā-kan sūrat ka-pada susūnan matā-ram,* faire porter une lettre au souverain de Mataram (*H. Ab.* 94).

[Jav. et Sund. ꦱꦸꦱꦸꦲꦸꦤꦤ꧀ *susuhunan*, le vénéré, du radical ꦱꦸꦲꦸꦤ꧀ *suhun*, révérence.]

سسق **sesàḳ**, obstrué, oppressé, serré, resserré, étroit; forcé, contraint, pressé, vexé. دادا — *sesàḳ dāda*, asthme. ڤراناكن — *sesàḳ per-anāk-an*, travail, mal d'enfant. كاست يڠ سسق *kāsut yaṅ sesàḳ*, des souliers trop étroits. ڤنهله دان سسقله سڬل ڤادڠ *penùh-lah dān sesàḳ-lah segala pādaṅ*, la place était tellement remplie, qu'ils étaient serrés les uns contre les autres (*R.* 139).

برسسق *ber-sesàḳ*, qui est serré, qui est en presse, qui se serre.

مپسق *meñesàḳ*, serrer, opprimer, vexer.

ترسسق *ter-sesàḳ*, qui est opprimé, qui est dans le besoin. همب — *ter-sesaḳ hamba*, je suis dans le besoin (d'argent) (*M.*).

مپسقكن *meñesàḳ-kan*, opprimer, accabler quelqu'un; remplir une place, serrer q. ch. كامي تياد دسسقكن ترلالو سكالي *kāmi tiāda di-sesàḳ-kan ter-lālu sakāli*, nous ne sommes pas entièrement accablés (*N.* 297). تياد اى مپسقكن تمڤت كيت *tiāda ïa meñesàḳ-kan tampat kīta*, elle ne remplit pas la place où nous sommes (*H. Ab.* 23).

كسساكن *ka-sesāk-an*, qui est opprimé, oppression, vexation.

[Jav. ꦱꦼꦱꦏ꧀ *sesak*. Sund. ᮞᮨᮞᮨᮊ᮪ *sesek*. Bat. [Batak script] *torsosak*. Day. *sasak*.]

سسكن **sesekàn**, nom d'un oiseau.

سست **sesàt**, erreur, en erreur; errant, trompé, égaré, perdu. تون سست باڽق *tūan sesàt bāñaḳ*, vous êtes grandement en erreur. — جاڠن *jāṅan sesàt*, ne vous y trompez pas. دمب يڠ سست *domba yaṅ sesàt*, une brebis égarée. اد ڤون بيت اين اورڠ يڠ سست *ada-pūn bēta īni ōraṅ yaṅ sesàt*, je suis un homme qui erre, égaré. بارت — *sesàt bārat*, répandu partout, égaré de tous côtés.

مپست *meñesàt*, errer, tomber dans l'erreur, s'égarer.

مپستكن *meñesàt-kan*, égarer, induire en erreur, dévoyer, tromper. اكن مپستكن لاڬي اورڠ ڤليهن *ākan meñesàt-kan lāgi ōraṅ pilih-an*, jusqu'à induire en erreur même les élus (*N.* 43). جاڠن اى دسستكن اولهن *jāngan īa di-sesàt-kan ūleh-ña*, qu'il prenne garde d'être trompé par eux (*M. R.* 74).

ڤرسست *per-sesàt*, qui trompe, qui égare, trompeur. ملك اكو اكن اد ڤد متمتان سڤرت اورڠ يڠ ڤرسست *maka āku ākan ada pada mata-matā-ña seperti ōrang yang per-sesàt*, et je paraîtrai à ses yeux comme un homme qui veut le tromper (*B.* 40).

ڤرساتن *per-sesāt-an*, action de tromper, tromperie, déception, erreur. اوله اين كامى مڠنل روح ڤرساتن *ūleh īni kāmi mengenàl rūḥ per-sesāt-an*, par là nous connaissons l'esprit d'erreur (*N.* 390).

[Jav. ꦱꦱꦂ *sasar*. Day. *sasat.*]

سسترا ***sastarā*** (S. शास्त्र *çāstra*), sciences occultes, magie. دالم نجوم دان سستراكامى *dālam nujūm dān sastarā kāmi*, d'après notre astrologie et notre magie (*R.* 50).

سستراون ***sastarāwan*** (S. शास्त्रवान् *çāstrawān*), magicien, sorcier, savant dans les sciences occultes, devin. دسوروهاله ڤڠكل سڬل اورڠ سستراون دمصر *di-sūruh-nā-lah panggil segala ōrang sastarāwan di-meṣir*, il fit appeler tous les devins de l'Égypte (*B.* 66). — ڤڠهولو *panghūlu sastarāwan*, chef d'une conspiration (*M.*).

سسڤ ***sesàp***, pour ساسڤ *sāsap*. v. سوسڤ *sūsup*.

سسما ***sesemā***, pour سما٢ *semā-semā*.

سسر ***sesàr***, poussé de côté, reculé.

ميسركن *meñesàr-kan*, pousser q. ch. de côté, reculer q. ch. pour faire place, p. ex., pour passer (*Kl.*).

سسل ***sesàl***, remords, regret, repentir, contrition. هاتى — *sesàl hāti*, contrition. سسل يڠ سمڤرن ڬنڤ *sesàl yang sempurna genàp*, contrition parfaite. سسل يڠ تياد سمڤرن ڬنڤ *sesàl yang tiāda sempurna genàp*, contrition imparfaite, attrition (*P. M.*). تاء سده — *sesàl tā-sudah*, regrets éternels.

Prov. سسل دهولو ڤنداڤتن سسل كمدين ايت سواتو ڤون تياد اڤ ڬنان *sesàl dahūlu pen-dapāt-an sesàl kamudīan ītu suātu pūn tiāda apa gunā-ña*, se repentir auparavant est utile, se repentir après ne sert à rien. Le sens est: il faut bien considérer une chose avant de l'entreprendre, afin de n'avoir pas à se repentir après (*H. Ab.* 124).

برسسل *ber-sesàl*, qui a regret, repentant, pénitent.

مپسل *meñesùl*, se repentir, avoir regret, regretter. مپسل اى درقد ڤربواتنڽ يڠ لالو *meñesàl ia deri-pada per-buāt-an-ña yaṅ lālu*, ils se repentiront de leur conduite passée (*M. R.* 38). ملك بݢند ڤون امت مپسل دريڽ سبب ماكن دليم ايت *maka bagiṅda pūn āmat meñesàl dirī-ña se-bàb mākan dalīma ītu*, or le prince regrettait beaucoup d'avoir mangé cette grenade (*Sūl. Ibr.* 4).

مپسلكن *meñesàl-kan*, regretter q. ch. كمدين اڠكو سسلكن اتس ايبو بڤام ايت سبت تياد مڠاجر اڠكو *kamudīan aṅkaw sesàl-kan ātas ību bapā-mu ītu sebàb tiāda meṅ-ājar aṅkaw*, plus tard vous aurez regret de ce que votre père et votre mère ne vous ont pas instruit (*H. Ab.* 41).

ڤپسل *peñesàl*, qui cause du regret, remords. ڤپسل ڤد كتيك موت *peñesàl pada kotīka maut*, des remords au moment de la mort (*M. R.* 38).

سسالن *sesāl-an*, contrition, repentir.

برسسالن *ber-sesāl-an*, qui a de la contrition. — تياد *tiāda ber-sesāl-an*, impénitent.

[Bat. [Batak script] *solsol.* Mak. [Makassarese script] *sasala.* Day. *sasal.*]

سحل *seḥl* (Ar.), argent comptant.

سخاوة *seḳāwat* (Ar. سخا), générosité, libéralité. رجراج تياد داڤت تياد دو ڤركار سڤركار سخاوة *raja-rāja tiāda dāpat tiāda dūa porkāra sa-porkāra seḳāwat*, il y a deux choses que les rois doivent avoir: la première c'est la générosité (*M. R.* 164).

سخى *seḳi* (Ar. سخا), généreux, libéral. الله تعالى مڠاسه سݢل اورڠ يڠ سخى *allah taāla meṅāsih segala ōraṅ yaṅ seḳi*, Dieu aime les hommes généreux (*M. R.* 203).

سطر *seṭer* (Ar.), une ligne, série, rangée.

سعادة saādet (Ar. سعد), félicité, bonheur.

سعال suāl (Ar. سعل), toux. ڤپاكت يغ نماڽ نزلة دان سعال *peñākit yang namā-ña nuzlet dān suāl*, les maladies que l'on nomme fluxions et toux (*M. R.* 21).

سفرة sufret (Pers.), nappe de table; tapis, ou ce que l'on étend par terre pour placer le manger et la vaisselle, lorsqu'on est en voyage.

ث

ث ts, s, la lettre ثا *tsā*. Les Malais ne lui donnent ordinairement que la valeur de *s*.

ثانى sāni (Ar. ثنى), second, le second.

[Jav. ꦱꦤꦶ *sani.*]

ثابت sābit (Ar. ثبت), constant, fixe, établi, inébranlable, prouvé. تيداله ثابت دهاتى بيت *tiadā-lah sābit di-hāti bēta*, cela n'est pas prouvé de manière à m'en convaincre (*M.*).

مڽابتكن *meñābit-kan*, prouver, établir, fixer. مك كدواڽ تياد داڤت ثابتكن دعواڽ *maka ka-duā-ña tiāda dāpat sābit-kan dawā-ña*, et aucune des deux ne pouvait établir sa plainte (*M. R.* 188).

[Jav. ꦱꦧꦶꦠ꧀ *sabit.*]

ثابتة sābitat (Ar. ثبت), étoile fixe (opposé à سيارة *siyārat*).

ثيب seiyib (Ar.), qui n'est plus vierge (*D. M.*).

ثواب sawāb (Ar. ثاب), récompense, rémunération.

[Jav. ꦱꦮꦧ꧀ *sawab.*]

ثوابت sawābit, pluriel de ثابتة *sābitat*. بنتغ لاين٢ يغ ثوابت نماڽ *bintang lāin-lāin yang sawābit namā-ña*, les autres astres que nous nommons étoiles fixes (*M. R.* 186).

ثقة siket (Ar. وثق), confiance; fidèle, loyal.

ثقل sekl (Ar.), poids, pesanteur; tikal, sicle. دوكلغ سڤوله ثقل امس

تمبڠن *dūa gelàng sa-pūloh ṣekl amàs timbang-ña,* deux bracelets du poids de dix sicles (*B.* 34).

ثنين **ṣenein,** اثنين **iṣnein** et اثانين **aṣānīn** ou **iṣānīn** (Ar. ثنى), le second jour de la semaine, le lundi. ايسق هارى ثنين *ēsuk hāri ṣenein,* demain lundi.

[Jav. ꦱꦼꦤꦺꦤ꧀ *senén.* Sund. ᮞᮨᮔᮤᮔ᮪ *senin.*]

ثبت **ṣabat** (Ar.), fermeté, solidité, constance.

ثم **ṣumma** (Ar.), et, puis, après, ensuite, encore. امين ثم امين *amīn ṣumma amīn,* amen et encore amen (*Lett. Mal.*).

Ce mot ne se trouve guère que dans des pièces écrites dans un style prétentieux.

ثمن **ṣumun** (Ar.), un huitième, la huitième partie. ثمن ارتين سفردلاڤن *ṣumun artī-ña sa-perdulāpan, ṣumun* signifie un huitième (*D. M.* 164).

ثلاثا **ṣelāṣa** (Ar. ثلث), le troisième jour de la semaine, mardi. اينله هارى ثلاثا *inī-lah hāri ṣelāṣa,* c'est aujourd'hui mardi.

On trouve aussi ثلاس *ṣelāsa.*

[Jav. et Sund. ꦱꦭꦱ *salasa.*]

ثلج **ṣalju** (Ar.), neige. اداڤون ثلج ايت يائيت اوڤ يڠ بکو *ada-pūn ṣalju ītu iā-ītu āwap yang bakū,* la neige n'est autre chose que de la vapeur gelée (*N. Phil.* 55).

[Jav. ꦱꦭ꧀ꦗꦸ *salju.*]

ثلث **ṣuluṣ** (Ar.), la troisième partie, un tiers. ثلث ارتين سفرتيک *ṣuluṣ artī-ña sa-per-tīga, ṣuluṣ* signifie un tiers (*D. M.* 164).

ثعلب **ṣaleb** (Ar.), renard.

ح

ح **ḥ,** la lettre حا *ḥa.* Les Malais ne lui donnent pas l'aspiration qu'elle a en arabe.

حايض **ḥāidl** (Ar. حاض), femme qui a ses règles, et aussi = حيض *ḥeidl.*

— ڤورو *pūru ḥāidl*, un cancer (*M.*).

حاكم **ḥākim** (Ar. حكم), magistrat, juge. هندقله دبواڽ كڤد حاكم *hendak-lah di-bawā-ña ka-pada ḥākim*, il doit être porté devant le juge (*M.*). بهارو داتڠ توان حاكم *bahāru dātang tūan ḥākim*, le juge était nouvellement arrivé (*H. Ab.* 336). سورت سڬل حاكم٢ *sūrat segala ḥākim-ḥākim*, le livre des Juges (*B.* 376).

v. حكم *ḥakīm*.

حاج **ḥāji** (Ar. حج), celui qui entreprend le pélerinage de la Mecque, et celui qui l'a accompli. — نايق *nāik ḥāji*, entreprendre le pélerinage.

v. حج *hajj*.

[Jav. et Sund. ꦲꦗꦶ *haji*. Mak. ᨕᨍᨗ *aji*.]

حاجي **ḥāji**, pour حاج *ḥāji*.

حاجة **ḥājat** (Ar. حاج), besoin, nécessité; satisfaire aux nécessités de la nature. منت دڠن حاجتڽ *me-minta dengan ḥājat-ña*, demander par nécessité. ستڠه اكن حاجة دان ستڠه اكن ڤرهياسن *sa-tengah ākan ḥājat dān sa-tengah ākan per-hiās-an*, moitié nécessité, moitié luxe. حاجة بسر دان حاجة كچل *ḥājat besàr dān ḥājat kexìl*, les grands et les petits besoins. قضا — *ḳedlā ḥājat*, faire ses besoins.

برحاجة *ber-ḥājat*, préparer le nécessaire: اكن — *ber-ḥājat ākan*, qui a besoin de: dépendant, être dépendant de.

حاجب **ḥājib** (Ar. حجب), chambellan, camérier.

حاجم **ḥājim** = حجام *hejām*.

حادث **ḥādiṡ** (Ar. حدث), qui surgit, qui survient, qui paraît pour la première fois; nouvelle, évènement. عيب يڠ حادث *aib yang ḥādiṡ*, un défaut qui est survenu (*D. M.* 108).

حامل **ḥāmil** (Ar. حمل), enceinte, grosse; être enceinte. — ڤرمڤوان *perampūan ḥāmil*, une femme enceinte. مك استري بڬيندا ايتوڤون حامل *maka istri bagīnda ītu-pūn ḥāmil*, et l'épouse du prince se trouvait enceinte (*R.* 74).

حار **ḥārr** (Ar. حر), chaud.

حارس **ḥāris** (Ar. حرس), garde, gardien: terme au jeu d'échecs.

حال **ḥāl** (Ar.), état, condition, situation, affaire, cas, circonstance: que (conjonction). پتاله سبب دمکين حال کامی *ñatā-lah sebàb demikīan ḥāl kāmi*, la cause de notre situation actuelle est palpable. مڠتاکن حال کڤڤاٴنن *meṅatā-kan ḥāl ka-papā-an-ña*, s'excuser sur son état de pauvreté (*M.*). سڤاى سکل اورڠ يڠ مڠدوکن حالن جاڠن تاکت *su-pāya segala ōraṅ yaṅ meṅ-adū-kan ḥāl-ña jāṅan tākut*, afin que ceux qui viennent exposer leurs plaintes le fassent sans crainte (*M. R.* 179). اى منچريتراکنله حال احوال *īa men-xeritrā-kan-lah ḥāl aḥwāl*, il raconta la chose et toutes ses circonstances. — اکن *ākan ḥāl*, à l'effet, quant à.

حاسد **ḥāsid** (Ar. حسد), envieux, adversaire.

حاشية **ḥāšiyat** (Ar. حشى), bord, bordure, marge; émargement: note en marge.

حاصل **ḥāṣil** (Ar. حصل), produit, revenu, contribution: résultat; être produit, être effectué, exécuté, obtenu. اڤبيل کورڠ حاصل راج کورڠله لاڬى ڤربندهراٴن راج *apa-bīla kūraṅ ḥāṣil rāja kūraṅ-lah lāgi per-bendaharā-an rāja*, lorsque le produit des contributions est moindre, le trésor du roi est moindre aussi (*M. R.* 73). جاڠن اد کورڠ درڤد حاصل سواتو نڬرى *jāṅan ada kūraṅ deri-pada ḥāṣil suātu nagrī*, qu'il n'y ait pas moins que le revenu d'une ville (*M. R.* 165). دڠن تياد حاصل *deṅan tiāda ḥāṣil*, sans résultat. دان تياد کهندقم حاصل سکلکالى *dān tiāda ka-hendak-mu ḥāṣil sa-kali-kāli*, et vous n'avez obtenu aucun résultat (*M. R.* 142). تتاڤى تياد حاصل کهندقن ايت *te-tāpi tiāda ḥāṣil ka-hendak-ña ītu*, mais l'objet de ses désirs ne fut pas obtenu (id.).

برحاصل *ber-ḥāṣil*, qui a un produit, qui donne un revenu.

مڠحاصلکن *meṅ-ḥāṣil-kan*, établir ou percevoir des contributions, récolter des produits; produire un résultat, exécuter un travail, terminer une affaire. بلنج — *meṅ-ḥāṣil-kan belanja*, rassembler ou procurer de l'argent pour la dépense. دان تياد مڠحاصلکن کهندق اورڠ ايت *dān tiāda meŋ-ḥāṣil-kan ka-hendak ōraŋ ītu,* et il ne put accomplir les désirs de cet homme (*M. R.* 142). جكلو ماو اڠكو مڠحاصلكن سواتو ڤكرجاءن *jika-law māu aŋkaw meŋ-ḥāṣil-kan suātu pe-karjā-an,* si vous voulez exécuter quelque affaire (*M. R.* 209).

[Jav. et Sund. ꦲꦱꦶꦭ꧀ *asil.*]

حاضر ḥādlir (Ar. حضر), présent, prêt, préparé. غايب دڠن توبه هاڽ حاضر دڠن ڽاو *gāïb deŋan tūbuh hāña ḥādlir deŋan ñāwa,* absent de corps, mais présent en esprit (*N.* 276). سڬل الة سنجات سدهله حاضر *segala ālat senjāta sudah-lah ḥādlir,* toutes les munitions de guerre étaient prêtes (*M.*).

مڠحاضركن *meŋ-ḥādlir-kan,* produire, mettre au jour, faire comparaître, préparer. سلطان مپوره مڠحاضركن اورڠ ايت *sulṭān meñūruh meŋ-ḥādlir-kan ōraŋ ītu,* le sultan ordonna de faire comparaître cet homme (*M. R.* 81). مڠحاضركن ناسي يڠ سنتاڤن توانهمب *meŋ-ḥādlir-kan nāsi yaŋ santāp-an tūan-hamba,* préparer le riz que monseigneur doit manger (*R.* 130).

حافي ḥāfi (Ar. حفا), celui qui va nu-pieds.

حافظ ḥāfiẓ (Ar. حفظ), commandant, gardien; celui qui conserve le Coran et les traditions dans la mémoire.

حي ḥeyi (Ar.), vivant, vif.

حيا ḥeyā (Ar. حي), honte, confusion, modestie, timidité.

حياة ḥeyāt (Ar. حي), la vie, le temps de la vie, être en vie. حياة دان جيو *ḥeyāt dān jīwa,* la vie et l'âme. اد حياة كيت برتمو *ada ḥeyāt kita ber-temū,* si nous restons en vie, nous nous reverrons. يڠ حياة سكارڠ دنڬري ملاك *yaŋ ḥeyāt sakāraŋ di-nagrī malāka,* qui demeure présentement à Malacca. سلاڬي اد حياة ڤاتق هندق بربوت كبقتين كاوه دولي شاه عالم *sa-lāgi ada ḥeyāt pātek hendak ber-būat ka-baktī-an ka-bāwah dūli šāh ʿālam,* tant que je vivrai, je ne cesserai de servir Votre Majesté (*Ism. Yat.* 62). ماء الحياة *mā el-ḥeyāt,* eau de la vie, eau de l'immortalité.

برحياة *ber-ḥeyāt,* qui a la vie, qui est vivant.

حيوان ḥeywān (Ar. حى), animal, brute, bête. سکل حيوان يڠ برکاکی امڤت *segala ḥeywān yaṅ ber-kāki ampat*, les animaux à quatre pieds (*M.*). رڤاڽ انسان دان اداڽ حيوان *rupā-ña insān dān adā-ña ḥeywān*, il a la figure d'un homme, mais il n'est qu'une bête (*M. R.* 170).

حيوانات ḥeywānāt, plur. de حيوان *ḥeywān*.

حيوانی ḥeywānī, qui tient de la bête, animal, bestial, sensuel. مك اورڠ اتوله ڤد ڤڠکت حيوانی جوا ای *maka ōraṅ itū-lah pada paṅkat ḥeywānī jūa ia*, ces hommes ne sont qu'au degré de l'animal (*Kl.*). سکل مانسی حيوانی *segala mānusīa ḥeywānī*, les hommes sensuels, les gens qui mènent une vie animale.

حيوة ḥēwat = حياة *ḥeyāt.*

حيران ḥeirān (Ar. حار), étonné, être étonné, être dans l'admiration. مك حيرانله همب *maka ḥeirān-lah hamba*, alors je fus étonné. ايڤون حيران اکن کبسارن توهن سرو سکلين عالم *ia-pūn ḥeirān ākan ka-besār-an tūhan serwa sa-kalī-an ʿālam*, il était dans l'admiration devant la grandeur du Seigneur du monde (*Ism. Yat.* 19).

ترحيران *ter-ḥeirān*, étonnant, merveilleux. برهارڤله ای ايت مك اکو اکن بوت بارڠ۲ ترحيران *ber-hārap-lah ia itu maka āku ākan būat bāraṅ-bāraṅ ter-ḥeirān*, il espérait que je ferais des choses étonnantes (*P. M.*).

مڠحيرانکن *meṅ-ḥeirān-kan*, étonner q. q. : s'étonner de q. ch. تياد دحيرانکن اوله لقسمان *tiāda di-ḥeirān-kan ūleh laksamāna*, Laksamana ne fut pas étonné (*Kl.*).

کحيرانن *ka-ḥeirān-an*, qui est étonné ; étonnement.

[Jav. ꦲꦺꦫꦩ꧀ *éram.*]

حيرة ḥeirat (Ar. حار), étonnement, admiration.

حيلة ḥīlat (Ar. حال), ruse, stratagème, intrigue : trahison, perfidie.

حيث ḥeyṣu (Ar.), où? là où, à l'endroit où.

حيض ḥeiḍl (Ar. حاض), menstrues ; femme qui a ses règles (*S. Mal.* 12).

حيف ḥeif (Ar. حاف), injustice, oppression, iniquité, tyrannie.

حوادث ḥawādis, pluriel de حادث ḥādis.

حوارى ḥawārī (Ar. حار), ami, assistant: aide d'un prophète, qui propage sa doctrine: les douze apôtres.

حوالة ḥawālet (Ar. حول), transfert d'une créance ou d'une obligation. — حكم *ḥukum ḥawālet,* loi qui règle le transfert des créances (*D. M.* 66).

برحوالة *ber-ḥawālet,* qui transfère une créance. هندقله رضا يغ برحوالة دان يغ منريم حوالة *hendak-lah redlā yang ber-ḥawālet dān yang menarīma ḥawālet,* (pour qu'un transfert soit valide) il faut que celui qui fait le transfert et celui auquel il est fait soient consentant l'un et l'autre (*D. M.* 67).

مڠحوالتكن *meng-ḥawālet-kan,* transférer une créance (*D. M.* 66).

حور ḥawwer (Ar.), peuplier. باتڠ داهن٢ هيجو درڤد ڤوهن حور *bātang dāhan-dāhan hījaw deri-pada pōhon ḥawwer,* des branches vertes de peuplier (*B.* 48).

حول ḥawl (Ar. حال), perspicacité, finesse, ruse.

حوصلة ḥawṣalat (Ar. حصل), estomac, gésier (chez certains oiseaux, p. ex. chez les poules, pigeons, etc.).

حوض ḥawdl (Ar.), citerne, bassin, réservoir d'eau.

حق ḥakk, ḥak (Ar.), droit (qu'on a à quelque chose), vérité, autorité: juste, vrai, fidèle. ڤساك — *ḥak pusāka,* droit de succession. تياد دغن حقڽ *tiāda dengan ḥak-ña,* injustement. تربسر حق سوامى اتس استريڽ *ter-besàr ḥak suāmi ātas istri-ña,* le mari exerce une très grande autorité sur sa femme (*M.*). مڠمبل حق اورڠ لاين *meng-ambil ḥak ōrang lāin,* usurper le droit d'un autre. قوله الحق *kaulah ul-ḥak,* parole de verité.

حكاية ḥikāyat (Ar. حكا), histoire, récit, conte, fable, roman. حكاية راج سليمان *ḥikāyat rāja solīmān,* histoire du roi Salomon. — تمتله *tammat-lah ḥikāyat,* ici finit l'histoire. ڤركتاءن

ڤرکتاءن حکاية لقسمان *per-katā-an ḥikāyat laḳsamāna,* récit de l'histoire de Laksamana (*R.* 85).

برحکاية *ber-ḥikāyat,* qui raconte, qui fait un récit, racontant, raconter. مك ايڤون برحکايتله *maka ïa-pūn ber-ḥikāyat-lah,* alors il raconta (*R.* 84). اى برحکاية درڤرملاءنن سمڤى کسداهنن *ïa ber-ḥikāyat deri per-mulā-an-ña sampey ka-sudāh-an-ña,* il en fit le récit depuis le commencement jusqu'à la fin (*R.* 135).

مڠحکايتکن *meng-ḥikāyat-kan,* faire une histoire, raconter q. ch. دمکين دحکايتکن *demikīan di-ḥikāyat-kan,* il est ainsi raconté.

[Sund. ... *hikayat.* Mak. ... *hikaya.*]

حقانى **ḥeḳḳānī** (Ar. حق), vrai, pur, désintéressé.

حکام **ḥukkām,** pluriel de حاکم *ḥākim.*

حقيقى **ḥaḳīḳī** (Ar. حق), véritable, réel. مندهلوکن ڤکرجاءن تون حقيقى درڤد ڤکرجاءن تون مجازى *men-dahūlu-kan pe-karjā-an tūan ḥaḳīḳi deri-pada pe-karjā-an tūan mejāzi,* préférer les affaires du maître réel à celles du maître fictif (*M. R.* 154).

حقيقة **ḥaḳīḳat** (Ar. حق), vérité, état vrai d'une chose. حقيقة سواتو اين *ḥaḳīḳat suātu ïni,* cette seule vérité. — ڤرکتاءن حقيقة *per-katā-an ḥaḳīḳat,* parole de vérité. نعمة دان حقيقة سده جادى اوله عيسى المسيح *nimet dān ḥaḳīḳat sudah jādi ūleh ïsa el-mesēḥ,* la grâce et la vérité viennent de Jésus-Christ (*N.* 149). ڤد حقيقتن *pada ḥaḳīḳat-ña,* en vérité, véritablement. يڠ ڤد حقيقتن اد همب اکن تون ايت *yang pada ḥaḳīḳat-ña ada hamba ākan tūan ïtu,* qui est véritablement un serviteur de ce maître (*M. R.* 154).

حکيم **ḥakīm** (Ar. حکم), instruit, expert, docteur, philosophe, médecin, juge. دتاڽاکنن کڤد حکيم ايت *di-tañā-kan-ña ka-pada ḥakīm ïtu,* il interrogea ce docteur (*M. R.* 96).

v. حاکم *ḥākim.*

حکومة **ḥukūmat** (Ar. حکم), autorité, juridiction, magistrature. فصل ڤد مڽاتاکن ڤرى ڤڠکت ڤکرجاءن دان حکومة *faṣal pada* *me-ñatā-kan prī paŋkat ka-rajā-an dān ḥukūmat*, chapitre où l'on explique ce que c'est que la royauté et la magistrature (*M. R.* 45). دڠن حکومة٢ بسر *deŋan ḥukūmat-ḥukūmat be-sàr*, en usant d'une grande autorité (*B.* 93).

حکم **ḥukum** (Ar.), jugement, sentence; loi, institution, gouvernement, permission. الله — *ḥukum allah*, le jugement de Dieu. — ممونسکن *memūtus-kan ḥukum*, abolir une sentence. سکل حکم اسلام *segala ḥukum islām*, les institutions mahométanes. مك فد حکم کامی *maka pada ḥukum kāmi*, mais selon notre jugement. حکمڽ ترلالو عادل *ḥukum-ña ter-lālu ạdil*, son gouvernement était extrêmement juste (*R.* 72). وصية — *ḥukum waṣiyat*, loi concernant les testaments (*D. M.* 190). دبريڽ حکم٢ ڤڠاجين *di-brī-ña ḥukum-ḥukum peŋ-ajī-an*, il donna des règles pour l'étude du Coran (*H. Ab.* 50). جکلو توان کاسه حکم *jikalaw tūan kāsiḥ ḥukum*, si vous voulez bien me donner la permission.

مڠحکمکن *meŋ-ḥukum-kan*, juger, condamner, gouverner. دحکمکن الله *di-ḥukum-kan allah*, Dieu le condamnera. مڠحکمکن نکري دڠن حکم اسلام *meŋ-ḥukum-kan nagrī deŋan ḥukum islām*, gouverner un pays d'après la loi mahométane. دحکمکن اتس جنس کسلاهنڽ *di-ḥukum-kan ātas jenis ka-salāh-an-ña*, être jugé selon sa faute (*H. Ab.* 27).

حکومن *ḥukūm-an*, jugement, sentence, châtiment. اداله ڤرکاکس حکومن *adā-lah per-kākas ḥukūm-an*, il y avait des instruments de châtiment (*H. Ab.* 27).

[Jav. et Sund. ꦲꦸꦏꦸꦩ꧀ *hukum*. Bat. [illegible] *ukum*. Mak. [illegible] *hukuŋ*. Tag. et Bis. [illegible] *hokom*.]

حکما **ḥukamā**, pluriel de حکيم *ḥakīm*.

حکمي **ḥekmi** (Ar.), philosophie, science. (Buḳari de Johor emploie ce mot pour indiquer la science acquise par l'étude et par l'expérience, par opposition à la science qui vient de l'inspiration divine, شرعي *šerị*, v. ce mot.) قيافة دان فراسة شرعي ايت ڤڠنل سکل نبي دان قيافة دان فراسة حکمي ايت ڤڠنل سکل حکيم دان سکل اورڠ عالم *kiāfat dān firāsat šerị ītu peŋenàl segala nabī* *dān ḳiāfat dān firāsat ḥekmi itu pengenàl segala ḥakīm dān segala ōrang ālim*, l'inspiration divine qui apprend à connaître un homme sur sa physionomie a été donnée aux prophètes; mais le talent de juger un homme sur sa physionomie, acquis par l'étude et par l'expérience, appartient aux philosophes et aux savants (*M. R.* 186).

حكمة **ḥikmat** (Ar. حكم), sagesse, science, art, charme, philosophie; adresse, savoir-faire. دان سياڤ يڠ تاهو حكمة *dān siāpa yang tāhu ḥikmat*, et tous ceux qui étaient habiles dans les sciences (*R.* 168). مڠنڠراهي علم دان حكمة اكن سسوروڠ نبي *meng-anugrāh-i ilmu dān ḥikmat ākan sa-sa-ōrang nabī*, il accorde la science et la sagesse à tous les prophètes (*M. R.* 184). سڤاي برلاكو كهندق راج دڠن حكمة كامي *supāya ber-lāku kahendaḳ rāja dengan ḥikmat kāmi*, afin que par notre adresse, la volonté du roi puisse s'accomplir (*M. R.* 96).

[Jav. ꦲꦶꦏ꧀ꦩꦠ꧀ *ikmat.*]

حقر **ḥeḳer** (Ar.), bas, vil, méprisable. حقر الى الله تعالى *ḥeḳer ila allah taāla*, vil devant le Dieu très-haut (*Lett. Mal.*).

حقط **ḥaḳaṭ** (Ar.), agilité, rapidité. حقط دان فهم دان ڤيكر دان ارادة اكن مڽوكاكن جيو *ḥaḳaṭ dān fehem dān pīkir dān irādat ākan meñukā-kan jīwa*, l'agilité, la connaissance, la pensée et la volonté pour réjouir l'âme (*M. R.* 174).

حج **ḥajj** (Ar.), pélerinage de la Mecque. يڠ برنية ڤرڬي كسبله كعبه الله كارن حج *yang ber-niyet pergi ka-sa-belàh kaʿbah allah kārna ḥajj*, qui était dans l'intention d'aller au temple de la Mecque en pélerinage (*M. R.* 67). براوله ڤهال حج *ber-ūleh pahāla ḥajj*, obtenir le mérite du pélerinage. بلنج ڤد سڬل هاري حج *belanja pada segala hāri ḥajj*, la dépense pour les jours du pélerinage. v. حاج *ḥāji.*

حجاب **ḥijāb** (Ar. حجب), voile, rideau, couvercle.

ترحجاب *ter-ḥijāb*, voilé, couvert, qui peut être voilé.

مڠحجابكن *meng-ḥijāb-kan*, mettre un rideau.

حجاب **ḥujjāb**, pluriel de حاجب *ḥājib.*

حجام ḥejām (Ar. حجم), chirurgien, barbier. دڤڠڬلن سؚورڠ حجام *di-panggil-ña sa-ōrang ḥejām*, il fit venir un chirurgien (*M. R.* 136).

حجة ḥijah (Ar. حج). ذو الحجة *dzū'l-ḥijah* (*dulḥijah*), nom du douzième mois de l'année mahométane.

حجة ḥujjet, ḥujet (Ar. حجا), décision, jugement, argument, preuve, raison. اى اكن لڤسكن دى كارن حجة درڤداك *ia ākan lepàs-kan dia kārna ḥujet deri-padā-ku*, il le mettra en liberté d'après ma décision (*M. R.* 179). دڠركن حجة درڤد توهن *dengar-kan ḥujet deri-pada tūhan*, écoutez le jugement de Dieu (id.). جاڠن بنچيكن كتان ايت درڤد باڽق حجة اد ڤداڽ *jāngan binsī-kan katā-ña itu deri-pada bāñak ḥujet ada padā-ña*, qu'il se garde de mal recevoir ses paroles, parce qu'il s'étend trop en preuves et en arguments (id.). ارتى حجة ايت *arti ḥujet itu*, le sens de cet argument, c'est-à-dire (*M. R.* 180).

حجر ḥejer (Ar.), pierre. حجر الاسود *ḥejeru'l-eswed*, la pierre noire que les pélerins baisent dans le temple de la Mecque.

حجر ḥejer (Ar.), interdiction, défense.

مڠحجركن *meng-ḥejer-kan*, interdire, mettre en interdit (*D. M.* 19).

حجرة ḥujret (Ar. حجر), cabinet, chambre, enclos, lieu réservé.

حتى ḥata (S. अथ *aṭa*), mais, ensuite, or, en outre, et, de plus: ce mot est ordinairement employé au commencement d'une phrase. v. Gram. حتى بيراڤ لماڽ اى برجالن *ḥata be-brāpa lamā-ña ia ber-jālan*, mais lorsqu'il eut marché un certain temps (*Sul. Ibr.* 3). حتى دڠن تقدير الله *ḥata dengan takdīr allah*, or par la volonté de Dieu.

Avec le Sansc. comp. le Lat. *at* (E. Burnouf).

Plusieurs grammairiens malais font venir ce mot de l'Ar. حتى *ḥatta*, même, avec, y compris.

حد ḥadd, ḥad (Ar.), limite, terme: définition: jusqu'à. درڤد حد ڤردراءنڽ *deri-pada ḥad per-darā-an-ña*, depuis le temps (terme) de sa virginité (*N.* 95).

مغحد *meng-had*, fixer, déterminer, décider. تياد هارس بڬ قاضي مغحد *tiāda hārus bagi kādli meng-had*, il n'est pas permis au cadi de décider (*D. M.* 336).

حداد **hidād,** v. احداد *ihdād.*

حديث **hadīs** (Ar. حدث), traditions, sentences du prophète. اداله ترسبت دالم حديث *adā-lah ter-sebut dālam hadīs,* il en est fait mention dans les traditions (*M.*). مك درفد ارتي حديث اين *maka deri-pada arti hadīs ini,* or d'après le sens de cette sentence du prophète (*M. K.* 178).

حنا **hinna** (Ar.). le hinné (*lawsonia*) = هيني *hīney,* v. ce mot.

حنظل **hantlal** (Ar.), coloquinte.

حباب **hubāb** (Ar. حب), qui aime, amant. تمڤت حباب دان محبوب *tampat hubāb dān mehbūb,* le lieu où l'on aime et où l'on est aimé, de l'amant et de l'amante (*M. K.* 35).

حبيب **habīb** (Ar. حب), ami, amant, un favori.

حبيس **habīs** (Ar. حبس), affecté à quelque usage pieux.

حبة **hubbat** (Ar. حب), amour.

حبس **hebs** (Ar.), détention, prison; emprisonné.

مغحبسكن *meng-hebs-kan,* emprisonner, faire mettre en prison. تياد هارس مغحبسكن دى *tiāda hārus meng-hebs-kan dīa,* il ne doit pas le faire mettre en prison (*D. M.* 50).

حبشي **habaši** (Ar. et Pers.), Abyssin, Éthiopien. اورڠ بڠس حبشي *ōrang bangsa habaši,* un homme de race éthiopienne. — نڬري *nagrī habaši,* l'Abyssinie.

حماقة **hamākat,** v. sous احمق *ahmak.*

حمام **hammām** (Ar. حم), bain.

حمد **hemed** (Ar.), louange, glorification. الحمد لله *el-hemed lillah,* louange à Dieu. الحمد لله رب العالمين *el-hemed lillah rabi ul-ālamīn,* louange à Dieu seigneur de toutes les choses créées (*Ism. Yat.* 62).

حراك **harāk** (Ar. حرك), mouvement.

حرام **ḥarām** (Ar. حرم), prohibé, illicite; saint, consacré à Dieu; maudit. حلال دان حرام *ḥalāl dān ḥarām*, choses permises et choses illicites, pures et impures. حرام ملوده دالم مسجد *ḥarām me-lūdah dālam mesjid*, il est défendu de cracher dans la mosquée (*M.*). حرام ڤاتق تياد مندى *ḥarām pātek tiāda mandi*, je jure que je ne me suis pas baigné (que je sois maudit si je me suis baigné) (*Ism. Yat.* 32). مسجد الحرام *mesjidu'l-ḥarām*, le temple de la Mecque.

مڠحرامكن *meṅ-ḥarām-kan*, rendre une chose illicite, défendre, prohiber quelque chose. سده دحرامكن بݢند دارهڽ *sudah di-ḥarām-kan baginda dārah-ña*, le prince avait défendu de répandre son sang (*S. Mal.* 345). سأورڠ ڤرمڤوان يڠ دحرامكن اوله شرع نكاح *sa-ōraṅ perampūan yaṅ di-ḥarām-kan ūleh šerạ nikāḥ*, une femme avec laquelle la loi défend de contracter mariage (*D. M.* 334).

[Sund. ᮠᮛᮙ᮪ *haram.*]

حرارة **ḥarārat** (Ar. حر), chaleur, calorique. جكلو حرارة ايت مڠهيلڠكن برودة *jikalau ḥarārat itu meṅ-hilaṅ-kan burūdat*, si la chaleur fait complètement disparaître le froid (*M. R.* 13).

حريم **ḥarīm** (Ar. حرم), tenants et aboutissants, dépendances d'une propriété. تانه يڠ حريم بݢ يڠ سده دهيدڤكن اورڠ *tānah yaṅ ḥarīm bagi yaṅ sudah di-hidup-kan ōraṅ*, une terre qui dépend d'une autre que l'on a cultivée (*D. M.* 134).

حريم **ḥarīm** (Ar. حرم), prohibé, illicite. v. حرام *ḥarām*.

حروف **ḥurūf**, pluriel de حرف *ḥuruf*, des lettres. — مڠهوبڠ *meṅ-hūbuṅ ḥurūf*, combiner des lettres. — مڠارڠ *meṅgāraṅ ḥurūf*, imprimer, composer. — ڤڠارڠ *peṅgāraṅ ḥurūf*, un compositeur. يڠ دڠن حروف ترترا ڤد باتو *yaṅ deṅan ḥurūf ter-terā pada bātu*, qui a été écrit sur la pierre avec des lettres (*N.* 296).

حركات **ḥarakāt**, pluriel de حركة *ḥarakat*.

حركة **ḥarakat** (Ar. حرك), mouvement, locomotion, voyelle, point-voyelle. Les voyelles sont ainsi nommées, parce qu'elles donnent le mouvement ou le son aux consonnes.

حربي **ḥerbi** (Ar. حرب), ennemi, malveillant. هندقله اد اورغ ايت لاين درفد كافر حربي *hendak-lah ada ōrang itu lāin deri-pada kāfir ḥerbi*, il faut que cet homme soit autre qu'un païen ennemi (*D. M.* 14).

حربة **ḥerbet** (Ar. حرب), lance courte, fer de lance, pointe.

حرمة **ḥormat** (Ar. حرم), honneur, vénération, respect, révérence, hommages, compliments. مك سكلين برديرى ممبرى حرمة اكن انق راج *maka sa-kalī-an ber-diri mem-brī ḥormat ākan ānaḳ rāja*, tous se levèrent pour rendre honneur au fils du roi (*M.*). بريله اڠكو حرمة اكن بڤام دان اكن ابوم *brī-lah angkaw ḥormat ākan bapā-mu dān ākan ibū-mu*, honorez votre père et votre mère (*B.* 117). عادة حرمة سلطان *ādat ḥormat sulṭān*, le compliment d'usage qu'on adresse au sultan (*M.*).

برحرمة *ber-ḥormat*, qui est honorable; civil, poli, qui rend hommage.

ترحرمة *ter-ḥormat*, qui est honoré, honorable, respectable.

مغحرماتى *meng-ḥormāt-i*, rendre honneur à. سكل رجراج يغ داتغ ايت دحرماتى بڬند *segala raja-rāja yang dātang itu di-ḥormāt-i baginda*, tous les chefs qui venaient étaient honorés par le prince (*S. Mal.* 108).

مغحرمتكن *meng-ḥormat-kan*, honorer, glorifier ou faire glorifier quelqu'un. مغحرمتكن الله تعالى *meng-ḥormat-kan allah taʿāla*, glorifier Dieu (*M.*).

حرماتن *ḥormāt-an*, civilité, politesse, respect.

برحرماتن *ber-ḥormāt-an*, qui fait des civilités, qui a de la politesse.

برحرمتحرماتن *ber-ḥormat-ḥormāt-an*, se faire réciproquement des politesses. مك بڬند ڤون ترلالو امت سكچيت مليهت ڤترى كدوا ايت برحرمتحرماتن *maka baginda pūn ter-lālu āmat suka-ɔita me-līhat putrī ka-dūa itu ber-ḥormat-ḥormāt-an*, le roi ressentit une grande joie en voyant les deux princesses se faire réciproquement des civilités (*Ism. Yat.* 74).

[Jav. et Sund. [Javanese script] *hormat*. Mak. [Makassarese script] *tarahorama.*]

حرز ḥirz (Ar.), place de sûreté, lieu de refuge, refuge (*D. M.* 206).

حرف ḥeref, ḥuruf (Ar.), lettre, lettre de l'alphabet.

حلال ḥalāl (Ar. حل), permis, légitime ; excusé, pardonné. حلال دان حرام *ḥalāl dān ḥarām*, choses permises et choses illicites, pures et impures. همب منت حلال دان معاف *hamba minta ḥalāl dān maāf*, je demande excuse et pardon (*Sul. Ibr.* 9).

مغحلالكن *merg - ḥalāl - kan*, permettre; excuser, pardonner, rendre une chose licite. تياد همب حلالكن *tiāda hamba ḥalāl-kan*, je ne le permets pas, je ne le pardonne pas (*Sul. Ibr.* 9).

حلوا ḥalwā (Ar. حلو), douceurs, pâtisseries, friandises, confitures. باگى حلوا يغ چت رسان *bāgey ḥalwā yarg xita rasā - ña*, comme des friandises qui flattent le goût (*M.*).

On trouve aussi حلوى *ḥalwa*.

حلوان ḥulwān (Ar. حلا), présent, cadeau, honoraire v. هلون *hulwan*.

حلوى ḥalwa, v. حلوا *ḥalwā*.

حلق ḥalḳ (Ar.), la gorge, le gosier. مك دتركمن كفد حلقن *maka di-terkam - ña ka-pada ḥalḳ-ña*, il lui santa à la gorge (*Bis. Raj.* 48).

حلقوم ḥulḳūm (Ar. حلق), la gorge, le gosier. مك دتغكفن حلقومن لالو دهيسفن دارهن *maka di-targkap-ña ḥulḳūm-ña lālu di-hisap-ña dārah-ña*, il le prit à la gorge et lui suça le sang (*Kal. dan Dam.* 123).

v. حلق *ḥalḳ*.

حلقة ḥalḳat (Ar. حلق), anneau, maille, bracelet : enceinte d'une place fortifiée.

برحلقة *ber-ḥalḳat*, qui a des anneaux, qui a des mailles.

مغحلقتكن *merg - ḥalḳat - kan*, mettre en anneaux, en mailles.

حلبة ḥulbet (Ar. حلب), fenugrec.

حلم ḥulm (Ar.), songe, rêve.

حساب ḥisāb (Ar. حسب), computation, calcul.

مڠحسابكن meng-ḥisāb-kan, faire un calcul, computer, nombrer q. ch.

ترحسابكن ter-ḥisāb-kan, qui est calculé, que l'on peut calculer. تيداله ترحسابكن باڽقڽ tia-dā-lah ter-ḥisāb-kan bāñak-ña, leur multitude était incalculable (*Ism. Yat.* 96).

حسيب ḥasīb (Ar. حسب), estimé, évalué.

حسود ḥasūd (Ar. حسد), envieux, jaloux. اورڠ يڠ حسود درڤد دڠكين منچهاري كبناساٴن سڬل مانسي ōrang yang ḥasūd deripada dengki-ña men-xahāri ka-binasā-an segala mānusia, la jalousie porte les envieux à désirer la perte de tout le monde (*M. R.* 194).

حسد ḥasad (Ar.), envie, jalousie. مريكئيت مناره دڠكي دان حسد marīka-ītu menāruh dengki dān ḥasad, ils conservaient de la haine et de la jalousie (*H. Ab.* 163).

حسنة ḥisnat (Ar. حسن), salaire, prix du travail.

حسب ḥesab (Ar.), compte. على — ala ḥesab, ala ḥesbi, par rapport à, quant à.

حسرة ḥesrat (Ar. حسر), soupir de regret ou de douleur: désir violent, tristesse. بربريبو حسرة دان ندامة be-rību-rību ḥesrat dān nedāmat, des milliers de soupirs accompagnés de regrets (*M. R.* 41). كارن ترلالو حسرة هندق براناق kārna ter-lālu ḥesrat hendaḳ ber-ānaḳ, car il avait un grand désir d'être père (*R.* 66). اى كمبالى دڠن حسرتڽ īa kombālī dengan ḥesrat-ña, il s'en retourna tristement (*M. R.* 91).

حذر ḥadzar (Ar.), garde, précaution que l'on prend pour éviter q. ch.

حزن ḥuzn (Ar.), tristesse. يڠ دودق دڠن حزن yang dūduḳ dengan ḥuzn, qui se trouve dans la tristesse (*Lett. Mal.*).

حشد ḥešd (Ar.), assemblé, rassemblé. ممبرى دحشد سڬل يڠ مليهت mem-brī di-ḥešd segala yang me-līhat, il faisait rassembler (accourir) tous ceux qui le voyaient (*Sul. Ab.* 47).

حشم ḥašem (Ar.), suite, entourage.

حشمة ḥašmat (Ar. حشم), assistance, service; déférence, respect. تابق كيت سرت دغن حرمة دان خدمة دان حشمة *tābek kita serta deṅgan ḥormat dān ḳedmat dān ḥašmat*, mes salutations accompagnées de respect, d'hommages et de déférence (*Lett. Mal.*).

حشر ***ḥašer*** (Ar.), rassemblement, réunion: résurrection (générale). يوم الحشر *yūm ul-ḥašer*, le jour de la résurrection générale.

حشرات ***ḥašerāt*** (Ar. حشر), petits animaux (quadrupèdes, ou autres, qui rampent ou sont censés ramper). حشرات يائيت سكل بناتغ يغ كجل٢ يغ ملات دأتس بومي *ḥašerāt iā-itu segala binātaṅ yaṅ kexil-kexil yaṅ me-lāta di-ātas būmi*, *ḥašerat* c'est-à-dire les petits animaux qui rampent sur la terre (*D. M.* 3).

حشفة ***ḥešefet*** (Ar. حشف), le gland du pénis (*D. M.* 314).

حصار ***ḥiṣār*** (Ar. حصر), siége, action d'assiéger.

حصر ***ḥeṣer*** (Ar.), entouré, assiégé; compté.

مغحصركن *meṅ-ḥeṣer-kan*, assiéger.

حضانة ***ḥedlānet*** (Ar. حضن), action d'élever les enfants, éducation. حضانة ارتين قلهار دان مغاسه كانق٢ *ḥedlānet arti-ña pelihāra dān meṅ-āsuh kānaḳ-kānaḳ*, *ḥedlānet* signifie élever et nourrir des enfants (*D. M.* 291).

حضيرة ***ḥadlīrat*** (Ar. حضر), réunion d'hommes de quatre à dix, petit détachement de soldats.

حضور ***ḥudlūr*** (Ar. حضر), être présent. v. حاضر *ḥādlir*.

حضرة ***ḥadlirat*** (Ar. حضر), présence; dignité, majesté, excellence, illustre. نبي — *ḥadlirat nabī*, la dignité du prophète. راج — *ḥadlirat rāja*, la majesté royale. مڽمبه دباوه حضرة دولي يغ مها ملي *meñembah di-bāwah ḥadlirat dūli yaṅ mahā mulia*, se prosterner devant, ou aux pieds de l'illustre présence (*M.*).

حطمة ***ḥuṭamat*** (Ar. حطم), feu violent; l'enfer.

حفاظ ***ḥuffāẓ***, pluriel de حافظ *ḥāfiẓ*.

حفظ ḥifetl (Ar.), mémoire, la mémoire. باچ دغن حفظ *bāxa dergan ḥifetl*, apprendre par cœur en lisant (*N. Phil.* 75).

مغحفظكن *merg - ḥifetl - kan*, apprendre q. ch. par mémoire.

سورت سوره حفظكن اتوسن *sūrat sūruh ḥifetl-kan utūs-an*, ordonner que l'envoyé apprenne la lettre par cœur (*S. Mal.* 330).

حفظة ḥafatlat, pluriel de حافظ *ḥāfitl*.

خ

خ kh, k, la lettre خا *khā*. Les Malais donnent à cette lettre la valeur de *k* ordinaire.

خاتم ḳātam (Ar. ختم), sceau, anneau muni d'un sceau: fini, scellé, accompli; conclusion, terme. بركات رسول خاتم الانبيا *berkāta rasūl ḳātamu'l-embiyā*, dit l'apôtre, le sceau (le dernier) des prophètes (*M.*).

مغخاتمكن *merg - ḳātam - kan*, sceller, terminer, accomplir quelque chose. ايبو بڤاك هندق دخاتمكن قران *ību bapā-ku hendaḳ di-ḳātam-kan ḳorān*, mon père et ma mère voulaient que le Coran fut accompli (*H. Ab.* 32).

[Jav. ꦏꦠꦩ꧀ *katam.*]

خاتمة ḳātimat (Ar. ختم), fin; dernières prières pour un mort.

خادم ḳādim (Ar. خدم), serviteur, domestique.

برخادمكن *ber-ḳādim-kan*, qui rend serviteur. ديرى — *ber-ḳādim-kan dīri*, qui se fait serviteur, qui sert.

خانه ḳānah (Pers.), maison, demeure.

خانوة ḳānuwat (Pers. خانواده *ḳānwādah*), famille. سرالخانوة *ser ul-ḳānuwat*, le sacrement de mariage (*P. M.*).

خارا ḳāra (Pers.), pierre dure, marbre.

خالى ḳālī (Pers.), vacant, vide. نگرى استان ڤورايت خاليله *nagrī astāna-pūra itu ḳalī-lah*, le pays de Astana-pura est vacant (est sans roi) (*Bis. Raj.* 64).

خالق ***kālik*** (Ar. خلق), créateur. اكن موجى خالق نكار *ākan memūji kālik nagāra*, pour louer le créateur du monde (*M. R.* 228).

خالص ***kālis*** (Ar. خلص), pur, sincère, droit.

خازن ***kāzin*** (Ar. خزن), trésorier, gardien des trésors, des joyaux, des provisions. تيغ يغ كتيك اد خازن ياءيت بندهار *tīgaŋ yaŋ ka-tīga ada kāzin iā-ītu bendahāra*, le troisième pilier représente le *kazin*, c'est-à-dire, le trésorier (*M. R.* 115).

خاص ***kāṣ*** (Ar. خص), propre, particulier, propriété privée: pur, non mélangé.

خاصية ***kāṣiyat*** (Ar. خص), propriété, qualité, nature d'une chose. اى مڠتهوى خاصية سكل حكم اتوله دمكين *ia meŋatahū-i kāṣiyat segala hukum itū-lah demikīan*, il doit savoir que telle est la propriété de toute loi (*M. R.* 180).

خاصة ***kāṣat*** (Ar. خص), espèce de mousseline fine fabriquée aux Indes, cossas.

On trouve aussi كاس *kāsa* et خاص *kāṣa*. كاين خاص دڠن بوڠ امس *kāin kāṣa deŋan būŋa amas*, de l'étoffe fine à fleurs d'or (*H. Ab.* 125).

Prov. سڤرتى كاين خاص داتس دورى *seperti kāin kāṣa di-ātas dūri*, comme de l'étoffe fine sur des épines. Se dit d'une chose difficile à obtenir, ou à traiter, et pour laquelle il faut agir lentement et avec beaucoup de précautions.

خاطب ***kātib*** = خطيب *katib*, prédicateur.

خيانة ***kiānat*** (Ar. خان), trahison, perfidie, déloyauté. سكل همب راج جاڠن بربوت خيانة *segala hamba rāja jāŋan berbūat kiānat*, les serviteurs du roi doivent se garder de faire aucun acte de perfidie (*M. R.* 123). اد دسين اورڠ يڠ خيانة *ada di-sini ōraŋ yaŋ kiānat*, il y a ici quelques personnes déloyales (*M.*).

برخيانة *ber-kiānat*, qui est traître, perfide, déloyal; trahir.

منخياناتكن *men-ḳiānat-kan*, trahir quelqu'un.

[Jav. ꦏꦶꦪꦤꦠ꧀ *kiyanat.*]

خيار ***ḳiyār*** (Ar. خار), choix, option (*D. M.* 8).

خيال ***ḳeyāl*** (Ar. خال), imagination, apparition, fantôme.

خيالى ***ḳeyāli*** (Ar. خال), enivré, troublé : inattentif, étourdi. سفرت اورڠ يڠ مندم خيالى *seperti ōrang yang mendam ḳeyāli*, comme une personne dans l'état d'ivresse. خيليڽ ڤون برتمبه٢ *ḳeyalīña pūn ber-tambah-tambah*, il s'enivra de plus en plus (*M.*). — براس *be-rāsa ḳeyāli*, se sentir ivre. سننتياس تياد خيالى *sanantiāsa tiāda ḳeyāli*, sans jamais être troublé (*Lett Mal.*).

خيك ***ḳīk*** (Pers.), outre, peau cousue en forme de sac pour contenir les liquides. اورڠ ممبوبه اڠڬور بهارو كدالم خيك٢ بهارو *ōrang mem-būbuh anggūr bahāru ka-dālam ḳīk-ḳīk bahāru*, on met le vin nouveau dans des outres neuves (*N.* 14).

خيمة ***ḳeimat*** (Ar. خام), tente, cabane, pavillon. كلهاتن ڬمبال ايت دودق دالم سواتو خيمة *ka-lihāt-an gombāla itu dūduḳ dālam suātu ḳeimat*, on apercevait le berger qui se trouvait dans une cabane (*M. R.* 125). اى مپوروهكن اورڠ مڠناكن خيمة *ia meñūruh-kan ōrang mengenā-kan ḳeimat*, il ordonna à ses gens de dresser des tentes (*M.*). سمفيله اى كتمفت خيمة *sampey-lah ia ka-tampat ḳeimat*, il arriva au camp (*M.*).

خير ***ḳeir*** (Ar. خار), bon, excellent. حالك خيرجوڬ *hāl-ku ḳeir jūga*, mon état est effectivement bon (*M. R.* 55). منت دعا خيركڤد الله *minta doā ḳeir ka-pada allah*, il adressera à Dieu de ferventes prières (*Cod. Mal.* 418).

خيرة ***ḳeirat*** (Ar. خار), ce qui est bon, bonnes œuvres, fondations pieuses.

خيلف ***ḳīlaf***, v. خلاف *ḳilāf.*

خواجه ou **خوجه** ***ḳōjah*** (Pers.), titre donné à une personne de distinction, à un riche marchand, etc. تهوكه خوجه نايق كود *tahū-kah ḳōjah nāiḳ kūda*, monsieur sait-il monter à cheval? (*S. Mal.* 264).

خوان ḳawwān (Ar. خان), perfide, trompeur.

خواطر ḳawāṭir (Ar. خطر), pensée, réflexion : être préoccupé.

برخواطر *ber-ḳawāṭir*, qui pense, qui réfléchit. اى دودق برشغل دان برخواطر *ia dūduḳ ber-šugul dān ber-ḳawāṭir*, il était affligé et réfléchissait (*H. D.* 44).

خوش ḳūš (Pers.), bon, doux, agréable.

ختانة ḳetānet (Ar. ختن), circoncision. موسى سده ممبرى قدكامو ختانة *mūsa sudah mem-brī pada kāmu ḳetānet*, Moïse vous a donné la circoncision (*N.* 163).

ختن ḳatan (Ar.), retranchement, circoncision. — كولت *kūlit ḳatan*, le prépuce.

منختنكن *men-ḳatan-kan*, circoncire. مك ابراهيم منختنكنله يصحاق *maka ibrāhīm men-ḳatan-kan-lah iṣaḥāḳ*, Abraham circoncit Isaac (*B.* 28). اڤبيل سمڤى بودق ايت قد انم تاهن دختنكن *apa-bīla sampey būdaḳ ītu pada anàm tāhun di-ḳatan-kan*, lorsque l'enfant est arrivé à l'age de six ans, il doit être circoncis.

ترختنكن *ter-ḳatan-kan*, être circoncis, que l'on a circoncis. تتكال تياد ترختنكن اى *tatkāla tiāda ter-ḳatan-kan ia*, lorsqu'il n'a pas été circoncis (*B.* 22). [Mak. et Bug. ... *kattany*.]

ختم ḳatam = خاتم *ḳātam*.

خدام ḳuddām, pluriel de خادم *ḳādim*.

خدمة ḳedmat (Ar. خدم), service, emploi, office, charge; être servi. دان برديرى ڤاڬى ڤتڠ قد خدمة راج *dān ber-dīri pāgi petàng pada ḳedmat rāja*, ils se tiennent prêts, matin et soir, pour le service du roi (*M. R.* 84). اى برداتڠ سمبه كڤد بڬند دڠن خدمتڽ *ia ber-dātang sembah ka-pada baginda dengan ḳedmat-ña*, ils vinrent présenter leurs hommages au roi, suivant leurs fonctions. دخدمتڽ قد راج *di-ḳedmat-ña pada rāja*, administré (servi) au roi (*M.*).

برخدمة *ber-ḳedmat*, qui est en service, qui occupe un emploi; servir. سمواڽ برخدمة دباوه فرمان بڬند ايت *samuā-ña ber-ḳedmat di-bāwah firmān baginda ītu*, tous occupaient des emplois auprès du prince (*M.*). ملايكة برداتڠ دان برخدمة ڤدان

malāikat ber-dātang dān ber-ḳedmat padā-ña, des anges arrivèrent et le servirent (*N.* 5).

برخدمتکن *ber-ḳedmat-kan*, qui fait servir, qui met en servitude. ای داتغ برخدمتکن درین کفد کیت *ia dātang ber-ḳedmat-kan diri-ña ka-pada kita*, il vient se soumettre à nous (*Kal. dan Dam.* 103).

خنونی ḳanūni (Grec. χάνων), canonique. (Les traducteurs de la Bible se sont servis de ce mot.) سکل سورت خنونی *segala sūrat ḳanūni*, les livres canoniques.

خنجر ḳanjar (Pers.), glaive raccourci, qu'on porte à la ceinture, poignard. دهونسن خنجرن لالو درمڤغن هیدغ ادند *di-hūnus-ña ḳanjar-ña lālu di-rompang-ña hīdung adinda*, il tira son glaive et abattit le nez à votre sœur (*M.*).

خند ḳanda, nom d'une sorte de criss. برسیسفله خند سبله کیری *ber-sisip-lah ḳanda sa-belàh kiri*, portant un criss à la ceinture du côté gauche (*S.Bid.* 118).

خندوری ḳandūri = کندوری *kandūri*, cérémonie funèbre; fête. ای هندق ممبری خندوری کفد سکل تنتران *ia hendaḳ mem-brī ḳandūri ka-pada segala tantarā-ña*, il veut faire participer ses armées à une fête (*Kal. dan Dam.* 43).

خنثی ḳunṣa (Ar. خنث), hermaphrodite. ایکن ایت بوکن ای جنتن دان بوکن بتین هان خنثی *ikan itu būkan ia jantan dān būkan betina hāña ḳunṣa*, ce poisson n'est ni mâle ni femelle, mais hermaphrodite (*M. R.* 168).

خباز ḳabbāz (Ar. خبز), boulanger.

خبولی ḳabūli = کبولی *kabūli*.

خبر ḳabar (Ar.), nouvelle, information, avis; conte, légende; connaissance, sentiment. — اڤ *apa ḳabar*, quelles nouvelles? بایق — *ḳabar bāiḳ*, bonnes nouvelles, tout va bien. رهسی — *ḳabar rahasia*, avis secret.

Prov. اندە خبر در روڤ *indah ḳabar deri rūpa*, la nouvelle plus belle que la forme. Le sens est: la réputation est plus grande que la réalité: on en dit plus qu'il n'y en a.

خبر۲ *ḳabar-ḳabar*, contes des vieux temps, fables.

برخبر *ber-ḳabar*, informé, qui sait les nouvelles. يڠ برخبر دان بربچار *yaṅ ber-ḳabar dān ber-bixāra*, qui est bien informé et intelligent (*M. R.* 115).

منخباري *men-ḳabār-i*, annoncer à, faire savoir à quelqu'un. ڤد سڬنڤ ديس اورڠ خباري *pada sa-genap dēsa ōraṅ ḳabār-i*, des gens firent savoir à tous les pays (*S. Bid.* 167).

منخبركن **men - ḳabar - kan**, donner une nouvelle, raconter ou faire des histoires. دان دخبركن اورڠ اكن دي سوميڽ سده ماتي *dān di-ḳabar-kan ōraṅ ākan dia suamī-ña sudah māti*, on vint lui annoncer que son mari était mort (*R.* 157).

برخبركن *ber-ḳabar-kan*, qui annonce une nouvelle, qui fait connaître quelque chose. اى ڤرڬي لاري برخبركن ايت ڤد بڤاڽ *ia pergi lāri ber-ḳabar-kan itu pada bapā-ña*, elle courut l'annoncer à son père (*B.* 45).

خبركن ديريڽ *ḳabar-kan dirī-ña* (prob. pour خبر اكن ديريڽ *ḳabar ākan dirī-ña*), s'apercevoir, avoir sa connaissance, avoir ses sens. تياد خبركن ديريڽ كارن ڤكرجاءنڽ يڠ لاين *tiāda ḳabar-kan dirī-ña kārna pe-karjā-an-ña yaṅ lāin*, il ne s'en aperçut pas à cause de la besogne à laquelle il s'appliquait (*R.* 88). مريكئيت هابس تيدر تياد خبركن ديريڽ *marīka-ītu hābis tīdor tiāda ḳabar-kan dirī-ña*, ils étaient endormis et n'avaient plus l'usage de leurs sens (*R.* 124).

ڤنخبر *pen-ḳabar*, celui qui donne des nouvelles, rapporteur.

مخبر *me-ḳabar* (l'auteur du *M. R.* emploie ce dérivé dans le sens du précédent). مخبر يڠ چرديق دان ستي ڤد ممباو خبر كڤد راج *me - ḳabar yaṅ xerdiḳ dān satīa pada mem-bāwa ḳabar ka-pada rāja*, un rapporteur habile et fidèle pour informer le roi (*M. R.* 115).

ڤرخبارن *per-ḳabār-an*, chose annoncée, nouvelle, roman, histoire. شعر يڠ ترلالو بايق ڤرخبارنڽ *šiạr yaṅ ter-lālu bāiḳ per-ḳabār-an-ña*, poème faisant le récit d'une très-belle histoire (*Lett. Mal.*).

[Jav. ꦏꦧꦂ *kabar*. Mak. ᨀᨅᨑ *habara*. Day. *habar*.]

خمير **ḳamīr** (Ar. خمر), levain, ce qui sert à la fermentation; fermenté, fermentant. ڤلهراكنله ديرمو درڤد خمير اورڠ فريسي *peli-harā - kan - lah dirī - mu deri-*

pada ḳamīr ōrang farīsi, gardez-vous du levain des pharisiens (*N.* 28). - بارغسياڤ يڠ اكن ماكن خمير *bārang-siāpa yang ākan mākan ḳamīr*, celui qui mangera une chose fermentée (*B.* 103).

ترخمير *ter-ḳamīr*, qui a fermenté. تڤڠ ڬندم يڠ ترخمير *tepùng gundum yang ter-ḳamīr*, pâte de froment fermentée.

منخميركن *men-ḳamīr-kan*, faire fermenter, faire lever. سديكيت خمير ايت خميركن سڬنڤ ڬمڤل تڤڠ *sa-dīkit ḳamīr itu ḳamīr-kan sa-genàp gumpal tepùng*, un peu de levain fait fermenter toute la pâte (*N.* 276).

خمير **ḳimmīr** (Ar. خمر), ivrogne, homme adonné aux boissons fermentées.

خميس **ḳamīs** (Ar. خمس), le cinquième. — هاري *hāri ḳamīs*, jeudi, le cinquième jour de la semaine.

[Jav. ꦏꦼꦩꦶꦱ꧀ *kemis*. Mak. *kamisi.*]

خمر **ḳamra** ou خمرة **ḳamrat** (Ar.), vin, toute boisson fermentée et enivrante. تياد هارس اورڠ كافر برجول خمر *tiāda hārus ōrang kāfir ber-jūal ḳamra*, on ne doit pas permettre aux infidèles de vendre des boissons enivrantes (*M. R.* 202).

خمسين **ḳamsīn** (Ar. خمس), pentecôte. — هاري *hāri ḳamsīn*, le jour de la Pentecôte (*P. M.*).

خراج **ḳarāj** et خراجة **ḳarājat** (Ar. خرج), tribut, taxe, impôt. ادڤون اكن خراجة نڬري ايت *ada-pūn ākan ḳarājat nagrī itu*, quant à la taxe à payer dans ce pays (*Cod. Mal.* 408).

خراب **ḳarāb** (Ar. خرب), destruction, dévastation: détruit. اڠكو كمبالي ايت خرابله *angkau kombāli itu ḳarāb-lah*, en retournant tu périras (*S. Mal.* 289).

خريف **ḳarīf** (Ar. خرف), moisson, récolte.

خروج **ḳurūj** (Ar. خرج), sortir, apparaître, venir au jour.

خربق **ḳarbaḳ** (Ar.), ellébore (plante).

خرما **ḳormā** (Pers.), datte, fruit du dattier. كبن خرما يڠ اد ڤداڽ

kebòn korma yang ada padāña, une plantation de dattiers qu'il possédait (*M. R.* 57). بيجي خرما يڠ مڠكل اتويڠ كريڠ *biji kormā yang mangkal ātaw yang kring*, des dattes fraiches ou séchées (*M.*).

[Jav. ꦏꦸꦂꦩ *kurma*. Sund. ᮊᮧᮁᮙ *korma*. Mak. et Bug. ᨀᨚᨑᨚᨆ *koromma*. Day. *korma*.]

خرساني ***korasāni*** (Pers.), qui est de خراسان *korāsan*, Khorassan; fer trempé, acier. — بسي *besī korasāni*, du fer de Khorassan, de l'acier. ددالم كوت بسي خرساني *di-dālam kōta besī korasāni*, dans la forteresse d'acier (*R.* 142).

خلايق ***kalāik***, pluriel de خليقة *kalīkat*, les créatures; gens, nations. اي سده چمڤركن دريڽ دڠن خلايق *ia sudah xampurkan dirī-ña dengan kalāik*, ils se sont mêlés aux nations (*B.* 884).

خلايف ***kalāif*** pluriel de خليفة *kalīfat*.

خلاق ***kallāk*** (Ar. خلق), le créateur, Dieu. الله خلاق لاڠت دان بومي *allah kallāk langit dān būmi*, Dieu le créateur du ciel et de la terre (*P. M.*).

خلاشي ***kalāši*** (Pers.), matelot. سهاي دڠن خلاشي٢ تڠڬل دكڤل *sahāya dengan kalāši-kalāši tinggal di-kexī*, je suis resté à bord avec les matelots (*H. Ab.* 119).

خلاص ***kalās*** (Ar. خلص), salut, délivrance. اي جادي بڬيكو اكن خلاص *ia jādi bagī-ku ākan kalās*, il est devenu mon salut (*B.* 975). ڤد هاري خلاص اكو سده منولڠ اڠكو *pada hāri kalās āku sudah menūlung angkaw*, je vous ai aidé au jour de votre délivrance (*B.* 1018).

منخلاصكن *men-kalās-kan*, sauver, délivrer quelqu'un. يڠ سده منخلاصكن كامي *yang sudah men-kalās-kan kāmi*, qui nous a délivrés (*N.* 347). سياڤ كلق داڤت دخلاصكن *siāpa kalàk dāpat di-kalās-kan*, qui pourra donc être sauvé? (*N.* 34).

خلاف ***kilāf*** (Ar. خلف), contradiction, opposition; méprise, erreur, bévue. جكلو اد خلاف اتو ببل جاڠن امبل كڤد هاتي *jikalaw ada kilāf ātaw bebàl jāngan ambil ka-pada hāti*, s'ils tombent dans quelque erreur, ou s'ils manquent de sagesse, ne vous en offensez pas (*R.* 119).

On trouve aussi خيلف *ḳīlaf* et كيلف *kīlap*. اكومنت امڤن درڤد خيلف دان بيلك ايت *āku meminta ampun deri-pada ḳīlaf dān bebàl-ku ītu*, je demande pardon pour mes erreurs et mon ignorance (*H. Ab.* 6).

خلافة ***ḳelāfat*** (Ar. خلف), califat, dignité de calife. لايق اكن ڤڠكت خلافة *lāiḳ ākan paŋkat ḳelāfat*, propre à être élevé à la dignité de calife (*M. R.* 45).

خلى ***ḳalī*** (Ar.), libre, affranchi.

خليقة ***ḳalīḳat*** (Ar. خلق), constitution, disposition naturelle: créature, personne, peuple. مساكن اڠكو ممبونه سواتو خليقة يڠ لاڬى عادل *masā-kan aŋkaw mem-būnuh suātu ḳalīḳat yaŋ lāgi ādil*, ferez-vous mourir un peuple innocent? (*B.* 27). اكو جديكن اڠكو اكن خليقة بسر *āku jadī-kan aŋkaw ākan ḳalīḳat besàr*, je te ferai devenir (tige d') un grand peuple (*B.* 77).

خليل ***ḳelīl*** (Ar. خل), ami intime, ami sincère. الله — *ḳelīl ullah*, ami de Dieu.

خليفة ***ḳalīfat*** (Ar. خلف), représentant, vice-régent, député, calife.

On trouve aussi خليف *ḳalīfa*. اكو منجديكن ادم اكن خليف دالم بومى *āku men-jadī-kan ādam ākan ḳalīfa dālam būmi*, j'ai créé Adam pour être mon représentant sur la terre (*M. R.* 45).

[Jav. et Sund. ꦏꦭꦶꦥ *kalipa.*]

خلوة ***ḳalwat*** (Ar. خلا), appartement privé, cabinet, retraite, secret; être retiré. مك راج ڤون سکره ماسق دالم خلوة *maka rāja pūn sigràh māsuḳ dālam ḳalwat*, aussitôt le roi entra dans son cabinet (*M. R.* 137). داتڠ کدالم خلوة هاتى *dātaŋ kadālam ḳalwat hāti*, arrivé jusque dans le secret du cœur (*M. R.* 6). اڠكو خلوة امڤت ڤوله هارى *aŋkaw ḳalwat ampat pūloh hāri*, restez dans votre chambre pendant quarante jours (*Amir Hamz.* 106).

برخلوة *ber-ḳalwat*, être dans un cabinet, être retiré.

[Jav. ꦏꦭꦸꦮꦠ꧀ *kaluwat.*]

خلق ***ḳalḳ*** (Ar.), création, formation.

خلق ***ḳulḳ*** (Ar.), nature, qualité.

خلقة ḳalḳah (Ar. خلق), anneau, boucle, chaînons dont les cottes de mailles sont formées. ڤربواتن خلقة بيرو *per-buāt-an ḳalḳah bīru*, fait en forme d'anneau et de couleur bleue (*S. Mal.* 104). باجو رنتي يڠ سني۲ خلقهڽ *bāju rantey yaŋ senī-senī ḳalḳah-ña*, une cotte de mailles composée de très-beaux chaînons (*M.*).

برخلقة *ber-ḳalḳah*, qui forme chaînon, qui se suit. بهوا ڤنتو بيليق ايت برخلقة سمواڽ *bahwa pintu bīlik ītu ber-ḳalḳah samuā-ña*, et les portes des chambres se suivaient, c'est-à-dire: on pouvait passer d'une chambre dans l'autre (*Kl.*).

خلقي ḳulḳī (Ar. خلق), naturel. عايب يڠ خلقي *āib yaŋ ḳulḳī*, des défauts naturels (*D. M.* 108).

خلد ḳuld (Ar.), vie éternelle, paradis.

خلع ḳula (Ar.), divorce demandé par la femme. فصل ڤد مڽاتاكن حكم خلع *faṣal pada me-ñatā-kan ḥukum ḳula*, chapitre où l'on explique les règles à suivre dans le divorce demandé par la femme (*D. M.* 157).

برخلع *ber-ḳula*, qui a divorcé, qui divorce. ڤرمڤوان يڠ برخلع دڠن سوميڽ *perampūan yaŋ ber-ḳula deŋan suamī-ña*, une femme qui a divorcé d'avec son mari (*D. M.* 259).

منخلع *men-ḳula*, divorcer (*D. M.* 257).

خلعة ḳilat (Ar. خلع), robe d'honneur, habit de cérémonie.

خلف ḳalf (Ar.), qui vient après, suivant, successeur.

خزاين ḳezāyin, pluriel de خزانة *ḳizānat*, des trésors.

خزانة ḳizānat (Ar. خزن), trésor, un trésor, trésorerie. اي مڠلواركن هرتاڽ درڤد خزانتڽ *īa meŋalūar-kan hartā-ña deri-pada ḳizānat-ña*, il exposa les objets précieux qu'il avait dans son trésor.

خصام ḳiṣām (Ar. خصم), dispute, querelle, contestation.

خصيم ḳeṣīm (Ar. خصم), querelleur, adversaire, partie (dans un procès). جاڠن ڤرلمبتكن ڤكرجاان حكم ڤد انتار دو خصيم *jāŋan per-lambat-kan pe-karjā-an ḥukum pada antāra dūa ḳeṣīm*, qu'il ne tarde pas de mettre fin au procès qui se trouve entre deux parties (*M. R.* 197).

خصوم ***ḳuṣūm*,** pluriel de خصم *ḳeṣm*.

خصومة ***ḳuṣūmet*** (Ar. خصم), procès, litige. اد صح بروكيل فد خصومة *ada ṣeḥ ber-wakīl pada ḳuṣūmet*, on peut soutenir un procès par procuration (*D. M.* 83).

خصوص ***ḳuṣūṣ*** (Ar. خص), particulier, spécial. دكچت يغ خصوص *duka-xita yaṅ ḳuṣūṣ*, des peines particulières (extraordinaires) (*Lett. Mal.*).

خصوصا ***ḳuṣūṣa*** = خصوص *ḳuṣūṣ*.

خصم ***ḳeṣm*** (Ar.), ennemi, adversaire, qui dispute.

خضب ***ḳadleb*** (Ar.), se teindre les ongles, la barbe, etc.

خضر ***ḳadlir*** (Ar.), vert, verdoyant.

خط ***ḳaṭṭ*** (Ar.), ligne, raie, écriture. استوا — *ḳaṭṭ istiwā*, équateur, ligne équinoxiale. جاغن بناس ارتى درفد خط يغ ساله *jāṅan bināsa artī derī-pada ḳaṭṭ yaṅ sālah*, qu'on se garde d'altérer le sens (du livre) par une écriture mal formée (*M. R.* 225).

خطا ***ḳeṭā*** (Ar.), erreur, méprise: erroné. خطا ارتين ترساله *ḳeṭā artī-ña ter-sālah*, *ḳeṭā* signifie erroné (*D. M.* 294).

خطاب ***ḳiṭāb*** (Ar. خطب), allocution, action d'adresser la parole. يغ مبالنكن خطاب اين *yaṅ meñālin-kan ḳiṭāb ini*, ceux qui traduiront ces paroles (*M. R.* 219).

خطيب ***ḳaṭīb*** (Ar. خطب), prédicateur, celui qui fait le prône, ministre religieux. اكو اين سده تراغكت منجادى خطيب *āku ini sudah ter-aṅkat men-jādi ḳaṭīb*, j'ai été élevé à la dignité de prédicateur (*N.* 842). سرت دجديكنڽ خطيب دالم كمڤغ *serta di-jadi-kan-ña ḳaṭīb dālam kampuṅ*, en le chargeant de faire le prône dans le village (*H. Ab.* 7). بلنج اكن امام دان خطيب دان موذن *belanja ākan imām dān ḳaṭīb dān muezzin*, la dépense pour l'entretien du prêtre, du prédicateur et de celui qui appelle à la prière (*M. R.* 200).

[Jav. et Sund. ꦏꦠꦶꦧ꧀ *katib.* Mak. ᨀᨈᨙ *katé.*]

خطيفة ***katīfat*** (*Kl.*), prob. pour قطيفة *katīfat,* v. ce mot.

خطبة ***kutbat*** (Ar. خطب), discours qui se fait dans la mosquée ou dans l'église, sermon, prédication. سيسياله خطبة كامى *siasiā-lah kutbat kāmi,* notre prédication est vaine (*N.* 290). الانجيل — *kutbat ul-injīl,* prédication de l'Évangile (*P. M.*).

برخطبة *ber-kutbat,* qui prêche, qui fait le prône: prêcher. يغ برخطبة جاغن اورغ منچورى اداله اڠكو منچورى *yang ber-kutbat jāngan ōrang men-xūri adā-lah angkaw men-xūri,* vous qui prêchez aux hommes de ne pas voler, vous-mêmes vous volez (*N.* 252). برخطبة دالم ڤادغ بلانتار *ber-kutbat dālam pādang bel-antāra,* prêcher dans le désert (*N.* 3).

منخطبتكن *men-kutbat-kan,* prêcher quelque chose. ملك انجيل اين اكن دخطبتكن *maka injīl ini ākan di-kutbat-kan,* or cet évangile sera prêché (*N.* 43).

برخطبتكن *ber-kutbat-kan,* qui prêche quelque chose, annoncer quelque chose. ڤركتاءن ايمان يغ كامى برخطبتكن *per-katāan īmān yang kāmi ber-kutbat-kan,* les paroles de la foi que nous annonçons (*N.* 263). تياد كامى برخطبتكن كامى سنديرى *tiāda kāmi ber-kutbat-kan kāmi sendīri,* nous ne nous prêchons pas nous-mêmes (*N.* 297).

[Jav. ꦏꦸꦠ꧀ꦧꦃ *kutbah.* Mak. ᨀᨈᨘᨅ *katuba.*]

خفى ***kafī*** (Ar. خفا), caché, ce qui est caché, clandestin.

خفير ***kafīr*** (Ar. خفر), protecteur, tuteur, gardien.

ذ

ذ ***dz, z,*** la lettre nommée ذال *dzāl* ou *zāl.*

ذاكر ***dzākir*** (Ar. ذكر), qui se souvient, reconnaissant.

ذات ***dzāt*** (Ar. ذو), nature, essence, substance, sujet. — الهية *dzāt ilahēt,* nature divine. كارن اى اد سواتو ذات الهية *kārna* *ĭa ada suātu dzāt ilahēt*, parce qu'elles ont une seule et même nature divine (*P. M.*). معنى ذات تمڤت برديرى اوله صفة دان معنى صفة برديرى كڤد ذات تياد بوله برديرى سنديرين *mana dzāt tampat ber-dīri ūleh ṣifat dān mana ṣifat ber-diri ka-pada dzāt tiāda būleh ber-dīri sendīrī-ña, dzat*, substance, est ce qui constitue le sujet des qualités ou accidents; et *ṣifat*, qualité, signifie ce qui est adhérant à la substance, et qui ne saurait exister par soi-même (*M.*).

[Jav. et Sund. ꦢꦠ꧀ *dat.*]

ذيب ***dzeib*** (Ar. ذاب), vice, défaut.

ذيب ***dziib*** (Ar. ذاب), loup. بناتڠ يڠ نمان ذيب بسرن سام انجڠ دان مكانن ايت دمب *binātang yang namā-ña dziib besār-ña sāma anjing dān makān-an-ña ītu domba*, c'est un animal que l'on nomme loup; il est de la grosseur d'un chien, et mange les moutons (*M. R.* 126).

ذيل ***dzeil*** (Ar. ذال), le bas de q. ch., ce qui traîne, queue.

ذو ***dzū*** (Ar.), ayant, possédant, doué de. بهو سڠڬه ذو النورين اداڽ *bahwa sunggūh dzū' l-nūrein adā-ña*, il possède réellement une double lumière (*M. R.* 4). ذو القرنين *dzū'l-ḳarnein*, qui a des cornes, bicorne (surnom d'Alexandre le Grand). ذو الفقار *dzū' l-feḳār*, nom du fameux glaive à deux tranchants de Mahomet, qui passa ensuite à son gendre Ali. ذو القعده *dzū'l'-ḳadah* (*dulḳadah*), le onzième mois de l'année mahométane. ذو الحجه *dzu'l-ḥijah* (*dulḥijah*), nom du douzième mois.

ذوق ***dzawḳ*** (Ar. ذاق), goût.

ذكر ***dzakar***, mâle, masculin; membre viril. اوبت اكن مڠمبڠ ذكر *ōbat ākan mengembang dzakar.*

[Jav. ꦝꦏꦂ *dakar.*]

ذكر ***dziker*** (Ar.), mémoire, commémoration, mention, récitation par cœur du Coran: louanges de Dieu. بڬند ڤون دودق دڠن ذكر الله *baginda pūn dūduḳ dengan dziker allah*, le prince s'arrêta en louant Dieu (*Sul. Ibr.* 3).

برذكر *ber-dziker*, qui récite des cantiques, qui loue: louer Dieu.

[Jav. ꦝꦶꦏꦶꦂ *dikir*. Mak. ᨍᨗᨀᨗᨑᨗ *jikiri.*]

ذنب **dzenb** (Ar.), péché, faute, crime.

ذنب **dzeneb** (Ar.), queue, chose qui se porte en queue.

ذبح **dzebeḥ** (Ar.), sacrifice, victime.

ذمی **dzimmi** (Ar. ذم), tributaire; client: être sous la protection de quelqu'un.

ذمة **dzimmet** (Ar. ذم), garantie, protection, responsabilité. جكلو رضا اى اكن هرك ايت ڤد ذمة *jikalaw redlā ia ākan harga ītu pada dzimmet*, s'il consent à ce que l'on mette le prix (de l'objet) sous garantie (*D. M.* 19).

ذمتی **dzimmeti** = ذمی *dzimmi* (*D. M.*).

ذرية **dzurriyat** (Ar. ذر), enfants, postérité. هى ذرية يڠ برموكه دان برزنا *hey dzurriyat yang ber-mūkah dān ber-zinā*, ô vous! enfants d'un adultère et d'une prostituée (*B.* 1026).

ذرة **dzerret** (Ar. ذر), atome, petite parcelle qui voltige dans l'air; petit, de peu d'importance, chétif. سڤرت ذرة سکالی ڤون اداڽ *seperti dzerret sa-kāli pūn adāña*, quant il se trouverait tout à fait réduit en atomes (*M. R.* 26). سذرة تياد ککند لوڤ *sa-dzerret tiāda kakanda lūpa*, je n'oublierai pas la moindre des choses (*S. Bid.* 87). ورقة الاخلاص يڠ سذرة *warkat el-iklāṣ yang sa-dzerret*, cette lettre chétive, mais affectueuse (*Lett. Mal.*).

ذليل **dzalīl** (Ar. ذل), commun, bas, vil, abject, méprisable.

منذليلکن *men-dzalīl-kan*, avilir, rendre abject.

ز

ز **z**, la lettre nommée زا *zā*.

زاهد **zāhid** (Ar. زهد), celui qui se retire du monde, ermite, solitaire, religieux. باپق اورڠ درڤد سݢل ولی دان زاهد *bāñak ōrang deri-pada segala walī dān zāhid*, beaucoup de gens parmi les hommes fidèles et religieux (*M. R.* 142).

منزاهدكن *men - zāhıd - kan*, rendre quelqu'un ermite, rendre ascète.

زاده ***zādah*** (Pers.), fils. — شاه *šāh zādah*, fils du roi. — حرام *ḥarām zādah*, fils illégitime, bâtard.

زهد ***zuhd*** (Ar.), tempérance, continence, abstinence.

زهرا ***zahra*** (Ar.), blanc, blanc éclatant, brillant, resplendissant, étincelant. — رتن *ratna zahra*, pierre précieuse étincelante.

زهرة ***zuhrat, zahrat*** (Ar. زهر), nom de la planète Vénus. تتكال زهرة كلهاتن دمغرب اى دنماءى بنتغ ڤتغ ڤد وقت سبلم تربت متهارى اى برنام بنتغ زهرة *tatkāla zuhrat kalihāt-an di-magrab īa di-namā-i bintaṅ petàṅ pada waḳtu sabelùm terbit mata-hāri īa bernāma bintaṅ zuhrat*, lorsque Vénus paraît à l'occident, on la nomme l'étoile du soir, lorsqu'elle paraît avant le lever du soleil, on la nomme *zuhrat* (Vénus) (*N. Phil.* 16).

v. كجور *kajōra.*

زيادة ***ziyādat*** (Ar. زاد), accroissement, augmentation, amélioration, profit. ادڤون سݢل زيادة يغ منفصل *ada-pūn segala ziyādat yaṅ munfaṣil*, quant à l'augmentation de la valeur (de la chose, venant de ce qu'elle a produit) (*D. M.* 13).

زيارة ***ziyārat*** (Ar. زار), visite; pèlerinage.

زيت ***zeit*** (Ar. زات), olive; huile d'olive. — ڤوهن *pōhon zeit*, l'olivier. سواتو داهن ڤوهن زيت يغ ترݢنتس *suātu dāhan pōhon zeit yaṅ ter - gentas*, une branche d'olivier cassée (*B.* 11).

زيتون *zeitūn*, olivier; olive. — ميڽق *miñak zeitūn*, de l'huile d'olive. — بوكت *būkit zeitūn*, la montagne des Oliviers.

زين ***zein*** (Ar. زان), ornement, parure. مماكى كاين يغ دچلڤ كارن زين *memākey kāin yaṅ di-celòp kārna zein*, se servir d'habits faits d'étoffe teinte comme parure (*D. M.* 276).

زينة ***zīnat*** (Ar. زان), lustre, éclat. كتاب زينة الملوك *kitāb zīnatu'l-mulūk*, livre qui traite des choses qui donnent de l'éclat aux rois (*M. R.* 214).

زيبق zībeḳ (Ar. زبق), mercure, vif-argent.

زير zīr (Pers.), sous. v. باد *bād*.

زيرة zīrat (Ar. زار), ce qui concerne le pélerinage des lieux saints, lieux saints; lieu de sépulture, tombeau. يڠ برتڠڬو زيرة ايت *yaṅ ber-tuṅgu zīrat ītu*, ceux qui gardaient le tombeau (*Amīr Hamz.* 243).

زواده zawādah, zuādah et **زواد zawād** (Pers.), des vivres, victuailles, provisions de bouche pour un voyage. اى ماسقله كفكن هندق ممبلى زواده *īa māsuḳ-lah ka-pakān hendaḳ mem-belī zawādah*, il se rendit au marché dans le dessein d'acheter des vivres (*M.*). ممبوت زواده تياد برهنتى *mem-būat zawādah tiāda ber-henti*, ne cesser de préparer des provisions (pour le voyage) (*S. Bid.* 58).

v. جواده *juwādah*.

زوج zawj (Ar. زاج), époux, mari. سڬل شرط فد زوج ايت *segala šart pada zawj ītu*, les règles qui regardent le mari (*D. M.* 221).

زوجة zawjet (Ar. زاج), épouse. زوج ارتين سوامى زوجة ارتين استرى *zawj artī-ña suāmi zawjet artī-ña istrī*, *zawj* signifie mari, et *zawjet* signifie épouse (*D. M.* 220).

زوفا zūfa (Ar. زاف), hysope. سچيكنله كران اكو درفد دوس دڠن زوفا *suxī-kan-lah kirā-ña āku deri-pada dōsa deṅan zūfa*, lavez moi, je vous en prie, de mon péché, avec l'hysope (*B.* 846).

زكاة ou **زكوة zekāt** (Ar. زكا), aumône légale donnée pour la purification; dîme, impôt. حكم ممباڬى سڬل زكوة *ḥukum mem-bahāgi segala zekāt*, loi concernant le partage des aumônes légales (*D. M.* 212). تيداله كن زكاة هرت ايت *tiadā-lah kena zekāt harta ītu*, ces marchandises ne sont pas sujettes à l'impôt (*M.*). — فعال *faāl zekāt*, contributions religieuses.

[Jav. [Javanese script] *jakat*. Mak. [Makassarese script] *saka*.]

زكام zukām (Ar. زكم), rhume de cerveau. سڬل ڤپاكت يڠ نمان بسقا دان زكام *segala peñākit yaṅ namā-ña beskā dān zukām*, les maladies que l'on nomme catarrhe et rhume de cerveau (*M. R.* 21).

زکی **zekī** et زکیة **zekīyat** (Ar. زکا), pur, sans tache, vertueux. يغ تربت درفد فواد الزكية *yang terbit deri-pada fuād ez-zekiyat*, venant d'un cœur pur (*Lett. Mal.*).

زکوة **zekūt** v. زكاة *zekāt*.

زغکی **zanggi** = زنکی *zangi*.

زنا **zinā** (Ar.), adultère, péché d'adultère. جاڠن انقك بربوت زنا دسان بسر *jāngan ānak-ku ber-būat zinā dosā-ña besàr*, garde-toi, mon fils, de commettre l'adultère, c'est un grand crime (*M.*).

— برزنا *ber-zinā*, qui commet l'adultère, personne adultère. هی ذرية يغ برموكه دان برزنا *hey dzurriyat yang ber-mūkah dān ber-zinā*, ô vous! enfants d'un adultère et d'une prostituée (*B.* 1026).

زنکی **zangi** (Pers.), égyptien, éthiopien; génie, fantôme gigantesque. اياله انق راج زنکی *iā-lah ānak rāja zangi*, il était fils d'un prince. éthiopien (*M.*). سأورغ ديوزنكي *sa-ōrang dēwa zangi*, un génie gigantesque (*R.* 11).

زباد **zebād** (Ar. زبد), civette, musc.

v. جبت *jebàt*.

زبيب **zabīb** (Ar. زب), raisins secs, raisins cuits au soleil. دان لالو دماكنن سكل نعمة ايت زبيب دان اڠكور خرما دان دليم *dān lālu di-mākan-ña segala namat ītu zabīb dān anggūr kormā dān dalīma*, après avoir mangé de toutes ces friandises, des raisins secs, des raisins frais, des dattes et des grenades (*Ism. Yat.* 31).

زبور **zebūr** (Ar. زبر), les psaumes (de David). v. مزمور *mezmūr*.

زمان **zemān** (Ar. زمان), temps, âge, époque, période. — دهولو *zemān dahūlu*, les temps antérieurs. فد زمان ايت *pada zemān ītu*, en ce temps-là. — اخر *ākir zemān*, la fin des siècles. درفد زمان نينق كامي *deri-pada zemān nēnek kāmi*, depuis les jours de nos ancêtres. كلوردر تمفت ايت اسف اڤي هڠڬ زمان اين

ka-lūar deri tampat itu āsap āpi hingga zemān ini, de la fumée sort de ce lieu, même encore aujourd'hui (*M. R.* 111).

زمان برزمان *zemān-ber-zemān*, succession de temps non interrompue: toujours, de tout temps.

[Jav. et Sund. ꦗꦩꦤ꧀ *jaman.* Mak. *jamang.*]

زمرد zemrud (Pers.), émeraude. زمرد دان فيروزه *zemrud dān firūzah*, des émeraudes et des turquoises (*M. R.* 118). لاڠيت ايت درفد باتو زمرد يڠ هيجو *lāngit itu deri-pada bātu zemrud yang hījaw*, ce ciel était fait d'émeraudes vertes (*Mir. Moh.* 49).

[Jav. *jumerud.* Sund. *jamrud.* Mak. *jamaro.*]

زره zirah (Pers.), cotte de mailles. اى بر بوت زره درفد بسى ايت *ia ber-būat zirah deri-pada besī itu*, et avec ce fer il fit une cotte de mailles (*M. R.* 53). ايفون مڠناكن زره *ia-pūn mengenā-kan zirah*, il se revêtit d'une cotte de mailles (*R.* 161).

زحل zuḥal (Ar.), la planète Saturne. مك ادالە كفد بنتڠ زحل ايت سبنتق چنچن *maka adā-lah ka-pada bintang zuḥal itu sabantuk xinxin*, or la planète Saturne est accompagnée d'un anneau (*N. Phil.* 89).

ش

ش ch, š, la lettre شين *chin.* Quelquefois les Malais prononcent cette lettre comme *ch*, d'autrefois ils lui donnent la valeur de *s*.

شاه šāh (Pers.), roi, prince, souverain. عالم — *šāh ạlam*, roi du monde: expression dont on se sert en s'adressant à un souverain, elle équivaut à Majesté. دولة شاه عالم برتمبه٢ *dawlat šāh ạlam ber-tambah-tambah*, que la gloire de Votre Majesté croisse de plus en plus (*M. R.* 168). شاه ڤسيسر بارت *šāh pasisir bārat*, le roi de la côte occidentale. مهر — *šāh muhré*, pierre précieuse que l'on trouve dans la bouche d'un serpent ou dans la tête d'un dragon; on s'en sert comme d'un talisman.

شاهبندر *šāhbandar*, capitaine de port: dans les pays malais, cet officier est préposé à la police du port, à la recette des droits et, dans quelques endroits, aux transactions de commerce pour le roi; c'est aussi lui, qui souvent, est chargé d'introduire les étrangers auprès des princes. — دجديكنڽ *di-jadi-kan-ña šāhbandar*, il le nomma capitaine du port (*H. Ab.* 208).

On trouve aussi ce mot écrit شهبندر *šahbandar*.

مڽاهكن *meñāh-kan*, établir roi.

[Sund. *sah.*]

شابي šābi (Pers.), chemise, habit de dessous.

برشابي *ber-šābi*, qui a une chemise, qui est revêtu de l'habit de dessous. جكلو اورڠ تياد برشابي تياد داڤت ماسق *jikalau ōrang tiāda ber-šābi tiāda dāpat māsuk*, celui qui n'avait pas l'habit de dessous ne pouvait pas entrer (au palais) (*S. Mal.* 100).

On trouve aussi سابي *sābi* et سبي *sabī*.

شام šām, la Syrie. دڤادڠ بنوشام *di-pādang benūa šām*, dans les plaines de la Syrie.

شهادة šahādat (Ar. شها), témoignage, déposition, profession de foi, confession. اسلام — *šahādat islām*, la profession de foi musulmane. — كلمة *kalimat šahādat*, les paroles de la profession de foi, à savoir; لا اله الا الله و محمد رسول الله *lā ilah illa allah u muḥammed rasūlu'llah*, il n'y a de Dieu que Dieu, et Mahomet est le prophète de Dieu. — جاري *jāri šahādat*, le doigt index.

[Jav. et Sund. *sahadat*. Mak. *sahada*.]

شهيد šahīd (Ar. شهد), un martyr, un témoin. شهيد ياءيت بارڠسياڤ ماتي كارن منڠݢيكن اݢام الله *šahīd iā-itu bārang-siāpa māti kārna meninggi-kan igāma allah*, martyr se dit de quiconque perd sa vie pour l'avancement de la religion (*M.*). مابق درڤد داره سكل شهيد *mābuk deri-pada dārah segala šahīd*, enivré du sang des martyrs (*N.*

415). اورڠ ماتى شهيد ڤد ڤرڠ سبيل الله *ōrang māti šahīd pada prang sebīl allah,* ceux qui sont morts martyrs dans les guerres saintes (*M.*).

مڽهيدكن *meñahīd-kan,* rendre témoin, faire voir à quelqu'un, avertir quelqu'un. هندقله دشهيدكن كڤد اورڠ باڽق *hendak-lah di-šahīd-kan ka-pada ōrang bāñak,* que tout le monde soit averti (*Cod. Mal.* 413).

[Jav. et Sund. ꦱꦏꦶꦢ꧀ *sahid.*]

شهوة **šahwat** (Ar. شها), désir, appétit sensuel, plaisir: parties génitales. سبب اڠكو تياد شهوة دڠن ڤرمڤوان *sebàb angkaw tiāda šahwat dengan perampūan,* parce que tu n'a pas eu de passion pour les femmes (*R.* 101). دڠن شهوة دان دڠن ڤكاين هالس تياد داڤت راج مڠرجاكن عادل *dengan šahwat dān dengan pakēy-an hālus tiāda dāpat rāja mengarjā-kan ādil,* ce n'est pas en vivant dans les plaisirs et en se revêtant d'habits précieux qu'un roi pratiquera la justice (*M. R.* 92). دكرت اوله لقسمان شهوتڽ *di-keràt ūleh laksamāna šahwat-ña,* le Laksamana le fit mutiler (*Hang. T.*).

برشهوة *ber-šahwat,* qui désire, qui suit l'appétit sensuel.

[Jav. ꦱꦃꦮꦠ꧀ *sahwat.*]

شهور **šuhūr,** pluriel de شهر *šeher.*

شهدان **šahadān,** ensuite, de plus, en outre. شهدان ادڤون كمدين درڤد ايت *šahadān adapūn kamudīan deri-pada ītu,* de plus, il est arrivé ensuite que. — لاڬى *šahadān lāgi,* de plus encore.

شهبندر **šahbandar,** v. sous شاه *šāh.*

شهر **šeher** (Ar.), la lune; un mois.

شهرة **šuhrat** (Ar. شهر), renommée, réputation.

شى **šey** (Ar.), une chose, q. ch. Le pluriel est اشيا *ašya,* des choses, les choses. الله خلاق الاشيا *allah kallāku'l-ašya,* Dieu le créateur de toutes choses (*S. Bid.* 135).

شيخ **šeik** (Ar.), cheikh, vieillard, ancien, chef, directeur, maître dans la vie spirituelle. مك راج ڤون ڤرڬى منداڤت اورڠ يڠ صالح

ايت سرت كتان ڤدان هي شيخ *maka rāja pūn pergi men-dāpat ōrang yang ṣāliḥ ītu serta katā-ña padā-ña hey šeiḳ*, alors le roi alla trouver cet homme pieux et lui dit: ô mon maître (*M. R.* 68). مك دسمبتن شيخ ايت دغن حرمة *maka di-sambut-ña šeiḳ ītu dengan ḥor-mat*, et il reçut le cheikh avec des marques de respect (*M. R.* 75).

[Jav. ꦱꦺꦃ *séh*. Sund. ꦱꦺꦏ꧀ *sék*. Mak. ᨔᨙᨖᨘ *saéhu*.]

شيطان šeiṭān, šētān (Ar. شطن), Satan, le diable, démon. ڤربواتن ايت جاهت درڤد شيطان *per-buāt-an ītu jāhat deri-pada šeitān*, cette conduite est pire que celle de Satan (*M. R.* 74). سڤرت اورغ دهارو شيطان *seperti ōrang di-hāru šeiṭān*, comme un homme possédé du démon. هنتودان شيطان *hantu dān šeiṭān*, des spectres et des mauvais génies (*M.*).

[Jav. et Sund. ꦱꦺꦠꦤ꧀ *sétan*. Bat. ᯘᯩᯖᯉ᯲ *sétan*. Mak. ᨔᨙᨈ *setang*. Day. *setan*. Tag. ᜐᜒᜆᜈ᜔ *sitan*.]

شوال šawwāl, šawāl (Ar. شال), nom du dixième mois de l'année mahométane. ڤد هاري كامڤت بولن شوال *pada hāri ka-ampat būlan šawāl*, au quatrième jour du dixième mois de l'année (*Lett. Mal.*).

[Jav. et Sund. ꦱꦮꦭ꧀ *sawal*. Mak. ᨔᨕᨘᨓᨒ *sauwala*.]

شك šak (Ar.), doute, soupçon: scandale. — ممبرى *mem-brī šak*, faire naître des doutes; scandaliser. ادالله سديكت شك هاتى ڤاتق *adū-lah sa-dīkit šak hāti pā-teḳ*, il y avait quelque doute dans ma pensée (*R.* 113). هاتى يغ تياد منارة شك *hāti yang tiāda menāruh šaḳ*, un cœur qui ne nourrit pas de soupçons. سڤاي هيلغ شك *supāya hīlang šak*, afin de lever tous les doutes (*M.*). سمواكامو اكن كن شك ڤداك *samuā kāmu ākan kena šak padā-ku*, vous serez tous scandalisés à mon sujet (*N.* 48). جكلو متام ممبرى شك ڤدام *jikalaw matā-mu mem-brī šak padā-mu*, si votre œil vous scandalise (*N.* 7).

شقاوة šeḳāwat (Ar. شقا), misère, état d'avilissement. سڤرت اى براوله درڤدان ايت دالم دنيا شقاوة *seperti ia ber-ūleh deri-padā-ña ītu dālam duniā šeḳāwat*, comme ils ont été avilis par eux dans ce monde (*M. R.* 105).

شكارى šikāri (Pers.), qui est de la chasse, v. سكارى *sikāri*.

شكور **šukūr** (Ar. شكر), les louanges de Dieu; remercîments, actions de grâce. منريم شكورله سڬل اورڠ بسر *menarīma šukūrlah segala ōrang bèsàr*, tous les chefs adressent leurs remercîments (*M.*). مڠوچڤ شكور اكن الله تعالى *meng-ūxap šukūr ākan allah taāla*, rendre grâce au Dieu très-haut (*M. R.* 227).

مڽكوركن *meñukūr-kan*, formuler des remercîments, rendre grâce pour q. ch. شكوركن اكن كرنى *šukūr-kan ākan karunīa*, rendre grâce pour des bienfaits (*M. R.* 227).

[Jav. et Sund. ꦱꦸꦏꦸꦂ *sukur*. Mak. *sukuru*. Day. *sukur*, bon, bien.]

شكر **šukar** (Pers.), du sucre.

On trouve aussi ساكر *sākar*.

Prov. سڤرت سوسو دڠن ساكر *seperti sūsu dengan sākar*, comme le lait avec le sucre. Se dit de deux choses qui vont parfaitement ensemble (*H. Ab.* 414).

شقس **šiksa** = سقس *siksa*.

شقسى **šaksi** = سقسى *saksi*.

شجرة **šejarat** = سجارة *sejārat*.

شبه **šebeh** (Ar.), ressemblance, similitude. شبه العمد نماڽ ارتيڽ ميرڤاى سڠهاج *šebeh el-amd namā-ña artī-ña meña-rupā-i sanghāja*, on nomme *šebeh el-amd*, ce qui a de la ressemblance avec une préméditation (*D. M.* 294).

شبهة **šubhet** (Ar. شبه), doute, méprise: partie d'une chose non fixée (*D. M.* 190).

شمس **šems** (Ar.), le soleil. سينر — *sinar šems*, les rayons du soleil. سياڠ هارى كتيك شمس *siang hāri kotīka šems*, pendant le jour, au temps du soleil (*H. Ab.* 13). نور الشمس والقمر *nūr ul-šems u ul-kemer*, la lumière du soleil et de la lune (*Lett. Mal.*).

شمسية **šemsīyet** (Ar. شمس), solaire. — تاهن *tāhun šemsīyet*, année solaire.

شمشير **šimšir** (Pers.), sabre, cimeterre; baïonnette. اى مڽسڤكن شمشير يڠ كماسن *ia meñisip-kan šimšir yang ka-amās-an*, ils portaient des cimeterres à garde d'or (*M.*).

شر **šerr** (Ar.), méchant, vicieux; méchanceté, iniquité. يڠ

منجاوهكن سكل شر yaṅ menjāuh-kan segala šerr, qui a éloigné les méchants de lui (M. R. 4).

شرا **širā** (Ar.), vente, achat, marchandise. شراڽ ايت دبهاكيكن قد سكل اوق قراهو *širā-ña itu di-bahagī-kan pada segala āwak prāhu,* sa part dans le chargement du navire sera partagée entre tous les matelots (*Cod. Mal.* 467).

شره **šereh,** désir, envie, appétit, avidité.

برشره *ber-šereh,* qui désire, avoir envie. فرݢي بارغ كمان برشره *pergi bāraṅ ka-māna ber-šereh,* aller partout où l'on veut (*M.*).

شريك **šerīk** (Ar. شرك), associé, compagnon. ملاينكن دغن اذن درفد شريك جو *me-lāin-kan deṅan izin deri-pada šerīk jña,* si ce n'est avec la permission de son associé (*D. M.* 32).

v. شريكة *šerīkat.*

شريكة **šerīkat** (Ar. شرك), un associé de commerce.

برشريكة *ber-šerīkat,* être en société de commerce, s'associer pour faire le commerce. جكلو توان هندق برشريكة دغن همب *jikalaw tūan hendak ber-šerīkat deṅan hamba,* si vous voulez être mon associé (*M.*).

شريعة **šerīạt** (Ar. شرع), loi divine, loi religieuse, code de loi fait d'après le Coran, code mahométan. اى منورتكن شريعة قسوره الله *īa menūrut-kan šerīạt pe-sūruh allah,* il observe la loi donnée par l'envoyé de Dieu (*M. R.* 65). نبى — *šerīạt nabī,* la loi du prophète, la loi mahométane.

[Jav. ꦱꦫꦺꦔꦠ꧀ *saréṅat.* Mak. ᨔᨑ *sara,* loi divine.]

شريف **šerīf** (Ar. شرف), un chérif; titre de noblesse qui se donne surtout aux descendants de Mahomet.

شركة **šereket** (Ar. شرك), société.

شربة **šarbat** (Ar. شرب), sirop, sorbet, rafraîchissement; vin. اڠݢور دان شربة ݢيلغ ݢميلغ ورناڽ *aṅgūr dān šarbat gīlaṅ-gemīlaṅ warnā-ña,* des vins et des sirops de couleurs claires et éclatantes (*R.* 160). شربتم

ترچمفر دغن اير *šarbat-mu ter-xampur dengan āyer*, votre vin a été mêlé d'eau (*B.* 962).

[Mak. شرب *saraba.*]

شرح šereḥ (Ar.), exposition, explication, commentaire. دالم كتاب شرح عقايد *dālam kitāb šereḥ ạḳāyid*, dans le livre de l'exposition des articles de la foi (*M. R.* 32).

تشريح *tešrīḥ*, dissection, anatomie. دالم كتاب تشريح *dā-lam kitāb tešrīḥ*, dans le livre qui traite de l'anatomie (*M. R.* 12).

شرط šarṭ (Ar.), charte, loi, règlement, ordonnance, règle, condition. فصل قد مڽتاكن فري سکل شرط كرجا٠ن ايت *faṣal pada me-ñatā-kan prī segala šarṭ ka-rajā-an itu*, chapitre qui traite de la nature des lois d'un État (*M. R.* 177). شرط يڠ هارس منترى ايت مملهاراكن *šarṭ yang hā-rus mantrī ītu memelihārā-kan*, règlements qu'un ministre doit observer (*M. R.* 139). سفرت شرط يڠ دهولو *seperti šarṭ yang dahūlu*, comme dans l'ordonnance précédente. شرط برماين سنجات *šarṭ ber-māin senjāta*, les règles de l'escrime (*M.*).

منشرطكن *men-šarṭ-kan*, régler, statuer, ordonner. دشرطكن قد اورڠ يڠ منجول اتو قد اورڠ يڠ مملى *di-šarṭ-kan pada ōrang yang men-jūal ātaw pada ōrang yang mem-belī*, des règles sont établies pour les vendeurs aussi bien que pour les acheteurs (*D. M.* 2).

شرع šerạ, pour شريعة *šerīạt*, loi divine. يڠ دتڬهكن اوله شرع *yang di-tegàh-kan ūleh šerạ*, qui est défendu par la loi de Dieu (*H. Ab.* 397).

شرعى šerị (Ar. شرع), juste, équitable, ce qui vient de Dieu, loi divine; inspiration divine. (Bukari de Johor emploie ce mot pour indiquer la science qui vient de l'inspiration divine, par opposition à celle qui s'acquiert par l'étude et par l'expérience.) قيافة دان فراسة شرعى ايت ڤڠنل سکل نبى دان قيافة دان فراسة حكمى ايت ڤڠنل سکل حكيم دان سکل اورڠ عالم *ḳiāfat dān firāsat šerị ītu pengenàl segala nabī dān ḳiāfat dān firāsat ḥekmī ītu pengenàl segala ḥakīm dān segala ōrang ālim*, l'inspiration divine qui apprend à connaître un homme sur sa physionomie a été donnée aux prophètes; mais le talent de juger un homme sur sa physionomie, acquis par l'étude et par l'expérience appartient aux philosophes et aux savants (*M. R.* 186).

شل **šal** (prob. du Pers. شال) = چاول *xāwal.*

شلوار **šalwār,** v. سلور *selūar.*

شطر **šeṭer** (Ar.), un côté de q. ch., le côté d'une feuille de papier, une page. دباوه شطر اين *di-bāwah šeṭer īni,* au bas de cette page (*M.*).

شطرنج **šeṭrenj** (Pers.), jeu des échecs.

شعير **šạīr** (Ar. شعر), de l'orge. اى ممبرى ڤدان سڬڠكم تڤغ شعير *ia mem-brī padā-ña sa-gengam tepùng šạīr*, il lui donna une poignée de farine d'orge (*M. R.* 77).

شعبان **šạbān** (Ar. شعب), nom du huitième mois du calendrier mahométan. ڤد هارى كتيڬ بولن شعبان *pada hāri ka-tīga būlan šạbān*, au troisième jour du mois *šaban* (*Lett. Mal.*).

[Sund. [illegible] *saban.* Mak. [illegible] *saban.*]

شعر **šiạr** (Ar.), poésie, des vers, un poème. — علم *ilmu šiạr*, la poésie, l'art de faire des vers. شعر يغ مردو *šiạr yang merdu*, de beaux vers, des vers agréables. — ڤشارغ *pengārang šiạr*, celui qui fait des vers, un poète. — مشارغ *mengārang šiạr*, composer un poème.

برشعر *ber-šiạr*, qui fait des vers, réciter des vers. اد يغ برشعر *ada yang ber-šiạr*, il y en avait qui s'occupaient à faire des vers.

منشعركن *men-šiạr-kan*, mettre quelque chose en vers, composer un poème. كات يغ مانس دشعركن *kāta yang mānis di-šiạr-kan*, des paroles douces mises en vers (*S. Bid.* 50).

[Jav. [illegible] *singir.* Sund. [illegible] *sair.* Mak. [illegible] *sinrili.*]

شغل **šugul** (Ar.), occupation, soin, inquiétude, chagrin. يغ اوله شغل دڠن سڬل كسكاءن *yang ūleh šugul dengan segala ka-sukā-an*, qui, par les soins qu'ils prennent à se procurer des plaisirs (*M. R.* 86). ڤمادم شغل ككند *pemādam šugul kakanda*, toi, qui dissipes les chagrins de ton ami. اكو شغل دبونهن جوڬ اوله بكند *āku šugul di-būnuh-ña* *jūga ūleh baginda*, je crains que le roi ne me fasse mettre à mort (*M.*).

كشغولن *ka-šuġūl-an*, inquiétude, chagrin, celui qui est inquiet. كڤد هتين دڠن كشغولن *ka-pada hatī-ña deŋan ka-šuġūl-an*, ayant de l'inquiétude dans le cœur (*S. Bid.* 130).

On trouve aussi شغول *šuġūl.*

شفاعة šefāạt (Ar. شفع), intercession, médiation. شفاعة شهبندر اكن دى *šefāạt šahbandar ākan dia*, l'intercession du *šahbandar* en sa faveur (*Cod. Mal.* 447). شفاعة راست روسن اوله راج انو يڠ منت دامڤن دسان *šefāạt rāsat rūsan ūleh rāja ānu yaŋ minta di-ampun dosā-ña*, médiation de Rasat Rusan en faveur du chef un tel, qui demande que sa faute lui soit pardonnée (*M. R.* 127).

شفيع šefīạ (Ar. شفع), intercesseur, avocat, patron. توهن عيسى يڠ الشفيع كامى *tūhan īsa yaŋ eš-šefīạ kāmi*, le Seigneur Jésus qui est notre intercesseur.

On trouve *sofi* dans les livres chretiens.

شفقة šefaḳat (Ar. شفق), sollicitude, affection, compassion. مڠاجرکن مانسى درڤد شفقة اتس مريکئيت *meŋ-ājar-kan mānusīa deri-pada šefaḳat ātas marīka-ītu*, ils instruisent les hommes à cause de l'affectueuse sollicitude qu'ils ont pour eux (*M. R.* 74). سڤرت شفقة ايبو باڤ اكن سڬل انقڽ *seperti šefaḳat ību bāpa ākan segala ānaḳ-ña*, comme l'affection d'un père et d'une mère pour leurs enfants (*M. R.* 149).

ص

ص ṣ, la lettre صاد *ṣād*. Les Malais la prononcent comme *s*.

صادق ṣadiḳ (Ar. صدق), vrai, sincère, exact. خبر يڠ صادق *kabar yaŋ ṣādiḳ*, une nouvelle vraie.

صابون ṣābūn (Ar. صبن), du savon; gonorrhée (*M.*). دمنديکن

دان دكوسقن دغن صابون *di-man-dī-kan-ña dān di-yōsok-ña dengan ṣābūn*, en le lavant et le frottant avec du savon (*H. Ab.* 173).

On trouve aussi سابون *sābūn*. [Jav. et Sund. ꦱꦧꦸꦤ꧀ *sabun*.]

صابر ṣābar = صبر *ṣabar*.

صالح ṣāliḥ, v. صليح *ṣalīḥ*.

صاحب ṣāḥib (Ar. صحب), maître; compagnon. الحكاية — *ṣāḥib ul-ḥikāyat*, l'auteur d'un récit.

صحب *ṣeḥeb* et اصحاب *aṣḥāb*, pluriel de صاحب *ṣāḥib*. سته درڤد اصحاب برتپاكن درقدان *sa-tengah deri-pada aṣḥāb ber-tañā-kan deri-padā-ña*, quelques-uns de ses compagnons lui demandèrent (*M. R.* 58).

صاع ṣā̤ (Ar.), mesure pour les substances sèches; comme poids, elle est à peu près de sept livres. سواتو صاع تفغ شعير *suātu ṣā̤ tepùng ša̤īr*, une mesure de farine d'orge (*M. R.* 57).

صواب ṣawāb (Ar. صاب), juste, convenable, bien; parfaitement. بالصواب *bi'ṣṣawāb*, justement, parfaitement. و الله اعلم بالصواب *u allah a̤lem bi'ṣṣawāb*, et Dieu sait parfaitement. و الله اعلم بالصواب و اليه المرجع و المعاذ *u al-lah a̤lem bi'ṣṣawāb u aleihi el-merja̤ u el-ma̤āz*, et Dieu sait parfaitement, et en lui est le secours et le refuge (phrases que les Malais placent à la fin d'un récit (*S. Mal.* 46).

صوف ṣūf (Ar. صاف), laine, étoffe de drap. صوف يغ هالس *ṣūf yang hālus*, du drap fin. كارن باجو صوف سقلات *kārna bāju ṣūf sakelāt*, pour un habit de beau drap (*M. R.*). صوف يغ برامس *ṣūf yang ber-amàs*, du camelot tissu d'or (*M.*).

صوفي ṣōfī (Ar. صاف), sage, intelligent; homme adonné à la vie contemplative.

صداق ṣedāk (Ar. صدق), donation que l'on fait ou que l'on assure aux parents dont on recherche la fille en mariage (*D. M.* 245).

صديق ṣedīk (Ar. صدق), ami, vrai ami, ami sincère. يغ صديق نماڽ دان صديق اداڽ *yang ṣedīk namā-ña dān ṣedīk adā-ña*, qui se nomme ami sincère et qui l'est véritablement (*M. R.* 2).

[Jav. ꦱꦶꦢꦶꦏ꧀ *sidik*, vrai, sincère.]

صدقة ṣedeḳat (Ar. صدق), aumône, acte de charité. تتكالا اڠكو ممبري صدقة *tatkāla aṅkau membrī ṣedeḳat*, lorsque vous faites l'aumône (*N.* 8).

منصدقتكن *men-ṣedeḳat-kan*, donner quelque chose en aumône. اير يڠ دصدقتكن منومن اورڠ *āyer yaṅ di-ṣedeḳat-kan minūm-an ōraṅ*, de l'eau (d'un puits) qu'on a destinée par charité à abreuver (les voyageurs) (*M.*). اكو صدقتكن ڤد اورڠ مسكين *āku ṣedeḳat-kan pada ōraṅ meskīn*, je donne l'aumône aux pauvres (*M. R.* 208).

صدر ṣeder (Ar.), la partie la plus avancée d'une chose: la poitrine; la présidence; le commencement.

صدرية ṣedriyat (Ar. صدر), espèce de veste.

صنوبر ṣanūber (Pers.), conifère, arbres conifères.

صبور ṣabūr (Ar. صبر), constant, persévérant, patient. براڠكڤ اڠكاڤن ترلالو صبور براولڠ الاڠن *ber-aṅgap-aṅgāp-an ter-lālu ṣabūr ber-ūlaṅ-ulāṅ-an*, dansant tous ensemble, reprenant constamment et alternativement (*R.* 160).

صبر ṣabar (Ar.), patience, indulgence, avoir patience. صبر دالم كسكارن دنيا اين *ṣabar dālam kasukār-an duniā īni*, la patience dans les peines de la vie. جك تياد دڠن صبرك *jika tiāda deṅan ṣabar-ku*, si ce n'était mon indulgence (*M.*). يا توان صبرله كراڽ اكن ڤاتق *iā tūan ṣabar-lah kirā-ña ākan pāteḳ*, seigneur, ayez un peu de patience envers moi (*N.* 22).

برصبر *ber-ṣabar*, qui a de la patience, de l'indulgence. اورڠ يڠ برصبر *ōraṅ yaṅ ber-ṣabar*, un homme patient.

منصبركن *men-ṣabar-kan*, souffrir, endurer quelque chose avec patience. سكلين ايت همب صبركن *sa-kalī-an ītu hamba ṣabar-kan*, je souffrirai tout cela avec patience (*M.*). اى صبركن اكن مركاڽ *īa ṣabar-kan ākan murḳā-ña*, qu'il souffre avec patience les effets de sa colère (*M. R.* 157).

كصبارن *ka-ṣabār-an*, patience, indulgence (*P. M.*).

[Jav. et Sund. ꦱꦧꦂ *sabar.* Mak. ᨔᨅᨑ *sabara.* Day. *sabar.*]

صبح ṣubḥ (Ar.), le point du jour, l'aurore. — سمبهيڠ صبح *sembahyang ṣubḥ*, la prière du matin. سڤاي اي داڤت ايڠتكن وقت صبح ايت *supāya ia dāpat ingatkan waktu ṣubḥ itu*, afin qu'il puisse se rappeler le temps de la prière du matin (*M. R.* 220).

صميم ṣamīm (Ar. صم), pur, sans mélange; sincère.

صراني ṣrānī = نصراني *naṣrānī*.

صراحي ṣurāḥi (Ar. صرح), dame-jeanne, bouteille à long goulot.

صريح ṣerīḥ (Ar. صرح), clair, évident. دان صريح ارتي كتاڽ *dān ṣerīḥ arti katā-ña*, que le sens de ses paroles soit clair (*M. R.* 147).

صرف ṣeref (Ar.), inflexions grammaticales. — علم *ilmu ṣeref*, la grammaire. بهاس ملايو ايت اد نحو دان صرفڽ *bahāsa malāyu itu ada neḥū dān ṣeref-ña*, la langue malaise a ses règles et sa syntaxe (*H. Ab.* 48).

صلاة ṣelāt et **صلوة ṣelūt** (Ar. صلا), prière, acte de dévotion.

صلاح ṣelāḥ (Ar. صلح), paix, concorde, vertu, intégrité.

منصلاحكن *men-ṣelāḥ-kan*, pacifier, mettre d'accord. هندقله اي چوب دهولو صلاحكن ڤد انتار دو خصيم ايت *hendak-lah ia xūba dahūlu ṣelāḥ-kan pada antāra dūa keṣīm itu*, il doit d'abord essayer de mettre d'accord les deux adversaires (*M. R.* 197).

صلى ṣella (Ar. صلا), il bénit. v. صلعم *ṣelam*.

صليب ṣalīb (Ar. صلب), croix, une croix. — تند *tanda ṣalīb*, le signe de la croix. دڤقسان دي سڤاي داڠكتن ڤيكل صليبڽ *di-paksā-ña dīa supāya di-angkat-ña pīkul ṣalīb-ña*, ils le contreignirent de porter sa croix (*N.* 52).

منصليبكن *men-ṣalīb-kan*, mettre en croix, crucifier. دهنتركنڽ دي اكن منصليبكن دي *di-hantar-kan-ña dīa ākan men-ṣalīb-kan dīa*, ils le conduisirent pour le crucifier (*N.* 52). اى منيتهكن رعيتن منصليبكن دى *īa menītah-kan rayat-ña menṣalīb-kan dīa*, il ordonna à ses sujets de le crucifier (*H. D.* 65).

ترصليبكن *ter-ṣalīb-kan*, qui est crucifié, que l'on a crucifié. تتكالا ايت ترصليبكنله سرتان دو اورڠ ڤڽامن *tatkāla ītu ter-ṣalīb-kan-lah sertā-ña dūa ōraŋ peñāmun*, en même temps, deux voleurs furent crucifiés avec lui (*N.* 52).

صليح ṣalīḥ et **صالح ṣāliḥ** (Ar. صلح), pieux, vertueux, paisible. جكلو اد مريكئيت اورڠ صالح *jikalaw ada marīka-ītu ōraŋ ṣāliḥ*, si ce sont des gens vertueux (*M. R.* 59). كامى انيله اورڠ صالح بوكن كامى اد اورڠ ڤڽولو *kāmi inī-lah ōraŋ ṣāliḥ būkan kāmi ada ōraŋ peñūlu*, nous sommes des gens paisibles et non des espions (*B.* 70).

صلوات ṣelawāt, pluriel de صلاة *ṣelāt*, des prières. مڠوچڤ صلوات اكن نبى *meŋ-ūxap ṣelawāt ākan nabī*, adresser des prières au prophète (*M.*).

منصلواتكن *men-ṣelawāt-kan*, réciter un formulaire de prières. [Jav. et Sund. [Javanese script] *salawat*. Mak. [Makassarese script] *salawa*.]

صلوة ṣelūt, v. صلاة *ṣelāt*.

صلدادو ṣoldādo = سلدادو *soldādo*.

صلب ṣulb (Ar.), épine dorsale; reins. اير مني درڤد صلب لكلاكى *āyer menī deri-pada ṣulb laki-lāki*, le sperme vient des reins de l'homme (*M. R.* 10).

صلح ṣulḥ (Ar.), pacification, accord, accommodement. صلح يائيت مموتسكن ڤربنتاهن *ṣulḥ īā-ītu memūtus-kan per-bantāh-an*, on nomme *ṣulḥ* l'acte qui met fin aux contestations (*D. M.* 58).

برصلح *ber-ṣulḥ*, qui s'accommode, qui transige, s'accorde. برصلحله اڠكو دڠن داكو *ber-ṣulḥ-lah aŋkaw deŋan dāku*, accordons-nous ensemble (*D. M.* 60).

صلحا ṣulaḥā, pluriel de صليح *ṣalīḥ*, pieux. باڽق درڤد علما دان صلحا *bāñak deri-pada ulamā dān ṣulaḥā*, beaucoup parmi les docteurs et les hommes pieux (*M. R.* 188).

صلعم ***selam*** (Ar.), mot mystérieux que l'on trouve souvent ajouté au nom de Mahomet. C'est par abréviation. صلى الله عليه و سلم *sella allah aleihi u selam*, que Dieu le bénisse et lui donne la paix, formule que l'on doit réciter après avoir nommé Mahomet. صلعم *selam* est formé de la lettre initiale du premier mot, de la médiale du deuxième, de l'initiale du troisième et de la finale du dernier.

صح ***seh*** (Ar.), bon, correct, complet, valable, admissible, approuvé; échec, au jeu des échecs. سقسين تياد صح *saksi-ña tiāda seh*, son témoignage n'est pas admissible. تياد صح فوسان *tiāda seh puasā-ña*, son jeûne ne compte pour rien, n'est pas valable. بلله صح حكم ايت *belùm-lah seh hukum itu*, cette sentence n'est pas encore ratifiée (*M.*).

منصحكن *men-seh-kan*, rendre correct, rendre valable; corriger. دغن مقابلة منصحكن دى *deŋan mukābelat men-seh-kan dia*, le corriger en le collationnant (un livre) (*M. R.* 225).

[Jav. et Sund. ꦱꦃ *sah.*]

صحابة ***sohābat*** et **صحبة** ***sohbat*** (Ar. صحب), ami, compagnon. بيت منت صحابة بيت *bēta minta sohābat bēta*, je prie mon ami (*Lett. Mal.*). اياله صحبة كامى يغ ستى *iā-lah sohbat kāmi yaŋ satia*, il est notre fidèle ami.

برصحابة *ber-sohābat*, être ami, vivre en amitié, faire amitié. كامى هندق برصحابة *kāmi hendak ber-sohābat*, nous désirons vivre en amis. كلواى ماو برصحبة *kalaw ia māu ber-sohbat*, s'il veut devenir ami (*R.* 137).

صحبة برصحبة *sohbat-ber-sohbat*, lier amitié réciproquement, être amis ensemble.

صحبة صحباتن *sohbat-sohbātan*, amitié réciproque. سورت اين قد ميتاكن صحبة صحباتن *sūrat ini pada me-ñatā-kan sohbat-sohbāt-an*, cette lettre est écrite en temoignage d'amitié réciproque (*Lett. Mal.*).

[Jav. et Sund. ꦱꦺꦴꦧꦠ꧀ *sobat*. Mak. [illegible] *soba*. Day. *sobat*. Tag. et Bis. [illegible] *saobat.*]

صحيفة ***sahīfat*** (Ar. صحف), une feuille de papier, une page, un écrit.

صحة ***sihhat*** (Ar. صح), santé, bon état, bien portant. صحة دان

نعمة دان دولة *ṣiḥḥat dān nịmet dān dawlat*, la santé, le bonheur et la prospérité (*M. R.* 19). سڤاي مانسى ايت داڤت دڠن صحة هيدڤ *supāya mānusīa ītu dāpat deṅan ṣiḥḥat hīdup*, afin que l'homme puisse vivre en bonne santé (*M. R.* 13). اى صحتله درڤد ساكتڽ *īa ṣiḥḥat-lah deri-pada sākit-ña*, il fut guéri de sa maladie (*Amir Hamz.* 229).

صحب ṣeḥeb, v. sous صاحب *ṣāḥib*.

صحبة ṣoḥbat, v. صحابة *ṣoḥābat*.

صحف ṣuḥuf, pluriel de صحيفة *ṣaḥīfat*, des papiers, des écrits. دان دبريكنڽ سكل صحف *dān di-brī-kan-ña segala ṣuḥuf*, et il remit tous les écrits (*M. R.* 47).

صغير ṣegīr (Ar. صغر), petit, tout petit. سكل وجود ايت يڠ عالم صغير نماڽ *segala wujūd ītu yaṅ ālam ṣegīr namā-ña*, chacune de ses créatures est nommée un petit monde (*M. R.* 15).

صف ṣaf (Ar. et Pers.), rang, rangée, file, ordre. صف٢ *ṣaf-ṣaf*, ordre de bataille, rangées de soldats. هابسله صف٢ متيڽ *hābis-lah ṣaf-ṣaf matī-ña*, ils tombaient par rangs entiers (*M.*).

برصف *ber-ṣaf*, être en rang, en file, qui forment des rangs. سمواڽ برصف سده دميدان *samuā-ña ber-ṣaf sudah di-mēdān*, tous étaient rangés en ordre de bataille sur la place (*Sul. Ab.* 57). سكل راج ايت دودقله برصف٢ *segala rāja ītu dūduḳ-lah ber-ṣaf-ṣaf*, tous les chefs étaient rangés chacun à sa place.

[Jav. ꦱꦥ꧀ *sap.*]

صفا ṣefā (Ar.), pureté, limpidité, pureté d'intention. ڤارسڽ سڤرت ڤوالم يڠ صفا *pāras-ña seperti puālam yaṅ ṣefā*, sa figure était comme de l'albâtre d'une grande pureté (*R.* 74). صفا لاڬي دالم اورڠ وفي *ṣefā lāgi dālam ōraṅ wefī*, la pureté se trouve dans l'homme fidèle (*M. R.* 219).

صفى ṣefī (Ar. صفا), pur, limpide : ami. وفا ايتوله دڠن اورڠ صفى *wefā ītū-lah deṅan ōraṅ ṣefī*, la fidélité se trouve dans l'homme pur (*M. R.* 219). نبى ادم صفى الله *nabī ādam ṣefī allah*, le prophète Adam, ami de Dieu.

صفية ṣefīyat, féminin de صفى *ṣefī*.

صفة ***ṣifat*** (Ar.), qualité, attribut, accidents, propriété. صفة يڠ بايق *ṣifat yaṅ bāik,* bonne qualité. بڬى الله اد دو ڤوله صفة *bagi allah ada dūa pūloh ṣifat,* Dieu possède vingt attributs (*M.*). صفة لمباڬ ياءيت بارڠ اڤ يڠ اد ڤد تيڤ٢ لمباڬ ايت مك جكلو تياد دڠن دى تياد بوله منجادى لمباڬ *ṣifat lembāga iā-itu bāraṅ apa yaṅ ada pada tīap-tīap lembāga itu maka jikalaw tīāda deṅan dīa tīāda būleh men-jādi lembāga,* les propriétés des corps sont les choses qui se trouvent dans chaque corps, et sans lesquelles le corps ne peut pas exister (*N. Phil.* 134). صفة يڠ هين *ṣifat yaṅ hīna,* mauvaise qualité. صفة يڠ تڠڬى *ṣifat yaṅ tiṅggi,* qualité supérieure.

منصفتكن *men-ṣifat-kan,* donner des qualités, décrire les attributs. تياد داڤت همب صفتكن *tīāda dāpat hamba ṣifat-kan,* il ne m'est pas possible d'en décrire les qualités, d'en donner une idée (*S. Mal:* 7).

[Jav. et Sund. ꦱꦶꦥꦠ꧀ *sipat.* Mak. ᨔᨗᨄ *sipa.*]

صفر ***ṣafar*** (Ar.), le deuxième mois de l'année mahométane. ڤد هارى كدو بولن صفر *pada hāri ka-dūa būlan ṣafar,* au deuxième jour du mois *safar* (*Lett. Mal.*).

[Jav. et Sund. ꦱꦥꦂ *sapar.* Mak. ᨔᨄᨑ *sapara.*]

صفرا ***ṣefrā*** (Ar. صفر), fiel, bile. سڤرت بلغم دان صفرا *seperti belgem dān ṣefrā,* comme la pituite et la bile (*M. R.* 20).

ض

ض ***dl,*** la lettre ضاد *dlād.* Les Malais prononcent cette lettre comme *dl,* et quelquefois comme *l.*

ضامن ***dlāmin*** (Ar. ضمن), responsable, caution, répondant. دان اداله اى ضامن *dān adā-lah ia dlāmin,* et il est responsable (*D. M.* 57).

ضبار ***dlubār*** (Ar. ضبر), livre, volume, cahier.

ضمان dlemān (Ar. ضمن), responsabilité, garantie. مات بندا ايت دالم ضمان يڠ ممبلي *māta benda itu dālam dlemān yaŋ mem-belī*, un objet qui est sous la responsabilité de celui qui l'a acheté (*D. M.* 17).

ضمة dlammah ou **dammah** (Ar. ضم), le troisième des signes vocaux de la grammaire arabe, par lequel on indique le son de *u* ou *o*: les Malais le nomment بارس دهداڤن *bāris di-hadāp-an*, v. Gram.

ضرورة dlarūrat (Ar. ضر), contrainte, violence, nécessité. اى ددالم ضرورة *ia di-dālam dlarūrat*, ils étaient dans la nécessité (*Cod. Mal.* 441). مك درڤد ضرورة دبرين اذن *maka deri-pada dlarūrat di-brī-ña idzin*, il se trouva obligé de me permettre (*H. Ab.* 357). — سبب *sebàb dlarūrat*, à cause de la nécessité (*Kal. dan Dam.* 46).

ضرب dlerb (Ar.), action de frapper, coup porté à un ennemi. دتڠكسكنڽ دڠن ڤريسيڽ درڤد ضرب حمزه *di-taŋkis-kan-ña deŋan prīsey-ña deri-pada dlerb hamzah*, avec son bouclier il arrêta le coup que lui avait porté Hamzah (*Amir Hamz.* 200).

ضلالة dlelālet (Ar. ضل), égarement, erreur. مملهاراكن راج درڤد اهل بدعة دان ضلالة *memelihara-kan rāja deri-pada ahel bedat dān dlelālet*, préserver le roi des hérétiques et de l'erreur (*M. R.* 142).

ضحى dluha (Ar. ضحا), matinée, temps où le soleil est déjà un peu haut. — سمبهيڠ *sembahyaŋ dluha*, nom de la prière qui se fait en ce temps (*M. R.* 221).

ضعافة dlaāfat (Ar. ضعف), faiblesse, infirmité, langueur. سکل جنس ڤپاکت دان سکل جنس ضعافة *segala jenis peñākit dān segala jenis dlaāfat*, toutes sortes de maladies et de langueurs (*N.* 15).

ضعيف dlaīf (Ar. ضعف), faible, infirme, débile, frêle. دان توبهڽ ضعيف دان کورس *dān tūbuh-ña dlaīf dān kūrus*, et son corps était faible et maigre (*M. R.* 55). ساڠتله ضعيف بدنڽ سبب ترلالو توانڽ *sāŋat-lah dlaīf badàn-ña sebàb ter-lālu tuā-ña*, il était très-débile à cause de sa grande vieillesse (*Kal. dan Dam.* 102). منضعيفكن *men-dlaīf-kan*, rendre faible, affaiblir.

[Jav. ꦭꦲꦶꦥ꧀ *laip*. Sund. ꦭꦪꦶꦥ꧀ *layip*.]

ط

ط *ṭ*, la lettre nommée طا *ṭā*. Les Malais lui donnent la valeur du *t*.

طاهر ***ṭāhir*** (Ar. طهر), pur, net, sans souillure. درڤد سكلين بناتڠ يڠ طاهر *deri-pada sa-kalī-an bīnātaṅ yaṅ ṭāhir*, de tous les animaux purs (*B.* 9). اى اد طاهر درڤد ڤنچر دارهڽ *īa ada ṭāhir deri-pada panxur dārah-ña*, elle est purifiée de toute la suite de ses couches (*B.* 174).

منطاهركن *men - ṭāhir - kan*, rendre pur, purifier. ادڤون امام يڠ منطاهركن ايت *ada-pūn imām yaṅ men-ṭāhir-kan ītu*, or quant au prêtre qui le purifie (*B.* 178). اورڠ يڠ هندق دطاهركن ايت *ōraṅ yaṅ hendaḳ di-ṭāhir-kan ītu*, l'homme (le lépreux) qui veut être purifié (*B.* id.).

[Sund. ᮒᮠᮤᮁ *tahir.*]

طايفة ***ṭāïfet*** (Ar. طاف), secte, tribu, famille. مڠوقفكن مسجد بڬى سواتو طايفة سڤرت شافعى اڤماڽ *meṅ-wakef-kan mesjid bagi suātu ṭāïfet seperti šafei upamā-ña* établir une mosquée à l'usage d'une secte, par exemple à l'usage des chaféi (une des quatre principales sectes mahométanes) (*D. M.* 139).

طابق ***ṭābaḳ*** (Ar. طبق), vase, sorte de grand plat, cuvette. اى ممبرى هدية درڤد امس دان ببراڤ طابق ڤرمات *īa mem-brī hadiat deri-pada amàs dān be-brāpa ṭābaḳ permāta*, il donna en présent de l'or et un grand nombre de vases pleins de pierres précieuses (*R.* 66). مك دليهتڽ ڤد سواتو طابق ايت كاين بساهن راج *maka di-līhat-ña pada suātu ṭābaḳ ītu kāin basāh-an rāja*, il vit dans un vase l'habit de bain du prince (*Ism. Yat.* 30).

طاعون ***ṭāūn*** (Ar. طعن), peste, épidémie, choléra.

طاعة ***ṭāat*** (Ar. طاع), obéissance, consentement, agrément (*D. M.*): pratiques religieuses. اى بربوت طاعة ڤد سيڠ دان مالم *īa ber-būat ṭāat pada siaṅ dān mālam*, elle s'appliquait aux pratiques religieuses, le jour et la nuit (*Sul. Ibr.* 12).

طه ṭeh (Ar.), interjection pour imposer silence; une pause en récitant le Coran.

طهارة ṭahārat (Ar. طهر), pureté, intégrité, purification. انيله تندا كن طهارة همڤر *inī-lah tandā-kan ṭahārat hampir*, cela signifie que le temps de la pureté approche (*M. R.* 179). برمول تتكال كنڤله سگل هارى طهارتپ *ber-mūla tatkāla genàp-lah segala hāri ṭahārat-ña*, lorsque furent accomplis les jours de sa purification (*N.* 94).

طيه ṭēh (Chin. 茶 *tcha*), du thé, v. تيه *tēh*.

طير ṭeir (Ar. طار), oiseau: légèreté, inconstance. اڤ طير دمكين *apa ṭeir demikīan*, que signifie cette légèreté? (*M.*).

طواف ṭawwāf (Ar. طاف), tourner autour de quelque chose, principalement autour d'un lieu saint. ڤد تيڤ٢ هارى توجه ڤوله كالى اى طواف كڤد كعبة الله *pada tīap-tīap hāri tūjuh pūloh kāli ia ṭawwāf ka-pada kabah allah*, à chaque jour il faisait soixante-dix fois le tour de la Caaba (*Sul. Ibr.* 12).

طوبى ṭūba (Ar. طاب), bonheur, félicité.

طول ṭuwel (Ar. طال), durable; durée, étendue de la vie. بارغ دلنجتكن الله طول عمرپ *bārang di-lanjut-kan allah ṭuwel umur-ña*, que Dieu veuille prolonger la durée de sa vie (*Lett. Mal.*).

منطولكن *men-ṭuwel-kan*, rendre durable, faire durer. منت دطولكن الله *minta di-ṭuwel-kan allah*, je souhaite que Dieu la prolonge.

طوفان ṭūfān, typhon, tempête, ouragan: le flux de la mer (*M.*). مك تورن طوفان *maka tūrun ṭūfān*, alors s'éleva une tempête (*Ism. Yat.* 2). مك كلورله درڤد انق ڤانه ايت اڠن ريبت دان طوفان ترلالو امت كرس *maka ka-lūar-lah deri-pada ānak pānah itu angin ribut dān ṭūfān ter-lālu āmat kràs*, et il sortit de cette flèche un grand vent et une tempête extrêmement violente (*R.* 44). ڤد ماس طوفان *pada māsa tūfan*, à l'heure du flux (*M.*).

Selon *Cr.* notre mot *typhon* viendrait de طوفان *ṭufān* des Malais qui l'auraient pris de l'arabe Kazimirski, dans son dictionnaire de la langue arabe, le place sous طاف *ṭaf*, tourner.

Bescherelle le fait venir du Gr. τυφῶν de τύφω brûler. Cette dernière étymologie paraît peu probable. Quant à celle donnée par *Cr.*, elle supposerait qu'à une époque très-reculée les Arabes avaient déjà connaissance de la théorie des typhons. Si d'un autre côté, nous considérons que ce nom est particulièrement donné aux ouragans des mers de l'Inde et surtout à ceux des mers de Chine, il nous paraîtra bien plus naturel de dire que *typhon* ou *tufan* n'est autre que le Chinois 大 *ta*, grand, et 風 *fong*, vent, *ta-fong*, grand vent. Comme les Arabes ont été des premiers étrangers qui ont visité les mers de l'Inde et de la Chine, ils ont été aussi des premiers à s'approprier ce mot. Toutefois les Grecs et les Latins connaissaient le typhon: on trouve ce mot dans plusieurs auteurs, et notamment aux Actes des apôtres, ch. 27, v. 14, où St. Jérôme a écrit *typhonicus ventus*.

[Jav. [Javanese script] *topan*.]

طبيب ***ṭabīb*** (Ar. طب), médecin, docteur. طبيب سمبهكنله سندريم *tabīb sembuh-kan-lah sendiri-mu*, médecin, guérissez-vous vous même (*N.* 98). سياڤ طبيب يڠ بوله داڤت مڠباتي ڤد مڠهيلڠكن كسكيتن كامي *siāpa ṭabīb yaṅ būleh dāpat meṅ-obāt-i pada meṅ-hīlaṅ-kan ka-sakit-an kāmi*, où est le médecin capable d'administrer des remèdes pour guérir nos maux? (*M.*). — بهاس *bahāsa tabīb*, dénomination mystérieuse, ou plutôt technique, des médecines et des remèdes.

طبيعة ***ṭebīat*** (Ar. طبع), essence, nature, naturel, caractère, qualité. طبيعة اير تياد بوله منرسكن تانه ليت *ṭebīat āyer tiāda būleh menerùs-kan tānah līat*, la nature de l'eau ne lui permet pas de traverser la terre argileuse (*N. Phil.* 57). طبيعتن كڤداك *ṭebīat-ña ka-padā-ku*, son caractère à mon égard (*H. Ab.* 42).

طبل ***ṭabal*** (Ar.), tambour, caisse (*Sul. Ab.* 21).

منبلكن *menabal-kan*, battre le tambour, faire une proclamation au son de la caisse. دڠن منبلكن ارتي مسالة ايت *deṅan menabal-kan arti mesālet ītu*, faisant publier à son de caisse le sens de l'énigme (*S. Mal.* 209). مك دطبلكن اورڠ ڬلر بڬند *maka di-ṭabal-kan ōraṅ gelàr baginda*, on proclama au son de la caisse le titre du prince (*S. Mal.* 112).

طمبور ***ṭambūr*** (Port.), tambour, tambourin (*Lett. Mal.*).

طمع ***ṭemạ*** (Ar.), avare; avarice, cupidité, avidité. اورڠ يڠ طمع *ōraṅ yaṅ ṭemạ*, un avare.

اورڠ يڠ طمع درڤد لبان ممبري سوسه اکن سکل مانسي *ōrang yang ṭemạ deri-pada lobā-ña mem-brī sūsah ākan segala mānusia,* les avares par leur avidité causent du trouble à tout le monde (*M. R.* 194). جاڠن طمع اکن هرت اورڠ *jāngan ṭemạ ākan harta ōrang,* se garder de désirer avec avidité le bien des autres (*Sul. Ibr.* 20).

منطمعکن *men-ṭemạ-kan,* rendre avare; désirer quelque chose avec avidité.

طريق ***ṭerīḳ*** (Ar. طرق), chemin, route. قاطع الطريق *ḳāṭiu'ṭ-ṭerīk,* brigandage sur les grands chemins (*D. M.* 346).

طرف ***ṭaraf*** (Ar.), bord, extrémité, limite.

طلاق ***ṭalāḳ*** (Ar. طلق), divorce, répudiation. هندقله اي ممبري سورت طلاق ڤداڽ *hendaḳ-lah īa mem-brī sūrat ṭalāḳ padā-ña,* il doit lui donner un écrit de répudiation (*N.* 7).

منطلاق *men-ṭalāḳ,* divorcer, répudier. ڤد منطلاق دي *pada men-ṭalāḳ dīa,* pour la répudier (*D. M.* 81).

[Jav. et Sund. [Javanese script] *talak.* Mak. [Makassarese script] *talaka.* Day. *talak.*]

طلب ***ṭalab*** (Ar.), demande, pétition.

طلعة ***ṭelạt*** (Ar. طلع), face, figure. دليهتڽ ڤد طلعة رملڽ *di-līhat-ña pada ṭelạt ramal-ña,* il vit son horoscope sur sa figure (*Amir Hamz.* 105).

طعام ***ṭaạ̄m*** (Ar. طعم), manger; mets, nourriture, repas.

ظ

ظ ***tl,*** la lettre ظا *tlā.* Les Malais la prononcent comme *tl* ou comme *l.*

ظاهر ***tlāhir*** (Ar. ظهر), clair pur, évident, découvert, extérieur, qui apparait. بارڠ يڠ تربوني ايت ظاهرله ڤداڽ *bārang yang terbūnī ītu tlāhir-lah padā-ña,* les choses cachées sont claires pour eux (*M. R.* 185). ستله سده ظاهر هرين *sa-telàh sudah tlā-*

hir harī-ña, aussitôt qu'il fit grand jour (*M.*). هندقله منتری ايت سوچی اداڽ دڠن ظاهر دان باطن *hendak-lah mantrī itu sūxi adā-ña deŋan tlāhir dān bāṭin*, il faut qu'un ministre soit pur extérieurement et intérieurement (*M. R.* 119). قد ساعة ظاهر انقڽ ايت *pada sāat tlāhir ānak-ñā itu*, au moment où son enfant naquit (*H. Ab.* 405).

منظاهر *men-tlāhir*, éclairer.

منظاهرکن *men-tlāhir-kan*, manifester, rendre évident, mettre au jour. تياد دظاهرکن بگند *tiāda di-tlāhir-kan baginda*, le prince ne le manifesta pas (*S. Mal.* 312).

[Jav. et Sund. ꦭꦲꦶꦂ *lahir*. Mak. ᨒᨕᨗᨑᨛ *lahéré*.]

ظان **tlān** (Ar. ظن), soupçonneux. جاڠن شك دان ظان *jāŋan šak dān tlān*, veuillez n'avoir ni doute ni soupçon (*Sul. Ab.* 41).

ظالم **tlālim** (Ar. ظلم), tyran, oppresseur, oppressif. هندقله راج جاوهکن ظالم درقداڽ *hendak-lah rāja jāuh-kan tlālim deri-padā-ña*, le roi doit éloigner d'eux (ses sujets), ceux qui les oppriment (*M. R.*).

[Jav. ꦭꦭꦶꦩ꧀ *lalim.*]

ظهار **tlihār** (Ar. ظهر), nom d'une certaine formule de répudiation (*D. M.* 268).

ظهر **tluhr** (Ar.), midi, le temps qui vient immédiatement après que le soleil a passé le méridien.

[Jav. et Sund. ꦭꦺꦴꦲꦺꦴꦂ *lohor*. Mak. ᨒᨚᨖᨚᨑᨚ *lohoro.*]

ظل **tlill** (Ar.), ombre. ظل الله *tlill allah*, ombre de la divinité, titre donné à certains personnages (*S. Mal.* 250).

ظلامة **tlulāmat** (Ar. ظلم), injustice, oppression (*R. V.*).

ع

ع **a, e, i, o, u**, la lettre عين *aïn*. Cette lettre, en malais, ne doit être considérée que comme un *fulcrum* ou soutien, servant à porter une voyelle; et par conséquent elle ne se prononce pas comme en arabe, avec un effort du gosier.

عايب **ạ̄ib**, v. عيب ạib.

عاقبة **ạ̄kibat** (Ar. عقب), fin, terme; conclusion.

عاقل **ạ̄kil** (Ar. عقل), sage, intelligent, sensé. بودى دان يغ بربودى ايت بهو عقل دان عاقل نام كدوان *būdi dān yaṅ ber-būdi ītu bahwa ạkal dān ạ̄kil nāma ka-duā-ña*, les deux mots *būdi* (sagesse) et *ber-būdi* (sage) répondent aux deux mots arabes *ạkal* et *ạ̄kil* (*M. R.* 169).

[Jav. ꦲꦏꦶꦭ꧀ *akil.*]

عاقلة **ạ̄kilat** (Ar. عقل), parents du côté du père, ceux qui sont obligés de payer le prix d'un homicide involontaire, commis par leur parent (*D. M.* 311).

عادة **ạ̄dat** (Ar. عاد), coutume, usage, droit, règle, étiquette. لاين٢ نكرى لاين٢ عادة *lāin-lāin nagrī lāin-lāin ạ̄dat*, autres pays, autres coutumes. لاين عادة ملايو لاين عادة اورغ ڤوته *lāin ạ̄dat malāyu lāin ạ̄dat ōraṅ pūtih*, les usages des Malais diffèrent de ceux des Européens. سيره عادة داتراورغله *sirih ạ̄dat di-ātur ōraṅ-lah*, le bétel d'usage fut rangé symétriquement dans des plats. عادة برسندر شرط *ạ̄dat ber-sandar šarṭ*, usage selon la règle du Coran. — ملڠكر *melaṅgar ạ̄dat*, passer par dessus les usages, manquer aux usages. — كورغ *kūraṅ ạ̄dat*, impoli, manquant d'usage. لمباك — *ạ̄dat lembāga*, stricte observation des usages. ڤساك — *ạ̄dat pusāka*, droits de succession. تاهواى اكن عادة رجاراج يغ بسر *tāhu ia ākan ạ̄dat raja-rāja yaṅ besar*, il est au fait de l'étiquette des cours.

مڠعادتكن *meṅ-ạ̄dat-kan*, établir des usages, faire des règles. ادڤون يغ دعادتكن ڤدوك سلطان *ada-pūn yaṅ di-ạ̄dat-kan padūka sulṭān*, ce qui a été établi comme règle par le bien-aimé Sultan (*Cod. Mal.* 431).

[Jav. et Sund. ꦲꦢꦠ꧀ *adat.* Mak. ᨕᨉ *ada.*]

عادل **ạ̄dil** (Ar. عدل), juste, équitable, honnête: justice. — ڤربواتن *per-buāt-an ạ̄dil*, conduite juste. حكم يغ عادل *ḥukum yaṅ ạ̄dil*, un jugement équitable. — اورغ *ōraṅ ạ̄dil*, un homme juste. دغن عادل دان انصاف *deṅan ạ̄dil dān inṣāf*, par la justice et l'équité (*M. R.* 96).

مڠعادلكن *meṅ-ạ̄dil-kan*, justifier, rendre ou faire paraître juste.

بتفاكه كامي مڠعادلكن ديري كامي *betapā-kah kāmi meng-ạdil-kan dīri kāmi*, comment pourrions-nous nous justifier? (*B.* 74). تتاڤي سدڠ دكهندكين مڠعادلكن سنديرين *tetāpi sedàng di-ka-hendak-ī-ña meng-ạdil-kan sendirī-ña*, mais voulant se justifier (*N.* 116).

كعديلن *ka-ạdīl-an*, rectitude, justice. الله — *ka-ạdīl-an allah*, la justice de Dieu.

[Jav. et Sund. ꦲꦢꦶꦭ꧀ *adil.* Mak. ᨕᨉᨙᨒᨙ *adélé.*]

عام **ạm** (Ar.), année, temps; plur. اعوام *ạwām*, des années, des temps.

عام **ạmm** (Ar. عم), vulgaire, commun, général, universel (*D. M.* 226). سكل اورڠ يڠ عام *segala ōrang yang ạmm*, le public, le vulgaire.

عامة **ạmmet** = عام *ạmm*, universel, commun.

عامل **ạmil** (Ar. عمل), qui travaille, qui agit: ouvrier. عمل ارتين كرج يڠ دكرجاكن اوله عامل *ạmal artī-ña karja yang di-karjā-kan ūleh ạmil*, *ạmal* indique l'action faite, et *ạmil* l'agent qui la produit (*D. M.* 115).

عارية **ạriyat** (Ar. عار), prêt, chose prêtée, chose empruntée. — حكم *hukum ạriyat*, loi touchant le prêt (*D. M.* 99).

عارف **ạrif** (Ar. عرف), intelligent, ingénieux, pénétrant, instruit. عارف دان بجقسان *ạrif dān bijaksāna*, intelligent et prudent (*Lett. Mal.*). سمڤورن عارفن *sempurna ạrif-ña*, il a une connaissance parfaite. دڠن ڤركتاان يڠ عارف *dengan per-katā-an yang ạrif*, avec des paroles persuasives (*R.* 158).

عريفن *ạrīf-an*, intelligence, pénétration, connaissance.

عالي **ạli** (Ar. علا), haut, élevé, grand.

ترعالي *ter-ạli*, très-haut, très-élevé, très-grand. توانكو راج يڠ ترعالي *tūan-ku rāja yang ter-ạli*, monseigneur est un très-grand roi (*S. Bid.* 120).

عالية **ạliyat** (Ar. علا), élévation, grandeur: exalté, sublime.

عاليمون **ạlīmun.** — علم *ilmu ạlīmun*, nom d'une science occulte (*H. Ab.* 144),

En Arabe عالمون *ạlamūn*, pluriel de عالم *ạlam*, monde: et signifie aussi, les gens, les hommes. Sund. ᮃᮜᮤᮙᮥᮔ꧀ *alimun*, brouillard. Tag. ᜀᜎᜒᜋᜓᜈ᜔

alimoan, lieu obscur qui rend triste. Bat. ᯀᯀᯀᯀ *alimunan*, formulaire magique.

عالم **ālam** (Ar. علم), le monde, la terre avec tout ce qu'elle contient, l'univers. — شاه عالم *šāh ālam*, roi du monde, Votre Majesté. توهن يڠ منجديكن عالم *tūhan yaŋ men-jadī-kan ālam*, le seigneur qui a créé le monde. دناماٴى عالم تيف ٢ لاين درڤد الله تعالى *di-namā-i ālam tīap-tīap lāin deri-pada allah taāla*, par le monde on doit entendre tout ce qui est distinct de la divinité (*M.*). — منڠكابو *ālam menaŋkābaw*, le royaume de Menangkabau (*Lett. Mal.*). برزخ — *ālam berzek*, le royaume des morts.

[Jav. et Sund. ꦄꦭꦩ꧀ *alam*. Mak. ᨕᨒ *alaŋ*. Day. *alam*, le firmament.]

عالم **ālim** (Ar. علم), savant, instruit, sage. — اورڠ *ōraŋ ālim*, un savant. جك اد سوميڽ عالم ملك واجبله مڠاجركن استريڽ *jika ada suamī-ña ālim maka wājib-lah meŋ-ājar-kan istrī-ña*, si le mari possède des connaissances, il doit instruire sa femme (*M.*).

[Jav. et Sund. ꦄꦭꦶꦩ꧀ *alim*. Mak. ᨕᨒᨗᨆᨗ *alimi*.]

عالمين **ālamīn** (employé comme pluriel de عالم *ālam*, monde. الله رب العالمين *allah rabi'l-ālamīn*, Dieu, le seigneur des mondes (*Ism. Yat.* 62).

عاشق **āšik** (Ar. عشق), amoureux, qui aime; amour. ترلالو عاشق هتيڽ *ter-lālu āšik hatī-ña*, son cœur fut épris. سکل انق رجاراج يڠ مود اينڤون عاشق هتيڽ *segala ānak raja-rāja yaŋ mūda itu-pūn āšik hatī-ña*, les cœurs de tous les jeunes princes s'enflammèrent (*M.*). ممبرى عاشق ددالم قلب *mem-brī āšik di-dālam kelbu*, faisait naître l'amour dans le cœur (*Sul. Ab.* 83).

عاصى **āṣī** et عاص **āṣi** (Ar. عصى), rebelle, désobéissant, endurci. درڤد سکل مومن يڠ عاصى *deri-pada segala mūmin yaŋ āṣi*, ceux qui parmi les croyants auront été désobéissants (*M. R.* 33). همبامو اين يڠ جاهت دان عاصى *hambā-mu īni yaŋ jāhat dān āṣi*, votre serviteur qui est méchant et endurci (*M. R.* 182).

عافية **āfiyat** (Ar. عفا), bonne santé, salut, guérison. عافية دانڬرهكن الله *āfiyat di-anugrāh-kan allah*, jouissant d'une bonne santé par la grâce de Dieu (*Lett.*

عين ***ạin*** (Ar. عان), les yeux, la vue.

عين ***ạin*** (Ar. عان), l'essence, la substance même d'une chose, la chose même (*D. M.*).

عيني *ạīni*, substantiel (*id.*).

عيب ***ạib*** (Ar. عاب), défaut, vice, tache, chose honteuse, méprisable. اورغ سڠك لارى ايت عيب درفد سكل راج *ōraṅ saṅka lāri itu ạib deri-pada segala rāja*, les hommes considérent la fuite comme une chose honteuse chez un roi (*M. R.* 132). اكن منجادى عيبله نام كيت كفد سكل عالم اين *ākan men-jādi ạib-lah nāma kita ka-pada segala ạlam īni*, notre nom deviendra méprisable dans le monde entier (*Kal. dan Dam.* 88).

مڠعيبكن *meṅ-ạib-kan*, rendre défectueux, considérer comme défectueux, mépriser quelqu'un. جاڠن تونك عيبكن *jāṅan tūan-ku ạib-kan*, que monseigneur ne le méprise pas (*S. Bid.* 151).

On trouve aussi عايب *ạ̄ib*.

عيسى ***ịsa*** (Ar.), Jésus, Jésus-Christ. فد تاهن نبى عيسى *pada tāhun nabī ịsa*, en l'année de l'ère chrétienne. On trouve aussi

Mal.). ساڠت عافيتله همب كفد اورڠ كاي *sāṅat ạ̄fiyat-lah hamba ka-pada ōraṅ kāya*, je vous suis très-dévoué (*M.*).

مڠعافيتكن *meṅ-ạ̄fiyat-kan*, mettre en bonne santé, guérir quelqu'un d'une maladie. دعافيتكن الله كراڽ دولى تونك *di-ạ̄fiyat-kan allah kirā-ña dūli tūạn-ku*, que Dieu veuille rétablir Votre Majesté (*S. Mal.* 224).

عها ***ẹhē***, v. وندو *windu*.

عهدة ***uhdat*** (Ar. عهد), défaut, défectuosité: clause rédhibitoire, par suite de laquelle le vendeur est tenu de reprendre l'objet vendu, s'il est défectueux (*D. M.* 71).

عيار ***ạiyār*** (Ar. عار), filou, voleur, vagabond.

عيال ***ịyāl*** (Ar. عيل), famille; femme, enfants et toute la domesticité à la charge d'un père de famille (*D. M.* 216). نفقة عيال ايت فرض جوڬ اتس اكو *nefaḳat ịyāl ītu feredl jūga ātas āku*, l'entretien des personnes de ma famille est un devoir qui pèse sur moi (*M. R.* 56).

عيدة ***ịdah***, pour عدة *ịddet* (*S. Mal.* 125).

(improprement) avec le même sens: قد هجرة نبى عيسى *pada hejrat nabi ịsa.*

عوان ou **اعوان** ***ạwān*** (Ar. عان), celui qui assiste, auxiliaire: dame, mère de famille.

عورة ***ụrat*** (Ar. عار), parties naturelles, tout ce que la pudeur ne permet pas de voir, chez l'homme comme chez la femme. عورة لكلاكى يا ايت انتارڤوست دان لوتت *ụrat laki-lāki iā-ītu antāra pūsat dān lūtut,* on nomme *ụrat* la partie du corps comprise entre le nombril et les genoux. دڤڠكلن سأورڠ حجام لالو دسوروهن اى كرت هابس عورتن *di-pangil-ña sa-ōrang ḥejām lālu di-sūruh-ña ia kerȧt hābis ụrat-ña,* il fit venir un chirurgien, et se fit faire par lui l'opération de la castration (*M. R.* 136).

عول ***ạwl*** (Ar.), accroissement, agrandissement (*D. M.* 184).

مڠعولكن *meng-ạwl-kan,* augmenter, accroître. دو بلس دعولكن كڤد تيݢ بلس *dūa belȧs di-ạwl-kan ka-pada tīga belȧs,* de douze est augmenté et est devenu treize (*D. M.* 184).

عوض ***ịwaḍl*** (Ar.), ce qui est donné en échange, équivalent (*D. M.* 12).

عقايد ***ạkāyid*** (Ar. عقد), les articles fondamentaux de la foi. دالم كتاب شرح عقايد *dālam kitāb šereḥ ạkāyid,* dans le livre de l'exposition des articles fondamentaux de la foi (*M. R.* 32).

عقيق ***ạkīk*** (Ar. عق), la cornaline (pierre précieuse).

[Jav. [Javanese script] *akik.* Mak. [Makassarese script] *aké.*]

عقيقة ***ạkīkat*** (Ar. عق), cérémonie qui se fait lorsque l'on rase pour la première fois la tête d'un enfant mâle (*Chr. Pas.* 32).

عقوبة ***ụkūbat*** (Ar. عقب), châtiment (*D. M.* 55).

عقد ***ạkad*** (Ar.), contrat, marché conclu.

برعقد *ber-ạkad,* qui fait un marché. دو اورڠ يڠ برعقد ايت *dūa ōrang yang ber-ạkad ītu,* les deux personnes qui font un marché (*D. M.* 5).

مڠعقدكن *meng-ạkad-kan,* convenir d'une chose, conclure un marché (*D. M.* 6).

عقل ***ạkal*** (Ar.), sagesse, intelligence, raison, sagacité; ruse, adresse. اورڠ ايت اد ياڤو عقل

ōrang itu ada bāñak aḳal, cet homme a beaucoup d'intelligence. هيلغ عقل سبب كيل اتو مابق اتو تيدر *hīlang aḳal sebab gīla ātaw mābuk ātaw tīdor*, être privé de la raison, soit par accès de démence, ou par l'ivresse, ou par le sommeil. بورق — *aḳal būruk*, malice, mauvais esprit. بودى — *aḳal būdi*, sagesse. بالغ — *aḳal bālig*, adulte, qui a l'âge et l'usage de la raison. — ڤنجڠ *panjang aḳal*, malin, rusé, ingénieux. ڤيكركنله دڠن عقل يڠ هالس *pīkir-kan-lah dengan aḳal yang hālus*, réfléchissez-y mûrement. كامى ليهت عقلن *kāmi līhat aḳal-ña*, nous nous apercevons de leur ruse. بتاڤ عقل توانهمب اكن باودى *betāpa aḳal tūan-hamba ākan bāwa dīa*, de quelle ruse vous servirez-vous pour l'y amener? (*R.* 124).

برعقل *ber-aḳal*, raisonnable, intelligent, qui a la raison. هى بناتڠ يڠ تياد برعقل *hey binātang yang tiāda ber-aḳal*, ô vous animaux dépourvus d'intelligence (*M.*).

مڠعقلكن *meng-aḳal-kan*, attraper quelque chose, obtenir quelque chose par ruse, par adresse. مڠعقلكن دويت اورڠ *meng-aḳal-kan dūit ōrang*, tirer avec adresse l'argent de la poche de quelqu'un (*Kl.*).

[Jav. et Sund. [Javanese script] *akal*. Mak. [Makassarese script] *akala*. Day. *akal*, moyen, expédient.]

عقس ***aks*** (Ar.), inversion, intervertissement (*D. M.* 102).

عجايب ***ajāyib***, pluriel de عجيبة *ajībat*, des merveilles, prodiges, miracles, choses merveilleuses. الله — *ajāyib allah*, les merveilles opérées par Dieu. ممبرى عجايب كڤد مات اورڠ *mem-brī ajāyib ka-pada māta ōrang*, étaler des merveilles aux yeux des hommes (*M.*). حكاية يڠ امت عجايب *hikāyat yang āmat ajāyib*, des histoires très-merveilleuses (*Kal. dan Dam.* 6).

عجيبة ***ajībat*** (Ar. عجب), chose étonnante, digne d'admiration; merveille.

عجب ***ajeb*** (Ar.), étonnant, merveilleux; être étonné, s'étonner. مك عجب نبى سليمان درڤد كبسارن كرجاانن ايت *maka ajeb nabī solīmān deri-pada ka-besār-an ka-rajā-an-ña itu*, le prophète Salomon fut étonné de la splendeur de son règne (*M. R.* 130).

عجم **ạjem** (Ar.), Persan. — بنو *benūa ạjem*, la Perse. — اورڠ *ōraṅ ạjem*, un persan. بايق فرين قد سكل رجاج عجم *bāiḳ prī-ña pada segala raja-rāja ạjem*, il fut remarquable parmi les rois de Perse (*M. R.* 167).

عداوة **ạdāwat** (Ar. عدا), inimitié, haine.

عدالة **ạdālet** (Ar. عدل), justice, équité. انيله عدالة يڠ بنر *inī-lah ạdālet yaṅ benàr*, voilà la vraie justice (*M. R.* 3).

عدة **ịddet** (Ar. عد), état d'une femme avec laquelle on ne doit pas avoir commerce, soit après la mort de son mari, soit à la suite du divorce.

Le *S. Mal.* écrit عيده *ịdah*. سده لفس عيده اى فون نكاح دڠن تن كودو *sudah lepàs ịdah ia pūn nikāḥ deṅan tun kūdu*, lorsque le temps de l'*iddet* fut passé, il épousa *Tun Kudu* (*S. Mal.* 125).

برعدة *ber-ịddet*, qui est dans l'état nommé *ịddet* (*D. M.* 272).

عدد **ạded** (Ar. عد), nombre.

اعداد *ạdād*, les nombres. سورت يڠ برنام الاعداد يائيت بلاڠن *sūrat yaṅ ber-nāma el-ạdād iā-ītu bilāṅ-an*, le livre des Nombres (le quatrième livre de Moïse) (*B.*).

عن **ạn** (Ar.), de, du côté de, venant de, après.

عناية **ịnāyat** (Ar. عان), aide, assistance.

عنان **ịnān** (Ar. عن), bride, rênes. — شركة *šerekat ịnān*, société de commerce (*D. M.* 77).

عناصير **ạnāṣīr**, pluriel de عنصر *unṣur*. اربع — *ạnāṣīr arbạ*, les quatre éléments (*M. R.* 20).

عنه **ạnhu** (Ar.), de lui, de cela. رضى الله عنه *rudlī allah ạnhu*, que Dieu soit satisfait de lui (v. sous رضى *rudlī*).

عنبر **ạmber** (Ar.), ambre. هارم درفد عنبر دان كستورى *hārum deri-pada ạmber dān kastūri*, parfumé d'ambre et de musc (*M.*). نروستو دان كمكما دان عنبر *narwastu dān kumkumā dān ạmber*, du nard, du safran et de l'ambre (*R.* 52).

[Jav. et Sund. ꦲꦩ꧀ꦧꦂ *ambor*. Mak. et Bug. [illegible] *ambara.*]

عنصر ụnṣur (Ar.), élément, un élément.

عبادة ịbādat (Ar. عبد), action de servir Dieu, piété, dévotion, prières. مك ايڤون بربوت عبادة اكن توهن *maka ịa-pūn ber-būat ịbādat ākan tūhan*, alors il adressait ses prières au Seigneur (*Ism. Yat.* 4).

برعبادة *ber-ịbādat*, pieux, dévot, religieux. بوكنله كچيل كرجاڽ بردیم درومه اورڠ برعبادة *būkan-lah kecil karjā-ña ber-dīam di-rūmah ōrang ber-ibādat*, ce n'est pas une petite affaire de vivre dans un monastère (*P. M.*).

[Jav. et Sund. ꦲꦶꦧꦢꦠ꧀ *ibadat.*]

عبارة ịbārat (Ar. عبر), explication, exposition, commentaire, interprétation, sens. مڠرتي عبارتڽ *meng-arti ịbārat-ña*, en comprendre la signification. سڤرتي عبارة اورڠ يڠ عارف *seperti ịbārat ōrang yang ạrif*, d'après l'explication donnée par des hommes instruits (*M.*). اكو امبل عبارة بڬي دريك *āku ambil ịbārat bagi dirī-ku*, je m'en applique le sens (*H. Ab.* 4).

مڠعبارة *meng-ịbārat*, expliquer, commenter.

مڠعبارتكن *meng-ịbārat-kan*, faire un commentaire, donner une explication.

[Jav. et Sund. ꦲꦶꦧꦫꦠ꧀ *ibarat*. Mak. ᨕᨙᨅᨑ *ébara.*]

عبراني ịbrānī (Ar.), hébreu, hébraïque.

عم ạmm (Ar.), oncle paternel.

عمان ụmmān (Ar. عم), immense, vaste; s'applique à l'Océan à cause de sa vaste étendue. مها بسرلاوت يڠ محيط نماڽ دان عمان اداڽ *mahā besār lāut yang muḥīṭ namā-ña dān ụmmān adā-ña*, la grande mer que l'on nomme l'Océan et qui est immense (*M. R.* 23).

عمارة ịmārat (Ar. عمر), marques qui indiquent qu'un endroit est occupé, ou a été cultivé (*D. M.* 133).

عمد ạmd (Ar.), résolution, intention, préméditation, à dessein. عمد ارتيڽ سڠهاج *ạmd artī-ña sanghāja*, *amd* signifie : avec intention (*D. M.* 294).

عمبر ạmber = عنبر *ạmber*.

عمر ụmur (Ar.), la vie, durée de la vie, âge. ڤد ڤرتام عمر ڤرتڠاهن

عمر دان اخر عمر *pada portāma ụmur per-teŋgāh-an ụmur dān ākir ụmur,* au commencement, au milieu et à la fin de la vie. سلامة عمر فنجغ *salāmat ụmur panjaŋ,* santé et longue vie (*Lett. Mal.*). براڤ تاهن عمرڽ *brāpa tāhun ụmur-ña,* quel est son âge. ستله داتڠ عمرڽ دو فوله تاهن *sa-telàh dātaŋ ụmur-ña dūa pūloh tāhun,* lorsqu'il fut arrivé à l'âge de vingt ans (*R.* 61).

برعمر *ber-ụmur,* qui a de l'âge, qui est à un certain âge, âgé. يڠ برعمر تيک تاهن *yaŋ ber-ụmur tīga tāhun,* âgé de trois ans (*D. M.* 310).

[Jav. et Sund. [illegible] *umur.* Bat. [illegible] *umur.* Mak. et Bug. [illegible] *umuru.* Day. *umur.*]

عمرة ***ụmrat*** (Ar. عمر), visite des lieux saints, pèlerinage à la Mecque.

عمل ***ạmal*** (Ar.), action, acte, action pieuse, acte méritoire. — بربوت *ber-būat ạmal,* faire une bonne action. سی٢ عملڽ *sia-sia ạmal-ña,* ses œuvres sont vaines, ses actes n'ont pas d'effet.

مڠعملکن *meŋ-ạmal-kan,* produire des actes, faire que des actes soient suivis de leur effet. اى مماکى علم سيطان سرت دعملکنڽ *ia memākey ịlmu seiṭān serta di-ạmal-kan-ña,* elle s'occupait de sciences occultes et en faisait des actes (*H. Ab.* 145).

عرابى ***ạrābi*** (Ar. عرب), qui est de l'Arabie. — نکرى *nagrī ạrābi,* l'Arabie.

عروق ***ụrūḳ,*** pluriel de عرق *ịraḳ,* des veines, des artères. بلاغن سکلين عظام دان عروق دان اعصاب *bilāŋ-an sa-kalī-an ịtlām dān ụruḳ dān ạṣāb,* le nombre des os, des veines et des nerfs (*M. R.* 12).

عروض ***ạrūdl*** (Ar. عرض), mètre, mesure en poésie. سکل علم شعر سفرت عروض دان قافية *segala ịlmu šiạr seperti ạrūdl dān ḳāfiyat,* les règles de la poésie, comme la mesure et la rime (*M. R.* 45).

عرق ***ạraḳ*** = ارق *āraḳ,* arac, liqueur spiritueuse.

عرق ***ịraḳ*** (Ar.), veine, artère.

عرب ***ạrab*** (Ar.), Arabe. — بهاس *bahāsa ạrab,* la langue arabe.

— اورڠ عرب *ōrang ąrab*, un arabe.

— بنوا عرب *benūa ąrab*, l'Arabie.

[Jav. et Sund. ꦲꦫꦧ꧀ *arab*. Mak. ᨕᨑᨅ *araba*. Day. *arab*.]

عرش ąraš (Ar.), le trône de Dieu, l'empyrée; majesté, gloire. دمكينله لواسڽ هلامن عرش الله *demikian-lah lūas-ña halāman ąraš allah*, telle était l'étendue de la plaine qui se trouvait devant le trône de Dieu (*Mir. Moh.* 82). الله توهن رب العرش الكريم *allah tūhan rabb'el-ąraš el-kerīm*, Dieu, le Seigneur auquel appartiennent la majesté et la gloire (*Cod. Mal.* 390).

[Jav. ꦲꦫꦱ꧀ *aras*. Mak. ᨕᨑᨔ *arasa*.]

عرض ąradl (Ar.), hasard, événement fortuit, empêchement fortuit.

علاء ąla (Ar.), haut, élevé: dessus, au-dessus.

ترعلا *ter-ąla*, très-haut, très-élevé.

تعالى *taąla*, élevé, très-haut. الله — *allah taąla*, Dieu très-haut.

علامة ąlāmat (Ar. علم), marque, signe, étendard, drapeau, cible. ايتوله علامة اي اكن ماتي *itū-lah ąlāmat ia ākan māti*, et c'était là le signe qui annonçait qu'il allait mourir (*R.* 161). كلهاتنله علامة قد ڤيهق مغرب *ka-lihāt-an-lah ąlāmat pada pīhak magrab*, un signe apparut dans la région occidentale (*M.*). بريله اكن داكو سواتو علامة *bri-lah ākan dāku suātu ąlāmat*, donnez-moi un signe. براڤ علامة دان براڤ راتس ڤايڠ ترکمباڠن داتس رتاڽ *be-brāpa ąlāmat dān be-brāpa rātus pāyung ter-kembāng-an di-ātas ratā-ña*, un grand nombre d'étendards flottaient, et des centaines de parasols étaient ouverts au-dessus de son char (*R.* 162). — سورت *ąlāmat sūrat*, l'adresse d'une lettre. ڤلورو ايتوڤون داتڠ جينق٢ کڤد علامتڽ *pelūru itu-pūn dātang jīnak-jīnak ka-pada ąlāmat-ña*, la balle arriva faiblement à la cible (*Kl.*).

[Jav. ꦔꦭꦩꦠ꧀ *ngalamat*. Sund. ᮃᮜᮙᮒ꧀ *alamat*. Bat. [Batak script] *alamat*. Mak. ᨕᨒᨆ *alama*. Day. *alamat*.]

على ąla (Ar. علا), sur, dessus, au-dessus. برککل على دوام *ber-kakal ąla dawām*, pour toute l'éternité (*Lett. Mal.*).

عليه ***aleihi*** (Ar. علا), sur lui, avec lui. السلام — *aleihi' s-salām*, la paix soit avec lui.

عليك ***aleika*** (Ar.), avec toi, sur toi. — السلام *es-salām aleika*, la paix soit sur toi.

عليكم *aleikum*, avec vous, sur vous. — السلام *es-salām aleikum*, la paix soit sur vous.

عليم ***alīm*** (Ar. علم), un docteur, un théologien.

علقة ***alakat*** (Ar. علق), grumeau de sang, sang coagulé. دجديكن نطفة ايت علقة يا٬يت داره يڠ بكو *di-jadī-kan nutfet ītu alakat iā-ītu dārah yaṅ bakū*, le sperme devient *alakat*, c'est-à-dire du sang coagulé (*M. R.* 10).

علة ***illat*** (Ar. عل), malheur, infortune.

علم ***alam*** (Ar.), marque, étendard, pavillon. كرجا٬ن — *alam ka-rajā-an*, le pavillon royal. مندريكن علمڤوته *men-dirī-kan alam pūtih*, arborer le pavillon blanc (*M.*). علم يڠ برناڬ *alam yaṅ ber-nāga*, un étendard orné de figures de dragons.

علم ***ilmu*** (Ar.), science, connaissance, savoir, érudition. الهى — *ilmu ilahi*, la théologie. شعر — *ilmu šiar*, la poésie. صرف — *ilmu ṣeref*, la grammaire.

برعلم *ber-ilmu*, qui sait, qui connaît. — اورڠ *ōraṅ ber-ilmu*, un savant, un lettré. اى بڠساون دان برعلم *ia baṅsāwan dān ber-ilmu*, il est noble et savant (*M. R.* 217).

[Jav. *ṅélmu*. Sund. *élmu*. Bat. *élmu*. Mak. *ilamu*.]

علماء ***ulamā***, pluriel de علم *alīm*, des docteurs, des savants. سڬل علماء يا٬ين ڤنديت *segala ulamā iā-īni pandīta*, tous les docteurs ou les savants (*M. R.* 181). باڽق درڤد علماء دان صلحا *bāñak deri-pada ulamā dān ṣulaḥā*, beaucoup de personnes parmi les savants et les hommes pieux (*M. R.* 188).

عسكر ***askar*** (Ar.), armée. اسلام — *askar islām*, l'armée des croyants. سرت اورڠڽ سريبو عسكر *serta ōraṅ-ña sa-rību askar*, avec une armée de mille hommes (*Sul. Ab.* 18).

عذاب ***adzāb*** (Ar. عذب), tourment, supplice, châtiment. برباڬي

جنس عذاب درساكن *ber-bāgey jenis ạdzāb di-rasā-kan*, on lui fit endurer différentes sortes de tourments (*Sul. Ab.* 79).

بعذاب *be-ạdzāb*, qui a un châtiment; châtié, supplicié. كارن بعذاب لكوڽ ايت ددالم نكرى اورڠ ايت *kārna be-ạdzāb lakū-ña ītu di-dālam nagrī ōrang ītu*, car sa conduite a reçu le châtiment qu'elle méritait dans ce pays (*Cod. Mal.* 447).

عذر **ạdzar** (Ar.), excuse, justification. عذر يڠ ترسبت ايت *ạdzar yang ter-sebùt ītu*, l'excuse que l'on vient de donner (*H. Ab.* 170).

معذركن *meng-ạdzar-kan*, excuser.

عز **ạzz, ạz** (Ar.), excellent, éminent. عز و جل *ạz u jal*, attributs de la divinité. الله عز و جل منونجقكن اڠكو كنكرى عيراق *allah ạz u jal menunjuḳ-kan angkaw ka-nagrī ịrāḳ*, le Dieu grand et éminent te conduira au pays d'Irak (*Sul. Ibr.* 16).

عزيمة **ạzīmat** (Ar. عزم), enchantement, formule, talisman; paroles ou caractères magiques; charmes. سورتكن داره هايم هيتم اكن عزيمة دان ايكتكن قد ليهرڽ *sūrat-kan dārah hāyam hītam ākan ạzīmat dān īkat-kan pada lēher-ña*, écrire avec le sang d'une poule noire sur une amulette, et se la suspendre au cou. عزيمة اكن ڤركاسه *ạzīmat ākan per-kāsih*, philtre, charme propre à donner de l'affection (*M.*).

برعزيمة *ber-ạzīmat*, qui a un charme. برعزيمة مانكم هيجو ترسورت *ber-ạzīmat mānikam hījaw ter-sūrat*, possédant un charme gravé sur une pierre verte (*M.*).

برعزيمتكن *ber-ạzīmat-kan*, qui s'est muni d'un talisman, d'une amulette (*S. Bid.* 118).

عزيز **ạzīz** (Ar. عز), magnifique, incomparable, noble, élevé.

عزة **ịzzat** (Ar. عز), excellence, gloire, grandeur, puissance. يڠ داڤت توفيق دان عزة *yang dāpat tawfīḳ dān ịzzat*, qui obtient les faveurs du ciel et la grandeur (*Lett. Mal.*).

عزم **ạzem** (Ar.), projet, plan, entreprise.

عزل **ạzel** (Ar.), démission, destitution.

معزلكن *me-ạzel-kan*, destituer, démettre, renvoyer quelqu'un de ses fonctions. اى معزلكن درين *ia me-azel-kan diri-ña*, il se retira des affaires (*S. Mal.* 85).

عشا *iša* (Ar.), entrée de la nuit, le soir. — سمبهيڠ *sembahyang iša*, prière du soir. تتكال سده سمبهيڠ عشا *tatkāla sudah sembahyang iša*, après la prière du soir (*M. R.* 88).

عشق *išk* (Ar.), amour, passion. عشق ارتين براهى *išk arti-ña berāhi*, *išk* signifie aimer (*M.*).

عشقى *iški* (Ar. عشق), aimant, passionné. مك سكل ستى دايڠ٢ ايتڤون سموان عشقى دان براهى *maka segala setī dāyang-dāyang itu-pūn samuā-ña iški dān berāhi*, et toutes les dames de la cour devinrent passionnément amoureuses (*M.*).

عشر *ušur* (Ar.), la dixième partie de quelque chose (*D. M.* 313).

عصبة *asabat* (Ar.), nerf: parents éloignés qui n'ont pas de part assignée dans la succession (*D. M.*). اعصاب *asāb*, pluriel de *asabat*, des nerfs. بلاڠن سكلين عظام دان عروق دان اعصاب *bilāng-an sa-kali-an itlām dān urūk dān asāb*, le nombre des os, des veines et des nerfs (*M. R.* 12).

عصر *aser* (Ar.), après-midi, temps de relevée. اى مڠرجاكن باتو سهيڠڬ وقت عصر *ia mengarjā-kan bātu sa-hingga waktu aser*, il travaillait à tailler des pierres jusqu'au temps de l'après-midi (*M. R.* 57).

عضاريف *alārif* ou **عضاريط *alārit*** (Ar. عضرط), veines auxiliaires, veinules, petits vaisseaux du corps. لاين درڤد رباطان دان اغشية دان عضاريف *lāin deri-pada ribāṭān dān igašyat dān alārif*, sans y comprendre les ligaments, les téguments et les petits vaisseaux (*M. R.* 12).

عضو *udlow* (Ar. عضا), un membre, une partie du corps.

عضلة *adlelat* (Ar.), muscles. اوتار دان عضلة *ūtār dān adlelat*, les nerfs et les muscles (*M. R.* 12).

عطارد *utārid* (Ar.), la planète Mercure. بنتڠ يڠ ترهمڤر دڠن متهارى ياءيت بنتڠ عطارد *bintang yang ter-hampir dengan mata-*

hāri iā-itu bintarg uṭārid, la planète la plus rapprochée du soleil c'est la planète Mercure (*N. Phil.* 84).

عظام **ịtlām,** pluriel de عظم *ạtlem*, les os. بلاغن سكلين عظام دان عروق *bilāng-an sa-kalī-an ịtlām dān ụrūḳ*, le nombre des os et des veines (*M. R.* 12).

عظيم **ạtlīm** (Ar. عظم), grand, majestueux, imposant, terrible, vénérable: arrogant. توهن رب يغ عظيم *tūhạn rabbi yang ạtlīm*, le seigneur qu'on doit révérer.

عظم **ạtlem** (Ar.), os, un os.

عظمة **ạtlamat** (Ar. عظم), grandeur, majesté, magnificence. درڤد جلال دان عظمة الله تعالى اڤى كلور *deri-pada jelāl dān ạtlamat allah taạla āpi ka-lūar*, il sortit du feu de la majesté et de la magnificence de Dieu (*M. R.* 46). ترلالو عظمة بپين *ter-lālu ạtlamat buñi-ña*, le son en était imposant et solennel (*M.*).

عفريت **ịfrīt** (Ar. عفر), démon, génie puissant et malfaisant; Afrite. اى برڤرغله دغن سکل عفريت *īa ber-prāng-lah dengan segala ifrīt*, il combattit contre les démons (*M. R.* 102).

غ

غ **gh, g,** la lettre غين *ghaïn*. Les Malais lui donnent ordinairement la valeur du *g*.

غايب **gāïb** (Ar. غاب), caché, obscur, invisible, disparu, absent. ڤركتاءن يغ غايب *per-katā-an yang gāïb*, des paroles obscures, mystérieuses. مك ايڤون لالو لارى سراى غايبله *maka īa-pūn lālu lāri serāya gāïb-lah*, elle s'en alla et ne parut plus (*Ism. Yat.* 39). غايب دغن توبه هاڽ حاضر دغن ڽاو *gāïb dengan tūbuh hāña ḥādlir dengan ñāwa*, absent de corps, mais présent en esprit (*N.* 276).

مغغايبكن **meng-gāïb-kan**, rendre invisible, faire cacher.

[Jav. ꦒꦻꦧ꧀ *gaïb*.]

غان gāna (Ar. غنى), riche, opulent. دباوه تخت راج يڠ غان *di-bāwah takta rāja yaŋ gāna*, au pied du trône du roi très-riche (*S. Bid.* 28).

غالب gālib (Ar. غلب), victorieux, conquérant, qui domine. اكو سده غالب *āku sudah gālib*, j'ai été victorieuse (*B.* 46). اڤبيل شهوتڽ غالب *apa-bīla šahwat-ña gālib*, lorsque son appétit domine (*M. R.* 14).

مڠغالب *meŋ-gālib*, vaincre, dominer.

ترغالب *ter-gālib*, qui a été vaincu, que l'on a soumis.

مڠغليبي *meŋ-galīb-i*, l'emporter sur quelqu'un.

مڠغالبكن *meŋ-gālib-kan*, rendre victorieux, faire vaincre.

غازى gāzī (Ar. غزا), champion, héros. سڬل مجاهد دان غازى مماكى دى ڤد هارى ڤرڠ دڠن كافر *segala mujāhid dān gāzī memākey dīa pada hāri pràŋ deŋan kāfir*, les guerriers et les héros s'en servent dans les guerres contre les infidèles (*M. R.* 53).

غيب geib (Ar. غاب), invisibilité, obscurité, absence.

غيرة geirat (Ar. غار), zèle, ardeur, jalousie, ravissement. دبوجقڽ دڠن كات يڠ ممبرى غيرة هاتى سڬل ڤرمڤوان يڠ منڠركن دى *di-būjuk-ña deŋan kāta yaŋ mem-brī geirat hāti segala perampūan yaŋ meneŋar-kan dīa*, il lui adressait des paroles flatteuses, qui rendaient jalouses les femmes qui l'entendaient (*M.*). سڤرت بولن دان متهارى سام بايق رڤاڽ ممبرى غيرة هاتى سڬل يڠ مليهت دى *seperti būlan dān mata-hāri sāma bāik rupā-ña mem-brī geirat hāti segala yaŋ me-līhat dīa*, leurs formes également belles, et semblables à celles du soleil et de la lune, enchantaient tous les spectateurs (*M.*).

غيل gail (Ar.), surabondant, débordant.

غيلة gīlat (Ar. غيل), trahison, attaque que l'on reçoit à l'improviste par suite d'une trahison.

غورب gūrab, espèce de barque. v. غراب *gurāb*.

غوغا gawgā (Ar. غاغ), tumulte, émeute. مك ددالم نڬرى ايتڤون ترلالو كڤرله دان غوغاله *maka di-*

dālam nagrī itu-pūn ter-lālu gampar-lah dān gawgā-lah, or il y eut dans la ville un grand bruit et un grand tumulte (*R.* 51).

غنى ganī = غان *gāna*, riche, opulent. توهن يڠ غنى *tūhan yaṅ ganī*, le seigneur qui est riche (Dieu).

غنيمة ganīmat (Ar. غنم), butin, dépouille. غنيمة ارتين هرت رمڤاسن *ganīmat artī-ña harta rampās-an, ganimat* signifie butin (*D. M.* 212).

غنم ganam (Ar.), brebis, mouton.

غراب gurāb, nom d'une espèce de barque, ou bâtiment à proue saillante. ڤربوتله غراب ڤنجاجب سرت *per-būat-lah gurāb pen-jājab serta,* préparez les deux sortes de barques nommées gurab et penjajab (*S. Bid.* 146).

غريب gerīb (Ar. غرب), étranger, voyageur. داڠڠ يڠ غريب *dāgaṅ yaṅ gerīb,* des marchands étrangers. هرت يڠ غريب *harta yaṅ gerīb,* des marchandises étrangères. اد ڤون همب اين داڠڠ غريب *ada-pūn hamba inī dāgaṅ gerīb,* or je suis ici un marchand étranger (*Ism. Yat.* 12).

غرور gurūr (Ar. غر), vanité, aveuglement, tout ce qui trompe et séduit. كهدوڤن سكل اورڠ دالم دنيا اين دڠن غرور يڠ مڠلڤاكن مريكئيت *ka-hidūp-an segala ōraṅ dālam duniā inī deṅgan gurūr yaṅ meṅ-alpā-kan ma-rīka-ītu,* la vie des hommes dans ce monde est accompagnée de vanité qui leur fait perdre l'attention (*M. R.* 36).

غرض gareḍl (Ar.), dessein, intention (*D. M.* 11).

غلام gulām (Ar. غلم), jeune homme, adolescent, garçon.

غلى galèy (Port. *galé*), galère.

غلت galat, v. غلط *galaṭ*.

غلبة galabat, conquête, victoire. v. غالب *gālib*.

غلط galaṭ (Ar.), erreur, faute.

On trouve aussi غلت *galat.* دڠن سوسه مليهت غلتن *deṅgan sū-sah me-līhat galat-ña,* c'était avec peine qu'on voyait ses fautes (*H. Ab.* 159).

غلف ***gelef*** (Ar.), le prépuce; incirconcis. v. كولف *kūlop*.

اغلف *aglef*, un incirconcis.

غلف ***gulf***, pluriel de اغلف *aglef*.

غسل ***gasīl*** (Ar.), ablution, purification, action de laver.

غزل ***gazel*** (Ar.), poésie érotique, poème galant. دڠركن اوله كامو غزل *dengar-kan ūleh kāmu gazel*, écoutez ce poème galant (*M. R.* 118).

غفيرة ***gafīrat*** (Ar. غفر), formule de pardon, prière récitée sur un pécheur pour qu'il soit pardonné. مك امام اكن مڠداكن غفيرة اتسڽ دان ايت اكن دامڤونى فداڽ *maka imām ākan meng-adā-kan gafīrat ātas-ña dān ītu ākan di-ampūn-i padā-ña*, le prêtre prononcera sur lui la formule du pardon et sa faute lui sera pardonnée (*B.* 160).

غفور ***gafūr*** (Ar. غفر), qui pardonne, très-pardonnant (de Dieu).

ف

ف ***f***, la lettre فا *fā*. Les Malais la prononcent quelquefois comme *f*, mais lui donnent souvent la valeur de *p*.

فايدة ***fāidat*** (Ar. فاد), utilité, avantage, profit. اڤاكه فايدتڽ بنتڠ٢ ايت وقت سيڠ *apā-kah fāidat-ña bintang-bintang ītu waktu siang*, quelle est l'utilité des étoiles pendant le jour? (*N. Phil.* 18). اڤ جوك ڬراڠن فايدتڽ *apa jūga garāng-an fāidat-ña*, dites-moi, je vous prie, à quoi cela sert il? — منچهارى *men-xahāri fāidat*, chercher un profit, avoir le gain en vue (*M.*).

برفايدة *ber-fāidat*, utile, avantageux, lucratif, profitable. كرج يڠ برفايدة *karja yang ber-fāidat*, un travail lucratif. ممبونه اورڠ دڠن تياد برفايدة *mem-būnuh ōrang dengan tiāda ber-fāidat*, commettre un crime qui ne rapporte aucun profit (*M.*).

[Jav. ꦥꦲꦺꦢꦃ *paédah*.]

فاتحة **fātiḥat** (Ar. فتح), le premier chapitre du Coran, que les musulmans récitent souvent dans leurs prières. اى مباج فاتحة *ia mem-bāxa fātiḥat*, il récita le premier chapitre du Coran (*Amir Hamz.* 189).

فانى **fānī** = فنا *fenā*.

فارق **fāriḳ** (Ar. فرق), qui distingue, qui établit la différence entre les choses, distinctif. — علامة *ạlāmat fāriḳ*, une marque distinctive.

ممارق *memāriḳ*, distinguer (*M.*).

فارسى **fārisi** (Ar. فرس), Perse. — اورغ *ōraŋ fārisi*, un persan. — نكرى *nagri fārisi*, la Perse. سورت بهاس فارسى *sūrat bahāsa fārisi*, une lettre écrite en persan.

فال **fāl** (Ar.), augure, présage. دباج نجوم دان ديبيلغكن فال *di-bāxa nujūm dān di-bīlaŋ-kan fāl*, il lut dans le livre de l'astrologie, et prédit ce qui devait arriver (*M.*).

فاسق **fāsiḳ** (Ar. فسق), méchant, impie, pécheur, mauvais sujet. اتواد مريكئيت اورغ صالح اتواد اى اورغ فاسق *ātaw ada marīka-ītu ōraŋ ṣāliḥ ātaw ada ia ōraŋ fāsiḳ*, ou ce sont des gens vertueux, ou ce sont des méchants (*M. R.* 59). مساكن لاگى اغكو مغهيلغكن اورغ عادل دغن اورغ فاسق *masā-kan lāgi aŋkaw meŋ-hīlaŋ-kan ōraŋ ạdil deŋan ōraŋ fāsiḳ*, perdrez-vous le juste avec l'impie? (*B.* 24). مغرجاكن فاسق دغن ڽات *meŋarjā-kan fāsiḳ deŋan ñāta*, faire le mal à découvert (*M.*).

[Jav. ꦥꦱꦺꦏ꧀ *pasék.*]

فاسد **fāsid** (Ar. فسد), gâté, vicieux, nul, de non-valeur. عقد يغ فاسد *ạkad yaŋ fāsid*, un contrat nul (*D. M.* 39).

فاسخ **fāsaḳ** (Hcb. פֶּסַח *pasah*), pâque. — هارى *hāri fāsaḳ*, le jour de Pâques (*P. M.*).

فاخر **fāḳir** (Ar. فخر), glorieux, illustre. دان بخارى دغن تاج ايت فاخر *dān buḳāri deŋan tāju ītu fāḳir*, et Bukari avec cette couronne est devenu glorieux (*M. R.* 227).

فاضل **fāḍīl** (Ar. فضل), supérieur, excellent. سكل يغ عالم دان فاضل دان عقل *segala yaŋ* ạlim dān fādlil dān ạkal, tous les hommes savants, supérieurs et intelligents (*M. R.* 195).

فهم fehem (Ar.), science, connaissance, savoir; connu, compris. اى فهم ڤد لاوت *īa fehem pada lāut,* qui se connaît en affaires maritimes (litt. : par qui est connu). اى فهم اكن علم نجوم *īa fehem ākan ịlmu nujūm,* il était savant en astrologie (*R.* 129). فهمله اولهم *fehem-lah ūlehmu,* sachez, soyez informé que (*M.*). كورڠ فهمك دالم علم بهاس *kūrang fehem-ku dālam ịlmu bahāsa,* je manquais de connaissance dans la science du langage (*H. Ab.* 2).

مفهم *me-fehem,* connaître, savoir. اى تياد مفهم *īa tiāda me-fehem,* il ne connaissait pas (*H. Ab.* 169).

مفهمكن *me-fehem-kan,* faire connaître. دفهمكن دڠن ڤركتاءن اين *di-fehem-kan dengan perkatā-an īni,* ces paroles font connaître (*D. M.* 4).

On trouve aussi ڤهم *pahàm.*

[Jav. et Sund. [Javanese script] *paham.*]

فى fī (Ar.), en, dans, à, sur. فى هذا الدار *fi hadzā ed-dār,* dans ce lieu, dans ce monde (*Lett. Mal.*). — الاخر *fi el-ākir,* à la fin, terminé (*M. R.* 227). القادر فى كوال لندو *el-kādir fi kuwāla lindu,* qui commande dans le port de Lindu (*Lett. Mal.*).

فىء feia (Ar.), biens ou tributs que l'on prend des infidèles. حكم ممباڬى فىء *hukum mem-bahāgi feia,* loi réglant le partage des biens pris des infidèles (*D. M.* 212).

فيهق fīhak, v. ڤيهق *pīhak.*

فيتر fētor = ڤيتر *pētor.*

فيروز fīrūz (Pers.), triomphant, triomphal. تردريله بالى فيروز *ter-dirī-lah bāley fīrūz,* on éleva un palais triomphal (*M.*).

فيروزه fīrūzah (Pers.), turquoise. سڤرت فيروزه دان بدورى *seperti fīrūzah dān bidūri,* comme la turquoise et l'agate (*R.* 140). زمرد دان فيروزه *zemrud dān fīrūzah,* des émeraudes et des turquoises (*M. R.* 118).

On trouve aussi فيروس *fīrūsa.*

فواد fuād (Ar. فاد), cœur. يڠ تربيت درڤد فواد الزكية *yang terbit* *deri-pada fuād ez-zekiyat*, qui vient d'un cœur pur (*Lett. Mal.*).

فقها **fuḳehā,** pluriel de فقيه *fa-ḳīh*; des docteurs en théologie, des jurisconsultes. اى امت مغاسه كڤد سݢل علما دان فقها *īa āmat meṅāsih ka-pada segala ụlamā dān fuḳehā*, il aimait beaucoup les docteurs et les théologiens (*Sul. Ibr.* 1).

فقيه **faḳīh** (Ar. فقه), jurisconsulte, théologien (*S. Mal.* 105).

فقير **faḳīr** (Ar. فقر), un Fakir, moine mendiant, un pauvre.

[Jav. ꦥꦺꦏꦶꦂ *pekir.*]

فكور **fakūr** (Ar. فكر), qui pense, qui réfléchit beaucoup.

ترفكور *ter - fakūr*, qui est absorbé dans la méditation, réfléchir profondément. دودقله ترفكور برهمان ايت *dūduḳ - lah ter - fakūr brahamān ītu*, le brahmane se tenait assis, réfléchissant profondément (*M.*). ترفكورله اكو *ter-fakūr-lah āku*, je réfléchissais (*H. Ab.* 108).

فقة **faḳat,** pour موافقة *muwā-faḳat*, convenir.

سفقة *sa-faḳat*, d'un même avis, d'une même société. اورڠ لاين درڤد سفقة ايتڤون دبونوه *ōraṅ lāin deri-pada sa-faḳat ītu-pūn di-būnuh-ña*, ils mettent à mort les gens qui ne sont pas de leur société (*H. Ab.* 292).

برفقة *ber-faḳat*, qui convient. دى سده برفقة دڠن اڠݢريس *dīa sudah ber-faḳat deṅan iṅgris*, il était convenu avec les Anglais (*H. Ab.* 13).

On trouve aussi ڤاكت *pākat.*

فكر **fikir** (Ar.), pensée, réflexion, v. ڤيكر *pikir.*

فجر **fejer** (Ar.), crépuscule du matin, aurore, point du jour. فجر ايت دهولو درڤد تربت متهارى *fejer ītu dahūlu deri-pada ter-bit mata - hāri*, l'aurore ou le temps qui précède le lever du soleil (*M. R.* 221). مك تتكال همڤرله فجر *maka tatkāla ham-pir - lah fejer*, or un instant avant le crépuscule du matin (*Sul. Ibr.* 3). سمڤى بوك فجر *sam-pey būka fejer*, jusqu'au point du jour.

فتية **fityat** (Ar. فتا), généreux, brave. چردق دان فتية *xerdiḳ dān fityat*, habile et brave (*S. Mal.* 158).

فتوا ou فتوى **fetwa** (Ar. فتا), décret, décision judiciaire: bon conseil, instruction. دالم فتوا ملايو كونن علامة كبجيكن *dālam fetwa malāyu kūnun ʿalāmat ka-bi-jīk-an*, d'après la croyance des Malais, c'est un signe de bonheur (*H. Ab.* 207).

ممفتواكن *mem-fetwā-kan*, résoudre un point de droit.

فتوى ***fetwa***, v. فتوا *fetwa*.

فتنة ***fitnah*** (Ar. فتن), calomnie, imputation, séduction: sédition: mauvaises actions. كن فتنة اورغ ساج *kena fitnah ōrang sāja*, on ne fait que le calomnier. ڤركتاٴن — *per-katā-an fitnah*, des calomnies. دان منجادى فتنة دان فساد دالم نكرى *dān men-jādi fitnah dān fasād dālam nagrī*, il y aura des séditions et des désordres dans le pays (*M. R.* 50).

ممفتنهكن *mem-fitnah-kan*, faire des calomnies, calomnier q. q. سانق همب دفتنهكن اورغ ممبوت وغ لنچوغ *sānak hamba di-fitnah-kan ōrang mem-būat wang lanxung*, un de mes parents est injustement accusé de fausse monnaie (*M.*).

[Jav. ꦥꦶꦠꦤ *pitna.*]

فتح ***fatiḥ*** (Ar.), ouverture; le premier chapitre du Coran. v. فاتحة *fātiḥat.*

فتحة ***fatḥah*** (Ar. فتح), le premier des signes vocaux chez les Arabes, nommé par les Malais باريس داتس *bāris di-ātas*, parce qu'il se place au-dessus de la lettre à laquelle il donne le son de *a* ou de *e*. v. Gram.

فدا ***fadā*** (Ar.), racheter, payer la rançon.

فنا ***fenā*** (Ar. فنى), mortel, fragile, caduc, périssable. يغ تله كمبالي درنكرى يغ فنا كنكرى يغ بقا *yang telāh kombāli deri nagrī yang fenā ka-nagrī yang baḳā*, qui a quitté un monde périssable, pour retourner dans le séjour de l'immortalité (*M.*). كهدوڤن يغ فنا *ka-hidūp-an yang fenā*, une vie périssable (la vie du corps) (*M. R.* 176).

فبرواري ***februāri*** (Angl.), février. — بولن *būlan februāri*, le mois de février.

فرايض ***ferāyiḍ*** (Ar. فرض), lois divines, lois, statuts; lois touchant les héritages (*D. M.* 161).

فراسة ***firāsat*** (Ar. فرس), physiognomonie, art de lire dans la physionomie. اورغ يغ تاهو علم فراسة *ōrang yang tāhu ʿilmu* *firāsat*, celui qui connaît l'art de lire dans la physionomie, un physionomiste. ياءيت ڤڠتهوءن قيافة دان فراسة *ia-itu pengatahū-an ḳiyāfat dān firāsat*, c'est la science de juger les hommes par l'extérieur (*M. R.* 184).

v. la définition qui se trouve au mot قيافة *ḳiyāfat*.

[Jav. ... *pirasat*.]

فري ***ferī*** (Pers.), une fée, classe d'êtres surnaturels féminins. اي هندق مڠمبل سڮل ديوى٢ دان بدياداري دان فري اكن دايڠ٢ن *ia hendaḳ meng-ambil segala dewi-dēwi dān bidiādāri dān ferī ākan dāyang-dāyang-ña* il veut enlever les déesses, les nymphes et les fées, pour en faire les femmes de sa suite (*R.* 136).

On trouve aussi ڤري *perī*.

[Jav. ... *peri*. Sund. ... *péri*.]

فروسة ***furūsat*** (Ar. فرس, déchirer sa proie), animaux carnassiers (*Kl.*).

فرج ***ferj*** (Ar.), parties sexuelles, tant de l'homme que de la femme. ممرچيق اير ڤد فرجن *me-merxiḳ āyer pada ferj-ña*, aquâ inspergere pudenda sua (*M.*).

[Jav. ... *perji*.]

فرد ***ferd***, v. جوهر *jawher*.

فردان ***ferdāna*** (Ar. فرد), seul, unique. منتري — *ferdāna mantrī*, premier ministre. v. ڤردان *perdāna*.

فردوس ***firdaws*** (Ar. فردس), jardin: paradis, séjour des bienheureux.

فرن ***furun*** (Ar.), un four (*M.*).

فرنڮي ***frengi*** ou ***prengi*** (Pers. *farangi*), français, européen, chrétien.

On trouve aussi فرڠڮي *pringgi*.

فرنچيس ***franxis*** (Franç.), français. — اورڠ *ōrang franxis*, un français. — نڮري *nagrī franxis*, la France.

فرمان ***firmān*** (Pers.), ordre, mandat, parole (de Dieu ou d'un souverain). فرمانن يڠ مها تڠڮي *firmān-ña yang mahā tinggi*, son ordre suprême. دباوه فرمان راج ايت *di-bāwah firmān rāja itu*, par autorisation, avec la permission du roi (*M.*). مك فرمان الله *maka firmān allah*, alors Dieu dit (*Mir. Moh.*).

بفرمان *be-firmān*, qui ordonne, qui parle; parler. مك بفرمانله الله *maka be-firmān-lah allah*, alors Dieu dit (*B.* 2).

[Jav. ꦥꦂꦩꦤ꧀ *parman.*]

فرسى **farsi** = فارسى *fārisi.*

فرسخ **farsak** (du Pers. فرسنك *farsenk*), une parasange, mesure de distance (une heure de marche à cheval au pas ordinaire, 5 kil. à peu près). سسواتو تاهن سفرت سسواتو فرسخ جوك *sa-suātu tāhun seperti sa-suātu farsak jūga*, chaque année (dans la vie de l'homme) est comme une parasange (dans un voyage) (*M. R.* 37).

فرض **feredl** (Ar.), obligation, précepte, devoir, loi religieuse: certaine partie de succession fixée pour certains parents, d'après le Coran (*D. M.*). يغ فرض دان يغ سنة *yang feredl dān yang sonnat*, choses qui sont de précepte (d'après la loi écrite), et choses qui sont seulement sanctionnées par l'usage (*M.*). ايت فرض اتس اكو *ītu feredl ātas āku*, c'est là un devoir qui pèse sur moi (*M. R.* 56). اتس سكل ڤرمڤوان فرض منوتف سكلين توبهڽ *ātas segala perampūan feredl menūtup sa-kali-an tūbuh-ña*, c'est une obligation pour les femmes de se couvrir le corps entièrement (*M. R.* 64).

ممفرضوكن *mem-feredlū-kan*, rendre obligatoire (*M.*). v. فرايض *ferāyidl.*

[Jav. ꦥꦿꦼꦭꦸ *prelu.*]

فرع **fera** (Ar.), branche, ramification, descendant. حكم هبة اصل كفد فرع *hukum hibat āṣal ka-pada fera*, loi concernant les dons que fait un chef de famille à ses descendants (*D. M.* 144).

فلان **fulān** (Ar. فلن, Esp. *fulano*), un tel, une telle personne.

فليق **felīk** (Ar. فلق), insolite, extraordinaire.

v. ڤلق *pelīk.*

فلك **falak** (Ar.), sphère céleste, corps céleste. سفرت ڤڠتهوءن سݢنف فلك *seperti pengatahū-an sa-genāp falak*, comme la connaissance de tous les corps célestes (*M. R.* 186). بروج الفلك

burūj el-falak, les signes du zodiaque.

فلقة **felekat,** pour ڤلكت *pelekàt*, v. ce mot.

فساد **fasād** (Ar. فسد), corruption, dépravation, désordre. دان منجادى فتنه دان فساد دالم نكرى *dūn men-jādi fitnah dūn fasād dālam nagrī*, et il y aura des séditions et des désordres dans le pays (*M. R.* 50).

فسون **fusūn,** v. ڤسون *pasūna*.

فست **fusta** (Port.), fuste, sorte de bâtiment allant à voiles et à rames.

فسر **fasir** (Ar.), interprétation, explication; expliquer. ڤد فسر بهان كرندم *pada fasir bahāna gurindam*, pour expliquer le sens de l'épigraphe (*R.* 88).

فسخ **fasak** (Ar.), résiliation d'un contrat, annulation d'un marché (*D. M.* 14).

ممفسخكن *mem-fasak-kan*, résilier un contrat, annuler un marché. جك اى ممفسخكن دى *jika ïa mem-fasak-kan dïa*, s'il l'annule (le marché) (*D. M.* 14).

فصيح **fesīh** (Ar. فصح), éloquent.

فصيحة **fesīhat** (Ar. فصح), éloquence, le don de la parole. دغن فصيحة ليدهن *dengan fesīhat lidah-ña*, par l'éloquence de sa langue (*M.*). دان ڤركتاءنن امت فصيحة *dān per-katā-an-ña amat fesīhat*, et ses paroles étaient très-éloquentes (*Sul. Ibr.* 9).

فصل **fasal** (Ar.), chapitre, section, article, subdivision d'un ouvrage. سمواڽ اتس كدو ڤوله امڤت فصل *samuā-ña ātas kadūa pūloh ampat fasal*, le tout est contenu dans vingt-quatre chapitres (*M. R.* 8).

فضايل **fedlāyil** (Ar. فضل), mérite, vertu, supériorité. دالم كتاب فضايل الكاتب *dālam kitāb fedlāyil el-kātib*, dans le livre qui traite du mérite des écrivains (*M. R.* 225).

فضاحة **fedlāhat** (Ar. فضح), honte, ignominie, horreur. ملك جديله فضاحة ڤد انتار سكل يغ هيدڤ *maka jadī-lah fedlāhat pada antāra segala yang hidup*, et il (le cadavre d'un mort) de-

vient un objet d'horreur pour les vivants (*M. R.* 24).
v. فضيحة *fedlīhat.*

فضيحة fedlīhat (Ar. فضح), honte, ignominie, affront.
ممفضيحتكن *mem-fedlīhat-kan,* faire affront à quelqu'un, injurier quelqu'un. سبسر٢ دسان ڤون جاڠن اى دفضيحتكن *sa-besàr-besàr dosā-ña pūn jāŋan īa di-fedlīhat-kan,* quelque grande que soit leur faute, on ne leur fera pas affront (*S. Mal.*34).

فضولى fedlūli (plus ordinairement ڤدولى *pedūli*) (Ar. فضل), se soucier, s'inquiéter, se préoccuper, s'immiscer. جاڠن كامو فضولى *jāŋan kāmu fedlūli,* ne vous inquiétez pas. اڤ اڠكو فضولى كڤد ڤكرجاءنك *apa aŋkaw fedlūli ka-pada pe-karjā-an-ku,* pourquoi venez-vous vous immiscer dans mes affaires? (*R.* 98).
ممفضليكن *mem-fedluli-kan* et ممڤدليكن *mem-peduli-kan,* soigner q. ch., s'occuper d'une chose. تياد دڤدليكن منولس *tiāda di-peduli-kan menūlis,* ne s'occupant pas de l'écriture (*H. Ab.* 26).

فضولى fudlūli (Ar. فضل), orgueilleux, arrogant. هى اورڠ فضولى لاڬى بيل *hey ōraŋ fudlūli lāgi bebàl,* ô homme orgueilleux et insensé (*Amir Hamz.* 151).

فضة fidlat (Ar. فض), argent (métal).

فطور fetūr (Ar. فطر), déjeuner, ou tout repas ou morceau avec lequel on rompt le jeûne.

فعال faāl ou **افعال afaāl,** pluriel de فعل *fal,* actions, œuvres, attributs. اورڠ — *faāl ōraŋ,* actions humaines. — جاهت *faāl jāhat,* de mauvaises actions. الله — *faāl allah,* les attributs de Dieu (*M.*). — زكاة *faāl zekāt,* contributions pieuses. دان مڽسل درڤد كجهاتن افعالن *dān meñesàl deri-pada ka-jahāt-an afaāl-ña,* ils se repentiront de leurs mauvaises œuvres (*M. R.* 27).

فعيل faīl (Ar. فعل), conduite, caractère (*Kl.*).

فعت fat (prob. pour فيع *feia* ou فيعة *feiat,* commencement d'une chose) (Ar. فاع), le premier. راج يڠ فعت *rāja yaŋ fat,* le premier roi (*Kl.*).

فعل fal (Ar.), action, œuvre, acte, conduite. ترلالو بايق فعل

بكند ter-lālu bāiḳ fạl baginda, la conduite du prince fut parfaitement bonne (*S. Mal.* 112). التوبة — *fạl et-tōbat*, acte de contrition (*P. M.*).

[Jav. ꦥꦲꦭ *pahala.*]

فعلى **fạlī** (Ar. فعل), qui est d'action, actuel. — دوس *dōsa fạlī*, péché actuel: par opposition à دوس اصلى *dōsa aṣalī*, péché originel (*P. M.*).

ق

ق **k, ḳ,** la lettre قاف *kāf*. Les Malais lui donnent la valeur du *k* ordinaire; sur son emploi v. Gram.

قادر **ḳādir** (Ar. قدر), puissant, qui a le pouvoir. القادر فى كوال لندو *el-kādir fi kuwāla lindu,* qui est puissant (qui commande) dans le port de Lindu (*Lett. Mal.*).

قاموس **ḳāmūs** (Ar. قمس), dictionnaire, lexique. كتاب قاموس بهاس ملايو دان اڠݢريس *kitāb ḳāmūs bahāsa malāyu dān iṅgris*, un dictionnaire malais-anglais (*H. Ab.* 133).

قامة **ḳāmat,** nom d'une formule que les parents récitent à l'oreille gauche d'un enfant nouvellement né. دان قامة ڤد تليڠ كيرى بودق ايت *dān ḳāmat pada teliṅga kiri būdaḳ itu,* et la formule *ḳamat* à l'oreille gauche de l'enfant (*M. R.* 161). Cette formule est la même que celle qui est nommée بڠ *baṅ* (v. ce mot), à laquelle on ajoute برديركن اولهم اكن سمبهيڠ *ber-dirī-kan ūleh-mu ākan sembahyaṅ*, sois persévérant dans la prière. C'est probablement de ces derniers mots que cette formule tire son nom قامة *ḳāmat*, en arabe, taille d'un homme qui est debout, de قام *ḳāma*, se tenir debout, être persévérant.

قاض **ḳādlī,** pour قاضى *ḳādlī*, juge.

قاضى **ḳādlī** (Ar. قضى), juge, magistrat, ministre, un cadi.

همفرله قاضى منكاحكن *hampir-lah ḳādli me-nikāḥ-kan*, le ministre s'approcha pour les marier (*Sul. Ab.* 123).

قاطع **ḳāṭia** (Ar. قطع), voleur, coupe bourse, vol. حكم قاطع الطريق *ḥukum ḳāṭiu't-ṭerīḳ*, loi touchant les brigandages, les vols de grand chemin (*D. M.* 346).

قاف **ḳāf** (Ar.), chaîne de montagnes, qui, selon les cosmographes orientaux, est supposée entourer la terre et servir de demeure à des êtres surnaturels. درمناكه داتڠن سترو توانكو درى بوكيت قافكه *deri manā-kah dātaṅ-ña satrū tūan-ku deri būkit ḳāf-kah*, d'où viennent les ennemis de Votre Altesse, des monts *Kaf?* (*M.*). هندق منچهارى مكانن كبوكت قاف مك همب تربڠ كأدر مك همب برتمودڠن متهارى *hendaḳ men-xahāri makān-an ka-būḳit ḳāf maka hamba terbaṅ ka-udara maka hamba ber-temū deṅan mata-hāri*, voulant aller chercher ma nourriture dans les montagnes *ḳaf*, j'ai pris mon vol dans les airs et j'ai rencontré le soleil (*K.* 104).

قافية **ḳāfiyat** (Ar. قفا), rime, poème, cadence. سكل علم شعر سفرت عروض دان قافية *segala ilmu šiar seperti arudl dān ḳāfiyat*, les règles de la poésie comme la mesure et la rime (*M. R.* 145).

قافلة **ḳāfilat** (Ar. قفل), caravane, compagnie de voyageur. مك سواتو قافلة اورڠ يشمعيلى اداله داتڠ *maka suātu ḳāfilat ōraṅ is-maīli adā-lah dātaṅ*, et une caravane d'Ismaélites arrivait (*B.* 61).

قهار **ḳehhār** (Ar. قهر), puissant.

القهار *el-ḳehhār*, le tout-puissant. ككند جديكن استرى قهار *ka-kanda jadi-kan istrī ḳehhar*, je ferai de vous ma puissante épouse (*S. Bid.* 83).

قهوه **ḳahwah** (Ar.), du café. ترلالو سوبرڽ سفرت قهوه دان تبو *ter-lālu sūbur-sūbur-ña seperti ḳahwah dān tebū*, (des plantes) qui croissent très-bien, telles que le café et les cannes à sucre (*H. D.* 184).

قيام **ḳiyām** (Ar. قام), se tenir debout (pendant la prière). قيام يائيت برديرى ڤد سمبهيڠ *ḳiyām iā-itu ber-dīri pada sembahyaṅ*, le mot *kiyām* signifie se tenir debout pendant la prière (*M.*).

قيامة **ḳiyāmat, ḳiāmat** (Ar. قام), résurrection, le jugement dernier, la fin du monde. — هاري *hāri ḳiāmat*, le jour du jugement dernier, le jour de la résurrection générale. ڬمڤرله اورڠ ددالم نڬري ايت سڤرت قيامة لكوڽ *gampar-lah ōraṅ di-dālam nagrī ītu seperti ḳiāmat lakūña*, les habitants étaient émus, comme si le jour du jugement était arrivé (*M.*). سڠڬوهڽ اتوله تند اکن قيامة *suṅgguh-ña itū-lah tanda ākan ḳiāmat*, c'est là un signe que la fin du monde approche (*M.*).

[Jav. et Sund. [Javanese script] *kiyamat*. Mak. [Makassarese script] *kiyama*.]

قياس **ḳiyās** (Ar. قاس), argument, raisonnement, syllogisme: logique; mesure. ملاينکن سقدر مڠمبل قياس دان عبارة *me-lāin-kan sa-ḳedar meṅ-ambil ḳiyās dān ibārat*, mais pour ce qui demande du raisonnement et un commentaire (*H. Ab.* 30).

مڠقياسکن *meṅ-ḳiyās-kan*, faire un raisonnement, faire un syllogisme. مك قياسکنله اوليهم *maka ḳiyās-kan-lah ūleh-mu*, raisonnez, faites bien attention (*D. M.* 5).

قيافة **ḳiyāfat, ḳiāfat** (Ar. قاف), physionomie, apparence, manières: l'art de connaître les hommes par leur extérieur. — اورڠ *ōraṅ ḳiāfat*, un physionomiste. L'auteur du *Makota raja* établit la différence qu'il y a entre قيافة *ḳiāfat* et فراسة *firāsat* par les définitions suivantes. قيافة ايت مڠتاکن اکن ڤڠنل کبجيکن دان کجهاتن سکل مانسي درڤد سکل تند يڠ اد ڤد روڤ مانسي اتو ڤد سکل اڠڬوتان *ḳiāfat itu meṅatā-kan ākan peṅenāl ka-bijīk-an dān ka-jahāt-an segala mānusīa deri-pada segala tanda yaṅ ada pada rūpa mānusīa ātaw pada segala aṅgotā-ña*, *ḳiāfat* (est la science qui) enseigne à connaître les vertus et les vices des hommes d'après leur figure et la forme de leurs membres. فراسة ايت مڠتاکن اکن ڤڠنل کبجيکن دان کجهاتن سکل مانسي درڤد سکل کلکوان يڠ اد در ڤرکتاانڽ دان ڤکرجاانڽ *firāsat ītu meṅatā-kan ākan peṅenāl ka-bijīk-an dān ka-jahāt-an segala mānusīa deri-pada segala ka-

lakū-an yang ada deri per-katā-an-ña dān pe-karjā-an-ña, firāsat (est la science qui) enseigne à connaître les vertus et les vices des hommes d'après leur manière de parler et d'agir (*M. R.* 184). On dit: علم قيافة دان فراسة *ilmu kiāfat dān firāsat,* l'art de connaître les hommes par leur extérieur.

قيوم **keiyūm** (Ar. قام), qui existe par lui-même, immuable, éternel. حى و قيوم *heyi u keiyūm,* vivant et éternel (*M. R.* 15). القيوم *el-keiyūm,* l'immuable, Dieu.

قيمة **kīmat** (Ar. قام), prix, valeur, estimation, montant. جكلو دتمبغ دغن ريل منجادى قيمتن امفت راتس *jikalaw di-timbang dengan real men-jādi kīmat-ña ampat rātus,* réduit en piastres, cela se montera à quatre cents. دان اداله قيمة كرجاءن توانك ايت دو فوله تيك تاهن *dān adā-lah kīmat ka-rajā-an tūan-ku itu dūa puloh tīga tāhun,* la durée du règne de ce prince fut de vingt-trois ans (*M.*).

قيل **kīl** (Ar. قال), parole (de réponse), réplique.

مغقيلكن *meng-kīl-kan,* donner une réplique, faire une réponse. جكلو اد كراءن دقيلكن هندقله دكتاكن *jikalaw ada kirā-ña di-kīl-kan hendak-lah di-katā-kan,* s'il y a là-dessus q. ch. à répliquer, dites-le (*M.*).

قوى **kawi** (Ar.), fort, puissant, efficace, violent. — بيس *bisa kawi,* un poison violent. منى يغ قوى *menī yang kawi,* sperme producteur. قياس يغ قوى دان يغ لمه *kiyās yang kawi dān yang lemāh,* un argument solide et un argument faible (*M.*).

قوة **kūwat** (Ar. قوى), force, puissance: fort, puissant, robuste. درفد ساغت قوتن *deri pada sāngat kūwat-ña,* à cause de sa grande force. دغن سقوة۲ هتين *dengan sa-kūwat-kūwat hatī-ña,* de tout son pouvoir, de tout son cœur (*M.*). تياد لبه قوة درفد دى *tiādā lebèh kūwat deri-pada dia,* il n'y en a pas de plus fort que lui.

مغقواتى *meng-kuwāt-i,* s'efforcer, faire des efforts pour arriver à q. ch. مك دقوتين جوك *maka di-kuwat-i-ña jūga,* alors il fit des efforts (*R.* 108).

مغقوتكن *meng-kūwat-kan,* rendre fort, fortifier. سديله يا مها توهن قوتكن همبام اين *sudī-lah iā mahā tūhan kūwat-kan hambā mu īni*, veuillez, Seigneur, fortifier votre serviteur (*P. M.*).

ڤغوة *pengūwat*, un marteau.

برقوة قواتن *ber-ḳūwat-ḳuwāt-an*, exercer mutuellement ses forces (*S. Mal.* 64).

On trouve aussi كوت *kūwat* et pour les dérivés مغواتى *menguwāt-i* et مغوتكن *mengūwat-kan*.

[Jav. et Sund. ꦏꦸꦮꦠ꧀ *kuwat*. Bat. *kuwat*. Day. *kuat*.]

قوم ḳawm, ḳaum (Ar. قام), gens, peuple, nation, race, tribu, famille. سواتو قوم يڠ بسر *suātu ḳaum yang besàr*, un peuple nombreux. ممبونه سكل قومن رقشاس ايت *mem-būnuh segala ḳaum-ña rakšāsa ītu*, extirper entièrement la race des mauvais génies (*M.*).

سقوم *sa-ḳaum*, d'une même race, d'une même nation. — اورڠ *ōrang sa-ḳaum*, des compatriotes.

قول ḳaul (Ar. قال), parole, promesse, vœux, engagement solennel, résolution, opinion. سمڤيكن اڤالله كران قول ايهند توانك *sampey-kan apā-lah kirā-ña ḳaul ayahnda tūan-ku*, remplissez, je vous prie, l'engagement contracté par le père de Votre Altesse. داتڠله بݢند ڤد سواتو قول يڠ غايب *dātang-lah baginda pada suātu ḳaul yang gāib*, le roi en vint à une résolution secrète (*M.*). ڤد قول اصح *pada ḳaul aṣaḥ*, selon l'opinion la plus vraie, la plus généralement reçue. تتاڤى اد قول همب *tetāpi ada ḳaul hamba*, mais j'ai promis (*R.* 18).

برقول *ber-ḳaul*, qui promet, qui s'engage. برقول برنية منداڤت ڤترا *ber-ḳaul ber-nīet men-dāpat putrā*, formant des vœux pour avoir un enfant (*S. Bid.* 117).

مڠقولكن *meng-ḳaul-kan*, promettre q. ch., faire des vœux pour q. ch. ساڠت دقولكن بݢند سلطان بيرماتى *sāngat di-ḳaul-kan baginda sulṭān bīyar māti*, le prince faisait des vœux pour que le sultan mourut (*S. Mal.* 247.).

قوله الحق ḳaulah ul-ḥaḳ (Ar. قول et حق), parole de vérité, de justice, sentence que les Malais placent souvent en tête de leurs lettres, ainsi que la suivante: قوله لحق ولوكان مر *ḳaulah ul-ḥaḳ wulu kāna murr*, la parole de la vérité quoiqu'amère.

قوس ḳaus, v. كاوس *kāus*.

قديم ḳadīm (Ar. قدم), antique, éternel, ancien, précédent. دالم كتابن يڠ قديم *dālam kitāb-ña yang ḳadīm*, dans son livre éternel (*M. R.* 1). يڠ قديم دان بوكن مخلوق *yang ḳadīm dān būkan maḳlūḳ*, (Dieu) qui est éternel et non créé (*M. R.* 31.). — يڠ *yang ḳadīm*, le précédent (*D. M.* 12.).

[Jav. ꦏꦢꦶꦩ꧀ *kadim.*]

قدير ḳadīr (Ar. قدر), puissant, tout-puissant.

v. قادر *ḳādir*.

قديس ḳadīs (Ar. قدس), un saint. يوسف — *ḳadīs yūsuf*, saint Joseph.

قديسه *ḳadīsah* et *ḳadīsa*, féminin de قديس *ḳadīs*. مريم — *ḳadīsah mariam*, sainte Marie.

قديس *ḳadīsin*, pluriel de قديس *ḳadīs*. فرسكتوءن القديسن *per-sakutū-an el-ḳadīsin*, la communion des saints (*P. M.*).

قدوس ḳuddūs = قدس *ḳudus*.

قدم ḳadam (Ar.), pied.

قدر ḳedar (Ar.), quantité, nombre, espace, mesure, valeur, prix, état, condition, rang, moyen. سهاي اداله قدر توجه فوله اورڠ *sahāya adā-lah ḳedar tūjuh pūloh ōrang*, le nombre des domestiques s'élevait à soixante-dix personnes (*R.* 38.). اداله قدر سجام لماڽ *adā-lah ḳedar sa-jām lamā-ña*, il y avait l'espace d'une heure (*R.* 80.). جك اكو چهاري هرت دنيا لبه درفد قدرڽ *jika āku xahāri harta duniā lebèh deri-pada ḳedar-ña*, si je cherche les biens du monde plus qu'ils ne le méritent (*M. R.* 38.). مك سکل هلبالڠ دبري انكره ماسڠ٢ فد قدرڽ *maka segala hulu-bālang di-bri anugràh māsing-māsing pada ḳedar-ña*, les guerriers reçurent tous des présents, chacun selon son rang (*R.* 66.) كارن بوكن قدرڽ نايق كبالي لنتڠ *kārna būkan ḳedar-ña nāiḳ ka-bāley luntang*, car il n'est pas de condition à monter au *baley luntang* (*Cod. Mal.* 411). قدرموكه بركات دمكين *ḳedar-mū-kah ber-kāta demikian*, est-il de votre condition de parler ainsi? (*R.* 98).

سقدر *sa-ḳedar*, selon la valeur, suivant la mesure. كوساڽ — *sa-ḳedar kuasā-ña*, selon ses forces. سقدر دو تيݢ بولن *sa-ḳedar dūa tīga būlan*, comme deux ou trois mois.

مڠقدرکن *meng-kedar-kan*, évaluer une chose, lui donner une valeur (*D. M.* 29.).

قدرة **koderat** (Ar. قدر), force, puissance, vertu: un des attributs de Dieu, toute-puissance. قدرة ارتين كواس *koderat artīña kuāsa, koderat* signifie puissance. الله — *koderat allah*, la toute-puissance de Dieu.

[Jav. ꦏꦺꦴꦢꦿꦠ꧀ *kodrat.*]

قدس **kudus** (Ar.), saint, consacré, sanctifié. روح القدس *rūhu' l-kudus*, l'Esprit saint: dans le sens chrétien, la troisième personne de la trinité; dans le sans mahométan, l'ange Gabriel et Jésus-Christ.

مڠقدسکن *meng-kudus-kan*, rendre saint, sanctifier. اكو اينله هو يڠ مڠقدسکن کامو *āku inī-lah hūwa yang meng-kudus-kan kāmu*, c'est moi, le Seigneur, qui vous sanctifie (*B.* 190). نعمة يڠ مڠقدسکن اورڠ *nimet yang meng-kudus-kan ōrang*, la grâce qui sanctifie l'homme (*P. M.*).

قدوسن *kudūs-an*, sainteté. — دالم *dālam kudūs-an*, dans la sainteté (*P. M.*).

[Jav. et Sund. ꦏꦸꦢꦸꦱ꧀ *kudus.*]

قناعة **kenāat** (Ar. قنع), abstinence, patience, résignation avec laquelle on supporte la faim. يڠ دڠن مكانن اين قناعة *yang dengan makān-an inī kenāat*, qui avec patience se contentait de cette nourriture (grossière) (*M. R.* 78). همة اكن صبر دان قناعة جو *himmat ākan sabar dān kenāat jūa*, un caractère porté à la patience et à la résignation (*M. R.* 166.).

قنديل **kandīl** (Ar.), lampe, lanterne, chandelle. سرت مماسڠ قنديل *serta me-māsang kandīl*, en allumant des lampes (*H. Ab.* 385).

قباي **kabāya** (Pers.), nom de l'habit dont les femmes malaises se revêtent habituellement: un *cabaya*.

[Sund. ᮊᮘᮚ *kabaya.*]

قبة **kabah** = قبة *kubbat.*

قبور **kubūr** (Ar. قبر), tombeau, sépulcre, monument. (Ce mot, qui en arabe est le pluriel de قبر, est employé par les Malais pour le singulier et pour le pluriel.) ميت يڠ بربارڠ دالم قبور *mayet yang ber-bāring dālam kubūr*, un corps couché dans le tombeau. دالم قبورك يغ سده كـݢالي بݢيك dālam ḳubūr-ku yaṅ sudah ku-gāli bagī-ku, dans le sépulcre que je me suis préparé (B. 84). اڠكو سده ماسق دالم سبوه قبور aṅkaw sudah māsuḳ dālam sa-būah ḳubūr, vous êtes entré dans un tombeau (P. M.). تمڤت سݢل قبور tampat s gela ḳubūr, cimetière.

مڠقبوركن meṅ-ḳubūr-kan, enterrer, mettre dans le tombeau, ensevelir. اي مڠقبوركنله دي ك دالم ݢوه ia meṅ-ḳubūr-kan-lah dia ka-dālam gūah, ils l'enterrèrent dans la caverne (B. 37). سڤاي ڤاتق قبوركن بڤاك supāya pāteḳ kubūr-kan bapā-ku, afin que j'ensevelisse mon père (B. 84.).

ترقبوركن ter-ḳubūr-kan, qui est enterré, que l'on a inhumé. كسان سده ترقبوركنله اي ka-sāna sudah ter-ḳubūr-kan-lah ia, c'est là qu'il fut enterré (B. 37.).

قبورن ḳubūr-an, sépulture, lieu de sépulture. — بوڠ قبورن būṅa kubūr-an, fleur d'un arbuste qui se trouve souvent dans les cimetières (plumeria arborea).

ڤقبورن pe-ḳubūr-an, sépulture, cimetière. — تمڤت tampat pe-ḳubūr-an, lieu de sépulture, tombeau (H. D. 205).

[Jav. ꦏꦸꦧꦸꦂ kubur. Mak. kuburu. Day. kubur.]

قبول ḳabūl (Ar. قبل), qui est agréable, que l'on a pour agréable, à quoi l'on consent. سڤاي قبول ڤد راج بارڠ اكو كتاكن ايت supāya ḳabūl pada rāja bāraṅ āku katā-kan ītu, puisse tout ce que je dis être agréable au roi. مك قبولله اي ڤد متان maka ḳabūl-lah ia pada matā-ña, et elle était agréable à ses yeux (M.).

مڠقبولكن meṅ-ḳabūl-kan, consentir à, acquiescer, permettre, trouver bon. توهن همب قبولكن اكن كات همب tūan-hamba ḳabūl-kan ākan kāta hamba, que monseigneur acquiesce à ma demande (R. 116.). تياد اي اكن قبولكن tiāda ia ākan ḳabūl-kan, il n'y consentira pas (M.). بارڠ اڠكو قبولكن bāraṅ aṅkaw ḳabūl-kan, ce que vous jugerez convenable (Sul. Ibr. 22.).

[Jav. et Sund. ꦏꦧꦸꦭ꧀ kabul.]

قبة ḳubbat (Ar. قب), coupole, dôme, voute; temple, maison de Dieu. قدس ايت كهياسن ڤد قبتم ḳudus ītu ka-hīās-an pāda ḳubbat-mu, la sainteté est l'ornement de votre maison (la maison de Dieu (*B.* 875.). قبة كڤال مانسى *kubbat kapāla mānusīa,* le crâne de l'homme (*M. K.* 12). قبة ڤنچيم مانسى *kubbat pen-xīum mānusīa,* le siége de l'odorat (id.).

On trouve aussi ce mot pour كعبه *kabah,* la Caaba, le temple de la Mecque.

[Jav. [Javanese script] *kabat,* et Sund. [Sundanese script] *kabah,* le temple de la Mecque, la Caaba. Mak. [Makassarese script] *kaba,* la Caaba.]

قبر kebr (Ar.), sépulcre, tombeau.

قبلة keblat (Ar. قبل), le point vers lequel les mahométans tournent la face quand ils prient, la Mecque. ملك اى مڠهادڤ قبلة سمبهيڠ *maka īa meng-hādap keblat sembahyang,* alors il se tourna du côté de la prière (*M. R.* 182.). مماليڠ دادا درڤد قبلة *memāling dāda deri-pada keblat,* détourner la poitrine du côté de l'adoration (*M.*).

قبلة *keblat,* s'entend aussi d'une direction vers un point de l'horizon en général. — امڤت *keblat ampat,* les quatre points cardinaux, les quatre régions du ciel.

[Jav. [Javanese script] *kéblat.* Mak. [Makassarese script] *kibala.*]

قميص kamīṣa (Port.), chemise.

[Sund. [Sundanese script] *kaméja.*]

قمر kemer (Ar.), la lune. نور الشمس و للقمر *nūru'š-šems u ulkemer,* la lumière du soleil et de la lune (*Lett. Mal.*).

برقمر *ber-kemer,* qui est comme la lune, qui ressemble à la lune. برقمر ڤربواتن سيلن *ber-kemer per-buāt-an sēlan,* des ornements en forme de lunes qui ont été fabriqués à Ceylan (*M.*).

قمرية kamrīyat (Ar. قمر), qui est de la lune. — تاهن *tāhun kamrīyat,* une année lunaire.

قملى kamlīi, espèce d'étoffe grossière en laine, dont on fait des chemises, des matelas, des couvertures, etc. (*Kl.*).

Peut-être le français *camelot.*

قمخة kamkat (Ar. قمخ), damas de soie.

v. كمخا *kimkā.*

قران **ḳorān** (Ar. قرا), le Coran, le livre sacré des mahométans. ممباچ قران يغ مها ملى *mem-bāxa ḳorān yang mahā mulia*, lire le sublime Coran. مناره تاغن داتس القران *menāruh tāṅan di-ātas el-ḳorān*, jurer sur le Coran (*M.*).

[Jav. ꦏꦸꦂꦲꦤ꧀ *kurhan*. Sund. ꦏꦺꦴꦫꦤ꧀ *koran*. Mak. ᨀᨚᨑ *korang*.]

قراية **ḳerābat** (Ar. قرب), parenté, alliance; parent. دان سکل قرابتڽ *dān segala ḳerābat-ña*, et tous ses parents (*D. M.* 49).

قرار **ḳarār** (Ar. قر), établi, ferme, qui est en possession, en sécurité. زمان ملاك لاکى قرارله سلطان محمود شاه *zemān malāka lāgi ḳarār-lah sulṭān mahmūd šāh*, lorsque Malacca était encore en possession du Sultan Mahmud schah (*Cod. Mal.* 390). مك بکند ايتڤون قرارله ددالم نکريڽ *maka baginda ītu-pūn ḳarār-lah di-dālam nagrī-ña*, et le pince se trouva en sûreté dans son royaume (*R.* 17). سکل رعيتڽ ڤون قرارله تياد سوسه *segala rayat-ña pūn ḳarār-lah tiāda sūsah*, toutes les troupes étaient en sûreté et hors d'atteinte (*M.*).

قراض **ḳirādl** (Ar. قرض), association dans laquelle un membre fournit le capital et l'autre son industrie (*D. M.* 114).

قرية **ḳaryat** (Ar. قرى), village, cité; nid de fourmis.

قريب **ḳarīb** (Ar. قرب), voisin, proche; parent, allié. بارغ يغ دباوهڽ القريب و البعيد *bārang yang di-bāwah-ña el-ḳarīb u el-baīd*, ceux qui sont sous sa puissance, ceux qui sont proches, comme ceux qui sont éloignés (*Lett. Mal.*).

قرن **ḳurn** (Ar.), corne, une corne.

قرنين **ḳernein**, duel de قرن *ḳurn*. ذو القرنين *dzū'l-ḳernein*, ayant deux cornes. Surnom d'Alexandre le grand, ainsi nommé parce qu'il posséda les deux cornes du monde; c'est-à-dire qu'il le conquit de l'est à l'ouest.

قربان **ḳorbān** (Ar. قرب), sacrifice, victime, offrande. قربان ايت بارغ دسمبله *ḳorbān ītu bā-*

raŋ di-sambilìh, on entend par *korban* tout ce qui est offert en sacrifice. القربان المقدس *el-ḳorbān el-muḳadas,* l'eucharistie (*P. M.*).

[Jav. [illegible] *kurban.* Sund. [illegible] *korban.* Mak. [illegible] *koroba.*]

قربة **ḳirbat** (Ar. قرب), outre, vase à contenir l'eau. دان امبلله اى سواتو قربة برايسى اير *dān ambil-lah ïa suātu ḳirbat ber-ïsi āyer,* et il prit un vase plein d'eau (*B.* 29).

قرمزى **ḳirmizī** (Ar.), cramoisi, écarlate. داتس تاغن اداله بنغ قرمزى ايت *di-ātas tāŋan-ña adā-lah benàŋ ḳirmisī ītu,* il avait le ruban d'écarlate à la main (*B.* 63).

قرض **ḳeridl** (Ar.), coupure (*D. M.*).

قرطاس **ḳarṭās** (Ar.), du papier. — سلى *sa-ley ḳarṭās,* une feuille de papier.

[Jav. et Sund. [illegible] *kertas.* Mak. [illegible] *karatasa.*]

قلوب **ḳulūb,** pluriel de قلب *ḳelb.*

قلقلة **ḳelḳelet** (Ar. قلقل), mouvement. مدن دان وقفن دان قلقلتن *medd-ña dān wekif-ña dān ḳelḳelet-ña,* ses signes graphiques ses pauses et ses mouvements (de la langue malaise) (*H. Ab.* 50).

قلب **ḳelb** et **ḳelbu** (Ar.), le cœur. ترسورت ددالم قلب *ter-sūrat di-dālam ḳelb,* écrit dans le cœur. جاڠنله بركچل قلب *jāŋan-lah ber-kecìl ḳelbu,* ne concevez pas de rancune (*M.*).

[Jav. [illegible] *kalbu.* Mak. [illegible] *kambu.*]

قلم **ḳalam** (Ar.), une plume, un roseau. قلم دغن دواة *ḳalam deŋan dawāt,* une plume et de l'encre. — مرنچوڠ *me-ranxuŋ ḳalam,* tailler une plume. — بسى *ḳalam besī,* un style, une plume d'acier. — باتو *ḳalam bātu,* crayon d'ardoise.

[Jav. et Sund. [illegible] *kalam.* Mak. [illegible] *kalaŋ.* Day. *kalam.*]

قلزم **ḳulzum** (Ar.), nom d'une ancienne ville sur les bords de la mer Rouge, de là. — لاوت *lāut ḳulzum,* la mer Rouge.

قسامة **ḳasāmat** (Ar. قسم), serment: manière de déférer le

serment dans certains cas d'homicide (*D. M.* 326).

قسم kesm (Ar.), division, partage.

قسطل kasṭal (Ar.), châtaigne., — ڤوهن *pōhon kasṭal*, châtaignier. (C'est par ce mot que les traducteurs de la Bible ont rendu le mot *plane*). باتڠ داهن٢ هيجو درڤد ڤوهن قسطل *bātaṅ dāhan-dāhan hījaw deri-pada pōhon kasṭal*, des branches vertes de plane (*B.* 48).

قذف kedzif (Ar.), incrimination, accusation, principalement accusation d'adultère ou de fornication. ادڤون ارتي قذف ايت منوكس سورڠ زنا *ada-pūn arti kedzif ītu menūkas saōraṅ zinā*, or *kedzif* signifie accuser quelqu'un d'adultère ou de fornication (*D. M.* 268).

مڠقذف *meṅ-kedzif*, accuser, incriminer. بارڠسياڤ مڠقذف اورڠ *bāraṅ-siāpa meṅ-kedzif ōraṅ*, quiconque accusera quelqu'un d'adultère ou de fornication (*D. M.* 268).

قصاص kiṣāṣ (Ar. قص), représaille. — حكم *hukum kiṣāṣ*, la loi du talion.

[Jav. ꦏꦶꦱꦱ꧀ *kisas.*]

قصه kiṣṣah, kiṣah, v. قصة *kiṣṣat.*

قصة kiṣṣat, kiṣat (Ar. قص), histoire, narration, récit; conte, roman. تمة القصة *tammatu'l-kiṣat*, fin de l'histoire. قصة نبي ادم *kiṣat nabī ādam*, histoire du prophète Adam. كتاب قصة سكل رسول *kitāb kiṣat segala rasūl*, le livre des Actes des apôtres (*H. Ab.* 171).

مڠقصتكن *meṅ-kiṣat-kan*, faire le récit de q. ch., faire une histoire. كامي قصتكن ڤركتاان ايت *kāmi kiṣat-kan per-katāan ītu*, nous avons fait ce récit (*S. Mal.* 213).

On trouve aussi قصه *kiṣah.*

قصد keṣad (Ar.), intention, dessein, vue, plan. دڠن قصدڽ *deṅan keṣad-ña*, le sachant et le voulant, avec intention. اي كمبالي قصدڽ *ïa kombāli keṣad-ña*, il changea de plan (*H. Ab.* 177).

مڠقصدكن *meṅ-keṣad-kan*, vouloir une chose, former un dessein. بارڠ يڠ دقصدكن اوله توهنهمب *bāraṅ yaṅ di-keṣad-kan ūleh tūan-hamba*, tout ce que monseigneur a voulu (*R.* 116).

قصب kaṣab (Ar.), fil d'or ou d'argent.

قضا kedlā (Ar. قضى), faire ses besoins. (On y joint ordinairement le mot حاجة *ḥājat.*) ستله سده قضا حاجة *sa-telàh sudah kedlā ḥājat,* lorsqu'il eut fait ses besoins (*Amir Hamz.* 106).

قضاة kudlāt, pluriel de قاضى *kādli,* des juges. قاضى القضاة *kādlīu'l-kudlāt,* le juge des juges, le juge suprême. سكل مانسى داتغ اى دهداڤن قاضى القضاة *segala mānusīa dātang īa di-hadāp-an kādlīu'l-kudlāt,* tous les hommes viennent en présence du juge suprême (*M. R.* 134).

قطيفة katīfat (Ar. قطف), tapis pour mettre sous les pieds; espèce de drap ou d'étoffe. قطيفة يغ برامس ترهمڤر داتس بالى *katīfat yang ber-amàs ter-hampar di-ātas bāley,* des tapis tissus d'or couvraient le plancher de la salle (*M.*). — برباجو *ber-bāju katīfat,* ayant un habit de cette étoffe.

قطب kutb, kutub (Ar.), pôle. étoile polaire. درقطب اتارسمڤى قطب سلاتن *deri kutub. utāra sampey kutub selātan,* depuis le pôle nord jusqu'au pôle sud (*N. Phil.* 6). — بنتغ *bintang kutub,* l'étoile polaire.

قطر kutr (Ar.), côté, flanc: plage, région (du ciel ou de la terre).

قطرة katrat (Ar. قطر), goutte. ليم راتس دان توجه ڤوله قطرة داره *līma rātus dān tūjuh pūloh katrat dārah,* cinq cent-soixante-dix gouttes de sang (*M. R.* 12).

قطعة kitat (Ar. قطع), morceau, pièce de poésie, une stance, une strophe.

قعود kuūd (Ar. قعد), action de s'asseoir.

قعده kadah (Ar. قعد), ذوالقعده *dzū el-kadah* (*dulkadah*), nom du onzième mois de l'année mahométane.

ADDITIONS ET CORRECTIONS.

PREMIER VOLUME.

اولغ الغ **ūlaṅ-āliṅ**, nom d'une sorte de *prāhu*. اى ڤرݢيله دڠن سبوه ڤرهون اولغ الغ *ia pergi-lah deṅan sa-būah prahū-ña ūlaṅ-āliṅ*, il alla avec son *prahu* nommé *ūlaṅ-āliṅ* (*S. Mal.*126).

De la page 65 à la page 128: plusieurs fois *ia, dia*, راج٢ et لاكى٢, lisez: *īa, dīa*, رجراج et لكلاكى; بوني٢ن *būñi-buñī-an* lisez: بنيپين *buñi-buñī-an*; برغسياڤ *baraṅ-siāpa* lisez: بارغسياڤ *bāraṅ-siāpa*; بوه٢ن lisez: بوهبواهن.

Sous اجق *ājak*: براجق٢ن lisez: براجق اجاكن.

Sous اجق *ājok*: مڠاجق٢ prononcez: *meṅ-ājok-ājok*.

اجڠ **ejīṅ**, v. جڠ *jīṅ*.

Sous ادغ *ādaṅ*: مڠادغ٢ prononcez: *meṅ-ādaṅ-ādaṅ*.

Sous ادر *udara*: كادر lisez: كـٔدر *ka-udara*.

انى٢ pron. *āney-āney*.

Sous انق *ānak*: كانق٢ pron. *kānak-kānak*.

انچر **anxur**, pour هنچر *hanxur*.

انتو **antu**, pour هنتو *hantu*.

Sous انتل *untal*: انتل٢ن lisez: انتل انتالن *untal-untāl-an*.

p. 93, col. 2, lig. 27. اندن lisez: اندن٢.

Sous اندڤ *endap*: براندڤ٢ن lisez: براندڤ انداڤن.

Sous اڤغ *āpuṅ*: تراڤغ٢ pron. *ter-āpuṅ-āpuṅ*.

Sous اڤت *āpit*: اڤت٢ pron. *āpit-āpit*; اڤت٢ن lisez: اڤت اڤيتن.

اڤسل **apsil**. — سيڤت *sīput apsil*, v. sous سيڤت *sīput*.

ابه٢ pron. *ābah-ābah*; ابه٢ن lisez: ابه اباهن.

ابيمان pron. *ābey-māna*.

امور **umūr** (Ar. امر), affaires, les affaires publiques. الامور *el-umūr*, les affaires. ادب الامور *adab ul-*

umūr, devoir de ceux qui traitent les affaires.

p. 109, col. 2, lig. 10. دڤرامت٢ى lisez: دڤرامت اماتى.

امة ***ummat, umat.***

امن٢ pron. *āman-āman.*

p. 112, col. 2, lig. 4: كايو٢ lisez: كيكايو.

امڤدو ***ampedū*** = همڤدو *hampedū.*

Sous امبه *ambah*: امبه٢ن et ابه٢ن lisez: ابه اباهن et امبه امباهن.

Sous امبه *amboh*: امبه٢ن lisez: امبه امبوهن.

امم ***amam*** (plur. de امة *ummat*), peuples, nations.

ارى ***ārī***, v. sous سوسر *sūsur.*

ارى٢ ou **ارارى.**

p. 125: ارڠ٢ pron. *āring-āring.*

ارم٢ pron. *āram-āram.*

ارض ***ared̤l*** (Ar.), la Terre, le globe terrestre (*M. R.* 60).

الا ***illa*** (Ar.), si ce n'est, à moins que .....ne, excepté.

الالى lisez: الى٢ ou الالى *ali-āli*, et au lieu de مڠلڠالى *meng-ali-ngāli* et de مڠلڠليكن *meng-ali-ngalī-kan* lisez: مڠلالى *meng-ali-āli* et مڠلاليكن *meng-ali-alī-kan.*

الالو lisez: الو٢ ou الالو *alu-ālu.*

اليڤن ***alīpan*** = ليڤن *līpan.*

الم ***elem*** (Pers.), mot mystérieux qui signifie انا الله اعلم *enal-lahu alem* ou *ena allah alem*, je suis le Dieu très-sage. الم *elem*, est formé de la lettre initiale du premier mot, de la médiale du second et de la finale du troisième.

الف ***alīf*** = اليف *alīf.*

اسود ***eswed*** (Ar. ساد), noir. حجر الاسود *ḥejer'ul-eswed*, la pierre noire que les pèlerins baisent dans le temple de la Mecque.

اخون ***aḳūn*** (Pers.), frère, ami (*Chr. Pas.*).

اختصار ***iḳtiṣār*** (Ar. خصر), abrégé.

مڠختصاركن *meng-iḳtiṣār-kan*, abréger.

v. مختصر *muḳteṣer.*

اخلاف ***aḳlāf*** (Ar. خلف), succession; successeur. كتاب اخلاف المرسلين *kitāb aḳlāf ul-murselīn*, le livre de la succession des prophètes (*M. R.* 53).

اخلاق ***aḳlāḳ*** (Ar. خلق), naturel, caractère, mœurs; nom généralement donné aux livres de moralité. — المحسنى *aḳlāḳ ul-muḥa-*

seni, titre d'un livre, traité des bonnes mœurs (*M. R.* 7).

اعقاب ***ukāb*** (Ar. عقب), peines, châtiments (*M. R.* 63).
v. عقوبة *ukūbat*.

اغلف ***aglef,*** v. sous غلف *gelef.*

p. 175, col. 2, lig. 3: مپورت *meñūrut* lisez: منورت *menūrut.*

هبا ***hebā*** (Ar.), poussière, pulvérisé, réduit en poussière; être mort (*M. R.* 25).

هرتی ***harti,*** pour ارتی *arti.*

ويل ***weil*** (Ar.), malheur, supplice.
ويلكم *weilkum,* malheur à toi.

كابى ***kābi*** (Ar. كبا), enclin; volonté. — اختيار *iktiyār kābi,* liberté de la volonté, libre arbitre (*M. R.* 19).

p. 252, col. 2, lig. 12 et 14: اهل *ahel* lisez: اهلى *ehlī.*

كالغ٢ ***kāliṅg-kāliṅg*** (selon Leyden, *kālaṅg-kālaṅg*, biche de mer), paraît être une espèce de tripan.

كيت ***kiyat,*** raide, infléxible.
[Jav. ꦏꦶꦪꦠ꧀ *kiyat.*]

p. 299, col. 1, lig. 7: كالغ٢ *kāliṅg-kāliṅg*, selon Leyden *kālaṅg-kālaṅg* (biche de mer), serait une espèce de tripan; ce sens semble aussi être indiqué par le texte du *S. Mal.* p. 70, où le même fait est raconté, et où il est dit: كن چاچغ كالغ٢ *kena xāxiṅg kālaṅg-kālaṅg,* furent pris des vers *kalung-kalang.*

p. 303, col. 1, lig. 12: pronom de la seconde personne, lisez: pronom de la première et de la seconde personnes.

كتيره ***katīrah,*** nom d'une plante. بيبرڽ سڤرت داون كتيره *bibir-ña seperti dāun katīrah,* ses lèvres étaient (rouges) comme les feuilles du *katīrah* (*S. Mal.* 148).

كتم ***ketìm.*** — سيڤت *sīput ketìm,* espèce de crevette.

كمال ***kemāl*** (Ar. كمل), perfection, état de ce qui est parfait, accompli, achevé.

كرايغ ***kerāyaṅg,*** roi, prince, majesté (*S. Mal. é. P.* 195).
[Mak. ᨀᨑᨕᨛ *karaéng.*]

كعبة ***kabat,*** pour كعبه *kabah.*

كماوغ ***gumāwaṅg,*** v. sous اون *āwan.*

كمڤ ***gempa,*** v. sous مرق *meràk.*

چنداو ***xendāwa,*** v. سنداو *sendāwa.*

چري ***xerèy*** (S. चीर *ćīra,* écriture), formulaire (*S. Mal.* 103).

جو **jū** (Holl. *Gij*), pronom personnel de la seconde personne du singulier, tu, toi (bas malais).

جڠ **jùṅ**, jonque, = اجڠ *ejùṅ*.

p. 630, col. 1, lig. 13 : à ce quoi, lisez : ce à quoi.

p. 678, col. 2, lig. 15 : تتري lisez : تيري.

تود **tōda**, v. ڤلاون *pe-lāwan* sous لاون *lāwan*.

تڬا **tegā**, pour تڬڤ *tegàp*.

تڠار **teṅgāra**, v. ڤڠاره *peṅgāroh*.

تڠڬل **taṅggul**, v. اڠڬل *aṅggul*.

p. 737, col. 2, lig. 12 : *lḳsaa* lisez : *laḳsa*.

تنبية **tembīet** (Ar. نبه), avertissement, annonce, prophétie.

تڤق **tepìk**, v. سمڤچ *semanxa*.

تڤق **tepòk**, v. sous لسي *lesī*.

p. 815, col. 2, lig. 12 : traversà, lisez : à travers.

تشريح **tešrīḥ** (Ar. شرح), anatomie. — كتاب *kitāb tešrīḥ*, livre d'anatomie (*M. R.* 12).

p. 834, col. 2, dernière ligne, lisez : une tache sur l'œil.

دوڠڠ **dōṅeṅ**, v. دڠڠ *doṅèṅ*, ci-après.

دڠڠ **doṅèṅ**, fable, comparaison, parabole.

On trouve aussi دوڠڠ *dōṅeṅ*. [Jav. et Sund. ꦢꦺꦴꦔꦺꦁ *doṅéṅ*.]

نقيب **neḳīb** (Ar. نقب), chef, gouverneur, préfet.

نقبا **nuḳebā**, pluriel de نقيب *neḳīb*.

ند **nda**, particule servant à former une désinance pour les termes de parenté en style de cour. Ex. ايهند *ayahnda*, pour ايه *āyah*, père. انكند *anakanda*, pour انق *ānaḳ*, enfant.

نسب **neseb** (Ar.), généalogie, race, famille. نسب كامي درڤد راج نشروان *neseb kāmi deri-pada rāja nušīrwān*, nous sommes de la race du roi Nouschirwan (*S. Mal.* 30).

نصايح **naṣāyiḥ** (Ar. نصح), conseils, exhortations (pluriel de نصيحة *naṣiḥat*).

نعيم **naīm** (Ar. نعم), plaisir, délice, faveur. الله — *naīm allah*, faveur de Dieu. الرفيق — *naīm er-refīḳ*, compagnon agréable.

ADDITIONS ET CORRECTIONS.

SECOND VOLUME.

ڤائيڠ pā'yung, v. مائيڠ *mā'yung.*

ڤاوق pāwuk, pāuk, v. sous لاوق *lāuk.*

ڤاڠس pāngus, gestes, allures. سدڤ مانس ڤنتس ڤاڠسڽ *sedàp mānis pantas pāngus-ña*, ses gestes étaient doux et gracieux. [Jav. [illegible] *pangus*, éloquent.]

ڤابون pābūwan, vergue à laquelle une voile latine est attachée = ڤمباون *pem-bāwan*, v. sous باو *bāwa.*

ڤيتت pētot, qui n'est pas bien formé, pauvre, petit, malfait. [Sund. [illegible] *pētot.*]

ڤيست pisit, informé, demandé, questionné (*S. Mal.* 133).

ميست *memisit*, demander, questionner.

p. 88, col. 2, lig. 26: le ciel et, lisez: le ciel et la terre.

ڤنجت panjat.

منجت *memanjat.*

Prov. سڤرت كورا٢ هندق منجت ڤوهن كايو *seperti kura-kūra hendak memanjat pōhon kāyu*, comme une tortue qui veut grimper à un arbre. Se dit de quelqu'un qui veut entreprendre une chose pour laquelle il n'a pas assez de talent ou de capacité.

p. 104, col. 2, lig. 27: [illegible] lisez: [illegible].

p. 111, col. 2, lig. 12: [illegible] lisez: [illegible].

ڤرنچس pranxis = فرنچس *franxis*, français.

ڤرنسس pransis = فرنچس *franxis*, français.

ڤلن٢ pelàn-pelàn, pour ڤرلاهن٢ *perlāhan-perlāhan.*

باكل bākal, succéder, venir après (*S. Mal.* 101).

Sous بالي *bāley*: بليروڠ *baley-rūwang*, et mieux باليروڠ *bāley-rūwang.*

بيرغ **bĭrga,** v. sous سيفت *siput.*

p. 208, col. 2, lig. 21: pour vous, lisez: par vous.

بورغ **bŭrga.** رمڤي — *bŭrga rampey*, collection de différentes fleurs odoriférantes, bouquet.

برقان **berikān,** v. رقان *rikān,* ci-après.

بلاغة **balāgat** (Ar. بلغ), médisance, calomnie. حجة البلاغة *hujet ul-balāgat*, accusation fausse, calomnie (*S. Mal.* 166).

بليتغ **belĭturg,** — سيفت *siput belĭturg*, v. sous سيفت *siput.*

p. 325, col. 1, lig. 6: de la, lisez: des. Sous ماموم *māmūm*: au lieu de مامونن *māmūn-ña* lisez: ماموم *māmūm-ña.*

مهره **murêh** (Pers.), v. sous شاه *šāh.*

موكل **muwekkel** (Ar. وكل), gardien, chargé d'une affaire. — ملك *malak muwekkel*, un ange gardien (*M. R.* 13).

مولد **mawlid,** naissance, nativité (*M. R.* 95).

مكروهة **makrūhat** (Ar. كره), abomination. اڤبيل كلق كامو اكن مليهت مكروهة *apa-bĭla kalàk kāmu ākan me-lĭhat makrūhat*, lorsque vous verrez l'abomination (*N.* 43).

مجاز **mujāz** (Ar. جاز), expression figurée, métaphore (*M. R.* 30).

مجاز **mujāz** (Ar. جاز), convenable, légitime.

مدرسه **madrasah** = مدرسة *madrasat.*

منهاج **minhāj** (Ar. نهج), chemin, voie. اسلاطين — *minhāj usselātīn*, la voie des Sultans, la voie royale (*M. R.* 7).

مرجع **merja** (Ar. رجع), retour; lieu où l'on revient. واليه المرجع والمعاذ *u aleihi el-merja u el-maāz*, et en lui est le retour et le refuge (à lui nous devons retourner comme à notre fin dernière) (*S. Mal.* 46).

مرسلين **murselīn** (Ar. رسل), les envoyés, les prophètes. كتاب اخلاف المرسلين *kitāb aklāf ul-murselīn*, le livre de la succession des prophètes (*M. R.* 53).

ملاكة **melāket** (Ar. ملك), possession. المال — *melāket ul-māl*, possession des richesses (*M. R.* 4).

محسني **muhasenī** (Ar. حسن), bonnes actions, bonnes mœurs.

مختصر **mukteṣer** (Ar. خصر), abrégé, compendium. عبارة يغ مختصر *ibārat yaŋ mukteṣer*, un commentaire abrégé (*M. R.* 19).

مخدوم **mekdūm** (Ar. خدم), maître, seigneur, chef. ملك تورنله مخدوم دركڤل ايت *maka tūrunlah mekdūm deri kapàl ītu*, alors le chef descendit du navire (*S. Mal.* 98).

مع **maạ** (Ar.), préposition, avec. مع القران — *maạ el-koran*, avec le Coran (*M. R.* 4).

معاذ **maạāz** (Ar. عوذ), refuge. واليه المرجع و المعاذ *u aleihi el-merjạ u el-maạāz*, et en lui est le retour et le refuge (à lui nous devons retourner comme à notre fin dernière) (*S. Mal.* 46).

معمى **mạma** (Ar. عمى), énigme, oracle.

مفر **miferr** (Ar. فر), lieu de refuge, abri.

روڤ **rūpa.**

ميرڤاءى *meña-rupā-i*, ressembler à, avoir l'apparence de (*D. M.* 294).

رقان **rikān** (Ar. رقن), safran.

برقان *be-rikān*, comme du safran, couleur jaune. — ڤڽاكت برقان *peñākit be-rikān*, la jaunisse (*M. R.* 20).

رمڤي **rampey.** — بوڠ رمڤي *būŋa rampey*, collection de fleurs, bouquet fait de différentes fleurs odoriférantes.

رسم **resàm**, nom d'une plante dont les tiges très-dures servent à faire des styles ou calames pour écrire et que l'on nomme — قلم رسم *kalam resàm*; on s'en sert aussi pour faire des nasses.

لادڠ **lādiŋ** = *lādaŋ*, nom d'un bateau. كيت ملايركن سبوه ڤراهو لادڠ *kita me-lāyar-kan sa-būah prāhu lādiŋ*, mettons à la voile avec un *prāhu lādiŋ* (*Haŋ. T.* 3).

لال **lāla**, probablement pour ليل *līla*.

لڠا **leŋā** = لڠ *leŋa*.

لما **lemmā** (Ar. لم), totalement, tout-à-fait (*M. R.* 33).

p. 573, col. 2, lig. 7: جاتق lisez: جاته.

لمڤو **lampaw.** (On trouve aussi لمڤه *lampoh.*) ستله سڬل هاري ڤنڠيسن سده ترلمڤه *sa-telàh segala hāri penaŋīs-an sudah ter-lampoh*, lorsque les jours du deuil furent passés (*B.* 84).

لر **lir**, v. sous ساري *sāri.*

p. 593, col. 1, lig. 2: rencontrer, lisez: rencontrai.

ساݢى sāgi, pour سݢى segi.

ساجى sāji.

ترساجى *ter-sāji*, qui est servi, qui peut être servi. اى تاهو ناسى ترساجى دلوتتڽ *ia tāhu nāsi ter-sāji di-lūtut-ña*, elles se font servir le riz sur les genoux (*H. Ab.* 91).

ساسف sāsap, v. sous سوسف *sūsup*.

سيدى seidī (Ar. ساد), monseigneur. جكلو سوارکانن سيدى ساهت *jikalaw suāra kānan seidī sāhut*, si monseigneur avait répondu à la voix (qui se faisait entendre) à droite (*Mir. Moh.* 19).

سير sīra, pronom de la seconde personne, tu, toi, vous (*S. Mal.* 160).

[Jav. ꦱꦶꦫ *sira.*]

سير siyer (Ar.), pluriel de سيرة *sīret*, vertu, qualité morale (*M. R.* 65).

سطيان seiṭān = شيطان *šeiṭān*.

سوى sūwi, sévère, dur, v. سوهى *sūhi*.

سوڤن sūpan.

مڽوڤاني *meñupān-i*, avoir du respect par quelqu'un, avoir égard à. سودراک کتيک کسڤاني جک لاين درڤد اورڠ ايت کڤرهمبت سڤرت کاون کمبيڠ *sudarā-ku ka-tīga ku-supān-i jika lāin deri-pada ōrang itu ku-per-hambat seperti kāwan kambing*, je n'ai d'égard que pour mes trois frères, quant à tous les autres, je les poursuivrai comme on poursuit un troupeau de chèvres (*H. Tuah.* 75).

سکارى sikārī (Pers. شکارى), ce qui est de la chasse. — توکڠ سکارى *tūkang sikāri*, un chasseur. مک ڤرڤاته تولس توکڠ سکارى جادى مڠکو بومى *maka perpātih tūlus tūkang sikāri jādi mangku būmi*, et Perpatih Tulus qui était un chasseur devint premier ministre (*S. Mal.* 85).

سݢرا sigrā, pour سݢره *sigràh*.

سڠو sangō, nasiller, parler du nez.

[Mak. et Bug. ᨔᨂᨚ *sango.*]

سڽ señā, contraction de سسڠکهڽ *sa-sungguh-ña*, v. sous سڠکه *sungguh*.

ستو satwa = ستوا *satwā*.

سبى sebī (Pers.), chemise, habit de dessous.

برسبى *ber-sebī*, qui a une chemise, qui est en chemise.

یغ تیاد برسبی تیاد داڤت ماسق *yang tiāda ber-sebī tiāda dāpat māsuḳ*, ceux qui n'avaient pas de chemise ne pouvaient entrer (au palais) (*S. Mal.* 100).

p. 760, col. 2, lig. 7 : des damis, lisez : des daims.

سلسه ***selesèh*** = سلسی *selesèy*.

p. 775, col. 1, lig. 25 : سبت lisez : سبب.

صدق ***ṣidḳ*** (Ar.), véracité, vérité.

سساوی ***sesāwi***, v. ساوی *sāwi*.

عابد ***ābid*** (Ar. عبد), pieux, serviteur de Dieu (*M. R.* 78).

عار ***ār*** (Ar.), modestie. ای منت درڤدام عار *ia minta deri-padā-mu ār*, et il demande de vous la modestie (*M. R.* 75).

عرفان ***arfān*** (Ar. عرف), connaissance.

برعرفان *ber-arfān*, qui connait, intelligent.

غافلين ***gāfalīn*** (Ar. غفل), négligents, inattentifs, nonchalants.

قداس ***ḳudās*** (Ar. قدس) (chez les chrétiens) l'Eucharistie, la Messe. خادم القداس *kādim ul-ḳudās*, acolyte.

قصص ***ḳiṣaṣ*** (Ar. قص), histoires. — الانبيا *ḳiṣaṣ ul-embiya*, les histoires des prophètes (*M. R.* 47).

CPSIA information can be obtained
at www.ICGtesting.com
Printed in the USA
BVHW011713070819
555211BV00021B/66/P

9 780274 446100